Flexibilitas Iuris Canonici

ADNOTATIONES IN IUS CANONICUM

Hrsg. von Elmar Güthoff und Karl-Heinz Selge

Band 28

PETER LANG
Frankfurt am Main · Berlin · Bern · Bruxelles · New York · Oxford · Wien

FLEXIBILITAS IURIS CANONICI

Festschrift für Richard Puza zum 60. Geburtstag

Herausgegeben von Andreas Weiß
und Stefan Ihli

PETER LANG
Europäischer Verlag der Wissenschaften

Bibliografische Information Der Deutschen Bibliothek
Die Deutsche Bibliothek verzeichnet diese Publikation in der Deutschen Nationalbibliografie; detaillierte bibliografische Daten sind im Internet über <http://dnb.ddb.de> abrufbar.

Foto des Jubilars:
Walther Richard Puza.

ISSN 0946-9176
ISBN 3-631-39315-6

www.peterlang.de

Vorwort der Herausgeber

Zum Wintersemester 1978/79 trat Richard PUZA die Vertretung des vakant gewordenen Kirchenrechtslehrstuhls an der Katholisch-Theologischen Fakultät der Universität Tübingen an, auf den er dann im Juli 1980 als Ordinarius berufen wurde. Fast 25 Jahre sind es also, auf die Richard PUZA als Lehrer und Wissenschaftler an der Alma Mater Tubingensis zurückschauen kann – wenn man die Zeit als Universitätsdozent und Außerordentlicher Professor für Kirchenrecht an der Rechtswissenschaftlichen Fakultät der Universität Graz hinzunimmt, sind es gar schon über 30 Jahre Lehr- und Forschungstätigkeit! Im August 2003 darf der Jubilar nun seinen 60. Geburtstag feiern. Wahrlich Grund genug für eine Rast, um diese gefüllte Zeit Revue passieren zu lassen. Es waren Jahre, in denen der Jubilar viele Studentinnen und Studenten an das Fach Kirchenrecht herangeführt hat, von denen einige zu seinen Schülern wurden. Kollegen, Freunde und Schüler sind es darum, die ihm heute als Zeichen der Anerkennung einen Beitrag in der vorliegenden Festschrift widmen. Sie gratulieren von Herzen und wünschen dem verdienten Gelehrten noch viele Jahre erfolgreichen Wirkens.

„Flexibilitas iuris canonici", Geschmeidigkeit des Kirchenrechts ist die Festgabe überschrieben. Im Titel klingt die diakonische Funktion des Kirchenrechts an, die ein besonderes Anliegen Richard PUZAS ist. „Rechtssicherheit kann im Kirchenrecht nie Normenklarheit, sondern nur Realisationsgewißheit bedeuten."[1] D. h., es kann nicht „auf die Erfüllung des Buchstabens des Gesetzes ankommen", sondern es „muß eine gerechte und richtige Lösung im Einzelfall gefunden werden"[2] – so schreibt der Jubilar selbst in seinem bei Studenten sehr geschätzten Lehrbuch, liebevoll von diesen oft nur als „das kleine rote" bezeichnet. Im einen oder anderen Aufsatz des vorliegenden Bandes wird dieser wesentliche Aspekt des kanonistischen Wirkens des Jubilars aufgegriffen. Die Herausgeber der Festschrift sind froh, dass sie diese menschenfreundliche Sicht des Kirchenrechts in Tübingen kennen lernen bzw. vertiefen konnten.

Die Themenstellungen der Artikel spiegeln in ihrer Vielfältigkeit das breit gespannte wissenschaftliche Interesse Richard PUZAS wider. Er hat nicht nur zu bestimmten Schwerpunkten geforscht – neben der Rechtsgeschichte seien das Verhältnis von Kirche und Staat sowie das Ehe- und das Vermögensrecht besonders herausgehoben –, sondern auch zu vielen anderen Teilbereichen des Kirchenrechts veröffentlicht. Davon zeugt das diesem Band beigefügte Schriftenverzeichnis.

Herzlicher Dank gebührt allen, die das Erscheinen dieser Festschrift ermöglicht haben. Zum Dank verpflichtet sind wir vor allem den Autoren, die einen Aufsatz beigesteuert haben, um so ihre besondere Verbundenheit mit dem Jubi-

---

1 PUZA, Richard, Katholisches Kirchenrecht, Heidelberg 1986, 70; ^{2}1993, 83.

2 Ebd., 64; ^{2}1993, 77.

lar zum Ausdruck zu bringen. Namentlich gedankt sei Frau cand. theol. Christine HANKE für ihre wertvolle Hilfe bei der Redaktionsarbeit sowie den Herren Prof. DDr. Elmar GÜTHOFF und PD Dr. Karl-Heinz SELGE, die den Band in die von ihnen herausgegebene Reihe „Adnotationes in Ius Canonicum" aufgenommen haben. Die Zusammenarbeit mit ihnen und dem Verlag Peter Lang, hier insbesondere mit Frau Dr. Claudia FRANK, erwies sich ein weiteres Mal als angenehm und unkompliziert. Für die gute Kooperation bei der Drucklegung und die fristgerechte Fertigstellung der Festgabe sind die Herausgeber dankbar.

In Zeiten knapper Finanzen schulden wir aufrichtigen Dank auch jenen, die durch ihre finanzielle Unterstützung die Realisierung des Festschriftprojektes erst ermöglicht haben. Es sind dies:

- Diözese Rottenburg-Stuttgart,
- Diözese Gurk-Klagenfurt,
- Diözese Graz-Seckau,
- Verband der Diözesen Deutschlands,
- Vereinigung der Freunde der Eberhard-Karls-Universität Tübingen – Universitätsbund e. V.,
- Magistrat der Stadt Klagenfurt,
- Stadt Rottenburg a. N.,
- Landesbank Baden-Württemberg,
- Volksbank Herrenberg-Rottenburg eG,
- DaimlerChrysler AG,
- Verlag C. F. Müller,
- Revue de Droit Canonique,
- Dr. Abraham Peter KUSTERMANN,
- Elisabeth FÜRSTIN ZU WALDBURG-WOLFEGG UND WALDSEE.

Eichstätt und Tübingen, im April 2003

Andreas Weiß und Stefan Ihli

Grußwort des Bischofs von Rottenburg-Stuttgart, Dr. Gebhard Fürst

„… prae oculis habita salute animarum, quae in Ecclesia suprema semper lex esse debet“

Der Schlusssatz des CIC von 1983, der in der Übersetzung „das Heil der Seelen vor Augen, das in der Kirche immer das oberste Gesetz sein muss“ lautet, erscheint mir in mehrfacher Hinsicht maßgebend für das Werk und Schaffen Richard PUZAS zu sein.

Richard PUZA selbst hat sich im Rahmen seiner Tätigkeit als Hochschullehrer, aber auch weit darüber hinaus als Berater, Gutachter, Richter und auf unzähligen Tagungen, Sitzungen und in vielen Gremien stets bemüht, diesen maßgeblichen Akzent des Kirchenrechts, der wie eine Klammer aus konziliarem Geist das gesamte Recht umfasst, in die konkrete Rechtspraxis und -interpretation einfließen zu lassen. Er selbst schreibt:

> „Die Reform des universalen Rechtes der Katholischen Kirche sollte im Geiste des 2. Vatikanischen Konzils erfolgen und den Rechtsbegriff des Kirchenrechts dem heutigen Rechtsbewußtsein anpassen.“[1]

Hiermit ist klar, dass dieser Grundansatz Richard PUZAS nicht nur seine eigene Arbeit und nicht nur die Gestalt und Praxis eines Kirchenrechts, wie es an der Zeit ist, betrifft. Nein, weit darüber hinaus geht es um die Frage, wie sich Theologie und Kirche insgesamt verstehen und in der Welt für die Menschen handeln. Reformfähige Zeitgenossenschaft und Dialogbereitschaft mit den Nöten und Fragen der Gegenwart sind dabei notwendige Zeichen einer Kirche, die in der Tat „Licht für die Welt“ (Mt 5, 14) sein will.

Ich bin froh und dankbar, in Prof. Dr. Richard PUZA einen solch profunden wie sensiblen Kenner des kirchlichen Rechts zu kennen, der zudem stets und in einer liebenswürdigen und bereitwilligen Weise mit seinem Rat zur Seite steht und diesen seinen geschätzten Rat auch auf vielfältige Weise in Gremien und Kommissionen der Diözese einzubringen bereit ist.

Zu seinem 60. Geburtstag übermittle ich auf diesem Weg und im Namen der gesamten Diözese meinen besten Dank, alle guten Wünsche und Gottes reichen Segen!

In herzlicher Verbundenheit

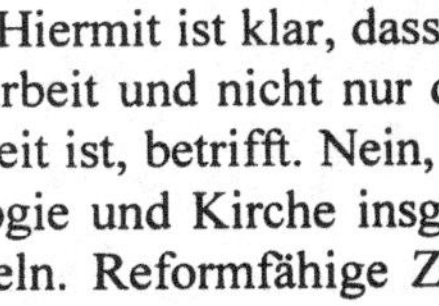

1 Forschungsbericht des Lehrstuhles Prof. Dr. R. Puza, http://www.uni-tuebingen.de/kirchenrecht/forsch3.htm

Inhaltsverzeichnis

I. (Rechts)Geschichte

II. Grundfragen

III. Volk Gottes

IV. Verkündigungsdienst der Kirche

V. Heiligungsdienst der Kirche

IX. Verhältnis Staat – Kirche

Richard Puza

Eine Biographie im Zeichen und im Dienste des Konzils

Joachim Köhler

Jubiläen und runde Geburtstage sind eine Gelegenheit innezuhalten. Das ist mehr als eine Rückschau auf die verflossenen Jahre. „Innehalten ist kein Gedankenvorgang und kein Willens-Akt. Innehalten ist ein sinnenhaftes Wahrnehmen seiner selbst, ein Sich-Spüren.“[1] Das muss natürlich der Jubilar selbst wollen, selbst initiieren und selbst durchführen. Wenn Kollegen, Freunde und Schüler an diesem 60. Geburtstag Ähnliches tun wollen, dann nimmt dieses Innehalten einen anderen Charakter an. Es ist eine Außenansicht des Jubilars. Außenstehende können auf diese Weise zum Ausdruck bringen, wie sie Person und Werk der Jubilars wahrnehmen, welcher Art die Beziehungen zu ihm sind und was sie an ihm schätzen.

Wenn ein einzelner innehält, um den Jubilar auf diese Weise wahrzunehmen, dann könnte man diesen Vorgang als ein Porträtieren bezeichnen. Ein Einzelner porträtiert einen Freund, einen Kollegen, einen Lehrer, um sich eine Vorstellung zu machen – eine Vorstellung, in die die Erfahrungen mit dem Porträtierten, die Begegnungen mit ihm, die Gespräche und die Wahrnehmungen jeglicher Art eingehen.

In diesem Sinne möchte ich ein Porträt von Richard PUZA malen – von dem Wissenschaftler, dem Forscher und Lehrer der Kanonistik und der Rechtswissenschaften, dem Kollegen, dem Freund – und dem sympathischen Menschen. Ein gemaltes Porträt ist etwas anderes als eine Fotografie. In der Fotografie haben wir eine objektive, naturgetreue Wiedergabe des Porträtierten vor uns. In einem gemalten Porträt kann man auch die Handschrift dessen, der malt, erkennen. Vieles schwingt mit, was subjektiv geprägt ist und objektiv nicht von allen wahrgenommen werden kann. Wer porträtiert, der versucht, mit seinem eigenen Stil und mit seinen Lieblingsfarben die einzelnen Züge des Porträtierten hervorzuheben und zu betonen. Das Porträt wird deshalb die Eigenart und die Interessen dessen, der malt, nicht verheimlichen können. Wer ein Porträt in Angriff nimmt, ist bestrebt, so zu malen, dass sich sein Modell wieder erkennt. Der Porträtierte kann in dem Gemälde feststellen, wie andere ihn sehen. Das kann sogar bei der „sinnenhaften Wahrnehmung seiner selbst“, bei dem „Sich-Spüren“, wenn der Jubilar es für angebracht hält, behilflich sein. Porträtieren ist etwas

---

1 SCHERER, Bernhard, Dreimal täglich innehalten, Beuron 2002, zit. nach: CiG 54 (2002) 421.

anderes als einen Spiegel vorhalten. Den Spiegel vorhalten – das verrät pädagogische Absichten. Porträtieren ist ein Ausdruck der Sympathie.

Es ist für mich eine Ehre und eine Freude, zum 60. Geburtstag von Richard PUZA ein Porträt malen zu dürfen. Es ist also nicht beabsichtigt, eine kompetente, fachwissenschaftliche Würdigung seines umfangreichen Œuvres zu schreiben. Dazu bedürfte es eines Fachmannes, nicht eines Kollegen und Freundes. Ich male aus der Sicht eines Kirchenhistorikers und auf dem Hintergrund einer fast 25-jährigen Tätigkeit und Wirkens des Jubilars in Tübingen.

Allein die Tatsache, dass Richard PUZA seit dem Wintersemester 1978/79 den Lehrstuhl Kirchenrecht an der Katholisch-Theologischen Fakultät vertreten, den Ruf aber erst zwei Jahre später erhalten hat, so dass er am 27. November 1980 zum ordentlichen Professor ernannt werden konnte, hat sich in seine Biographie tief eingeschrieben und sein wissenschaftliches Œuvre geprägt. Er selber war zum „Fall" der Kanonistik geworden, da er als Laie im kirchenrechtlichen Sinn in eine Katholisch-Theologische Fakultät aufgenommen werden wollte und sollte. Die Erfahrung, in den Augen und Denkstrukturen der Hierarchie als „Laie" zu gelten, gleichzeitig aber in der Selbsteinschätzung und im Urteil anderer als ausgewiesener Fachmann bewertet zu werden, zwingt zur Reflexion des Zusammenhangs von Lehre und Leben, von Theorie und Biographie. Die Kanonistik, wie sie PUZA betrieben hat, nachdem er seinen „Fall" durchgestanden hatte, wurde von diesen Erfahrungen beeinflusst.

Gemessen an den Vorstellungen des Kirchenrechts und der Kanonistik des ausgehenden 19. Jahrhunderts, deren Strukturen so verfestigt waren, dass der einzelne Mensch und die Gemeinschaft der Kirche sich diesem „ewigen" Gesetzeswerk unterordnen mussten, hat sich in den Jahren nach Abschluss des Zweiten Vatikanischen Konzils auf der Ebene des Kirchenrechts und seiner Anwendung einiges verändert. Davor war an eine Veränderung nicht zu denken. Die Vorstellungen von einer *societas perfecta*, wie sie sich im Laufe der Kirchengeschichte entwickelt hatten und auf dem Ersten Vatikanischen Konzil (1870/71) als dem Höhepunkt dieser Entwicklung artikuliert wurden, wurden im damaligen Rechtsdenken auf die Menschen übertragen, ohne die Bedingungen des Menschseins zu bedenken.

Dass der Mensch im Rechtssystem der katholischen Kirche menschlich – und das heißt unter der *conditio humana* und nicht *sub specie aeternitatis* – wahrgenommen werden kann, ist das Ergebnis einer anderen Entwicklung in der Kirche, die ihre eigene, lange Tradition und u. a. im österreichischen Josephinismus sehr viele rechtsgeschichtliche Wurzeln hat. In der Zeit des „Modernismus" an der Wende des 19. zum 20. Jahrhundert meldete sich diese Tradition als pastorales Anliegen zu Wort, wurde aber von der Römischen Kurie in den Untergrund gedrängt. Erst als Papst JOHANNES XXIII. im Jahre 1959 das Zweite Vatikanische Konzil ankündigte, wurde für diese Tradition in der Kirche Platz geschaffen und es durften viele Themen, die zuvor in den Untergrund abgedrängt worden waren, diskutiert werden. Angelo RONCALLI hatte seine Erfahrungen mit der Kirche gemacht. Er litt darunter, dass sein römischer Kirchengeschichtslehrer und Freund Ernesto BOUNAIUTI 1921 exkommuniziert worden war. RONCALLI hielt den Kontakt zu BOUNAIUTI, auch noch als dieser 1926 zum *homo vitandus* erklärt wurde. So geriet der päpstliche Diplomat, der RONCALLI damals war, ins Visier der Inquisition. Der Papst des Konzils hatte eine Vision der Kirche, die „um des Menschen Willen" da ist. Deshalb vertrat das Konzil ein Kirchenbild, das getaufte Christinnen und Christen nicht mehr nur als Objekte, sondern als Subjekte der Seelsorge definierte. Diese Veränderung im Kirchenbild und die „Option für die Armen", die von den Bischöfen der Dritten Welt als Wesenselement kirchlicher Existenz propagiert und unter den Konzilsvätern diskutiert wurde, bewirkten, dass die Menschen aus dem sterilen Ghetto einer *societas perfecta* in einen Raum treten durften, in dem sie auch mit ihren Fehlern und Mängeln ernst genommen werden konnten. Dieser Raum öffnete sich gerade, als Richard PUZA sich nach der Matura in seiner Heimatstadt Klagenfurt entschlossen hatte, das Studium der Rechtswissenschaft an der Universität in Graz aufzunehmen.

Damit habe ich den zeitgeschichtlichen Hintergrund wenigstens skizziert, auf dem das Porträt gemalt werden soll. Richard PUZA steht auf Grund seiner Herkunft in der „josephinischen" Tradition Österreichs, die den konkreten Menschen immer gegen Dogmen und reine Theorien verteidigt, und sein Wirken fällt in eine Zeit des gesellschaftlichen Umbruchs, der sich nach dem Zweiten Weltkrieg vollzog und der auf dem Zweiten Vatikanischen Konzil von den Bischöfen und Theologen wahrgenommen wurde. Insofern ist das Gemälde auch ein Rückblick auf die letzten vierzig Jahre, weil es die Dialektik von Biographien und wissenschaftlichem Engagement auf dem zeitgeschichtlichen Hintergrund festhalten will, das Wechselspiel zwischen der eigenen Erfahrung und den Vorgaben der Institution Kirche. Die Vorgaben der Institution Kirche waren in den letzten vierzig Jahren einem epochalen Wandel unterworfen. Von den Zeitgenossen wurde dieser Wandel als befreiend erfahren, von manchen auch als Verunsicherung, weil es ein Ausbruch aus einem prinzipiellen Rechtsdenken war. Es war der Weg von einer Kirche, die als *societas perfecta* interpretiert wurde, zu einer *communio*, die auch gesellschaftlich erfahren werden kann.

Ein Lehrer des Kirchenrechts, der in diese Aufbruchsituation hineingeboren wird, kann sich glücklich schätzen, weil er, wenn er die Chance erkennt, dazu aufgerufen ist, das Ungestüme, was aufgebrochen ist und weiterhin im Umbruch ist (wir stehen noch nicht am Ende des *aggiornamento*, eigentlich gibt es nie ein Ende, weil die *ecclesia* eine *semper reformanda* ist), in eine Gesetzesform zu bringen, die von den Menschen gelebt werden kann. Richard PUZA hat diese Chance erkannt und sein Wirken als Wissenschaftler und Lehrer auf diesem Hintergrund immer wahrgenommen und reflektiert – und dabei eigene Erfahrungen als Mensch, als Ehemann, als Vater, als „Laie", als Freund und Lehrer immer zur Sprache gebracht.

1. Curriculum vitae

Richard PUZA wurde am 17. August 1943 in Klagenfurt geboren. Es war die Zeit des Nationalsozialismus und deshalb gar nicht so selbstverständlich, katholisch getauft zu werden und in einem katholischen Milieu aufzuwachsen. Sein Vater war Rechtsanwalt in Klagenfurt. Er rechnete sich eher zu den liberalen Katholiken Österreichs. Die Familie besuchte regelmäßig den Sonntagsgottesdienst bei den Kapuzinern. Der Besuch der Volksschule und des Gymnasiums in Klagenfurt fiel bereits in die Nachkriegszeit. Die Reifeprüfung legte PUZA im Jahre 1961 mit Auszeichnung ab. Während der Schulzeit war er in einer Jugendgruppe organisiert, die von den Jesuiten betreut wurde. Die „Gemeinschaftsmessen" waren für ihn ein wichtiger Bestandteil seiner religiösen Sozialisation. Er begann das Rechtsstudium an der Universität Graz. Als Student wohnte er im Katholischen Studentenheim in der Leechgasse in Graz und engagierte sich in der katholischen Hochschulgemeinde. 1965 wurde er zum Dr. iur. promoviert. Die Zweite Staatprüfung in den Fächern Zivil-, Handels- und Strafrecht bestand er mit Auszeichnung. Noch während seines Studiums nahm PUZA eine Tätigkeit am Institut für Kirchenrecht an der Juristischen Fakultät in Graz unter der Leitung von Universitätsprofessor Dr. Helmut SCHNIZER auf, zunächst als Wissenschaftliche Hilfskraft (seit 1. Oktober 1964), dann als Vertragsassistent (seit 1966) und schließlich als Universitätsassistent (seit 1. März 1967). Mit dem Abschluss seiner Habilitation (1972) wurde er Oberassistent.

Die Tätigkeit am Institut für Kirchenrecht hatte eine konsequente Ausrichtung auf das Kirchenrecht zur Folge, ein Akzent seiner Forschungsrichtung, den er durch mehrere Studienaufenthalte in Italien und durch Sprachstudien in Siena, Rom, später auch in Grenoble, Lyon und Aix-en-Provence intensivierte. Die Forschungsarbeiten am Vatikanischen Archiv und in verschiedenen römischen Bibliotheken dienten der Materialsammlung und Vorbereitung der Habilitationsschrift, die Studien zur Geschichte der kirchlichen Höchstgerichtsbarkeit beinhaltete. 1972 hat sich PUZA an der Juridischen Fakultät der Universität Graz habilitiert und die *venia docendi* für Kirchenrecht erhalten. Die Habilitationsschrift „Res iudicata. Rechtskraft und fehlerhaftes Urteil in den Decisionen der Römischen Rota" ist 1973 in Graz erschienen. Danach begann eine intensive und umfangreiche akademische Tätigkeit. An der Universität hat er grundlegende Lehrveranstaltungen im Rahmen des Rechtsstudiums gehalten, nämlich die Einführung in die Grundbegriffe des Staates und des Rechtes. Auch an Fragen der Hochschuldidaktik (u. a. Einführung in die Bibliotheksbenützung für Studenten der Rechtswissenschaft) hat er immer großes Interesse gezeigt. Die Schwerpunkte seiner Forschungen waren in der Grazer Zeit (nach den Bewerbungsunterlagen von 1978): die kirchliche Rechtsgeschichte, besonders in der Neuzeit, vor allem in den römisch institutionalisierten Ausprägungen wie z. B. die Römische Rota, die Apostolische Signatur und die Konzilskongregation. Im kanonischen Recht hat sich PUZA mit dem kirchlichen Vermögensrecht, mit Inkorporation, Ordensrecht und mit dem kirchlichen Normbegriff beschäftigt, später kamen vor allem Studien zum CIC/1917 und zum Gewohnheitsrecht hinzu. Neben seinen Lehrverpflichtungen hat PUZA mehrere Jahre als Mitarbeiter in einer Rechtsanwaltskanzlei Gutachten im Bereich des Kirchen- und Staatsrechts verfasst und als Parteienvertreter in Patronatsverfahren vor dem Erzbischöflichen Metropolitangericht in Salzburg fungiert. Er war (seit 1975) Mitglied der Kirchlichen Rechtsstelle in Kirchenbeitragsangelegenheiten der Diözese Graz-Seckau. Die Verbindung zur Praxis sollte sich in der Tübinger Zeit als Inspiration für seine Forschungsvorhaben und als Erprobungsfeld für seine Theorien erweisen.

Seit 1967 ist Richard PUZA mit Frau Karin, geb. VOGLER verheiratet. Zwei Söhne entsprossen dieser Ehe: Walther Richard (* 1977) und Ivo Erich (* 1979). Die Namensgebung der Söhne verrät kanonistische Bezüge. Hinter dem Namen Walther steht der hochangesehene Rechtslehrer Ferdinand WALTER (1794-1879), Professor in Bonn, Mitglied der Preußischen Nationalversammlung. In den konfessionellen Auseinandersetzungen, vor allem in der Zeit des Kulturkampfes, setzte sich der Bonner Professor für die katholischen Interessen ein. Der mittelalterliche Kanonist und Bischof IVO VON CHARTRES (um 1040-1116) ist der Namenspatron des zweiten Sohnes. Die Familie ist für Richard PUZA immer wichtig gewesen und ist es heute noch; trotz aller beruflichen Belastung hatten familiäre Belange für ihn immer Priorität. In den gesellschaftlichen Einbindungen über den akademischen und familiären Bereich ist seine Frau Karin nicht wegzudenken. Ebenso dürfte sie unentbehrlich sein bei der umfangreichen literarischen Produktion, auf die sie einen letzten kritischen Blick wirft, und bei der Organisation der Auslandsreisen, auf denen sie, wenn sie ihren Mann begleitet, oft manch Lästiges abnehmen kann.

Die Berufung nach Tübingen soll eigens beschrieben werden. Da sich das Berufungsverfahren über zwei Jahre hinzog, PUZA aber in dieser Zeit die Vertretung des Lehrstuhls für Kirchenrecht an der Katholisch-Theologischen Fakultät der Universität Tübingen übernommen hatte (WS 1978/79, SS 1979 und WS 1979/80), war das sicher eine Belastung für die Familie in Graz, zumal Sohn Ivo während dieser Zeit geboren wurde. Im Jahre 1979 wurde PUZA zum Außerordentlichen Universitätsprofessor für Kirchliche Rechtsgeschichte und Staatskirchenrecht an der Rechtswissenschaftlichen Fakultät der Universität Graz ernannt. Daraufhin übernahm er im Sommersemester in Tübingen einen Lehrauftrag, den er bis zu seiner Ernennung zum Ordentlichen Professor für Kirchenrecht an der Katholisch-Theologischen Fakultät der Universität Tübingen am 27. November 1980 inne hatte.

Die Tübinger Zeit, wollte man sie im Sinne eines Chronisten beschreiben und sich dabei allein auf die Pflichten, die Richard PUZA im universitären Bereich zu erfüllen hatte, beschränken, so wäre das schon ein aufwändiges Unternehmen. Es ist ein ansehnliches Pensum, was er in Lehre und Forschung, in Selbstverwaltung der Universität, an hochschulpolitischen Aktivitäten, an juristischer Beratung der Fakultät geleistet hat. Und besonders, wenn es um die Beratung der

Prüfungs- und Studienordnungen ging, in denen das Wohl und Wehe der Studentinnen und Studenten beschlossen wurde, hat er keine Mühe gescheut. Dabei hat er immer mehr getan, als es seine Pflicht gewesen wäre.

Dreimal hat er das Amt des Dekans innegehabt, das in den jeweils folgenden Studienjahren als Amt des Prodekans fortgesetzt wurde. Im Studienjahr 1981/82 wurde er in die Wogen des „Falls KÜNG" hineingeworfen und war gezwungen, Situationen zu klären, die für alle Beteiligten nicht angenehm waren. Im Studienjahr 1991/92 war eines der aufregendsten Ereignisse die Regelung der Nachfolge Prof. Dr. Harald SCHWEIZER, ein Verfahren, in dem die von der Fakultät favorisierte Kandidatin Dr. Sylvia SCHROER von Bischof Walter KASPER abgelehnt wurde. PUZA war dann auch der erste Dekan, der nach dem neuen Hochschulrahmengesetz zwei Studienjahre (1998-2000) das Amt des Dekans übernehmen musste. Dieses Dekanat stand unter dem Vorzeichen der Stellenstreichungen, die das Land der Universität auferlegt hatte. Der Dekan, beraten von Kollegen, musste die Forderungen, die an die Fakultät gestellt wurden, abwehren. Tatsächlich kam es zu keiner Streichung einer C4-Stelle.

Rechtliche Fragen zu klären, stand ja nicht nur in den Zeiten an, da PUZA Dekan war, sondern immer. Als Rechtsberater für die Fakultät war und ist er im Dauereinsatz. Und die Fakultät weiß das zu schätzen. Aber es gab auch weitere Ämter in der Fakultät, die turnusmäßig zu vergeben waren. Als Professorensprecher und als Schriftleiter der Theologischen Quartalschrift hat PUZA sein Bestes gegeben. Nach außen hin hat er die Fakultät über lange Perioden hinweg vertreten, und zwar als Koordinator des Forschungsberichts, der regelmäßig von der Universität veröffentlicht wurde, und als Vertreter im Fakultätentag (seit 1986), einer korporativen Zusammenfassung aller Katholisch-Theologischen Fakultäten und Philosophischen Hochschulen Deutschlands. Auch dort wurde er – und wird es immer noch – im Namen des Fakultätentags intensiv in die beratenden und gutachterlichen Aktivitäten einbezogen.

Richard PUZA ist nicht nur ein Lehrer, der vor Studentinnen und Studenten doziert, er kümmert sich auch um seine Zuhörerinnen und Zuhörer, wenn sie seiner Hilfe bedürfen. Über die Qualität seiner Beratung äußern sich in einem positiven Sinne nicht nur Teilnehmerinnen und Teilnehmer seiner Seminare, auch im Stadium der Diplom- bzw. Zulassungsarbeit und der Dissertation können die Betroffenen immer mit seiner Hilfe rechnen. Kein Wunder, dass die Studienstiftung des Deutschen Volkes ihn als einen ihrer Vertrauensdozenten in Tübingen erwählt hat.

In guter Erinnerung sind mir persönlich eine Reihe Seminare, die wir in Kooperation der Fächer Kirchengeschichte und Kirchenrecht miteinander abgehalten haben. Von dieser interdisziplinären Kooperation haben vor allem die Studentinnen und Studenten profitiert, die die Notwendigkeit der Zusammenarbeit von Geschichte und Recht erkannt und die sich ergänzenden Methoden beider Fächer z. T. auch in ihren Seminararbeiten angewandt haben. Nicht unerwähnt sollen die Exkursionen bleiben, mit denen die gemeinsamen Seminare abgeschlossen wurden. Das gilt natürlich auch für die Seminare, die PUZA sonst angeboten hat. Es waren immer attraktive Ziele, an die die Exkursion geführt hat, wobei der Kontakt mit juristischen Institutionen (u. a. Bundesgerichtshof, Juristische Fakultäten) bewusst gesucht wurde. Persönliche Kontakte und gesellige Begegnungen waren dabei von großer Bedeutung.

Da PUZA nicht nur an die Studentinnen und Studenten in ihrem augenblicklichen Dasein an der Universität denkt, sondern auch an deren Zukunft, hat er das Erasmus-Programm, das von der Europäischen Union initiiert wurde, für die theologischen Studien adaptiert. Er ist Tübinger Koordinator für dieses europaweite Programm. Da dieses Programm alle Dimensionen herkömmlicher Studienförderung sprengt, werde ich es in einem eigenen Punkt behandeln.

Tätigkeit in Tübingen, das bedeutet für Richard PUZA, wie im Erasmus-Programm schon vorweggenommen, sich einklinken in das internationale Netzwerk von Forschung und Lehre und Wissenschaftsorganisation. Selbst ein Teil seiner Schüler ist in diesem Netzwerk verortet.

Zu seinen Schülern zählt Richard PUZA nicht nur Prof. DDr. Andreas WEIß (Eichstätt) und Privatdozent Dr. Hans-Jürgen GUTH (Tübingen), die in Tübingen habilitiert wurden, sondern auch Prof. Dr. René PAHUD DE MORTANGES (Fribourg) und Prof. Dr. Jean WERCKMEISTER (Strassburg), bei deren Habilitation bzw. beim Erwerb des Doctorat d'État er in Fribourg bzw. Strasbourg als Zweitgutachter herangezogen wurde. Als ausgewiesener Experte ist seine Mitarbeit an wissenschaftlichen Werken gefragt, so z. B. am Staatslexikon der Görres-Gesellschaft, am Lexikon des Mittelalters und an der 3. Auflage des Lexikon für Theologie und Kirche.

Als Mitherausgeber zeichnet er bei der Herausgabe der „Theologischen Quartalschrift" (Tübingen), deren zeitweiliger Schriftleiter er war, als Mitglied im Redaktions-Komitee der „Revue de droit canonique" und als Herausgeber der Internetzeitschrift „NomoK@non" sowie als Mitarbeiter der „Revue européenne des relations églises-état".

Als Mitarbeiter wurde und ist Richard PUZA in folgenden Gremien tätig: In die Grazer Zeit fällt das Amt des Vorsitzenden des Österreichischen Dozentenverbandes (seit 1975 über mehrere Jahre hinweg). In der Vorbereitungsphase zur Diözesansynode Rottenburg-Stuttgart im Jahre 1986 wurde er zur Mitarbeit aufgefordert. Als Adiutor Secretarii Specialis fungierte er vom 1. bis 31. Oktober 1987 in Rom bei der Römischen Bischofssynode „Berufung und Sendung der Laien in Kirche und Welt". Er ist Diözesanrichter am Offizialat der Diözese Rottenburg-Stuttgart (seit 1987). Vom Bischof von Rottenburg-Stuttgart wurde er 2002 in den Diözesanrat berufen. Als vom Offizial ausgesuchter Diözesanrichter wurde er ebenfalls vom Bischof 2003 in die „Kommission sexueller Missbrauch durch Geistliche" berufen.

Unter einer Reihe weiterer Mitgliedschaften wissenschaftlicher theologischer, geschichtlicher, rechtlicher, auch internationaler Gesellschaften seien nur hervorgehoben das Consortium international „Droit canonique et culture" und die

Faculté de droit canonique de l'Institut catholique de Paris. So beziehungsreich und international seine diversen Tätigkeiten und Verpflichtungen sind, so vielfältig sind die Orte, an denen er neben seiner ordentlichen Lehrtätigkeit erst in Graz, dann in Tübingen als Gastprofessor Vorlesungen gehalten hat. Einige davon seien genannt: Pavia, Palermo, Paris (Institut catholique und Université Jean Monnet [Programme für Doktoranden]), Strasbourg (Institut de droit canonique, Faculté de théologie catholique [DEA Kirchenrecht]). Seit dem Wintersemester 2002/2003 hält er auch Vorlesungen an der Juristischen Fakultät der Universität Tübingen. Seine Gutachtertätigkeit bezieht sich auf Themen und Gegenstände des Patronats- und Universitätsrechts, auf das kirchliche Verfassungsrecht und auf die Ehegerichtsbarkeit.

2. Der „Fall" Richard PUZA

Richard PUZA wurde selbst zu einem „Fall" kirchenrechtlicher Diskussion, als er sich am 28. März 1978 um die Nachfolge von Prof. Dr. Johannes NEUMANN auf den Lehrstuhl für Kirchenrecht an der Katholisch-Theologischen Fakultät in Tübingen beworben hatte. Der Grund dafür: PUZA war Laie im kirchenrechtlichen Sinn und konnte nur einen juristischen Studienabschluss nachweisen. Die Merkmale „ordinierter Priester" und „theologischer Studienabschluss" waren bisher unabdingbare Voraussetzungen für die Bewerbung auf einen Lehrstuhl in einer Katholisch-Theologischen Fakultät.

Die Tübinger Fakultät hatte diese Bedenken nicht und wies ihm einen aussichtsreichen Listenplatz an. Sie sah in ihm einen Gelehrten, der als Kirchenhistoriker voll ausgewiesen und ein Rechtssystematiker von hoher Qualifikation sei. Als der Minister für Wissenschaft und Kunst des Landes Baden-Württemberg am 28. März 1979 den Bischof von Rottenburg, Georg MOSER, ersuchte, das *Nihil obstat* zu erteilen, hat dieser den „Fall" zur Entscheidung an die Deutsche Bischofskonferenz verwiesen. Eine Kommission unter der Federführung des damaligen Erzbischofs von München, Josef Kardinal RATZINGER war auf Grund mehrerer kanonistischer Gutachten zu der Überzeugung gelangt, dass das Fach Kirchenrecht als theologische Disziplin anzusehen und deshalb ein abgeschlossenes Theologiestudium rechtlich und sachlich unabdingbar sei. Die sachliche Begründung, ein volles theologisches Hochschulstudium, nämlich einen qualifizierten Abschluss in Theologie, auch für eine Bewerbung für das Fach Kirchenrecht zu fordern, wurde durch den Hinweis auf neuere römische Erlasse zur Ausbildung von Theologiestudierenden bekräftigt. Die römische Kurie legte Wert auf die theologische Einbindung und Verankerung des Kirchenrechts. Zur rechtlichen Begründung bezog sich die Kommission auf die Apostolische Konstitution „Deus scientiarum Dominus" vom 24. Mai 1931 und auf das Reichskonkordat (Schlussprotokoll) aus dem Jahre 1933, wonach zwar eine theologische Promotion durch eine artverwandte Promotion anerkannt, das fehlende Vollstudium der Theologie mit qualifiziertem Abschluss aber durch nichts ersetzt werden konnte. Diese Voraussetzung bzw. Forderung sei bisher durch kein Dekret der Studienkongregation außer Kraft gesetzt worden. Auch das Reichskonkordat setze voraus, dass es sich bei einem berufenen Professor immer um einen Priester mit abgeschlossener theologischer Ausbildung handle. Bischof Georg MOSER sah sich auf Grund dieser Feststellung des Fehlens der sachlichen und rechtlichen Voraussetzungen für eine Berufung von Richard PUZA nicht in der Lage, das *Nihil obstat* zu erteilen, wie er am 16. Mai 1979 der Fakultät in Tübingen mitteilte.

Die Fakultät war auf das Stärkste an einer Berufung von Richard PUZA interessiert und versuchte, auf den Bischof einzuwirken, trotz der Bedenken der Bischofskonferenz an der Berufung PUZAS festzuhalten und bat ihn, das Verfahren nicht allzu lange hinauszuzögern. In einem Schreiben vom 15. März 1979 hatte sie ihre Gründe dargelegt. Was die Fakultät für die Wiederbesetzung des Lehrstuhls für Kirchenrecht brauche, sei in erster Linie ein guter Kanonist. Sie hielt PUZA auf Grund seiner Habilitation und anderer Veröffentlichungen für einen hervorragend ausgewiesenen Kanonisten. Sie habe wohl bedacht und berücksichtigt, dass PUZA in erster Linie Jurist und Kanonist sei und kein theologisches Studium im eigentlichen Sinne aufzuweisen habe. Der Fakultät erschien für die Wiederbesetzung des Lehrstuhls ein hochqualifizierter Jurist besser als ein nicht so hoch qualifizierter Theologe. Sie traute es ihm zu, dass er schon zum Zeitpunkt der Berufung und erst recht nach einer gewissen Einarbeitung seine Disziplin auch als Theologe vertreten könne. Die Fakultät wies darauf hin, dass PUZA wegen seiner wissenschaftlichen Leistungen auch an der Juristischen Fakultät geschätzt werde. Ein gutes Verhältnis zu dieser Fakultät sei auch für die Theologen wichtig.

PUZA hatte bereits im Wintersemester 1978/1979 die Lehrstuhlvertretung in Tübingen übernommen. Die Tübinger Kollegen hatten Gelegenheit gehabt, ihn auch von seiner menschlichen Seite her kennen zu lernen. Das Urteil fiel äußerst positiv aus: Die Fakultät hielt PUZA für einen Mann, der durch seine ruhige und ausgewogene Sachlichkeit und durch seine menschliche Wärme in der Lage sei, die Studierenden anzusprechen und für das Fach Kirchenrecht, dessen Wert bei den Studierenden ja stets in der Diskussion stehe, zu motivieren. Dieser Punkt war für die Fakultät sehr entscheidend.

Wenn auch dieses Schreiben des Dekans Gerhard LOHFINK vom 15. März 1979 den Bischof nicht abhalten konnte, die Entscheidung der Bischofskonferenz weiterzuleiten, d. h. das *Nihil obstat* für PUZA zu verweigern, so blieb er weiterhin aktiv und hat sich für eine Berufung PUZAS stark gemacht. Im November 1979 dankte der neue Dekan, Wolfgang BARTHOLOMÄUS, dass er die Interessen der Fakultät verstanden habe und sie unterstütze, was ja keine Selbstverständlichkeit sei.

Zunächst war es dem Bischof gelungen, dass sich die Bischofskonferenz noch einmal mit dem „Fall" PUZA befasste. Die Bischofskonferenz holte Gutachten zweier namhafter Kirchenrechtler ein, die aber für die Berufung PUZAS wenig förderlich waren. Auch die Fakultät bemühte sich um Gutachten zweier Experten, die ebenfalls der Bischofskonferenz bzw. dem Ständigen Rat der Deutschen Bischofskonferenz vorgelegt wurden. Zwei Passagen aus diesen Gutachten werden für die Art und Weise, wie PUZA auf Grund seiner Erfahrungen einmal das Kirchenrecht betreiben würde, von Bedeutung sein.

Einer der Gutachter hob die Praxis des Kirchenrechts, wie sie an den Fakultäten gehandhabt wurde, hervor:

> „Es fehlt an einer entsprechenden Rechtsüberzeugung zur Bildung von Gewohnheitsrecht. In der Wissenschaftsgeschichte wurde das katholische Kirchenrecht in der hervorragendsten Weise stets von Laien mit in der Forschung und Lehre betreut, ohne dass sich methodisch und sachlich irgendwelche Unterschiede oder Differenzen feststellen hätten lassen. Das Kirchenrecht ist im Rahmen der Katholisch-Theologischen Fakultäten zweifellos eine Sonderdisziplin mit eigenen, in sich geschlossenen Konturen. Es lässt sich nicht auf einen theologischen und auf einen nicht theologischen Teil aufspalten."[2]

Der andere Gutachter stellte neben die Normen der Rechtsfindung die individuelle Qualifikation:

> „Ein österreichischer Jurist, der den herkömmlichen Studiengang durchlaufen hat, bringt eine intensive kanonistische Ausbildung mit, ja man darf sagen, eine intensivere als der normale Theologe. Es dürfte auch außer Frage stehen, dass an die Habilitation im Fach Kirchenrecht im Rahmen einer Juristischen Fakultät in Österreich keine geringeren Anforderungen gestellt werden als im Rahmen einer Theologischen Fakultät. Ganz unabhängig von der Person Herrn Dr. Puza kann ich deshalb nicht sehen, woraus sich Bedenken gegen die Eignung eines in dieser Weise qualifizierten Juristen für die Ausbildung von Theologen im Fache Kirchenrecht ergeben könnten. Dass das Kirchenrecht sachgemäß nicht ohne Bezug zur Theologie und ohne Berücksichtigung seiner theologischen Grundlagen und Bestimmungsgründe betrieben werden kann, ist auch und gerade bei den Kirchenrechtlern, die von weltlichen Rechtsfakultäten kommen, heute Gemeingut."[3]

Die vorliegenden Gutachten insgesamt erheben keine Einwände gegen die in den bisherigen Veröffentlichungen von PUZA vertretene Lehre. Die Bedenken wegen des Fehlens eines abgeschlossenen theologischen Studiums blieben bestehen.

Am 22. Juni 1979 beantragte Bischof MOSER das *Nihil obstat* für Richard PUZA in Rom. In dem Schreiben, das an den Kardinal-Präfekten der Kongregation für das Katholische Bildungswesen gerichtet war, betonte Bischof MOSER, dass es ihm unmöglich sei, die geäußerten Bedenken dem zuständigen Minister, der Katholisch-Theologischen Fakultät und dem Großen Senat der Universität gegenüber als konkordatsrechtlich legitim zu begründen. Diese Stellen würden ein Urteil des Bischofs über die wissenschaftliche Qualifikation des zu Berufenden als Einmischung in ihre Kompetenz betrachten müssen und darauf hinwei-

---

[2] Zit. nach der Personalakte PUZA in der Registratur der Katholisch-Theologischen Fakultät Tübingen.

[3] Ebd.

sen, dass nach der bisher einhelligen Auslegung des Reichskonkordats der Bischof über diese Frage nicht zu befinden habe. Äußerst geschickt und zur Verteidigung der Position der Fakultäten insgesamt, zitierte er einen ausgewiesenen Wissenschaftler und Kurienkardinal des 19. Jahrhunderts, den ehemaligen Professor für Kirchenrecht in Würzburg, Joseph HERGENRÖTHER (1824-1890):

> „Ein Einzelner – und wäre er auch der Bischof – irrt sich leichter in seinem Urteil über Lehrtüchtigkeit und Orthodoxie als eine ganze Fakultät, die sorglich alles zu prüfen und ihre Anträge den akademischen Behörden und der Staatsregierung gegenüber allen Punkten hin zu begründen, dabei ihre eigene Ehre und ihre Stellung zu wahren hat.“[4]

Bischof MOSER verwies auch auf die Gutachten, die die Fakultät hatte erstellen lassen, weil sie schwerwiegende Gründe gegen eine Verweigerung des *Nihil obstat* enthielten. Sollte die Frage der Verweigerung akut werden, dann würde eine unterschiedliche Auslegung des Reichskonkordats seitens der Kirche und des Staates vorliegen. Dieses Problem zu lösen, könne nicht dem Ortsbischof überlassen werden, sondern müsste auf höherer Ebene zwischen den Vertragspartnern des Konkordats geregelt werden. Eine Verzögerung des *Nihil obstat* könne man aber auch den Studierenden in Tübingen nicht zumuten, noch weniger aber PUZA, der neben seinen Lehrverpflichtungen an der Universität Graz nun schon seit fast einem Jahr regelmäßig eine ganztägige Bahnfahrt nach Tübingen zur Lehrstuhlvertretung übernehme.

Dieses Schreiben, dem als Anlagen u. a. die vier Gutachten beigelegt wurden, brauchte seine Zeit, bis es seine positive Wirkung zeitigte. Richard PUZA nahm weiterhin die mühevolle Fahrt nach Tübingen auf sich. Drei Semester hat PUZA das Fach Kirchengeschichte in Tübingen vertreten; nachdem er vom österreichischen Wissenschaftsministerium von seinen Grazer Pflichten nicht mehr beurlaubt werden konnte, hat er die Vorlesungen in Tübingen als Lehrauftrag übernommen. Einen Hoffnungsschimmer konnte PUZA erhalten, dass das Verfahren für ihn glücklich ausginge, als die Universität seinen Dienstvertrag für das Sommersemester 1980 bis zur Ernennung als Professor verlängert hat. Das heißt, zu dieser Zeit lag das *Nihil obstat* bereits vor, nachdem sich zu Beginn des Jahres 1980, am 21. Januar, der Ständige Rat der Deutschen Bischofskonferenz in seiner 31. Sitzung in Würzburg-Himmelpforten noch einmal mit dem „Fall“ PUZA befasst hatte. Er hielt es für notwendig, zur Feststellung der theologischen Kenntnisse des Universitätsdozenten Richard PUZA ein Colloquium des Kandidaten mit einem Lehrstuhlinhaber der Katholischen Theologie und einem Vertreter des Bischofs abzuhalten. Am 6. Februar 1980 hat PUZA diese Bedingungen erfüllt und das vorgesehene Colloquium erfolgreich zu Ende geführt, d. h. mit Erfolg bestanden. Bischof MOSER hat die Stellungnahme des Ständigen Rats der Deutschen Bischofskonferenz und das positive Ergebnis des Colloquiums an den Heilige Stuhl weitergeleitet. Der Heilige Stuhl hat den vom Ständigen Rat

---

[4] Ebd.

der Deutschen Bischofskonferenz erklärten ausdrücklichen Vorbehalt bestätigt, wonach – laut Artikel 19 Satz 2 des Reichskonkordats und dessen Schlussprotokoll zu Artikel 19 Satz 2 – die allgemeingültigen Bestimmungen, unter Beachtung der einschlägigen kirchlichen Vorschriften, bestehen bleiben. Durch Dekret der zuständigen Kongregation für das Katholische Bildungswesen vom 26. Februar 1980 wurde eine Ausnahme-Dispens erteilt. Diese für PUZA erteilte Dispens dürfe nicht als Präzedenzfall geltend gemacht werden. Dem *Nihil obstat* stand nichts mehr im Wege. Am 4. März 1980 erteilte der Bischof in einem Schreiben an Minister ENGLER das *Nihil obstat* für Richard PUZA. Am gleichen Tag schrieb der Bischof auch an die Fakultät in Tübingen und bemerkte, dass es sich ja im „Fall“ PUZA um eine sehr schwierige Angelegenheit gehandelt habe, mit der sowohl die römischen Instanzen als auch die Deutsche Bischofskonferenz sich zu befassen gehabt hätten. Deshalb sei die Verzögerung eingetreten. Er, der Bischof, habe sich jedenfalls immer um eine rasche Abwicklung dieser Sache bemüht, und er begrüße es, dass einer Berufung von Herrn Dr. PUZA nun nichts mehr im Wege stehe. Am 27. November 1980 wurde PUZA vom Minister zum Ordentlichen Professor des Kirchenrechts an der Katholisch-Theologischen Fakultät der Universität Tübingen ernannt.

3. Methoden und Themen des Kanonisten. Der Weg vom Zweiten Vatikanischen Konzil zum Codex Iuris Canonici von 1983

Im Gegensatz zu früheren Epochen, da man Dekrete und Gesetzestexte, die das Lehramt oder ein Konzil publizierte, als Endprodukt betrachtete und bei der Auslegung nur von diesen positiven Texten ausging, ist die wissenschaftliche Arbeit heute wegen einer besseren Einsicht in den Prozess der Entstehung von vornherein bemüht, die Interpretation von Texten historisch-kritisch durchzuführen.

Zur Interpretation der Dekrete des Konzils von Trient (1543-1563) wurde wegen der Schwierigkeiten der Rezeption und Adaption der Dekrete 1564 von Papst PIUS IV. eine eigene Kardinalskongregation eingesetzt. Die wissenschaftliche Erforschung des Trienter Konzils begann erst, als 1881 das Vatikanische Archiv zugänglich gemacht wurde und die Görresgesellschaft die Edition der Konzilsakten übernahm. Vom Ersten Vatikanischen Konzil gab es lange Zeit keine Geschichte, die auf einer Einsicht der Akten beruhte. Zugang zu den Archiven wurde nur dem Jesuiten Theodor GRANDERATH gewährt, der zwischen 1903 und 1906 eine dreibändige „Geschichte des Vatikanischen Konzils“ herausgab, die lange Zeit als offiziöse Geschichte galt. Auch hier ist längst eine Aufarbeitung und Differenzierung durch die historische Forschung erfolgt, während die Geschichte der Kodifizierung des Kirchenrechts, die 1917 im Geiste des Ersten Vatikanischen Konzils abgeschlossen wurde, nicht immer als Problemgeschichte erkannt wurde.

Hier ist der Rechtshistoriker gefordert, der die Mechanismen der Vereinheitlichung des Rechts für das Konstrukt *societas perfecta* aufspürt und die Defizite feststellt, die sich aus der Nicht-Wahrnehmung der gesellschaftlichen Wirklichkeit ergeben. Einen Teil der Akten aus der Vorbereitungsarbeit des CIC/1917 hat Richard PUZA gesichtet. Weil er am Staatskirchenrecht interessiert ist, hat er jene Unterlagen bearbeitet, die das Staatskirchenrecht betreffen. Diese Arbeit konnte die Vorbereitungskommission nicht ohne Kontaktaufnahme mit den Staaten oder – in anderen Bereichen – ohne Konsultation der Bischöfe leisten. Eines der wichtigsten Ergebnisse dieser Recherchen war, dass dort, wo auf staatliche, politische und gesellschaftliche Interessen anderer Rücksicht genommen werden muss, die Vereinheitlichung und Systematisierung des Rechts doch erhebliche Schwierigkeiten macht.

Erste Ergebnisse eines größeren Forschungsvorhabens hat PUZA 1989 unter dem Titel „Kirchenrecht als Zeitgeschichte" vorgelegt. Auch wenn die Vorgehensweise der Arbeit am CIC/1917 im Hinblick auf Entwürfe, Schemata und Richtlinien noch nicht genau erforscht ist, so ist doch klar, dass die Anwendung des Einheitsprinzips (*uniformitas iuris*) auf der Basis dogmatischer Vorstellungen, wie sie im Ersten Vatikanischen Konzil formuliert wurden, mit der bisherigen Praxis und Anwendung des Gewohnheitsrechts in Konflikt geriet. Der Kommission lagen Voten vor sowohl für die Abschaffung des Gewohnheitsrechts als auch für ein Festhalten an diesem Recht. Die Römische Kurie war bemüht, das Gewohnheitsrecht zurückzudrängen. Auch die Bischöfe der Weltkirche waren aufgefordert worden, zu diesem Komplex Stellung zu nehmen. Die Stellungnahmen wurden unterschiedlich bewertet, aber sie gewannen immer mehr Gewicht. Schließlich hat die Kommission einen mittleren Weg beschritten. Man hat die Entstehungsbedingungen für die *consuetudo contra et praeter legem* verschärft. Hinsichtlich des *consensus legislatoris* wurden die dogmatischen Vorgaben des Ersten Vatikanischen Konzils angewandt: In der Kirche als einer *societas perfecta* kann Recht nur von oben gesetzt werden. Christus der Hirte habe die *potestas regendi* auf die Oberhirten übertragen. Dem Volk bleibe nur die Pflicht zu gehorchen. Die Trennung von Hierarchie und Volk wurde von der *societas-perfecta*-Lehre gefordert. In dem Prozess der Systematisierung des Rechts wird klar erkannt, dass es in der Diskussion zu gewissen Fragen keine klare Linie gab. Grundsätzlich wurde im Hinblick auf das Gewohnheitsrecht an der kanonistischen Tradition festgehalten. Die Modalitäten wurden aufgrund der dogmatischen Aussagen des Ersten Vatikanischen Konzils festgelegt. Aber das Argument der „Einheit der Gesetzgebung" hat sich nicht durchgesetzt. Die totale Derogation, die Abschaffung des Gewohnheitsrechts, wurde nicht durchgeführt, auch im CIC/1983 nicht.

Dieses historische Beispiel, die zeitgeschichtliche Analyse des Prozesses der „Uniformierung" der Gesetzgebung, scheint mir ein wichtiges Element in der Methode der Kanonistik als Rechtswissenschaft zu sein, wie sie PUZA anwendet. Nicht einmal die Erkenntnisse, die PUZA bei der zeitgeschichtlichen Analyse zu

Tage gefördert hat, sind entscheidend, sondern der Prozess der Gesetzgebung als solcher macht klar, wie viel Unsicherheiten, wie viel Vorgaben zu berücksichtigen sind und wie viel Veränderungen sich im Laufe der Zeit im Gesetzgebungsprozess einstellen.

PUZA zieht zwei Konsequenzen aus der Erkenntnis, dass Rechtssetzung und Rechtsfindung ein Prozess ist. Er kann souveräner an die Auslegung des CIC/1917 herangehen, weil er im Prozess der Vorbereitung nicht nur die Interessen der Kurie wahrnimmt, die auf Uniformierung des Rechts drängte. Und er überträgt das Wissen um die Vorgehensweisen und Mechanismen hinsichtlich des CIC/1917 auf den Prozess der nachkonziliaren Rechtsfindung, die im CIC/1983 abgeschlossen wurde. Er befasst sich gründlich mit der Geschichte der Reformkommission, die im Januar 1963 gegründet wurde und im November 1964 ihre Arbeit am CIC/1983 aufnahm.

Wer wie Richard PUZA die Bedingungen und Voraussetzungen der Codex-Kommission im Pontifikat PIUS' X. erforscht hat, der wird die völlig veränderte Lage erkennen, vor der sich die Reformkommission PAULS VI. gestellt sah. Im Gegensatz zum Ersten Vatikanischen Konzil, das wegen der politischen Ereignisse vorzeitig abgebrochen werden musste und deshalb die meisten Schemata unerledigt liegen ließ – verabschiedet wurden nur zwei dogmatische Konstitutionen (de fide catholica, de ecclesia Christi) –, war das Zweite Vatikanische Konzil ein Pastoralkonzil. Auch wenn die Konstitution über die Kirche in der Welt von heute „Gaudium et spes" von einigen Kritikern als zu „soziologisch" beschimpft wurde, eines war deutlich geworden: Das Kirchenbewusstsein hatte sich seit dem Ersten Vatikanischen Konzil geändert und die Texte des Konzils waren schon ein Zeugnis für dieses veränderte Bewusstsein. Und auch die dogmatische Konstitution über die Kirche „Lumen gentium" vermittelt bereits ein neues Kirchenbild. Die Vorstellung der Kirche als eine *societas perfecta*, die auch einen perfekten Mechanismus des Lebens der Kirche, das von „ewigen" Gesetzen geregelt wird, unterstellt, wurde abgelöst von der Kirche als „wanderndes Gottesvolk", von Kirche, die unterwegs ist, in Provisorien lebt, von Kirche, die sich von der Welt abschirmt und gegen die bedrohlichsten Mächte der Welt und des Satans schützende Mauern aufrichtet. Unterwegs sein heißt auch, dass diejenigen, die unterwegs sind, auch aufeinander angewiesen sind. Kirche als Ort der Begegnung der Menschen untereinander und als Ort der Gottesbegegnung.

So problematisch es auch ist, Konzilstexte in die Sprache und in die Normen des Rechts zu übersetzen, aber es muss sein. Konzil und Reform müssen zusammen gesehen werden. Wenn bereits in den Konzilstexten eine Veränderung des Bewusstseins festzustellen ist, umso mehr muss bei der Umsetzung dieser Texte darauf Rücksicht genommen werden, dass Rechterzeugung immer ein Nachziehen gegenüber den soziologischen Gegebenheiten ist.

In den Konzilstexten sind teilweise diese Veränderungen berücksichtigt, was in konservativen Kreisen zu Verunsicherungen geführt hat. Die Verunsicherung rührt nicht nur daher, dass durch die konziliaren Impulse alte, bewährte Strukturen abgelöst, sondern dass tatsächlich neue Wege im Leben der Kirche gesucht werden. Bei vielen Christgläubigen wurde ein gesteigertes Interesse für das Kirchenrecht als ein Stück gelebter und erfahrbarer Wirklichkeit wachgerufen.

Die Codex-Reformkommission sollte im Geiste des Konzils Rechtsbegriffe und Rechtsvorstellungen an das neue Kirchenbewusstsein und an das veränderte Rechtsbewusstsein anpassen. In diesen Prozess gehört auch die Beobachtung, dass seit dem Ende des Konzils Vieles im Reformprozess durch die gesamtkirchliche und teilkirchliche Gesetzgebung schon vorweggenommen wurde.

Richard PUZA ist bemüht, diesen Wandel, der sich in der Kirche vollzogen hat und vollzieht, mit seinem Fachwissen zu begleiten, Grundzüge und einzelne wesentliche Bereiche des sich verändernden und neuen Kirchenrechts darzustellen und dabei den theologischen Kontext und den historischen Werdegang der Reform zu beachten und zu berücksichtigen. Die rechtsgeschichtliche Ausrichtung seines Forschens macht ihn auch zum Kritiker, der auf Entwicklungen in diesem Prozess der Rechtsfindung und Rechtssetzung, die von der Kurie gesteuert und manipuliert werden, aufmerksam macht.

PUZA hat oft aufmerksam gemacht, wie mancher richtungsweisende Ansatz im Geiste des Konzils wieder zurückgeschraubt wurde. Dies zeigt sich, wenn man die einzelnen Entwürfe bis zum endgültigen Text des CIC/1983 verfolgt. Gegenüber enthusiastischen Aussagen römischer Kurialer ist er skeptisch. Als der damalige Sekretär der Glaubenskongregation, Erzbischof Jérôme HAMER nach Erscheinen des CIC/1983 einmal äußerte, in dem neuen Gesetzeswerk könne man die Lehre von „Lumen gentium“ und anderer Konzilsdokumente entdecken, widersprach Richard PUZA:

> „Wenn man die Literatur überblickt, die das Reformwerk begleitet hat und jetzt dessen Produkt beurteilt und auch am Konzil misst, so wird Hamers Aussage ... in Frage gestellt bzw. sogar ins Gegenteil verkehrt.“[5]

Aufgaben, die zu bearbeiten dringend erforderlich gewesen wären, wenn man das pastorale Anliegen des Konzils ernstgenommen hätte, sind im Reformprozess wohl angefangen, letztlich aber wieder ausgeblendet worden. Solche Themen waren: die Verbesserung des Rechtsschutzes, die Einführung einer Verwaltungsgerichtsbarkeit und die Neuregelung des Rekursverfahrens. Deshalb mahnt PUZA auch hier Kritik an: Auf diesen Feldern hätte aufgezeigt werden können, dass es der Kirche ernst war, als sie die Vorstellung vom Laien in der Kirche korrigiert und die Laien nicht mehr nur als Objekte der Seelsorge, sondern als deren Subjekte angesehen hat. Hätte man diese Desiderate aufgegriffen, um sie in den CIC/1983 aufzunehmen, hätte das sicher zur Rechtssicherheit in der Kirche beigetragen und das Vertrauen gegenüber dem Recht in seiner stabilisierenden Funktion gestärkt.

---

5 PUZA, Richard, Strömungen und Tendenzen im neuen Kirchenrecht, in: ThQ 163 (1983) 164.

Wir haben nur einen kleinen Ausschnitt aus dem Forschungsbericht von Richard PUZA vorstellen können und haben dabei auf zwei methodische Elemente hingewiesen: die historisch-kritische Analyse als Mittel der Rechtsgeschichte und die vergleichende Methode in den zwei Phasen der Rechtssetzung: die Vorarbeiten zum CIC/1917 und zum CIC/1983. Dieser Vergleich hat deutlich gemacht, dass eine Uniformität des Rechts, wie sie als Auftrag des Ersten Vatikanischen Konzils verstanden wurde, nicht erreicht werden konnte. Die Gründe dafür waren: Rechtstraditionen standen einer Vereinheitlichung entgegen und die gesellschaftlichen Prinzipien, die von der Dogmatik festgelegt wurden, korrespondierten nicht mit der realen Gesellschaft. Hier hat PUZA sozusagen die Schwachstellen im System aufgedeckt, die er aber in einem positiven Sinn interpretiert hat. Zugute kam ihm das neue Kirchenverständnis des Zweiten Vatikanischen Konzils. Es ist geradezu eine Lust mitzuerleben, wenn der Kanonist PUZA die Möglichkeiten aufzählt und die Räume erschließt, die sich für eine lebendige Gemeinschaft auftun, die nach rechtlichen Formen sucht, die die ganze Fülle der Aufbruchszeit fassen soll. Ausgehend von einer Autonomie des Rechts und von einer gesellschaftlichen Bedeutung postuliert PUZA ein Kirchenrecht, das die Enge bisherigen kanonischen Rechts sprengt. Kirchenrecht ist nicht nur Recht der Kirche. Die Grundlagen des Kirchenrechts sind viel umfassender, denn sie implizieren die Rechtstheorie, Rechtsphilosophie, auch Rechtstheologie, kirchliche Rechtsgeschichte und Staatskirchenrecht. Wenn also die ganze Palette der gesellschaftlichen und politischen Ebenen, die auch die Kirche berühren, ins Spiel gebracht wird, tun sich völlig neue Dimensionen auf, in denen Kirchenrecht diskutiert werden muss. Somit stehen in der kirchenrechtlichen Lehre und Forschung rechtsvergleichende Untersuchungen an, vor allem im Hinblick auf Europa. Es muss das Verhältnis der Religion bzw. der Kirchen zu den europäischen Institutionen wie Europarat, Europäische Union, Europäische Konvention für Menschenrechte neu durchdacht werden. Oder denken wir an die Konsequenzen der KSZE, die das Menschen- und Grundrecht der Religionsfreiheit artikuliert, für das Kirchenrecht. Diese Institutionen stellen nicht nur eine Herausforderung institutioneller und gesellschaftlicher, sondern auch staats- und kirchenrechtlicher Art dar.

Der zweite Raum, der sich in den optimistischen Visionen von Richard PUZA weit öffnet bzw. noch öffnen muss, ist der Binnenraum der Kirche. Durch den *communio*-Gedanken, den das Zweite Vatikanische Konzil allen ekklesiologischen Überlegungen zu Grunde gelegt hat, wird dieser Raum menschlich wärmer und (wieder) bewohnbar. Ohne das Prinzip der „Einen Kirche" aufzugeben, werden durch die neuen Verhältnisbestimmungen von Welt- und Ortskirche, von Gesamt- und Partikularkirche neue Möglichkeiten erschlossen, in denen die Ortskirche ihre spezifischen Rechtsformen finden kann. Der Stichworte, mit denen Richard PUZA begeistern und die Menschen sensibilisieren kann, sind viele. Eines ist: diakonische Funktion des Kirchenrechts. Der Gesinnungswandel, der sich in dieser Formulierung andeutet, muss erst noch bewusst gemacht werden.

Das neue Kirchenrecht steht primär nicht mehr im Dienste der Lehre und des Amtes. Es steht im Dienste der einzelnen Christgläubigen, im Dienst der Subjekte, deren Recht es schützen soll. Weitere Stichworte lauten: Synode und synodale Strukturen der Kirche, Laienrecht und Mitwirkung der Laien an der *sacra potestas*, an der Amtsvollmacht. Blickt man noch einmal zurück auf den CIC/1983 und fragt, was dieses Gesetzbuch im Hinblick auf Ökumene, auf Kirchenmitgliedschaft, konfessionsverschiedene Ehen und ökumenische Gottesdienst- und Sakramentengemeinschaft gebracht hat, so muss man sagen, dass der CIC/1983 nicht das ausgeschöpft hat, was das Konzil an Vorgaben ermöglicht hat. Richard PUZA formuliert das etwas schärfer: Das neue Kirchenrecht geht an den Erfordernissen der Praxis vorbei. Trotz dieser Feststellung resigniert er nicht. Im Gegenteil, er mahnt zur Geduld und lässt sich von seinem Optimismus nicht abbringen. Dafür müssen wir ihm danken.

4. Die Bemühungen PUZAS, dem Kirchenrecht einen Sitz im Leben einzuräumen

Im Normalfall haben Christinnen und Christen kaum eine Vorstellung von Kirchenrecht und noch weniger vom Kirchenrecht als Wissenschaft. Viele Bestimmungen werden so selbstverständlich hingenommen, dass man sie gar nicht als Rechtsvorschrift erkennt und nicht auf den Gedanken kommt, sie zu hinterfragen. Selbstverständlich, ja fast schicksalhaft, wurden z. B. die Bestimmung gesehen, dass nur ein getaufter Mann die Priesterweihe empfangen dürfe (can. 1029) oder die Vorschrift, dass, auch wenn Priestermangel herrsche, nur ein Priester eine Gemeinde leiten dürfe (can. 517 § 3). Durch den Priestermangel und im Gefolge damit durch den Notstand, dass viele Gemeinden keinen eigenen Pfarrer mehr haben, besinnt man sich darauf, wie man dieser Not begegnen könne, und beginnt, kirchenrechtliche Bestimmungen zu hinterfragen.

In diesem Konfliktfall, der heute fast als Allgemeinzustand beschrieben werden kann, werden die Gläubigen auf das Rechtssystem der Kirche verwiesen. Daneben gibt es den Einzelfall, dass ein normaler Christ mit dem Kirchenrecht in Berührung kommen kann, das ist der Konflikt mit dem Eherecht. Aufklärung über das Eherecht war schon immer ein Bedürfnis für die Betroffenen und gehörte zu den wichtigsten Bereichen eines akademischen Lehrers. Durch das neue Kirchenbild, wie es das Zweite Vatikanische Konzil zur Grundlage aller pastoralen und kirchenrechtlichen Überlegungen gemacht hat, und durch das neue Kirchenbewusstsein, das seit dem Konzil in den Pfarrgemeinden heranreift, ist auch das Interesse am Kirchenrecht entfacht worden. Es wird nach einem „besseren Recht" gefragt. PUZA, der nicht nur *ex officio* die rechtliche Situation in Umbruchzeiten erforschen und anstehende Fragen beantworten muss, hält immer Kontakt mit der Praxis.

Wer aber den Sitz des Lebens des Kirchenrechts aufsuchen will, muss die gesamtgesellschaftlichen Verhältnisse und die politische Wirklichkeit berücksichtigen. Mehr noch als im innerkirchlichen Bereich, speziell im Eherecht (das ja zunächst Sakramentenrecht ist), wird es zwischen kirchlichem und allgemein gesellschaftlichem Rechtsdenken immer Spannungen und Konflikte geben, in denen das Kirchenrecht hinterfragt und besonders die eine Frage aufgeworfen wird, ob es zwischen hierarchischen und demokratischen Strukturen einen Ausgleich gibt. Das Staatskirchenrecht, das sich seit der Frühen Neuzeit entwickelt hat, versuchte, mittels von Vereinbarungen und Verträgen, die *res mixtae*, Angelegenheiten wie Schule und Theologische Fakultäten, die beide Parteien berühren, zu klären. Der absolutistische Staat hat sich zum demokratischen Staat gewandelt. Was früher zwischen den Regierungen einzelner Staaten verhandelt wurde, daran beteiligen sich die Parlamente und die gesellschaftlichen Gruppen. Gleichzeitig verliert die Kirche an Akzeptanz in der Gesellschaft. Durch politische Ereignisse werden die Handlungsfelder des Staates erweitert, wenn man an die Wiedervereinigung der deutschen Staaten oder an die Europäische Union denkt.

Auf der anderen Seite hat die Sozialform der Kirche, wie sie vor allem durch den *communio*-Gedanken nach dem Zweiten Vatikanischen Konzil in der Pastoral entfaltet wurde, das Bewusstsein der Gläubigen verändert. Da neue Lebensformen nach innen und nach außen auch einen rechtlichen Ausdruck finden müssen, bedeutet diese Veränderung auch eine Sensibilisierung der Menschen , die das kirchliche Rechtsdenken aktivieren kann.

Richard PUZA hat die Chance erkannt, die sich ihm als Kanonist an einer Katholisch-Theologischen Fakultät bietet, nämlich an der sich verändernden Rechtsform der Kirche mitzuwirken; und er hat sich ein Forum gesucht, auf dem er seine wissenschaftlichen Erkenntnisse umsetzen und an Frauen und Männer in der Kirche vermitteln kann, deren Wunsch, Kirche zu sein, sich auch in einem Interesse für kirchliches Rechtsdenken niederschlägt. Die Sensibilisierung einzelner kann auch dadurch erfolgen, dass sie durch eine Lösung von Konfliktsituationen zwischen Kirche und Gesellschaft oder Kirche und Staat mehr oder weniger betroffen sind oder unter der Diskrepanz der verschiedenen Rechtsauffassungen leiden.

Der Schnittpunkt dieser verschiedenen Interessen, die nach Austausch und gegenseitiger Befruchtung drängten, war die Akademie der Diözese Rottenburg-Stuttgart, die zum idealen Forum postkonziliarer Erneuerungsarbeit wurde.

Konkreter Anstoß zu einer ersten Akademietagung war die so genannte Kölner Erklärung „Wider die Entmündigung – für eine offene Katholizität", die von einigen Professoren der katholischen Theologie initiiert, von 162 Professoren unterschrieben und am 6. Januar 1989 veröffentlicht wurde. Der Inhalt der Erklärung waren Hinweise, dass päpstliche Erklärungen und Entscheidungen der Kurie gegen die Ortskirche gerichtet waren, obwohl diese in den Dokumenten des Zweiten Vatikanischen Konzils eigenständiger gesehen wurde. Das waren Äußerungen Papst JOHANNES PAULS II. zur Geburtenregelung, die sich gegen die Königsteiner Erklärung der deutschen Bischöfe richtete. Aufmerksam gemacht wurde auf die Art und Weise der Besetzung theologischer Lehrstühle in Deutschland, die keineswegs durchschaubar war und nicht immer das Konkordatsrecht beachtete. Und schließlich wurde die Art der Besetzung der Bischofsstühle kritisiert. Damals war Bischof Joachim MEISNER von Berlin nach Köln transferiert worden – gegen den Widerstand des Kölner Domkapitels.

Dank der Kooperation der Katholisch-Theologischen Fakultät und der Akademie der Diözese Rottenburg-Stuttgart – letztlich ein glückliches Zusammentreffen von PUZA mit dem damaligen Akademiereferenten und derzeitigen Direktor der Akademie, Dr. Abraham Peter KUSTERMANN – konnte zu einer Tagung mit dem Thema: „Frost auf die Blüten des Teilkirchen-Rechts? Kirchenrechtliche Konflikte zwischen Rom und den deutschen Ortskirchen“ auf den 8. bis 10. Dezember 1989 nach Stuttgart-Hohenheim eingeladen werden. Der Text der Einladung ist aufschlussreich, weil er die Struktur der Kirche als ‚Communio‘ hervorhebt und damit den theologischen Gleichrang, die theologisch gleiche Würde der Gesamt- und Teilkirche als verbindliche Lehre betont. Grundsätzlich sind damit aber die Spannungen zwischen universalem und partikularem Recht angedeutet, die immer zum Ausbruch kommen können, wenn die rechtlichen Konsequenzen für die Teilkirche gezogen werden.[6]

Die Tagung in der Akademie der Diözese Rottenburg-Stuttgart fand Anklang und wurde fortgesetzt. PUZA und KUSTERMANN machten die Akademietagungen in einem bisher nicht gekannten Ausmaß zu lebendigen Foren der Kommunikation über Rechtsfragen und Rechtsprobleme. Sie wurden so Ausdruck eines neuen Kirchen(rechts)bewusstseins. Konkreter Anlass für die nächste Tagung war die Wiedervereinigung der deutschen Staaten im Jahre 1989.

Probleme ergaben sich aus der unterschiedlichen Weiterentwicklung des Staatskirchenrechts, das nach wie vor auf der Weimarer Verfassung basierte, nach 1949 aber wegen positiver Rechtssetzung der beiden deutschen Staaten sich unterschiedlich weiterentwickelt hatte. Unter dem Titel „Geeintes Deutschland: Neue Rechtsfragen zwischen Kirche und Staat“ fand diese Tagung vom 22. bis 24. März 1991 in der Außenstelle der Akademie in Weingarten statt. Als 1994, also im fünften Jahr nach der Wiedervereinigung der Bundesrepublik Deutschland mit der Deutschen Demokratischen Republik, das „Handbuch des Staatskirchenrechts der Bundesrepublik Deutschland“ (hg. v. Joseph LISTL und Dietrich PIRSON) zu erscheinen begann, zeigte es sich, dass das Staatskirchenrecht in Theorie und Praxis vor neuen Herausforderungen stand, nämlich die anstehenden und noch ungelösten Fragen sach-, zeit- und situationsgerecht zu beantworten und einen gesellschaftlichen Konsens darüber herbeizuführen. Auch zu dieser Tagung kam ein interessiertes Publikum, zusammengesetzt aus Fachleuten, wissenschaftlichen Nachwuchskräften, Kirchenjuristen und Teilnehmerinnen und Teilnehmern ohne vergleichbare Fachkompetenz, die aber keines-

---

6 Vgl. dazu ausführlich den Beitrag von Abraham Peter KUSTERMANN in diesem Band, 843-860.

wegs nur eine Zuhörerrolle einnahmen, sondern sich an den lebhaften Diskussionen beteiligten. Die Fortsetzungstagung mit dem Thema „Kirche und Staat – vertragliche Partnerschaft mit Zukunft. Entwicklungen und Tendenzen im Kirchenvertragsrecht" fand vom 1. bis 3. Dezember 1994 in Weingarten statt. Auf dieser Tagung wurden die verschiedenen evangelischen und katholischen Kirchenverträge mit den neuen Bundesländern und das (damals noch nicht unterzeichnete) Konkordat mit Polen analysiert und man befasste sich mit der Theorie, d. h. mit Prinzipien- und Legitimationsfragen des Kirchenvertrags- und Konkordatsrechts.

Die politische und vor allem wirtschaftliche Entwicklung in Europa führt zu einem neuen europäischen Selbstverständnis seiner Bewohner. Auch auf dieser Bühne sind fundamentale Umbrüche zu registrieren. In der Frage, wie das neue Europa aussehen soll, ist man von der Vorstellung des „gemeinsamen Markts" zu dem Symbol des „gemeinsamen Hauses" gelangt. An den Mechanismen des Marktes waren die Kirchen nicht unbedingt interessiert, so glaubte man wenigstens. Inzwischen hat man gemerkt, dass auf dem Weg der Vereinheitlichung prinzipiell kein Lebensbereich ausgeklammert werden kann. Damit aber treten die rechtlichen Strukturen in den Vordergrund. Wenn es um die Ausgestaltung der Rechtsbeziehungen zwischen den Kirchen und den Staaten geht, muss das staatliche Religionsrecht diskutiert, aktiviert und ins Bewusstsein der europawilligen Menschen gebracht werden. Die Akademie griff in Zusammenarbeit mit dem Lehrstuhl PUZA das Thema „Staatliches Religionsrecht im europäischen Vergleich" in einer Tagung vom 5. bis 7. Dezember 1991 in Stuttgart-Hohenheim auf.

Zwei Tagungen waren dem Eherecht gewidmet, ein Bereich, auf dem der Einzelne am ehesten mit den rechtlichen Bestimmungen, auch im Konflikt, in Berührung kommen kann. Konflikte können vor allem dadurch entstehen, dass einund derselbe Mensch dem zivilen (staatlichen) und dem kirchlichen Eherecht unterstellt ist. Die Tagung vom 10. bis 12. Dezember 1992 in Weingarten unter dem Thema „Ehebeginn und Eheende. Aktuelle Tendenzen in Kirchen- und Zivilrecht" wollte das Gespräch über die Ehe zwischen den unterschiedlichen Rechtssystemen intensivieren. Der gemeinsame Hirtenbrief der drei Bischöfe der Oberrheinischen Kirchenprovinz, Karl LEHMANN (Mainz), Oskar SAIER (Freiburg) und Walter KASPER (Rottenburg), „Zur seelsorglichen Begleitung von Menschen aus zerbrochenen Ehen, Geschiedenen und wiederverheirateten Geschiedenen" vom 10. Juli 1993 und die römischen Reaktionen darauf vom 14. September 1994 waren konkreter Anlass, um das Thema Ehe auf einer weiteren Tagung aufzugreifen: „Leitbilder von Ehe in Konkurrenz und Widerstreit. Theologische und kirchenrechtliche Erblasten eines aktuellen Konfliktes". Die Tagung fand vom 30. November bis 1. Dezember 1995 in Stuttgart-Hohenheim statt. Brisant war das Thema insofern, als der Hirtenbrief deutlich und engagiert dem konziliar erneuerten Leitbild der Ehe verpflichtet ist, während in der römischen Reaktion autoritative Ansprüche und traditionelle Tendenzen laut wurden.

Es ist bemerkenswert, dass es in der Kirche Foren gibt, auf denen konkurrierende Positionen offen gegenüber gestellt und diskutiert werden. Solche praxisbezogenen Erfahrungen beleben den akademischen Lehrbetrieb an der Universität.

Eine Fortsetzung dieser Problematik erfolgte auf einer Studientagung über die Rechtsstellung wiederverheirateter Geschiedener in der katholischen Kirche, die am 3. April 2001 in Tübingen unter dem Thema „Geschieden – Wiederverheiratet – Integriert? Diskussion eines Entwurfs einer teilkirchenrechtlichen Ordnung" abgehalten wurde. Offensichtlich hat das Gespräch in der Diözesanakademie die Impulse gegeben, die Erfahrungen, vielleicht auch die Nöte, die da zu Sprache gekommen waren, pastoral aufzuarbeiten, um dann in dem „Entwurf einer teilkirchenrechtlichen Ordnung" den Betroffenen, aber auch den Seelsorgerinnen und Seelsorgern verbindliche Auskünfte über die Rechte und Pflichten geschiedener und staatlich oder nichtkatholisch-kirchlich wiederverheirateter geschiedener Gläubiger zu geben.

Dieser Studientag verdeutlicht, wie am Lehrstuhl für Kirchenrecht gearbeitet und die Verbindung zur Praxis hergestellt wird. Interdisziplinarität ist eine Grundvoraussetzung für die kanonistische Arbeit. Da es sich bei diesem Unternehmen auch um ein pastorales Anliegen handelt, das sich nicht auf das Kirchenrecht reduzieren lässt, stand am Anfang des Studientages ein Vortrag von Prof. Bernd Jochen HILBERATH über dogmatische Aspekte der Pastoral an wiederverheirateten Geschiedenen. Die zwei anderen Referenten gehören zum näheren Umfeld des Lehrstuhls, die aber inzwischen in der Praxis ihren Standort haben. Lizentiat Stefan IHLI, einst Assistent am Lehrstuhl, ist inzwischen als Ehebandverteidiger für die Diözese Rottenburg-Stuttgart tätig. Dr. Engelbert FRANK, ein Schüler von PUZA, ist Richter am Bischöflichen Offizialat in Rottenburg. Dokumentation gehört zum Instrumentarium des Forschens. Während IHLI einen geschichtlichen Überblick über universal- und ortskirchliche Lehräußerungen zur Frage der Wiederverheiratung Geschiedener zusammengestellt hat, referierte PUZA über die Ergebnisse einer Umfrage unter den Offizialaten des deutschen Sprachraums einschließlich des Offizialates Strassburg, welche Regeln im Umgang mit den Wiederverheirateten angewandet werden. FRANK, der Praktiker, legt einen Entwurf zur Diskussion vor, der aus einer zehnjährigen Tätigkeit als kirchlicher Richter, der täglich mit dem Schicksal und der Not gescheiterter Ehen konfrontiert ist. In der Einleitung kann PUZA darauf hinweisen, wie lange er sich mit dieser Thematik befasst und welche Herausforderung es bedeutet, zwischen den theologischen Lehren, den Vorgaben des Codex Iuris Canonici und den pastoralen Bedürfnissen zu vermitteln und gangbare Wege zu finden, die aus Konflikten herausführen.

Offenheit ist dringend erforderlich, wenn es um Bestimmungen und Recht geht, die den Binnenraum der Kirche betreffen. Die synodalen Strukturen der Kirche sind eines der Hauptthemen, die Richard PUZA immer wieder aufgegriffen hat. Auf dem Forum der Akademie wurde das Thema „Synodale Strukturen

– Synodales Recht. Mitwirkung in Recht und Leben der Kirche“ vom 2. bis 4. Dezember 1993 in Stuttgart-Hohenheim diskutiert. Die Rahmenbedingungen der cann. 460-468 CIC lassen nicht zu, was das synodale Prinzip beinhaltet, nämlich den Grundsatz der Mitwirkung aller Getauften an der Leitung der Kirche. Can. 466 besagt, dass der Diözesanbischof einziger Gesetzgeber in der Diözesansynode ist, während die anderen Teilnehmer der Synode nur beratendes Stimmrecht haben. Hier darf ein Lehrer des Kirchenrechts nicht müde werden, aufzuklären und vor allem auch auf die Geschichte der christlichen Kirchen hinzuweisen. Auf dem Forum der Akademie kann solches geleistet werden, dass Katholikinnen und Katholiken sensibilisiert werden zu einem mündigen und verantwortungsvollen Glied innerhalb der *communio*.

5. Erasmus-Programm und Lehrbuch „Katholisches Kirchenrecht“

Die europäische Dimension taucht im Denken von Richard PUZA nicht nur als Kategorie des Rechts auf, als gegenwärtiges und zukünftiges Handlungsfeld kirchlicher Rechtsprechung und kanonistischer Theoriebildung, er sieht vor allem die Menschen, die das neu entstandene Netzwerk mit Leben füllen sollen, und das sind die Studentinnen und Studenten von heute. Hier tut sich wiederum ein Praxisfeld auf, das zu bestellen PUZA keine Mühe scheut.

Die Ausarbeitung des Erasmus-Programms, das den Austausch von Studentinnen und Studenten zwischen einzelnen Universitäten der europäischen Staaten fördert, ist für den theologischen Bereich im wesentlichen von Richard PUZA initiiert und organisiert worden. Am Anfang stand eine Partnerschaft der Katholisch-Theologischen Fakultät der Eberhard-Karls-Universität Tübingen mit der Université Catholique de Lyon (Frankreich), die von Professor Norbert GREINACHER angeregt worden war. PUZA dehnte diese Partnerschaft, die zunächst nur auf Dozentenebene praktiziert wurde, auf Studentinnen und Studenten aus. Grundlage dieses Austausches waren die Richtlinien des Erasmus-Programms, wie sie die Europäische Gemeinschaft aufgestellt hat. Das bedeutet, dass die einzelnen Fakultäten sich bereit erklären mussten, Studienzeiten und Studienleistungen anzuerkennen und Prüfungen im Rahmen der Abmachungen abzuhalten. Das Programm soll in Zukunft durch gemeinsame, integrierte Studiengänge intensiviert werden.

Im Laufe der Zeit schlossen sich mehrere Universitäten dem Austauschprogramm an: die Université de Fribourg (Schweiz), die Universidad Pontificia Comillas de Madrid (Spanien), das St. Patrick's College Maynooth (Irland), die Universidad de Deusto Bilbao (Spanien), The Milltown Institute of Theology and Philosophy Dublin (Irland), die Leopold-Franzens-Universität Innsbruck (Österreich), die Katholieke Universiteit Leuven (Belgien), die Université Catholique de Louvain la Neuve (Belgien), das Heythrop College, University of London (Großbritannien), die Pontificia Facoltà Teologica dell'Italia Meridionale Napoli (Italien), die Katholieke Universiteit Nijmegen (Niederlande), das

Institut Catholique de Paris (Frankreich), die Universidade Católica Portoguesa, Centro Regional di Porto (Portugal), die Universidad Pontificia de Salamanca (Spanien), die Université Marc Bloch Strasbourg (Frankreich) und die Universität Wien (Österreich). Unter besonderen Bedingungen ist ein Austausch möglich mit der Aristoteles-Universität Thessaloniki (Griechenland) und der Pontificia Università Gregoriana Roma (Italien). Die Katholisch-Theologische Fakultät unterhält mit dieser Vielzahl von europäischen Fakultäten die Verbindung, um studiengebührenfreie Studienaufenthalte zu vermitteln. Richard PUZA ist Tübinger Koordinator im Rahmen dieses Netzwerkes. Sein Lehrstuhl ist die Anlaufstelle für Anfragen und Vermittlung.

Das Porträt von Richard PUZA wäre unvollkommen, wenn ich nicht sein Lehrbuch „Katholisches Kircherecht" in das Bild hineinnehmen würde. Ich würde es am liebsten in die Hand des Porträtierten legen. Das Lehrbuch fasst zusammen, komprimiert sozusagen den Gedanken, den ich in dem Porträt zum Ausdruck bringen wollte: die Verbindung von Lehre und Leben.

Die beste Charakterisierung des Menschen PUZA ist die des Lehrers. Er will Lehrer sein, er will vermitteln, er will Leben vermitteln, und zwar in einer Disziplin, die im Laufe der Kirchengeschichte nicht gerade lebensbejahend war. Aber im Aufwind des Zweiten Vatikanischen Konzils hat er erkannt, welche Chancen in einem Kirchenrecht liegen, dessen Funktion die *diaconia* ist. So ist das Lehrbuch zum katholischen Kirchenrecht entstanden aus langen Lehrerfahrungen an Juristischen und Katholisch-Theologischen Fakultäten und, wir müssen hinzufügen: aus der Arbeit in Gremien an der Basis. Es ist gedacht für Studentinnen und Studenten der Theologie und der Rechtswissenschaft als Einführung und als Anleitung zum vertieften Studium. Und jene Teile, die am meisten von dem Kontakt mit der Praxis profitiert haben, sind wertvoll für den Seelsorger und den Juristen in der Praxis, das sind vor allem die Partien über das Vermögensrecht und das Eherecht. In mehrfacher Hinsicht ist das Lehrbuch die „summa" seines Lebens. Zu dieser Summe, dem Lehrgebäude, gehören die soliden Grundlagen, von denen ich im Zusammenhang mit meinem Gemälde direkt noch nicht gesprochen habe, aber sie sind vorhanden. Im Lehrbuch nehmen die Grundfragen des Kirchenrechts einen breiten Raum ein. Das Lehrbuch ist in zweiter Auflage erschienen. Damit kann ich einen weiteren zusammenfassenden Grundzug des Lehrers mit einem Pinselstrich nachziehen: Forschen und Lehren sind einem ständigen Wandel unterworfen. Zur Bewältigung des Leben gehört, dass diese Veränderungen auch reflektiert werden. Das geschieht bei Richard PUZA, dem Lehrer, immer, nicht nur in seinem Lehrbuch.

Wenn wir uns zum Schluss die Frage stellen, was das Motiv ist, weshalb Richard PUZA soviel persönlichen Einsatz leistet und vor allem warum er trotz kritischer Sichtung der Entwicklung in der Kirche einen solchen Optimismus aufbringen kann, so gibt es m. E. mehrere Hinweise, die das erklären können. Da ist zunächst einmal die fachliche Kompetenz als Jurist und Rechtshistoriker zu erwähnen. Wer historisch arbeitet und geschichtliche Analysen durchführt, der gewinnt gegenüber allem, was geworden ist, eine relativierende Distanz, gleichzeitig aber eine gewisse Souveränität gegenüber dem Werden. Auch die Entwicklung des Rechts ist ein Prozess, der seine Zeit braucht. Ängste, so meine ich immer, kennt Richard PUZA in diesem Prozessdenken nicht, weil die Interpretamente für seine Arbeit am Kirchenrecht Begriffe sind, die das Zweite Vatikanische Konzil in den Vordergrund geschoben hat: *communio* und *diaconia*. Hier wird der Theologe fassbar. Und dann kommt noch etwas anderes hinzu: Richard PUZA nimmt die Erfahrungen der Menschen ernst, seine eigenen und die der anderen. Das ist *communio* und *diaconia* ins Leben übersetzt, in den Begegnungen der Menschen, im freundschaftlichen Kontakt, im Umgang mit Studentinnen und Studenten und auf internationalem Parkett, in der Vermittlung an der Basis und in der Mitarbeit in lokalen und diözesanen Gremien. Richard PUZA verkörpert eine Biographie, die geprägt ist vom Kirchenrecht, das eine diakonische Funktion ausübt.

I. (Rechts)Geschichte

Κανών (regula) chez Irénée de Lyon et Origène

Dominique Bertrand

1. Un fondement du droit canonique?

La préface du Code de droit canonique, promulgué par JEAN-PAUL II le 25 janvier 1983, assigne dans un début à l'entreprise du droit canon. De façon large, sans doute même un peu trop, elle explique, les premiers mots de l'exorde:

> „Dès les premiers temps de l'Église, on prit l'habitude de rassembler les canons sacrés afin qu'ils puissent être plus facilement connus, utilisés et observés ..."[1].

Si l'on entend „les premiers temps de l'Église" comme l'époque patristique, celle-ci durant six à sept siècles, un certain besoin de préciser les moments peut se faire sentir. En revanche, la suite de la même phrase indique des documents datés, mais plutôt vers la fin de la période, aux Ve et VIIe siècles:

> „... [connus, utilisés et observés] surtout par les ministres sacrés, ‚car aucun prêtre ne peut ignorer les canons', disait déjà le pape Célestin dans sa lettre aux évêques d'Apulie et de Calabre datée du 21 juillet 429.[2] Le IVe concile de Tolède (en 633) se trouve en harmonie avec ces mots lorsque, une fois restaurée la discipline de l'Église libérée de l'arianisme au royaume des Wisigoths, il prescrivait: ‚Les prêtres doivent connaître les saintes Écritures et les canons' parce que ‚l'ignorance, mère de toutes les erreurs, doit être évitée surtout chez les prêtres de Dieu.'"[3]

Cette mise en perspective est, à l'évidence, tout à fait suffisante comme *captatio benevolentiae* initiale. Elle a le mérite supplémentaire d'indiquer une aire de recherche intéressante, et qui peut être définie par les questions que voici: faut-il attendre le IVe et le VIIe siècles pour que la notion de „canon" surgisse dans le discours ecclésial? Remonter dans les temps patristiques jusqu'au Nouveau Testament ne permettrait-il pas de mieux cerner un sens originel du terme, peut-être masqué dans la suite des temps par le succès technique qu'il a rencontré? Quoi qu'il en soit, il faut savoir gré à la première phrase de la mise en place historique placée en tête du Code de droit canonique d'avoir mis en vedette le mot qu'il n'y a pas à quitter d'un pas en cette étude[4]: „κανών".

---

1 Code de droit canonique. Texte officiel et traduction française, Paris 1984, XVII.

2 Cf. JAFFÉ I, n. 371; MANSI IV, col. 4691.

3 Can. 25: MANSI X, col. 627.

4 Voir en particulier KITTEL, Gerhard, „Κανών", in: Theologisches Wörterbuch zum Neuen Testament III, Stuttgart 1938, 600-606. Des rapprochements sont opportunément fait avec la grécité classique (600 ss.), notamment avec le sens architectural et esthétique du mot. En revanche, de façon idéologique, et dépassée aujourd'hui, la notice sé-

En fait, des emplois suffisamment nourris du terme n'apparaissent guère avant IRÉNÉE DE LYON. Ce n'est pas que les quatre usages qu'en fait PAUL soient sans intérêt. Le mot apparaît trois fois dans les derniers versets de 2 Corinthiens 10, 12-18. L'Apôtre se défend d'être l'ambitieux que certains prétendent:

> „Se mesurant eux-mêmes avec eux-mêmes et se comparant à eux-mêmes, ils manquent d'intelligence. Pour nous, nous n'irons pas nous vanter hors de mesure, mais nous prendrons comme mesure le canon même que Dieu nous a assigné comme mesure, celle de parvenir jusqu'à vous. Car nous ne nous étendons pas indûment, comme ce serait le cas si nous n'étions pas parvenus jusqu'à vous avec l'Évangile du Christ. Nous ne nous vantons pas hors de mesure au moyen des travaux d'autrui, mais en ce que nous avons cette espérance à partir de votre croissance dans la foi: être magnifiés encore davantage chez vous en conformité à notre canon, être porteur de l'Évangile au-delà de chez vous, n'être pas glorifiés d'après le canon d'autrui en ce qui est déjà réalisé. Que celui qui est glorifié soit glorifié dans le Seigneur."[5]

L'intérêt de ce passage difficile à interpréter dans le détail, mais admirablement composé est de désigner un sens tout sapientiel et non moral de canon. PAUL parle ici en philosophe luttant contre la démesure par l'intelligence, comme le manifestent à la fois, à la fin du verset 12, l'accusation rétorquée par PAUL à ses opposant de manquer d'intelligence et, au verset 17, le contexte de sagesse de la citation de JÉRÉMIE. De plus, le critère n'est pas ici un commandement, quel qu'il soit, mais il est géographique et événementiel, ce qui ne l'empêche pas d'être divin: c'est Dieu qui lui a donné comme canon d'avoir évangélisé Corinthe. Et c'est le Christ lui-même qui donne à PAUL de se glorifier dans les succès apostoliques à Corinthe. Tout est ici sapientiel, philosophiquement, christologiquement, théologiquement sapientiel. Il faut en dire autant du quatrième emploi du mot en Galates 6, 15-16, c'est-à-dire dans les tout derniers versets de l'épître:

> „Car la circoncision n'est rien ni l'incirconcision: il s'agit être une créature nouvelle. Et à tous ceux qui suivront ce canon, paix et miséricorde, ainsi qu'à l'Israël de Dieu."

Toute la doctrine antilégaliste des Galates – et des Romains – est résumée dans cette formule saisissante qui suit immédiatement l'affirmation de la glorification du chrétien dans le Crucifié. Ces éléments, notamment la véritable non-dépendance du mot par rapport à la loi et à la morale, sont de la plus haute importance. Mais les données sont trop parcellaires. „Κανών" n'est encore chez PAUL qu'une semence qui n'a pas encore trouvé le terroir de son développement.

---

pare de façon trop tranchée le sens néo-testamentaire et le sens ecclésiastique catholique du terme. La présente étude réagit aussi là-contre.

5 Nous avons pris soin dans notre traduction de bien mettre en valeur, dans les verses 15 et 16, la progression en asyndète des trois infinitifs homéotéleutes, μεγαλυνθῆναι, εὐαγγελίσασθαι, καυχῆσασθαι; de plus „κανών" apparaît dans le premier et le dernier colon et le dernier verbe est repris immédiatement deux fois dans la citation qui suit de Jr 9, 22 s.

Ni les Pères apostoliques ni les Apologètes ne sont encore ce terroir. Chez les premiers, on ne relève que trois emplois dans l'Épître aux Corinthiens de CLÉMENT. Ce n'est là peut-être pas tout à fait un hasard. CLÉMENT cite proportionnellement plus les deux épîtres que chacun des autres livres de la Bible, les psaumes exceptés; il évoque nommément à ses destinataires la première écrit et il cite la fin du passage rapporté ci-dessus.[6] Citons les trois phrases:

> „[Autrefois, vos femmes] se tenaient dans le canon de la subordination et vous leur enseigniez à gouverner leur maison dans la dignité et à observer en tout la discrétion" (1,3);
> „Laissons donc les préoccupations vaines et inutiles et conformons-nous au canon illustre et vénérable de notre tradition" (7,2);
> „Que chacun de vous, frères, à son rang particulier, plaise à Dieu en agissant avec une conscience droite, avec dignité, selon le canon qui a été déterminé pour sa fonction" (41,1).[7]

L'éditrice a traduit respectivement canon, trois fois au singulier, par „règle", „normes", „règles". Il y a à craindre là un anachronisme moralisateur. La prudence est de reprendre le sens sapientiel de PAUL, et cette justesse historique est loin de rendre le texte moins beau. Mais le cas est significatif. Il y a une tendance très forte, chez les patristiciens actuels à faire remonter jusqu'à l'origine, pour „κανών", un sens qui ne se développera que plus tard, et non sans garder secrètement en lui – c'est notre conviction – quelque chose de sa valeur première.

Quoi qu'il en soit, avec PAUL comme avec CLÉMENT, même si le mot apparaît trois fois au long de ce dernier écrit, le ponctuant peut-être, la base est trop faible pour pouvoir receler un fondement de ce qu'il est devenu certainement depuis le IVe siècle. Et, si la signification sapientielle qui a paru se dessiner donne à penser, elle réclame d'être élargie et étayée. IRÉNÉE DE LYON va être l'initiateur en ce domaine.

2. IRÉNÉE DE LYON

Il semble bien, en effet, que le second évêque de Lyon a apporté un souffle nouveau à l'utilisation de „κανών", ou plutôt de „regula", dans la mesure où son grand ouvrage, „Contre les Hérésies"[8], ne nous est connu, dans son ensemble,

---

6 Voir CLÉMENT DE ROME, Épître aux Corinthiens (éd. JAUBERT, Annie, SouChr 167, Paris [2]2000), respectivement: 47, 1-3, 176-179; 13, 1 et 30; 6, 120-123 et 148 s.

7 Ibid., 100 s., 110 s., 166 s.

8 Pour citer cette œuvre, nous utiliserons, comme plus pratique, l'édition compacte en un volume avec la traduction seule, IRÉNÉE DE LYON, Contre les hérésies. Dénonciation et réfutation de la prétendue gnose au nom menteur (éd. ROUSSEAU, Adelin), Paris [3]1991. Mais, pour les commentaires spécialisés, nous nous référerons aux dix volumes des SouChr. Il est à noter qu'il y a, désormais une traduction allemande de cette œuvre, comme aussi de la „Démonstration de la prédication apostolique" (traduction BROX, Norbert, in: FC VIII/1.2.3.4.5, Freiburg i. Br. 1993, 1993, 1995, 1997 et 2001). La nu-

qu'en latin, le grec n'étant accessible que par des fragments, parfois assez considérables. Le génie propre de l'auteur n'explique pas à lui seul cette fortune du mot chez lui. Celle-ci renvoie à un besoin de l'Église de la fin du IIe siècle. Il convient de s'en assurer, avant de produire les textes et d'en montrer la pertinence pour l'objet de notre recherche.

2.1. Le moment de la gnose chrétienne

Les deux premiers siècles de l'histoire ecclésiastique ont été marqués par des moments contrastés. Par là, il n'est pas fait seulement allusion aux alternatives de calme et de persécution, qui sont bien connues. Les contrastes englobent l'ensemble, les relations avec le monde ambiant et les remous intérieurs, l'attitude des martyrs comme la réflexion théologique des témoins qui nous restent de ces années. A tout prendre ainsi en même temps au fil des années, on voit sans peine apparaître des périodes vraiment différentes d'une même foi vivante. La foi vit, précisément, de traverser des configurations sociales, culturelles, politiques et religieuses, et de trouver là même de prendre position.[9]

Les chapitres des manuels de patrologie balisent assez bien cette histoire déjà mouvementée de l'Église primitive, qui n'a rien d'un paradis, ni à l'intérieur, ni à l'extérieur, mais est bel et bien un chantier en reprise perpétuelle. Il leur est habituel de distinguer, après le temps de la prédication apostolique où s'élabore le Nouveau Testament, celui des Pères apostoliques, puis celui des Apologètes. Chacun de ces moments est marqué par des luttes spécifiques, mais aussi par des acquis obtenus dans ces épreuves mêmes et qui vont devenir un bien indivis du peuple nouveau. Ainsi, dans la génération de ceux qui reçoivent des apôtres le Nouveau Testament, les petites communautés dispersées, dont la vie est difficile entre les païens et les juifs, inventent-elles une communion universelle entre des Églises qui sont implantées, ici et là, dans une communion locale hiérarchique autour de l'évêque. C'est dans la dynamique de cette nouveauté-là, que CLÉMENT écrit dans l'adresse de l'Épître aux Corinthiens déjà utilisée:

> „L'Église de Dieu en séjour [παροικοῦσα] à Rome à l'Église de Dieu en séjour à Corinthe."[10]

La constitution de l'Église s'est compliquée, à coup sûr, au cours des siècles. Mais fondamentalement, unité, hiérarchie et communion, la structure est déjà en place. Autre exemple: avec les Apologètes, le christianisme a eu l'audace de

---

mérotation des paragraphes du texte et des traductions reste la même à travers toutes les éditions modernes.

9 Sur ce type de périodisation, voir BERTRAND, Dominique, Les temps dramatiques de la patristique, in: A La Lumière des Pères de l'Église ... Un temps nouveau pour les homme. Colloque du Centre Sèvres en lien avec l'Institut des Sources Chrétiennes (22-23 octobre 2000), Paris 2000, 1-23, surtout, 14-20.

10 CLÉMENT DE ROME (note 6), 98 s.

s'expliquer, comme telle, à l'intelligentsia païenne et juive.[11] Là encore, de façon conjoncturelle, a été imprimé un trait indélébile sur le visage du *tertium genus*.[12] L'Église a appris, pour toujours, à affronter la culture, les cultures.

De même que la consolidation à la fois interne et intercommunautaire des Églises a rendu possible le courage des Apologètes, de même l'audace intellectuelle de ceux-ci a suscité une nouvelle épreuve. JUSTIN et ses émules ont été très avant dans le dialogue avec le paganisme et le judaïsme, prouvant certes la supériorité de la foi chrétienne, mais ne craignant pas, pour ce faire, de se servir de la pensée hellénistique comme aussi de celle des juifs. La figure du Verbe, du *Logos*, tirée du Prologue de JEAN, prend alors un relief intense, et la révélation de la nouvelle religion est déjà présente en dehors de celle-ci à titre de semences.[13] Sur ces prémisses, en en pervertissant le fondement de foi, une gnose prend pied au milieu du IIe siècle, et bientôt, c'est une vague qui envahit l'Empire de l'Orient à l'Occident, notamment à Rome. Des découvertes archéologiques des années quarante ont mis au jour une bibliothèque en grande partie gnostique à Nag Hammadi, en Haute Égypte: cinquante-trois traités en treize codex.[14] Cette masse imposante corrobore ce que nous connaissions déjà du mouvement par les grands hérésiologues de l'Antiquité chrétienne. Mais elle démontre, de plus, son extension et sa vitalité. A partir de quelques idées du christianisme devenues à la mode se développent divers systèmes qui proposent une interprétation globale de celui-ci avec un notable succès à l'intérieur et à l'extérieur de l'Église. On le voit, la menace est ici doctrinale, et non pas sur l'un ou l'autre détail, mais sur l'ensemble du savoir et de l'existence chrétienne. Là-contre va naître, et avec une postérité sans cesse renouvelée, la théologie fondamentale, ce discours sur la foi qui, eu égard à un questionnement total, se doit d'être une explication totale et d'opposer à une gnose absolue une gnose chrétienne absolue.

Une génération se lève, celle des IRÉNÉE († après 200), des CLÉMENT L'ALEXANDRIN († avant 215), des TERTULLIEN († après 220), des HIPPOLYTE DE ROME († avant 235), des ORIGÈNE († 253/254). L'évêque de Lyon est le premier chronologiquement. Il est aussi, avec ORIGÈNE, le plus intéressant à consulter sur le sens à donner avant Nicée à „κανών", traduit en latin par „regula".[15]

---

11 Ici, c'est la figure de JUSTIN († vers 165), philosophe et martyr, qui domine. On lui doit deux Apologies adressées aux empereurs et le Dialogue avec Tryphon le juif.

12 L'expression est de TERTULLIEN qui désigne ainsi le christianisme venant après les païens et les juifs, Ad nationes 1, 8 (éd. BORLEFFS, Janus Guilielmus Philippus , CCL 2, Turnhout 1954, 21 s.).

13 C'est dans la seconde Apologie que JUSTIN développe ces grandes idées, 6-10 (éd. WARTELLE, André, Paris 1987, 204-210).

14 De 1977 à ce jour, le Laboratoire d'histoire religieuse de l'Université Laval, au Québec, a achevé la publication des traités dans la trentaine de volume de la Bibliothèque Copte de Nag Hammadi publiée par les Presses de l'Université Laval.

15 Sur la correspondance entre „κανών" et „regula", voir infra p. 50 et note 19.

2.2. Les textes où apparaît „regula"

Il n'est pas utile de rappeler ici la carrière d'IRÉNÉE DE LYON. Il suffit de l'avoir désigné comme le premier à avoir pris la mesure du danger et d'y avoir paré par une œuvre qui, dès l'abord, s'impose par l'ampleur de la vision. Que l'on songe aux phrases fameuses:

> „Car la gloire de Dieu, c'est l'homme vivant, et la vie de l'homme, c'est la vision de Dieu" (4, 20, 7);

ou encore:

> „... le Verbe de Dieu, Jésus-Christ notre Seigneur, lui qui, à cause de son surabondant amour s'est fait cela même que nous sommes afin de faire de nous ce qu'il est" (5, Prologue).[16]

Le mot „regula" apparaît dix fois, neuf fois spécifié par la qualification „veritatis" dans quatre des cinq livres du „Contre les hérésies", plus une fois dans la „Démonstration". Voici donc ces onze citations, avec l'environnement indispensable à leur compréhension. C'est, bien entendu, nous qui soulignons les mots dans chaque passage.

- 1 (1, 9, 4): „Ainsi en va-t-il de celui qui garde en soi, sans l'infléchir, la ‚règle de vérité' qu'il a reçue par son baptême: il pourra reconnaître les noms, les phrases et les paraboles provenant des Écritures, il ne reconnaîtra pas le système blasphématoire inventé par ces gens-là."
- 2 (1, 22, 1): „Pour nous nous gardons la ‚règle de vérité', selon laquelle ... En gardant cette ‚règle', nous pouvons sans peine, quelques variés et abondants que soient les hérétiques, prouver qu'ils se sont écartés de la vérité."

Au centre du passage, à la place signalée par les points de suspension, il y a un rappel, en une vingtaine de lignes, du contenu actualisé de la foi, sur lequel nous reviendrons, bien évidemment, dans l'interprétation globale du vocabulaire „canonique" d'IRÉNÉE.

- 3 (2, 27, 1): „Par contre, rattacher des choses non clairement exprimées et ne tombant pas sous notre regard à des interprétations de paraboles que chacun imagine de la manière qu'il veut, c'est déraisonnable: de la sorte, en effet, il n'y aura pas de ‚règle de vérité' chez personne, mais, autant il y aura d'hommes à interpréter les paraboles, autant on verra surgir de vérités antagonistes et de théories contradictoires, comme c'est le cas pour les questions débattues par les philosophes païens."
- 4 (2, 28, 1): „Ainsi donc, puisque nous avons la ‚règle même de vérité' et un témoignage tout à fait clair sur Dieu, nous ne devons pas, en cherchant dans toutes sortes directions, rejeter la solide et vraie connaissance de Dieu."
- 5 (3, 2, 2): „Car chacun d'eux [les hérétiques] est si foncièrement perverti que, corrompant la ‚règle de vérité', il ne rougit pas de se prêcher lui-même."
- 6 (3, 11, 1): „C'est toutes ces erreurs que voulut éliminer le disciple du Seigneur [JEAN], et en même temps établir dans l'Église la ‚règle de vérité', à savoir qu'il n'y a qu'un seul

[16] Ci-dessus note 8, pp. 474 et 568.

Dieu tout-puissant qui, par son Verbe, a fait toutes choses, les visibles et les invisibles. Il voulut aussi indiquer que, dans ce même Verbe, par lequel il avait effectué la création, Dieu a procuré le salut aux hommes qui se trouvent dans cette création."

- 7 (3, 12, 6): „Dans une telle perspective [relativisme de la connaissance de foi], il n'y aura de ‚règle de vérité' chez personne, mais tous se verront attribuer par tous la connaissance de cette vérité, puisqu'on aura parlé à chacun pour abonder dans son sens et selon sa façon de voir. Superflue et sans objet apparaître dès lors la venue du Seigneur, s'il est vrai qu'il n'est venu que pour autoriser et conserver l'idée que chacun se faisait jusque là de Dieu."
- 8 (3, 15, 1): „... Dieu voulait que, en se laissant guider par le témoignage subséquent de LUC relatif aux actes et à la doctrine des apôtres et en gardant ainsi inaltérée la ‚règle de vérité', tous puissent être sauvés."
- 9 (4, 35, 4): „Pour nous, suivant le Seigneur comme unique et seul vrai maître et prenant ses paroles pour ‚règle de vérité', tous et toujours nous entendons d'une manière identique les mêmes textes, en ne reconnaissant qu'un seul vrai Dieu, Créateur de cet univers, qui envoya les prophètes, qui fit sortir son peuple de l'Égypte et qui, dans les derniers temps, manifesta son Fils pour confondre les incrédules et réclamer les fruits de la justice."
- 10: Nous ne tenons pas compte de 3, 16, 6, où se lit l'expression „règle du juste jugement", „regula justi judicii", qui désigne immédiatement le jugement final; certes, il n'est pas difficile de trouver des harmoniques entre cette expression et celle à laquelle nous nous attachons notre attention – le juste jugement s'inscrit en effet dans la ligne de la révélation vraie. Mais nous préférons ne pas compliquer le chemin à parcourir.[17]
- 11: L'expression apparaît enfin, mais modifiée, à la fin de la préface de la „Démonstration de la prédication apostolique". Il y est parlé de la „règle de la foi" (3). Mais le développement où est utilisée la formule est tel que celle-ci apparaît comme une explicitation de l'expression utilisée par le „Contre les hérésies". A ce titre, il convient tout à fait de la citer, et avec son contexte:

„Afin donc de ne rien subir de tel [que ce que font les hérétiques] quant à nous, nous devons garder sans l'infléchir la ‚règle de foi' et mettre en pratique les commandements de Dieu, en croyant en Dieu, en le craignant, parce qu'il est Seigneur, et en l'aimant, parce qu'il est Père. Cette mise en pratique naît de la foi, car, si vous ne croyez pas, dit ISAÏE, vous n'aurez pas non plus l'intelligence; quant à la foi, c'est la vérité qui la fait naître, car la foi s'établit de façon ferme dans le réel existant, de telle sorte que nous croyions à ce qui est, tel qu'il est, et que, croyant à ce qui est, tel qu'il est, nous gardions toujours inébranlablement notre conviction à son égard. Puis donc que la foi renferme en elle notre salut, il nous faut prendre grand soin d'elle, afin de posséder la compréhension vraie de ce qui est."

---

[17] Ibid., successivement: 1) p. 63; 2) p. 104 s.; 3) p. 233; 4) p. 235; 5) p. 278; 6) p. 308 s.; 7) p. 323; 8) p. 342 s.; 9) p. 533; 10) p. 352.

On l'aura remarqué sans peine, pour IRÉNÉE, dans ce texte, la foi et la vérité ont entre elles une intime connivence, et celle-ci s'effectue dans un pacte de solidarité avec le réel.[18]

Voici donc les textes. Avant de passer à leur évaluation concernant le sujet qui nous intéresse, il convient de faire trois courtes remarques préalables. Premièrement, il est sûr que „regula" et „regula veritatis" sont les exactes et constantes traductions de „κανών" et de „κανών τῆς ἀληθείας". En effet, pour le texte n° 1, nous avons un témoin du texte grec dans le „Panarion" d'ÉPIPHANE qui assure de l'exactitude de la correspondance.[19] De plus, dans la rétroversion en grec du texte latin que les savants éditeurs ont joint à leur édition des livres 3, 4 et 5 du „Contre les hérésies", les deux formes, la grecque et la latine, se retrouvent identiquement dans tous les cas. Or, justifiant cette rétroversion, lesdits éditeurs déclarent:

> „... dans le livre III aussi bien que dans les quatre autres, les phrases latines calquent les phrases grecques mot pour mot."[20]

Tout scrupule est donc hors de propos concernant la réciprocité entre les deux expressions. Deuxièmement, on peut se demander si l'expression, grecque ou latine, caractérise, au-delà d'IRÉNÉE, le moment de la gnose chrétienne. Cela est difficilement contestable. On la voit apparaître, littéralement ou équivalemment, en effet, chez les plus proches contemporains de l'évêque de Lyon. CLÉMENT D'ALEXANDRIE utilise plusieurs fois, dans les „Stromates" – œuvre éminemment antignostique –, de préférence l'expression „ἐκκλεσιαστικὸς κανών".[21] Quant au Carthaginois TERTULLIEN, son utilisation de „regula fidei" et de „regula veritatis" est constante.[22] En revanche, chez les apologètes, ces prédécesseurs immédiats des inventeurs de la gnose chrétienne – en termes modernes, de la théologie fondamentale –, ces mots n'ont pas encore accédé au discours de la foi. Ceci nous amène au troisième point à considérer. Pourquoi avoir choisi IRÉNÉE comme porte-parole? C'est tout simplement que les autres témoins de

---

18 IRÉNÉE DE LYON, Démonstration de la prédication évangélique (éd. ROUSSEAU, Adelin, SouChr 406, Paris 1995), 86 s. Le commentaire de ce passage (231 s.) démontre l'équivalence entre les deux expressions, la „règle de la vérité" et „la règle de la foi".

19 Voir dans l'édition des SouChr 264, Contre les Hérésies, t. 1 (éd. ROUSSEAU, Adelin et DOUTRELEAU, Louis), Paris 1979, 150 (référence du „Panarion", ibid. 18 dans l'apparatus fontium).

20 Voir le commentaire du t. 3, ibid., n° 210, Paris 1974, 145.

21 Par exemple CLÉMENT D'ALEXANDRIE, Stromate 4, 3, 2 et 101, 1 (éd. HOEK, Annewies van den, SouChr 463, Paris 2001), 58-61 („canon de la vérité"), 224 s. („canon du [vrai] gnostique"); Stromate 6, 125, 2 (éd. DESCOURTIEUX, Patrick, SouChr 446, Paris 1999), 308-311; Stromate 7, 41, 3 et 90, 2 (éd. LE BOULLUEC, Alain, SouChr 428, Paris 1997), 140-143 et 274 s. Chacun sait que l'antignosticisme de CLÉMENT est au service de la formation du vrai gnostique.

22 Voir l'étude de René BRAUN sur ces expressions, Deus christianorum. Recherches sur le vocabulaire doctrinal de Tertullien. Études augustiniennes, Paris 1977, 446-462.

l'importance de „κανών" / „regula" dans la défense de la gnose chrétienne présente leur matériau en ordre dispersé. Il faudrait d'assez longues analyses pour cerner, chez CLÉMENT comme chez TERTULLIEN, la portée systématique de leur emploi du mot. Passer par IRÉNÉE, qui, de toute façon, est le premier auteur antignostique, offre finalement un raccourci.

2.3. La „regula" de la gnose chrétienne

Il semble donc désormais possible, en aboutissement des deux développements précédents, de préciser en quoi l'usage qu'IRÉNÉE DE LYON a fait de „regula veritatis" a été décisif pour le sens que le mot „regula" a pris, et de plus, dans le vocabulaire chrétien.

Il faut tout d'abord insister sur l'importance en quelque sorte stratégique que revêt l'expression dans le tout du discours irénéen. Car dix ou onze références dans une œuvre aussi considérable, cela pourrait sembler de bien peu de poids. Proportionnellement par rapport à la masse publiée par l'un et l'autre, les trois occurrences chez CLÉMENT DE ROME[23] devraient attirer davantage l'attention. Ce qui fait la différence est l'intime connexion entre l'ensemble du développement et l'appel à la „regula veritatis". Celle-ci apparaît dans les deux premiers livres, qui critiquent quasi documents en mains les systèmes gnostiques. Elle vient ensuite à la rescousse dans l'analyse polémique des textes scripturaires invoqués par ceux qu'IRÉNÉE appelle aussi les „hérétiques", cette exégèse combattante se poursuivant pied à pied dans les trois derniers livres, mais surtout dans 3 et 4. Elle est donc présente à toute la démonstration, de façon discrète – car un terme technique s'incline toujours devant l'Écriture –, mais efficace.

L'efficacité propre de la „regula veritatis" est de résumer, à l'encontre des interprétations opposées, le donné de la tradition ecclésiastique depuis l'origine. Celle-ci est concentrée dès la seconde occurrence de l'expression. Il est nécessaire de citer ce passage, dont les éléments seront repris sans cesse de toute sorte de manières. Ici, en 1, 22, 1, sont regroupés tous les thèmes au moment où, ayant dénoncé la confuse diversité des assertions des adversaires, doit être exposée, en un contraste triomphal, l'unité de ce que croient vraiment les chrétiens réunis dans l'unique Église.[24] Le moment est solennel:

> „Pour nous nous gardons la ‚règle de vérité', selon laquelle ‚il existe un seul Dieu' tout-puissant ‚qui a tout créé par son Verbe', ‚a tout organisé et a fait de rien toutes

---

23 IRÉNÉE se réfère à lui en op. cit. (note 6), 3, 3, 1, 279, dans le développement sur la vérité des Écritures, qui occupe le début du livre 3, du n° 1 au n° 5, et où se trouve le texte 3 présenté ci-dessus, p. 48. Il est tout à fait possible qu'IRÉNÉE ait été aidé par le troisième successeur de PIERRE, CLÉMENT, à saisir la portée du mot et, précisément, à le répéter à plusieurs moment de son exposé.

24 Le thème de la réception universelle de la „regula veritatis" fait partie de l'intelligence de celle-ci, par exemple en 3, 3, 1, au début du développement indiqué dans la n. précédente, op. cit., 279.

choses pour qu'elles soient', selon ce que dit l'Écriture: ,Par le Verbe du Seigneur les cieux ont été affermis, et par le souffle de sa bouche existe toute leur puissance'; et encore: ,Tout a été fait par son entremise et, sans lui, rien n'a été fait.' De ce ,tout' rien n'est excepté: le Père a fait par lui toutes choses, soit visibles, soit invisibles, soit sensibles, soit intelligibles, soit temporelles en vue d'une ,économie', soit éternelles. Il ne les a pas faites par des anges, ni par des Puissances séparées de sa volonté, car Dieu n'a nul besoin de quoi que ce soit; mais c'est par son Verbe et son Esprit qu'il fait tout, gouverne tout, donne l'être à tout. C'est lui qui a fait le monde – car le monde fait partie de ce ,tout' –, lui qui a modelé l'homme. C'est lui le Dieu d'Abraham, le Dieu d'Isaac, le Dieu de Jacob, au-dessus duquel il n'est point d'autre Dieu, non plus qu'un Principe, une Puissance ou un Plérôme quelconques. C'est lui le Père de notre Seigneur Jésus-Christ, comme nous le montrerons. En gardant cette ,règle' nous pouvons sans peine, quelques variés et abondants que soient les dires des hérétiques, prouver qu'ils se sont écartés de la vérité."[25]

Il n'est pas question de commenter ce texte très dense. Notons seulement son imprégnation biblique – toutes les citations entre guillemets –, son insistance sur le Père Créateur, l'indication rapide mais capitale de l' "économie du Verbe incarné", le caractère trinitaire de l'ensemble, création et incarnation, et enfin la visée antihérétique jamais oubliée. En fait, nous avons là une ébauche – fréquente chez les théologiens contemporains – de cette confession de foi qui ne se formalisera qu'au IVe siècle. L'éminent éditeur, Adelin ROUSSEAU le rappelle opportunément dans une note attachée au premier texte relevé, „n° 1 (= 1, 9, 4)":

„En somme, la ,règle de vérité' est cela même qui, en se cristallisant peu à peu dans des formules de plus en plus stéréotypées, aboutira aux différents ,symboles de foi' qui se rencontreront à partir du IIIe siècle."[26]

Il est clair que, dans cette formulation, le mot „règle", et par suite le mot „κανών", n'a dans son noyau premier aucune connotation morale. Tout d'abord, il ne désigne pas un devoir, mais une connaissance, la connaissance d'une doctrine. On pourrait objecter, deuxièmement, que le mot implique le devoir d'adhérer à la doctrine. Ce serait là une interprétation anachronique, tout à fait moderne, certes, mais ne respectant ni la lettre ni le mouvement du texte d'IRÉNÉE. En effet, la „regula veritatis", telle qu'elle est développée ici et sera rappelée maintes fois dans la suite, dit non pas une chose à faire mais, avant toute chose, une victoire sur la confusion. Là où les gnostiques ne savent plus ce qu'ils disent, celui qui garde ladite règle comprend d'emblée avec tous ceux qui font de même ce que sont sa foi et, dans le même dynamisme, la vérité.[27] Ou encore, la „regula" est une façon de reprendre, à ceux qui l'ont troublé jusque dans ses fondements, cela précisément qui a été troublé, en le comprenant à nouveau. Ceci amène à une troisième précision, qui dirime la question: la „regula veritatis" s'adresse fondamentalement non à la volonté du croyant, ou à sa liberté,

---

25 Ibid., 104 s.

26 Ibid., 63.

27 Cf. la citation de „Démonstration" 3, ci-dessus p. 50 et note 18.

mais à son intelligence. Comme l'écrit excellemment l'éditeur, Adelin ROUSSEAU, dans la note qui vient d'être citée:

> „Qu'est-ce que cette règle? Nous apprenons ici qu'elle permet à tous les fidèles de discerner d'emblée l'authentique enseignement des Écritures d'avec ce que les hérétiques voudraient faire passer pour tel.[28] Elle est un pouvoir de comprendre."

Il est très éclairant de retrouver ici l'intuition de PAUL dans la Seconde aux Corinthiens.[29] On dénote entre les textes une continuité, mais aussi un extraordinaire élargissement. La continuité, c'est le sens sapientiel premier de „κανών" / „regula", qui implique une victoire sur la déraison, menace d'enflure apostolique stigmatisée par PAUL, embrouillement exégétique dénoncée par IRÉNÉE chez les faux gnostiques. Mais il est impossible de ne pas constater combien l'attaque de ceux-ci, à la fin du IIe siècle, a contraint à une densification extraordinaire du concept. Ce concept est désormais gros de toute la Bible, puisque toute la Bible est brouillée, mais aussi de toute la jeune vie de l'Église, puisque celle-ci est bousculée en ses fondements. Il ne s'agit plus simplement du canon, mais du canon de la vérité. Seul ce concept totalisant, et non pas la multiplicité indéfinie des Écritures, était à même de résister à la gnose. A tout prendre, il n'y avait pas d'autre instrument de résistance. Mais il faut situer l'affrontement en question au plus haut de l'intelligence. Un „κανών" / „regula" qui n'aurait pas été situé à ce niveau aurait été balayé. C'est ici que naît la Tradition, non pas comme un garde-fou extérieur à la Bible mais comme ce qui donne le pouvoir de la comprendre effectivement comme parole de Dieu et comme ce sans quoi la Bible devient un chaos.

Telle fut l'audace d'IRÉNÉE. C'est celle de PAUL, mais suscitée par les malheurs des temps et par là même adaptée aux requêtes qui se faisaient jour dans les malheurs des temps.

3. ORIGÈNE D'ALEXANDRIE

Les temps patristiques évoluent vite, comme les nôtres, sans doute, mais sans doute aussi de façon plus dense dans le domaine de la constitution du discours de sa propre foi par le *tertium genus*. Entre IRÉNÉE et ORIGÈNE, l'on passe de la première à la seconde génération des théologiens fondamentaux qui ont inventé la gnose chrétienne en forgeant, en une acception renouvelée, le „κανών τῆς ἀληθείας" / la „regula veritatis". Dans la continuité d'une même menace, ORIGÈNE rédige „Des Principes" une trentaine d'années après la parution du „Contre les hérésies". C'est moins la différence des lieux qui fait la différence que le décalage temporel. Certes Lyon, cette petite colonie romaine, peuplée aussi d'Asiates, au confluent du Rhône et de la Saône, n'est pas l'immense métropole

---

28 Cf. note 26.

29 Voir ci-dessus p. 50.

qui rivalise avec Rome et même la dépasse pour ce qui est de l'effervescence culturelle: Alexandrie. En fait, l'évêque de Lyon se montre extrêmement bien informé sur ce qui bouillonne à partir de l'Orient et nommément de l'Égypte. Mais on remarquerait une différence similaire entre lui et HIPPOLYTE DE ROME, ou encore entre CLÉMENT D'ALEXANDRIE et ORIGÈNE D'ALEXANDRIE. On peut dire ceci: entre 190 et 220, la gnose religieuse s'est mélangée de plus avec la philosophie, et, à coup sûr, le climat intellectuel d'Alexandrie a favorisé cette contamination.[30] Du reste, ORIGÈNE, qui n'a été ordonné prêtre que tardivement, a longuement enseigne la grammaire et la philosophie autant que la lecture des Écritures, dans son école à lui, puis surtout dans le „didascaleion" instauré par l'évêque DEMÉTRIOS et dont il est devenu le directeur en 204. Voilà le point décisif. IRÉNÉE, qui n'est pas ignorant de la philosophie, n'a pas à se mesurer à elle. Pour ORIGÈNE, ce n'est plus possible, et sous la forme qu'elle prend de plus en plus à cette époque, le néo-platonisme.

L'environnement immédiat ainsi rappelé. Notre examen se porte sur la présence efficace du „κανών" / „regula" chez ORIGÈNE, sur son contenu, et enfin sur la lumière que l'utilisation de ce concept par le grand Alexandrin projette sur son sens. C'est, évidemment, sur „Les Principes"[31] que l'attention doit se concentrer. Cet ouvrage est le premier qui a été mis au point par ORIGÈNE, entre 210 et 220, et c'est celui où le gnosticisme philosophique est directement contré.

3.1. Κανών est-il utilisé dans les „Principes"?

Il va être ici constaté combien rapprocher „Les Principes" du corpus irénéen va être éclairant pour trouver une issue au problème que pose, à nouveau, le fait que nous ne connaissons la totalité du grand ouvrage d'ORIGÈNE qu'en latin. Mais cernons le problème.

Pour des raisons de défense de l'orthodoxie, autour du cinquième concile œcuménique, à Constantinople (de 543 à 553)[32], les écrits en grec d'ORIGÈNE ont été mis au ban de l'Empire et détruits. Mais, de nombreuses traductions avaient été faites, en particulier en latin. Notamment, le „Traité des principes", l'ouvrage qui causait le plus de scandale, avait passé dans cette langue par les soins de RUFIN D'AQUILÉE († en 410). Pour des raisons différentes – car IRÉNÉE,

---

30 Voir BERTRAND, Dominique, Le creuset alexandrin du discernement spirituel, à paraître dans Théophilyon (Faculté de théologie de l'Université catholique de Lyon). Les actes du colloque origénien de 2001, à Pise, à paraître chez Peeters, traiteront de la fermentation intellectuelle à Alexandrie à l'époque d'ORIGÈNE.

31 ORIGÈNE, Traité des principes, 5 t. (éd. CROUZEL, Henri et SIMONETTI, Manlio , SouChr 252 [texte, L. 1-2, 1-3], 253 [commentaire], 268 [texte, L. 2, 4-11, 3 et 4], 269 [commentaire], 312 [compléments et index], Paris 1978, 1980, 1984).

32 Voir à ce sujet GUILLAUMONT, Antoine, Les „Kephalaia gnostica" d'Évagre le Pontique et l'histoire de l'origénisme chez les Grecs et les Syriens (Patristica Sorbonensia 5), Paris 1962, 140-147.

sauf sur le point minime du millénarisme, n'a jamais été soupçonné d'hérésie –, le „Contre les hérésies" en grec a disparu, à part des fragments; seul reste pour l'ensemble une très ancienne traduction latine. Nous nous trouvons donc dans une situation semblable pour l'un et l'autre. Mais, comme la lutte a été très vive autour d'ORIGÈNE et que RUFIN était persuadé de l'orthodoxie d'ORIGÈNE, sa traduction a été accusée d'être partisane, et un JÉRÔME, par exemple, s'est déchaîné contre elle.[33] Concernant „κανών" / „regula", nous avons quinze occurrences de „regula", le plus souvent „regula pietatis", dans la traduction de RUFIN.[34] Les passages correspondants qui sont conservés dans des fragments en grec ne livrent qu'un seul „κανών" en 4, 2, 2.[35] Ou peut-être tenté de penser que cette multiplication de „regula" est une interpolation lénifiante de RUFIN? Disons, pour mettre l'affaire dans son vrai jour, que le débat va loin, puisque tout un courant du protestantisme libéral a eu tendance à gommer toute véritable ecclésiasticité des œuvres d'ORIGÈNE. Quelle belle occasion offre le traducteur suspect, RUFIN, de supprimer „κανών" de l'original grec du „Traité des principes"!

Dans la première partie de son article sur „Les ‚Règles' de la théologie d'Origène", le P. René-Claude BAUD a, bien entendu, abordé le problème.[36] Il a vu l'importance de ce point, en un sens minime, pour l'interprétation globale de la qualité religieuse du „Traité des principes" et, en particulier, de l'influence possible d'IRÉNÉE sur ORIGÈNE. Sur le plan de la traduction du mot, analysant les aspects majeurs d'une comparaison triangulaire très délicate à mener – ORIGÈNE, EUSÈBE, RUFIN et d'autres témoins encore seraient à citer[37] –, l'auteur prouve un respect global de RUFIN pour le terme technique que représentait „κανών". Allant dans ce sens, voici deux notations qui paraissent plus décisives encore qu'une simple pesée des mots. Premièrement, il est impensable

33 Voir l'introduction de René AMACKER et Éric JUNOD au t. 2 de PAMPHILE et EUSÈBE DE CÉSARÉE, Apologie pour Origène, suivie de RUFIN D'AQUILÉE, Sur la falsification des livres d'Origène (SouChr 465), Paris 2002, les 3 premiers chapitres, 9-52.

34 Voici les références de ces emplois, en renvoyant à op. cit. ci-dessus note 31 (référence au tome et à la page dans le tome entre parenthèses; indication des seuls mots „regula", „κανών", „pietatis regula", „veritatis regula"): préf. de RUFIN 2, „regulam", „regulis" (1, p. 70); 3, „regulam" (1, p. 72); préf. d'ORIGÈNE, 2, „regulam" (1, p. 78); 1, 5, 4, „pietatis regulam" (1, p. 184); 2, 9, 4, „regulam" (1, p. 360); préf. de RUFIN, „regulam" (3, 14); 3, 1, 7, „pietatis regulam" (3, p. 42); 3, 1, 17, „pietatis regulam" (3, p. 106); 3, 1, 23, „regulae pietatis" (3, 144); 3, 3, 4, „regula", „regulam veritatis" (3, p. 192); 3, 5, 3, „regulam pietatis" (3, p. 222); 4, 2, 2, „regulam", „κανόνος" (3, p. 300); 4, 3, 14, „regulae pietatis" (3, p. 392); 4, 3, 15, „regulam" (3, p. 398).

35 Op. cit. ci-dessus note 31, t. 3, n° 268, p. 300.

36 Voir BAUD, René-Claude, Les „Règles" de la théologie d'Origène, in: RSR 55 (1967) 161-208, notamment l'introduction et „I. Correspondance de regula et de κανών".

37 Par exemple, JÉRÔME, PAMPHILE / EUSÈBE, la „Philocalie", voir les commentaires de CROUZEL / SIMONETTI dans op. cit. ci-dessus note 31, et l'introduction indiquée à la note 33.

qu'ORIGÈNE, engagé, comme il l'était, dans la controverse en faveur de la gnose chrétienne, n'ait pas employé le mot lui-même, un mot, qui, soit dit en passant, était passé de mode au temps de RUFIN dans les discussions théologiques. Secondement, il faut aller au-delà du mot. Son utilisation, dans une traduction latine *grosso modo* cohérente, n'est que le signe d'une allégeance dans la méthode. ORIGÈNE a, certes, perfectionné, la façon de faire d'IRÉNÉE, mais il ne l'a améliorée qu'en la reprenant, comme, sans doute, ce dernier des anciens théologiens, affronté, quant à lui, à l'arianisme, et qui a nom HILAIRE DE POITIERS.[38] Reprenant la façon d'argumenter de l'évêque de Lyon, avec la liberté qui était, puissamment, la sienne et avec l'intelligence des problèmes suscités par la seconde vague du gnosticisme, ORIGÈNE n'a pas pu manquer d'utiliser le mot clé de ladite argumentation.

3.2. Deux expressions de la règle

L'extrême cohérence d'ORIGÈNE, dans le „Traité des Principes", consiste en ceci. La Préface de l'ouvrage n'est ni plus ni moins que l'exposé de la *règle de piété* (cf. peut-être le „mysterium pietatis" de 1 Tim 3, 16) – il vaut mieux désormais employer cette formulation rufinienne, qui, on la vu, si elle n'est pas forcément exacte *toties quoties*, n'est pas fausse *grosso modo*. Cette règle équivaut au contenu de la foi, selon la voie ouverte par IRÉNÉE. ORIGÈNE divise ce contenu en huit points, qu'ils ne nomme pas „articles" ; à vrai dire, il serait plus juste de parler de „principes", les points de la *règle de piété* apparaissant ainsi comme les „principes" qui sont le sujet de l'ouvrage:

- le Père,
- le Fils,
- le Saint-Esprit,
- l'âme humaine, intelligente, libre et responsable de ses choix,
- les anges et les démons,
- le monde,
- la Sainte Écriture inspirée et à lire spirituellement,
- le développement du dogme.

En prise directe avec cet exposé liminaire, ORIGÈNE consacre deux cycles de confrontation de ces points avec l'Écriture; le premier étudie les six premiers points de façon plutôt explicative; le second propose, sur ces mêmes points, un examen critique à partir des objections de la gnose philosophique et s'attaque

---

38 Il est très éclairant de lire de la façon suivante le plan de „La Trinité" du docteur poitevin: les 3 premiers livres sont une expression de la „règle de vérité", les 9 livres suivants, une confrontation de cette règle avec l'exégèse des hérétiques, pour faire ressortir la splendeur de l'exégèse chrétienne retrouvée. Voir HILAIRE DE POITIERS, La Trinité, 3 t. (éd. SMULDERS, Pierre et DOIGNON, Jean, introduction FIGURA, Michael, traduction, notes et index DURAND, Georges-Matthieu de, PELLAND, Gilles et MOREL, Charles, SouChr 443, 448 et 462, Paris 1999, 2000 et 2001).

aux deux derniers points. La „récapitulation“ reprend l'ensemble des points moyennant quelques interversions.[39]

Nous profitons donc désormais de la lecture de la *règle de piété* d'ORIGÈNE, en gardant en mémoire le contenu de la „règle de vérité“ d'IRÉNÉE.[40] Nous cherchons à identifier ce qui indique une identité de genre littéraire, mais aussi une différence dans les contenus proposés dans l'un et l'autre.[41]

- 1 (= 4+9): „*Voici ce qui est transmis clairement par la tradition apostolique.* D'abord il y a un seul Dieu qui a tout créé et établi, qui, alors que rien n'était, a fait être l'univers. *Il est Dieu dès le début de la création et formation du monde*, le Dieu de tous les justes, d'Adam, Abel, Seth, Énos, Énoch, Noé, Sem, Abraham, Isaac, Jacob, des douze patriarches, de Moïse et des prophètes. Et ce Dieu, dans les derniers temps, comme il l'avait promis auparavant par ses prophètes, a envoyé notre Seigneur Jésus-Christ, pour appeler d'abord Israël, puis les nations après l'infidélité d'Israël. *Ce Dieu juste et bon, Père de notre Seigneur Jésus-Christ*, a donné lui-même la Loi, les prophètes et les évangiles: il est le Dieu des apôtres, celui de l'Ancien et du Nouveau Testament.“

- 2 (= 4+9): „Ensuite Jésus-Christ, celui qui est venu, est né du Père avant toute création. De même qu'il a aidé le Père dans la création de toutes choses, ‚car *tout a été fait par lui*‘, de même dans les derniers temps, s'anéantissant lui-même, il s'est fait homme, il s'est incarné, alors qu'il était Dieu, et devenu homme, il est resté ce qu'il était, Dieu. Il a pris un corps semblable à notre corps, avec cette différence qu'il est né d'une vierge et de l'Esprit Saint. Et puisque ce Jésus-Christ a souffert en vérité et non en apparence, il est mort de la mort commune; il est vraiment ressuscité ayant vécu avec ses disciples, il fut enlevé (au ciel).“

- 3 (= 4 + 9): „*Ils ont ensuite transmis* que le Saint-Esprit est associé au Père et au Fils en honneur et en dignité. **En ce qui le concerne on ne voit pas clairement s'il est né ou n'est pas né, s'il faut le considérer comme Fils de Dieu ou non.** Mais tout cela doit être recherché dans la mesure de nos forces à partir de la sainte Écriture et scruté avec sagacité. Cet Esprit a inspiré tous les saints prophètes et apôtres: les anciens n'avaient pas un autre Esprit que ceux qui ont été inspirés à la venue du Christ. *Tout cela est très clairement prêché dans l'Église*.“

  (= 9): „Cherchons cependant si ce que les philosophes grecs nomment ἀσώματος, c'est-à-dire incorporel, se trouve sous un autre terme dans les saintes Écritures. **Il faut se demander comment comprendre Dieu lui-même**, s'il est corporel et possède une forme extérieure suivant un certain état, ou s'il est d'une autre sorte que les corps: cela n'est pas

[39] La répartition actuelle en trois livres du „Traité des Principes“ est trompeuse. Nous suivons ici le plan proposé par Marguerite HARL, Gilles DORIVAL et Alain LE BOULLUEC, dans leur édition d'ORIGÈNE, Traité des principes (Peri archôn), Paris 1976, 9 s. L'édition des SouChr, op. cit. ci-dessus note 31, adopte ce plan; voir t. 1 (SouChr 252), 15-22.

[40] Nous gardons les deux typographies „règle de vérité“, *règle de piété*, car la première expression est sûrement irénéenne, la seconde n'est pas sûrement origénienne, cf. ci-dessus p. 55-56.

[41] Dans cette présentation, nous indiquons en tête le numéro selon lequel sont rangés les 10 „principes“, puis, entre parenthèses le paragraphe de l'édition des SouChr. De plus, ce qui touche le rapport étroit à la *règle de piété* est imprimé en italique, et ce qui indique des éclaircissements souhaitables, en gras.

indiqué clarement dans notre prédication. **On se posera les mêmes questions au sujet du Christ et du Saint-Esprit, et même de toute âme et de toute nature raisonnable.**“

- 4 (= 5): „En outre l'âme, qui possède une substance et une vie qui lui sont propres, lorsqu'elle aura quitté ce monde, recevra un sort conforme à ses mérites: ou bien elle obtiendra l'héritage de la vie éternelle et de la béatitude, si ses actions le lui valent, ou bien elle sera abandonnée au feu éternel et aux supplices, si ses péchés commis par ses méfaits l'y entraînent; mais viendra le temps de la résurrection des morts, lorsque ce corps-ci, aujourd'hui, semé dans l'ignominie, ressuscitera dans la gloire.
Le point suivant est aussi défini par la prédication ecclésiastique: toute âme est douée de libre arbitre et de volonté. Elle est en lutte avec le Diable et ses anges, ainsi qu'avec les puissances contraires, car il s'efforce de la charger de péchés: mais si nous vivons droitement et avec réflexion, nous nous efforçons de nous débarrasser de telles souillures. Il faut donc comprendre que nous ne sommes pas soumis à la nécessité et que nous ne sommes pas forcés de toute manière, même contre notre gré, de faire le mal ou le bien. Si nous sommes doués de libre arbitre, certaines puissances peuvent bien nous pousser au mal, nous ne sommes cependant pas contraints par la nécessité d'agir bien ou mal. Pensent le contraire ceux qui pensent que le cours et les mouvements des étoiles sont la cause des actes humains, non seulement de ceux qui ne dépendent pas du libre arbitre, mais aussi de ceux qu ne sont pas en notre pouvoir.
L'âme naît-elle par l'intermédiaire de la semence, de sorte que son principe ou sa substance serait contenu dans les semences corporelles elle-mêmes, ou a-t-elle une autre origine? Dans ce cas est-elle engendrée ou non, est-elle mise de l'extérieur dans le corps ou non? **Cela n'est pas suffisamment précisé par la prédication ecclésiastique.**“

- 5 (= 6): „Du Diable et ses anges, ainsi que les puissances contraires, *la prédication ecclésiastique a enseigné l'existence*, mais **elle n'a pas exposé assez clairement leur nature et leur manière d'être.** On trouve cependant chez beaucoup que le Diable a été un ange et que, devenu apostat, il a convaincu de nombreux anges de le suivre dans son éloignement: c'est pourquoi ces derniers sont appelés jusqu'à maintenant ses anges.“

- 6 (= 7 + 10, 1er §): „*Il y a encore dans la prédication ecclésiastique*: ce monde a été fait, il a commencé à un certain moment et, comme il est corruptible; il sera détruit. **Qu'y a-t-il eu avant ce monde, qu'y aura-t-il après lui, beaucoup ne le savent pas clairement. Car rien n'est dit d'évident à ce sujet dans la prédication ecclésiastique.**
D'après la prédication ecclésiastique existent aussi des anges de Dieu et des puissances bonnes qui l'aident à accomplir le salut des hommes: **quand ont-ils été créés, avec quelle nature, comment sont-ils, cela n'est pas assez clairement précisé. Rien de clair n'est transmis au sujet du soleil, de la lune et des étoiles, s'ils sont des êtres animés ou sans âme.**“

- 7 (= 8): „En outre les Écritures ont été rédigées par l'action de l'Esprit de Dieu et n'ont pas seulement pour sens celui qui apparaît clairement, mais un autre aussi qui échappe à la plupart. Ce qui y est écrit est la figure de certains mystères et l'image de réalités divines. *A ce sujet toute l'Église est unanime*: toute la loi est spirituelle, **cependant ce que signifie spirituellement la loi n'est pas connu de tous**, mais de ceux-là qui ont reçu la grâce du Saint-Esprit dans la parole de sagesse et de connaissance.“

Suit un passage sur ἀσώματος qui n'est pas du style de la régulation de la piété ou de la vérité, même s'il est lié par le sens au paragraphe précédent, et même, comme par une inclusion aux premiers des „principes“ exposés, comme on le voit plus nettement à la fin du principe 3 (= 4).

- 8 (= 10[e] §, suite de 9, voir ci-dessus): „*Il faut partir de là comme d'éléments ou de fondements* selon le précepte: ‚Allumez en vous la lumière de la connaissance', quand on **désire construire comme un ensemble ou comme un corps de doctrine** à partir des raisons de tout cela, pour approfondir à *l'aide d'assertions claires et nécessaires la vérité de chaque point*, afin d'en faire, comme nous l'avons dit, un seul corps de doctrine, à l'aide comparaisons et d'affirmations, celles qu'on aura trouvées dans les saintes Écriture, ou celles qu'on aura découverts en recherchant la conséquence logique et en suivant un raisonnement droit."[42]

La comparaison des deux textes offre un bel exemple de développement du dogme, qu'eût pu utiliser NEWMAN, si d'autres problèmes n'eussent été plus pressants pour lui.[43] Nous constatons que, avec la présence ou non de „κανών" / „regula", la réalité d'une tradition apostolique est revendiquée par les deux auteurs. Nous avons souligné en italique, dans le second passage, tout ce qui va dans ce sens, et qu'IRÉNÉE a, quant à lui, exprimé synthétiquement dans les premiers mots de sa „règle": „Pour nous, nous gardons la règle de vérité, selon laquelle ...", repris quelques lignes plus loin. On tient donc dans la „règle" l'axe du phylum. Mais que d'additions de la part d'ORIGÈNE, même s'il est clair qu'IRÉNÉE a traité des points soulevés par l'Alexandrin en d'autres endroits de son œuvre, par exemple la tentation de l'âme chrétienne dans le livre 5![44] IRÉNÉE rassemble tout dans une juste compréhension de la création, y compris l'économie. ORIGÈNE, quant à lui, développe les prémisses déposées dans ce texte, ou d'autres textes, en un puissant ensemble qui développe la doctrine trinitaire, la doctrine de l'incarnation, mais aussi une anthropologie, une démonologie et une angélologie, une cosmologie, une théorie de l'exégèse et enfin l'idée d'un corps de doctrine qui explicite tout cet acquis, même si celui-ci comporte des points d'incertitude qui sont reçus au même titre que les points de certitude. Nous avons indiqué en corps gras les passages qui font sortir de la *règle de piété* elle-même les questions qu'elle pose. Ainsi, dans la suite des „Principes", loin que la discussion concernant tel ou tel point de la *règle de piété* affaiblisse la force de celle-ci, elle en montre sans cesse davantage la solidité. C'est en effet toujours à partir de ladite „règle", en en confrontant les obscurités avec les Écritures, que leur intelligibilité propre grandit; ce n'est en rien une doctrine parallèle.

En tout ceci – qui n'est pas toujours reconnu par les chercheurs trop peu soucieux des ressemblances structurelles – apparaît la continuité entre IRÉNÉE et ORIGÈNE. Celui-ci utilise indéniablement son prédécesseur. Et il en pousse plus loin les virtualités, parce que, entre autre raisons, de 180 à 210, la fausse gnose s'est enrichie de nouveaux arguments, tirés en particulier de l'anthropologie et

---

42 Voir op. cit. ci-dessus (note 31), t. 1, n° 252, p. 80-89.

43 Par exemple p. 325-326 de Cardinal NEWMAN, John Henry, An Essay on the Development of Christian Doctrine, Londres [14]1909. L'auteur développe 9 „principes" durables, mais ce ne sont pas tout à fait les mêmes que les 8 de la *règle de piété*.

44 Op. cit. ci-dessus (note 8), L. 5, 21, 1-24, 4, „La tentation du Christ" et ses conséquences pour la vie chrétienne, p. 626-640.

de la cosmologie philosophiques. En particulier, le destin est devenu une menace pour la liberté de l'âme et le devenir salvifique du monde. La vraie gnose ne pouvait se développer qu'en affrontant ce nouveau défi. Elle l'a fait en rendant toujours plus nécessaire l'utilisation du „canon", et de „canons" toujours plus précis et nombreux dans le „canon". En un mot, sans changer en substance, la „règle de vérité", très unifiée, du docteur lyonnais est devenue une collection déjà nombreuse de „principes". Mais ceux-ci tirent du „canon" d'être des „principes".[45]

3.3. Le canon origénien

La présente étude ne s'est intéressée au contenu des deux „canons", l'irénéen et l'origénien, que pour mieux cerner le sens à reconnaître au mot canon avant qu'il ne se spécialisât dans la détermination de dogmes ou de mesures disciplinaires. Au point où nous en sommes, nous pouvons résumer l'acquis de la sorte.

Le canon, qui renferme, on l'a vu, huit principes est d'abord une affaire d'intelligence. Le n° 8 de la série rend encore plus évident ce qui a été présent tout au long de la préface programme de l'ouvrage. Citons à nouveau:

> „Il faut partir de là [= de la prédication apostolique] comme d'éléments ou de fondements selon le précepte: ‚Allumez en vous la lumière de la connaissance', quand on désire construire comme un ensemble ou comme un corps de doctrine à partir des raisons de tout cela."

Et de fait tout, à la suite, se „construit" de „raisons" en „raisons" dans une connaissance sans cesse élargie, approfondie et heureuse. Nous retrouvons, devenue plus dense mais fidèle à elle-même, la dynamique de l'emploi du mot chez PAUL: c'est la mesure sapientielle qui permet de trouver ou retrouver le chemin.

Mais quel élargissement a ouvert à ce concept la crise gnostique! C'est maintenant le contenu entier de la foi qui devient le bien que l'instrument régule selon la sagesse. Mais c'est encore la fidélité aux clarifications déjà amassées par la transmission apostolique, qui est en même temps Écriture et transmission de l'Écriture „à temps et à contretemps" (2 Tim 4, 2). Ce pas avait déjà été fait par IRÉNÉE, et en pleine connaissance de cause.

IRÉNÉE ne sortait guère du domaine proprement religieux revendiqué d'abord par la fausse gnose, à savoir la création et l'économie du salut du Verbe incarné. La seconde génération gnostique a, en quelque sorte, contre-attaqué en prenant appui sur la totalité du domaine connaissable. C'est là qu'ORIGÈNE reprend la discussion. Il n'innove pas sur le fond de la méthode d'argumentation. Mais la largeur de sa culture lui permet d'englober toutes les connaissances de son

---

45 On lira avec profit, sur cette répartition du canon en canons, OHME, Heinz, Kanon ekklesiastikos. Die Bedeutung des altkirchlichen Kanonbegriffs (Arbeiten zur Kirchengeschichte 67), Berlin u. a. 1998. L'auteur ne s'aventure guère, dans son étude, avant 300, et laisse donc intact le sujet ici traité.

temps dans sa réponse. De là l'ampleur de son „Traité des principes". Avec lui, le mot canon est devenu coextensible a tout le savoir de la foi, qui a son tour reprend tout le savoir humain. La *règle de piété*, le „canon" origénien, s'est montré capable de tout embrasser, en se démultipliant en huit principes, et, selon la „mesure" de l'intelligence humaine, de tout reconduire à la foi.

4. De PAUL à Nicée

Au concile de Nicée, en 325, pour la première fois de façon claire et large, le mot „canon" est utilisé, en grec et en latin, dans le but de légiférer universellement en matière de discipline, cependant que la décision dogmatique, concernant la consubstantialité du Père et du Fils, fait l'objet d'une confession de foi assortie d'un anathématisme.[46] A coup sûr, une nouvelle époque commence pour le terme, qui a évincé „regula" même en latin. Assez vite, en tout cas à Constantinople II, les *res fidei* entrent, elles aussi, dans le domaine des canons.[47] Est-ce que l'histoire dont nous venons de rapporter des bribes peut expliquer le choix que nous venons d'évoquer? Et la nouvelle donne a-t-elle tout à fait effacé l'ancienne?

A la première question, il faut certainement répondre affirmativement, même si bien d'autres recherches doivent corroborer un telle appréciation. Il est impensable que les „trois cent dix-huit Pères"[48] aient utilisé le mot sans précaution, qu'ils l'aient emprunté directement à la culture ambiante, ou enfin qu'ils l'aient trouvé directement chez saint PAUL. Grâce aux travaux des grands théologiens antignostiques, „κανών" avait montré sa capacité à signaliser une expression de la foi, sur toute l'étendue de ce que la foi peut et doit exprimer. C'est là le seul acquis des pages qui précèdent, avec le corollaire suivant: cette convenance de „κανών" à formaliser tout énoncé théologique lui vient de sa valeur sémantique sapientielle et architecturale originelle, possédée aussi par „regula"[49]: mesure, mesure de raison, mesure de beauté, mesure de solidité pour un ensemble. Par ce mot, quelque chose de la splendeur dynamique de la foi est à jamais annoncé.

Il y a là un acquis pour toujours. C'est la réponse à la seconde question, avec la limitation suivante. La valeur utilitaire de „κανών" a, et même assez vite, recouvert la valeur sémantique. Il y avait là une pression très forte causée par la responsabilité sans cesse alourdie de l'Église dans un monde de plus en plus universellement séduit par la sagesse et la beauté de la foi. Dès Nicée, un „symbole de la foi" prend la place de l'antique „κανών τῆς πίστεως" / „regula fidei"

---

46 Voir DENZINGER / HÜNERMANN *125-*128. C'est à tort, si l'on en croit MANSI, Sanctorum Conciliorum nova et amplissima collectio, t. 2, Graz 1960, col. 1-21, que, à la page pré, l'Enchiridion a indiqué des „canons" pour le concile d'Elvire; ce sont des „chapitres".

47 Ibid., t. 3, col. 557-560, le premier canon est dogmatique.

48 DENZINGER / HÜNERMANN, loc. cit. note 46.

49 Voir loc. cit. note 22.

et frustre „κανών“ / „regula“ de sa relation privilégiée avec la doctrine du salut. Plus tard, le mot, devenu latin autant que grec, va se trouver grevé d'anathématismes, au point que souvent, dans le langage courant, les deux réalités sont caricaturalement confondus. Bref, „κανών“ a pris force de loi. Et il ne garde sa vitalité originelle que dans l'exacte mesure où foi et loi sont pensées selon la juste hiérarchie, paulinienne, de l'une et de l'autre. Les symboles de la foi, sur le modèle de Nicée, jouaient ce rôle hiérarchisant en nombre de recueils d'actes conciliaires. La constitution apostolique du pape JEAN-PAUL II, „Sacrae disciplinae leges“, joue ce rôle au seuil du récent Code de droit canonique.[50] C'est par là que „κανών“ demeure un cadeau de l'Esprit saint à l'Église du Verbe incarné.

Que de matériaux seraient à peser dans la ligne de cette recherche! Il suffit ici d'avoir redonné des titres de noblesse bibliques et patristiques à „κανών“ en l'honneur de Richard PUZA, qui a mis tant de passion et d'intelligence à faire fructifier le droit canonique dans la ligne de la Sagesse éternelle amie de l'homme.

50 Voir op. cit. ci-dessus note 1, VIII-XVI.

Rubriken mit Zukunft

Zu Bernhards Titelsystematik des Breviars, Erstes Buch

Knut Wolfgang Nörr

Wahrscheinlich hatte BERNHARD VON PAVIA nicht damit gerechnet, dass die Art und Weise, wie er sein *Breviarium extravagantium* ordnete, auf Jahrhunderte hinaus das Muster für die Zusammenstellung von Konstitutionen und Dekretalen abgeben würde. Er hat die Einteilung in fünf Bücher erfunden, und die Titel oder Rubriken, die diese Bücher ausfüllen, wurden von den späteren Sammlungen fast durchweg übernommen, regelmäßig auch in derselben Reihenfolge (unbeschadet natürlich der Ergänzung durch zahlreiche neue Rubriken). Das alles ist wohlbekannt, doch hat man sich mit BERNHARDS Arbeit an den Rubriken bisher eher im Vorbeigehen beschäftigt. Im folgenden sollen die Titelrubriken des Ersten Buchs näher betrachtet werden.

Grundlage der Untersuchung ist die Edition FRIEDBERGS mit allen ihren Stärken und Schwächen.[1] In der Folgezeit machte vor allem FRANSEN auf mehrere Überlieferungen oder Familien des Breviars aufmerksam, in denen sich Varianten auch in der Zahl der Rubriken finden[2]; BERNHARD hat die Varianten aber nicht summiert. Mit dieser Bemerkung haben wir schon die zweite Grundlage unserer Untersuchung eingeführt, die von LASPEYRES veranstaltete Edition der Dekretalensumme BERNHARDS.[3] In der Vorrede zur Summe hat BERNHARD den Inhalt der fünf Bücher des Breviars zusammengefasst:

> „Ordo agendi talis est: dividetur opus in quinque libros, in quorum primo tractatur de constitutionibus ecclesiasticis, de ordinationibus et officiis clericorum, et de praeparatoriis iudiciorum, in secundo de iudiciis et processu iudiciorum, in tertio de vita clericorum et rebus eorum, de statu monachorum et rebus eorum, in quarto de matrimoniis, in quinto de criminibus et poenis."

Unter den Sammlungen, die BERNHARD benutzte, ragen zwei hervor. Zum einen handelt es sich um die Collectio Parisiensis II, die ebenfalls von FRIEDBERG analysiert worden ist[4]; sie stellt, so die allgemeine Ansicht, wahrscheinlich ein Frühwerk unseres BERNHARD dar. Die andere Sammlung, zur Bambergensis-

---

1 FRIEDBERG, Aemilius, Quinque compilationes antiquae, Lipsiae 1882.

2 FRANSEN, Gérard, La Tradition Manuscripte de la „Compilatio Prima", in: Proceedings of the Second International Congress of Medieval Canon Law (12.-16.8.1963 Boston), hg. v. KUTTNER, Stephan, Città del Vaticano 1965, 55.

3 LASPEYRES, Ernestus A.Th., Bernardi Papiensis Faventini episcopi Summa decretalium, Regensburg 1860.

4 FRIEDBERG, Emil, Die Canones-Sammlungen zwischen Gratian und Bernhard von Pavia, Leipzig 1897.

Gruppe gehörend, und zwar die Collectio Lipsiensis, ist wiederum von FRIEDBERG ediert und analysiert worden[5]; auch für sie wurde BERNHARD als Autor vermutet.[6]

Für die Parisiensis II hat HANENBURG nachgewiesen, dass ihre 94 Rubriken nicht willkürlich aneinandergereiht sind, sondern im Großen und Ganzen der Anordnung des Dekrets folgen.[7] Wir sprechen von 94, nicht 95 Rubriken, wie überall zu lesen ist. Der Unterschied ergibt sich genau aus der Rubrik, über die sich HANENBURG den Kopf zerbrochen hatte. Die ersten fünf Rubriken lauten folgendermaßen:

- „De consuetudine"
- „De prioribus et posterioribus synodis"
- „De novis statutis"
- „De his qui ex concubinis filios habent"
- „De officio archidiaconi"

Die ersten drei Rubriken beziehen sich auf die Rechtsquellenlehre, die auch bei GRATIAN den Anfang macht. Mit der fünften Rubrik beginnen fünf Rubriken zur Lehre von den *officia*[8]; hier hat sich BERNHARD an Dist. 25, c. 1 angelehnt. Die vierte Rubrik sieht an dieser Stelle wie ein Fremdkörper aus; HANENBURG bemerkte zurecht, dass der unter die Rubrik gestellte Text

> „De his, qui ex concubinis filios habent et uxores legitimas posthabuerunt et defunctis uxoribus sibi concubinas publice sociant, id observandum censuimus, ut sicut eos, qui iam clerici per ignorantiam ordinati sunt, non removemus, ita statuimus, ne ulterius ordinentur"[9]

der Sache nach zur dritten Rubrik „De novis statutis" gestellt werden könnte, die Rubrik selbst aber fehl am Platze sei. Aber die angebliche Rubrik stellt nichts anderes dar als die Eingangswörter des unter sie gestellten Textes; es handelt sich wohl um einen Missgriff auf Seiten des Schreibers, verführt durch das Anfangswort „De", mit dem ja (fast) alle Rubriken der Parisiensis II beginnen. In der Lipsiensis hat sich der Missgriff nicht wiederholt; hier wird unser Text unter die 49. Rubrik „De novis statutis" gestellt. Übrigens hat man versucht, in der Anordnung der Lipsiensis – wie der Bambergensis-Gruppe überhaupt – schon die Fünf-Bücher-Gliederung BERNHARDS, nur in ganz anderer Reihenfolge, zu entdecken, doch ohne erheblichen Rest gehen solche Gleichungen nicht auf.

Stellt man die beiden hauptsächlichen Vorlagen des Breviars nebeneinander, dann macht Parisiensis II den Eindruck bloß vorläufig aufgereihten Materials

---

5 FRIEDBERG (Fn. 1), 189.

6 LANDAU, Peter, Die Entstehung der systematischen Dekretalensammlungen und die europäische Kanonistik des 12. Jahrhunderts, in: ZRG KA 65 (1979) 136.

7 HANENBURG, Jacoba J.H.M., Decretals and Decretal Collections in the Second Half of the Twelfth Century, in: TRG 34 (1966) 594.

8 Sie lauten: „De officio archidiaconi"; „De officio archipresbiteri"; „De officio primicerii"; „De officio sacristae"; „De officio custodis".

9 Parisiensis II (4) un. = Lipsiensis 49.2 = 1. Comp. 1.13.1 (nicht im Liber Extra).

zur Verwendung für eine später zu erstellende Sammlung, während Lipsiensis als Abkömmling der Bambergensis-Gruppe bereits eine solche Sammlung verkörpert. Das gilt dann natürlich erst recht für das Breviar.

Dessen Erstem Buch wenden wir uns nun zu. BERNHARD hatte in dem oben wiedergegebenen Ausschnitt aus der Vorrede zu seiner Summe einen vierfachen Inhalt des Ersten Buches wiedergegeben:

- „de constitutionibus ecclesiasticis"
- „de ordinationibus clericorum"
- „de officiis clericorum"
- „de praeparatoriis iudiciorum"

Hiernach würden sich die 35 Rubriken des Ersten Buchs folgendermaßen aufteilen:

- „De constitutione" (1) bis „De renuntiatione" (5)
- „De temporibus ordinationis et qualitate ordinandorum" (6) bis „De clericis peregrinis non recipiendis" (14)
- „De officio archidiaconi" (15) bis „De maioritate et obedientia" (25)
- „De pactis" (26) bis „De iuramento calumniae" (35)

Wirft man darüber hinaus einen Blick auf die *transitus* oder *continuationes* in der Summe, so lässt sich der erste Teil nochmals unterteilen. Der Titel „De electione ..." beginnt mit dem Satz:

> „Finito tractatu iuris ad tractandum de eius ministris scilicet de clericis accedamus, de ipsorum creatione, ordinatione et officiis tractaturi ..."[10].

Hiernach umfasst „tractatus iuris" die ersten drei Rubriken

- „De constitutione"
- „De rescriptis ..."
- „De consuetudine"

Daran schließt der Traktat über die Verwalter des Rechts[11] an, das heißt die Kleriker, seinerseits untergliedert in ihre Bestellung mit den Rubriken „De electione ..." und „De renuntiatione", ihre Ordination und ihre Ämter, womit wir wieder zum Aufbau gemäß der Vorrede gelangt wären.

Den Beginn macht also, ganz im Sinne GRATIANS, ein *tractatus iuris*. Und als sich BERNHARD nochmals in das Dekret vertiefte, fand er *constitutio* als Schlüsselbegriff für das von den zuständigen Organen erlassene Recht. „De constitutionibus" ersetzte die Rubrik „De novis statutis" der beiden älteren Zusammenstellungen. Übrigens war diese Rubrik mehr oder weniger dem (ersten) Text unter ihr entnommen:

---

10 LASPEYRES (Fn. 3), 6.

11 Den Ausdruck „iuris ministri" gebrauchte BERNHARD in Anlehnung an Dist. 21 sum.

> „Cognoscentes ... Rem quae culpa caret, in damnum vocari non convenit. Quoties vero novum quid statuitur, ita solet futuris formam imponere, ut multis dispendiis praeterita non commendet ...“[12],

ein schönes Beispiel für die Erscheinung, dass Titelrubriken sich aus dem Summarium eines bestimmten Textes entwickeln konnten.

Bestätigung für seine Wahl „De constitutionibus“ mag BERNHARD auch im römischen Recht, genauer in der Rubrizierung des Codex JUSTINIANS, gefunden haben. Denn wenn als zweiter Titel „De rescriptis et eorum interpretationibus“ angeschlossen wurde, dann entsprach das der Sequenz im Codex:

- Cod. 1.14 „De legibus et constitutionibus principum et edictis“
- Cod. 1.23 „De diversis rescriptis et pragmaticis sanctionibus“,

nicht aber dem Dekret, wo vom Reskript in C. 25 q. 2 (besonders dict. p. c. 16) gehandelt wird; hiernach war auch in Parisiensis II eine Rubrik „De contrariis rescriptis“ erst an 70. (71.) Stelle aufgetreten.

Mit der dritten Rubrik „De consuetudine“ kehrte BERNHARD wieder ganz zum Dekret zurück. Es hatte sich in Parisiensis II um die erste Überschrift gehandelt; mit ihr nun eine Sammlung zu beginnen, von der sich der Autor wünschte, sie möge in Praxis und Unterricht reüssieren, wäre wohl nicht opportun gewesen eingedenk des Misstrauens, mit dem die kirchlichen Obrigkeiten dieser Figur begegneten.

Die vierte und fünfte Rubrik behandeln die Bestellung (*creatio*) der Kleriker. Parisiensis II hatte „De electione“ als 9. (10.) Überschrift, in der Lipsiensis lautete der Titel „De electione et electi potestate et episcopi renuntiatione et sacramento ab electo praestando“ (Rubrik 31). BERNHARD hat diese Rubrik in zwei Rubriken „De electione et electi potestate et iuramento“ und „De renuntiatione“ aufgeteilt. Der Wechsel von „sacramentum“ zu „iuramentum“ war ohne Bedeutung, werden ja beide Wörter schon in den herangezogenen Texten synonym gebraucht.[13]

Die Rubriken 6 bis 14 bilden BERNHARDS *tractatus ordinandorum*. Die Rubrik „De temporibus ordinationis et qualitate ordinandorum“ umfasst fünf Kapitel; die ersten drei fallen unter den ersten Gegenstand der Rubrik, also den Aspekt der Zeit; Vorlage der Rubrik sind hier Parisiensis II in der 19. (20.) Überschrift „De tempore ordinationis“ sowie Lipsiensis 18 mit der Formulierung „Quibus temporibus clerici ordinari debeant“. Die letzten zwei Kapitel beziehen sich auf den zweiten Teil der Rubrik, die *qualitas ordinandorum*. Die siebte Rubrik „De ordinatis ab episcopo qui resignaverat episcopatum“ stammt weder aus Parisiensis II noch aus Lipsiensis; das ihr zugeordnete Kapitel ist einer Rubrik der Bambergensis-Gruppe entnommen, die dem Breviar gewissermaßen als Steinbruch für viele Rubriken gedient hat, nämlich „De depositione clericorum et dispensatione circa eosdem“ (in der Lipsiensis Rubrik 11). Die Auflösung dieser Rubrik

---

12 JE 1629 = Parisiensis II 3 un. = Lipsiensis 49.1 = 1. Comp. 1.1.2 = X 1.2.2.

13 JL 6570 = Lipsiensis 31.19 = 1. Comp. 1.4.21 = X 1.6.4.

war vielleicht ein Grund für die auffallende Tatsache, dass im BERNHARDschen System eine Titelrubrik „De dispensatione“ oder ähnlich fehlte. Die achte Rubrik „De aetate et qualitate et ordine praeficiendorum“ wurde in teilweiser Anlehnung an die Rubrik der Bambergensis-Gruppe „Quibus et quando et in quam aetatem ecclesiae sunt committendae et ad quem spectat earum reparatio“ (in der Lipsiensis Rubrik 19) formuliert. Die neunte Rubrik „De filiis presbiterorum ordinandis vel non nec in paternis ecclesiis tolerandis“ kombiniert Parisiensis II („De filiis presbiterorum“) und aus der Bambergensis-Gruppe „De ordinatione filiorum sacerdotum et de eisdem in ecclesiis paternis non tolerandis“. Dass diese Rubrik in Lipsiensis fehlt, geht auf ein Versehen zurück.[14] Die zehnte Rubrik „De servis non ordinandis et eorum manumissione“ führt den Titel 16 (17) in Parisiensis II weiter („De servis non ordinandis“). In der Lipsiensis sind hiervon drei Kapitel offenbar ebenfalls aus Versehen an die Rubrik 21 „Uni plura beneficia non sunt committenda nec unum inter plures dividendum“ angehängt worden. Die elfte Rubrik „De obligatis ad ratiocinia ordinandis vel non“ ist ausschließlich in Parisiensis II 17 (18) vorgeformt. Gleiches gilt für die zwölfte Rubrik „De corpore vitiatis ordinandis vel non“, siehe Parisiensis II 15 (16). Die 13. und 14. Rubrik „De bigamis non ordinandis“ beziehungsweise „De clericis peregrinis et eis sine litteris non recipiendis“ sind ohne Vorbild in unseren Sammlungen. Übrigens enthalten alle drei zuletzt genannten Rubriken „Spolien“ aus dem oben erwähnten Titel der Bambergensis-Gruppe „De depositione clericorum et dispensatione circa eosdem“.

Die Rubriken 15 bis 25 behandeln die *officia* der Kleriker. „Expedito tractatu ordinandorum et officiorum ...“ lautet die Überleitung am Anfang der Summe zur Rubrik 26 „De pactis“.[15] Hiervon folgen Rubrik 15 bis 19 genau Parisiensis II 4 bis 8 (5 bis 9). Die Rubrik 20 „De officio vicarii eiusque beneficio“ stützt sich auf die Rubrik der Bambergensis-Gruppe (Lipsiensis hat hier die oben erwähnte Lücke) „Portionem ecclesiae auctoritate episcopi vicario assignatum non esse ab eo auferendum“. Rubrik 21 „De officio et potestate iudicis delegati“ kombiniert Parisiensis II 33 (34) „De officio iudicis delegati“ und Lipsiensis 35 „De officio et potestate iudicum delegatorum“. Rubrik 22 „De legatis“ ist neu, Rubrik 23 „De officio et potestate praelati et iudicis ordinarii“ stimmt mit Lipsiensis 32 überein. Rubrik 24 „De treuga et pace“ ist vom 3. Laterankonzil inspiriert; die systematische Einordnung begründete BERNHARD in der Summe mit den Worten „Quoniam ad officium iudicis, de quo diximus, spectat facere treugam pacemque servari ...“[16]. Die 25. Rubrik schließlich „De maioritate et obedientia“ sammelt und ergänzt Texte aus Lipsiensis 56 „De praeeminentia Lundonensis et Eboracensis“ und aus Parisiensis II 68 (69) „De obedientia in scripturis facienda“: eine Kombination eher aus Verlegenheit, wie es scheint.

---

14 FRIEDBERG (Fn. 4), 195 Fn. 1; DEETERS, Walter, Die Bambergensisgruppe der Dekretalensammlungen des 12. Jahrhunderts, Bonn 1956, 19.

15 LASPEYRES (Fn. 3), 20.

16 Ebd., 19.

In Parisiensis II treten der Reihe nach zuerst die Überschriften mit den verschiedenen *officia* auf, dann folgen die dem *tractatus ordinandorum* GRATIANS entsprechenden Rubriken. Im Breviar wird die Reihenfolge umgekehrt. Der Aufbau passt sich also der zeitlichen Logik der Vorgänge an; bevor der Kleriker sein Amt ausüben kann, muss er zuerst ordiniert sein. Vielleicht spielt aber noch ein anderer Umstand mit. BERNHARD hat, wie wir sahen, den gemeinsamen Nenner der restlichen Rubriken 28 bis 35 des Ersten Buches mit dem Begriff *praeparatoria iudiciorum* angekündigt. Der Begriff war in der Legistik entwickelt worden, beispielsweise in der Codexsumme des PLACENTINUS, aber auch schon vorher.[17] Man setzte an der Gliederung des Codex an; dessen Drittes Buch beginnt mit dem Titel „De iudiciis", so dass die prozessrechtlichen Teile des Zweiten Buchs, beginnend mit den Titeln „De edendo" und „De in ius vocando", als *praeparatoria iudiciorum* verstanden werden. Das Zweite Buch des Codex schließt aber unmittelbar an die Titel 26-57 des Ersten Buchs an, die von den *officia* des Reichsbeamten handeln. Mit den Begriffen der Legistik gemessen folgen also *officia* und *praeparatoria iudiciorum* unmittelbar aufeinander, und genau diese Sequenz finden wir nun im Breviar.

Im einzelnen halten dessen folgende Rubriken (mit Unterbrechungen) die Reihenfolge des Codex ein:

- 26 „De pactis" = Cod. 2.3
- 27 „De transactionibus" = Cod. 2.4
- 28 „De postulando" = Cod. 2.6
- 29 „De procuratoribus" = Cod. 2.12
- 31 „De hiis quae vi metusve causa gesta sunt" = Cod. 2.19
- 32 „De in integrum restitutione ecclesiae iure[18] minorum" entspricht Cod. 2.21
- 33 „De alienatione iudicii mutandi causa facta" = Cod. 2.54
- 34 „De arbitris" = Cod. 2.55 „De receptis"
- 35 „De iuramento calumniae" = Cod. 2.56 „De iureiurando propter calumniam dando".

Fast dieselbe Reihenfolge finden wir in den Digesten:

- 26 = Dig. 2.14
- 27 = Dig. 2.15
- 28 = Dig. 3.1
- 29 = Dig. 3.3
- 31 entspricht Dig. 4.2
- 32 = Dig. 4.1
- 33 entspricht Dig. 4.7

---

17 Näheres bei NÖRR, Knut W., Ordo Iudiciorum und Ordo Iudiciarius, in: StG 11 (1967) 332.

18 FRANSEN (Fn. 2), 61.

- 34 = Dig. 4.8
- 35 ohne Parallele in den Dig.

Wir erwähnen hier die Digesten, weil wir mit ihnen der bisher noch nicht aufgeführten Rubrik 30 „De sindico" des Breviars nachspüren können. Die Rubrik schließt an 29 „De procuratoribus" an. In den Digesten lautet dieser Titel (Dig. 3.3) „De procuratoribus et defensoribus", und in Dig. 50.4.18 § 3 konnte man die Synonymie mit „syndicus" finden („... Defensores quoque, quos Graeci syndicos appellant"). Ferner lautet in den Digesten nach Dig. 3.3 der nächste Titel 3.4 „Quod cuiuscumque universitatis nomine vel contra eam agatur", und hier findet sich nach längeren Ausführungen, die nicht weiter interessieren, die Bemerkung:

> „... sed hodie haec omnia per syndicos solent secundum locorum consuetudinem explicari."

Beide Digestenstellen hat BERNHARD in der Summe allegiert.[19] Die Rubrik konnte er wie die meisten dieses Teils des Ersten Buches weder in Parisiensis II noch in Lipsiensis finden. Eine gewisse Ausnahme macht Lipsiensis 5 „De pactionibus licitis et illicitis in rebus ecclesiae", wo unsere Rubrik 26 „De pactis" anklingt; die Texte des Titels der Lipsiensis werden auf die Rubriken 26 „De pactis" und 27 „De transactionibus" verteilt. Eine Ausnahme stellt ferner die Rubrik 35 „De iuramento calumniae" dar, die ihr Vorbild in Parisiensis II 52 (53) hat, während Lipsiensis 37 zunächst näher am Codextitel formuliert und dann den Titel kanonistisch erweitert: „De iureiurando propter calumniam et iuramento purgationis".

Ob die Legisten alle Rubriken BERNHARDS zu den *praeparatoria iudiciorum* gezählt hätten, mag dahinstehen. BERNHARD selbst hat die Rubriken 26 „De pactis" und 27 „De transactionibus" nur bedingt hierzu gerechnet, wie sich aus den Überleitungen in der Summe zur Rubrik „De pactis" und zur Rubrik „De postulando" ergibt:

> „De pactis. Expedito tractatu ordinandorum et officiorum, veniendum est ad praeparatoria iudiciorum. Sed quia vocati ad iudicium malunt pacisci vel transigere quam ad iudicium venire, ideo prius de pactis et transactionibus agamus ...
> De postulando. Praemisso tractatu de pactis et transactionibus ad praeparatoria iudiciorum redeamus."[20]

Wie die ersten beiden, so stellen auch die letzten zwei Rubriken 34 „De arbitris" und 35 „De iuramento calumniae" gewissermaßen Zwischengänge dar. BERNHARD schreibt:

> „De arbitris. Expeditis praeparatoriis iudiciorum ad tractatum iudiciorum est veniendum; sed quoniam iudicium voluntarium, quod dicitur arbitrale, gratius esse solet, quam necessarium, quod ordinarium appellatur, merito de arbitris praemittamus.

[19] LASPEYRES (Fn. 3), 25.
[20] Ebd., 20 bzw. 22.

De iuramento calumniae. Quoniam in iudicio tam arbitrario, de quo dictum est, quam ordinario, de quo dicendum, iuramentum de calumnia frequentatur, idcirco de ipso merito subiiciamus."[21]

Dass aber trotz allem auch diese Rubriken in den Augen BERNHARDS zu den *praeparatoria iudiciorum* gehören, zeigt der Beginn der Summierung des Zweiten Buches ersten Titels:

„De iudiciis. ... Excurso tractatu ordinandorum et praeludio de praeparatoriis iudiciorum ad utilem tractatum iudiciorum quasi ad nostrae navigationis portum accedamus."[22]

Die Metapher vom Hafen, in den das Schiff einläuft, findet man in genau diesem Zusammenhang, wenn auch noch blumenreicher, in der Codexsumme des PLACENTINUS, Cod. 3.1:

„Cum a principio secundi libri in singulorum titulorum initiis diximus tractaturus etc. Ecce tractavimus hoc est ad portum venimus ad quem extra ut veniremus anhelavimus. Confirmatis itaque praeparatoriis atque praeludiis iudiciorum, ianuis insistamus, valvas et fores pulsemus, et ad iudiciorum festiva solennia accedamus." [23]

Zu Cod. 2.1 hatte PLACENTINUS ausgeführt:

„Explicavimus in superiori libro de magistratibus per quos iura provehuntur, iurgia sopiuntur, iudicia terminantur, ergo de iudiciis disseramus. Vel de iudicibus exposuimus, nunc loquamur de iudiciis. Et quia iudiciorum quaedam sunt praeparatoria, et multa praeveniunt iudicia tanquam quaedam praeludia ..." [24].

Auch BERNHARDS oben wiedergegebene Überleitung in „De pactis" hatte sich an PLACENTINUS angelehnt, Cod. 2.3:

„Audivimus de in ius vocatis, dicendum esset de iudiciis: sed quia in ius vocati saepe malunt pacisci et transigere, quam ad iudicium venire, quia meticulosa res est iudicium subire, primo tractemus de pactis et transactionibus ..." [25].

Ob es sich hierbei um unmittelbare Anleihen handelte oder Zwischenträger eingeschaltet waren, müssen wir an dieser Stelle offen lassen.

Man kann, zusammenfassend, in der Gliederung des Ersten Buchs des Breviars unter dem Aspekt der Rubriken die ersten vier Abschnitte

- Konstitutionen
- Klerikerbestellung
- Klerikerordination
- Klerikerämter

als kanonistisch, den fünften und letzten als legistisch bezeichnen.[26] Die Reihung und Unterscheidung bleibt in den vier anderen *Compilationes antiquae* und

---

21 Ebd., 29 bzw. 30.
22 Ebd., 32.
23 Moguntiae 1536 (Turin 1962), 95.
24 Ebd., 37.
25 Ebd., 40.

im *Liber Extra* erhalten, auch wenn RAYMUND hie und da Korrekturen vornahm: So hat er, wohl in Hinblick auf begriffliche Zusammenhänge, die Rubrik „De treuga et pace" nicht vor „De maioritate et obedientia" belassen, sondern zwischen diese Rubrik und „De pactis" gesetzt; und „De iuramento calumniae" wurde in den zeitlichen Ablauf des Verfahrens, daher als Prozesshandlung eingeordnet, die nach der Litiskontestation vorzunehmen war; die Rubrik geriet also in das Zweite Buch der großen Kompilation.

[26] Wir können Gabriel LE BRAS nicht folgen, wenn er das Erste Buch für „médiocrement" geordnet hält, in: DDC II, 785.

El „Staatskirchenrecht“ en la Prolusión panormitana de Scaduto

Iván C. Ibán

1. Introducción

Ha sido, y sigue siendo, bastante frecuente entre los cultivadores españoles del Derecho Eclesiástico el considerar que las construcciones científicas sobre esta materia tienen su origen más inmediato en las realizadas por los juristas italianos dedicados al „diritto ecclesiastico“ y el remoto en el „Staatskirchenrecht“ alemán, que a su vez sería uno de los pilares de las elaboraciones italianas en los siglos XIX y XX. También es frecuente que ellos mismos indiquen que un autor italiano es clave en la elaboración de un concepto actual de Derecho Eclesiástico e, incluso, se trata de individuar en un sólo escrito de ese autor el punto de inflexión que separaría el pasado del presente.[1] El tema no ha sido estudiado con la suficiente profundidad como para poder acreditar indubitadamente que las cosas fueran así exactamente. Por lo demás, las explicaciones lineales no suelen ser las adecuadas para comprender el proceso de evolución de una Ciencia. Sea como fuere, lo que creo que es indiscutible es que „il diritto ecclesiastico“ ha influido en el „Derecho Eclesiástico“ y que aquél lo fue por el „Staatskirchenrecht“. También creo que es indiscutible que en el tránsito del siglo XIX al XX dos autores fueron claves en nuestra disciplina en Italia: Francesco RUFFINI y Francesco SCADUTO. Pues bien, este segundo es el autor de aquel escrito que por algunos ha sido considerado como punto de inflexión hacia una concepción actual de la materia.[2] El origen del mismo es una prolusión dictada en la Universidad de Palermo, posteriormente publicada, y lleva por título „El concepto moderno de Derecho Eclesiástico“.[3] Tal intervención oral tuvo lugar con ocasión

---

1 Las citas podrían ser numerosas, pero baste con acudir al epígrafe ‚La formación de la Ciencia del Derecho Eclesiástico‘ redactado por Pedro LOMBARDÍA en el primer manual de la disciplina que se publica en España, AA.VV., Derecho Eclesiástico del Estado Español, Ediciones Universidad de Navarra, Pamplona 1980, 131-147. Aunque en esta primera edición, a diferencia de lo que ocurre en las aparecidas con posterioridad al fallecimiento de LOMBARDÍA, no consta expresamente la existencia de ningún director de la obra, ciertamente, la inspiración, coordinación, etc., corresponde al autor del epígrafe citado.

2 No se pretende aquí analizar ese escrito en su globalidad, ni mucho menos los debates doctrinales de la época. Baste con decir que en términos generales buena parte de la doctrina española sostiene que la aportación de SCADUTO sería la de fijar el carácter estríctamente estatal de las fuentes del Derecho eclesiástico.

3 SCADUTO, Francesco, Il concetto moderno del diritto ecclesiastico. Prolusione letta il 21 novembre 1884, Palermo 1885, 21 páginas.

del encargo de una Cátedra de Derecho Eclesiástico en la Universidad panormitana tras varios años de ausencia de enseñanza de la disciplina.

El propósito de las líneas que siguen es extraordinariamente modesto. Se tratará de indicar todas las referencias que realiza nuestro autor al „Staatskirchenrecht", a autores germánicos, a Alemania, etc. Más adelante, en algún tiempo que espero no muy lejano, pretendo realizar un estudio exhaustivo de la prolusión de SCADUTO.[4] No creo, sin embargo, que sea mal modo de anticipar ese estudio publicando ahora algunos aspectos parciales. Si el „diritto ecclesiastico" se ha apoyado en el „Staatskirchenrecht", está muy claro que SCADUTO confiere a éste una elevada calificación científica e importancia.

2. Referencias de SCADUTO al „Staatskirchenrecht", Alemania, etc.

Ya en el Sumario queda perfectamente clara la notable importancia que SCADUTO concede al „Staatskirchenrecht", pues uno de los tres epígrafes de los que consta lleva como título: „Trasformazione del medesimo [del Derecho Eclesiástico] in Germania". Pero probablemente no haga falta ni tan siquiera abrir el opúsculo para comprobar el interés de nuestro autor por Alemania: en la contraportada se realiza una referencia de las obras de SCADUTO, entre ellas se incluyen dos con conexión con la historia alemana y con el Derecho germánico, en concreto:

- Stato e Chiesa negli scritti politici dalla fine della lotta per le investiture sino alla morte di LUDOVICO IL BAVARO (1122-1347), Firenze 1882.
- Il Consenso nelle Nozze, nella Professione e nell'Ordinazione, secondo il Diritto Romano, Germanico, Canonico, Napoli 1885.

Ya en el texto realiza referencias directas a Alemania y a autores alemanes, a textos normativos, etc. Para proceder de un modo ordenado, en primer término identificaré todos los datos mencionados por el autor (autores, obras doctrinales, textos legislativos, etc.), para seguidamente aludir a las afirmaciones por él realizadas.

2.1. Identificación de los datos citados por SCADUTO

2.1.1. Libros

Seis obras alemanas o austriacas cita nuestro autor, en ocasiones de un modo muy impreciso. A continuación transcribimos las referencias realizadas por SCADUTO:

---

[4] Cuando realice esa publicación dejaré constancia clara y precisa de las docenas de colegas y amigos que me han ayudado en la tarea, entre ellos el Profesor PUZA.

a) „Le .... vere e proprie edizioni del Corpo del Diritto Canonico ci sono venute dalla Germania, e, quel ch'è più, dalle provincie protestanti, da Berlino e da Lipsia, dal Richter nel 1883 e dal Friedberg ai giorni nostri" (12).
b) „Collazione del diritto Romano col Mosaico [Nota: Presso Ph. HUSCHKE, Iurisprudentiae Anteiustinianeae ..., Lipsiae 1861]" (14).
c) „Si è cercata l'influenza del Diritto Romano sul Canonico, e di questo sulle legislazioni civili ..., [Nota: Si vedano ... i lavori di ... BÖCKELMANN ..., REICHSBACH]" (14 s.).
d) „In Austria insieme alla raccolta cronologica delle Leggi e Decreti, si pubblicava un indice sistematico delle medesime con sommarii, ed una delle categorie era costituita da quelle, sotto Giuseppe II numerosissime, in materia ecclesiastica [Nota: Vollständige Sammlung aller seit dem Regierungsantritt Ioseph des Zweiten für die K. K. Erbländer ergangenen höchsten Verordnungen und Gesetze ..., Vienna 1788-1791]" (15).

En a) se recoge la cita de dos ediciones del Corpus Iuris Canonici; en concreto:

I. Aemilius Ludovicus RICHTER, Corpus Juris Canonici Post Justi Henningii Boehmeri curas brevi adnotatione critica instructum ad exemplar romanum. Denuo edidit ... Juris utriusque Doctor et in Academia Marburgensi Professor Publicus Ordinarius, Opus uno volumine absolutum, Pars I. Decretum Gratiani, Pars II. In qua Decretalium Collectiones Continentur, S. Reverendi Consistorii Catholici per Regnum Saxoniae Approbatione Editum, Lipsiae 1839.[5]

II. Aemilius FRIEDBERG, Corpus Iuris Canonici, Editio Lipsiensis Secunda post Aemilii Ludovici Richteri curas ad librorum manu scriptorum et editionis romanae fidem recognouit et adnotatione critica instruxit ..., Pars Prior. Decretum Magistri Gratiani, Pars Secunda. Decretalium collectiones.[6]

En b) una edición de un texto primitivo en el que se realiza una comparación del Derecho mosaico con el romano. En la edición que he manejado la cita exacta sería la siguiente:

III. Lex Dei sive mosaicarum et romanarum Legum collatio, en: Iurisprudentiae anteiustinianae reliquias in usum maxime academicum compositas a Ph. Eduardo HUSCHKE, Editione sexta aucta et emendata ediderunt E. SECKEL et B. KUEBLER, Voluminis alterius. Fasciculus secundus, edidit Bernardus KUEBLER, Lipsiae 1927, 325-394.

En c) se hace referencia a dos obras doctrinales cuyas fichas exactas son las siguientes:

IV. Joh. Fred. BÖCKELMANNI, Tractatus postumus de Differentiis Juris Civilis, Canonici & hodierni; Cornelius VAN ECK, Jctus & Antec. edidit, recensuit & praefatione auxit; Everardus, OTTO, Jctus & Antec. in usum Auditorum, notis illustravit; et Joach. HASSAEI, Jcti, Diff. Juris Civ. & Can. Adjecit, Trajecti ad Rhenum 1737.

V. Carolus REISACHIUS [Carlo dei baroni di REICHSACH], De jure civili romano quod in antiquis canonum collectionibus aliisque ecclesiasticis monu-

---

5 He utilizado la edición original.
6 He utilizado la edición de Akademische Druck- u. Verlagsanstalt, Graz 1959.

mentis occurrit. Dissertatio, en Agustini Theineri, Disquisitiones criticae in praecipuas canonum et decretalium collectiones seu sylloges gallandianae dissertationum de vetutis canonum collectiones continuatio, Romae 1836, 218-247.

Por último, en d) hace referencia a una colección de textos normativos austriacos:

VI. Vollständige Sammlung aller seit dem glorreichsten Regierungsantritt Joseph des Zweyten für die k. k. Erbländer ergangenen höchsten Verordnungen und Gesetze durch privat Fleiß gesammelt und in chronologische Ordnung gebracht, Doce volúmenes, Wien 1788-1791.

2.1.2. *Revistas*

Nuestro autor se refiere a dos revistas alemanas, y lo hace en los siguientes términos, „I periodici tedeschi intitolati Rivista di Diritto Ecclesiastico e Rivista di Diritto Ecclesiastico cattolico" (18 s.).

Se trata, evidentemente, de:

VII. „Zeitschrift für Kirchenrecht"

VIII. „Archiv für Katholisches Kirchenrecht"

2.1.3. *Personas*

Al margen de los autores a los que me referí en 2.1.1., SCADUTO cita tres nombres: „Strauss ..., Müller ..., Bismarck" (7):

IX. David Friedrich STRAUSS

X. Friedrich Maximilian MÜLLER

XI. Otto Eduard VON BISMARCK

2.1.4. *Textos normativos*

Sólo hay una referencia de este tipo, y es tan genérica como la que sigue: „famose leggi tedesche di maggio sul clero" (7), naturalmente se refiere al conjunto de disposiciones normativas, no únicamente leyes, que son el reflejo del „Kulturkampf" en el plano jurídico.

XII. Disposiciones de mayo sobre el clero.

2.2. Comentarios a los datos

En este apartado pretendo referirme brevemente a cada uno de los datos reseñados en el anterior. Para la identificación de cada uno de ellos acudiré al número romano antepuesto a cada uno de ellos.

I. Aemilius Ludwig RICHTER nació en Stolpen el 15 (5?) de febrero de 1808 y falleció en Berlín el 8 de mayo de 1864. Autor de obras doctrinales y de ediciones de fuentes, entre ellas la del Corpus Iuris Canonici a la que se refiere SCADUTO.

Obsérvese que SCADUTO sitúa la edición en Berlín y la fecha en 1883, en tanto que yo lo hago en Leipzig y la fecho en 1839. Ambas discordancias merecen un momento de atención. Los datos que cito los tomo de la propia obra que he tenido oportunidad de manejar.[7] La fecha de 1883 constituye un evidente error tipográfico. SCADUTO se refiere a la edición de FRIEDBERG como algo próximo a la fecha de la prolusión, empleando la expresión „ai giorni nostri", y considera anterior la edición de RICHTER, la prolusión se dicta en 1884 y la edición de FRIEDBERG es de 1879-1881, por lo tanto es obvio que 1883 no es una fecha anterior. Eso sí, probablemente la fecha que pretendía escribir SCADUTO era 1833. Esta fecha es dada por algunos autores, así, por ejemplo, por NAZ[8] y RICHTER fecha su „praefatio editoris ad lectorem" de la edición del Decreto de Graciano así: „Dat. Lipsiae ipso die S. Ioannis Baptistae A. MDCCCXXXIII".

Otros consideran que la fecha para el Decreto de Graciano es 1836, y 1839 para el resto, tal es el caso de von SCHULTE.[9]

En lo que toca a considerar que la edición es de Berlín, como hace SCADUTO, me parece que se requiere alguna matización. Ya hemos visto como la edición impresa aparece en una editorial situada en Leipzig, y que su prólogo se fecha en esa misma ciudad, en donde ejerció como abogado. No fue profesor de Derecho en Berlín hasta 1846, habiéndolo sido previamente en Marburgo desde 1838, por lo tanto ni es muy probable que el trabajo de edición por parte de RICHTER se desarrollase en Berlín, ni, desde luego, la editorial que la da a la luz se sitúa en esa ciudad. Por lo demás, es claro que FRIEDBERG al realizar su edición a partir de la de RICHTER la considera como de Leipzig, basta con leer en la primera página de la misma: „editio lipsiensis secunda". En definitiva, en el caso de la fecha existe una errata, y posiblemente, se pretendía escribir otra fecha discutible, aunque admisible, en el caso del lugar debe considerarse que desde luego no fue allí impresa y que sólo enseñó en Berlín con posterioridad a la edición, con lo que no es muy probable, pero no se puede excluir, que el trabajo se llevase a cabo en esa ciudad.

II. Emilio Alberto FRIEDBERG nació en Konitz el 22 de diciembre de 1837.[10] Y falleció en Leipzig el 7 de septiembre de 1910. Autor de numerosos trabajos doctrinales y de ediciones de fuentes, sin duda la edición del Corpus por él realizada y citada por SCADUTO es la más habitualmente utilizada. Dictándose la prolusión en el 1884, SCADUTO la situa „ai giorni nostri", no hay aquí ninguna

---

7 La obra, en dos volúmenes, se encuentra en la Biblioteca de la Facultad de Derecho de la Universidad Complutense, con las signaturas 24119 y 24120 (Figura también: Est. 43, Tabla 2, N°s 4 y 5).

8 NAZ, Raoul, voz Richter, en: DDC VII, 687.

9 Johann Friedrich von SCHULTE, Die Geschichte der Quellen und Literatur des Canonischen Rechts III/2-3, Graz 1956, 213.

10 En Gran Enciclopedia Rialp, Madrid 1987, 528, se da la fecha de 22 de febrero del mismo año.

inexactitud pues la edición del Decreto es de 1879 y la del resto del Corpus de 1881. También es exacto el considerar que la edición es de Leipzig.

III. La Collatio editada por HUSCHKE fue objeto de ulteriores ediciones; en la que he manejado, y que es la citada, puede encontrarse una referencia a las mismas, así como a la posible autoría y la fecha del texto original que se situaría a finales del siglo IV o inicios de V.[11]

Los títulos de esta comparación son los siguientes: Tít. I: De sicariis et homicidis, casu vel voluntate; Tit. II: De atroci iniuria; Tit. III: De iure et saevitia dominorum; Tit. IV: De adulteriis; Tit. V: De stupratoribus; Tit. VI: De incestis nuptiis; Tit. VII: De furibus et de poena eorum; Tit. VIII: De falso testimonio; Tit. IX: De familiaris testimonio non admittendo; Tit. X: De deposito; Tit. XI: De abactoribus; Tit. XII: De incendiariis; Tit. XIII: De termino amoto; Tit. XIV: De Plagiariis; Tit. XV: De mathematicis, maleficis et manichaeis; Tit. XVI: De legitima successione.

IV. Johann Friedrich BÖCKELMANN, nace el 22 de abril de 1633 en Steinfurt y fallece el 22 de octubre de 1681 en Leiden.[12] Ya del propio título – Tractatus postumus – y de los datos que figuran en la portada, que hemos transcrito más arriba, se deduce que no se trata de una obra redactada propiamente por BÖCKELMANN.[13]

Para hacerse idea del contenido de la obra transcribo el índice correspondiente a la letra a: Absolutione a jurejurando; academiarum et Doctorum institutione ac creatione; accusatione; actionum nomine; actionum cumulatione; actoribus et reis; adulterio; amortisatione; antichresi; appellationibus; appellationibus earum fatalibus; arbitris; auctoritate Canonum Apostolicorum; auctoritate Juris Canonici; auctoritate Sedis Romanae; auctoritate imminuta; audientia episcopali y Augustino.

V. En este caso hay un evidente error tipográfico a la hora de citar a un cierto REICHSBACH. Sencillamente no he logrado encontrar ningún autor con ese nombre. A la hora de determinar quien era exactamente el antes citado he contemplado tres posibilidades: Andreas REICHENBACH, Johannes Emerici ROSBACH y Carl REICHSACH.

El primero nace en 1841 y fallece en 1899, y publicó, entre otras obras, una traducción al inglés de una obra de Zwinglio[14], un opúsculo acerca del juramento[15] y otra sobre los recuerdos de la vida en un seminario de los jesuitas.[16]

---

11 Vid. „additamentum editoris“ de la edición de SECKEL y KUEBLER citada (327 s.).

12 Para más información del autor vid. la voz correspondiente en el volumen tercero de la Allgemeine Deutsche Biographie, Leipzig 1876, 24 s.

13 Para más detalles sobre el particular vid. la praelectio de Everardus OTTO y el praefatio de Cornelius VAN ECK, en especial las pp. III-IV, XXXVIII-XLI y LIV. El libro puede encontrarse en la Biblioteca de la Universidad de Tubinga.

14 ZWINGLI, Ulrich, The Christian education of youth, Collegeville, Pa., [1890].

15 Der Eid in seinem Wesen und seiner formalen Bedeutung. Die gesetzlichen Bestimmungen und die Reformforderung, Berlin s. a.

En cuanto a ROSBACH aparece citado como autor de un estudio de comparación del Derecho canónico con el civil, tanto en la Praelectio del libro de BÖCKELMANN al que nos hemos referido más arriba[17], como en el „Geschichte“ de von SCHULTE.[18] Pero creo que al que se refiere SCADUTO es a REICHSACH y a la obra citada más arriba, me parece que eso es así pues lo cita también en su Diritto ecclesiastico.[19]

Acerca del autor pueden encontrarse datos en las pp. XIX a XXI de la obra citada de THEINER. En cuanto a la Dissertatio de REICHSACH, tras una introducción, consta de los siguientes capítulos y apartados: Caput I: Qua de causa ecclesia juris romani usum retinuerit; Caput II: De juris romani fontibus quibus canonum collectores usi sunt: § 1: Quid legis romanae nomine intelligendum sit; § 2: Quibus juris romani fontibus usi sint antiqui canonum collectores; Caput III: Canonum collectores, scriptoresque alii ecclesiastici qui jure romano usi sunt: § 1: Juris romani loci seorsim conservati; § 2: De canonum collectionibus.

VI. La „Sammlung“ se trata de una colección privada de textos normativos de Austria ordenada cronológicamente, que cubre del 1788 al 1791. Consta de doce volúmenes, uno de los cuales es un „Supplement“ al número 7 y dos son de índices. Indico seguidamente el número de volúmenes con la fecha de edición y el número de páginas. Del primer volumen y de los dos últimos, transcribiré la ficha completa.

- Vol. I, Vollständige Sammlung aller seit dem glorreichsten Regierungsantritt Joseph des Zweyten für die k. k. Erbländer ergangenen höchsten Verordnungen und Gesetze, durch privat Fleiß gesammelt und in chronologische Ordnung gebracht (Verordnungen und Gesetze der Jahre 1780 und 1781), Wien 1788, 471 páginas.
- Vol. II, Wien 1788, 480 páginas.
- Vol. III, Wien 1788, 396 páginas.
- Vol. IV, Wien 1788, 699 páginas.
- Vol. V, Wien 1788, 445 páginas.
- Vol. VI, Wien 1788, 564 páginas.
- Vol. VII, Wien 1789, 564 páginas.
- Vol. VII (Supplement), Wien 1790, 360 páginas.
- Vol. VIII, Wien 1790, 882 páginas.
- Vol. IX, Wien 1791, 804 páginas.

---

16 Erinnerungen aus dem Jesuiten-Seminar. Ein Beitrag zur Kenntnis jesuitischer Erzienung, Braunschweig 1874.

17 XXXVIII.

18 III/2-3, 33.

19 Diritto ecclesiastico vigente in Italia. Manuale, 2ª edizione, riveduta ed ampliata, specialmente delle nuove leggi e giurisprudenza, della bibliografia, e delle fonti del Diritto Canonico del Prof. Huebler, Torino 1892, 61.

- Repertorium I: Hauptrepertorium über die sieben Theile der vollständigen Sammlung aller k. k. Gesetze und Verordnungen, welche seit dem Regierungsantritt Joseph des Zweyten vom Jahre 1780 bis Ende 1787 erschienen sind, Wien 1789, 706 páginas.
- Repertorium II: Hautrepertorium über letzten drey Bände der vollständigen Sammlung aller unter der Regierung Joseph des Zweyten ergangenen Gesetze und Verordnungen, Wien 1791, 184 páginas.

VII. La revista „Zeitschrift für Kirchenrecht" se funda en el año 1861, dirigida por Richard DOVE de la Universidad de Berlin. Entre los colaboradores („unter Mitwirkung von") que figuran en la carátula del primer volumen se encuentra RICHTER.

En el prólogo del propio DOVE fechado en Berlin en noviembre de 1860 e incluido en ese primer volumen (pp. 1-7), y en el que se explican las razones de aparición de la revista y el objeto la misma, se realiza un juicio extraordinariamente crítico del „Archiv für Katholisches Kirchenrecht"[20]. Revista a la que nos referiremos seguidamente.

La revista se publicó hasta 1889, manteniéndose en la dirección DOVE a lo largo de toda la vida de la misma, pero actuando como codirector FRIEDBERG desde el volumen 4.

Puede considerarse su continuadora[21] el „Deutsche Zeitschrift für Kirchenrecht" cuyo primer volumen aparece fechado en 1891, y el último fechado en 1915/16, lo hizo en 1917. En esta nueva revista se indica en la carátula: „Dritte Folge der von Dove begründeten, vom IV. Jahrgang ab von Dove und Friedberg herausgegebenen Zeitschrift für Kirchenrecht". Los directores de esta revista hasta el número 20 fueron SEHLING y FRIEDBERG, abandonando el segundo la codirección a partir del número 21.

VIII. En cuanto al „Archiv für Katholisches Kirchenrecht" su primer número apareció 1857 en Innsbruck bajo la dirección de Ernst Freiherr von MOY DE SONS, profesor de aquella Universidad. La revista se sigue publicando en la actualidad, apareciendo en la carátula el reconocimiento al fundador[22] y a sus continuadores[23], y con una compleja fórmula a propósito de la dirección[24], de la que cabe deducir que la ejerce AYMANS.

---

20 „Gegenwärtig ist es nun die ultramontane Richtung allein, welche ein wissenschaftliches Organ für kirchenrechtliche Arbeiten in dem Archiv für katholisches Kirchenrecht von Moy de Sons besitzt. Für das evangelische Kirchenrecht so wie für jede Behandlung des katholischen Kirchenrechts und seiner Beziehungen zu dem Staate, welche nicht von dem ultramontanen Standpunkte ausgeht, fehlt ein solches Organ zur Zeit ganz" (3 s.).

21 Naturalmente resulta difícil fijar unos criterios para determinar cuando estamos ante una continuación o ante una revista nueva. Y no es esta la sede de resolver tal problema.

22 Begr. v. Ernst Frhr. v. MOY DE SONS.

23 Fortges. v. Friedrich Heinrich VERING, Franz HEINER, Nikolaus HILLING u. Klaus MÖRSDORF.

IX. David Friedrich STRAUSS nació el 27 de enero de 1808 en Ludwigsburgo y falleció en la misma ciudad el 8 de febrero de 1874. Concluye estudios de Teología en Tubinga. Enseña en el Seminario de Maulbronn, más tarde en la Universidad de Tubinga y en la de Zurich donde fue obligado a dimitir. Fue candidato, sin éxito, a la Asamblea Nacional durante la revolución de 1848 y participó en la Dieta de Wurtemberg hasta ese mismo año. Sus planteamientos políticos eran conservadores.

Su obra más conocida y polémica fue „Das Leben Jesu kritisch bearbeitet". Se aparta de la ortodoxia católica y protestante. Explica el cristianismo acudiendo a la teoría del mito.

X. Friedrich Maximilian MÜLLER nació el 6 de diciembre de 1823 en Dessau y fallece en Oxford el 28 de octubre de 1900. Estudió filosofía, linguística e idiomas en Leipzig, Berlín y París. En 1848 se instaló en Oxford, donde intenta, sin éxito, ocupar la cátedra de sánscrito, logrando finalmente la de filología comparada en esa Universidad a partir de 1868 y que ocupa hasta su jubilación en 1875. Su orientación ideológica podía ser calificada como liberal.

Autor de numerosos trabajos de traducción de textos religiosos asiáticos. Junto a sus estudios filológicos y del origen de las lenguas, publica numerosas obras en el campo del origen de las religiones.

XI. Otto Eduard VON BISMARCK (Principe y Duque de Lavenburgo) nace el 1 de abril de 1815 en Schönhausen y fallece el 30 de julio de 1898 en Friedrichsruhe. Estudia leyes en Gotinga y ocupa diversos cargos en la administración, en la política y en destinos diplomáticos hasta que en 1862 fue nombrado Presidente del Gabinete y Ministro de Estado. En 1871 se proclama el segundo imperio alemán siendo GUILLERMO I el Kaiser y BISMARCK su Canciller imperial. Ya con GUILLERMO II como Kaiser, dimite de su cargo y abandona el ejercicio activo de la política en 1890, aunque es elegido diputado en 1891, si bien nunca acudiría a la Cámara.

En el período 1871-1879 se apoya en el el Partido Nacional Liberal, que impulsa la política anticatólica que se ha dado en llamar „Kulturkampf".

XII. Las leyes de mayo sobre el clero son un amplísimo número de disposiciones normativas que conforman el aparato jurídico del „Kulturkampf". Tales leyes se promulgan en los años 1873, 1874, 1875 y 1876, y buena parte de ellas están fechadas en mayo: 11 de mayo de 1873 (Preußische Gesetzessammlung, 1873, 191 ss.), 12 de mayo de 1873 (ibid., 198 ss.), 13 de mayo de 1873 (ibid., 205 ss.), 14 de mayo de 1873 (ibid., 207 ss.), 4 mayo de 1874 (Reichsgesetzblatt 1874, 43), 20 de mayo de 1874 (Preußische Gesetzessammlung 1874, 135 ss.), 21 de mayo de 1874 (ibid., 139) y 31 de mayo de 1875 (ibid. 1875, 217). Aunque las hay de otras fechas.

---

[24] Im Kanonistischen Institut der Universität München, hg. v. AYMANS, Winfried / SCHMITZ, Heribert / GERINGER, Karl-Theodor. Geschäftsführender Herausgeber und Schriftleiter: Winfried AYMANS.

2.3. Referencias genéricas

SCADUTO además de las referencias específica que hace a algunas obras, autores, etc., alemanes, a las que acabamos de atender, también hace frecuentes alusiones a Alemania, Austria, al „Staatskirchenrecht", etc. Seguidamente se realiza un elenco de ellas situándolas en su contexto.

Analizando las propuestas que en el último tercio del siglo XVIII se realizaron en la República de Venecia para que las autoridades estatales prepararan un manual oficial de Derecho Eclesiástico, nuestro autor afirma que

> „il concetto del manuale ufficiale ed obbligatorio appartiene all'ordine delle idee austriache, giuseppine" (4).

Más adelante, al considerar que una de las razones por las que las enseñanzas del Derecho eclesiástico perdieron prestigio en Italia y, en definitiva, desapareciesen de la Universidad, incluye como una fundamental la clericalización del profesorado. En ese contexto afirma que

> „oggi i clericali ... riportano qualche vittoria parziale in Germania ... eppure in questi paesi non hanno più un'ingerenza ufficiale nell'insegnamento" (6).

Cuando trata de establecer una diferencia entre las materias de Derecho Canónico y de Derecho Eclesiástico, que considera que no están suficientemente distinguidas en Italia, afirma que tal separación es neta en Alemania. Lo hace en estos términos:

> „In Germania ... con questi due nomi s'intendono due cose in gran parte differenti. Diritto canonico è l'insieme dei canoni di concilii, delle decretali dei papi, delle leggi civili e dei passi della Bibbia e dei Santi Padri in quanto si trovano accolti nel così detto corpo del Diritto canónico (Corpus iuris canonici): esso si chiude per tanto col secolo XIV, e colle estravaganti Comuni arriva al XV (1484). Lo stesso concilio di Trento ... a rigor di termini non fa dunque parte del Diritto canonico" (8).

Es decir, en su interpretación, en Alemania la diferencia entre Derecho canónico y eclesiástico es puramente cronológica, de tal manera que el Derecho de la Iglesia católica pretridentino es canónico, debiéndose entender que el tridentino y posterior es eclesiástico. Prosigue afirmando que

> „in Germania di solito s'insegna ...il Diritto cattolico ed il Protestante, e quest'ultimo andrebbe del tutto escluso dal concetto del Diritto canonico" (ibid.),

con lo que parecería que el Derecho canónico es el católico, es decir el de la Iglesia católica, en tanto que el protestante no lo sería y, por lo tanto, debería denominarse eclesiástico.

Pero si en los textos analizados hasta ahora no parece muy clara la posición que adopta nuestro autor a la hora de delimitar la utlización de los dos términos en Alemania, pues parece que en primer lugar se inclina por un criterio estríctamente cronológico, siendo el Corpus el eje de separación, mientras que más adelante parece optar por identificar Derecho canónico con Derecho de la Iglesia católica sin, en principio, excluir el posterior al Corpus. Menos claro pa-rece si continuamos leyendo, pues escribe:

> „In Italia e in Francia ... s'insegnava il Diritto canonico vero e proprio e insieme ad esso il concilio Tridentino e i canonici e decretali posteriori, tenendo conto del concordato che vigeva nelle rispettive regioni. Dunque in fondo sotto il nome di Diritto canonico s'intendeva e s'insegnava tutto quello che oggi s'intende e s'insegna in Germania col titolo di Diritto ecclesiastico" (8 s.).

Es decir, en Italia y Francia se llama Derecho canónico a la suma del Derecho incluido en el Corpus (sería el „Diritto Canonico vero e proprio"), del Derecho de Trento y del postridentino (se entiende que tenga su origen en la Iglesia católica) y del concordatario. Y todo eso se llamaría, en Alemania, Derecho eclesiástico, entrando en contradicción con su afirmación anterior de que allí la diferencia era puramente cronológica.

Pasa más adelante a realizar una afirmación acerca de la orientación de las enseñanzas en Italia, Francia y Alemania, y de su ubicación en una u otra Facultad que no requiere comentario:

> „In Italia e in Francia era un insegnamento molto più confessionista che non in Germania. Quivi, al pari che già in Italia e diversamente che oggi in Francia, fa parte della Facoltà giuridica e non della Teologica, pertanto il professore è, di solito, un laico, e guarda e insegna la materia da giurista e non da teologo" (9).

Como ya puse de relieve, todo el segundo epígrafe de la prolusión se dedica, según se indica en el título, a la

> „trasformazione del medesimo [del Derecho eclesiástico] in Germania e sua importanza".

Parte de la constatación de que en Alemania se enseña simultáneamente el Derecho católico y el protestante, con lo que

> „il professore si trovava in parte costretto dal bisogno stesso di parangonare a mettersi in un punto di vista non confessionista" (11).

Pero si al hecho de que la enseñanza en Alemania no sea confesional le atribuye un gran mérito, aún mayor se lo concede en los aspectos, llamémosles así, estríctamente científicos: „nel lato prammatico e sopra tutto nello storico" (12). Antes de realizar una enumeración de esos méritos[25], encontramos una nueva afirmación desconcertante a propósito de qué sea el Derecho eclesiástico:

> „sono ... i Tedeschi, che hanno coordinato ed elaborato in modo scientifico il Diritto Ecclesiastico puro ossia emanato dalla Chiesa medesima" (ibid.).

---

25 „Nel nostro secolo sono quasi esclusivamente i Tedeschi ... [los] che hanno ricercato e pubblicato tanti canoni e trattati inediti, sono essi che ne hanno studiato i rapporti colla società civile, sono essi che ne hanno scritta la storia documentata; le stesse vere e proprie edizioni del Corpo del Diritto Canonico ci sono venute dalla Germania, e, quel ch'è più, dalle provincie protestanti" (12).

Es decir, si antes el Derecho eclesiástico era el posterior al Corpus si en otros pasajes parece que sería el protestante, si aún en otros parece que el Derecho eclesiástico sería el de origen eclesial y el concordatario, ahora el Derecho eclesiástico puro sería el emanado de la Iglesia.

Inmediatamente después de estas referencias alude a la pérdida de la importancia práctica de la materia, incluso en Alemania:

> „L'importanza antica del Diritto Ecclesiastico, la quale era anzitutto professionale, oggi è andata perduta in grandissima parte anche in Germania. Eppure questa materia ivi non solo viene insegnata nelle Facoltà giuridiche ed è obbligatoria, sibbene manifesta una vita rigogliosa" (ibid.).

Más adelante al reseñar una compilación a la que hemos aludido anteriormente con el número VI, constata el hecho de que las

> „disposizioni in materia ecclesiastica ... sotto Giuseppe II [fueron] numerosissime" (15).

Prosigue con una referencia a la necesidad de realizar estudios comparados del Derecho de la Iglesia y el Derecho del Estado. Indica que deben analizarse las disposiciones eclesiásticas – de la Iglesia – que han sido recibidas por el Estado, pero también aquellas que no lo han sido:

> „tutti quei canoni e bolle che non riguardano oggetti puramenti interni e di poca importanza, ma si riferiscono ai rapporti colla società, devono essere esaminati in un corso di Diritto Ecclesiastico, anche quando non siano stati riconosciuti dal potere civile" (16).

Y en ese contexto vuelven a aparecer referencias a Alemania y datos acerca de qué entiende SCADUTO por Derecho Eclesiástico:

> „Questo coordinamento giuridico e sociologico del Diritto civile ecclesiastico col pontificio, s'è fatto sinora quasi soltanto in Germania, e neppur ivi completamente: mentre la storia dei canoni e delle decretali, presentando un interesse cosmopolitico, si è ricercata e si ricerca in tutti i suoi minimi punti, quella invece delle leggi in materia ecclesiastica emanate dai singoli Stati, essendo di un interesse più tosto nazionale, s'è studiata meno, e s'è esposta ed insegnata meno ancora, appunto perchè poco nota. Negli stessi trattati di Diritto Ecclesiastico tedeschi il diritto pontificio occupa sempre uno spazio incomparabilmente maggiore di quello dello Stato" (ibid.).

De una parte reconoce el importantísimo trabajo realizado en Alemania en materia, digámoslo así, de edición de fuentes. De otra, nuevas perplejidades suscita el empleo de términos para distinguir entre lo que hoy llamamos Derecho eclesiástico y Derecho canónico. Aparecen dos nuevas expresiones: Derecho civil eclesiástico y Derecho pontificio. El Derecho pontificio sería el emanado del Pontífice. No parece sin embargo obvio que tal sea el significado que da a la expresión nuestro autor, ya que al referirse a los „trattati di Diritto Ecclesiastico tedeschi" establece una contraposición entre Derecho pontificio y Derecho del Estado, con lo que parece que por aquél debe entenderse el de la Iglesia. Es decir, analizando ese pasaje cabe afirmar que el Derecho eclesiástico está compuesto por el Derecho pontificio (lo que yo llamaría Derecho canónico) y el Derecho del Estado sobre materias eclesiásticas (lo que hoy llamaríamos Derecho eclesiástico).

Sin embargo un poco más arriba parece que utiliza la expresión „Derecho civil eclesiástico" para referirse al Derecho del Estado en materia eclesiástica. Con lo que parece que en esta parte de su trabajo se inclina por la siguiente utilización de términos: Diritto pontificio: sería el Derecho de la Iglesia católica, sea o no reconocido por el Estado (aunque no sería necesario estudiar aquellas normas „che ... riguardano oggetti puramente interni e di poca importanza"), es decir, lo que yo llamaría Derecho canónico. Diritto civile ecclesiastico: serían las disposiciones estatales en materia eclesiástica, lo que hoy llamamos Derecho eclesiástico. Por último, Diritto Ecclesiastico: sería la suma de los dos anteriores y, por lo tanto, la denominación no traería su origen de la fuente (la fuente es tanto estatal como eclesial), sino del objeto: las materias eclesiásticas.

Encontramos una nueva referencia a Alemania cuando señala que en las bibliotecas italianas no se hallan las obras doctrinales y revistas más importantes de Derecho eclesiástico, e indica específicamente que

> „i periodici tedeschi intitolati Rivista di Diritto Ecclesiastico e Rivista di Diritto Ecclesiastico cattolico (non parlo di tanti altri di data più recente o meno diffusi) credo non si trovino in nessuna delle nostre biblioteche" (18 s.).

Son las dos revistas que hemos identificado más arriba con los números VII y VIII.

Y concluye sus referencias a Alemania y su Ciencia eclesiasticista con una pregunta que resume claramente la actitud de SCADUTO en relación con aquella Ciencia parangonándola con la de los países latinos:

> „Qual'è, o signori, la causa di questa incomparabile inferiorità (per non dire nullità) dei paesi latini di fronte alla Germania in fatto di Diritto Ecclesiastico?" (19).

No interesa aquí la respuesta que, por lo demás, no es muy precisa, sino esa clara manifestación de admiración por la Ciencia alemana.

3. Conclusiones

Como indiqué al inicio de estas páginas es mi propósito el realizar un detallado estudio de la Prolusión de SCADUTO, del que este trabajo no es más que un anticipo muy parcial y muy provisional. Es por ello por lo que renuncio en este punto a referirme con detenimiento a la utilización del término de Derecho eclesiástico por nuestro autor. Hemos visto como, al referirse a Alemania, utiliza ese término de un modo que tal vez podríamos calificar de vacilante, aunque es evidente que no puedo llegar a conclusiones definitivas hasta que progrese en mi investigación. Volveré sobre la cuestión en algún tiempo cuando logre concluir ese trabajo más amplio. Me centraré ahora, como ya anuncié, en un aspecto que, aunque colateral en relación al concepto de la materia, es sin embargo de importancia para ella: el Staatskirchenrecht en la Prolusión de SCADUTO.

La última afirmación transcrita del autor no ofrece discusiones: para nuestro autor la superioridad de la Ciencia alemana en relación a la italiana (y francesa) es patente e indiscutible. Ahora bien, sin entrar a valorar el mayor o menor acierto de la opinión de SCADUTO, cabría preguntarse en que datos se apoya para llegar a esa conclusión o, por ser mas precisos, cuáles son los datos que aporta en ese sentido.

Parece claro que para SCADUTO la perdida de importancia de la materia en Italia (y en Francia) se debe a una excesiva clericalización de la misma, una excesiva dependencia de los planteamientos de la Iglesia catolica o del „pensamiento catolico". Sin embargo tal grado de dependencia no se produce en Alemania, tanto por la pervivencia parcial, en la época, del espíritu impulsor de „Kulturkampf", como por la importancia del protestantismo en aquel país. Por lo tanto SCADUTO se apoya en una propuesta: no cabe una auténtica Ciencia del Derecho Eclesiastico si ésta es dependiente de los planteamientos clericales (catolicos?), y de la constatación de un hecho: en Alemania la influencia del clero (catolicismo) es muy inferior que en Italia (o en Francia). Por ello no es de extrañar que cuando cita tres nombres alemanes (STRAUSS, MÜLLER y BISMARCK)[26] sean de personas que se han enfrentado, admítaseme la expresión, con los planteamientos catolicos y que, desde luego, no pueden ser calificadas como eclesiasticistas.

Sin duda aparecen otros nombres alemanes, en concreto: RICHTER, FRIEDBERG, HUSCHKE, BÖCKELMANN y REICHSACH. Los tres primeros son citados en tanto que autores de fuentes, el cuarto es un autor del siglo XVII y la obra citada de REICHSACH dificilmente puede considerarse como una obra doctrinal de Derecho Eclesiastico (o de Derecho Canonico) vigente. Sin embargo en el propio texto el autor cita tres obras doctrinales francesas de épocas próximas a la prolusión (sus autores: BOUIX, CAMPION y DUPIN) y seis británicas (sus autores: BLUNT, BRICE, BURN, CRIPPS, PHILLIMORE y ROGERS).

A la conclusión que pretendo llegar es que SCADUTO no cita a la doctrina alemana contemporánea por la que tanta admiración siente[27], lo cual no deja de resultar sorprendente cuando cita tan generosamente a la doctrina británica, a la que, por lo demás, dedica muy contadas palabras en su prolusión.[28]

---

26 También cita al Emperador JOSÉ II (13 de marzo de 1741-20 de febrero de 1790), pero únicamente para señalar que las disposiciones normativas en materia eclesiástica dictadas bajo su reinado fueron publicadas en una recopilación. Vid. supra VII.

27 Paradójicamente en su biblioteca personal que se encuentra en la Universidad de Siena (Biblioteca Scaduto. Biblioteca del Circolo Giuridico. Università degli Studi di Siena) hay numerosas publicaciones jurídicas alemanas, fundamentalmente separatas.

28 „L'Inghilterra, quantunque non tenga cattedre di Diritto Ecclesiastico, pure non manca di manuali discretamenti buoni: ma sono dovuti a circostanze speciali. Ivi il Diritto emanato dalla Chiesa si confonde quasi completamente con quello proveniente dal potere civile, e quindi l'insegnamento del primo è, in proporzioni maggiori che negli altri paesi, per necessità distribuito in quello del secondo: del resto questi manuali si contano sulle dita di una sola mano [en realidad cita seis y no cinco] e sono di data recentissima;

En la misma línea cuando cita a las dos revistas lo hace sin otro comentario que considerarlas entre las revistas „moderne più importanti" (18) y situándolas en un plano de igualdad. Sorprende que no haga referencia alguna a que el „Archiv für Katholisches Kirchenrecht" de la época tiene una marcada orientación católica, como se señala con toda claridad, como ya vimos, en el „Zeitschrift für Kirchenrecht". Lo cual en los planteamientos de SCADUTO sería descalificador.

En resumen, la admiración de SCADUTO por el „Staatskirchenrecht" se basa más en razones sociológicas que en razones científicas. O, cuando menos, apunta las primeras y da pocos datos para fundamentar las segundas.

---

alcuni composti per uso più tosto pratico, un solo, quello di Roberto Phillimore, è piuttosto un vasto trattato scientifico che un manuale, ed è degno del celebre scrittore di Diritto Pubblico" (17 s.). En su biblioteca, a la que me he referido en la nota anterior, apenas se encuentran publicaciones británicas.

Gotteshäuser Roms als kirchliche Rechtsorte

Louis Carlen

In Kirchen und Kapellen wird Gott verehrt und Gottesdienst gehalten.[1] Das Kirchenrecht hat Bestimmungen über Bau und Unterhalt, die Weihe, die Ahndung von Verletzungen.[2] Gotteshäuser sind aber auch Orte, an denen Rechtshandlungen erfolgen[3], womit sie, vor allem wenn das wiederholt geschieht, zu Objekten der Rechtsarchäologie werden.[4] Es können Handlungen sein, die sowohl in den Bereich des kirchlichen wie des weltlichen Rechts fallen. Im Folgenden gehen wir der Frage nach, wieweit in Kirchen Roms im Laufe der Geschichte Rechtshandlungen des kirchlichen Rechts erfolgten.[5]

1. Sakramentenrecht

Wie in anderen Kirchen wurden und werden in römischen Kirchen rein kirchliche Handlungen vorgenommen, denen auch Rechtscharakter zukommt. Die Sakramente, die in der Kirche gespendet werden, sind auch Gegenstand des Kirchenrechts.[6] Man spricht vom Sakramentenrecht. Die Taufe ist, außer im Notfall, in der Kirche zu spenden.[7] Sie begründet die Mitgliedschaft in der Kirche.[8] Nach Maßgabe der Rechtsvorschriften befähigt die Weihe, Leitungsgewalt zu übernehmen.[9] Die Beichte, für die verschiedene rechtliche Bestimmungen bestehen, ist in einer Kirche oder Kapelle entgegenzunehmen.[10] Durch die Konsensabgabe der Partner wird die Ehe begründet.[11] Bestimmte Eheschließungen konnten auch einen staatspolitischen Charakter annehmen, so als am 16. März 1452

---

1 Zum Begriff des Kirchengebäudes can. 1214 CIC.

2 Cann. 1205-1213 CIC.

3 CARLEN, Louis, Kirchen als Rechtsorte, in: LÜDICKE, Klaus / PAARHAMMER, Hans / BINDER, Dieter A. (Hg.), Neue Positionen des Kirchenrechts, Graz 1994, 7-27; neu abgedr. in: CARLEN, Louis, Kirchliches und Wirkliches im Recht, Hildesheim 1998, 201-219. Zum Zeremoniell, das auch rechtliche Elemente enthalten kann, u. a. SCHIMMELPFENNIG, Bernhard, Die Zeremonienbücher der römischen Kurie, Tübingen 1973.

4 MAISEL, Witold, Rechtsarchäologie Europas, Wien u. a. 1999, 63-67.

5 Allgemein für Rom CARLEN, Louis, Rechtsorte in Rom, in: FS Schott, 179-190.

6 Cann. 731-1143 CIC/1917; cann. 840-1165 CIC.

7 Can. 773 CIC/1917; can. 857 CIC.

8 Can. 87 CIC/1917; can. 96 CIC.

9 Can. 109 CIC/1917; can. 129 § 1 CIC.

10 Can. 908 CIC/1917; can. 964 § 1 CIC.

11 Can. 1081 § 1 CIC/1917; can. 1057 CIC. Kirche als Eheschließungsort: can. 1109 CIC/1917; can. 1118 CIC.

Papst NIKOLAUS V. König FRIEDRICH III. traute, der mit seiner Braut LEONORE VON PORTUGAL am Hauptaltar von St. Peter kniete und der gleiche Papst FRIEDRICH III. nach einer zweiten Messe mit der Aachener Krone zum lombardischen König krönte.[12]

Taufen im Lateranbaptisterium in Rom[13] erlangten auch politische und staatsrechtliche Bedeutung, weshalb „das Baptisterium als Rechtsort und sein Taufbecken als sakraler Rechtsbrunnen“ bezeichnet wurden.[14] Hier hat angeblich Papst SILVESTER I. die Taufe Kaiser KONSTANTINS vorgenommen.[15] Im gleichen Baptisterium wurde im Jahre 781 PIPPIN, der Sohn KARLS DES GROßEN, getauft, der unmittelbar danach zum König von Italien gekrönt wurde.[16] Cola di RIENZI entweihte 1347 den Taufbrunnen, indem er frevelhaft darin badete.[17]

Seit dem Mittelalter wurde die Rechtssymbolik bei Sakramenten ausgeweitet.[18]

2. Papstwahlen

Verschiedene Papstwahlen[19] fanden nicht in Rom statt. In Anagni und Viterbo und Perugia waren mehrere Konklave. Nach der Konstitution „Ubi Periculum“ GREGORS X. von 1274 sollte die Papstwahl möglichst am Sterbeort des Vorgängerpapstes erfolgen. Am häufigsten wurden die Päpste in Rom gewählt und zwar meist in kirchlichen Gebäuden.

JOHANNES II. wurde im Jahre 533 in der Basilika S. Pietro in Vincoli gewählt. Daran erinnert eine im gleichen Jahr vom Presbyter SEVERUS gestiftete Inschrift, jetzt auf der Stirnwand des linken Querschiffs. In der gleichen Basilika wurden 939 STEFAN VIII. und 1073 GREGOR VII. gewählt.[20] 858 wurde NIKOLAUS I. in S. Silvestro in Capite erkoren.[21] Das Konklave, aus dem GELASIUS II. 1118 als

---

12 PASTOR, Ludwig, Geschichte der Päpste I, Freiburg i. Br. 1886, 378. Ein Stich im Museo di Roma zeigt die Trauung des Papstnepoten Don Luigi BRASCHI durch PIUS VI. in der Sixtinischen Kapelle 1781.

13 GIOVENALE, Giovanni Battista, Il Battisterio Lateranense, Roma 1929.

14 SCHULZE, Ulrich, Brunnen im Mittelalter. Politische Ikonographie der Kommunen in Italien, Frankfurt a. M. 1994, 85.

15 DUCHESNE, Louis / VOGEL, Cyrille (Hg.), Le Liber Pontificalis I, Paris ^{2}1955, 274.

16 HOFFMANN, Konrad, Taufsymbolik im mittelalterlichen Herrschaftsbild, Düsseldorf 1968, 46.

17 GREGOROVIUS, Ferdinand, Geschichte der Stadt Rom im Mittelalter (1848/49) II, Ausgabe KAMPF, Waldemar, München 1978, 699 f. Entweihung von kirchlichen Gebäuden gab es auch sonst, z. B. Überfall auf Papst GREGOR VII. (1073-1085) in Sta. Maria Maggiore (RAFFALT, Reinhard, Cantata Romana, München 1977, 15 ff.).

18 CARLEN, Louis, Kirchliche Rechtssymbolik, in: FS Mühlsteiger, 471.

19 Vgl. die Literatur über die Papstwahlen bei CARLEN, Louis, Orte, Gegenstände, Symbole kirchlichen Rechtslebens, Fribourg 1999, 108-114; STEIMER, Bruno (Hg.), Lexikon der Päpste und des Papsttums, Freiburg i. Br. 2001, Sp. 604 f.

20 BUCHOWIECKI, Walther, Handbuch der Kirchen Roms III, Wien 1974, 555 f.; WURM, Hermann, Die Papstwahl. Ihre Geschichte und Gebräuche, Köln 1902, 29.

21 BUCHOWIECKI (Fn. 20), 846.

Papst hervorging, fand in S. Sebastiano al Palatino statt, wo bis ins 13. Jahrhundert mehrfach Papstwahlen durchgeführt wurden.[22] Vom 11.-13. Jahrhundert erfolgte die Wahl häufig in der Lateranbasilika oder in St. Peter, aber schon im 7. Jahrhundert wählten Klerus und Volk den Papst in der Lateranbasilika[23], STEPHAN II. wurde in Sta. Maria Maggiore gewählt.[24] Vor 1455 wählte man im 15. Jahrhundert manchmal in Sta. Maria sopra Minerva[25], z. B. 1431 EUGEN IV. und 1447 NIKOLAUS V.[26] Seit dem Bau der Sixtinischen Kapelle 1473, geweiht 1483[27], wurde das Konklave meist in dieser abgehalten. BENEDIKT XI. wurde 1303 im Vatikan gewählt.[28]

3. Inthronisation des Papstes

Eine Rechtshandlung ist die Inthronisation[29], die Einsetzung des neuen Papstes auf dem Sitz in der Apsis von St. Peter, wobei die rechtliche Beurteilung bei den Kanonisten von einander abweicht.[30] Es wird die Ansicht vertreten, dass die Inthronisation mit der kanonischen Wahl zusammenhing, ein Teil von dieser war und dem *electus* die Fülle der päpstlichen Gewalt gab. Das Konzept der Inthronisation hat im Laufe der Zeit Veränderungen erfahren.[31] Inthronisationen wurden in Rom auch in der Lateranbasilika und in der Kirche S. Pietro in Vincoli vorgenommen.[32] Nach dem *Ordo Censius* nahm der Papst nicht nur den Sitz in St. Peter in Besitz, sondern zusätzlich auch jenen der Lateranbasilika.[33]

Beim Thron handelt es sich um die sog. Cathedra Sancti Petri, eines der bedeutendsten Herrschaftszeichen des frühen Mittelalters. Der Thron wurde im Jahre

---

22 Ebd., 837.

23 WURM (Fn. 20), 15; zu St. Peter: HINSCHIUS, Paul, System des katholischen Kirchenrechts I, Berlin 1869, Neudr. Graz 1959, 271.

24 DUCHESNE (Fn. 15), 440.

25 Alessandro PICCOLOMINI beschrieb das Konklave in der Minerva 1447 (GREGOROVIUS [Fn. 17] III, 48 f.).

26 BUCHOWIECKI (Fn. 20) II, 695.

27 SALVINI, Roberto, La Capella Sistina, Milano 1965; BESTMANN, Liselotte, Michelangelos Sixtinische Kapelle, München 1999.

28 FUNKE, Philipp, Papst Benedikt XI., Münster 1891, 9 ff.; WURM (Fn. 20), 41. Im 19. Jahrhundert waren vier Konklave im Quirinal (WURM [Fn. 20], 102).

29 Zur Immantation des Papstes, d. h. die Bekleidung mit dem Purpurmantel und ihre rechtliche Bedeutung, s. CARLEN, Louis, Der Purpurmantel des Papstes, in: DERS., Sinnenfälliges Recht, Hildesheim 1995, 291-304.

30 GUSSONE, Nikolaus, Thron und Inthronisation des Papstes von den Anfängen bis zum 12. Jahrhundert, Bonn 1978, 289-296.

31 Ebd., 279.

32 Inthronisation 1378 unter politischem Druck der Römer in einer römischen Kapelle (SCHIMMELPFENNIG, Bernhard, Das Papsttum, Darmstadt [3]1988, 246).

33 Ebd., 259, 286.

875 von KARL DEM KAHLEN anlässlich der Kaiserkrönung St. Peter geschenkt[34] und wurde anknüpfend an die Entwicklung des Bischofsthrones zum Symbol des römischen Episkopates und des päpstlichen Amtes.[35]

4. Papstkrönung

Seit mindestens Ende des 11. Jahrhunderts bis 1963 wurden die Päpste gekrönt.[36] Die *imitatio imperii* hatte zur Folge, dass das Zeremoniell der Kaiserkrönung die Ausgestaltung der Papstkrönung beeinflusste.[37] Krönungskirche war die Papstkirche St. Peter. Das Zeremoniell im Ordo von 1275 verlegte die Papstkrönung vor das Portal der Peterskirche.[38] Der Papst nahm auf einem Sessel auf der Plattform, *in facie ecclesiae*, Platz, der Prior der Kardinaldiakone nahm ihm die Mitra ab und setzte ihm die Krone auf, das letzte Mal bei der Krönung PAULS VI. im Jahre 1963.[39]

5. Versammlungen

Ordnungsgemäß einberufene und durchgeführte Versammlungen der Gesamtkirche[40] und der Teilkirchen[41] haben Rechtscharakter. Ihre Beschlüsse können rechtliche Geltung beanspruchen.

---

34 Das Wichtigste aus der umfangreichen Literatur verzeichnen BERGER, Rupert, Kathedra, in: Lexikon der Päpste und des Papsttums (Fn. 19), Sp. 466 f.; CARLEN, Louis, Zeremoniell und Symbolik der Päpste im 15. Jahrhundert, Fribourg 1993, 20.

35 GUSSONE, Nikolaus / STAUBACH, Nikolaus, Zu Motivkreis und Sinngehalt der Cathedra Petri, in: Frühmittelalterliche Studien 9 (1975) 334 ff.

36 EICHMANN, Eduard, Weihe und Krönung des Papstes im Mittelalter, München 1951, 36 ff.; KLEWITZ, Hans Walter, Die Krönung des Papstes, in: ZRG KA 30 (1941) 98.

37 WEGENER, Wilhelm, Krone und Krönung des Papstes, in: JuS 3 (1963) 338; CARLEN, Louis, Krönungskirchen, in: CASTILLO LARA, Rosalio Josepho Kard. (Hg.), Studia in honorem Eminentissimi Cardinalis Alphonsi M. Stickler, Roma 1992, 54. Zur Pracht der Papstkrönungen s. PASTOR (Fn. 12) II, 275, 411 und III, 177, 281. Wie ikonographische Motive in Kirchen rechtliche Zusammenhänge haben können, zeigt das Apsismosaik mit einer Krönung Mariens, das Papst INNOZENZ II. (1130-1143) in der Kirche Sta. Maria in Trastevere mit einer Selbstdarstellung in der Nähe anbringen ließ. Man vermutet, dass die Darstellung zur Legitimation INNOZENZ' II. in seiner Auseinandersetzung mit einem Gegenpapst beitragen sollte (FLOR, Ingrid, Staats- und kirchenpolitische Aspekte bei mittelalterlichen Marienkrönungsdarstellungen, in: CARLEN, Louis [Hg.], Forschungen zur Rechtsarchäologie und Rechtlichen Volkskunde 12 [1990] 59-92).

38 ANDRIEU, Michel, Le Pontifical Romain au Moyen Age II, Città del Vaticano 1939, 525 ff.

39 Zu Festkrönungen der Päpste s. KLEWITZ (Fn. 36), 100 ff.

40 Cann. 337 § 1, 338-341, 749 § 2 CIC; cann. 222-229 CIC/1917. Für die Zeit vor 1918 vgl. statt allem anderen: FEINE, Hans Erich, Kirchliche Rechtsgeschichte, Köln u. a. [4]1964, 106 ff., 537 f.; PLÖCHL, Willibald Maria, Geschichte des Kirchenrechts I, Wien

5.1. Konzile

Im Lateran fanden fünf Konzilien statt. Am 1. Laterankonzil zwischen dem 8. März und 6. April 1123 unter Papst CALIXTUS II. nahmen ca. 300 Bischöfe teil. Es beriet über das Wormser Konkordat und 22 Kanones. Papst INNOZENZ II. eröffnete am 4. April 1139 das 2. Laterankonzil, das in 30 Kanones Reformen beschloss. Die Teilnehmerzahl, welche die Chroniken angeben, schwanken zwischen 500 und 1000. Das 3. Laterankonzil unter Papst ALEXANDER II. mit 291 Bischöfen tagte vom 5. März 1179 bis 22. März 1179. Wichtiges Traktandum war die Friedensvereinbarung mit FRIEDRICH I. BARBAROSSA. Unter Papst INNOZENZ III. waren am 11. November, 20. November und 30. November 1215 ca. 400 Bischöfe zum 4. Konzil im Lateran versammelt und verabschiedeten in 70 „Kapiteln" meist kirchenrechtliche Bestimmungen. Schließlich fand unter den Päpsten JULIUS II. und LEO X. vom 10. Mai 1512 bis 16. März 1517 das 5. Laterankonzil statt, das den Konzilarismus verurteilte, wonach das Allgemeine Konzil über dem Papst steht.[42]

Wieweit einzelne Konzilsverhandlungen in der Basilika stattfanden, lässt sich nicht immer genau feststellen.[43] Immerhin aber waren Eröffnung und Schlusssitzungen stets in der Basilika. Vom 1. Laterankonzil wird vermutet, dass es in der von LEO III. erbauten Konzilsaula des Lateranpalastes tagte.[44] Von den bildlichen Darstellungen ist für das 4. Laterankonzil von 1215 eine Federzeichnung überliefert, die aber den genauen Ort der Tagung nicht erkennen lässt.[45] Der offiziellen Ausgabe der Akten des 5. Laterankonzils von 1521 ist ein Holzschnitt des Konzilsteilnehmers Giovanni Battista DE GARGIIS beigegeben, der eher einen Saal darstellt.[46]

In der alten Peterskirche tagte am 1. und 23. Dezember 800 unter dem Vorsitz von König KARL ein Konzil, zu dem der König nach dem Muster der fränkischen Reichssynoden außer dem hohen Klerus aus Rom und dem Reich auch den römischen Senat und die fränkischen Großen als Umstand eingeladen hatte. Es ging vor allem um Vorwürfe, die gegen Papst LEO III. erhoben wurden.[47] Das

---

u. a. 1953, 134 f., 138; II, Wien u. a. 1955, 102-111; III, Wien u. a. 1959, 194-205 (PLÖCHL III, 200 gebraucht den Ausdruck „Konzilsrecht").

41 Cann. 439-446 CIC; cann. 281-292 CIC/1917.

42 FINK, Karl August, Die konziliare Idee im späten Mittelalter, in: Vorträge und Forschungen 9 (1965) 119 ff.; BÄUMER, Remigius, Die Entwicklung des Konziliarismus, Darmstadt 1976; ALBERIGO, Giuseppe, Chiesa conciliare, Brescia 1981.

43 HELMRATH, Johannes, Locus concilii. Die Ortswahl der Generalkonzilien vom IV. Lateran bis Trient, in: AHC 27/28 (1995/96) 593-644 behandelt nur die Ortschaften, an denen Konzilien stattfanden.

44 STADLER, Hubert, Päpste und Konzilien, Düsseldorf 1983, 189.

45 SIEBEN, Hermann-Josef, Konzilsdarstellungen – Konzilsvorstellungen, Würzburg 1990, 23.

46 Ebd., 32 f.

47 EWIG, Eugen, in: JEDIN, Hubert (Hg.), Handbuch der Kirchengeschichte III/1, Freiburg i. Br. 1985, 107.

von JOHANNES XXIII. auf den 1. April 1412 nach Rom einberufene Konzil, das am 14. April eröffnet wurde, hatte nur eine feierliche Sessio in St. Peter.[48] Von dem 1443 nach Rom verlegten Konzil von Florenz heißt es: „translatum esse: in basilica Lateranense".[49]

Im neuen Petersdom versammelten sich die beiden Vatikanischen Konzilien. Das erste tagte vom 18. Dezember 1869 bis 18. Juli 1870 im rechten Querschiff. 791 Personen nahmen daran teil.[50] Wichtige Beschlüsse waren das Unfehlbarkeitsdogma und die Konstitutionen „Dei Filius" und „Pastor aeternus".[51] Das 2. Vaticanum unter JOHANNES XXIII. und PAUL VI. dauerte vom 11. Oktober 1962 bis 8. Dezember 1965[52] und neben den Beobachtern, Periti und geladenen Gästen nahmen daran 2.540 Konzilsväter teil. Die Plenarsitzungen fanden in St. Peter statt.[53]

5.2. Synoden

Von 313-449 wurden in Rom 18 Synoden abgehalten, von 484-610 fünf, in der Zeit von 769-1116 insgesamt 27 und von 1302-1413 zwei[54] Das Provinzialkonzil von 1725 war eine Synode.[55] Weitere Synoden folgten im 18.-20. Jahrhundert. Zahlreiche dieser Synoden versammelten sich in römischen Kirchen, so z. B. die sog. Palmsynode, vor der sich Papst SYMMACHUS wegen angeblichen Delikten verantworten musste, in S. Croce in Gerusalemme vom 1. September bis 23. Oktober 501 und die Stadtsynode vom 5. Juli 595 in SS. Marcellino e Pietro.[56] Die neueren Bischofssynoden tagten in der Synodenaula im Vatikan, zu der JOHANNES PAUL II. 2001 eine neue Synodenkapelle segnete. Die unter dem Titel „Concilium romanum" 1725 abgehaltene Synode, zu der BENEDIKT XIII.

---

48 FINK, Karl August, ebd., III/2, 548.

49 HOFMANN, H., Das Konzil von Florenz in Rom, in: OrChrP 15 (1949) 71-84.

50 Vgl. SCHATZ, Klaus, Vatikanum I, 3 Bde., Paderborn 1992-1996.

51 Texte bei DENZINGER / HÜNERMANN, Nr. 3000-3075, 812-833; AUBERT, Roger, La Constitution Dei Filius du Concile du Vatican. De doctrina Concilii Vaticani I, Roma 1961; BETTI, Umberto, La costituzione dommatica Pastor aeternus del Concilio Vaticano I, Roma 1961.

52 Unterbrechung durch den Tod JOHANNES XXIII. am 2.6.1963, Wiederaufnahme am 29.9.1963 (2. Sitzungsperiode), zwei weitere Sitzungsperioden 1964/1965.

53 Quellen: Das Zweite Vatikanische Konzil. Dokumente und Kommentare, Freiburg i. Br. 1966-1968. ALBERIGO, Giuseppe (Hg.), Storia del Concilio Vaticano II, 5 Bde., Bologna u. a. 1995-2001.

54 JEDIN, Hubert (Hg.), Handbuch der Kirchengeschichte II und III, Freiburg i. Br. 1973; ROETHE, Gerwin, Zur Geschichte der römischen Synoden im 3. und 4. Jahrhundert, Berlin 1937; MAROT, Hilaire, Les conciles romains des IVe et Ve siècles et le développement de la primauté, in: Istina 4 (1957) 411 ff.; WOJTOWYTSCH, Myron, Papsttum und Konzile von den Anfängen bis zu Leo I. (440-461), Stuttgart 1981, 42 f., 62-65, 84-89, 145-150, 283-296, 367 f.

55 JEDIN (Fn. 54) V, 615.

56 BUCHOWIECKI (Fn. 20) II, 333, 607.

alle Bischöfe der römischen Kirchenprovinz eingeladen hatte, tagte in der Lateranbasilika. Ein großformatiges Titelkupfer, das die Versammlung in der Basilika zeigt, schmückt die Ausgabe der Versammlungsakten.[57]

5.3. Konsistorien

Die feierliche, öffentliche Gerichtsversammlung, an der Kardinäle und andere teilnahmen, nannte man ursprünglich Konsistorium. Die Bezeichnung Konsistorium ging über auf die Versammlung der Kardinäle, die den Papst beraten. Dieser führt den Vorsitz. Seit dem 16. Jahrhundert war es feierliches Forum, um päpstliche Regierungsakte vorzunehmen.[58] Konsistorien wurden manchmal in Kirchen, vor allem in der Sixtinischen Kapelle, abgehalten.

5.4. Bruderschaften

Bruderschaften versammelten sich in Kirchen. Daher waren verschiedene Kirchen Roms Versammlungsort und auch Sitz[59] von rechtlich konstituierten Bruderschaften und Erzbruderschaften (Confraternità, Arciconfraternità, Compagnia).[60] Es gab in Rom nur im Bereich von Trastevere gegen 70 solcher Bruderschaften, von denen verschiedene noch existieren. Sie sind mannigfacher Art. 11 sind Sakramentsbruderschaften, von denen sich die ersten in S. Lorenzo in Damaso und Sta. Maria sopra Minerva versammelten. Eine wurde 1573 zur Erzbruderschaft erhoben.[61] Dazu kommen Marien-Bruderschaften[62] und solche, welche die Namen anderer Heiliger tragen, auch Bruderschaften bestimmter Berufe wie der Bauern (in S. Vitale), Schuhmacher (in S. Egidio), Kutscher (S.

---

57 Concilium Romanorum in sacrosancta Basilica Lateranense celebratum anno universalis Jubilaei MDCCXVI, Firenze ^{2}1788, 8 f. (vgl. auch SIEBEN [Fn. 45], 56.)

58 KALB, Herbert, Konsistorium, in: LThK^{3} VI, Sp. 293 f.; DERS. , Konsistorium, in: Lexikon der Päpste und des Papsttums (Fn. 19), Sp. 492 f.; cann. 353, 1403 CIC.

59 Bruderschaften und Gilden errichteten auch selber kirchliche Gebäude (GRIMAL, Pierre, Die Kirchen Roms. Glanzvolle Symbole der Ewigkeit, Stuttgart ^{3}2002, 101, 128).

60 LUMBROSO, Maria Maroni / MARTINI, Antonio, Le confraternite romane nelle loro chiesa, Roma 1963. Über Bruderschaften als Forschungsgegenstand und umfangreiche Literatur zu den Bruderschaften: REMLING, Ludwig, Bruderschaften in Franken. Kirchen- und sozialgeschichtliche Untersuchungen zum spätmittelalterlichen und frühneuzeitlichen Bruderschaftswesen, Würzburg 1986, XVII-XXXV u. 5-53. Neuerdings auch THEIL, Bernhard, Bruderschaften in Vorderösterreich. Zur Mentalität und Frömmigkeit barocker Bruderschaften, in: Rottenburger Jahrbuch für Kirchengeschichte 20 (2001) 195-210.

61 MANCINI, Paolo / SCARFONE, Giuseppe, L'Oratorio del SS. Sacramento di S. Maria in via. Chiesa degli operatori turistici in Roma, Roma 1973, 14 f.

62 CECCARELLI, Giuseppe, Feste, confraternité e tradizioni populari mariane in Roma, in: Alma Socia Christi IX. Acta congressus mariologici-mariani, Romae 1950, Roma 1953, 14 ff.; DUCAY, Antonio, Rom, in: BÄUMER, Remigius / SCHEFFCZYK, Leo (Hg.), Marienlexikon V, St. Ottilien 1993, Sp. 532 f.

Tommaso de'Cenci), Töpfer und Keramikhändler (S. Andrea dei Vascellari), Schreiber und Kopisten (S. Tommaso in Parione), der Musiker (S. Cecilia), der Marmorarbeiter (S. Ivo de Bretoni), der Pilger (SS. Trinità dei Pellegrini). Meist wurden diese Bruderschaften im 16. Jahrhundert gegründet. Die zuletzt genannte Bruderschaft, der auch Damen und Herren des römischen Hochadels angehörten, war in der 2. Hälfte des 16. Jahrhunderts eine der wichtigsten.[63]

Eine vornehme Bruderschaft, die 1506 gegründet wurde und ihren Sitz in Sta. Maria Monserato hatte, war auch die Confraternità der angesehenen Persönlichkeiten der aragonesischen, katalonischen und valencianischen Nation mit einem Kardinal an der Spitze.[64] Die Kirche SS. Giovanni e Petronio de'Bolognesi war 1566 im Besitz der Compagnia dei Battuti, deren Mitglieder sich mit eisernen Ketten kasteiten.[65] Bei Bußprozessionen geißelten sich öffentlich auch die Mitglieder der 1264 von zwei Kanonikern von S. Vitale gegründeten „Raccomandati di Maria Vergine", die ihren Sitz zeitweise in SS. Pietro e Paolo del Gonfalone hatten.[66] Einzelne Bruderschaften fassten verschiedene Berufsleute zusammen. So waren in der in der Kirche S. Rocco beheimateten und von Papst ALEXANDER VI. 1499 in einer Bulle bestätigten Confraternità di S. Rocco Schiffsentlader des Ripettahafens, Bootsmänner, Holzkohlenhändler, Fuhrwerker und Wirte der Umgebung zusammengeschlossen.[67] Für die aus deutschsprachigen Ländern stammenden Personen in Rom war und ist die „Erzbruderschaft zur Schmerzhaften Mutter Gottes auf dem deutschen Gottesacker bei St. Peter" von Bedeutung.[68]

Mit dem Rechtsleben zusammen hängt die Confraternità oder Compagnia della Misericordia an der Kirche S. Giovanni Decollato. Die Bruderschaftsmitglieder begleiteten die zum Tode Verurteilten mit Zusprüchen und Tröstungen zur Richtstätte.[69] Eine Bulle Papst PAULS III. vom 1. Februar 1540 gab der Bruderschaft das Recht, jährlich einmal einen zum Tode Verurteilten los zu bitten und ihn in seine vollen Rechte wieder einzusetzen. Die Befreiung erfolgte so, dass

---

63 CHIABO, Maria / ROBERTI, Luciana, SS. Trinità dei Pellegrini, arciconfraternità, in: Ricerche per la storia religiosa di Roma 6 (1985) 404 ff.

64 BUCHOWIECKI (Fn. 20) II, 753.

65 Ebd. II, 155.

66 Ebd. III, 584.

67 Ebd., 733.

68 GATZ, Erwin, Anton de Waal (1837-1917) und der Campo Santo Teutonico, in: RQ Suppl. 38 (1980) 8-92; WEILAND, Albrecht, Der Campo Santo Teutonico in Rom und seine Grabdenkmäler I, in: RQ Suppl. 43 (1988) 55-77; SCHULZ, Knut, Die Anfänge der Bruderschaft des Campo Santo Teutonico, in: RQ 93 (1998) 38 ff.; AMMER, Josef, Die Zielsetzung der Erzbruderschaft zur schmerzhaften Mutter Gottes beim Campo Santo Teutonico im Lichte ihrer Statuten, in: ebd., 62 ff. Zu den Bruderschaften an der deutschen Nationalkirche KNOPP, Gisbert / HANSMANN, Wilfried, S. Maria dell'Anima, Mönchengladbach 1979, 11 f., 43 f.

69 Sie begleitete am 17.2.1600 auch Giordano BRUNO auf seinem Gang zur Hinrichtung auf dem Campo de' Fiori (BREIDECKER, Volker, Rom u. a. 2000, 117 f.).

am 29. August, dem Titelfest der Bruderschaft, sich eine feierliche Prozession zum Gefängnis bewegte, an der Spitze ein Kreuzträger und der „Trattore“, der in der einen Hand einen schwarzen Stab trug[70] und in der anderen ein rotes Taftkleid und eine Fackel, um sie dem befreiten Missetäter zu übergeben. Ihm folgten die Mitglieder der Bruderschaft, die Fackeln trugen. Die Kerkertüre schmückte man mit Teppichen und Myrten. Dann wurde der Freizulassende an den Gouverneur der Bruderschaft übergeben, der Kaplan setzte ihm einen Olivenkranz aufs Haupt und man kehrte in die Kirche zurück, wo eine Messe gesungen wurde. Eine Bulle JOHANNES VIII. bestimmte, dass die Bruderschaft ohne Vorentscheid der Staatskasse Nachlässe der Verurteilten übernehmen konnte. Sie besaß auch einen Fonds zur Unterstützung von Kindern der Verurteilten.[71]

Das von Papst SIXTUS V. 1589 bestätigte alte Privileg, einen zum Tode Verurteilten los zu bitten, stand auch der Zunft der Fleischer (1432 erste Statuten) zu, die ihren Sitz an Sta. Maria della Quercia (früher SS. Sergio e Bacco auf dem Forum Romanum) hatte.[72]

6. Kanonisationen

Die Kanonisation[73] hat insofern rechtliche Bedeutung, dass sie auf bestimmten Rechtsgrundlagen aufbaut[74], das Ende eines vorausgehenden Prozesses bedeutet[75] und amtlich bestätigt, dass die betreffende Person als Heilige(r) oder Selige(r) verehrt werden darf. Der älteste bekannte Heiligsprechungsprozess erfolgte auf einer Synode im Lateran, an der am 31. Januar 993 Bischof ULRICH VON AUGSBURG heilig gesprochen wurde.[76] Zahlreiche feierliche Kanonisationen fanden in St. Peter statt, unter JOHANNES PAUL II. auch auf dem Petersplatz.

---

70 Dazu CARLEN, Louis, Rechtsstäbe in Rom, in: FS Kocher, 11-23.

71 BUCHOWIECKI (Fn. 20) III, 76 f. In der Camera storico von S. Giovanni Decollato sind Täfelchen auf Handschriften mit Heiligenbildern versehen, die von den Mitgliedern der Bruderschaft getragen wurden, wenn sie den Verurteilten hilfeleistend folgten (ebd., 85).

72 Ebd., 173, 175.

73 Zur Definition: AAS 75 (1983) 349.

74 U. a.: c. 5 1 X 3, 45; cann. 1999-2141 CIC/1917; can. 1403 CIC; Ap. Konst. „Divinus perfectionis Magister“ v. 25.1.1983.

75 Über die Umsicht, mit der Kanonisationsprozesse im 15. Jh. geführt wurden, s. PASTOR (Fn. 12) I, 326 f.; GEROSA, Libero, Die Heiligsprechungspraxis der Kirche und die theologischen Grundlagen des kanonischen Prozessrechts, in: GS Schulz, 327-341.

76 DENZINGER / HÜNERMANN, Nr. 675. Zu den Kanonisationen u. a. die Literatur, Ausführungen und Kanonisationslisten von 993-1235 bei SCHIMMELPFENNIG, Bernhard, Heilige Päpste – päpstliche Kanonisationspolitik, in: PETERSOHN, Jürgen (Hg.), Politik und Heiligenverehrung im Hochmittelalter, Sigmaringen 1994, 73 ff. Vgl. auch VAUCHEZ, André, Les origines et le développement du procès de canonisation (XII-XIII siècles), in: FS Elm, 845-856.

CALIXTUS III. kanonisierte in Sta. Maria sopra Minerva Vinzenz FERRER.[77] Die Kanonisation der MARGHERITA VON CREMONA erfolgte am 17. Mai 1728 in Sta. Maria in Aracoeli.[78]

7. Gerichte

7.1. Gericht der Bischöfe

Seit dem Jahre 313 bzw. 333 unter KONSTANTIN DEM GROßEN gewannen die Bischöfe richterliche Zuständigkeit auch in Zivilsachen und das *episcopale iudicium* staatliche Anerkennung.[79] Bischöfe hielten in römischen Basiliken Gericht.[80] Sie nahmen in der Apsis auf dem Thron Platz[81], und man erwies ihnen herrscherliche Ehren.[82]

7.2. Inquisition

Die Dominikaner leiteten Gerichte der Inquisition[83] in ihrer Kirche in Rom, Sta. Maria sopra Minerva.[84] Zum Beispiel wurde am 3. September 1687 in dieser Kirche in Gegenwart der Kardinäle des Heiligen Offiziums das Urteil im Ketzerprozess gegen den spanischen Priester Miguel de MOLINOS gefällt und die öffentliche Abschwörung vorgenommen, was Arnold VAN WESTERHOUT in ei-

77 BUCHOWIECKI (Fn. 20) II, 695.

78 Ebd. II, 485.

79 Codex Theodosianus I, 27, 1 (Theodosiani Libri cum constitutionibus Sirmondianis, ed. MOMMSEN, Theodor, Berlin 1905, 62). Vgl. auch PIETRI, Charles, Roma Christiana, Roma 1976, 141-146.

80 ACKERMANN, Markus R., Mittelalterliche Kirchen als Gerichtsorte, in: ZRG GA 110 (1993) 530-545; STEINWENTER, Artur, Der antike kirchliche Rechtsgang, in: ZRG KA 54 (1934) 83 ff. Zu Gerichten in Basiliken in der römischen Kaiserzeit GRIMAL (Fn. 59), 16 f.

81 Abbildung von historischen Bischofsthronen in römischen Kirchen u. a. bei MÂLE, Émile, Rome et ses vieilles églises, Roma 1992, 88, 153.

82 RAFFALT (Fn. 17), 354.

83 Zu den Inquisitions-Gesetzen in Rom s. LEA, Henry Ch., Die Inquisition, Nördlingen 1985, 128 f. Zur Inquisition in Italien TESTAS, Guy / TESTAS, Jean, L'Inquisition, Paris 2001, 14, 19 ff.

84 Die Kirche ist auch durch ihre zahlreichen Grabdenkmäler ausgezeichnet (GOLZIO, Vincenzo / ZANDER, Giuseppe, Le chiese di Roma dall' XI al XVI secolo, Bologna 1963, 280 ff.; SPINELLI, Raffaele, Santa Maria sopra Minerva, Roma o. J.; MÂLE (Fn. 81), 264. Zu den Papstgrabmälern in Kirchen MONTINI, Renzo U., Le Tombe dei Papi, Roma 1957.

nem Stich, heute im Gabinetto Nazionale delle Stampe in Rom, festgehalten hat.[85]

7.3. Exkommunikation

Im Lateran und anderen römischen Kirchen wurden Interdikte und Kirchenstrafen verkündet.[86] Bannflüche konnten vom Geläute der Kirchenglocken begleitet sein, wie ein Beispiel von 1245 zeigt, als Papst INNOZENZ IV. bei der Verhängung der Exkommunikation eines Fürsten befahl, Glocken zu läuten.[87] Die Kanonessammlungen der vorgratianischen Zeit erwähnen die *excommunicatio ardentibus candelis*, so das Decretum des IVO VON CHARTRES XIV 76 (um 1094), das Decretum des BURCHARD VON WORMS XI 3 (zwischen 1008-1012).[88] Im Decretum Gratiani wurde sie übernommen.[89] Zwölf Priester mit brennenden Kerzen in der Hand umstehen den Bischof, der das Bannurteil ausspricht, worauf die Priester die Kerzen zu Boden werfen und mit den Füßen auslöschen.[90]

7.4. Darstellungen des Jüngsten Gerichtes

Anhangsweise sei hier noch auf die Darstellungen des Jüngsten Gerichtes[91] in römischen Kirchen hingewiesen.[92] Dadurch werden diese nicht zu Rechtsorten, aber der Gedanke des letzten Gerichts und der Gerechtigkeit wird hier anschaulich versinnbildet.[93] Die verschiedenen Typen von Darstellungen, die mit der Entwicklung der Kunst und den ideengeschichtlichen Erwägungen und exegetisch-theologischen Reflexionen zusammenhängen, sind hier nicht zu erläutern,

---

85 HAIDACHER, Anton, Geschichte der Päpste in Bildern, Heidelberg 1965, 637. Zur päpstlichen Gerichtsbarkeit im Mittelalter ELZE, Reinhard, Päpste – Kaiser – Könige und die mittelalterliche Herrschaftssymbolik, London 1982, 177 ff.

86 PIETRI (Fn. 79), 106 f.

87 MAISEL (Fn. 4), 184.

88 PL CLXI, Sp. 846 und CXL, Sp. 858.

89 C. 106, C. XI, q. 3.

90 Zur Kerzensymbolik beim großen Kirchenbann WOHLHAUPTER, Eugen, Die Kerze im Recht, Weimar 1940, 117, 123. Zu Bußriten in Kirchen CARLEN (Fn. 3), 25 f. und DERS. (Fn. 18), 123 f., mit weiterer Literatur; DERS. (Fn. 29), 410-414.

91 MILOSEVIC, Desanka, Das Jüngste Gericht, Recklinhausen 1963; KETTLER, Wilfried, Das Jüngste Gericht, Berlin u. a. 1977.

92 Nennen könnte man auch Bilder von Gerichten, die über Heilige sprechen oder das Gericht des Pilatus in Sta. Sabina (GRIMAL [Fn. 59], 70). Zu den Gerechtigkeitsbildern in Italien KAHSNITZ, Rainer, in: LCI II, Sp. 139.

93 Dazu SCHILD, Wolfgang, Bilder von Recht und Gerechtigkeit, Köln 1995, 10-15. Zum Rechtsikonographischen KOCHER, Gernot, Zeichen und Symbole des Rechts, München 1992, bes. 69, 142, 146.

es geht lediglich um einen Hinweis auf Bilder des Weltgerichtes.[94]

Eine der ältesten Darstellungen des Weltenrichters findet sich in der Apsis von Sta. Pudenziana. Im Dekor des Bogens vor den Apsiden von San Paolo fuori le mura und von SS. Cosma e Damiano sind Darstellungen des Jüngsten Gerichtes, ebenso an der Fassadenrückwand von San Giovanni a Porta Latina aus den letzten Jahren des 12. Jahrhunderts[95] und aus der gleichen Zeit von Pietro Cavallini in Santa Cecilia in Trastevere.[96] In der kleinen Kirche San Benedetto in Picinula in Trastevere ist auch ein Weltgericht.[97] In alten Quellen finden sich Andeutungen, dass es an der inneren Westwand von San Giovanni in Laterano ein Weltgericht gab.[98]

Eine der bekanntesten ist die großartige Darstellung des Jüngsten Gerichtes von MICHELANGELO an der Altarwand der Sixtinischen Kapelle (1535-1541).[99]

Auch in Kirchen von Roms Umgebung findet man Bilder des Jüngsten Gerichtes, so im Dom der Sabina südlich von Rom. In der Kirche in Ceri und im sog. Coro quadrato der Abteikirche von Farfa nördlich von Rom entdeckte man Fragmente von Weltgerichts-Darstellungen. Ebenfalls nördlich von Rom in Tuscania wurde das Jüngste Gericht in Sta. Maria Maggiore imitiert.[100]

8. Investitur geistlicher Ritterorden

Die Investitur neuer Mitglieder von geistlichen Ritterorden erfolgt regelmäßig in Kirchen. Die mit bestimmtem Zeremoniell verbundene Aufnahme in die Ritterorden ist auch Rechtshandlung und verleiht dem Aufgenommenen Rechte und Pflichten.[101]

Die mit dem Ritterschlag verbundene Investitur wird in Rom in den Ordenskirchen vorgenommen. Für den Malteserorden ist es die Kirche Sta. Maria del

---

94 Die verschiedenen Bilder, die Christus als Herrscher zeigen, wären auch zu erwähnen (PLEISER, Wolfgang / SCHILD, Wolfgang, Recht und Gerechtigkeit im Spiegel der europäischen Kunst, Köln 1988, 44-52).

95 CHRISTE, Yves, Das Jüngste Gericht, Darmstadt 2001, 107, 68, 167, 169.

96 Ebd., 23, 169.

97 Ebd., 37 f.

98 Ebd., 179.

99 Vgl. Fn. 27.

100 CHRISTE (Fn. 95), 36 f., 170, 174.

101 Für den Malteserorden: LEISCHING, Peter, Der Souveräne Malteserritterorden als Religio. Die kirchenrechtliche Stellung des Ordens, in: WIENAND, Adam (Hg.), Der Johanniterorden. Der Malteserorden, Köln [3]1988, 439-452; DERS., Die Rechtsstellung der Ordensmitglieder, in: Annales de l'Ordre Souverain Militaire de Malte 27 (1969) 85-90; VON WALDSTEIN-WARTENBERG, Berthold, Rechtsgeschichte des Malteserordens, Wien 1969. Für den Ritterorden vom Heiligen Grab: CARLEN, Louis, L'Ordo equestris Sancti Sepulcri Hierosolymitani, in: ELM, Kaspar / FONESCA, Cosimo D. (Hg.), Militia Sancti Sepulcri. Idea e istituzioni, Città del Vaticano 1998, 327-338 (auch abgedr. in: CARLEN, Louis, Kirchliches und Wirkliches [Fn. 3], 257-271).

Priorato[102], für den Ritterorden vom Heiligen Grab zu Jerusalem die Kirche Sant'Onofrio, die Papst PIUS XII. am 15. August 1945 auf Initiative des Großmeisters des Ordens, Kardinal Nicolas CANALI, dem Ritterorden zur Benutzung überließ[103], worauf auch Verschiedenes in der Kirche hindeutet.[104]

9. Krönung von Gnadenbildern

In Kirchen wurden und werden Gnadenbilder feierlich gekrönt. Das sei hier anhangsweise erwähnt. Kirchen werden durch die Krönung von Bildern und Statuen nicht zu Rechtsorten, doch bestehen Beziehungen zum Recht. Das äußert sich u. a. in der Übernahme des Brauches weltlicher Herrscherkrönungen und manchmal auch wirklich bestehender Kronenformen.[105] Das Kapitel von St. Peter arbeitete im 17. Jahrhundert einen Ordo aus mit Bestimmungen für die Genehmigung der Krönung und mit einem Krönungsritus.[106] Die Ritenkongregation regelte 1897 die Frage wieder, und die Kongregation für die Sakramente und den Gottesdienst erließ 1981 einen neuen „Ordo coronandi imaginem beatae Mariae virginis".[107]

Papst GREGOR IV. (827-844) krönte das Lukasbild in Sta. Maria Maggiore.[108] Am 27. August 1631 wurde die „Madonna della Febbre" in St. Peter in Rom feierlich gekrönt, wobei man sich der Mittel einer Stiftung zur Krönung der berühmtesten Marienbilder bediente, die auf Graf Alessandro SFORZA PALLAVICINO zurückgeht.[109] Eine feierliche Krönung der „Madonna della Lettera" fand am 2. Mai 1718 in der Kirche S. Pietro in Montorio statt.[110] 1954 krönte PIUS XII. das Gnadenbild „Maria Salus Populi Romani" in der Capella Borghese in Sta. Maria Maggiore.[111]

---

102 In der Kirche das Grab des Großmeisters Riccardo CARACCIOLO (1383-1395) in einem römischen Sarkophag. Im Kirchenschiff Fahnen der Malteser (Abb. bei BENY, Roloff / GUNN, Peter, Die Kirchen von Rom, Freiburg i. Br. 1981, 238).

103 OCHOA Leges II, Nr. 2077.

104 Zwischen dem 1. und 2. Joch im Gewölbe der 2. Kapelle Wappen des Ritterordens mit Devise „Dieu le vult", in der Butzenscheibenverglasung eines Spitzbogenfensters in der Apsis Wappen des Ritterordens, ebenso im Fenster einer Seitenkapelle, im Kreuzgang Gedenkinschrift an die Übergabe von S. Onofrio an den Ritterorden (KUHN-FORTE, Brigitte, Handbuch der Kirchen Roms IV, Wien 1997, 814, 877, 904, 917).

105 CARLEN, Louis, Maria im Recht, Freiburg / Schweiz 1997, 31.

106 Inhalt des Ordo bei GUSSONE, Nikolaus, Zur Krönung von Bildern, in: Jahrbuch für Volkskunde 10 (1987) 158 ff.

107 CARLEN (Fn. 105), 25 f.

108 BEISSEL, Stephan, Bilder aus der Geschichte der altchristlichen Kunst und Liturgie, Fribourg / Schweiz 1899, 245 f.

109 CARLEN (Fn. 105), 25.

110 KUHN-FORTE (Fn. 104), 967.

111 CARLEN (Fn. 105), 27.

Man krönte nicht nur Marienbilder, sondern auch andere Gnadenbilder. So krönte das Kapitel von St. Peter am 2. Mai 1897 die Statue des Beatissimo Bambino in S. Maria in Aracoeli in Rom.[112]
Die Marienkrönung ist auch Gegenstand bildlicher Darstellungen in Kirchen[113] wie zum Beispiel in Sta. Maria Maggiore[114] oder in Sant'Onofrio.
Im Zusammenhang mit Maria und dem Recht steht auch die Schutzmantelmadonna, wie sie in der Altarwand der Cappella Ponziani in Sta. Caecilia in Trastevere aus dem 15. Jahrhundert erscheint. Das Schutzmantelbild knüpft an alte Rechtsbräuche und rechtssymbolische Handlungen an, vor allem an die Mantelflucht und Mantelkindschaft.[115]
Der Bildschmuck verschiedener römischer Kirchen enthält rechtliche und politische Inhalte. Darauf gehen wir andernorts ein.

10. Kirchen als weltliche Rechtsorte

Kirchen Roms waren nicht nur Schauplatz von Handlungen kirchlichen Rechts, sondern auch solche des weltlichen, worauf hier nur hingewiesen sei. Man denke an die Kaiserkrönungen in St. Peter 800-1452, zwei Krönungen 1133 und 1312 in der Lateranbasilika[116], die Versammlungen staatlicher, politischer und gesellschaftlicher Institutionen in Kirchen wie die Sitzungen des Großen und Kleinen Rates von Rom in der Kirche Sta. Maria in Aracoeli, die Gerichte des im Namen des Kaisers rechtsprechenden Missus in Sta. Maria in Turri und im Atrium von St. Peter[117], wo auch KARL DER GROßE im Jahre 800 zu Gericht saß[118], die Versammlungen von Zünften in römischen Kirchen sowie die Leistung von Königs-, Lehens-, Vasallen- und anderen Treu- und Reinigungseiden in römischen Kirchen.[119]

---

112 Ebd.

113 Ebd., 10 ff.; VERDIER, Philippe, Le couronnement de la Vierge, Montreal 1980; JUNG-INGLESSIS, Eva-Maria, Römische Madonnen, St. Ottilien 1989, 124-132.

114 EGGENBERGER, Christoph, Zur Marienkrönung des Franziskaner-Papstes Nikolaus IV. in Santa Maria Maggiore in Rom, in: FS Schmid, 270-282; ALPATOFF, Michael, Die Entstehung des Mosaiks von Jakobus Torriti in Santa Maria Maggiore in Rom, in: Jahrbuch für Kunstwissenschaft 1 (1924/25) 1 ff. Schöne farbige Abb. bei BENY / GUNN (Fn. 102), 58; GATZ, Erwin, Roma Christiana, Regensburg 1998, 215; JUNG-INGLESSIS (Fn. 113), 129.

115 CARLEN (Fn. 105), 97-102 und Lit.

116 Ausführlich EICHMANN, Eduard, Die Kaiserkrönung im Abendland, Würzburg 1942.

117 HIRSCHFELD, Theodor, Das Gerichtswesen der Stadt Rom vom 8. bis 12. Jahrhundert, Berlin 1912, 23; MEYER-BARKHAUSEN, Werner, Die frühmittelalterlichen Vorbauten am Atrium von St. Peter, in: Wallraf-Richartz-Jahrbuch 20 (1958) 40.

118 GREGOROVIUS (Fn. 17) I, 457.

119 Zum Reinigungseid TRUSEN, Winfried, Der Inquisitionsprozess, in: ZRG KA 74 (1988) 175-179.

Das Bischöfliche Offizialat Rottenburg

Ein Blick in die Geschichte kirchlicher Gerichtsbarkeit in Württemberg

Stefan Ihli

Der mit vorliegender Festschrift zu Ehrende hat seit Beginn seines kanonistischen Schaffens einen der Schwerpunkte seines Wirkens im Bereich der Kirchenrechtsgeschichte gesetzt.[1] Andererseits vollzieht er seit 1987 als Diözesanrichter der Diözese Rottenburg-Stuttgart die Synthese zwischen Theorie und Praxis des Kirchenrechts im allgemeinen und der diakonischen Funktion desselben im besonderen. Zum dritten ist der Autor dieses Beitrags dem Rottenburger Offizialat verbunden durch seine Tätigkeit ehemals als Auditor und nunmehr als Defensor vinculi. Zum vierten endete 2001 die 29jährige Amtszeit von Ernst RÖßLER[2] als Rottenburger Offizial, ein Einschnitt am Ende einer Ära, der zum Innehalten und zur Rückschau einlädt. Zum fünften feiert die Diözese Rottenburg-Stuttgart im Jahre 2003, in dem diese Festschrift erscheint, ihr 175jähriges Bestehen. Und zum sechsten fehlt bislang eine Darstellung der Geschichte des rechtshistorisch betrachtet noch sehr jungen Rottenburger Offizialates, wie überhaupt in der Literatur wenig über die Geschichte dieser diözesanen Institutionen zu finden ist. Was also läge näher, als – dem Jubilar zu Ehren und dem Offizialat Rottenburg zu Dienste – eine Geschichte des Bischöflichen Offizialates Rottenburg zu schreiben?

Zumindest der Versuch dazu soll hier unternommen werden. Denn nicht umsonst fehlt ein derartiger Beitrag bislang. Einiges aus der Geschichte des Offizialates Rottenburg bleibt auch dem, der danach forscht, verborgen, nicht alles enthüllt das Archiv. So sei es bereits vorweg gesagt: Ein Gründungsdatum lässt

---

1 Vgl. z. B. PUZA, Richard, Res iudicata. Rechtskraft und fehlerhaftes Urteil in den Decisionen der Römischen Rota, Graz 1973; DERS., Rescriptum und Commissio. Die Entscheidung der Signatura iustitiae im 16. und 17. Jahrhundert, in: ZRG KA 66 (1980) 354-370; DERS., Gründer einer Gemeinde und Stifter einer Kirche oder eines Klosters in der christlichen Antike. Kirchen- und rechtsgeschichtliche Überlegungen zu den Begriffen ktistes und fundator, in: AKathKR 151 (1982) 58-72; DERS., Die Konzilskongregation. Ein Einblick in ihr Archiv, ihre Verfahrensweise und die Bedeutung ihrer Entscheidungen von ihrer Errichtung bis zur Kurienreform Pius' X, in: RQ 90 (1995) 23 ff.

2 Zu diesem vgl. FG Rößler. Dem Andenken an die drei Jahrzehnte segensreichen Wirkens dieses Offizials im Dienste der betroffenen Gläubigen – die längste Amtszeit eines Rottenburger Offizials bisher überhaupt – sei dieser Artikel mit gewidmet.

sich keinesfalls festmachen. Gleichwohl lassen sich einige interessante Facetten aus der Geschichte der Ehejudikatur in Württemberg darstellen.[3]

1. Die Geschichte der Diözese Rottenburg-Stuttgart

Die Entstehung des Offizialates Rottenburg bzw. der Grund dafür, warum die Frage seines Gründungszeitpunktes nicht so einfach beantwortet werden kann wie andernorts, hängt untrennbar mit der (Vor-)Geschichte der Diözese Rottenburg-Stuttgart[4] zusammen und zwar besonders mit dem Konflikt zwischen Bischof und königlich württembergischer Regierung. Ohne eine Darstellung dieser Auseinandersetzungen wird nicht verständlich, wieso in Württemberg zwar eine katholische Diözese bestand, aber lange Jahrzehnte kein Diözesangericht eingerichtet werden konnte.

Württemberg war ursprünglich ein rein protestantisches Gebiet. Dies änderte sich radikal mit den Umwälzungen, die NAPOLEON I. ganz Europa brachte. Nach der so bewirkten territorialen Neuordnung war ein Drittel der württembergischen Bevölkerung – ca. 400.000 Menschen – katholisch.

Woher kamen diese Katholiken? Bereits durch den Reichsdeputationshauptschluss 1803 erhielt Württemberg umfangreiche Entschädigungslande zugesprochen, darunter die gefürstete Propstei Ellwangen, die reichsunmittelbaren Stifte bzw. Abteien Zwiefalten, Schöntal, Heiligkreuztal und Rottenmünster sowie neun Reichsstädte einschließlich klösterlichem Gut, u. a. Schwäbisch Gmünd, Rottweil, Weil der Stadt und Heilbronn. Nach der Schlacht von Austerlitz bekam Württemberg durch den Staatsvertrag von Brünn bzw. den Pressburger Frieden 1805 weitere katholische, ehemals vorderösterreichische Gebiete zuge-

---

3 Dass dies möglich ist, verdankt der Autor mehreren Personen, die nicht unerwähnt bleiben sollen: Offizial em. Apostolischer Protonotar Ernst RÖßLER, der die Nutzung des Offizialatsarchivs erlaubte; Bischöflicher Notar Klaus BIHLMAIER, der bei der Sichtung der Akten half; Diözesanarchivar Dr. Stephan JANKER mit seinen Mitarbeitern vom DAR, Frau Claudia SEUFERT, Frau Martina IFFERT, Herr Thomas OSCHMANN und Herr Kurt MAIER, die stets hilfsbereit die Archivbestände zugänglich machten; Offizialatsoberrat Dr. Norbert REUHS, der bereits einige Vorarbeit im Archiv geleistet hatte; schließlich auch mein Mitherausgeber und mein Lehrer, der Jubilar selber, die wertvolle Anregungen und Hinweise gaben.
Eine ausführlichere Darstellung, als sie im vorliegenden Rahmen gegeben werden kann, behält sich der Autor an anderem Orte vor.

4 Für die Darstellung der Diözesangeschichte ist nach wie vor maßgebend HAGEN, August, Geschichte der Diözese Rottenburg, Stuttgart 1956-1960 (3 Bände). Vgl. aber auch WILLBURGER, August / TÜCHLE, Hermann, Geschichte der katholischen Kirche in Württemberg, Rottenburg 1954; STÄRK, Franz, Die Diözese Rottenburg und ihre Bischöfe 1828-1928. Ein Festbuch zum hundertjährigen Jubiläum der Diözese, Stuttgart 1928. In rechtlicher Hinsicht interessant, wenn auch nicht aus kirchlicher Perspektive geschrieben, ist REYSCHER, Albert Ludwig (Hg.), Sammlung der württembergischen Gesetze X, Tübingen 1836, 1-96. Im wesentlichen nach den beiden letztgenannten Werken erfolgt die hier gegebene Übersicht über die Diözesangeschichte.

sprochen, darunter Ehingen / D., Munderkingen, Riedlingen, Mengen, Saulgau, Horb / N., Oberndorf / N. und die Grafschaft Hohenberg mit Rottenburg / N. Darüber hinaus eignete sich Württemberg entsprechend einem eigenmächtigen Befehl NAPOLEONS im selben Jahr Besitzungen des Deutschen und des Malteser- sowie des Johanniterordens an, darunter Neckarsulm und Gundelsheim sowie Kommenden in Heilbronn, Schwäbisch Hall, Rottweil u. a. Durch die Rheinische Bundesakte von 1806 kamen erneut katholische Gebiete zu Württemberg, nämlich z. B. Schelklingen, Biberach, Bad Waldsee, Lauchheim und Wiblingen, dazu Gebiete mehrerer Fürsten, die noch beim Reichsdeputationshauptschluss selber Gebiete erhalten hatten, darunter die Fürsten von Wolfegg und Windischgrätz sowie Gebiete um Bad Buchau, Obermarchtal, Ochsenhausen, Weingarten, Bad Schussenried, Weißenau, Rot an der Rot, Heggbach, Baindt, Isny u. a. Rittergüter wie z. B. Kisslegg, Amtzell, Gamerschwang, Oberdischingen, Risstissen, Laupheim, Hohenrechberg und Schwaigern gelangten durch Verträge mit Bayern bzw. Baden im gleichen Jahr zu Württemberg. Schließlich erhielt Württemberg 1809 Bad Mergentheim durch Spruch NAPOLEONS und 1809 bzw. 1810 durch die Verträge von Wien und Compiègne Tettnang, Wangen, Ravensburg, Leutkirch, Geislingen, Ulm, Neresheim u. a.

Diese Gebiete erhielt Württemberg nicht nur von den verschiedensten Staaten bzw. Fürsten übereignet; die Situation wurde dadurch verkompliziert, dass in den Ländereien kein katholischer Bischofssitz lag, dagegen die Gebiete zu fünf verschiedenen seinerzeitigen Diözesen gehörten: Konstanz, Augsburg, Würzburg, Worms und Speyer, dazu noch Ellwangen als exemte Propstei.[5] Diese Verhältnisse erschwerten die kirchliche Verwaltung und bedeuteten ein gewisses Maß an Einfluss ausländischer Bischöfe in Württemberg, was dem württembergischen König veranlasste, eine eigene württembergische Diözese zu errichten.

Bereits am 1. Januar 1803 machte die königlich württembergische Regierung dazu den ersten Schritt, indem sie in Ellwangen eine „Ober-Landes-Regierung" für die Entschädigungslande einsetzte, ohne deren Plazet in nicht rein geistlichen Angelegenheiten keine Akte kirchlicher Verwaltung oder Gerichtsbarkeit gesetzt werden durften. Zwar garantierte das Religions-Edikt vom 14. Februar 1803 freie Religionsausübung und fortdauerndes Eigentum am Kirchengut, aber die Instruktionen für die Landesorganisation vom 19., 21. und 25. Februar 1803 bedeuteten einen weitgehenden Eingriff in rein kirchliche bzw. nach damaliger Terminologie geistliche Angelegenheiten, indem dem Landesherrn diverse Rechte bis hin zur Genehmigungspflicht der Bekanntmachung scholastischer Lehrsätze oder der Abhaltung einer bestimmten Form der Liturgie vorbehalten

---

5 Es handelte sich um knapp 600 Pfarreien: 490 Pfarreien in 23 Dekanaten aus der Diözese Konstanz, 28 Pfarreien in 7 Dekanaten aus der Diözese Augsburg, 65 Pfarreien in 5 Dekanaten aus der Diözese Würzburg, 4 Pfarreien in 1 Dekanat aus der Diözese Worms und 3 Pfarreien in 1 Dekanat aus der Diözese Speyer. Die Dekanate wurden dann 1808-1810 entsprechend den staatlichen Oberämtern von der württembergischen Regierung ohne Mitwissen und Mitwirkung der betroffenen Bischöfe neu eingeteilt.

wurden. Dass es auch eine Aufsicht über die Predigten und eine Genehmigungspflicht von Wahlergebnissen gab, versteht sich. Was hier von besonderem Interesse ist: Eine kirchliche Gerichtsbarkeit wurde faktisch verunmöglicht, indem in allen Fällen, die anhängig wurden, die Anweisungen der Ober-Landes-Regierung befolgt werden mussten.

Durch den erneuten Zuwachs an Ländereien 1806 sah man sich zu einer Änderung der staatlichen Verwaltungsstruktur veranlasst und tat damit den nächsten Schritt zur Landesdiözese: Die Aufsichtsbehörde in Kirchensachen war seit dem Organisations-Manifest vom 18. März 1806 nicht mehr nur für die Entschädigungslande, sondern für ganz Württemberg zuständig und trug fortan den Namen „Königlich katholischer geistlicher Rat", ab 1816 „Königlich Katholischer Kirchenrat"[6]. Im gleichen Jahr kam König FRIEDRICH II. von Württemberg ohne eigenes Zutun der Landesdiözese erneut näher, als der Heilige Stuhl sich an ihn wandte. Bayern hatte um Verhandlungen zwecks Abschluss eines Konkordats gebeten, und der Heilige Stuhl sah es als zweckmäßig an, nach Abschluss dieser Verhandlungen auch mit Württemberg über ein Konkordat zu beraten. Der württembergische König stimmte zu; man einigte sich auf die Form einer Konvention statt eines Konkordats als die einem protestantischen Fürsten angemessenere Form eines Vertrages, wonach der König ein dem Vertragsinhalt entsprechendes Gesetz erlassen sollte und der Papst entsprechende Instruktionen an die Bischöfe. Die Verhandlungen, nach dem Scheitern der bayerischen Unterhandlungen 1807 in Stuttgart begonnen, nahmen einen guten Fortgang, wurden dann aber vom Heiligen Stuhl abgebrochen, weil NAPOLEON verlangt hatte, dass Konkordatsverhandlungen nicht ohne ihn stattfinden durften. Mit ihm fanden solche dann in Paris statt, waren aber ebenso ergebnislos. Daraufhin nahm man von württembergischer Seite 1808 in Rom einen neuen Anlauf. Hatte die württembergische Regierung 1807 bei den Verhandlungen zwei exemte Diözesen, Ellwangen und Rottweil, vorgeschlagen, kam nun noch ein zu gründendes Erzbistum Weingarten hinzu. Während die Unterhandlungen erneut gut gediehen, kam NAPOLEON wiederum einem Vertragsschluss zuvor, nahm den Papst gefangen und führte ihn nach Savona, womit die Verhandlungen erneut gescheitert waren. Da der württembergische König die Einsetzung eines Primas für ganz Deutsch-

---

6 Dieser war besonders in der Anfangszeit seines Bestehens die faktische Diözesanleitung. Seine Abschaffung wurde erst durch § 72 Abs. 1 des württembergischen Gesetzes über die Kirchen von 1924 beschlossen und 1934 vollständig durchgeführt. Der Gesetzestext lautet:

„Der Katholische Kirchenrat ist auf Antrag des Bischöflichen Ordinariats durch Verordnung des Staatsministeriums aufzuheben. Bis zur Aufhebung des Katholischen Kirchenrats gilt für die Verwaltung der Pfründen der katholischen Kirche das bisherige Recht."

Damit sollte vor allem der katholischen Kirche einige Vorlaufzeit zur Einrichtung einer eigenen Pfründverwaltung gegeben werden. In den anderen Rechtsbereichen griff dagegen schon 1924 die Trennung von Staat und Kirche, wie sie in Art. 137 der deutschen Verfassung vom 11. August 1919 („Weimarer Reichsverfassung") vorgesehen war.

land durch NAPOLEON befürchtete, aber nur exemte Bistümer in seinem Reich dulden wollte, versuchte er neue Verhandlungen in Paris durch den Geistlichen Rat Johann Baptist von KELLER, später erster Rottenburger Bischof. Zum einen sollte dieser von Paris Kontakt zum gefangenen Papst aufnehmen, was misslang. Zum anderen sprach er mit dem dort beim Französischen Nationalkonzil anwesenden Bischof von Konstanz, Freiherr von DALBERG, der sich bereit erklärte, auf seine Rechte bezüglich Württemberg zu verzichten, wenn es dort Bistümer gäbe. Unter diesen stellte sich von DALBERG allerdings ihm unterstellte Suffragane vor.

Der nächste Schritt zur Errichtung der Landesdiözese wurde König FRIEDRICH II. 1812 ermöglicht, als Klemens WENZESLAUS starb, Kurfürst von Trier, Stiftspropst von Ellwangen und Bischof von Augsburg. Der König hatte nicht die Absicht, einem Administrator Einfluss auf württembergisches Gebiet zuzugestehen, betrachtete überdies die Gelegenheit als günstig und gründete in Ellwangen für die württembergischen Teile der Diözese Augsburg ein Generalvikariat. Diesem sollte der Augsburger Weihbischof Franz Karl Fürst von HOHENLOHE, Titularbischof von Tempe, vorstehen, wozu die Gebiete von der Diözese Augsburg hätten abgetrennt werden und der Generalvikar ein entsprechendes Mandat hätte bekommen müssen. Beides hätte nur der Papst gewähren können. Da dieser immer noch gefangen war, wandte man sich an Freiherrn von DALBERG, auch Erzbischof von Regensburg und damit Metropolit für Augsburg. In Analogie zu einem entsprechenden, wunschgemäß beschiedenen Vorgang im Großherzogtum Baden begehrte man von ihm die entsprechenden Bevollmächtigungen, die dieser nach einigen Verzögerungen gewährte. Nachdem Ende 1813 der Bistumsverweser von Würzburg starb, wurden die württembergischen Gebiete der Diözese Würzburg dem Generalvikariat Ellwangen zugeschlagen. Nachdem nach Freilassung des Papstes dieser die Errichtung des Generalvikariates 1816 gutgeheißen hatte, verfuhr man nach Erledigung der Bischofssitze von Konstanz, Worms und Speyer durch von DALBERGS Tod 1817 mit den entsprechenden Gebieten ebenso. Damit waren sämtliche katholischen Gebiete Württembergs dem Generalvikariat, das damals von Ellwangen nach Rottenburg verlegt wurde, unterstellt, und Württemberg hatte quasi seine Landesdiözese. Als Stellvertreter des Generalvikars erhielt Geistlicher Rat von KELLER die Würde eines Titularbischofs von Evara mit dem Recht der Nachfolge, die er 1819 nach dem Tode des Generalvikars antrat.

Mit dem damit erreichten *status quo* war Württemberg insoweit zufrieden, als es nicht mehr auf alleinige Verhandlungen mit Rom setzte, sondern nunmehr im Verbund mit anderen deutschen Staaten ein Konkordat aushandeln wollte. Die beteiligten deutschen Staaten wollten sich zunächst untereinander auf eine gemeinsame Position einigen und trafen sich dazu 1818 in Frankfurt a. M. Erstes Resultat waren am 30. April 1818 sogenannte „Grundzüge zu einer Vereinbarung über die Verhältnisse der katholischen Kirche in deutschen Bundesstaaten" in 100 Paragraphen, deren § 90 hier von Bedeutung ist:

„Die Behandlung der Ehesachen wird in jedem Staate durch besondere Verordnungen festgesetzt, durch welche die Einwirkung des Staats und der Kirche möglichst genau ausgeschieden, und was hienach bei den einer gemeinschaftlichen Behandlung vorbehaltenen Gegenständen den kirchlichen Behörden überlassen bleibt, fest bestimmt wird. Die Hauptgesichtspunkte hiebei sind folgende, worüber jedoch der Gesetzgebung der verschiedenen Staaten die Entscheidung vorbehalten wird:
a) Da nach katholischen Konfessionsgrundsätzen die Ehe ein Sakrament ist, so muß sie auch, als solches, nach den Dogmen dieser Kirche behandelt werden;
b) die Eheversprechen, wo solche noch bestehen, unterliegen als bloße Verträge sammt den etwa daraus entspringenden Klagen, ganz allein der Gesetzgebung und Gerichtsbarkeit des Staats;
c) die Trauung muß vor dem Pfarrer eines der Verlobten, oder vor dessen Stellvertreter geschehen, sie darf aber ohne obrigkeitlichen Trauschein, bei Strafe der Nichtigkeit, nicht vorgenommen werden.
d) Die Ehe als Vertrag ist durchaus Gegenstand der bürgerlichen Gesetzgebung. Die bloß kanonischen, die Ehe als Vertrag nicht bezielenden Ehehindernisse erkennt der Staat in so fern an, als er nicht erlaubt, dieselben willkührlich zu überschreiten. Er wird es sich aber angelegen seyn lassen, gemeinschaftlich mit der Kirche die Gesetzgebung über die Ehehindernisse möglichst gleichzustellen, um alle Störungen in den bürgerlichen und kirchlichen Verhältnissen zu vermeiden.
e) Wenn keine Vereinigung zwischen Staat und Kirche zu Stande kommt, so bleibt der Gesetzgebung eines jeden Staats anheim gegeben, ob und in wiefern die in die Civil-Gesetzgebung nicht aufgenommenen, blos kirchlichen Ehehindernisse bürgerliche Wirkungen haben sollen.
f) Dispensationsgesuche über Ehehindernisse, welche dem Staat und der Kirche gemeinschaftlich sind, werden bei der bürgerlichen und kirchlichen Behörde angebracht, welche beide über die zu ertheilende Entschliessung sich vereinigen. Es werden dafür so viel thunlich keine Taxen erhoben.
g) Die Klagen auf Ehescheidung von Tisch und Bett können nur von dem bürgerlichen Gerichte behandelt und entschieden werden. Es sollen aber die Seelsorger veranlaßt werden, auf alle Weise dahin zu wirken, damit in vorkommenden Fällen eine solche Scheidung abgewendet, oder doch durch Versöhnung der getrennten Eheleute wieder aufgehoben werde.
h) Die Klagen auf Nichtigkeits-Erklärung der Ehe werden gleichfalls vor dem weltlichen Gerichte eingebracht, und von diesem die den Klagegrund ausmachenden Thatsachen und Rechtsverhältnisse untersucht und erörtert. Ist die Sache zum Spruche reif, so gehen die Akten an die kirchliche Behörde, welche auf den Grund der vollständig geschehenen Untersuchung die Entscheidung zu geben hat. Die Vollziehung des von ihr gegebenen Urtheils steht den einschlagenden Staatsbehörden zu. Die Appellation von einem solchen Urtheil geht an das Metropolitangericht, und, bewandten Umständen nach, der Rekurs an die Staatsbehörde.
i) Bei gemischten Ehen können in Rücksicht auf die Verschiedenheit der Religions-Grundsätze Klagen auf Trennung der Ehe nur vor dem weltlichen Richter angebracht und von demselben entschieden werden. Nichtigkeitsklagen hingegen werden, in Beziehung auf den katholischen Theil, wie oben Art. 8 bestimmt ist, behandelt.
k) Die Bestimmung, in welcher Konfession die Kinder aus gemischten Ehen, auf den Fall, wenn die Aeltern sich darüber vor der Eheschliessung nicht vereinigt haben, erzogen werden sollen, hängt von der bürgerlichen Gesetzgebung eines jeden Staats ab,

und es kann wegen dieses Gegenstandes von keinem Geistlichen die Trauung verweigert werden."[7]

Wie für das hier vorliegende Thema besonders aus den Absätzen g) und h) ersichtlich, gingen die Grundzüge so weit, dass selbst den sich beratenden deutschen Staaten bewusst war, dass die Grundzüge in dieser Form keine konsensfähige Grundlage für Verhandlungen mit Rom waren. Daher fertigte man einen lateinischen Auszug daraus, die sogenannte „Deklaration" vom 17. Oktober 1818, die nur enthielt, was man nicht ohne römische Zustimmung verordnen zu können glaubte. Die Deklaration gesteht dem Bischof das Recht zu – darin über die Grundzüge hinausgehend –, in gerichtlichen Sachen, besonders Sakramente betreffend, nicht aber Zivilsachen, zu entscheiden.[8] Eine Antwort darauf gab Kardinalstaatssekretär CONSALVI 1819 in der „Esposizione di Sentimenti di Sua Santità sulla Dichiarazione de Principi e Stati Protestanti riuniti della confederazione Germanica". Diese nimmt die Deklaration unter Verweis auf dem Papst vorgegebene gewisse Grenzen der katholischen Lehre nur teilweise an und führt speziell zur Frage der kirchlichen Gerichtsbarkeit aus, in Wahrheit wollten die Staaten der Kirche die gerichtliche Kompetenz in kirchlichen und besonders Sakramentssachen entziehen, wofür schon spreche, dass in der Deklaration statt „ecclesiasticis" nun „spiritualibus" stehe und statt „causis" nun „rebus", womit eindeutig nur Gewissenssachen gemeint seien. Da Ehesachen nur vor ein kirchliches Gericht gehörten, werde man keinesfalls vom Ausdruck „causis ecclesiasticis" bzw. „causis matrimonialibus" abweichen.[9] Der Heilige Stuhl erklärte sich aber bereit, die neuen Diözesangrenzen einstweilen anzuerkennen und in Ruhe weiter zu verhandeln, falls man sich nicht auf eine modifizierte Deklaration einigen könne. Nach der Vornahme einiger Veränderungen an der Deklaration durch die deutschen Staaten, die dem Heiligen Stuhl nicht reichten, erklärten die deutschen Staaten sich mit demselben Vorgehen einverstanden.

1820 begannen in Frankfurt neue Verhandlungen der deutschen Staaten, die bis 1821 dauerten und in einen neuen Text mündeten, die sogenannte „Kirchenpragmatik". Erstellt wurde auch ein Entwurf für ein „Fundations-Instrument", das in jedem Staat erlassen werden sollte. Gleichzeitig liefen auch wieder Verhandlungen in Rom, die dieses Mal zum wunschgemäßen Erfolg führten, nämlich am 16. August 1821 zur Bulle „Provida solersque", mit welcher der Papst die oberrheinische Kirchenprovinz samt ihren Bistümern[10] errichtet und umschreibt. Nachdem es von 1821 bis 1822 nochmals zu Unterhandlungen in

---

[7] Zit. nach REYSCHER (Fn. 4), 63 f., Fn. 133.

[8] Vgl. ebd., 63.

[9] Vgl. ebd., 63 Fn. 133.

[10] Freiburg als Erzbistum mit den Suffraganbistümern Rottenburg und Mainz sowie, heute nicht mehr der oberrheinischen Kirchenprovinz zugehörig, Limburg und Fulda, diese beiden mit einer – gemessen an der Größe der einzurichtenden Domkapitel (fünf bzw. vier Kanonikate gegenüber sechs in den drei anderen Diözesen) – geringeren Bedeutung.

Frankfurt gekommen war, konnten endlich am 11. April 1827 mit der Bulle „Ad dominici gregis custodiam" Details z. B. bezüglich der Bischofsbestellung geregelt werden. Für die hier behandelte Thematik ist folgender Absatz daraus von Belang:

> „Sechstens: Der Verkehr mit dem heiligen Stuhl in kirchlichen Geschäften wird frei seyn, und der Erzbischof in seiner Diöcese und kirchlichen Provinz, wie auch die Bischöfe, jeder in der eigenen Diöcese, werden mit vollem Rechte die bischöfliche Gerichtsbarkeit ausüben, welche ihnen nach den canonischen Vorschriften und der gegenwärtigen Kirchen-Verfassung zusteht."[11]

Von da war es nur noch ein kleiner Schritt, bis Württemberg seine Landesdiözese hatte. Nachdem mit dem „Königlichen Fundations-Instrument" vom 14. Mai 1828 nochmals Detailfragen geregelt, der Diözese Staatsleistungen im Werte von fast 50.000 Gulden pro Jahr zugestanden, vor allem aber umfangreiche Aufsichtsrechte der Staatsregierung auch in geistlichen Angelegenheiten wie z. B. Visitation des Priesterseminars festgeschrieben worden waren, entstand durch die Inthronisation des ersten Bischofs Johann Baptist von KELLER mit seinem Domkapitel am 20. Mai 1828 die Diözese Rottenburg.

An der starken Stellung des Königlich Katholischen Kirchenrats änderte sich durch die Diözesangründung nichts.

> „Aber gerade so und nicht anders hatte es die Staatsgewalt gewollt. Sie wollte nur einen ‚Salber', wie der Kultminister von Wangenheim sich bei einer passenden Gelegenheit auszudrücken beliebte. Sie benötigte nur einen Bischof zur Spendung der heiligen Sakramente der Firmung und der Priesterweihe. Alle anderen Funktionen des Bischofs wollte sie selbst durch den Königlichen Katholischen Kirchenrat ausüben."[12]

Das musste zu Streitigkeiten zwischen Staat und Kirche führen, noch verschärft dadurch, dass der Bischof in seinem Domkapitel und besonders in der Person des Domdekans Ignaz von JAUMANN keinen Rückhalt, sondern eher einen Gegner im Kampf für mehr Freiheit für die Kirche hatte.

Die Auseinandersetzungen des Bischofs mit der königlichen Regierung begannen schon im Jahr der Diözesangründung. Der Bischof hatte einen Entwurf ausarbeiten lassen, wie die Geschäftsfelder zwischen Staat und Kirche abgegrenzt werden könnten, und der Königlich Katholische Kirchenrat lehnte diesen ohne Begründung ab. 1829 beschwerte sich der Bischof deshalb beim Innenministerium; er tat dies erneut 1830, nachdem er bis dahin keine Antwort erhalten hatte. Daraufhin legte der Kirchenrat einen neuen Entwurf vor. Auch der Bischof ließ einen neuen ausarbeiten, den er erst 1835 an die staatliche Seite übergab, von wo er nach fünfjährigem Schweigen 1840 eine insofern abschlägige Antwort erhielt, als der Kirchenrat noch mehr Rechte beanspruchte. Daraufhin brach der Bischof die Verhandlungen ab. 1830 hatte er geschwiegen, als die „Königliche

---

11 Zit. nach REYSCHER (Fn. 4), 905.

12 STÄRK (Fn. 4), 58.

Verordnung, betreffend die Ausübung des verfassungsmäßigen Schutz- und Aufsichts-Rechts des Staates über die katholische Landes-Kirche“ am 30. Januar erlassen wurde.[13] Auch 1837 beim sogenannten Kölner Ereignis[14] hatte er noch geschwiegen, um die Verhandlungen nicht zu gefährden. Doch nun sah er sich gezwungen, 1841 im Landtag eine Beschwerde, die sogenannte „Motion“, einzubringen, in der er als Punkte, in denen sich die Kirche im Gegensatz zum seitherigen Recht mehr Freiheit erhoffte, anführte:

> „die freie Aufsicht und obere Leitung über die Geistlichen, die Besetzung der Kirchenstellen, die Selbstverwaltung des Kirchenvermögens, die Pfarrvisitationen, die gemischten Ehen, kirchliche Auszeichnungen, freie Leitung über das Priesterseminar, den Pfarrkonkurs, die Zensur kirchlicher Schriften und die Untersuchung bei Verfehlungen von Geistlichen“[15].

Nachdem die Motion abgelehnt worden war, brachte der Bischof im darauf folgenden Jahr 1842 eine „Nachmotion“ ein, in der er auf besonders weitgehende Eingriffe in rein kirchliche Angelegenheiten hinwies: Gottesdienstordnung, Besetzung von Kirchenstellen (von denen er selber gar keine vornehmen konnte), Katechismen und Schulbücher u. a. Erneut wurde die Motion abgelehnt. Die Regierung machte dem Bischof den Vorschlag, die Meinungsverschiedenheiten in einer gemischten Kommission auszuräumen, was dieser ablehnte und statt dessen einen neuen Entwurf durch Domdekan von JAUMANN erarbeiten ließ. Dabei traten die zwischen Domkapitel und Bischof bestehenden Differenzen voll zu Tage. Der Entwurf entsprach der staatlichen Position, wurde deshalb vom Bischof verworfen, der einen zweiten Entwurf selber erarbeitete, welcher wiederum vom Domkapitel abgelehnt wurde. Folge war, dass bei der württembergischen Regierung zwei verschiedene Entwürfe von Bischof und Domkapitel eingereicht wurden, worauf die Domkapitulare vom Papst eine Rüge erhielten. Eine Einigung zwischen Staat und Kirche erlebte Bischof von KELLER nicht mehr.

---

13 Dieses bestimmt hinsichtlich der Ausübung kirchlicher Gerichtsbarkeit lediglich in § 10: „In keinem Falle können kirchliche Streitsachen der Katholiken ausserhalb der Provinz und vor auswärtigen Richtern verhandelt werden. Es wird daher in dieser Beziehung in der Provinz die nöthige Einrichtung getroffen werden.“ Und § 36 lautet: „Den Geistlichen, so wie den Weltlichen, bleibt wo immer ein Mißbrauch der geistlichen Gewalt gegen sie Statt findet, der Rekurs an die Landes-Behörden“ (zit. nach REYSCHER (Fn. 4), 983 f. bzw. 988). Damit war der kirchlichen Judikative jegliche Verbindlichkeit entzogen. Als „eigentliche[r] Vater“ dieser Verordnung muss kein Staatsbeamter, sondern Domdekan von JAUMANN angesehen werden (STÄRK [Fn. 4], 66).

14 Der Kölner Erzbischof Klemens August von DROSTE ZU VISCHERING hatte sich geweigert, einer Regelung der Preußischen Regierung zuzustimmen, wonach in Mischehen Kinder grundsätzlich in der Religion des Vaters zu erziehen seien, also nicht grundsätzlich katholisch. Daraufhin wurde er 1837 verhaftet, was zu starken öffentlichen Protesten (und dem Nachgeben der staatlichen Seite) führte.

15 STÄRK (Fn. 4), 63.

Zum Nachfolger wählte das Domkapitel zunächst Domkapitular STRÖBELE, der vom Papst aber abgelehnt wurde. Der daraufhin gewählte Joseph von LIPP nahm die Wahl erst nach der Zusicherung staatlicher Zugeständnisse an; er wurde am 12. März 1848 geweiht und am 19. März inthronisiert. Im Jahre 1851 unternahm er einen neuen Vorstoß und zwar zusammen mit den anderen Bischöfen der oberrheinischen Kirchenprovinz, die eine Denkschrift erarbeiteten, in der sie ihre Forderungen an den Staat vorlegten. 1853 machte der Staat gewisse Zugeständnisse, die den Bischöfen nicht ausreichten, so dass sie im gleichen Jahr mit einer neuen Denkschrift darauf antworteten. Diese gab den Anlass zu einer Übereinkunft zwischen Staat und Kirche im Jahre 1854, die einen Kompromiss schaffen sollte, aber von Rom abgelehnt wurde. Der Heilige Stuhl brachte vielmehr mit einem entsprechenden Entwurf den Abschluss eines Konkordats wieder ins Gespräch. Die aufgenommenen Verhandlungen kamen zwar 1857 zu einem erfolgreichen Abschluss. Nachdem sich aber die staatliche Seite lange nicht einig geworden war, welche Teile des Vertrages überhaupt seitens des Landtags zustimmungspflichtig waren, lehnte der württembergische Landtag das Konkordat 1862 ab. An Stelle des Konkordats erließ der Landtag am 30. Januar 1862 einseitig ein Gesetz, das die Verhältnisse zwischen Staat und Kirche regeln sollte, das zwar die Zustimmung der kirchlichen Seite nicht fand, aber dennoch gegenüber der bisherigen Rechtslage einen Fortschritt für die Kirche darstellte und das Grundlage der Beziehungen zwischen Staat und Kirche bis 1918 war. Diese waren somit zumindest bis dahin – und noch länger – nicht einvernehmlich geregelt. Aufgrund kirchlicher Zurückhaltung und staatlichen Zugeständnissen in der Gesetzesauslegung kam es aber zu keinen Auseinandersetzungen mehr zwischen Staat und Kirche.

Hinsichtlich der Ehegerichtsbarkeit hob das Gesetz von 1862 die bis dahin geltenden eherechtlichen Sonderbestimmungen in den ehemals vorderösterreichischen Gebieten auf und unterwarf die dortigen Katholiken, wie alle anderen, dem allgemeinen Recht der Kirche (Art. 8). Den Eheverfahren hinderlich war indes Art. 10, der nach wie vor bestimmte, dass Ehesachen (und Strafsachen) auch im weiteren Instanzenzug nur vor einem deutschen (kirchlichen) Gericht behandelt werden durften. Durch das württembergische Gesetz über die Kirchen von 1924 kam es dann in Folge der deutschen Verfassung vom 11. August 1919 („Weimarer Reichsverfassung") bzw. der neuen württembergischen Verfassung von 1919 zu einer Trennung von Staat und Kirche.

2. Das Entstehen kirchlicher Rechtsprechung in Württemberg

Aus dieser geschichtlichen Situation heraus ist ersichtlich, dass nicht gleich mit Gründung des Bistums Rottenburg ein Offizialat bestehen konnte, wollte doch der Staat der Kirche gar keine eigene Gerichtsbarkeit zubilligen. Den ersten Hinweis auf eine ehegerichtliche Tätigkeit in der Diözese gibt allerdings bereits im Jahre 1831 eine „Verfügung des Königlichen Ministeriums des Innern, den Ansatz der Sporteln bei ehegerichtlichen Erkenntnissen des Bischöflichen Ordinariats betreffend“[16]. In dieser vom 22. Juli 1831 datierenden Verordnung heißt es:

> „Nachdem das bischöfliche Ordinariat in Rottenburg die Anzeige gemacht hat, dass einzelne Bezirks-Polizeiämter sich nicht für ermächtigt halten, für die von ihm ausgehenden ehegerichtlichen Erkenntnisse (z. B. Nichtigerklärung einer Ehe, Scheidung zu Tisch und Bett, Auflösung von Sponsalien) die gesetzlichen Sporteln anzusetzen; so wird zur Nachachtung bekannt gemacht, dass ebenso wie bei den von dem bischöflichen Ordinariate bewilligten Dispensationen vom Heiraths-Verbote wegen Blutsverwandtschaft und Schwägerschaft, so auch für die einer Sportel unterliegenden ehegerichtlichen Erkenntnisse desselben die Sportel von den Bezirks-Polizeiämtern und zwar jedesmal derjenigen Parthie, welcher das bischöfliche Ordinariat die Verbindlichkeit der Sportel-Entrichtung in seinem Erkenntniß auflegen wird, anzusetzen und vorschriftmäßig zu verrechnen sey.“

Der mit dieser Verordnung entstehende Eindruck täuscht allerdings in zweifacher Hinsicht: Zum einen wurden zumindest nach dem vorliegenden Archivmaterial im 19. Jh. keine Ehenichtigkeitserklärungen durchgeführt – denn solche Prozesse finden sich nicht –, wohl aber Trennungen von Tisch und Bett; diese Akten gehen, geordnet nach Dekanaten, in die Hunderte, zumeist freilich Verfahren ohne überliefertes Urteil.[17] Zum anderen kam es an Stelle von Rechtshilfe durch den Staat zunächst zu einem Schwebezustand und dann zu Streitigkeiten über die Kompetenz des bischöflichen Gerichts.

Aus dem vorliegenden Archivmaterial muss geschlossen werden, dass die kirchliche Seite der Errichtung eines Offizialates für die Diözese Rottenburg zunächst keine Bedeutung beimaß, offenbar infolge der ungeklärten Verhältnisse zwischen Staat und Kirche in den Anfangsjahren der Diözese. Das schien sich 1857 mit dem Abschluss der – fünf Jahre später vom Landtag abgelehnten – Konvention geändert zu haben, woraufhin der Heilige Stuhl umgehend reagierte. Am 30. Juni 1857 schrieb Papst PIUS IX. nämlich an den Rottenburger Bischof eine unmissverständliche Aufforderung:

> „Iam vero cum in Conventione cautum fuerit, ut omnes ecclesiasticae causae, ac praesertim matrimoniales, et illae, quae Ecclesiae disciplinam respiciunt, ad Episcopi jurisdictionem, forumque spectent, tum oportet, ut statim Tuum tribunal rite constituas, in quo formando exemplum Bavariae Antistitum sequi poteris, erigens scilicet collegiale tribunal, cui vel Vicarius Tuus Generalis, vel alius ecclesiasticus vir a Te destinandus praesit, qui tirbunal ipsum dirigat. Omnes vero hujusce tribunalis judices a Te unice ac libere erunt eligandi, ac pro Tuo arbitrio amovendi, cum id opportunum esse duxeris, ac pariter Tibi semper plenum, liberumque jus erit eas Tibi reservandi causas, quas per Te ipse judicare volueris. Hinc tibi accurate erit praescribendum, ut ecclesiasticae causae, ac potissimum matrimoniales ab ecclesiasticis ordinariis judicibus seu rite delegatis sedulo cognoscantur ex Sacrorum Canonum praescripto. Insuper Tibi erit statuendum ut earumdem causarum Acta, seu Processus sedulo ac rite ac iis conficiantur, quos pro Tua prudentia deputare censueris. In primis vero advigila, ut in

---

16 Reichsgesetzblatt 1831 Nr. 33, 301, zit. nach REYSCHER (Fn. 4), 1024.

17 DAR, Bestand G1.1, E3.4e.

causis matrimonialibus diligentissime observentur felicis recordationis Benedicti XIV. Praedecessoris Nostri litterae incipientes = Dei miseratione = Ac propterea summopere optamus, ut tam primum ad Nos, et hanc Apostolicam Sedem accurate referas tum de ratione, qua hactenus ecclesiasticae causae, ac potissimum matrimoniales istic tractatae fuere, tum de methodo, qua ipsae causae in posterum agentur, ac volumus, ut Nobis, et eidem Sanctae Sedi mittas ordinationis exemplar, quae a Te erit proponenda pro earumdem causarum cognitione."[18]

Diesem Schreiben kam der Bischof durch einen Brief an die Ordinariate in Augsburg, Eichstätt und München vom 16. Oktober 1857 nach, in welchem darum gebeten wird, dass „über die Einrichtung des jenseitigen Tribunals, über die für dasselbe bestehende Geschäfts-Ordnung und über die weiteren dessen Wirkungskreis respizierenden Anordnungen gefälligst Mittheilung werde gemacht werden".[19] Die Antworten datieren vom 22. Oktober 1857 (Eichstätt)[20], 30. Oktober 1857 (Augsburg)[21], 18. Juni 1858 (München)[22] und 17. März 1859 (Fulda, wohin kein Rottenburger Anschreiben im Archiv vorhanden ist)[23]. Das ganze dauerte dem Heiligen Stuhl zu lange, so dass er voller Ungeduld am 20. Oktober 1858 den Rottenburger Bischof wissen ließ:

„Cupit vehementer Sanctitas Sua scire quomodo Amplitudo Ema suum tribunal constituerit ad simul noscere methodum, quam eidem praescripserit in dejudicandis causis ecclesiasticis praesertim matrimonialibus observandam."[24]

Der Angemahnte rechtfertigte sich am 31. Januar 1859 wie folgt:

„Quod ad Tribunal Episcopale attinet, ejus constitutionem hujusque distuli, donec jurisdictio Episcopalis ad plenum devenerit exercitium. Quum autem in Tuae Sanctitatis votis esse videatur, ut hoc Tribunal quantocius erigatur, rem instituere incipiam. Quem ad finem larga mihi suppeditata est materia, nam interim etiam Archiepiscopalis Curia Monacensis de institutionibus isthic exstantibus descriptionem summa industria ac diligentia exaratam transmisit."[25]

Die Schwierigkeit bei der Errichtung eines bischöflichen Gerichtshofs war aber nicht nur die hier angedeutete Sichtung des umfangreichen eingegangenen Materials, das als Vorbild dienen sollte. Unterdessen waren nämlich auch Verhandlungen mit der staatlichen Seite in Gang gekommen, welche Kompetenz ein solches Gericht haben dürfe, da die staatskirchenrechtliche Situation durch die Konvention nicht so eindeutig geklärt war, wie Rom offenbar meinte.[26] Den An-

18 DAR, Bestand G1.1, A3.6a, Fasz. 2.
19 Ebd., Fasz. 3.
20 Ebd., Fasz. 4.
21 Ebd., Fasz. 5.
22 Ebd., Fasz. 6.
23 Ebd., Fasz. 9.
24 Ebd., Fasz. 7.
25 Ebd., Fasz. 8.
26 Erhalten sind im DAR die Schreiben des „Departements des Kirchen- und Schulwesens", aus denen die Eingaben des Bischofs geschlossen werden können, welche nicht

fang machte die staatliche Seite, die in einem Schreiben vom 13. Januar 1858 zu bedenken gab, manche der Bestimmungen der Konvention (insbesondere die Aufhebung der Unterschiede zwischen vormals vorderösterreichischen und anderen Landesteilen) machten eine Verfassungsänderung notwendig[27], und bevor man derlei angehe, wolle man die Wünsche des Bischofs in Erfahrung bringen.[28] Auf die bereits am 22. Januar 1858 erfolgte Antwort des Bischofs reagierte die Regierung erst am 28. April 1859 ebenso umfassend wie ablehnend. In dem elfseitigen, vom „Chef des Departements des Kirchen- und Schulwesens, Staatsrath Rümelin" unterzeichneten Schreiben heißt es u. a.:

> „In dieser Beziehung nun haben Euer Bischöfliche Hochwürden, wenn ich anders Hochderen Schreiben richtig aufgefaßt habe, den Art. V. Abs. 1. der Convention dahin auslegen zu sollen geglaubt, dass dem Staate in Ehesachen der Katholiken lediglich nichts mehr, als eine Cognition über die abgeleiteten bürgerlichen Wirkungen der Ehe, über die rein civilrechtlichen Folgen derselben, also über vermögensrechtliche Verhältnisse u. dergl. verbliebe, während die Frage von der Gültigkeit der Ehe, von den Ehehindernissen u.s.w. ausschließlich zur Competenz des bischöflichen Gerichts stünde. Ich bedaure aber, dieser Auffassung durchaus nicht beitreten zu können. An keiner Stelle der Convention ist gesagt, dass über die Ehesachen der Katholiken nur der Gerichtshof des Bischofs zu entscheiden habe, ... sondern es ist nur ganz im Allgemeinen ausgesprochen, dass der Gerichtshof des Bischofs, der über die in der Convention näher bezeichneten kirchlichen Rechtsfälle zu erkennen hat, auch über Ehesachen entscheiden soll. ... Wenn nämlich im Eingang des Art. V. unter Anderem von den Sakramenten die Rede ist, und hierauf fortgefahren wird, somit werde der Gerichtshof des Bischofs auch über Ehesachen entscheiden, so scheint mir kaum ein Zweifel darüber möglich zu sein, dass die Ehe nur als Sakrament der bischöflichen Gerichtsbarkeit unterstellt werden wollte, dass also nur die kirchliche Seite der Ehe Gegenstand der geistlichen Gerichtsbarkeit seÿn sollte, woraus folgt, dass die Ehe nach ihrer bürgerlichen Seite durchaus der Gerichtsbarkeit des Staates zu verbleiben hätte. ... Liegt es doch in der Natur der Sache, dass der Staat, der der Kirche auf ihrem Gebiete die vollste Freiheit und Selbstständigkeit in Behandlung der Ehesachen der Katholiken einräumte, dieselbe Freiheit und Selbstständigkeit auch auf seinem Gebiete sich erhalten wissen wollte. Wenn sonach meines Erachtens die Abgränzung zwischen der kirchlichen und der staatlichen Gerichtsbarkeit in Ehesachen der Katholiken ... so zu treffen ist, dass die kirchliche Seite der Ehe und alles was mit ihrer

---

auffindbar sind und sich im Archiv des Königlich Katholischen Kirchenrats befinden dürften.

27 Insbesondere ging es um Art. 5 Abs. 1 der Konvention, der lautete: „Über alle kirchlichen Rechtsfälle, welche den Glauben, die Sacramente, die geistlichen Verrichtungen und die mit dem geistlichen Amte verbundenen Pflichten und Rechte betreffen, hat der Gerichtshof des Bischofes zu erkennen nach Vorschrift der Kirchengesetze und nach den Bestimmungen des Concils von Trient. Somit wird derselbe auch über Ehesachen entscheiden, jedoch bleibt das Urtheil über die bürgerlichen Wirkungen der Ehe dem weltlichen Gerichte überlassen" (zit. nach HUBER, Ernst Rudolf / HUBER, Wolfgang, Staat und Kirche im 19. und 20. Jahrhundert. Dokumente zur Geschichte des deutschen Staatskirchenrechts II: Staat und Kirche im Zeitalter des Hochkonstitutionalismus und des Kulturkampfs 1848 bis 1890, Berlin 1976, 184).

28 DAR, Bestand G1.1, E1.1, Fasz. 1.

sakramentalen Eigenschaft zusammenhängt, vor das Forum des bischöflichen Gerichts gehört, ihre bürgerliche Seite aber nach allen Theilen, also auch was die Frage von der bürgerlichen Gültigkeit der Ehe betrifft, ebenso selbstständig zur Beurtheilung des Staates steht[,] ... so kann ich, wie ich sogleich beifügen muß, in einem solchen Nebeneinanderbestehen zweier selbstständiger Jurisdiktionen über ein und dasselbe Rechtsverhältniß nur eine natürliche Aufforderung finden, meinerseits alles, was möglich ist, dazu beizutragen, um die Fälle eines etwaigen Conflikts zwischen dem kirchlichen und dem staatlichen Rechte wenn nicht ganz zu beseitigen, so doch auf einen möglichst kleinen Kreis zurückzuführen. ... Auch in demjenigen, was Euer Bischöfliche Hochwürden über die Behandlung der Dissidien in gemischten Ehen vorgeschlagen haben, bedaure ich nicht meine völlige Uebereinstimmung aussprechen zu können. Vor Allem muß ich mir die Bemerkung erlauben, dass zwischen Ziff. 2. und Ziff. 3. Abs. 1. ein Widerspruch insoferne zu bestehen scheint, als nach jener Scheidungsklagen in gemischten Ehen nur beim katholischen Ehegericht sollen angebracht werden können, während die letztere ein auf Scheidung oder Trennung lautendes Urtheil beider Ehegerichte als möglich voraussezt. ... Ich glaube vielmehr, dass dem verfassungsmäßigen Grundsatze völliger Rechtsgleichheit unter den vom Staate anerkannten Kirchen nur dann und dadurch entsprochen wird, wenn bei gemischten Ehen die Competenz eines jeden der beiden Ehegerichte in Beziehung auf den seiner Confession angehörenden Theil gewahrt bleibt, seÿ es, dass jedes selbstständig für sich erkennt, oder dass sie sich vor einem Ausspruche über eine gemeinsame Entscheidung einigen ...“[29].

Der Bischof wird gebeten, sich nochmals zu äußern und auch Ausführungen über die Geschäftsordnung des bischöflichen Gerichtshofs zu machen (die der Staat offenbar auch kontrollieren wollte). Der Bischof reagierte offensichtlich am 1. August 1859, worauf Staatsrat Rümelin ihm am 19. Dezember 1859 wieder antwortete. Aus dem Schriftsatz geht hervor, dass der Bischof sich der Ansicht der Regierung angeschlossen hatte, dass die bürgerlichen Wirkungen der Ehe rein vom staatlichen Gericht zu beurteilen seien. In der Antwort der staatlichen Seite darauf gibt es aber dann einen gewissen Bruch. Dort wird argumentiert, wenn das kirchliche Gericht nunmehr nur noch nach kirchlichem Recht entscheiden werde, sehe der Staat sich gezwungen, für die Rechtsprechung über die bürgerlichen Wirkungen der Ehe tatsächlich eigene Ehegerichte einzurichten, wogegen man Urteile der kirchlichen Gerichte im staatlichen Rechtsbereich durchaus anerkennen könne, wenn die kirchlichen Gerichte bei ihren Entscheidungen auch das staatliche Recht berücksichtigen würden (gleichsam als Stattwalter des Staates). Dann aber

„wird jedenfalls eine besondere Controle von Seiten des Staates darüber, dass das kirchliche Gericht die Bedingung, unter welcher ihm die Ausübung der staatlichen Ehegerichtsbarkeit übertragen worden – die Beobachtung der betreffenden Gesetze und Verordnungen des Staates – fortwährend einhalte, nicht umgangen werden können. Ja die Ausübung einer solchen Controle von Seiten des Staates schiene mir recht eigentlich in den Principien der Convention begründet zu seÿn. Denn wenn hier in Art. VI. Abs. 2. nur von denjenigen Erlassen des Bischofs, die von kirchlichen Angelegenheiten handeln, gesagt ist, sie können ohne vorgängige Einsicht und Geneh-

[29] Ebd., Fasz. 3 (Unterstreichungen im Original).

migung der Kgl. Regierung veröffentlicht werden, wenn dagegen zu Art. IV. beziehungsweise zu Art. VI. der Convention in der Instruktion sich ausgesprochen findet, dass, soweit die Anordnungen des Bischofs sich nicht innerhalb der rechtlichen Zuständigkeit der Kirche allein halten, sondern zugleich auf Gegenstände sich erstrecken, welche im Gebiete der Staatsgewalt liegen, der Bischof vor deren Veröffentlichung sich mit der Kgl. Regierung ins Einvernehmen setzen werde: so scheint mir kaum ein Zweifel darüber bestehen zu können, dass der Fall der Ausübung einer gemischten Ehegerichtsbarkeit durch den Bischof, einer solchen Jurisdiktion also, welche die Ehe nicht blos als kirchliches Institut behandelt, sondern welche auch auf dem staatlichen Gebiete Wirkungen zu äußern bestimmt ist, nicht unter die erstangeführte Vorschrift, sondern vielmehr unter die darauferwähnte Bestimmung der Instruktion zu subsumieren ist. Dabei lassen sich in Beziehung auf die Art und Weise der Ausübung der fraglichen Controle, hinsichtlich der Form, in welcher der Bischof sich vor der Veröffentlichung seines Urtheils mit der Kgl. Regierung ins Einvernehmen zu setzen hat, verschiedene Modalitäten[30] denken, welche ich hier noch nicht des Näheren besprechen will."[31]

Indem dann auf das von der Kirche unabhängige Recht des Staates verwiesen wird, zum einen eigene Ehehindernisse aufzustellen, zum anderen unabhängig von einer kirchlichen Weitergeltung der Ehe über ihre bürgerliche Gültigkeit zu entscheiden, tritt die Auseinandersetzung in den größeren Horizont der Entwicklung, die letztlich zur Festschreibung der Zwangszivilehe führte:

„Wäre die Ehe nur ein kirchliches Institut, so könnte allerdings aus dem Umstande, dass sie durch einen Vertrag zu Stande kommt, für den Staat nicht die Macht gefolgert werden, trennende Ehehindernisse aufzustellen; da sie aber wesentlich zugleich auch ein <u>staatliches</u> Institut ist, so ist der Staat berechtigt, die Bedingungen, unter welchen sie als solches gültig oder nichtig ist, von sich aus festzusetzen. ... Ich nehme für den Staat nicht die Befugniß in Anspruch, eine kirchlich gültige Ehe zu vernichten, d. h. sie überhaupt, also auch auf dem Gebiete der Kirche für nichtig zu erklären, sondern nur die Befugniß, sie, unbeschadet ihrer kirchlichen Gültigkeit, auf dem Gebiete des Staates als nichtig zu behandeln: die Betheiligten mögen sich vor Gott und ihrem Gewissen als Ehegatten verbunden halten, der Staat erkennt nur auf seinem Gebiete ihre Verbindung nicht als Ehe an."[32]

In scharfer Form verurteilt abschließend das Schreiben die bischöfliche Position, dass bei konfessionsverschiedenen Ehen das *impedimentum ligaminis* zu gelten habe. Es gehe nicht an, Protestanten dem Gesetz der katholischen Kirche zu unterwerfen.

Die Auseinandersetzung war angesichts der Tatsache der Ablehnung der Konvention 1862 überflüssig. Dass sie auch ergebnislos war, zeigt ein weiterer Briefwechsel nach der Verabschiedung des Gesetzes von 1862. Auf die erneute Frage der Regierung an den Bischof bezüglich Wünschen hinsichtlich der Ausführung nunmehr des Gesetzes von 1862 antwortete der Bischof wieder ableh-

---

30 Was hier der staatlichen Seite u. a. vorschwebte, zeigen die „Grundzüge" von 1818 im oben zitierten § 90.

31 DAR, Bestand G1.1, E1.1, Fasz. 4.

32 Ebd. (Unterstreichung im Original).

nend, er sehe sich nicht in der Lage, auf die Anfrage einzugehen, da das Gesetz eine Einschränkung des kirchlichen Rechts darstelle.[33]

Nähere Ausführungen zur Gerichtsorganisation hatte der Bischof offenbar nie gemacht. Dabei gab es intern zwischenzeitlich Überlegungen bezüglich der Gerichtsorganisation, namentlich verschiedene Entwürfe von Geschäftsordnungen[34], die aber nach allem, was das Archiv preisgibt, nie in Kraft gesetzt wurden. Damit bleibt unklar, ob jemals danach verfahren wurde, denn die Tatsache, dass die Statuten nicht promulgiert wurden, heißt nicht automatisch, dass sie keine Anwendung fanden. Hier ist auf die gleichfalls für die Württemberger Verhältnisse typische Entstehungsgeschichte des Domkapitels Rottenburg zu verweisen, die parallel gelagert ist: Erstmals promulgiert wurden die Statuten 1993 (!), praktisch danach verfahren wurde schon im 19. Jh.[35]

Nähere Erkenntnis über die gepflegte Gerichtsordnung gibt ein Vorgang aus dem Jahr 1868. Am 6. Juni 1867 hatte die Konzilskongregation ein Schreiben an alle Bischöfe „circa graviora quaedam Ecclesiasticae disciplinae capita“ geschickt mit einem angeschlossenen Katalog mit 17 Fragen. Frage 15 – im übrigen bezeichnend für die Disparität der kirchlichen Gerichtsbarkeit zur damaligen Zeit – lautet:

> „Quonam modo Episcopi judiciariam qua pollent potestatem in cognoscendis causis ecclesiasticis, potissimum matrimonialibus, exerceant? et quanam procedendi atque appellationes interponendi methodo utantur?“[36]

Zur Beantwortung der Fragen wurde den Bischöfen „drei oder vier Monate Zeit“ gegeben. Der Rottenburger Bischof antwortete umfangreich am 6. Januar 1868. Bezüglich Frage 15 führt er aus:

> „Episcopus Rottenb. potestatem judiciariam cum consilio et opera Canonicorum suorum exercet, et causas omnes eccl., quae fidem, sacramenta, sacras functiones, nec non officia et jura sacro ministerio adnexa respiciunt, ad normam sacrorum praescriptorum judicat. Quae omnes res nec non causae matrimoniales et inquisitiones in Clericos quomodocunque [!] indignos in Curia Episc., cui Episcopus ipse vel, eo absente aut impedito, Vicarius generalis praesidet, tractantur et deciduntur. Tribunalia pecu-

---

33 DAR, Bestand G1.1, E.

34 Es gibt sechs verschiedene, in der Länge teils sehr unterschiedliche Entwürfe von Geschäftsordnungen für das Offizialat unter unterschiedlichen Titeln: vom 23.8.1859 (DAR, Bestand G1.1, E; weiteres Exemplar im DAR, Bestand G1.1, Ehesachen 19. Jh.); undatiert von ca. 1859/1860 (DAR, Bestand G1.1, A3.6a, Fasz. 13 ad 10); vom 8.1.1861 (DAR, Bestand G1.1, A3.6a, Fasz. 18); vom 13.12.1930 (DAR, Bestand G1.1, A3.6a, Fasz. zu 49), sowie zwei verschiedene undatierte Versionen aus dem 19. Jh. (DAR, Bestand G1.1, Ehesachen 19. Jh.). Daneben findet sich noch der Entwurf einer „Kirchliche[n] Strafproceß-Ordnung“ (DAR, Bestand G1.1, Ehesachen 19. Jh.). Diese Entwürfe können hier leider nicht näher behandelt werden.

35 Wolf, Hubert, Das Domkapitel als Bischöfliches Ordinariat? Monarchische (Generalvikar) oder kollegiale (Domdekan) Diözesanleitung im Bistum Rottenburg, in: Rottenburger Jahrbuch für Kirchengeschichte 15 (1996) 181.

36 AKathKR 19 (1868) 335.

liariter pro rebus matrimonialibus vel causis disciplinae instituta non existant. Contra Clericos semper ex officio, ut dicunt, proceditur; est igitur procedendi modus inquisitorius atque summarius, ita tamen, ut omnes judiciariae formae, de quibus observandis sententiae justitia dependet, diligentissime costodiantur [!]. Ut causa inquisitoria accurate eruatur, testes audiantur; instrumenta ad causam spectantia colligantur; indicia, si quae existant, indagentur; inquisitus interrogetur et audiatur; testes reprobatorii, quos produxerit, recipiantur, atque omnino defensioni detur spatium largum; ut singula et cuncta acta ceteraque, quae in inquisitionis decursu occurrerint, ordine competenter conscribantur, ut causa sufficienter instructa canonicus pro dirigenda inquisitione constitutus Episc. Curiae ad actorum tenorem quanta maxima cura et diligentia referat; ut in causis gravioribus jurisperiti Syndici Episcopalis Consultum requiratur: haec omnia, quae ad ferendae sententiae justitiam maximopere pertinere videntur, quovis in casu usu veniunt. – Ad Appellationes quod spectat, canonici juris sancita observantur; 10 diebus post sententiam judicialem insinuatam est interponenda appellatio, alioquin sententia in auctoritatem transit rei judicatae; infra 30 dies apostoli expetendi sunt, qui illico conceduntur una cum mandato, ut appellatio infra 30 dierum spatium coram judice superiore inducatur. Jure quidem canonico eum in finem appellantibus annus indulgetur, tempus autem ita moderatum bene sufficit, qua de causa etiam in aliis Germaniae dioecesibus moris est, quippe quod nostra aetate permagni sit pretii, ut in rebus ecclesiastis [!] atque in primis in disciplina clericali lites exortae quanta fieri potest brevitate terminentur. Caeterum ex quo Episcopali munere fungor, unus dumtaxat sacerdos a sententia, poenali a me lata appellavit, ceteri, quamvis severis poenis e. g. involuntariae translationis, privationis, depositionis multati Episcopali judicio aequo animo acquiescebant. De causis matrim. haec mihi sunt exponenda: In dioec. Rottenb. parochi ab Episcopo sunt deputati, ut de actionibus separationem a thoro et mensa concernentibus prima gerant negotia et id quidem hunc in modum: Conjux, qui separationem obtinere desiderat, ante omnia adit parochum suum, qui, utraque parte votata et audita, omni pastorali sollicitudine sollertiaque conciliationem efficere studet. Quodsi iteratis conatibus non succedit, parochus utramque partem de dissensionum causis ad protocollum audit, quod ad Decanum transmittit. Qui et ipse ab Episcopo ad talia negotia procuranda delegatus primum quidem irritatos animos pacificare tentat, deinde, si labor incassum cadit, inquisitionem accuratam instituit, testes examinat omniaque praeparat, ut protocolla caeteraque instrumenta quanta maxima integritate Curiae Episc. proponi possint. Animadvertendum est, et parocho et decano secundum hujus regni legem antiquam in his rebus conficiendis civilem esse adjunctum magistratum. Episcopalis Curia ipsa in causis cognoscendis et decidendis nullo modo est impedita et solummodo ad juris canonici praescriptiones procedit et decernit. – Quando autem de matrimonii nullitate agitur, praeparatoriae quidem tractationes a parocho et decano rurali suscipiuntur, judicialis autem omnis actio in sede Episc. a duobus canonices una cum Syndico Episc. hunc in finem ab Episcopo deputatis ad juris can. tramites coram defensore matrimonii constituto et jurato peragitur. Summa observantia a defensore matrimonii praescriptiones a f. m. Bened. papa XIV. in Constit. ‚Dei miseratione' data singulis in casibus executioni demandantur. Canonici deputati, commisso munere expleto, omnia acta Episcopali Curiae proponunt, ubi Episcopus relatione accurate facta, praesente matrim. defensore fert sententiam."[37]

---

[37] AKathKR 23 (1870) 308 f.

Damit schien Rom zufriedengestellt, denn erst 1900 findet sich ein weiteres einschlägiges Schriftstück, nämlich ein Dekret des Rottenburger Bischofs, mit dem er Kraft Erlaubnis der Konzilskongregation vom 29. März 1900 Synodalrichter beruft.[38] Diese sind ohne Ausnahme Domkapitulare. Der Vorgang wiederholt sich 1903[39] und 1906.[40] Für das Jahr 1905 gibt es den Befund:

> „Ein eigenes Ehe- und Disziplinargericht besteht hier [in Rottenburg] nicht ...; sondern der Bischof bestimmt zwei Kanoniker und den Syndikus, welche den Prozess bis zum Urteil führen; letzteres hat sich der Bischof selbst reserviert."[41]

Dem entspricht zum einen, dass sich bis zum CIC/1917 kein Hinweis auf die Errichtung des Offizialates als eigenständige Behörde findet, zum anderen bestätigen dies die ersten erhaltenen Akten von Ehenichtigkeitsprozessen. Darin ist nämlich nie von einer eigenständigen Gerichtsbehörde die Rede. Nachdem bis dahin nur Akten von Prozessen wegen Trennung von Tisch und Bett im Archiv zu finden sind, stammt die erste erhaltene Akte eines Ehenichtigkeitsverfahrens aus dem Jahre 1907.[42] Dabei handelt es sich um ein zweitinstanzliches Verfahren mit dem Prozessgegenstand *metus reverentialis*. Ein Vierersenat fällte ein affirmatives Urteil unter Beteiligung eines Parteivertreters, des Ehebandverteidigers und eines Notars (als solcher fungierte der Syndikus des Ordinariats) sowie mit ausdrücklicher Genehmigung durch den Bischof. Rottenburg war bereits am 29. Februar 1884 – so jedenfalls das erste erhaltene Datum – und danach immer wieder durch päpstliches Breve zur zweiten Instanz in Ehe- und anderen kirchlichen Sachen für die Erzdiözese Freiburg bestimmt worden[43], ein Status, der bis heute fortdauert.

Das erste erhaltene erstinstanzliche Verfahren datiert von 1911. Beim Prozessgegenstand *intentio contra bonum prolis* kam man zu einem affirmativen Urteil. Insgesamt sind aus der Zeit bis 1919 – das Jahr einer wichtigen Zäsur, wie sich gleich zeigen wird – achtzehn Ehenichtigkeitsprozesse erhalten, sowohl in erster wie in zweiter Instanz neun, jeweils mit 7 affirmativen und 2 negativen Urteilen, gefällt von jeweils ad hoc bestellten Senaten in wechselnder Besetzung und Größe von 3 bis 7 Domkapitularen – nicht nur in ungerader Zahl –, immer unter Beiziehung des Ehebandverteidigers und eines Notars.

Des weiteren sind auch einige Verwaltungs- bzw. summarische Verfahren erhalten, insbesondere wegen Todeserklärung, *defectus formae* sowie Verfahren *super rato et non consummato*. Die Urteile sind dabei z. T. vom Bischof selbst

---

38 DAR, Bestand G1.1, A3.6a, Fasz. 32.

39 Ebd., Fasz. 33.

40 Ebd., Fasz. 34.

41 MÜLLER, Joseph, Die bischöflichen Diözesanbehörden, insbesondere das bischöfliche Ordinariat, Stuttgart 1905, 41.

42 Alle erhaltenen Prozessakten befinden sich im Archiv des Bischöflichen Offizialates Rottenburg (das aus datenschutzrechtlichen Gründen nicht für die Allgemeinheit zugänglich ist).

43 DAR, Bestand G1.1, A15.3a, Fasz. 8.

handschriftlich ausgefertigt oder zumindest unterzeichnet und dies nicht in der Eigenschaft als Gerichtsvorsitzender, sondern als Diözesanbischof.

Dagegen wurde die Frage der Geschäftsordnung des Offizialates nicht nochmals angeschnitten. Aufgrund der Ausführungen des Bischofs zum einen in seiner Antwort von 1868 nach Rom, zum anderen in den Ernennungsdekreten der Synodalrichter von 1900, 1903 und 1906 muss als Grundlage der Gerichtsordnung von folgenden Dokumenten ausgegangen werden: allgemein das Corpus Iuris Canonici und die Dekrete des Tridentinums, speziell die Dekretale „Statutum" BONIFAZ' VIII.[44] und die Apostolischen Konstitutionen „Quamvis paternae" (vom 26. August 1741)[45] und „Dei miseratione" (vom 3. November 1741)[46] BENEDIKTS XIV. Jedenfalls verwendete man nie den Begriff „Bischöfliches Offizialat" im Rahmen der Prozesse (mit Ausnahme eines Verfahrens von 1912), sondern stets „Bischöfliches Ehegericht", wohl eher verstanden als eine Funktion des Bischöflichen Ordinariates denn als eigenständige Behörde, da z. T. synonym zum Begriff „Bischöfliches Ehegericht" auch „Bischöfliches Ordinariat" erscheint.

3. Die Entstehung des Offizialates

Durch den 1917 promulgierten Codex Iuris Canonici wurde der Wunsch des Papstes nach Gründung eines kirchlichen Gerichtes in der Diözese Rottenburg quasi nochmals bekräftigt. Im übrigen deckungsgleich mit dem heute geltenden Recht, schrieb der CIC/1917 in can. 1573 § 1 vor:

> „Quilibet Episcopus tenetur officialem eligere cum potestate ordinaria iudicandi, a Vicario Generali distinctum, nisi parvitas dioecesis aut paucitas negotiorum suadeat hoc officium ipsi Vicario Generali committi."

Dennoch dauerte es nochmals eineinhalb Jahre, bis sich in Rottenburg eine Änderung am seitherigen Vorgehen ergab. Am 4. Juli 1919 ernannte der Rottenburger Bischof Paul Wilhelm von KEPPLER seinen Weihbischof und Generalvikar Dr. theol. Dr. phil. Johann Baptist SPROLL, später selber Rottenburger Diözesanbischof, zum ersten Offizial von Rottenburg[47] – und nahm damit die im CIC/1917 vorgesehene Ausnahmegenehmigung in Anspruch. Das sonstige Procedere blieb allerdings weiter unverändert. Auch erscheint nirgends ein Hinweis auf das Offizialat als Behörde. Dieser findet sich erstmals im Personalkatalog der Diözese Rottenburg des Jahres 1927.[48]

---

44 C. 15 in VI°, I, 3.

45 Sanctissimi Domini nostri Benedicti Papae XIV. bullarium, Bd. 1, Roma 1754, 40 f.

46 Ebd., 49-53.

47 DAR, Bestand G1.1, A3.6a, Fasz. 39.

48 Personal-Katalog des Bistums Rottenburg 1927, Rottenburg 1927, 4.

Damit muss die eingangs aufgeworfene Frage nach dem Gründungsdatum des Offizialates näher beleuchtet werden. Als solches bieten sich, je mit eigener Plausibilität, innerhalb von zehn Jahren fünf Fixpunkte:

- 1917 wurde der CIC promulgiert und forderte die Berufung eines Offizials.
- 1919 wurde dieser bestellt. Es ließe sich die Theorie vertreten, dass das Offizialat implizit damit ins Dasein trat.[49] Dafür spricht, dass aus dem gleichen Jahr erste Ernennungsdekrete dauerhaft bestellter Diözesanrichter erhalten sind (dazu unten) und dass ebenfalls seit 1919 eine bis heute fortlaufende Sentenzenliste geführt wird. Dagegen spricht, dass, wie oben angemerkt, bereits 1900 erstmals Domkapitulare zu Synodalrichtern bestellt worden waren. An der Geschäftsordnung änderte sich insgesamt durch das Datum 1919 nichts. Auch gab es offenbar keine eigene Kanzlei. Dass der Beginn der Sentenzenliste andere Ursachen hat als ein etwaiges Gründungsdatum des Offizialates als eigenständige Behörde, wird sogleich aufgewiesen (vgl. Fn. 50).
- 1921 wurde der erste Prozess – in der Sentenzenliste jetzt mit Nr. 4[50] geführt – unter Vorsitz des Offizials verhandelt. Die Behörde firmiert seither offiziell als Offizialat.

---

49 In Analogie zu Winfried AYMANS, in: AYMANS / MÖRSDORF I, 447, der dort ausführt: „Kirchenämter, die nicht über Rechtspersönlichkeit verfügen und nicht mittelbar durch die Errichtung einer juristischen Person gegeben sind, treten durch die *konkrete Besetzung* (Amtsverleihung) ins rechtliche Dasein“ (Kursivierung im Original).

50 Die Sentenzenliste beginnt mit der Causa N.-G., in der am 20.6.1919 das Urteil gesprochen wurde. Zu diesem Zeitpunkt war noch kein Offizial bestellt. Auch bei den beiden Verfahren mit laufender Urteilsnummer 2 und 3 konnte er noch keinen Vorsitz führen, da die Urteile hier am 30.7.1919 (Causa T.-F.) bzw. am 1.8.1919 (Causa S.-K.) gefällt wurden, also sehr kurz nach Ernennung des Offizials; diese Verfahren waren bereits vor seiner Bestellung eingeleitet worden (Causa T.-F. am 25.1.1919, Causa S.-K. am 25.1.1918). Dagegen wurde die Causa D.-K., deren Urteil mit der Nummer 4 am 20.1.1921 gefällt wurde, erst am 4.8.1920 begonnen. Hinzu kommt, dass die erwähnte Causa S.-K. vom Bischof als Einzelrichter entschieden wurde.
Der Beginn der Sentenzenliste fällt somit zeitlich fast mit der Ernennung des Offizials zusammen und könnte von daher damit zusammenhängen. Wahrscheinlicher erscheint jedoch, dass aufgrund der Promulgation des CIC/1917 mit der Sentenzenliste begonnen wurde, da diese die Urteile aller nach Inkrafttreten des CIC/1917 (19.5.1918) begonnenen Prozesse enthält. Die weiter oben angeführten 18 Verfahren bis 1919 haben nämlich allesamt nichts mit den in der Sentenzenliste enthaltenen Prozessen zu tun und wurden alle vor Inkrafttreten des CIC/1917 begonnen, wenngleich das letzte Urteil davon (als einziges der 18) erst nach Inkrafttreten des CIC/1917 gefällt wurde und zwar in der Causa B.-S. am 16.5.1919 (eingeleitet am 4.3.1918). Offenbar fing man die Sentenzenliste dann mit dem ersten Verfahren an, das nach Inkrafttreten des CIC/1917 begonnen wurde und zwar am 9.1.1919 – die oben erwähnte Causa N.-G. Zwar ist die ebenfalls gerade erwähnte Causa S.-K. am 25.1.1918 eingeleitet worden und damit noch vor Inkrafttreten des CIC/1917. Offensichtlich konnte man das Verfahren in der nun einmal begonnenen Sentenzenliste aber nicht mehr auslassen, da es vom Zeitpunkt der Urteilsfällung nach den beiden ersten in der Sentenzenliste enthaltenen Verfahren liegt.

- 1924 wurde das Württembergische Gesetz über die Kirchen verabschiedet, das durch den Beschluss zur Aufhebung des Katholischen Kirchenrats der Diözese Freiheitsrechte brachte und dadurch Anlass gewesen sein könnte, die leidige Auseinandersetzung mit dem Staat des 19. Jh.s zu einem für die Kirche günstigen Ausgang zu führen. Dagegen spricht, dass bereits seit 1921 die Bezeichnung „Bischöfliches Offizialat" verwendet wurde.
- 1927 wurde der seitherige Offizial zum Bischof ernannt, und erstmals findet sich das Offizialat im Personalkatalog der Diözese Rottenburg. Es ist denkbar, dass der neue Bischof durch seine Erfahrung die Gerichtsbarkeit anders wertete als sein Vorgänger und das Offizialat als eigenständige Behörde errichtete. Gegen 1927 spricht dasselbe Argument wie gegen 1924.

So sei hier die Hypothese aufgestellt, dass 1921 das Gründungsjahr gewesen sein könnte. Aufgrund der Tatsache, dass sich bezüglich der expliziten Gründung einer Gerichtsbehörde im Archiv genauso wenig findet wie im Amtsblatt der Diözese Rottenburg, kann dies allerdings nicht näher begründet, geschweige denn bewiesen werden. Es bleibt die Möglichkeit bestehen, dass noch ein ganz anderes Jahr Gründungsjahr ist.

4. Die Entwicklung der Ehenichtigkeitsprozesse

Im Folgenden soll die zahlenmäßige Entwicklung der Ehenichtigkeitsprozesse etwas eingehender betrachtet werden.[51] In den Anfangsjahren des Offizialats

---

Faktisch angelegt wurde die Sentenzenliste jedoch nicht irgendwann im Laufe des Jahres 1919, wie sich aus den ersten Einträgen nahelegen würde. Vielmehr wurde sie eindeutig nachträglich zusammengestellt: In dem Buch findet sich auf den ersten fünf Seiten bereits eine leere Spalte „Pr.-Nr." (d. h. Prozessnummer). Erst ab Urteilsjahrgang 1938 wurden dann Urteilsnummern vergeben. Wäre die Sentenzenliste bereits 1919 begonnen worden, wäre die Spalte „Pr.-Nr." daher weggelassen worden.
Das erste Urteil aus einem Fall mit Prozessnummer (Causa M.-L., Prozessnummer 3, Sentenznummer 120, eingeleitet am 2.9.1937, Urteil vom 18.2.1938) ist das erste des Jahrgangs 1938 und zugleich das erste, bei dem der Verfahrensgegenstand „Konsensmangel" näher aufgeschlüsselt wurde (hier *intentio contra bonum prolis*). Obgleich die EPO von 1936 diesbezüglich keine Vorschriften enthält, könnte sie Anlass dafür gewesen sein. Eine andere Möglichkeit wäre, dass die Ernennung des neuen Offizials Anton HINDERBERGER am 7.5.1938 eine Rolle spielte.

51 Die anderen am Offizialat geführten Verfahren stellen insgesamt gegenüber den Ehenichtigkeitsprozessen eine vernachlässigbare Größe dar. Im Archiv des Offizialates finden sich gut 20 Verfahren nicht-eherechtlicher Natur; dies sind v. a. Disziplinarsachen gegen Geistliche, Verwaltungsbeschwerden und Streitsachen zwischen katholischen natürlichen und auch juristischen Personen. In jüngerer Zeit, jedoch nicht erst seit den 2001 ergangenen neuen Normen der Glaubenskongregation hierzu, kommen noch Verfahren bzw. Voruntersuchungen wegen sexuellen Missbrauchs durch Geistliche hinzu. Die Fälle wurden teils durch gütliche Einigung gelöst, teils autoritativ entschieden durch Dekret des Bischofs oder durch Gerichtsentscheidung (Einzelrichter oder kollegial). Eigentliche Strafprozesse, die mit einem Urteil abgeschlossen worden wären, fin-

verlief sie in ruhigen Bahnen; für die ersten Jahre kann sogar mit Blick auf die Statistik kaum von einem regelmäßigen Gerichtsbetrieb gesprochen werden. Mehrfach gab es Jahre ohne erstinstanzliches Urteil (1920 sogar überhaupt kein Urteil), kaum waren es mehr als fünf Entscheidungen pro Jahr. Tendenziell gab es in den Anfangsjahren mehr zweit- als erstinstanzliche Verfahren. Bei ersteren kam es 1950 zu einem spürbaren Anstieg, bei den letzteren 1955. Ab dort kann eine stetige Zunahme an Verfahren beobachtet werden (zu einigen statistischen Details s. unten). Dem entsprechend wandte sich 1951 der damalige Offizial Dr. Hubert WURM an Bischof Dr. Carl Joseph LEIPRECHT mit der – vom Bischof erfüllten – Bitte um einen weiteren Mitarbeiter und begründete dies mit dem immensen Zuwachs an Prozessen. Im Jahre 1950 waren 187 Verfahren anhängig gewesen, und nur durch „eine alles Maß übersteigende Anstrengung und Arbeit von Tag und Nacht" war es möglich gewesen, 50 davon zur Entscheidung zu bringen.[52] Durch diese für das Gericht einerseits beschwerliche, andererseits erfreuliche Entwicklung, die anhielt, kann das Rottenburger Offizialat heute auf mehr als 5.200 Prozesse zurückblicken, die in der seit 1927 geführten separaten Prozessliste enthalten sind.[53] Darunter gab es Verfahren von nur drei Tagen Dauer (so ein summarischer Prozess[54]), aber auch solche von 28[55] bzw. 29[56] Jah-

---

den sich jedoch keine. Dagegen gibt es noch zahlreiche Verfahren zur Todeserklärung, die sich teils im Archiv des Offizialates befinden, teils, wenn älter, im DAR, die hier aber ebenso wenig berücksichtigt werden, da es sich dabei als Kriegsfolge um eine vorübergehende Erscheinung bis in die 60er Jahre des 20. Jhs. hinein handelte.
Was hier ebenfalls nicht in den Blick kommt, sind diejenigen Verfahren, bei denen das Offizialat nicht in seiner eigentlichen Eigenschaft als entscheidendes Gericht tätig wird, d. h. sowohl eherechtliche Verwaltungsverfahren als auch sämtliche Verfahren, die in Rom entschieden werden, also Verfahren *super rato et non consummato* und Verfahren *in favorem Fidei*, bei denen das Offizialat die Vorermittlungen durchführt.

52 DAR, Bestand G1.1, A3.6a, Fasz. 130.

53 Die Prozessliste wurde offensichtlich für Verfahren mit Urteilen ab Jahrgang 1938 angelegt (womit auch die Vergabe der Prozessnummern ab 1938 zusammenhängt, vgl. Fn. 50). Dass Kriterium für die Anlage der Liste der Urteilsjahrgang war, beweisen die ersten Verfahren, die darin enthalten sind: Causa R.-H., Beginn am 15.12.1927, Urteil am 10.9.1938; Causa H.-E., Beginn am 12.8.1937, *causa deserta*; Causa M.-L., Beginn am 2.9.1937, Urteil am 18.2.1938. Das Eingangsdatum (nach dem geordnet die Verfahren in der Liste stehen) kann für die Prozessliste keine Rolle spielen, denn dies würde bedeuten, dass zwischen 1927 und 1937 keine Verfahren eingeleitet wurden. Es gab aber nicht nur Urteile in dieser Zeit, sondern auch neu eingebrachte Verfahren. Damit erweist sich die Prozessliste wie die Sentenzenliste als nachträglich aus der Rückschau des Jahres 1938 angelegt.
Nachdem sowohl die Sentenzen- als auch die Prozessliste etwa 1938, jedenfalls also nachträglich, angelegt wurden, ist umso unklarer, warum die beiden Listen inhaltlich nicht denselben Zeitraum abdecken. Die Tatsache, dass gerade die Sentenzenliste inhaltlich früher beginnt, stellt ohnehin den Prozesslauf auf den Kopf.

54 Archiv Offizialat, Prozess Nr. 79.

55 Ebd., Prozess Nr. 96.

56 Ebd., Prozess Nr. 122.

ren (welche als *causa deserta* bzw. *causa morte perempta* endeten); heute kann von einer durchschnittlichen Verfahrensdauer von 1-2 Jahren ausgegangen werden. Dabei wurde das Rottenburger Offizialat nicht nur in erster und zweiter Instanz tätig, sondern zumindest fünfmal auch in dritter bzw. vierter Instanz:

- In der Causa B.-W., Prozess Nr. 234, hatte Mainz wegen *vis et metus* ein negatives Urteil gefällt. Das in Freiburg in der Berufungsinstanz ergangene affirmative Urteil wurde in Rottenburg in dritter Instanz bestätigt (1950).
- In der Causa S.-K., Prozess Nr. 427, hatte Köln wegen *intentio contra bonum prolis* ein negatives Urteil gesprochen, Münster in der Berufungsinstanz ebenfalls. Aufgrund neuer Beweise wurde in Freiburg das Verfahren erneut aufgenommen und ein affirmatives Urteil gesprochen, das in Rottenburg in vierter Instanz bestätigt wurde (1957).
- Selbiger Instanzenzug wie in der Causa B.-W., Prozess Nr. 234, ergab sich 1959 in der Causa S.-L., Prozess Nr. 493, wegen *intentio contra bonum prolis*.
- Ähnlich verlief auch die Causa S.-E., Prozess Nr. 636, wegen *metus*. Mainz hatte hier allerdings affirmativ und Freiburg negativ geurteilt. Das affirmative Rottenburger Urteil stammt von 1961.
- Derselbe Instanzenzug wie in der Causa S.-K., Prozess Nr. 427, ergab sich in der Causa H.-G., Prozess Nr. 1012, mit *intentio contra bonum sacramenti* als Prozessgegenstand. Hier erging das affirmative Rottenburger Urteil 1964.

Fest delegiertes drittinstanzliches Gericht war Rottenburg aber nie. Umgekehrt war für erstinstanzliche Rottenburger Ehesachen vom Heiligen Stuhl ein drittinstanzliches Gericht bestimmt worden. In der Anfangszeit war dies das Augsburger Offizialat. Wann es zur ersten Delegation kam, ist nicht klar; die erste im Archiv auffindbare datiert von 1870 und gewährt dem Augsburger Diözesanbischof „ad aliud hinc proximum decennium" die Erlaubnis, Ehesachen, die erstinstanzlich in Rottenburg und im Berufungsverfahren in Freiburg verhandelt worden waren, drittinstanzlich zu entscheiden.[57] Dieser Vorgang wiederholt sich – nicht im exakten Zehnjahresrhythmus – 1881[58], 1891[59], 1895[60] und 1905[61]. Danach wäre spätestens 1915 eine erneute Verlängerung der Erlaubnis fällig gewesen. Aus nicht näher nachvollziehbaren Gründen unterblieb diese, woraufhin sich der Rottenburger Bischof 1920 an seinen Augsburger Kollegen wandte mit der Bitte, sich um die Verlängerung zu kümmern, da momentan unklar sei, welches Gericht für drittinstanzliche Verfahren, die in Rottenburg ihren Ursprung gehabt hatten, zuständig sei.[62] Aus einem weiteren Schreiben von 1932 geht hervor, dass damals die Situation immer noch unklar war, nachdem in den

---

57 DAR, Bestand G1.1, A14.3, Fasz. 1.
58 Ebd., Fasz. 2.
59 Ebd., Fasz. 3.
60 Ebd., Fasz. 4.
61 Ebd., Fasz. 5.
62 Ebd., Fasz. 7.

20er Jahren einmal die Rota Romana als drittinstanzliches Gericht fungiert habe.[63] Da Augsburg weiter nicht tätig wurde, wandte sich Rottenburg 1939 selber nach Rom mit der Bitte, Augsburg wieder zu delegieren.[64] Nach dem Zwischenbescheid, man müsse erst Informationen sammeln[65], delegierte Rom noch im selben Jahr für drei Jahre Bamberg als dritte Instanz.[66] Dies wiederholte sich 1940 und danach entsprechend dem Befund des Archivs zumindest bis 1958 regelmäßig alle drei Jahre, wobei der Vorgang von 1949 in den Akten fehlt.[67] Auch heute noch wird bei einem Antrag an die Apostolische Signatur, ein drittinstanzliches Gericht auf deutschem Boden zu gewähren, oft das Bamberger Offizialat bestimmt.

Die statistische Auswertung der Entwicklung der gesamten Fallzahlen und der Zahl bestimmter Ehenichtigkeitsgründe, die verhandelt wurden, lässt z. T. Signifikantes erkennen. In der Gesamtstatistik der erstinstanzlichen Verfahren (vgl. Abb. 1 am Ende des Aufsatzes) findet sich nach dem bereits erwähnten Anstieg in den 50er Jahren die nächste bedeutsame Zunahme von 1956 auf 1957 (ein Anstieg um 150 %), um dann auf hohem Niveau bis zu einem Einbruch nach Ende des II. Vatikanischen Konzils zu bleiben. Die Zahlen erholten sich zu Anfang der 70er Jahre, um sich bis Mitte jenes Jahrzehnts grob gesagt zu verdoppeln und auf diesem hohen Niveau zu bleiben. Einen ungekannten Schub an Verfahren brachte dann sehr rasch der CIC von 1983 (1983: 37 affirmativ entschiedene erstinstanzliche Verfahren, 1985: 78, interessanterweise verbunden mit einer Abnahme der negativ entschiedenen erstinstanzlichen Verfahren – 1983: 24, 1985: 18). Zu einem Einbruch der Zahlen kam es in der zweiten Hälfte der 90er Jahre (1995: 87 affirmativ entschiedene erstinstanzliche Verfahren, 1997: 42), und die Fallzahlen blieben dann auf dem niedereren Niveau. Nicht immer entwickelten sich die Zahlen der affirmativ und der negativ entschiedenen erstinstanzlichen Prozesse parallel. Als Zeitpunkte mit gegenläufiger Entwicklung fallen vor allem 1968, 1983, 1991 und 2000 auf. Eine Deutung dieser Zahlen erscheint zwiespältig: Einerseits leiten Kläger nicht wegen kirchengeschichtlicher Entwicklungen ein Verfahren ein, sondern aus der eigenen Notsituation heraus, andererseits sind sie von jenen vielleicht doch nicht ganz unbeeinflusst. Zumindest lassen sich einige Ereignisse aufzählen, die sich in der Statistik durch deutliche Zu- oder Abnahme der Verfahrenszahlen niedergeschlagen haben: Zweites Vaticanum, Diskussion um die Berechtigung des Kirchenrechts in den 70er Jahren, Promulgation des Gesetzbuches von 1983, Weiterführung der Diskussion um die wiederverheirateten Geschiedenen mit großzügigerer Praxis in Folge des gemeinsamen Hirtenschreibens der drei oberrheinischen Bi-

---

63 Ebd., Fasz. 8.
64 Ebd., Fasz. 9.
65 Ebd., Fasz. 10.
66 Ebd., Fasz. zu 11.
67 Ebd., Fasz. 15, 19, 21, 23, 28, 32.

schöfe 1993 – die Eheprozessstatistik als Spiegel der Kirchen- und Kirchenrechtsgeschichte!

Interessant ist aber auch ein Blick auf einzelne der Verfahrensgegenstände. Betrachtet man z. B. *incapacitas*[68] (vgl. Abb. 2) und berücksichtigt man, dass es bereits vor Kodifizierung dieses Ehenichtigkeitsgrundes in can. 1095 des CIC von 1983 Verfahren mit dem Gegenstand *amentia* gab[69], so kann gesagt werden, dass derartige Prozesse vor 1983 eine vernachlässigbare Größe waren. Von 1983 bis 1985 nahmen die erstinstanzlich mit einem affirmativen Urteil beendeten Verfahren um 500 % zu, während die in erster Instanz negativ entschiedenen Prozesse bei weitem nicht so stark anstiegen. Bei zwei weiteren Höhepunkten in den Zahlen der affirmativen Verfahren, 1990 und 1995, dagegen kann (wenn auch auf niedrigerem Niveau) eine parallele Bewegung der Zahlen der negativ entschiedenen Verfahren beobachtet werden (jeweils erste Instanz). Dieser Trend führte schließlich im Jahre 2000 zu einer Umkehrung der Verhältnisse, indem praktisch doppelt so viele Verfahren in erster Instanz negativ wie affirmativ entschieden wurden.

Der wichtigste Verfahrensgegenstand dürfte die Partialsimulation in ihrer Gesamtheit sein. So pauschal wurde der Verfahrensgegenstand seit Beginn der

---

68 Aufgrund der Tatsache, dass eine Aufteilung der Prozessgegenstände in Ehevertragsunfähigkeit (*defectus discretionis*) und Eheführungsunfähigkeit (*incapacitas psychica*) erst durch die Neuregelung des CIC/1983 möglich wurde, wurde hier auf eine nach can. 1095, 2° und 3° getrennte Statistik verzichtet. Ein weiterer Grund dafür ist darin zu sehen, dass bei nicht wenigen Verfahren beide psychischen Nichtigkeitsgründe als Prozessgegenstand festgelegt werden (dies lässt sich insbesondere jüngst, etwa seit 1999, beobachten). Durch eine getrennte Statistik wären Verfahren doppelt erfasst worden, bei denen dies nicht sinnvoll gewesen wäre. Zwar können auch sonst Nichtigkeitsgründe parallel behandelt werden, wodurch Verfahren mehrfach in der Statistik aufscheinen, aber bei den beiden psychischen Verfahrensgegenständen erscheint in der Praxis die Unterscheidung nicht selten als schwierig und daher hier eine Zusammenlegung als sinnvoll.
Erstes Verfahren mit *defectus discretionis* als Gegenstand war die Causa W.-B., Prozess Nr. 2733, mit erstinstanzlichem affirmativem Urteil vom 15.10.1984. Der Anteil der mit *defectus discretionis* instruierten Prozesse an allen Verfahren mit can. 1095 als Gegenstand liegt zumeist zwischen 5 % und 20 % und zeigt keinen eindeutigen Trend, weist aber jüngst deutlich nach oben (letzter Anteil in 2000: 26,67 %).

69 Die Begrifflichkeit variiert aber auch und erweist sich als teilweise unabhängig vom neuen Codex. Neben *amentia* kommt häufig *dementia* vor. Einerseits gab es noch nach dem Inkrafttreten des CIC/1983 Urteile wegen *amentia* (das letzte, ein zweitinstanzliches affirmatives, in der Causa Z.-D., Prozess Nr. 3218, am 9.2.1987), andererseits gab es bereits davor Verfahren mit „incapacitas" als Prozessgegenstand (als erste wurde mit diesem Verfahrensgegenstand die Causa N.-S., Prozess Nr. 1878, am 6.9.1976 mit erstinstanzlichem affirmativem Urteil entschieden). Daneben gab es noch Urteile in Verfahren mit „inhabilitas" als Prozessgegenstand. Nachweisbar sind diese von 1977 (Causa M.-H., Prozess Nr. 1996, erstinstanzliches affirmatives Urteil vom 26.10.1977) bis 1986 (Causa G.-B., Prozess Nr. 2735, zweitinstanzliches negatives Urteil vom 1.9.1986).

Sentenzenliste 1919 bis einschließlich 1937 festgesetzt; erst ab 1938 wird aufgeschlüsselt. Bei der *intentio contra bonum sacramenti* (vgl. Abb. 3) findet sich ein der Gesamtzahl der Prozesse paralleler Verlauf der erstinstanzlichen affirmativen Verfahrenszahlen, wenn auch mit stärkeren Ausschlägen der Kurve, dagegen etwa ab 1980 öfter eine gegenläufige Entwicklung von affirmativen und negativen Entscheidungen. Auffällig bei der *intentio contra bonum prolis* (vgl. Abb. 4) ist die Tatsache, dass bereits in den achtziger Jahren die Anzahl affirmativer Urteile auf ein deutlich niedrigeres Niveau absank und nicht erst in den 90er Jahren einbrach. Ebenso ist hier der hohe Anteil negativer Entscheidungen zu nennen. Bei der *intentio contra bonum fidei* (vgl. Abb. 5) findet sich ein dem allgemeinen Trend widersprechendes Bild. Dieser Verfahrensgegenstand war überhaupt nur ab Ende der 70er Jahre in relevanter Zahl zu finden und dann sehr schwankend. Affirmative Entscheidungen gab es vor allem vor der Einführung des neuen CIC und nochmals 1995, dagegen ab dem neuen CIC wesentlich mehr negative Urteile als affirmative.

Losgelöst von der allgemeinen Entwicklung und stark schwankend zeigt sich auch der Prozessgegenstand *vis et metus* (vgl. Abb. 6). Hohe Fallzahlen affirmativer Entscheidungen sind Mitte der 60er Jahre anzutreffen, Mitte der 70er Jahre und ab dem CIC/1983, ab da jedoch auch eine praktisch gleich große Zahl negativer Urteile.

Die sonstigen Verfahrensgegenstände erwiesen sich entweder als bedeutungslos oder als im Verlauf ihrer Fallzahlen nicht signifikant. Die zweitinstanzlichen Verfahren wurden hier nicht näher besprochen, da sie wesentlich von der Gerichtstätigkeit des Offizialates Freiburg abhängen und somit nur in ihrem Verhältnis zwischen affirmativen und negativen Urteilen, nicht aber in der Gesamtzahl der Fälle einen Rückschluss auf die Rottenburger Gerichtstätigkeit ermöglichen. Sie finden sich aber in den im Anschluss wiedergegebenen Diagrammen verzeichnet.

5. Die Mitarbeiter

Mittlerweile hat das Rottenburger Offizialat weit über 5.200 Verfahren behandelt und weit mehr als 4.000 Urteile gefällt. Wer leistete diese Arbeit? Aus datenschutzrechtlichen Einschränkungen kann bezüglich lebender Mitarbeiter und soll deshalb bezüglich aller Mitarbeiter hier nicht mehr als der Name genannt werden. Zuerst sind hier die sieben bisherigen Offiziale anzuführen:

- Dr. theol. Dr. phil. Johann Baptist SPROLL (1919-1927)
- Dr. phil. Augustin DANNECKER (1927-1938)
- Anton HINDERBERGER (1938-1947)
- PD Dr. theol. Dr. sc. pol. August HAGEN (1947-1948)
- Dr. iur. can. Hubert WURM (1948-1972)
- Ernst RÖßLER (1972-2001)

- Reinhold MELBER (seit 2001)

Diesen standen zunächst keine Vizeoffiziale zur Seite. Ab 1924 finden sich Prozessakten unter Beteiligung eines Vizeoffizials, nämlich des späteren Offizials DANNECKER. Von dessen Existenz zeugen die erhaltenen Personalstände jedoch erst nach der Ernennung von Anton HINDERBERGER zum Offizial, d. h. nach der Amtszeit DANNECKERS als Offizial. Es ist davon auszugehen, dass dieser bis auf die Jahre, in denen er Offizial war, von 1924 an Vizeoffizial war und zwar bis 1941. Einen neuen Vizeoffizial gab es dann erst 1955: Dr. theol. Karl KNAUPP, der bis 1960 im Amt war. 1961-1965 war Oskar MÜLLER Vizeoffizial, 1969-1972 Ernst RÖßLER, 1972-2001 Reinhold MELBER sowie 1972-1984 P. Dr. iur. can. Canisius NOSCHITZKA. Momentan (2002) gibt es keinen Vizeoffizial.

Interessant ist, dass Offizial SPROLL später Bischof wurde. Offizial HAGEN und Vizeoffizial KNAUPP wurden nach ihrer Zeit im Offizialat Generalvikar, Offizial HINDERBERGER wurde Domdekan, wenn auch nicht unmittelbar im Anschluss.

Eine Vielzahl an Richtern war bislang für das Offizialat tätig. Waren es zunächst, wie beschrieben, Domkapitulare, die vor Urteilsfällung nur für den jeweiligen Fall vom Bischof zu Richtern bestimmt wurden, wurden später zunächst Domkapitulare, dann auch andere Geistliche, zuletzt auch Laien, fest zu Diözesanrichtern ernannt.[70] Nachfolgend seien, geordnet nach Ernennungsjahr, die Namen der Diözesanrichter aufgezählt: Othmar von EGE, Joseph Anton von SPORER, Dr. phil. Joseph HERTER, Joseph von EISENBARTH, Paul MOSER, Dr. phil. Franz Xaver RECK, Peter Paul FRICK, Friedrich LAUN, Dr. theol. Paul Wilhelm von KEPPLER, Dr. theol. Dr. phil. Johann Baptist SPROLL, Dr. phil. Augustin DANNECKER, Johann Georg SEIFRIZ, Karl AIGELTINGER, Karl STOFER, Franz Josef FISCHER, Dr. theol. Dr. phil. Max KOTTMANN, Dr. theol. Emil KAIM, Prof. Dr. theol. Johann SÄGMÜLLER, Eugen HIRSCH, Anton SCHWEIKERT, Dr. theol. Rupert STORR, Thaddäus HOCH, Johann Baptist BEUTER, PD Dr. theol. Dr. sc. pol. August HAGEN, Franz WEBER, Max RAU, Georg STAUBER, Dr. theol. habil. Alfons HUFNAGEL, Alfred BARTH, Dr. iur. can. Hubert WURM, Eugen FISCHER, Thomas HAAG, Josef WERNADO, Wilhelm SEDLMAIER, Otto ZIMMERMANN, Alfred BLUM, Prof. Dr. theol. Karl HOFMANN, Alfred WEITMANN, Franz HEILIG, Anton HINDERBERGER, Prof. Dr. theol. Karl HARBICH, Dr. theol. Karl KNAUPP, Wilhelm MOHN, Oskar MÜLLER, Otto KIMMIG, Dr. iur. Otto VOLZ, Franz STARK, Dr. theol. Stefan KRUSCHINA, Erich DOLDERER, Joseph HAGEL, Alfons WAIBEL, Robert MAYER, Karl SINGER, Eduard SCHEEL, Hermann KÖLLE, Ernst RÖßLER, Hermann RAIBLE, Hermann GEBERT, Leo RUPP, Anton HERRE, Reinhold MELBER, Konrad PRINZ, P. Dr. Canisius NOSCHITZKA, Wendelin SIEß, Herbert GROPPER, Eugen MAIER, Prof. Dr. iur. can. Dr. theol. habil. Andreas WEIß, Prof. Dr. iur. Richard PUZA, Dr. iur. can. Engelbert FRANK, Bernhard FETZER, Dr. iur. can. Norbert REUHS, Dr. theol. habil. Lic. iur. can. Thomas AMANN, Dr. theol. Harald TALGNER, Martin EHRLER, Lic. iur. can. Elmar MOREIN. Spätere

---

[70] Die Ernennungsdekrete finden sich im DAR, Bestand G1.1, A3.6b.

Bischöfe sind darunter, spätere (Vize-)Offiziale, aber auch Ehebandverteidiger, denn im Gegensatz zu heute wurde früher zwischen Richter- und Defensorenamt nicht grundsätzlich, sondern nur für den jeweiligen Prozess getrennt.

Als fest bestellte Ehebandverteidiger fungierten bislang Julius von WALSER, Dr. theol. Dr. phil. Max KOTTMANN, Dr. theol. Friedrich LAUN, Karl STOFER, Dr. theol. Rupert STORR, Josef WERNADO, Alfred BLUM, Carl Joseph LEIPRECHT, Dr. theol. habil. Alfons HUFNAGEL, Joseph STORZ, Wilhelm SEDLMAIER, Dr. iur. Otto VOLZ, Anton GROSSMANN, Bruno MÜLLER, Ernst RÖßLER, Hermann RAIBLE, Reinhold MELBER, P. Dr. iur. can. Canisius NOSCHITZKA, Otto KIMMIG, Dr. theol. Stefan KRUSCHINA, Lic. iur. can. Willibald HENGEL, Michael FELDMANN J.C.L. und Stefan IHLI J.C.L.

Kirchenanwälte waren Karl STOFER, Dr. theol. Friedrich LAUN, Dr. theol. Rupert STORR, Anton HINDERBERGER, Otto KIMMIG, Alfred WEITMANN und Hubert BOUR.

6. Schlussbemerkung

Die Aufzählung der Namen, die Statistik der Zahlen der „Fälle“, das soll nicht darüber hinwegtäuschen, dass die Geschichte des Offizialates Rottenburg (wie die jedes anderen kirchlichen – und weltlichen – Gerichtes) vor allem eine Geschichte der menschlichen Schicksale, des menschlichen Scheiterns ist. Die Kirche aber „ist bestrebt, ... dass die Heilszusage, die sie in ihrer Verkündigung vermittelt, auch unter schwierigen persönlichen und sozialen Bedingungen realisiert werden kann.“[71] Teil dieser Bestrebung sind auch Gerechtigkeit und Recht der Kirche als „innerlich pastorale Wirklichkeiten“[72], „weil es keine Liebe gibt ohne Gerechtigkeit“[73]. Im hohen Anspruch des Richters, eine Synthese zu finden zwischen der Liebe und der Gerechtigkeit, wird eine Spannung offenbar, die

---

71 Diözese Rottenburg-Stuttgart, Ordnung der Ausbildung zum Ehe-, Familien- und Lebensberater. Präambel, in: KABl. Rottenburg-Stuttgart 87 (1980) 320.

72 Papst JOHANNES PAUL II., Ansprache an die Rota Romana vom 18.1.1990, in: AAS 82 (1990) 874. Der Papst führt hier weiter aus: „La natura sacra e organicamente strutturata della comunità ecclesiale rende evidente che l'indole giuridica della Chiesa e tutte le sue istituzioni sono ordinate a promuovere la vita soprannaturale. Perciò l'ordinamento giuridica della Chiesa, le leggi e i precetti, i diritti e i doveri che ne conseguono, devono concorrere al fine soprannaturale. ... La dimensione giuridica e quella pastorale sono inseperabilmente unite nella Chiesa pellegrina su questa terra. Anzitutto, vi è una loro armonia derivante della comune finalità: la salvezza della anime. Ma vi è di più. In effetti, l'attività giuridico-canonica è per sua naturale pastorale. Essa costituisce una peculiare partecipazione alla missione di Cristo Pastore, e consiste nell'attualizzare l'ordine di giustizia intraecclesiale voluto dallo stesso Cristo.“ Er verweist damit auf das dritte der *principia quae* der Codex-Reformkommission von 1967, das unter dem Leitwort stand: „De quibusdam mediis fovendi curam pastoralem in Codice“ (vgl. Comm 1 [1969] 79 f.; vgl. CIC lat.-dt., XXXV).

73 RUF, Norbert, Zum pastoralen Standort des Diözesangerichtes, in: FG Rößler, 400.

„auszuhalten [ist] als Last des Kreuzes, das den Menschen in der Nachfolge Jesu nicht erspart bleibt, das aber auch die verheißungsvolle Voraussetzung für die Vollendung aller Gerechtigkeit im Ostergeheimnis ist."[74] Eine Annäherung an diese Verheißung eschatologisch vollendeter Gerechtigkeit ist die Konzeption einer Realisationsgewissheit im kirchlichen Recht an Stelle der formalen Rechtssicherheit des staatlichen Rechts, wie sie der Jubilar aufgestellt hat:

> „Die Erwartungssicherheit, rechtlich auch *Rechtssicherheit* genannt, wird im Kirchenrecht zur *Realisationsgewißheit*[75], d. h., es kommt nicht darauf an, die Normen dem Buchstaben nach zu erfüllen, sondern es kommt darauf an, eine gerechte Entscheidung im Einzelfall zu treffen."[76]

Flexibilitas iuris[77]! Das Rottenburger Offizialat hat seinen Teil dazu beigetragen, hat „dem Kirchenrecht in der Diözese Rottenburg-Stuttgart und weit darüber hinaus ein freundliches Antlitz gegeben", wie es von Offizial RÖßLER gesagt wurde.[78] Es wird dies ohne Zweifel auch in Zukunft weiter tun – pro „salute animarum, quae in Ecclesia suprema semper lex esse debet."[79]

---

74 Ebd., 403.

75 Kursivierung jeweils im Original.

76 PUZA, Richard, Kirchenrecht und Communio. Perspektiven auf dem Weg zu einem diakonischen Kirchenrecht in der Communio, in: ThQ 178 (1998) 204. Zum Thema vgl. auch DERS., Die diakonische Funktion des Kirchenrechts – gewandeltes Rechtsverständnis im neuen CIC?, in: AKathKR 151 (1982) 130-139; DERS., Die diakonische Funktion des Kirchenrechts in der Communio, in: FS Socha, 13-24; DERS., Perspektiven auf dem Weg zu einem diakonischen Kirchenrecht in der Communio, in: Communio – Ideal oder Zerrbild von Kommunikation?, hg. v. HILBERATH, Bernd Jochen, Freiburg i. Br. 1999, 123-135.

77 Zum Begriff vgl. z. B. PUZA, Kirchenrecht und Communio (Fn. 76), 205.

78 PUZA, Richard / WEIß, Andreas, Vorwort der Herausgeber, in: FG Rößler, 7.

79 Can. 1752 CIC.

Anhang: Prozessstatistiken

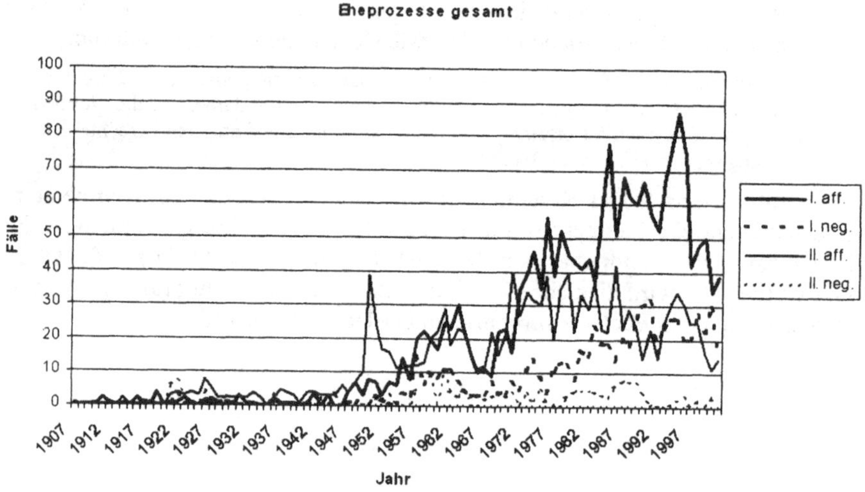

Abbildung 1.

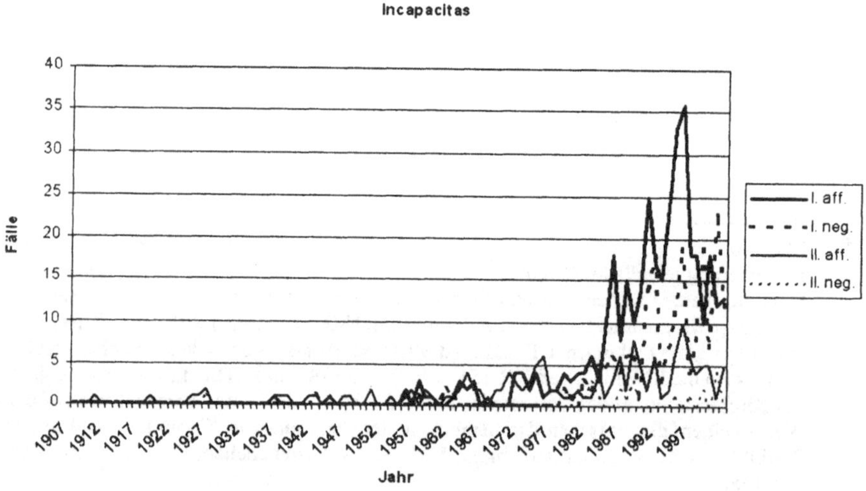

Abbildung 2.

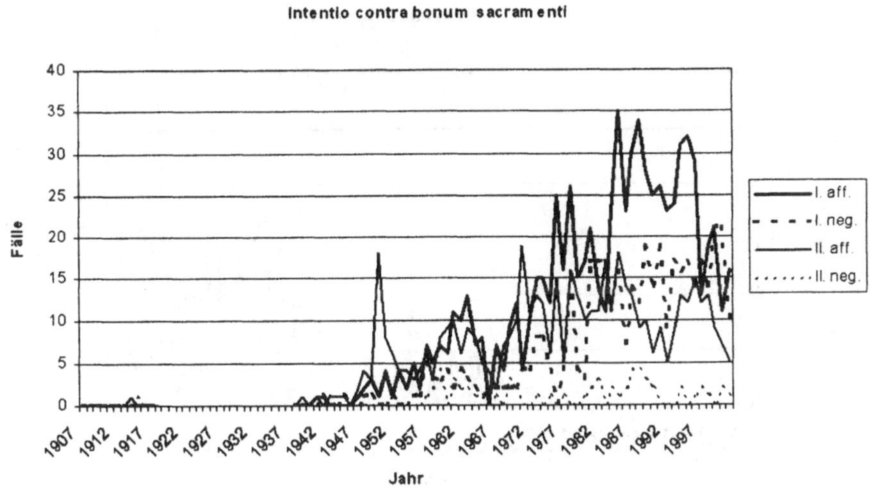

Abbildung 3.

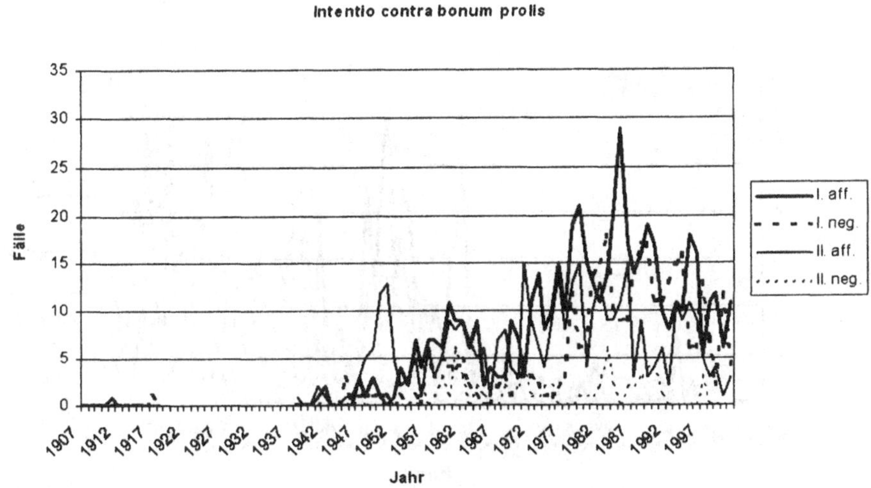

Abbildung 4.

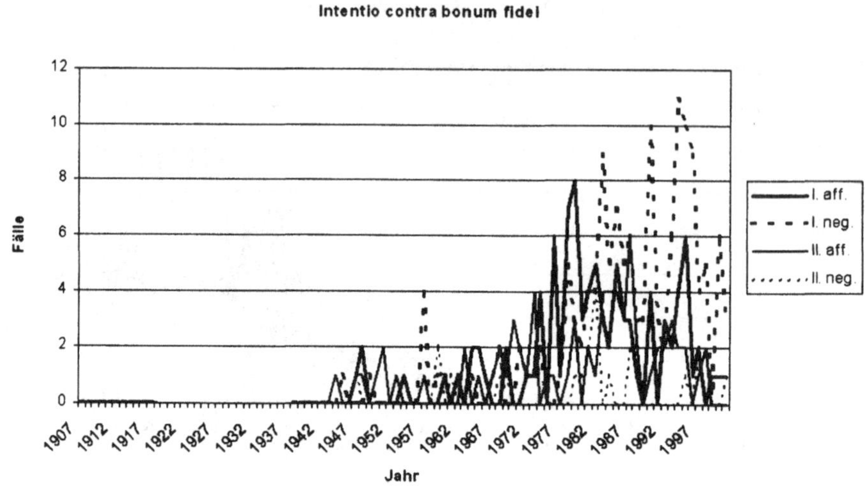

Abbildung 5.

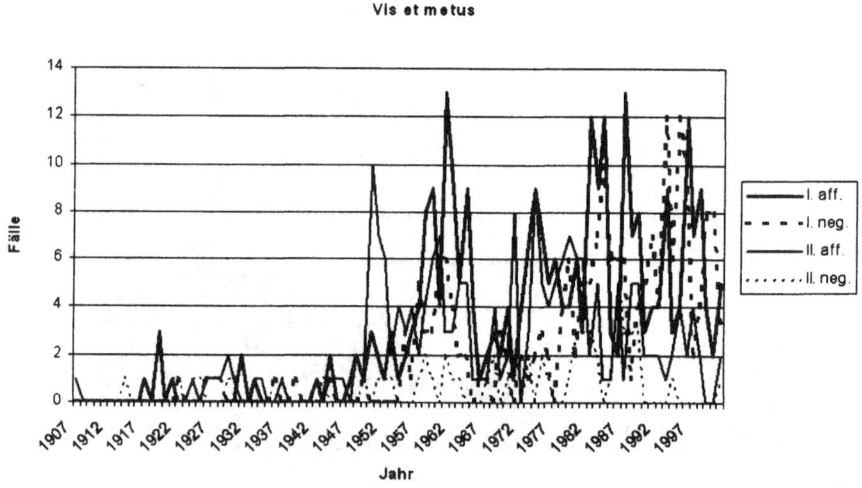

Abbildung 6.

II. Grundfragen

Zwischen oikonomia und akribeia
Überlegungen zum kanonischen Recht der orthodoxen Kirche

Monica Elena Herghelegiu

Es ist bekannt, dass die orthodoxe Kirche in ihrer Rechtsanwendung das gleiche Problem gemäß der Akribie (κατ' ἀκριβείαν) oder gemäß der Ökonomie (κατ' οἰκονομίαν) in entgegengesetzter Weise lösen kann.[1] *Akribeia* und *oikonomia* sind die zwei Grenzen, innerhalb derer sich das Wirken der Kirche abspielt. Sie sind die zwei Methoden, derer sich die Kirche bedient, um das geltende kanonische Recht zu interpretieren. *Oikonomia* ist ein rechtliches, dynamisch-pastorales Prinzip, das auf dem jesuanischen Grundsatz der Barmherzigkeit – *in nuce* am besten in Mt 9, 13 wiedergegeben: „Barmherzigkeit will ich, nicht Opfer" – ruht. Die orthodoxe Kirche vertritt die Meinung, dass keine Vorschrift und keine Institution einen solch absoluten Wert hat, dass sie sich über die liebende Haltung der *oikonomia* hinwegsetzen kann.[2] Somit könnte die Aus-

---

1 ATHANASIUS DER GROßE, Epistola ad Amunem monachum, in: PG 26, 1173: „Unter bestimmten Umständen und zu bestimmter Zeit wird das Gleiche nicht erlaubt, aber unter anderen Umständen und zur richtigen Zeit wird es erlaubt und verziehen" (Ὥστε τὸ αὐτὸ κατά τι μὲν καὶ καιρὸν οὐκ ἔξετι κατὰ τι δὲ καὶ εὐκαίρως ἀφίεται καὶ συγκεχώρηται).

2 Ökonomie in der Orthodoxen Kirche. Vorlage der Interorthodoxen Vorbereitungskommission für das Große und Heilige Konzil der Orthodoxen Kirche, in: Una Sancta 28 (1973) 99. Diese sog. „Rumänische Vorlage" für die Vorbereitung des Panorthodoxen Konzils ist gleich nach ihrer Veröffentlichung Gegenstand einer vehementen Kritik seitens von fünf Athener Professoren geworden, die darin katastrophale Folgen für die kanonische Ordnung und für die Tradition der orthodoxen Kirche sahen; vgl. dazu BRATSIOTIS, Panagiotis / TREMBELAS, Panagiotis / MOURATIDES, Konstantinos / THEODOROU, Andreas / BRATSIOTIS, Nicolaos, The Ecclesiastical Economy in Relation to the Introductory Paper of the Preparatory Commission Memorandum to the Holy Synod of the Church of Greece, Athen 1972 (griechisch). U. a. war ein Stein des Anstoßes folgende Aussage: „Daraus folgt also, dass unsere heilige orthodoxe Kirche im Bewusstsein der Bedeutung und des Gewichtes der heutigen Christenheit nicht nur die Existenz all dieser christlichen Kirchen und Konfessionen als solche anerkennt – obwohl sie selber die eine, heilige, katholische und apostolische Kirche ist –, sondern auch ausdrücklich glaubt, dass alle ihre Beziehungen zu ihnen möglich sind aufgrund einer möglichst schnellen und objektiven Klärung der ekklesiologischen Fragen und ihrer Lehrverkündigung als ganzer" (ebd., 101).

sage des THOMAS VON AQUIN „iustitia sine misericordia crudelitas est; misericordia sine iustitia dissolutio“[3] auch orthodoxerseits problemlos gelten.

Während die Akribie als konsequente Anwendung des Gesetzes entsprechend den kanonischen Normen und ohne Abstriche leicht definierbar ist[4], ist jeder Versuch, das andere Prinzip *oikonomia* inhaltlich genau anzugeben, ein fast unmögliches Unternehmen, weil sie mehrdimensionale Facetten hat, und weil es aus kirchenamtlich orthodoxer Perspektive dafür keine verbindliche Definition gibt („however, Oikonomia never was systematically and officially defined in the Orthodox Church“[5]). Sie wurde in lokalen und ökumenischen Konzilien nur teilweise behandelt und später von den Kirchenvätern und Kirchenrechtlern entfaltet. Trotz dieses Bestimmungsmangels hat die Kirche aber „das Recht und die Pflicht, von der Ökonomie Gebrauch zu machen und so das Heilswerk Christi nachzuahmen.“[6]

Es mangelt nicht an Definitionsversuchen der *oikonomia*[7]; was aber bis heute fehlt, ist eine genaue Eingrenzung oder einheitliche Beschreibung der Art und Weise des Funktionierens der Ökonomie – was auch das Prinzip sehr anfechtbar macht. Dieses Prinzip wird fast ausschliesslich aus der Perspektive der Spiritualität definiert, dabei kommt der juristische Standpunkt zu kurz bis hin zu ganz abhanden.

Nach einer berühmten Definition des Patriarchen von Konstantinopel, NIKOLAOS MYSTIKOS (901-906, 912-925) ist

> „die Ökonomie die heilschaffende Herablassung der Kirche, die den Menschen, welcher gesündigt hat, rettet, indem sie eine haltende Hand ausstreckt, um die Gestrauchelten aufzurichten. Die Ökonomie ist eine Nachahmung der Liebe Gottes zu den Menschen.“[8]

Wenn die kirchliche Autorität dementsprechend die *oikonomia* anwendet, macht sie nach freiem Ermessen (jedoch unter Einhaltung der Dogmen) Aus-

---

3 THOMAS VON AQUIN, Comm. ad Mt 5, 7, in: Catena Aurea in Quattuor Evangelia I, hg. v. GUARIENTI, Angelici, Torino u. a. 1953, 74.

4 Vgl. die Apostolischen Kanones XLVI-XLVIII; die Kanones I, III, X, XLVII des BASILIUS DES GROßEN; can. XVI des 4. Ökumenischen Konzils.

5 ARCHONDONIS, Bartholomeos, The Problem of Oikonomia Today, in: Kanon 6 (1983) 39. So auch THOMSON, Francis J., Economy. An Examination of the Various Theories of Economy held within the Orthodox Church, in: JThS 16 (1965) 394: „The Orthodox Church has no official doctrine of economy.“

6 Oikonomia-Vorlage (Fn. 2), 95. Vgl. Concilium Quinisextum, Kanon 12 (ALIVIZATOS, Hamilcar S., Οἱ ἱεροί κανόνες καί οἱ ἐκκλεσιαστικοί νομοί, Athen 1949, 81).

7 Vgl. DUCHATELEZ, Kamiel, La notion d'économie et ses richesses théologiques, in: NRT 92 (1970) 267-292. In diesem Aufsatz analysiert der Autor eine ganze Reihe von Definitionen der Kirchenväter zur *oikonomia* und stellt ihre theologische Tiefe heraus.

8 NIKOLAOS MYSTIKOS, Ep. 32, in: PG 111, 212 f.: Οἰκονομία ἐστίν μίμησις τῆς θείας φιλανθρωπίας.

nahmen von den kanonischen Normen vor allem zum Zweck der *salus animarum*[9] (vgl. can. 1752 CIC[10]), aber auch um des Friedens willen zwischen den Kirchen, zur Vermeidung eines Ärgernisses oder zur Gewährleistung von Hilfe für einen Menschen in Not.[11] Der wichtigste Grund für die Gewährung der Ökonomie ist das Heil der Gläubigen (1 Tim 2, 4). Unter allen Umständen muss der Verlorene gesucht werden, damit ihm geholfen werden kann (vgl. Mt 18, 11 ff.). Denjenigen, welche die *communio* mit der Kirche aufgegeben haben, muss die größt mögliche geistliche Hilfe zuteil werden und ihrem Verhalten muss man mit Nachgiebigkeit[12] begegnen.

Oikonomia kann somit entweder als Abweichung von der vollen und genauen Annahme der Heilswahrheit betrachtet werden, die einer Person gestattet wird, weil sie unfähig zum Erfassen dieser Wahrheit ist, oder als Abweichung von der genauen Befolgung des kanonischen Rechts.[13]

1. Terminologische Begriffsbestimmung

Der deutsche Begriff „Ökonomie" ist vom griechischen οἰκονομία abgeleitet und bedeutet primär die Verwaltung des Hauses oder die Verwaltung im allgemeinen.[14] Allerdings findet man im griechischen Kulturraum auch Ansätze, die bezeugen, dass die spätere Bedeutung von Anpassung, Nachgiebigkeit nicht im luftleeren Raum entstanden ist. John REUMANN[15] untersuchte diese Terminologie und stellte fest, dass οἰκονομία in zwei weiteren Bedeutungsbereichen zu finden ist: in der Literatur, wo es die richtige Anordnung der Einzelheiten einer dramatischen Handlung[16] bezeichnet, und ebenso als Bestandteil der Rhetorik.[17]

---

9 Damit nähert man sich dem Thema, das für das ganze Lebenswerk des Jubilars so wichtig ist.

10 Auch an anderen Stellen verdeutlichen CIC und CCEO die Bedeutung dieser Maxime für das kirchliche Recht (vgl. cann. 747 § 2, 1215 § 2, 1222 § 2, 1233, 1452 § 1, 1736 § 2, 1737 § 3, 1748 CIC; cann. 595 § 2, 873 § 2, 1110 § 1, 1000 § 2, 1397 CCEO).

11 In gewisser Weise entsprechend dem nachsichtigen Umgang mit dem Gesetz, den wir von Jesus kennen (z. B. Mk 2, 27; 2 Kor 3, 6 u. a.).

12 Als klassisches Beispiel der Nachgiebigkeit erwähnt JOHANNES CHRYSOSTOMOS das Verhalten der Apostel PETRUS und PAULUS in der Frage, ob die Christen heidnischer Herkunft alle jüdischen Gebote einhalten müssen oder nicht (Comm. in Act., Hom 46, in: PG 60, 323; Comm. in Gal. II, 5, in: PG 61, 641).

13 Vgl. Oikonomia-Vorlage (Fn. 2), 95.

14 Auch dieser Begriff ist in der Antike belegt: XENOPHON, Oeconomicus 1, 1; PLATON, Ap 36b; Rep 6, 498a; 3, 407b; PHILO, De Josepho 38; JOSEPHUS, Ant 2, 89.

15 REUMANN, John, Οἰκονομία as Ethical Accomodation in the Fathers and Its Pagan Background, in: Studia Patristica 3, hg. v. CROSS, Frank Leslie, Berlin 1961, 370-379.

16 DONATUS, An 1, 4, 1; SERVIUS, on Aen 12, 357 f.

17 QUINTILIAN, Inst 3, 3, 9. HERMAGORAS war derjenige, der der οἰκονομία einen wichtigen Platz in der Rhetorik einräumte; vgl. VOLKMANN, Richard, Die Rhetorik der Grie-

Eine zweite und viel wichtigere Bedeutung der οἰκονομία entspringt aus den ethischen Implikationen des stoischen Konzepts der göttlichen Ökonomie. Die Stoiker behaupteten, dass die göttliche Ordnung aus dem Makrokosmos sich im Mikrokosmos der Natur widerspiegele und dass sich darin eine Art göttliche Pädagogik[18] verberge, weil auf diese Weise der Mensch von Gott etwas lernen könne.[19] Die stoischen Philosophen zogen danach eine direkte Linie von der göttlichen οἰκονομία zu den ethischen Anforderungen an die Menschen. Für REUMANN ist PHILO derjenige, der den Begriff der οἰκονομία in die Diskussion der Interpretation wichtiger heilsgeschichtlicher Ereignisse eingeführt hat, dadurch dass er zum Beispiel JAKOBS Kauf des Erstgeburtsrechts oder das Verhalten der Töchter LOTS als ökonomisches Verhalten beschrieb.[20]

Vom Neuen Testament[21] her bezeichnet die Ökonomie in erster Linie das Verwalteramt, sowohl das Hausverwalteramt im engen Sinne (Lk 16, 2 ff.) als auch das apostolische Amt (1 Kor 9, 17), zu welchem die ungekürzte Verkündigung des Evangeliums gehört (1 Thess 2, 4).

Der Begriff hat auch eine allgemeine Bedeutung im Sinne des geheimnisvollen Heilsplans Gottes mit der Welt (Eph 1, 3-14) – die göttliche Ökonomie verwirklicht die Absichten Gottes durch die Zeiten hindurch (Kol 1, 25; Eph 3, 2). Der Heilsplan Gottes wird durch die Inkarnation, durch seine Herablassung auf die menschliche Ebene, die auf die Vergöttlichung bzw. Erlösung des Menschen ausgerichtet ist, erfüllt. Diese ökonomische Handlungsweise Christi wird von der kirchlichen Ökonomie weitergeführt.[22] Von diesem Heilsplan ist die Rede auch in der Ermahnung des TIMOTHEUS durch PAULUS (1 Tim 1, 4), er solle doch in Ephesus bleiben, um die Menschen anzuhalten, sich nicht mit Fabeln und Geschlechterregistern zu beschäftigen, sondern mit dem Heilsplan Gottes (ἢ οἰκονομίαν θεοῦ τὴν ἐν πίστει).[23]

Aus diesem Begriff entwickelten und vertieften die Kirchenväter die Bedeutung der οἰκονομία, aber auch in der patristischen Literatur ist dieser Begriff vieldeutig: Er kann sich sowohl auf Gott als auch auf Christus beziehen. Chris-

---

chen und Römer in systematischer Sicht, Leipzig 1885, 29 f. PHILO zählt in Somn I, 35 als Teile der Rhetorik auf εὕρεσις, φράσις, τάξις, οἰκονομία, μνήμη, ὑπόκρισις.

18 Otto LILLGE, Das patristische Wort οἰκονομία, seine Geschichte und Bedeutung bis auf Origenes, Erlangen 1955, bes. 79-91 (unv. Diss.).

19 DIO CHRYSOSTOMOS, Or 1, 37 ff.; 36, 30 ff.; EPIKTET, Diss 3, 24, 92; 1, 14, 7 u. a.

20 PHILO, Quaest. in Gen 4, 204, 206. IRENÄUS (Adv. Haer 4, 31, 1) verwendet den gleichen Begriff dafür.

21 MICHEL, Otto, Οἰκονόμος – Οἰκονομία, in: ThWNT V, 151-157.

22 IGNATIUS spricht im christologischen Zusammenhang vom Heilsplan Gottes (Eph 18, 2) und in Eph 20, 1 „vom Heilsplan nämlich, der sich auf den neuen Menschen Jesus Christus bezieht".

23 CLEMENS ALEXANDRINUS deutet diese Stelle auf die göttliche Heilserziehung im Glauben (Paed I 8 § 64, 3; 70, 1).

tologisch gesehen, bezeichnet er die Inkarnation[24], das Erlösungswerk Christi[25] oder die Offenbarung der menschlichen Natur im Sohn.[26] Theo-logisch bezeichnet es Gottes Wirken durch die Kirche für die Welt[27], die Vorsehung Gottes, der den Mikro- und Makrokosmos verwaltet und lenkt[28] oder die trinitarisch-perichoretische Seinsweise Gottes.[29] Ganz allgemein ist die Ökonomie auf das Gesamtwerk der Erlösung bezogen.[30]

Der Terminus erfährt eine „ekklesiologische Rückwandlung“: Von der technischen Bedeutung der οἰκονομία als Verwaltung wird er zu einem Begriff der Heilsgeschichte, um danach allmählich auch als geistliche und moralische Leistung der Kirche durch die rechte Erklärung des Evangeliums zu erscheinen. Somit werden die Apostel und ihre Mitarbeiter οἰκονόμοι, Verwalter des Wortes bzw. der Sakramente. Die dritte Bedeutung, die für das Kirchenrecht von Bedeutung ist, ist die οἰκονομία als Festlegung und Regelung der Bedingungen des kirchlichen Lebens.[31]

Verwalter der Ökonomie ist der οἰκονόμος, der bereits in der griechischen Antike bekannt war. Er bezeichnet den geschickten und weisen Hausverwalter, den Verwalter der einzelnen Haushaltungsbereiche.[32] Unter dem Einfluss des synoptischen Gleichnisstoffes (Lk 12, 4; vgl. Mt 24, 25; Lk 16, 1.8) gerät dieser Begriff auch ins Urchristentum. Die Bedeutung „Verwalter“ kennt auch PAULUS, wenn er in Gal 4, 2 die unmündigen Erben unter die Vormundschaft von Pfleger und Verwalter (ἀλλὰ ὑπὸ ἐπιτρόπους ἐστὶν καὶ οἰκονόμους ἄχρι τῆς προθεσμίας τοῦ πατρός) stellt. Der οἰκονόμος ist allerdings nicht ein bloßer

---

24 ATHANASIUS VON ALEXANDRIEN, Ep. ad Serapion 4 (PG 26, 656); BASILIUS VON CAESAREA, De Spiritu Sancto 16, 39 (PG 32, 140); CYRILL VON ALEXANDRIEN (PG 76, 16 f.; 40, 148, 300-304 u. a.); MAXIMUS CONFESSOR, Über die Menschwerdung 18, 32 (PG 90, 1133, 1136); JOHANNES VON DAMASKUS, Darlegung der Orthodoxie 3, 1; DERS., Über die göttliche Oikonomia 1, 2, 5, 12, 17, 28 (PG 94, 981, 988, 1000, 1100); PHOTIUS, Amphilochia, qu 1, 61, 14 (PG 101, 48, 64 f.).

25 CLEMENS VON ALEXANDRIEN, Stromateis 2, 5 (PG 8, 952); GREGOR VON NAZIANZ, Rede 38, 14 (PG 36, 329).

26 ATHANASIUS VON ALEXANDRIEN, Comm. in Ps 67 (PG 27, 300); CYRILL VON ALEXANDRIEN, Contra Nest. I, 4 (PG 76, 40); Erklärung der 12 Anathemata 2-4 (PG 76, 300 f.); Verteidigung der 12 Anathemata (PG 77, 417, 424 f.), ANASTASIOS VON SINAI, Oikonomia 1 (PG 89, 85).

27 CLEMENS VON ALEXANDRIEN, Stromateis I, 17 (PG 8, 800 f.).

28 Ebd. 7, 12 (PG 9, 501); CYRILL VON ALEXANDRIEN, Ep. 41 (PG 77, 217).

29 TERTULLIAN, Adv. Prax. 2; BASILIUS VON CAESAREA, Ep. 189, 7 (PG 32, 693).

30 Cann. 2 und 5 von Ankyra; cann. 11 und 12 des II. Ökumenischen Konzils; BASILIUS VON CAESAREA, cann. 1, 3, 10 u. a.

31 RODOPOULOS, Panteleimon, Oikonomia nach orthodoxem Kirchenrecht, in: ÖAKR 36 (1986) 224.

32 XENOPHON, Oec 1, 2; PLATON, Rep. 3, 417a; AISCHYLOS, Aeg 155; LXX, 3 Kön 4,6; 1 9; 18, 3; 4 Kön 18, 18, 37; 19, 2; Est 1, 8; 8, 9 u. a. Ausführliches Material bei LIDDELL, Henry George / SCOTT, Robert, A Greek-English Lexicon, Oxford [9]1977, 1204.

Verwalter, sondern er ist mit dem Evangelium vertraut und vermittelt diesen Schatz dem unmündigen Erben, bis er zum Verständnis seiner Person als Kind Gottes gelangt. In 1 Kor 4, 1 wird die Bedeutung des Wortes vertieft und auf die apostolische Vollmacht und Erkenntnis bezogen. Die Apostel sind die οἰκονόμοι μυστηρίων θεοῦ, deren wichtigste Eigenschaft die Treue ist (1 Kor 4, 2; vgl. Lk 12, 42; 16, 10 f.; Mt 25, 21.23).

Im späteren Titusbrief 1, 7 wird mit Deutlichkeit der Bischof Gottes οἰκονόμος genannt, der auch ein den Geheimnissen des Evangeliums gemäßes Leben führen muss. Der erste Petrusbrief (4, 10) bezieht die Funktion des „Haushalters der vielgestaltigen Gnade Gottes" auf alle Christen[33], betont aber in 4, 11, dass insbesondere die Amtsträger Empfänger und Haushalter der Gnade Gottes sind.

2. Theologische Annäherung zur Ökonomie

Bevor man eine systematisch-theologische Definition der Ökonomie anstrebt, sollte man sich erneut bewusst machen, dass diese zwar vielfältig umschrieben, kirchenamtlich aber nie definiert wurde. Solange man an die *oikonomia* den Anspruch der Definierbarkeit stellt, wird sich Enttäuschung breit machen; denn man steht vor einem fast unförmigen Gebilde, in sich widersprüchlich und konfus. Dies ist aber so, weil man meint, gerade durch exakte Prinzipien die Einheit von Recht, Gerechtigkeit und Barmherzigkeit lösen zu können.

Der orthodoxe Kanonist und Metropolit Panteleimon RODOPOULOS ist sogar der Meinung, dass eine systematische Theorie der Ökonomie nicht möglich ist,

> „denn die oikonomia würde ihren Sinn verlieren und zum Gesetz werden, wenn sie minutiös in Kategorien eingeteilt würde."[34]

RODOPOULOS charakterisiert die *oikonomia* durch die ihr wesenhafte Ereignisfunktion. Ursprünglich wurde sie im Kirchenrecht als Hilfskonstrukt gebraucht, weil eine Korrektur der Gesetze durch die kirchliche Autorität im byzantinischen Reich, wo das kanonische Recht nahezu verabsolutiert und als „unabänderlicher Ausdruck der Gerechtigkeit, der Ausgeglichenheit und als Frucht des Beistandes des Heiligen Geistes" gesehen wurde[35], undenkbar gewesen wäre.

---

[33] So auch IGNATIUS' Polykarpbrief 6, 1. Die Gemeinde wird dort folgendermaßen aufgefordert: „Mühet euch miteinander, kämpft, lauft, leidet, schlaft, wacht miteinander als Gottes Haushalter, Tischgenossen und Diener" (ὡς θεοῦ οἰκονόμοι καὶ πάρεδροι καὶ ὑπηρέται).

[34] RODOPOULOS (Fn. 31), 226.

[35] BELLIGER, Andréa, Barmherzigkeit will ich und nicht Opfer. Zum Prinzip der Oikonomia in der Orthodoxen Kirche, in: ALIVIZATOS, Hamilcar S. (Hg.), Die Oikonomia nach dem kanonischen Recht der orthodoxen Kirche, Frankfurt a. M. 1998, 13.

Mit ihrer Hilfe konnte man die Rigorosität einschränken oder auch ein Gesetz umgehen, ohne die kanonische Ordnung göttlichen Rechts ändern zu müssen.

Dementsprechend hat die Ökonomie im Laufe der Geschichte eine interessante Entwicklung gemacht: Ab dem 9. Jahrhundert baute sich die Ökonomie auf einer Reihe von Präzedenzfällen auf, die sich allmählich in eine Art Gewohnheitsrecht entwickelten. Im 17.-18. Jahrhundert kam es zu einem neuen Entwicklungsschub: Die Ökonomie floss in die Diskussion um die Gültigkeit der außerhalb der orthodoxen Kirche gespendeten Sakramente ein.[36]

Trotz ihrer Relativität gab es ganz frühe Versuche, das Prinzip näher zu bestimmen. So schlug z. B. gegen Ende des 6. Jahrhunderts EULOGIOS VON ALEXANDRIEN vor, eine vorläufige von einer andauernden Ökonomie[37] zu unterscheiden. Die vorläufige Ökonomie bezog sich auf die einmaligen Entscheidungen und die andauernde Ökonomie auf die Applikation dieses Prinzips entsprechend dem Gewohnheitsrecht. Jahrhunderte später betrachtete der griechische Kanonist Hamilcar ALIVIZATOS die Ökonomie von der kirchlichen Praxis her und sprach über die vorbeugende und die rückwirkende Ökonomie.[38] Die vorbeugende Ökonomie ist nach ihm die Erlaubnis der Kirche zur Abweichung von der Norm zum Zweck der Vermeidung eines Ärgernisses, und die rückwirkende Ökonomie wird angewandt, wenn die Mitglieder der Kirche sich in einer aus vollendeten Tatsachen entstandenen Notlage befinden und die Kirche ihnen gegenüber Nachsicht zeigt, um ihnen trotz Unordnung geistliche Heilsmittel zu überreichen. Im Falle der rückwirkenden Ökonomie bedarf es öfters eines juridischen Aktes für den Vollzug der Entscheidung.

Jérôme KOTSONIS ging einen anderen Weg, indem er versuchte, das Rechtsinstitut der Ökonomie in das Rechtssystem aufzunehmen und es möglicherweise auch zu kodifizieren. Er sprach ebenso von vorausgehender und rückwirkender Ökonomie, stellte aber fest, dass eine derartige Klassifikation dem Geist der Orthodoxie widersprechen würde, und legte deswegen eine andere Unterscheidung vor – die Promulgation der abstrakten Ökonomiekanones und ihre Applikation.[39] Sein System ist aber nicht zu Ende gedacht, da er später in seiner Monographie die ganze Grundunterscheidung fallen ließ, indem er Situationen erwähnte, in denen die Ökonomie ohne die dazu existierenden abstrakten Ökonomiekanones appliziert wurde.[40]

Es scheint, dass alle Versuche, das Prinzip der Ökonomie zu klassifizieren bzw. zu kodifizieren, fehlschlagen, weil dabei die biblisch-heilsgeschichtliche Dimension der Ökonomie in großer Spannung mit ihrer (kirchen)rechtlich-kon-

---

36 Ebd., 13; LILIE, Ralph-Johannes, Byzanz. Kaiser und Reich, Köln u. a. 1994, 31-44.
37 THEODOR STUDITES, Ep 49, PG 99, 1085 f.
38 ALIVIZATOS (Fn. 6), 83-86.
39 KOTSONIS, Jérôme, Problèmes de l'économie écclésiastique, Gambloux 1971, 48-52.
40 Ebd., 136.

kreten Dimension steht. Es war eine Notwendigkeit, kirchliche Canones zu erlassen, aber ihre konkreten Implikationen wurden immer mit der breiten dogmatisch-theologischen Grundlage der Ökonomie kontrastiert.

Zusammenfassend kann festgestellt werden, dass erstens die Ökonomie eine biblisch fundierte Kategorie ist. Biblisch gesehen gründet jede weitere Entwicklung des Ökonomiegedankens im Epheserbrief (3, 1-10). Wenn bereits das Schöpfungsgeschehen ein Bestandteil des göttlichen Heilsplans gewesen ist, wird auch die ganze Geschichte der Schöpfung von Gottes Heilswirken bestimmt. Das Hauptanliegen von Gottes Heilshandlung bestand und besteht in seiner personalen Zuwendung (durch seine φιλανθρωπία[41] und Kondeszendenz[42]) zum Menschen, die ihren höchsten Gipfel in der Menschwerdung Jesu Christi findet. Somit ist das Ziel der Schöpfung die Erlösung der Menschheit, die im Kreuzes- und Auferstehungsgeschehen ihr Modell findet.

Zweitens kam und kommt in jeder Diskussion um die Ökonomie das ekklesiologische Selbstverständnis der Orthodoxie zum Ausdruck, wonach sich die orthodoxe Kirche als „die eine und die wahre Kirche Jesu Christi“[43] versteht. Dieses auf die Ekklesiologie CYPRIANS zurückführende Axiom hat laut Yves CONGAR[44] weit reichende Konsequenzen in der Gnadentheologie. Die sakramentale Gnade des Heiligen Geistes findet sich nur in der „wahren Kirche“, der orthodoxen Kirche. Bezogen auf die Sakramente bedeutet diese Einstellung, dass nur die in der orthodoxen Kirche gespendeten Sakramente gültig sind. Bezogen auf das Ziel kirchlichen Handelns (das Heil) bedeutet es: Nur die orthodoxe Kirche selbst kann recht dafür sorgen, dass ihre Mitglieder die *salus animarum* erreichen. Dass diese Vorstellung ein immenses Konfliktpotential innerhalb und außerhalb der orthodoxen Kirche provoziert, hat man dadurch vermeiden wollen, dass das Prinzip der Ökonomie, der Güte, der Liebe, der Toleranz und der barmherzigen Anwendung des Rechts, eingeführt wurde, welches, wenn kodifiziert, einen Widerspruch in sich selbst bedeuten würde. Es steht allerdings fest, was Thomas SCHÜLLER in seiner Monographie zur Sprache bringt, „dass die orthodoxe Theologie mit dem Oikonomiabegriff ein geeignetes und daher zentrales Theologoumenon zur Hand hat, um ihre besonders soteriologisch-heilsge-

---

41 KALLIS, Anastasios, Orthodoxie – Was ist das?, Mainz 1979, 61.

42 DUCHATELEZ, Kamiel, La „condescendence“ divine et l'histoire du salut, in: NRT 6 (1973) 593-621.

43 THOMSON (Fn. 5), 396 f. sieht in diesem Axiom den Grund für die manchmal konfuse Diskussion um das Ökonomieprinzip.

44 CONGAR, Yves, Propos en vue d'une théologie de l'Economie dans la tradition latine, in: Irénikon 45 (1972) 155-206.

schichtlich geprägte dogmatische Sichtweise gebührend und adäquat zum Ausdruck zu bringen."[45]

3. Praktische Anwendung der Ökonomie

Die Anwendung der *oikonomia* ist sehr breit. Sie umfasst Bereiche des innerorthodoxen kirchlichen Lebens (bezogen auf die Sakramente, die Liturgie und die Verwaltung), aber auch die Beziehungen der orthodoxen Kirche zu den anderen Kirchen (vor allem bei der Anerkennung der außerhalb der orthodoxen Kirche gespendeten Sakramente). Da mit der Anwendung der *oikonomia* die Kasuistik im orthodoxen Kirchenrecht anfängt, kann hier nicht auf die einzelnen Probleme eingegangen werden.

Aus dieser Perspektive ist es wichtig festzustellen, welches Organ der Kirche das Recht zur Gewährung der Oikonomia hat. In erster Linie darf nur der Ortsbischof Nachgiebigkeit in der Anwendung des Rechts ausüben (Canon 12 des I. Ökumenischen Konzils[46]; Canon 16 des IV. Ökumenischen Konzils, Canon 5 der Synode von Ankyra). Der Bischof als Ökonom Gottes handelt aufgrund des apostolischen Amtes, das er innehat, um das Heilsplan Gottes – die Erlösung der Menschen – zu erfüllen. Dabei muss er um die uneingeschränkte Einhaltung des Evangeliums bemüht sein, um durch weise Führung den Gläubigen zur *salus animarum* zu verhelfen.

Bei einem schwerwiegenden, komplexen Fall reicht die Kompetenz des Bischofs nicht aus. Es wird an die nächsthöhere Instanz – die Synode der jeweiligen Kirche oder darüber hinaus an die ökumenische Synode – appelliert, die nicht nur befugt ist, die Ökonomie anzuwenden, sondern auch die Entscheidung einer niedrigeren Instanz zu modifizieren oder zu annullieren.[47] Kein Priester hat

---

45 SCHÜLLER, Thomas, Die Barmherzigkeit als Prinzip in der Rechtsapplikation in der Kirche im Dienste der salus animarum. Ein kanonistischer Beitrag zu Methodenproblemen der Kirchenrechtstheorie, Würzburg 1993. Eine kurze Anmerkung sei hier bezüglich der Zuordnung der Rumänisch-orthodoxen Kirche zu den „slavisch-orthodoxen Kirchen" gemacht. Es besteht kein Grund, die Rumänisch-orthodoxe Kirche weder kirchenpolitisch, noch linguistisch den slavisch-orthodoxen Kirchen zuzuordnen. Es stimmt zwar, dass Altkirchenslawisch die Kultsprache bis ins 18. Jh. gewesen ist; aber kirchenpolitisch war diese Kirche über Jahrhunderte bestrebt, jeglichen slawischen Einfluss zu vermeiden und sich an die byzantinische Tradition zu halten. Kirchenslawisch war nur ein Element der Kultsprache, die damals wie heute eine ganze Reihe von wichtigen Wörtern lateinischen Ursprungs enthält, die davon zeugen, dass wahrscheinlich das Christentum oberhalb der Donau durch lateinische Missionare verbreitet wurde.

46 Concilium Nicaenum, can. 12; ALIVIZATOS (Fn. 6), 30.

47 Nennenswert sind die nachsichtigen Entscheidung des I. Ökumenischen Konzils im Falle des MELITIUS oder die Rechtsprechung des III. Ökumenischen Konzils, das die Entscheidung der örtlichen Synode von Pamphylien zugunsten des streng bestraften

eo ipso das Recht zur Gewährung der Ökonomie, er darf nur innerhalb der Spendung des Beichtsakraments aus Gründen der Ökonomie eine Buße mindern oder Kranke vom Fasten befreien.

Jérôme KOTSONIS[48] schließt auch nicht eine Mitwirkung der Laien bei der Anwendung bzw. Erstellung der Ökonomiekanones aus. Entsprechend seiner Unterscheidung zwischen der Erstellung von abstrakten Ökonomiekanones und ihrer Applikation können die Laien bei der Applikation der Canones impliziert werden. Als Beispiel dafür nennt er die Durchführung der Nottaufe durch Laien. Er erwähnt auch die Rolle des byzantinischen Kaisers in der Erstellung der Canones, hinterfragt allerdings nicht kritisch die politischen Implikationen dieser Entscheidungen. Im Normalfall allerdings sind die Laien nur Empfänger der Entscheidungen der Ökonomie und können wenig dazu beitragen.

4. *Oikonomia* – eine „Anfrage an das katholische Kirchenrecht?"[49]

Kann tatsächlich die Ökonomie eine Anfrage an das katholische Kirchenrecht sein? Als mit der Barmherzigkeit verbundenes Prinzip, als Ausdruck der Toleranz in rechtlichen Fragen offensichtlich, aber das orthodoxe kanonische Recht hat einen langen Weg zurückzulegen, bis es tatsächlich durch die Art und Weise der Applikation der Ökonomie ein Modell werden kann. Aus geistlich-theologischer Perspektive und als Möglichkeit der Rechtsinterpretation fordert die Ökonomie auf, aber aus konkreter kirchenrechtlicher Perspektive ist ihre Funktionalität mindestens willkürlich und hängt grundsätzlich von ihrem Verwalter, dem οἰκονόμος, und seinem Verständnisvermögen ab.

Eine der ersten Feststellungen über die Ökonomie war, dass sie nicht definiert werden kann und dass es keine offizielle Doktrin der orthodoxen Kirche über die Ökonomie gibt.[50] Demzufolge kann man auch nicht annehmen, dass eine Auffassung über die Ökonomie besser ist als die andere. Ratlos steht man da und weiß nicht, ob man entsprechend einer „liberalen" Auffassung der Ökonomie

EUSTATHIS abänderte (vgl. SOCRATES SCHOLASTICUS, Historia Ecclesiastica I 9, 80, in: PG 67, 77, 80, 84).

48 KOTSONIS (Fn. 39), 128-137.

49 REINHARDT, Heinrich J.F., Das orthodoxe Prinzip der „Oikonomia" als Anfrage an das katholische Kirchenrecht, in: FS Schmitz, 584-604.

50 Obwohl 1961 die erste Panorthodoxe Synode in Rhodos in die Themenliste der künftigen Synode auch das Thema der Ökonomie einführte, entschied die 1. Vorkonziliare Panorthodoxe Konferenz in Chambésy (1976), dieses Thema aus dem Themenkatalog zu streichen, weil die Behandlung eines solchen Themas der Ökonomie eher schaden als helfen würde. Es wurde jedoch darauf verwiesen, dass diesem Thema trotzdem Aufmerksamkeit geschenkt werden sollte; dazu auch PAPANDREOU, Damaskenos, Das Panorthodoxe Konzil, in: Handbuch der Ostkirchenkunde III, hg. v. NYSSEN, Wilhelm, Düsseldorf 1997, 261-286.

z. B. die Sakramente der anderen Kirchen anerkennen oder entsprechend einer härteren Linie sie nicht anerkennen soll.

Auch die Frage ob die Ökonomie ein pastorales oder ein kirchenrechtliches Prinzip ist; kann nicht beantwortet werden, weil dieses Problem nicht eingehend reflektiert oder kirchenamtlich definiert wurde. Das kanonische Recht der orthodoxen Kirche ist bis jetzt nicht systematisiert worden, es existiert in Sammlungen von Canones[51], die einerseits ihre Bedeutung aus dem historischen Hintergrund schöpfen und andererseits noch nicht auf die gegenwärtige kirchliche Situation abgestimmt erscheinen.

Gleichzeitig werden die Canones unter Berufung auf den pastoralen Charakter der *oikonomia* sehr oft beliebig angewandt. Um das zu vermeiden, schlägt der Kirchenrechtler John H. ERICKSON vor, jenseits aller Canones den Kanon-Begriff im Sinne der Alten Kirche wieder zu gewinnen und nach Normen zu suchen, die der Natur der Kirche als Leib Christi entsprechen.[52] Ihm zufolge ist dieser klassische Kanon-Begriff zulasten der Entstehung von „laws on ecclesiastical matters“[53] verloren gegangen. Die Zurückgewinnung dieses altkirchlichen Kanon-Begriffs hängt allerdings vom Willen ab, die Spannung zwischen der historisch-kritischen Betrachtung der Geschichte der orthodoxen Kirche und der „Tendenz zur dogmatischen Ontologisierung der Geschichte“[54] zu lösen. Solange keine kirchlich verbindliche Kodifizierung der Canones und anderer kirchlicher Normen vorgenommen wird, wird das Prinzip der *oikonomia* sehr unbestimmt gehandhabt werden.[55]

---

51 Die Quellen des orthodoxen Kirchenrechts beruhen auf den Arbeiten der IV.-VIII. Ökumenischen Konzilien (MAY, Georg, Kirchenrechtsquellen, in: TRE XIX, 1-45). Das Trullanum (Concilium Quinisextum, can. 2) erkennt als Rechtsquellen die 85 Apostolischen Canones, die Canones der elf Ökumenischen und lokalen Konzilien und die Schriften der zwölf klassischen Kirchenväter an. Obwohl die I. Orthodoxe Gesamtkonferenz 1961 sich die Kodifizierung der Canones vorgenommen hat, ist das bis heute nicht passiert. Die kirchlichen Canones und die kaiserlichen *Nomoi* wurden in den kaiserlichen Gesetzessammlungen gesammelt wie der Codex Theodosianus (438), JUSTINIANS I. Codex constitutionum (529), Pandectae (533), Institutiones (533), LEONS III. Ekloge (741), Proecheiron Kaiser BASILEIOS' I. (870) u. a. Der Fundamentalkodex der orthodoxen Theologie bleibt das sog. Nomokanon in XIV Titeln (883).

52 ERICKSON, John H., The Orthodox Canonical Tradition, in: St. Vladimir's Theological Quaterly 27 (1983) 166.

53 Ebd., 165.

54 OHME, Heinz, Zur Diskussion um das kanonische Recht in der neueren orthodoxen Theologie, in: KuD 37 (1991) 255.

55 Obwohl die Diskussion um eine Kodifizierung der kanonischen Normen in der Orthodoxie bereits 1930 v. a. durch Hamilcar ALIVIZATOS und Valerian SESAN aufgenommen wurde, ist bis jetzt das Unternehmen gescheitert, weil man sich darüber nicht einigen konnte, wie man gleichzeitig mit den Canones „historisch-kritisch“ und traditionsbewusst umgehen kann. Dabei blieb der Begriff der Tradition bezogen auf das kanonische Recht bis heute ungeklärt; vgl. dazu OHME (Fn. 54), 227-256.

Die *oikonomia* entspringt nicht einer formal funktionierenden Logik, sondern ist biblisch und pneumatologisch begründet und versucht aufgrund der Unterscheidung der Geister (1 Kor 12, 10), die Sanftmut (ἐπιείκεια) Jesu Christi auszuüben (2 Kor 10, 1), zu der alle Christen berufen sind (Tit 3, 2). Denn das Wichtigste überhaupt ist, dass Gott seine Herrlichkeit in Gefäßen des Erbarmens (σκεύη ἐλέους) kundtut (Röm 9, 23) und dass die Barmherzigkeit über das Gericht triumphiert (Jak 2, 13). Die Ökonomie ist eine Art „Technik", vergleichbar mit der im römischen Recht funktionierenden *dispensatio*, *dissimulatio*, *tolerantia*, *licentia*, *excusatio*, Epikie oder *aequitas canonica*[56], die darauf hinzielt, eine richtige und gerechte Lösung in einem problematischen rechtlichen Einzelfall entsprechend der diakonischen Funktion des Kirchenrechts zu finden.

Das Prinzip der Ökonomie scheint ganz absichtlich in einer gewissen Unbestimmtheit gelassen zu werden, so dass die Entstehung einer Spannung zwischen Recht, Gerechtigkeit und Barmherzigkeit vermieden wird. Dadurch will man die biblische Tradition fortführen, in der sich diese Begriffe nicht entgegenstehen, sondern untrennbar zusammengehören. Der Bund Gottes mit seinem Volk beruht im Alten Testament auch auf dem Recht, das Gott den Armen und Schwachen verschafft und das für das Volk Israel eine Quelle des Vertrauens, der Hoffnung und des Trostes ist. Jesus fordert sogar mehr, er fordert zu einer vollkommeneren Gerechtigkeit (Mt 5, 20) auf, weil die Erfüllung der alttestamentlichen Erwartung und die Durchsetzung des Reiches Gottes für die Gerechten zentrale Punkte seiner Botschaft sind. Demzufolge werden auch die Christen dazu berufen, barmherzig wie der Vater im Himmel (Lk 6, 36) zu sein, denn ihn charakterisiert die Fülle der Barmherzigkeit (Eph 2, 4), er ist der „Vater des Erbarmens und der Gott allen Trostes" (2 Kor 1, 3).

Theologisch ist gegen das Desiderat, Recht und Gerechtigkeit im Gleichgewicht zu halten, nichts einzuwenden. Fragen kommen jedoch auf, wenn man ganz konkret die Prinzipien der Applikation dieses Desiderats bedenkt. Die Einhaltung des Gleichgewichts ist nur möglich, wenn der gesamte Prozess von der Barmherzigkeit (*misericordia*) als tiefgründigster Form der Gerechtigkeit, die den Menschen als einmalige und einzigartige Person annimmt, durchdrungen wird.

Die Kirche, die durch Wort und Sakrament das Evangelium Jesu Christi vom Reich Gottes verkündet, hat auch als Aufgabe, die Gerechtigkeit Gottes in dieser Welt zu sichern. Das kann sie nur durch die Ausübung der Barmherzigkeit (bei aller Wahrung des Rechts) gegenüber den ihr zugewiesenen Personen absichern, damit sie diesen zum Heil ihrer Seelen verhelfen kann. Das richtige Einhalten dieses Gleichgewichts beweist ihre geistliche Größe. Das ist das übergeordnete

---

56 PUZA, Richard, Katholisches Kirchenrecht, Heidelberg ^{2}1993, 76-84.

Prinzip, dem die οἰκονόμοι der Kirche dienen: die Durchsetzung der Gottesherrschaft der Gerechtigkeit und Barmherzigkeit. Dafür bedarf es der Ökonomie, einer Einzelfallgerechtigkeit, einem Zugeständnis an die Schwäche des Menschen.

Minima Canonica

Knut Walf

Die folgenden Überlegungen und Reflexionen sind während des letzten Jahres meiner Tätigkeit als Kanonist an der Universität Nijmegen (Nimwegen) entstanden, nicht selten auf meinem Fußweg zur Fakultät und zurück nach Hause.[1] Ähnlich also wie es der heilige AMBROSIUS tat, der zwar als dritten täglichen Weg noch jenen zur Kirche kannte. Diese Reflexionen sind zugleich eine Art Rückblick auf das Leben eines Kirchenrechtlers. Natürlich machen Arbeit und Beruf nicht allein das Leben aus. Aber sie bestimmen doch recht stark das Lebensgefühl. So will ich im folgenden so objektiv wie möglich sprechen, Gefühle werden aber immer mitschwingen. Der Titel soll andeuten, dass ich nicht die Absicht habe, großartige Theorien zum Kirchenrecht vorzutragen. Dies tun andere – wie mir seit längerem scheinen will – in durchaus ausreichendem Ausmaß. Vielmehr will ich andeuten, dass meinem Sprechen über das Kirchenrecht heutzutage das „Calando"[2] oder gar ein „Doloroso lamentabile", natürlich – wie es sich gehört – „un poco moderato", wohl aber „ostinato", eher ziemt als ein „Forte" oder gar „Fortissimo".

1. Minimum I: Altes Recht

Georg Christoph LICHTENBERG schrieb um 1775:

> „Der oft unüberlegten Hochachtung gegen alte Gesetze, alte Gebräuche und alte Religion hat man alles Übel in der Welt zu danken."

Als ich vor vielen Jahrzehnten diesen Aphorismus las, wunderte ich mich zunächst, sagte mir aber nach einiger Zeit: Der Mann hat irgendwie Recht. Er hat wohl oder zumindest teilweise Recht. Meine Betroffenheit war eine doppelte: Zum einen ist das Kirchenrecht – weiß Gott! – altes, sogar sehr altes Recht, auch wenn das geltende Gesetzbuch nur etwa zwanzig Jahre alt ist. Sein Inhalt ist jedoch größtenteils alt, sehr alt sogar. Vielleicht müsste man LICHTENBERG in einem Punkt nuancieren: Er spricht von alten Gesetzen, nicht von altem Recht. Altes Recht kann ja durchaus aktuell sein. Ohne die Grundlagen des römischen Rechts, zunächst seiner Weisheit und sodann seiner Einsichten wegen – seine luzide Sprache sei obendrein nicht vergessen! –, wäre unser modernes westliches Recht undenkbar. Immerhin behauptet der Göttinger Weise, alles Übel in

---

1 Der hier vorgelegte Text ist größtenteils deckungsgleich mit dem meiner Abschlussvorlesung an der Universität Nijmegen am 14.6.2002.

2 D. h. zugleich ruhiger und leiser werdend.

der Welt verdanke man neben alten Gebräuchen und alter Religion alten Gesetzen. Bewegt LICHTENBERG sich in den Sphären des Simplifizierens? Wie auch immer, es lohnt sich darüber nachzudenken, zumindest indem man die Frage stellt: Wie viele der heutigen Übel verdanken wir alten Gesetzen. Als Kirchenrechtler richte ich hier aus Zeit- und Kompetenzgründen meinen Blick nicht in den allgemeinen gesellschaftlichen Bereich, sondern allein auf die römisch-katholische Kirche. Und dann wird es durchaus verlockend, auch hier zwischen Recht und Gesetzen, altem Recht und alten Gesetzen zu unterscheiden. Ähnlich wie das römische Recht ist auch das kanonische Recht, also das Recht der Westkirche vor und der römisch-katholischen Kirche nach der Reformation, Traditionsträger alten Rechts, ehrwürdiger und wohl auch bewährter Rechtsstrukturen.

Hinsichtlich der Problematik, die dadurch entstehen kann, beschränke ich mich auf die Skizzierung lediglich eines Problems: Die frühkirchliche Begriffsunterscheidung zwischen *ordo* und *iurisdictio* wird wohl das Strukturelement der katholischen Kirche bis zu ihrem Ende bleiben. Und hier liegt nun gerade auch ein, vielleicht das Anpassungsproblem der Kirche nicht nur in unserer Generation. Diese Begriffsunterscheidung entstand in einem Jahrhunderte langen Prozess. Das Ergebnis war und ist überzeugend: Was durch die Weihen gegeben wird, ist unverlierbar. Jurisdiktion jedoch, also in etwa mit Amtsbefugtheit zu übersetzen, kann gegeben, entzogen oder zurückgegeben werden. Wenn heute immer noch die Mitwirkung der so genannten Laien im kirchlichen Dienst das Problem schlechthin der katholischen Kirche darstellt, liegt dies an einer Einengung des Blicks. Wer die Geschichte ein wenig kennt, weiß, dass die Geschichte der kirchlichen Weihen durchaus nicht geradlinig verlief, und es viele Varianten der Weihe, also des *ordo*, gab. Entweder sollte man also die Voraussetzungen für den Empfang der heute bestehenden drei Stufen der Weihe bzw. des *ordo* – Diakonat, Presbyterat, Episkopat – verändern oder deren Katalog so ausweiten, dass mehr so genannte Laien geweiht werden könnten. In diesem Zusammenhang wäre natürlich an erster Stelle das andauernde Problem des Zölibats zu nennen.

2. Minimum II: Religion in West und Ost

Vermutlich macht einen erst die Begegnung mit Religion weitab von Europa darauf aufmerksam, wie unterschiedlich Religion organisiert ist. Mir bleibt unvergessen, wie ich im Sommer 1981 in Hohhot, einer Stadt mit 1,5 Millionen Einwohner in der Inneren Mongolei, auf einem Minarett stand und von dort aus hinter einem riesigen Wohngebäude die Türme einer Kirche erblickte. Wenige Minuten später stellte sich heraus, dass dort der im so genannten Boxeraufstand 1900 ermordete Bischof HAMER gelebt hatte, der 1849 in Nijmegen geboren wurde. In diesem 1981 noch von der Kulturrevolution gezeichneten Land waren Kirche und Nijmegen so fern, und nun begegnete ich beiden dort.

Nicht erst seit damals beschäftigt mich der Grad der Institutionalisierung und Verrechtlichung von Religion. In Asien war ich auf Formen von Religion gestoßen, die sehr viel älter als das Christentum sind, weitgehend ohne Recht und Institutionen auskommen und doch sehr lebendig sind. Mir stellte und stellt sich bis heute die Frage, warum es diese Unterschiede gibt. Und damit auch die Frage: Inwieweit ist Recht der Religion dienlich? Es fällt ja auf, dass die westasiatischen monotheistischen Religionen hochinstitutionalisiert, hingegen die südost- und ostasiatischen Religionen dies in sehr viel minderem Maße sind, ja z. T. über lange Strecken ihrer Frühzeit nicht oder kaum institutionalisiert waren. Im so genannten Westen (Judentum, Christentum und Islam) kam es zudem zum Vorgang der Bürokratisierung, der in Teilen der christlichen Kirche bereits im Hochmittelalter begann und Vorbildcharakter für die sich bildenden Staaten Europas besaß. Man denke etwa an die Organisation der römischen Kurie und die Ausformung des päpstlichen Gesandtschaftswesens.[3]

Im Westen entwickelten sich obendrein Institutionen in zweierlei Hinsicht: Eine Ämterinstitution mit Macht oder Vollmacht („potestas"), eine andere Institution des Wissens und später der Wissenschaft, die Theologie. Was Religion betrifft, kann man also im Hinblick auf den Westen von einem sehr hohen und zudem frühen Grad von Differenzierung und Spezialisierung sprechen.

3. Minimum III: Religion – Recht

Es tritt noch ein weiteres Element hinzu: Die westasiatischen Religionen bilden das Legitimationsfundament des Rechtes ihrer Gesellschaften. Es gibt bis in die moderne Zeit insbesondere in diesen Gesellschaften ein Überlappen von Religion und Recht. Man muss sich vergegenwärtigen, dass dieses Phänomen in den ostasiatischen Kulturen weitgehend unbekannt ist.

Das Verrechtlichungsdilemma der Religion ist in gewisser Hinsicht ein westliches, insbesondere ein „christliches" Problem, und zwar wegen der Theorieformung, wobei das Römische Reich eine Vorbildfunktion erfüllte. In der Christentumsgeschichte setzte früh eine Verquickung kirchlicher und weltlicher Herrschaftsstrukturen ein. In anderen Kulturen stellte sich das Problem kaum oder überhaupt nicht. Sozusagen eine Gegenwelt bildet etwa China. Dort gab es seit der Staatsbildung, zunächst in Form partikularer Gebilde, später des Kaiserreichs, immer Interaktionen zwischen Staat und Religion. Da „Religion" jedoch in China immer in vielen Formen und Entwicklungsstufen anwesend war, musste man nach unterschiedlichen Formen eines *modus vivendi* suchen. Bis in unsere Zeit bestand die Auffassung, dass politische Macht mit dem Himmel verbunden ist. Das hat bis zum heutigen Tag konkret die Folge, dass in China die Problematik der Trennung bzw. Verquickung von weltlicher und geistlicher Herrschaft in und bei den Fremdreligionen große Schwierigkeiten bereitet. Als um die Wende vom 16. zum 17. Jh. der Jesuit Matteo RICCI

---

3 WALF, Knut, Die Entwicklung des päpstlichen Gesandtschaftswesens in dem Zeitabschnitt zwischen Dekretalenrecht und Wiener Kongreß (1159-1815), München 1966.

„den Chinesen die episkopale Organisation der Kirche beschrieb und feststellte, dass die Würde des Papstes [...] derjenigen ‚aller christlichen Könige überlegen' sei, staunten die chinesischen Gelehrten verständnislos."[4]

Samuel P. HUNTINGTON weist in seinem Buch „Der Kampf der Kulturen" (The clash of civilizations) auf die erheblichen Unterschiede zwischen Ost und West gerade in dieser Hinsicht hin:

„Die Trennung [von geistlicher und weltlicher Macht] und die immer neuen Konflikte von Kirche und Staat, die für die westliche Kultur typisch sind, hat es in keiner anderen Kultur gegeben. Diese Teilung der Herrschaft hat unermeßlich viel zur Entwicklung der Freiheit im Westen beigetragen."[5]

Die institutionalisierten Religionen des Westens verwenden eine Binnensprache von Symbolen und Worten, die über lange Strecken ihrer jeweiligen Geschichten lediglich die Amtsträger und Theologen verstanden. Zentrale Begriffe der westasiatischen Religionen sind reine Rechtsbegriffe (z. B. *ordo*). Die enge Verbindung, ja Symbiose von Recht und Religion im „Westen" ist sicher nur eine Möglichkeit entwickelter Religion, d. h. institutionalisierter Religion, jedoch sind rechtliche Elemente für jede Form institutionalisierter Religion sowie für ihre Stabilisierung und Objektivierung im gesamtgesellschaftlichen Kontext und des jeweils gültigen Plausibilitätshorizonts unverzichtbar.

Wir wissen immer noch erstaunlich wenig über das Entstehen „gesellschaftlicher" Strukturen, doch scheint es so gewesen zu sein, dass dies in religiösen Kontexten geschah. Größere politische Strukturen wurden und werden oft nicht in erster Linie durch militärische Macht zusammengehalten, sondern durch eine Religion oder eine (quasi-)religiöse Idee. Diese werden tabuisiert, und so gelten schließlich auch Tabuisierungen für indirekt und vom Inneren her rechtliche Strukturen und Institutionen. Man denke auch an die Tabuisierung von Grenzpfählen, Staatssymbolen, Flaggen u. ä. Deutlich ist auch die Entwicklung von Formalismen. Genau dieselben Handlungen oder Worte müssen gesetzt bzw. gesprochen werden, um eine gültige Handlung zu vollziehen.

Die Idee göttlichen Rechts (*ius divinum*) ist allein dem Westen eigen. Man kann gar nicht genug überschätzen, welchen Einfluss dieses Phänomen auf die Entwicklung des Rechtes im Westen überhaupt hatte. Jede Form des Rechtes ist bedingt durch Zeit und Raum, will und soll es plausibel sein. Offensichtlich gibt es einen Katalog gewisser Rechtsnormen, die einen hohen Grad von Unveränderlichkeit beanspruchen können, etwa die Menschen- oder Grundrechte. In gewisser Hinsicht scheinen aber auch sie historischen Umständen zu unterliegen.

---

4 MALEK, Roman, Das Tao des Himmels. Die religiöse Tradition Chinas, Freiburg i. Br. u. a. 1996, 190.

5 HUNTINGTON, Samuel P., Der Kampf der Kulturen. Die Neugestaltung der Weltpolitik im 21. Jahrhundert, München u. a. 1996, 100.

4. Minimum IV: Verrechtlichung im Christentum

Die christliche Religion wird von Beginn an unter Einfluss des Judentums, des Hellenismus, besonders aber des römischen Rechtsdenkens verrechtlicht und damit institutionalisiert. So werden z. B. die Abgesandten des Christus (Apostel und andere Jünger) als Schaliach gesehen. Ihre „auctoritas" geht auf ihre Stellvertreter und Nachfolger über, wodurch eine Traditionskette entsteht, die so genannte *successio apostolica*. Der altrömische Begriff des Privatrechts „auctoritas (!) rerum" wird auf den Glauben übertragen.

Noch etwas Wichtiges zu „auctoritas" und „potestas" ist anzufügen: „Auctoritas" wurde im altrömischen Recht höher eingeschätzt als „potestas". Der Senat und auch die Pontifices besaßen z. B. „auctoritas", die Beamten „potestas". Später erklärten Päpste wie z. B. GELASIUS I. (492-496), dass „auctoritas" den Päpsten, „potestas" dem Kaiser zukäme. Dennoch waren viele in dieser Zeit der Auffassung, dass auch die Bischöfe „potestas" besaßen, vermutlich wegen der immer stärker werdenden Verquickung von kirchlich-religiöser und weltlicher Amtsausübung.

In der christlichen Kirche wurde seit eh und je die Spannung zwischen Recht und Religion gefühlt. Wie auf einer Sinuskurve wechseln sich in ihrer Geschichte Phasen der Verrechtlichung und des antijuridischen Affekts ab. Insbesondere zwei Phänomene können als dafür typisch genannt werden: Das Entstehen der Orden und die Reformation. Am Beginn vieler Orden steht an erster Stelle das Bemühen, die starke Verrechtlichung der hierarchischen Bischofs- und später der Papstkirche innerhalb der eigenen Organisation abzuschaffen, zumindest aber abzumildern. Figuren wie BENEDIKT, DOMINIKUS oder FRANZ VON ASSISI können hier idealtypisch genannt werden. Ungezählte taten Vergleichbares oder wählten die Genannten als Vorbilder, indem sie deren „regulae" übernahmen. Dass später die Orden und religiösen Kongregationen gleichfalls dem Verrechtlichungsdilemma nicht entkamen, steht auf anderen Seiten der Kirchengeschichte.

Das andere Beispiel ist die Reformation sowie ihre Folgegeschichte. Ohne Zweifel sind die großen Figuren der Reformation gegen das Kirchenrecht, beflügelt sie geradezu ein antijuridischer Affekt. So verbrennt LUTHER öffentlich das Corpus Iuris Canonici als Symbol des abgelehnten Systems. Dennoch entsteht noch zu Lebzeiten der Reformatoren, auch LUTHERS, in diesen Kirchen Recht, oft materiell in größerem Umfang als in der katholischen Kirche und nicht selten auf staatlichen Oktroi. Dies führte etwa an der Wende vom 19. zum 20. Jahrhundert zu den Thesen von Rudolph SOHM (1841-1917), die besagten: Die Kirche will kraft ihres Wesens kein Recht. Und: Das Wesen des Kirchenrechts steht zum Wesen der Kirche im Widerspruch. Aus Platzgründen kann hier nicht auf seine Argumentation näher eingegangen werden. Doch die These überzeugte und führte in den protestantischen Kirchen zu Disputen, die bis heute nicht beendet sind. Mit der gewohnten zeitlichen Verzögerung erreichten diese

Auseinandersetzungen die katholische Kirche etwa ein halbes Jahrhundert später. Zu nennen ist dort insbesondere der Kirchenrechtler Joseph KLEIN, auf den später noch einzugehen ist.

Bei einem ungenannten parsischen Philosophen findet sich folgende Passage:

> „Wisst ihr, was mich stets wieder seltsam anmutet? Dass in all euren [monotheistischen] Gottesdiensten so oft gesagt wird: ‚Im Namen Gottes'. Wer im Namen Gottes auftritt und redet, gibt damit zu verstehen, dass Gott nicht da, dass Er abwesend ist. Rechtlich handelt es sich um eine Formel der Ermächtigung, im Namen eines Unmündigen oder Abwesenden rechtskräftig verhandeln und handeln zu dürfen."

5. Minimum V: Die Verrechtlichungsproblematik in der römisch-katholischen Kirche

Dem antijuridischen Affekt setzte die katholische Kirche als Antwort auf die Reformation Legitimationsbemühungen des Kirchenrechts gegenüber, die heute übertrieben und überzogen erscheinen müssen, von dieser Kirche aber eher verstärkt denn gemildert fortgesetzt werden. So lehrte etwa das Konzil von Trient, dass Christus nicht nur Mittler, sondern auch Gesetzgeber ist (Sessio VI de iustificatione, can. 21). Im Codex Iuris Canonici von 1983, dem heute geltenden Gesetzbuch der lateinisch-katholischen Kirche, finden sich immer wieder Formulierungen wie „ex divina institutione" oder „a Christo Domino instituta", nicht nur bei fundamentalen Bestimmungen, sondern auch bei solchen von eher marginaler Bedeutung (etwa can. 113 § 1).

Der erste oder alte Codex Iuris Canonici von 1917 warf neben zahlreichen Detailfragen auch grundsätzliche Fragen auf. Dabei fällt auf, ist aber durchaus verständlich, dass nach dessen Promulgation und Inkrafttreten in den Jahren 1917 bzw. 1918 die grundsätzlichen Fragen eher von der katholischen Kirche Fernstehenden gestellt wurden. Das gilt auch für die Zeit der Vorbereitung des ersten Codex: Es sei lediglich wieder der Name Rudolph SOHM in Erinnerung gerufen. Ich möchte hier aber für die Zeit nach dem Codex zunächst an den bekannten protestantischen Kirchenrechtler Ulrich STUTZ, einen Schweizer in Berlin, erinnern (1868-1937) sowie an seine hervorragende und nuancierte Kritik in „Der Geist des CIC", in Stuttgart 1918 erschienen. Im katholischen Segment der Kanonistik geschah zwischen 1917 und 1958, dem Todesjahr PIUS' XII., nicht sonderlich viel Aufregendes, was fundamentale Kritik am bestehenden Kirchenrechtssystem betraf. Die große Ausnahme war der bereits erwähnte Joseph KLEIN mit seinem Büchlein „Grundlegung und Grenzen des kanonischen Rechts", 1947 in Tübingen erschienen und 1950 prompt (für römische Zeitbegriffe!) indiziert. Es war KLEINS Bonner Antrittsvorlesung von 1946, eine Zusammenfassung der wichtigsten Grundlagenfragen des kanonischen Rechts bis zum heutigen Tage. Er akzentuierte in wohl kaum zu übertreffender Weise die Legitimationsproblematik des katholischen Kirchenrechts. KLEIN reflektierte über die Eigenart kanonischen Rechts vor der Folie der realen Kirche, seiner

Zeit natürlich. Und dann hat er auf den wesentlichen Unterschied zwischen kirchlichem und weltlichem Recht hingewiesen: dass „der Kirche jene letzte Möglichkeit des Zwanges fehlt, die dem weltlichen Recht eignet". Daraus folgerte er, dass der Kirche „auch als verfasster Rechtskirche jene rechtliche potestas über die gläubige Entscheidung des Einzelnen" fehle. Dies aber habe zur Folge, dass die Kirche mit Strafen nur gegen jene vorgehen könne, die sich zu ihr bekennen. Diese Erkenntnis wiederum fordere „die Verwirklichung der Kirche der freien Gefolgschaft". Diese Formulierung hat wie ein rotes Tuch gewirkt, da sich hierin ein angeblich spiritualistischer Kirchenbegriff in einem einleuchtenden Schlagwort kristallisierte.

Der CIC/1917 weckte den Eindruck der Beständigkeit und Unveränderlichkeit. Dennoch muss man wissen, dass BENEDIKT XV. bei der Promulgation dieses Codex eine Kommission eingesetzt hatte, die für Erweiterungen (!) und Revisionen des Codex verantwortlich sein sollte. Die wenigen Veränderungen haben aber dann die Päpste selbst vorgenommen, nicht die Sachverständigenkommission. Die Anregungen für Verbesserungen kamen in der Regel von Kritikern außerhalb Roms, ja – wie gesagt – außerhalb der katholischen Kirche.

Um so erstaunlicher ist die Tatsache, dass nach der Ankündigung des II. Vatikanischen Konzils und der Revision des kanonischen Rechtes durch JOHANNES XXIII. die darüber von Rom befragten Bischöfe verlangten, dass auf dem Konzil in erster Linie Fragen der kirchlichen Disziplin behandelt werden sollten (85 % [!], lediglich der Rest betraf Themen des Glaubens und der Moral). Vornehmlich wurden verlangt: Vereinfachung der Gesetze und der sprachlichen Form der Gesetze; stärkere pastorale Orientierung; Dezentralisierung; Fragen der Ehegesetzgebung.

Außerhalb der kanonistischen Fachwelt zeigte sich ein antijuridischer Affekt, Ausdruck des tiefen Unbehagens gegen eine stark verrechtlichte Kirche. Dieser Affekt – durchaus verständlich – prägte in starkem Maße das Klima des II. Vatikanischen Konzils. Die weitaus große Mehrheit der Konzilsväter stand dem Kirchenrecht schließlich kritisch bis ablehnend gegenüber. Dies hatte zur Folge, dass nicht nur aus kirchenpolitischen Opportunitätserwägungen streng kirchenrechtliche Beschlüsse des Konzils unterblieben, sondern selbst Texte, denen juridische Ausdrucksweise zur besseren Verständlichkeit für die nachfolgenden Generationen gut angestanden hätte, eher in schwammigen, pastoralen, ja ambivalenten Formulierungen abgefasst wurden. Auch darf man nicht vergessen, dass wichtige Entscheidungen mit direkten Auswirkungen für eine neue Kirchenordnung bewusst unterblieben bzw. von Papst PAUL VI. zurückgewiesen wurden (etwa Priesterzölibat, Neuerungen im Eherecht). Doch das Konzil hatte natürlich für das Kirchenrecht unabsehbare Folgen. Der gesamte ekklesiologische Interpretationskontext war nämlich wegen des Kollegialitätsprinzips verändert. Der zentralistische Charakter des Codex Iuris Canonici von 1917 passte nicht mehr in diesen Rahmen, ihm war gleichsam die Legitimationsbasis genommen. Die konservative Minderheit auf dem Konzil, insbesondere Kardinal

OTTAVIANI und seine Gesinnungsfreunde, erkannten diese Gefahr und versuchten, ihr gegenzusteuern. Die Auseinandersetzungen um die Dogmatische Konstitution über die Kirche „Lumen gentium“ und insbesondere um die „Nota explicativa praevia“ sind Zeugnis dieser Spannungen.

So gab es während des Konzils eine ganze Reihe von Gründen und guten Argumenten, nicht in eine Grundsatzdebatte um das Kirchenrecht und die künftige Kirchenordnung einzutreten. Diese Nuancierung zwischen Kirchenrecht und Kirchenordnung ist heute beinahe wieder vergessen oder wird sogar vehement zurückgewiesen. Kirchenrecht stand als Begriff für die kodifizierte Form desselben, Kirchenordnung für eine Rahmengesetzgebung, in der die Teilkirchen ihre unterschiedlichen Rechtstraditionen zwischen den Niederlanden und Feuerland hatten einfüllen können. Nun, die Gründe oder Argumente, nicht zu einer Grundsatzdebatte überzugehen, waren einmal die fundamental unterschiedlichen Ausgangspositionen bei den Konzilsvätern und zudem sicher auch schlicht Zeitnot, aber eben auch Desinteresse oder Abneigung gegenüber dem Kirchenrecht.

Bald nach dem Ende des II. Vatikanischen Konzils setzte eine bis heute andauernde Zentralisierung und Papalisierung des Kirchenrechts ein, gleichsam als Kontrapunkt zum Topos „Kollegialität“ des Konzils. Den Beginn machte PAUL VI. 1969 mit seinem Motuproprio über die päpstlichen Gesandten. 1972 folgten Bestimmungen zur Ernennung der Bischöfe und über den Eid des Diözesanbischofs. In einem Entwurf zu dem lange geplanten Grundgesetz für die Kirche wird 1976 das Ökumenische Konzil in seiner Bedeutung herabgestuft. Dieses und die bereits genannten Regelungen fanden Aufnahme in den Codex von 1983, in dem auch die so genannte konkurrierende Jurisdiktion zwischen Papst und Bischof verankert wurde. 1990 folgten Zusätze zur Professio Fidei und die Einführung eines neuen Treueids, im selben Jahr wurde durch die Instruktion „Donum Veritatis“ der Kongregation für die Glaubenslehre Entscheidendes über die kirchliche Berufung des Theologen verfügt. 1994 legte JOHANNES PAUL II. fest, dass die Priesterweihe Männern vorbehalten ist. 1998 folgte das Motuproprio „Ad tuendam fidem“, durch das neue Normen in den Codex Iuris Canonici und in den Codex der Ostkirchen eingefügt wurden. Im selben Jahr wurde die theologische und rechtliche Natur der Bischofskonferenzen neu umschrieben.

Letztendlich haben alle hier genannten und zahlreiche weitere Maßnahmen dazu beigetragen, dass in der heutigen katholischen Kirche der Hauptakzent auf die Institutionen der Jurisdiktionsgewalt gelegt wird. Wenn man lediglich von Papalisierung oder Zentralisierung sprechen müsste, wäre dies schon schlimm genug. Viel gefährlicher jedoch für das weitere Bestehen der Kirche ist ihre Verrechtlichung. Die innere Struktur der Kirche Jesu Christi ist von ihren Anfängen her eine apostolische und später konkret eine bischöfliche. Diese „eigentliche“ Struktur besteht im *ordo*, also in der Weihe, und damit besitzt die Weihegewalt die primäre Position, nicht die Jurisdiktionsgewalt. Es ist völlig unverständlich, dass das ansonsten so aktive Wächteramt der Glaubenskongregation nicht längst auf den Plan gerufen worden ist, die Entwicklung hin zu einer Überbetonung der Jurisdiktionsgewalt und weg von der Weihegewalt zu stoppen.

Diese Entwicklung fordert beinahe unmerklich Mentalitätsveränderungen an Haupt und Gliedern. Und jene wiederum ermöglichen dann auch Maßnahmen, welche die katholische Kirche zu einer reinen Organisationshierarchie herabwürdigen. Dann kann man etwa Bischöfe in dieser Organisation verschieben wie Figuren auf einem Schachbrett. Man muss sich fragen, welche Faszination von einer derartigen Megaorganisation noch auf junge und erwachsene Menschen ausgehen soll. In einer Zeit, in der unitarische politische Systeme – ganz zu schweigen von den zentralistischen – in den entwickelten Staaten keine Zukunftschancen mehr zu haben scheinen, und in der föderalistische Systeme, die regionale Bedürfnisse gemäß dem Subsidiaritätsprinzip[6] respektieren, breite Zustimmung finden, läuft in der katholischen Kirche eine unzeitgemäße zentripetale Entwicklung ab. Dies ist um so unbegreiflicher, als die Catholica stets Einheit in Vielfalt bedeutet hat und damit in der Vergangenheit gelegentlich ja auch Vorbild für andere religiöse Gemeinschaften wie auch für politische Systeme gewesen sein mag. Durch die heutigen unzeitgemäßen, ja absurden Maßnahmen befördern oder unterstützen stillschweigend ausgerechnet jene, die sich Hirten dieser Kirche nennen, eine unheilvolle Entwicklung unserer Kirche. Jedenfalls sind dafür nicht die von diesen wiederum gescholtenen Theologen verantwortlich, die sich gelegentlich aufgerufen fühlen, diese und manche anderen Gefahren zu benennen.

6. Minimum VI: Keine Grundlagendiskussion zum Kirchenrecht

Zwischen erstem und zweitem CIC war wohl die folgenschwerste und zukunftsträchtigste Idee, endlich zwischen strukturellem und normativem Recht in der Kirche zu unterscheiden. Das strukturelle Recht ist der Kirche weitgehend vorgegeben im so genannten göttlichen Recht, dessen Umfang unsicher ist und ständiger Korrektur unserer Einsichten unterliegt, im gleichfalls so genannten Naturrecht, aber auch in jenen dogmatischen Entscheidungen ekklesiologischer Art oder mit Auswirkungen auf den Kirchenbegriff, die durch die kirchlichen Autoritäten, die Konzilien, Papst und Bischöfe, gefasst wurden. Einsichtige Kirchenrechtler wollten diese Unterscheidung verdeutlichen und haben dies auf sehr unterschiedliche Weise und keineswegs in übereinstimmender Terminologie getan. Suchversuche sind es bis zum heutigen Tag geblieben. Immerhin hatte die Idee, der katholischen Kirche eine „Lex Ecclesiae Fundamentalis" zu geben, durchaus mit dieser Idee zu tun, ja diese Idee ist Basis jenes vorerst gescheiterten Versuchs. Der konkrete Versuch ist gescheitert, die Idee lebt jedoch. Und aus ihr dürfen, ja müssen wir geradezu berechtigte Hoffnung für eine auch in Zukunft mögliche und nötige Korrektur des Kirchenrechts schöpfen. Das struk-

---

6 LEYS, Ad, Ecclesiological Impacts of the Principle of Subsidiarity, Kampen 1995.

turelle Recht ist Richtschnur, nicht nur Interpretationshilfe des normativen Rechts. Auch wenn – und dies ist ja durchaus eine der Intentionen der Kodifikation gewesen – der neue CIC den Eindruck der Unveränderlichkeit seiner Normen für unabsehbare Zeit erweckt, ist dem zu widersprechen. Jede seiner Normen muss sich am strukturellen Recht messen lassen. Dass dann manche seiner Normen nicht bestehen können, ist im Einzelfall darzustellen.

Studiert man regelmäßig im internationalen Rahmen die kirchenrechtlichen Veröffentlichungen (Monographien, Artikel) und besucht man die entsprechenden Fachkongresse, muss man allerdings zu dem Ergebnis kommen, dass sich die meisten Kirchenrechtler überhaupt nicht mit der derzeitigen Problematik oder gar mit der Zukunft ihres Faches befassen. In den Ländern der nördlichen Hemisphäre beschäftigen sich die Kanonisten weitgehend mit historischer Forschung, der Kommentierung des Codex Iuris Canonici von 1983, wobei immer noch dem Eherecht und dessen vielfältigen Aspekten gerade auch im Bereich des Prozessrechtes besondere Aufmerksamkeit geschenkt wird; einige wenige befassen sich mit fundamental-theoretischen Fragen, etwa im Hinblick auf die theologische Grundlegung des Kirchenrechts. Das heißt, man beschäftigt sich eben nicht, wie Piet HUIZING es vor vierzig Jahren tat, mit der präliminären Frage, ob das herkömmliche Kirchenrecht heutzutage überhaupt noch sinnvoll ist, die Kirche nicht statt dessen zu einer weiträumigen Kirchenordnung übergehen sollte, in welche die Teilkirchen jenes spezifische Kirchenrecht einbauen können, das ihrer gesellschaftlichen Lage und ihren Bedürfnissen entspricht. Würde man sich mit dieser grundsätzlichen Frage überhaupt befassen, müssten sich auch die Kirchenrechtler der Frage stellen, ob sie in der bisherigen Weise weitermachen können oder ob es nicht ehrlicher ist, die Arbeit an und für ein überholtes Rechtssystem einzustellen. Vorschläge zur Veränderung des Kirchenrechts wurden im Zuge der „Erneuerung" des Kirchenrechts ja zur Genüge gemacht. Doch wie wurden sie in Rom aufgenommen? Jedenfalls war das Ergebnis, der Codex von 1983, für die kritischen Kirchenrechtler eine große Enttäuschung.

7. Minimum VII: Zum Verhältnis von Theologie und Kirchenrecht

Nun komme ich auf ein sehr reales *minimum canonicum* zu sprechen. Mit Erstaunen und Betroffenheit hat mich dieses Verhältnis oder besser gesagt: Unverhältnis zwischen Theologie und Kirchenrecht während meiner niederländischen Jahre stets begleitet. Das Wörtchen „minimum" trifft meiner Einschätzung nach auf dieses Verhältnis zu. Immerhin gab es eine Reihe von Kirchenrechtlern, protestantischen wie später auch katholischen, die sich im Laufe der letzten hundert Jahre über die theologischen Grundlagen ihre Gedanken machten, die bereits erwähnten Protestanten Rudolph SOHM und Ulrich STUTZ sowie die katholischen Kirchenrechtler Joseph KLEIN, Klaus MÖRSDORF, Piet HUIZING, Eugenio CORECCO oder Antonio ROUCO VARELA, der heutige Madrider Kardinal.

Auf der Seite der Theologen bestand und besteht kaum Interesse am Kirchenrecht, nur einige der Großen unter ihnen wussten um seine Bedeutung und erörterten kirchenrechtliche Grundlagenfragen: Yves CONGAR, Karl RAHNER oder besonders der heute beinahe vergessene Gottlieb SÖHNGEN. Derartiges Desinteresse hat natürlich direkte Auswirkungen, man kann wohl sagen politische Auswirkungen: Einerseits kann und darf Kirchenrecht nicht ohne theologisch-ekklesiologische Reflexion betrieben werden. Andererseits entbehrt Theologie ohne tiefere Kenntnis des Kirchenrechts der Realitätsdimension.

Obwohl das Kirchenrecht in den amtlichen Dokumenten auf den ersten Plätzen der theologischen Disziplinen steht, in der Konstitution „Sapientia Christiana" von 1979 an achter Stelle der dort aufgeführten acht theologischen Pflichtfächer (Art. 51), im Codex Iuris Canonici von 1983 sogar an fünfter Stelle, noch vor Liturgiewissenschaft oder Kirchengeschichte (can. 252 § 3), wurde die Bedeutung des Faches Kirchenrecht in vielen Teilkirchen zurückgedrängt.

8. Der Kirchenrechtler, ein Diener

Ein Kirchenrechtler ist Diener, sicher in zweierlei Hinsicht: Er sollte Diener jener sein, die sich durch die Bestimmungen und Auslegungen des Kirchenrechtes beschwert fühlen, und er ist häufig Diener der kirchlichen Institutionen, der kirchlichen Gerichte und Verwaltung. Die letztgenannten dienenden Tätigkeiten, jene des Richters oder des Verwalters, die im Namen des Bischofs oder des Papstes tätig sind, führen nur äußerst selten zu Konflikten mit der kirchlichen Obrigkeit. Anders sieht dies aus, wenn der Kirchenrechtler sich den Adressaten des Kirchenrechts beratend zur Seite stellt, also als deren Anwalt, oder wenn er als Wissenschaftler kritische Positionen einnimmt. Tut er dies, kann er schnell in den Ruf der Illoyalität gegenüber Papst und Bischöfen gelangen. Genau dies ist aber die Situation in der katholischen Kirche. Verteidigung der Rechte der Kirchenangehörigen wird ebenso wenig gewürdigt oder anerkannt wie Kritik an kirchlichen Positionen, Institutionen oder Amtsträgern. Nie konnte ich verstehen, warum man als Kirchenrechtler abgestraft wird, in der Regel durch das Mittel der Nichtbeachtung, wenn man sich kritisch zu Fragen des Kirchenrechts äußert oder für die Amtskirche schwierige Klienten berät.

Gerade aus Enttäuschungen kann man viel lernen, gewinnt man hinzu. Ich erkannte im Laufe der Jahre immer mehr, dass Geringerwerden Zugewinn bedeutet, und das in einer Zeit, in der das tägliche Geklapper um die Bedeutung der eigenen Wissenschaft geradezu unerträglich zugenommen hat. Las ich in den letzten Jahren kirchenrechtliche oder theologische Veröffentlichungen, musste ich nicht selten an den weisen Ausspruch von Karl VALENTIN denken: „Es ist schon alles gesagt, aber noch nicht von allen."

III. Volk Gottes

Das Grundrecht der Vereinsfreiheit in der Kirche*

Adrian Loretan

Als Verein wird eine rechtlich organisierte Personenmehrheit verstanden, die sich zur Verfolgung eines konkret definierten Zwecks freiwillig und auf Dauer zusammenschließt. Die Willensbildung des Vereins erfolgt in geordneter Weise und wird durch die Statuten geregelt. Dieser Vereinswille tritt personengleich auf, als juristische Person. Er ist nicht identisch mit der Summe der Willen aller Mitglieder. Der Bestand des Vereins ist unabhängig vom Wechsel seiner Mitglieder.

Der Verbandsbegriff wird im Sinne von „Vereinsverband" verwendet. Dabei handelt es sich um einen Verein, dessen Mitglieder ausschließlich oder überwiegend rechtsfähige oder nichtrechtsfähige Vereine sind. Der keineswegs einheitliche Verbandsbegriff wird also im Sinne eines Zusammenschlusses mehrerer Vereine gebraucht, eine Art Dachverband, dem selber wieder Rechtspersönlichkeit verliehen wurde. Dazu sind die internationalen Vereine, sowie die nationalen Vereine zu rechnen, wenn sie als Zusammenschlüsse mit korporativer Untergliederung konzipiert sind.[1]

1. Das Grundrecht

1.1. Staatliches Grundrecht

Art. 20 der Allgemeinen Erklärung der Menschrechte von 1948 hält fest, dass jeder Mensch das Recht auf Versammlungs- und Vereinigungsfreiheit zu friedlichen Zwecken hat. Das Grundrecht der Vereinigungsfreiheit, das zum Standard freiheitlicher Rechtsordnungen gehört, gewährleistet den Menschen eine beliebige Gestaltung ihrer gesellschaftlichen Zusammenschlüsse. Die Menschen sind demnach ungebunden in der Wahl der Rechtsform ihrer Gruppeninitiativen. Sie müssen nicht die vom positiven Recht angebotenen Formen der Vereinsbildung benützen, sondern können die Form frei wählen, die ihnen zur Verwirklichung ihres Gemeinschaftszieles dient. Die Schranken dieser Freiheit sind die öffentli-

---

* Bei dem Beitrag handelt es sich um einen überarbeiteten Vortrag, den der Verfasser vor dem Zentralvorstand des Schweizerischen Katholischen Frauenbundes (5.12.2001 in Gersau SZ) und bei der Kaderschulung der SKF-Kantonalpräsidentinnen (10.6.2002 in Schwarzenberg LU) gehalten hat.

1 Vgl. SCHULZ, Winfried, Der neue Codex und die kirchlichen Vereine, Paderborn 1986, 65 f.

che Ordnung, die guten Sitten und die allgemeinen oder besonderen Verbote einer freiheitlichen Rechtsordnung.[2]

1.2. Kirchliches Grundrecht

Das Recht auf Vereinigungsfreiheit wird vom letzten Konzil neu auch in der Kirche als Naturrecht verstanden (VatII AA 19). Die bisherige Soziallehre der Kirche anerkannte dieses Naturrecht nur für den Bereich des bürgerlichen Rechts, nicht aber für das kirchliche Recht.[3] Der CIC von 1983 ist bei der Gewährleistung der Vereins- und Versammlungsfreiheit „vom Vorbild der weltlichen Grundrechtsverbürgungen beeinflußt."[4] Die kirchlichen Grundrechte der Gläubigen unterscheiden sich von den weltlichen Freiheitsrechten dadurch, dass sie nicht Freiheit von der Kirche, sondern in der Kirche gewähren. Sie sichern also keine Beliebigkeit, sondern religiös zu verantwortende persönliche Autonomie.

Damit ist aber noch nicht geklärt, wie die Rechte der Gläubigen gegenüber der kirchlichen Autorität grundrechtlich geschützt werden können. Innerhalb des Katalogs über die grundlegenden Pflichten und Rechte aller Gläubigen (cann. 208-223) umschreibt can. 215 CIC die Vereinsfreiheit wie folgt:

> „Den Gläubigen ist es unbenommen, Vereinigungen für Zwecke der Caritas oder der Frömmigkeit oder zur Förderung der christlichen Berufung in der Welt frei zu gründen und zu leiten und Versammlungen abzuhalten, um diese Zwecke gemeinsam zu verfolgen."

Hier ist also die Rede von der Vereinigungsfreiheit und von der Versammlungsfreiheit.[5]

Der Unterschied zwischen kirchlichen und staatlichen Grundrechten wird auch durch die Aufzählung von Zwecken deutlich, um deretwillen Vereine gegründet werden können. Staatliche Grundrechte verzichten auf solche Normelemente. Innerhalb der kirchlichen Zwecksetzung können die Gläubigen entscheiden, ob sie die Vereinsformen des CIC von 1983 (cann. 298-329) annehmen wollen, oder ob sie ihre Gruppeninitiative frei gestalten wollen. Diesen Freiraum macht auch der anschließende can. 216 CIC deutlich. Der grundrechtliche Schutz der Gruppeninitiativen wird somit in den cann. 215 und 216 gewährt.

Die Inanspruchnahme von Grundrechten darf nicht den Heilsauftrag der Kirche verdunkeln. Die Schranken kanonischer Grundrechte sind in can. 223 CIC geregelt:

---

2 Vgl. z. B. für die Schweiz Art. 23 zusammen mit Art. 36 der Bundesverfassung (1999).

3 Vgl. LORETAN, Adrian, Die theologischen und rechtlichen Rahmenbedingungen des kirchlichen Vereins, in: SKZ 158 (1990) 479.

4 SCHNIZER, Helmut, Allgemeine Fragen des kirchlichen Vereinsrechts, in: HdbKathKR^2, 569.

5 Vgl. ebd., 573.

> „§ 1 Bei der Ausübung ihrer Rechte müssen die Gläubigen sowohl als einzelne wie auch als Vereinigungen auf das Gemeinwohl der Kirche, die Rechte anderer und ihre eigenen Pflichten gegenüber anderen Rücksicht nehmen.
> § 2 Der kirchlichen Autorität steht es zu, im Hinblick auf das Gemeinwohl die Ausübung der Rechte, die den Gläubigen eigen sind, zu regeln."

Es gehört zu den Amtspflichten der Hierarchie, im Fall von Missbrauch durch konkrete Aufsichtsmaßnahmen den Umfang der Ausübung dieser Gläubigenrechte zu klären.

> „Da jedoch der CIC 1983 von einem schrankenlosen Vorbehalt zugunsten der kirchlichen Autorität ausgeht, kann von Grundrechten in einem strikten Sinn nicht die Rede sein; denn deren Wesen besteht darin, daß sie der Ausübung von amtlicher Autorität Schranken setzten."[6]

Dem wird von dogmatischer Seite entgegengehalten, dass die Gewährleistung der Freiheit in der katholischen Kirche an der Verpflichtung gegenüber der Wahrheit ihre Grenze findet, für deren Beachtung das kirchliche Lehramt eine besondere Verantwortung trägt. Wer also unter Berufung auf die Erklärung über die Religionsfreiheit des Zweiten Vatikanischen Konzils

> „unbegrenzte Meinungs- und Lehrfreiheit in der Kirche selbst fordert, der missversteht"[7]

die Religionsfreiheit. Hat aber die Anerkennung der Religionsfreiheit nach außen auch eine angemessene Gewährleistung der Gewissensfreiheit der Gläubigen nach innen zur Folge (can. 212 § 1 CIC)?

Eine gesetzlich geregelte Schrankenregelung in can. 223 § 2 CIC wäre notwendig. Die Kompetenzen der kirchlichen Autorität, die die kirchlichen Grundrechte einschränken kann, sind in can. 223 § 2 nur mit einer Schranke („im Hinblick auf das Gemeinwohl") versehen worden. Dennoch gilt:

> „Die naturrechtliche Substanz [der Grundrechte] schließt beliebige Ermesseneingriffe aus."[8]

2. Kirchliche Vereinigungsformen

Das Vereinigungsrecht der Kirche ist nicht beschränkt auf das kanonische Vereinsrecht (cann. 298-329 CIC). Zum konsoziativen Element in der Kirche zählen die Gemeinschaften des geweihten und die Gesellschaften des apostolischen Lebens, sowie die nichtkanonischen Vereinigungsformen mit kirchlicher Zielsetzung. Der CIC von 1983 kennt vier Formen kirchlicher Vereine, die sich durch

---

6 HUBER, Wolfgang, Grundrechte in der Kirche, in: RAU, Gerhard / REUTER, Hans-Richard / SCHLAICH, Klaus (Hg.), Das Recht in der Kirche I. Zur Theorie des Kirchenrechts, Gütersloh 1997, 531.

7 KASPER, Walter, Wahrheit und Freiheit. Die Erklärung über die Religionsfreiheit des II. Vatikanischen Konzils, Heidelberg 1988, 22.

8 SCHNIZER (Fn. 4), 573.

den Grad ihrer Autonomie im Hinblick auf die kirchliche Hierarchie unterscheiden. Dieses Kriterium einer größeren oder kleineren Nähe zur Hierarchie ist theologisch unzureichend. Denn die kirchenaufbauende Dynamik, die den Charismen eigen ist, steht am Ursprung von Zusammenschlüssen von Gläubigen. Sie entspricht nicht dem Kirchenbild einer *societas perfecta*, in der Recht und Institution (Hierarchie) beinahe deckungsgleich gesehen werden.[9]

- Nur solche Vereine gelten als kanonisch, die einer Minimalforderung an Kenntnisnahme bzw. Überprüfung durch die Hierarchie genügen (can. 299 § 3 CIC).
- Can. 215 CIC garantiert die grundsätzliche Vereinigungsfreiheit aller Gläubigen (Kleriker, Ordenleute und Laien). Als Grundrechtsnorm hat can. 215

  > „Vorrang vor jeder (anerkennenden oder bestätigenden) Stellungnahme der hierarchischen Organe. Aus der gleichzeitigen Geltung beider Prinzipien ergibt sich dann aber auch die Existenz eines nicht vom Codex erfassten Typus von kirchlichen Vereinigungen“[10],

  der nicht-kanonische Verein mit kirchlicher Zielsetzung.[11]

2.1. Nicht-kanonische Vereine mit kirchlicher Zielsetzung

Die Mehrzahl der katholischen Verbände im deutschsprachigen Raum ist dem Typus der nicht-kanonischen kirchlichen Vereinigungen zuzurechnen. Seine Rechtsgrundlage hat der nicht-kanonische Verein mit kirchlicher Zielsetzung in den Grundrechten der Vereinigungs- und Versammlungsfreiheit (can. 215 CIC). Es kann auch can. 216 CIC herangezogen werden:

> „Da alle Gläubigen an der Sendung der Kirche teilhaben, haben sie das Recht, auch durch eigene Unternehmungen [inceptis] ... eine apostolische Tätigkeit in Gang zu setzen oder zu unterhalten ...“.

Gruppierungen, deren Statuten von der kirchlichen Autorität nicht überprüft worden sind, fallen ebenso unter can. 216 CIC. Mit der offenen Formulierung „Unternehmungen“ hat can. 216 einen großen Raum geschaffen, der weitgehende Gestaltungsfreiheit zulässt.

---

9 Vgl. GEROSA, Libero, Charisma und Recht. Kirchenrechtliche Überlegungen zum „Urcharisma“ der neuen Vereinigungsformen in der Kirche, Einsiedeln 1989, 236-248.

10 KRÄMER, Peter, Kirchenrecht I, Stuttgart 1992, 146.

11 Die grundrechtliche Sicht des Vereinsrechts hat die Materie entscheidend verändert. Denn die *recognitio statutorum* lässt sich mindestens seit der umfassenden Regelung durch die Konstitution „Quaecumque“ von CLEMENS VIII. aus dem Jahre 1604 behaupten. Seit damals, „wenn nicht schon seit den tridentinischen Reformdekreten, war für die Mehrzahl der Vereinsarten Vorlage der Statuten und oberhirtliche Genehmigung gemeinrechtlich vorgeschrieben“: SCHNIZER, Helmut, Zur Rechtsdogmatik des kanonischen Vereinsrechtes, in: AYMANS, Winfried (Hg.), Das konsoziative Element in der Kirche, St. Ottilien 1989, 436.

> „Welche Organisationsform ein solches inceptum [Unternehmung] hat, ist der freien Entschließung der beteiligten Gläubigen überlassen. Von einer durch Brauch ... zusammengehaltenen Gemeinschaft bis zu einer hochorganisierten Korporation nach staatlichem Recht und allenfalls sogar nach supranationalem Recht kommt jede Gemeinschaftsform in Betracht.“[12]

Die Gläubigen sind zu solchen gemeinschaftlichen Unternehmungen oder Gruppeninitiativen

> „aufgrund ihrer Menschenrechte und ihrer christlichen Freiheit berechtigt. Es bedarf dazu keiner besonderen Ermächtigung im positiven Recht. ... Es ist aber durchaus möglich, daß sich ein solches inceptum [Unternehmen] auf andere kanonisch artikulierte Grundrechte berufen kann, z. B. auf eigene Spiritualität oder Forschungsfreiheit“[13] (cann. 215, 218, 225 CIC).

Der kirchliche Zweck des Vereins gibt diesen Vereinsformen einen kirchlichen Charakter. Dennoch ist es

> „nicht unbedingt erforderlich, daß sie auch eine kirchlich-rechtliche, das heißt kanonische Existenz erstreben. Daher fallen sie nicht unter die Regelungen des kanonischen Vereinsrechtes, wie es in den cc. 298-329 beschrieben ist.“[14]

Es wird also nicht verlangt, dass die Statuten eines Vereins mit kirchlichem Zweck nur nach kanonischem Recht geregelt werden müssen.[15] Vereine dieser Art können als zivilrechtlich anerkannte Vereine organisiert werden. Dieser Gruppe von Vereinigungen werden z. B. die kirchlichen Bewegungen zugezählt, die im geltenden Recht nirgends ausdrücklich erwähnt werden.[16] Denn jede Bewegung ist

> „in dem Maße ‚kirchlich‘, in dem sie an der Natur der Kirche teilhat durch das Hören auf das Wort und das Feiern der Sakramente, durch den verantwortlichen Gehorsam gegenüber den Geistesgaben und gegenüber dem Gemeinschaftsleben der ganzen Kirche, in der ... die Freiheit des Geistes sich stets mit dem Band der Autorität verbindet.“[17]

Bei den nicht-kanonischen kirchlichen Vereinigungen hat die kirchliche Hierarchie kein unmittelbares Eingriffsrecht, außer der allgemeinen Schrankenrege-

---

[12] Ebd., 431. SCHNIZER hält es nicht für vertretbar, „in der geltenden kanonischen Ordnung die Existenz von Vereinen, die sich nicht auf eine recognitio statutorum berufen können, anzunehmen“ (ebd., 432).

[13] Ebd., 431.

[14] KRÄMER (Fn. 10), 147.

[15] Ein kanonischer Verein unterliegt auch bestimmten Pflichten, welche die freie Ausübung von Rechten einschränken. Solche Rechtsbestimmungen sind gemäß can. 18 CIC eng auszulegen, d. h. sie dürfen nur ihrem genauen Wortlaut entsprechend angewendet werden. Nach dem genauen Wortlaut der cann. 298-329 CIC sind nicht alle kirchlichen Vereinigungen gemäß den cann. 215 und 216 erfasst.

[16] Vgl. KRÄMER, Peter, Kein neuer kirchlicher Verein? Zur Ordnung für die Charismatische Erneuerung im Bereich der Deutschen Bischofskonferenz, in: AYMANS (Fn. 11), 137-147.

[17] GEROSA (Fn. 9), 244.

lung in cann. 223 § 2 und 305 § 1 CIC.[18] Sie kann aber Vereinigungen empfehlen oder vor ihnen warnen. Sie kann als *ultima ratio* von den Strafbestimmungen des can. 1374 CIC Gebrauch machen.[19]

2.2. Kanonische Vereine

Die kanonischen Vereine werden vom geltenden CIC nach zwei Gesichtspunkten typisiert. Zum einen wird unterschieden zwischen den öffentlichen und den privaten Vereinen, zum anderen nach dem Aspekt der Rechtsfähigkeit. Daraus ergeben sich drei Grundtypen des kanonischen Vereins:

- Private Vereine ohne Rechtsfähigkeit;
- Private Vereine mit Rechtsfähigkeit;
- Öffentliche Vereine.

Die aus dem staatlichen Recht übernommene Unterscheidung zwischen öffentlichem und privatem Recht ist irreführend. Denn die einen kirchlichen Vereine sollen nicht dem öffentlichen Wohl, die anderen den privaten Zielen dienen. Das eigentliche Unterscheidungskriterium ist die Befähigung der öffentlichen Vereine, im Namen der Kirche, d. h. amtlich zu handeln (cann. 301 § 1, 116 § 1 CIC). Das Begriffspaar „öffentlich – privat" meint also die Unterscheidung von amtlichem und nicht amtlichem Handeln kirchlicher Vereine. Diese Unterscheidung hat Rückwirkungen auf das Verständnis der Leitungsvollmacht des Vereins.[20]

2.2.1. *Private Vereine ohne Rechtsfähigkeit*

Die privaten Vereine besitzen die Freiheit der Gründungsinitiative (can. 299 § 1 CIC), der Vereinsführung (can. 321 CIC), der Bestellung der Vorsitzenden (can. 324 CIC) und der Vermögensverwaltung (can. 325 CIC). Die grundsätzlich garantierte „Autonomie" dieses Vereinstypus (can. 323 § 1 CIC) ist eingeschränkt durch die kirchliche Überprüfung (*recognitio*) der Vereinsstatuten (can. 299 § 3 CIC), die kirchliche Aufsicht (can. 323 § 1 CIC) im Hinblick auf die Unversehrtheit von Glaube und Sitte und die Befolgung der kirchlichen Disziplin (can. 305 § 1 CIC). Hinzu kommen die Bestätigung des frei gewählten geistlichen Beraters (can. 324 § 2 CIC), die Aufsicht über die zweckgetreue Verwaltung des Vermögens (can. 325 § 1 CIC) bzw. der Verwendung frommer Verfü-

---

18 Can. 305 § 1 CIC: „Alle Vereine von Gläubigen unterliegen der Aufsicht der zuständigen kirchlichen Autorität, die dafür zu sorgen hat, daß in ihnen die Unversehrtheit von Glaube und Sitte bewahrt wird, und die darüber zu wachen hat, daß sich keine Missbräuche in die kirchliche Disziplin einschleichen ...".

19 Can. 1374 CIC: „Wer einer Vereinigung beitritt, die gegen die Kirche Machenschaften betreibt, soll mit einer gerechten Strafe belegt werden; wer aber eine solche Vereinigung fördert oder leitet, soll mit dem Interdikt bestraft werden."

20 Vgl. SOBAŃSKI, Remigiusz, Verbandsgewalt und Jurisdiktionsgewalt, in: AYMANS (Fn. 11), 223-241.

gungen (can. 325 § 2 CIC) und die Möglichkeit der Auflösung des Vereins durch die zuständige Autorität (can. 326 § 1 CIC).

Die kirchliche Autorität hat die Statuten in zwei Richtungen zu überprüfen:

- Ist den formalen und inhaltlichen Anforderungen des CIC von 1983 entsprochen worden?
- Enthalten sie nichts, was gegen Glaube oder Sitte verstößt, bzw. gegen die Kirche gerichtet ist?

Die Statutenüberprüfung hat den Charakter eines *Nihil obstat.* Sie ist keine Bestätigung und schon gar keine Genehmigung der Statuten, sondern eine Erklärung der Abwesenheit von Mängeln und gravierenden Bedenken.

> „Der kirchlichen Autorität steht es auch zu, unter Wahrung der den privaten Vereinen eignen Autonomie darauf zu achten ..., daß eine Zersplitterung der Kräfte vermieden und die Ausübung ihres Apostolats auf das Gemeinwohl hingeordnet wird" (can. 323 § 2 CIC).

Der private Verein, dem nicht ausdrücklich durch formelles Dekret kanonische Rechtspersönlichkeit verliehen wurde, ist nicht vermögensfähig. Can. 310 CIC deklariert die Vereinsmitglieder zu Miteigentümern oder Mitbesitzern

> „in Art einer schuldrechtlichen Gesamthand. Die Funktionäre des nichtrechtsfähigen Vereins sind in Vermögensdingen als Machthaber aller Mitglieder anzusehen, aber nicht als Organe"[21]

des Vereins. Ein zweckmäßiger Ausweg kann die Gründung eines Doppelvereins sein.

> „Parallel zum kirchlichen Verein wird ein staatlicher Verein errichtet, dessen Statuten weithin wörtlich mit denen des kirchlichen übereinstimmen. ... [Die Beschlüsse] sind dann rechtlich zugleich Willensäußerungen eines staatlich anerkannten Rechtsträgers. Es empfiehlt sich, in den kirchlichen Statuten eine Bestimmung aufzunehmen, daß die Beschlußvorgänge auch als die des ‚zivilrechtlichen Zwillings' zu gelten haben."[22]

2.2.2. Private Vereine mit Rechtsfähigkeit

Der CIC stellt es in das Ermessen der zuständigen kirchlichen Autorität, ob einem privaten Verein Rechtspersönlichkeit verliehen wird (can. 114 § 3 CIC). Denn Rechtsfähigkeit (Rechtspersönlichkeit) können private Vereine nur durch förmliches Dekret der zuständigen Autorität erhalten (can. 322 § 1 CIC). Die Verleihung von Rechtsfähigkeit wäre rechtlich fehlerhaft, wenn nicht vorher die Vereinsstatuten gebilligt würden (cann. 322 § 2, 117 CIC).

Die Billigung (*probatio*) setzt eine zustimmende Kenntnisnahme der Statuten voraus, die im Vergleich zur Überprüfung (*recognitio*) der Statuten des nichtrechtsfähigen Vereins eine intensivere Einverständniserklärung beinhaltet. Die

---

21 SCHNIZER (Fn. 4), 581.

22 Ebd., Fn. 14. Anders ist die Situation, wenn die staatliche Rechtsordnung Wege der Anerkennung kanonischer Rechtspersönlichkeit vorsieht, wie z. B. in Italien und Spanien.

Billigung (can. 322 § 2 CIC) geht also über die Durchsicht in can. 299 § 3 CIC hinaus. Bei der Durchsicht bestätigt die kirchliche Autorität nur die kanonische Unbedenklichkeit, bei der Billigung muss die kirchliche Autorität konkrete Elemente für die Nützlichkeit dieses Vereins feststellen.

Durch die Rechtspersönlichkeit ist der Verein Träger von Rechten und Pflichten in der Kirche (can. 113 § 2 CIC). Dies hat eine Vereinfachung im rechtsgeschäftlichen Verkehr zur Folge: Der rechtsfähige Verein ist selbst Eigentümer des Vereinsvermögens (cann. 1255, 1257 § 2 CIC), im Unterschied zum Verein ohne Rechtsfähigkeit, in dem die einzelnen Mitglieder Eigentümer des Vereinsvermögens sind (can. 310 CIC). Das Vertretungsorgan eines rechtsfähigen Vereins muss in den Statuten geregelt sein (can. 118 CIC), sowie die Verwendung des Vereinsvermögens im Falle des Erlöschens oder der Auflösung des Vereins (can. 120 § 1 CIC).

2.2.3. Öffentliche Vereine

Öffentlich wird ein kanonischer Verein dann genannt, wenn er im Namen der Kirche bzw. im Auftrag der Kirche handelt. Das Begriffspaar „öffentlich – privat" betrifft die Unterscheidung von amtlichem und nicht amtlichem Handeln kirchlicher Vereine. Die zuständige kirchliche Autorität muss einen öffentlichen Verein selbst gründen oder einen bestehenden privaten Verein zu einem öffentlichen Verein erheben. Das Errichtungsdekret verleiht zugleich die öffentliche Rechtspersönlichkeit und „soweit erforderlich, einen Sendungsauftrag" (can. 313). Die zuständigen Autoritäten für die Errichtung öffentlicher Vereine sind:

- der Heilige Stuhl für internationale Vereine,
- die Bischofskonferenz für nationale Vereine,
- der Diözesanbischof für diözesane Vereine (can. 312 § 1 CIC).

Der CIC unterscheidet zwei Gruppen von öffentlichen Vereinen:

- Öffentliche Vereine, die Zwecke verfolgen, welche der Gesetzgeber nicht der zufälligen privaten Initiative überlassen will. Die öffentlichen Vereine handeln „im Namen der Kirche" bzw. „amtlich" und wenden sich Zielen zu, „deren Verfolgung ihrer Natur nach der kirchlichen Autorität vorbehalten wird" (can. 301 § 1; vgl. cann. 312-320, 116 CIC).
- Öffentliche Vereine mit anderen geistlichen Zielsetzungen, welche durch Unternehmungen mit nichtamtlicher Zielsetzung nicht genügend betreut sind (can. 301 § 2 CIC).

> „Auf diese Weise kann z. B. ein Diözesanbischof dafür Sorge tragen, daß die Sendung der Kirche in bestimmten Bereichen durch gemeinschaftliche Ausübung des Apostolats besser erfüllt wird, als es durch einzelne Amtsträger ... geschehen könnte."[23]

---

[23] KRÄMER (Fn. 10), 150 f.

Die entscheidende Einschränkung in der Autonomie des öffentlichen kanonischen Vereins und die besondere Stellung der kirchlichen Autorität kommen in verschiedenen Bereichen zum Ausdruck:

- Die Statuten sowie eventuelle Statutenänderungen der öffentlichen Vereine werden allein durch Genehmigung (*approbatio*) der zuständigen Autorität in Kraft gesetzt (can. 314 CIC).
- Die Approbation gibt der kirchlichen Autorität die Möglichkeit inhaltlicher Einflussnahme über die vom höherrangigen Recht gestellten Anforderungen hinaus.
- Die Umschreibung der kirchlichen Autorität als „Oberleitung“ (cann. 315, 319 § 1 CIC) weist auf das hohe Maß an Einflussmöglichkeit der kirchlichen Autorität auf den öffentlichen Verein hin. Dies zeigt sich in ihrem Weisungsrecht, das über die allgemeine Aufsichtsfunktion, auch in der Vermögensverwaltung, hinausgeht. Weisungsbefugt heißt nicht weisungsverpflichtet. Der Ausdruck „Oberleitung“ darf nicht zu dem Missverständnis eines nur wiesungsgebundenen Handelns führen. Denn ein öffentlicher Verein kann durchaus im Rahmen seiner Zielsetzung und in der Rückbindung an seine Statuten auch ohne unmittelbaren Auftrag der kirchlichen Autorität handeln (can. 315 CIC). Die Autonomie bleibt auch bei einem öffentlichen Verein bestehen.
- Die kirchliche „Oberleitung“ kommt auch bei der Bestellung des Vorsitzenden des öffentlichen Vereins zum Tragen. Die Statuten haben festzulegen, ob der Vorsitzende von der kirchlichen Autorität selbst ernannt wird, nach erfolgter Wahl bestätigt wird oder aufgrund eines Vorschlagsrechts des Vereins eingesetzt wird (can. 317 § 1 CIC).
- Das Recht, den Vorsitzenden zu entlassen, kommt derselben Autorität zu, die ihn ernannt oder bestätigt hat, allerdings unter Beachtung des Statutenrechts und der allgemeinen Normen über die Amtsenthebung und nach Anhörung des Vorsitzenden selbst sowie der Vorstandsmitglieder (can. 318 § 2 CIC).
- Die „Oberleitung“ kann unter besonderen Umständen und aus schwer wiegenden Gründen einen kommissarischen Leiter des Vereins bestellen (can. 318 § 1 CIC).
- Der geistliche Assistent wird von der kirchlichen Autorität ernannt, gegebenenfalls nach Anhörung der Vorstandsmitglieder (can. 317 § 1 CIC).

Die Mitgliedschaft in öffentlichen Vereinen setzt die volle bzw. nicht schwer wiegend gestörte Kirchenzugehörigkeit voraus, da ein öffentlicher Verein im Namen der Kirche handelt. So kann nicht Mitglied werden oder bleiben,

> „wer öffentlich den katholischen Glauben aufgegeben hat oder von der kirchlichen Gemeinschaft abgefallen ist oder mit der Verhängung bzw. der Feststellung der Exkommunikation bestraft ist“ (can. 316). „Ein nichtkatholischer Christ kann somit nicht Mitglied eines öffentlichen Vereins werden.“[24]

---

[24] Ebd., 152.

Der öffentliche Verein ist Träger von Kirchenvermögen. Wie bei jeder anderen öffentlichen juristische Person (can. 1257 § 1 CIC) untersteht die Verwaltung dieses Vermögen dem V. Buch des CIC über das Kirchenvermögen. Die Gültigkeit von Handlungen der außerordentlichen Verwaltung hängt von der Erlaubnis der zuständigen Autorität ab (can. 312 CIC). Diese ist bei Werten über einer bestimmten Obergrenze der Apostolische Stuhl, auch wenn sonst eine andere Instanz im Sinne der Oberleitung zuständig ist (cann. 1292 § 2 i. V. m. 1257 § 1 CIC). Die allgemeine Verwaltung und Vertretung des Vermögens der juristischen Person steht den statutarisch vorgesehenen Organen zu.

Laien können in nichtklerikalen Vereinen die Leitung innehaben. Auch diese öffentlichen Laienvereine haben „einen Sendungsauftrag für Ziele, die sie im Namen der Kirche selbst zu verwirklichen vorhaben“ (can. 313 CIC). Denn Laien können

> „für jene kirchlichen Ämter und Aufgaben herangezogen werden, die sie gemäß den Rechtsvorschriften wahrzunehmen vermögen“ (can. 228 § 1 CIC). „Ein wirkliches Mitwirken bei der Ausübung der Leitungsgewalt bedeutet ein Mitausüben. Die Grundlage dieser Befähigung zum Mitwirken bei der Ausübung der Leitungsgewalt ruht in der durch die Taufe erworbenen Teilhabe an der Sendung Christi. Aufgrund dieser Befähigung kann der Laie ein Amt erhalten, wie auch zum Vollzug von mit Leitung verbundenen Aufgaben eingesetzt, zugelassen, beauftragt oder bestätigt werden. Leitungsvollmacht in der Kirche üben auch die Moderatoren der Gemeinschaften aus, die die Ziele der Kirche verwirklichen und von der Kirche gegründet oder anerkannt wurden“[25].

Daher besteht auch die enge Bindung an die zuständigen kirchlichen Autoritäten.

3. Aktuelle Fragen

3.1. Rechtsüberleitung

Das Inkrafttreten des CIC von 1983 hat nichts mit dem Bestand der Satzungen bestehender Vereine zu tun, da Gesetze gemäß can. 9 CIC Zukünftiges betreffen,

> „nicht das in der Vergangenheit Geschehene, wenn nicht eigens ... etwas vorgesehen ist.“

Das Vereinsrecht (cann. 298-329 CIC) enthält keine Aussagen zur Rechtsüberleitung von bereits gegründeten Vereinen. Damit ist es jedem Verein freigestellt, ob er seine bisherige Rechtsform aus Kontinuitätsüberlegungen beibehält, oder ob er einen kanonischen Vereinsstatus nach geltendem Kirchenrecht anstrebt und seine Statuten entsprechend dem CIC von 1983 anpasst. Das in can. 215 CIC gewährte Grundrecht auf Vereinigungsfreiheit verbietet es, einer Vereini-

---

25 SOBAŃSKI (Fn. 20), 240.

gung die mit dem Status eines kanonischen Vereins verbundenen Rechte und Pflichten aufzuzwingen. Ohne den kanonischen Status ist die Vereinigung als ein freier Zusammenschluss gemäß can. 215 CIC oder als ein Unternehmen gemäß can. 216 CIC zu interpretieren.

Solche Überlegungen finden sich auch in den „Kriterien für die kirchenamtliche Genehmigung von Satzungen und Satzungsänderungen von katholischen Vereinigungen", die die DBK 1993 beschlossen hat:

> „Vereinigungen, die bei Inkrafttreten des CIC bestanden haben, behalten ihren bisherigen kirchenrechtlichen Status. Soweit sie nur nach weltlichem Recht organisiert waren, kann es dabei bleiben. Soweit sie von der kirchlichen Autorität ausdrücklich genehmigt waren, können sie beschließen, den Charakter einer privaten kanonischen Vereinigung annehmen zu wollen (cc. 321-326).
> Soweit sie von der kirchlichen Autorität errichtet worden waren, haben sie den Charakter öffentlicher kanonischer Vereine (cc. 312-320). ... Vereinigungen, die ihren überkommenen Rechtscharakter ändern möchten, haben sich hierzu an die zuständige kirchliche Autorität zu wenden.
> 1. *Für die zu wählende Rechtsform* bei der Neugründung katholischer Vereinigungen und für die Wahl bzw. Bestimmung des Rechtscharakters bestehender Vereinigungen im Hinblick auf die Möglichkeiten und Erfordernisse des CIC besteht ein großer Freiraum.
> 2. Bei *Neugründungen katholischer Vereinigungen oder bei Satzungsänderungen* ist zu klären, welche kirchenrechtliche Form angesichts der eigenen Vorgehensweise und Ziele der Vereinigung am meisten angemessen ist. Die schließlich gewählte Rechtsform ist in der Satzung festzulegen. Für eine nicht kanonische Vereinigung ist die Mitwirkung der kirchlichen Autorität nur dann erforderlich, wenn die Vereinigung kraft ihrer Satzung eine besondere Verbindung mit der kirchlichen Autorität vorsieht. Für die in kanonischen Formen zu bildenden Vereinigungen (cc. 298-329) müssen die Satzungen der zuständigen kirchlichen Autorität zu der vom Recht jeweils geforderten Überprüfung (c. 299 § 3) oder Billigung (c. 322 § 2) oder Genehmigung (c. 314) vorgelegt werden."[26]

Die DBK vertritt in diesen Kriterien die Auffassung, dass die Wahl der Rechtsform eines Vereins in der freien Entscheidung des Vereins selbst liegt. Dies entspricht dem Grundrecht der Versammlungsfreiheit (can. 215 CIC). Es besteht allerdings kein Rechtsanspruch auf eine bestimmte kanonische Vereinsform.

3.2. Welcher Verein darf sich „katholisch" nennen?[27]

Kirchliche Belobigung oder Empfehlung sowie die einem Verein erteilte Berechtigung, sich „katholisch" nennen zu dürfen (can. 300 CIC), trägt für die obige Typologie nichts bei. Es handelt sich vielmehr um ein Vorbehaltsrecht der katholischen Kirche, das die Bezeichnung „katholisch" im Vereinsnamen an die Zustimmung der zuständigen Autorität (can. 312 CIC) zurückbindet. Die Zu-

---

26 In: AKathKR 162 (1993) 507 f.

27 Vgl. LORETAN, Adrian, Was ist heute noch katholisch?, in: Bulletin ET 13 (2002) 131-135.

stimmungspflicht ist in der BRD und in Österreich auch staatlich durchsetzbar. Eine Unternehmung darf sich nur mit Zustimmung der kirchlichen Autorität „katholisch“ nennen (can. 216 CIC).

Was heißt dies nun für katholische Vereine, die schon vor 1983 diesen Titel trugen? Gegen die Rückwirkung spricht das allgemeine Rückwirkungsverbot, wonach Gesetze Zukünftiges betreffen (can. 9 CIC). Vereine, die diesen Titel unwidersprochen geführt haben, besitzen „wohlerworbene Rechte“, die durch den CIC von 1983 nicht tangiert werden (can. 4 CIC). Vereine als juristische Personen „sind ihrer Natur nach zeitlich unbegrenzt“ (can. 120 CIC). Eine Anwendung der neuen Rechtslage wird dann aktuell, wenn ein Verein seine Statuten zu ändern wünscht.

> „Eine ausdrückliche Vorschrift über die Genehmigungspflicht der Namensführung ‚katholisch‘ dürfte sich nicht nachweisen lassen. ... Ohne eine ... [mindestens konklusive Zustimmung der Kirchenbehörde] wäre in Österreich und Deutschland vermutlich nicht nur eine öffentliche Unwillensäußerung, sondern auch ein Einschreiten staatlicher Stellen wegen Irreführung oder Namensmissbrauch erfolgt. ... Die ... Tatsache der Namensführung wird also in der Regel zur Entstehung von Gewohnheitsrecht geeignet gewesen sein. Dann ist der Verein aus diesem Titel berechtigt, den Namen ‚katholisch‘ auch unter Bedachtnahme auf das Inkrafttreten des c. 300, wegen dessen grundrechtlicher Verkettung zu c. 216, zu führen.“[28]

Eine hundertjährige oder unvordenkliche Namensführung „katholisch“ ist nur dann unzulässig, wenn sich ausdrückliche Verbote nachweisen lassen. Sonst besteht die Rechtsvermutung, dass ein Privileg gewährt worden ist (can. 76 § 2 CIC).

3.3. Präses

Der geistliche Berater ist für keinen kanonischen Vereinstyp verpflichtend, „wenngleich sicher wünschenswert.“[29] Diese Aussage macht der geltende CIC explizit für die privaten kanonischen Vereine (can. 324 § 2 CIC) und die öffentlichen Vereine (can. 317 § 1 CIC).

Der CIC kennt eine unterschiedliche Bezeichnung des Seelsorgers bei privaten und öffentlichen Vereinen. Bei ersteren wird er „geistlicher Berater“ (can. 324 § 2 CIC) genannt, bei letzteren „Kaplan“ bzw. „geistlicher Assistent“ (can. 317 CIC). Die Aufgaben eines Kaplans sind von Gesetzes wegen festgelegt (cann. 564-572 CIC). Es ist also bereits aus den unterschiedlichen Amtsbezeichnungen erkennbar, dass der Kaplan bzw. „assistens ecclesiasticus“ enger der kirchlichen Autorität zugeordnet ist, als dies beim geistlichen Berater einer privaten Vereinigung der Fall ist. Der Kaplan darf das Amt des Vorsitzenden in laikalen öffentlichen Vereinen nur dann ausüben, „wenn das die Statuten vorsehen“ (can. 317 § 3 CIC). Ansonsten ist es ihm nicht erlaubt, sich in die innere Leitung ein-

---

28 SCHNIZER (Fn. 4), 577 f.

29 SCHULZ, Winfried, in: MK CIC 324, 4.

zumischen (vgl. can. 567 § 2 CIC betr. die laikalen Ordensinstitute). Denn die Laien haben

> „das Recht, Vereinigungen zu gründen, zu leiten und den gegründeten beizutreten" (VatII AA 19).

3.4. Mitgliedschaft nichtkatholischer Christen in katholischen Vereinen

Viele vor dem Konzil ausschließlich katholischen Mitgliedern offenstehende kirchliche Vereine haben im Anschluss an das Zweite Vatikanische Konzil eine ökumenische Öffnung der Mitgliedschaft erlebt. Diese neue Praxis wäre Grund genug gewesen, vom kanonischen Gesetzgeber im neuen Codex für den lateinischen Rechtsbereich eine diesbezügliche verbindliche Norm zu erwarten. Er hat im CIC von 1983 auf eine solche Regelung verzichtet. Dies muss aber nicht als unökumenisches Verhalten gedeutet werden. Denn die Aufnahme von Mitgliedern in kirchliche Vereine erfolgt „nach Maßgabe des Rechts und der Statuten eines jeden Vereins" (can. 307 § 1). Nur für die öffentlichen Vereine besteht im CIC von 1983 eine Einschränkung der Mitgliedschaft.[30]

> „Aus der Betonung des Öffentlichkeitscharakters einer solchen Vereinigung und dem Schweigen des Gesetzgebers in Bezug auf die privaten kirchlichen Vereine ist zu schließen, dass eine Mitgliedschaft von Nichtkatholiken ... der Satzungsautonomie des jeweiligen Vereins entsprechend ... erfolgen kann."[31]

In den Statuten von nicht-kanonischen und privaten kanonischen Vereinen kann die Mitgliedschaft so geregelt werden, dass auch nichtkatholische Christinnen und Christen beitreten können.

4. Zusammenfassung

Das kirchliche Vereinsrecht basiert einerseits auf der grundrechtlich geschützten Vereinigungsfreiheit (VatII AA 19; can. 215 CIC). Andererseits ist das kirchliche Vereinsrecht durch eine je verschiedene Nähe zur Hierarchie geprägt. Hinter den in diesem Artikel besprochenen kirchlichen Vereinigungsformen ist unschwer die Spannung zwischen Freiheit und Bindung zu erkennen.

Die Rechte des Einzelnen wie die Rechte von juristischen Personengesamtheiten (Vereinen) existieren immer nur dort, wo es Recht gibt. Daher ist das Recht nicht der Antipode zur Freiheit, sondern Voraussetzung der Freiheit. Die Bindung an das Recht ermöglicht erst das freie Tätigwerden aller Gläubigen in der Kirche. Erst diese freiwillige Rechtsbindung wird die Grundrechtsfreiheiten

---

30 Can. 316 § 1 CIC: „Wer öffentlich den katholischen Glauben aufgegeben hat oder von der kirchlichen Gemeinschaft abgefallen ist oder mit der Verhängung bzw. der Feststellung der Exkommunikation bestraft ist, kann gültig in öffentliche Vereine nicht aufgenommen werden."

31 SCHULZ (Fn. 1), 84; vgl. auch KRÄMER (Fn. 10), 152.

auch in der Kirche zur Entfaltung bringen, so dass der durch eine freiheitliche staatliche Rechtsordnung geprägte Mensch den Satz neu verstehen kann:

> „Wo der Geist des Herrn wirkt, da ist Freiheit" (2 Kor 3, 17).

5. Ausblick

Als Gläubige in einer pluralistischen Gesellschaft müssen Juristen, Kanonisten und Theologen eine dreifache Reflexion erbringen:

> „Das religiöse Bewusstsein muss erstens die kognitiv dissonante Begegnung mit anderen Konfessionen und anderen Religionen verarbeiten.
> Es muss sich zweitens auf die Autorität von Wissenschaften einstellen, die das gesellschaftliche Monopol an Weltwissen innehaben.
> Schließlich muss es sich auf die Prämissen des Verfassungsstaates einlassen, die sich aus einer profanen Moral begründen.
> Ohne diesen Reflexionsschub entfalten die Monotheismen in rücksichtslos modernisierten Gesellschaften ein destruktives Potential."[32]

Der Jubilar, Prof. Dr. Richard PUZA, hat den Dialog zwischen den Prämissen des Verfassungsstaates und den Prämissen der Kirche geführt. Dafür gebührt ihm ein besonderer Dank. Dieser Dialog wird in Zukunft noch wichtiger werden.

---

32 HABERMAS, Jürgen, Glauben und Wissen. Friedenspreis des Deutschen Buchhandels 2001, Frankfurt a. M. 2001, 14.

Bußkanoniker der deutschen Domkapitel

Can. 508 § 1 CIC und seine partikulare Anwendung

Stephan Haering

Richard PUZA hat für beide Auflagen des kanonistischen Standardwerks „Handbuch des katholischen Kirchenrechts" die Abschnitte über die Kathedral- und Kollegiatkapitel verfasst und damit vor allem für den deutschsprachigen Bereich eine grundlegende Orientierung über die rechtliche Verfassung dieser Institutionen bereitgestellt.[1] Es scheint angemessen, in diesem Band, der Herrn Kollegen PUZA gewidmet ist, einen Aspekt aus dem Kapitelswesen näher zu untersuchen. Dazu besteht umso mehr Anlass, als in den Jahren 1984 bis 2002 nahezu alle deutschen Domkapitel sich Statuten gegeben und damit die Rechtslage erneuert haben. Zum großen Teil handelt es sich bei den Statuten um Überarbeitungen oder Neufassungen jener Satzungen, welche unter der Herrschaft des CIC/1917 für die Kapitel erlassen worden sind.[2] In jenen Diözesen, die im Gefolge der deutschen Wiedervereinigung durch den Apostolischen Stuhl 1994 (bzw. 1995) neu errichtet und in denen auch neue Kathedralkapitel geschaffen worden sind[3], haben wir es jedoch mit gänzlich neuen Statuten zu tun.

Thema der folgenden Ausführungen ist das Amt des Bußkanonikers.[4] Zunächst sind in je einem Abschnitt die Wurzeln und die historische Entwicklung dieses

---

1 PUZA, Richard, Die Dom- und Stiftskapitel, in: HdbKathKR[1], 376-380; DERS., Die Dom- und Stiftskapitel, in: HdbKathKR[2], 475-479.

2 Von den Domkapiteln der „alten", d. h. bereits vor der Neuordnung der Diözesanstrukturen im Norden und Osten Deutschlands nach der Wiedervereinigung bestehenden Diözesen hat lediglich das Kathedralkapitel des Bistums Eichstätt seine Statuten von 1927 beibehalten.

3 Vgl. dazu HAERING, Stephan, Die Verträge zwischen dem Heiligen Stuhl und den neuen Bundesländern aus den Jahren 1994 bis 1998, in: FS Listl, 774 f.

4 Bei der Literatur, die den Bußkanoniker nicht nur beiläufig thematisiert, handelt es sich weit überwiegend um knappe Beiträge in Nachschlagewerken: SENTIS, Franz, Die Praebenda theologalis und poenitentialis in den Capiteln. Eine canonistische Abhandlung, Mainz 1867; PERMANEDER, Michael, Pönitentiar, in: Wetzer und Welte's Kirchenlexikon X, Freiburg i. Br. [2]1897, 117 f.; HARING, Johann, Pönitentiar, in: Kirchliches Handlexikon II, Freiburg i. Br. 1912, 1539 f.; CAVIGIOLI, Iohannes, De iurisdictione canonici poenitentiarii, in: Apoll 8 (1935) 126-129; HARING, Johann, Pönitentiar, in: LThK[1] VIII, 368; SOUARN, Romualdo, Canonico penitenziere, in: Enciclopedia cattolica III, Città del Vaticano 1949, 567 f.; JORIO, Thomas A., Canonicus paenitentiarius, in: Dictionarium morale et canonicum I, Roma 1962, 526 f.; HOFMANN, Linus, Pönitentiar, in: LThK[2] VIII, 609; GHESQUIÈRES, Louis-Étienne, Pénitencier (Chanoine), in: Catholicisme X, Paris 1985, 1172; Penitenziere capitolare, in: CHIAPETTA, Luigi, Prontuario di

Amtes darzustellen (1.) und die relevanten Bestimmungen des allgemeinen Rechts zu untersuchen (2.), um dann in einem weiteren Schritt auf Basis der Statuten der Domkapitel[5] die aktuelle partikulare Ordnung in Deutschland zu analysieren (3.). Abschließende Bemerkungen fassen zusammen und versuchen Perspektiven aufzuzeigen (4.).

1. Zur geschichtlichen Entwicklung des Bußkanonikers

Die Handhabung der kirchlichen Bußdisziplin war, historisch gesehen, in erster Linie eine bischöfliche Aufgabe. Im Lauf der Jahrhunderte übertrugen die Bischöfe ihre Bußgewalt in gewissem Umfang auf die mit seelsorglichen Aufgaben betrauten Priester. Daneben wurden immer wieder einzelne Priester mit einer umfassenden Vollmacht versehen, um den Bischof im Bereich des Bußwesens vertreten zu können.[6] Im hohen Mittelalter findet sich dann in verschiedenen Diözesen ein eigenes Amt (*generales dioecesis confessarii, poenitentiarii*), dessen Inhaber besondere Vollmachten hinsichtlich des Bußsakramentes besitzen, die anderen Priestern nicht zukommen.[7] Auf dem IV. Laterankonzil (1215) bestimmte Papst INNOZENZ III. (1198-1216)[8] allgemein, dass an den Kathedralen und den anderen Kirchen mit einer Priestergemeinschaft zur Unterstützung des Bischofs in seinen seelsorglichen Aufgaben geeignete Priester für Predigt und Bußwesen eingesetzt werden.[9]

---

diritto canonico e concordatario, Roma 1994, 881 f.; SCHICK, Ludwig, Bußkanoniker, in: LThK³ II, 837 f.; GUTH, Hans-Jürgen, Pönitentiar, in: LThK³ VIII, 414; GEHR, Josef, Bußkanoniker, in: LKStKR I, 313 ff.

5 Eine Auflistung der geltenden Statuten der deutschen Domkapitel (mit Angaben zu den Fundorten, falls sie veröffentlicht sind) findet sich am Ende dieses Beitrags. Im Jahr 2003 soll in der Reihe „Subsidia ad ius canonicum vigens applicandum" eine vom Verfasser mitverantwortete Textausgabe dieser Statuten erscheinen, wie sie für Österreich bereits seit langem vorliegt: HIRNSPERGER, Johann, Statuten der österreichischen Domkapitel, Metten 1992. Zitiert werden die Bestimmungen der deutschen Kapitelsstatuten einfach mit Angabe des Sitzes des betreffenden Kapitels und der Norm (z. B. Aachen Art. 1 Abs. 1).

6 Vgl. SENTIS (Fn. 4), 4 f.

7 Vgl. ebd., 5.

8 Vgl. KÖLZER, Theo, Innozenz III., in: STEIMER, Bruno (Red.), Lexikon der Päpste und des Papsttums, Freiburg i. Br. u. a. 2001, 157-161.

9 Conc. Lat. IV c. 10 = X 1, 31, 15: „... Unde praecipimus tam in cathedralibus quam in aliis conventualibus ecclesiis viros idoneos ordinari, quos episcopi possint coadiutores et cooperatores habere, non solum in praedicationis officio verum etiam in audiendis confessionibus et poenitentiis iniungendis ac caeteris, quae ad salutem pertinent animarum." Zur geschichtlichen Entwicklung vgl. auch die Überblicke bei: HINSCHIUS, Paul, System des katholischen Kirchenrechts mit besonderer Rücksicht auf Deutschland II, Berlin 1878 (Nachdr. Graz 1959), 121-124; HOFMEISTER, Philipp, Bischof und Domkapitel nach altem und nach neuem Recht, Neresheim 1931, 78-81, 98 f.; TORQUEBIAU, Pierre, Chapitres de chanoines, in: DDC III, 550 f.

Das Konzil von Trient (1545-1563) kam in seiner Reformgesetzgebung auf das Amt eines Bußpriesters an den Kathedralen zurück und legte fest, dass nach Möglichkeit an allen Kathedralen ein Pönitentiar als Kanoniker und Inhaber einer Pfründe eingesetzt werden solle. Für ein solches Kanonikat sollten bevorzugt Magistri, Lizenziaten oder Doktoren der Theologie oder des kanonischen Rechtes mit einem Mindestalter von 40 Jahren oder sonstwie geeignete Kandidaten in Betracht gezogen werden. Eigens bestimmte das Konzil, dass dieser Bußkanoniker seiner Chorpflicht auch entspreche, wenn er während des Gottesdienstes Beichte höre.[10] Die Regelung des Tridentinums hatte zur Folge, dass nun das Amt des Pönitentiars zumeist mit einem bestimmten Kanonikat und einer Pfründe verbunden war.

Die Bestimmungen des Konzils von Trient über den Bußkanoniker wurden im wesentlichen in die Kodifikation des Kirchenrechts von 1917/18 übernommen. Der Gesetzgeber sah vor, dass das Amt eines Bußkanonikers nach Möglichkeit an den Kathedralen und gegebenenfalls auch an Kollegiatkirchen eingerichtet werden solle.[11] Das Doktorat der Theologie oder des kanonischen Rechts und ein Mindestalter von 30 Jahren empfahlen nach Ansicht des Gesetzgebers besonders für das Amt des Bußkanonikers, das gegebenenfalls auch auf dem Weg eines Konkurses, d. h. durch ein Bewerbungs- und Prüfungsverfahren, besetzt werden konnte.[12] Ein weiteres Amt in der Diözese durfte der Bußkanoniker nicht übernehmen oder ausüben, wenn damit Jurisdiktion im äußeren Rechtsbereich verbunden war.[13] Im Gesetzbuch von 1917 wurde nun auch die Amtsvollmacht des Bußkanonikers genau bestimmt und festgelegt, dass er mit ordentlicher, nicht delegierbarer Gewalt von Sünden und Beugestrafen lossprechen konnte, deren Absolution dem Bischof vorbehalten war; diese Vollmacht konnte gegenüber den Diözesanangehörigen überall, gegenüber Diözesanfremden aber

---

10 Conc. Trid. sess. XXIV de ref. can. VIII: „... In omnibus etiam cathedralibus ecclesiis, ubi id commode fieri poterit, poenitentiarius aliquis cum unione praebendae, proxime vacaturae, ab episcopo instituatur, qui magister sit vel doctor aut licentiatus in theologia vel iure canonico, et annorum quadraginta, seu alias, qui aptior pro loci qualitate reperiatur; qui, dum confessiones in ecclesia audiet, interim praesens in choro censeatur."

11 Can. 398 CIC/1917: „§ 1. In nulla ecclesia cathedrali desit officium canonici theologi et, ubi id fieri poterit, canonici poenitentiarii.

§ 2. Etiam in collegialibus, praesertim insignibus, officium canonici theologi et poenitentiarii constitui potest."

Zur Konzeption des Amtes nach dem CIC/1917 vgl. auch TORQUEBIAU (Fn. 9), 569 f.

12 Can. 399 §§ 1, 2 CIC/1917: „§ 1. Canonicus theologus et poenitentiarius eligantur qui aptiores pro loci qualitate ad propria munera adimplenda reperiantur; sed, ceteris paribus, praeferantur doctores in sacra theologia, si agatur de canonico theologo, in sacra theologia vel iure canonico, si de poenitentiario; expedit praeterea ut canonicus poenitentiarius aetatis annum tricesimum expleverit.

§ 2. Praebenda theologalis et poenitentiaria ne conferantur, nisi prius de vita, moribus, doctrina candidatorum plane constiterit, salva lege concursus, ubi sit constituta."

13 Can. 399 § 3 CIC/1917: „Canonicus poenitentiarius prohibetur aliud simul officium in dioecesi suscipere aut exercere, cui adnexa sit iurisdictio in foro externo."

nur innerhalb der Diözese ausgeübt werden.[14] Der Bußkanoniker musste laut gesetzlicher Vorschrift zu einer bestimmten, vom Bischof festgelegten und für die Gläubigen günstigen Zeit in seinem Beichtstuhl in der Kapitelskirche zum Hören der Beichten zur Verfügung stehen, gegebenenfalls auch zur Zeit des Gottesdienstes.[15]

Bei der Revision des kirchlichen Gesetzbuchs oblag die Bearbeitung der Normen über die Kanonikerkapitel der Studiengruppe „De clericis – De sacra hierarchia". Mit dieser Materie beschäftigte sich die Studiengruppe erstmals in ihrer Sessio VII vom 2.-9. Februar 1970.[16] Man einigte sich grundsätzlich auf die Möglichkeit, die Kapitel gemäß dem Votum der Bischofskonferenz beizubehalten bzw. dort, wo bisher keine Kapitel vorhanden waren, solche neu zu errichten. Die ausführlichen Bestimmungen, welche im CIC/1917 zu Dignitäten und Ämtern in den Kapiteln enthalten waren, sollten künftig im allgemeinen Recht entfallen. Dies sollte durch die Statuten geregelt werden, in denen auf jeden Fall das Amt des Vorsitzenden vorzusehen war.[17] Demnach wäre im allgemeinen Recht das Amt des Bußkanonikers weggefallen. In der folgenden Sessio VIII der Studiengruppe vom 5.-10. Oktober 1970 änderte sich jedoch die Lage.[18] Auf Vorschlag des Beigeordneten Sekretärs der CIC-Reformkommission, Willem ONCLIN, wurde, ohne nähere Begründung im Protokoll, can. 401 § 1 CIC/1917 und damit das Amt des Bußkanonikers in den Entwurf des neuen kodikarischen Rechtes übernommen.[19] Im weiteren Reformprozess wurde der Text der Norm über den Bußkanoniker nur noch sprachlich verändert.[20] Die Beibehaltung des Amtes im allgemeinen Recht stand jedoch nicht mehr in Frage.

---

14 Can. 401 § 1 CIC/1917: „Poenitentiarius canonicus tum ecclesiae cathedralis tum ecclesiae collegialis obtinet a iure potestatem ordinariam, quam tamen aliis delegare non potest, absolvendi etiam a peccatis et a censuris Episcopo reservatis, in dioecesi extraneos quoque, et dioecesanos extra territorium quoque dioecesis." Vgl. dazu CAVIGIOLI (Fn. 4).

15 Can. 401 § 2 CIC/1917: „Debet in sede excipiendis confessionibus sibi in capitulari ecclesia destinata residere tempore ad fidelium commoditatem, iudicio Episcopi, opportuniore et praesto esse iis qui ad confitenda sua peccata accedunt ipso quoque divinorum officiorum tempore."

16 Vgl. Protokoll der Sitzung, in: Comm 24 (1992) 56-91.

17 Vgl. ebd., 69 f.

18 Vgl. Protokoll der Sitzung, in: ebd., 92-127.

19 Vgl. ebd., 101 und 126; ebenso der bereits 1973 publizierte Bericht Willem ONCLINS über die Ergebnisse der ersten Phase der Arbeiten der Studiengruppe, in: Comm 5 (1973) 232 f.

20 Vgl. dazu Protokoll von Sessio XVI der Studiengruppe v. 15.-19.12.1975, in: Comm 25 (1993) 134; Schema canonum libri II De populo Dei (1977), can. 322; Schema Codicis Iuris Canonici (1980), can. 428; Relatio complectens (1981), in: Comm 14 (1982) 219; Schema novissimum Codicis Iuris Canonici (1982), can. 508 § 1.

2. Geltendes Recht

Der 1983 in Kraft getretene CIC erwähnt den Bußkanoniker an drei Stellen. In can. 508 § 1 CIC, der wichtigsten relevanten Norm, wird das Amt als solches umschrieben.[21] Eher beiläufig wird es an den beiden anderen Stellen berücksichtigt. Can. 478 § 2 CIC legt in seinem ersten Halbsatz die Unvereinbarkeit der Ämter von Bußkanoniker und Generalvikar bzw. Bischofsvikar fest.[22] Can. 968 § 1 CIC statuiert, dass der Bußkanoniker zu jenen kirchlichen Amtsträgern gehört, die kraft ihres Amtes die Befugnis besitzen, Beichten zu hören.[23]

2.1. Allgemeines

Im Vergleich mit der Ordnung des CIC/1917 fällt auf, dass die früher relativ ausführlichen Bestimmungen zum Bußkanoniker im Recht der Kanonikerkapitel (cann. 503-510 CIC) auf eine einzige Norm reduziert worden sind. Diese Tatsache erklärt sich aus der bei der CIC-Reform vorhandenen Tendenz, die Ordnung der Kapitel weitgehend deren Statuten zu überlassen. Mit der Beschränkung auf eine einzige Norm geht jedoch eine wichtige inhaltliche Veränderung einher. Während gemäß dem CIC/1917, der insoweit in der Tradition des Konzils von Trient stand, die Bestellung eines Bußkanonikers (im Gegensatz zur Bestellung des *Canonicus Theologus*) nicht zwingend vorgesehen, sondern nachdrücklich empfohlen war, muss nach dem geltenden CIC auf jeden Fall ein Bußkanoniker eingesetzt werden. Diese Feststellung stützt sich auf den Wortlaut des Gesetzbuchs, das ohne jede Einschränkung von der Existenz eines Bußkanonikers dort ausgeht, wo ein Kapitel vorhanden ist. Die mögliche Berufung auf can. 6 § 2 CIC, d. h. auf die Pflicht zur Auslegung des Gesetzes im Licht der kanonischen Tradition[24], und das darauf aufbauende Argument, dass die vorgenommene Straffung des Gesetzes die einschränkende Klausel („ubi id fieri poterit") zwar im Text, aber nicht der Sache nach beseitigt habe, vermag nicht zu überzeugen. Denn der Gesetzgeber verlangt in can. 508 § 2 CIC, einer im CIC/1917 nicht

---

21 Can. 508 § 1 CIC: „Paenitentiarius canonicus tum ecclesiae cathedralis tum ecclesiae collegialis vi officii habet facultatem ordinariam, quam tamen aliis delegare non potest, absolvendi in foro sacramentali a censuris latae sententiae non declaratis, Apostolicae Sedi non reservatis, in dioecesi extraneos quoque, dioecesanos autem etiam extra territorium dioecesis."

22 Can. 478 § 2 CIC: „Vicarii generalis et episcopalis munus componi non potest cum munere canonici paenitentiarii, neque committi consanguineis Episcopi usque ad quartum gradum."

23 Can. 968 § 1 CIC: „Vi officii pro sua quisque dicione facultate ad confessiones excipiendas gaudent loci Ordinarius, canonicus paenitentiarius, itemque parochus aliique qui loco parochi sunt."

24 Vgl. dazu SCHNIZER, Helmut, Canon 6 und der Stellenwert des alten Rechts, in: FS May, 75-80 (wieder abgedr. in: DERS., Rechtssubjekt, rechtswirksames Handeln und Organisationsstrukturen. Ausgewählte Aufsätze aus Kirchenrecht, Rechtsgeschichte und Staatskirchenrecht, Fribourg 1995, 613-618).

vorhandenen, gänzlich neuen Norm, dass der Diözesanbischof bei Fehlen eines Kapitels einen Priester bestellen muss, der die Aufgabe des Bußkanonikers wahrnimmt.[25] Daher ist es unzweifelhaft die Absicht des Gesetzes, dass es dort, wo ein Kapitel existiert, auch einen Bußkanoniker geben muss.

2.2. Amtscharakter und Amtsbefugnisse

Ohne Zweifel handelt es sich beim Bußkanoniker um eine Einrichtung, die alle Merkmale des kirchlichen Amtsbegriffs aufweist.[26] Mit diesem Amt ist nicht nur die Beichtbefugnis, sondern auch die Ausübung hoheitlicher kirchlicher Vollmacht verbunden.[27]

Der Bußkanoniker hat zum einen kraft Amtes Beichtbefugnis. Das bedeutet, dass er innerhalb der Diözese die Beichte aller Gläubigen entgegennehmen kann (can. 968 § 1 CIC). Außerhalb der Diözese kann er auf jeden Fall die Beichten von Diözesanangehörigen hören, aber aufgrund can. 967 § 2 CIC auch aller anderen Gläubigen. Die Ausübung der Befugnis, Beichten von Diözesanen außerhalb der Diözese zu hören, kann dem Bußkanoniker nicht, wie es bei anderen Beichtvätern möglich ist, vom jeweils zuständigen Ortsordinarius verwehrt werden; die in can. 508 § 1 CIC statuierte Vollmacht des Bußkanonikers ist insoweit als eine *lex specialis* gegenüber can. 967 § 2 CIC anzusehen.

Neben der Beichtbefugnis hat der Bußkanoniker kraft Amtes zum anderen die Vollmacht, einen Straftäter in der Beichte von allen als Tatstrafen zugezogenen und nicht im äußeren Rechtsbereich festgestellten Beugestrafen loszusprechen,

---

[25] Can. 508 § 2 CIC: „Ubi deficit capitulum, Episcopus dioecesanus sacerdotem constituat ad idem munus implendum."

[26] Vgl. can. 145 § 1 CIC; MAY, Georg, Das Kirchenamt, in: HdbKathKR^2, 175 f.

[27] STOFFEL, Oskar, in: MK CIC 508, 1 vertritt unter Verweis auf die – dem Sprachgebrauch insbesondere des Beichtrechts (z. B. cann. 966 § 1, 968 § 1 CIC) entsprechende – Verwendung des Begriffs „facultas" in can. 508 § 1 CIC (an Stelle von „potestas" in can. 401 § 1 CIC/1917) die Auffassung, es handle sich bei der Vollmacht des Bußkanonikers nicht um Leitungsgewalt (vgl. cann. 130, 131 CIC), sondern um eine ständige Vollmacht (can. 132 CIC). Wörtlich schreibt STOFFEL: „Die potestas ordinaria ist an ein Amt gebunden und impliziert die Ausübung der Leitungsgewalt ... Der Bußkanoniker übt kein Amt in diesem Sinne aus." Dem ist entgegenzuhalten, dass die Lösung eines Straftäters von einer nicht deklarierten Tatstrafe, die zum Kernbestand der Amtsvollmacht des Bußkanonikers gehört, zweifellos Ausübung von Leitungsgewalt darstellt, die gemäß can. 130 CIC gegebenenfalls auch auf den inneren Bereich beschränkt sein kann. Im übrigen ist darauf hinzuweisen, dass ständige Vollmachten gerade nicht zu den ordentlichen, d. h. originär mit einem Amt verbundenen Befugnissen gehören; der Bußkanoniker aber hat, wie der Gesetzestext sagt, kraft Amtes eine ordentliche Befugnis. STOFFELS irriger Ansicht folgt FRANITZA, Andreas, Das Domkapitel zu Hildesheim in der Zeit zwischen Preußenkonkordat (1929) und Niedersachsenkonkordat (1965) und seine Statuten von 1984, Frankfurt a. M. u. a. 2001, 147 f. Zutreffend wird der Amtscharakter der Aufgabe des Bußkanonikers gesehen bei AYMANS / MÖRSDORF II, 404; WEIGAND, Rudolf, Das Bußsakrament, in: HdbKathKR^2, 849.

soweit sie nicht dem Apostolischen Stuhl zur Lossprechung reserviert sind. Diese Befugnis entspricht jener, die jeder Ordinarius im Hinblick auf seine Untergebenen und die Personen, die sich in seinem Gebiet aufhalten oder dort straffällig geworden sind, auch im äußeren Rechtsbereich ausüben kann (can. 1355 § 2 CIC, HS 1). Innerhalb der Beichte hat dieselbe Vollmacht jeder geweihte Bischof im Hinblick auf alle Straftäter (can. 1355 § 2 CIC, HS 2).

Beugestrafen sind Exkommunikation, Interdikt und Suspension (cann. 1331-1335 CIC). Nach dem Recht des CIC treten für folgende Straftaten Beugestrafen als Tatstrafen ein, ohne dass ein Lossprechungsvorbehalt für den Apostolischen Stuhl besteht[28]:

- can. 1364 CIC: Apostasie, Häresie und Schisma: Exkommunikation[29];
- can. 1370 § 2 CIC: Anwendung physischer Gewalt gegen einen Bischof: Interdikt; bei einem Kleriker als Straftäter zusätzlich die Suspension[30];
- can. 1378 § 2 CIC: Versuch der Feier der Eucharistie durch einen Nichtpriester, Versuch der Ausübung einer fehlenden Beichtbefugnis: Interdikt für Laien, Suspension für Kleriker[31];
- can. 1383 CIC Satz 2: Unrechtmäßiger Empfang der Diakonen- oder Priesterweihe: Suspension[32];
- can. 1390 § 1 CIC: Falschanzeige eines Beichtvaters wegen Sollizitation: Interdikt; bei einem Kleriker als Straftäter zusätzlich die Suspension[33];
- can. 1394 § 1 CIC: Versuch der Eheschließung durch Kleriker: Suspension[34];
- can. 1394 § 2 CIC: Versuch der Eheschließung durch laikale Religiosen mit ewigen Gelübden: Interdikt[35];
- can. 1398 CIC: Vollendete Abtreibung: Exkommunikation.[36]

Zu diesen im CIC normierten und nicht dem Apostolischen Stuhl zur Lossprechung vorbehaltenen Straftatbeständen können gegebenenfalls noch weitere hinzukommen, die auf einem universalen oder partikularen Strafgesetz beruhen und ebenfalls mit von selbst eintretenden Beugestrafen geahndet werden. Der Buß-

---

28 Vgl. die Zusammenstellungen bei HUIZING, Peter J., Beichtväter und Strafrecht, in: FS Heinemann (60), 363 f.; sowie REES, Wilhelm, Die Strafgewalt der Kirche. Das geltende kirchliche Strafrecht – dargestellt auf der Grundlage seiner Entwicklungsgeschichte, Berlin 1993, 494. Die dem Apostolischen Stuhl zur Lossprechung vorbehaltenen, als Tatstrafen eingetretenen Beugestrafen sind zusammengestellt bei HUIZING, 363; STRIGL, Richard A., Päpstliche Reservationen im neuen CIC/1983, in: FG Schwendenwein, 564; REES, 494.

29 Vgl. REES (Fn. 28), 426-429.

30 Vgl. ebd., 439 ff.

31 Vgl. ebd., 453 ff.

32 Vgl. ebd., 459 f.

33 Vgl. ebd., 467 f.

34 Vgl. ebd., 472 ff.

35 Vgl. ebd., 475.

36 Vgl. ebd., 481-484.

kanoniker kann kraft Amtes auch von Beugestrafen lösen, die auf Bestimmungen solcher Art beruhen.

Der Bußkanoniker kann seine Vollmacht zur Lösung von Beugestrafen der genannten Art nur im Rahmen der Beichte ausüben.[37] Dies bedeutet, dass der gewährte Strafnachlass dem Beichtgeheimnis unterliegt und weder im inneren nichtsakramentalen noch im äußeren Rechtsbereich nachgewiesen werden kann. Die Lösung von einer Beugestrafe durch den Bußkanoniker bleibt absolut unbeweisbar.[38] Dies kann gegebenenfalls zur Folge haben, dass eine durch den Bußkanoniker bereits nachgelassene Beugestrafe bei späterem Bekanntwerden der Straftat im äußeren Rechtsbereich doch noch deklaratorisch festgestellt wird und damit eine Differenz zwischen den Rechtsverhältnissen von *forum externum* und *forum internum* eintritt. Eine solche Konstellation, wie sie in ähnlicher Weise auch im Zusammenhang der Erteilung von Dispensen innerhalb der Beichte vorkommen kann, ist zwar nicht wünschenswert, wird im kanonischen Recht aber angesichts der Vorteile, welche die Unterscheidung von innerem (nicht-sakramentalem und sakramentalem) und äußerem Rechtsbereich mit sich bringt, in Kauf genommen.

2.3. Bestellung

Im CIC wird das Amt des Bußkanonikers erwähnt, aber nichts ausdrücklich zu der Art und Weise seiner Bestellung gesagt. Man kann die Auffassung vertreten, dass es sich beim Bußkanoniker um ein Kapitelsamt handle und daher die Bestellung durch das Kapitel selbst angemessen sei. Für diesen Standpunkt spricht auch die Beobachtung, dass für den Diözesanpönitentiar gemäß can. 508 § 2 CIC die Bestellung durch den Diözesanbischof explizit vorgesehen ist, während in § 1 desselben Canons über den Bußkanoniker der Diözesanbischof nicht erwähnt wird.

Dieser Interpretation lässt sich die Auffassung entgegenstellen, dass dem Diözesanbischof die Übertragung des Amtes des Bußkanonikers zustehe. Neben dem allgemeinen Grundsatz der freien Übertragung der Ämter durch den Diözesanbischof gemäß can. 157 CIC spricht dafür auch die Rechtstradition insoweit, als die relevante Bestimmung des Konzils von Trient die Einsetzung eines Bußkanonikers durch den Bischof vorsah. Die Position, dass der Bußkanoniker

---

37 PREE, Helmuth, Forum externum und forum internum. Zu Sinn und Tragweite einer Unterscheidung, in: FS Holotik, 504 vertritt die Auffassung, der Bußkanoniker könne seine Vollmacht auch im *forum internum extrasacramentale* ausüben. Dies ist nicht durch den Gesetzestext gedeckt, weil can. 508 § 1 CIC ausdrücklich von „facultas absolvendi in foro sacramentali" spricht. An anderer relevanter Stelle greift PREE diese These nicht wieder auf (vgl. die in Fn. 38 genannten Arbeiten).

38 Vgl. PREE, Helmuth, Die Ausübung der Leitungsvollmacht, in: HdbKathKR², 156; DERS., Forum externum und forum internum. Zur Relevanz des Gewissensurteils im kanonischen Recht, in: AKathKR 168 (1999) 32 f.

durch den Bischof zu bestellen sei, wird ferner durch die Natur dieses Amtes gestützt. Denn es handelt sich beim Bußkanoniker um eine Funktion, die originär bischöfliche Aufgaben wahrnimmt und hinsichtlich ihres Bereichs quasi als bischöfliches Stellvertretungsamt bezeichnet werden kann. Vor allem ist das Amt primär nicht auf das Kapitel bezogen, sondern ist im Hinblick auf alle Gläubigen eingerichtet und wirkt in die Diözese hinein. Schließlich lässt sich auch aus der systematischen Gliederung der Bestimmungen über die Kapitel ein Argument für das Besetzungsrecht des Bischofs gewinnen: In can. 507 CIC ist von den Kapitelsämtern im strengen Sinn und den Klerikern, die dem Kapitel zugeordnet sind, die Rede, während das Amt des Pönitentiars davon abgesetzt in einem eigenen Canon normiert wird.

Zusammenfassend kann man festhalten, dass das Recht zur Bestellung des Bußkanonikers wohl dem Diözesanbischof zuzusprechen ist. Eine Mitwirkung des Kapitels im Sinn eines Anhörungs-, Vorschlags- oder Zustimmungsrechtes ist nicht ausgeschlossen. Unter Umständen kann das Amt auch vom Kapitel selbst einem seiner Mitglieder übertragen werden, wenn nämlich die vom Bischof genehmigten Statuten dies zulassen und / oder das Herkommen in der Diözese dies vorsieht. Wer immer die Zuständigkeit für die Bestellung des Bußkanonikers besitzt, ist gehalten, dieses Amt ohne Verzug zu besetzen, weil es sich um ein seelsorgerisches Amt handelt (can. 151 CIC).[39]

2.4. Inkompatibilität mit anderen Ämtern

Gemäß can. 478 § 2 CIC ist das Amt des Bußkanonikers unvereinbar mit den Ämtern des Generalvikars oder des Bischofsvikars.[40] Diese Bestimmung fördert eine klare Trennung von *forum externum* und *forum internum*.[41] Insbesondere bewahrt sie einen General- oder Bischofsvikar vor der Verlegenheit, bei Bekanntwerden einer entsprechenden Straftat für das *forum externum* eine Tatstrafe feststellen zu müssen, von welcher er den Straftäter zu einem früheren Zeitpunkt, als die Tat noch nicht öffentlich bekannt war, in der Eigenschaft als Bußkanoniker im *forum internum sacramentale* bereits gelöst hatte.

In der Literatur wird die Auffassung vertreten, das Amt des Bußkanonikers sei aus sachlichen Gründen, d. h. im Interesse der angemessenen Trennung von äußerem und innerem Bereich, auch mit anderen diözesanen Ämtern unvereinbar.

---

[39] Vgl. SCHMITZ, Heribert, Officium curam animarum secumferens. Zum Begriff des seelsorgerischen Amtes, in: FS Heinemann (60), 133 f.

[40] Diese Bestimmung entspricht – unter zusätzlicher Berücksichtigung des Amtes des Bischofsvikars, dessen Einrichtung auf das II. Vatikanische Konzil zurückgeht – der Vorgängernorm can. 367 § 3 CIC/1917; bei der CIC-Reform wurde dazu kein Diskussionsbedarf gesehen (vgl. Comm 5 [1973] 226 f.; 19 [1987] 127 f.; 25 [1993] 73 f.).

[41] Die Autoren beschränken sich bei der Erörterung von can. 478 § 2 auf diese Feststellung; vgl. SCHEULEN, Roland, Das Amt des „Vicarius Episcopalis“. Ein kirchenrechtlicher Beitrag zur Ämterstruktur in der Partikularkirche, Würzburg 1991, 116; AYMANS / MÖRSDORF II, 376; BIER, Georg, in: MK CIC 578, 8.

Die Unvereinbarkeit gelte für das Amt des Offizials[42] und sogar für die Ämter von Kirchenanwalt, Diözesanrichter und Personalreferent.[43] Teilweise wird dieser Standpunkt mit Hinweis auf can. 399 § 3 CIC/1917 begründet, wo dem Bußkanoniker die Ausübung eines Amtes verboten wurde, das mit Jurisdiktionsgewalt für den äußeren Bereich ausgestattet war.[44]

Die Vertreter dieser Position verfolgen ein wichtiges Anliegen. In der Tat sollte bei der Vergabe von Ämtern generell darauf geachtet werden, dass die Amtsträger vor inneren Auseinandersetzungen oder vor dem äußeren Anschein von Rollenkonflikten bewahrt bleiben. Probleme solcher Art entstehen möglicherweise dann, wenn in einem geschützten Bereich erworbenes Wissen über Personen und deren Verhältnisse auf Entscheidungen im Gebiet der äußeren Leitung einwirken könnte. Auf Seiten der passiv Betroffenen besteht unter Umständen die Gefahr, dass sich der Eindruck eines Vertrauensmissbrauchs festsetzen könnte. Um solche Konstellationen zu verhindern, sieht der Gesetzgeber beispielsweise vor, dass Spirituale und Beichtväter in Seminaren nicht an der Entscheidung über die Zulassung von Alumnen zur Weihe oder über die Entlassung aus dem Seminar beteiligt werden dürfen (can. 240 § 2 CIC) oder dass Ordensobere die Beichte Untergebener in der Regel nicht hören dürfen (can. 630 § 4 CIC).

Gleichwohl wird man aufgrund der klaren gesetzlichen Formulierung, die lediglich die Ämter von General- und Bischofsvikar mit dem Amt des Bußkanonikers für unvereinbar erklärt, mit Bezugnahme auf can. 152 CIC keine gesetzliche Unvereinbarkeit mit weiteren Ämtern annehmen können. Es liegt freilich im Interesse des Ansehens des Bußkanonikers und damit im Interesse einer fruchtbaren Ausübung dieses Amtes, den Amtsträger so auszuwählen, dass nach sorgfältigem Ermessen Probleme ausgeschlossen bleiben.

3. Bußkanoniker in den deutschen Domkapiteln

Seit Mitte der neunziger Jahre des 20. Jahrhunderts bestehen in ganz Deutschland Strukturen der ordentlichen Kirchenverfassung. Flächendeckend sind Diözesen eingerichtet, und in allen 27 deutschen Bistümern gibt es ein Domkapitel.[45] Kraft ihrer Satzungsautonomie gemäß can. 505 CIC haben sich die Kapitel

---

[42] Vgl. GEHR (Fn. 4), 314; CLEVE, Jürgen, Inkompatibilität und Kumulationsverbot. Eine Untersuchung zu c. 152 CIC/1983, Frankfurt a. M. u. a. 1999, 194 f.

[43] Vgl. CLEVE (Fn. 42), 195 f.

[44] Vgl. GEHR (Fn. 4), 314.

[45] Das Thema Domkapitel, besonders im Hinblick auf Deutschland bzw. auf den deutschen Sprachraum, hat in den letzten Jahren mehrfach das Interesse von Autoren auf sich gezogen. Aus der neueren Literatur seien (neben den bereits in Fn. 1 aufgeführten Beiträgen von Richard PUZA) genannt: BECKER, Hans-Jürgen, Senatus episcopi. Die rechtliche Stellung der Domkapitel in Geschichte und Gegenwart, in: Jahres- und Tagungsbericht der Görres-Gesellschaft 1989, Köln 1990, 33-54; JÜSTEN, Eva, Das

Statuten gegeben, die vom zuständigen Diözesanbischof approbiert worden sind. Dieses autonome Satzungsrecht der einzelnen Kapitel geht zumeist auch auf den Bußkanoniker ein und gibt dabei teilweise einfach das kodikarische Recht wieder, trifft zum Teil aber auch eigene präzisierende Regelungen zu diesem Amt. Aus einem Vergleich der Kapitelsstatuten lassen sich interessante Beobachtungen gewinnen.

3.1. Amtsbezeichnung

Der Amtsträger des Kapitels, den das kirchliche Gesetzbuch „paenitentiarius canonicus“ (can. 508 § 1 CIC) bzw. „canonicus paenitentiarius“ (cann. 478 § 2, 968 § 1 CIC) nennt, wird – der amtlichen deutschen Übersetzung des Codex Iuris Canonici[46] entsprechend – in den Statuten der meisten Domkapitel als „Bußkanoniker“ bezeichnet.[47] Die Statuten einiger weniger Kapitel orientieren sich hingegen bei der Bezeichnung dieses Amtsträgers enger am lateinischen Text des Gesetzbuches und übernehmen entweder die dort verwendeten Bezeichnungen unverändert oder eingedeutscht. So heißt dieser Amtsträger in Hildesheim „Canonicus Paenitentiarius“[48] und in Münster „Paenitentiarius canonicus“[49], während man ihn in Dresden „Pönitentiär“ nennt.[50] In Trier trägt er die Bezeich-

Domkapitel nach dem Codex Iuris Canonici von 1983 unter besonderer Berücksichtigung der Rechtslage in Deutschland und Österreich, Frankfurt a. M. u. a. 1993; SCHMITZ, Heribert, Domkapitel in Deutschland nach der Vatikanischen Wende. Skizzen – Infos – Stolpersteine. Vollfassung des Beitrags zum Tag der Domkapitel am 10. September 1998 im Rahmen der 750-Jahrfeier der Hohen Domkirche Köln, Köln 1998; HIRNSPERGER, Johann, Das Kathedralkapitel – auch nach dem erneuerten Recht eine bedeutende Einrichtung in der Diözese, in: PAARHAMMER, Hans / RINNERTHALER, Alfred (Hg.), Österreich und der Heilige Stuhl im 19. und 20. Jahrhundert, Frankfurt a. M. u. a. 2001, 503-524; neuere Lexikonartikel: HIRNSPERGER, Johann, Domkapitel, in: LThK^3 III, 326 ff.; DERS., Kanoniker, in: LThK^3 V, 1185 f.; SCHMITZ, Heribert, Domkapitel / Domkapitular, in: RGG^4 II, 937; HIRNSPERGER, Johann, Domkapitel. I. Kath., in: LKStKR I, 469 ff. Spezielle Aspekte des Themas „Domkapitel“ werden untersucht bei HIRNSPERGER, Johann, Ehrenkanoniker in Österreich. Zur aktuellen Rechtslage, in: BUSCHMANN, Arno (Hg.), Jahrbuch der Universität Salzburg 1989-1991, München u. a. 1993, 39-50; DERS., Der Codex Iuris Canonici von 1983 und die „Canonici honorarii“. Überlegungen zur künftigen Rechtsgestalt des Ehrenkanonikerwesens, in: ÖAKR 44 (1995-97) 73-87; SCHMITZ, Heribert, Die Rechtsfigur des nichtresidierenden Domkapitulars, in: FS Listl, 875-892.

46 Codex Iuris Canonici – Codex des kanonischen Rechtes. Lat.-dt. Ausg., 5., neugestaltete und verb. Aufl., Kevelaer 2001.

47 Dies gilt für die (Erz-)Diözesen Aachen, Augsburg, Bamberg, Berlin, Essen, Fulda, Görlitz, Hamburg, Köln, Limburg, Magdeburg, Mainz, Osnabrück, Paderborn, Passau, Regensburg, Rottenburg-Stuttgart, Speyer, Würzburg.

48 Hildesheim Art. 3.

49 Münster § 20, mit in Klammern gesetzter Hinzufügung der deutschen Übersetzung „Bußkanoniker“ bei der ersten Nennung.

50 Dresden §§ 21, 29.

nung „Dompönitentiar“[51]. Die (noch) geltenden Statuten des Eichstätter Domkapitels sind 1927 im gesetzlichen Bezugsrahmen des CIC/1917 in lateinischer Sprache abgefasst und bezeichnen diesen Amtsträger, wie das Gesetzbuch selbst[52], als „Poenitentiarius Canonicus“[53]. In den Statuten der Kathedral- bzw. Metropolitankapitel von Erfurt, Freiburg und München kommt ein Bußkanoniker nicht (explizit) vor, so dass für diese Kapitel eine Aussage nicht gemacht werden kann.[54]

3.2. Amtsübertragung

Für die Form der Bestellung des Bußkanonikers trifft das kirchliche Gesetzbuch keine eindeutige Regelung, sondern stellt lediglich fest, dass es, wo ein Kapitel vorhanden ist, auch einen Bußkanoniker gebe.[55] Die Statuten der deutschen Domkapitel nutzen diesen Gestaltungsspielraum und treffen dafür verschiedene Regelungen. Folgende Modelle sind denkbar:

- Der Bischof ernennt den Bußkanoniker frei.
- Der Bischof ernennt den Bußkanoniker nach Anhörung des Kapitels.
- Der Bischof ernennt den Bußkanoniker auf Vorschlag des Kapitels.
- Das Amt des Bußkanonikers ist stets mit einem anderen, durch den Bischof zu besetzenden Amt verbunden.
- Das Kapitel selbst bestellt einen Bußkanoniker.

In allen Fällen ist selbstverständlich, dass der Bußkanoniker (*paenitentiarius canonicus*), wie schon seine Bezeichnung erkennen lässt, tatsächlich Kanoniker und Mitglied des Kapitels ist.

Die freie Bestellung des Bußkanonikers durch den Diözesanbischof ist in Augsburg, Bamberg, Dresden, Eichstätt, Fulda, Mainz, Rottenburg-Stuttgart und

---

51 Trier Art. 6, Art. 8 Abs. 4. Er ist zu unterscheiden von dem in Münster tätigen „Dompönitentiar“; vgl. dazu unten 3.6.

52 Vgl. cann. 398-401 CIC/1917; s. oben Fn. 11-15.

53 Eichstätt §§ 63, 64 Abs. 2. Ob in Eichstätt eine deutschsprachige Bezeichnung für den Bußkanoniker gebräuchlich ist, lässt sich nicht ausmachen, weil in der amtlichen Liste der Mitglieder des Eichstätter Domkapitels kein Bußkanoniker angegeben ist; vgl. Schematismus der Diözese Eichstätt, 196. Ausgabe, Eichstätt 2001, 9 ff.

54 Auch ein Blick in die diözesanen Schematismen, in denen sich die amtlichen Listen der Kapitelsmitglieder finden, hilft hier nicht weiter. Das Amt des Bußkanonikers wird bei den genannten Kapiteln nicht erwähnt, wohl aber andere Aufgaben der Mitglieder der Kapitel; vgl. Bischöfliches Ordinariat Erfurt (Hg.), Personalschematismus des Bistums Erfurt, Erfurt 2002, 10 f.; Erzbischöfliches Ordinariat in Freiburg i. Br. (Hg.), Personal-Schematismus der Erzdiözese Freiburg, Freiburg 2002, 10 f.; Schematismus der Erzdiözese München und Freising 2002/2003, 149. Ausgabe, München 2002, 25.

55 Vgl. dazu oben 2.1 und 2.3.

Speyer vorgesehen.[56] In diesen Diözesen kann der Bischof, dem allgemeinen Grundsatz der freien Ämtervergabe entsprechend (can. 157 CIC), ohne Rücksprache mit dem Kapitel einen Domkapitular zum Bußkanoniker ernennen. Natürlich bleibt es dem Bischof unbenommen, sich vor der Ernennung des Bußkanonikers mit dem Kapitel oder dessen Präses über die Angelegenheit zu beraten.

Die Ernennung des Bußkanonikers durch den Diözesanbischof nach Anhörung des Kapitels sehen die Statuten der Domkapitel von Aachen, Berlin, Görlitz, Hamburg, Hildesheim, Magdeburg, Paderborn, Passau, Regensburg und Würzburg vor.[57] Der Diözesanbischof hat in diesen Diözesen das Recht der Kapitel auf Gehör zu beachten, bevor er rechtswirksam einen Domkapitular zum Bußkanoniker ernennen kann (can. 127 § 1 CIC).[58] Im Anhörungsprozess muss der Diözesanbischof keine konkreten personellen Vorstellungen darlegen und die Stellungnahme des Kapitels zu seinem Kandidaten einholen, sondern er kann dies auch offen lassen. Die Anhörung muss in der Weise geschehen, dass sich das Kapitel in einer Sitzung mit der Angelegenheit befasst und als ganzes dem Bischof gegenüber Stellung nimmt. Eine Einzelanhörung der Mitglieder des Domkapitels durch den Bischof ist nicht statthaft, weil sie in den Statuten keines dieser Kapitel vorgesehen ist. Nach Anhörung des Kapitels ist der Bischof in seiner Entscheidung über die Besetzung frei.

Ein Vorschlagsrecht des Kapitels gegenüber dem Bischof ist für das Amt des Bußkanonikers durch die Statuten der Domkapitel von Köln, Münster und Trier vorgesehen.[59] In diesen Bistümern kann der Bischof nur jenes Mitglied des Kapitels zum Bußkanoniker ernennen, das vom Kapitel für das Amt vorgeschlagen worden ist. Allerdings ist es dem Bischof durchaus möglich, einen Vorschlag zurückzuweisen und einen neuen zu erbitten. Es ist angemessen, dass der Bischof bei einem solchen Vorgehen dem Kapitel seine Gründe bekannt macht. Analog zur Regelung für eine Präsentation sollte das Kapitel innerhalb eines Monats einen neuen Personalvorschlag unterbreiten (vgl. can. 161 § 1 CIC).

Die Statuten des Domkapitels an der Kathedralkirche in Essen legen dem Wortlaut nach fest, dass der Bischof den Bußkanoniker „nach Anhörung des Domkapitels oder dessen Vorschlag entsprechend ernennt".[60] Diese miss-

---

56 Augsburg § 19 Abs. 1; Bamberg § 23 Abs. 1; Dresden § 29 Satz 1; Eichstätt § 63; Fulda § 40 Abs. 1 Satz 1; Mainz § 17 Abs. 1 Satz 1; Rottenburg-Stuttgart Art. 6 Satz 1; Speyer § 17 Abs. 1.

57 Aachen Art. 13 Abs. 1 Satz 1; Berlin Art. 11 Abs. 1 Satz 1; Görlitz § 12 Satz 1; Hamburg § 7 Abs. 1; Hildesheim Art 3; Magdeburg Art. 13 Satz 1; Paderborn Art. 24 Satz 1; Passau § 16 Abs. 4; Regensburg § 14 Abs. 1; Würzburg § 21.

58 Vgl. dazu GÜTHOFF, Elmar, „Consensus" und „consilium" in c. 127 CIC/1983 und c. 934 CCEO. Eine kanonistische Untersuchung zur Normierung der Beispruchsrechte im Recht der Lateinischen Kirche und der Orientalischen Kirchen, Würzburg 1994.

59 Köln § 16; Münster § 20 Abs. 1 Satz 1; Trier Art. 8 Abs. 4.

60 Essen § 17: „Nach Anhörung des Domkapitels oder dessen Vorschlag entsprechend ernennt der Bischof die Ehrendomherren, die Domvikare, den Bußkanoniker, den Zeremoniar, den Kustos und den Dombaumeister."

glückte Bestimmung formuliert als mögliche Alternativen ein Anhörungs- und ein Vorschlagsrecht des Kapitels. Dem Wortlaut des Satzungstextes nach bleibt unklar, ob der Diözesanbischof das Kapitel nur anhören oder dessen Vorschlagsrecht beachten muss. Eine Erklärung für die unbefriedigende Formulierung liegt möglicherweise in der Tatsache, dass in einer einzigen Satzungsbestimmung nicht nur die Bestellung des Bußkanonikers, sondern auch der Ehrendomherren, der Domvikare, des Zeremoniars, des Kustos und des Dombaumeisters geregelt wird. Man kann sich vorstellen, dass Bischof und Kapitel jeweils darum wissen, hinsichtlich welcher Aufgaben herkömmlich das Anhörungs- oder das Vorschlagsrecht gilt.[61]

In einem Bistum, Limburg, ist das Amt des Bußkanonikers dauerhaft mit einem anderen Kirchenamt verbunden. Die Statuten des Limburger Domkapitels legen fest, dass der jeweilige Dompfarrer das Amt des Bußkanonikers wahrnimmt.[62] Der Dompfarrer ist stets residierendes Mitglied des Domkapitels und wird, den betreffenden Regelungen des Preußischen Konkordates entsprechend, entweder nach Anhörung oder mit Zustimmung des Kapitels berufen.[63] Insoweit hat das Domkapitel mittelbar Einfluss auf die Bestellung des Bußkanonikers.

Die Bestellung des Bußkanonikers durch das Kapitel selbst ist für die (Erz-)Diözesen Erfurt, Freiburg, München und Freising sowie Osnabrück theoretisch zumindest nicht völlig auszuschließen. In den Statuten der betreffenden Kapitel findet sich entweder nur ein allgemeiner und summarischer Verweis auf die kodikarische Norm zum Bußkanoniker, ohne diesen ausdrücklich zu erwähnen[64], oder es wird schlicht auf die Notwendigkeit hingewiesen, einem Domkapitular das Amt des Bußkanonikers zu übertragen.[65] In der Satzung des Metropolitankapitels München wird der Bußkanoniker weder ausdrücklich noch implizit erwähnt. Nach Herkommen könnte zumindest im Hinblick auf die älteren Kapitel eine Benennung des Bußkanonikers durch das Kapitel selbst gerechtfertigt sein, weil es an manchen Orten eine solche Praxis tatsächlich gegeben hat.[66] In Wirklichkeit aber hat in Deutschland seit der Säkularisation der Bischof den Pönitentiar aus den Kanonikern bestellt.[67] Daher spricht in den genannten Diözesen doch alles für die freie Ernennung des Bußkanonikers durch den Diözesanbischof (can. 157 CIC).[68]

---

61 Laut freundlicher Mitteilung von Offizial Domkapitular Dr. Rainer ALFS, Essen, v. 27.11.2002 ist die Bestimmung so zu verstehen, dass kein den Bischof irgendwie zwingendes Vorschlagsrecht des Domkapitels festgelegt werden sollte.

62 Limburg § 13.

63 Limburg § 1 Abs. 3, § 2 Abs. 2.

64 Erfurt Präambel; Freiburg § 2 Buchst. a.

65 Osnabrück Art. 10 Abs. 4.

66 Vgl. HOFMEISTER (Fn. 9), 98 f.; HOFMEISTER führt verschiedene historische Beispiele für die Bestellung des Pönitentiars durch das Kapitel an.

67 HOFMEISTER (Fn. 9), 99.

68 Nach § 40 Abs. 1 der Statuten des Metropolitankapitels München und Freising v. 2.12.1926 war der Bußkanoniker vom Erzbischof nach Anhörung des Kapitels zu er-

3.3. Kandidatenkreis

Aufgrund der gesetzlichen Regelung ist klar, dass der Bußkanoniker tatsächlich Kanoniker, d. h. Mitglied des Kapitels sein muss. Dem Kapitel zugeordnete Geistliche (emeritierte Kanoniker, Ehrenkanoniker, Domvikare bzw. -präbendare) kommen für das Amt nicht in Frage.

Nun gibt es aber in 14 deutschen Domkapiteln die Unterscheidung von residierenden und nicht residierenden Domkapitularen.[69] Die Statuten einiger Kapitel, die diese beiden Typen des Domkapitulars kennen, stellen klar, dass nur ein residierender Kapitular zum Bußkanoniker ernannt werden kann. Dies gilt für Hildesheim, Limburg, Münster, Paderborn und Trier.[70] Die Statuten der übrigen Kapitel mit nicht residierenden Domkapitularen, nämlich Aachen, Berlin, Erfurt, Essen, Freiburg, Hamburg, Köln, Magdeburg und Osnabrück äußern sich diesbezüglich nicht, so dass bei diesen Kapiteln prinzipiell auch ein nicht residierender Kapitular als Bußkanoniker in Betracht kommt. Allerdings wird man bei der Bestellung des Bußkanonikers auch in diesen Diözesen in der Regel auf die residierenden Kapitulare zurückgreifen, weil sie aufgrund ihres Wohnsitzes am Dom die Aufgabe leichter wahrnehmen können. Man kann sich aber auch vorstellen, dass ein nicht residierender Kapitular, dessen sonstige Aufgaben die Übernahme des Amtes des Bußkanonikers gestatten, dafür herangezogen wird, zumal dessen tagtägliche Präsenz an der Kathedrale nicht erforderlich ist und der Gesetzgeber davon ausgeht, dass das Amt zugunsten von Diözesanangehörigen gegebenenfalls sogar außerhalb der Diözese ausgeübt werden kann.

3.4. Weisungen zur Amtsführung

Die meisten Statuten der deutschen Domkapitel enthalten keine Bestimmungen zur Amtsführung des Bußkanonikers, sondern überlassen es dem Amtsträger selbst, wie er seinen Aufgaben nachkommt. Auf jeden Fall hat er die im allgemeinen Recht verankerte Bestimmung zu beachten, den Gläubigen zu bestimmten Zeiten, die diesen genehm sind, für die Spendung des Bußsakramentes zur Verfügung zu stehen (can. 986 § 1 CIC). Allerdings gibt es auch einige Kapitel, deren Statuten dazu Regelungen erlassen. Sie betreffen Ort und / oder Zeit der Spendung des Bußsakramentes. So wird etwa der Berliner Bußkanoniker angewiesen, er „soll[e] an den Sonn- und Feiertagen, vor allem während der Fasten-

---

nennen; Abdruck der Statuten bei NESNER, Hans-Jörg, Das Metropolitankapitel zu München (seit 1821), in: SCHWAIGER, Georg (Hg.), Monachium sacrum. Festschrift zur 500-Jahr-Feier der Metropolitankirche Zu Unserer Lieben Frau in München, Bd. I, München 1994, 589-594.

69 Vgl. SCHMITZ, Rechtsfigur (Fn. 45), 875 f.

70 Hildesheim Art. 3; Limburg § 1 Abs. 3 und § 13; Münster § 20 Satz 1; Paderborn Art. 24 Satz 1; Trier Art. 8 Abs. 4. Für Limburg ergibt sich die Bindung des Amtes an einen residierenden Kapitular aus der Verknüpfung mit dem Amt des Limburger Dompfarrers; vgl. oben 3.2.

zeit, der Karwoche und der Osterzeit, Beichtgelegenheit bieten."[71] Die Bußkanoniker von Fulda und Görlitz müssen zu einer für die Gläubigen „passenden" bzw. „geeigneten Zeit" im Beichtstuhl bzw. im Beichtstuhl der Kathedrale anwesend sein; der Fuldaer Bußkanoniker hat sich dabei „nach näherer Anweisung des Bischofs" zu richten.[72] Der Bußkanoniker von Magdeburg „soll zu festgesetzten Zeiten in der Kathedralkirche Beichtgelegenheit geben".[73] Sein Amtsbruder in Münster „bietet ... regelmäßig Gelegenheit zum Empfang des Sakramentes der Buße und Versöhnung an".[74]

Diese Satzungsbestimmungen sind beeinflusst durch can. 401 § 2 CIC/1917. In dieser Norm war vorgesehen, dass der Bußkanoniker zu einer für die Gläubigen günstigen Zeit nach dem Urteil des Bischofs in einem Beichtstuhl der Kapitelskirche, d. h. im Hinblick auf den Bußkanoniker eines Domkapitels in einem Beichtstuhl der Kathedrale, anwesend und zum Hören von Beichten bereit sein müsse.[75] Das Weisungsrecht des Bischofs, das hier ausdrücklich allgemein vorgesehen war, wird nur von den Fuldaer Statuten übernommen. Im übrigen zielen die Weisungen der Statuten zur Amtsführung des Bußkanonikers darauf ab, dass die Gläubigen die Dienste des Bußkanonikers auch tatsächlich in Anspruch nehmen können. Sie sind insgesamt recht allgemein gehalten und erwähnen zum Teil nicht einmal, dass der Bußkanoniker seinen Dienst vor allem in der Kathedrale ausüben soll (Berlin, Fulda, Münster). Dies scheint stillschweigend vorausgesetzt zu sein.[76] Ferner fällt auf, dass in manchen Statuten nur allgemein vom Angebot der Beichtgelegenheit (in der Kathedrale) die Rede ist, aber nicht von einer Präsenz des Bußkanonikers im Beichtstuhl (Berlin, Magdeburg, Münster). Gleichwohl ist davon auszugehen, dass der Bußkanoniker auch dieser Domkapitel seine Beichtgelegenheit vor allem im Beichtstuhl anzubieten hat. Dies entspricht den Bestimmungen von can. 964 CIC, wonach der Beichtstuhl der regelmäßige Ort der Spendung des Bußsakraments ist.[77] Gegebenenfalls kann auch ein Beichtraum in Betracht kommen.[78]

---

71 Berlin Art. 11 Abs. 2.

72 Fulda § 40 Abs. 1 Satz 4; Görlitz § 12 Satz 2. Die Fuldaer Statuten sagen nicht ausdrücklich, dass es sich um einen Beichtstuhl in der Kathedrale handeln muss.

73 Magdeburg Art. 13 Satz 2.

74 Münster § 20 Abs. 2 Satz 2.

75 S. Fn. 15.

76 Es könnte aber durchaus auch bewusst offen gehalten sein, weil der Bußkanoniker in der Wahrnehmung seiner Aufgaben und Befugnisse ja nicht exklusiv auf die Kathedrale beschränkt ist (vgl. c. 508 § 1 CIC).

77 Vgl. dazu ROTHE, Wolfgang F., De obligatione providendi ut audiantur confessiones. Kanonistisch-pastorale Anmerkungen zur Beichtpraxis, in: FKTh 17 (2001) 186-189.

78 S. dazu die geltende Partikularnorm der DBK zu can. 964 § 2 CIC, abgedr. bei SCHMITZ / KALDE², 15; vgl. dazu ALTHAUS, Rüdiger, Die Rezeption des Codex Iuris Canonici von 1983 in der Bundesrepublik Deutschland unter besonderer Berücksichtigung der Voten der Gemeinsamen Synode der Bistümer in der Bundesrepublik Deutschland, Paderborn u. a. 2000, 833-837.

Was die Zeit angeht, zu welcher der Bußkanoniker den Gläubigen zur Verfügung stehen soll, werden nur die Berliner Statuten etwas konkreter und führen die Sonn- und Feiertage sowie die österliche Buß- und Festzeit an.[79]

3.5. Inkompatibilität mit anderen Ämtern

Vom allgemeinen Kirchenrecht wird die Inkompatibilität des Amtes eines Bußkanonikers mit den Ämtern von Generalvikar und Bischofsvikar statuiert (can. 478 § 2 CIC). Die Statuten von sechs Kapiteln wiederholen diese Unvereinbarkeitsvorschrift.[80] Zwei weitere weisen auf die kodikarische Norm hin, ohne diese inhaltlich wiederzugeben.[81] Die entsprechenden Satzungsbestimmungen sollen offensichtlich nur einen Hinweis auf die Regelung des allgemeinen Rechts darstellen, die nicht übersehen werden darf. Diese Annahme ist im Hinblick auf die Kapitelsstatuten von Paderborn und Regensburg, die nur die Nummer der kodikarischen Bestimmung anführen, eindeutig. Für die Statuten von Augsburg, Bamberg, Mainz, Trier und Würzburg, welche diese Inkompatibilität explizit ausführen, stützt sie sich auf die Tatsache, dass in den entsprechenden Satzungsbestimmungen auf can. 478 § 2 CIC Bezug genommen wird. Es ist deshalb davon auszugehen, dass bei einem eventuellen Wegfall der Inkompatibilitätsnorm des CIC auch die betreffenden Satzungsbestimmungen unwirksam werden.

Drei Domkapitel – Augsburg, Münster und Würzburg – gehen in ihren Statuten über die Inkompatibilitätsnorm des CIC hinaus. Für Augsburg und Würzburg wird bestimmt, dass auch die Ämter von Bußkanoniker und Offizial unvereinbar sind.[82] Für Münster hingegen ist auch die Unvereinbarkeit des Amtes des Bußkanonikers mit dem Amt eines stellvertretenden Generalvikars statuiert.[83] Diese Domkapitel nehmen damit in ihre Satzung eine Regelung auf, deren Notwendigkeit aus sachlichen Gründen in der Literatur vertreten wird[84], die aber keinen unmittelbaren gesetzlichen Anknüpfungspunkt besitzt. Würde can. 478 § 2 CIC gestrichen, blieben in Augsburg und Würzburg die Ämter von Bußkanoniker und Offizial dennoch unvereinbar. Auch im Hinblick auf das Domkapitel von Münster kann man die Auffassung vertreten, dass bei einer solchen Streichung die statuarische Unvereinbarkeitsregelung bestehen bleibt, weil sie

---

79 Die Formulierung des Statuts ist allerdings nicht ganz geglückt, weil die als Beichttage genannten Sonn- und Feiertage sich kaum auf die in der Apposition genannte Karwoche beziehen; vgl. Berlin Art. 11 Abs. 2: „Der Bußkanoniker soll an den Sonn- und Feiertagen, vor allem während der Fastenzeit, der Karwoche und der Osterzeit, Beichtgelegenheit bieten."

80 Augsburg § 19 Abs. 3; Bamberg § 23 Abs. 3; Mainz § 17 Abs. 2; Münster § 20 Abs. 1 Satz 3; Trier Art. 6 Abs. 2; Würzburg § 21 Abs. 2.

81 Paderborn Art. 24; Regensburg § 14 Abs. 2.

82 Augsburg § 19 Abs. 3; Würzburg § 21 Abs. 2.

83 Münster § 20 Abs. 1 Satz 3.

84 S. dazu oben 2.4.

weder eine inhaltlich gleiche Wiedergabe von can. 478 § 2 CIC darstellt, noch die Nummer dieser Bestimmung des CIC nennt.

3.6. Hilfspönitentiar

Eine Besonderheit in den Statuten der deutschen Domkapitel stellt die Regelung des Münsterischen Kapitels dar, wonach dieses in Absprache mit dem Bischof einen geeigneten Priester in Ergänzung zum Bußkanoniker als Dompönitentiar anstellen kann.[85] Dieser Helfer des Bußkanonikers erhält vom Bischof (auf dem Weg der Delegation) dieselben Befugnisse, die der Bußkanoniker kraft Amtes besitzt.[86] Für den Hilfspönitentiar gilt dieselbe statuarische Inkompatibilitätsregelung wie für den Bußkanoniker, d. h. weder (stellvertretender) Generalvikar noch Bischofsvikar können diese Aufgabe übernehmen. Die Bezeichnung „Dompönitentiar", welche die Münsterischen Statuten für diesen Priester gebrauchen[87], kann u. U. zu Verwechslungen Anlass geben, weil nach den Statuten des Trierer Domkapitels der Bußkanoniker selbst Dompönitentiar genannt wird.[88]

Auch wenn die Statuten der Domkapitel anderer Diözesen einen derartigen Hilfspönitentiar am Dom nicht vorsehen, ist dessen Einsetzung nicht unmöglich. Der Bischof kann auf Anregung des Kapitels oder auch aus eigenem Antrieb einen Priester mit besonderen Vollmachten zur Beichtseelsorge am Dom bestellen. Mit Rücksicht auf das gesetzlich vorgesehene Amt des Bußkanonikers und auf die besondere Verantwortung des Kapitels für Liturgie und Seelsorge am Dom wäre bei der Einsetzung eines Hilfspönitentiars auf jeden Fall das Einvernehmen von Bischof und Kapitel anzustreben.

3.7. Tatsächlicher Bestand

Die Statuten von 24 deutschen Domkapiteln sehen, wie bereits deutlich geworden ist, das Amt des Bußkanonikers ausdrücklich vor. Die Statuten von zwei weiteren Kapiteln, Erfurt und Freiburg, nehmen wenigstens einschlussweise darauf Bezug, indem sie auf cann. 503-510 CIC verweisen. In der Satzung des Metropolitankapitels München kommt der Bußkanoniker weder explizit noch implizit vor.

Die klare gesetzliche Weisung des CIC, dass ein Bußkanoniker vorhanden sein muss, und die weitgehende Berücksichtigung des Bußkanonikers im Statutenrecht der Kapitel dürfen allerdings nicht zur Annahme verleiten, dass das Amt

---

85 Münster § 20 Abs. 1 Satz 2.

86 Münster § 20 Abs. 2 Satz 2.

87 Im Schematismus von Münster werden aber Bußkanoniker und Hilfspönitentiar auch unterschiedslos als „Dompöniteniare" bezeichnet; vgl. Personalschematismus des Bistums Münster 2001, o. O. und o. J., 13.

88 Vgl. Trier Art. 6, sowie oben 3.1.

überall auch tatsächlich eingerichtet und besetzt sei. Wenn in den Diözesanschematismen von Erfurt, Freiburg und München und Freising kein Bußkanoniker ausgewiesen wird, so überrascht dies weniger, weil die betreffenden Kapitel auch in ihren Satzungen nicht vom Bußkanoniker reden[89]; an der Kathedrale in München gibt es jedenfalls keinen Bußkanoniker.[90] Über die Existenz eines Bußkanonikers schweigen sich allerdings z. B. auch die Schematismen der Erzdiözese Berlin und der Diözesen Dresden-Meißen und Eichstätt aus, deren Kapitel laut Statuten das Amt kennen[91]; in der Tat gibt es auch in Eichstätt derzeit keinen Bußkanoniker.[92] In Hamburg ist nach Errichtung des Metropolitankapitels trotz Berücksichtigung des Amtes in den Statuten ebenfalls kein Bußkanoniker ernannt worden.[93]

Demgegenüber gibt es Bußkanoniker z. B. an den Kathedralen in Görlitz[94], Köln[95], Münster[96], Passau[97], Regensburg[98] und Trier[99].

Diese exemplarischen Hinweise auf einige deutsche Diözesen lassen erkennen, dass das Amt des Bußkanonikers nicht überall eingerichtet bzw. nicht überall besetzt ist. Dafür können unterschiedliche Gründe maßgeblich sein.

Zum einen kann es bei jenen Kapiteln, in deren Statuten der Bußkanoniker nicht ausdrücklich genannt wird, ein möglicherweise unbedachtes, in jedem Fall aber unzulässiges Festhalten an der Rechtslage sein, die gemäß CIC/1917 bestanden hat und wonach die Bestellung eines Bußkanonikers nicht zwingend vorgeschrieben war. Damit hängt eventuell ein geringes praktisches Bedürfnis

---

89 S. oben Fn. 54.

90 Freundliche Mitteilung von Domkapitular Lorenz KASTENHOFER, München, v. 25.10.2002.

91 Vgl. Schematismus für das Erzbistum Berlin 2001, o. O. und o. J., 18; Schematismus des Bistums Dresden-Meißen 2001, o. O. und o. J., 14; Schematismus der Diözese Eichstätt, 196. Ausgabe, Eichstätt 2001, 9-11.

92 Freundliche Mitteilung von Domvikar Bernd DENNEMARCK, Eichstätt, v. 29.10.2002.

93 Angabe bei WÄTJER, Jürgen, Das katholische Domkapitel zu Hamburg von den Anfängen bis zur Reformation und seine Wiedererrichtung 1996. Eine kanonistische Untersuchung, Frankfurt a. M. u. a. 2001, 230 und 246.

94 Schematismus für das Bistum Görlitz 2001, o. O. und o. J., 11; Bußkanoniker ist Domkapitular Prälat Bernd RICHTER.

95 Erzbischöfliches Generalvikariat Köln (Hg.), Personalschematismus für das Erzbistum Köln 2001 / 2002, Köln 2001, 11; Bußkanoniker ist Residierender Domkapitular Prälat Heinrich BARLAGE.

96 Personalschematismus des Bistums Münster 2001, o. O. und o. J., 10; Bußkanoniker ist Residierender Domkapitular Walter BÖCKER.

97 Freundliche Mitteilung von Offizial Claus BITTNER, Passau, v. 29.11.2002; Bußkanoniker ist Domdekan Erich BAUMANN.

98 Schematismus des Bistums Regensburg, Regensburg 2001, 13; Bußkanoniker ist Domkapitular Prälat Hermann HIEROLD, Dompfarrer.

99 Personalschematismus und Anschriftenverzeichnis des Bistums Trier für das Jahr 2002. Handbuch des Bistums Trier Teil IV, o. O. und o. J., 24; Bußkanoniker (Dompönitentiar) ist Domkapitular Nikolaus FÖHR, Dompfarrer.

nach Bestellung eines Bußkanonikers zusammen, weil sich die Beichtseelsorge gegebenenfalls an anderen Kirchen als der Kathedrale konzentriert und auch die übrigen Beichtväter, im Unterschied zum Bußkanoniker allerdings unter Beachtung der Rekurspflicht gemäß can. 1357 CIC, in der Beichte von denselben Strafen lösen können. Dieser Gesichtspunkt kann auch im Hinblick auf jene Kapitel maßgeblich sein, deren Statuten zwar den Bußkanoniker vorsehen, wo aber das Amt tatsächlich unbesetzt ist. Schließlich kann auch der Mangel an Domkapitularen, die zur Übernahme des Amts geeignet und willig sind, dazu führen, dass kein Bußkanoniker bestellt worden ist.[100]

Bischöfe und Kapitel jener Diözesen, in deren Domkapitel es keinen Pönitentiar gibt, sollten diesem Zustand abhelfen, damit ein seelsorgerisches Amt nicht unbesetzt bleibt (vgl. can. 151 CIC) und die Gläubigen ihr Anrecht auf die Heilsgüter (vgl. can. 213 CIC) in den gesetzlich vorgesehenen Formen wahrnehmen können.[101]

4. Zusammenfassung und Ausblick

Das Amt des Bußkanonikers besitzt eine Tradition von vielen Jahrhunderten und lässt in seiner heutigen Gestalt noch den ursprünglichen Zusammenhang von Buß- und Strafwesen in der Kirche erkennen. In gewisser Weise kann man das Amt als teilkirchliche Entsprechung zur Apostolischen Pönitentiarie bezeichnen, die auf gesamtkirchlicher Ebene vor allem Aufgaben im Hinblick auf das *forum internum* wahrnimmt.[102]

Der Bußkanoniker hat die nachkonziliare Reform des kirchlichen Gesetzbuchs nicht nur überstanden, sondern dabei insoweit sogar eine Aufwertung erfahren, als es in allen Diözesen, wo ein Kathedral- oder Kollegiatkapitel vorhanden ist, auch einen Bußkanoniker zu geben hat. Dies ist nicht selbstverständlich, wenn

---

100 Die ersatzweise Bestellung eines nicht dem Kapitel angehörenden Priesters zum Pönitentiar ist nach geltendem Recht nicht möglich. Papst PIUS VII. (1800-1823) hat jedoch in der Zirkumskriptionsbulle „Provida solersque" v. 16.8.1821 zur Errichtung der Oberrheinischen Kirchenprovinz und der Umschreibung der ihr angehörenden Diözesen vorgesehen, dass anstelle des Bußkanonikers auch ein anderer Priester mit der Aufgabe betraut werden kann (Abdruck bei MERCATI, Angelo, Raccolta di concordati su materie ecclesiastiche tra la Santa Sede e le autorità civili I, Roma 1919 [Nachdr. 1954], 669; dt.: HUBER, Ernst Rudolf / HUBER, Wolfgang, Staat und Kirche im 19. und 20. Jahrhundert. Dokumente zur Geschichte des deutschen Staatskirchenrechts I, Berlin 1973, 248); der historische Hinweis auf einen Bußpriester dieser Art kann ein Ansatzpunkt für die Schaffung einer Lösung sein.

101 Vgl. dazu auch die Überlegungen von WÄTJER (Fn. 93), 246, der im Hinblick auf das Metropolitankapitel Hamburg anregt, einen Ordenspriester in das Kapitel aufzunehmen und ihm das Amt des Bußkanonikers zu übertragen.

102 Vgl. JOHANNES PAUL II., Ap. Konst. PastBon, Art. 117-120 (lat. und dt. Text in: CIC [Fn. 46], 771-833); vgl. dazu auch RIEDEL-SPANGENBERGER, Ilona, Apostolische Poenitentiarie, in: STEIMER (Fn. 8), 422 f.

man bedenkt, dass das Amt des *Canonicus Theologus*, das früher zwingend vorgesehen war, bei der CIC-Reform im allgemeinen Recht ersatzlos weggefallen ist.[103] Die Beibehaltung des Amtes des Bußkanonikers bzw. die Einführung des Amtes eines Diözesanpönitentiars in Bistümern, in denen es kein Kapitel gibt (can. 508 § 2 CIC) lassen erkennen, dass der Gesetzgeber der Funktion eines eigenen Bußpriesters große Bedeutung beimisst. In den derzeit geltenden Statuten der deutschen Domkapitel spiegelt sich dies nur zum Teil wieder. Die meisten Statuten erwähnen das Amt zwar und treffen mehr oder weniger ausführliche Regelungen zu Bestellung und Amtstätigkeit des Bußkanonikers. Doch diesen Statuten, die mit unterschiedlicher Regelungsdichte den Bußkanoniker behandeln, stehen einige gegenüber, die praktisch nicht darauf eingehen. Manche Kapitel haben keinen Bußkanoniker. Insgesamt muss man feststellen, dass das Amt des Bußkanonikers ein eher marginales Phänomen darstellt, dessen Existenz kaum bewusst ist.

Die Bedeutung des Pönitentiars bzw. die Wertschätzung, die der kodikarische Gesetzgeber diesem Amt entgegen bringt, kann kaum mit dessen jurisdiktioneller Ausstattung erklärt werden. Von den Strafen, von denen der Bußkanoniker kraft ordentlicher Amtsvollmacht lösen kann[104], können vorläufig und unter Beachtung des vorgesehenen Rekurses auch andere Beichtväter lossprechen (can. 1357 CIC). In Deutschland haben die Bischöfe im Hinblick auf die Lossprechung von der Exkommunikation, die aufgrund einer vollendeten Abtreibung als Tatstrafe eingetreten ist (can. 1398 CIC), sogar auf den Rekurs verzichtet[105], so dass bei dieser Sünde und Straftat jeder Beichtvater unmittelbar die volle Befreiung gewähren kann und die betroffenen Gläubigen sich dazu nicht an den Bußkanoniker (oder den Bischof) wenden müssen.

Wenn nun die Bedeutung des Bußkanonikers unter dem Aspekt der weitreichenden Vollmachten der übrigen Beichtväter nicht groß ist[106], müssen andere Gesichtspunkte für die Beibehaltung bzw. die Aufwertung des Amtes, die es durch den obligatorischen Charakter erhalten hat, rechtfertigen. Der Trierer Kanonist und spätere Generalvikar Linus HOFMANN (1910-1990)[107] hat schon vor vier Jahrzehnten – lange vor der Reform des CIC – festgehalten, dass die Bedeutung des Pönitentiarsamtes darin liege, „daß eine besonders qualifizierte Persönlichkeit für den Beichtstuhl (der Hauptkirchen) bereitgestellt sein soll."[108]

---

103 Auf partikularrechtlicher bzw. statuarischer Grundlage kann ein solches Amt aber durchaus weiterhin fortbestehen, wie es etwa beim Domkapitel Augsburg der Fall ist; vgl. Augsburg § 20; JÜSTEN (Fn. 45), 142.

104 S. oben 2.2.

105 Vgl. etwa den entsprechenden Erlass des Erzbischofs von Bamberg v. 3.11.1983 (mit Erläuterungen), in: AKathKR 152 (1983) 545 ff.

106 Vgl. SCHICK (Fn. 4), 838.

107 Vgl. RIEDEL-SPANGENBERGER, Ilona, Domkapitular Professor Dr. theol., Dr. iur. can. Linus Hofmann zum Gedächtnis, in: AKathKR 160 (1991) 84-88.

108 HOFMANN (Fn. 4), 609.

Diese Einschätzung ist plausibel. Durch die Bestellung eines Priesters zum Pönitentiar wird nicht nur eine besondere jurisdiktionelle Vollmacht übertragen, sondern es wird den Gläubigen gegenüber auch deutlich gemacht, dass es sich um einen im Bußwesen besonders erfahrenen Priester von unzweifelhafter persönlicher Integrität handelt, an den sie sich zum Empfang des Bußsakramentes bevorzugt wenden können.

Der Bußkanoniker könnte über seine persönliche Tätigkeit als Spender des Bußsakramentes hinaus noch weitere Funktionen übernehmen, welche zu günstigen Voraussetzungen für eine Hebung und Belebung der sakramentalen Bußpraxis einen Beitrag zu leisten vermögen. Zu denken wäre etwa an die Feier von Bußgottesdiensten zu bestimmten Zeiten, die Organisation eines den Gläubigen entgegen kommenden Angebots zum Empfang des Bußsakramentes in der Bischofsstadt oder an wichtigen Kirchen der Diözese, die Abnahme von Prüfungen vor Erteilung der Beichtvollmacht (vgl. can. 970 CIC) und die Verantwortung für die Weiterbildung der Priester im Hinblick auf die Spendung des Bußsakramentes. Das Amt des Bußkanonikers bietet einen Ansatzpunkt, den „Dienst der Versöhnung", dessen Bedeutung Papst JOHANNES PAUL II. vor kurzem in dem Motuproprio „Misericordia Dei" erneut unterstrichen hat[109], in der Kirche zu beleben und zum Heil der Gläubigen fruchtbar zu machen. Es kann darüber hinaus als Vorbild für die Einsetzung spezieller Pönitentiare an anderen wichtigen Kirchen dienen, die vom Bischof auf dem Weg der Delegation mit denselben Befugnissen wie der Bußkanoniker ausgestattet werden können und zur Gewährleistung eines hohen Niveaus der Beichtseelsorge beitragen.[110]

Quellennachweis: Statuten der deutschen Domkapitel

Statuten des Domkapitels Aachen vom 17. Dezember 1993; bischöflich genehmigt am 1. Januar 1994.

Statuten des Domkapitels des Bistums Augsburg vom 29. Oktober 1985; bischöflich genehmigt am 1. November 1985.

Statut des Metropolitankapitels zu Bamberg vom 23. Dezember 1997; bischöflich genehmigt am 1. Januar 1998.

Statuten des Kathedralkapitels bei St. Hedwig in Berlin vom 15. Februar 1988; bischöflich genehmigt am 3. April 1988.

Statuten des Domkapitels St. Petri zu Dresden vom 18. September 1989; bischöflich genehmigt am 3. April 1990.

---

[109] JOHANNES PAUL II., Litterae Apostolicae motu proprio datae „Misericordia Dei" v. 7.4.2002, in: AAS 94 (2002) 452-459; dt.: VApSt 153, Bonn 2002.

[110] Zu denken ist etwa an Wallfahrtskirchen und Basiliken, an denen u. a. die Spendung des Bußsakraments eine wichtige Rolle spielen soll; vgl. dazu HIRNSPERGER, Johann, Die Erhebung der Pfarr- und Wallfahrtskirche Graz-Mariatrost zur Basilica Minor, in: FS Geringer, 187.

Statuta Capituli Ecclesiae cathedralis Eystettensis vom 2. März 1927; bischöflich genehmigt am 5. März 1927.
Statuten des Kathedralkapitels in Erfurt vom 23. Juni 1995; bischöflich genehmigt am 1. Juli 1995 (amtlich veröffentlicht in: ABl. Erfurt 2 [1995] Nr. 7, 5-8; abgedr. auch in: AKathKR 164 [1995] 154-158; PfBl. 68 [1995] 364-367).
Statuten für das Domkapitel an der Kathedralkirche zu Essen vom 5. Februar 2001; bischöflich genehmigt am 27. Februar 2002.
Statuten des Metropolitankapitels Freiburg im Breisgau vom 19. September 1995; bischöflich genehmigt am 11. Oktober 1995 (amtlich veröffentlicht in: ABl. Freiburg 139 [1995] 275-281; abgedr. auch in: AKathKR 164 [1995] 484-496).
Statuten des Fuldaer Domkapitels vom 23. April 1996; bischöflich genehmigt am 16. Dezember 1996 (amtlich veröffentlicht: KABl. Fulda 113 [1997] 37-42).
Statuten des Domkapitels zum Hl. Jakobus in Görlitz vom 13. November 1997; bischöflich genehmigt am 1. Dezember 1997.
Statuten des Metropolitankapitels Hamburg vom 10. November 1997; bischöflich genehmigt am 9. Dezember 1997 (amtlich veröffentlicht in: KABl. Hamburg 4 [1998] 9 [Beilage]; abgedr. auch in: AKathKR 166 [1997] 533-539).
Statuten des Domkapitels an der Kathedralkirche zu Hildesheim vom 28. April 1984; bischöflich genehmigt am 5. Mai 1984 (abgedr. bei FRANITZA [Fn. 27], 179-183).
Statuten des Metropolitankapitels Köln vom 17. Januar 1986 mit Änderungen vom 12. Juni 1990; bischöflich genehmigt am 17. Januar 1986 bzw. 22. Juni 1990.
Statuten des Limburger Domkapitels vom 23. April 1984; bischöflich genehmigt am 25. April 1984.
Statut des Kathedralkapitels zu Magdeburg vom 8. Mai 1995; bischöflich genehmigt am 7. Oktober 1997.
Statuten des Bischöflichen Domkapitels Mainz vom 29. Februar 2000; bischöflich genehmigt am 25. März 2000.
Satzung des Metropolitankapitels München vom 29. Januar 1985; bischöflich genehmigt am 2. Februar 1985 (abgedr. bei NESNER [Fn. 68], 595-600).
Statuten für das Domkapitel Münster vom 15. Juni 2000; bischöflich genehmigt am 4. Oktober 2000.
Statuten des Domkapitels zu Osnabrück vom 4. März 1996; bischöflich genehmigt am 4. März 1996 (amtlich veröffentlicht in: KABl. Osnabrück 112 [1996] 54-56).
Statuten des Metropolitankapitels zu Paderborn vom 11. Februar 1999; bischöflich genehmigt am 23. Juni 1999 (abgedr. in: AKathKR 168 [1999] 206-219).
Satzung des Domkapitels zum Hl. Stephan Passau vom 12. Februar 1987; bischöflich genehmigt am 16. Februar 1987.

Statuten des Domkapitels des Bistums Regensburg vom 29. Mai 1991; bischöflich genehmigt am 6. Juni 1991.

Statut des Domkapitels zum Hl. Martinus der Diözese Rottenburg-Stuttgart vom 8. Januar 1993; bischöflich genehmigt am 2. Februar 1993 (amtlich veröffentlicht in: KABl. Rottenburg-Stuttgart 100 [1993] 333 ff.; abgedr. auch in: AKathKR 162 [1993] 243-246; PfBl. 66 [1993] 148-151).

Statuten des Domkapitels Speyer vom 23. August 1990; bischöflich genehmigt am 11. September 1990.

Statuten des Kapitels der Hohen Domkirche zu Trier vom 26. Juni 1995; bischöflich genehmigt am 29. Juni 1995 (amtlich veröffentlicht in: KABl. Trier 139 [1995] 255-261; abgedr. auch in: PfBl. 68 [1995] 367-376).

Statuten des Domkapitels Würzburg vom 12. Mai 1998; bischöflich genehmigt am 30. Oktober 1998.

Cura pastoralis im Codex Iuris Canonici

Stefan Korta

1. Ausgangslage

> „Das Entscheidende für die Kirche als Heimat des Glaubens, als Identifikationsort für Christsein, geschieht ... in den Gemeinden und in Gemeinschaften."[1]

Diese Aussage weist der Pfarrgemeinde als einer Form für lebendiges Christsein in unserer Zeit[2] eine herausragende Bedeutung zu. Sie ist neben der Familie ein wichtiger Ort religiös-kirchlicher Sozialisation und gewinnt dadurch gleichermaßen eine Bedeutung für den einzelnen Gläubigen wie für die Kirche insgesamt. Misst man jedoch der Pfarrgemeinde diese hervorgehobene Rolle zu, dann handelt es sich bei der Frage nach der strukturellen Organisation der Pfarrgemeinde keinesfalls um eine Quisquilie. Vielmehr bedarf eine Wirklichkeit, mit der Menschen in einer so intensiven Weise verbunden sind, oder sich wenigstens verbinden können sollen, einer inneren und äußeren Stabilität. Es muss also klar sein, welche Verantwortungsträger und Aufgaben es in der Pfarrgemeinde gibt, was von wem wahrgenommen werden kann oder muss und wie das Zusammenspiel der einzelnen Beteiligten geregelt ist.

Durch die Not, Pfarreien nicht mehr mit Pfarrern besetzen zu können, herausgefordert, suchen die Diözesen in Deutschland nach Wegen, wie auf diese Entwicklung reagiert und in Zukunft die der Kirche aufgetragene Sendung erfüllt werden kann. Dabei geht es auch um die Frage, wer welche Aufgaben zu übernehmen in der Lage ist. Nur ein darin enthaltener Teilaspekt, nämlich die Frage nach dem möglichen Anteil der Gläubigen – Priester und Laien – an der *cura pastoralis*, wird in diesem Beitrag herausgegriffen und näher untersucht. Vorab soll jedoch kurz auf einige gängige Lösungsmodelle eingegangen werden.

2. Lösungskonzepte

2.1. Mehrfachverleihungen von Pfarreien

Zunächst wurde auf die Situation, die im Allgemeinen mit Priestermangel bezeichnet wird, von Seiten der Diözesanleitungen wohl vielfach damit reagiert,

---

1 WEHRLE, Paul, Christsein ohne Kirche? Gemeinschaft im Glauben und christliche Identität, Freiburg i. Br. 1994, 12.

2 Auf die Bedeutung der von WEHRLE mitgenannten Gemeinschaften kann hier nicht eingegangen werden.

dass einzelnen Pfarrern zusätzlich zu der ihnen bereits übertragenen Pfarrei weitere Pfarreien anvertraut wurden, in denen sie entweder ebenfalls Pfarrer oder Pfarradministrator[3] waren. Diese Möglichkeit sieht can. 526 § 1 CIC für benachbarte Pfarreien im Falle von Priestermangel und anderer Umstände vor.[4] Damit konnte eine Zeit lang sichergestellt werden, dass jede Pfarrei einen Pfarrer oder zumindest einen Pfarradministrator hatte, der häufig den Titel „Pfarrer" trägt. Die Sorge insbesondere um die Feier der sonntäglichen Eucharistie war weitgehend vom Tisch. Zudem tauchte durch die Ernennung eines Pfarrers oder Pfarradministrators die Frage, wer denn eigentlich Leiter der einzelnen Pfarrgemeinden sei, nicht auf. Jedoch stieg (und steigt) durch diese Praxis die Belastung der einzelnen Priester, die von solchen Mehrfachübertragungen betroffen waren (und sind), in einem Ausmaß an, die diese Vorgehensweise nicht als sinnvolle Lösungsmöglichkeit vor Augen stellt.

2.2. Seelsorgeeinheit und Pfarreiengemeinschaft

In einem nächsten Schritt wurden Überlegungen angestellt, wie diese Situation zu verbessern sei. Dabei wurde etwa im Bistum Münster neben der Fusion mehrerer Pfarreien zu einer einzigen großen Pfarrei zum einen erwägt, Pfarreien zu so genannten Seelsorgeeinheiten zusammen zu fassen, um dadurch die „Möglichkeit eines breiteren Personaleinsatzes"[5] zu erhalten. Alternativ wurde vorgeschlagen, Pfarreien zu Pfarreiengemeinschaften zu verbinden, die untereinander bestimmte festgelegte Aufgaben gemeinsam koordinieren sollten.

Mehr oder weniger offensichtlich wurden dann die Strukturelemente der Pfarrei auf neu geschaffene partikularrechtliche übergemeindliche Organisationsformen übertragen. Sehr deutlich wird dieses Vorgehen in der „Ordnung für Seelsorgeeinheiten des Bistums Münster"[6], gemäß der eine Seelsorgeeinheit der Zusammenschluss rechtlich selbstständiger Pfarreien ist, gleichzeitig aber der Leiter dieser Seelsorgeeinheit zum Pfarrer in der Seelsorgeeinheit ernannt wird.[7] Dadurch besteht m. E. die Gefahr von Unschärfen im Verständnis dessen, was Pfarrei und was Seelsorgeeinheit ist. Die Unterscheidung, die in der Münsteraner bischöflichen Ordnung gemacht wird (der Leiter wird zum Pfarrer <u>in</u> der Seelsorgeeinheit ernannt), hat wohl keine Chance, im Alltag beachtet zu werden; der Leiter der Seelsorgeeinheit wird schon bald im Sprachgebrauch nicht nur der „einfachen" Gemeindemitglieder zum Pfarrer <u>der</u> Seelsorgeeinheit werden. An

---

3 Zu Person und Aufgaben des Pfarradministrators vgl. cann. 539, 540 CIC.

4 Can 526 § 1 CIC lautet: „Parochus unius paroeciae tantum curam paroecialem habeat; ob penuriam sacerdotum aut alia adiuncta, plurium vicinarum paroeciarum cura eidem parocho concredi potest."

5 So Reinhard LETTMANN als Bischof von Münster in einem Brief an die Gemeinden in seinem Bistum v. 26.3.2000 (Manuskript), 3.

6 KABl. Münster 145 (2001) Art. 146.

7 Vgl. ebd., § 3.

die Stelle der Pfarrei wird so im Bewusstsein der Menschen die Seelsorgeeinheit treten. Um solche durch Modellübertragung hervorgerufenen Unschärfen zu vermeiden, soll im weiteren Verlauf erhoben werden, welche Möglichkeiten der Anteilnahme an der *cura pastoralis* der Codex Iuris Canonici vorsieht.

3. Die Gläubigen und das dreifache Amt Christi

Im Hinblick auf die Pfarrei bildet der Begriff des dreifachen Amtes Christi die Grundlage schlechthin für die Tätigkeit des Pfarrers, indem ihm die Ausübung dieser „munera", der Dienste des Lehrens, des Heiligens und des Leitens, umfassend anvertraut wird (can. 519 CIC). In derselben Bestimmung wird aber auch betont, dass es den Laien zukommt, Anteil an ihnen zu nehmen. Vor diesem Hintergrund stellt sich die Frage nach der Art der Teilhabe der Gläubigen an den *munera* Christi. Hier sollen zwei Kriterien angelegt werden: zum einen das der Taufe, zum anderen das der Weihe.

3.1. Teilhabe durch Taufe

Die Taufe ist das ekklesiologische und heilsgeschichtliche Grund-Ereignis κατ' ἐξοχήν im Leben des Menschen. Sie bewirkt, wo immer sie gültig gespendet wird, die Eingliederung in eine bestimmte Kirche – z. B. eine *ecclesia sui iuris* der katholischen Kirche – oder kirchliche Gemeinschaft und dadurch vermittelt die – sozusagen indirekte – Zugehörigkeit zur Kirche Christi[8]; der solchermaßen in die Gemeinschaft der Glaubenden Aufgenommene wird in ihr Person mit Rechten und Pflichten.[9] Durch die Taufe wird der Mensch aber nicht nur Glied einer soziologischen Größe, obgleich diese keine rein weltliche, sondern eine heilsgeschichtlich wesentliche Gemeinschaft ist, vielmehr wird er Christus selbst eingegliedert und dadurch dessen priesterlichen, prophetischen und königlichen Amtes teilhaftig.[10] Diese Teilhabe („participatio") am dreifachen Amt Christi kommt jedem Gläubigen unmittelbar durch den Empfang der Taufe zu, hängt also nicht von einer weiteren sakramentalen Vermittlung – etwa durch den Ordo – ab.[11] Welche Folgen hat diese Hineinnahme aller Gläubigen in

---

8 Vgl. Fürst, Carl Gerold, Taufe, Kirchengliedschaft und „Status" der Gläubigen in kanonistischer Sicht, in: FG Rößler, 573.

9 Can. 96 CIC: „Baptismo homo Ecclesiae Christi incorporatur et in eadem constiutuitur persona, cum officiis et iuribus quae chirstianis, attenta quidem eorum condicione, sunt propria, quatenus in ecclesiastica sunt communione et nisi obstet lata legitime sanctio."

10 Can. 204 § 1 CIC: „Christifideles sunt qui, utpote per baptismum Christo incorporati, in populum Dei sunt constituti, atque hac ratione muneris Christi sacerdotalis, prophetici et regalis suo modo participes facti, secundem propriam cuiusque condicionem, ad missionem exercendam vocantur, quam Deus Ecclesiae in mundo adimplendam concredidit."

11 Vgl. Reinhardt, Heinrich J.F., in: MK CIC 204, 2.

die Sendung der Kirche?[12] Lässt sich aus der wesentlich theologischen Bestimmung des can. 204 § 1 CIC überhaupt etwas Konkretes folgern?

Aus dem Datum des Getauftseins ergeben sich nach Auskunft des can. 96 CIC Rechte und Pflichten, die als Auswirkungen der Teilhabe an den Ämtern Christi verstanden werden können. Diese Rechte und Pflichten sind wenigstens teilweise in den cann. 208-223 CIC[13], dem sog. Grundrechtskatalog, normiert; von weiteren wesentlichen Rechten ist aber auch außerhalb dieses Abschnittes die Rede.[14] Einzelne dieser Rechte und Pflichten lassen eine besondere Nähe zum einen oder anderen Amt Christi erkennen. In can. 210 CIC werden die Gläubigen dazu verpflichtet, ein heiliges Leben zu führen sowie das Wachstum und die Heiligung der Kirche zu fördern. Diese Verpflichtung kann als Ausfluss der Teilhabe am priesterlichen Amt Christi verstanden werden.[15] In ähnlicher Weise kann die Verpflichtung, dazu beizutragen, dass die göttliche Heilsbotschaft immer mehr zu allen Menschen aller Zeiten auf der ganzen Welt gelangt, als Entfaltung der Partizipation am *munus propheticum* Christi gewertet werden.[16] Als Rechte, die sich aus der Taufe unmittelbar ergeben, können auch die cann. 213 und 214 CIC angesehen werden. Die Gläubigen haben nämlich aufgrund dieser Bestimmungen das Recht auf Verkündigung des Wortes Gottes und auf Sakramentenempfang sowie das Recht, den Gottesdienst gemäß den eigenen rituellen Vorschriften zu feiern. Auf diese Art und Weise können also für den Bereich der Teilhabe am *munus sacerdotale* und am *munus propheticum* Christi, die durch die Taufe grundgelegt wird, konkrete Folgen aus den kodikarischen Normen entnommen werden.[17] Dies ist nicht in gleicher Weise beim *munus regale* der Fall. Welche konkreten Gestalten die Partizipation der Gläubigen am königlichen Amt Christi hat, bleibt oft vage und immer neu ein Feld theologisch-kanonistischer Spekulation. Dies hängt wohl entscheidend damit zusammen, dass bislang nicht ausreichend geklärt ist, was mit der Teilhabe am *munus regale* Christi eigentlich gemeint ist. Eine Synonymisierung der theologischen Kategorie *munus regale* mit dem Rechtsbegriff „Leitung“ oder „Leitungsgewalt“ birgt jedenfalls die Gefahr in sich, dessen Bedeutung auf einen einzigen Aspekt einzuschränken. Dadurch würde aber eventuell eine ganze Reihe anderer Inhalte des *munus regale* ausgeblendet und der Begriff selbst und sein adäquates Verständnis verdunkelt. Es wird deshalb auf das *munus regale* noch einmal zurückzukommen sein.[18] Festzuhalten bleibt an dieser Stelle jedoch die fundamentale Aussage, dass die Gläubigen in der Taufe Anteil an allen *tria munera* Christi erhalten.

---

12 VatII AA 2.

13 Cann. 11-26 CCEO.

14 So z. B. das Recht auf Ehe in can. 1058 CIC.

15 Vgl. REINHARDT, Heinrich J.F., in: MK CIC 210, 1.

16 Vgl. ebd., 211, 1.

17 Vgl. etwa die angegebenen Hinweise bei REINHARDT (Fn. 15 u. 16).

18 Vgl unten 3.3.

3.2. Teilhabe durch Weihe

Durch die Weihe werden einige Gläubige zu geistlichen Amtsträgern bestellt und dazu bestimmt, ihrer jeweiligen Weihestufe entsprechend die Dienste des Lehrens, des Heiligens und des Leitens in der Person Christi des Hauptes zu leisten.[19] Durch die Ausübung dieser Dienste sollen sie das Volk Gottes weiden. Worin besteht nun der Unterschied zwischen der Teilhabe der Ordinierten[20] an den *tria munera* und derjenigen aller Gläubigen an ihnen? Die signifikante Differenz liegt in der Bestimmung der geistlichen Amtsträger, die Dienste des Lehrens, des Heiligens und des Leitens in der Person Christi des Hauptes zu leisten.[21] Durch das „in persona Christi capitis agere" ändert sich die Qualität der Ausübung dieser Dienste; auf diese unterschiedliche Qualität weist das II. Vatikanum durch die Aussage hin,

> „das gemeinsame Priestertum der Gläubigen ... und das Priestertum des Dienstes ... unterscheiden sich ... dem Wesen und nicht bloß dem Grade nach"[22].

Damit liegt der entscheidende Unterschied zwischen geweihten Bischöfen bzw. Priestern und Nichtgeweihten in der Art und Weise der Ausübung der *tria munera*. Den geweihten Bischöfen und Priestern allein wird durch das Sakrament des Ordo die Fähigkeit verliehen, an Stelle Christi des Hauptes zu handeln; das aber entspricht tatsächlich einer wesenhaften und nicht bloß graduellen Unterscheidung zwischen dem Priestertum aller Gläubigen und dem Priestertum des Dienstes.

Zugleich ergibt sich noch eine andere Konsequenz aus can. 1008 CIC. Die Ausübung der Dienste des Lehrens, des Heiligens und des Leitens *in persona Christi capitis* erfolgt nach Weihestufen unterschiedlich. So kann der gültig geweihte Bischof die Sakramente der Weihe, der Firmung, der Buße und der Krankensalbung spenden sowie die Eucharistie feiern[23]; diese Dienste gehören zum Heiligungsdienst des Bischofs dazu. Mit dem Empfang der Priesterweihe wird im kanonischen Recht die Fähigkeit zur Feier der Eucharistie, zur Absolution in Todesgefahr und zur Spendung der Krankensalbung verbunden.[24] Aus dem Heiligungsdienst des Priesters ist also etwa die Spendung des Weihesakramentes ausgeschlossen. Im Hinblick auf die Diakonenweihe ist LÜDICKE der Auffassung, dass mit ihr vom allgemeinen Recht keine Vollmachten verbunden

---

19 Can. 1008 CIC: „Sacramento ordinis ex divina institutione inter christifideles quidam, charactere indelebili quo signantur, constituuntur sacri ministri, qui nempe consecrantur et deputantur ut, pro suo quisque gradu, in persona Christi Capitis munera docendi, sanctificandi et regendi adimplentes, Dei populum pascant."

20 Hier sind in erster Linie die mit der Priesterweihe ausgestatteten Geistlichen gemeint; die Frage nach dem Diakon wird in dieser Arbeit nur am Rande gestreift.

21 Das trifft nach LÜDICKE, Klaus, in: MK CIC 1008, 2 nicht auf Diakone zu.

22 VatII LG 10.

23 Vgl. cann. 882; 900 § 1; 965 i. V. m. 967 § 1; 1003 § 1; 1012 CIC.

24 Vgl. cann. 900 § 1; 965 i. V. m. 976; 1003 § 1 CIC.

werden, die nicht auch einem Laien zukommen[25] oder zukommen können.[26] Das bedeutet, die Ausübung der *tria munera*, zu der Bischöfe und Priester befähigt sind, erfolgt je nach der Weihestufe in unterschiedlicher Weise und mit unterschiedlichem Inhalt. Zudem kann die Ausübung im Einzelfall an ein Kirchenamt[27] oder an eine Beauftragung gebunden sein[28], wobei es sich je nachdem um einfache Erlaubtheits- oder um Gültigkeitsvoraussetzungen handeln kann.[29]

3.3. Das Sorgenkind: *munus regale / regendi*

Während sich sowohl für Laien wie auch für Bischöfe bzw. Priester die Ausübung der Dienste des Lehrens und des Heiligens, also des *munus propheticum / docendi* und des *munus sacerdotale / sanctificandi*, einzelnen Funktionen zuordnen lässt, gestaltet sich diese Aufgabe im Hinblick auf das *munus regale / regendi* schwieriger.[30] Das Problem beginnt bereits bei der Frage nach dem Inhalt von *munus regale / regendi*. Vielfach scheint man davon auszugehen, dass ihm die Leitungsgewalt im Sinne des can. 129 CIC entspricht. Allerdings wird hierbei die Differenz zwischen der theologischen Aussage, Teilhabe am *munus regale* Christi, und der rechtlichen Kategorie „Leitungsgewalt" nicht beachtet. Ausübung von Leitungsgewalt muss nicht notwendiger Weise einziger Inhalt der Teilhabe am *munus regale* oder *munus regendi* sein. Wie aber kann der Inhalt von *munus regendi* umschrieben werden? In einem kürzlich erschienenen Beitrag scheint Ilona RIEDEL-SPANGENBERGER in

> „der Verkündigung des Wortes Gottes, der Feier der Gottesdienste und Sakramente sowie der Auferbauung und Einheit der Kirche"[31]

---

25 Vgl. LÜDICKE, Klaus, in: MK CIC 1008, 3.

26 Dies ist nach den Regeln des CIC z. B. bei der Eheassistenz der Fall, die gemäß can. 1112 § 1 CIC nach befürwortender Stellungnahme durch die Bischofskonferenz vom Apostolischen Stuhl auch für Laien erlaubt werden kann. Der CCEO kennt im Unterschied zum Codex der Lateinischen Kirche weder die Eheassistenz durch Diakone noch durch Laien.

27 Nach can. 145 § 1 CIC ist ein Kirchenamt jedweder Dienst, der auf Dauer eingerichtet ist und einem geistlichen Zweck dient. An das Kirchenamt des Diözesanbischofs ist nach can. 391 CIC die Ausübung von gesetzgebender Gewalt gebunden.

28 So darf z. B. gem. can. 1013 CIC kein Bischof jemandem die Bischofsweihe spenden, wenn nicht ein päpstlicher Auftrag dazu vorliegt.

29 Im Falle der Bischofsweihe handelt es sich um eine Erlaubtheitsvorschrift, d. h. eine Bischofsweihe ohne päpstlichen Auftrag ist gültig, wenn auch unerlaubt und daher mit der Tatstrafe der Exkommunikation belegt. Erteilt jedoch ein grundsätzlich in der Weihe befähigter Priester die Absolution, ohne dass er die dafür notwendige Befugnis gem. can. 966 § 1 CIC besitzt, so handelt er ungültig.

30 Wohl nicht ganz unproblematisch dürfte bereits der Sprachgebrauch *munus regendi* im Hinblick auf die geistlichen Amtsträger sein; dieser ist aus dem *munus regale Christi* abgeleitet, leistet aber der Ineinssetzung von *munus regendi* und Leitungsgewalt Vorschub.

31 RIEDEL-SPANGENBERGER, Ilona, Pastoral und Kirchenrecht, in: FS Aymans, 513.

die *tria munera* zu verstehen. In der Tat ermöglichen die Begriffe „Auferbauung“ und „Einheit der Kirche“ ein breiteres Verständnis vom Inhalt des *munus regendi*. Es geht dann nicht mehr ausschließlich um die Kategorie „Leitungsgewalt“, vielmehr können andere Aufgaben, Rechte und Pflichten unter diesem Titel zusammengefasst werden. Die Verpflichtung aller Gläubigen zur Wahrung der Gemeinschaft mit der Kirche, die can. 209 § 1 CIC aufstellt[32], hat nichts mit Ausübung von Leitungsgewalt zu tun, gleichwohl gibt es einen engen Zusammenhang mit der Wahrung der Einheit der Kirche. Insofern kann can. 209 § 1 CIC als Element des *munus regendi* verstanden werden. Leitungsgewalt erhielte dadurch einen Platz im Ganzen des *munus regendi*, dessen Inhalt sich aber nicht in ihr erschöpfte.

4. *Cura pastoralis*

4.1. Abgrenzung, Bedeutung und Umfang des kodikarischen Begriffs

Im Rahmen der Normen über die Besetzung von Pfarreien mit einem Pfarrer (can. 519 CIC), der Einsetzung eines Priesterteams (can. 517 § 1 CIC) und in can. 517 § 2 CIC spielt der Begriff *cura pastoralis* eine wichtige Rolle. Dem Pfarrer und dem Priesterteam wird die *cura pastoralis* einer oder mehrerer Pfarreien übertragen, nach can. 517 § 2 CIC werden ein oder mehrere Nichtpriester an der Ausübung der *cura pastoralis*, die ein Priester zu moderieren hat, beteiligt. Was aber ist *cura pastoralis*? Im CIC von 1983 werden außer *cura pastoralis* in ähnlichen Sinnzusammenhängen auch die Termini *cura animarum* und *plena cura animarum* verwendet. In der im Auftrag der Deutschen Bischofskonferenz angefertigten deutschen Übersetzung des CIC, die gerade in 5. Auflage erschienen ist, wird sprachlich weitgehend zwischen diesen einzelnen Begriffen unterschieden und *cura animarum* mit „Seelsorge“, *plena cura animarum* mit „umfassende Seelsorge“ und *cura pastoralis* mit „Hirtensorge“ wiedergegeben.[33] Das Gesetzbuch selbst definiert keinen dieser Begriffe. Es muss daher deren Gebrauch im einzelnen untersucht werden.[34]

Von *cura animarum* – Seelsorge – spricht der universalkirchliche Gesetzgeber im CIC dann, wenn er einzelne Dienste und Aufgaben aus dem Bereich des *munus docendi* und des *munus sanctificandi* im Auge hat. Can. 757 CIC macht die

---

32 Can. 209 § 1 CIC: „Christifideles obligatione adstringuntur, sua quoque ipsorum agendi ratione, ad communionem semper servandam cum Ecclesia.“

33 Es ist sicher ein Verdienst der Neuauflage, an dieser Stelle für größere Deutlichkeit gesorgt zu haben, da bislang mehrere Übersetzungsvarianten gebräuchlich waren. Eine Ausnahme habe ich dennoch in der Übersetzung von can. 383 § 1 CIC gefunden; hier wird *cura pastoralis* noch mit Seelsorge übersetzt.

34 Die Studie der Differenzierbarkeit der einzelnen Begriffe bezieht sich auf den CIC; der Frage, ob sich für den CCEO das gleiche oder ein anderes Bild ergäbe, müsste eigens nachgegangen werden.

Verkündigung des Evangeliums zur Aufgabe der Priester, insbesondere der Pfarrer, denen *cura animarum* übertragen ist. Nach can. 1003 § 2 CIC haben alle Priester, denen *cura animarum* aufgetragen ist, die Pflicht und das Recht, den Gläubigen, die ihnen anvertraut sind, die Krankensalbung zu spenden. Auch weitere Belegstellen für *cura animarum* zeigen den Zusammenhang zwischen diesem Begriff und der Ausübung von Aufgaben aus dem Verkündigungs- und Heiligungsbereich.[35] Da es aber auch Stellen gibt, an denen *cura animarum* ohne eindeutige inhaltliche Festlegung auftaucht, ist nicht auszuschließen, dass *cura animarum* durch alle drei *munera*, nicht nur durch *munus docendi* und *munus sanctificandi* bestimmt ist, sondern auch das *munus regendi* zur inhaltlichen Bestimmung herangezogen werden muss.[36]

Plena cura animarum – umfassende Seelsorge – kommt nur an einer einzigen Stelle im Codex der Lateinischen Kirche, nämlich in can. 150 CIC, vor. Dort wird festgelegt, dass ein Amt, das *plena cura animarum* mit sich bringt, gültig nur jemandem übertragen werden kann, der die Priesterweihe empfangen hat; zur Wahrnehmung von *plena cura animarum* ist die Priesterweihe erforderlich. Bei *plena cura animarum* muss es sich daher um Amts-Aufgaben handeln, zu deren Wahrnehmung das spezifische Handeln des Priesters notwendig ist, d. h. Aufgaben, die ein Handeln *in persona Christi capitis* erforderlich machen. Es kann sich also bei *plena cura animarum* nicht nur um einzelne Aufgaben aus dem Bereich der Seelsorge handeln, die einfach mit *cura animarum* bezeichnet werden können, das würde dem Gebrauch des *plena* widersprechen. Vielmehr geht es um die Zuständigkeit für das ganze Feld von Seelsorge. Wer ein Amt mit *plena cura animarum* übernehmen soll, muss die Befähigung haben, für den ihm anvertrauten Bereich alle Funktionen sicher zu stellen, die der Seelsorge zuzurechnen sind. Bezogen auf die Pfarrei, zu deren Lebendig-Erhaltung die Feier der Eucharistie unabdingbar ist, muss er insbesondere die Befähigung hierzu besitzen.[37]

Cura pastoralis – Hirtensorge – findet wieder eine häufige Verwendung im CIC. Dem Apostolischen Administrator als Vorsteher einer Ortskirche, die noch nicht als Diözese errichtet ist, wird nach can. 361 § 2 CIC die *cura pastoralis* für diese Ortskirche übertragen. Vom interimistischen Vorsteher einer Diözese wird in can. 414 CIC ausgesagt, er habe bei der Ausübung der *cura pastoralis* für die Diözese die Pflichten und die Gewalt, die von Rechts wegen dem Diözesanadministrator zukommen. Der Pfarrer erhält gemäß can. 519 CIC die *cura pastoralis* für eine Pfarrei. Bei allen drei Ämtern, die hier angeführt werden, handelt es

---

35 Vgl. cann. 771 § 2; 922; 986 § 1 CIC.

36 Gleicher Ansicht RIEDEL-SPANGENBERGER (Fn. 31), 513.

37 Wendet man sich dagegen der Ebene der Diözese zu, so gehört zu deren Lebensfunktion die Spendung der Priester- und der Bischofsweihe. Hier reicht das Kriterium der Priesterweihe zur Übernahme eines Amtes, das auf der Ebene der Diözese *plena cura animarum* mit sich bringt, nicht aus; der Inhaber eines solchen Amtes muss die Bischofsweihe empfangen haben.

sich um solche, die eine umfassende Zuständigkeit für die jeweilige anvertraute Gemeinschaft von Gläubigen nach sich zieht. Wodurch aber ist *cura pastoralis* näher bestimmt? Da der Gesetzgeber selbst auch in diesem Fall keine Definition vorgelegt hat, muss versucht werden, die Bedeutung aus dem Gebrauch von *cura pastoralis* zu erheben. Zu dieser Interpretation kann can. 519 CIC herangezogen werden. Die Norm macht es zur Aufgabe des Pfarrers, die *cura pastoralis* unter der Autorität des Diözesanbischofs wahrzunehmen und die Dienste des Lehrens, des Heiligens und des Leitens für die Pfarrgemeinschaft auszuüben. *Cura pastoralis* wird hier in einen engen Zusammenhang mit der Ausübung der *tria munera* gebracht, so dass gesagt werden kann, *cura pastoralis* wird inhaltlich bestimmt durch die Ausübung der *tria munera*.[38] Ein gewichtiges Argument für diese Sichtweise ist im bereits erwähnten can. 543 § 1 CIC und in den Pfarrerspiegeln zu erblicken. In ihnen wird ausdrücklich auf Aufgaben verwiesen, die zum einen dem Bereich *cura animarum* zugeordnet werden können.[39] Darüber hinaus werden in can. 529 CIC Dienste genannt, die über das Feld der *munera docendi* und *sanctificandi* hinaus gehen und dem *munus regendi* zuzuschreiben sind. Diese Zuordnung wird im CIC zwar nicht vorgenommen[40]; der CCEO, der im Wesentlichen einen gleichen Katalog der Amtsaufgaben des Pfarrers enthält und hier als Interpretationshilfe dienen kann, nennt diese jedoch explizit Ausübung der *tria munera*.[41] Es widerspricht daher dem inhaltlichen Konnex, die Ausübung eines *munus* aus dem Inhalt von *cura pastoralis* auszugliedern.

Wegen seines umfassenden Inhalts ist es deshalb nahe liegend, in dem Begriff *cura pastoralis* ein Synonym für *plena cura animarum* zu sehen.[42]

4.2. Mögliche Träger von *cura pastoralis*

4.2.1. Der Pfarrer

Pfarrer wird nach can. 519 CIC derjenige Priester genannt, dem die *cura pastoralis* für eine Pfarrei übertragen worden ist. Wem aber etwas übertragen worden

---

38 So auch DEMEL, Sabine, „Priesterlose“ Gemeindeleitung?, in: MThZ 47 (1996) 67 f., die allerdings *cura pastoralis* mit dem problematischen – weil mindestens ebenso erläuterungsbedürftigen – deutschen Wort „Gemeindeleitung“ übersetzt.

39 Vgl. can. 528 CIC; die genannten Obliegenheiten betreffen die Bereiche Verkündigung und Heiligung.

40 Die in can. 529 § 1 CIC gebrauchte Wendung „[o]fficium pastoris sedulo ut adimpleat“ ist nicht notwendiger Weise mit der Ausübung des *munus regendi* identisch.

41 Vgl. can. 289 CCEO. Die Einteilung dieses Canons in drei Paragrafen, die nacheinander die Ausübung des *munus docendi*, des *munus sanctificandi* und des *munus regendi* behandeln, machen den inneren Zusammenhang der Ausübung dieser *munera* im Pfarramt deutlich. Sie können nicht, wie dies nach der Systematik des CIC grundsätzlich denkbar wäre, voneinander getrennt werden.

42 RIEDEL-SPANGENBERGER (Fn. 31), 515.

ist, sei es ein Amt oder eine Aufgabe, der hat dieses inne und ist damit im Rechtssinn Träger des Übertragenen. Trägerschaft bedeutet auch Eigenständigkeit, Eigenberechtigung und Eigenverantwortlichkeit; beim Pfarrer wird dies durch den Titel *pastor proprius* verdeutlicht.[43] Der Pfarrer hat zwar die *cura pastoralis* unter der Autorität des Diözesanbischofs auszuüben, d. h. er hat

> „Anteil an dem Dienst Christi, der dem Bischof für die ganze Diözese insgesamt zukommt"[44],

genießt aber

> „die Kompetenz ..., den ihm übertragenen Dienst im eigenen Namen und in eigener Verantwortung auszuüben und sich nicht als Stellvertreter oder als Beauftragter [sc. des Diözesanbischofs, der Verf.] zu verstehen."[45]

4.2.2. Die Mitglieder des Priesterteams gemäß can. 517 § 1 CIC

Im Falle des can. 517 § 1 CIC wird die *cura pastoralis* mehreren Priestern „in solidum" übertragen. Dadurch werden sie jedoch nicht Pfarrer im Rechtssinn. Es darf nämlich in ein und derselben Pfarrei nur <u>einer</u> Pfarrer sein. Der CIC reprobiert jegliche gegenteilige Gewohnheit und widerruft jegliches anders lautende Privileg. Deshalb kann man wohl auch nicht davon sprechen, dass den an einem Priesterteam beteiligten Priestern das Pfarramt „zu ungeteilter Hand" übertragen wird.[46] Handeln „in solidum" bedeutet nach can. 140 § 1 CIC[47], dass einer für alle handelt, derjenige also, der als erster mit einer Handlung begonnen hat, die anderen ausschließt. Diese Generalnorm des can. 140 § 1 CIC wird durch eine Spezialvorschrift in can. 543 näher konkretisiert. Zwar sind alle Priester des Teams gehalten, die Amtsaufgaben eines Pfarrers, die in den cann. 528-530 CIC genannt sind, wahrzunehmen, sie haben dies aber nach einer bestimmten Ordnung zu tun, die von ihnen selbst festgelegt werden muss (can. 543 § 1 CIC). Außerdem sind alle an die Residenzpflicht des can. 533 § 1 CIC gebunden. Gleichwohl kommen dem Moderator einzelne Vollmachten exklusiv zu. Wurde er schon durch can. 517 § 1 CIC als derjenige bestimmt, der das Handeln des Priesterteams auszurichten („dirigat") und vor dem Diözesanbischof zu verantworten („respondeat") hat, geht aus can. 543 § 1 CIC hervor, dass er hinsichtlich der Ausübung der Dispensvollmachten, die jedem einzelnen Priester gleichermaßen zukommen, eine besondere Funktion wahrzunehmen hat; gemäß can. 543

---

43 Vgl. SCHMITZ, Heribert, „Gemeindeleitung" durch „Nichtpfarrer-Priester" oder „Nichtpriester-Pfarrer", in: AKathKR 161 (1992) 335.

44 Ebd., 336.

45 Ebd.; vgl. auch PAARHAMMER, Hans, in: MK CIC 519, 3.

46 So aber SCHMITZ, Heribert, Pfarrei und Gemeinde, in: AKathKR 148 (1979) 67.

47 Can. 140 CIC handelt zwar von delegierter Gewalt, um die es im zu untersuchenden Kontext gerade nicht geht; dennoch eignet sich die Bestimmung aus den allgemeinen Normen zur Interpretation der „in solidum"-Klausel, da es eine andere inhaltliche Bestimmung zu ihr im CIC nicht gibt; vgl. LÖFFLER, René, Gemeindeleitung durch ein Priesterteam, Essen 2001, 56.

§ 2, 3° CIC kommt dem Moderator das alleinige Vertretungsrecht der Pfarrei bzw. der Pfarreien in rechtlichen Angelegenheiten zu. Kann man, bedingt durch diese Exklusivzuständigkeiten des Moderators, dann aber noch davon sprechen, dass allen Priestern die *cura pastoralis* übertragen wird? Die dem Moderator zukommende Ausrichtung des Handelns des Priesterteams und seine Vertretungspflicht vor dem Diözesanbischof betreffen ausschließlich die Gruppe der Priester selbst und sind deshalb nicht Ausübung von *cura pastoralis*. Eher sind in diesen Regelungen Verwaltungsvorschriften zu erblicken, die der inneren Organisation des Priesterteams dienen.[48] Schwieriger ist es bei der Kompetenz in Dispensangelegenheiten[49] und bei der rechtlichen Vertretung der Pfarrei bzw. der Pfarreien. Es sollte aber bedacht werden, dass die Kompetenz des Moderators nicht Unzuständigkeit der übrigen Priester in Dispensangelegenheiten nach sich zieht; diese üben ihre Dispensvollmacht auch nicht ungültig aus, wenn sie ohne Rücksprache mit dem Moderator handeln. Das spricht eher dafür, in dieser Regelung das Bemühen zu sehen, eine einheitliche Handlungsweise sicher zu stellen, eine Regelung also, die wiederum eher auf die innere Koordination der Priestergruppe bezogen ist[50] als nach außen auf die anvertrauten Gläubigen. Dann aber handelt es sich bei der Dispenskompetenz auch nicht um Ausübung von *cura pastoralis*. Rechnet man dagegen die Vertretungsberechtigung zur Ausübung von *cura pastoralis* dazu, so ist Folgendes zu berücksichtigen. Wird eine Pfarrei mehreren Priestern anvertraut, so muss gerade in Rechtsfragen Klarheit herrschen, wer als Ansprechpartner zur Verfügung steht. Das ist im Sinne der Transparenz und der Rechtssicherheit geboten. Daher war der Gesetzgeber aufgefordert, hier für die notwendige Klarheit zu sorgen. Er hat sich dafür entschieden, dem Moderator diese Aufgabe zuzuweisen. Er hätte sich auch anders entscheiden können und etwa dem ältesten Priester (nach Lebensalter oder nach Weihejahren) oder einem von der Priestergruppe zu Wählenden diese Obliegenheit ebenso anvertrauen können. Dies geht auch aus der Formulierung von can. 543 § 2, 3° CIC hervor, der nur die Tatsache festhält, dass der Moderator die Pfarrei(en) vertritt („gerit"), nicht aber durch eine entsprechende Klausel zum Ausdruck bringt, nur der Moderator habe die Fähigkeit, diese Funktion auszuüben. Hätte der Gesetzgeber dem Moderator hier eine wesentlich andere Stellung verleihen wollen, hätte er dies etwa mit den Worten „solus moderator ... gerere potest parociae aut parociarum coetui commissarum" zum Ausdruck bringen können. Im Ergebnis bedeutet dies, dass jedem Priester des Teams die

---

48 LÖFFLER (Fn. 47), 95 bezeichnet die Aufgabe des Moderators als „Koordination in einer Gruppe von Gleichberechtigten".

49 Die deutsche Übersetzung von can. 543 § 1 CIC bringt eine echte Überordnung des Moderators über die übrigen Priester des Teams zum Ausdruck, indem sie diesem das Weisungsrecht in Dispensangelegenheiten zuschreibt. Ein solches Weisungsrecht geht jedoch aus dem Gesetzestext nicht hervor.

50 Vgl. LÖFFLER (Fn. 47), 95.

Rechtsvertretung hätte übertragen werden können, da jeder Träger der *cura pastoralis* ist.

4.2.3. Der die cura pastoralis *moderierende Priester gemäß can. 517 § 2 CIC ?*

In diesem Abschnitt ist nun zu untersuchen, ob derjenige Priester, der zu beauftragen ist, die *cura pastoralis* zu moderieren, auch als Träger eben dieser *cura* zu verstehen ist. Während dem Pfarrer in can. 519 CIC bzw. den Priestern des Teams nach can. 517 § 1 CIC die *cura pastoralis* übertragen wird, lässt sich eine Übertragung in can. 517 § 2 CIC nicht nachweisen. Der Gesetzgeber vermeidet die Verben „concredere" und „committere", die denjenigen, dem etwas übertragen wird, zum (eigenständigen) Träger dieser Sache machen. Stattdessen heißt es in can. 517 § 2 CIC:

> „Episcopus diocesanus ... sacerdotem constituat aliquem qui ... curam pastoralem moderetur."[51]

BÖHNKE führt aus, dass es sich hier, angezeigt durch das Verbum „constituere", um eine „amtsunabhängige Aufgabenübertragung"[52] handle. Dafür spreche auch die Tatsache, dass dem die Hirtensorge moderierenden Priester kein eigener Titel zugedacht wird und damit grammatikalisch seine Funktion lediglich durch die Verbalkonstruktion „curam pastoralem moderetur" zum Ausdruck kommt.[53]

Im Ergebnis handelt es sich beim moderierenden Priester deshalb um eine Aufgabe, die keine Trägerschaft der *cura pastoralis* mit sich bringt. Gleichwohl ist der Diözesanbischof jedoch frei, diese Aufgabe als „officium" im Sinne des can. 145 § 1 CIC auszugestalten. Dem steht nicht die Klausel „stabiliter constitutum" in eben diesem Canon entgegen, da ein entsprechendes Amt auf Dauer eingerichtet werden könnte und dann besetzt würde, wenn can. 517 § 2 CIC Anwendung findet.

4.2.4. Diakone und Laien?

Nach der Regelung des can. 517 § 2 CIC kann der Diözesanbischof im Falle von Priestermangel zum Ergebnis kommen,

> „participationem in exercitio curae pastoralis paroeciae concredendam esse diacono aliive personae sacerdotali charactere non insignitae aut personarum communitati".

Können die hier genannten Personen, Diakone oder Laien, als Träger der *cura pastoralis* bezeichnet werden? Soll dieser Umstand durch die Verwendung des

---

51 „Der Diözesanbischof ... hat einen Priester zu bestimmen, der ... die Hirtensorge moderiert" (Übersetzung von mir).

52 BÖHNKE, Michael, Pastoral in Gemeinden ohne Pfarrer, Essen 1994, 42.

53 Aus diesem Grund besteht ein gewichtiger Unterschied zur Stellung des Moderators in can. 517 § 1 CIC, dem zum einen die *cura pastoralis* zusammen mit den übrigen Teampriestern übertragen wird, er also Träger derselben ist, und der durch das Substantiv „Moderator" einen eigenen Titel erhält; vgl. hierzu auch BÖHNKE, ebd.

Verbums „concredere“ ausgedrückt werden? Der CIC verweist in diesem Zusammenhang auf die Möglichkeit, dass Nichtpriestern Anteil an der Ausübung der Hirtensorge anvertraut werden könne („participatio in exercitio curae pastoralis“). Es muss beachtet werden, dass nicht die *cura pastoralis*, nicht einmal Anteil an dieser selbst, übertragen wird, sondern Anteil an der Ausübung der *cura pastoralis*. Und noch ein Weiteres kommt hinzu: Es wird nicht einfach die Ausübung der *cura pastoralis* einem Diakon, einem Laien oder einer Personengemeinschaft anvertraut, vielmehr ist von „participatio in exercitio“, dem Anteilnehmen an dieser Ausübung, die Rede. Es liegt demnach offensichtlich nicht in der Intention des Gesetzgebers, durch dieses Anteilgeben an der Ausübung der *cura pastoralis* eine eigenständige Trägerschaft zu begründen, und zwar weder im Hinblick auf die *cura pastoralis* noch auf das *exercitium curae pastoralis*. In beiden Fällen geht es um die Garantie aller für eine Pfarrei lebensnotwendigen Funktionen im Bereich der *tria munera* Christi, wozu die Feier der Eucharistie als wesentlicher Bestandteil gehört. Dies ist dem Diakon wie dem Laien nicht möglich. Sie können daher nicht Träger der *cura pastoralis* und auch nicht Träger des *exercitium curae pastoralis* sein.[54]

4.3. Mitarbeit und Mithilfe bei der Ausübung der *cura pastoralis* gemäß can. 519 CIC

Wenn eine Pfarrei ordentlich nach can. 519 CIC besetzt wird, sieht der CIC gleichzeitig vor, dass Priester und Diakone an der Ausübung der *cura pastoralis* mitarbeiten und Laien nach Maßgabe des Rechts mithelfen. Die hier genannten Kleriker und Laien stehen in einem engen Verhältnis zum Pfarrer, der Träger der Hirtensorge einer Pfarrei ist. Sie sind nämlich zur Mitarbeit oder zur Mithilfe an dessen Hirtensorge aufgerufen. Man kann sich am ehesten vorstellen, dass es um eine Mitarbeit bzw. um eine Mithilfe bei einzelnen Aufgaben des Pfarrers geht[55], dem allein die Gesamtverantwortung für die Ausübung der *cura pastoralis* obliegt. Mit der Mitarbeit nach can. 519 CIC ist es ohne weiteres ver-

---

54 Geht man davon aus, dass in der ersten Hälfte des can. 517 § 2 CIC ein neues Amt („officium“) universalrechtlich eingerichtet wird (z. B. ZAPP, Hartmut, Kirchenrechtliche Aspekte zur „Gemeindeleitung“ bei Priestermangel nach c. 517 § 2 CIC, in: WINDISCH, Hubert [Hg.], Seelsorgeeinheiten und kooperative Pastoral. Fragen und Impulse, Freiburg i. Br. 1999, 60), so ergibt sich die Konsequenz, dass hier nicht die Trägerschaft von *cura pastoralis* oder *exercitium curae pastoralis* gemeint sein kann, schon daraus, dass zwar *cura pastoralis* als Synonym zu *plena cura animarum* zu verstehen ist, dass es sich aber im vorliegenden Kontext gerade nicht um ein Amt im Sinne von can. 150 CIC handeln kann, da es ausschließlich von Diakonen und Laien wahrgenommen werden soll. Verneint man die Amtsfrage, so ergibt sich im Ergebnis das gleiche. Weder einem Diakon noch einem Laien kann die *cura pastoralis* oder das *exercitium curae pastoralis* eigenständig übertragen werden, weil darin immer noch, wenn auch nicht an ein Kirchenamt gebunden, die Aufgabe zur Feier der Eucharistie eingeschlossen wäre.

55 Vgl. BÖHNKE (Fn. 52), 44 f.

einbar, wenn ein Priester, der als Pensionär in einer Pfarrei wohnt, sich ausschließlich um die Feier der Eucharistie am Mittwoch Nachmittag kümmert; ebenfalls kann ein Laie seine Mithilfe durch sein Engagement im Krankenkommuniondienst einer Pfarrei zum Ausdruck bringen.

Als These kann von diesem Standpunkt aus formuliert werden: Wer an der Ausübung der *cura pastoralis* des Pfarrers mitarbeitet oder mithilft, übernimmt Verantwortung für deren Verwirklichung auf einem bestimmten abgegrenzten Sektor, ohne sich auch noch um andere Sektoren kümmern zu müssen.

4.4. Teilhabe an der Ausübung der *cura pastoralis* gemäß can. 517 § 2 CIC

Im Fall der Teilhabe von Diakonen oder Laien an der Ausübung der *cura pastoralis* geht es im Unterschied zu den vorgenannten Ausführungen gerade um das gesamte Feld der durch die *tria munera* näher konkretisierten pfarrlichen Seelsorge, nicht nur um die Übernahme einer einzelnen Aufgabe dieses Bereiches, etwa der Kinderkatechese. Wer also im Sinne dieser Bestimmung an der Ausübung der *cura pastoralis* selbst Anteil erhält, muss sich an den Funktionen orientieren, die im kodikarischen Pfarrerspiegel genannt sind. Beispielsweise hat eine Person, die nach can. 517 § 2 CIC an der Ausübung der *cura pastoralis* beteiligt wird, auch die Aufgabe, gemäß can. 528 § 2 CIC dafür Sorge zu tragen, dass die Eucharistiefeier Mittelpunkt der pfarrlichen Gemeinschaft wird. Das bedeutet zwar nicht, dass derjenige selbst die Eucharistie feiern können muss, er hat aber dafür zu sorgen, dass jeweils ein Priester dazu zur Verfügung steht. Ebenso verhält es sich mit der Vorschrift in can. 529 § 1 CIC, der dem Pfarrer aufträgt, den Kranken und Sterbenden beizustehen und sie durch die Sakramente zu stärken. Während dem kanonischen Pfarrer hier deutlich die Amtspflicht zur Spendung der Krankensalbung aufgetragen wird, trifft dies für einen Diakon bzw. Laien nicht zu; ein solcher hätte aber dafür Sorge zu tragen, dass ein Priester gerufen wird und mit einem Kranken oder Sterbenden dieses Sakrament feiert.

Hier kann als These formuliert werden: Wer nach can. 517 § 2 CIC Anteil erhält an der Ausübung der *cura pastoralis*, wird dadurch zwar nicht zum Träger derselben. Er erhält aber Anteil an der Ausübung der *plena cura animarum*, der „umfassenden Hirtensorge“[56] einer Pfarrei, und unterscheidet sich dadurch von jemandem, der nach can. 519 CIC bei der Ausübung der *cura pastoralis* mitarbeitet oder mithilft.

4.5. Moderation der *cura pastoralis* gemäß can. 517 § 2 CIC

Fragt man nun nach dem spezifischen Aufgabenbereich des Priesters innerhalb der Konzeption des can. 517 § 2 CIC, so hängt Entscheidendes vom Verständnis

---

56 SCHMITZ (Fn. 43), 339.

der Formulierung „curam pastoralem moderetur“ ab, durch die dessen Funktion bezeichnet wird. Es lassen sich drei lexikalische Bedeutungsfelder von „moderari“ unterscheiden[57]:

1. mäßigen, zügeln, Schranken setzen;
2. leiten, lenken, bedingenden Einfluss auf etwas haben;
3. etwas einrichten.

Da weder die Bedeutung „mäßigen“ noch „etwas einrichten“ im Zusammenhang mit der *cura pastoralis* einen Sinn ergeben, bleibt nur die Wiedergabe mit den Begriffen unter 2. Dem Priester ist also die Aufgabe gegeben, die *cura pastoralis* zu lenken. Diese Funktion des Priesters wird im CIC nicht näher spezifiziert. Es ist deshalb Sache der Kanonistik, nach Funktionen zu suchen, die diesem Priester zukommen. Eine wichtige Hilfe bei der Suche bietet die Formulierung in can. 517 § 2 CIC, dass der Priester „potestatibus et facultatibus parochi instructus“ sein müsse. Als herrschende Meinung hat sich in der kirchenrechtlichen Auseinandersetzung mit diesem Canon die Auffassung herausgebildet, es handle sich hierbei um Vollmachten und Befugnisse, die einem Pfarrer durch Amtsübertragung, einem anderen Priester aber nur durch Delegation seitens des Diözesanbischofs zukommen.[58] Dies gilt z. B. für die Eheschließungsassistenz, die der Pfarrer von Amts wegen, der die Hirtensorge moderierende Priester nur Kraft Delegation wahrnimmt.[59] Welche „potestas“ und „facultas“ dem Priester im Einzelfall übertragen wird, liegt in der Entscheidungsgewalt des Diözesanbischofs. Er ist hierbei an keine Rechtsvorgabe gesamtkirchlicher Art gebunden. Eine andere Situation ergibt sich dann, wenn man zur Interpretation des „moderari“ in can. 517 § 2 CIC die Aufgabenumschreibung des Moderators aus § 1 desselben Canons heranzieht. In diesem Fall müsste man diese dem Moderator übertragenen Funktionen analog auf den die *cura pastoralis* moderierenden Priester anwenden. Konkret bedeutete diese Vorgehensweise, dass dem Priester in can. 517 § 2 CIC die Aufgabe zukäme, die Zusammenarbeit vor Ort auszurichten, dem Bischof gegenüber verantwortlich zu sein und die Pfarrei in rechtlichen Angelegenheiten zu vertreten. In dieser Sichtweise liegt jedoch die Gefahr, dem Priester rein administrative Aufgaben zuzuweisen, die mit denjenigen Obliegenheiten, welche der CIC aus *cura pastoralis* ableitet, nur am Rande zu tun haben. Geht man dann – wie SCHMITZ – noch davon aus, dass der in can. 517 § 2 CIC genannte Priester nur wenige Kompetenzen erhalten muss und im Grunde alle seine eigenen Aufgaben delegieren kann[60], fragt man sich, wozu man diesen Priester eigentlich noch braucht, bzw. worin sein spezifisch priesterlicher Dienst noch zum Ausdruck kommt. Es besteht die Gefahr, dass der Pries-

---

57 Vgl. Ausführliches Lateinisch-Deutsches Handwörterbuch, ausgearbeitet von GEORGES, Karl Ernst, Hannover [14]1976, Sp. 960 f.

58 Vgl. BÖHNKE, Michael, Die Zukunft der „priesterlosen“ Gemeinde, in: ThGl 38 (1995) 167.

59 Vgl. can. 1108 § 1 CIC.

60 Vgl. SCHMITZ (Fn. 43), 359.

ter in diesem Konzept bezogen auf die Pfarrei(en), deren *cura pastoralis* er nach can. 517 § 2 CIC zu moderieren hat, zum reinen Verwaltungsbeamten degeneriert. Dies wäre wohl weder im Sinne des Gesetzgebers noch mit der oben genannten Bedeutung von „moderari“ vereinbar. Es bliebe herauszuarbeiten, in welchen Zusammenhängen im CIC von „moderari“ die Rede ist, um einen besseren Anhaltspunkt für die rechtliche Ausgestaltung der Funktion des moderierenden Priesters zu gewinnen. Diese Ausgestaltung selbst ist aber mangels konkreter universalrechtlicher Vorgaben dann Sache des einzelnen Diözesanbischofs.

Somit ist bislang nicht deutlich hervorgetreten, welchen spezifischen Platz dem Priester in der (Pfarr-)Gemeinde zukommt und welche Folgen sich daraus für die Zuordnung von Priestern und Nichtpriestern vor Ort ergibt.

5. Priesterlicher Repräsentations-Dienst in der Gemeinde

Das II. Vatikanum weist dem priesterlichen Dienst eine wichtige Rolle innerhalb der Gemeinschaft der Gläubigen zu. Als Wesensbestimmung des priesterlichen Dienstes lässt sich der Kirchenkonstitution des II. Vatikanums entnehmen:

> „Der Amtspriester ... vollzieht in der Person Christi das eucharistische Opfer und bringt es im Namen des ganzen Volkes Gott dar.“[61]

Gerade aufgrund dieser Berufung zur Feier der Eucharistie ist immer wieder auf die enge Verbindung zwischen Vorsteherschaft bei der Eucharistie und Leitung der Pfarrgemeinde hingewiesen worden.[62] Ekklesiologisch basiert diese Haltung auf der Forderung des Konzils, die Eucharistiefeier solle

> „Mitte und Höhepunkt des ganzen Lebens der christlichen Gemeinde“[63]

werden. Von hier aus kann man den Kern des priesterlichen Dienstes mit der Aufgabe zur doppelten Repräsentation umschreiben: der Gegenwärtigsetzung Christi in der Gemeinde (*repraesentatio Christi*) und der Gegenwärtigsetzung des Volkes vor Gott (*repraesentatio Ecclesiae*).

5.1. *Repraesentatio Christi*

Übereinstimmend mit den Dokumenten des II. Vatikanums stellt can. 1008 fest, dass die Priester dazu geweiht werden, *in persona Christi capitis* zu handeln. Dies tun sie auf vorzüglichste Art und Weise in der Feier der Sakramente, besonders der Eucharistie, in der Christus sich selbst durch den Dienst des

---

61 VatII LG 10, 2.

62 Vgl. LEDERHILGER, Severin, Kooperative Seelsorge und die Frage nach dem Amt, in: ThPQ 142 (1994) 133.

63 VatII CD 30.

Priesters unter den Gestalten von Brot und Wein in der Mitte der Gemeinde vergegenwärtigt.[64] Ebenso deutlich heißt es in can. 900 § 1 CIC:

> „Minister, qui in persona Christi sacramentum Eucharistiae conficere valet, est solus sacerdos valide ordinatus."

Diese Funktion, das Handeln *in persona Christi capitis*, die hier auch *repraesentatio Christi* genannt wird, gehört zum Wesenskern des priesterlichen Dienstes. Die Befähigung, diese Funktion auszuüben, wird durch die Priesterweihe übertragen und bewirkt eine ontologische Differenz zwischen Priestern und Laien, aber auch zwischen Priestern und Diakonen. Deshalb kann die Gegenwärtigsetzung Christi als Wesensaufgabe des Priesters angesehen werden. Auch an dieser Stelle wäre eine genauere Studie angebracht, die zum Gegenstand haben sollte, zum einen diejenigen Funktionen des Priesters herauszuarbeiten, bei deren Wahrnehmung er *in persona Christi capitis* handelt, zum anderen diejenigen Tätigkeiten aufzulisten, zu deren Durchführung diese Art der Christusrepräsentation nicht notwendig ist.

Für die Anwendung des can. 517 § 2 CIC hat dies zur Folge, dass der moderierende Priester als derjenige erkennbar sein muss, der der Gemeinde gegenüber die Funktion der Christus-Repräsentation wahrnimmt. Das wird in aller Regel nicht durch persönliche Abwesenheit zu erreichen sein und schon gar nicht dadurch, dass sich dieser Priester gerade bei Sakramentenspendungen vertreten lässt.

5.2. *Repraesentatio Ecclesiae*

Ebenso gehört es zum Wesen des Priestertums, die Gemeinde vor Gott zu versammeln und sozusagen stellvertretend für sie ihm gegenüber zu treten. Im Namen des Volkes bringt der Priester das eucharistische Opfer dar. Dadurch wird er zum Repräsentanten des Volkes Gottes, in dem die Gläubigen zusammengefasst sind.[65] Der Dienst der *repraesentatio Ecclesiae* ist die Rückseite der Medaille, auf deren Vorderseite *repraesentatio Christi* steht. Theologisch handelt es sich hierbei um Funktionen, die in den einzelnen Aufgaben des Priesters deutlich zum Tragen kommen müssen, will man nicht Gefahr laufen, ihn seiner eigentlichen Identität zu berauben oder diese zumindest zu verdunkeln.

Im Falle der traditionellen Gemeindemodelle, in denen jeweils eine Pfarrei einen Pfarrer hatte, ist der Repräsentations-Dienst des Pfarrers durch dessen umfangreichen Aufgabenkatalog, der sich auf alle drei Ämter Christi bezieht, sicher gestellt. Ihm kommt eine umfassende Kompetenz hinsichtlich der Wortverkündigung und des Heiligungsdienstes wie auch der administrativen Pfarreileitung zu. Auch wenn andere Personen an der Verwirklichung seines Auftrages mitarbeiten oder mithelfen, ist doch immer der Pfarrer als letztlich zuständig und ver-

---

64 Vgl. can. 899 § 1 CIC.

65 Vgl. VatII PO 2, 4.

antwortlich gegenwärtig. Ähnlich verhält es sich im Falle der Übertragung der *cura pastoralis* an ein Priesterteam. Auch hier sind beide Dimensionen des priesterlichen Repräsentations-Dienstes gegenwärtig. Dagegen tauchen bei der Anwendung von can. 517 § 2 CIC Schwierigkeiten auf. Diese ergeben sich nach zwei Richtungen.

Im Blick auf den die *cura pastoralis* moderierenden Priester muss beachtet werden, dass dieser faktisch seiner doppelten Repräsentations-Aufgabe nicht gerecht werden kann, da er in aller Regel nicht in der Pfarrei, für die er diesen Dienst wahrnimmt, lebt und ggf. auch genuin priesterliche Funktionen anderen Priestern übertragen hat. Er kann als „Schreibtischpriester" bzw. „Telefonpriester"[66] seinem kodikarischen Auftrag nach can. 517 § 2 CIC gerecht werden. Auf der anderen Seite steht der Diakon bzw. der Laie, der an der Ausübung der *cura pastoralis* Anteil erhalten hat und der als Ansprechpartner für die Pfarrei da ist. Er wird als eigentlicher Leiter der gesamten Sorge für die Pfarrei wahrgenommen, nicht der mit der Moderation beauftragte Priester. Psychologisch handelt es sich viel eher bei dem Diakon oder Laien um eine Repräsentations- und Identifikationsfigur.

6. Ausblick

Die hier vorgelegte Sichtung der Probleme im Zusammenhang mit der Anwendung von can. 517 § 2 CIC hat gezeigt, dass Anspruch und Wirklichkeit sowohl im Hinblick auf die Person des Priesters wie auch auf die des an der *cura pastoralis* beteiligten Diakons oder Laien auseinander klaffen. Hinsichtlich des Priesters geschieht dies durch die Gefahr der reinen Verwaltungstätigkeit, die seiner in der Weihe übertragenen Befähigung und Aufgabe zur Christusrepräsentation nicht gerecht wird. Unter Rücksicht auf den beteiligten Diakon oder Laien ergibt sich die Diskrepanz durch seinen kodikarischen Auftrag, Anteil zu nehmen an der gesamten Hirtensorge und dadurch faktisch in einer Repräsentationsrolle zu sein, die normaler Weise nur dem Priester zusteht, gleichzeitig aber an der Wahrnehmung dieses Repräsentationsdienstes mangels sakramentaler Weihe gehindert zu sein. Aus dieser Konstellation heraus ergeben sich m. E. zwei Fragen, von denen zumindest eine auch in der kirchlichen Öffentlichkeit immer wieder und bisweilen heftig diskutiert wurde und wird. Angesprochen sind in diesem Kontext die Zulassungsbedingungen zum Priesteramt. Ein weiterer Horizont soll durch die Frage eröffnet werden, ob auch Laien ein Repräsentationsdienst in der Pfarrei zukommen kann.

Die genannten Überlegungen, die nicht den Anspruch auf Vollständigkeit erheben, deuten auf eine wichtige Verbindung zwischen der Wahrnehmung der *cura pastoralis* und der Funktion der doppelten Repräsentanz-Aufgabe, nämlich der *repraesentatio Christi et Ecclesiae*, hin. In den kodikarischen Modellen der

---

66 SCHMITZ (Fn. 43), 359.

cann. 519 und 517 § 1 CIC ist diese enge Verbindung einmal in der Person des Pfarrers, zum anderen in den Priestern des Priesterteams sichtbar. Im Falle des can. 517 § 2 CIC fallen beide Aspekte auseinander. Deutlich erkennbar wird dieser Umstand daran, dass ein Diakon oder Laie als „Seelsorger vor Ort" tätig ist und sich um die Gemeinde kümmert, ein Priester aber von außen als Leiter der *cura pastoralis* auftreten soll. Deshalb ist m. E. zu erheben, ob zwischen Wahrnehmung der *cura pastoralis* und priesterlichem Repräsentations-Dienst eine so enge Vernetzung besteht, dass derjenige, der *cura pastoralis* wahrnimmt, auch mit dem priesterlichen Charakter ausgestattet sein muss. Dogmatisch und weihetheologisch wäre eine solche Maßnahme wohl eher unproblematisch. Sie hätte allerdings unübersehbare Konsequenzen für das Gesetzbuch der Lateinischen Kirche. Vermutlich müsste can. 517 § 2 CIC gestrichen werden. Mit der Wahrnehmung der *cura pastoralis* wäre normaler Weise der Empfang der Priesterweihe verbunden, um das Handeln *in persona Christi capitis* zu sichern; demzufolge wären die Diakone nicht mehr prädestiniert zur Übernahme der *cura pastoralis* bei Priestermangel, da gerade dieses Handeln nicht zu ihrem Amt gehört.[67] Vielmehr könnte ggf. aus der vakanten Pfarrei selbst ein Laie ausgewählt, zum Priester geweiht und als kanonischer Pfarrer eingesetzt werden. Für die Mitarbeit von Laien an der *cura pastoralis* einer Pfarrei wäre dann die Norm des can. 519 CIC ausreichend, so dass can. 517 § 2 CIC in seiner jetzigen Form obsolet wäre.

[67] Die Möglichkeit, dass sich einzelne Diakone dennoch entschließen, die Priesterweihe zu empfangen, um die Hirtensorge einer Pfarrei übernehmen zu können, sollte allerdings vorgesehen werden.

L'équipe pastorale de paroisse, une exclusivité du canon 517 CIC?

Alphonse Borras

Dès lors qu'il m'a été demandé de contribuer à cet ouvrage pour honorer notre collègue Richard PUZA, je me propose d'offrir quelques réflexions canoniques sur le thème de la direction pastorale de la paroisse avec une attention particulière à la participation des baptisés à la fonction curiale. Je le ferai sous l'angle du „collaborative ministry", comme disent les anglo-saxons[1], ou encore de la direction „collégiale" ou du partenariat dans la conduite de la paroisse. Cette pratique de direction „en équipe" induit un dépassement d'un exercice principalement personnel du ministère pastoral en même temps qu'elle inaugure une implication significative de laïcs appelés à collaborer étroitement à la direction des paroisses et, par ce biais, à traduire avec pertinence l'Évangile dans la culture occidentale actuelle. Associés à la direction des communautés, ces laïcs peuvent sans doute favoriser une prise en compte plus marquée de la vie des gens et une meilleure inculturation de la foi.

Dans le cadre du présent „Festschrift" essentiellement ancré dans la doctrine germanophone, il me semble intéressant de considérer cette pratique de direction pastorale à partir de l'espace francophone occidental, en Europe et en Amérique du Nord. En France, cette pratique est repérable à partir de la réalité de ce que l'on qualifie souvent d'„équipe d'animation pastorale" ou parfois plus simplement d'„équipe pastorale". C'est également le cas dans tel ou tel diocèse belge francophone, comme Liège ou Tournai. Au Québec, on parlera d'„équipe pastorale de paroisse" ou, dans certains diocèses comme Saint-Jean-Longueuil, d'„équipe pastorale mandatée".

Tout en marquant d'emblée ma préférence pour l'appellation qui me semble la plus usitée sur le Vieux Continent, à savoir celle d'„équipe d'animation pastorale", j'utiliserai dans ces pages l'expression québécoise assez commune d'„équipe pastorale de paroisse". D'où le titre de cette contribution qui permet plus facilement au lecteur germanophone de saisir de quoi il s'agit.

Le code de droit canonique de l'Église catholique latine de 1983 envisage-t-il cette pratique de direction partagée? De prime abord, il apparaît que oui. Sans citer expressément le terme latin „coetus" susceptible d'être traduit en français par le mot „équipe", le canon 517 parle de deux figures de conduite pastorale partagée. D'une part, en vertu du premier paragraphe de ce canon, la direction est solidairement partagée par des „co-curés", terme dont la langue française

[1] Je renvoie volontiers au document de la Conférence des évêques d'Angleterre et du Pays de Gales, The Sign we give. Report from the Working Party on Collaborative Ministry, London 1995.

pardonnera difficilement le manque d'élégance, sinon la trivialité et que la plasticité de la langue de Goethe permettra à la doctrine canonique de rendre par le terme „Mitpfarrer". D'autre part, le second paragraphe du canon parle d'une situation où, à défaut de curé proprement dit, des baptisés reçoivent une „participation à l'exercice de la charge pastorale de la paroisse".

A vrai dire, c'est bel et bien cette seconde hypothèse du canon 517 § 2 qui, dès la promulgation du code de 1983, a très vite induit, en France d'abord et au Québec ensuite, la mise sur pied dans beaucoup de diocèses d'„équipes pastorales" pour des paroisses ou ensembles paroissiaux qui, à défaut de curé, étaient dotées d'un „modérateur". Au départ, cette nouvelle figure du modérateur inspirée par le canon 517 § 1 a donc souvent été à la base du concept d'„équipe (d'animation) pastorale". Dans le courant des années '80 jusqu'au milieu des années '90, on a pu constater la généralisation de cette formule d'équipes pastorales sans curé mais avec modérateur. Bien plus, dans certains diocèses, on a même cru devoir ériger cette formule comme référence de l'action pastorale vu la pénurie de prêtres.

En réalité, les deux figures envisagées par le canon 517 n'épuisent pas les possibilités offertes par le code en vue de la mise sur pied d'équipes pastorales de paroisse. Une lecture attentive du canon 519 permet en effet de fonder une pratique de conduite pastorale où d'autres baptisés sont étroitement associés à la direction de la paroisse. C'est ce que je me propose de mettre en valeur dans les pages qui suivent. A cet effet, je procèderai d'abord à une brève exégèse du canon 519, – du moins, à titre de rappel –, pour ensuite, sur cette base, dégager ultérieurement le caractère d'exception des figures du canon 517. Une lecture parallèle des traductions française et allemande de ce canon, – traductions officielles, mais non authentiques –, nous aidera, chemin faisant, à saisir l'incidence de la traduction française dans la pratique ecclésiale des diocèses francophones qui ont érigé des „équipes pastorales avec un modérateur". Sous le bénéfice de ces considérations sur la „Wirkungsgeschichte" du canon 517 § 2, je reviendrai au canon 519 et au „leadership" partagé qu'il rend possible pour en souligner la valeur ecclésiale et la portée œcuménique. L'équipe pastorale de paroisse autour d'un curé proprement dit me semble être une formule prometteuse pour un renouveau de la vie des communautés et pour une meilleure prise en compte des exigences de la mission.

1. Le ministère du curé d'après le canon 519

A la différence du code de 1917, le code latin actuel nous offre une riche description du curé:

> „le curé est le pasteur propre de la paroisse qui lui a été confiée; il y exerce la charge pastorale sous l'autorité de l'évêque diocésain, dans la part duquel il a été appelé au ministère du Christ, afin de remplir, au bénéfice de cette communauté, les fonctions d'enseignement, de sanctification et de gouvernement. D'autres prêtres ou diacres

collaborent aussi avec lui et des fidèles laïcs lui apportent leur aide, selon le droit"[2] (can. 519).

La différence est frappante avec le canon correspondant du code pio-bénédictin où le curé était décrit comme

„le prêtre ou la personne morale à qui une paroisse a été conférée en titre avec l'exercice de la charge d'âmes sous l'autorité de l'Ordinaire du lieu"[3] (can. 451 § 1 CIC/1917).

De plus, le code antérieur ne qualifiait pas le curé de „pasteur propre".[4] C'est à la suite du concile Vatican II que le code de 1983 en est venu à ainsi désigner ainsi le curé (cf. VatII CD 30, cité comme source authentique du can. 519). L'adjectif „propre" a un sens juridique bien précis; il s'oppose à „vicarial" (cf. can. 131 § 2). L'office ecclésial de curé n'est pas de nature vicariale: le curé n'est pas le „lieutenant" de l'évêque; il n'est pas pasteur „au nom de l'évêque diocésain".

Dans l'exercice de sa charge, le curé est néanmoins hiérarchiquement subordonné à l'évêque diocésain: il exerce son ministère „sous l'autorité de l'évêque diocésain", dans une certaine dépendance à l'égard de ce dernier, mais pas au nom de celui-ci (cann. 515 et 519).[5] Il jouit donc d'une autonomie relative dans

2 S'il compare avec la traduction française officielle, mais non authentique, du canon, le lecteur remarquera d'emblée que ma traduction française ci-dessus apporte entre autres une correction importante au texte de l'édition française du code (qui traduit „etiam" par „éventuellement"!): „Le curé est le pasteur propre de la paroisse qui lui est remise en exerçant sous l'autorité de l'Evêque diocésain dont il a été appelé à partager le ministère du Christ, la charge pastorale de la communauté qui lui est confiée, afin d'accomplir pour cette communauté les fonctions d'enseigner, de sanctifier et de gouverner avec la collaboration éventuelle d'autres prêtres ou de diacres, et avec l'aide apportée par des laïcs, selon le droit."

3 Can. 451 § 1 CIC/1917: „Parochus est sacerdos vel persona moralis cui paroecia collata est in titulum cum cura animarum sub Ordinarii loci auctoritate exercenda." Désormais, le curé doit être une personne physique (can. 520 § 1 CIC). De plus, le législateur a supprimé l'expression „conférer une paroisse en titre", liée à une conception bénéficiale de la paroisse. Le Concile Vatican II avait d'ailleurs demandé l'abandon du système bénéficial ou du moins sa réforme en vue de privilégier l'office, à savoir la fonction ecclésiale (VatII PO 20 b; cf. can. 1272 CIC). Dorénavant c'est la charge pastorale qui est confiée au curé. Le code place son exercice sous l'autorité de l'évêque diocésain et non plus sous l'autorité de l'Ordinaire du lieu.

4 Pourtant, le can. 261 § 1 du code de 1917 désignait les „rectores" des paroisses, à savoir les curés, par l'appellation de „pasteurs propres". On se souviendra que les jansénistes aimaient donner aux curés le titre de pasteur. En leur attribuant ce titre évangélique ils s'inscrivaient dans la logique de leur théorie du droit divin du parochiat. A la vérité, ce qui était en jeu, au-delà du titre, c'était la revendication de la juridiction au for externe *ex officio*. Cela n'a pas échappé à ceux qui se sont engagés dans la controverse anti-janséniste. Cf. DOLHAGARAY, B., art.: Curés, dans: DThC III, col. 24-32.

5 Pour un commentaire détaillé du can. 519, je me permets de renvoyer à mon ouvrage: Cf. BORRAS, Alphonse, Les Communautés paroissiales. Droit canonique et perspectives pastorales, Paris 1996, 91-110. Sur la portée du rapport hiérarchique entre le curé et

l'exercice de la charge pastorale. Le canon 519 ajoute une incise pour suggérer la relation du curé à son évêque „cuius in partem ministerii Christi vocatus est". Il convient, à mon sens, de la traduire en français de la manière suivante: „dans la part duquel il est appelé au ministère du Christ", – comme d'ailleurs la traduction allemande du code qui écrit: „zu dessen Teilhabe am Amt Christi er berufen ist."[6] Cette traduction exprime bien la relation organique qui unit le curé, qui en sa qualité de prêtre est membre du presbytérium, et l'évêque diocésain qui est la tête de celui-ci.

Si l'évêque diocésain est pasteur de son diocèse avec l'aide de son presbytérium (cf. VatII LG 20b, 29; CD 11a, cf. can. 369; CD 15, 28; PO 8; etc.), il y a lieu de dire qu'en tant que membres du presbytérium diocésain les curés assument pour leur part la mission en ce lieu dont l'évêque est le garant, le sponsor (cf. can. 782 § 2). C'est dans ce sens qu'il faut comprendre qu'ils agissent „sous l'autorité de l'évêque diocésain". Le curé participe pour sa part aux charges et à la sollicitude de l'évêque diocésain (VatII LG 28b, SC 42b) par la charge pastorale d'une communauté paroissiale.[7] Il y exerce les *tria munera* au titre de son ordination presbytérale (can. 519; cf. cann. 521 § 1 et 1008; cf. par exemple VatII LG 21b, 28b; VatII PO 2c, 6a). L'action des prêtres, en l'occurrence des curés, s'exerce au nom du Christ-Tête, c'est-à-dire du Christ en tant que pasteur de son peuple. C'est le Christ qui convoque et envoie son peuple avec la force de son Esprit. Les prêtres ne sont pas le Christ; ils en expriment l'altérité. Ils le représentent sacramentellement.[8] Ils exercent un ministère de présidence de la communauté ecclésiale et de son action eucharistique.

---

l'évêque diocésain qui ne peut aucunement être qualifié d'un rapport de commettant à préposé, on lira les p. 97-99.

6 Cette traduction s'inspire de la doctrine de VatII LG 28a et de PO 7a. Du fait de l'unité de consécration et de mission, en vertu de l'ordination, les prêtres sont „des auxiliaires et des conseillers indispensables" dans le ministère des évêques qui doivent les considérer „comme des frères et des amis" (ibid.; cf. VatII LG 28b et CD 15a). On se rappellera cet autre passage qui dit expressément que les prêtres assument pour leur part, „pro parte", les charges et la sollicitude de l'évêque auquel ils sont associés d'un cœur confiant et généreux (VatII LG 28b). A mon sens, la traduction de l'édition française (voir ma n. 2) exprime moins bien la relation organique du prêtre de second rang, „sacerdos secundi meriti", à l'évêque, tête du presbytérium.

7 L'office ecclésial de curé ne donne cependant pas part au pouvoir de gouvernement proprement dit, également appelé „pouvoir de juridiction" (cann. 129 § 1 et 135 §§ 1-3). De manière ordinaire, c'est-à-dire attachée à sa fonction (can. 131 § 1), le prêtre titulaire de la charge pastorale de la paroisse jouit tout au plus d'un pouvoir de juridiction limité à quelques actes de dispense (can. 519, cf. can. 517 § 2, voir plus loin mes notes 30 et 31).

8 Par le ministère des prêtres, à l'instar du ministère épiscopal, le Christ dans la puissance du Saint-Esprit se livre sacramentellement pour que „nous soyons aussi livrés à lui comme il l'est à nous dans cette communion où il fait en nous ce qu'il a fait pour nous en lui" (MARTELET, Gustave, Les Implications mutuelles de la théologie et du ministère

Si le curé a reçu la charge pastorale de la paroisse pour y exercer les *tria munera*, la triple fonction prophétique, sacerdotale et royale est la finalité autant que le contenu de la *cura pastoralis*, expression qui rend le concept traditionnel de *cura animarum* dont la traduction française „cure d'âmes" est obsolète en milieu catholique francophone alors qu'elle est d'usage en allemand, „Seelsorge" (cf. la traduction allemande du can. 519). La prise en charge pastorale des fidèles en paroisse peut être qualifiée de „pleine" ou „globale" („plena") au sens qu'elle inclut ou englobe à l'adresse du tout-venant l'essentiel pour devenir chrétien et faire Église en ce lieu, de la naissance à la foi par le baptême à l'entrée dans la vie par les funérailles.[9]

Une autre différence frappante par rapport au code de 1917 est que le canon 519 inclut dans la description du curé la collaboration d'autres fidèles à la charge pastorale. Nous lisons en effet que

> „d'autres prêtres ou diacres collaborent avec lui et des fidèles laïcs lui apportent leur aide, selon le droit"[10].

Cette évocation de la collaboration de laïcs est une nouveauté significative; elle reconnaît la place des fidèles laïcs au service des communautés (cf. can. 275 § 2). Le canon 519 *in fine* n'a pas précisé l'aide des laïcs („operam conferre"), ni préalablement la coopération des clercs („cooperari").[11] Il affirme simplement le principe de ces collaborations.

Plusieurs canons du titre relatif aux paroisses (cann. 515-552) contiennent des allusions à la contribution des fidèles à la cure d'âmes et à leur collaboration au titre d'un ministère, qu'il s'agisse d'un office ecclésial proprement dit („officium" au sens du can. 145) ou tout simplement d'une charge ministérielle („munus") confiée par l'autorité compétente à des personnes dotées des qualités requises („idoines", cf. can. 149 § 1). On songe en particulier aux tâches envisagées par les canons 528 et 529, 536 et 537 ainsi qu'aux dispositions du canon 776 en matière de catéchèse ou encore à celles du canon 910 § 2 pour la distri-

---

dans la pratique pastorale de Vatican II à nos jours, dans: Documents Episcopat 12 [1993] 10).

9 La doctrine canonique classique attribue la *plena cura animarum* à l'évêque diocésain et seulement par analogie aux curés. Le can. 150 prescrit d'ailleurs qu'un office comportant pleine charge d'âmes ne peut être validement attribué à quelqu'un qui n'a pas reçu l'ordination sacerdotale. Par ailleurs, le can. 521 § 1 prescrit que celle-ci est requise pour être validement désigné comme curé.

10 On notera que le CCEO de 1990 s'en tient à une description plus brève du curé sans allusion aucune à la collaboration d'autres fidèles (can. 281 § 1 CCEO). Pour une analyse des sources du can. 519 du code latin, entre autres le Décret conciliaire „Christus Dominus" de Vatican II sur la charge pastorale des évêques et le Directoire postconciliaire „Ecclesiae imago" de 1973, je renvoie à mon ouvrage: BORRAS (note 5), 108 s.

11 A mon avis, il n'y a pas lieu de conclure hâtivement à une discrimination sur base de verbes différents pour désigner la collaboration des laïcs et des clercs. Le législateur a sans doute voulu distinguer leurs contributions respectives sans se prononcer sur leur nature ou leur qualité.

bution de la sainte communion (cf. can. 230 § 3). Autrement dit, bien qu'il soit titulaire de la pleine charge pastorale de la paroisse, *plena cura animarum* (cann. 519 et 521 § 1, cf. can. 150), le curé ne l'exerce pas seul, mais avec des collaborateurs. Le curé n'est pas non plus isolé: en tenant conseil avec lui, les fidèles apportent leur concours pour favoriser l'action pastorale (can. 536).

Le curé ne fait pas tout. Il veille à ce que tout se fasse. Il n'est pas en charge de tout mais il est responsable du tout. D'ailleurs, le curé n'a pas nécessairement tous les charismes indispensables à l'accomplissement de toutes les tâches. Son ministère est essentiellement un ministère sacerdotal de présidence.[12] À l'instar de l'évêque, le curé exerce une episkopé, un ministère de vigilance pour que la communauté devienne ce qu'elle doit être: le corps (ecclésial) du Christ en ce lieu. Si la *cura animarum* contribue à ce que l'ensemble de la communauté paroissiale devienne ce qu'elle doit être, elle appelle la diversité des ministères dans la paroisse outre le ministère de présidence, car celui qui préside ne fait pas tout.

Parmi les diverses formes de collaboration des baptisés à la charge pastorale du curé, je m'arrête ici sur la possibilité de collaborer à la direction pastorale de la paroisse. Désormais d'autres fidèles peuvent aussi collaborer avec le curé dans le gouvernement de la paroisse. Dans cette perspective, le curé ne gouvernera plus seul ni a fortiori de manière isolée (can. 519 *in fine*, cf. can. 536). Il s'associera des fidèles ayant les qualités requises pour la conduite de la paroisse. D'aucuns parleront de direction collégiale. Personnellement, je préfère parler de „leadership" partagé.[13] Cette collaboration dans la conduite pastorale se vivra concrètement au sein d'une „équipe pastorale de paroisse". Le canon 519 ne prévoit donc pas *expressis verbis* cette équipe, mais il ne l'exclut pas du tout dès lors qu'il évoque dans la description du curé la collaboration d'autres baptisés. Si ceux-ci ont les qualités requises pour collaborer à la direction de la paroisse, ils peuvent se voir confier une participation à l'exercice de la charge pastorale de la paroisse. Leur idonéité est la condition préalable à l'appel de l'Église pour accomplir cette tâche (cf. can. 228 § 1). L'équipe pastorale de paroisse est rendue possible par le canon 519.

Considérons à présent les deux figures de prise en charge pastorale envisagées par le canon 517. Ces deux formules sont des formules d'exception. La règle, en effet, est énoncée par le canon 526 § 1: „un curé, une paroisse". Ce même canon

---

12 Cf. BORRAS, Alphonse, Le ministère de présidence du curé. Réflexions canoniques et pastorales, dans: StCan 27 (1993) 59-76.

13 Il convient d'éviter l'adjectif collégial qui, canoniquement, a un sens technique bien précis: les membres d'un collège „en déterminent l'action en prenant part en commun aux décisions prises à égalité de droit ou non, selon le droit et les statuts" (can. 115 § 2). La paroisse n'est pas une réalité collégiale: en son sein les décisions ne sont prises par accord des volontés des paroissiens. Traditionnellement, la direction collégiale à strictement parler n'a jamais été le principe de direction des paroisses (catholiques). C'est pourquoi je préfère parler de direction partagée.

envisage cependant une exception en prévoyant, à cause de la pénurie de prêtres ou pour d'autres raisons, l'attribution de plusieurs paroisses à un seul et même curé. A cette première exception s'ajoutent les deux hypothèses entrevues par le canon 517.

2. La prise en charge solidaire d'après le canon 517 § 1

L'énoncé même de l'hypothèse du canon 517 § 1 atteste le caractère exceptionnel de la solution qu'il apporte: „là où les circonstances l'exigent", telle est l'hypothèse, et la solution est la suivante: „la charge pastorale d'une paroisse ou de plusieurs ensemble peut être confiée solidairement à plusieurs prêtres". Une condition est cependant attachée à la mise en œuvre de cette solution: „un d'eux sera le modérateur de l'exercice de la charge pastorale". Ce canon est une nouveauté par rapport au code pio-bénédictin[14] même si, dans les faits, l'histoire nous apprend l'existence de paroisses avec pluralité de curés pour un seul bénéfice paroissial.[15] Le concile de Trente n'avait pas exclu que plusieurs prêtres assument ensemble la charge pastorale d'une ou plusieurs paroisses (Sess. XXIV, de ref., c. 13).[16]

Le canon 517 § 1 prévoit donc que, là où les circonstances l'exigent, plusieurs prêtres reçoivent „solidairement" („in solidum") la charge pastorale d'une ou de plusieurs paroisses. La solidarité signifie un engagement „pour le tout" et désigne ce qui est „commun à plusieurs personnes de manière que chacun réponde de tout". En ce sens, une responsabilité solidaire est la responsabilité de toutes et de chacune des personnes d'un groupe. Elle se distingue de la responsabilité collégiale „qui est exercée par le groupe comme groupe, collectivement". La

---

14 Ce canon n'a pas de correspondant dans le code oriental de 1990.

15 Cf. DOLHAGARAY (note 4), 2436 s. Se référant au manuel d'un de ses prédécesseurs, celui de MUNIR, Derecho parroquial I, Sevilla 1923, n° 28, José Luis SANTOS cite des exemples relativement récents d'exercice simultané ou alterné de l'office curial. C'est ainsi que, dans certaines paroisses de Séville, la charge d'âmes était exercée par plusieurs curés simultanément se répartissant les différentes tâches pastorales par semaine. De même, dans quelques paroisses de Léon, plusieurs curés exerçaient alternativement l'intégralité des tâches qui relevaient de l'office curial (Parroquia, comunidad de fideles, dans: MANZANARES, Julio / MOSTAZA RODRÍGUEZ, Antonio / SANTOS, José Luis, Nuevo Derecho parroquial, Madrid [2]1990, 27 n. 4). On consultera également ALONSO MORÁN, Sabino, Los párrocos en el Concilio de Trento y en el Código de Derecho canónico, dans: REDC 3 (1947) 958.

16 On se souviendra des „comunie" dans le sud de l'Italie, ces collèges de prêtres qui eurent un impact important pour la mise en œuvre de la réforme tridentine. La paroisse confiée à un collège de prêtres était aussi appelée „église réceptice" („chiesa recettizia"). Sa configuration canonique variait cependant d'après les lieux. Cf. LONGHITANO, Adolfo, Il libro II. Il popolo di Dio, dans: La Scuola cattolica 112 (1984) 191 s., n. 43, où cet auteur cite notamment son étude La parrocchia nella diocesi di Catania prima e dopo il concilio di Trento, Palermo 1977.

responsabilité solidaire est la responsabilité de chacun pour tout alors que la responsabilité collégiale est celle de tous pour tout.[17]

> „Dans un acte collégial," écrit Jean-Claude PÉRISSET, „tous les membres du groupe portent la responsabilité de l'acte accompli par l'un d'entre eux; dans un acte solidaire, seul celui qui agit est responsable de l'acte accompli, tandis que les autres ont le devoir d'intervenir là où le premier ferait défaut. Dans ce dernier cas, la responsabilité de l'acte n'est pas assumée de la même façon, puisque celui qui agit exclut les autres de cette même action; mais si le premier n'agit pas, le deuxième doit agir, sinon le troisième, et ainsi de suite."[18]

En rigueur, la charge pastorale assumée *in solidum* est confiée à des prêtres et non pas à un groupe ou une équipe, autrement on retomberait dans la formule de la charge pastorale confiée à une personne morale, formule désormais abrogée (can. 520 § 1, cf. cann. 451 § 1 et 471 § 1 CIC/1917).[19] Autrement dit, chacun des prêtres concernés reçoit toute la charge pastorale de la paroisse, restant sauf ce qui revient spécifiquement au modérateur quant à la représentation légale (can. 543 § 2, 3°). Chacun est „pasteur propre". Mais, il n'est directement responsable que de la part reçue pour son exercice et indirectement seulement de celle des autres prêtres en cas de défaillance de ceux-ci.

Le rapprochement avec d'autres dispositions du code relatives à la responsabilité solidaire (cann. 140, 1129 § 2, 1545 § 2 et 1637 § 2) permet d'affirmer à la fois la responsabilité solidaire de chacun et de tous dans la charge pastorale et la différenciation des tâches dans l'exercice de celle-ci. D'après Jean-Claude PÉRISSET,

> „une telle formule favorise la responsabilité personnelle de chacun des membres, car outre le fait que chacun doit assumer directement la part attribuée, chacun doit aussi se préoccuper que l'ensemble de la charge pastorale de la paroisse soit convenablement et correctement assuré."[20]

Dans la responsabilité collégiale en revanche, la responsabilité personnelle s'efface devant la responsabilité collective. On mesure l'originalité de la formule du canon 517 § 1 et la distinction entre les notions juridiques de collégialité et de solidarité. Dans les faits, cette formule est souvent hâtivement amal-

---

17 A cet égard, la distinction opérée par le can. 140 est éclairante. Alors que, dans la délégation collégiale, la responsabilité est tout entière celle du groupe comme groupe en vertu du canon 119, 3° stipulant que „ce qui concerne tous et chacun en particulier doit être approuvé par tous", la délégation *in solidum* entraîne une responsabilité de chacun des membres du groupe (can. 140 § 1).

18 PÉRISSET, Jean-Claude, La Paroisse. Commentaire des canons 515-572 (Le nouveau droit ecclésial 2), Paris 1989, 185; ID., De applicatione conceptus „in solidum" ad novam figuram officii parochi, dans: PerRMCL 73 (1984) 191-202.

19 PAGÉ, Roch, appelle cette figure canonique „l'équipe presbytérale *in solidum*"; cf. PAGÉ, Roch, Les Églises particulières II. La charge pastorale de leurs communautés de fidèles selon le code de droit canonique de 1983, Montréal 1989, 30-37.

20 PÉRISSET (note 18), 186.

gamée à une responsabilité collective, et erronément interprétée dans une optique collégiale.

Aussi, puisque ce n'est pas à proprement une équipe ou un groupe qui se voit confier la charge pastorale, il est préférable de parler de „curés *in solidum*". Cela n'exclut pas que l'on puisse parler ici d'équipe curiale. Le canon 543 illustre très bien la nature de la responsabilité solidaire.[21] D'après le canon 517 § 1, un des prêtres chargés *in solidum* doit être le „moderator" de l'exercice de la charge pastorale. Cela signifie qu'„il dirigera l'action conjointe et en répondra devant l'évêque". Le „moderator" est responsable de la direction de l'action conjointe en même temps qu'il en répond devant l'évêque.[22] Par rapport aux autres prêtres, *ad intra* en quelque sorte, le „moderator" est un *primus inter pares*. Sa position prééminente est plutôt *ad extra* vu son rôle de représentation légale de la paroisse dans les affaires juridiques (can. 543 § 2, 3°).[23]

La traduction française officielle du code rend le terme latin par le mot français „modérateur". Dans le français courant, le terme „modérateur" désigne surtout la personne qui anime un débat, qui modère ce qui est excessif ou qui concilie les partis opposés. En revanche, le terme latin „moderator" désigne dans le code un grande variété de fonctions qui relèvent en général de la direction.[24] La traduction allemande du code a, de ce fait, tout simplement traduit le mot latin

---

21 On s'étonnera que, dans le can. 543, seule la faculté d'assister au mariage soit mentionnée et qu'il ne soit fait aucune mention des autres facultés relatives à la confirmation (can. 883, 2° et 3°) et à la confession (can. 968 § 1, cf. can. 967 § 2). Ajoutons que, d'après le can. 542, 1° et 2°, les prêtres chargés *in solidum* doivent être dotés des qualités dont il s'agit au can. 521 et qu'ils seront nommés ou institués selon les dispositions des cann. 522 et 524.

22 Et j'ajoute „devant les tiers", notamment les paroissiens. Les législations particulières devraient le préciser. Il est sage qu'il y ait un répondant personnellement identifiable, surtout dans les situations difficiles ou les problèmes graves, afin d'éviter la tentation, par faiblesse ou par lâcheté, de se retrancher dans l'anonymat du groupe.

23 Sa prééminence est en tout cas marquée dès l'entrée en fonction: le code prescrit que le „moderator" est mis en charge par l'Ordinaire du lieu ou son délégué (can. 527 § 2), alors que pour les autres prêtres la profession de foi légitimement émise tient lieu de prise de possession (can. 542, 3°). Le code ne dit rien quant à la tâche particulière du „moderator" au sein du Conseil pastoral de(s) paroisse(s) (can. 536) ou du Conseil pour les affaires économiques (can. 537). Il revient au droit particulier d'édicter des normes à ce sujet. Pour le Conseil économique, vu sa tâche de représentation légale (can. 543 § 2, 3°), il conviendrait que le „moderator" le préside. En vertu de son rôle de coordination de la pastorale, le „moderator" devrait présider le Conseil pastoral.

24 Cf. le directeur spirituel (can. 246 § 4), le directeur des études (can. 261 § 2), le responsable d'association (can. 309), le chef d'État (can. 364, 7°), le modérateur de la curie diocésaine (can. 473 § 2), le (la) supérieur(e) d'un institut de vie consacrée (can. 592 § 2), ou d'une maison religieuse de chanoines (chanoinesses) régulier(e)s et de moines (ou moniales) (can. 613), l'évêque comme modérateur de tout le ministère de la Parole (can. 756 § 2), le directeur d'une école catholique (can. 806 § 2), les recteurs d'université et le doyen de faculté (can. 820), etc.

par „Leiter“, c'est-à-dire dirigeant, chef. Voilà qui est clair et net, en tout cas intelligible par le commun des mortels.

Faut-il alors traduire „moderator“ par „responsable“[25]? Cette traduction pose d'autres problèmes: de quoi le „moderator“ est-il responsable? De l'équipe? En rigueur, canoniquement parlant, il n'y a pas une équipe ou un groupe, ni non plus *a fortiori* une personne juridique, mais „des prêtres“. De la charge pastorale? Pas du tout, car ce sont les prêtres, et chacun pour sa part, qui sont responsables de la charge pastorale. De la paroisse? Aucunement, car tous les prêtres sont „curés“, pasteurs propres. Dans les faits, le terme „modérateur“ s'est imposé dans le jargon ecclésiastique des diocèses francophones. Le réalisme impose de nous y résigner.

La formule des „co-curés“ ou de l'équipe curiale du canon 517 § 1 présente l'avantage d'une *cura animarum* solidaire qui, par nature, engage d'abord la responsabilité d'un chacun et tous les prêtres y jouissent des pouvoirs de dispense et de la faculté d'assister aux mariages, de manière ordinaire (can. 543 § 1, cf. can. 131 § 1). Quelle est l'utilité réelle de cette formule? La concession de plein droit à tous les prêtres *in solidum* des pouvoirs, facultés, fonctions et compétences du curé peut faciliter l'exercice de la charge pastorale au bénéfice des fidèles quand cet ensemble de prêtres œuvre sur des étendues géographiques assez vastes. En revanche, sur un espace trop restreint ou un tout petit nombre de paroisses, cette pratique pastorale devrait céder le pas à la formule du canon 526 § 1 – un prêtre pour plusieurs paroisses, éventuellement avec un ou des vicaires – qui favorise mieux la perception du ministère presbytéral de présidence du curé ainsi que sa portée symbolique et sacramentelle.[26]

3. La figure de prise en charge pastorale du canon 517 § 2

Le canon 517 § 2 prévoit une autre formule exceptionnelle de prise en charge pastorale d'une paroisse dans des circonstances explicites de pénurie de prêtres et à la condition expresse que l'évêque diocésain ait estimé devoir la mettre en œuvre. Cette formule radicalement nouvelle est également absente du code des

---

25 Comme le suggère BRAUX, Jacques, La paroisse, dans: Prêtres diocésains n° 1304 (nov. 1992) 421.

26 L'histoire nous apprend que l'exercice de la charge pastorale par plusieurs prêtres a souvent donné de mauvais résultats. „Le risque est grand“, écrit Jean-Marie HUET, „de retomber dans les mêmes excès: dilution des responsabilités dans un ensemble; esprit de compétition pour certaines tâches au préjudice d'autres qui seraient délaissées; manque de coordination; exercice alternatif des fonctions pastorales selon un rôle peut-être bien commode pour les membres de l'équipe sacerdotale mais déroutant et souvent rejeté par les paroissiens qui veulent savoir qui est leur curé“ et qui n'aiment pas voir chaque semaine dans leur église un prêtre différent ... „Des relations de confiance exigent régularité et permanence dans la durée et dans le chef des personnes appelées à vivre ensemble“ (HUET, Jean-Marie, Les Nouvelles Formes d'office curial [CIC, can. 517], dans: NRT 113 [1991] 71 s.).

canons des Églises orientales de 1990. En toute rigueur, l'hypothèse n'est pas comme telle la pénurie de prêtres mais l'appréciation que l'évêque diocésain en aura, concrètement la décision qu'il prendra, à savoir celle de confier à différentes personnes une participation à l'exercice de la charge pastorale. Cette formule appelle une exégèse méticuleuse dont nous ne retiendrons ici que les conclusions majeures. La proposition principale s'énonce en ces termes: (en cas de pénurie et selon la discrétion de l'évêque),

> „(celui-ci) constituera un prêtre qui, muni des pouvoirs et facultés du curé, dirigera la charge pastorale".

Et toujours selon sa discrétion – si l'évêque estime devoir le faire –, celui-ci confiera „une participation à l'exercice de la charge pastorale d'une paroisse" à d'autres personnes, à savoir „à un diacre ou à une autre personne non revêtue du caractère sacerdotal". Grammaticalement parlant, la proposition principale concerne un prêtre à établir et la proposition subordonnée, préalablement énoncée, concerne une participation à confier à d'autres individus.

Outre le diacre, le canon 517 § 2 énumère successivement „une autre personne non revêtue du caractère sacerdotal ou encore une communauté de personnes."[27] La locution „personne non revêtue du caractère sacerdotal" pouvait certes comprendre les diacres mais, à la vérité, elle entendait d'abord désigner les laïcs, la mention du diacre ayant été introduite tardivement, en 1981, dans la rédaction de ce canon.[28] Cette locution est d'une lourdeur évidente et inutilement compliquée car, compte tenu de la mention antérieure du diacre, on aurait pu dire purement et simplement „laïc" ou à la rigueur „un autre fidèle du Christ". Cette personne peut être de l'un ou l'autre sexe. Le code ne précise rien à ce sujet. Quant à l'expression „communauté de personnes", véritable *hapax legomenon* dans le code, elle n'a pas de signification technique précise. Il eut été plus simple de parler de groupe de personnes, „coetus personarum", ou de groupe de fidèles, „coetus christifidelium", ou mieux encore de quelques fidèles, „aliqui christifideles". Somme toute, au lieu d'énoncer ces trois catégories, le législateur aurait pu s'en tenir à parler de

> „participation ... confiée à un fidèle ou plusieurs fidèles ayant les qualités requises (aliqui christifideli vel pluribus christifidelibus idoneis)."

Le canon 517 § 2 parle de „participation à l'exercice de la charge pastorale". Cette expression est d'une lourdeur évidente et inutilement confuse. Pourquoi ne pas avoir dit „participation à la charge pastorale"[29]? Ces personnes n'assument pas la totalité de ce qu'implique la charge pastorale du fait que le prêtre est muni des pouvoirs et facultés du curé et qu'il dirige la charge pastorale (can. 517 § 2

---

27 C'est à cause de cette diversité de personnes que Roch PAGÉ appelle cette formule une „équipe pastorale mixte"; cf. PAGÉ (note 19), 37-45.

28 Cf. Comm 14 (1982) 222; HUET (note 26), 65 ss.

29 Cf. BORRAS, Alphonse, La Notion de curé dans le Code de droit canonique, dans: RDC 27 (1987) 233 s.

in fine). Elles ne peuvent „que collaborer“ parce que la pleine charge pastorale requise par une communauté hiérarchique comme la paroisse exige l'ordination presbytérale (cf. cann. 150 et 521 § 1).

Cela nous conduit à la question des attributions concrètes de ces fidèles qui participent à la charge pastorale. Concrètement, en vertu de l'office conféré par l'évêque diocésain (au sens du can. 145) et en conformité avec la distribution des tâches qu'appelle nécessairement la formule du canon 517 § 2, les laïcs et *a fortiori* les diacres (cf. MP SacrDiacOrd n° 22) peuvent validement et licitement administrer le baptême (can. 861 § 2, cf. can. 230 § 3), prêcher (can. 766, cf. can. 230 § 3), assurer la catéchèse (can. 776), présider les prières liturgiques et autres (cf. can. 230 § 3; MP SacrDiacOrd n° 22, 7° et 8°), célébrer les funérailles (cf. can. 230 § 3; MP SacrDiacOrd n° 22, 5°), distribuer la sainte communion (cann. 910-911, cf. can. 230 § 3), exposer le Saint-Sacrement (can. 943), assister aux mariages (can. 1112 § 2), visiter les malades et assumer les autres activités pastorales évoquées dans les canons 528-530 qui ne requièrent pas l'ordination presbytérale. A tout cela, il faut ajouter l'administration des biens, la tenue des registres paroissiaux, et le cas échéant, s'il est impossible pour le prêtre de se rendre présent, la présidence des Conseils de pastorale et des affaires économiques. De toute évidence, les fidèles, laïcs ou diacres, devront être idoines, c'est-à-dire faire preuve des qualités requises. Cela vaut également pour le prêtre appelé à diriger la charge pastorale.

Dans cette figure du canon 517 § 2, l'office de curé demeure un poste vacant. La charge pastorale de la paroisse qui, en principe, devrait être assumée par un curé l'est par un prêtre avec lequel collaborent des fidèles. Le „prêtre qui dirige“ („moderetur“) assure la charge pastorale à l'instar du curé – muni des pouvoirs[30] et facultés[31] du curé –, mais son office implique nécessairement la participation d'autres fidèles qui, selon moi, reçoivent à ce titre un office proprement dit.[32] Le décret de l'autorité compétente qui constituera et conférera cet office (cf. can. 145 § 2) déterminera les droits et les obligations du titulaire sans d'ailleurs réglementer tout dans le détail. Il laissera au prêtre qui dirige ou à l'équipe pastorale en question le soin de convenir avec le titulaire de ses attributions plus précises au service de la (ou des) communauté(s) paroissiale(s) concernée(s).

Comment appeler le prêtre qui dirige la charge pastorale à l'instar du curé? L'édition française du code utilise le terme „modérateur“ rendant ainsi par un substantif ce qui était exprimé par le verbe latin „moderari“ qui signifie „diriger“. Dans les faits, le terme „modérateur“ s'est imposé dans les diocèses pour

---

30 Cf. cann. 1079 § 2, 1080 §§ 1 et 2, 1196, 1° et 1245.

31 Cf. cann. 883, 2° et 3°; 968 § 1; 1109 et 1111 § 1.

32 C'est également l'avis de VALDRINI, Patrick, Fonction de sanctification et charge pastorale, dans: MD 194 (1993) 47-58, qui écrit à ce propos: „La solution, dont il faut rappeler le caractère transitoire et exceptionnel, consiste à constituer deux offices, sans que l'office du curé de la paroisse concernée, devenu vacant, soit dissous“ (52).

désigner la fonction presbytérale dans la formule du canon 517 § 2.[33] Vingt ans après la promulgation du code, il est sans doute vain de vouloir changer un usage langagier qui s'est imposé sur le terrain. Il n'est cependant pas exclu d'utiliser une autre appellation comme „prêtre accompagnateur"; ce dernier mot plus facilement compréhensible suggère qu'à défaut de curé un prêtre accompagne la paroisse et ses autres collaborateurs dans des circonstances d'exception ou, du moins, de transition dans l'attente de l'affectation d'un curé proprement dit. Quant aux personnes appelées à participer à l'exercice de la charge pastorale avec le „modérateur", le législateur n'a pas déterminé le contenu propre de leurs obligations et de leurs droits spécifiques des uns et des autres. Le droit particulier se doit de préciser les attributions des uns et des autres. Comment appeler cet ensemble constitué d'un prêtre „modérateur" et des autres personnes susmentionnées? Je parlerai tout simplement d'une „équipe pastorale de paroisse avec un prêtre modérateur (ou accompagnateur)", en suggérant ainsi la distinction entre ce dernier et les personnes qui participent à la charge pastorale tandis que la formule du canon 517 § 1 est à strictement parler une équipe de „co-curés" solidaires.

La formule du canon 517 § 2 est une formule d'exception pouvant s'appliquer à une paroisse. Plusieurs paroisses voisines vacantes pourraient cependant se voir dotées d'un modérateur entouré d'une équipe pastorale dans l'attente de l'affectation du curé. Comme telle, la formule d'exception du canon 517 § 2 n'est pas généralisable. En d'autres termes, on ne peut construire systématiquement une politique pastorale sur cette formule. D'autant que le „modérateur" risque d'apparaître comme un „résidu" de prêtre cantonné dans un rôle secondaire ou d'arrière-fond, celui d'un „Hintergrundpfarrer" (Paul Michael ZULEHNER) où sont atténuées la portée sacramentelle et la signification symbolique de son ministère presbytéral. A mon sens, un régime d'exception comme le canon 517 § 2 ne sera acceptable dans les faits, justifié aux yeux du droit et cohérent du point de vue de la théologie que si les circonstances qui déterminent la situation sont des circonstances d'exception.

4. „Pas de curé sans équipe pastorale, pas d'équipe pastorale sans curé"

Une exégèse ouverte du canon 519, soucieuse d'en dégager toutes les virtualités, nous permet de dire que le code latin de 1983 rend possible une collaboration étroite de fidèles ayant les qualités requises à la direction pastorale d'une ou de plusieurs paroisses. Depuis plus de deux décennies, dès avant la promulgation du code, on a pu constater l'émergence et la généralisation d'équipes d'animation pastorale dans beaucoup de diocèses francophones. Comme à l'accou-

---

33 On notera que nulle part le code ne renvoie au prêtre „modérateur" du can. 517 § 2 alors que le législateur traite du modérateur du canon 517 § 1 dans d'autres dispositions du code.

tumée, les faits ont ici précédé le droit. Ce qui était virtuellement prévu par le canon 519 *in fine*, s'est donc réalisé sur le terrain. Mais cette création d'équipes pastorales de paroisse s'est souvent produite à partir d'une application du canon 517 § 2, parfois même sur base d'une interprétation erronée qui négligeait le caractère d'exception de cette formule ou qui imposait la figure du modérateur comme dépassement d'une pratique cléricale de la fonction curiale. L'observateur attentif ne peut manquer d'être frappé par la „Wirkungsgeschichte" du canon 517 § 2: c'est souvent à ce canon que l'on attribuait, dans les documents diocésains, la paternité de cette formule de leadership partagé. Pour bien des responsables diocésains et des prêtres de terrain, le principe d'une conduite pastorale en équipe a été déduit de leur lecture du canon 517 § 2. Dès lors qu'on préconisait la mise sur pied d'équipes pastorales, c'était souvent en référence à ce canon. Cela explique aussi que l'on ait commencé à parler de prêtres-modérateurs pour ces équipes et à la tête des paroisses qui leur étaient confiées.

De plus, la nomination de „modérateurs", et non plus de „curés", était emblématique d'une volonté de dépasser une cure d'âmes où les paroissiens étaient l'objet de la pastorale. Dans bon nombre de diocèses, la promotion de la figure du „modérateur" et corrélativement de l'équipe pastorale qui l'entoure était révélatrice du renouveau postconciliaire que l'on voulait encourager, à savoir la mise en valeur du peuple de Dieu, protagoniste de la mission, et l'égalité foncière de ses membres dans la diversité des vocations, des charismes et des fonctions. Cette inattendue „Wirkungsgeschichte" du canon 517 § 2 a bénéficié de l'ecclésiologie renouvelée qui a encouragé le peuple de Dieu à se penser et à se vivre comme mystère de communion.

Comme le rappelle une note officielle récente du Comité canonique de l'épiscopat français[34], cette perspective était déjà préparée par la recherche pastorale de l'Église en France depuis la fin des années '40. Elle a été sanctionnée, c'est-à-dire à la fois reconnue et encouragée, par Vatican II. Et par surcroît, elle a été prolongée par le magistère romain, le nouveau code et, singulièrement, par la réception de l'exhortation apostolique postsynodale de JEAN-PAUL II, „Christifideles laici"[35], soucieuse de reconnaître les charismes de chacun (CL 24), d'encourager chacun à trouver sa place dans la communauté, à y prendre la parole et à y jouer son rôle (CL 26d), de confier des tâches et des charges indispensables à la vie et au témoignage de la communauté paroissiale (CL 27a, b), de favoriser „la mise en valeur la plus sincère, la plus large et la plus ferme des Conseils pastoraux paroissiaux" (CL 27c), etc.

Le renouveau ecclésial sanctionné par Vatican II permet d'expliquer l'„utilisation" du canon 517 § 2 aux fins de promouvoir une conception plus communautaire de la paroisse et une participation plus large des fidèles à la vie de

---

34 COMITÉ PERMANENT CANONIQUE, Responsabilité curiale et équipe d'animation pastorale de paroisse, note dactylographiée datée du 20 juin 2001, 6 p.

35 JEAN-PAUL II, Exhortation apostolique postsynodale „Christifideles laici" sur la vocation et la mission des laïcs dans l'Église et dans le monde, dans: DC 86 (1989) 152-196.

l'Église. C'est aussi la diminution du nombre de prêtres qui a favorisé l'émergence de laïcs impliqués non seulement dans des instances de concertation comme les Conseils pastoraux, mais surtout engagés désormais dans des instances de direction. Leur engagement sur le plan de la conduite pastorale a résulté en partie de la nécessité d'entourer, sinon d'assister les prêtres moins nombreux et surchargés dans l'exercice de leur ministère de direction. Mais leur engagement a également résulté d'une prise de conscience approfondie de pouvoir participer „de plus près" à la charge pastorale (cf. VatII AA 24 f.).[36] Au fur et à mesure de la réception du code de 1983 et d'une interprétation de celui-ci soucieuse d'en dégager le meilleur dans la foulée de Vatican II, c'est en référence avec le canon 519 que les pasteurs sur le terrain et les responsables diocésains ont fondé les pratiques ecclésiales de „leadership" partagé. Le Comité permanent canonique français, évoqué plus haut, écrit sans ambages:

„la base canonique des équipes d'animation pastorale de paroisse est le canon 519."[37]

Telle est aussi mon opinion depuis plusieurs années.[38]

La pratique d'une conduite pastorale „en équipe" s'inscrit tout d'abord dans un contexte ecclésial qui met en valeur la solidarité baptismale de tous dans l'annonce de la Bonne Nouvelle en même temps que la complémentarité des charismes et des ministères dont la diversité est précisément au service de l'unité de la mission (cf. VatII LG 4a, 30, 32; AA 2d; UR 2b *in fine*, etc.). Dans ce contexte, certains fidèles laïcs participent „de plus près" à la charge pastorale (cf. VatII AA 24 f.): nous sommes ici sur le plan d'une collaboration proprement ministérielle, et non plus sur celui de coresponsabilité baptismale de tous. A cet effet, des baptisés ayant les qualités requises pour collaborer à la direction pastorale d'une paroisse sont appelés et envoyés par l'autorité ecclésiale compétente et assument un office au sens du canon 145, ou du moins une charge (cf. VatII LG 33c; can. 228 § 1).

Du point de vue du ministère presbytéral, cette collaboration plus étroite de laïcs idoines à la charge pastorale permet aux prêtres de mettre en valeur la dimension pneumatologique trop négligée de leur ministère qui consiste en la reconnaissance et la promotion des charismes des fidèles, en l'occurrence appelés à la direction de la communauté (cf. VatII LG 12b; AA 3d; can. 275 § 2). Bien plus, c'est désormais avec ces proches collaborateurs que le curé discerne l'action de l'Esprit en ce lieu. J'aime alléguer à ce sujet le propos essentielle-

---

36 Cf. Torfs, Rik, La position délicate des animateurs pastoraux dans le cadre du canon 517 § 2, dans: Borras, Alphonse (dir.), Des laïcs en responsabilité pastorale? Accueillir de nouveaux ministères, Paris 1998, 147-154.

37 Comité permanent canonique (note 34), 2. Parmi les nombreux textes du Magistère, ledit Comité cite différents passages de CL et notamment cet extrait relatif aux „ministères, offices et fonctions des laïcs": „une fois réalisée la participation effective des laïcs dans l'action liturgique, on en est venu ensuite spontanément à admettre aussi leur participation à l'annonce de la Parole de Dieu et à la charge pastorale" (CL 23).

38 Borras (note 5), 193-199.

ment christologique du théologien français Jean RIGAL tout en l'élargissant à une considération également pneumatologique du ministère: „tout vient du Christ, signifie le ministère ordonné", et je dirais plutôt „tout vient de Dieu par le Christ dans l'Esprit saint". Le ministère ordonné signifie en effet que l'Église se reçoit de Dieu, par le Christ dans l'Esprit. Et notre confrère de Toulouse d'ajouter: „Nul n'est le Christ, rappelle la collaboration pastorale", deuxième partie de sa formule que je compléterais en ajoutant: „nul ne possède l'Esprit, ni même tous ses dons."[39]

Les fidèles laïcs de l'équipe pastorale découvrent de l'intérieur les limites et les contraintes d'une direction pastorale ainsi que l'originalité de celle-ci qui ne concerne ni une administration, ni une entreprise, ni un régiment, mais le peuple de Dieu en ce lieu. D'où l'exigence pour les membres de l'équipe pastorale ainsi que pour le curé, de respecter la catholicité de la paroisse, de promouvoir charismes et ministères dans leur diversité et d'articuler la direction pastorale avec la réalité ecclésiale, en l'occurrence celle de la paroisse ou de l'ensemble de paroisses.[40]

Il y a également une motivation œcuménique à la promotion de la double figure du curé et de son équipe pastorale: en accord avec des recommandations adressées aux Églises, elle articule une double modalité d'exercice du ministère pastoral, une modalité personnelle (le curé) et collégiale (au sens large, c'est-à-dire en équipe), sans négliger l'articulation avec l'ensemble de la communauté paroissiale, à savoir la modalité communautaire.[41] Il importe, à mon avis, d'œuvrer résolument dans ce sens pour donner une forme institutionnelle à cette triple modalité de l'exercice du ministère ecclésial au sein de l'Église catholique, latine en l'occurrence. Celle-ci s'est trouvée à l'aise, pendant de longs siècles, dans une valorisation, parfois exclusive de la dimension personnelle. Mais cette valorisation s'est faite au détriment d'une mise en œuvre de la dimension collégiale, surtout prise en compte dans les Églises d'Orient et dans la Communion anglicane, et de la dimension communautaire du ministère surtout valorisée dans les Églises issues de la Réformation. La pratique d'un „leadership" partagé peut ainsi favoriser une réconciliation des ministères.

On aura en tout cas reconnu dans cette triple modalité d'exercice du ministère une articulation entre „un", „quelques-uns" et „tous", triple dimension attestée dès les origines[42]: le curé, pasteur propre d'une ou de plusieurs paroisses („un"),

---

39 Cf. RIGAL, Jean, L'Église en chantier, Paris 1994, 248.

40 Je me permets de renvoyer à mon étude: BORRAS, Alphonse, Le remodelage paroissial. Un impératif canonique et une nécessité pastorale, dans: ROUTHIER, Gilles / BORRAS, Alphonse (éd.), Paroisses et ministère. Métamorphoses du paysage paroissial et avenir de la mission, Montréal 2001, 43-195, en l'occurrence 141-148.

41 Cf. Foi et Constitution. Baptême, eucharistie et ministère, Taizé 1982, 3e partie, n° 26.

42 Cf. LEGRAND, Hervé, Le rôle des communautés locales dans l'appel, l'envoi, la réception et le soutien des laïcs recevant une charge ecclésiale, dans: MD 215 (1998) 9-32, en l'occurrence 13-22.

les autres fidèles qui collaborent avec lui pour la conduite pastorale („quelques-uns") en lien et au service des communautés concernées („tous"). Dans cette perspective, il convient à mon sens de parler de l'équipe pastorale de paroisse en la distinguant du curé. Elle se compose de fidèles appelés à entourer le curé et à collaborer avec lui dans l'exercice de la charge pastorale. La distinction ainsi faite n'est point séparation, car ce qui réunit le curé et les autres fidèles, c'est la conduite pastorale à laquelle le premier prend part en vertu de son ordination et les autres participent en fonction de leur idonéité et sur base de l'appel de l'autorité compétente. Cette distinction honore l'originalité presbytérale et valorise à la fois le ministère confié à d'autres baptisés. Par ailleurs, ensemble, curé et équipe pastorale se concertent avec le Conseil pastoral, instance synodale qui reflète la coresponsabilité baptismale de „tous" et lui donne une figure institutionnelle (cf. can. 536). En lien avec le Conseil pastoral, le curé et l'équipe pastorale discernent ce qui est nécessaire pour l'accomplissement de la mission en ce lieu.

Quant aux compétences de l'équipe pastorale de paroisse, outre son implication *mutatis mutandis* dans le ministère curial tel que prévu dans le code, je soulignerai surtout ce qui relève de la direction pastorale. C'est ainsi que l'équipe pastorale, curé y compris, élabore les décisions qui s'imposent et, en vertu de son ministère presbytéral, le curé les cautionne ou garantit avec autorité en les inscrivant dans la communion de toute l'Église. C'est au curé et autres membres de l'équipe pastorale qu'il revient de mettre en œuvre ces décisions et d'assurer le suivi autant que la cohérence de l'action pastorale. L'équipe pastorale, curé y compris, répartit les tâches que requiert cette action au niveau de la mission, en ce lieu; elle évalue cette action à la fois selon les critères de toute stratégie, (but[s], moyens, ressources, inscription dans le temps, etc.) et selon sa conformité avec l'Évangile. Le curé et les autres membres de l'équipe pastorale se situent dès lors toujours sous la Parole de Dieu qu'ils servent en l'accueillant dans la foi et en l'annonçant à temps et à contre-temps.

Le fonctionnement de l'équipe pastorale autant que les activités qu'elle met en œuvre requièrent une claire répartition des rôles dès la désignation des membres, une nette définition des tâches dont ils conviennent ensemble et une harmonieuse coordination des actions entreprises. Cette articulation est une compétence spécifique, bien que non exclusive, du curé. Elle pourra cependant être exercée par un membre de l'équipe pastorale qui animera le fonctionnement technique du groupe et de ses tâches. Cette personne coordonnatrice assurera ainsi la coordination du travail de chacun(e) et de l'équipe, elle veillera à son suivi et aux relations entre les membres. Notons cependant qu'en vertu du principe de subsidiarité cette personne ne coordonne pas toutes les activités paroissiales dans la mesure où cela relève des groupes ou comités concernés. À certains égards, le bon fonctionnement du groupe et la coordination de ce qu'il entreprend recommandent que le curé ne se surcharge pas de cette tâche technique de la coordination du travail pastoral et de l'animation de l'équipe un peu à l'instar de l'évêque qui a un modérateur de la curie diocésaine (cf. can. 473 § 2). Au moment où il s'agit d'exercer le ministère pastoral et d'accomplir la mission paroissiale sur une plus vaste échelle, il est sans doute bon que la coordination soit distincte de la présidence.[43]

„Pas de curé sans équipe pastorale“: je crois que le lecteur a pu apprécier l'intérêt d'une conduite pastorale partagée de la paroisse: une meilleure attention à „tous“ et à la diversité des charismes, un apprentissage par „quelques-uns“ d'un ministère de direction avec l'enrichissement qui s'ensuit pour leur propre expérience de l'Église comme mystère de communion, une redécouverte pour l'„un“ qu'est le curé de la dimension pneumatologique de son ministère pastoral. Mais, en même temps, il faut affirmer „pas d'équipe pastorale sans curé“ au risque de banaliser le ministère presbytéral, d'évacuer l'originalité du ministère ordonné et de perdre ainsi une conscience vive de l'Église comme peuple qui se reçoit de Dieu, comme corps du Christ qui en est la tête et comme temple de l'Esprit qui l'édifie en lui communiquant la sainteté divine. Or, que serait l'Église au cœur de ce monde si elle oubliait que Dieu a pris notre humanité pour que nous prenions part à sa divinité?

---

43 La coordination répondra à des critères d'efficacité en vue d'un correct fonctionnement du groupe du point de vue psychosociologique. Elle s'exercera dans le respect de la symbolique du ministère presbytéral de présidence qui, en vertu de l'ordination, „met en Église“, inscrit dans la communion ecclésiale.

Streiflichter zum Ordensrecht des CCEO

Bruno Primetshofer

1. Zum Stellenwert einer Rechtsvergleichung

1.1. Kodifikationen im 20. Jahrhundert

Der Gesetzgeber des universalen, d. h. für die gesamte Kirche des lateinischen Ritus und der orientalischen Riten geltenden gesatzten Rechts ist im 20. Jahrhundert in insgesamt drei Gesamt- und in mehreren Teilkodifikationen tätig geworden: Im CIC/1917 und im CIC/1983 für die lateinische Kirche, in den Teilkodifikationen PIUS' XII. und im CCEO für die orientalischen Kirchen. Für das orientalische Ordensrecht ist, was die Teilkodifikationen betrifft, das Motuproprio „Postquam apostolicis litteris" (PAL)[1] von besonderem Interesse.

Wenngleich diese Kodifikationen grundsätzlich nur für die jeweiligen Kirchen Geltung haben, ergeben sich mehrfache Fragestellungen in Bezug auf das Verhältnis der Gesetzbücher zueinander.[2] Da sind es zum einen Fragen des so genannten interrituellen Verkehrsrechts, d. h. der Rechtsbeziehungen zwischen den Angehörigen verschiedener katholischer „Riten"[3] untereinander, wobei sich u. a. das Problem stellt, welche Normen als „ritusübergreifend" anzusehen sind. Da ist aber zum anderen die ganz generelle Frage nach dem, was man als „Rechtsstil" bezeichnen könnte und das bereits zum Anlass für einen interessanten Vergleich in dem Sinne geworden ist, als man der orientalischen Kodifikation des CCEO ein größeres Maß an Elastizität (Biegsamkeit) bescheinigt als dem lateinischen CIC.[4] In diesem Zusammenhang ist bemerkenswert, dass im Zuge der Redaktionsarbeiten zum CCEO der Versuch unternommen wurde, einen Grundbestandteil orientalischer Rechtssetzung und -anwendung, nämlich die „oikonomia", in eine Rechtsnorm zu gießen. Hierbei zeugt es von beachtlicher, sagen wir, legislativer Weisheit, dass man angesichts des Axioms „Omnis definitio in

1 AAS 44 (1952) 65-152.

2 ABBASS, Jobe, The Interrelationship of the Latin and the Eastern Codes, in: Jurist 58 (1998) 1-40.

3 PRIMETSHOFER, Bruno, Interrituelles Verkehrsrecht im CCEO, in: AKathKR 160 (1991) 346-366.

4 So wurde von einem der Konsultoren der Redaktionskommission des CCEO eine Charakteristik der beiden Gesetzbücher (CIC/1983 und CCEO) dahingehend vorgenommen, dass zwischen der „rigidité latine" und der „élasticité orientale" zu unterscheiden sei: Nuntia 26 (1988) 52.

iure periculosa est“, sich zwar eingehend mit dem Inhalt der „oikonomia“ auseinandergesetzt, auf eine Legaldefinition aber dennoch verzichtet hat.[5]

Papst JOHANNES PAUL II., der Gesetzgeber von CIC/1983 und CCEO, hat von den beiden Codices als den beiden „Lungenflügeln“ der Kirche gesprochen[6], und es ist ein immer wieder reizvolles Thema, den verschiedenen Facetten nachzugehen, die in diesem „Unicum Corpus Iuris Canonici“[7] zutage treten. Die Redaktoren des CIC/1983 waren bezüglich der inhaltlichen Gestaltung der Normen des zu schaffenden Gesetzbuches einigen von der Generalversammlung der Bischofssynode 1967 fast einstimmig verabschiedeten Vorgaben verpflichtet, u. a. dem Subsidiaritätsprinzip und dem Prinzip der Dezentralisierung.[8] Für das Ordensrecht sollten vier weitere Grundsätze maßgebend sein: eine Anerkennung der theologischen und mystischen Grundlagen des Ordenslebens, Anerkennung der Besonderheiten von Charisma und Mission jedes Instituts, die Bedeutung der Mitverantwortung und der Subsidiarität in der Leitung der Institute und schließlich die Gleichheit zwischen männlichen und weiblichen Instituten.[9]

1.2. Ordensrecht des CCEO

Ein Blick in das Ordensrecht des CCEO wird naturgemäß der Frage besondere Beachtung schenken, inwieweit der orientalischen Tradition in diesem Bereich Rechnung getragen wurde, man könnte auch sagen, inwieweit sich die orientalischen Ordensgemeinschaften in diesem Codex adäquat angesprochen fühlen[10],

---

5 Dazu die von einer Spezialkommission vorgenommene Umschreibung der *oikonomia* als „... un concept théologique qui désigne le plan de salut pour tous les hommes, l'oeuvre de la divine Sagesse.“ Es handle sich dabei um eine von Christus der Kirche übertragene Vollmacht (Mt 28, 18). „Ce pouvoir s'étend à toute la mission pastorale de l'Église et ne se limite pas seulement à l'ordre juridico-canonique. Il s'agit donc d'un concept qui va bien au delà des compétences mêmes du tout code entier“: Nuntia 10 (1980) 92.

6 Ap. Konst. „Sacri Canones“ JOHANNES PAULS II. v. 18.10.1990, in: AAS 82 (1990) 1034-1044.

7 JOHANNES PAUL II., Ansprache v. 25.10.1990 „Memori animo“, in: AAS 83 (1991) 491, Nr. 8. In die Bezeichnung „unicum Corpus Iuris Canonici“ wird auch die Ap. Konst. PastBon v. 28.6.1988 über die Römische Kurie einbezogen.

8 Praefatio (Vorrede) zum CIC, Codex Iuris Canonici. Lat.-dt. Ausgabe, Kevelaer [5]2001, XXXV f.

9 Comm 2 (1970) 170 ff.; EUART, Sharon, Religious Institutes and the Juridical Relationship of the Members of the Institute, in: Jurist 51 (1991) 105.

10 In den von der Plenarversammlung der Kommission für die Kodifikation des orientalischen Kirchenrechts (18.-23.3.1974) approbierten „Principi direttivi per la revisione del Codice di diritto canonico orientale“ wird besonders der „carattere orientale“ der geplanten Kodifikation betont. Der Codex solle sich inspirieren lassen von der allgemeinen Disziplin, die in der apostolischen Tradition, den Canones der orientalischen Konzilien und Synoden, den orientalischen Canonessammlungen und schließlich in dem den Orientalischen Kirchen gemeinsamen Gewohnheitsrecht enthalten sei: Nuntia 3 (1976)

oder ob sie beim Studium dieses Codex den Eindruck gewinnen, hier werde ihnen ein Korsett verpasst, das ihnen weitgehend fremd vorkommt. Der CCEO hat sich ja neben begeisterter Zustimmung[11] auch herbe Kritik gefallen lassen müssen, die teilweise so weit ging, den gesamten CCEO als „Vergeltung der römischen Kurie für das Zweite Vatikanische Konzil“ zu bezeichnen, weil die vom Konzil gewollte großzügige Autonomie für die orientalischen Kirchen durch den CCEO vereitelt worden sei.[12]

Bevor auf diese Frage eingegangen wird, sei zu dem hier verwendeten Begriff „Ordensrecht“ vermerkt, dass darunter alle Gemeinschaften verstanden werden, die der lateinische CIC unter der Sammelbezeichnung „Institute des geweihten Lebens und Gesellschaften des apostolischen Lebens“ zusammenfasst. Die Unschärfe des Begriffes wird bewusst in Kauf genommen, wobei sich eine zusätzliche Schwierigkeit insofern ergibt, als der CIC/1983 das dem deutschen Wort „Orden“ zugrundeliegende lateinische „ordo“ im ordensrechtlichen Zusammenhang überhaupt nicht mehr kennt. Bereits vorwegnehmend sei gesagt, dass sich der CCEO in diesem Punkt wohltuend vom CIC abhebt, weil u. a. eines der Schlüsselworte im Ordensrecht, nämlich „ordo“, zum selbstverständlichen ordensrechtlichen Vokabular des CCEO gehört.

2. Ordensrechtliche Kategorisierungen im CIC/1983 und im CCEO

2.1. Zur Rechtssystematik und Terminologie

2.1.1. Affinitäten des CCEO zu CIC/1917 und CIC/1983

Schon ein kurzer Blick in die ordensrechtlichen Partien des einen wie des anderen Codex führt zu der Feststellung, dass der CCEO weniger Affinitäten zu seinem unmittelbaren lateinischen Vorgänger, dem CIC/1983, aufweist als zum CIC/1917 und zu PAL. Der CIC/1983 hat u. a. einen bisher unbekannten (Zentral)begriff in das universalkirchliche Ordensrecht eingebracht, nämlich das „Institut des geweihten Lebens“, während andere, das Ordensrecht des CIC/1917 prägende Termini technici, z. B. „ordo“, „congregatio“, im ordensrechtlichen Wortschatz des CIC/1983 nicht mehr zu finden sind. Der CCEO hingegen ver-

---

3-10, bes. 4; dazu EID, Emilio, La revisione del Codice di diritto canonico orientale alla luce del decreto conciliare „Orientalium Ecclesiarum“, in: Nuntia 20 (1985) 128-131.

11 Der Vizepräsident der Kommission für die Revision des orientalischen Kirchenrechts, Bischof Emilio EID, hat bezüglich des CCEO eine Aussage Papst JOHANNES PAULS II. über den CIC/1983, dass dieser das letzte Konzilsdokument sei (Ansprache v. 9.12. 1983, in: Comm 15 [1983] 128), für den CCEO übernommen: „Questo Codice sarà ... l'ultimo documento del Concilio Vaticano II“: EID, Emilio, Presto il nuovo Codice di diritto Canonico orientale, in: Nuntia 27 (1988) 93.

12 Darüber berichtet ROHBAN, Louis, Codification du droit canonique oriental, in: Apoll 65 (1992) 293.

wendet diese Begriffe des CIC/1917 und von PAL weiterhin und folgt somit in seinen ordensrechtlichen Aussagen diesem Codex und PAL, aber nicht dem CIC/1983. „Institut des geweihten Lebens", eine Zentralaussage des Ordensrechts des CIC/1983, ist dem CCEO zwar bekannt, steht aber nicht wie im CIC/1983 als das ordensrechtliche Normengefüge prägender Begriff im Mittelpunkt. Teil III des Zweiten Buches (Volk Gottes) des CIC/1983 hat als Rubrik „Institute des geweihten Lebens und Gesellschaften des apostolischen Lebens", und die Sektion I dieses Teiles ist überschrieben mit „Institute des geweihten Lebens" („De institutis vitae consecratae"). Demzufolge spricht auch der erste Canon des lateinischen Ordensrechts (can. 573 CIC/1983) von der „vita consecrata", während das orientalische Ordensrecht (can. 410 CCEO) mit einer Beschreibung des „status religiosus" beginnt. Das „Nahverhältnis" des CCEO zum CIC/1917 hat auch zur Übernahme einiger Regelungsmodelle des pio-benediktinischen Gesetzbuches in das Ordensrecht des CCEO geführt, die keine Parallele im CIC/1983 aufweisen und somit als „Sondergut" des orientalischen Codex bezeichnet werden müssen.[13]

Es ist mit Recht bemängelt worden, dass im orientalischen Recht nicht die geringste Erwähnung weiblicher Angehöriger des Ordensstandes enthalten ist. Die diesbezüglichen generellen Hinweise von can. 490 CIC/1917 und can. 606 CIC/1983, wonach das im Maskulinum Gesagte grundsätzlich auch für weibliche Mitglieder von Instituten des geweihten Lebens gelten solle, haben keinen Eingang in den CCEO gefunden.[14] Worte wie „Monialis", „Religiosa", „Antista" sucht man im Ordensrecht des CCEO vergeblich. Dies ist aber umso befremdender, als im orientalischen Rechtsbereich zahlenmäßig ein bedeutendes Übergewicht der Ordensfrauen gegenüber den Ordensmännern besteht.[15] Und das Apostolische Schreiben JOHANNES PAULS II. „Orientale lumen" vom 2. Mai 1995 hebt besonders das wunderbare Zeugnis der orientalischen Nonnen hervor und vergleicht deren Charisma geradezu mit den mütterlichen Eigenschaften Gottes.[16]

2.1.2. Zweiteilung oder Dreiteilung des Gottesvolkes?

Einer der besonders in die Augen springenden Unterschiede zwischen dem lateinischen und dem orientalischen Codex betrifft eine Frage des Verfassungsrechts, die allerdings mit dem Ordensrecht zusammenhängt. Es geht dabei um die (hierarchische) Gliederung des Gottesvolkes. Während der CIC von einer

---

13 Dazu unten 3.2.

14 Es findet sich auch kein auf diese Frage Bezug nehmender Hinweis in PAL.

15 ANDRÉS, Domingo Javier, Observaciónes introductorias al titulo „De monachis ceterisque Religiosis" del CCEO, in: Apoll 65 (1992) 141 spricht von 23.000 weiblichen gegenüber nur 2.200 männlichen Ordenspersonen im ostkirchlichen Recht.

16 AAS 87 (1995) 745-774, Nr. 9: „Charisma enim monachae, cum notis ipsius propriis, adspectabile exsistit Dei maternitatis signum, quod saepius Sacrae Litterae commemorant".

Zweiteilung, d. h. Klerikern und Laien, ausgeht und diejenigen, die ein Leben nach den evangelischen Räten führen, der einen oder anderen Kategorie von „christifideles" zurechnet (can. 207 §§ 1 und 2 CIC/1983)[17], kennt der CCEO, gestützt auf eine Aussage von VatII LG 31, drei Kategorien von Gläubigen, nämlich Kleriker, Laien und Ordenspersonen.[18] Der Grund hierfür ist in der orientalischen Tradition begründet[19], insbesondere darin, dass es für die ostkirchliche Mentalität nicht nachvollziehbar wäre, Ordenspersonen, soweit sie keine Weihen haben, den Laien zuzuzählen.[20]

2.1.3. Stellenwert des Mönchtums im CCEO

Nichts könnte deutlicher die Unterschiede in der ordensrechtlichen Gesetzessystematik zum Ausdruck bringen als die Rubriken zu den einleitenden Canones der beiden Gesetzbücher. Der CIC/1983 spricht in den Überschriften zum Teil III des Zweiten Buches (cann. 573-606 CIC/1983) von „Instituten des geweihten Lebens"; der CCEO hingegen bringt eine für orientalisches Ordensrecht fundamentale Charakteristik in der Rubrik zum Titel XII zum Ausdruck: „Mönche, andere Religiosen und Mitglieder weiterer Institute des geweihten Lebens" („De monachis ceterisque religiosis et de sodalibus aliorum institutorum vitae consecratae"). Das erste Kapitel in diesem Titel spricht von den Mönchen und anderen Religiosen („De monachis ceterisque religiosis"). Die unterschiedlichen Schwerpunktsetzungen der beiden Gesetzbücher kommen hier markant zum Ausdruck: Mönche und Nonnen werden im CIC/1983 als eine von mehreren Kategorien von Mitgliedern der Institute des geweihten Lebens, näherhin der Ordensinstitute (Religioseninstitute) gesehen. „Monachus" ist im Wortschatz des CIC/1983 ein „hapax legómenon" (can. 613 § 1 CIC/1983)[21], und das Mönchtum ist im Gesamtbegriff „Ordensinstitute" (Titel II: „De institutis religiosis", cann. 607-709 CIC/1983) subsumiert. Der CCEO hingegen stellt das Mönchtum an die

---

17 Diesbezüglich steht der CIC/1983 auf der Basis von can. 107 CIC/1917, demzufolge der Unterschied zwischen Klerikern und Laien auf göttlicher Anordnung beruht; in beiden Kategorien befinden sich die Religiosen (religiosi). Auch das MP „Cleri sanctitati" spricht in can. 38 § 2, 1° davon, dass die Kleriker aufgrund göttlicher Anordnung von den Laien zu unterscheiden sind.

18 McDermott, Rose, Two Approaches to Consecrated Life. The Code of Canons of the Eastern Churches and the Code of Canon Law, in: StCan 95 (1995) 198.

19 Puza, Richard, Katholisches Kirchenrecht, Heidelberg ^{2}1993, 175.

20 Dazu eine Stellungnahme im Rahmen der Redaktionskommission des CCEO: „I membri dei monasteri maschili e femminili, tutte le religiose e quei religiosi che non sono nè diaconi nè sacerdoti (nella terminologia della Chiesa latina vengono chiamati ‚fratelli-laici') sono considerati aventi uno *status* collegato ad una consacrazione, che non permette più di usare nei loro riguardi il termine di ‚laici'" (Hervorhebung im Original); vgl. Žužek, Ivan, Bipartizione o tripartizione dei Christifideles nel CIC e nel CCEO, in: Ders., Understanding the Eastern Code, Roma 1997, 328-353, bes. 351 ff.

21 Im Ordensrecht des CIC/1917 kam „monachus" nur zweimal in einem einzigen Canon (491 § 1) vor, nämlich bei der Regelung der Präzedenzfrage.

Spitze ordensrechtlicher Regelungen und weist ihm u. a. durch die Wortfolge „Mönche und andere Religiosen“[22] geradezu Modellcharakter für die übrigen Formen des Ordenslebens zu. Damit soll zweifelsohne der besonderen Rolle des Mönchtums im Erscheinungsbild der katholischen wie nichtkatholischen Ostkirchen Rechnung getragen werden.[23]

In der starken Betonung der Rolle des Mönchtums im orientalischen Ordensrecht tritt zweifellos auch eine ökumenische Akzentsetzung zutage. Das Nachsynodale Schreiben JOHANNES PAULS II. „Vita consecrata“ vom 25. März 1996 (Nr. 2)[24] bringt dies deutlich zum Ausdruck: Das geweihte Leben finde sich besonders deutlich ausgeprägt im Mönchtum der orthodoxen Kirchen und gehöre als Wesenszug zu deren Erscheinungsbild. Aber auch in den aus der Reformation hervorgegangenen Kirchen und kirchlichen Gemeinschaften sei es im Begriff zu entstehen oder wiederzuentstehen, gleichsam als Zeichen einer gemeinsamen Gnade der Jünger Christi. Aus dieser Feststellung ergebe sich ein Impuls für die Ökumene, die das Verlangen nach einer immer volleren Gemeinschaft unter den Christen nährt, „damit die Welt glaubt“ (Joh 17, 21). Papst JOHANNES PAUL II. betont im schon genannten Apostolischen Schreiben „Orientale lumen“, dass das Mönchtum seit jeher die eigentliche Seele der Ostkirchen gewesen sei.[25]

2.1.4. Orden und Kongregationen

Neben dem Mönchtum als einer besonders hervorgehobenen Kategorie des Ordenslebens und den „Klöstern“ („monasteria“) als Niederlassung von Mitgliedern, die die Regeln und Traditionen des monastischen Lebens wahren (can. 433 § 1 CCEO), spricht der CCEO ausdrücklich noch von „Orden und Kongregationen“, bei deren rechtlicher Beschreibung ziemlich unbekümmert die

22 Die Rubrik „De monachis ceterisque religiosis“ fand sich in PAL als einleitende Überschrift für das gesamte orientalische Ordensrecht. Die derzeitige (langatmige) Rubrik des Tit. XII des CCEO ist Sondergut dieses Gesetzbuches. Zu der schon in PAL anzutreffenden Hervorhebung des Mönchtums bemerkt ŘEZÁČ: „La ragione di ciò sta nel fatto che il legislatore vuole, presumibilmente, favorire la vita monastica in senso autenticamente orientale, considerata superiore a tutte le altre forme di vita religiosa, quali sono gli Ordini e le congregazioni di origine posteriore e piuttosto di importazione occidentale“ (ŘEZÁČ, Jan, Diritto e vita religiosa presso gli orientali uniti, in: DIP III [1976] 674).

23 METZ, René, Le nouveau droit des Églises orientales catholiques, Paris 1997, 151; HAERING, Stephan, Tradition und Wandel im orientalischen Religiosenrecht. Von Pius XII. zu Johannes Paul II., in: GEROSA, Libero / DEMEL, Sabine / KRÄMER, Peter / MÜLLER, Ludger (Hg.), Patriarchale und synodale Strukturen in den katholischen Ostkirchen, Münster u. a. 2001, 201-229, bes. 212 f.; DERS., Formen geweihten Lebens im Codex Canonum Ecclesiarum Orientalium, in: FS Fürst, 509-524.

24 AAS 88 (1996) 377-486.

25 (Fn. 16), Nr. 9: „Anima ipsa orientalium Ecclesiarum semper monasticum fuit institutum.“

„Messlatte" des Mönchtums angelegt wird. Ein Orden ist zufolge can. 504 § 1 CCEO eine von der zuständigen kirchlichen Autorität errichtete Gesellschaft, in der die Mitglieder, auch wenn sie keine Mönche sind, eine Profess ablegen, die der monastischen Profess gleichgestellt ist.[26] Die Kongregation wird definiert als eine von der zuständigen kirchlichen Autorität errichtete Gesellschaft, in der die Mitglieder eine Profess ablegen, die jedoch nicht der monastischen Profess gleichgestellt ist, sondern eigene Geltung nach Maßgabe des Rechts hat (can. 504 § 2 CCEO).[27]

2.1.5. Ordensähnliche Gesellschaften des gemeinsamen Lebens

In Bezug auf die im CIC/1983 so bezeichneten „Gesellschaften des apostolischen Lebens" (cann. 731-746 CIC/1983) ist dem CCEO eine bessere Systematik hinsichtlich der rechtlichen Einordnung dieser Verbände gelungen und dies in mehrfacher Hinsicht. Der CIC/1983 hebt die in Rede stehenden Gesellschaften insofern von den Instituten des geweihten Lebens ab, da es bei ihnen keine Übernahme der evangelischen Räte gibt.[28] Dieses Abgrenzungskriterium erweist sich aber als unzureichend, ja teilweise unzutreffend, weil can. 731 § 2 CIC/1983 von Gesellschaften spricht, „in denen die Mitglieder durch irgendeine in den Konstitutionen festgelegte Bindung die evangelischen Räte übernehmen". Diese Art von Gesellschaften müsste daher systematisch richtig den Instituten des geweihten Lebens zugerechnet werden, weil ja gerade das für diese charakteristische Merkmal, nämlich Übernahme der evangelischen Räte, vorhanden ist.[29] Überdies ist die Bezeichnung „Gesellschaften des apostolischen Lebens" insofern unpassend, weil dadurch der Eindruck entsteht, als ob das Apostolat ein diese Gruppe von Personen exklusiv kennzeichnendes Element wäre, gleichsam als ob es bei den Instituten des geweihten Lebens nicht vorhanden sei. Dem ist aber keineswegs so, sondern die apostolische Dimension im Wirken der Institute des geweihten Lebens, ihr Anteil an der Heilssendung der Kirche (can. 574 § 2 CIC/1983), die Heiligung der Welt und die apostolische Liebe (cann. 710, 713 § 3 CIC/1983) sind Merkmale, die zum Selbstverständnis auch anderer Ver-

---

26 Die Gelübde in diesen Orden werden nicht als feierliche bezeichnet, sondern als den Mönchsgelübden gleichgestellt: PUJOL, Clemente, La vita religiosa orientale. Commento al Codice del Diritto Canonico Orientale, Roma 1994, 251.

27 Auch der Ausdruck „einfache" Gelübde wird nicht verwendet; es wird nur von „zeitlichen" und „ewigen" Gelübden gesprochen, deren Wirkungen in der Rechtsordnung beschrieben werden: PUJOL (Fn. 26), 252.

28 Das Fehlen der Rätebindung war auch im CIC/1917 bestimmendes Merkmal dieser Verbände. Vgl. Tit. XVII (cann. 673-681 CIC/1917) des Zweiten Buches des CIC/1917: „De societatibus sive virorum sive mulierum in communi viventium *sine votis*" (Hervorhebung v. Verf.). PAL hat diesbezüglich bereits genauer spezifiziert; die Rubrik zu Cap. IX hatte gelautet: „De societatibus ... sine votis *publicis* ..." (Hervorhebung v. Verf.).

29 HENSELER, Rudolf, Ordensrecht. Sonderdruck aus MK CIC, Essen [2]1998, 467 f.

bände gehören. Das Apostolat als differenzierendes Kennzeichen der Gesellschaften ist daher als ungeeignet zu bezeichnen.[30]

Dem CCEO ist es gelungen, ein besseres rechtliches Profil dieser Gesellschaften mit Rätebindung zu zeichnen. Dies geschieht zum einen dadurch, dass er im Gegensatz zum CIC/1983 diese Art von Gesellschaften den Instituten des geweihten Lebens zurechnet und dies auch schon in der entsprechenden Rubrik deutlich zum Ausdruck bringt: „Ordensähnliche Gesellschaften des gemeinsamen Lebens" („De societatibus vitae communis ad instar religiosorum"). Zum anderen aber wird in der Beschreibung der Gesellschaften nicht auf das apostolische Wirken als diese Gesellschaften gleichsam ausschließlich kennzeichnendes Spezifikum abgestellt, sondern auf ein anderes Merkmal, das weit besser eine besondere Note dieser Gesellschaften erfasst, nämlich das gemeinsame Leben.[31] Durch dieses nämlich sind sie *de facto* in rechtliche Nähe zu den Ordensinstituten gerückt, was auch die zahlreichen Verweise („Verweisblöcke") in den cann. 731-746 des CIC/1983 auf die für Ordensinstitute geltenden Bestimmungen zur Folge hat.[32]

Die andere Art von Gesellschaften, nämlich die ohne Rätebindung, wird im CCEO als eigene Kategorie, allerdings nunmehr unter der Bezeichnung „Gesellschaften des apostolischen Lebens" in einem einzigen Canon (can. 572 CCEO) erfasst. Die rechtliche Regelung dieser Gesellschaften wird vollständig dem Partikularrecht der rechtlich selbständigen Kirchen oder einem Statut des Apostolischen Stuhles überlassen. Bemerkenswert ist die Wendung in can. 572 CCEO, dass diese Gesellschaften, obwohl sie keine Rätebindung haben, sich dennoch den Instituten des geweihten Lebens „annähern" („accedunt"[33]). Diese spirituelle und auch rechtliche Nähe zu den Instituten des geweihten Lebens trotz nicht bestehender Gelübde hat SOCHA in die Formulierung gekleidet, dass bei den Gesellschaften aufgrund des Inkorporationsvorganges eine „implizite

---

30 PRIMETSHOFER, Bruno, Ordensrecht auf der Grundlage des Codex Iuris Canonici 1983 unter Berücksichtigung des staatlichen Rechts der Bundesrepublik Deutschland, Österreichs und der Schweiz, Freiburg i. Br. [3]1988, 218.

31 Auch in diesem Detail zeigt sich die Nähe des CCEO zum CIC/1917 (Tit. XVII, cann. 673-681 CIC/1917: „De societatibus ... **in communi viventium** ..." [Hervorhebung v. Verf.]). Es fällt auf, dass PAL in der Rubrik zu Caput IX („De societatibus sive virorum sive mulierum ad instar religiosorum, sine votis publicis, viventium"; cann. 224-231 PAL) zwar die später im CCEO anzutreffende Wendung „ad instar religiosorum", aber keinen Hinweis auf das gemeinsame Leben bei diesen Gesellschaften enthielt.

32 HENSELER (Fn. 29), 469.

33 Die von Gerd LUDWIG und Joachim BUDIN stammende deutsche Übersetzung des CCEO, Paderborn 2000, ist m. E. hier ungenau. Das „institutis vitae consecratae accedunt" ist nicht zu übersetzen mit „die sich den Instituten des geweihten Lebens anschließen", sondern wie oben angegeben mit „annähern" oder „in die Nähe kommen", „hinzukommen". „Accedere" kommt auch in den cann. 604 § 1 und 731 § 1 CIC/1983 vor. In beiden Fällen wird es übersetzt mit „hinzukommen". Zur Frage der Übersetzung von „accedere" vgl. RECCHI, Silvia, Verbum Accedere in canonibus 604 et 731 Codicis. Quaesita et interpretatio, in: PerRMCL 78 (1989) 453-476.

Rätebindung"[34] bestehe, zu der sich die Mitglieder gemäß den Konstitutionen bekennen.

2.1.6. Säkularinstitute

Die Säkularinstitute (cann. 563-569 CCEO) werden im orientalischen Recht nicht ausdrücklich als Institute des geweihten Lebens bezeichnet, wie dies can. 710 CIC/1983 tut. Es besteht aber kein Zweifel, dass sie der CCEO diesen Instituten zuzählt. Auffallend ist allerdings gegenüber dem CIC, der den Säkularinstituten insgesamt 21 Canones widmet (cann. 710-730 CIC/1983), die geringe Anzahl von Canones (nur 7) im CCEO[35], der bezüglich vieler Einzelheiten mit dem Mittel des Verweises auf das für Kongregationen geltende Recht operiert (can. 566 CCEO). Ferner weiß sich der CCEO auch im Bereich der rechtlichen Normierung in Bezug auf die Säkularinstitute dem Grundsatz der Subsidiarität verpflichtet, weil es in can. 569 CCEO heißt, dass es Sache des Partikularrechts jeder einzelnen rechtlich selbständigen Kirche sei, Genaueres über die Säkularinstitute festzulegen. Die geringe Anzahl von einschlägigen Canones im CCEO ist im übrigen auch aus der Tatsache zu erklären, dass es laut Annuario Pontificio 2002 im Bereich des Ostkirchenrechts überhaupt nur ein einziges (weibliches) Säkularinstitut gibt[36], dessen rechtliche Struktur im einzelnen nicht klar ersichtlich ist.[37]

2.2. Individuelle Formen geweihten Lebens

2.2.1. Eremiten

Der CIC/1983 hat mit der rechtlichen Erfassung des eremitischen (anachoretischen) Lebens und des Standes der geweihten Jungfrauen als individuellen Formen des geweihten Lebens Neuland betreten; der CIC/1917 enthielt diesbezüglich nichts. Der CIC/1983 kennt den Eremiten nur als je einzelnen, der in strenger Trennung von der Welt, in der Stille der Einsamkeit, durch ständiges Beten und Büßen das Leben dem Lob Gottes und dem Heil der Welt weiht (can. 603 § 1 CIC/1983). Rechtliche Anerkennung erfährt das Leben des Eremiten dann, wenn dieser sich, bekräftigt durch ein Gelübde oder durch eine andere heilige Bindung, auf die drei evangelischen Räte in die Hand des Diözesanbischofs verpflichtet hat und unter seiner Leitung die ihm eigentümliche Lebensweise wahrt (can. 603 § 2 CIC/1983).

Während der CIC/1983, wie bereits gesagt, den Eremiten nur außerhalb des Rahmens bestehender Institute, somit nur als Individualform des geweihten Le-

---

34 SOCHA, Hubert, in: HdbKathKR[1], 520.

35 ABBASS, Jobe, Two Codes in Comparison, Roma 1997, 40.

36 Es handelt sich um die „Catechiste del Sacro Cuore di Gesù" des ukrainischen Ritus: AnPont 2002, 1471.

37 ANDRÉS (Fn. 15), 142.

bens, kennt[38], ist die diesbezügliche Aussage des CCEO differenzierter gestaltet: Zwar ist der Eremit nach dem CCEO Mitglied eines rechtlich selbstständigen Klosters, can. 570 CCEO eröffnet aber dem Partikularrecht die Möglichkeit, weitere Formen von Asketen ins Leben zu rufen, die das eremitische Leben nachahmen und entweder zu Instituten des geweihten Lebens gehören oder nicht. Diese zuletzt genannte Form von Eremiten sind daher eigentlich diejenigen, die in Wirklichkeit ein eremitisches Leben führen, obwohl sie es nach dem Wortlaut von can. 570 CCEO nur „nachahmen", während die in cann. 481-485 CCEO erwähnten klösterlichen Eremiten als die eigentlichen Eremiten angesehen werden.[39]

Als Regelfall des eremitischen Lebens betrachtet der CCEO den in ein rechtlich selbstständiges Mönchskloster integrierten Eremiten. Can. 481 CCEO bringt dies unmissverständlich zum Ausdruck: „Ein Eremit ist ein Mitglied eines rechtlich selbständigen Klosters", der vom Vorsteher dieses Klosters abhängig und zur Beobachtung der Canones über die Mönche und das Typikon des Klosters verpflichtet ist, soweit sie mit dem eremitischen Leben vereinbart werden können (can. 484 CCEO). Das universale Recht des CCEO sieht die Einrichtung von Eremiten nur zugunsten rechtlich selbstständiger Mönchsklöster vor[40]; abhängige Mönchsklöster sowie die übrigen Formen von Instituten des geweihten Lebens sind somit nicht inkludiert.[41]

2.2.2. Gottgeweihte Jungfrauen und Witwen

Vom Standpunkt der Rechtssystematik ist die Einordnung der gottgeweihten Jungfrauen und Witwen bemerkenswert. Der CIC/1983 widmet dem Rechtsinstitut der gottgeweihten Jungfrauen einen eigenen Canon (can. 604 §§ 1 und 2 CIC/1983) und enthält somit eine unmittelbare universalkirchliche Regelung, der CCEO hingegen erwähnt Jungfrauen und Witwen lediglich im Zusammenhang mit der dem Partikularrecht gegebenen Ermächtigung, das Rechtsinstitut

---

38 Nach DAMMERTZ könnte es auch im lateinischen Recht eremitisches Leben innerhalb des Rahmens eines Instituts geben, sofern dessen Konstitutionen dies vorsehen: DAMMERTZ, Viktor J., Die Institute des geweihten Lebens im neuen Kirchenrecht, in: OK 18 (1982) 262.

39 KALDE, Franz, Die Eremiten im Recht der katholischen Ostkirchen, in: OK 37 (1996) 216. Das eremitische Leben ist, um welche Form immer es sich handelt, der Aufsicht der Kongregation für die Institute des geweihten Lebens und Gesellschaften des apostolischen Lebens unterstellt: Ap. Konst. PastBon, Art. 110.

40 Der Eremit ist in vollem Sinne Mönch: ŘEZÁČ, Jan, Eremita (in Oriente), in: DIP III (1976) 1154.

41 PUJOL (Fn. 26), 345. Diese Einschränkung bleibt hinter der weiter gefassten Formulierung von can. 313 § 4 PAL zurück, wonach Eremiten im Rahmen eines jeden Ordensinstituts bestehen konnten: „Eremita est religiosus qui, ad normam statutorum, vitam anachoreticam ducit, firma dependentia a suae Religionis Superioribus". Was das universale Recht ausschließt, ist allerdings, wie bereits erwähnt, aufgrund des Partikularrechts möglich (can. 570 CCEO).

der geweihten Jungfrauen und Witwen einzurichten (can. 570 CCEO). Von dem Stand (*ordo*) der geweihten Jungfrauen (und nur von diesen) sagt can. 604 § 1 CIC/1983, dass er zu den Formen des geweihten Lebens hinzukommt („accedit"), wobei offen bleiben mag, ob der lateinische Codex die geweihten Jungfrauen als eigene Kategorie des geweihten Lebens (*vita consecrata*) ansieht oder nicht.[42]

Gegenüber dem CIC/1983, der nur eine Jungfrauenweihe kennt, bildet der CCEO eine begrüßenswerte Fortentwicklung, weil er die Ablegung eines öffentlichen Keuschheitsgelübdes auch für Witwen vorsieht. Das Nachsynodale Schreiben „Vita consecrata" dehnt diese Möglichkeit auch auf Witwer aus und weist darauf hin, dass heute die seit alter Zeit bekannte Weihe („consecratio") der Witwen und Witwer vollzogen werde.

> „Durch das Gelöbnis ewiger Keuschheit heiligen diese Personen ihren Stand, um sich dem Gebet und dem Dienst an der Kirche zu widmen."[43]

Diesbezüglich ist eine partikularrechtliche Entwicklung dahingehend festzustellen, dass ein Ritus der Witwenweihe auch im Bereich des lateinischen Rechts praktiziert wird. Der Erzbischof von Paris hat 1984 einen Ritus der Witwenweihe[44] eingeführt, der noch im selben Jahr von der Kongregation für den Gottesdienst approbiert wurde.[45]

Die gegenüber dem lateinischen (universalen) Recht erweiterten Möglichkeiten des CCEO werfen die Frage auf, warum das lateinische Recht auf die Weihe von Jungfrauen beschränkt bleibt. *De lege ferenda* wäre eine Erweiterung auf Witwen und Witwer ebenso wünschenswert wie die Einbeziehung eines weiteren Personenkreises dergestalt, dass eine Zulassung zur Gelübdeablegung nicht auf Verwitwete eingeschränkt bleibt, sondern ausgedehnt wird auf Personen ohne Rücksicht auf die Art und Weise ihres geschlechtlichen Vorlebens. Für diese Lösung würde die Analogie zu den Zulassungsbedingungen für Institute des geweihten Lebens und Gesellschaften des apostolischen Lebens sprechen, bei denen eine Aufnahme und Zulassung zur Gelübdeablegung allenfalls in bestimmten Einzelfällen, aber jedenfalls nicht grundsätzlich davon abhängig gemacht wird, ob der Aufnahmewerber vorher in erlaubten oder unerlaubten Geschlechtsbeziehungen gelebt hat.

Beide Codices sprechen im Zusammenhang mit der Jungfrauenweihe von einem einzigen Gelübde, nämlich dem der Keuschheit[46], während can. 603 CIC/

---

[42] ABBASS (Fn. 35), 49; JIMÉNEZ, Aitor; El ordo „Vírgenes consagradas" a la luz del Código vigente, in: ComRelMiss 75 (1994) 221-240; RECCHI (Fn. 33), 459.

[43] Nachsynodales Schreiben JOHANNES PAULS II. „Vita consecrata" v. 25.3.1996 (Fn. 24), Nr. 7, 3.

[44] Rituel de bénediction des Veuves. Notre Dame de la Résurrection, 1984.

[45] Darüber berichtet BEYER, Jean, Le droit de la vie consacrée. Commentaire des canons 573-606. Normes communes, Roma 1988, 153 u. 155, Fn. 1.

[46] BEYER vertritt die Auffassung, dass die Ablegung des Keuschheitsgelübdes bei den Jungfrauen auch die Befolgung der anderen evangelischen Räte einschließe: BEYER (Fn.

1983 beim rechtlich anerkannten Eremiten die Übernahme aller drei evangelischen Räte ins Auge fasst. Für den lateinischen Bereich ist bei der Jungfrauenweihe der „Ordo Consecrationis Virginum" vom 31. Mai 1970 maßgeblich.[47]

2.3. Ablegung der Gelübde im CCEO

2.3.1. Grundsätze des lateinischen Rechts

Die lateinischen Kodifikationen des 20. Jahrhunderts, nämlich CIC/1917 und CIC/1983, sind von dem durchgehenden ordensrechtlichen Prinzip beherrscht, dass eine Gelübdeablegung nur unter Einhaltung bestimmter Stufen erfolgen kann, d. h. dass der Ablegung ewiger (endgültiger) Bindungen auf jeden Fall eine zeitliche Gelübdeablegung (Probeprofess) vorauszugehen hat. Diese vorausgehende Gelübdeablegung ist sowohl bezüglich ihrer Mindest- wie auch ihrer Maximaldauer im Recht festgelegt; sie variiert auch je nach den verschiedenen Kategorien von Instituten des geweihten Lebens. So ist bei den Ordensinstituten die zeitliche Probeprofess von mindestens dreijähriger Dauer (can. 658, 2° CIC/1983), bei den Säkularinstituten hingegen für einen Zeitraum von mindestens fünf Jahren (can. 723 § 2 CIC/1983) vorgesehen.

2.3.2. Ewige (Mönchs)profess ohne vorausgehende zeitliche Gelübde

Diese der ewigen Gelübdeablegung vorausgehende Probeprofess ist dem orientalischen Recht durchaus auch bekannt, es gibt aber – und dazu besteht keine Parallele im geltenden lateinischen Recht – eine ewige monastische Profess unmittelbar nach dem Noviziat. Diese auf alter orientalischer Tradition beruhende Form der Ablegung monastischer Gelübde[48] setzt allerdings zu ihrer Gültigkeit ein dreijähriges Noviziat voraus (can. 457 CCEO).[49] Daneben gibt es auch Klöster, bei denen die Zulassung zur ewigen Profess erst nach einer mindestens dreijährigen zeitlichen Profess möglich ist. In diesem Fall genügt ein Noviziat von einjähriger Dauer (can. 457 § 1 CCEO).[50] Alle übrigen Orden und Kongregationen stehen bezüglich der Ablegung ewiger Gelübde auf dem Boden der la-

---

45), 150. Das kann nichts daran ändern, dass nur die Keuschheit in Form eines (öffentlichen) Gelübdes übernommen wird. Das allenfalls spirituell (Mit)intendierte unterliegt keiner rechtlichen Regelung.

47 AAS 62 (1970) 650; ComRelMiss 51 (1970) 372-375.

48 PUJOL (Fn. 26), 222 f.

49 Nach dem vor dem CIC/1917 geltenden lateinischem Recht gab es eine ewige, auch feierliche Gelübdeablegung nach nur einjährigem Noviziat. Eine Änderung in Richtung auf eine der ewigen vorausgehende zeitliche Profess von dreijähriger Dauer trat erst unter Papst PIUS IX. (1857 bzw. 1862) ein: SCHERER, Rudolf von, Handbuch des Kirchenrechtes II, Graz u. a. 1898, 814 f. und Anm. 84.

50 Diese Möglichkeit war in can. 88 § 1, 2° PAL nicht vorgesehen. Bei Mönchen war allgemein ein dreijähriges Noviziat vorgeschrieben; der Obere eines rechtlich selbständigen Klosters konnte die Noviziatsdauer auf zwei Jahre verkürzen.

teinischen Gesetzgebung, d. h. der ewigen Profess hat eine mindestens dreijährige zeitliche vorauszugehen.

Der CCEO vermeidet ebenso wie der CIC/1983 die Ausdrücke „feierliche" bzw. „einfache" Profess, sondern spricht durchgehend von „ewigen" und „zeitlichen" Gelübden. Allerdings wird von der Weihe oder klösterlichen Profess („consecratio seu professio monastica") gesprochen[51], und wird bezüglich der verschiedenen Grade dieser klösterlichen Profess auf das Typikon und das universale Recht verwiesen (can. 463 CCEO).

3. Einige ordensrechtliche Spezifika des CCEO

3.1. Mitgift

Es wurde eingangs schon festgestellt, dass der CCEO in seinen ordensrechtlichen Regelungen einige auffallende Affinitäten zum CIC/1917 aufweist. Neben der Übernahme bestimmter *Termini technici* des Ordensrechts dieses Codex in den CCEO soll nun einigen Besonderheiten nachgegangen werden, die einerseits aus dem „Fundus" des CIC/1917 geschöpft sind und die andererseits keine Parallele im CIC/1983 aufweisen.

Der CCEO hält, freilich in Form einer bloßen Ermächtigung zugunsten der partikularen Gesetzgebung nach Maßgabe des Typikons[52], an der im CIC/1983 nicht mehr aufscheinenden Rechtsfigur[53] der Mitgift („dos") fest. Die Mitgift wurde ausführlich behandelt in den cann. 547-551 des CIC/1917 und fand sich beinahe deckungsgleich in den cann. 79-83 PAL. Aus dieser relativ umfangreichen Regelung ist im CCEO ein einziger Canon geworden (can. 454 CCEO)[54], der aber insofern völlig aus dem bisherigen Rahmen fällt, als eine Mitgift nicht nur in weiblichen Verbänden (wie im CIC/1917 und in PAL vorgesehen), sondern allgemein in männlichen und weiblichen Instituten eingeführt werden kann. Der CIC/1917 und PAL gingen hinsichtlich der Mitgift von den Nonnenklöstern aus und legten für diese eine Mitgift verpflichtend fest, deren Umfang von den Konstitutionen oder von rechtmäßiger Gewohnheit bestimmt wurde (cann. 547

---

51 Nr. 4 v. Art. 2 (Klöster) des 12. Titels (cann. 462-470 CCEO).

52 „Typicon" („Typicum") entspricht nach Meinung von NEDUNGATT dem lateinischen Begriff „Statuten": NEDUNGATT, George, Glossary of the Main Terms used in the Code of Canons of the Eastern Churches, in: Jurist 51 (1991) 458 f. Die Verwendung von „Typicon" im CCEO scheint aber mehr dem zu entsprechen, was can. 587 § 1 CIC/1983 unter dem „grundlegenden Rechtsbuch", d. h. den Konstitutionen, also dem höherrangigen Eigenrecht versteht. Vgl. LODA, Natale, Il nuovo Typikòn del monastero esarchico di S. Maria di Grottaferrata, in: ComRelMiss 83 (2002) 48 f.

53 ABBASS bemerkt mit Recht, dass die Frage einer eventuell zu erbringenden Mitgift im lateinischen Recht im Eigenrecht des jeweiligen Verbandes geregelt werden könnte: ABBASS (Fn. 35), 67.

54 Dazu Nuntia 6 (1978) 44.

§ 1 CIC/1917; 79 § 1 PAL). Bei weiblichen Religiosen in Kongregationen wird auf das Eigenrecht (des Näheren auf die Konstitutionen) verwiesen (§ 3 der zitierten Canones).

Wenn nun can. 454 CCEO hinsichtlich der Mitgift eine nicht auf weibliche Verbände eingeschränkte, sondern auch für männliche Institute geltende Ermächtigung zugunsten des Eigenrechts festlegt, so betritt er damit sowohl gegenüber dem CIC/1917 wie auch gegenüber PAL Neuland.[55] Rechtssystematisch ist zu bemerken, dass sich can. 454 CCEO im Kontext der Mönchsklöster findet, aber can. 547 § 1 CIC/1917 verweist hinsichtlich der (männlichen wie weiblichen) Orden und Kongregationen auch in Bezug auf die Mitgift auf das für Mönchsklöster Geltende.

Auf Einzelheiten bezüglich der Mitgift ist hier nicht näher einzugehen. Es war auch nicht zu erwarten, dass sich der CCEO mit der in der Kanonistik umstrittenen Frage auseinandersetzt, wer Eigentümer der Mitgift während der Zeit der Verbandszugehörigkeit des Professen ist.[56] Hinsichtlich der Ingerenz des Ortshierarchen (*hierarcha loci*) bei der Aufsicht über die Verwaltung der Mitgift übernimmt der CCEO das Muster des CIC/1917 (can. 550 § 2 CIC/1917) sowie PAL (can. 82 § 2 PAL). Dem Ortshierarchen kommen Recht und Pflicht der Kontrolle über die Verwaltung der Mitgift zu, nicht aber deren Verwaltung als solche. Diese ist Sache der verbandsinternen Organe.

3.2. Bestehende Gelübdeverpflichtung trotz Entlassung

Der CCEO enthält in Anlehnung an den CIC/1917 eine Bestimmung, die schon zur Zeit der Geltung dieses Codex als problematisch empfunden und infolgedessen im CIC/1983 eliminiert wurde. Zufolge can. 669 § 1 CIC/1917 bedeutete die Entlassung eines Professen mit ewigen Gelübden grundsätzlich kein Erlöschen der Gelübde; diese blieben vielmehr bestehen, und der Entlassene hatte auch die Pflicht, in seinen Verband zurückzukehren. Daraus resultierte andererseits für den Verband die Verpflichtung, den Entlassenen wieder aufzunehmen, sofern dieser entsprechende Zeichen der Besserung an den Tag gelegt hatte (can. 672 § 1 CIC/1917).

Die Norm des can. 669 § 1 CIC/1917, wonach die Gelübde im Falle der Entlassung nicht erlöschen, war so genanntes nachgiebiges Recht (*ius dispositivum*), d. h. es stand unter dem Vorbehalt anders lautenden Eigenrechts oder eines gegenteiligen Indults des Heiligen Stuhles. Überdies bestand einer Entscheidung der PCI zufolge die in can. 672 § 1 CIC/1917 enthaltene Pflicht zur Wiederaufnahme des Entlassenen nicht für den Fall einer *ipso-facto*-Entlassung ge-

---

55 PUJOL (Fn. 26), 215.

56 CUBELLI, Francesco / ROCCA, Giancarlo, Dote, in: DIP III (1976) 967-972; HENSELER, Rudolf, Mitgift, in: LThK³ VII, 332 f.

mäß can. 646 CIC/1917.[57] Die Entscheidung der PCI bezog sich aber nur auf die Frage, ob der Verband den *ipso-facto*-Entlassenen aufnehmen müsse. Das Fortbestehen der Gelübde auch bei dieser Form der Entlassung wurde dadurch nicht berührt, d. h. der *ipso-facto*-Entlassene blieb an die Gelübde und an die Pflicht zur Rückkehr in den Verband gebunden; dieser aber musste den Entlassenen nicht wieder aufnehmen, selbst wenn er durch drei Jahre hindurch Zeichen eines vollständigen Gesinnungswandels gegeben hatte, was ansonsten die Pflicht des Verbandes zur Wiederaufnahme des Entlassenen zur Folge hatte (vgl. can. 672 § 1 CIC/1917).

Die Bestimmung über das Fortbestehen der Gelübde im Falle der Entlassung hatte zur Zeit der Geltung des CIC/1917 zu einigen ungeklärten Situationen geführt, insbesondere was das Gehorsams- und das Armutsgelübde betraf.[58] Darauf ist hier nicht näher einzugehen. Umso erstaunlicher ist aber, dass der CCEO sich in diesem Zusammenhang an das Recht des CIC/1917 und von PAL anlehnt und zwar nicht, wie dies im CIC/1917 und in PAL der Fall war, in der Form nachgiebigen Rechts (*ius dispositivum*) zugunsten anders lautender Konstitutionen, sondern als zwingendes Recht (*ius cogens*). Dieser Umstand springt besonders in die Augen, da sich ansonsten der CCEO durchaus dem Grundsatz der Subsidiarität nicht nur zugunsten der *Ecclesiae sui iuris*[59], sondern im Ordensrecht auch zugunsten des Eigenrechts (Typikon) der einzelnen Verbände verpflichtet weiß.[60] Allerdings ist das Fortbestehen der Gelübde im CCEO auf den Fall der *ipso facto* eintretenden Entlassung begrenzt. Can. 502 CCEO legt nämlich als Grundsatz fest, dass durch die rechtmäßige Entlassung *ipso iure* alle aus der Profess entspringenden Bindungen und Verpflichtungen erlöschen (insofern ist can. 502 CCEO mit can. 701 CIC/1983 konform), ausgenommen sind aber die Fälle der von selbst eintretenden Entlassung gemäß can. 497 CCEO. Die beiden einschlägigen Tatbestände sind im Ergebnis identisch mit denen von can. 694

---

57 PCI, 30.7.1934, in: AAS 26 (1934) 494. Die dem can. 672 § 1 CIC/1917 entsprechende Bestimmung in can. 223 § 1 PAL hatte der durch diese Entscheidung geschaffenen Rechtslage bereits Rechnung getragen und formulierte die Pflicht zur Rückkehr des Entlassenen „ad claustra“ unter dem Vorbehalt, dass es sich nicht um eine *ipso-facto*-Entlassung gemäß can. 197 PAL handelt. Es ist unverständlich, dass der CCEO diesen Vorbehalt nicht übernommen hat.

58 TABERA ARAOZ, Arturo, Derecho de los religiosos, Madrid ^{3}1957, 626 f.

59 GREEN, Thomas J., Reflections on the Eastern Code Revision Process, in: Jurist 51 (1991) 29.

60 Es fällt auf, dass in can. 220 § 1 PAL die dem Inhalt nach mit can. 502 CCEO gleichlautende Norm noch als nachgiebiges Recht konzipiert war („... salvis statutis aut Sedis Apostolicae indultis quae aliud ferant“) und insofern eine getreue inhaltliche Übernahme von can. 669 § 1 CIC/1917 darstellte. In der geltenden Fassung von can. 502 CCEO ist der Vorbehalt zugunsten anders lautenden Eigenrechts verschwunden.

§ 1 CIC/1983, nämlich öffentlicher[61] Abfall vom katholischen Glauben und Eheschließung bzw. Eheschließungsversuch, wenn auch nur in Form der Zivilehe.

Can. 502 CCEO spricht von der Entlassung von Mönchen. Zufolge der Verweisungsnorm von can. 553 CCEO findet diese Norm aber auch Anwendung auf die *ipso-facto*-Entlassung von Mitgliedern der Orden und Kongregationen des orientalischen Rechts.

Zur Begründung der Weitergeltung der Gelübdeverpflichtungen für die automatisch Entlassenen wurde in der Redaktionskommission angeführt, dass der *ipso-facto*-Entlassene keinen Vorteil aus der Gesetzesübertretung ziehen solle.[62] Der Gesetzgeber hat aber mehrere Umstände nicht in Erwägung gezogen. Da ist zum einen die Ungleichheit der Behandlung gegenüber dem lateinischen Recht, wonach bei jeder Form der Entlassung, also auch der *ipso-facto*-Entlassung, ein automatisches Erlöschen der aus den Gelübden und der Bindungen an den Verband hervorgehenden Pflichten folgt (can. 701 CIC/1983). Zum anderen hätten zur Zeit der Geltung des CIC/1917 die mit dessen can. 669 verbundenen ungelösten Fragen ein Warnsignal sein können, nicht eine Norm zu übernehmen, die in mehrfacher Hinsicht als problematisch empfunden wurde[63] und die offensichtlich mit Bedacht vom Gesetzgeber des CIC/1983 nicht übernommen wurde.

Es fällt auf, dass die ordensrechtlichen Bestimmungen des CCEO, die auch in anderen Bereichen als sehr knapp zu bezeichnen sind[64], auch bei der in Rede stehenden Frage einiges offen lassen, was im CIC/1917 detailliert geregelt worden war. So enthält der CCEO nichts darüber, ob der automatisch Entlassene verpflichtet ist, ins Kloster zurückzukehren und ob eine Pflicht des Verbandes besteht, den *ipso-facto*-Entlassenen aufzunehmen.[65] Letzteres ist nicht anzunehmen, da sich aus dem Gesetz kein diesbezüglicher Anhaltspunkt ergibt. Offen bleibt, ob sich aus den weiter bestehenden Gelübden die grundsätzliche Verpflichtung ergibt, in den Verband zurückzukehren.

Es erhebt sich nun allerdings die Frage, welcher Sinn in einer Norm zu finden ist, die den von ihr Betroffenen in eine ausweglose Situation manövriert. Denken wir an den Fall der (versuchten) Eheschließung des Professen. Natürlich ist diese Ehe ungültig, weil ihr das (trennende) Hindernis des öffentlichen ewigen

---

61 Die Unterschiede in der Formulierung dieses Tatbestands, nämlich „notorie defecerit" im lateinischen, „publice abiecit" im orientalischen Codex, sind m. E. rechtlich irrelevant.

62 Nuntia 16 (1983) I, 70.

63 Treffend bezeichnet SEBOTT die Regelung des can. 669 § 1 CIC/1917 als „rechtstechnisch unsinnig": SEBOTT, Reinhold, Ordensrecht. Kommentar zu den Kanones 573-746, Frankfurt a. M. 1995, 257 Fn. 36.

64 Man denke etwa daran, dass die Säkularinstitute, denen der CIC/1983 21 Canones widmet (710-730 CIC/1983), im CCEO nur in 7 Canones behandelt werden und dass für Gesellschaften des apostolischen Lebens (ohne Gelübde) gar nur ein einziger Canon (572 CCEO) übrig geblieben ist, der zudem die ganze Materie in die Kompetenz des Partikularrechts bzw. eines Sonderstatuts des Apostolischen Stuhles verweist.

65 Vgl. die Formulierung von can. 223 § 1 PAL (Fn. 57).

Gelübdes der Keuschheit (can. 1088 CIC/1983; can. 805 CCEO) entgegensteht und weil sie überdies wohl kaum in kirchlicher Form, sondern als (kanonisch ungültige) Zivilehe geschlossen wurde. Dennoch entstehen aus dieser Verbindung „natürliche Verpflichtungen gegenüber dem Partner und / oder gegenüber Kindern" (vgl. cann. 1071 § 1, 3° CIC/1983; 789, 3° CCEO), deren Erfüllung in Kollision mit den fortbestehenden Gelübden gerät.[66] Bei dem anderen in Rede stehenden Tatbestand, nämlich dem öffentlichen Abfall vom katholischen Glauben, stellt sich die Frage, ob es einen Sinn hat, den Abgefallenen weiter an einmal abgelegte Ordensgelübde zu binden. Darauf wie auch auf den Fall der Eheschließung seitens des Ewig-Professen hat der lateinische Gesetzgeber bereits eine eindeutige Antwort gegeben, indem er die entsprechende Norm des CIC/1917 ersatzlos gestrichen hat. Für den CCEO wäre eine Rechtsangleichung empfehlenswert.

Stärker als das lateinische Recht ist das der katholischen Ostkirchen dem geschichtlichen Erbe verpflichtet.[67] Papst PAUL VI. hat in einer die Grundlinien der Kodifikation des katholischen Ostkirchenrechts festlegenden Ansprache vom 18. März 1974 die Mitglieder der Kodifikationskommission gemahnt, dass sie nicht Autoren oder Schöpfer, sondern nur Ordner des orientalischen Rechts zu sein haben.[68]

Die Frage, ob dieses hochgesteckte Ziel in der vorliegenden Kodifikation erreicht wurde, wird durchaus unterschiedlich beantwortet. Wie immer man indes die Gesamtkodifikation des CCEO beurteilen mag[69], in Bezug auf das Ordensrecht dieses Codex lässt sich eine grundsätzlich positive Bilanz ziehen. Vor allem ist die primäre Rolle des Mönchtums hervorzuheben, denn damit steht der CCEO auch auf dem Boden einer gesamtorientalischen Tradition, die über den Bereich des katholischen Kirchenrechts hinausreicht. Ferner wird der Rolle des Patriarchen auch im Bereich des Ordensrechts angemessen Rechnung getragen.

Dass eine Kodifikation immer hinter der Wirklichkeit nachhinkt, ist eine Erkenntnis, die zum Rüstzeug des (erfahrenen) Gesetzgebers gehört. Gesetzesper-

---

66 Zur Kritik an cann. 502 und 553 CCEO: JAEGER, David-Maria A., Observations on Religious in the Oriental Code, in: CHIRAMEL, Jose / BHARANIKULANGARA, Kuriakose (Hg.), The Code of Canons of the Eastern Churches. A Study and Interpretation, Alwaye (Indien) 1992, 179 Fn. 48.

67 Für das lateinische Recht ist ein Blick in den Text von can. 6 des jeweiligen Codex aufschlussreich. Während can. 6 CIC/1917 in Bezug auf das Verhältnis dieses Gesetzbuches zum früheren Recht die Aussage enthält, dass der Codex die „huc usque vigens disciplina" zumeist beibehält, fehlt ein paralleler Hinweis auf das bisher geltende Recht in can. 6 CIC/1983.

68 AAS 66 (1974) 247: „... viri Comissioni addicti ipsarum legum sunt ordinatores, non auctores seu factores."

69 Vgl. dazu die zwar fundierte, aber doch überwiegend negative Beurteilung des CCEO durch SCHON, Dietmar, Der Codex Canonum Ecclesiarum Orientalium und das authentische Recht im christlichen Orient. Eine Untersuchung zur Tradition des Kirchenrechts in sechs katholischen Ostkirchen, Würzburg 1999.

fektionismus ist und bleibt eine Utopie. Die „beiden Lungenflügel" in dem einen „Corpus Iuris Canonici"[70] können einander unterstützen und ergänzen im Hinblick auf eine im Dienst der Menschen stehende Rechtsordnung.[71]

---

70 Vgl. dazu oben Fn. 5 und 6.

71 PRIMETSHOFER, Bruno, Der CCEO und seine (möglichen) Auswirkungen auf das Recht der Lateinischen Kirche, in: FS Schmitz, 557-584.

IV. Verkündigungsdienst der Kirche

Kirche, Kommunikation und (Neue) Medien

Kirchenrechtliche Grundlagen und Aspekte

Wilhelm Rees

Kommunikation und Medien spielen in der Geschichte der Menschheit seit jeher eine zentrale Rolle. Gegenwärtig gehen von den elektronischen Medien, den digitalen Übertragungstechniken und den neuen Kommunikationsnetzen gravierende Veränderungen aus, die mit weitreichenden Folgen für die Kultur der Kommunikation, für Gesellschaft, Wirtschaft und Politik, aber auch für jeden einzelnen Menschen und ebenso für die Kirchen und kirchlichen Gemeinschaften verbunden sind. In dieser Entwicklung liegen Chancen und Risiken. Bereits sehr früh hat sich der Jubilar dieser Entwicklung zugewandt. Seit 1998 ist er Herausgeber der Online-Zeitschrift aus dem Bereich des Kirchen- und Staatskirchenrechts „NomoK@non – (Staats-) Kirchenrecht im Web“ (http://www.nomokanon.de). Damit hat er nicht nur eine neue Form der Vermittlung und ein neues Diskussionsforum eingeführt, sondern auch eine vorbildliche Offenheit gegenüber dem neuen Medium gezeigt.

Im Folgenden soll der Bereich Medien kirchenrechtlich beleuchtet werden. Hierzu wird zunächst die wechselhafte Geschichte des Verhältnisses der katholischen Kirche zu den Medien, die von Ablehnung über Skepsis bis hin zur Zuwendung und einer positiven Haltung geprägt ist, in Kürze dargestellt. In einem zweiten Punkt geht es um die Frage von Kommunikation in der Kirche, ihren Öffentlichkeitsauftrag sowie ihre Verantwortung und ihr neueres Engagement im Bereich der Medien. Schließlich sollen einzelne Medienbereiche angesprochen, ihre gesetzlichen Regelungen dargestellt sowie Fragen und Probleme thematisiert werden.

1. Medien im Spiegel kirchlicher Dokumente

Als Offenbarungsreligion hat die katholische Kirche eine besondere Beziehung zum gesprochenen und geschriebenen Wort. Seit ihren Anfängen galt ihre Sorge vor allem der authentischen Weitergabe. So lässt sich bis in die frühe Zeit eine der Veröffentlichung von Büchern nachfolgende Zensur und das mit ihr verbundene Verbot des Lesens und Aufbewahrens von Büchern und Schriften, die den Glauben und die Sitten gefährden, nachweisen.[1] Im Jahre 1559 hatte der Heilige

---

1 Vgl. REES, Wilhelm, Der Schutz der Glaubens- und Sittenlehre durch kirchliche Gesetze. Index librorum prohibitorum. Bücherzensur. Lehrbeanstandungsverfahren. Nach-

Stuhl erstmals einen Index aufgestellt, der deutlich auf den staatlichen Verzeichnissen, insbesondere jenen von Löwen und Venedig, fußte. Die Überwachung der Bücher und die Ergänzung des Index wurden der sogenannten Indexkongregation übertragen, die PIUS V. im Jahre 1571 errichtet hatte. BENEDIKT XV. löste am 25. März 1917 diese Kongregation auf und übertrug deren Aufgabe dem Heiligen Offizium. Für das Verfahren blieb die Konstitution BENEDIKTS XIV. „Sollicita ac provida" vom 9. Juli 1753 maßgebend.[2]

Die Erfindung des Buchdrucks in der Mitte des 15. Jahrhunderts und die damit geschaffene Möglichkeit der raschen Herstellung und Verbreitung von Schriften, auch solcher, die für den Glauben und die Sittenlehre der Kirche eine Gefahr darstellten, erforderten eine vorausgehende Prüfung und Beurteilung von Büchern. ALEXANDER VI. ordnete mit der Bulle „Inter multiplices" vom 1. Juni 1501 für vier deutsche Kirchenprovinzen (Köln, Mainz, Trier und Magdeburg) eine vorausgehende Bücherzensur an, die durch LEO X. auf dem 5. Laterankonzil für die ganze Kirche verbindlich erklärt wurde und in den „Regulae Tridentinae" über die Bücherzensur eine ausdrückliche Bestätigung erfahren hat.

Mitte des 19. Jahrhunderts entwickelte sich die (Massen-)Presse. Es folgte die Erfindung des Films (1895)[3] und des Rundfunks in seinen beiden Formen des Hörfunks (um 1900) und des Fernsehens (um 1935).[4]

Bis in die erste Hälfte des 20. Jahrhunderts wurden, wie Reinhold JAKOBI und Michael KUHN bemerken,

> „Medien im Kontext von Menschenrechten und bürgerlichen Freiheiten als Werkzeuge des die Kirche und den (absoluten) Staat unterminierenden Liberalismus und Modernismus aufgefaßt".

Die Forderung nach Meinungs- und Pressefreiheit konnte

> „nur als ‚pestilenter Irrtum' (Gregor XVI., Rundschreiben Mirari vos), als ‚Untergrabung der Grundlage von Religion und bürgerlicher Gesellschaft' (Pius IX., Enz. Quanta cura) gekennzeichnet werden."[5]

Ausdrücklich verwarf PIUS IX. im Syllabus vom 8. Dezember 1864 eine solche Freiheit im Sinne der französischen Revolution. Ähnlich hatte LEO XIII. in sei-

---

konziliare Änderungen und gegenwärtiger Rechtszustand, in: AKathKR 160 (1991) 3-24, bes. 8.

2 Vgl. BENEDIKT XIV., Ap. Konst. „Sollicita ac provida" v. 9.7.1753, in: CIC/1917-Fontes II, 404-414; dazu PAARHAMMER, Hans, „Sollicita ac provida". Neuordnung von Lehrbeanstandung und Bücherzensur in der katholischen Kirche im 18. Jahrhundert, in: FS Heinemann (60), 343-361.

3 Vgl. ALBRECHT, Gerd, Art. Film, in: TRE 11, 174-177; HASENBERG, Peter, Art. Film, in: LThK[3] III, Sp. 1282 f.

4 Vgl. SCHMIDT, Joachim, Art. Hörfunk, in: TRE 15, 461-465; DÖRGER, Hans Joachim, Art. Fernsehen, in: TRE 11, 87-91.

5 JAKOBI, Reinhold / KUHN, Michael, Art. Medien. IV. Kirche und Medien, in: LThK[3] VII, Sp. 39.

ner Enzyklika „Libertas Praestantissimum" vom 20. Juni 1888 im Blick auf die Rede- und Pressefreiheit erklärt,

> „daß eine solche unbeschränkte, alles Maß und alle Schranken überschreitende Freiheit kein Recht auf Dasein besitzen kann."[6]

Die allgemein ablehnende Haltung gegenüber Presse- und Redefreiheit relativierte LEO XIII. insofern, als er diese nicht mehr im allgemeinen verurteilte, vielmehr die Forderung nach Gedanken-, Presse- und Lehrfreiheit als naturgegebene Rechte bestritt.[7] Insgesamt hatten die Päpste des 19. und 20. Jahrhunderts bis hin zu PIUS X. vor der schlechten Presse gewarnt und die gute, d. h. katholische Presse empfohlen.

Ein wesentlicher Neuansatz zeichnete sich unter PIUS XII. ab, der eine Indienstnahme der Massenkommunikationsmittel für die kirchliche Verkündigung forderte und in mehr als 50 Dokumenten eine „differenzierte päpstliche Lehr-Tradition über die Medien" entwickelte.[8] Mit der Aussage, dass in der öffentlichen Meinung „die Mitgift jeder normalen Gesellschaft" zu sehen und ihr Fehlen als ein „Mangel, eine Schwäche, eine Krankheit des gesellschaftlichen Lebens" zu verstehen sei, begründete er die praktische Bedeutung der Medien für die Gesellschaft und die Kirche.

> „Es würde etwas ihrem Leben fehlen, wenn ihr die öffentliche Meinung mangelte."[9]

Immer wieder machte PIUS XII. deutlich, dass die menschliche Person zu ihrer Entfaltung der Gemeinschaft der Menschen, der Öffentlichkeit, bedürfe. Aufgabe der Kommunikationsmittel sei es gerade, diese Gemeinschaft herzustellen, Öffentlichkeitsraum zu schaffen, worin dem Menschen die aktive Gestaltung der Gemeinschaft ebenso wie die Selbstverwirklichung ermöglicht wird.[10] JOHANNES XXIII. verankerte die Meinungs- und Pressefreiheit im Katalog der menschlichen Grundrechte.[11] Unter seinem Pontifikat erfolgte die Neuordnung der im Jahr 1948 von PIUS XII. gegründeten Päpstlichen Kommission für Film, Funk und Fernsehen.[12]

---

6 Vgl. LEO XIII., Lit. enc. „Libertas Praestantissimum" v. 20.6.1888 über die menschliche Freiheit, in: ASS 20 (1887/1888) 605 f.; dt. in: Marmy 104 f., Rn. 114.

7 Vgl. dazu WAGNER, Hans, Einführung und Kommentar zur Pastoralinstruktion „Communio et Progressio" über die Instrumente der sozialen Kommunikation, in: NKD 11, Trier 1971, 90 f.

8 JAKOBI / KUHN (Fn. 5), Sp. 39 f.; vgl. bes. PIUS XII., Lit. enc. „Miranda prorsus" v. 8.9.1957 über Film, Funk und Fernsehen, in: AAS 49 (1957) 765-805; dt. in: UTZ / GRONER III, 3097-3136; vgl. auch DERS., ebd. I, 1054-1105; III, 3026-3096.

9 Vgl. PIUS XII., Ansprache v. 17.2.1950 an die Teilnehmer des Internationalen Katholischen Pressekongresses, in: AAS 42 (1950) 251; 256; dt. in: UTZ / GRONER I, 1073; 1080, Rn. 2133 f.; 2151.

10 So WAGNER (Fn. 7), 87.

11 JOHANNES XXIII., Enz. „Pacem in terris" v. 11.4.1963, in: AAS 55 (1963) 260.

12 Vgl. JOHANNES XXIII., MP „Boni pastoris" v. 22.2.1959 über die Neuordnung der Päpstlichen Kommission in der Vatikanstadt für Film, Funk und Fernsehen, in: AAS 51

Ausdrücklich hat sich das Zweite Vatikanische Konzil mit den Mitteln der sozialen Kommunikation befasst und am Ende der zweiten Tagungsperiode am 4. Dezember 1963 das Dekret über die sozialen Kommunikationsmittel „Inter mirifica" (VatII IM) verabschiedet. Im ersten Kapitel gilt das Interesse vor allem dem rechten Gebrauch der Kommunikationsmittel, der die Kenntnis der Grundsätze der sittlichen Wertordnung und Sachkenntnis der einzelnen Kommunikationsmittel erfordert. Das 2. Kapitel geht der Frage nach, wie diese Mittel in den Dienst des Apostolats gestellt werden können. Insgesamt stellt sich das Dekret jedoch als

> „Kompromiß zwischen zwei nicht in Einklang zu bringende Tendenzen dar: einmal der, mit diesem Gegenstand nicht zu viel Zeit zu verlieren, zum andern der, auf ein pastoral so wichtiges Thema nicht zu verzichten."[13]

So wird bereits in Art. 23 VatII IM auf ein Pastoralschreiben verwiesen, das im Auftrag des Konzils verfasst und herausgegeben werden soll. Letztlich blieb das Konzilsdekret, wie Hans WAGNER bemerkt, hinter der Lehre der Kirche, insbesondere hinter den Lehraussagen PIUS' XII. über die öffentliche Meinung in Kirche und Gesellschaft zurück.[14] Infolge der frühen Verabschiedung konnten die Erkenntnisse über das Wesen der Kirche und ihr Verhältnis zur Welt, die im weiteren Verlauf des Konzils erarbeitet wurden (vgl. VatII LG und GS), nicht berücksichtigt werden.

Im Anschluss an das Konzilsdekret (vgl. Art. 19 VatII IM) errichtete PAUL VI. durch das Motuproprio „In fructibus multis" vom 2. April 1964 die Päpstliche Kommission für die Instrumente der sozialen Kommunikation[15], mit der der Heilige Stuhl erstmals über ein besonderes Fachorgan für den gesamten Bereich der sozialen Kommunikation verfügte. Sie wurde 1988 in den Päpstlichen Rat für die Sozialen Kommunikationsmittel umgewandelt (vgl. Nr. 169 f. PastBon).

In Erfüllung des Konzilsauftrags veröffentliche die Päpstliche Kommission für die Instrumente der sozialen Kommunikation im Mai 1971 die Pastoralinstruktion „Communio et Progressio"[16] (CeP), die als „kirchliche Magna Charta aller

---

(1959) 183-187; dt. in: Mayer IV, 178 ff.; s. auch SecrStat, Statut der Päpstlichen Kommission in der Vatikanstadt für Film, Funk und Fernsehen, in: AAS 46 (1954) 783 f.; dt. in: Mayer IV, 176 ff.

13 Vgl. SCHMIDTHÜS, Karlheinz, Einleitung und Kommentar zum Dekret über die sozialen Kommunikationsmittel, in: LThK²-KonzilsK I, 115.

14 WAGNER (Fn. 7), 86.

15 PAUL VI., MP „In fructibus multis" v. 2.4.1964 zur Errichtung der Päpstlichen Kommission für die Instrumente der sozialen Kommunikation, in: AAS 56 (1964) 289-292; abgedr. in: Ochoa Leges III, Sp. 4483 f.; AKathKR 133 (1964) 120 ff.

16 PontConsComm, Pastoralinstruktion „Communio et Progressio" v. 23.5.1971 über die Instrumente der sozialen Kommunikation veröffentlicht im Auftrag des Zweiten Vatikanischen Ökumenischen Konzils, in: AAS 63 (1971) 593-656; lat.-dt. in: NKD 11, Trier 1971, 150-291; dazu WAGNER (Fn. 7); EILERS, Franz-Josef / HÖLLER, Karl / SCHMOLKE, Michael (Hg.), Kirche und Publizistik. Dreizehn Kommentare zur Pastoral-

modernen Kommunikations- und Medienfragen"[17] gilt. Sie stellt zusammen mit dem Konzilsdekret (VatII IM) einen entscheidenden Schritt in Richtung einer Medienpolitik der katholischen Kirche dar. Insbesondere legt das Dokument einen theologischen Zugang zum Thema Kommunikation und Kommunikationsmittel (Nr. 6-18 CeP). Es betont die Freiheit der Meinungsäußerung (Nr. 24-32 CeP), das Recht auf Information und die Freiheit der Kommunikation (Nr. 33-47 CeP). Es ermuntert zur Nutzung der Kommunikationsmittel im Dienst von Erziehung, Bildung, Unterhaltung und Kunst (Nr. 48-58 CeP) und formuliert Richtlinien für den Bereich der Werbung (Nr. 59-62 CeP). Aus dem Konzilsdekret (VatII IM) übernimmt die Pastoralinstruktion die Aufforderung zur Schulung und fachlichen Bildung der Produzenten und Rezipienten der Kommunikation (Nr. 63-83 CeP). Zugleich fordert sie zur Zusammenarbeit von Bürgern und Trägern der staatlichen Gewalt (Nr. 84-91 CeP) und zwischen den Völkern (Nr. 92-100 CeP) auf. Schließlich werden die Forderungen hinsichtlich der öffentlichen Meinung und des Dialogs auf die Kirche selbst angewandt (Nr. 114-125 CeP). Die Pastoralinstruktion bietet Rahmenrichtlinien für die institutionelle und praktische Umsetzung der Leitidee:

> „Kommunikation ist konstitutiv für jede Gemeinschaft und ihre menschenwürdige Entwicklung, auch für die Kirche."[18]

Insgesamt ist „ein deutlicher Wandel in der Begründung kirchlichen Medienengagements" zwischen der Pastoralinstruktion und dem Konzilsdekret (VatII IM) festzustellen.[19]

In der Folgezeit geht PAUL VI. in seinem Apostolischen Schreiben „Evangelii nuntiandi" vom 8. Dezember 1975 auf das Thema des kirchlichen Gebrauchs der Medien ein.

> „Die Kirche würde vor ihrem Herrn schuldig, wenn sie nicht diese machtvollen Mittel nützte, die der menschliche Verstand immer noch weiter vervollkommnet" (Nr. 45).

Das zum 20. Jahrestag des Erscheinens der Pastoralinstruktion „Communio et Progressio" vom Päpstlichen Rat für die Sozialen Kommunikationsmittel mit Datum vom 22. Februar 1992 herausgegebene Schreiben „Aetatis novae"[20]

---

instruktion „Communio et progressio" mit dem deutschen Originaltext, München u. a. 1972; Themenheft: 20 Jahre Communio et progressio, in: ComSoc 24 (1991).

17 So WAGNER, Hans, Art. Communio et progressio, in: LThK³ II, Sp. 1284.

18 Ebd.

19 Vgl. LINK, Christoph, Der Anspruch der Kirchen auf Präsenz in den öffentlich-rechtlichen und privatrechtlichen Massenmedien des Rundfunks und des Fernsehens, in: HdbStKR² II, 254; vgl. auch MARNACH, Barbara, Kirche und Neue Medien, München 1989; PRIMETSHOFER, Bruno, Die sozialen Kommunikationsmittel, in: La Libertad religiosa. Memoria del Congreso Internacional de Derecho Canonico, Mexico 1996, 289-304.

20 PontConsComm, Pastoralinstruktion „Aetatis novae" v. 22.2.1992 zur sozialen Kommunikation zwanzig Jahre nach Communio et progressio, in: AAS 84 (1992) 447-468; dt. in: Arbeitshilfen 98 (1992).

(AeN) nimmt die von der technischen Entwicklung veränderte Situation in den Blick, ohne jedoch die Grundpositionen zu verändern. So sucht die Kirche einen aufrichtigen und von Achtung bestimmten Dialog, der sich vor allem auf die Gestaltung der Medienpolitik bezieht (Nr. 8 AeN). Neu ist insbesondere der Nachdruck, mit dem ein Pastoralplan für die Kommunikation in jeder Diözese bzw. Region gefordert wird (Nr. 20 f. AeN). In einem Anhang legt das Dokument selbst diesbezügliche Richtlinien und Elemente vor (vgl. Nr. 23-33 AeN), wobei die Medienerziehung, die geistliche Ausbildung von katholischen Laien, die Zusammenarbeit mit Medienfachleuten, die Öffentlichkeitsarbeit, die Forschung sowie der Einsatz der sozialen Kommunikation zur Entwicklung der Völker für unabdingbar angesehen werden.

Bereits in seiner Enzyklika „Redemptoris missio" vom 7. Dezember 1990 hat JOHANNES PAUL II. die Kirche „eher zu einem Verständnis des Handelns im medialen Kontext" aufgerufen „als nur zum Gebrauch der Massenmedien". Dieses Schreiben bietet somit gegenüber früheren Dokumenten eine „weit tiefere Einsicht in die soziale Bedeutung der Kommunikation" und stellt einen „viel engeren Zusammenhang mit der übrigen pastoralen Tätigkeit der Kirche her."[21]

2. Verkündigung, Öffentlichkeitsauftrag und Kommunikation in der Kirche

Die Kirche ist von allem Anfang an auf Kommunikation und Verkündigung hin angelegt.

2.1. Verkündigungsauftrag der Kirche

Die Kommunikation, die in der Kirche und durch die Kirche stattfindet, besteht wesentlich in der Verkündigung der Frohbotschaft Jesu Christi. Mit allem Nachdruck betont daher der kirchliche Gesetzgeber die Pflicht der Kirche, allen Völkern das Evangelium zu verkünden (vgl. cann. 747 § 1 CIC; 595 § 1 CCEO). Dieser Dienst gründet im Auftrag Jesu Christi selbst (vgl. Mt 28, 19; Mk 16, 15). Alle Gläubigen sind berechtigt und verpflichtet, an der Ausbreitung der Botschaft des Evangeliums mitzuwirken (cann. 211; 208-210 CIC; 14; 11-13 CCEO). Dieser Auftrag wird für die Laien, sei es als einzelne oder in Vereinigungen, noch einmal formuliert (vgl. cann. 225 § 1 CIC; 406 CCEO).

Wenngleich Predigt und Katechese bei der Verkündigung der christlichen Botschaft einen besonderen Stellenwert einnehmen, soll die Lehre auch in der Presse und in anderen sozialen Kommunikationsmitteln dargelegt werden (can. 761 CIC; vgl. Art. 13 Abs. 3 VatII CD). Die Freiheit der Kirche zur Verkündigung schließt auch den Einsatz der sozialen Kommunikationsmittel mit ein

---

[21] SOUKUP, Paul A., Die Medien im Spiegel kirchlicher Dokumente, in: Conc 29 (1993) 515.

(cann. 747 § 1 CIC; 595 § 1 CCEO). Bereits Art. 3 VatII IM hatte das Recht der Kirche herausgestellt, „jedes dieser sozialen Kommunikationsmittel zu benutzen und zu besitzen“, um ihrem Grundauftrag in der heutigen Zeit und Gesellschaft wirksam entsprechen zu können. Ausdrücklich fordert can. 822 § 1 CIC (vgl. can. 651 § 1 CCEO) die Hirten der Kirche auf, bei der Erfüllung ihrer Aufgaben die sozialen Kommunikationsmittel zu verwenden. Allen Gläubigen wird eine besondere Verantwortung für diese Mittel aufgetragen (vgl. cann. 822 §§ 2 und 3 CIC; 651 § 2 CCEO).

Mit besonderem Nachdruck wird die Bedeutung der sozialen Kommunikationsmittel für den Bereich der Katechese herausgestellt (can. 779 CIC).[22] In ihnen wird ein wirksames Mittel gesehen, damit alle Gläubigen entsprechend ihren Anlagen und ihren Fähigkeiten, ihrem Alter wie ihren Lebensbedingungen die katholische Lehre vollkommener erlernen und besser in die Praxis umsetzen können. Mit dieser Bestimmung führt der kirchliche Gesetzgeber den Ansatz des Zweiten Vatikanischen Konzils fort, das mit der Erwähnung der sozialen Kommunikationsmittel im Rahmen der katechetischen Unterweisung zugleich ihre Bedeutung für die christliche Erziehung herausgestellt hatte (Art. 4 VatII GE). Das Apostolische Schreiben „Catechesi tradendae“ vom 16. Oktober 1979 (Nr. 46 Cat. trad.) und ebenso das Katechetische Direktorium vom 15. August 1997[23] zielen in die gleiche Richtung. Keineswegs genügt jedoch die bloße Nutzung dieser Mittel zur Verbreitung der christlichen Botschaft und der Lehre der Kirche. Die

> „Botschaft selbst muß in diese von der modernen Kommunikation geschaffene ‚neue Kultur‘ integriert werden ... in Verbindung mit einer neuen Sprache, neuen Techniken und mit neuen psychologischen Haltungen.“[24]

So wundert es nicht, dass die Notwendigkeit des Einsatzes der Massenmedien für den Evangelisierungsauftrag der Kirche auf den römischen Bischofssynoden der letzten Jahre immer wieder herausgestellt wird.[25] Die Forderungen, die für

---

22 Vgl. REES, Wilhelm, Der Religionsunterricht und die katechetische Unterweisung in der kirchlichen und staatlichen Rechtsordnung, Regensburg 1986, 177; vgl. auch POTOTSCHNIG, Franz, Das Bildungswesen, in: HdbKathKR^2, 730-734.

23 Congr. Cler, Allgemeines Direktorium für die Katechese v. 15.8.1997, Nr. 160 ff.; dt. in: VApSt 130 (1998) 152 ff.

24 JOHANNES PAUL II., Lit. enc. „Redemptoris missio“ v. 7.12.1990, Nr. 37, in: AAS 83 (1991) 285.

25 Im Einzelnen: JOHANNES PAUL II., Nachsynodales Ap. Schreiben „Ecclesia in Afrika“ v. 14.9.1995 über die Kirche in Afrika und ihren Evangelisierungsauftrag im Hinblick auf das Jahr 2000, Nr. 71; dt. in: VApSt 123 (1995) 50 ff.; DERS., Nachsynodales Ap. Schreiben „Ecclesia in Asia“ v. 9.11.1999 über Jesus Christus, den Erlöser, und seine Sendung der Liebe und des Dienstes in Asien: „damit sie das Leben haben und es in Fülle haben“ (Joh 10,10), Nr. 48; dt. in: VApSt 146 (2000) 92 f.; Bischofssynode. Zweite Sonderversammlung für Europa, Jesus Christus, der lebt in seiner Kirche, Quelle der Hoffnung für Europa. Instrumentum laboris 1999, Nr. 52-59; dt. in: VApSt 138

den Einsatz der sozialen Kommunikationsmittel für den Bereich der Katechese und der Glaubenserziehung erhoben werden, gelten auch für den schulischen Religionsunterricht (vgl. can. 804 § 1 CIC), die Erwachsenenbildung sowie die Ehevorbereitung (can. 1063, 1° CIC).[26]

2.2. Öffentlichkeitsauftrag der Kirche

Die Erwähnung der sozialen Kommunikationsmittel im Bereich der Verkündigung will, wie Heinrich MUSSINGHOFF betont, „den Öffentlichkeitsanspruch des Verkündigungsamtes der Kirche" verdeutlichen. Die Kirche könne weder auf den Kirchenraum, die Sakristei und kircheneigene Gebäude noch auf die speziellen Verkündigungsformen von Predigt und Katechese beschränkt werden. Das Grundrecht der Kirche auf Verkündigung sei vielmehr „ein grundsätzlich unbeschränktes Recht".[27]

Kirchliche Verkündigung erstreckt sich nicht nur auf den engen Bereich des Glaubens. Ausdrücklich betont can. 747 § 2 CIC (vgl. can. 595 § 2 CCEO) den Anspruch, immer und überall die sittlichen Grundsätze auch über die soziale Ordnung zu verkündigen wie auch über menschliche Dinge jedweder Art zu urteilen, insoweit die Grundrechte der menschlichen Person oder das Heil der Seelen dies erfordern. Der Gesetzgeber steht damit in der Tradition des Zweiten Vatikanischen Konzils, das das Recht der Kirche hervorhob,

> „in wahrer Freiheit den Glauben zu verkünden, ihre Soziallehre kundzumachen, ihren Auftrag unter den Menschen unbehindert zu erfüllen und auch politische Angelegenheiten einer sittlichen Beurteilung zu unterstellen, wenn die Grundrechte der menschlichen Person oder das Heil der Seelen es verlangen"

(vgl. Art. 76 Abs. 5 VatII GS; Art. 4 und 14 VatII DH). Die Soziallehre der Kirche, vor allem aber verschiedene Stellungnahmen der jüngsten Zeit zur Bioethik, zum Lebensschutz, zur Asyl- und Einwanderungspolitik[28] geben von diesem Anspruch Zeugnis.

Inwieweit die Kirche ihren Auftrag auch durch die Sozialen Kommunikationsmittel erfüllen kann, hängt nicht nur von den verfügbaren Ressourcen der Kirche, sondern auch vom politischen System und der Mediengesetzgebung des jeweiligen Staates ab. Nicht immer und überall ist die Freiheit der Kirche zur Verkündigung und damit der Einsatz ihrer Kommunikationsmittel gewährleis-

---

(1999) 70-76; JOHANNES PAUL II., Nachsynodales Ap. Schreiben „Ecclesia in America" v. 22.1.1999, Nr. 72; dt. in: VApSt 141 (1999) 73 f.

26 Vgl. Katholische Aktion macht „Lobbying für die Ehe" im Internet, in: KathPress-Tagesdienst Nr. 95, 25.4.2002, 5 f.

27 Vgl. MUSSINGHOFF, Heinrich, in: MK CIC 747, 4 (Stand: März 1987).

28 Vgl. statt aller: DDB, Erklärungen der Kommissionen 25, Bonn 2001: Leben in der Illegalität in Deutschland – eine humanitäre und pastorale Herausforderung.

tet.[29] Ausdrückliche Anerkennung findet diese Freiheit in den Verfassungen der modernen Staaten, die sich zur Religionsfreiheit bekennen (vgl. auch Art. 18 und 19 AEMR; Art. 9 und 10 EMRK). In Deutschland garantieren Art. 4 GG und darüber hinaus Art. 140 GG i. V. m. Art. 137 Abs. 3 WRV, dass die Kirche ihre Angelegenheiten selbständig regelt und institutionelle Freiheit genießt, zu der auch die Freiheit zur Verkündigung im privaten und öffentlichen Bereich zählt.[30] Art. 5 GG garantiert Meinungs- und Informationsfreiheit sowie Presse-, Rundfunk- und Filmfreiheit. In Österreich finden sich entsprechende Garantien (vgl. Art. 13; 15 StGG).[31]

Aufgrund ihrer besonderen Stellung kommt den Kirchen ein Öffentlichkeitsauftrag zu, der in der Religionsfreiheit gründet. Die Formel vom „Öffentlichkeitsauftrag der Kirchen" entstammt der neueren evangelischen Theologie und wurde in der Nachkriegszeit zum „Schlagwort für das neue, nahe Verhältnis zwischen Kirchen und Staat"[32]. Die Formel, die erstmals in der Präambel des Niedersächsischen Kirchenvertrages vom 19. März 1955 verankert wurde, findet sich in weiteren Kirchenverträgen und ist ebenso von der katholischen Kirche anerkannt. Die Erfüllung des Öffentlichkeitsauftrags erfolgt zunächst in der Predigt, in der Gemeinde und Kirche.[33] Aufgrund dieses Auftrags wird den Kirchen und Religionsgemeinschaften Sendezeit in Rundfunk und Fernsehen eingeräumt. Sie entsenden darüber hinaus Vertreter in Aufsichtsgremien öffentlicher Einrichtungen, in denen besondere gesellschaftliche Repräsentanz erforderlich ist, wie etwa die Rundfunkräte der öffentlich-rechtlichen Rundfunkanstalten, die Aufsichtsbehörden über die privaten Fernseh- und Rundfunksender, aber auch

---

29 Vgl. grundlegend LISTL, Joseph / HOLLERBACH, Alexander, Grundmodelle einer möglichen Zuordnung von Kirche und Staat, in: HdbKathKR², 1256-1268; im Blick auf Europa s. ROBBERS, Gerhard (Hg.), Staat und Kirche in der Europäischen Union, Baden-Baden 1999; KÄMPER, Burkhard / SCHLAGHECK, Michael (Hg.), Zwischen nationaler Identität und europäischer Harmonisierung. Zur Grundspannung des zukünftigen Verhältnisses von Gesellschaft, Staat und Kirche in Europa, Berlin 2002; Das Staat-Kirche-Verhältnis in den Adalbert-Ländern: Erfahrungen und Perspektiven. 13. Leutherheider Forum v. 16.-19.12.2001 in Zusammenarbeit mit der Bischöflichen Akademie des Bistums Aachen, Krefeld 2002.

30 LISTL, Joseph / HOLLERBACH, Alexander, Das Verhältnis von Kirche und Staat in der Bundesrepublik Deutschland, in: HdbKathKR², bes. 1273-1282; s. insgesamt FECHNER, Frank, Medienrecht. Lehrbuch des gesamten Medienrechts unter besonderer Berücksichtigung von Presse, Rundfunk und Multimedia, Tübingen 2000.

31 Vgl. POTZ, Richard, Staat und Kirche in Österreich, in: ROBBERS (Fn. 29), 251-280.

32 Vgl. SCHLAICH, Klaus, Der Öffentlichkeitsauftrag der Kirchen, in: HdbStKR² II, 131; MIKAT, Paul, Art. Öffentlichkeitsauftrag der Kirchen, in: StL⁷ IV, Sp. 142-145; HONECKER, Martin, Art. Öffentlichkeit, in: TRE 25, 18-26; Texte bei LISTL, Joseph (Hg.), Die Konkordate und Kirchenverträge in der Bundesrepublik Deutschland, Berlin 1987, I, 641 und 696 (Berlin), 803 (Hessen); II, 110 (Niedersachsen), 488 (Rheinland-Pfalz), 666 (Schleswig-Holstein); vgl. auch KV Thüringen, KV Sachsen-Anhalt, KV Sachsen, jeweils vor Art. 1.

33 Dazu und zum Folgenden SCHLAICH (Fn. 32), 145.

die Bewertungs- und Indizierungsgremien zur Eindämmung jugendgefährdender Schriften und Filme. Der Öffentlichkeitsauftrag und -anspruch realisiert sich auch in der kritischen Begleitung öffentlicher Vorgänge mit Hirtenworten, Erklärungen und Denkschriften sowie in Form von Kirchentagen, Akademien und kirchlicher Presse. Schließlich wird den Kirchen auch im Religionsunterricht, in den Theologischen Fakultäten, bei der Mitwirkung in den staatlichen Gremien und im Bereich der sozialen Diakonie Öffentlichkeit eingeräumt.

Eine Nutzung der sozialen Kommunikationsmittel ist für die öffentliche Kommunikation der Kirchen absolut erforderlich und notwendig. Medienpolitisch relevant ist im Bereich der katholischen Kirche die Deutsche Bischofskonferenz. 1996 errichtete sie die Publizistische Kommission als Schaltstelle kirchlicher Aktivitäten im Medienbereich. Für die kirchliche Arbeit in und mit den Medien ist der Bereich Kirche und Gesellschaft im Sekretariat der Deutschen Bischofskonferenz zuständig. Er koordiniert die kirchliche Medienarbeit auf diözesaner und überdiözesaner Ebene und pflegt Kontakte zu den privatwirtschaftlich und öffentlich-rechtlich organisierten Medieneinrichtungen.[34] In der Evangelischen Kirche fehlt aufgrund der sich von der katholischen Kirche unterscheidenden Kirchenorganisation weithin eine abgestimmte, koordinierte Programmatik ihres publizistischen Engagements.[35] In Österreich hat die Österreichische Bischofskonferenz eine Neuordnung ihres Medienbereichs auf der Frühjahrsvollversammlung 2001 eingeleitet. So soll das Nachrichtenangebot der kirchlichen Nachrichtenagentur „KathPress" verstärkt auch für den innerkirchlichen Bereich genutzt werden. Das Medienbüro der Österreichischen Bischofskonferenz wird in Zukunft als Fachreferat beim Sekretariat der ÖBK fungieren und als Kommunikationsplattform für die Öffentlichkeitsverantwortlichen der österreichischen Diözesen sowie zur Koordination der Übertragung von Gottesdiensten in Radio und Fernsehen tätig sein. Ein besonderer Schwerpunkt in der kirchlichen Medienarbeit soll auf die Ausbildung von Journalisten gelegt werden.[36]

---

34 Vgl. http://dbk.de unter Stichwort „Medien"; zur frühzeitigen und umfangreichen Beteiligung an Pilotprojekten vgl. SCHÄTZLER, Wilhelm, Die Kirchen in der Bundesrepublik Deutschland angesichts der Neuen Medien. Die Vorstellungen und Projekte der katholischen Kirche, in: StraßbKoll V, 119-133; Arbeitshilfen 20 (1980); Grundlagenpapier zur Pfarrbriefarbeit. Eine Handreichung der Publizistischen Kommission der DBK v. 11.5.1995, in: DDB, Erklärungen der Kommissionen 24 (1995) 5-10; Grundlagenpapier zur Öffentlichkeitsarbeit in der Pfarrgemeinde. Eine Handreichung der Publizistischen Kommission der DBK v. 15.3.2001, in: ebd., 11-22.

35 Vgl. dazu im Einzelnen FISCHER, Martin, Kirchliche Beiträge im Fernsehen. Darstellung eines abgestuften Mitgestaltungsmodells kirchlicher Beteiligung im Fernsehen, Frankfurt a. M. 2001, 30-38; s. auch LINK, Christoph, Kirchen und Neue Medien, in: ZevKR 34 (1989) 117-144.

36 Österreichs Bischöfe ordnen Medienbereich neu, in: KNA-ID Nr. 16, 18.4.2001, 5; vgl. Medienbüro der ÖBK, Statuten v. 1.4.1998, in: ABl. ÖBK Nr. 22, 20.5.1998, 13 ff.

2.3. Innerkirchliche Kommunikation

Das Thema Kommunikation fand zunächst und vor allem unter dem Gesichtspunkt der sozialen Kommunikationsmittel Eingang in die Kirche. Die Pastoralinstruktion „Communio et Progressio" lenkt den Blick zudem auf die innerkirchliche Kommunikation, auf den „Dialog in der Kirche selbst" (Nr. 8-11, 114-121 CeP; vgl. Nr. 10 AeN). Die Tatsache, dass das Dokument

> „seine Schlußfolgerungen hinsichtlich der öffentlichen Meinung und des Dialoges auf die Kirche selbst anwendet",

ist, wie Josef KREMSMAIR anmerkt, bemerkenswert.[37] Ausdrücklich wird das Informationsrecht in der Kirche und die Freiheit der Meinungsäußerung hervorgehoben. Die Freiheit des Gesprächs in der Kirche belastet keineswegs ihren Zusammenhalt und ihre Einheit; im Gegenteil,

> „gerade im ungehinderten Prozeß öffentlicher Meinungsbildung vermag sie Einmütigkeit und Gemeinsamkeit des Handelns herbeizuführen" (Nr. 117 CeP).

So muss es einerseits

> „zwischen kirchlichen Autoritäten auf jeder Ebene, katholischen Einrichtungen und allen Gläubigen einen ständigen, wechselseitigen und weltweiten Fluß von Informationen und Meinungen geben" (Nr. 120 CeP),

wozu entsprechende Institutionen, wie z. B. Nachrichtendienste, Pressestellen, Begegnungszentren und Pastoralräte, zu schaffen und hinreichend auszustatten sind. Zum anderen geht es um einen wechselseitigen Dialog zwischen Kirche und Welt (Nr. 122 CeP; vgl. Nr. 8 AeN).

Diese grundlegenden Gedanken fanden weithin Eingang in den Katalog der Grundrechte und Grundpflichten aller Christgläubigen in beiden kirchlichen Gesetzbüchern. Ausdrücklich wird das Recht aller Gläubigen auf freie Meinungsäußerung im Blick auf das Wohl der Kirche normiert (vgl. cann. 212 §§ 2 und 3 CIC; 15 §§ 2 und 3 CCEO).[38] Umgekehrt legt der Gesetzgeber keine Informationspflicht der Hirten gegenüber den übrigen Gläubigen fest. Sie ergibt sich, wie KREMSMAIR zu Recht betont,

> „allerdings aus der den Ordinarien auferlegten Pflicht, in den auf den vom Konzil geschaffenen Ratsgremien und Konsultationsorganen über wichtige und auch weniger wichtige Angelegenheiten innerhalb einer Teilkirche zu informieren."

Da eine Nichtbeachtung jedoch sanktionslos bleibe, könne man „bestenfalls von einer begrenzten Informationspflicht" sprechen.[39] Auch garantiert der kirchliche Gesetzgeber das Recht auf Forschungs- und Veröffentlichungsfreiheit (cann. 218 CIC; 21 CCEO), wenngleich unter dem Vorbehalt des Gehorsams

---

37 Vgl. KREMSMAIR, Josef, Der Öffentlichkeitsauftrag der Kirche, in: FS Listl, 161; ferner WAGNER (Fn. 7), 46 ff.

38 AYMANS / MÖRSDORF II, 95 ff.; AHLERS, Reinhild, Die rechtliche Grundstellung der Christgläubigen, in: HdbKathKR^2, 226 f.

39 Vgl. KREMSMAIR (Fn. 37), 165 mit Fn. 31.

gegenüber dem Lehramt der Kirche.[40] Die Freiheit, sich selbst eine Meinung zu bilden, hat sich in der Kirche unter dem Gesichtspunkt der Glaubens- und Gewissensfreiheit erst auf dem Zweiten Vatikanischen Konzil durchgesetzt (vgl. Art. 2; 3; 12 VatII DH). Ebenso fand die Freiheit der Meinungsäußerung auf dem Konzil Ausdruck sowohl als allgemeines menschliches Recht (Art. 59; 73 VatII GS) als auch als kirchliches Recht in Form der „Freiheit des Forschens, des Denkens sowie demütiger und entschiedener Meinungsäußerung" (Art. 62 VatII GS) und als Recht kompetenter Laien, in Fragen des kirchlichen Wohles ihre Meinung zu erklären (Art. 37 VatII LG).[41] Kirchliche Identität bildet die Grundlage dafür, dass jemand bzw. eine Gruppierung in der Kirche Kommunikationspartner sein kann (vgl. cann. 96; 215 f. CIC; 18 f. CCEO).

Während in der Kirche die Kommunikation früher weithin nur vertikal zwischen den über- und untergeordneten Graden der Hierarchie und dem übrigen Volk Gottes stattfand, kommt seit dem Zweiten Vatikanischen Konzil die Begegnung gleichgeordneter Amtsträger und kirchlicher Gruppierungen untereinander in den Blick. Es geht um die Kommunikation zwischen Basis und Kirchenleitung, die Kommunikation zwischen Papst und Römischer Kurie einerseits und der Weltkirche, die durch die Bischöfe vertreten wird, andererseits. Hinzu kommt die Kommunikation zwischen den Bischöfen auf nationaler Ebene in Form von Bischofskonferenzen, jene der einzelnen Bischöfe mit den Priestern und den Gläubigen und schließlich auch die Kommunikation in den einzelnen Pfarreien. Hier haben die Neuordnung der Kurie, die Errichtung der Bischofssynode als Beratungsorgan des Papstes, ferner der Bischofskonferenz als hierarchischer Zwischeninstanz zwischen der Gesamtkirche und den jeweiligen Teilkirchen, die Neuordnung des päpstlichen Gesandtschaftswesens, die Diözesansynoden, die diözesanen Gremien (Priesterrat, Pastoralrat usw.) und ebenso der Pfarrgemeinderat wesentliche Grundlagen zur Förderung der Kommunikation geschaffen, die es in der Praxis zu nutzen und fruchtbar zu machen gilt.[42] Ebenso dienen Schiedsgerichte und Schlichtungsstellen als Mittler und Mittel der Kommunikation. Schließlich zählt auch das Recht auf Schutz des guten Rufes und auf Wahrung der Intimsphäre (vgl. cann. 220 CIC; 23 CCEO) sowie das Recht auf Schutz der eigenen Rechte (vgl. cann. 221 CIC; 24 CCEO) zu den Grundsätzen sozialer Kommunikation.

---

40 Vgl. REES, Wilhelm, Glaubensschutz durch Strafmaßnahmen und andere Rechtsinstitute. Zur neueren Entwicklung kirchlicher Bestimmungen, in: FS Geringer, 367-390.

41 Vgl. HEIMERL, Hans, Kommunikation in Kirche und Kirchenrecht, in: ThPQ 130 (1982) 35.

42 Vgl. RIEDEL-SPANGENBERGER, Ilona (Hg.), Leitungsstrukturen der katholischen Kirche. Kirchenrechtliche Grundlagen und Reformbedarf, Freiburg u. a. 2002; ferner auch REES, Wilhelm, Päpstliche Legaten. Berater und Diplomaten, in: ebd., 145-178.

2.4. Wächteramt

Mit der Erforschung, Bewahrung und Weitergabe des Glaubens kommt der gesamten Kirche, in besonderer Weise aber dem Papst und dem Bischofskollegium eine spezifische Verantwortung zu. So ist es Pflicht und Recht der Hirten, darüber zu wachen, dass nicht durch Schriften oder den Gebrauch der sozialen Kommunikationsmittel Glaube oder Sitten der Gläubigen Schaden nehmen (cann. 823 § 1 CIC; 652 § 2 CCEO). Verantwortung tragen die einzelnen Bischöfe, die Partikularkonzilien und die Bischofskonferenz für die ihrer Sorge anvertrauten Gläubigen, die oberste Autorität der Kirche für das ganze Volk Gottes (cann. 823 § 2 CIC; 652 § 2 CCEO). Zusätzlich fordert der Gesetzgeber für die Vermittlung religiöser Informationen, analog zum Religionsunterricht in den Schulen, auch für den Bereich der Massenmedien die kirchenamtliche Kontrolle (can. 804 § 1 CIC). Insgesamt soll eine getreue und unverfälschte Weitergabe der Glaubenswahrheiten garantiert und ebenso die Integrität der Moral geschützt werden (vgl. cann. 747; 749; 753 f.; 756 CIC; 595; 597; 600; 10 CCEO).

Die Kongregation für die Glaubenslehre hat die Verantwortung der Hirten in Fragen des authentischen Lehramts in der Instruktion über die kirchliche Berufung des Theologen vom 24. Mai 1990 erläutert.[43] Darüber hinaus hat sie mit Datum vom 30. März 1992 eine Instruktion über einige Aspekte des Gebrauchs der sozialen Kommunikationsmittel bei der Förderung der Glaubenslehre herausgegeben, die die Hirten der Kirche bei der Erfüllung ihrer Pflicht ermutigen und unterstützen möchte.[44] Gegenüber can. 823 § 1 CIC wird ausdrücklich darauf verwiesen,

> „je nach Lage der Fälle die vom Kirchenrecht vorgesehenen Verwaltungs- oder Strafmaßnahmen gegen jene anzuwenden, die unter Missachtung der kanonischen Normen die Pflichten des eigenen Amtes verletzen, für die Gemeinschaft der Kirche zur Gefahr werden und dem Glauben oder den guten Sitten der Gläubigen Schaden zufügen (vgl. cann. 805; 810, § 1; 194, § 1, n. 2; 1369; 1371, 1; 1389 CIC/1983)."[45]

Näherhin kommen hier der Entzug der *Missio canonica* bei ReligionslehrerInnen bzw. des *Nihil obstat* bei DozentInnen der Katholischen Theologie oder der

---

43 Congr. DocFid, Instr. über die kirchliche Berufung des Theologen v. 24.5.1990, in: AAS 82 (1990) 1550-1570; dt. in: VApSt 98 (1990).

44 Congr. DocFid, Instr. v. 30.3.1992 über einige Aspekte des Gebrauchs der sozialen Kommunikationsmittel bei der Förderung der Glaubenslehre, in: Comm 24 (1992) 18-27; dt. in: VApSt 106 (1992); dazu KRÄMER, Peter, Kirche und Bücherzensur. Zu einer neuen Instruktion der Kongregation für die Glaubenslehre, in: ThGl 83 (1993) 72-80.

45 Vgl. Congr. DocFid (Fn. 44), 20 Nr. 2 (= 8); REES, Wilhelm, Die Strafgewalt der Kirche. Das geltende kirchliche Strafrecht – dargestellt auf der Grundlage seiner Entwicklungsgeschichte, Berlin 1993, bes. 437, 441-444, 465 f.; s. auch DERS., Die einzelnen Straftaten, in: HdbKathKR², bes. 1140 f., 1146; DERS., Vom unbequemen Gott zur unbequemen Kirche. Bergpredigt contra Strafrecht?, in: Der unbequeme Gott. Vorträge der zweiten Innsbrucker Theologischen Sommertage 2001, hg. v. WANDINGER, Nikolaus / SANDLER, Willibald, Thaur 2002, 135-159.

Entzug eines Kirchenamtes, ferner Strafen für kirchenfeindliche Äußerungen, für Vergehen gegen das kirchliche Lehramt und für Amtsmissbrauch in Frage. Dennoch sollten diese Maßnahmen als letztes Mittel gelten (vgl. cann. 1341 CIC; 1401 CCEO), auch wenn in bestimmten Fällen von der Anwendung von Strafmaßnahmen nicht abgesehen werden kann (vgl. cann. 1317 CIC; 1405 § 1 CCEO).[46] Immer aber ist auf den Rechtsschutz des / der Betroffenen sowie auf die vom Recht vorgesehenen Rechtsmittel zu achten.[47] So kennt die Deutsche Bischofskonferenz ein eigenes Lehrbeanstandungsverfahren, dessen Durchführung nicht nur der jeweilige Diözesanbischof, sondern auch Autor und Autorin selbst beantragen können.[48] Auch ist der hierarchische Rekurs gegen Entscheidungen des Bischofs gemäß cann. 1732-1739 CIC (vgl. cann. 996-1006 CCEO) möglich. Erneut bekräftigt wurde von der Kongregation für die Glaubenslehre die Strafbestimmung für die Veröffentlichung von Tonbandaufzeichnungen echter bzw. vorgetäuschter sakramentaler Beichten, die nicht in den CIC eingegangen war.[49] In Ordenshäusern ist beim Gebrauch der Kommunikationsmittel auf die Eignung für das geistliche Leben zu achten (vgl. can. 666 CIC).

2.5. Medienpädagogik und Erziehung

Von zentraler Bedeutung ist der Bereich der Medienpädagogik, die die Basisarbeit in der sozialen Kommunikation bildet. So enthält die Pastoralinstruktion „Communio et Progressio" bereits die Aufforderung, die Rezipienten so zu bilden, dass sie das Angebot der Medien richtig deuten und an ihrem Platz das Leben der Gesellschaft aktiv mitgestalten (Nr. 15 CeP). Von einer guten Medienerziehung wird erwartet, dass sie jeweils den neuesten Stand der Entwicklung berücksichtigt, dass sie dem Alter der Rezipienten angepasst ist, dass ihr Angebot leicht zugänglich ist, dass sie fortschreitend Grundkurse und Weiterbildungskurse anbietet und dass sie von Fachleuten getragen ist (Nr. 66 CeP). Die Instruktion entwickelt für den Bereich der Medienerziehung in der Familie wesentliche Grundsätze (Nr. 67 f. CeP) und weist auf die Notwendigkeit einer ge-

---

46 Congr. DocFid (Fn. 44), 21 Nr. 3 (= 8); zum Strafanspruch vgl. REES, Wilhelm, Grundfragen des kirchlichen Strafrechts, in: HdbKathKR², 1117-1125; DERS., Unterschiedliche Strafen in der einen katholischen Kirche? Ein Vergleich zwischen CCEO und CIC, in: FS Fürst, 939-958.

47 Vgl. REES (Fn. 40); s. auch LÖFFLER, Winfried, Missio Canonica und Nihil Obstat. Wege des Rechtsschutzes im Konfliktfall, in: FS Mühlsteiger, 429-462.

48 Vgl. Verfahrensordnung für das Lehrbeanstandungsverfahren bei der Deutschen Bischofskonferenz (mit Rechtskraft v. 1.4.1981 und endgültigem Text v. 4.5.1981); abgedr. in: DDB, Hirtenschreiben 29 (1981); WENNER, Reinhard (Hg.), Beschlüsse der Deutschen Bischofskonferenz, St. Augustin 1999 ff., Nr. 370, 1-10; dazu HEINEMANN, Heribert, Schutz der Glaubens- und Sittenlehre, in: HdbKathKR², 718 f. Für Österreich gibt es bislang kein diesbezügliches Verfahren.

49 Vgl. dazu REES, Strafgewalt (Fn. 45), 465 m. w. N.

diegenen Elternbildung hin.[50] Zudem fordert sie, dass die Jugend zu Bürgern des Zeitalters der sogenannten Kommunikationsmittel erzogen werde, dass die Massenmedien in allen theologischen Fächern, besonders in Moral und Pastoral, in der Heranbildung der Priester und Ordensleute, aber auch in den Katechismen ihren Platz finden und dass für den Nachwuchs an katholischen Medienfachleuten gesorgt werde (vgl. Nr. 107-111 CeP).[51]

Mit Nachdruck fordert die Pastoralinstruktion die sachgerechte und umfassende Ausbildung für alle Mitarbeiterinnen und Mitarbeiter (Kleriker und Laien), die im kirchlichen Dienst Aufgaben und Verantwortung im Bereich der sozialen Kommunikationsmittel wahrnehmen (vgl. Nr. 106; 111; 140; 152; 154; 164; 174 CeP).

Die Forderung der Medienerziehung, einschließlich der kritischen Bewertung der Medienproduktionen, für Priester, Seminaristen, Ordensleute, Katechisten, Laien, Studierende an katholischen Schulen und für Pfarrgemeinden wird in späteren Texten immer wieder erhoben[52], ebenso jene zur Seelsorge an denjenigen, die im Bereich Medien und Kommunikationsmittel tätig sind (Nr. 19 AeN). Auch ist der Problembereich der sozialen Kommunikation in alle Pastoralpläne einzubringen (Nr. 21 AeN).

Ihrer Verantwortung für den Medienbereich kommt die Kirche durch zahlreiche neuere Verlautbarungen nach, wie „Pornographie und Gewalt in den Kommunikationsmedien. Eine pastorale Antwort“[53], „Ethik in der Werbung“[54],

---

50 Vgl. auch „Familie in den Medien – Medien in der Familie“. Familiensonntag 2002, in: Arbeitshilfen 161 (2002); Katholiken in USA legen Mediengelöbnis ab, in: KNA-ID Nr. 45, 7.11.2001, 8; BREUER, Clemens, Massenmedien als Herausforderung der Christlichen Sozialethik, in: Die Neue Ordnung 55 (2001) 324-340; für Österreich vgl. Grundsatzerlass Medienerziehung des Bundesministeriums für Unterricht und kulturelle Angelegenheiten GZ 33.223/14-V/13 b/94, Rdschr. 19/1994.

51 Die DBK hat hierfür das Institut zur Förderung publizistischen Nachwuchses e. V. eingerichtet; vgl. Medienkurs für Theologen. Neues Konzept, in: KNA-ID Nr. 9, 27.2. 2002, 8.

52 Vgl. Nr. 18 AeN; JOHANNES PAUL II., Ecclesia in Afrika (Fn. 25), 51 Nr. 71; DERS., Ecclesia in Asia (Fn. 25), 93 Nr. 48; SC InstCath, Leitlinien v. 19.3.1986 für die Ausbildung der künftigen Priester in den Medien der sozialen Kommunikation, abgedr. in: ABl. Köln 126 (1986) 267-280; Nr. 68 RFIS; Chancen und Risiken der Mediengesellschaft. Gemeinsame Erklärung der Deutschen Bischofskonferenz und des Rates der Evangelischen Kirche in Deutschland v.15.4.1997, hg. v. Kirchenamt der EKD und vom Sekr. der DBK, Hannover und Bonn 1997, 64 ff. Nr. 4.2.; Lesen – Buch – Bücherei. Erklärung der Publizistischen Kommission der Deutschen Bischofskonferenz zur Bedeutung des Lesens und des Buches für den Menschen in Gesellschaft und Kirche v. 1.10.1980, in: DDB, Erklärungen der Kommissionen 1 (1980) 5-11; Impulspapier. Erklärung der Publizistischen Kommission der Deutschen Bischofskonferenz zur katholischen Büchereiarbeit v. 16.1.1992, in: ebd., 13-15; Medien-Projekt „Der Dom macht Schule“, in: KNA-ID Nr. 9, 27.2.2002, 9.

53 PontConsComm, Pornographie und Gewalt in den Kommunikationsmedien. Eine pastorale Antwort, 7.5.1989; dt. in: Arbeitshilfen 71 (1989).

„Ethik in der sozialen Kommunikation“[55], „Chancen und Risiken der Mediengesellschaft“[56] und „Ethik im Internet“[57]. Diesem Anliegen dient auch der „Welttag der sozialen Kommunikationsmittel“ sowie die seit 1967 hierzu veröffentlichten Botschaften des Papstes zu Medienfragen.[58] Hinzu kommen Medienpreise der katholischen Kirche, wie der Katholische Kinder- und Jugendbuchpreis oder der Katholische Journalistenpreis.[59] Ein Arbeitspapier der Gemeinsamen Synode der Bistümer in der Bundesrepublik Deutschland hatte die Grundsätze der Pastoralinstruktion „Communio et Progressio“ auf die deutschen Verhältnisse übertragen.[60]

2.6. Ökumenische Zusammenarbeit in den sozialen Kommunikationsmitteln

Verstärkt kommt die Forderung und Bereitschaft für die ökumenische Zusammenarbeit im Bereich der sozialen Kommunikationsmittel in den Blick. Hierzu hat der Päpstliche Rat für die Sozialen Kommunikationsmittel Richtlinien erstellt.[61] Diese Zusammenarbeit könnte sich, wie das Ökumenische Direktorium von 1993 betont, darauf richten,

> „gemeinsam nach Wegen zu suchen, um die christlichen Prinzipien in den Medien zur Geltung zu bringen, gemeinsam die Probleme zu studieren, die in diesem Bereich bestehen, und die Menschen zum kritischen Gebrauch von Medien zu erziehen“ (Nr. 217 ÖD 1993).

---

54 PontConsComm, Ethik in der Werbung v. 22.2.1997; dt. in: Arbeitshilfen 135 (1998); vgl. RÖTHLIN, Hans-Peter, Im Spannungsfeld von Wahrheit und Imagepflege. Zur Informationspolitik der katholischen Kirche seit dem Zweiten Vatikanischen Konzil, in: FS Henrici, 353 f.

55 PontConsComm, Ethik in der sozialen Kommunikation v. 4.6.2000; dt. in: Arbeitshilfen 153 (2000); vgl. Neues Vatikan-Papier Grenzen der Medienfreiheit, in: KNA-ID Nr. 23, 7.6.2000, 8.

56 Chancen und Risiken (Fn. 52).

57 PontConsComm, Ethik im Internet v. 22.2.2002; dt. in: Arbeitshilfen 163 (2002), 5-19.

58 Welttag der sozialen Kommunikationsmittel. Botschaften und Leitworte seit Communio et Progressio (1971), 7.5.1989, in: Arbeitshilfen 64 (1989); neuestens JOHANNES PAUL II., Botschaft zum 36. Welttag der Sozialen Kommunikationsmittel (12.5.2002) v. 24.1.2002, abgedr. in: ABl. ÖBK Nr. 33, 1.6.2002, 22 ff.; Arbeitshilfen 163 (2002), 37-40.

59 DBK, Statut Katholischer Kinderbuchpreis v. 29.8.1977, abgedr. in: WENNER (Fn. 48), Nr. 750, 1 f.; DBK, Statut des Katholischen Journalistenpreises von 1974, in: ebd., Nr. 752, 1 ff.; vgl. auch Katholischer Kinder- und Jugendbuchpreis. Preisgekrönte und empfohlene Bücher 1979 bis 2001. Arbeitshilfen 157 (2001).

60 Vgl. Kirche und gesellschaftliche Kommunikation, in: Gemeinsame Synode II, 218-246.

61 PontConsComm, Richtlinien für die ökumenische und interreligiöse Zusammenarbeit im Kommunikationswesen v. 4.10.1989, Vatikanstadt 1989; dt. in: Arbeitshilfen 75 (1989); konkret: Chancen und Risiken (Fn. 52).

Die Ausbildung katholischer Mitarbeiter in der Kommunikation muss eine „gediegene ökumenische Vorbereitung einschließen“ (Nr. 218 ÖD 1993).

3. Einzelne Bereiche und ihre rechtliche Normierung

3.1. Bücher

Von allem Anfang an nutzte die Kirche neben dem gesprochenen das geschriebene Wort, auch in Form des Buches. Das Buch hat Bedeutung in allen Bereichen des kirchlichen Heilsdienstes, als Medium zur Festlegung des Glaubens, in der Verkündigung, der Liturgie usw. Mit allem Nachdruck betont daher der kirchliche Gesetzgeber das Recht und die Pflicht der Bischöfe, alle Schriften, die von Christen herausgegeben werden und Glaube und Sitten betreffen, ihrem Urteil zu unterziehen und solche, die zum Schaden des rechten Glaubens und der Sittlichkeit gereichen, zu verwerfen (cann. 823 § 1 CIC; 652 CCEO). Der geltende CIC enthält keine Bestimmungen mehr über ein nachträgliches Bücherverbot (vgl. cann. 1395-1405 CIC/1917) und den in diesem Zusammenhang aufgestellten *Index librorum prohibitorum*.[62] Nach wie vor kennt das Gesetzbuch jedoch die vorausgehende Prüfung von Büchern, die weithin auf den Bestimmungen des Dekrets „De Ecclesiae pastorum vigilantia circa libros“ der Kongregation für die Glaubenslehre vom 19. März 1975[63] fußt.

Zuständig für die Prüfung ist der Ortsordinarius des Verfassers / der Verfasserin oder der Ordinarius des Erscheinungsortes (cann. 824 § 1 CIC; 662 § 1 CCEO). Ihnen kommt es zu, der Veröffentlichung die Erlaubnis („licentia“) oder die Approbation („approbatio“), d. h. eine ausdrückliche kirchliche Empfehlung, zu erteilen (deutlich can. 661 CCEO).[64] Die rechtlichen Regelungen für die Bücher werden auf alle Schriftwerke („scripta“), die zur öffentlichen Verbreitung bestimmt sind, ausgedehnt (cann. 824 § 2 CIC; 654 CCEO). Can. 654 CCEO erstreckt sie zusätzlich auf Reden, die durch neue technische Mittel öffentlich wiedergegeben werden. Unbeschadet des Rechts eines jeden Ortsordinarius, Personen seines Vertrauens mit der Prüfung von Büchern zu beauftragen, kann die Bischofskonferenz eine Liste von Gutachtern erstellen, die den Diözesankurien zur Verfügung stehen, oder eine Gutachterkommission bilden, die die Ortsordinarien konsultieren können (vgl. cann. 830 § 1 CIC; 664 §§ 1 und 2 CCEO).

Streng verbindlich ist die Notwendigkeit einer ausdrücklichen Approbation festgelegt für Ausgaben und Übersetzungen der Heiligen Schrift (cann. 825 §§ 1

---

62 Vgl. REES (Fn. 1), 8-12; DERS., Art. Index. II. Kirchenrechtlich, in: LThK³ V, Sp. 446 ff.

63 SC DocFid, Decr. „De Ecclesiae pastorum vigilantia circa libros“ v. 19.3.1975, in: AAS 67 (1975) 281-284; abgedr. in: AKathKR 144 (1975) 131-134; lat.-dt. in: NKD 52, Trier 1976, 40-49; dazu HEINEMANN, Heribert, Kommentar, in: ebd., 12-39.

64 Vgl. RIEDEL-SPANGENBERGER, Ilona, Art. Approbatio, in: LKStKR I, 146-149; vgl. auch Congr. DocFid (Fn. 44), 22-25 Nr. 7-13 (= 10-13).

und 2 CIC; 655 §§ 1 und 3 CCEO), für die Herausgabe liturgischer Bücher (cann. 826 § 1 i. V. m. 838 CIC; 826 § 2 CIC; vgl. cann. 657; 668 § 2 CCEO) und ebenso von Gebetbüchern (cann. 826 § 3 CIC; 656 § 2 CCEO), ferner für die Herausgabe von Sammlungen von Dekreten und Akten (cann. 828 CIC; 666 § 2 CCEO), schließlich für die Herausgabe von Katechismen und anderer Schriften, die für die katechetische Unterweisung bestimmt sind (cann. 827 § 1; 775 § 2 CIC; 658 § 1; 621 § 3 CCEO).[65]

Auch theologische Schriften, die für die Glaubensunterweisung in der Schule verwendet werden, bedürfen der Approbation bzw. Zulassung (cann. 827 § 2 CIC; 658 § 2 CCEO). Dies gilt für alle Schulen, unabhängig von der Trägerschaft, d. h. für katholische Schulen ebenso wie für staatliche und kommunale Schulen sowie andere Schulen in freier Trägerschaft. Art. 7 Abs. 3 GG, der die Erteilung von Religionsunterricht in Übereinstimmung mit den Grundsätzen der Religionsgemeinschaften fordert, garantiert diesen Anspruch der Kirche, der in einigen Länderverfassungen explizit formuliert ist. Gemäß ihrer Verantwortung hat die Deutsche Bischofskonferenz durch Beschluss vom 20.-23. September 1971 die „Bischöfliche Lehrbuchkommission" eingerichtet, die die Aufsichtspflicht der Bischöfe über die Religionsbücher wahrnimmt. Im März 1976 hat sie zudem Ausführungsbestimmungen zur Approbation von Katechismen, Lehrbüchern und Schriften für den Schulgebrauch erlassen.[66] In Österreich hat die betreffende Kirche Sorge für den Religionsunterricht zu tragen (vgl. Art. 17 Abs. 4 StGG; Art. I § 4 Abs. 1 SchulV). Katechismen und Lehrbücher für den Religionsunterricht werden von der Österreichischen Bischofskonferenz festgelegt (vgl. § 2 Abs. 3 RelUG; Art. I § 5 Abs. 2 SchulV).[67]

Der kirchliche Gesetzgeber spricht auch die Empfehlung aus, theologische Werke und Schriften, die nicht der religiösen Unterweisung dienen, sich jedoch mit Fragen des Glaubens und der Sitten befassen, gleichfalls dem Ortsordinarius zur Beurteilung vorzulegen (can. 827 § 3 CIC; vgl. can. 659 CCEO). Auch Schriften, die in Kirchen und Kapellen ausgelegt, verkauft oder verteilt werden, bedürfen einer kirchlichen Genehmigung (vgl. cann. 827 § 4 CIC; 665 § 1 CCEO). Ausdrücklich findet sich der Hinweis, dass Approbation oder Druckerlaubnis nur für das jeweils vorgelegte Werk, nicht für Übersetzungen oder künftige Neuauflagen gelten (cann. 829 CIC; 663 § 1 CCEO). Für Ordensangehörige ist für die Herausgabe von Schriften zu Fragen des Glaubens und der Sittenlehre zusätzlich die Erlaubnis des höheren Oberen gefordert (cann. 832 CIC; 662 § 2 CCEO).[68]

---

65 Vgl. HEINEMANN (Fn. 48), bes. 711 ff.; MUSSINGHOFF, Heinrich / KAHLER, Hermann, in: MK CIC 825-827 (Stand: November 2001); REES (Fn. 1), 16 f.

66 Vgl. dazu REES (Fn. 22), 191 f., 290 ff., m. w. N.

67 Vgl. REES, Wilhelm, Religionsunterricht in österreichischen Schulen. Rechtliche Grundlagen und aktuelle Anfragen, in: FS Christoph Link (erscheint 2003).

68 Vgl. Congr. DocFid (Fn. 44), 26 f. Nr. 16 ff. (= 15 f.).

Im Zusammenhang mit der am 30. März 1992 von der Kongregation für die Glaubenslehre herausgegebenen Instruktion über einige Aspekte des Gebrauchs der sozialen Kommunikationsmittel bei der Förderung der Glaubenslehre[69] wird insbesondere die Frage relevant, inwieweit durch die Instruktion die durch den CIC und den CCEO vorgegebene Rechtslage abgeändert wurde. Zu Recht verweist Peter KRÄMER auf den Typ der Instruktion (vgl. can. 34 CIC), die sich im Rahmen des geltenden Rechts bewegen muss und der Ausführung von Gesetzen dient.[70]

3.2. Presse

Erst seit der Französischen Revolution und der Säkularisation wurde sich die Kirche der Bedeutung der periodischen Presse bewusst.[71] Einerseits wurde sie verpönt, andererseits wurde versucht, sie als Mittel der Apologetik und der Verkündigung unter kirchlichem Einfluss aufzubauen. Die Pastoralinstruktion „Communio et Progressio" wendet sich den Erscheinungsformen von Presse, der journalistischen Tätigkeit von KatholikInnen und dem Programm der katholischen Presse (Art. 136-141 CeP) zu. Dezidiert betont der kirchliche Gesetzgeber, dass die Lehre auch durch öffentliche Erklärungen zu bestimmten Anlässen in der Presse dargelegt werden soll (can. 761 CIC). Allerdings kann die Mitarbeit von KatholikInnen an Zeitungen und Zeitschriften mit kirchenfeindlicher Tendenz Laien nur aus einem gerechten und vernünftigen Grund erlaubt sein. Kleriker und Angehörige von Ordensinstituten bedürfen hierzu einer ausdrücklichen Erlaubnis des Ortsordinarius (cann. 831 § 1 CIC; 660 CCEO). Das Recht der Kirche zur publizistischen Tätigkeit ist unbestritten. Die Presse wird hinsichtlich der Vertretung katholischer Lehrsätze keinen Beschränkungen unterworfen sein (Zusatzprotokoll zu Art XIV ÖK). Trotz der langen Tradition der katholischen Presse (Bistumszeitungen, Wochenschriften usw.) hat die Dominanz der Druckmedien in der kirchlichen Medienarbeit in den zurückliegenden Jahren weiter abgenommen.[72]

3.3. Rundfunk und Fernsehen

Bereits die Pastoralinstruktion „Communio et Progressio" hatte den Blick auf religiöse Sendungen gelenkt (Nr. 148-157 CeP). Der kirchliche Gesetzgeber überträgt den Bischofskonferenzen die Aufgabe, die Voraussetzungen zu regeln, unter denen Kleriker und Ordensleute in Rundfunk und Fernsehen Fragen des

---

69 Vgl. ebd.

70 Vgl. KRÄMER (Fn. 44), 76 ff.

71 Vgl. SCHMOLKE, Michael, Art. Presse. I. Allgemein, in: LThK^3 VIII, Sp. 545.

72 Vgl. Österreichs „Furche" in neuem Gewand, in: KNA-ID Nr. 25, 19.6.2002, 8; http://www.furche.at; vgl. auch Kirchenpresse in den USA. Stabile Auflagen – neue Wege, in: KNA-ID Nr. 10, 6.3.2002, 6.

Glaubens und der Sitten behandeln dürfen (can. 831 § 2 CIC), und erklärt, dass hinsichtlich der Verbreitung der christlichen Lehre in Hörfunk und Fernsehen die Vorschriften der Bischofskonferenz zu beachten sind (vgl. cann. 772 § 2 CIC; 653 CCEO).[73] So dürfen nach den Bestimmungen der Deutschen Bischofskonferenz bei Sendungen in Hörfunk und Fernsehen, die die katholische Glaubens- und Sittenlehre betreffen, Weltgeistliche und Ordensleute mitwirken, die über eine ausreichende Qualifikation verfügen und die entsprechende kirchenamtliche Beauftragung besitzen, sofern nicht der für sie oder der für den Sendeort zuständige Diözesanbischof im Einzelfall anderes bestimmt. Generell müssen Weltgeistliche und Ordensleute in Fernsehsendungen als solche erkennbar sein.[74]

Kirchliche Präsenz und Tätigkeit in Hörfunk und Fernsehen vollzieht sich auf verschiedenen Ebenen, in der Vertretung in den Aufsichtsgremien, in der Berücksichtigung religiöser Anliegen im allgemeinen Programm und schließlich beim Zu-Wort-Kommen durch eigene Sendezeiten.[75] Die Ansprüche der Kirche sind in Deutschland verfassungsrechtlich unterschiedlich fundiert. Sie werden in den Rundfunkstaatsverträgen, den Rundfunk- und Mediengesetzen der Länder, aber auch in den Satzungen der Rundfunkanstalten konkretisiert. Seit 1989 sind diese Grundlagen durch bislang noch punktuelle Regelungen des europäischen Rechts überlagert.[76] Unbestritten können sich Kirchen und Religionsgemeinschaften auf die in Art. 5 Abs. 1 GG gewährleistete Rundfunkfreiheit und, soweit ihre jeweiligen Äußerungen Bekenntnischarakter haben, auch auf die Religionsfreiheit (Art. 4 GG) berufen. Ausdrücklich ist die Beteiligung der Kirchen an den Einrichtungen des Hörfunks und des Fernsehens Regelungsmaterie der

---

73 DBK, Verbreitung der christlichen Lehre in Hörfunk und Fernsehen. Partikularnorm zu can. 772 § 2 CIC v. 24.-27.9.1984, abgedr. in: WENNER (Fn. 48), Nr. 285, 1 f.; vgl. VANZETTO, Tiziano, Commento a un canone. Quando il pulpito da cui viene la predica è la radio o la televisione (can. 772 § 2), in: Quaderni di diritto ecclesiale 12 (1999) 205-217; USA, Neue kirchliche Normen für Rundfunkprediger, in: KNA-ID Nr. 3, 16.1.2002, 9.

74 Vgl. DBK, Mitwirkung von Weltgeistlichen und Ordensleuten bei Sendungen zur Glaubens- und Sittenlehre in Hörfunk und Fernsehen. Partikularnorm zu can. 831 § 2 CIC v. 24.-27.9.1984, abgedr. in: WENNER (Fn. 48), Nr. 290, 1 f.; ÖBK, Dekret über die Mitwirkung von Klerikern und Ordensleuten in Rundfunk und Fernsehen v. 4.11.1993, in: ABl. ÖBK 12, 3.8.1994, 2 f.; vgl. auch Leitlinien für die mediale Übertragung von gottesdienstlichen Feiern, 11.5.1989, in: Arbeitshilfen 72 (1989).

75 Vgl. dazu im Einzelnen LINK (Fn. 19), 265.

76 Vgl. dazu im Einzelnen LINK, Christoph, Die gesetzlichen Regelungen der Mitwirkung der Kirchen in den Einrichtungen des Rundfunks und Fernsehens, in: HdbStKR[2] II, 285; Zum Verhältnis von Staat und Kirche im Blick auf die Europäische Union: Gemeinsame Stellungnahme zu Fragen des europäischen Einigungsprozesses v. Januar 1995, hg. vom Kirchenamt der EKD und vom Sekr. der DBK, Hannover und Bonn 1995, 17 ff. unter III.5.; FECHNER (Fn. 30), 117-133.

Konkordate und Kirchenverträge[77], insbesondere der nach der Wiedervereinigung Deutschlands mit den neuen Bundesländern geschlossenen.[78]

Eine Beteiligung der Kirchen an den Einrichtungen des öffentlich-rechtlichen Rundfunks ist in Deutschland traditionell auf doppelte Weise gegeben. Als gesellschaftlich relevante Gruppen sind sie in den Rundfunkräten bzw. den jeweiligen korrespondierenden Aufsichtsgremien präsent; zugleich nehmen sie durch eigene Rundfunkbeauftragte unmittelbar Einfluss auf die Programmgestaltung bei kirchlichen Sendungen.[79] Diese Tradition ist mittlerweile auch auf den Privatrundfunk erstreckt worden. Zudem enthalten die rundfunkrechtlichen Staatsverträge und Gesetze Bestimmungen, nach denen die Veranstalter von Rundfunk (Hörfunk und Fernsehen) bestimmten Religionsgemeinschaften Sendezeit für die Übertragung von Gottesdiensten sowie für eigenverantwortlich zu gestaltende religiöse Sendungen (sog. Drittsendungen) einräumen müssen.[80] Im übrigen können die Kirchen, da ihnen das Recht auf Rundfunkfreiheit zusteht, als Veranstalter von privatem Rundfunk oder Betreiber rundfunkähnlicher Kommunikationsdienste aktiv werden, wobei sie den Bestimmungen der Mediengesetze unterworfen sind.[81] In diesem Zusammenhang hat jüngst Kardinal MEISNER Gesetzesänderungen verlangt, die die Errichtung eines katholischen Fernsehsenders ermöglichen sollen.[82]

Während in Deutschland der Rundfunk seit 1984 in einer dualen Ordnung von öffentlich-rechtlichen und privatwirtschaftlichen Programmanbietern organisiert

---

77 So LISTL / HOLLERBACH (Fn. 30), 1282; vgl. auch LISTL, Joseph, Konkordate aus der Sicht des Heiligen Stuhles, in: PAARHAMMER, Hans / POTOTSCHNIG, Franz / RINNERTHALER, Alfred (Hg.), 60 Jahre Österreichisches Konkordat, München 1994, 13-33, bes. 26; abgedr. auch in: DERS., Kirche im freiheitlichen Staat. Schriften zum Staatskirchenrecht und Kirchenrecht, hg. v. ISENSEE, Josef / RÜFNER, Wolfgang i. V. m. REES, Wilhelm, Berlin 1996, 541; LINK (Fn. 76), 287 f.

78 Vgl. HAERING, Stephan, Die Verträge zwischen dem Heiligen Stuhl und den neuen Bundesländern aus den Jahren 1994 bis 1998, in: FS Listl, 784; bes. KORTA, Stefan, Der katholische Kirchenvertrag Sachsen, Frankfurt a. M. u. a. 2001, 151-159.

79 LISTL / HOLLERBACH (Fn. 30), 1291 f.

80 Vgl. hierzu v. a. STOCK, Martin, Viele Religionen im Rundfunk? „Religiöse Sendungen" – gestern, heute und morgen, in: ZevKR 45 (2000) 380-403; FISCHER (Fn. 35); 40 Jahre DLF. Kirche und Religion fest verankert, in: KNA-ID Nr. 5, 30.1.2002, 5 f.; s. auch FORSTER, Karl, Kirchliche Präsenz in Hörfunk und Fernsehen. Orientierende Gesichtspunkte aus dem Selbstverständnis der Kirche, aus der Aufgabe gesellschaftlicher Kommunikation und aus den Verantwortungsstrukturen der Anstalten, in: EssG 13 (1978) 9-27.

81 Vgl. WILLENBERG, Reinald, Rundfunk unter kirchlicher Trägerschaft, Frankfurt a. M. u. a. 2001; Österreich: „Radio Maria" auf breiterer Basis, in: KNA-ID Nr. 8, 20.2.2002, 10.

82 Vgl. Kardinal Meisner will katholischen TV-Sender, in: KNA-ID Nr. 25, 19.6.2002, 15; ferner auch Bischöfe und Medien. Nicht nur für Katholiken senden, in: KNA-ID Nr. 12, 22.3.2000, 6; Medien in Amerika. Ein Traum des Kardinal Lopez, in: KNA-ID Nr. 15, 10.4.2002, 8.

ist, die mit dem Staatsvertrag zur Neuordnung des Rundfunkwesens von 1987 ihren ersten vorläufigen Abschluss fand, war Österreich bis 1993 eines der wenigen europäischen Länder, in dem eine nationale öffentlich-rechtliche Rundfunkanstalt (ORF) als einzige zur Ausstrahlung von Rundfunk berechtigt war.[83] Mit dem Inkrafttreten der Novelle zum ORF-Gesetz (in Kraft getreten am 1. August 2001), des Privatradiogesetzes (in Kraft getreten am 1. April 2001), des Privatfernsehgesetzes (in Kraft getreten am 1. August 2001) und des Komm-Austria-Gesetzes (im Kraft getreten am 1. April 2001) wurde die Aufhebung des Rundfunkmonopols realisiert. Die Kirchen werden im Österreichischen Rundfunkgesetz (RFG) eigens erwähnt. So ist bei der Planung des Gesamtprogramms die „Bedeutung der gesetzlich anerkannten Kirchen und Religionsgesellschaften" angemessen zu berücksichtigen (§ 4 Abs. 1 Nr. 12 RFG).[84]

3.4. Film und Theater

Traditionell auf das Wort und auf Printmedien ausgerichtet, war der Film das erste technische Medium, dem die kirchliche Medienarbeit größere Aufmerksamkeit schenkte. Filmarbeit vollzieht sich in der Kirche auf allen filmwirtschaftlichen Ebenen, wie Produktion, Verleih durch Medienzentralen, Abspielen in Gemeinden und sonstigen Einrichtungen, Publizistik und Filmbewertung.[85] Der CIC enthält keine expliziten Aussagen; vielmehr ist der Film unter den Begriff der sozialen Kommunikationsmittel subsumiert. Auf die Bedeutung des Films im Leben der Menschen, aber auch auf die Einsatzmöglichkeiten des Films im Dienst des Apostolats und auf den Beitrag des Films zum menschlichen und christlichen Fortschritt in den Entwicklungsländern hat die Pastoralinstruktion „Communio et Progressio" verwiesen (vgl. Nr. 142-147 CeP). Dabei hat sie die Aufgaben katholischer Filmorganisationen ebenso herausgestellt wie Kontakte mit Filmschaffenden.

Gemeinde, Schule und Öffentlichkeit sind die Adressaten kirchlicher Filmarbeit. Darüber hinaus thematisieren zeitgenössische Filme Grund- und Schlüsselfragen des menschlichen Lebens. Da Filme gut in einzelne Formen der Glaubensweitergabe zu integrieren sind, dürfen diese Hilfsmittel in einer gut geplanten Katechese nicht fehlen.[86] Das Filmreferat im Bereich Kirche und Gesellschaft der Deutschen Bischofskonferenz koordiniert und initiiert Aktivitäten der katholischen Kirche in Bezug auf den Film für die Vermittlung moderner Welt-

83 So ausdrücklich TEICHERT, Will, Art. Rundfunk, in: LThK^3 VIII, Sp. 1362; zur Neuregelung s. GUGERBAUER, Norbert (Hg.), Rundfunkrecht, Wien 2002; VARTIAN, Claudine, Privatfernsehrecht. Kurzkommentar zum PrTV-G, Wien 2002.

84 Vgl. ORF-Fernsehen. Mehr Sendezeiten für Religion, in: KNA-ID Nr. 16, 18.4.2001, 5; vgl. auch http://religion.orf.at/tv/sendungen/fr_sendungen_radio.htm; http://www.kath.de/kfa/; http://www.kath.de/sat1/ (Stand der Adressen: 3.11.2002).

85 Vgl. ALBRECHT (Fn. 3), 174.

86 Vgl. Congr. Cler (Fn. 23), 153 Nr. 160; ferner can. 779 CIC; Nr. 46 Cat. trad.

erfahrung und Wertorientierung. Zentrales Fachgremium der Filmarbeit ist die katholische Filmkommission. Aus dem Anliegen der katholischen Filmarbeit entwickelten sich nach dem Krieg in den deutschen Diözesen die audiovisuelle Medienarbeit (AV-Medien) und die diözesanen AV-Medienstellen.

Die Pastoralinstruktion „Communio et Progressio" befasst sich auch mit dem Theater (Nr. 158-161 CeP) als einem alten und neuen Kommunikationsmittel, auch im Blick auf Religion.[87]

3.5. Internet

Die neuesten Kommunikationstechniken (Computer, CD-ROM, Vernetzung, Internet, World Wide Web), die sog. Neuen Medien, erweitern nicht nur den Radius, sondern auch die Vielfalt der Kombinations- und Nutzungsmöglichkeiten. Dabei erscheint das Internet als das wirkungsvollste in einer Reihe von Medien mit erstaunlichen Eigenschaften und weitreichenden Auswirkungen.[88] Es bietet

> „ausgezeichnete Möglichkeiten der Evangelisierung, wenn es auf kompetente Art und Weise und im klaren Wissen um seine Stärken und Schwächen eingesetzt wird."[89]

Zudem gilt es als Quelle unschätzbarer Möglichkeiten für religiös Interessierte.[90] Es geht um Aufarbeitung und Bereitstellung von systematischem theologischen Wissen, von aktueller kirchlicher Information und den Dienst der Seelsorge. So bietet das Internet, wie es im jüngsten Schreiben des Päpstlichen Rates für die Sozialen Kommunikationsmittel „Kirche und Internet" (KuI) heißt,

> „den Menschen einen direkten und unmittelbaren Zugang zu wichtigen religiösen und geistlichen Quellen – große Bibliotheken, Museen, Kultstätten, die Dokumente des Lehramtes, die Schriften der Kirchenväter und Kirchenlehrer und die religiöse Weisheit der Jahrhunderte" (Nr. 5 KuI).

Ebenso hat das Internet für viele Aktivitäten und Programme der Kirche eine Bedeutung – Evangelisierung, die beides einschließt, die Re-Evangelisierung und die Neu-Evangelisierung, die traditionelle Missionsarbeit *ad gentes*, Katechese und andere Arten der Erziehung, Nachrichten und Information, Apologetik, Leitung und Verwaltung und einige Formen der pastoralen Begleitung und

---

87 PIUS XII., Ansprache zugunsten des Theaters v. 19.9.1950; PIUS XI., Ep. enc. „Vigilanti cura" v. 29.6.1936 über das Kino, in: AAS 28 (1936) 249-263; PIUS XII., Ansprache an Vertreter der Filmindustrie Italiens v. 21.6.1955 über Bedeutung und Aufgabe des Films, in: AAS 47 (1955) 501-512; dt. in: UTZ / GRONER III, 3061-3078; DERS., Ansprache an Vertreter der italienischen Filmindustrie v. 28.10.1955 „Der ideale Film, sein Gegenstand und seine Beziehung zur Gemeinschaft", in: AAS 47 (1955) 816-829; dt. in: ebd., 3079-3096; DERS., Miranda prorsus (Fn. 8).

88 So ausdrücklich PontConsComm (Fn. 57), 5 Nr. 2; vgl. 9 ff. Nr. 7-9.

89 JOHANNES PAUL II. (Fn. 58), 23 Nr. 3 (= 38).

90 Vgl. PontConsComm, Kirche und Internet v. 22.2.2002; dt. in: Arbeitshilfen 163 (2002), 21-36; zu den Gefahren s. DASS. (Fn. 57).

der geistlichen Leitung (Nr. 5 KuI). Deutlich wird betont, dass es für die Kirche notwendig ist, das Internet auch als Mittel für die interne Kommunikation zu verstehen und zu benutzen, vor allem „für verschiedene Aspekte von Verwaltung und Leitung" (Nr. 6 KuI). Derzeit stellen kirchliche Verwaltungen und Gerichte verstärkt Überlegungen an, ob und in welchem Umfang dieser Weg auch für die Kommunikation in der Kirche Verwendung finden kann. Wie Jürgen CLEVE aufzeigt, steht dem Einsatz von E-Mail in gestufter Weise „nichts mehr im Wege", sofern die technischen und verwaltungsrechtlichen Bedingungen erfüllt sind. Es könne sogar ein Beitrag für eine schnelle und effiziente Verwaltung sein.[91] Ausgenommen vom Senden über Datennetze sind wohl Schriftstücke, die im Zusammenhang mit einem kirchlichen Prozess entstehen und jene, die für das *Forum internum* bestimmt sind oder einer besonderen Geheimhaltung bedürfen.

Auch wenn die virtuelle Realität des Cyberspace die wirkliche interpersonale Gemeinschaft, die Realität der Sakramente und der Liturgie oder die unmittelbare und direkte Verkündigung des Evangeliums nicht ersetzen kann, kann es

> „sie doch ergänzen und die Menschen dazu einladen, eine tiefere Erfahrung des Glaubenslebens zu machen und auch das religiöse Leben der Benutzer bereichern" (Nr. 5 KuI).

Zudem stellt das Internet der Kirche auch ein Mittel zur Kommunikation mit bestimmten Gruppen zur Verfügung – Jugendliche und junge Erwachsene, ältere und an das Haus gebundene Menschen, Personen, die in abgelegenen Gegenden wohnen, Mitglieder anderer religiöser Gemeinschaften –, die anders schwer erreichbar wären (Nr. 5 KuI). Trotz dieser Chancen und Möglichkeiten weist das Schreiben „Kirche und Internet" darauf hin, dass virtuelle Realität

> „kein Ersatz für die wirkliche Gegenwart Christi in der Eucharistie, die sakramentale Realität der anderen Sakramente und den gemeinsamen Gottesdienst in einer menschlichen Gemeinschaft aus Fleisch und Blut" ist. „Es gibt keine Sakramente im Internet" (Nr. 9 KuI).

Und doch stellen sich gerade im Blick auf die Sakramentenspendung auch Anfragen, vorrangig wohl die Frage nach der Möglichkeit des Empfangs des Bußsakraments im Internet. Bisher wurde die durch die technische Entwicklung aufgekommene Frage, ob eine Beichte und Lossprechung über Telefon möglich sei, eher negativ entschieden, vor allem unter Berufung auf eine Entscheidung Papst CLEMENS VIII. aus dem Jahr 1602, in der die Lehrmeinung, eine Beichte und Lossprechung durch Brief und Boten sei möglich, als falsch und skandalös verworfen wurde.[92] Alfred E. HIEROLD kommt zu dem Schluss:

---

91 Vgl. im Einzelnen CLEVE, Jürgen, E-Mail in der kirchlichen Verwaltung und Gerichtsbarkeit? Ein Diskussionsbeitrag, in: DPM 8/II (2001) 256.

92 Vgl. WEIGAND, Rudolf, Das Bußsakrament, in: HdbKathKR^2, 847 m. w. N.

> „Ein Bußsakrament per Telefon kann nie die Regel sein, sondern muß eine strikte Ausnahme bleiben. Damit es nicht nur gültig, sondern auch erlaubt sei, muß ... eine dringende Heilsnotwendigkeit für den Pönitenten vorhanden sein."[93]

Ähnlich sieht Rudolf WEIGAND unter Abwägung aller Gesichtspunkte und auf Grund seiner seelsorglichen Erfahrung

> „keinen Grund, an der Gültigkeit und unter entsprechenden Voraussetzungen für Sonderfälle auch an der Erlaubtheit einer telefonischen Beichte zu zweifeln."[94]

Auch hatte eine Note der Kongregation für die Glaubenslehre vom 25. November 1989 zur Gültigkeit und Erlaubtheit der Spendung des Bußsakramentes über Telefon bemerkt, dass Beichte und Lossprechung über Telefon nicht erlaubt seien, „mit Ausnahme eines extremen Notfalls"[95]. Wilhelm KURSAWA führt diese Gedanken weiter. Wenn unter Heranziehung der kirchenrechtlichen Argumente bezüglich der Telefonbeichte die Struktur des Beichtgesprächs zwischen dem Beichtenden und dem Beichtpriester durch Dialogmöglichkeit, durch Gleichzeitigkeit und durch Anwesenheit bestimmt sein muss, diese Anwesenheit aber nicht das Gegenübersitzen am gleichen Ort bedeutet,

> „dann kann die Spendung des Sakramentes der Versöhnung mit Hilfe eines vernetzten Kommunikationsmittels nicht völlig ausgeschlossen sein, jedenfalls dann nicht, wenn eine besondere Notlage auftritt, die keine andere Kommunikation als die durch einen vernetzten Computer zulässt."[96]

Die Wahrung des Beichtgeheimnisses sei technisch kein Problem. Selbstverständlich muss der Partner, der das Bekenntnis entgegennimmt und die Absolution erteilt, ein Priester sein, der zur Entgegennahme von Beichten befugt ist. Beichtprogramme oder das Ablegen des Bekenntnisses in einer Mailbox sind ausgeschlossen.

Internet ist, wie Andréa BELLIGER bemerkt,

> „Ort einer Kommunikation, die nicht bloß Rezeption, sondern offener interaktiver Prozeß von Rezeption und Verarbeitung in Vergegenwärtigung von Wissen, Wollen, Können, Verstehen und Gestalten ist." [97]

Das Internet könne mit seinen dialogisch orientierten Angeboten und seinen neuen Formen der Kommunikation durch interaktive Dienste zum Vorbild für die innerkirchliche Kommunikation werden und der Kirche einen virtuellen Raum bieten, in dem permanenter Austausch von Themen, Ideen und Interessen

---

93 Vgl. HIEROLD, Alfred E., Beichte per Telefon? Bemerkungen zum „Ort" für das Bußsakrament, in: FS May, 176.

94 WEIGAND (Fn. 92), 848.

95 Congr. DocFid, Note v. 25.11.1989 zur Gültigkeit und Erlaubtheit der Spendung des Bußsakramentes über Telefon, abgedr. in: AKathKR 158 (1989) 484.

96 KURSAWA, Wilhelm, Zum Sakrament der Versöhnung. Grundsatzfragen und neuere Entwicklungen, in: GS Müller, 259 f.

97 Vgl. BELLIGER, Andréa, Kirchenrecht & Cyberspace. Theologische und kanonistische Gedanken zum Auftritt der Kirche in der Schweiz im Internet, in: FS Henrici, 434.

eine neue Arena kirchlicher Öffentlichkeit schafft. Diese Möglichkeiten und Chancen, die das Internet bietet, dürfen von der Kirche weder ignoriert noch eingeschränkt werden.

4. Schluss

Die Medien bieten den Kirchen die Chance, öffentlich zum Glauben einzuladen, auf die Vielfalt christlichen Lebens aufmerksam zu machen und zu einer christlichen Lebensführung zu ermutigen, aber auch in einem kreativen Prozess die Verkündigung des christlichen Glaubens in neuen (auch unterhaltsamen) Formen zu präsentieren. Zudem ergeben sich zusätzliche Formen der Interaktion mit den Mediennutzern. Auch können Kirchengemeinden vor Ort sich mit in das Mediengeschehen hineinbegeben.[98] Die Möglichkeit der Verkündigung der Glaubenslehre und die Weitergabe ihrer Botschaft durch neue Medien kann und darf nicht in Frage gestellt werden. Ja, sie erweist sich gerade in der gegenwärtigen Zeit als unabdingbar. Zudem vervielfachen die neuen Medien die Chance, die christliche Botschaft über den Bereich der Kerngemeinde hinauszutragen und durch neue Formen der Verkündigung auch Fernstehende zu erreichen. In der Teilnahme am Meinungsbildungsprozess bringt die Kirche nicht nur ihren eigenen Beitrag ein, sondern versteht sich zugleich als Anwalt des Gemeinwohls. Informations- und Verwaltungsprozesse werden vereinfacht und beschleunigt. Chancen bieten sich auch im Rahmen von Studium, Ausbildung und Weiterbildung durch die Möglichkeit virtueller Studien (vgl. http://theol.uibk.ac.at/leseraum/).

Nicht in Abrede zu stellen ist die Verantwortung und Aufsichtspflicht der Kirche. Das Recht und die Pflicht der Hirten gründen in der Aufgabe, das Glaubensgut zu bewahren und dort einzuschreiten, wo der Glaube der Gläubigen Schaden nehmen kann. Die kirchenrechtlichen Bestimmungen zielen letztlich darauf, eine „Garantie für die Freiheit aller" zu sein.[99] Jeglicher Kleinglaube und jegliche Ängstlichkeit, verbunden mit allzu engen Regelungen, müssen vermieden werden. So hat der kirchliche Gesetzgeber bereits nach dem Zweiten Vatikanischen Konzil den einzelnen Gläubigen eine größere Reife und eine erhöhte Verantwortung zuerkannt und die Gewissensverantwortung des / der einzelnen Gläubigen stärker hervorgehoben. An die Stelle rechtlicher Vorschriften und detaillierter Einzelregelungen ist ein gesetzlicher Freiraum für die Eigenverantwortlichkeit der einzelnen Gläubigen getreten. Bei jeder Tätigkeit im Bereich der Prüfung und Aufsicht ist daher auf Transparenz, aber auch auf die vorhandenen Rechtsschutzbestimmungen und die Einhaltung des entsprechenden Verfahrens zu achten. Ebenso sind die jeweiligen Zuständigkeiten zu berücksichtigen. Letztlich ist Christus der „Meister der Kommunikation" (Nr. 11 CeP), die

[98] Vgl. Chancen und Risiken (Fn. 52), 33 f., Nr. 1.2.6.
[99] Vgl. Congr. DocFid (Fn. 44), 19, Einführung Abs. 7 (= 6).

Norm und das Modell für die Kommunikationsmethode der Kirche, genauso wie für den Inhalt, zu dessen Mitteilung die Kirche verpflichtet ist.[100] Freilich kann durch die Dominanz einer einseitig medialen Kommunikation in religiösen und kirchlichen Handlungsfeldern, wie im Internet abrufbare Predigten, Katechese über CD-ROM usw., der unaufhebbare Zusammenhang zwischen persönlichem Kontakt und Glaubensweitergabe in der Gemeinde vernachlässigt und dadurch Seelsorge eher erschwert werden.[101] Dennoch muss sich die Kirche auch auf eine neue Generation von MediennutzerInnen einstellen, ihre Medienarbeit intensivieren und sich den technischen Entwicklungen und sozialen Anforderungen anpassen. Die Welt der Kommunikation ist „ein erster Areopag der neuen Zeit“[102]. Ihren positiven und ermutigenden Weg in der Nutzung der Medien und der Begegnung den Medien gegenüber muss die Kirche fortsetzen. In dem gleichen Maße aber, in dem die Kirche Forderungen an die Gestaltung der Medien richtet, ist sie auch selbst von diesen Verpflichtungen betroffen.

---

100 PontConsComm (Fn. 90), 35, Nr. 12.

101 Chancen und Risiken (Fn. 52), 33, Nr. 1.2.6.

102 JOHANNES PAUL II. (Fn. 24), 285, Nr. 37.

Theologie im Konflikt

Die Causa Küng aus staatskirchenrechtshistorischer Perspektive

Ernst-Lüder Solte

Einleitung

Als der neue Ordinarius für Kirchenrecht in der Katholisch-Theologischen Fakultät der Universität Tübingen Richard PUZA am 1. Juli 1980 seinen Dienst an der Eberhard-Karls-Universität Tübingen angetreten hatte[1], waren gerade sechs Monate seit dem Tag vergangen, an dem der Bischof der Diözese Rottenburg-Stuttgart Dr. Georg MOSER dem Professor für Dogmatik und ökumenische Theologie Hans KÜNG die *Missio canonica* entzogen und in einem Schreiben an den Minister für Wissenschaft und Kunst des Landes Baden-Württemberg Helmut ENGLER eine „ernstliche Beanstandung" der Lehre des Tübinger Theologen vorgebracht hatte.[2] Die beiden Maßnahmen des Bischofs stießen weit über die katholische Kirche hinaus auf große Aufmerksamkeit und konfrontierten die Regierung des Landes Baden-Württemberg mit der Frage, welche Konsequenzen aus der kirchlichen Beanstandung der Lehre eines Universitätstheologen zu ziehen seien. Mit diesem Beitrag soll untersucht werden, wie es zu den Maßnahmen des Rottenburger Ordinarius kam, wie Universität und Landesregierung auf diese reagierten, und wie die Auseinandersetzung um den Tübinger Theologen heute aus der Perspektive des Staatskirchenrechts zu bewerten ist.

---

1 Die Kirchenrechtsprofessur war mit dem Ausscheiden von Dr. Johannes NEUMANN aus der Katholisch-Theologischen Fakultät frei geworden. NEUMANN hatte 1977 in einem Schreiben an den Bischof der Diözese Rottenburg-Stuttgart Dr. Georg MOSER die ihm für die Übernahme der Professur erteilte *Missio canonica* „zurückgegeben" und den Bischof darüber informiert, dass er nicht mehr dazu in der Lage sei, das Fach Kirchenrecht im Sinne der katholischen Kirche zu lehren. Der Bischof beanstandete daraufhin gegenüber Kultusminister und Ministerpräsidenten des Landes Baden-Württemberg das Verhalten des Kanonisten. Seine Beanstandung verband der Bischof mit der Forderung nach Abhilfe, Entfernung NEUMANNS aus der Fakultät und Neubesetzung der Professur. NEUMANN wurde daraufhin eine Professur in der Fakultät für Sozial- und Verhaltenswissenschaften übertragen.

2 Brief von Bischof Dr. Georg MOSER an Minister ENGLER v. 31.12.1979. Der Brief ist abgedr. bei GREINACHER, Norbert / HAAG, Herbert (Hg.), Der Fall Küng. Eine Dokumentation, München 1980, 156.

1. Vorgeschichte von *Missio*-Entzug und bischöflicher Beanstandung

Entzug der Missio canonica und Beanstandung der Lehre KÜNGS durch den Rottenburger Bischof konnten nicht überraschen. Ihre lange Vorgeschichte[3] begann, als der 1960 in die Katholisch-Theologische Fakultät der Eberhard-Karls-Universität berufene Theologe[4] mit dem 1967 erstmals erschienenen Buch „Die Kirche"[5] das Interesse der Kongregation für die Glaubenslehre erregte. 1968 bat ihn die Kongregation, wegen dieser Veröffentlichung in Rom zu einem Kolloquium zu erscheinen.[6] KÜNG erklärte sich grundsätzlich zur Teilnahme an einem Gespräch bereit, forderte jedoch die volle Einsicht in seine Akten, eine vorherige Information über die zur Diskussion gestellten Fragen, die Beteiligung kompetenter Fachwissenschaftler an dem Gespräch über sein inkriminiertes Buch und die Führung des Kolloquiums in seiner Muttersprache.[7] Die Glaubenskongregation verweigerte ihm die Erfüllung seiner Wünsche und wies darauf hin, dass es sich bei dem Zusammentreffen nicht um einen Prozess, sondern um ein Kolloquium über einige in dem Buch vertretenen Thesen handle. Eine Einsichtnahme in das von der Kongregation wegen dieser Thesen angelegte Dossier sei nicht nötig, da es nicht zur Sache gehöre.[8] In seinem Antwortschreiben bekundete KÜNG erneut seine Bereitschaft zur Teilnahme an dem Kolloquium, wiederholte jedoch seine Bitte um Information über Gegenstand und Partner des Gesprächs und die Verfahrensordnung der Kongregation.[9] Die Glaubenskommission benannte daraufhin die Teilnehmer des Kolloquiums und kündigte eine Unterrichtung über die zu besprechenden Themen an.[10] 1970 erinnerte KÜNG die

---

3 Zur Auseinandersetzung KÜNGS mit seiner Kirche s. NOWELL, Robert, Hans Küng – Leidenschaft für die Wahrheit. Leben und Werk, Zürich 1993, 142-157 (Kontroverse um das Buch „Die Kirche") und 207-228 (Kontroverse um das Buch „Unfehlbar?") und HÄRING, Hermann, Hans Küng. Grenzen durchbrechen, Mainz 1998, 207-214.

4 KÜNG war mit Zustimmung des Rottenburger Bischofs Carl Joseph LEIPRECHT zunächst auf den mit der Berufung von Heinrich FRIES an die Universität München frei gewordenen Lehrstuhl für Fundamentaltheologie berufen worden. Drei Jahre später wurde ihm der neu geschaffene Lehrstuhl für Dogmatik und ökumenische Theologie sowie die Direktion des Instituts für ökumenische Forschung übertragen. Ob Bischof LEIPRECHT für die Berufung KÜNGS ein *Nihil obstat* des Hl. Stuhls eingeholt hatte, ist nicht bekannt. Vorgeschrieben wurde die Einholung des Nihil obstat des Hl. Stuhls durch Art. 27 § 2 der Ap. Konst. „Sapientia Christiana" v. 29.4.1979.

5 KÜNG, Hans, Die Kirche, Freiburg 1967. Das Buch erschien 1992 in 3. Auflage.

6 Schreiben der Kongregation für die Glaubenslehre v. 30.4.1968, in: Dokumentation Nr. 39/70 des Pressedienstes des Sekretariats der Deutschen Bischofskonferenz (Dokumentation der DBK) v. 18.12.1979, Anl. 1.

7 Schreiben KÜNGS an die Glaubenskongregation v. 30.5.1968, in: Dokumentation der DBK (Fn. 6), Anl. 3.

8 Schreiben der Glaubenskongregation v. 8.7.1968, in: Ebd., Anl. 4.

9 Schreiben KÜNGS an die Glaubenskongregation v. 27.7.1968, in: Ebd., Anl. 5.

10 Schreiben der Glaubenskongregation an KÜNG v. 31.8.1968, in: Ebd., Anl. 6.

Kommission an seine Bedingungen für das Gespräch und regte zugleich die Einstellung des Verfahrens an.[11]

In diesem Jahr erschien KÜNGS Buch über die Unfehlbarkeit, das neun Jahre später zum unmittelbaren Anlass für *Missio*-Entzug und Beanstandung durch den Rottenburger Bischof wurde.[12] Zu diesem Buch erklärte die Deutsche Bischofskonferenz, dass in ihm einige Grundelemente des katholischen Verständnisses von Glaube und Kirche nicht gewahrt schienen. Der sachliche Inhalt der Lehre von der Unfehlbarkeit werde bei KÜNG „mindestens verdunkelt"[13]. Nicht nur der Rottenburger Bischof, sondern auch die Glaubenskongregation interessierte sich für KÜNGS neues Buch. 1971 erinnerte sie den Tübinger Theologen daran, dass seine Schrift den Vermerk über die im kirchlichen Gesetzbuch vorgeschriebene kirchliche Druckerlaubnis vermissen lasse, und forderte KÜNG auf, über seine Stellung in der Kirche nachzudenken.[14] Im selben Jahr informierte die Kongregation KÜNG über die Thesen in seinem Buch „Die Kirche", die ihr irrtümlich und gefährlich erschienen.[15] Die Bitte der Kongregation, zu diesen Thesen Stellung zu nehmen, erfüllte KÜNG mit Schreiben vom 21. Juni 1971.[16] Drei Wochen später eröffnete die Kongregation ein Lehrverfahren gegen das Buch über die Unfehlbarkeit. KÜNG wurde aufgefordert, innerhalb von 30 Tagen zu erklären, ob und in welcher Weise er die Thesen und Behauptungen in diesem Buch, die der Kongregation Schwierigkeiten für eine katholische Interpretation bereiteten, mit der katholischen Lehre vereinbaren zu können glaube.[17] KÜNG erhob Einspruch gegen das Verfahren der Kongregation und ließ ihr „vorläufige Bemerkungen" zu den Fragen zu seinem Buch zukommen.[18] 1973 griff die Kongregation das Verfahren gegen die beiden Bücher über die Kirche und die Unfehlbarkeit wieder auf und forderte KÜNG auf, entweder an einem Kolloquium teilzunehmen oder die in der am 24. Juni 1973 von der Kongregation publizierten Erklärung „Mysterium Ecclesiae" enthaltene Lehre mit der Konsequenz einer Beendigung des Lehrverfahrens anzunehmen.[19] KÜNG reagierte erneut – diesmal in verschärfter Form – mit einer Kritik am Verfahren der Glaubenskongregation.[20] Diese wiederholte er später, nachdem die Glaubenskongregation eine Stellungnahme zu ihrer Forderung angemahnt hatte.

---

11 Schreiben KÜNGS an die Glaubenskongregation v. 1.6.1970, in: Ebd., Anl. 9.

12 KÜNG, Hans, Unfehlbar? Eine Anfrage, Zürich 1970. Dokumentation der Auseinandersetzung KÜNGS mit der Glaubenskongregation um dieses Buch in: KÜNG, Hans (Hg.), Fehlbar? Eine Bilanz, Zürich 1973, 497-511.

13 Erklärung der DBK v. 4.3.1971, in: Dokumentation der DBK (Fn. 6), Anl. 14.

14 Schreiben der Kongregation an KÜNG v. 12.2.1971, in: Ebd., Anl. 15.

15 Schreiben der Kongregation an KÜNG v. 6.5.1971, in: Ebd., Anl. 17.

16 Schreiben KÜNGS an die Kongregation v. 21.6.1971, in: Ebd., Nr. 18.

17 Schreiben der Glaubenskongregation an KÜNG v. 12.7.1971, in: Ebd., Anl. 19.

18 Schreiben KÜNGS an die Glaubenskongregation v. 24.1.1972, in: Ebd., Anl. 22.

19 Schreiben der Glaubenskongregation an KÜNG v. 4.7.1973, in: Ebd., Anl. 23.

20 Erklärung KÜNGS v. 5.7.1973, in: Ebd., Anl. 25.

1975 wies die Kongregation KÜNG erneut auf die Unvereinbarkeit seiner in den beiden Büchern vertretenen Auffassungen mit der kirchlichen Auffassung von der Unfehlbarkeit, vom Lehramt der Kirche und der Eucharistie hin und ermahnte ihn, seine beanstandeten Lehrmeinungen nicht weiter zu vertreten. Zugleich unterrichtete sie den Theologen über ihre Entscheidung, die Verfahren gegen die beiden Bücher einzustellen, und erklärte diese „für jetzt“ beendet.[21] Die Deutsche Bischofskonferenz schloss sich der Mahnung der Glaubenskongregation an und brachte die Erwartung zum Ausdruck, dass KÜNG die vom kirchlichen Lehramt abgewiesenen Positionen nicht weiter vertrete.[22] Zugleich nahm die Bischofskonferenz Anstoß an dem im Jahr zuvor erschienenen Buch „Christ sein“[23] und erklärte, dass in dieser Veröffentlichung die Verbindlichkeit kirchlicher Lehrentscheidungen nicht gewährleistet werde. Auch enthalte das Buch eine Reihe von Aussagen, die nicht erkennen ließen, wie sie mit christlichen Grundsätzen in Einklang zu bringen seien. In dem Scheiben, mit dem KÜNG die Erklärung der Bischofskonferenz übermittelt wurde, erinnerte deren Vorsitzender Kardinal DÖPFNER an die Bemühungen der Konferenz um eine „gute Beendigung“ des römischen Verfahrens. Zugleich brachte er die Hoffnung zum Ausdruck, dass KÜNG die Mahnung der Kongregation ernst nehme.[24] Seine Auffassung zur Unfehlbarkeit wiederholte KÜNG jedoch in späteren Veröffentlichungen, die der Rottenburger Bischof scharf kritisierte, und die in Rom aufmerksam registriert wurden.

2. Der Konflikt

2.1. *Missio*-Entzug und Lehrbeanstandung

Am 15. Dezember 1979 erklärte die Kongregation für die Glaubenslehre, dass einige Lehrmeinungen KÜNGS in verschiedenem Grade im Gegensatz zur Lehre der Kirche stünden, wie sie für alle Gläubigen verbindlich sei.[25] Ihre Feststellung begründete die Kongregation mit den Auffassungen des Theologen zum Dogma von der Unfehlbarkeit der Kirche, zur Aufgabe der Kirche, das dem Lehramt anvertraute Glaubensgut des Wortes Gottes authentisch auszulegen und

---

21 Erklärung der Kongregation für die Glaubenslehre zum Abschluss der Lehrverfahren gegen „Die Kirche“ und „Unfehlbar?“ v. 15.2.1975, in: JENS, Walter, Um nichts als die Wahrheit. Deutsche Bischofskonferenz contra Hans Küng. Eine Dokumentation, München 1978, 142.

22 Erklärung der Deutschen Bischofskonferenz zum Abschluss des Lehrverfahrens und erste Stellungnahme gegen „Christ sein“, in: JENS (Fn. 21), 146.

23 KÜNG, Hans, Christ sein, München 1974. Das Buch erschien 1990 in 9. Auflage.

24 Scheiben Kardinal DÖPFNERS an KÜNG v. 17.2.1975, in: JENS (Fn. 21), 152 ff.

25 Erklärung der Kongregation für die Glaubenslehre über einige Hauptpunkte der theologischen Lehre von Professor Hans KÜNG v. 15.12.1979, in: GREINACHER / HAAG (Fn. 2), 88.

zum gültigen Vollzug der Eucharistie. Ihre Ermahnung, seine Auffassungen zu diesen Dogmen nicht weiter zu lehren, habe KÜNG nicht befolgt. Dies gelte vor allem für das Dogma der Unfehlbarkeit der Kirche, das in Zweifel gezogen oder auf eine bloß grundsätzliche Beständigkeit in der Wahrheit eingeschränkt worden sei. Wenn ein theologischer Lehrer sein eigenes Urteil und nicht den Glaubenssinn der Kirche als Norm der Wahrheit voranstelle, verbreite und in diesem Vorhaben beharre, müsse die Kirche eine solche Verhaltensweise sichtbar machen und zu der Entscheidung kommen, dass er künftig nicht mehr kraft des von ihr empfangenen Auftrags lehren könne.

Diese Erklärung zwang den Rottenburger Bischof zum Handeln. Mit Schreiben vom 30. Dezember 1979 widerrief Bischof MOSER die KÜNG von seinem Amtsvorgänger erteilte *Missio canonica* und kündigte in einem Schreiben an den Wissenschaftsminister des Landes Baden-Württemberg die Beanstandung KÜNGS an. Für seine Entscheidung bezog sich der Bischof auf die Erklärung der Glaubenskongregation, die KÜNG mit einem Begleitschreiben übermittelt wurde. Ausdrücklich wies der Bischof darauf hin, dass er weiterhin gesprächsbereit bleibe.[26]

Einen Tag später richtete MOSER einen Brief an den Wissenschaftsminister, mit dem er eine ernstliche Beanstandung der Lehre KÜNGS vorbrachte und das von Bischof LEIPRECHT erteilte *Nihil obstat* widerrief.[27] Gleichzeitig beantragte der Bischof unter Berufung auf Art. 19 Reichskonkordat i. V. m. Art. 3 des Bayerischen Konkordats und Art. 10 des Badischen Konkordats, geeignete Abhilfe zu schaffen und für einen den Lehrbedürfnissen an der Tübinger Katholisch-Theologischen Fakultät entsprechenden Ersatz zu sorgen. Da die Tübinger Fakultät zugleich mit ihrem staatlichen auch einen kirchlichen Status besitze, sei KÜNG konsequenter Weise verpflichtet, sein kirchengebundenes Staatsamt in der Fakultät aufzugeben. Sollte KÜNG auf die Rechtsstellung als Mitglied der Tübinger Fakultät nicht von sich aus verzichten, müsse er darum bitten, das Ausscheiden des Theologen aus der Fakultät zu veranlassen. Anfang Januar 1980 unterrichte dann das Rottenburger Ordinariat die Tübinger Fakultät und das Oberschulamt Tübingen darüber, dass nach kirchlicher Auffassung der Entzug der kirchlichen Lehrbefugnis zur Folge habe, dass KÜNG ab sofort nicht mehr bei Prüfungen an der Katholisch-Theologischen Fakultät mitwirken könne.

Die deutschen Bischöfe unterstützen den Rottenburger Ordinarius mit einem gemeinsamen Kanzelwort, in dem sie darauf hinwiesen, dass KÜNG in wichtigen Punkten des Glaubens Lehrmeinungen vertrete, die im Gegensatz zur verbindli-

---

26 Schreiben von Bischof MOSER an KÜNG v. 30.12.1979, in: GREINACHER / HAAG (Fn. 2), 149.

27 Schreiben von Bischof MOSER an Minister ENGLER v. 31.12.1979, in: GREINACHER / HAAG (Fn. 2), 156.

chen Lehre der Kirche stünden. Solange dies der Fall sei, könne er nicht im Namen der Kirche theologischer Lehrer sein.[28]

2.2. Landesregierung und Universität in Konfrontation mit den Maßnahmen des Bischofs

Die Beanstandung des über die Grenzen seiner Kirche hinaus Ansehen genießenden Theologen durch den Rottenburger Bischof brachte Landesregierung und Universität Tübingen in eine prekäre Lage. Zwar hatte es in der Geschichte der deutschen Katholisch-Theologischen Fakultäten mehrere Fälle gegeben, in denen Bischöfe die Lehre von Universitätstheologen beanstandet hatten. Diese Fälle lagen jedoch zum Teil lange Zeit zurück, und eine einheitliche Praxis im Umgang mit Hochschultheologen, die mit ihrer Kirche in Konflikt geratenen waren, hatte sich nicht entwickelt.[29] Auch konnte die staatskirchenrechtliche Literatur keine einhellige Antwort auf die Frage geben, welche Konsequenzen die staatliche Wissenschaftsverwaltung aus einer bischöflichen Beanstandung zu ziehen hatte und worin konkret die „Abhilfe" bestand, zu der sich der Staat in den Konkordaten im Fall einer konkordatsgerechten Beanstandung verpflichtet hatte.[30] Öffentlich erklärte Minister ENGLER, der in der Zwischenzeit zur Klärung der Rechtsstandpunkte Gespräche mit Universitätspräsident THEIS, Bischof MOSER, Generalvikar KNAUPP und auch mit KÜNG selbst geführt hatte, die Bereitschaft der Landesregierung, ihre konkordatsrechtlichen Verpflichtungen zu erfüllen. Worin aber bestanden diese Verpflichtungen? Im Gegensatz zu ihrer Freiburger Schwesterfakultät[31] waren Status und Funktion der Tübinger Katholisch-Theologischen Fakultät nicht Gegenstand einer konkordatären Vereinbarung, und der Artikel über die Theologischen Fakultäten in der Verfassung des Landes Baden-Württemberg garantierte nur die Mitwirkungsrechte der Kirchen bei der Besetzung der Lehrstühle der Theologischen Fakultäten.[32] Ein Rückgriff

---

28 Zum Entzug der kirchlichen Lehrbefugnis Professor Dr. Hans Küngs. Gemeinsames Kanzelwort und Erklärung der deutschen Bischöfe vom 7. Januar 1980, in: DDB, Hirtenschreiben 25 und bei GREINACHER / HAAG (Fn. 2), 158.

29 Hinweise zur Lösung der Beanstandungsfälle vor 1980 bei SOLTE, Ernst-Lüder, Theologie an der Universität, München 1971, 167 Fn. 192; MUSSINGHOFF, Heinrich, Theologische Fakultäten im Spannungsfeld von Staat und Kirche, Mainz 1979, 438 f.; EMDE, Ernst Thomas, Die theologischen Fakultäten zwischen wissenschaftlicher Freiheit und kirchlicher Bindung, in: AöR 106 (1981) 362 f.; SCHEUNER, Ulrich, Rechtsfolgen der konkordatsrechtlichen Beanstandung eines katholischen Theologen, Berlin 1980, 36-39; HECKEL, Martin, Die theologischen Fakultäten im weltlichen Verfassungsstaat, Tübingen 1986, 57.

30 Zum Stand der Diskussion über das bischöfliche Beanstandungsrecht und die Konsequenzen einer konkordatsgerechten Beanstandung in den 70er Jahren s. SOLTE (Fn. 29), 168-173; DERS., Fakultäten, Theologische, in: TRE X, 793.

31 Art. X Badisches Konkordat.

32 Art. 10 Verf. Baden-Württemberg.

auf die Fakultätsartikel in den deutschen Konkordaten hätte sich angeboten; diese beschränkten sich jedoch auf eine allgemeine Verpflichtung, Abhilfe zu leisten und dabei insbesondere für einen den Lehrbedürfnissen entsprechenden Ersatz zu sorgen. Über weitere Konsequenzen einer Beanstandung schwiegen sie sich aus. Offen war damit die Frage, ob die staatskirchenrechtlichen Verpflichtungen des Landes nur in der Bereitstellung einer Ersatzprofessur bestanden, oder ob die Wissenschaftsverwaltung darüber hinaus auch für die Suspension des Theologen von seiner auf die Kirche bezogenen Funktion in der Fakultät zu sorgen hatte. Die schwierige Situation, in der sich die Landesregierung angesichts der offenen und umstrittenen Rechtsfragen befand, wurde noch dadurch erschwert, dass sie mit einer kritischen Bewertung jeder gegen KÜNG gerichtete Maßnahme durch eine breite Öffentlichkeit rechnen musste.

Die bischöfliche Beanstandung bereitete aber nicht nur der Landesregierung, sondern auch der Universität Tübingen und ihrer Katholisch-Theologischen Fakultät Schwierigkeiten. Dabei war die Universität mit ihrem Präsidenten Adolf THEIS vom Beginn des Konflikts an darum bemüht, eine Eskalation zu verhindern.[33] Auch der Senat der Universität hoffte auf einen Ausgleich zwischen KÜNG und seiner Kirche und präferierte eine Lösung des Konflikts, bei der die Mitgliedschaft des Theologen in seiner Fakultät erhalten bleiben könne.[34]

Die Tübinger Katholisch-Theologische Fakultät schließlich bat KÜNG, alles in seiner Macht stehende zu tun, um den Konflikt zu entschärfen. An den Bischof trug sie den Wunsch heran, Zwischenlösungen zuzulassen, die eine Revision der kirchlichen Beschlüsse erleichterten; und den Senat der Universität bat die Fakultät, die rechtlichen Möglichkeiten für einen Verbleib ihres Kollegen in der Fakultät auszuschöpfen.[35] In der Tendenz wohl eher gegen einen Verbleib ihres Kollegen in der Fakultät votierten sieben Professoren der Fakultät, die in einer auch in der Presse veröffentlichten Erklärung zwar auf die Freiheit von Forschung und Lehre als Individualrecht des einzelnen Wissenschaftlers und der Fakultät hinwiesen, auf der anderen Seite jedoch an die Verpflichtung des Staa-

---

[33] Erklärung der Universität Tübingen zur Entscheidung der Kurie im Fall Professor KÜNG v. 30.12.1979, in: GREINACHER / HAAG (Fn. 2), 153. Noch vor *Missio*-Entzug und Beanstandung hatte das Präsidium der Universität eine Erklärung abgegeben, in der es auf das Spannungsverhältnis zwischen den Bestimmungen des Reichskonkordats und dem Grundrecht auf freie Forschung hingewiesen und die Auffassung vertreten hatte, dass KÜNGS korporationsrechtlicher Status in der Universität durch einen Widerruf der kirchlichen Lehrbefugnis nicht tangiert werden könne.

[34] Entschließung der Universität v. 7.2.1980, in: GREINACHER / HAAG (Fn. 2), 188.

[35] Erklärung des erweiterten Fakultätsrats der Katholisch-Theologischen Fakultät der Universität Tübingen zur Stellung von Professor KÜNG in der Katholisch-Theologischen Fakultät nach dem Entzug der Missio canonica zu Händen des Präsidenten der Universität v. 10.1.1980, in: GREINACHER / HAAG (Fn. 2), 170.

tes erinnerten, die Installation von Einrichtungen zur Umfunktionierung der Theologie in den Theologischen Fakultäten zu verhindern.[36]

2.3. Beanstandungsfolgen im staatskirchenrechtlichen Diskurs

Angesichts der divergierenden Antworten auf die Frage nach den Konsequenzen einer konkordatsgerechten Beanstandung bemühten sich Wissenschaftsministerium und Universität zunächst um eine Klärung der Rechtsfragen, die die Beanstandung KÜNGS und die Forderung des Bischofs nach Abhilfe aufgeworfen hatten. In der zweiten Januarwoche des Jahres 1980 bat das Wissenschaftsministerium den emeritierten Ordinarius für Staatsrecht an der Universität Bonn Ulrich SCHEUNER um ein Gutachten zu den rechtlichen Folgen, die sich aus der Beanstandung KÜNGS nach den konkordatsrechtlichen Vorschriften im Rahmen der verfassungsrechtlichen Ordnung für die Staatsbehörden ergäben. Insbesondere sollte geprüft werden, welche Bedeutung die Beanstandung für das Verbleiben KÜNGS in der Katholisch-Theologischen Fakultät bzw. seine Umsetzung in eine andere Fakultät besitze und welche Bedeutung sich aus Art. 5 Abs. 3 GG und der Autonomie der Hochschule für die Reaktion des Staates auf die bischöfliche Beanstandung ergäbe.

Bereits nach drei Wochen, nachdem ihm der Minister den Gutachtenauftrag erteilt hatte, legte SCHEUNER seine Antwort auf die Fragen des Ministers vor.[37] In seinem Gutachten kam SCHEUNER zu dem Ergebnis, dass KÜNG konkordatsgerecht mit der Verpflichtung für den Staat beanstandet worden sei, einen gleichrangigen Ersatz für den Hochschullehrer zu stellen und für das Ausscheiden des Theologen aus der Fakultät zu sorgen. Diese Verpflichtung begründete SCHEUNER mit der staatskirchenrechtlichen Funktion der Fakultät, die die ihr zugewiesene Bestimmung nicht erfüllen könne, wenn in ihr eine von den Grundlagen der kirchlichen Lehre abweichende oder ihr widersprechende Lehre vertreten werde.[38]

Noch bevor der Wissenschaftsminister auf die bischöfliche Beanstandung reagierte, ergriff KÜNG die Initiative und wies den Minister auf Mängel bei der innerkirchlichen Durchführung des römischen Verfahrens hin. KÜNG kritisierte vor allem, dass ihm keine Gelegenheit zur Äußerung in dem Verfahren gegeben worden sei, das zum Entzug der *Missio* geführt hatte. Auch habe Bischof MOSER beim Entzug der kirchlichen Lehrerlaubnis offenbar nicht aus eigener Überzeu-

---

[36] Kirchenkampf mit Hilfe der Theologie? Gegen die totale Konfrontation im Katholizismus. Erklärung von sieben Professoren der Katholisch-Theologischen Fakultät der Universität Tübingen v. 5.2.1980, abgedr. in der Frankfurter Allgemeinen Zeitung v. 5.2.1980; auch in: GREINACHER / HAAG (Fn. 2), 235.

[37] Das Gutachten wurde 1980 unter dem Titel „Rechtsfolgen der konkordatsrechtlichen Beanstandung eines katholischen Theologen" in Bd. 13 der Staatskirchenrechtlichen Abhandlungen veröffentlicht.

[38] SCHEUNER (Fn. 29), 25, 34 f.

gung, sondern auf höhere Weisung gehandelt, was eine missbräuchliche Handhabung der konkordatären Bestimmungen darstelle.[39]

Die weiter um einen Ausgleich der unterschiedlichen Auffassungen über die Beanstandungsfolgen bemühte Universität begnügte sich für die Vorbereitung ihrer Position nicht mit dem im Auftrag des Wissenschaftsministeriums erstellten Gutachten SCHEUNERS, sondern bat von sich aus mehrere Professoren um ein Votum zu dessen Gutachten. Zwei Professoren publizierten später ihre Stellungnahme. Helmut QUARITSCH, Professor an der Hochschule für Verwaltungswissenschaften Speyer, wies auf die Schwierigkeiten hin, eine gemeinsame Substanz der drei Länderkonkordate zu ermitteln, die nach Art. 19 Satz 2 RK für die bischöflichen Rechte hinsichtlich der Katholisch-Theologischen Fakultät der Universität Tübingen zu berücksichtigen seien.[40] Gemeinsamer Regelungsgehalt dieser Konkordate sei die staatliche Verpflichtung zum Einschreiten. Dieser werde mit der Berufung eines neuen Theologen genügt. Zusätzlich zur Verpflichtung zur Stellung eines Ersatzes habe der Staat dafür zu sorgen, dass der beanstandete Hochschullehrer keine Pflichtveranstaltungen im Rahmen des theologischen Studiums ankündige und keine akademischen Prüfungen in der Fakultät mehr abnehme. Zu weitergehenden Konsequenzen wie der Entfernung aus der Fakultät würden die Konkordate nicht verpflichten. Eine Entfernung gegen den Willen des Theologen wäre unverhältnismäßig und eine Verletzung des Grundrechts der Wissenschaftsfreiheit. Bei der Bezeichnung der Planstelle des Beanstandeten sei allerdings ein Hinweis darauf geboten, dass der Professor sein Amt ohne kirchlichen Lehrauftrag ausübe.

Der Freiburger Professor für Öffentliches Recht Ernst-Wolfgang BÖCKENFÖRDE äußerte sich ebenfalls kritisch zu SCHEUNERS Versuch, aus den Konkordaten oder der Verfassung eine Verpflichtung des Staates zu begründen, für das Ausscheiden des beanstandeten Theologen aus der Fakultät zu sorgen.[41] Die Einwirkungsbefugnisse der Kirche seien aus der Verfassung herzuleiten, und Sache der Kirche sei es zu beurteilen, ob ein Theologe in seiner Forschung und Lehre im Rahmen der Identität des Bekenntnisses verbleibe und daher autorisiert sei, dieses Bekenntnisses zu vertreten. Dem dienten das *Nihil obstat* bei der Berufung und das Beanstandungsrecht. Eine Notwendigkeit zur Herausnahme des beanstandeten Theologen aus der Fakultät sei weder konkordats- noch verfassungsrechtlich zu begründen.

Unabhängig von einem Auftrag des Ministeriums oder der Universität Tübingen äußerten sich mit Alexander HOLLERBACH und Ernst Gottfried MAHRENHOLZ zwei Juristen und mit Klaus SCHOLDER ein Theologe zu den staatskirchen-

---

39 Brief von KÜNG an Wissenschaftsminister ENGLER v. 21.1.1980, in: GREINACHER / HAAG (Fn. 2), 481.

40 QUARITSCH, Helmut, Hans Küng, Tübingen und das Reichskonkordat, in: BWVPr. 8 (1981) 82-89.

41 BÖCKENFÖRDE, Ernst-Wolfgang, Der Fall Küng und das Staatskirchenrecht, in: NJW 34 (1981) 2101 ff.

rechtlichen Fragen des Falls. Der Vertreter des Kirchen- und Staatskirchenrechts an der Universität Freiburg Alexander HOLLERBACH vertrat die Auffassung, dass ein Theologe als Inhaber eines kirchlich gebundenen Staatsamts nach Widerruf des *Nihil obstat* nicht mehr für sich in Anspruch nehmen könne, amtlich autorisierter Lehrer der katholischen Theologie zu sein. Das Ausscheiden aus der Fakultät sei in diesem Fall eine unausweichliche Konsequenz aus den Grundentscheidungen des deutschen Staatskirchenrechts.[42] Die gegenteilige Auffassung vertrat der frühere Kultusminister Niedersachsens Ernst Gottfried MAHRENHOLZ. Eine zwangsweise Entfernung des beanstandeten Theologen aus der Fakultät sei ein unzulässiger Eingriff in dessen korporationsrechtlichen Status. Für die weitere Mitwirkung an Prüfungen sei allerdings eine Zustimmung des Bischofs erforderlich.[43] Im übrigen habe mit der Erklärung der Kongregation für die Glaubenslehre vom 15. Dezember 1979 die falsche Instanz gesprochen. Mit dieser Erklärung habe die Kurie den Aktionsraum des Rottenburger Bischofs, der dem Staat gegenüber die allein entscheidende Instanz bleibe, auf ein Minimum reduziert. Der Inhaber des Lehrstuhls für Kirchenordung in der Evangelisch-Theologischen Fakultät Klaus SCHOLDER appellierte an den Staat, sich angesichts der unsicheren Rechtslage die Entscheidungsfreiheit nicht nehmen zu lassen und plädierte dafür, KÜNG in der Fakultät mit einem Sonderstatus zu belassen.[44]

2.4. Der Konflikt in der parlamentarischen Auseinandersetzung

Während die staatskirchenrechtliche Diskussion des Falls andauerte, griffen die Fraktionen des Baden-Württembergischen Landtags in die Debatte ein.[45] Den Anfang machte die Fraktion der SPD, die in der ersten Januarwoche 1980 die Regierung in einem Dringlichkeitsantrag bat, den Landtag über die Rechtsfolgen aus dem Entzug der kirchlichen Lehrerlaubnis und vor allem über die Rechtsgrundlagen für den von Bischof MOSER geforderten Ausschluss KÜNGS aus der Fakultät zu unterrichten. Vor einer Information des Landtags sollte von weiteren Maßnahmen abgesehen werden.[46] Drei Wochen später zog die Fraktion der FDP / DVP nach. Das Land möge sicherzustellen, dass KÜNG auch künftig Mitglied der Katholisch-Theologischen Fakultät bleiben könne. In Verhandlungen mit der katholischen Kirche sollten die Prüfungsmöglichkeiten für KÜNG für

---

42 HOLLERBACH, Alexander, Rechte eines Professors, in: RhM v. 11.1.1980, 27; auch in GREINACHER / HAAG (Fn. 2), 358.

43 MAHRENHOLZ, Ernst Gottfried, Küng und das Konkordat. Aspekte des Staatskirchenrechts, in: Evangelische Kommentare 13 (1980) 139 ff.

44 SCHOLDER, Klaus, Das Recht der Kirche und die Pflicht des Staates, in: FAZ v. 5.1.1980, 19.

45 S. zum folgenden auch FEUCHTE, Paul, Verfassungsgeschichte von Baden-Württemberg, Stuttgart 1983, 501-507.

46 Antrag der Fraktion der SPD v. 3.1.1980, Landtag von Baden-Württemberg, Drucks. 7/6758.

eine möglichst großzügige Übergangsregelung gesichert und die Voraussetzungen für einen Ersatzlehrstuhl baldmöglichst geschaffen werden.[47]

Vor der Beratung der beiden Anträge hatte KÜNG über die Vorsitzenden der drei Landtagsfraktionen einen Brief an alle Abgeordneten gesandt, in dem er seinen theologischen und rechtlichen Standpunkt im Konflikt mit seiner Kirche erläuterte. Für ihn sei die konkordatsrechtliche Basis für das Vorgehen gegen ihn nicht eindeutig. Auch leide das innerkirchliche Verfahren an Mängeln, nachdem die Verfahren gegen seine Bücher „Die Kirche" und „Unfehlbar? Eine Anfrage" rechtswirksam eingestellt worden seien und gegen das Buch „Christ sein" weder von der Glaubenskongregation noch von der Deutschen Bischofskonferenz das notwendige Lehrbeanstandungsverfahren durchgeführt worden sei.[48]

In der Beratung der Anträge im Plenum des Landtags am 30. Januar 1980 befürwortete die SPD den Verbleib KÜNGS in der Fakultät und vertrat die Auffassung, dass die Landesregierung mit der Stellung eines Ersatzes für den beanstandeten Theologen ihre Verpflichtungen gegenüber der Kirche erfüllt habe.[49] Der Vertreter der FDP wies auf die Notwendigkeit eines rechtlich einwandfreien Verfahrens für die Konfliktlösung hin und forderte eine politische Lösung, bei der KÜNG in der Fakultät bei vollgültigem Ersatz für den Lehrstuhl verbleibe.[50] Der Minister für Wissenschaft und Kunst entgegnete, dass die Frage des Verbleibs des beanstandeten Theologen umstritten sei. Er verwies auf das noch ausstehende Gutachten von SCHEUNER und betonte, dass sich die Entscheidung über die Zukunft KÜNGS in der Universität ausschließlich an rechtlichen Maßstäben zu orientieren habe. Zugleich erklärte der Minister seine Bereitschaft, den Ständigen Ausschuss des Landtags so bald wie möglich über die Rechtsfolgen des *Missio*-Entzugs zu unterrichten und Maßnahmen erst nach Unterrichtung des Ständigen Ausschusses des Landtags zu ergreifen. Weiter sicherte der Minister die Bereitschaft der Landesregierung zu, im Haushalt eine den Lehrbedürfnissen entsprechende Professur der Besoldungsgruppe C 4 vorzusehen.

Der Fraktionsvorsitzende der CDU unterstützte das Votum des Wissenschaftsministers und bekundete das Interesse der Fraktion an einer einvernehmlichen Lösung.[51] Die Debatte endete mit einer Verweisung an den Ständigen Ausschuss des Landtags. In dessen Sitzung am 17. April 1980 unterrichtete der Minister die Abgeordneten über den in der Zwischenzeit gefundenen Konsens bei der Lösung des Falls. KÜNG habe sich mit dem Ausscheiden aus der Fakultät einverstanden erklärt. Dies sei rechtlich erforderlich. Ein Abgeordneter der SPD erwiderte, dass der staatsrechtliche Aspekt des Falls mit der einvernehmlichen Lösung

---

47 Antrag der Fraktion der FDP / DVP v. 25.1.1980, Drucks. 7/6858.

48 Brief v. 28.1.1980, in: GREINACHER / HAAG (Fn. 2), 486.

49 Landtag von Baden-Württemberg, 7. Wahlperiode, 92. Sitzung v. 30.1.1980, 6494 und 6499.

50 Abg. ENDERLEIN, 6495.

51 Abg. TEUFEL, 6496.

noch nicht erledigt sei, und dass aus der Art und Weise, wie der Fall gelöst worden sei, keine Präzedenzrechte für die Zukunft abgeleitet werden dürften.[52] Mehrheitlich empfahl der Ausschuss, die Anträge der SPD und FDP / DVP durch die Erklärung der Regierung für erledigt zu erklären. Dieser Beschlussempfehlung stimmte das Plenum des Landtags am 22. April 1980 zu. Bei ihrer Beratung gaben die Fraktionen Erklärungen zur Abstimmung ab.[53] Für die SPD wies der Abgeordnete Dr. Helmut MÜNCH auf den Vorrang der Grundrechte vor diesen widersprechendem Konkordatsrecht hin. Für die FDP vertrat der Abgeordnete ENDERLEIN die Auffassung, dass aus der Kontroverse die katholische Kirche als Sieger hervorgegangen sei und der Vorrang der Freiheit von Forschung und Lehre es verbiete, dass die Katholisch-Theologischen Fakultäten immer stärker den Charakter von Außenstellen ihrer jeweiligen Amtskirche annähmen. Für die CDU schließlich würdigte deren Fraktionsvorsitzender TEUFEL die besonnene und vermittelnde Haltung des Wissenschaftsministers, das Entgegenkommen KÜNGS bei der Lösung des Konflikts, den großen Einsatz des Universitätspräsidenten und die verständnisvolle Haltung des Bischofs von Rottenburg.

2.5. Fortgang und Lösung des Konflikts

Gelöst worden war der Konflikt, nachdem in der Zwischenzeit weitere Gespräche zwischen KÜNG, der Universität, dem Ministerium und dem Bischof von Rottenburg stattgefunden hatten. Bei diesen Gesprächen bemühten sich alle Beteiligten darum, den Streit um die Konsequenzen der bischöflichen Beanstandung nicht eskalieren zu lassen. Diese Bemühungen waren erfolgreich. Mit Schreiben vom 8. April 1980 unterrichtete KÜNG den Universitätspräsidenten über eine einvernehmlich gefundene Lösung.[54] Danach sollten ihm Lehrstuhl und Institut erhalten bleiben. Er sehe sich allerdings gezwungen, die Fakultät vorläufig, bis zu einer eventuellen Wiedererteilung der *Missio canonica*, zu verlassen. Eine Versetzung in eine andere Fakultät lehne er aufgrund seines wissenschaftlichen Selbstverständnisses und seiner Glaubensüberzeugung als katholischer Theologe ab. Sein Lehrstuhl solle die Bezeichnung „Lehrstuhl für ökumenische Theologie" erhalten und verbunden mit seinem Institut aus der Katholisch-Theologischen Fakultät ausgegliedert und unmittelbar dem Senat

---

52 Landtag von Baden-Württemberg, Beschlussempfehlung und Bericht des Ständigen Ausschusses (Drucks. 7/7044) zu a) dem Antrag der Fraktion der SPD – Entzug der Lehrerlaubnis von Professor Küng (Drucks. 7/6758); b) dem Antrag der FDP / DVP – Verbleib von Professor Küng an der Katholisch-Theologischen Fakultät der Universität Tübingen (Drucks. 7/6858).

53 Landtag von Baden-Württemberg, 7. Wahlperiode, 96. Sitzung am 22.4.1980, Drucks. 7/6792.

54 Brief KÜNGS an Universitätspräsident THEIS v. 8.4.1980, der nachrichtlich auch dem Wissenschaftsminister zuging, in: GREINACHER / HAAG (Fn. 2), 534.

unterstellt werden. Ausdrücklich wies KÜNG darauf hin, dass er die Fakultät nicht aus freien Stücken verlasse. Es gehe ihm vielmehr darum, Schaden von der Universität abzuwenden und zu verhindern, dass das Land durch die Maßnahmen seiner Kirche in schwer lösbare staatskirchenrechtliche Konflikte hineingezogen werde.

Der Universitätspräsident machte sich die Anliegen KÜNGS zu eigen, und der Minister stimmte der neuen Funktionsbeschreibung der Professur und der mit dieser verbundenen Änderung der Dienstaufgaben des Theologen zu. Zugleich stellte der Minister fest, dass die Änderung der Dienstaufgaben das Ausscheiden KÜNGS aus der Fakultät zur Folge habe. Weiter erklärte der Minister sein Einverständnis mit einer für eine Übergangszeit vorgesehenen Zuordnung der Planstelle zum Präsidenten der Universität und einer Organisation des neuen Instituts für ökumenische Forschung als zentrale Universitätseinrichtung. Der Minister unterrichtete den Ständigen Ausschuss des Landtags über die in der Presse als Kompromiss charakterisierte Lösung des Falls, und in seiner Sitzung am 17. April 1980 erklärte der Landtag die Anträge der SPD und FDP für erledigt.

Offen geblieben war noch die Frage nach der Mitwirkung KÜNGS in den Promotions- und Habilitationsverfahren seiner alten Fakultät. Nachdem sich der Bischof von Rottenburg unter Berufung auf das Konkordatsrecht gegen eine solche Mitwirkung ausgesprochen hatte, entschied das Ministerium nach Prüfung der Rechtslage, dass KÜNG bis zur Wiedererlangung der *Missio canonica* in keinem Stadium des Verfahrens als Gutachter oder Prüfer bei Promotionen und Habilitationen mitwirken könne, die Fakultät jedoch die Möglichkeit habe, ihn in beratender Funktion an diesen Verfahren zu beteiligen.

Die für den Ersatz des aus der Fakultät ausgeschiedenen Theologen erforderliche Professur stellte der Landtag im Staatshaushaltsplan 1981 zur Verfügung. Besetzt wurde sie zum Wintersemester 1982/83 mit dem von der Katholisch-Theologischen Fakultät der Universität Münster berufenen Dogmatiker Peter HÜNERMANN, der die Professur bis zu seiner Emeritierung im Jahr 1997 inne hatte. Die zunächst für eine Übergangszeit vorgesehene Lösung des Konflikts mit einem Status der Professur für ökumenische Theologie und des Instituts „extra facultatem" hatte Bestand, bis KÜNG 1996 emeritiert wurde. Bei seiner Verabschiedung erklärte der Dekan der Katholisch-Theologischen Fakultät, dass seine Fakultät die damalige Entwicklung bedauere. Zugleich forderte er KÜNGS volle Rehabilitierung als katholischer Theologe. Dieser Forderung trat der damalige Rottenburger Bischof Dr. Walter KASPER mit dem Hinweis entgegen, dass der Schlüssel zur Rehabilitierung bei KÜNG selbst liege. Dieser könnte seine Position in einer Weise darlegen, aus der deutlich werde, dass und wie diese auf der Basis und unter der Norm katholischer Kirchlichkeit stehe.[55]

---

[55] Erklärung des Rottenburger Bischofs Dr. Walter KASPER v. 24.2.1996 (Quelle: Südwest-Presse v. 27.2.1996, 8). KÜNG entgegnete in derselben Ausgabe der Zeitung, dass er seit dem *Missio*-Entzug in einer ganzen Reihe von Publikationen seinen Standpunkt in den umstrittenen Fragen präzisiert, geklärt und differenziert habe. In der Zwischen-

Nach der Emeritierung KÜNGS wurde sein Institut in die Katholisch-Theologische Fakultät eingegliedert. Die Leitung wurde dem zum Sommersemester 1992 in die Fakultät berufenen Professor für Dogmatische Theologie und Dogmengeschichte Bernd Jochen HILBERATH übertragen.

3. Staatskirchenrechtliche Aspekte des Konflikts

Die Forderung des Bischofs von Rottenburg nach Entfernung KÜNGS aus der Fakultät warf Fragen auf, die die Feststellung Richard PUZAS bestätigen, dass das Recht der Katholisch-Theologischen Fakultäten eine „äußerst heikle Materie“ ist.[56] Die Fragen haben ihre Aktualität auch mehr als zwanzig Jahren nach dem Konflikt nicht verloren. Angezeigt ist deshalb eine Untersuchung, wie die staatskirchenrechtlichen Fragen[57] im Zusammenhang mit der Causa KÜNG heute unter Berücksichtigung der Weiterentwicklung des Rechts der Katholisch-Theologischen Fakultäten durch neue konkordatäre Regelungen und die staatskichenrechtliche Lehre zu beantworten sind.

3.1. Rechtsgrundlage für das Handeln des Staates

Bei seiner Reaktion auf die bischöfliche Beanstandung hatte sich der Wissenschaftsminister zunächst der Rechtsgrundlagen für sein Handeln zu vergewissern. Der Fakultätsartikel in der Landesverfassung half mit seiner Beschränkung der Rechte auf die Mitwirkung bei der Besetzung der theologischen Lehrstühle nicht weiter. Ebenso wenig bestand die Möglichkeit, auf eine unmittelbar für die Tübinger Fakultät relevante konkordatäre Regelung zurückzugreifen, da das Land Verpflichtungen aus einem Länderkonkordat mit dem Badischen Konkordat nur für den badischen Landesteil eingegangen war. Eine allgemeine, auch für die Tübinger Fakultät relevante Regelung für das Verhältnis einer Katholisch-Theologischen Fakultät zur Kirche stand allerdings mit dem Reichskonkordat zur Verfügung. Dieses verweist für das Verhältnis der Katholisch-Theologischen Fakultäten zur kirchlichen Behörde auf die einschlägigen Konkordate und die dazu gehörenden Schlussprotokolle.[58] Zugleich verpflichtetet es den Staat, für die Katholisch-Theologischen Fakultäten Deutschlands eine der Gesamtheit der einschlägigen Bestimmungen entsprechende einheitliche Praxis zu

---

zeit sei von kompetenten katholischen Theologen die volle Katholizität seiner Theologie bestätigt worden.

56 PUZA, Richard, Fakultätenrecht im Wandel der Zeiten, in: ThQ 176 (1996) 140.

57 Nicht eingegangen wird auf die theologische Diskussion über die Legitimität des *Missio*-Entzugs. S. dazu etwa KEHL, Medard, Ekklesiologische und christologische Überlegungen zur Theologie Küngs, in: BERSCH, Ludwig / KEHL, Medard (Hg.), Zur Sache. Theologische Streitfragen im „Fall Küng“, Würzburg 1980, 119-151.

58 Art. 19 Satz 2 RK.

sichern.[59] Ob diese Bestimmung nur eine Verpflichtung zur Schaffung eines einheitlichen Fakultätenrechts normierte, oder ob mit ihr ein solches einheitliches und auch für die Tübinger Fakultät relevantes Fakultätenrecht bereits geschaffen worden war, war 1980 noch umstritten.[60] Heute hat sich die Auffassung durchgesetzt, dass sich die bischöflichen Rechte in Bezug auf die Tübinger Fakultät aus einer Gesamtschau der einschlägigen konkordatären Regelungen ergeben, die in ihren Bestimmungen über die Voraussetzungen der bischöflichen Beanstandung und deren Konsequenzen im Wesentlichen übereinstimmen und auch für die Tübinger Fakultät gelten.[61]

3.2. Kirchliches Verfahren und staatliche Prüfungskompetenz

In der Auseinandersetzung mit seiner Kirche und in seiner Argumentation gegenüber der Wissenschaftsverwaltung hatte KÜNG mehrfach auf Mängel im Verfahren hingewiesen, in dem die Glaubenskongregation einen Widerspruch seiner Lehrmeinungen zur verbindlichen Lehre der Kirche festgestellt hatte. Zu Recht ließ sich das Wissenschaftsministerium nicht auf eine Diskussion der Frage ein, ob die Kirche im Konflikt mit ihrem Theologen in Übereinstimmung mit ihren Normen für die Lehrbeanstandung gehandelt hatte.[62] Denn mögliche Fehler im

---

59 Art. 19 Satz 3 RK.

60 Zum Streitstand siehe HECKEL (Fn. 29), 49 Fn. 85.

61 S. etwa SCHEUNER (Fn. 29), 14; dazu auch HECKEL (Fn. 29), 49 Fn. 85.

62 Die kirchenrechtlichen Fragen des Falls waren in erster Linie Verfahrensfragen. In seiner Argumentation gegenüber dem Wissenschaftsministerium hatte KÜNG auf Verfahrensmängel bei der innerkirchlichen Durchführung des Lehrverfahrens nach der 1971 von der Glaubenskongregation erlassenen neuen Verfahrensordnung zur Prüfung von Lehrfragen (Nova agendi ratio in doctrinarum examine v. 15.1.1971, in: AAS 63 [1971] 234-236; dt. Übersetzung in: AKathKR 140 [1971] 169-172) aufmerksam gemacht. Mit dem Hinweis darauf, dass das Verfahren gegen seine beiden Bücher „Die Kirche" und „Unfehlbar?" mit dem römischen Dekret v. 15.2.1975 abgeschlossen worden und ein neues Verfahren gegen ihn nicht eröffnet worden sei (Brief an Minister ENGLER v. 21.1.1980, in: GREINACHER / HAAG [Fn. 2], 481) hatte KÜNG auf eine Schwachstelle im römischen Verfahren aufmerksam gemacht. Neben dem Lehrbeanstandungsverfahren der Glaubenskongregation gab es bereits in der Zeit, in der KÜNG die *Missio* entzogen wurde, ein Lehrbeanstandungsverfahren bei der Deutschen Bischofskonferenz mit einer Verfahrensordnung v. 21.9.1972 (Neufassung v. 4.5.1981), das gegenüber dem römischen Verfahren nachrangig ist. Von der Möglichkeit, KÜNGS Bücher nach diesem Verfahren einer Überprüfung zu unterziehen, hatte weder Bischof MOSER noch der Autor selbst Gebrauch gemacht. Eine Verpflichtung hierzu bestand für den Bischof, dessen Lehr- und Hirtenverantwortung durch das Verfahren bei der Deutschen Bischofskonferenz nicht geschmälert wird, nicht. S. dazu und zum Verhältnis des römischen zum konkordatären *Nihil obstat* HOLLERBACH, Alexander, Theologische Fakultäten und staatliche Pädagogische Hochschulen, in: HdbStKR^2 II 577 f.; PUZA (Fn. 56), 139; HECKEL, Martin, Der Rechtsstatus der Theologischen Fakultäten im freiheitlichen, religiös neutralen Verfassungsstaat, in: FRANZ, Albert / BAUMGARTNER, Hans Michael (Hg.), Bindung an die Kirche oder Autonomie? Theologie im gesellschaftlichen Dis-

kirchlichen Lehrverfahren waren für die Frage, ob KÜNG in Übereinstimmung mit den einschlägigen staatskirchenrechtlichen Bestimmungen beanstandet worden war, ohne Relevanz.[63] Für die Landesregierung konnte es deshalb nur darauf ankommen, dass Bischof MOSER bei der Beanstandung der Lehre KÜNGS die einschlägigen Konkordatsbestimmungen beachtet hatte.[64] Ohne Relevanz für die Frage, ob KÜNG *rite* beanstandet worden war, war deshalb auch die Frage, ob Bischof MOSER sich aus eigenem Antrieb mit der Beanstandung an den Staat gewandt hatte[65], oder die eigentliche Entscheidung über den *Missio*-Entzug möglicherweise in Rom und nicht in Rottenburg getroffen worden war.[66] Im übrigen hatte Bischof MOSER in seinem Beanstandungsschreiben an den Wissenschaftsminister ausdrücklich darauf hingewiesen, dass er sich die am 15. Dezember 1979 publizierte Entscheidung der Glaubenskongregation zu eigen mache. Diese Entscheidung traf der Bischof kraft seiner Verantwortung als *Magnus Cancellarius* für die Tübinger Katholisch-Theologische Fakultät.[67]

Ebenso wenig wie die Frage, ob Bischof MOSER bei seiner Entscheidung aus eigenem Antrieb gehandelt hatte, unterlag die Frage, ob eine Kritik am Dogma der päpstlichen Infallibilität tatsächlich ein eine „ernstliche Beanstandung" rechtfertigender „ärgerlicher Verstoß" gegen die kirchliche Lehre war, einer Prüfungskompetenz des Staates. Zu Recht ließ sich deshalb der Wissenschaftsminister auf eine Diskussion dieser Frage nicht ein, denn mit der Inanspruchnahme einer entsprechenden Kompetenz hätte er in den Kernbereich des kirchlichen Selbstbestimmungsrechts eingegriffen. Der dieses Recht respektierende und seine Neutralität in Glaubensfragen bewahrende Staat musste sich auf die Prüfung der Frage beschränken, ob der Bischof „ernsthaft" einen Widerspruch zur kirchlichen Lehre vorgetragen hatte. Die Austragung des Konflikts um die

---

kurs, Freiburg i. Br. 1999, 70, auch in: HECKEL, Martin, Gesammelte Schriften IV, Tübingen 1997, 969.

63 S. dazu auch HECKEL (Fn. 29), 54.

64 So auch HECKEL (Fn. 29), 53; DERS. (Fn. 62), 69 f.

65 Zur Einstellung des Rottenburger Bischofs in der Kontroverse aus der Sicht KÜNGS s. das Interview mit KÜNG aus Anlass des Todes von Bischof MOSER im Schwäbischen Tagblatt v. 10.5.1988. KÜNG vertrat in diesem Interview die Auffassung, dass MOSER allein für den Entzug der *Missio* verantwortlich gewesen sei und durchaus die Möglichkeit gehabt hätte, „römischen Pressionen" zu widerstehen.

66 Die Auffassung, dass bei der Verurteilung der Lehre KÜNGS „die falsche Instanz" gesprochen habe, vertrat MAHRENHOLZ (Fn. 43), 139; anderer Ansicht HECKEL (Fn. 29), 54 f.

67 Amt und Funktion des Großkanzlers sind in der Ap. Konst. „Sapientia Christiana" v. 15.4.1979 (Artt. 12, 13, 27) und im Akkomodationsdekret für die Katholisch-Theologischen Fakultäten in Deutschland geregelt. Danach wird das Amt des Großkanzlers im Bereich der DBK vom Ortsordinarius wahrgenommen. Diesem obliegen insbesondere Erteilung und Widerruf des *Nihil obstat* und die Sorge für die Einhaltung der Normen des kirchlichen Hochschulrechts.

wahre Lehre hatte er der theologischen Wissenschaft und der Kirche zu überlassen.[68]

3.3. Beanstandungsfolgen

Heute besteht ein breiter Konsens über die Folgen der bischöflichen Beanstandung eines Universitätstheologen: Der konkordatsgerecht beanstandete Theologe hat aus seiner Funktion in der Katholisch-Theologischen Fakultät, für die er eingestellt worden war, auszuscheiden. Denn der in der Theologischen Fakultät lehrende und forschende Theologe hat als Inhaber eines kirchlich gebundenen Staatsamts in seiner Person der Funktion der Fakultät gerecht zu werden, die Verfassungen und Staatskirchenverträge der Kirche garantieren. Diese Funktion ist auch auf die Kirche bezogen, und ihr Selbstbestimmungsrecht schützt die Kirche von einer Verfremdung ihrer Lehre in der Theologischen Fakultät des Staates. Gegen sie gerichtete Kampfpositionen, wie sie vor allem der preußische Staat im Kulturkampf zuließ[69], braucht sie nicht zu tolerieren. Wenn die Kirche die begründete Auffassung vertritt, dass der Theologe der Aufgabe, für die ihn der Staat berufen und für die ihm die Kirche die Lehrerlaubnis erteilt hat, nicht mehr gerecht werden kann und deshalb das Ausscheiden aus der Fakultät fordert, ist der Funktionsverlust eine zwingende Forderung des Staatskirchenrechts.[70] In der Zwischenzeit hat der Staat seine sich hieraus ergebenden Verpflichtungen in mehreren Staatskirchenverträgen anerkannt[71], und auch die

---

68 S. dazu HECKEL (Fn. 62), 85.

69 Die Kultusverwaltungen beließen die mit der Kirche wegen des Unfehlbarkeitsdogmas in Konflikt geratenen Theologen bis zu deren altersbedingtem Ausscheiden in ihren Ämtern. S. dazu SOLTE, Ernst-Lüder, Die deutschen katholisch-theologischen Fakultäten im Konflikt um die päpstliche Unfehlbarkeit, in: FS Heckel, 251-274.

70 Ebenso LORENZ, Dieter, Wissenschaftsfreiheit zwischen Kirche und Staat, Konstanz 1976, 29; SOLTE (Fn. 30), 293 f.; MUSSINGHOFF (Fn. 29), 440; SCHEUNER (Fn. 29), 45 f.; BRAUN, Klaus, Kommentar zur Landesverfassung des Landes Baden-Württemberg, Stuttgart 1984, Art. 10 Rn. 12; HECKEL (Fn. 29), 56-59, 62-66; DERS. (Fn. 62), 88; HOLLERBACH (Fn. 62), 580 ff.; DERS., Aktuelle Fragen aus dem Recht der Theologischen Fakultäten, in: ThQ 171 (1991) 259; DERS., Freiheit kirchlichen Wirkens, in: HStR VI, Heidelberg ²2001, § 140 Rn. 50; CAMPENHAUSEN, Axel von, Theologische Fakultäten / Fachbereiche, in: Handbuch des Wissenschaftsrechts I, hg. v. FLÄMIG, Christian, Berlin u. a. ²1996, 977 ff.; DERS., Staatskirchenrecht, München ³1996, 251; DERS., in: MANGOLDT, Hermann von / KLEIN, Friedrich / STARCK, Christian, Bonner Grundgesetz III, München ⁴2001, Art. 137 WRV Rn. 121; DERS., Die Rechtsstellung der Theologischen Fakultäten in Deutschland, in: ZevKR 47 (2002) 427; JEAND'HEUR, Bernd / KORIOTH, Stefan, Grundzüge des Staatskirchenrechts, Stuttgart 2000, 227 Rn. 329.

71 Eine Verpflichtung des Staates, für das Ausscheiden des konkordatsgerecht beanstandeten Theologen zu sorgen, wurde anerkannt für die Katholisch-Theologischen Fakultäten in Nordrhein-Westfalen. S. Einvernehmliche Interpretation zwischen Kirche und Staat vom Jahre 1979 bezüglich der Rechtsfolgen des bischöflichen „Nihil obstat" im Land Nordrhein-Westfalen, in: LISTL, Joseph, Die Konkordate und Kirchenverträge II, Berlin

Staatspraxis ist der Forderung nach Funktionsenthebung des *rite* beanstandeten Theologen jedenfalls für die Katholisch-Theologischen Fakultäten[72] in mehreren Fällen gerecht geworden.[73]

Ausdrücklich garantiert der Staat in den Konkordaten die „staatsdienerlichen Rechte" des konkordatsgerecht beanstandeten Theologen.[74] Diese sind nicht nur die mit dem Beamtenstatus des Hochschullehrers verbundenen Rechte, sondern vor allem auch die im Grundrecht der Wissenschaftsfreiheit begründeten Rechte auf Freiheit der Forschung und Lehre und Teilhabe an öffentlichen Mitteln als den äußeren Rahmenbedingungen für die Ausübung seines Grundrechts.[75] Wie jeder andere Hochschullehrer hat deshalb auch der beanstandete Hochschullehrer ein Recht auf Mindestausstattung mit den für seine Lehre und Forschung benötigten Sach- und Personalmitteln, und der korporationsrechtliche Status als Mitglied der Universität bleibt unberührt. Das Land Baden-Württemberg und die Universität Tübingen erfüllten ihre Verpflichtungen gegenüber ihrem Professor „extra facultatem", indem sie ihm Lehrstuhl und Institut mit der gebotenen personellen und sachlichen Ausstattung zur Verfügung stellten.

4. Abschließende Bemerkungen

Die Geschichte der Katholisch-Theologischen Fakultäten ist auch die Geschichte der Konflikte ihrer Mitglieder mit dem Lehramt der Kirche. In dieser Geschichte kommt dem Konflikt KÜNGS mit der Kongregation für die Glaubenslehre und dem Bischof von Rottenburg-Stuttgart eine besondere Bedeutung zu. Die Katholische Kirche hatte sich mit einem Theologen auseinanderzusetzen, der hohes wissenschaftliches Ansehen genoss und dessen Engagement für ein zeitgemäßes Christentum über die Grenzen seiner Kirche hinweg eine weltweite

---

1987, 272-295. Für Bayern s. Schlussprotokoll zu Art. 3 §§ 2 und 3 des Vertrags zur Änderung und Ergänzung des Bayerischen Konkordats v. 4.9.1974 (GVBl. 541) und Art. 129 Abs. 1 Satz 2 BayHSchG in der Fassung der Bekanntmachung v. 2.10.1998. Für Sachsen s. Art. 5 Abs. 3 des Vertrags zwischen dem Hl. Stuhl und dem Freistaat Sachsen v. 2.7.1996 (GVBl. 1997, 18) und für Sachsen-Anhalt Art. 5 Abs. 3 des Vertrags zwischen dem Hl. Stuhl und dem Land Sachsen-Anhalt v. 15.1.1998 (GVBl. 160).

72 Dazu, dass auch die Evangelische Kirche die Abberufung eines Theologen aus einer Evangelisch-Theologischen Fakultät verlangen kann, wenn dieser für seine auf die Kirche bezogene Aufgabe nicht mehr geeignet ist, s. SOLTE, Ernst-Lüder, Kirche, Staat und evangelische Theologe, in: FS Hollerbach, 800.

73 So wurde etwa in Baden-Württemberg 1969 ein Professor an der Pädagogischen Hochschule Reutlingen nach Entzug der *Missio canonica* seiner auf die Ausbildung von katholischen Religionspädagogen bezogenen Funktion enthoben. 1988 wurde ein beanstandeter Ordinarius an der Universität Tübingen in die Fakultät für Sozial- und Verhaltenswissenschaften umgesetzt. Ein Jahr später wurde einem ebenfalls in Tübingen lehrenden Professor nach Beanstandung durch den Bischof von Rottenburg-Stuttgart eine Professur in der Fakultät für Informatik übertragen.

74 So etwa die Formulierung im Schlussprotokoll zu Art. 12 Abs. 1 Satz 2 PreußK.

75 BVerfGE 35, 79 (113); BVerfGE 67, 13 (16).

Anerkennung gefunden hatte. Die Landesregierung zwang die Beanstandung KÜNGS zu einer Entscheidung, die sie in jedem Fall der Kritik aussetzen musste. Sie entschied sich in diesem Konflikt für eine Lösung, die der staatskirchenrechtlichen Funktion einer Theologischen Fakultät gerecht wurde, zugleich jedoch sowohl die Grundrechte des Theologen wie seinen Beamtenstatus respektierte. Die Lösung konnte so die Zustimmung all derer finden, die in die Kontroverse involviert waren und mit Besonnenheit und Kompromissbereitschaft die These von der „prinzipiellen Unlösbarkeit des Falles“[76] widerlegten.

Die Auseinandersetzung um KÜNG brachte den Staat in eine Situation, in der er die staatskirchenrechtliche Funktion einer Katholisch-Theologischen Fakultät zu legitimieren hatte. Diese Aufgabe hatte er in einem politischen Umfeld zu erfüllen, in dem die Vermittlung des Verständnisses für die Funktion Theologischer Fakultäten in einem säkularen Staat und die Begründung ihrer Legitimation in der Universität des Staates schwieriger geworden war und dies trotz der rechtlichen Sicherung von Bestand und Funktion der Fakultäten. Rechtsgarantien allein werden allerdings auf Dauer nicht ausreichen, um die Existenzberechtigung einer Theologenausbildung in den Einrichtungen des Staates zu begründen. Erforderlich hierfür ist zunächst, dass die Fakultäten auch in Zukunft für ihre staatskirchenrechtlichen Funktionen in Anspruch genommen werden[77] und die Kirche den Wandel in ihrer Funktion von ursprünglich primär der Priesterausbildung gewidmeten Ausbildungsstätten zu Einrichtungen akzeptiert, die auch für andere Berufe der Kirche ausbilden und dies nicht nur durch Theologen im Priesterstand.[78] Wichtig für den Fortbestand der Katholisch-Theologischen Fakultäten ist schließlich, dass die Kirche auch in Zukunft von dem sensiblen Instrument der Beanstandung eines Universitätstheologen nur in Ausnahmefällen Gebrauch macht, in denen sie die Lehre eines Theologen um ihres Auftrags und des Auftrags der Fakultät willen nicht mehr verantworten kann.

---

76 So die Wertung von FEUCHTE (Fn. 45), 502.

77 Die Zahl der Studierenden in den deutschen Katholisch-Theologischen Fakultäten ist seit dem WS 1992/93 ständig zurückgegangen.

78 Nach einem Beschluss der DBK v. 21.-24.2.1972 zur Habilitation und Berufung von Nichtpriestern an den Katholisch-Theologischen Fakultäten und Philosophischen Hochschulen, dem Akkomodationsdekret Nr. 9 zur Ap. Konst. „Sapientia Christiana“ v. 1.1. 1983 und der „Ratio fundamentalis institutionis sacerdotalis“ v. 6.1.1970 sollen in der Regel nur Priester als Theologieprofessoren bestellt werden. S. dazu PUZA, Richard, Die „Handreichung für die kirchliche Mitwirkung bei der Berufung von Theologieprofessoren“ der Zentralstelle Bildung der Deutschen Bischofskonferenz von 1997, in: FRANZ / BAUMGARTNER (Fn. 62), 204 f., 215 f.

V. Heiligungsdienst der Kirche

Beteiligung nichtkatholischer Christen am Taufpatenamt

Reinhild Ahlers

Das Thema Taufpatenschaft ist – obwohl es in der kirchenrechtswissenschaftlichen Diskussion eher abseitig scheint – in der verwaltungskanonistischen Praxis ein immer wieder viel diskutiertes Thema. Davon zeugen unter anderem etliche Verlautbarungen in kirchlichen Amtsblättern zu dieser Thematik.[1] Es geht dabei hauptsächlich um Fragen der Zulassung zum Patendienst, wenn der designierte Pate etwa aus der Kirche ausgetreten ist oder in einer ungültigen Ehe lebt, oder auch um den Wechsel von Taufpaten, wenn der ursprüngliche Pate sich nicht mehr um sein Patenkind kümmert oder von den Eltern nicht mehr als Pate gewünscht wird.[2] Mehr und mehr tritt jedoch auch die Frage der Beteiligung nichtkatholischer Christen in den Vordergrund des Interesses, insbesondere in Diasporagebieten und bei konfessionsverschiedenen Ehen, wenn ein geeigneter katholischer Pate (angeblich) nicht gefunden werden kann.[3] Eine jüngst erschienene Pastoralinstruktion des Bischofs von Eichstätt beschäftigt sich mit dieser Problematik und sucht nach gangbaren Lösungsmöglichkeiten[4], die im folgenden kritisch beleuchtet werden sollen. Zunächst soll jedoch die Möglichkeit der Beteiligung nichtkatholischer Christen am Taufpatenamt gemäß der Rechtslage im CIC dargestellt werden.

---

1 Vgl. z. B. ABl. Limburg 136 (1994) 138; ABl. Köln 133 (1993) 129; KABl. Osnabrück 109 (1993) 230 f.; KABl. Rottenburg-Stuttgart 43 (1994) 39; VBl. Militärbischof 29 (1993) 86.

2 Vgl. zu diesen Fragen AHLERS, Reinhild, Das Tauf- und Firmpatenamt im Codex Iuris Canonici, Essen 1996, 33-37 und 52 ff.

3 Es muss dabei bedacht werden, dass Taufpaten oftmals nach dem Kriterium ausgesucht werden, ob sie die Sorge für das Kind übernehmen könnten, falls den Eltern etwas zustößt. Dies ist jedoch weder Inhalt der Umschreibung der Aufgaben eines Paten nach can. 872 CIC, noch ist die Patenschaft für staatliche Behörden ein Kriterium für die Regelung der Vormundschaft für verwaiste Kinder. Es ist zwar zu begrüßen, wenn ein Pate im Wissen um seine Verantwortung für das religiöse Leben seines Taufkindes auch die sonstige Sorge für das Kind anstrebt. Die Entscheidung darüber trifft aber gemäß § 1779 Abs. 1 BGB allein das Vormundschaftsgericht nach Anhörung des Jugendamtes. Nach Abs. 2 dieses Paragraphen ist bei der Auswahl auch das religiöse Bekenntnis des Mündels zu beachten. Ob der jeweilige Bearbeiter jedoch den Taufpaten bevorzugt berücksichtigt, steht in seinem Ermessen.

4 Pastoralinstruktion „Der Dienst der Tauf- und Firmpaten“ v. 29.4.2002, in: PBl. Eichstätt 149 (2002) 93 f., mit einem ausführlichen Kommentar ebd., 94-100.

1. Ekklesiologische Vorüberlegungen

Nach der Ekklesiologie, die dem CIC/1917 zugrunde lag, wurde der Mensch durch die Taufe in die eine Kirche Jesu Christi eingegliedert, die mit der katholischen Kirche in ausschließlicher Weise identifiziert wurde. Die Existenz nichtkatholischer Kirchen und Gemeinschaften wurde negiert. Diejenigen, die in einer nichtkatholischen Kirche oder kirchlichen Gemeinschaft gültig getauft worden waren, gehörten durch diese Taufe der katholischen Kirche an. Wegen ihres fehlenden Bekenntnisses zur katholischen Kirche wurden sie jedoch als materielle Häretiker und Schismatiker bezeichnet und konnten als solche ihre Gliedschaftsrechte in der Kirche aufgrund eines „obex" (can. 87 CIC/1917) nicht ausüben. Das beinhaltete natürlich auch, dass sie bei einer katholischen Taufe nicht die Taufpatenschaft übernehmen konnten (can. 765, 2° CIC/1917).

In seiner Kirchenkonstitution „Lumen gentium" rückte das II. Vatikanische Konzil von der ausschließlichen Identifizierung der Kirche Christi mit der katholischen Kirche ab. Von der Kirche Christi wird jetzt gesagt, dass sie in der katholischen Kirche verwirklicht sei, aber es auch außerhalb der katholischen Kirche kirchenbildende Elemente[5] gebe. Nichtkatholische Kirchen und kirchliche Gemeinschaften werden folglich als solche anerkannt.[6] Insofern werden nichtkatholische Christen durch die Taufe in ihre jeweilige Kirche oder kirchliche Gemeinschaft eingegliedert und verwirklichen dort ihre christliche Existenz.[7] Je nach dem Grad der Übereinstimmung der jeweiligen Kirche oder kirchlichen Gemeinschaft in den drei *vincula*, die die *plena communio* der katholischen Kirche ausmachen, ist Kirchengemeinschaft umschreibbar und eine *communicatio in sacris* möglich. Aufgrund dessen können nichtkatholische Christen unter bestimmten Umständen christliche Pflichten und Rechte auch in der katholischen Kirche wahrnehmen.

Im Hinblick auf nichtkatholische Konfessionen spricht das Konzil von Kirchen und kirchlichen Gemeinschaften. Diese begriffliche Unterscheidung ist zugleich eine wertende. Kriterium dafür, als Kirche bezeichnet zu werden, ist die apostolische Sukzession. Das Konzil bezeichnet die getrennten Christen des Orients als „Kirchen", die aus der abendländischen Reformation hervorgegangenen als „Kirchen und kirchliche Gemeinschaften".[8]

---

5 Vgl. VatII LG 8, 2.

6 Vgl. VatII UR 3.

7 Vgl. dazu REINHARDT, Heinrich J.F., Reflexionen zur ekklesiologischen Stellung der nichtkatholischen Christen im CIC/1983, in: FS Heinemann (60), 105.

8 Vgl. dazu AHLERS, Reinhild, Communio Eucharistica. Eine kirchenrechtliche Untersuchung zur Eucharistielehre im Codex Iuris Canonici, Regensburg 1990, 154 ff.

2. Der orthodoxe Christ als Taufpate

Anders als das Gesetzbuch von 1917 ermöglicht der CIC von 1983 – auf dem Hintergrund der konziliaren Ekklesiologie – die Beteiligung eines Nichtkatholiken am Patendienst. Can. 874 § 2 CIC bestimmt:

> „Ein Getaufter, der einer nichtkatholischen kirchlichen Gemeinschaft angehört, darf nur zusammen mit einem katholischen Paten, und zwar nur als Taufzeuge, zugelassen werden."

In dieser Bestimmung ist ausdrücklich von Christen einer nichtkatholischen kirchlichen Gemeinschaft die Rede, worunter das II. Vatikanische Konzil die aus der abendländischen Reformation hervorgegangenen Gemeinschaften verstanden hat. Die nichtkatholischen orientalischen Christen dagegen werden nach diesem Verständnis als Kirchen bezeichnet, die in can. 874 § 2 CIC jedoch nicht erwähnt werden. Wenn der CIC ansonsten von Nichtkatholiken spricht, verwendet er immer das Begriffspaar „Kirchen und kirchliche Gemeinschaften"[9], es sei denn, er trifft bewusst eine diesbezügliche Unterscheidung – wie z. B. in can. 844 über den Sakramentenempfang nichtkatholischer Christen oder in can. 869 § 2 über die Taufe in nichtkatholischen kirchlichen Gemeinschaften. Zu dem Vorläufer dieser Norm im Schema 1980 (can. 823 § 2), der auch von „communitas ecclesialis non catholica" sprach, wurde in der Diskussion festgehalten:

> „Notatur insuper Ecclesias Orientales orthodoxas in schemate sub nomine communitatis ecclesialis non venire: canon ergo eis non applicatur."[10]

Diese Bemerkung wendet das neue Ökumenische Direktorium von 1993 ausdrücklich auch auf can. 874 § 2 CIC an.[11] Damit steht fest, dass in can. 874 § 2 CIC orthodoxe Christen nicht erfasst sind, sie also im Zusammenhang mit der Taufpatenschaft im CIC nicht erwähnt werden.

Das alte Ökumenische Direktorium aus dem Jahr 1967, das Richtlinien zur Durchführung der Konzilsbeschlüsse über die ökumenische Aufgabe erließ[12], erlaubte in Nr. 48, dass orientalische Christen als Taufpaten bei einer katholischen Taufe zugelassen werden können, wenn ein gerechter Grund („iusta de causa") vorliegt, für die katholische Erziehung des Täuflings gesorgt ist und die Eignung („idoneitas") des Paten feststeht, weil zwischen der katholischen Kirche und den getrennten Ostkirchen „in Glaubenssachen eine recht enge Gemeinschaft" besteht (Nr. 40). Im Gegensatz zu Nr. 57, wo von „kirchlichen Gemeinschaften" gesprochen wird, ist in Nr. 48 von „Kirchen" die Rede. Der CIC hat in can. 874 § 2 jedoch nur die „kirchlichen Gemeinschaften" rezipiert. Die Frage ist, ob die Nr. 48 des Direktoriums dennoch als weiter geltend betrachtet werden kann.

---

9 Vgl. z. B. cann. 364, 6°, 463 § 3, 908, 933, 1124, 1183 § 3 CIC.

10 Comm 15 (1983) 182.

11 Vgl. ÖD 1993, Anm. 107.

12 ÖD 1967.

Nach can. 6 § 1 n. 4 CIC sind alle Gesetze aufgehoben, die eine Materie betreffen, die durch den CIC umfassend geordnet ist. Die Frage ist, ob man angesichts des fehlenden Hinweises auf die orthodoxen Christen im Taufpatenrecht von einer umfassenden Neuregelung der Materie sprechen kann, oder anders gefragt: Handelt es sich um ein bewusstes Schweigen des Gesetzgebers mit dem Ziel der Gesetzesänderung? Die Meinungen dazu gehen auseinander. Während nach Hubert SOCHA nur die Nummern 42-46 und 55 des Ökumenischen Direktoriums aufgehoben sind, weil sie eine umfassende Neuregelung erfahren haben[13], meint Francesco COCCOPALMERIO, dass nach dem CIC von 1983 orthodoxe Christen nicht mehr Pate sein können und wie die übrigen nichtkatholischen Christen zu behandeln seien.[14]

In den CIC-Reformarbeiten war zunächst einmal davon ausgegangen worden, dass in den Bestimmungen zum Taufpatenamt die Bestimmungen des Ökumenischen Direktoriums Nr. 48 und Nr. 57 aufgenommen werden sollen.[15] In den weiteren Diskussionen wird jedoch ersichtlich, dass man über die orthodoxen Christen in diesem Zusammenhang in der Tat bewusst nichts sagen wollte. Bei der Diskussion um den Vorläufer des can. 874 § 2 CIC, den der Relator im Anschluss an cann. 27 und 28 des Sakramentenrechts-Schemas von 1975 vorgeschlagen hatte, meinte ein Konsultor, man müsse den § 2 über die Taufzeugen in zwei Aussagen aufteilen:

> „§ 2. Orientalis non catholicus ad munus patrini admitti potest una tamen cum patrino catholico.
> § 3. Ceteri christiani non catholici nonnisi ut testis baptismi admitti possunt, adstande quidem patrino catholico."[16]

Dieser Vorschlag wurde nicht angenommen.[17] Die Thematik wurde nochmals aufgegriffen in der Diskussion zum Schema von 1982; damals bemängelte man, dass das Schema die Bestimmungen des Ökumenischen Direktoriums, wonach nichtkatholische orientalischen Christen Paten sein können, nicht enthält. Die Antwort lautete:

> „Non videtur necessarium in Codice pro Ecclesia latina hoc exprimendum."[18]

Die Erwähnung der orthodoxen Taufpaten wird also nicht in der Absicht abgelehnt, diese Möglichkeit auszuschließen, sondern weil man im lateinischen Codex nicht über sie handeln möchte.

---

13 SOCHA, Hubert, in: MK CIC 6, 6.

14 COCCOPALMERIO, Francesco, Communicatio in sacris iuxta novum Codicem, in: Portare Cristo all'Uomo. Atti del Congresso del Ventennio del Concilio Vaticano II, Roma 1985, 211.

15 Vgl. Comm 3 (1971) 201; 7 (1975) 30.

16 Comm 13 (1981) 231.

17 Vgl. ebd.

18 Comm 15 (1983) 184.

Eine ähnliche Diskussion hatte es auch bei der Erarbeitung des CCEO gegeben, als ein Konsultor vorschlug festzulegen, dass die einer nichtkatholischen kirchlichen Gemeinschaft angehörenden Gläubigen Taufzeugen sein können. Es wurde darauf geantwortet, dieser zusätzliche Vorschlag sei nicht notwendig, und zwar mit der Begründung, das Ökumenischen Direktorium, welches die diesbezügliche Praxis bestimmt habe, sei hier ausreichend.[19]

Es ist also festzuhalten, dass can. 874 CIC die Zulassung zur Taufpatenschaft für den lateinischen Rechtskreis regelt, can. 685 CCEO für den ostkirchlichen Rechtskreis. Im CIC fehlen Regelungen bezüglich der Zulassung orthodoxer Christen zum Taufpatenamt, im CCEO solche bezüglich der Zulassung protestantischer Christen. Can. 685 § 3 CCEO sieht das Patenamt für orthodoxe Christen vor; es ist also in der katholischen Kirche geltendes Recht. Auch bei einer lateinischen Taufe kann daher ein orthodoxer Christ Taufpate sein, ebenso wie ein protestantischer Christ – ohne dass dies der CCEO erwähnt – als Taufzeuge bei einer Taufe in einem ostkirchlichen Ritus zugelassen werden kann. Diese Interpretation ist auch von der Sache her sinnvoll. Die Grundlage, mit der das Ökumenische Direktorium seine Bestimmung, dass orthodoxe Christen Taufpaten sein können, begründet, nämlich die enge Gemeinschaft zwischen der katholischen Kirche und den orthodoxen Kirchen in Glaubenssachen, hat sich seit Inkrafttreten des CIC nicht geändert. Insofern wäre es nicht nachvollziehbar, wollte man annehmen, dass vor dem Inkrafttreten des geltenden CIC ein evangelischer Christ Taufzeuge und ein orthodoxer Christ Taufpate sein konnte, nach Erscheinen desselben zwar ein evangelischer Christ weiterhin als Taufzeuge, ein orthodoxer Christ aber – trotz der engeren Kirchengemeinschaft – weder Taufpate noch Taufzeuge sein kann. Der Gesetzgeber hat in can. 874 § 2 CIC die Formulierung „baptizatus ad communitatem ecclesialem non catholicam pertinens“ bewusst gewählt, um die orthodoxen Christen davon abzugrenzen, weil man für sie die Möglichkeit der Patenschaft beibehalten wollte.

Dieser kodikarische Befund findet seine Bestätigung im neuen Ökumenischen Direktorium von 1993. Dort wird die Regelung des alten Ökumenischen Direktoriums fast wörtlich übernommen:

> „Wegen der engen Gemeinschaft, die zwischen der katholischen Kirche und den orthodoxen Kirchen des Ostens besteht, ist es erlaubt, aus einem gerechten Grund einen orientalischen Gläubigen als Taufpaten bei der Taufe eines katholischen Kindes oder Erwachsenen zuzulassen, wenn gleichzeitig ein katholischer Taufpate (oder Taufpatin) vorhanden ist. Voraussetzung ist jedoch, dass man genügend für die katholische Erziehung des Getauften Sorge getragen hat und dass die Eignung des Taufpaten festgestellt wurde.“[20]

---

19 Vgl. Nuntia 28 (1989) 86: „Non è necessaria l'aggiunta proposta; è sufficiente quanto sta nel ‚Direttorio Ecumenico‘, che ha stabilito la prassi al riguardo.“

20 ÖD 1993, Nr. 98 b.

3. Der einer kirchlichen Gemeinschaft angehörende nichtkatholische Christ als Taufzeuge

Can. 874 § 2 CIC bestimmt, dass ein Getaufter, der einer nichtkatholischen kirchlichen Gemeinschaft angehört, als Taufzeuge zugelassen werden kann, und zwar zusammen mit einem katholischen Paten. Es wird hier nicht näher ausgeführt, was mit „testis" gemeint ist.

Bereits das alte Ökumenische Direktorium von 1967[21] hatte diesbezügliche Bestimmungen erlassen. In Nr. 57 wurde zunächst gesagt, dass ein Christ, der einer getrennten Gemeinschaft angehört, das Patenamt im liturgischen und kirchenrechtlichen Sinn nicht ausüben könne, da der Pate nicht nur der Begleiter des Getauften, sondern auch Vertreter der Gemeinde und Bürge für den Glauben des Getauften ist. Dann wurde jedoch die Möglichkeit eröffnet, dass „ein vom Glauben an Christus durchdrungener Christ, der einer anderen Glaubensgemeinschaft angehört", als „christlicher Zeuge" („testis christianus") einer katholischen Taufe zugelassen werden kann, jedoch nur zusammen mit einem katholischen Paten. Aufgrund dessen, dass von dem Nichtkatholiken verlangt wurde, dass er „vom Glauben an Christus durchdrungen" ist, und dass er als „christlicher Zeuge" bezeichnet wurde, wird klar, dass hier nicht ein Beweiszeuge der Taufe gemeint war, der keine bestimmte Konfession haben müsste, sondern ein qualifizierter Zeuge, der auf seine Weise Anteil an der religiösen Begleitung des Täuflings hat.

Obwohl im CIC das Attribut „christianus" fehlt, muss aus verschiedenen Gründen dennoch davon ausgegangen werden, dass auch das geltende kirchliche Gesetzbuch in can. 874 § 2 CIC von einem christlichen Zeugen der Taufe spricht. Sonst wäre nämlich die Aussage dieses Canons lediglich die, dass ein nichtkatholischer Christ nicht Taufpate sein kann, aber aufgrund seiner Anwesenheit die Taufe bezeugen kann. Eine solche Aussage wäre jedoch nicht nötig gewesen, denn dass ein Nichtkatholik nicht Pate sein kann, ergibt sich bereits im Umkehrschluss aus can. 874 § 1, 3° 1. Halbsatz. Und Aussagen über eine Zeugenschaft, die lediglich dem Nachweis der Taufe dient, werden hinreichend in cann. 875 und 876 CIC gemacht. Darüber hinaus müsste, wenn es in can. 874 § 2 CIC nur um die Bezeugung der Taufe ginge, dieser Zeuge nicht zusammen mit einem katholischen Paten auftreten. In can. 875 heißt es im Gegenteil, dass der Taufspender gerade dann für einen Zeugen zu sorgen hat, wenn kein Pate anwesend ist. Und schließlich kann und bräuchte im Zusammenhang mit einem reinen Beweiszeugen nicht von Zulassung („admittere") die Rede sein.

Auch die Diskussionen bei der CIC-Reform machen deutlich, dass ein qualifizierter Zeuge gemeint ist. Bereits in den grundsätzlichen Überlegungen zum Patenrecht hielt man fest, dass die Normen des CIC/1917 hinsichtlich der Voraussetzungen zum Patenamt im großen und ganzen beibehalten werden sollen, dass aber hinsichtlich der Übernahme des Patenamtes durch nichtkatholische

---

21 Vgl. Fn. 12.

Christen das Ökumenische Direktorium übernommen werden soll.[22] In den Diskussionen zu den cann. 27 und 28 des Sakramentenrechts-Schemas[23] wurde folgender Text als eigener Paragraf vorgeschlagen:

> „Baptizatus non catholicus nonnisi una cum patrino catholico et ut testis tantum baptismi admittatur."[24]

Auf Wunsch der Konsultoren wurde der Text so geändert, dass es statt „non catholicus" nun „ad communitatem ecclesialem non catholicam pertinens"[25] heißt. Damit wurde ganz bewusst zwar nicht exakt die gleiche Begrifflichkeit, aber doch der gleiche Inhalt wie im Ökumenischen Direktorium gewählt: Es soll nicht jeder nichtkatholisch Getaufte Taufzeuge im Sinne dieser Bestimmung sein können, also etwa auch ein Nichtkatholik, der sich von seiner Gemeinschaft losgesagt hat, sondern nur ein solcher, der in seiner Gemeinschaft beheimatet, also gläubig ist. Dies findet seine Bestätigung im neuen Ökumenischen Direktorium vom 25. März 1993, wo daran festgehalten wird, dass ein nichtkatholischer Christ nicht Taufpate sein kann.

> „Trotzdem kann ein Getaufter, der einer anderen kirchlichen Gemeinschaft angehört, aufgrund der gemeinsamen Taufe und aufgrund guter familiärer oder freundschaftlicher Beziehungen als Taufzeuge zugelassen werden, aber nur zusammen mit einem katholischen Paten."[26]

Zusammenfassend ergibt sich, dass ein Taufzeuge nach can. 874 § 2 CIC getauft sein muss, anders als z. B. ein Trauzeuge, der lediglich die Zeugnisfähigkeit haben muss. Er muss außerdem Mitglied einer kirchlichen Gemeinschaft sein, in der die Taufe gültig gespendet wird. Als ein christlicher Glaubenszeuge unterscheidet er sich von den in cann. 875 und 876 CIC Genannten. Es geht vielmehr um „die spezielle Mitwirkung eines nichtkatholischen Christen bei der Patenschaft und bei der Tauffeier"[27].

Wie diese spezielle Mitwirkung konkret aussehen kann, hat im Jahre 1977 die Konferenz der Kirchenleitungen in Hessen, zu der von Seiten der katholischen Kirche Vertreter der Diözesen Fulda, Mainz, Limburg und Paderborn gehörten, erste Richtlinien vorgelegt. In Nr. 7 der Vereinbarungen zu Amtshandlungen heißt es, dass ein der jeweils anderen Konfession angehörender Taufzeuge

> „eine Mitverantwortung für die christliche Erziehung des Kindes übernimmt",

---

22 Vgl. Comm 3 (1971) 201 und 7 (1975) 30.

23 Dort hatte es in can. 27 (Gültigkeitsvoraussetzungen für die Übernahme der Patenschaft) geheißen: „bapzitatus non catholicus, si ad normam legitimorum praescriptorum admitti valeat, nonnisi una cum alio patrino catholico admittatur". Dass hier überhaupt nicht von „testis" die Rede war, konnte natürlich zu dem Missverständnis führen, der nichtkatholische Christ sei auch Pate.

24 Comm 13 (1981) 230.

25 Ebd.

26 ÖD 1993, Nr. 98 a.

27 Paarhammer, Hans, „Speciali autem modo a patrinis". Überlegungen zum Patenamt im geltenden Kirchenrecht, in: FG Pototschnig, 390.

wenn seine Aufgabe auch nicht die kirchliche Unterweisung ist. Weiter heißt es:

> „Es ist eine neue und besondere Aufgabe dieser Paten bzw. Taufzeugen, dem heranwachsenden Kind die Achtung vor dem Glauben des anderen zu bezeugen."[28]

Auch die Gemischt-Katholisch-Evangelische Kommission in Österreich hat in ihrer „Interpretation der Taufzeugenschaft nach can. 874 § 2 CIC" die Aufgaben des Taufzeugen näher beleuchtet, die Österreichische Bischofskonferenz hat dieser Interpretation im Frühjahr 1985 zugestimmt. Sie lautet:

> „Der Taufzeuge gemäß can. 874 § 2 CIC bezeugt nicht bloß die Spendung der Taufe. Er ist dem Täufling gegenüber auch Zeuge des Glaubens an den dreifachen Gott und an Jesus Christus als Gott und Herrn und einzigen Mittler zwischen Gott und den Menschen. Darum hat der Taufzeuge wie der Taufpate dem heranwachsenden Täufling zusammen mit den Eltern menschliche und christliche Lebensweisung, vor allem auch im bewussten Vorleben christlicher Glaubensexistenz, zuteil werden zu lassen. Der katholische Pate vertritt darüber hinaus die Glaubensgemeinschaft der katholischen Kirche – wie auch der evangelische Christ innerhalb seiner eigenen Kirche – und sorgt zusammen mit den Eltern des Täuflings für die katholische Glaubenserziehung, die eine Hinführung zum sakramentalen Leben einschließt."[29]

4. Dispens vom Katholisch-Sein?

In der verwaltungskanonistischen Praxis taucht immer wieder das Problem auf, dass (konfessionsverschiedene) Paare ihr Kind katholisch taufen lassen wollen, aber keinen geeigneten katholischen Paten finden. Es stellt sich dann die Frage, ob nur ein (oder zwei) evangelische Christen zugelassen werden können.

Der Bischof von Eichstätt hat in seiner bereits erwähnten Pastoralinstruktion zum Dienst der Tauf- und Firmpaten[30] dieses Problem dadurch gelöst, dass er die Möglichkeit der Dispens vom Katholisch-Sein des Paten einräumt. In Nr. 5 der Pastoralanweisung heißt es:

> „Wenn es in einem Einzelfall aus einem wichtigen Grund nicht möglich ist, für das Kind oder den Jugendlichen einen katholischen Tauf- bzw. Firmpaten zu bestimmen und wenn für diesen Dienst ein nichtkatholischer Christ zugelassen werden soll, ist der zuständige Pfarrer gehalten, den Ortsordinarius um Dispens anzugehen. Im Dispensgesuch sind die näheren Umstände des Falles sowie die vorliegenden Dispensgründe darzulegen. Nach Erteilung der Dispens wird der nichtkatholische Christ im Taufbuch als Taufpate bzw. im Firmbuch als Firmpate eingetragen. Dabei ist auch die vom Ortsordinarius erteilte Dispens zu vermerken."[31]

---

28 Vereinbarungen der Konferenz der Kirchenleitungen in Hessen v. 25.5.1977 zu Amtshandlungen, abgedr. in: AKathKR 146 (1977) 162-169.

29 Interpretation der Taufzeugenschaft nach can. 874 § 2 CIC, abgedr. in: ÖAKR 36 (1986) 98; dieser Interpretation hat der Evangelische Oberkirchenrat A.B. und H.B. in Wien zugestimmt: ebd., 129.

30 S. Fn. 4.

31 Ebd., 93.

Ohne Zweifel sind die Normierungen zum Taufpatenamt rein kirchlicher Natur. Obwohl das Gesetzbuch von 1917 den „ältesten Brauch der Kirche“ (can. 762 § 1 CIC/1917) als Grund für die Notwendigkeit von Taufpaten anführte[32], wird niemand behaupten wollen, dass die Taufpatenschaft im göttlichen Recht wurzelt, zumal eine Taufe auch ohne Taufpaten gültig und erlaubt ist. Auch das Erfordernis des Katholisch-Seins ist rein kirchlichen Rechts, so dass es dispensabel ist. Das Ökumenische Direktorium eröffnet mit der Zulassung von orthodoxen Christen zum Patenamt – wie aufgezeigt – bereits eine Ausnahme vom Katholisch-Sein des Paten, was verdeutlicht – so der Bischof von Eichstätt –, „dass das Kriterium der Katholizität des Paten nicht als Wesenselement im Sinne des can. 86 CIC zu verstehen ist“[33]. Von daher wäre also eine Dispens möglich. Dennoch seien einige Anfragen an diese Möglichkeit gestattet.

Gefragt werden kann zunächst einmal, ob Nichtkatholiken überhaupt Adressat einer Dispens sein können, da sie rein kirchlichen Gesetzen nicht unterliegen und die Dispens eine „Vergünstigung“[34] für die „Adressaten des betroffenen Gesetzes“[35] ist.

Des weiteren muss der Blick auf die Aufgaben eines Paten gerichtet werden. Nach can. 872 CIC soll er die Eltern des Täuflings bei der christlichen – und das heißt bei einer katholischen Taufe katholischen – Erziehung[36] unterstützen. Außerdem soll er das zu taufende Kind zusammen mit den Eltern zur Taufe bringen. Im Ritusbuch zur Kindertaufe heißt es dazu:

> „Bei der Tauffeier selbst wirkt der Pate mit; zusammen mit den Eltern bekennt er den Glauben der Kirche, auf den das Kind getauft wird.“[37]

Es geht also um das Bekenntnis des Glaubens der Kirche, das dem orthodoxen Christen aufgrund seiner größeren Nähe zum Sakramenten- und Amtsverständnis der katholischen Kirche offenbar eher zugestanden wird als dem protestantischen, denn ersterer kann Pate sein, während letzterer „nur“ Zeuge sein kann, beide jedoch nur zusammen mit einem katholischen Paten. Insofern gehört zwar wohl nicht das Katholisch-Sein zu den Konstitutiva des Patenamts, wohl aber bestimmte Übereinstimmungen im Glauben und in der Lehre.

Dennoch wird dem protestantischen Christen nicht abgesprochen, dass er als solcher seinen Beitrag zur christlichen Erziehung des Täuflings leisten kann. Mit der „Dispens“ vom Erfordernis des Katholisch-Seins besteht möglicherweise die Gefahr, sein Nichtkatholisch-Sein als Defizit zu betrachten und ihn, indem man

---

32 Vgl. AHLERS (Fn. 2), 8-12.

33 Kommentar zur Pastoralinstruktion Eichstätt, 98.

34 HEIMERL, Hans / PREE, Helmuth, Kirchenrecht. Allgemeine Normen und Eherecht, Wien u. a. 1983, 73.

35 SOCHA, Hubert, in: MK CIC 85, 16.

36 Vgl. can. 868 § 1, 2° CIC.

37 Die Feier der Kindertaufe in den katholischen Bistümern des deutschen Sprachgebietes, hg. im Auftrag der Bischofskonferenzen Deutschlands, Österreichs und der Schweiz und des Bischofs von Luxemburg, Einsiedeln u. a. 1971, Vorbemerkungen Nr. 40, 19.

ihn zum Paten erklärt (sogar in den Kirchenbüchern), ihn zu einem „Quasi-Katholiken" zu machen. Hätte man also besser den Weg der „Dispens" von dem Erfordernis, dass er nur zusammen mit einem katholischen Paten auftreten kann, wählen sollen? Dann träte er allein als Taufzeuge auf, was jedoch die „ökumenische Errungenschaft" des *testis christianus* schmälern würde. Gerade weil im Zusammenhang mit dem christlichen Taufzeugen von Mitverantwortung bei der christlichen Erziehung die Rede ist, während der katholische Pate dafür die Hauptverantwortung trägt, darf ein solcher christlicher Zeuge nicht ohne einen Paten zugelassen werden. Schon das Ökumenische Direktorium von 1967 hatte gesagt, dass die in Nr. 57 getroffenen Regelungen einen „ökumenischen Grund" haben. Würde man einen nichtkatholischen Taufzeugen ohne einen katholischen Paten zulassen, würde man ihn dadurch zu einem bloßen Beweiszeugen im Sinne des can. 875 CIC degradieren, denn er allein kann (und will) nicht für die katholisch-christliche Unterweisung sorgen.[38]

Diese Anfragen an den „Dispensweg" zur Beteiligung von Nichtkatholiken am Taufpatenamt zeigen, dass auch dies keine problemlose Lösung ist. Die kodikarischen und außerkodikarischen Normierungen zum Taufpatenamt machen deutlich, dass das Katholisch-Sein zum Patenamt dazu gehört, wenn es auch durch Nichtkatholiken positiv ergänzt werden kann. Gerade im Blick auf die konfessionelle Zersplitterung in Deutschland und auch in vielen anderen Ländern ist eine solche Ergänzung wünschenswert, und zwar nicht nur aus der Not heraus, dass kein katholischer Pate gefunden wird, sondern auch, weil die Mitwirkung eines Nichtkatholiken eine Bereicherung für die religiöse Erziehung des Täuflings ist und der ökumenische Auftrag der Kirche, der auch im CIC festgeschrieben ist[39], dadurch gefördert wird. Wenn man jedoch sowohl das Patenamt mit seinen spezifischen Aufgaben als auch den ergänzenden Charakter der Beteiligung von Nichtkatholiken an diesem Amt ernst nimmt, dann scheint eine alleinige Übernahme dieses Amtes durch Nichtkatholiken nicht sinnvoll.

---

38 Im übrigen kann ja auch ein orthodoxer Christ nur zusammen mit einem katholischen Paten zugelassen werden.

39 Vgl. can. 383 § 3 CIC.

Können Presbyter die Bischofsweihe spenden?

Zu einem sakramentenrechtlichen Problemfall und seinen Auswirkungen*

Hans-Jürgen Feulner

> „Das Heilige Konzil lehrt aber, daß durch die Bischofsweihe die Fülle des Weihesakraments übertragen wird ..."[1]

Mit diesen Worten stellt Art. 21 zusammen mit Art. 26 („Der Bischof ist, mit der Fülle des Weihesakraments ausgezeichnet, ‚Verwalter der Gnade des höchsten Priestertums' ...")[2] der dogmatischen Konstitution über die Kirche „Lumen Gentium" des Zweiten Vatikanischen Konzils die in der Dogmengeschichte und besonders auch unter den Kanonisten lange Zeit umstrittene Sakramentalität der Bischofsweihe nunmehr klar und endgültig fest.[3] Daran anknüpfend setzt die

---

* Es handelt sich hier um einen vorläufigen Überblick, der später an anderer Stelle noch ausführlicher dargestellt werden soll.

1 „Docet autem Sancta Synodus episcopali consecratione *plenitudinem* conferri *sacramenti Ordinis* ..." (DENZINGER / HÜNERMANN 4145 [Hervorhebung v. Verf.]).

2 „Episcopus, *plenitudine sacramenti ordinis* insignitus, est ‚oeconomus gratiae supremi sacerdotii' ..." (DENZINGER / HÜNERMANN 4151 [Hervorhebung v. Verf.]).

3 In der Antike und im Frühmittelalter war es sehr häufig der Fall, dass Diakone direkt zu Bischöfen geweiht wurden, auch in Rom, so dass bereits von dieser nicht unwichtigen kirchlichen Praxis her die Sakramentalität der Bischofsweihe sicher anzunehmen ist, da der Presbyterat nicht als notwendige Vorstufe des Episkopats betrachtet wurde (vgl. ANDRIEU, Michel, La carrière ecclésiastique des papes et les documents liturgiques du moyen-âge, in: RSR 21 [1947] 92 f.). – Das Konzil von Trient kam erst im vierten und zugleich letzten Kapitel der 23. Sitzung v. 15.7.1563 auf den Episkopat zu sprechen (Sess. XXIII, cap. 4; vgl. DENZINGER / HÜNERMANN 1767-1770), ohne allerdings dessen Sakramentalität zu berühren. Die Konzilsväter erklärten, dass die Bischöfe höher stünden als die Priester, das Sakrament der Firmung spenden und Diener der Kirche weihen könnten: „... eosque presbyteris superiores esse, ac sacramentum confirmationis conferre, ministros Ecclesiæ ordinare ..." (DENZINGER / HÜNERMANN 1768; vgl. auch can. 7 [DENZINGER / HÜNERMANN 1777]). Dass dieser Unterschied göttlicher Anordnung ist, ergibt sich implizit aus can. 6: „Si quis dixerit, in Ecclesia catholica non esse hierarchiam, divina ordinatione institutam, quæ constat ex episcopis, presbyteris et ministris: anathema sit." (DENZINGER / HÜNERMANN 1776). Vgl. dazu auch FAHRNBERGER, Gerhard, Bischofsamt und Priestertum in den Diskussionen des Konzils von Trient. Eine rechtstheologische Untersuchung, Wien 1970, bes. 113-128; FREITAG, Josef, Sacramentum ordinis auf dem Konzil von Trient, Innsbruck 1991. – Noch der CIC/1917 zählte in can. 949 den Presbyterat, den Diakonat und den Subdiakonat zu den „höheren" Weihen und erwähnte den Episkopat mit keinem Wort. Erst die Ap. Konst. „Sacramentum Ordinis" PIUS' XII. v. 30.11.1947 (AAS 40 [1948] 5-7; vgl. DENZINGER / HÜNERMANN 3857-3861) setzt die Sakramentalität der Bischofsweihe

zweite Auflage des im Zuge der nachkonziliaren Liturgiereform erneuerten Römischen Pontifikales konsequenterweise das liturgische Formular zur Weihe eines Bischofs auch wieder an den Anfang der Ordinationsformulare.[4] Nach der allgemeinen theologischen Auffassung der katholischen Kirche ist die Vollmacht zur Weihespendung überhaupt erst mit der Bischofsweihe gegeben und stellt deren entscheidendes Vorrecht gegenüber der Presbyterweihe dar.[5] Jeder gültig geweihte Bischof kann also nach der katholischen Lehre und dem geltenden Kirchenrecht gültigerweise die Weihen des Episkopats, Presbyterats und Diakonats erteilen.[6] Ein Blick in die Geschichte der Kirche zeigt allerdings, dass es neben dem Bischof als ordentlichen Spender[7] des Weihesakramentes wohl auch noch – zumindest zeitweise – einen außerordentlichen Spender[8] gegeben hat.

1. Der Ordinationsakt in der apostolischen und vor-nizänischen Zeit

In den Schriften des Neuen Testamentes fehlt es neben einer klaren Unterscheidung zwischen den vielfältigen Ämtern und Diensten[9] auch an einer über

---

letztlich voraus (vgl. auch RATZINGER, Joseph, Die kirchliche Lehre vom sacramentum ordinis, in: IkaZ 10 [1981] 435 ff.).

4 Lat.: Pontificale Romanum. De Ordinatione Episcopi, Presbyterorum et Diaconorum (editio typica altera), Città del Vaticano ²1990, 4-52 (und das Einführungsdekret: Prot. CD 145/89 n. 2); dt.: Pontifikale 1. Die Weihe des Bischofs, der Priester und der Diakone, Freiburg i. Br. u. a. ²1994, 19-68. Vgl. dazu auch KLEINHEYER, Bruno, Ordinationsfeiern. Zur zweiten Auflage des Pontifikale-Faszikels „De Ordinatione Episcopi, presbyterorum et diaconorum", in: LJ 41 (1991) 88-118, bes. 90 f.; KACZYNSKI, Reiner, Ein neues Pontifikale für die katholischen Bistümer des deutschen Sprachgebietes, in: LJ 43 (1993) 223-263, bes. 239-250.

5 BRINKTRINE, Johannes, Die Lehre von den heiligen Sakramenten der katholischen Kirche II, Paderborn 1962, 189-194; Mörsdorf, Lb.[11] II, 96; AUER, Johannes, Die Sakramente der Kirche, Regensburg 1972, 358-363; MÜLLER, Hubert, Die Ordination, in: HdbKathKR¹, 720; HIRNSPERGER, Johann, Die Ordination, in: HdbKathKR², 869.

6 „Sacrae ordinationis minister est Episcopus consecratus" (can. 1012 CIC). Das Gesetzbuch der katholischen Ostkirchen konkretisiert erfreulicherweise, dass allein der Bischof die heilige Weihe gültig spendet (can. 744 CCEO: „Solus Episcopus sacram ordinationem valide ministrat ...").

7 Im „Decretum pro Armeniis" v. 22.11.1439 ist festgelegt, dass der ordentliche Spender des Weihesakramentes der Bischof ist: „Ordinarius minister huius sacramenti [sacramentum ordinis] est episcopus" (DENZINGER / HÜNERMANN 1326).

8 Can. 951 CIC/1917 kennt übrigens noch außerordentliche Spender der (niederen) Weihen, auch wenn diese Spender der bischöflichen Würde ermangeln (s. dazu MÖRSDORF [Fn. 5], 96).

9 Aus der mittlerweile unübersehbar gewordenen Fülle der sich teils ergänzenden, teils aber auch widersprechenden Literatur seien nur einige Untersuchungen aufgeführt: SCHMIDT, Karl L., Le ministère et les ministères dans l'église du Nouveau Testament, in: RHPhR 17 (1937) 313-336; BEYER, Hermann Wolfgang, διακονέω, διακονία, διάκονος, in: ThWNT II, 81-93; DERS., ἐπίσκοπος, in: ThWNT II, 604-617; MENOUD,

Ansätze hinausgehenden expliziten Ordinationsliturgie.[10] Episkopat, Presbyterat und Diakonat, die uns heute geläufige Ausprägung der kirchlichen Ämter, haben sich nur allmählich voneinander abgehoben[11] und erscheinen erst zu Beginn

---

Philippe H., L'Église et les Ministères selon le Nouveau Testament, Neuchâtel u. a. 1949; GEWIESS, Josef, Die neutestamentlichen Grundlagen der kirchlichen Hierarchie, in: HJ 72 (1952) 1-24; EHRHARDT, Arnold T., The Apostolic Ministry (Scottish Journal of Theology. Occasional Papers 7), Edinburgh 1958; BENOÎT, Pierre, Les Origines de l'Épiscopat dans le Nouveau Testament II, Paris 1961, 232-246; GEWIESS, Josef / KARRER, Otto, Amt, in: HThG I, 31-49; KREDEL, Elmar Maria, Bischof (biblisch), in: HThG I, 169-175; FRANSEN, Piet, Priestertum (biblisch), in: HThG II, 340-344; BORNKAMM, Günther, πρέσβυς, πρεσβύτερος, κτλ., in: ThWNT VI, 651-683; ERNST, Josef, Amt und Autorität im Neuen Testament, in: ThGl 58 (1968) 170-183; LEMAIRE, André, Les ministères dans la recherche néo-testamentaire. Etat de la question, in: MD 115 (1973) 30-60 (Lit.); DERS., Les Ministères dans l'Église, Paris 1974; HAINZ, Josef (Hg.), Kirche im Werden. Studien zum Thema Amt und Gemeinde im Neuen Testament, München 1976; KERTELGE, Karl (Hg.), Das kirchliche Amt im Neuen Testament, Darmstadt 1977; ROLOFF, Jürgen, Amt, Ämter, Amtsverständnis (IV. Im Neuen Testament), in: TRE II, 509-533; BLANK, Josef, Priester / Bischof (III. Das Neue Testament), in: NHThG² IV, 272-280; KLEINHEYER, Bruno, Ordinationen und Beauftragungen, in: Sakramentliche Feiern II, Regensburg 1984, 12-14. 21-28 (Lit.); HÜBNER, Reinhard M., Die Anfänge von Diakonat, Presbyterat und Episkopat in der frühen Kirche, in: RAUCH, Albert / IMHOF, Paul (Hg.), Das Priestertum der Einen Kirche, Aschaffenburg 1987, 45-89, bes. 46-60. 61-69; GNILKA, Joachim, Der Philipperbrief (HThK NT X/3), Freiburg i. Br. ⁴1987, 32-41; HOFFMANN, Paul, Priestertum und Amt im Neuen Testament, in: DERS. (Hg.), Priesterkirche, Düsseldorf 1987, 12-61.

10 Vgl. hierzu COPPENS, Joseph, L'imposition des mains et les rites connexes dans le Nouveau Testament et dans l'Église ancienne (Études de Théologie positive), Paris 1925, bes. 110-173; LOHSE, Eduard, Die Ordination im Spätjudentum und im Neuen Testament, Göttingen 1951; HUNT, William B., Ordination in the New Testament, in: Southwestern Journal of Theology N.S. 11 (1969) 9-27; RICHTER, Klemens, Ansätze für die Entwicklung einer Weiheliturgie in apostolischer Zeit, in: ALW 16 (1974) 32-52; KRETSCHMAR, Georg, Die Ordination im frühen Christentum, in: FZPhTh 22 (1975) 35-69; QUINN, Jerome D., Die Ordination in den Pastoralbriefen, in: IkaZ 10 (1981) 410-420.

11 Vgl. BEYER, Hermann Wolfgang / KARPP, Heinrich, Bischof (B. Christlich), in: RAC II, 400-407; CAMPENHAUSEN, Hans von, Kirchliches Amt und geistliche Vollmacht in den ersten drei Jahrhunderten, Tübingen ²1963; STOCKMEIER, Peter, Gemeinde und Bischofsamt in der alten Kirche, in: ThQ 149 (1969) 133-146; KÖTTING, Bernhard, Amt und Verfassung in der Alten Kirche, in: PESCH, Wilhelm u. a. (Hg.), Zum Thema Priesteramt, Stuttgart 1970, 25-33; BURKE, Patrick, The Monarchial Episcopate at the End of the First Century, in: Journal of Ecumenical Studies 7 (1970) 499-518; FAIVRE, Alexandre, Naissance d'une Hiérarchie. Les Premières Étapes du Cursus Clérical, Paris 1970; LEMAIRE, André, Les Ministères aux Origines de l'Église. Naissance de la Triple Hiérarchie: Évêques, Presbytres, Diacres, Paris 1971; MARTIN, Jochen, Die Genese des Amtspriestertums in der frühen Kirche, Freiburg i. Br. 1972 (vgl. dazu die Rezension von KÖTTING, Bernhard, in: ThRv 69 [1973] 183-188); ZOLLITSCH, Robert, Amt und Funktion des Priesters. Eine Untersuchung zum Ursprung und zur Gestalt des Presbyterats in den ersten zwei Jahrhunderten, Freiburg i. Br. 1974; VÖGTLE, Anton, Kirche und

(spätestens jedoch in der Mitte) des 2. Jahrhunderts deutlich getrennt.[12] Das Bild der örtlichen Gemeindeordnungen, wie es sich in den Dokumenten des frühen Christentums widerspiegelt, ist sowohl nach Herkunft als auch nach Stand der Entwicklung der einzelnen Gemeinden sehr verschieden. Man unterscheidet bei den Verfassungen der urchristlichen Gemeinden gewöhnlich zwischen episkopaler[13] und presbyteraler[14] Verfassung sowie deren Mischformen[15], um mit dieser eingeschränkten Typisierung eine grobe Orientierung in der Vielfalt der Gemeindeordnungen der frühen Zeit zu gewinnen. Die Bezeichnungen ἐπίσκοποι[16] und πρεσβύτεροι[17] werden in den neutestamentlichen Schriften weithin synonym gebraucht (so z. B. Apg 20, 28 u. a.).

> „Bei der Ordination im Neuen Testament wird es sich daher nur allgemein um die Einsetzung zu einem Vorsteheramt handeln, das die Befugnisse der Episkopen und Presbyter umfaßt."[18]

Die dem HIPPOLYT VON ROM († 235) zugeschriebene, so genannte „Traditio Apostolica"[19] bezeugt als erstes Dokument, dass alle Weihen vom Bischof ge-

---

Amt im Werden, in: MThZ 28 (1977) 158-179; VOGT, Hermann Josef, Zum Bischofsamt in der frühen Kirche, in: ThQ 162 (1982) 221-236; HÜBNER (Fn. 9), 60 f., 69-79.

12 Von Bedeutung sind hier die Schriften des IGNATIUS VON ANTIOCHIEN († vor 117 n. Chr.), deren Echtheit nunmehr wohl vorausgesetzt werden kann (s. dazu KLEINHEYER [Fn. 9], 14; SCHOEDEL, William R., Die Briefe des Ignatius von Antiochien, München 1990; HAMMAN, Adalbert G., Les évêques apostoliques. Clément de Rome, Ignace d'Antioche, Polycarpe de Smyrne, Paris 2000).

13 So etwa in den heiden-christlichen Gemeinden des PAULUS (vgl. Phil 1, 1; Didache 15, 1; s. CAMPENHAUSEN [Fn. 11], 84; HÜBNER [Fn. 9], 55-61). Zu den apostolischen Ursprüngen des Episkopats s. die Literaturübersicht bei DUPUY, Bernard-Dominique, Bulletin d'histoire des doctrines, la théologie de l'Épiscopat, in: RSPhTh 49 (1965) 288-342; s. auch BENOÎT, Pierre, Les Origines Apostoliques de l'Épiscopat, in: BOUËSSÉ, Humbert (Hg.), L'Évêque dans l'Église du Christ, Paris 1963, 13-57.

14 Diese scheint sich ziemlich früh zunächst in den juden-christlichen Gemeinden herausgebildet zu haben (vgl. z. B. Apg 11, 30; 14, 23; 15, 2.3.6.22 f.; 16, 4; 21, 18; Jak 5, 14 f.; 1 Petr 5, 1-5; 2 Joh 1; 3 Joh 1; s. auch HÜBNER [Fn. 9], 61-64; CAMPENHAUSEN [Fn. 11], 83 f.).

15 So z. B. Apg 20, 28; 1 Tim 3, 1 f.; 4, 14; 5, 17.19; Tit 1, 5.7; 1 Clem 42, 4 f.; 44, 5; 47, 6; 54, 2; 57, 1 (s. auch HÜBNER [Fn. 9], 64-75).

16 So z. B. Apg 20, 28; Phil 1, 1; 1 Tim 3, 2; Tit 1, 7; 1 Petr 2, 25; vgl. dazu BARNIKOL, Ernst, Bischof und Bibel. Die fünf Episkopus-Stellen und die episkopale Textrezension nach 140/150, in: MITZENHEIM, Moritz (Hg.), Ruf und Antwort. Festgabe für Emil Fuchs zum 90. Geburtstag, Leipzig 1964, 447-460.

17 So z. B. Apg 11, 30; 14, 23; 15, 2.23; 16, 4; 20, 17; 21, 18; 1 Tim 4, 14; 5, 17.19; Tit 1, 5; Jak 5, 15; 1 Petr 5, 1.

18 RICHTER (Fn. 10), 33.

19 Unter den überlieferten Kirchenordnungen kommt der „Traditio Apostolica" eine besondere Bedeutung zu, obgleich sie weder in ihrem ursprünglichen Bestand noch unter ihrer ursprünglichen Überschrift vorliegt, und auch der Name ihres vermeintlichen Verfassers, HIPPOLYT VON ROM, muss nach wie vor als hypothetisch gelten (s. dazu

spendet werden.[20] Bei der Bischofsweihe legen die anwesenden Bischöfe dem Ordinanden die Hände auf, aber nur einer spricht das in dieser Kirchenordnung wörtlich überlieferte Weihegebet, das Presbyterium ist an dieser Weihehandlung ausdrücklich nicht beteiligt.[21] Bei der Weihe des Presbyters sollen zwar auch die anwesenden Presbyter mit dem Bischof die Hände auflegen, allerdings spricht allein der Bischof das mitgeteilte Weihegebet.[22] Ausdrücklich vermerkt der Verfasser der Kirchenordnung, dass die Presbyter nur eine symbolische Geste ausführen, während es der Bischof ist, der die Weihe spendet.[23] Bei der Weihe des Diakons legt der Bischof alleine die Hände auf, da der Kandidat nicht zum Priestertum geweiht wird, sondern zum Dienst gegenüber dem Bischof.[24] Ohne Einschränkung stellt die „Traditio Apostolica" also den Grundsatz auf: Der Presbyter ordiniert keine Kleriker.[25]

Diese Lehre ist auch im achten Buch der „Apostolischen Konstitutionen"[26], die gegen Ende des 4. Jahrhunderts auf west-syrischem Boden entstanden sind, im „Testament unseres Herrn Jesus Christus" (5. Jahrhundert in Syrien)[27] und in den „Statuta Ecclesiae Antiqua"[28], die am Ende des 5. Jahrhunderts in Südgallien verfasst worden sind, weitergeführt worden. Die Synode von Arles (314) schreibt vor, dass ein Bischof bei der Spendung der Bischofsweihe sieben oder

---

STEIMER, Bruno, Vertex Traditionis. Die Gattung der altchristlichen Kirchenordnungen, Berlin u. a. 1992, 28-48, 211-222; FEULNER, Hans-Jürgen, Das „Anglikanische Ordinale" I, Neuried 1997, 66 ff. [Lit.]; MARKSCHIES, Christoph, Wer schrieb die sogenannte „Traditio Apostolica"? Neue Beobachtungen und Hypothesen zu einer kaum lösbaren Frage aus der altkirchlichen Literaturgeschichte, in: KINZIG, Wolfram / MARKSCHIES, Christoph / VINZENT, Markus [Hg.], Tauffragen und Bekenntnis, Berlin u. a. 1999, 1-74). Eine Verbindung mit Alexandrien nahm schon Jean Michel HANSSENS an (La Liturgie d'Hippolyte, Rom 1959).

20 Traditio Apostolica nn. 2-3, 7-8 (BOTTE, Bernard, La Tradition Apostolique de Saint Hippolyte. Essai de reconstitution, Münster 1963, 4-10, 20-27); vgl. auch JILEK, August, Initiationsfeier und Amt. Ein Beitrag zur Struktur und Theologie der Ämter und des Taufgottesdienstes in der frühen Kirche, Frankfurt a. M. u. a. 1979, 62-66.

21 TradAp nn. 2-3 (BOTTE [Fn. 20], 4-10); vgl. auch LÉCUYER, Joseph, Épiscopat et presbytérat dans les écrits d'Hippolyte de Rome, in: RSR 41 (1953) 30-50.

22 TradAp n. 7 (BOTTE [Fn. 20], 20 ff.).

23 TradAp n. 8 (BOTTE [Fn. 20], 24). Nach der vorausgehenden Erklärung soll die Handauflegung durch die Presbyter nur ausdrücken, dass der Weihekandidat denselben Geist (= Amtsgnade) empfängt, den sie selbst durch ihre Weihe besitzen.

24 TradAp n. 8 (BOTTE [Fn. 20], 22-27).

25 TradAp n. 8 (BOTTE [Fn. 20], 24): „Quapropter clerum non ordinat."

26 ApostKonst VIII 3-5, 16-18 (METZGER, Marcel [Hg.], Les Constitutions Apostoliques III, Paris 1987, 138-149, 216-221). Der Bischof legt die Hände auf (χειροθετεῖ) und ordiniert (χειροτονεῖ), der Presbyter legt zwar die Hände auf, ordiniert aber nicht (ApostKonst VIII 28, 2-3 [METZGER 228-231]).

27 RAHMANI, Ignatius Ephraem (Hg.), Testamentum Domini nostri Jesu Christi, Moguntiae 1899 (Neudr. Hildesheim 1968), 27 ff.

28 MUNIER, Charles (Hg.), Les Statuta Ecclesiae Antiqua. Édition – Études critiques, Paris 1960, 95 f. (vgl. DENZINGER / HÜNERMANN 326 ff.).

wenigstens drei Bischöfe hinzuziehen soll (can. 20).[29] Das Konzil von Nikaia (325) stellt als Regel auf, dass ein Bischof von allen Bischöfen der Kirchenprovinz geweiht werden soll. Ist dies jedoch wegen einer Notlage oder wegen weiter Entfernung nicht möglich, so müssen auf jeden Fall drei Bischöfe zusammenkommen und die Weihe spenden, während die abwesenden schriftlich ihre Einwilligung geben sollen (can 4).[30]

Die eben umschriebene Lehre und Disziplin ist zwar vom II. Vaticanum bestätigt worden, ohne dass dieses Konzil jedoch die durch einzelne durchaus umstrittene historische Zeugnisse aufgeworfenen dogmatischen Fragen bezüglich des Weihespenders gelöst hätte.[31] Das Problem des theologischen Unterschiedes zwischen Episkopat und Presbyterat konzentriert sich somit auf jene liturgischen Handlungen, die als spezifisch bischöfliche gelten und die die Presbyter aufgrund ihrer Weihe allein noch nicht gültig ausüben können: die Spendung des dreistufigen Weihesakramentes.[32]

2. Zum Spender der Presbyter- und Diakonenweihe in der Hochscholastik

Über den Spender der Presbyter- und Diakonenweihe trifft die Kirchenkonstitution des letzten Konzils im Zusammenhang mit dem Heiligungsdienst des Bischofs lediglich die lapidare Feststellung: „Sie selbst [die Bischöfe] sind ... die Spender der heiligen Weihen ...“ (VatII LG 26).[33] So umging man offensichtlich die lange Zeit diskutierte theologische Problematik, ob nur ein Bischof befähigt sein kann, die Weihen zu spenden oder ob auch Presbyter rechtmäßig die Weihen bis zum Presbyterat einschließlich gespendet haben bzw. dazu vom Papst ermächtigt worden sind[34], wie dies aufgrund historischer Dokumente, vor

---

29 Mansi II, 473; LAUCHERT, Friedrich, Die Kanones der wichtigsten altkirchlichen Concilien nebst der Apostolischen Kanones, Freiburg i. Br. u. a. 1896, 29.

30 Mansi II, 679; LAUCHERT [Fn. 29] 38; COD 6 f.

31 MÜLLER (Fn. 5), 720.

32 Die Spendung der Firmung und die Chrisamweihe müssen bei dieser Betrachtung außer acht gelassen werden, da sie nicht *effecti proprii* der Bischofsweihe sind. Wenn dagegen der oben genannte, vom Tridentinum definierte Kanon 7 (DENZINGER / HÜNERMANN 1777) bestehen bleiben soll, ist daran festzuhalten, dass die Ordinationsgewalt (zumindest die Vollmacht, Bischöfe zu weihen) ohne Zweifel ein *effectus proprius* der Bischofsweihe sein muss und in ihr auch der sakramentale Unterschied zwischen Episkopat und Presbyterat zu suchen ist.

33 „Ipsi sunt ... dispensatores sacrorum ordinum ...“ (DENZINGER / HÜNERMANN 4151).

34 Das Tridentinum hatte immerhin definiert (Sess. XXIII, can. 7): „Wer sagt, die Bischöfe ... hätten nicht die Vollmacht, zu firmen und zu weihen, oder die Vollmacht, die sie hätten, sei ihnen mit den Presbytern gemeinsam, ... der sei ausgeschlossen“ (DENZINGER / HÜNERMANN 1777), ohne allerdings damit die Frage zu lösen, ob dieser Unterschied göttlichen oder nur kirchlichen Rechts sei (s. dazu auch FAHRNBERGER [Fn. 3], 119-126). Im CIC/1917 wurde der Bischof noch als ordentlicher Spender der Weihen charakterisiert, um ihn vom Presbyter abzuheben (can. 951). Nach den Bestimmungen des CIC/1917 durften die Kardinäle (erst seit 1962 ist für sie der Empfang der Bi-

allem aus dem 15. Jahrhundert, inzwischen allgemein angenommen werden muss. Bisher sind nämlich mindestens drei Fälle bekannt geworden, in denen Päpste einfachen Presbytern die außerordentliche Vollmacht zur rechtmäßigen Spendung höherer Weihen[35] verliehen haben.[36]

- Papst BONIFAZ IX. (1389-1404) hat am 1. Februar 1400 durch die Bulle „Sacrae religionis" dem Augustinerabt von St. Osyth in Essex (Diözese London) und seinen Nachfolgern auf eine ausdrücklich ausgesprochene Bitte hin das Privileg zur Spendung sowohl der niederen als auch der höheren Weihen (des Subdiakonates, Diakonates und Presbyterates) verliehen (DENZINGER / HÜNERMANN 1145)[37], das jedoch drei Jahre später auf Protest des Londoner Bischofs Robert BRAYBROOK, der seine Rechte verletzt sah, durch die Bulle „Apostolicae Sedis" (6. Februar 1403) widerrufen wurde (DENZINGER / HÜNERMANN 1146)[38]; die bereits gespendeten Weihen wurden jedoch offensichtlich nicht für ungültig erklärt.[39]
- Papst MARTIN V. (1417-1431) verlieh durch die Bulle „Gerentes ad vos" vom 16. November 1427 dem Abt des Zisterzienserklosters Altzelle im Bistum Meißen für die Dauer von fünf Jahren die Vollmacht, seinen Mönchen

schofsweihe obligatorisch), die Apostolischen Vikare und Präfekten sowie die gefreiten Äbte und Prälaten innerhalb ihres Territoriums die Tonsur und die niederen Weihen erteilen (can. 957 § 2 i. V. m. cann. 239 § 1 n. 22, 294 § 2 und 323 § 2; vgl. auch can. 964 n. 1).

35 Höhere Weihen waren gemäß can. 959 CIC/1917: Presbyterat, Diakonat und Subdiakonat (der Episkopat wurde nicht erwähnt!). Obgleich der Subdiakonat zu den *ordines maiores* zählte, partizipierte er nicht an der Sakramentalität des Ordo (vgl. POHLE, Joseph / GUMMERSBACH, Josef, Lehrbuch der Dogmatik III, Paderborn [9]1960, 568-571; BRINKTRINE (Fn. 5), 179 ff.; OTT, Ludwig, Grundriß der katholischen Dogmatik, Freiburg i. Br. u. a. [11]1981, 539).

36 Vgl. OTT, Ludwig, Das Weihesakrament, Freiburg i. Br. u. a. 1969, 106 f. Die Meinung, dass die Friesen- und Sachsenmissionare WILLEHALD († 789) und LUDGER († 785) als Presbyter noch vor ihrer Bischofsweihe bereits Priesterweihen vollzogen (so nach FRANSEN, Piet, Ordo, in: LThK[2] VII, Sp. 1216), dürfte auf die falsche Deutung des Verbums „ordinare" zurückgehen, was OTT 59 Fn. 1 überzeugend nachweisen konnte.

37 Vgl. dazu GILLMANN, Franz, Zur Ordinationsbulle Bonifaz' IX. „Sacrae religionis" vom Jahre 1400, Mainz 1925.

38 Die Echtheit dieser beiden päpstlichen Bullen kann kaum mehr in Zweifel gezogen werden, da ihr Register im Vatikanischen Archiv (Registrum Latinum 81, fol. 264 und Registrum Latinum 108, fol. 132) aufbewahrt wird. Neuere Ausgaben der beiden Bullen bei BAISI, Corrado, Il ministro straordinario degli ordini sacramentali, Roma 1935, 7-10; LENNERZ, Heinrich, De sacramento ordinis, Roma [2]1953, 145 ff.; BECK, Egerton, Two Bulls of Boniface IX for the Abbot of St. Osyth, in: EHR 26 (1911) 125 ff.; vgl. GILLMANN, Franz, Zur Lehre der Scholastik vom Spender der Firmung und des Weihesakraments, Paderborn 1920, 137.

39 AUER (Fn. 5), 359.

alle Weihen, auch die höheren, zu spenden (DENZINGER / HÜNERMANN 1290).[40]

- Papst Innozenz VIII. (1484-1493) erteilte durch die Bulle „Exposcit tuae devotionis" vom 9. April 1489 dem Generalabt von Cîteaux, Jean de CIREY, und den vier Protoäbten (von La Ferté, Pontigny, Clairvaux und Morimond) des Zisterzienserordens das Privileg, ihren Untergebenen die Subdiakonats- und Diakonatsweihe zu spenden (DENZINGER / HÜNERMANN 1435).[41]

Diese weitgehenden, allerdings höchst fragwürdigen Weiheprivilegien[42], die einige Päpste des späten Mittelalters nur bestimmten Äbten (Presbytern) gewährten, werden dann ohne weiteres verständlich, wenn man sich die Anschauungen der mittelalterlichen Kanonisten über die weitgespannte Vorstellung von der päpstlichen Vollgewalt und die daraus gezogenen Folgerungen bezüglich der Ordinationsdelegation vor Augen hält.[43] Die meisten Theologen der Spät- und Hochscholastik meinen nämlich, dass jeder Presbyter mit päpstlicher Bevollmächtigung zumindest die niederen Weihen spenden könne, ausgehend davon, dass der Papst die Fülle der bischöflichen Gewalt besitze und einem Nichtbischof übertragen könne, was zur bischöflichen Würde gehöre, wenn es keine unmittelbare Beziehung zur Eucharistie habe (so THOMAS VON AQUIN, PETRUS AUREOLI, PETRUS VON TARANTASIA [= INNOZENZ V.] u. a.).[44] Alle Theologen und Kanonisten dieser Zeit sind sich aber darin einig gewesen, dass der ordentliche Spender des Weihesakramentes allein der Bischof ist.

---

40 Das Original der Bulle befindet sich in Dresden (Staatsarchiv v. Sachsen, Nr. 6043), eine Abschrift im Vatikanischen Archiv (Registrum Latinum 271, fol. 203r). Ausgabe: FINK, Karl August, Zur Spendung der höheren Weihen durch den Priester, in: ZRG KA 32 (1943) 506 ff.; LENNERZ (Fn. 38), 147 f.

41 BAISI (Fn. 38), 13 ff.; LENNERZ (Fn. 38), 148 ff. Die Echtheit der Bulle, die früher häufig in Zweifel gezogen wurde, steht heute unzweifelhaft fest (vgl. LÉCUYER, Joseph, Aux origines de la théologie thomiste de l'épiscopat, in: Gr 35 [1954] 87 Fn. 107). Weitere mögliche Fälle, denen jedoch mit Vorsicht zu begegnen ist, sind aufgeführt bei MÜLLER, Hubert, Zum Verhältnis zwischen Episkopat und Presbyterat im Zweiten Vatikanischen Konzil. Eine rechtstheologische Untersuchung, Wien 1971, 318 f.

42 Vgl. MÜLLER, Gerhard Ludwig, Katholische Dogmatik. Für Studium und Praxis der Theologie, Freiburg i. Br. u. a. ^{4}2001, 747 f.

43 Allerdings handelt es sich hier nicht um unfehlbare Entscheidungen der betreffenden Päpste!

44 Dahinter steht auch die Vorstellung der Mehrzahl der scholastischen Theologen, die den Episkopat nicht als eigenständigen Ordo, sondern als eine zum Priestertum hinzukommende Würde betrachteten, die Bischofsweihe also nicht als Sakrament, sondern nur als Sakramentale begriffen (z. B. ALEXANDER VON HALES, ALBERT DER GROSSE, BONAVENTURA, THOMAS VON AQUIN, WILHELM VON AUVERGNE u. a.; vgl. hierzu die Ausführungen und Belege bei OTT [Fn. 36], 80-87, 103 ff.). Nach PETRUS AUREOLI steht die Spendung der Weihen an sich dem Presbyter zu, der jedoch jurisdiktionell daran gehindert sei; das Hindernis würde durch die Bischofsweihe oder auch durch bloße päpstliche Dispensation beseitigt (ebd. 105).

3. Der Spender der Bischofsweihe in Alexandrien und die Auswirkungen auf das II. Vaticanum

Hinsichtlich der Bischofsweihe spricht die Kirchenkonstitution etwas ungenau:

> „Sache der Bischöfe ist es, durch das Sakrament der Weihe neue Erwählte in die Körperschaft der Bischöfe aufzunehmen“ (VatII LG 21).[45]

Mit dieser vorgelegten Formulierung verzichtet das II. Vaticanum jedoch auf die ursprünglich vorgesehene Aussage, dass der Bischof theologisch der einzig mögliche Spender der Bischofsweihe ist.[46] Grund für diese bedauerliche Zurückhaltung sind die literarischen Mitteilungen des HIERONYMUS, des SEVEROS und des EUTYCHIOS, nach denen in der Kirche von Alexandrien während der ersten Jahrhunderte der Patriarch vom Presbyterkollegium geweiht worden sei.[47]

Im Anschluss an die Lehre von der Sakramentalität der Bischofsweihe formulierte die Theologische Kommission zunächst im Kirchenschema:

---

45 „Episcoporum est per sacramentum Ordinis novos electos in corpus episcopale assumere ...“ (DENZINGER / HÜNERMANN 4145).

46 Auch für can. 1012 CIC wurde der Zusatz „unice“ (einzig, allein) abgelehnt (Comm 10 [1978] 182). Nach geltendem Kirchenrecht hat der weihende Bischof, wenn keine Dispens des Ap. Stuhles vorliegt, mindestens zwei weitere Bischöfe hinzuzuziehen, die ihm bei der Weihehandlung assistieren (can. 1014 CIC). Auf diese Weise soll wohl auf alle Fälle die Gültigkeit der Weihe sicher gestellt werden (vgl. Ap. Konst. „Episcopalis Consecrationis“ PIUS' XII. v. 30.11.1944, in: AAS 37 [1945] 131). Die Bischofsweihe darf nur mit päpstlichem Auftrag vorgenommen werden (can. 1013 CIC). Ein Verstoß gegen diese Vorschrift hat für alle aktiv Beteiligten (Weihespender und -empfänger) die Exkommunikation als Tatstrafe zur Folge (can. 1382 CIC).

47 Das LThK, das unter dem Stichwort „Alexandrien“ einen eigenen Abschnitt über das Patriarchat bietet, erwähnt das dortige Problem um die Einsetzung des Patriarchen in den ersten Jahrhunderten und die daraus folgende theologische Fragestellung nach dem Spender der Bischofsweihe nicht (vgl. BRAKMANN, Heinzgerd, Alexandrien [3. Patriarchat], in: LThK[3] I, Sp. 375 f.); Caspar Detlef G. MÜLLER, ein sehr guter Kenner der ägyptischen Verhältnisse, hält sich in seinem Artikel „Alexandrien I“, in: TRE II, 248-261 bei der Frage um die eigenartige Ordinationspraxis in Alexandrien während der beiden ersten Jahrhunderte sehr bedeckt: „Ob sich die Presbyter im 2. Jh. tatsächlich nach apostolischem Vorbilde zu einem Zwölferkollegium konstituiert hatten, das aus seiner Mitte den fähigsten Mann zum Bischof wählte [*sic*], mag dahingestellt bleiben“ (ebd. 255). Auf dem ersten Konzil der Ukrainischen Autokephalen Orthodoxen Kirche im Jahre 1921 wurde der Erzpriester Vasyl' LYPKIVS'KYJ, sogar unter ausdrücklicher Berufung auf „die altkirchliche Praxis ... in Alexandrien“, dadurch geweiht, dass „alle anwesenden Konzilsmitglieder und alle übrigen in der Kathedrale Versammelten einer dem anderen die Hände auf die Schulter“ legten und somit jenen Erzpriester zum Bischof „weihten“; aus dieser Linie hervorgegangene „Bischöfe“ und „Priester“ ließen sich Jahre später aus berechtigten Zweifeln von einem eindeutig gültig geweihten Bischof die kanonische Weihe spenden; s. dazu ARMSTARK, Rudolf, Die Ukrainische Autokephale Orthodoxe Kirche. Erinnerungen des Metropoliten Vasyl' K. Lypkivs'kyj, Würzburg 1982, 49 f., 216 f.

„Daher können nur [sic] Bischöfe durch das Weihesakrament neue Erwählte in die Körperschaft der Bischöfe aufnehmen.“[48]

Es schien zunächst also so, dass die Theologische Kommission wenigstens an der Möglichkeit der Spendung der Bischofsweihe als theologisch unterscheidende Funktion des Episkopats zum Presbyterat festhalten wollte und dies auch gekonnt hätte. Zahlreiche Konzilsväter brachten jedoch zu der vorgesehenen Aussage Verbesserungsvorschläge ein, unter denen viele die Behauptung ablehnten, allein der Bischof habe die Vollmacht zur Bischofsweihe. Ein Konzilsvater schlug deshalb vor, lediglich zu sagen: „Sache der Bischöfe ist es ...“[49], was von der Kommission dann tatsächlich auch so übernommen wurde (vgl. VatII LG 21). Diese Textänderung ist mit Rücksicht auf eine für die alexandrinische Kirche während der ersten Jahrhunderte angenommene Praxis durchgesetzt worden, die Bischof François-Nestor ADAM († 1990) während der Beratungen des II. Vatikanischen Konzils als Schwierigkeit gegen die Sakramentalität der Bischofsweihe angeführt hat:

„Die größte Schwierigkeit findet sich in der Praxis der alexandrinischen Kirche für mehrere Jahrhunderte, wo der Erwählte ohne jede Konsekration auf den Bischofssitz erhoben wurde und seine Herde leitete. Es gibt darüber mehrere Dokumente.“[50]

Was sind das aber für Dokumente, auf die man sich hier beruft, und von wem wurden sie verfasst?

3.1. Die angeführten literarischen Zeugnisse und ihr Wert

- Die älteste literarische Mitteilung findet sich bei HIERONYMUS († 419/20), der gegen Ende des 4. Jahrhunderts im Zusammenhang mit seiner Polemik gegen die römischen Diakone, die für sich eine den Presbytern übergeordnete Stellung beanspruchten[51], berichtet, in Alexandrien habe vom Evangelisten MARKUS an bis zu den Bischöfen HERAKLAS († 247/48)[52] und DIONYSIOS († 264/ 65)[53] die Gewohnheit bestanden, dass die Presbyter nach dem

---

48 „Quare soli Episcopi per Sacramentum Ordinis novos electos in corpus episcopale assumere possunt“ (Schema constitutionis de ecclesia, Città del Vaticano 1964, 63).

49 Modi III, Città del Vaticano 1964, 16, Modus 51.

50 Patrum Concilarium Animadversiones sive oraliter sive in scriptis traditae inde ab initio II sessionis. Cap. II: De constitutione hierarchica Ecclesiae et in specie de Episcopatu (poligr.), 655 (vgl. MÜLLER [Fn. 41], 325 mit Fn. 471).

51 Vgl. PRAT, Ferdinand, Les prétentions des diacres romains du IVe siècle, in: RSR 3 (1912) 463-474; DOMAGALSKI, Bernhard, Römische Diakone im 4. Jahrhundert. Zum Verhältnis von Bischof, Diakon und Presbyter, in: PLÖGER, Josef G. / WEBER, Hermann J., Der Diakon. Wiederentdeckung und Erneuerung seines Dienstes, Freiburg i. Br. u. a. 1980, 44-56.

52 Vgl. BIENERT, Wolfgang A., Heraklas, in: LThK³ IV, Sp. 1429; s. auch BARDENHEWER, Otto, Geschichte der altkirchlichen Literatur II, Freiburg i. Br. ²1914, 195 f.

53 Vgl. BIENERT, Wolfgang A., Dionysios, in: LThK³ III, Sp. 241 f.; BARDENHEWER (Fn. 52), 203-206; HAMM, Ulrich, Dionysius von Alexandrien, in: LACL³, 201 ff.

Tod des Patriarchen jeweils einen aus ihrer Mitte auswählten, ihn auf eine höhere Stufe stellten und Bischof nannten, so im Brief an den Presbyter EVANGELUS (Ep. 146, 85), wo es heißt:

„Ich höre von einem, der sich zu solchem Wahnsinn verstiegen hat, daß er die Diakone über die Presbyter, das heißt vor die Bischöfe, stellt ... Denn auch in Alexandria nannten die Presbyter vom Evangelisten Markus an bis zu den Bischöfen Heraklas und Dionysios immer einen von ihnen selbst Gewählten und auf eine höhere Stufe Erhobenen ‚Bischof', so wie wenn das Heer einen Feldherrn bestellt oder die Diakone aus ihren Reihen einen als eifrig Bekannten erwählen und Erzdiakon nennen ... Was macht aber ein Bischof, mit Ausnahme der Ordination, das ein Presbyter nicht macht? Nicht anders sollte auch die Kirche Roms, [die Kirche] der ganzen Welt, eingeschätzt werden."[54]

HIERONYMUS spricht hier, als Nicht-Zeitgenosse (!), lediglich von der Wahl („presbyteri semper unum de se electum"), nicht von einer Handauflegung der Presbyter, und lässt diese beschriebene eigentümliche Gewohnheit nur bis zur Mitte des 3. Jahrhunderts bestehen. Seine angeführten Vergleiche mit der Erhebung des Kaisers durch das Heer und mit der Wahl des Archidiakons sowie die Tendenz des HIERONYMUS, den Presbyter dem Bischof gleichzustellen[55], lassen von einer Handauflegung (Weihe) durch das stadtalexandrinische Presbyterium absehen.

- Severos, monophysitischer Patriarch von Antiochien (Patriarch von 512-518; † 538)[56], berichtet in einem nur in syrischer Sprache überlieferten Brief aus seinem ägyptischen Exil an die Orthodoxen von Emesa:

---

54 HIERONYMUS, Epistula 146 ad Evangelium: „Audio quemdam in tantam erupisse vecordiam, ut diaconos presbyteris, id est episcopis, anteferret ... Nam et Alexandriae a Marco Evangelista usque ad Heraclam et Dionysium episcopos presbyteri semper unum de se electum et in excelsiori gradu conlocatum episcopum nominabant, quomodo si exercitus imperatorem faciat aut diaconi eligant de se, quem industrium noverint, et archidiaconum vocent. Quid enim facit, excepta ordinatione episcopus, quod presbyter non facit? Nec altera Romanae urbis ecclesia, altera totius orbis existimanda est" (PL 22, [1192-]1194; CSEL 56, [308-]310).

55 Vgl. ALTANER, Berthold / STUIBER, Alfred, Patrologie. Leben, Schriften und Lehre der Kirchenväter, Freiburg i. Br. u. a. [8]1978, 403; DOMAGALSKI (Fn. 51), 49; vgl. zudem HIERONYMUS, Comm. in Titum, 1, 5: PL 26, 597 f.: „Idem est ergo presbyter qui et episcopus ..." (s. auch BÂRLEA, Octavian, Die Weihe der Bischöfe, Presbyter und Diakone in vornicänischer Zeit, München 1969, 219); HIERONYMUS, Ep. 69, 3: PL 22, 656. Zum Weiterwirken der Auffassung im Mittelalter, dass Bischof und Presbyter einem einzigen *ordo* angehören, s. REYNOLDS, Roger E., „Presbyterianism" in the Early Medieval Theology of Sacred Orders, in: Mediaeval Studies 45 (1983) 311-342. Unter Berufung auf HIERONYMUS betrachtet Martin LUTHER die Bischofsweihe des Ordinators als nicht unbedingt notwendig für die Gültigkeit der Ordination, da für den Kirchenvater „Bisschoff und Pfarrher ein ding gewest" sei (WA 38, 237, 22 f.; vgl. auch LIEBERG, Hellmut, Amt und Ordination bei Luther und Melanchthon, Göttingen 1962, 177).

56 Vgl. BÖHM, Thomas, Severos v. Antiochien, in: LThK[3] IX, Sp. 502 ff.; BÖHLIG, Alexander, Severos von Antiochien, in: KWCO 319; HONIGMANN, Ernest, Évêques et

„Und auch der Bischof der für ihren orthodoxen Glauben bekannten Stadt Alexandrien wurde in früheren Tagen gewöhnlich von Presbytern ernannt [sic][57]; aber in späteren Zeiten kam es in Übereinstimmung mit dem Kanon [can. 4 des Konzils von Nikaia (325)][58], der überall die Oberhand gewonnen hat, dazu, daß die feierliche Einsetzung ihres Bischofs durch die Hand von Bischöfen vorgenommen wurde, und niemand verachtet die Strenge, die in den heiligen Kirchen herrscht und die Zuflucht genommen hat zu früheren Praktiken ...“[59].

Auch SEVEROS spricht nicht von der Handauflegung, sondern nur allgemein von der Ernennung oder Einsetzung des Bischofs. Wollte man aber darin die Handauflegung eingeschlossen denken, so ergäbe sich ein Widerspruch zu der Bemerkung, dass seit den Aposteln ein dem SIMON CANANAEUS zugeschriebener Kanon bestünde, der die Spendung der Bischofsweihe regelt (ein Hinweis auf die Apostolischen Konstitutionen[60]). Es ist daher wohl eher wahrscheinlich, dass SEVEROS, der immerhin über 300 Jahre später eine womöglich bisher mündlich überlieferte Tradition niederschreibt, nur die Wahl, nicht jedoch die Weihe im Auge hatte.

- Als letztes und jüngstes Zeugnis wird EUTYCHIOS (SA'ĪD IBN BATRĪQ)[61], melchitischer Patriarch von Alexandrien im 10. Jahrhundert (933-940), aufgeführt. In seinen in arabischer Sprache abgefassten Annalen schreibt er an einer Stelle:

„Der Evangelist Markus aber bestimmte – zusammen mit dem Patriarchen Hanania – zwölf Presbyter, die beim Patriarchen bleiben sollten, dazu, bei Vakanz des Patriarchenstuhles einen von den zwölf Presbytern auszuwählen, dem die übrigen elf die Hände auflegen sollten, um ihn zu segnen und zum Patriarchen zu machen. Darauf sollten sie einen ausgezeichneten Mann wählen, um ihn bei sich zum Presbyter zu bestimmen an Stelle des zum Patriarchen Erhobenen, so daß es immer zwölf seien: Diese Einrichtung, daß Presbyter die Patriarchen aus der Reihe der zwölf Presbyter beriefen, bestand bis zu den Zeiten des alexandrinischen Patriarchen Alexander [312-

---

évêchés monophysites d'Asie antérieur au VIe siècle, Louvain 1951; ALTANER / STUIBER (Fn. 55), 505-508; BRUNS, Peter, Severus von Antiochien, in: LACL[3], 636 f.

57 Hubert MÜLLER übersetzt hier „appointed“ der englischen Übersetzung von Ernest W. BROOKS aus dem Jahre 1901 mit „eingesetzt“ (MÜLLER [Fn. 41], 326; s. dazu bes. Fn. 41).

58 COD 6 f.

59 Der ursprünglich griechisch abgefasste Brief des SEVEROS VON ANTIOCHIEN an die Orthodoxen von Emesa (= Ḥoms / Syrien) ist nur in einer syrischen Übersetzung des ATHANASIUS VON NISIBIS erhalten und in einer teilweisen englischen Übersetzung von BROOKS, Ernest W., The Sixth Book of the Select Letters of Severus, Patriarch of Antioch, in the Syriac Version of Athanasius of Nisibis, II/1, London 1903, 213, veröffentlicht (s. dazu auch BARDENHEWER V [Fn. 52], Freiburg i. Br. 1932, 5). – Syrischer Text: BROOKS, Ernest W., The Ordination of the Early Bishops of Alexandria, in: JThS 2 (1901) 612 (nach den Handschriften British Museum: Add. 12.181 fol. 64b und Add. 14.600 fol 71b/72a).

60 ApostKonst VIII 27, 1-3 (METZGER [Fn. 26], 228 f.; vgl. OTT [Fn. 36], 16).

61 Vgl. BREYDY, Michael, Eutychios, in: LThK[3] III, Sp. 1024.

328].[62] ... Dieser aber verbot, daß die Presbyter weiterhin den Patriarchen einsetzten."[63]

Die Annalen (Naẓm al-Ǧawhar) des EUTYCHIOS sind jedoch nach dem allgemeinen wissenschaftlichen Konsens mit Ungenauigkeiten und Fehlern derart vermischt, dass ihr historischer Wert als sehr gemindert gelten muss[64]; außerdem ist zu bedenken, dass EUTYCHIOS 700 Jahre später lebte!

Bei der inhaltlichen Lektüre der Texte fällt zunächst ein Unterschied in der Zeitangabe auf, bis zu der die geschilderte Praxis in Alexandrien in Übung gewesen sein soll: HIERONYMUS nennt HERAKLAS († 247/48) und DIONYSIOS († 264/65), während EUTYCHIOS den Patriarchen ALEXANDER († 328)[65] angibt, der diese Gewohnheit abgeschafft habe. Auffällig ist sodann, dass andere, ältere Autoren, welche die kirchlichen Verhältnisse in Alexandrien sehr gut kannten – vor allem EUSEBIUS, ORIGENES und eventuell die sogar nach Alexandrien weisende so genannte „Traditio Apostolica" – von der angeblichen Weihe der Bischöfe von Alexandrien durch Presbyter nichts wissen!

Ein arabisch schreibender ägyptischer Schriftsteller in der 2. Hälfte des 10. Jahrhunderts, SEVEROS ABŪ-L-BAŠR IBN AL-MUQAFFA'[66], Bischof von al-Ašmūnayn, der eine historisch wertvolle Geschichte der Patriarchen von Alexandrien verfasste[67], berichtet Einzelheiten über die Einsetzung der Bischöfe von Ale-

---

62 Vgl. BIENERT, Wolfgang A., Alexandros, in: $LThK^3$ I, Sp. 360; BARDENHEWER III (Fn. 52), 34-41; ALTANER / STUIBER (Fn. 55), 269; BÖHM, Thomas, Alexander von Alexandrien, in: $LACL^3$, 15.

63 Der arabische Text wurde von Edward POCOCK in den Jahren 1658/59 in Oxford ins Lateinische übersetzt und findet sich in PG 111, 982BC: „Constituit autem evangelista Marcus, una cum Hanania patriarcha, duodecim presbyteros, qui nempe cum patriarcha manerent, adeo ut cum vacaret patriarchatus, unum e duodecim presbyteris eligerent, cuius capiti reliqui undecim manus imponentes ipsi benedicerent et patriarcham crearent; deinde virum aliquem insignem eligerent quem secum presbyterum constituerent loco eius qui factus est patriarcha, ut ita semper exstarent duodecim. Neque desiit Alexandriae institutum hoc de presbyteris, ut scilicet patriarchas crearent ex presbyteris duodecim, usque ad tempora Alexandri patriarchae Alexandrini, qui fuit ex numero illo trecentorum et octodecim. Is autem vetuit ne deinceps patriarcham presbyteri crearent." Neben den üblichen Mängeln der orientalischen Chronologie zeigt EUTYCHIOS darüber hinaus in seiner Kritiklosigkeit eine besondere Vorliebe für populäre Legenden (vgl. dazu GRAF, Georg, Geschichte der christlichen arabischen Literatur II, Città del Vaticano 1947, 32-38, bes. 33 f.).

64 S. dazu NAU, François, Eutychius, in: DThC V, Sp. 1610.

65 Vgl. BARDENHEWER III (Fn. 52), 34-41. Die vollständige Bischofsliste (teilweise überholt) der ersten Jahrhunderte in Alexandrien findet sich bei GROTZ, Hans, Die Hauptkirchen des Ostens. Von den Anfängen bis zum Konzil von Nikaia (325), Roma 1964, 250 f.

66 S. dazu SAMIR, Samir Khalil, Severos ibn al-Muqaffa', in: $LThK^3$ IX, Sp. 504; GRAF (Fn. 63), 300-317.

67 Vgl. ebd., 301-306; BAUMSTARK, Anton, Die christlichen Literaturen des Orients II, Leipzig 1911, 31 f.

xandrien, die jedoch zum Bericht des EUTYCHIOS in Widerspruch stehen, aber mit der allgemeinen kirchlichen Gewohnheit übereinstimmen.[68] Es ist heute wohl allgemein anerkannt, dass sich in den beiden ersten Jahrhunderten über die genauen Vorgänge in Alexandrien kaum etwas wissenschaftlich Gesichertes aussagen lässt, weil in diesen „dunklen Jahrhunderten" die glaubwürdigen Quellen sehr spärlich fließen und zu dieser Zeit viele legendenhafte Gerüchte aus verschiedensten Gründen in Umlauf gesetzt wurden. Dass es in Alexandrien im 2. Jahrhundert ein Presbyterkollegium mit weitreichenden Vollmachten gegeben haben kann, ist durchaus möglich; bei Aussagen über deren Vollmacht zur Bischofsweihe hält man sich heute allerdings eher zurück. Nicht zu bezweifeln ist jedenfalls, dass bereits mit DEMETRIOS I. (188-230) das alexandrinische Bischofsamt feste Formen erlangt hatte.[69] Von großer Bedeutung ist außerdem, dass bei der Interpretation dieser Texte immer wieder bedenkenlos mit teilweise veralteten und unkritischen Übersetzungen zweiter oder gar dritter Hand gearbeitet und nicht auf die Originalquellen zurückgegriffen wurde bzw. werden konnte.[70] Des weiteren hätten zunächst die Originalquellen selbst mit der nötigen Sorgfalt auf ihre Glaubwürdigkeit, ihre Entstehungszeit, ihre geschichtlich-theologischen Hintergründe und nicht zuletzt auf ihre Verfasser hin untersucht werden müssen (so wie es Joseph LÉCUYER versucht hat). Dies haben jedoch der verstorbene Bonner Kirchenrechtler Hubert MÜLLER und andere versäumt, und dennoch meinten sie, sicher behaupten zu können, dass im 4. Jahrhundert und

---

68 LÉCUYER, Joseph, Le problème des consécrations épiscopales dans l'Église d'Alexandrie, in: BLE 65 (1964) 244 f. Vgl. die im Osten allgemein anerkannten Vorschriften der ApostKonst und der so genannten „Kanones des Hippolyts", die Mitte des 4. Jh. in arabischer Sprache entstanden sind (vgl. dazu BOTTE, Bernard, L'origine des Canones d'Hippolyte, in: Mélanges en l'honneur de Mon. Michel Andrieu, Strasbourg 1956, 53-63). Dort heißt es in can. 4: „Der Bischof ist dem Presbyter in jeder Beziehung gleich, abgesehen von dem Throne und der Ordination, weil jenem keine Macht zu ordinieren gegeben ist" (RIEDEL, Wilhelm, Die Kirchenrechtsquellen des Patriarchats Alexandrien, Leipzig 1900, 203). In der gründlichen Zusammenstellung von Wilhelm RIEDEL findet sich keine kirchenrechtliche Bestimmung aus der entsprechenden Zeit, die jenen merkwürdigen Brauch in Alexandrien belegt. In der koptisch-sahidischen Übersetzung der so genannten „Traditio Apostolica", die um 500 in Ägypten entstanden ist, heißt es: „... Während alle stehen, wird einer der Bischöfe gebeten, daß er seine Hände auf den lege, der zum Bischof gemacht werden soll" (TILL, Walter C. / LEIPOLDT, Johannes, Der koptische Text der Kirchenordnung Hippolyts, Berlin 1954, 3).

69 Vgl. MÜLLER, Caspar Detlef G., in: TRE II, 255; LIETZMANN, Hans, Geschichte der Alten Kirche II, Berlin $^{4/5}$1975, 284.

70 Hubert MÜLLER arbeitete mit einer englischen Übersetzung, die von der syrischen Übersetzung des ATHANASIUS VON NISIBIS herrührt, der selbst das griechische Original übersetzt hatte. Auch bei EUTYCHIOS wird die lateinische Übersetzung des arabischen Originaltextes zur Grundlage genommen. In einer ausführlichen Studie sollen die hier nicht abgedruckten Originaltexte auf der Grundlage einer philologisch-kritischen Methodik im Sinn einer vergleichenden Liturgiewissenschaft analysiert und kommentiert werden (s. oben die einführende Anmerkung *).

also in der Folge sich eine Tradition herausgebildet habe, welche annehmen lässt, dass ursprünglich die Bischöfe von Alexandrien vom Presbyterkollegium nicht nur gewählt, sondern sogar geweiht wurden (so z. B. auch Fernand CABROL[71] und Olivier ROUSSEAU[72]). Einar MOLLAND[73], der in Alexandrien die Weihe des Bischofs durch Handauflegung der Presbyter als sicher voraussetzt, versucht sogar, von daher auch die Situation in Lyon zu erhellen, wo IRENÄUS von seinen Conpresbytern geweiht worden sei. Louis DUCHESNE[74] verallgemeinert diesen Brauch Alexandriens noch weiter (auf Antiochien, Rom und darüber hinaus). Es sind auch einige Stellungnahmen veröffentlicht worden, die auf die durch den angeblichen alexandrinischen Brauch aufgeworfene theologische Problematik näher eingehen, dabei aber manchmal nicht ernst genommen werden können.[75] Auch neuerdings wird von liturgiewissenschaftlicher Seite wieder auf die fragwürdige Ordinationspraxis hingewiesen.[76]

3.2. Die Auswirkungen auf das II. Vaticanum

Das II. Vaticanum hat sich zu dieser historischen Problematik, offensichtlich durch einige Kirchenhistoriker und Kanonisten angeregt, bei den Aussagen über das Bischofsamt sehr zurückhaltend gezeigt. Es sagte daher nicht – wie ursprünglich wohl richtig und liturgiegeschichtlich durchaus auch vertretbar vorgesehen war –, dass allein Bischöfe durch das Weihesakrament neue Erwählte in das Kollegium aufnehmen können, sondern stellte lediglich das Faktum fest,

---

71 CABROL, Fernand, Alexandrie, in: DACL I, Sp. 1206 (hier ein ganzer Abschnitt).

72 ROUSSEAU, Olivier, La vraie valeur de l'Épiscopat dans l'Église d'après d'importants documents de 1875, in: CONGAR, Yves (Hg.), L'Épiscopat et l'Église universelle, Paris 1962, 712.

73 MOLLAND, Einar, Irenaeus of Lugdunum and the Apostolic Succession, in: JEH 1 (1950) 28.

74 DUCHESNE, Louis, Histoire ancienne de l'Église I, Paris [4]1908, 94.

75 So zunächst LÉCUYER (Fn. 41), 88 Fn. 108. Seine spätere Erklärung über die Entstehung dieser „Legende“ in der Zeit der arianischen Wirren (DERS., Le problème des consécrations épiscopales dans l'Église d'Alexandrie, in: BLE 65 (1964) 256 f.) ist jedoch nicht als bloße Hypothese und als „Produkt einer reichen Phantasie“ abzutun, wie dies Hubert MÜLLER (Fn. 41), 328 f. möchte, sondern erscheint als Erklärungsversuch durchaus einleuchtend; außerdem hat Joseph LÉCUYER wissenschaftlich sehr korrekt gearbeitet und die orientalischen Quellen in seiner Studie gebührend berücksichtigt. Vgl. auch die mittlerweile teilweise überholten Beiträge von TELFER, William, Episcopal Succession in Egypt, in: JEH 3 (1952) 1-13; DERS., Meletius of Lycopolis and Episcopal Succession in Egypt, in: HThR 48 (1955) 227-237.

76 Unter Berufung auf VILELA, Albano, La condition collégiale des prêtres au IIIe siècle, Paris 1971, 173-179, z. B. BRADSHAW, Paul F., The Search for the Origins of Christian Worship. Sources and Methods for the Study of Early Liturgy, London [2]2002, 207: „There is at least some evidence to suggest that in Alexandria the older custom of presbyters presiding at the ordination of their new bishop persisted at least until the middle of the third century, if not later, and the same may well also have been the case elsewhere.“

dass dies Sache der Bischöfe sei. Manche Konzilsväter bezeichneten diese endgültige Formulierung mit Recht als eine theologische Enttäuschung (z. B. Umberto BETTI, Joseph LÉCUYER, Gérard PHILIPS)[77] und bedauerten die unnötige Vorsicht des Konzils. Dagegen versucht Antonio MOSTAZA RODRÍGUEZ herauszustellen, dass das Zweite Vatikanische Konzil auch weiterhin durchaus die Sentenz zuließe, dass der Papst in besonderen Fällen Presbytern die Vollmacht zur Bischofsweihe erteilen könne.[78] Diese spekulative Meinung hatten im Mittelalter tatsächlich mehrere Autoren vertreten (so der Glossator VINCENTIUS HISPANUS[79], Richard FITZRALPH [= ARMAGH ARMACHANUS][80], WILHELM VON AUXERRE[81], ANTONINUS VON FLORENZ[82], DURANDUS A SANCTO PORTIANO[83] und

---

77 BETTI, Umberto, La dottrina sull'episcopato nel capitolo III della constituzione dommatica Lumen Gentium, Roma 1968, 360 und 417; LÉCUYER, Joseph, Die Bischofsweihe als Sakrament, in: BARAÚNA, Guilherme (Hg.), De ecclesia. Beiträge zur Konstitution „Über die Kirche" des Zweiten Vatikanischen Konzils II, Freiburg i. Br. u. a. 1966, 42; PHILIPS, Gérard, L'Église et son mystère au IIe Concile du Vatican I, Paris 1967, 263 f.

78 MOSTAZA RODRÍGUEZ, Antonio, Poderes episcopales y presbiterales, in: La Función Pastoral de los Obispos, Salamanca 1967, 43. Eine „presbyteriale" Sicht des Weihesakraments vertritt auch Nicolás LÓPEZ MARTÍNEZ (La distinción entre obispos y presbíteros, in: Burgense 4 [1963] 145-225). Eine Aufzählung der Theologen, die die Sakramentalität der Bischofsweihe leugnen, findet sich bei BOULARAND, Ephrem, La consécration épiscopale est-elle sacramentelle?, in: BLE 54 (1953) 5 ff. und MÜLLER (Fn. 41), 58 f. Fn. 204.

79 Nach VINCENTIUS HISPANUS könne der Papst aufgrund seiner geistlichen Vollgewalt einem Presbyter sogar erlauben, in seinem Namen die Bischofsweihe zu erteilen, ähnlich wie GREGOR DER GROSSE einigen Presbytern die Firmgewalt übertragen habe (Cod. Bamberg, fol. 114 c. 1): „Sed numquid similiter papa posset simplici sacerdoti conferre, ut consecraret episcopum nomine papae, sicut Gregorius concessit confirmationem? Et forte ex plenitudine potestatis hoc facere posset ..." (zitiert nach GILLMANN [Fn. 38], 35 Fn. 1).

80 Gemäß Richard FITZRALPH († 1360) könnten Presbyter die Bischofsweihe spenden, wenn alle Bischöfe gleichzeitig gestorben wären: Summa in quaestionibus Armenorum, l. 11, c. 7, hg. v. SUDORIS, Iohannes, Paris 1512, f. LXXXV c; zit. nach GILLMANN (Fn. 38), 135 Fn. 3: „... si omnes episcopi simul essent defuncti, sacerdotes minores possent episcopos ordinare et etiam consecrare."

81 Einen ähnlichen Notfall wie Richard FITZRALPH konstruiert auch WILHELM VON AUXERRE († 1231/32): Falls noch drei Presbyter in der Welt wären, müsste einer davon einen anderen der beiden zum Bischof und dieser dann einen der anderen zum Erzbischof weihen: Summa aurea IV, de ordine q. 1 (fol. 284b); vgl. GILLMANN (Fn. 38), 64 f.

82 ANTONINUS VON FLORENZ († 1459) meint, wenn die Bischofsweihe nur ein Sakramentale sei, könnte der Papst vielleicht einen Presbyter mit der Bischofsweihe beauftragen: Summa theologica p. III tit. 14 c. 14, ed. Venet. 1480, fol. X3 col. 3 sq. (so nach GILLMANN [Fn. 38], 169). Ähnliches vertritt der Kanonist HUGUCCIO († 1210): Summa d. 95 c. 1 (STENGER, Robert P., Episcopacy as an Ordo according to the Medieval Canonists, in: Mediaeval Studies 29 [1967] 87; vgl. auch GILLMANN, Franz, Spender und äußeres Zeichen der Bischofsweihe nach Huguccio, Würzburg 1922).

PETRUS DE PALUDE[84]), ohne jedoch dabei eine allgemeine Anerkennung erlangt zu haben.

4. Zusammenfassung und Ergebnis

Das II. Vatikanische Konzil bestätigte die historische Tatsache, dass der Bischof in besonderer Weise der Spender des Sakramentes der Priesterweihe ist (LG 26), ohne dabei jedoch ausdrücklich auf die Frage des Rechtes und der drei bekannten Ausnahmefällen des Mittelalters einzugehen, obwohl die Praxis der Kirche theologisch keineswegs irrelevant ist.[85] Es besteht jedenfalls ein grundlegender Unterschied zwischen der Weihegewalt eines Presbyters (sofern dies möglich wäre) und der eines Bischofs: Letzterer weiht immer gültig, selbst wenn er gegen den Willen des Papstes handelt, während die eventuelle Vollmacht des Presbyters, der ein päpstliches Indult erlangt hat, streng auf die von diesem Indult vorgesehenen Fälle begrenzt wäre. Sobald jedoch aufgrund von belegbaren historischen Ausnahmefällen die Möglichkeit der Weihespendung durch Presbyter kraft päpstlicher Indulte grundsätzlich anerkannt wäre, spielt deren Häufigkeit dogmatisch keine Rolle mehr, sondern nur disziplinarisch.[86] Schließlich bliebe aber noch immer die Tatsache bestehen, womit auch die provozierende Frage der Überschrift beantwortet wäre, dass die Bischofsweihe selbst niemals anders als nur durch den Bischof[87] erteilt werden kann, was letztlich eine wichtige und entscheidende Folge der Sakramentalität der Bischofsweihe ist![88]

---

83 DURANDUS A SANCTO PORTIANO († 1334): Comment. in 4 II. Sent., l. 4 d. 7 q. 3 n. 1-7, Antwerpen 1567, fol. 307 col. 1sq.; so nach GILLMANN (Fn. 38), 107.

84 Von der Meinung ausgehend, dass die Bischofsweihe nur ein Sakramentale sei, vertritt PETRUS DE PALUDE († 1342) in seiner Abhandlung über die Firmung die Ansicht, der Papst könne einen einfachen Presbyter bevollmächtigen, einen Bischof zu weihen [Quaestiones in quartum sententiarum, Paris 1516, d.7 q.4 a.3 ad 1 (fol. 31c-d)].

85 Wie Yves CONGAR (Faits, problèmes et réflexions à propos du pouvoir d'ordre et des rapports entre le presbytérat et l'épiscopat, in: MD 14 [1948] 107-128) nachgewiesen hat, spielt die kirchliche Praxis beispielsweise eine große Rolle im theologischen Werk des THOMAS VON AQUIN, der sich gerade in der Sakramentenlehre häufig auf den Brauch oder die Gewohnheit der Kirche beruft (S. th. III[a] q. 60 a. 8; q. 72 a. 4 sed c; a. 12 sed c; q. 82 a. 2).

86 Vgl. MÜLLER (Fn. 41), 321.

87 Dass Presbyter die Bischofsweihe spenden (auch kraft päpstlicher Delegation) ist mit der Lehre des Tridentinums kaum zu vereinbaren, da sich Episkopat und Presbyterat durch göttliche Anordnung („divina institutione") unterscheiden (Sess. XXIII, can. 6; DENZINGER / HÜNERMANN 1776). Das Konzil von Trient spricht nämlich von der „hierarchia ordinis", und irgendeine Gewalt muss dem Bischof eigentümlich sein, die dem Presbyter nicht übertragen werden kann (vgl. PÉGON, Joseph, Episcopat et Hiérarchie au Concile de Trente, in: NRT 82 [1960] 580-588; FAHRNBERGER [Fn. 3], 115-118). Dieses Unterscheidungsmerkmal muss zumindest die sakramentale Vollmacht sein, Bischöfe zu weihen (vgl. auch Fn. 32).

88 Vgl. LÉCUYER, Joseph, Das dreifache Amt des Bischofs, in: BARAÚNA (Fn. 77), 181.

Allerdings lässt sich feststellen, dass das II. Vaticanum aufgrund äußerst zweifelhafter historischer Zeugnisse über den unwahrscheinlichen (zeitlich-lokal begrenzten) Brauch einer Kirche, gegen das erdrückende Zeugnis aller Liturgien und der ganzen Tradition, die Frage nach dem Spender der Bischofsweihe bewusst offen gelassen hat. Unter den liturgischen Handlungen des Bischofs zählt das Konzil, das sich hier einer sehr vorsichtigen Ausdrucksweise bedient, die Aufnahme neuer Mitglieder in das Bischofskollegium (VatII LG 21) und die Erteilung heiliger Weihen (VatII LG 26) als Proprium der Bischöfe auf. Das Konzil erkennt diese Funktionen aber vorwiegend wegen einiger recht zweifelhafter und später Zeugnisse, die jedoch durch andere, sicherere und besser belegte Texte ausdrücklich widerlegt sind – wie oben gezeigt –, bewusst nicht dem Bischof als einzig möglichem Spender zu und sieht davon ab, die theologisch sicherlich notwendige Grenze zwischen den sakramentalen Vollmachten der Bischöfe und Presbyter festzulegen, wie es zu Beginn des Konzils eigentlich gewünscht worden war. Die Frage nach dem sakramentalen Unterschied zwischen Episkopat und Presbyterat in der Lehre des Konzils über die liturgischen Funktionen findet also keine Beantwortung, wird bewusst offen gelassen[89], was letztlich allerdings schwer vereinbar ist mit den eingangs zitierten Aussagen von VatII LG 21 und 26 über die endgültig festgestellte Sakramentalität der Bischofsweihe. Wenn die Bischöfe sich von anderen Priestern und Gläubigen nur unterscheiden würden, weil sie das Recht und die Pflicht haben, zu leiten und zu lehren (weil sie eine höhere Jurisdiktion haben), wäre die Kirche in ihrer Leitung von anderen menschlichen Gesellschaften nicht verschieden, das Bischofsamt und die Bischofsweihe schließlich überflüssig.[90] Mit Johannes BRINKTRINE könnte man sogar soweit gehen zu erwägen, dass wenn der Presbyter der außerordentliche Spender der Bischofsweihe (sowie der Presbyter- und Diakonenweihe) wäre, der Episkopat seine innere Daseinsberechtigung verlieren würde. Der Episkopat würde also *de facto* in seiner eigentlichen Funktion innerlich ausgehöhlt.[91] Erst durch die Annahme, dass zumindest nur der Bischof allein Spender der gültigen Bischofsweihe (und letztlich auch der beiden ande-

89 Vgl. auch DUPUY, Bernard-Dominique, Besteht ein dogmatischer Unterschied zwischen der Funktion der Priester und der Funktion der Bischöfe?, in: Conc(D) 4 (1968) 273.

90 Wir könnten uns dann ohne weiteres der folgenden spekulativen Überlegung von Karl RAHNER anschließen: „Da ein einfacher Priester Träger aller jurisdiktionellen Vollmachten eines Bischofs sein kann, könnte abstrakt auch nach heutiger Theologie gedacht werden, daß einfache Priester alle wirklich zum Leben der Kirche notwendigen Ämter der Kirche allein ohne Bischöfe verwalten, da man die Bischofsweihe nur braucht, wenn man die Bischöfe nötig hat. Diese werden aber nicht benötigt, wenn alle ihre Funktionen auch vom einfachen Priester erfüllt werden können, soweit diese Funktionen für das Heil der Christen erforderlich sind ...“ (RAHNER, Karl, Über den Episkopat, in: STÄHLIN, Wilhelm [Hg.], Das Amt der Einheit. Grundlegendes zur Theologie des Bischofsamtes, Stuttgart 1964, 285).

91 Vgl. BRINKTRINE, Johannes, Ist der Priester außerordentlicher Spender der Priesterweihe?, in: ThGl 25 (1933) 462 f.

ren sakramentalen Weihestufen) sein kann – und zwar unter Ausschluss des Presbyters als *minister extraordinarius* –, wird die innere Daseinsberechtigung des Episkopats einsichtig.[92] Die Vollmacht zur Weihespendung, besonders der Bischofsweihe, stellt also ein entscheidendes Prärogativ vor dem Presbyterat dar. So scheint zumindest der Codex Canonum Ecclesiarum Orientalium (CCEO) erfreulicherweise an der alleinigen Weihevollmacht der Bischöfe festzuhalten: „Allein der Bischof spendet die heilige Weihe gültig ...“ (can. 744).[93]

---

92 Vgl. ebd., 464.

93 „Solus Episcopus sacram ordinationem valide ministrat ...“ (vgl. auch Fn. 6).

Zur „Realdistinktion“ von Ehevertrag und Sakrament

Hartmut Zapp

In einer fünf Punkte umfassenden Aufzählung drängender Fragen, die heute im Kontext des kanonischen Eherechts gestellt werden, hat Richard PUZA an erster Stelle die „Eheschließung nichtglaubender Getaufter“[1] genannt und sich dann besonders den beiden nächststehenden zugewandt, der Eheschließung Geschiedener und der Zulassung dieser wiederverheirateten Geschiedenen zu den Sakramenten.[2] Diese Problemfelder, zu denen seit Jahren eine kaum mehr zu überschauende Vielzahl von Veröffentlichungen – bei weitem nicht nur von kanonistischer Seite – erscheint, haben als Hintergrund die Eingangsnorm des kanonischen Eherechts gemeinsam, in der die kirchlichen Bestimmungen zur Sakramentalität mit der damit verbundenen „(durch Ausnahmen durchlöcherten) Unauflöslichkeit der Ehe“ festgelegt sind, eine „crux der Theologen und Kanonisten“.[3] Allerdings ist diese Verknüpfung der Unauflöslichkeit mit der Sakra-

---

1 PUZA, Richard, Das gewandelte Eheverständnis und die kanonistische Theorie und Praxis. Eine Anfrage an das Kirchenrecht, in: Bilderstreit um die Ehe. Theologische und kanonistische Erblasten eines aktuellen Konflikts, hg. v. KUSTERMANN, Abraham Peter / PUZA, Richard, Fribourg 1997, 130. Zu der angesprochenen Frage vgl. schon den Abschnitt „Der ungläubige Christ und das Sakrament der Ehe“, in: DERS., Kirchenrecht – Theologie – Liturgie. Kanonistische Überlegungen zur Identität von Ehevertrag und Ehesakrament sowie zum „Spender“ des Ehesakramentes, in: Eheschließung – mehr als ein rechtlich Ding?, hg. v. RICHTER, Klemens, Freiburg i. Br. 1989, 73-79; ferner das Kapitel „Der glaubenslose Christ und das Sakrament der Ehe“, in: PUZA, Richard, Katholisches Kirchenrecht, Heidelberg ²1993, 299-304; ähnlich in: DERS., Neues zum Ehesakrament aus kirchenrechtlicher Sicht, in: StZ 212 (1994) 103 ff.

2 Vgl. PUZA, Richard, Kanonistische Ansätze zur Frage der Rechtsstellung wiederverheirateter Geschiedener, in: ThQ 165 (1985) 308-313; DERS., Die gescheiterte Ehe, in: ThQ 175 (1995) 97-108 mit dem Vorschlag eines vereinfachten und verkürzten Ehenichtigkeitsverfahrens (der Beitrag ist veröffentlicht in einem eigenen Heft der von PUZA mitherausgegebenen Theologischen Quartalschrift zum Thema „Sakramente für wiederverheiratete Geschiedene – seit 25 Jahren umstritten“, veranlasst durch das gemeinsame Hirtenschreiben der drei oberrheinischen Bischöfe „Zur seelsorglichen Begleitung von Menschen aus zerbrochenen Ehen, Geschiedenen und Wiederverheirateten Geschiedenen“ von 1993); DERS., Der Ehenichtigkeitsprozeß muß vereinfacht werden, in: ThQ 176 (1996) 153 f.; DERS., Was können wir aus den Voten eines Kollegialrichters lernen? Überlegungen zur Vereinfachung des Ehenichtigkeitsverfahrens aus der Sicht des Richters, in: FG Rößler, 383-396; DERS., Eheverständnis (Fn. 1), 136-144 mit detaillierten Vorschlägen und dem Entwurf eines „einfachen“ Ehenichtigkeitsverfahrens.

3 WEIGAND, Rudolf, Rezension zu: MOSIEK, Ulrich, Kirchliches Eherecht unter Berücksichtigung der nachkonziliaren Rechtslage, Freiburg i. Br. 1968, in: ThRv 65 (1969)

mentalität nicht absolut, wie die verklausulierte Formulierung des can. 1056 CIC von der durch das Sakrament bewirkten „besonderen Festigkeit" zunächst vermuten ließe.[4] Näherhin lassen sich die in diesen Themen angesprochenen Schwierigkeiten auf die sog. Realidentät nach can. 1055 § 2 CIC zurückführen, wonach „es zwischen Getauften keinen gültigen Ehevertrag geben kann, ohne daß er von selbst Sakrament ist."[5]

1.

Vom Wortlaut des can. 1055 § 1 CIC her, wonach der Ehebund „von Christus dem Herrn zwischen Getauften zur Würde eines Sakraments erhoben wurde", wäre man geneigt anzunehmen, es handle sich bei diesem Satz um eine unbestrittene direkte neutestamentliche Weisung oder doch um eine auf der Offenbarung fußende unanzweifelbare Lehre frühkirchlicher Entscheidungen, die auf dem langen, aber klar nachzuzeichnenden Weg kanonistischer Rechtssammlungen und ungebrochener Tradition theologischer Doktrin unverändert ins geltende Gesetzbuch gelangten. Ein Blick in die Theologie- und Rechtsgeschichte indessen ergibt ein ganz anderes Bild.

Das mysteriöse „sacramentum"[6] in Eph 5,32 gilt als Ausgangspunkt der Sprechweise von der „Sakramentalität" der Ehe, die seit der „Ambivalenz in der

---

406; vgl. DERS., Unauflöslichkeit der Ehe und Eheauflösungen durch Päpste im 12. Jahrhundert, in: RDC 20 (1970) 44-64.

4 Vgl. KAISER, Matthäus, Unauflöslichkeit der Ehe im Lichte der Quellen zu can. 1056 und zu can. 1134 CIC, in: FS Weigand, 245: „Wenn nämlich die Unauflöslichkeit nicht so fest ist, daß sie Auflösung von Ehen schlechthin ausschließt, ist sie nicht eine Wesenseigenschaft der Ehe ... Darum ist auch im revidierten Gesetzbuch der scheinbar verstärkende, in Wirklichkeit aber einschränkende Nebensatz unverändert stehen geblieben, der dem Hauptsatz widerspricht, indem er dessen Aussage von der Unauflöslichkeit als Wesenseigenschaft der Ehe aushöhlt." Ähnlich DERS., Können Ehen aufgelöst werden?, in: DPM 2 (1995) 58 f.; vgl. schon ZAPP, Hartmut, Kanonisches Eherecht, Freiburg i. Br. [7]1988, 35: „Die Bezeichnung der Unauflöslichkeit als Wesenseigenschaft der Ehe bedeutet daher auch aus kirchenrechtlicher Sicht keineswegs, daß jede Ehe tatsächlich rechtlich absolut unauflöslich ist. Dies gilt nicht einmal für die sakramentale Ehe, denn can. 1056 spricht der Einheit und Unauflöslichkeit der sakramentalen Ehe nur eine besondere, keine absolute Festigkeit zu, relativiert also die Aussage über die Wesenseigenschaften."

5 Vgl. PUZA, Richard, Die Ehe als Sakrament und Vertrag. Zu Geschichte und Gegenwart eines kodifizierten Lehrsatzes (c. 1055 §§ 1.2 CIC 1983), in: ThQ 167 (1987) 128-136; DERS., Kirchenrecht (Fn. 1); DERS., Katholisches Kirchenrecht (Fn. 1), 294-299.

6 Das griechische „μυστήριον" ist mit „sacramentum" übersetzt – diese Wiedergabe soll auf TERTULLIAN zurückgehen. Obwohl in deutschsprachigen Ehetheologien dieses „heilige Zeichen" eine zentrale Rolle spielt, verwendet die gängige deutsche Bibelübersetzung (großes bzw. tiefes) „Geheimnis" (ähnlich französisch „mystère", englisch „mystery", aber auch „truth").

patristischen Beurteilung christlicher Ehe"[7] im Lauf der Jahrhunderte eine Vielzahl schillernder Bedeutungsinhalte erhielt. Insbesondere der Einfluss AUGUSTINS[8] mit seinen schwierigen, verschieden interpretierbaren und interpretierten Deutungsversuchen, letztlich wohl auf Spannungen schon neutestamentlicher Aussagen zur Ehe zurückzuführen[9], hatte wechselhafte ehetheologische Auffassungen zur Folge. Es dauerte weit ins zweite christliche Jahrtausend hinein, bis der Ehe durch die offizielle kirchliche Lehre die Qualifizierung als letztes „Sakrament" zuerkannt wurde. Daher ist es nicht verwunderlich, wenn bei der Charakterisierung der christlichen Ehe bis zum 12. Jahrhundert von der „Tatsache der vielartigen ‚Sakramente', die bei der Ehe existent zu werden vermögen"[10], gesprochen wird. Noch ein Sakramentenkatalog in der von Johannes TEUTONICUS kurz nach 1215 verfassten Glossa ordinaria zum Dekret GRATIANS, nach Erscheinen des Liber Extra (1234) von Bartholomaeus BRIXIENSIS überarbeitet[11], kennt die Ehe nicht[12], obwohl sich in dieser von GREGOR IX. promul-

---

7 KNOCH, Wendelin, Ehe, in: LMA III, 1617.

8 Vgl. die beeindruckende Untersuchung von BRUNS, Bernhard, Das Ehe-sacramentum bei Augustinus, in: Augustiniana 38 (1988) 229 f.: „Den Sinnen zugänglich ist nur und allerdings die äußere vorübergehende Zeichenhandlung, die bei der Spendung der Taufe und Weihe sowie bei der Eheschließung in sinnfälliger Weise vorgenommen wird und die bewirkt, daß die betreffende Person für immer mit dem *sacramentum* der Taufe, Weihe oder Ehe ‚gekennzeichnet' ist. ... Aus der Form der Spendung des Tauf- und Weihesakraments lassen sich keine Rückschlüsse auf die Form der Eheschließung ziehen, da nach Augustinus das Ehesakrament trotz seiner zutiefst religiösen Dimension kein eigentlich kultisch-rituelles Sakrament, sondern ein *sacramentum* sui generis ist, wie seine behutsamen Formulierungen *quoddam / aliquod sacramentum* und *quiddam coniugale* erkennen lassen. Dies gilt um so mehr, als das Ehe-sacramentum offenbar nicht nur in den getauften, sondern auch in den ungetauften Ehegatten ist."
251: „Aus der augustinischen Lehre vom Ehe-sacramentum ergibt sich, daß der Ehemann auf Christus und die Ehefrau auf die Kirche verweist, wobei die vielen Frauen der altbundlichen Vielehe die irdische, die eine Frau der neubundlichen Einehe die eschatologische Gestalt der Kirche präfigurieren. Dabei ist der Vergleichspunkt das *sacramentum nuptiarum* selbst, d. h. das Ehemal, das sich sowohl in Christus und in der Kirche als auch in den irdischen Ehegatten befindet ...".

9 Vgl. DEMEL, Sabine, Zwischen Verdammung und Verherrlichung. Das Ehebild der alten Kirche und seine theologische Vertiefung durch Augustinus, in: Bilderstreit um die Ehe (Fn. 1), 15-34.

10 PORTMANN, Heinrich, Wesen und Unauflöslichkeit der Ehe in der kirchlichen Wissenschaft und Gesetzgebung des 11. und 12. Jahrhunderts, Emsdetten 1938, 128.

11 Vgl. WEIGAND, Rudolf, Glossa ordinaria, in: LMA IV, 1503 f.; vgl. zur Verfasserfrage Gratians WINROTH, Anders, The Two Recensions of Gratian's Decretum, in: ZRG KA 63 (1997) 22-31.

12 Glossa ordinaria C. 1 q. 1 p. c. 39 v. Sed notandum (ed. Lyon 1671, 515 f.): „... in qua facit differentiam inter sacramenta necessaria et voluntaria ... Necessitatis quinque sunt sacramenta, baptismus, confirmatio, poenitentia, ultima unctio, corpus Christi ... Et sacramenta dignitatis sunt ordinis: ideo dicitur in plurali, quia sunt plures species ordinis."

gierten Gesetzessammlung schon päpstliche Texte finden, in denen die Ehe neben anderen Sakramenten genannt wird.[13]

Erst zu Anfang des 13. Jahrhunderts entwickelte sich eine breiter rezipierte Auffassung[14], welche die Ehe in den Kreis der Sakramente einordnete, die dann schließlich durch eine im Zusammenhang von Unionsbestrebungen[15] erstellte Liste von sieben Sakramenten der „Heiligen Römischen Kirche" durch das II. Lugdunense von 1274[16] Bestandteil lehramtlicher Doktrin wurde.[17] In den um Quellenbelege zu den einzelnen Canones erweiterten Ausgaben des Codex Iuris Canonici von 1917[18] wird als erste Quelle zu can. 1012 § 1 CIC/1917 das Tridentinum genannt, danach erst das II. Konzil von Lyon und das Konzil von Florenz (1439)[19], gefolgt von 14 Lehrschreiben PIUS' IX. und LEOS XIII. aus dem

---

13 Vgl. X 5.7.9, das bekannte Dekretale LUCIUS' III. „Ad abolendam" von 1184 gegen Häretiker.

14 Doch noch das IV. Lateranense (1215) kennt keine Zusammenstellung der sieben Sakramente; vgl. GAUDEMET, Jean, L'évolution de la notion de „sacramentum" en matière de mariage, in: RDC 41/2 (1991) 79.

15 Vgl. COD (dt.) II, 314 Anm. a (nach II.1 Die Hohe Trinität und der katholische Glaube): „In der 4. Sitzung am 6. Juli 1274 wurde das Bekenntnis des byzantinischen Kaisers verlesen, das dieser – auf Vorlage von Papst Clemens IV. hin – bereits 1267 unterzeichnet hatte." Zum Text dieser „Litterae Michaelis Palaeologi Imperatoris Graecorum ad Gregorium papam X" vgl. z. B. MANSI XXIV, Venezia 1780 (Neudr. Paris 1903), 71: „Tenet etiam et docet eadem sancta Romana ecclesia, septem esse ecclesiastica sacramenta, unum scilicet baptisma, de quo dictum est supra; aliud est sacramentum confirmationis, quod per manuum impositionem episcopi conferunt, chrismando renatos; aliud est poenitentia, aliud eucharistia, aliud sacramentum ordinis, aliud est matrimonium, aliud extrema unctio, quae secundum doctrinam beati Jacobi infirmantibus adhibetur ... De matrimonio vero tenet, quod nec unus vir plures uxores simul, nec una mulier permittitur habere plures viros. Soluto vero legitimo matrimonio per mortem conjugum alterius, secundas et tertias deinde nuptias successive licitas esse dicit: si impedimentum canonicum aliud ex causa aliqua non obsistat."

16 Die Textgeschichte der Konstitutionen ist sehr interessant, deren Konzilsfassung nur teilweise bekannt, erfuhr doch der Wortlaut vieler Konstitutionen Änderungen von oft wesentlicher Bedeutung in den Monaten „between promulgation and publication", also zwischen dem 17.7. und 1.11.1274; vgl. KUTTNER, Stephan, Conciliar Law in the Making. The Lyonese Constitutions (1274) of Gregory X in a Manuscript at Washington, in: Miscellanea Pio Paschini. Studi di storia ecclesiastica II, Roma 1949, 77. Zur Bedeutung dieser Arbeit KUTTNERS für die Edition vgl. COD (dt.) II, 303-308.

17 KNOCH (Fn. 7), 1618 spricht von der „endgültige[n]" lehramtlichen Bestätigung durch das Lyoner Konzil von 1274.

18 Z. B. Codex Iuris Canonici Pii X Pontificis Maximi iussu digestus Benedicti Papae XV auctoritate promulgatus. Praefatione fontium annotatione et indice analytico-alphabetico ab eminentissimo Petro Card. GASPARRI auctus, Città del Vaticano 1933. Die dort genannten Quellen außerhalb des Corpus Iuris Canonici wurden herausgegeben von GASPARRI, Petrus, Codicis Iuris Canonici Fontes, 9 Bde., Roma 1923-1939, davon die letzten drei (1935-1939) von SERÉDI, Iustinianus.

19 Genannt ist „§ 16" [Septimum-perpetuum sit] der Konstitution EUGENS IV. „Exultate Deo", der Unionsbulle der Armenier, aus der 8. Sitzung v. 22.11.1439; vgl. COD (dt.)

19. und beginnenden 20. Jahrhundert nebst vier Verlautbarungen von Kurienbehörden. Die Hinweise auf die ältesten der genannten Quellen – nämlich die drei Konzilien – sind jedoch irreführend. Im angegebenen can. 1 de sacramentis in genere der sessio VII des Tridentinums wird inhaltlich nur die Aufzählung der sieben Sakramente[20] aus den beiden früheren Konzilien[21] wiederholt; das zweite Zitat verweist auf die Einführung und auf can. 1 de sacramento matrimonii der sessio XXIV, nach dem die Ehe als eines der sieben Sakramente von Christus eingesetzt wurde.[22] Demgegenüber ist nach can. 1012 § 1 CIC/1917 nicht die Ehe, sondern der Ehevertrag Sakrament: „Christus der Herr hat zwischen Getauften den ehelichen Vertrag selbst zur Würde eines Sakraments erhoben."[23]

„Daher", so fährt can. 1012 § 2 CIC/1917 fort, „kann zwischen Getauften kein gültiger Ehevertrag bestehen, ohne daß er von selbst Sakrament ist."[24] Für diesen Paragraphen ergibt sich im wesentlichen das gleiche Bild. Der erste Quellenhinweis auf X 4.4.1 erweckt Interesse, ist jedoch als Begründung der Theorie von der Realidentität ungeeignet, da diese „ehetheologische Sentenz ‚Duobus modis'" lediglich „in sachlicher Entsprechung zum römischen Recht die Sponsaliendistinktion"[25] vertritt, d. h. in Betonung des Konsensprinzips die Rechtsfolge von Verlöbnis („fides pactionis") und Erklärung des Ehewillens („fides consensus") darlegt; nicht durch die *sponsalia de futuro*, sondern allein durch

---

II, 550: „Das siebte ist das Sakrament der Ehe. Sie ist nach dem Wort des Apostels das Zeichen der Verbindung Christi und der Kirche ... [Eph 5.32]. Die Wirkursache der Ehe ist regulär der gegenseitige Konsens, der durch Worte unmittelbar zum Ausdruck gebracht wird (regulariter est mutuus consensus per verba de presenti expressus) ...". (Übersetzung aus dem Armenischen: „[Das] siebte ist das Sakrament der Ehe. Sie ist ein Zeichen der Einheit Christi und der Kirche gemäß dem Ausspruch des Apostels ... [Eph 5.32]. Die Ursache der geschlossenen Ehe ist nach [den] Regeln die Einwilligung beider durch ein Wort mit gegenwärtiger Hervorbringung.").

20 Vgl. COD (dt.) III, 684: „Wenn jemand sagt, die Sakramente des Neuen Gesetzes seien nicht alle von Jesus Christus, unserem Herrn, eingesetzt worden oder es gebe mehr oder weniger als die sieben, die da sind: Taufe, Firmung, Eucharistie, Buße, Letzte Ölung, Ordo und Ehe, oder auch [sagt], eines von diesen sieben sei nicht wahrhaft und eigentlich Sakrament, gelte das Anathem."

21 Vgl. Fn. 15 und 19.

22 Vgl. COD (dt.) III, 754: „1. Wenn jemand sagt, die Ehe sei nicht wahrhaft und im eigentlichen Sinne eines von den sieben Sakramenten des Gesetzes des Evangeliums, das von Christus, dem Herrn, eingesetzt wurde, sondern sie sei von Menschen in der Kirche erfunden worden und verleihe keine Gnade, gelte das Anathem." („1. Si quis dixerit, matrimonium non esse vere et proprie unum ex septem legis evangelicae sacramentis, a Christo domino institutum, sed ab hominibus in ecclesia inventum, neque gratiam conferre: a. s.")

23 Can. 1012 § 1 CIC/1917: „Christus Dominus ad sacramenti dignitatem evexit ipsum contractum matrimonialem inter baptizatos."

24 Can. 1012 § 2 CIC/1917: „Quare inter baptizatos nequit matrimonialis contractus validus consistere, quin sit eo ipso sacramentum."

25 WEIGAND, Rudolf, Wechselwirkung zwischen Theologie und Kanonistik im 12. Jahrhundert bei der Klärung von Grundfragen des Eherechts, in: FG Heinemann (70), 501.

die *sponsalia de praesenti* wird die Ehe existent. Die Textgeschichte dieser Quelle indessen ist höchst interessant und in ihrer Bedeutung für die Überwindung der u. a. von GRATIAN vertretenen Auffassung von der „commixtio sexuum" (*copula*) als Ehekonstitutivum nur verständlich in ihrem ursprünglichen Kontext als Palea im Dekret, C. 27 q. 2 c. 51. Nach Rudolf WEIGANDS eindrucksvoller Darstellung[26] gelangte dieser AUGUSTINUS zugeschriebene[27] Text ANSELMS VON LAON († 1117) nach einer langen, komplizierten Wirkungsgeschichte[28] um 1190 als Kapitel 4.4.1 in das Breviarium Extravagantium BERNHARDS VON PAVIA, wiedergegeben dann als „Dekretale" X 4.4.1 – ein Sachverhalt, den GASPARRI übersehen hat.[29]

Der zweite Verweis zu can. 1012 § 2 CIC/1917 bezieht sich auf can. 1 de sacramento matrimonii der Tridentinischen sessio XXIV, eine schon zum ersten Paragraphen genannte Quelle, gefolgt von Verlautbarungen PIUS' IX. und LEOS XIII., die mit einer Ausnahme ebenfalls schon in den Quellenangaben zu can. 1012 § 1 CIC/1917 enthalten sind. Darunter befinden sich jeweils PIUS' IX. „Syllabus"[30] von 1864 und LEOS XIII. Enzyklika „Arcanum" vom 10. Februar

---

26 WEIGAND (Fn. 25), 501-516.

27 NOWAK, James A., Inseparability of Sacrament and Contract in Marriages of the Baptised, in: StCan 12 (1978) 322 trägt zu dieser unter Vorbehalt, wenn auch unter Verkennung des Sachverhalts präsentierten Stelle einige Überlegungen zu Ehevertrag und Unauflöslichkeit vor, z. B.: „... Such a deduction is, however, the conclusion of a number of variable hypotheses. To proceed further to a statement that in this text there is a declaration of inseparability seems to place insupportable burden upon this Augustinian citation." Dass Christoph H. FREIESLEBEN in seiner Corpus-Edition den gesamten vierten Titel weggelassen habe (320 mit Fn. 15), trifft zumindest für die Ausgabe Basel 1746 nicht zu; dort findet sich bereits der FRIEDBERG-Text.

28 Vgl. WEIGAND (Fn. 25), 506 f. und Fn. 38 f. z. B. mit dem Hinweis auf die in der Summa Coloniensis dargelegten Lehren „secundum Transalpinos" und „sec. Gallicanos" zur Frage, „welcher Konsens die Ehe bewirke": „Für den Verfasser ist dieser schwerwiegende Dissens, der sogar zwischen der römischen und gallischen Kirche besteht, nicht lösbar."

29 Vgl. schon die Anmerkung 1 zu X 4.4.1 in der Corpus Iuris Canonici-Edition von FRIEDBERG, Emil, Leipzig 1879-1881, II, 680: „Comp. I. c. 1. h. t. (4.4); – cf. c. ult. C.XXVII. qu. 3 [korrekt: 2]"; vgl. umgekehrt zu C. 27 q. 2 c. 51 I, 1077 f. unter „Notationes Correctorum": „C. L I. Etiam in Decretalibus tit. de sponsa duor. c. 1. citatur ex Augustino, apud quem non est inventum"; 1077 f. Fn. 499: „... iam Hugucc. paleam esse notavit (Schulte p. 15.)"; Fn. 500: „Caput incertum – cf. c. 1. de sponsa duor. Comp. I. et c. 1. X. h. t."; Fn. 506: „Haec et in ipsa prima Decr. Compil. tamquam pars capitis *Duobus* profertur."

30 Nr. 65, 66 und 73; vgl. GASPARRI (Fn. 18) II, 1007 f.: „§ VIII. – Errores de matrimonio christiano. 65. Nulla ratione ferri potest, Christum evexisse matrimonium ad dignitatem sacramenti. 66. Matrimonii sacramentum non est nisi quid contractui accessorium ab eoque separabile, ipsumque sacramentum in una tantum nuptiali benedictione situm est ... 73. Vi contractus mere civilis potest inter christianos constare veri nominis matrimonium; falsumque est, aut contractum matrimonii inter christianos semper esse sacramentum, aut nullum esse contractum, si sacramentum excludatur."

1880[31]; die Verurteilungen der „Irrtümer über die christliche Ehe" durch den Syllabus beeinflussten auch das Schema zum geplanten Ehedekret des I. Vatikanischen Konzils, das jedoch wegen des Konzilsabbruchs nicht zur Abstimmung kam, seinerseits aber weithin LEOS XIII. „Arcanum" mitbestimmte.

2.

In den angezogenen Quellen des Trienter Konzils wird mit keiner Silbe der Ehevertrag erwähnt, geschweige denn die Untrennbarkeit von Ehevertrag und -sakrament ausgesprochen.[32] Damit bleiben als in die erweiterte Codex-Ausgabe aufgenommene formale Quellen für Inhalt und Wortlaut der altkodikarischen eherechtlichen Eingangsnorm nur eine Anzahl lehramtlicher Verlautbarungen zur Ehe aus der zweiten Hälfte des 19. Jahrhunderts – auch wenn sich ältere päpstliche Stellungnahmen gegen die regalistische Lehre von der Trennung von Ehevertrag und Sakrament hätten anführen lassen, etwa die Schreiben PIUS' VI. als Reaktion auf die Synode von Pistoia (1786).[33] Die Frage liegt nahe, warum die Päpste erst so spät die dann in can. 1012 CIC/1917 kodifizierte Theorie der Realidentität als kirchliche Ehedoktrin vertraten. Sicherlich wird man die päpstlichen Aktivitäten mit der zeitgenössischen Neuscholastik[34] in Zusammenhang bringen können, die ihre „Einheitlichkeit und Geschlossenheit in Gestalt des Neuthomismus erst durch LEO XIII." erhielt und „weithin einen trockenen Formalismus und eine Überbetonung des Autoritätsarguments" mit sich brachte, „sowie ein ungeschichtliches Denken"[35]. Die eigentliche Antwort dürfte aber darin zu sehen sein, dass sie – ähnlich wie die Kirche des Tridentinums rund 300 Jahre zuvor bemüht war, der Gefahr der Reformation zu begegnen und die Ehe durch „Tametsi"[36] in ihren Einflussbereich zurückzuholen – nun ihrerseits die durch regalistisch-josephinische Ehe-Lehren in Verbindung mit der sich

---

[31] Vgl. GASPARRI (Fn. 18) III, 153-167.

[32] Vgl. NOWAK (Fn. 27), 328 f.: „To say, however, that the Council of Trent declared the inseparability of sacrament and contract seems to weight the texts with a burden they are incapable of bearing logically or historically."

[33] Vgl. CORECCO, Eugenio, Die Lehre der Untrennbarkeit des Ehevertrages vom Sakrament im Lichte des scholastischen Prinzips „Gratia perficit, non destruit naturam", in: AKathKR 143 (1974) 415: „Pius VI. (1775-1799) und Pius VII. (1800-1823) bemühten sich ... zuerst darum, die gallikanisch-josephinistische Doktrin zu widerlegen, welche die Zuständigkeit der Kirche in Gesetzgebung und Gerichtsbarkeit über die Ehe als Vertrag und Sakrament verneinte oder einschränkte."

[34] SÖHNGEN, Gottlieb, Neuscholastik, in: LThK^2 VII, 925 charakterisiert sie als „ein systematisches und historisches Zurück zur ‚Theologie' und ‚Philosophie der Vorzeit'", als ein „Rückgriff zur Erneuerung und ‚Verteidigung' katholischer Theologie und christlicher Philosophie gegen die neuzeitliche Säkularisation des abendländischen Geistes".

[35] WALTER, Peter, Neuscholastik, Neuthomismus, in: LThK^3 VII, 781.

[36] Sessio XXIV. Canones super reformatione circa matrimonium, cap. 1; vgl. COD (dt.) III, 755 ff.

verbreitenden Zivilehe erneut bedrohlich gewordene Situation zu meistern suchten, denn „der Kirche drohte die Jurisdiktion über die Ehe zu entgleiten."[37] Zur – eher kirchenpolitisch motivierten[38] und polemischen[39] – Bekämpfung der ehetheologischen und -rechtlichen „Irrlehren" ihrer Zeit bot sich die Theorie der Realidentität vor allem deswegen an, weil das Lehramt mit ihr auf ein gut ausgebildetes und breit rezipiertes Argumentationsgefüge zurückgreifen konnte, das in der gegenreformatorischen Apologetik entwickelt worden war; einer der „Verteidiger einer ‚päpstlichen' Monarchie"[40], der hl.[41] Robert BELLARMIN (1542-1621), gilt als Begründer der Lehre von der Sakramentalität des Ehevertrags und der Realidentität. Die Grundthese seiner Lehre ging von der Besonderheit des Ehesakraments als Vertrag aus, da „der Herr" kein neues Sakramentssymbol eingesetzt, sondern einen menschlichen und gewöhnlichen Vertrag zur Würde des Sakraments erhoben habe, indem er ihm neue Bedeutung und Gnadenverheißung verlieh.[42] Nicht zuletzt die Rezeption und auch konsequente

---

37 PUZA, Katholisches Kirchenrecht (Fn. 1), 296.

38 Vgl. BAUMANN, Urs, Die Ehe ein Sakrament?, Zürich 1988, 87: „Das Urteil über die drei Sätze [Syllabus 65, 66, 73] zeigt die Stoßrichtung, auf die es der Kirche Pius IX. ankam. ... Die Verurteilung hat, wenn man den Kontext beachtet, eigentlich mehr kirchenpolitischen als dogmatischen Charakter; darin ist der ‚Syllabus' mit dem Ehedekret des Tridentinums durchaus vergleichbar."

39 Vgl. CORECCO, Eugenio, Der Priester als Spender des Ehesakramentes im Lichte der Lehre über die Untrennbarkeit von Ehevertrag und Ehesakrament. Aus den Vorarbeiten zum I. Vatikanischen Konzil, in: FS Mörsdorf, 550: „Die brennendsten Punkte der Debatte über das Eheproblem in der Theologisch-Dogmatischen Kommission des I. Vatikanischen Konzils waren die Frage der Beziehung zwischen Ehevertrag und Sakrament und die Frage der Gewalt der Kirche und des Staates über die Ehen der Christen. ... Die erste [Antwort] kam mit dem Syllabus und war polemisch. ... Von der gespannten, absagenden Haltung her, die ihren Höhepunkt im Syllabus gefunden hat, sind auch die lehramtlichen Stellungnahmen von Pius VI. bis Pius IX. und die Haltung der Theologisch-Dogmatischen Kommission über das Eheproblem zu erklären. Es sind Aussagen, die die theologische Eheproblematik nicht in ihrer Ganzheit, sondern vorwiegend in ihren vom regalistischen und laizistischen Geist gefährdeten Elementen sehen."

40 CHATELLIER, Louis, Gallikanismus, in: LThK^3 IV, 276.

41 Seine Heiligsprechung (1930) zog sich seit den ersten Versuchen der Seligsprechung (1627) über 300 Jahre hin, 1931 wurde er zum Kirchenlehrer erhoben; vgl. TROMP, Sebastian, Bellarmin, in: LThK^2 II, 160 ff.; in der Heiligsprechungsbulle v. 29.6.1930 werden auch seine Verdienste auf Grund der Disputationes gewürdigt; vgl. AAS 22 (1930) 594.

42 Vgl. Disputationum Roberti Bellarmini Politiani S.J., S.R.E Cardinalis De controversiis christianae fidei adversus huius temporis haereticos tomus tertius, V. Controversia generalis. Liber tertius. De sacramento matrimonii liber unicus, controversia II., caput VI. De materia, forma et ministro sacramenti Matrimonii, Napoli 1858, 791: „Sicut enim Dominus ipse non expressit materiam et formam hujus sacramenti, quia non novum symbolum instituit, sed humanum, usitatumque contractum evexit ad sacramenti dignitatem, attribuens illi contractui novam significationem et gratiae promissionem"; vgl. CORECCO (Fn. 33), 388-393.

Weiterentwicklung[43] seiner Theorie durch den „Vater des Eherechts“, Thomas SANCHEZ (1550-1610)[44], ließ den Bellarminschen Einfluss auf die kirchliche Ehedoktrin trotz gegenteiliger Auffassungen namhafter zeitgenössischer Theologen[45] so entscheidend werden, „daß auch das Lehramt, das erst im Laufe des 19. Jahrhunderts auf diese Frage einging, sich sogar in der Formulierung von ihm bestimmen ließ.“[46]

Wegen der angesprochenen, um die Beibehaltung der kirchlichen Eherechtskompetenz bemühten Bestrebungen vermochte sich die theologisch und kanonistisch gut begründete Auffassung von der Trennbarkeit von Ehevertrag und Sakrament nicht durchzusetzen, obwohl sie so alt wie die Lehre von der Sakramentalität der Ehe selbst ist. War seit Ende des 9. Jahrhunderts der „consensus-Gedanke“ in der Ehetheologie Allgemeingut geworden, fand mit der Qualifizierung der Ehe als Sakrament „auch auf sie die hylemorphistische Analyse Anwendung“, d. h. es wurde versucht, „in ihr eine Materie, eine Form und einen Spender zu finden“[47]. Lösungsversuche, vor allem für Ausnahmefälle, führten dazu, den Ehevertrag vom Sakrament zu trennen, wie dies bei dem ersten Vertreter dieser Auffassung, DUNS SCOTUS (ca. 1265-1308), z. B. für Ehen unter Stummen angenommen wurde.[48] Der spätscholastische Theologe Melchior CANO (1509-1560) lehrte – von BELLARMIN deswegen heftig angegriffen –, nicht jede Ehe unter Christen sei Sakrament; auch ohne Segnung des Priesters könne ein gültiger Ehevertrag geschlossen werden, der dann aber nicht Sakrament sei. Damit vertrat er dezidiert die dem herrschenden Verständnis des Konsensprinzips[49] widersprechende Doktrin vom segnenden Priester als Spender des

---

43 Z. B. den Sakraments-Charakter auch des durch Stellvertreter oder Brief geschlossenen Ehevertrages.

44 Vgl. SANCHEZ, Thomas, Disputationum de sancto matrimonii sacramento tomi tres, lib. II, disp. 11, n. 27, Antwerpen 1626, 128: „Quarto, quia matrimonium ut contractus, et ut sacramentum, est idem numero, et realiter: et tantum differt penes diversos respectus, quia ut respicit vinculum contrahentium, dicitur contractus: ut autem elevatur a Deo ad repraesentandum unionem Christi cum Ecclesia, dicitur sacramentum: ergo utroque modo debet habere eandem materiam, et formam, et causas agentes: et proinde si potest, ut contractus celebrari per procuratorem, poterit etiam, ut sacramentum.“ Auf Grund der gleichen Argumentation vertritt er auch die Sakramentalität einer durch Briefe geschlossenen Ehe, vgl. disp. 12. n. 4, ebd. 129. Andererseits plädiert er für eine Eherechtskompetenz des Staates, mitunter in Formulierungen, die an die Trennungslehre denken lassen.

45 Besonders zu nennen sind Gabriel VÁSQUEZ (1549-1604) und Fernandus REBELLUS (1546-1608).

46 CORECCO (Fn. 33), 389.

47 Ebd., 380.

48 Vgl. STOCKER, Bernhard, Die Eherechtskompetenz in regalistischen Theorien, Freiburg i. Br. 2001 (Theol. Diss.), 18-21.

49 Vgl. zu differenzierten Inhalten des *consensus*-Begriffs – ausgehend vom Bulgarenbrief NIKOLAUS' I. – WEBER, Ines, „Consensus facit nuptias!“ Überlegungen zum ehelichen Konsens in normativen Texten des Frühmittelalters, in: ZRG KA 87 (2001) 31-66.

Ehesakraments, welche „die Zustimmung vieler Theologen bis hin zur Mitte des 19. Jahrhunderts“[50] fand.

Ob das Tridentinum die Frage der Trennbarkeit von Vertrag und Sakrament „bewußt unberücksichtigt“ ließ, ist eine bis heute aktuelle Frage[51], die kontrovers beantwortet wird, obwohl vieles dafür sprechen dürfte. Mit Sicherheit wurde die Möglichkeit der Trennung von Vertrag und Sakrament in Konzilsdiskussionen entschieden befürwortet, insbesondere im überzeugend argumentierenden, erst 1981 nach einer Handschrift in der Universitätsbibliothek Granada edierten Votum des angesehenen Erzbischofs von Granada, Pedro GUERRERO, „nach H. Jedin der führende Kopf der Spanier auf dem Konzil“[52].

Die mit den Klandestinehen verbundenen unerträglichen Zustände veranlassten während der Konzilsunterbrechung ein gesetzgeberisches Vorgehen des französischen Königs (1556) gegen diese heimlichen Ehen. Die den französischen Vorstellungen nicht entsprechenden Maßnahmen von Trient führten zu weiteren Bestimmungen in Eheangelegenheiten, welche die staatliche Eherechtskompetenz mit der Folge stark zurückgehender Zuständigkeiten kirchlicher Gerichte ausweiteten. Für diese Ansprüche auf umfassende Kompetenz des Staates in Ehesachen wurde von seiten der französischen Regalisten nicht zuletzt mit der Doktrin von der Trennung von Ehevertrag und Sakrament argumentiert – damit war die Realdistinktion zu einem entscheidenden Instrument des Staates in den Auseinandersetzungen um die Ehejurisdiktion geworden, von der Kirche vehement bekämpft. Zu Recht wird dieser Sachverhalt als Grund der totalen Ablehnung aller auch nur im entferntesten mit diesen Lehren in Verbindung zu bringenden Auffassungen bezeichnet, denn es

> „ist einsichtig, daß der von den Gallikanern und Josephinisten ausgeübte Mißbrauch gegenüber der These von Cano in entscheidender Weise dazu beitrug, daß die Theologie bis heute nicht fähig war, diese These zu rezipieren.“[53]

Als zweifellos bedeutendster Vertreter der französischen Regalisten ist Jean DE LAUNOY mit seinem richtungweisenden Hauptwerk „Regia in matrimonium potestas“ (1674) anzusehen. Grundlage seiner Ehedoktrin ist die vollständige, für alle Ehen geltende Trennung von Vertrag und Sakrament, so dass – ganz gemäß der Auffassung vom akzidentiellen Charakter des Sakraments, etwa nach Gabriel VÁSQUEZ und Fernandus REBELLUS – die Sakramentalität zum bürgerlichen Ehevertrag nur hinzugefügt wird, ohne ihn im geringsten zu verändern. Die Ehe unterliegt daher sowohl der weltlichen als auch der geistlichen Gewalt, wobei allerdings der Vertrag mit der Festlegung seiner Gültigkeitsvoraussetzungen al-

---

50 Vgl. CORECCO (Fn. 33), 387.

51 Vgl., gestützt auf die Kontroverse zwischen André DUVAL und Carlo CAFFARA, STOCKER (Fn. 48), 67 f.: „Vor der Reform des Codex Iuris Canonici 1983 war eine heftige Kontroverse darüber entstanden, ob das Konzil in der Frage der Identität von Vertrag und Sakrament offen gewesen sei.“

52 Ebd., 70.

53 CORECCO (Fn. 33), 407.

lein von der staatlichen zu regeln ist. Diese Lehren blieben von großem Einfluss, sowohl für die französische Aufklärungsphilosophie mit ihrer Auswirkung auf die Säkularisierung der Ehe in der Französischen Revolution als insbesondere auch auf die Ehelehren der josephinischen Regalisten.[54]

3.

Dass die Trennbarkeit von Ehevertrag und Ehesakrament ausgangs des 18. Jahrhunderts, vornehmlich im Einzugsbereich des Josephinismus – als vorderösterreichische Universität war auch die Freiburger Albertina Ludoviciana stark vom Geist dessen regalistischer Theorien geprägt – weithin von Theologen und Kanonisten vertretene Lehre war, zeigt ein bemerkenswertes Gutachten der Theologischen Fakultät der Universität Freiburg von 1798, „das als ‚Responsum Facultatis Theologicae Friburgensis' in die Geschichte eingegangen ist."[55] Zu den sechs Professoren, die das Gutachten der „Theologica Facultas" unterschrieben, gehörte indessen auch ein Mitglied der Juristischen Fakultät, der „Juris ecclesiastici professor" Joseph PETZEK[56] (seit 1778 Nachfolger von Joseph A. von RIEGGER[57]), da unter MARIA THERESIA (1740-1780) „an den theologischen

---

54 Vgl. STOCKER (Fn. 48), 96 ff.

55 SMOLINSKY, Heribert, Wissenschaft im Übergang. Die Freiburger Theologische Fakultät am Ende des 18. und zu Beginn des 19. Jahrhunderts, in: FS Wolgast, 106.

56 Vgl. SCHREIBER, Heinrich, Geschichte der Albert-Ludwigs-Universität zu Freiburg im Breisgau. III. Teil. Von Aufhebung der Jesuiten bis zu Ende des achtzehnten Jahrhunderts, Freiburg 1860, 177 ff.

57 Vgl. ebd., 173-177. Er war der älteste Sohn des Freiburger Rechtsgelehrten Paul Joseph von RIEGGER, dem – seit 1749 in Wien – 1753 die „Professur Juris Canonici" an der Juristischen Fakultät der dortigen Universität übertragen wurde. Seiner Verdienste und „Druckschriften" wegen wurde er 1764 von MARIA THERESIA in den erblichen Ritterstand erhoben; vgl. SEIFERT, Eckhart, Paul Joseph Riegger (1705-1755). Ein Beitrag zur theoretischen Grundlegung des josephinischen Staatskirchenrechts, Berlin 1973. Das ab 1765 erschienene vierbändige Hauptwerk Paul Joseph von RIEGGERS, Institutiones iurisprudentiae ecclesiasticae, „wurde schon 1768 von Maria Theresia zum vorgeschriebenen Lehrbuch für die österreichischen Universitäten erklärt. ... Zur Zeit des Toleranzpatents [1781] las man in Wien demnach Kirchenrecht nach Riegger" (LANDAU, Peter, Zu den geistigen Grundlagen des Toleranz-Patents Kaiser Josephs II., in: ÖAKR 32 [1981] 197). Nicht zu Unrecht wird er daher als „Vater des Josephinismus" bezeichnet; vgl. HURTER, Hugo, Nomenclator literarius theologiae catholicae V.1, Innsbruck ^{3}1911 (Nachdr. New York o. J. [ca. 1962]) 212: „Praelectionibus et scriptis suis viam aperuit et stravit spiritui et doctrinae juribus Ecclesiae inimicae qui josephinismi nomine designatur, unde huius velut parens dici potest. Huius enim theoriis innixa M. Theresia plura emisit decreta, quibus Ecclesiae libertas iam coarctari coepit." Doch auch die Anfänge einer naturrechtlichen Kanonistik gehen auf ihn zurück; vgl. LANDAU, Peter, Methoden des kanonischen Rechts in der frühen Neuzeit zwischen Humanismus und Naturrecht, in: Zeitschrift für Neuere Rechtsgeschichte 21 (1999 [enthält Beiträge zu einem Symposion „Juristische Methodenlehre zwischen Humanismus und Naturrecht" vom November 1997]) 24: „Als erster und führender naturrechtlicher Kanonist muß der

Fakultäten das Kirchenrecht abgeschafft" worden war und man „die theologischen Studenten verpflichtete, dieses Fach an den Rechtsfakultäten zu hören"[58]; nach „dem Ende der vorderösterreichischen Herrschaft im Breisgau und dessen Übergang an Baden im Jahre 1805" erhielt „das Kirchenrecht als wissenschaftliche Disziplin in der Theologischen Fakultät erst spät, nämlich 1867, einen festen Platz".[59]

Anlass des Gutachtens[60] war die Situation im französischen Klerus, von dem die „Zivilkonstitution für den Klerus" und das dazu ergangene Ausführungsdekret von 1790 den Eid auf die französische Verfassung verlangten; PIUS VI. verurteilte die Konstitution 1791 und suspendierte die Priester, die den Eid geleistet hatten.[61] Andererseits wurde gegen die Eidverweigerer staatlicherseits mit „rohester Gewalt" die

> „Zivilkonstitution durchgeführt. 127 Bischöfe und über 50 000 Geistliche verweigerten den Eid und wurden verbannt, oder wichen vor der Gewalt ins Ausland. Papst Pius VI. hatte am 13. April 1791 in einem an die ganze kirchliche Hierarchie und das Volk Frankreichs gerichteten feierlichen Schreiben die Zivilkonstitution eindeutig und scharf verworfen, da ihr Inhalt Häresie und Schisma bedeute, die beeidigten Geistlichen suspendiert ..., den neuen Inhabern der Stellen alle kirchliche Jurisdiktion abgesprochen, sie als unrechtmäßige Eindringliche behandelt und dem Volk alle Gemeinschaft mit ihnen, besonders in geistlichen Dingen, streng untersagt."[62]

Es waren „eine konstitutionelle offizielle Kirche und eine starke geheime Untergrundkirche, die Kontakte zu den Emigranten besaß, entstanden."[63]

Diese Situation hatte unmittelbare Auswirkungen auf die Pastoral in den Grenzgebieten, z. B. im Breisgau, da Elsässer, die der Sakramentenspendung

---

Wiener Naturrechtslehrer und Kanonist Paul Josef Riegger (1705-1775) gelten, dessen ‚Institutiones Jurisprudentiae ecclesiasticae' von 1765 mit einem ersten Teil ‚natürliches Kirchenrecht' einsetzen." Vgl. weiter 25 f.

58 PLÖCHL, Willibald M., Geschichte des Kirchenrechts V, Wien 1969, 368 (mit einem Auszug aus den Instruktionen von 1754 für die Kirchenrechtsvorlesungen [„Verhaltungs-Bericht für den Professoren Juris Canonici"], 368 f.).

59 HOLLERBACH, Alexander, Zur Geschichte der Vertretung des Kirchenrechts an der Universität Freiburg im 19. Jahrhundert, in: ZRG KA (1973) 344 f.

60 Vgl. die Darlegungen im Kapitel zum „Responsum Facultatis Theologicae Friburgensis von 1798 als Dokument einer Theologie im Übergang und seine publizistische Wirkung" und zu dessen „Spätwirkung im 19. Jahrhundert" bei SMOLINSKY (Fn. 55), 104-111 bzw. 112-115.

61 Vgl. ebd., 104 mit Fn. 37-39, u. a. unter Bezugnahme auf Arthur-Fridolin UTZ zum Breve „Quod aliquantum": „Prinzipiell wandte er sich vor allem gegen die Proklamation von Freiheit und Gleichheit in der französischen Verfassung sowie gegen die daraus folgende Religionsfreiheit, die für ihn eine *wahre Ungeheuerlichkeit* darstellte."

62 Aus dem Abschnitt „Das Gutachten über die Amtsverrichtungen der ‚geschworenen' Geistlichen in Frankreich" in der Arbeit des späteren Erzbischofs von Freiburg (1948-1954) RAUCH, Wendelin, Engelbert Klüpfel ein führender Theologe der Aufklärungszeit, Freiburg 1922, 226.

63 SMOLINSKY (Fn. 55), 104 f.

durch sogenannte konstitutionelle Priester, insbesondere bezüglich des Buß- und Ehesakraments, misstrauten, in größerer Zahl in Pfarreien der benachbarten Konstanzer Diözese kamen. Der Pfarrer von Merzhausen / Freiburg und Dekan des Landkapitels Breisach, Joseph Thomas MÜLLER, hatte sich mit entsprechenden Fragen am 11. Januar 1798 an sein Generalvikariat in Konstanz gewandt und dieselben Fragen zusammen mit dem ganz im Sinn der päpstlichen Direktiven gegen die konstitutionellen Priester und deren Vollmachten ergangenen Bescheid der Kirchenbehörde vom 1. Februar 1798 der Freiburger Fakultät vorgelegt. Entstehungsgeschichte wie auch spätere Reaktionen auf das Gutachten lassen sich in Archiv-Akten der Freiburger Theologischen Fakultät[64] nachverfolgen; die das Gutachten betreffenden Stücke wurden (mit geringfügigen Ausnahmen) zusammen mit diesem selbst 1832 von dem „Großherzoglichen Badischen Hofrath, ordentlichen öffentlichen Professor des römischen Civil- und des Kirchenrechts zu Freiburg" Heinrich AMANN[65] herausgegeben[66], seit 1820 dritter Nachfolger Joseph PETZEKS[67] nach Josef Anton SAUTER (1801) und Johann Kaspar RUEF (1818).

---

64 Vgl. Acta Facultatis Theologicae sub Decanatu Wilhelmi Wilhelm [zu Wilhelmus WILHELM vgl. SCHREIBER (Fn. 56), 154 f.] Canonici Regularis Crenzlingani, SS. Theologiae Doctoris et Theologiae Dogmaticae Professoris P.O. Ab anno 1778 (Protokollbuch der Fakultät von 1778 bis 18.10.1803, innerer Einbanddeckel: „Sum Facultatis Theologicae Friburgensis. Anno 1778"), Freiburg Universitätsarchiv B 35 Nr. 33; unter der Signatur Universitätsarchiv B 35 Nr. 326 enthält ein Aktendeckel mit der Inhaltsangabe „Einige Aktenstücke des Responsum von 1798" z. B. die „Responsa ad quaestiones a Domino Josepho Thoma Müller, Capituli ruralis Brisacensis Decano et parocho Merzhusii, dioecesis Constantiensis, de dato 11. Januarii 1798 ad Reverendissimum Vicariatum [sic] generalem Constantiensem missas" (fol. 1r) der „Cancellaria Episcopalis Vicariatus Constantiensis", datiert „Constantiae, in Consilio Ecclesiastico, die 1. Februarii 1798" (fol. 2v); die Fragen, denen meist mit Zitaten aus päpstlichen Verlautbarungen entgegnet wird, entsprechen wörtlich jenen im Fakultätsgutachten. Weiter finden sich ein Schreiben der Konstanzer Kurie v. 3.8.1798 an PETZEK (fol. 8r-9r), der von SCHWARZEL verfertigte Erstentwurf des Gutachtens, Entwurf (oder Abschrift?) einer Beschwerdeschrift an „Se k.k. apostolische Majestät" (fol. 16r-24v) u. a.

65 Vgl. HOLLERBACH (Fn. 59), 348-351; SMOLINSKY (Fn. 55), 112 ff.

66 AMANN, Heinrich, Gutachten der theologischen Facultät von Freiburg über die Amtsverrichtungen der französischen katholischen Geistlichen, die den Verfassungseid leisteten. Mit Einleitung, ungedruckten Aktenstücken, Uebersetzungen und Anmerkungen, Freiburg 1832, XVI+104; das Gutachten mit Übersetzung findet sich 1-35, gefolgt 36-58 von den übersetzten Wiedergaben (teils unerheblich gekürzt) der es betreffenden Einträge v. 22.2.1798 bis 14.5.1802 aus den Acta Facultatis (Fn. 64), 230-339 und den „Beilagen der Chronik der theologischen Facultät", Auszügen aus Freiburg Universitätsarchiv B 33 Nr. 326 (Fn. 64), Responsa des Generalvikariats Konstanz (59-68), Beschwerdeschrift, gekürzt (69-76), Verbot des Kaisers, das Gutachten zu verbreiten (77), ein weiteres, kurzes Schreiben (78) und Anmerkungen zu allen Teilen (79-104).

67 Vgl. oben mit Fn. 56.

Das mit Datum vom 20. März[68] 1798 und den Unterschriften von Dekan Ferdinand WANKER (Moraltheologie), Engelbert KLÜPFEL (Dogmatik), Carl SCHWARZEL (Pastoraltheologie), Joseph SCHINZINGER (Kirchengeschichte), Johann Leonhard HUG (Exegese)[69] und Joseph PETZEK (Kirchenrecht) veröffentlichte Gutachten[70] fand geteilte Aufnahme, wie die einschlägigen Einträge der Acta Facultatis Friburgensis und die teilweise recht umfangreichen Erläuterungen AMANNS zu einzelnen Gegenschriften zeigen.[71] Selbst aus Wien werden weniger freund-

68 Aus dem ersten einschlägigen Eintrag v. 22.2.1898 geht hervor, dass Dekan WANKER von der Fakultät auf der Grundlage des genannten Vorgangs und eines bereits vom Pastoraltheologen SCHWARZEL erstellten Erstentwurfs ein Gutachten verlangte, das am 20.3.1898 diskutiert, jedoch erst nach zwei weiteren Beratungen am 22. und 27. März über die nun vom Dogmatiker KLÜPFEL wesentlich bearbeitete Neufassung am 2.4.1798 „unter Beidrückung des größern Facultäts-Siegels" unterschrieben wurde; vgl. Acta Facultatis (Fn. 64), 230 ff.; AMANN (Fn. 66), 36 ff.

69 In seiner Charakterisierung dieser Theologen bezeichnet SMOLINSKY (Fn. 55), 101-104 KLÜPFEL, HUG, SCHWARZEL und WANKER als „vier herausragende Professoren", während SCHINZINGER „als fünfter, weniger bedeutender Professor" der Fakultät die Kirchengeschichte vertrat (104); nach SCHREIBER (Fn. 56), 157 fiel SCHINZINGERS Berufung „auf einen nicht unwürdigen Nachfolger. ... Es war eine schwere Aufgabe, Dannenmayr zu ersetzen."

70 Vor der Herausgabe durch AMANN gehörte es nach dessen Feststellung „zu den literärischen Seltenheiten", da „der Landdecan, ... von der bischöflichen Curie zur Verantwortung gezogen," durch „Originalquittung" bewiesen hatte, „daß er die ersten beiden Auflagen, zur Unterdrückung, an sich gekauft habe. ... Von der ersten deutschen und der französischen Uebersetzung war es ... nicht möglich, auch nur geliehen, ein Exemplar aufzutreiben." (AMANN [Fn. 66 XV; vgl. auch ebd., 39 f. und Acta Facultatis [Fn. 64], 235 f.). Die Auflage (wohl die dritte), die AMANN seiner Veröffentlichung zugrunde legte, stimmt wörtlich überein mit der des Exemplars Freiburg Universitätsbibliothek P 9223 (früher 3950d): Responsum Facultatis Theologicae Friburgensis de veritate sacramentorum &c. quae jurati sacerdotes in Alsatia ministrant, o. O. anno M.D.CC.XC.IIX [1798], oct., 32. Unter der Signatur Universitätsbibliothek P 9223,ac findet sich auch ein Exemplar einer – allerdings nicht mit der im Eintrag v. 12.9.1798 genannten (vgl. Acta Facultatis [Fn. 64], 243; AMANN [Fn. 66], 48 f.; SMOLINSKY [Fn. 55], 115) identisch – deutschen Übersetzung: Antwort der Universität von Freyburg über die Richtigkeit der Sakramenten [sic] welche die geschwornen Priester im Elsaß ertheilen. Im Jahr M.D.CC.XC.IIX. [1798], P. A. Juliaco, oct., 32. Nach der Nachrede 31 f. handelt es sich bei dem Übersetzer um einen konstitutionellen Priester. Die im Acta-Eintrag ebenfalls erwähnte französische Übersetzung von Henri GRÉGOIRE, Bischof von Blois, konnte nicht ausfindig gemacht werden.

71 Vgl. z. B. den Eintrag unter dem 7.5.1799, Acta Facultatis (Fn. 64), 293 f. und AMANN (Fn. 66), 55 f. mit 91-98. Einige Schriften gegen das Gutachten sind genannt bei SMOLINSKY (Fn. 55), 115; zu einem davon vgl. Freiburg Universitätsbibliothek P 9219,i mit einem weiteren Exemplar als sechstes Stück eines Sammelbands „Polemiqua – Varia Nr.49" Universitätsbibliothek TM 86/3041: Catholicae in Friburgense Responsum Animadversiones a J.D.F.C.E.C.P.N.C.N.N.E.D.V.G.&c., Florenz 1798, oct., 218 S. Als fünftes Stück ist dort die von SMOLINSKY (Fn. 55), 105 f. mit Fn. 49 erwähnte, „mit Blick auf das Freiburger Gutachten ... wohl aus Emigrantenkreisen gefälschte Schrift in Französisch" mit erweitertem Titel enthalten: Adhésion de l'Université de Fribourg en

liche Reaktionen berichtet[72]; doch sah sich die Fakultät letztlich durch das Napoleonische Konkordat vom 15. Juli 1801, zugleich Ende der konstitutionellen Kirche, bestätigt, wie der letzte Acta-Eintrag zum Gutachten zeigt.[73]

Am Anfang des Gutachtens werden die sechs schon der Konstanzer Kurie unterbreiteten Fragen wiedergegeben; davon sind in diesem Zusammenhang die erste mit ihrer letzten Unterfrage und die zweite von besonderem Interesse:

> „I. Ob die Priester, welche sich eidlich auf die Gesetze der französischen Republik verpflichtet haben, und deren einige verehelicht sind[74], als rechtmäßige Seelenhirten anzuerkennen sein, und folglich ob es erlaubt sei ... e) die Ehen vor ihnen zu schließen.
> II. Ob es den Elsäßern, welche ihre Ehen a) vor solchen Priestern, b) ohne alle Zeugen oder c) nur vor zwei Laien als Zeugen, also nicht in Gegenwart eines befähigten Priesters, geschlossen haben 1) erlaubt ist, beisammen zu bleiben, oder 2) ob sie sich trennen müssen, oder 3) ob sie vor einem benachbarten Pfarrer der Constanzer Diöcese die Ehe aufs neue schließen können, und welche Vorsichtsmaßregeln ein solcher Pfarrer zu beobachten habe, um ohne Ungültigkeit und Gesetzwidrigkeit unter diesen Umständen zur ehelichen Verbindung mitzuwirken."[75]

Anschließend wird im Hauptteil des Gutachtens, ausgehend von Auseinandersetzungen in der frühen Kirche, die Statusfrage dieser Priester erörtert mit dem Ergebnis,

---

Brisgau au S. Concile National de la Nouvelle Eglise Gallicane, constitutionnellement assemblé dans la Basilique métropolitaine de Paris. Traduction de M.L.P. D'ASTORI, Paris 1801 [handschriftl.: „Lautheur est M Labbé Proyart"], oct., 20 S. Nach AMANN (Fn. 66), 57 mit Fn. 33 (99 f.) handelt es sich dabei zwar auch um eine „freche Erdichtung", aber „ausgegangen von der Partei der Geschwornen, um die Gegner zu verhöhnen" (99).

72 Vgl. das oben in Fn. 66 angesprochene Verbot (Beilagen 77) und AMANN (Fn. 66), 53: „Dec. 27. [1798] Sitzung des akademischen Senats. – Es wurde ein Kaiserliches Dekret vorgelesen, durch welches befohlen wurde, es solle kein Professor unsrer Universität künftig sich herausnehmen, etwas drucken zu lassen, ohne vorher bei der (Provinz-) Regierung angefragt zu haben. Das berüchtigte Gutachten der Theologen hatte dies veranlaßt." (Acta Facultatis [Fn. 64], 253: „... inconsulto ante Regimine. Famosum illud theologorum responsum id effecerat.").

73 Vgl. Acta Facultatis (Fn. 64), 339; AMANN (Fn. 66), 57 f.: „1802. Mai 14. Wir lasen das zwischen dem römischen Bischof, Pius VII., und der französischen Nation abgeschlossene Concordat gedruckt. – Ich [Dekan Wanker] glaube, nur soviel hier bemerken zu müssen, daß die Priester, welche man geschworne zu nennen pflegt, der Gemeinschaft mit der Kirche und der Seelsorge würdig erklärt sind, ohne daß man von ihnen irgend einen Widerruf oder die Bitte um Lossprechung gefordert hätte, und daß hierin ein großer Sieg für die im theologischen Gutachten von Freiburg aufgestellte Ansicht über Alle, die es bisher angegriffen, liegt."

74 Die Antwort stellt lapidar fest, dass sie schon von der konstitutionellen Kirche ausgeschlossen wurden; vgl. AMANN (Fn. 66), 29: „Jene aber unter ihnen, die verheirathet sind, hat die erwähnte National-Synode, das alte Gesetz beibehaltend, nicht für die Ihrigen anerkannt."

75 AMANN (Fn. 66), 2 f.

„daß von ihnen die Gläubigen in Frankreichs kirchlichen Gemeinden zu jeder Zeit, auch wenn sie kein Nothfall dazu zwingt, die Sakramente verlangen und empfangen können, da jene einmal *weder Häretiker, noch Schismatiker, noch Eingedrungene* sind."[76]

Diese Vorwürfe wurden mit dem – josephinischer Denkweise nicht fremden – Hinweis auf den nur bürgerlichen Charakter des Eides zurückgewiesen, der „die Religion" nicht berühre, vor allem aber mit der Feststellung der Glaubens- und Papsttreue der Eidleistenden.[77]

Sodann werden knappe Antworten auf die anfangs gestellten Fragen formuliert:

„Es bleibt noch übrig, was der Zweck unsrer ganzen Ausführung ist, die im Eingang aufgestellten Fragen zu beantworten ... Auf die *erste* muß man erklären ...
e) Rücksichtlich der Ehe muß es als gewiß gelten, daß, sobald der eheliche *Vertrag* nach den Gesetzen des Staats gehörig eingegangen wurde, nichts weiter erforderlich ist, um die Wirkungen des *Sakraments* zu erlangen, als die Einsegnung der Neuvermählten durch einen Priester.

Auf die *zweite* Frage folgende Antwort. So oft der eheliche *Vertrag* nach Vorschrift der Gesetze des Staates geschlossen wird, ist eine wahre und gültige Ehe zu Stande gekommen. Denn wie bei allen übrigen bürgerlichen Verträgen, so hängt auch beim Ehevertrage Kraft und *Gültigkeit* einzig von der Vorschrift der Staats-Gesetzgebung ab. Daher sind außer Zweifel die Eheverträge gültig und verbindlich, welche Heiden, Juden, Christen oder Menschen was immer für eines andern Bekenntnisses unter Beobachtung der Staatsgesetze schlossen. Wurde dieser Vertrag von Katholiken nach den Gesetzen der französischen Republik, nämlich vor der s. g. Municipalität (dem Gemeinderath) vorschriftmäßig eingegangen, und kam nachher die Einsegnung durch einen rechtmäßigen Priester hinzu, so ist solche Ehe nun auch zum *Sakrament* erhoben. Mehr bedarf es dazu nicht. Was beim Sakrament der Taufe der Gebrauch des Wassers, das ist bei dem der Ehe die Abschließung eines gesetzmäßigen Ehevertrags. Und wie bei jenem gefordert ist, daß der, welcher das Sakrament ertheilt, eine bestimmte Formel ausspreche; so ist bei diesem die priesterliche Einsegnung der Neuvermählten nöthig. Auch stoße sich niemand daran, daß bei der nun in Frankreich gesetzlichen Form der Eingehung des Ehevertrags kein Priester, vielleicht auch nicht zwei Zeugen gegenwärtig sind. Denn die Gegenwart dieser Zeugen – und dasselbe gilt auch von jener des Priesters, der hierbei als Zeuge zu betrachten ist – wurde durch einen Beschluß des Conciliums von Trient gefordert, welcher die Genehmigung der Staatsgesetzgebungen erhielt. Sie hört auf, erforderlich zu sein, wo die Staatsgewalt Anderes anordnet, wie dieses die französische Nation gethan. Darum ist dort der *Ehevertrag* auch ohne Gegenwart von Zeugen und Priester ein wahrer und

---

76 Ebd., 14.

77 Vgl. ebd., 15 ff.: „Endlich ist bisher niemand aufgetreten, der bewiesen hätte, daß die geschwornen Priester in irgend einen, vom katholischen Glauben abweichenden Irrthum verfallen wären. ... sie haben das Verhältniß zu dem römischen Bischof, als höchstem Kirchenvorstand, nicht aufgegeben ... Dazu kommt, daß sie ja das Trienter Glaubenbekenntnis ablegten ... Endlich verdienen auch den schimpflichen Namen von *Eingedrungenen* die nicht, welche gegenwärtig in der neuen Republik das Amt der Seelenhirten bekleiden. Sie haben nicht durch Gewalt, nicht durch Erregung von Furcht oder andre schlechte Mittel die früheren Hirten von ihren Stellen vertrieben ...".

gültiger; und kommt priesterliche Einsegnung hinzu, vor zwei Zeugen oder ohne sie; so wird gültig das *Sakrament* der Ehe administrirt. Hiernach kann nicht mehr die Frage sein, ob in Frankreich den nach dortigem Gesetze Verehelichten erlaubt sei, beisammen zu bleiben; ob sie sich trennen müssen; noch viel weniger, ob sie vor einem benachbarten Pfarrer der Constanzer Diöcese die Ehe aufs neue schließen sollen, und welche Vorsicht dieser dabei anzuwenden habe. Jeder Priester unsrer Constanzer Diöcese, der, wenn Elsäßer in dieser Absicht kommen, sich herausnähme, zu solcher Schließung ihres Ehevertrags durch seine Assistenz mitzuwirken, oder ihre Ehe einzusegnen, würde sich eines Eingriffs in fremde Rechte schuldig machen, und eine aus vielen Gründen verwerfliche Handlung vornehmen."[78]

In kaum zu übertreffender Eindeutigkeit wird hier die Lehre von der Realdistinktion von Vertrag und Sakrament vertreten. Nach den angedeuteten ausführli-

---

[78] AMANN (Fn. 66), 28-32; ebd. der lateinische Text, identisch mit dem des Responsum (Fn. 70): „Reliquum est, ut, cujus gratia quidquid id est negotii in nos suscepimus, ad quaestiones respondeamus initio propositas ... Ad Imam quidem dicendum est ...
e) Quantum ad matrimonium, pro certo est tenendum, si secundum leges publicas contractus connubialis fuerit rite initus, sacerdotali benedictione sponsum et sponsam esse inaugurandos, quin praeterea aliquid aliud requiratur ad sacramenti hujus effectus consequendos.
Ad IIdam hoc esto responsum! Quotiescunque maritalis conjunctio fit secundum praescriptum legum, publica auctoritate firmatarum, verum legitimumque contrahitur matrimonium. Ut enim contractus civiles quicunque alii, ita quoque matrimonialis unice suam vim ac robur obtinet ab auctoritate legum publicarum. Quam ob rem ambigendum non est, validos esse et firmos connubiales contractus, quicunque sive a gentilibus, sive a Judaeis, sive a Christianis, sive a religionis cujuscunque hominibus aliis initi fuerint publicis observatis legibus. Cui quidem contractui, secundum leges a republica praescriptas, aut coram *Municipalitate*, ut loquuntur, legitime inito a Catholicis, si postea accesserit sacerdotalis benedictio, a legitimo pastore impertita, sacramenti etiam ratio ita accedit, ut nihil sit, quod ultra requiras. Uti enim se habet aqua in sacramento baptismi: ita plane se habet contractus civilis legitimus in sacramento matrimonii. Item: uti ad baptismi sacramentum requiritur formula verborum, pronuntianda a ministro: ita ad sacramentum matrimonii necessaria est sacerdotalis benedictio, fundenda super sponsos. Neque conturbet quempiam, quod sacerdos, forsitan et duo testes non adsint matrimonio, quemadmodum apud Francos celebratur. Nam testium illorum praesentia (idem est dicendum de sacerdote, si spectatur ut testis) quae annutu principum ex praescripto concilii *Tridentini* requiritur, necessaria tum non est amplius, cum principibus, aut reipublicae aliter videtur, quemadmodum aliter visum est nationi Gallicanae. Quare absque testium et sacerdotis praesentia verus est legitimusque matrimonii contractus; cui si accesserit sacerdotalis benedictio, sive praesentibus, sive exclusis duobus testibus, verum conficitur ac ministratur [der sonst identische Text des Responsum in der oben (Fn. 70) genannten Ausgabe hat hier (29) zusätzlich matrimonii; vgl. aber oben im deutschen Text korrekt „Sakrament der Ehe"] sacramentum. Ex his elucescit, frustra hic moveri quaestiones de licita vel illicita cohabitatione conjugum, ritu in Galliis praescripto conjunctorum, de separandis conjugibus, multo minus de consensu coram vicino parocho dioecesis *Constantiensis* renovando, aut de cautelis ab eodem hoc in negotio adhibendis. Quicunque vero dioecesis nostrae *Constantiensis* sacerdos praesumeret, Alsatarum ad se venientium assistere matrimonio, aut benedicere nuptiis, merito is esset reputandus juris alieni invasor, functionemque perageret multis titulis vitiosam."

chen Darlegungen im Responsum standen dessen Autoren josephinischen Doktrinen aufgeschlossen gegenüber[79]; in besonderer Weise dürfte dies für den Kanonisten PETZEK[80] zutreffen, der das Rieggerianisch geprägte Kirchenrecht in Freiburg fortführte und weiterentwickelte, im Kontext der Auseinandersetzung um das Recht zur Festlegung trennender Ehehindernisse sogar als „radikalste[r] Theoretiker" bezeichnet, „darin Van Espen[81] folgend."[82] In der Tat ist der Einfluss der von Rieggerschen Lehre unverkennbar, welche in die Trennung von Staats- und Kirchengewalt nach Art einer gegenseitigen Unabhängigkeit von Staat und Kirche ausdrücklich die Ehe einbezieht[83], streng Vertrag und Sakrament trennt und klar die Möglichkeit einer gültigen Ehe unter Christen ohne Sakraments-Charakter vertritt.[84] Das Beispiel von der Taufe dürfte eindeutig auf

---

79 Vgl. SMOLINSKY (Fn. 55), 102 u. a. mit dem Hinweis, dass z. B. KLÜPFEL „das Staatskirchentum eines Joseph II. durchaus akzeptierte." Das Ehepatent v. 16.1.1783 enthielt in der Tat schon vernünftige, gerade Ehehindernisse betreffende Bestimmungen, die dann – wenn auch erst genau 200 Jahre später – dem kanonischen Eherecht entsprachen, wie z. B. dessen § 13 zeigt, der das Ehehindernis der Blutsverwandtschaft auf den zweiten Grad der Seitenlinie [damaliger germanischer Zählung, nach jetziger römischer der vierte] begrenzte, während es nach kirchlichem Recht noch den vierten Grad [nach heutiger Zählung der achte] einschloss und die Ehehindernisse der geistlichen Verwandtschaft aufhob; vgl. STOCKER (Fn. 48), 231 f.

80 Vgl. oben mit Fn. 56.

81 Charakterisiert „als Vorbild ... besonders auch" für „die josephinischen Kirchenrechtler im habsburgischen Kernland Österreich" von WALF, Knut, Zeger Bernhard van Espen, ein Kanonist auf der Seite der Jansenisten, in: FS Aymans, 634.

82 CORECCO (Fn. 39), 531; vgl. ähnlich DERS. (Fn. 33), 412: „Auch die josephinistische Publizistik trug wesentlich zur Entleerung des Inhalts der Gewalt der Kirche über die Ehe bei. In J. Anton Petzek fand sie ihren radikalsten Theoretiker. Er sprach der Kirche das Recht ab, trennende Ehehindernisse aufzustellen, da er meinte, die aufschiebenden Ehehindernisse der Kirche würden ausreichen, um ihre geistlichen Ziele zu verwirklichen und zu erreichen." Vgl. ausführlich STOCKER (Fn. 48), 208-216.

83 Bezeichnend ist die Introductio zum Eherecht seines Hauptwerks; vgl. Pauli Josephi a RIEGGER Institutionum Iurisprudentiae ecclesiasticae pars IV. Libros IV. et V. Decretalium Gregorii IX. continens, Wien 1772, § 1, 3 f.: „Matrimonium non solum esse contractum ciuilem, sed simul etiam nouae legis sacramentum a Christo Domino institutum ... In eo pariter omnes conueniunt, quod illud ... tam iure diuino naturali & reuelato, quam humano ecclesiastico & ciuili determinetur, & constituatur. Inde facile quoque apparet, quam vasta sit haec & delicata de contractu et sacramento matrimonii doctrina, in qua explicanda & tractanda iis facile a via recta deflectere & aberrare contingit, qui insuperhabito principio distinctionis vtriusque potestatis sacrae & politicae, mutuaeque vnius ab altera independentiae (quod supra P.I c.IV stabiliuimus), theologos scholasticos & decretalium interpretes tantummodo, viros caeteroquin suo laude dignissimos, coeco impetu sequi, & in eorum verba iurare solent. Nobis sit haec lex sancta & perpetua *tribuere Deo, quae Dei sunt, & Caesari, quae Caesaris*." Vgl. SEIFERT (Fn. 57), 290-294.

84 Vgl. RIEGGER (Fn. 83), § 30, 24: „An sine sacramento contractus matrimonii validus esse possit? Num fideles matrimonii sacramentum a contractu separare & ita secluso sacramento validum matrimonii contractum inire possint, acerrime in vtramque partem

REBELLUS (1546-1608) mit seiner Lehre vom akzidentiellen Charakter des Ehesakraments zurückgehen, der ebenfalls schon die christliche gültige, aber nichtsakramentale Ehe kennt, wenn nämlich die Intention zum Empfang des Ehesakraments fehlt[85] – eine erstaunlich deutliche Antwort auf die heutige, immer stärker ventilierte Frage nach der Bedeutung „der Eheschließung nichtglaubender Getaufter", wie Richard PUZA formulierte.[86]

4.

Die Bestimmungen des Gesetzgebers in can. 1012 CIC/1917 setzten den theologischen Grundsatz der damaligen apologetisch-kirchenpolitisch geprägten Ehedoktrin der Kirche konsequent in das kanonistische System des kirchlichen Gesetzbuchs um. Die Ehe war wesentlich zugleich Vertrag und Sakrament, das Eherecht ein strenges Ehevertragsrecht, in innerer Logik und klarer Systematik strukturiert. Diese Sicht von der Ehe war für den Gesetzgeber so ausschließlich und selbstverständlich geworden, dass er die Lehre des Tridentinums änderte.[87] Zu Recht wurden daher in kanonistischen Lehrbüchern zum Codex von 1917 der eheliche Vertrag mit „jedem Vertrage" gleichgesetzt und Ehe als der „durch den Eheschließungsvertrag geschaffene, rechtliche Zustand" definiert.[88]

Demgegenüber hat das Zweite Vatikanum ein neues Eheverständnis[89] der Kirche vorgetragen, das allerdings in der eherechtlichen Eingangsnorm des Codex

---

disputari solet..." § 31, 25: „Affirmatur. Verum id ipsum est, quod quaeritur. Ex eo enim, quod Christus matrimonii contractum ad sacramenti dignitatem, si debita requisita adsint, euexerit, id quidem sequitur, his deficientibus nullum esse sacramentum. Ast inde male concluditur, contractum etiam naturalem, actionem a sacramento distinctissimam, valore suo destituti, quod facilius asseri, quam vlla auctoritate S. scripturae vel traditionis vel conciliorum vel SS. patrum probari potest." Vgl. STOCKER (Fn. 48), 217 f.

85 Vgl. (mit Belegen) ebd., 38 ff.

86 PUZA, Eheverständnis (Fn. 1), 130.

87 Vgl. oben mit Fn. 22-23.

88 Vgl. TRIEBS, Franz, Praktisches Handbuch des geltenden kanonischen Eherechts in Vergleichung mit dem deutschen staatlichen Eherecht. Für Theologen und Juristen. I. Teil, Breslau 1925, 27: „In jedem Vertrage kann man den einmaligen, vorübergehenden Akt der Schließung und den dadurch bewirkten rechtlichen Zustand unterscheiden. So auch bei der Ehe. Der Akt der Eheschließung (Trauung) ist das matrimonium in fieri, der Ehestand, das Eheband, ist das matrimonium in esse. Der CIC unterscheidet scharf zwischen beiden." Und 29: „Der durch den Eheschließungsvertrag geschaffene, rechtliche Zustand, der status coniugalis, erzeugt aber für die Gatten fortlaufend jene Rechte und Pflichten, welche im Eheschließungsvertrage synallagmatisch für jeden der beiden Gatten begründet worden sind, solange eben die Ehe besteht. Die Ehe ist daher eine Dauerobligation familienrechtlichen Inhalts."

89 Dessen vollständige Umsetzung in Normen der kirchlichen Gesetzbücher ist noch nicht gelungen; vgl. ZAPP, Hartmut, Zum „Familienrecht" des Codex Iuris Canonici, in: FS Glatzel, 155-158.

von 1983 zu einer auffallenden Spannung führte; can. 1055 § 1 CIC gibt nicht nur ausweislich dessen um Quellenhinweise erweiterten Ausgabe[90] die Kernaussage der konziliaren Ehelehre wieder. Sein Wortlaut weist zwar zum Teil eine frappante Übereinstimmung mit can. 1012 § 1 CIC/1917 auf, unterscheidet sich aber in seiner Aussagespitze fundamental von der früheren Norm. Nicht mehr der Ehevertrag ist danach „von Christus dem Herrn zwischen Getauften zur Würde eines Sakramentes erhoben worden", sondern der „Ehebund"[91], kurz skizziert in einer in den Canon eingearbeiteten, deutlich auf VatII GS Art. 48 gestützten Begriffsbestimmung nach Art einer Legaldefinition. Diesem „Bund"[92] wird jedoch in can. 1055 § 2 CIC die wörtliche Wiederholung des can. 1012 § 2 CIC/1917 an die Seite gestellt[93]; dagegen erfuhr die erste Norm des Motuproprio „Crebrae allatae" vom 22. Februar 1949[94], des Eherechts für die orientalischen Katholiken, ebenfalls noch identisch mit can. 1012 CIC/1917, in ihrem Nachfolgekanon 776 CCEO eine völlige Neugestaltung, die sich wesentlich auch von can. 1055 CIC unterscheidet[95], obwohl beide Normen auf die Ehelehre des II. Vatikanums zurückgehen; can. 776 § 2 CCEO spricht nun von der „gültigen Ehe zwischen Getauften", die „auf Grund der Einsetzung durch

---

90 Codex Iuris Canonici auctoritate Ioannis Pauli PP. II promulgatus. Fontium annotatione et indice analytico-alphabetico auctus, Città del Vaticano 1989.

91 Can. 1055 § 1 CIC: „Matrimoniale foedus ... a Christo Domino ad sacramenti dignitatem inter baptizatos evectum est."

92 Vgl. LÜDECKE, Norbert, Eheschließung als Bund. Genese und Exegese der Ehelehre der Konzilskonstitution „Gaudium et spes" in kanonistischer Auswertung, 2 Bde., Würzburg 1989.

93 Im Quellenverweis zu can. 1055 § 2 CIC wird außer can. 1012 § 2 CIC/1917 nur noch die Enzyklika „Casti Connubii" PIUS' XI. von 1930 genannt; unter rein formalem Aspekt wird in den Quellenhinweisen zum Gesetzbuch von 1983 korrekterweise auf ein Dokument von 1930 verwiesen. Indessen ist can. 1055 § 2 CIC bis auf den letzten Buchstaben identisch mit can. 1012 § 2 CIC/1917 – eine Lehrverlautbarung von 1930 wird also zur Quelle einer Norm des kirchlichen Gesetzbuchs von 1917! Außerdem ist in der bezeichneten Stelle der Begriff „contractus" nicht enthalten; ohne jedes kanonistische Verständnis ist die Rede vom „gültigen Ehewillen" als sakramentalem Zeichen; vgl. AAS 22 (1930) 554: „Et quoniam Christus ipsum coniugalem inter fideles validum consensum signum gratiae constituit, ratio Sacramenti cum christiano coniugio tam intime coniungitur, ut nullum inter baptizatos verum matrimonium esse possit, ‚quin sit eo ipso Sacramentum'."

94 AAS 41 (1949) 89-119, mit Rechtskraft v. 2.5.1949.

95 Ein Erklärungsversuch zur Formulierung des can. 776 § 1 CCEO könnte dahingehend verstanden werden, dass die Formulierung des can. 1055 § 1 CIC im Sinn der Trennbarkeit von Vertrag und Sakrament gelesen werden könne; vgl. PRADER, Joseph / REINHARDT, Heinrich J.F., Das kirchliche Eherecht in der seelsorgerischen Praxis, Essen [4]2001, 9: „Der CCEO verfolgt im grundlegenden c. 776 über die Ehe eine theologischere Linie als der CIC und beschreibt zunächst in § 1 die Naturehe. ... Von dieser Naturehe heißt es in c. 776 § 1 CCEO nicht, daß sie von Christus zum Sakrament erhoben ist, wie in c. 1055 § 1 CIC gesagt wird, denn daraus könnte man folgern, daß die Sakramentalität gleichsam als ‚Übernatur' zur ‚Naturehe' dazukäme."

Christus von selbst Sakrament ist."[96] Es sei daran erinnert, dass ein und derselbe oberste Gesetzgeber der einen katholischen Kirche weder in can. 776 CCEO noch im gesamten ostkirchlichen Eherecht den im CIC nach wie vor dominanten Begriff „contractus" bzw. „contrahere" kennt.[97] Man wird daher kaum der Auffassung zustimmen können, einer der grundlegenden Unterschiede zwischen lateinischem und orientalisch-katholischem Eherecht, die Zuordnung des Sakraments-Charakters zum „gültigen Ehevertrag" (can. 1055 § 2 CIC) bzw. zur „gültigen Ehe" (can. 776 § 2 CCEO), dürfte „nichts am prinzipiellen Gleichklang beider Kodifikationen in diesem Punkt"[98] ändern.

Die augenfällige Spannung innerhalb des can. 1055 CIC ist schwerlich zu bewältigen. Erste Interpretationsmaxime ist gemäß can. 17 CIC nach wie vor die *significatio verborum*, in can. 1055 § 2 CIC selten eindeutig; außerdem sollten Kanonisten – Schüler der Verfasser der Concordia discordantium canonum – versuchen, widersprüchliche Normen möglichst miteinander in Einklang zu bringen.[99] Im Fall des can. 1055 CIC dürfte dies nur sehr unbefriedigend möglich sein, soll nicht der eine Gesetzestext zu Gunsten des anderen fehlinterpretiert werden, entweder durch einseitige Berücksichtigung der klar feststellbaren Rechtskontinuität zum früheren Gesetzbuch oder durch ungerechtfertigte Berufung auf den „Geist" des Konzils.[100] Es bleibt nur die Möglichkeit, auf die

---

96 Can. 776 § 2 CCEO: „Ex Christi institutione matrimonium validum inter baptizatos eo ipso est sacramentum ...".

97 Nicht zuletzt der auf dem II. Vatikanum in „einer der dramatischsten Auseinandersetzungen" von den Ostkirchen energisch vertretene Widerspruch gegen die dem orientalischen Eheverständnis von jeher fremde westliche Ehevertragslehre, in can. 1 CA auf Grund der stark „latinisierenden" Tendenz dieses Ehegesetzes noch aufgenommen, führte zur Änderung von „Ehevertrag" in „Ehebund"; vgl. HÄRING, Bernhard, Kommentar zu VatII GS Art. 48, in: LThK²-KonzilsK III, 423.

98 PRIMETSHOFER, Bruno, Konfessionsübergreifende Jurisdiktion? In: FS Socha, 46 Fn. 50.

99 Vgl. zu einem solchen Versuch nach ZAPP (Fn. 4) KAISER, Matthäus, Kirchliches Eherecht im Lichte kirchlicher Ehelehre, in: ThGl 79 (1989) 282 f.: „... Im folgenden stellt Zapp dann ‚Ehebund' und ‚Ehevertrag' einfach nebeneinander ... Dadurch, daß ‚Mann und Frau ihre allumfassende Lebensgemeinschaft durch den ehelichen Bund (begründen), ... erhält „Ehebund" wesentlich einen rechtlichen Aspekt; er ist als Bund auch Vertrag ...' Damit hat Zapp die Harmonisierung von Vertragsmodell und Bundesmodell geschafft. Er kann nun unter der Überschrift ‚Ehevertrag' fortfahren ... Der Versuch, Vertragsmodell und Bundesmodell miteinander zu harmonisieren, ließ den Gesetzgeber und läßt auch Kanonisten übersehen, daß der Wandel der kirchlichen Lehre von der Ehe vom Vertragsmodell zum Bundesmodell kaum zu überschätzende Änderungen im kirchlichen Recht zur Folge haben müßte [!]." – Vor dem Hintergrund des can. 1055 § 2 CIC kann von diesem Wandel nicht die Rede sein.

100 Vgl. LÜDECKE, Norbert, Der Codex Iuris Canonici von 1983: „Krönung" des II. Vatikanischen Konzils?, in: Die deutschsprachigen Länder und das II. Vatikanum, hg. von WOLF, Hubert / ARNOLD, Claus, Paderborn 2000, 236: „Der CIC ist eine rechtliche Transformation des II. Vatikanischen Konzils ... Das Konzil kann kein Rettungsanker

gesetzgeberische Inkonsequenz aufmerksam zu machen, will man nicht annehmen, das konziliare Eheverständnis sei bewusst nur zum Teil rezipiert worden.

Die in can. 1055 § 2 CIC fortgeschriebene Lehre der Realidentität[101] wirft die eingangs genannte Frage nach der Sakramentalität von Ehen nichtglaubender Getauften auf.[102] In ihrem dazu im Zusammenhang der Arbeiten an der Codexreform ergangenen Gutachten vom Dezember 1977 sah sich die Internationale Theologische Kommission – wohl wegen des der Realidentitätsdoktrin zugemessenen großen Gewichts – nicht in der Lage, zur Frage des „factum ‚baptizatorum non-credentium'" eine eindeutige Antwort zu geben; mit ihrem Zitat aus dem Ordo celebrandi matrimonium, wonach das Ehesakrament den Glauben voraussetzt und dringend verlangt[103], dürfte sie allerdings signalisieren, dass für nichtglaubende Getaufte das Sakrament schwerlich existent werden kann.[104] Der Grundsatz der Realidentität nach can. 1055 § 2 CIC verhindert, dass von der Kirche Ehen zwischen Getauften anerkannt werden können, die nicht sakramental sind, bzw. bewirkt, dass nichtglaubenden Christen das Sakrament der Ehe ohne ihre Intention oder gegen ihren Willen[105] übergestülpt wird[106], besonders fragwürdig bei von der Kirche abgefallenen Formpflichtigen[107]; nicht zu Unrecht sieht man darin Verstöße gegen das grundsätzliche

---

gegen inakzeptabel erscheinendes positives Recht sein. Gegen das geltende Recht kann das Konzil nicht angerufen werden."

101 Vgl. BAUDOT, Denis, L'inséparabilité entre le contrat et le sacrement de mariage. La discussion après le Concile Vatican II, Roma 1987.

102 Vgl. oben mit Fn. 1; ferner HERZBERG, Kurt, Taufe, Glaube und Ehesakrament. Die nachkonziliare Suche nach einer angemessenen Verhältnisbestimmung, Frankfurt a. M. 1999 (zur Realidentität 262-275); WOOD, Susan, The Marriage of Baptized Nonbelievers. Faith, Contract, and Sacrament, in: TS 48 (1987) 279-301.

103 Vgl. zum Glauben als Voraussetzung der Sakramente die eindeutige Formulierung des can. 840 CIC in Rezeption der Liturgiekonstitution Art. 59, in: AAS 56 (1964) 116.

104 Propositiones de quibusdam quaestionibus doctrinalibus ad matrimonium christianum pertinentibus, in: GROCHOLEWSKI, Zenon, Documenta recentiora circa rem matrimonialem et processualem II, Roma 1980, 27: „‚sacramentum enim matrimonii fidem supponit atque expostulat' (Ordo ...)".

105 Vgl. MORRISEY, Francis G., Decimo anno ... On the Tenth Anniversary of the Code of Canon Law, in: StCan 28 (1994) 119: „A distinction should be made between a marriage contract and the sacrament of marriage ... To continue treating every marriage as a sacrament, whether the people ‚want' it or not, creates legal situations that do not seem realistic and discredit the institution."

106 Z. B. die „sakramentale Eheschließung" zwischen einem Katholiken und einem getauften Ungläubigen; vgl. ALFS, Rainer, Kann ein Getaufter, der nicht an Gott glaubt, eine sakramentale Ehe schließen? Anmerkungen im Zusammenhang mit Kapitel IV des Rituale „Die Feier der Trauung" in der 2. Auflage, in: FG Heinemann (70), 397-413.

107 Diese Neu-Bestimmung des lateinischen Codex von 1983 dürfte wohl in Kürze zurückgenommen werden; die Interpretationskommission – seit dem Jahr 2000 umbenannt in „Päpstlicher Rat für die Gesetzestexte" („Pontificium Consilium de Legum Textibus" [vgl. AnPont 2000, 1324]) – sprach bereits in ihrer Sitzung v. 4.6.1999 die Empfehlung aus, die theologisch wie kanonistisch problematische Ausnahmedefinition des Katholi-

Recht auf Ehe und das Menschenrecht[108] der Religions- und Glaubensfreiheit.[109] Gegenüber der vorgeschlagenen Einführung eines weiteren Ehenichtigkeitsgrundes, etwa „Glaubensmangel" oder dem Konzept eines „gestuften Ehesakramentes"[110] dürfte sich die Realdistinktion als geeignetere Lösung auch dieser Problematik anbieten. Ein gelungener Ansatz zur Trennbarkeit von Ehevertrag und Sakrament geht vom Eheverständnis anderer christlicher Kirchen und kirchlicher Gemeinschaften aus[111]; allerdings müsste die daraus gezogene Folgerung, „nach der die katholische Kirche die Ehen nichtkatholischer Christen nicht mehr als sakramentale Ehen bewerten sollte"[112], in einzig möglich erscheinender Konsequenz generell die Geltung des Prinzips der Realdistinktion für die Ehen aller Christen beinhalten.

Immer stärker – bereits mit Vorschlägen zur Neuformulierung der cann. 1057 § 1 und 1108 CIC – wird die auch von seiten der Liturgiewissenschaft wie Dogmatik vermehrt vertretene Auffassung betont, Spender des Ehesakraments sei der Priester[113], nicht zuletzt unter Hinweis auf die orientalischen Kirchen; diese auch für die Unierten unaufgebbare Lehre wurde schon in can. 85 CA gesetzlich

---

ken wieder aufzuheben; vgl. CLSN 127 (2001) 6: „Thus the Fathers of this Pontifical Council have unanimously proposed the suppression of the clause *‚nec actu formali ab ea (Ecclesia catholica) defecerit‘* as found in Canon 1086 § 1, 1117 and 1124 of the Code of Canon Law."

108 Zwar hat der Apostolische Stuhl die Menschenrechtskonvention nicht ratifiziert, doch wird man nach der Erklärung des II. Vatikanums über die Religionsfreiheit zu fragen haben.

109 Vgl. PUZA, Richard, Le lien matrimonial dans sa formation et sa durée. Apports récents de la théologie et du droit canonique allemands, in: RDC 42 (1992) 320-326 in Aufnahme und Weiterführung der Argumentationen von Ladislas ÖRSY.

110 Vgl. DEMEL, Sabine, Der Empfang des Ehesakramentes - bewußter Glaubensakt oder automatische Folge der Taufe? Zum Konzept einer Stufung des Ehesakramentes, in: INTAMS Review 5 (1999) 36-48.

111 Vgl. AYMANS, Winfried, Die Sakramentalität christlicher Ehe in ekklesiologisch-kanonistischer Sicht. Thesenhafte Erwägungen zu einer Neubesinnung, in: TThZ 83 (1974) 336: „Auch die Ehe als Gestaltform kirchlicher Existenz kann zu sakramentaler Zeichenhaftigkeit nur dann erwachsen, wenn dies zum Inhalt jenes Bekenntnisses gehört, um das sich die konkrete kirchliche Existenz sammelt. ... Nachdem die differenzierte kirchliche Existenz der nichtkatholischen Christen mit ihren einigenden und ihren trennenden Elementen zur Kenntnis genommen worden ist, muß auch eine differenzierte Beurteilung des theologischen Wesens der in diesem kirchlichen Zusammenhang stehenden Ehen einsetzen." Vgl. DEMEL, Sabine, Die sakramentale Ehe als Gottesbund und Vollzugsgestalt kirchlicher Existenz. Ein Beitrag zur Diskussion über die Trennbarkeit von Ehevertrag und Ehesakrament, in: FS Aymans, 61-81 unter Betonung der „Stufung des Ehesakraments".

112 CORECCO (Fn. 33), 441.

113 Vgl. PUZA, Richard, Der Abschluß des Ehebundes. „Spenden" oder „Proklamieren" des Ehesakramentes, in: ThQ 173 (1993) 91.

fixiert[114] und ist gegenüber dem CIC Sondergut des can. 828 CCEO geblieben.[115] Solange man allerdings von der Realidentität im Sinn des can. 1055 § 2 CIC ausgeht, dürfte die Charakterisierung ehevertragschließender Christen als gegenseitige Spender des Ehesakraments korrekt und mit der Lehre vom Priester als Spender kaum vereinbar sein. Auch bei dem Vorschlag der Einführung des *ritus sacer* zur Bewältigung des berechtigten Anliegens würde wohl lediglich die Formvorschrift für das Zustandekommen des gültigen Ehevertrags durch den *ritus sacer* erweitert, wenn auch die „Mitwirkung" der Kirche damit deutlicher in Erscheinung träte und er schon aus diesem Grund der jetzigen Regelung vorzuziehen wäre. Die Eheschließung bleibt – trotz Formvorschriften als Gültigkeitserfordernisse – nach wie vor bestimmt vom *solus-consensus*-Prinzip, insofern die „Willensakte" von Mann und Frau konstitutiv für die Ehe und daher nur die Kontrahenten Spender des Sakraments sind. Auch nach der Lehre der Realdistinktion bleibt der Ehekonsens „die erste, natürliche und unabdingbare Voraussetzung zur Begründung der Ehe"[116] unter Christen, die – sofern sie den Gesetzen der jeweiligen Rechtsordnung entspricht[117], als solche von der Kirche anerkannt – aber erst durch den priesterlichen Segen sakramental wird. Mit der Lehre der Realdistinktion ist die Auffassung von der Spendung des Ehesakraments durch die Eheschließenden selbst nicht mehr aufrechtzuerhalten, denn das Sakrament liegt außerhalb des die Ehe begründenden Rechtsakts in dem eigenen rechtmäßigen Handeln eines Trägers kirchlicher Weihe- und Leitungsgewalt. Dieser Sachverhalt – sehr deutlich auch im Freiburger Gutachten belegt[118] – war bereits von Melchior CANO vertreten und gelehrt, von BELLARMIN ebenfalls klar erkannt und daher bekämpft worden.[119]

---

114 Vgl. can. 85 § 1 CA: „Ea tantum matrimonia valida sunt quae contrahuntur [!] ritu sacro ... § 2. Sacer censetur ritus, ad effectum de quo in § 1, ipso interventu sacerdotis adsistentis et benedicentis". Dies ist um so bemerkenswerter, als in can. 1 CA mit der wörtlichen Wiedergabe des can. 1012 CIC/1917 sogar die Norm zur Realidentität durchgesetzt werden konnte (vgl. oben mit Fn. 94, 97).

115 Vgl. ZAPP, Hartmut, Interrituelle Aspekte der kanonischen Eheschließungsform, in: FS Fürst, 804 ff.

116 PUZA (Fn. 113), 91.

117 Vgl. „eine Bindung an irgendeine andere öffentliche Form des Eheabschlusses" bei PRIMETSHOFER, Bruno, Die Formpflicht des durch formalen Akt von der Kirche abgefallenen Katholiken, in: DPM 6 (1999) 114; damit kommt er zum einzig vertretbaren Ergebnis, obwohl seine korrekte „Verbalexegese" in deutlicher Kritik am Gesetzgeber zur Klandestinehe führen würde.

118 Vgl. die Antwort auf die zweite Frage, oben mit Fn. 78.

119 Vgl. oben mit Fn. 50. Zur Kritik an BELLARMINS Verständnis vgl. CORECCO (Fn. 33), 387 f., 391 f.; dessen Argumentation zugunsten der gegenteiligen Auffassung dürfte kanonistischem Verständnis kaum mehr zugänglich sein, vgl. ebd. 388: „Dies setzt natürlich voraus, daß die Identität ... nicht als absolute Identität, sondern eher als eine inadäquate verstanden wird. In der Sprache der Scholastik bedeutet dies, daß der Konsens zwar weiterhin als die einzige Wirkursache des Sakramentes anzusehen ist, daß aber

Die Unauflöslichkeit der sakramentalen Ehe wird von der Realdistinktion nicht berührt. Ausgehend von can. 1055 § 1 CIC ist darauf hinzuweisen, dass die auch nach kirchlichem Verständnis auf das Gattenwohl ausgerichtete, das ganze Leben umfassende Gemeinschaft der Ehe eine Dynamik impliziert, die mit tief greifenden Veränderungen in der Ehe verbunden sein kann. Als relationale Lebensrealität ist auch der Ehebund nicht gegen die Gefahr des Scheiterns gefeit. Sobald eine Ehe durch den priesterlichen Segen sakramental wird[120], ist indessen eine zweite sakramentale Ehe nicht mehr möglich. Sind aber zwischen Christen nur sakramentale Ehen möglich? In den zahlreichen Veröffentlichungen zur Problematik der wiederverheirateten Geschiedenen werden vielfach konkrete Lösungsvorschläge angeboten, neben Modifikationen der Ehejudikatur[121] oder pastoraltheologischen Regelungen[122] auch tiefergehende Ansätze[123]; immer wieder findet sich zu Recht der Hinweis auf die Praxis der orthodoxen Kirchen.[124]

---

auch die priesterliche Ehesegnung als instrumentale Ursache des Sakramentes und damit als konstitutives Element der Ehe betrachtet werden kann."

120 Bei Aufhebung der obligatorischen Zivilehe könnten auch nach der Realdistinktion beide Akte, die Eheschließung und die Spendung des Ehesakramentes, in derselben liturgischen Feier stattfinden.

121 Vgl. die Beiträge von Richard PUZA oben mit Fn. 2. Die jetzige Ehejudikatur empfiehlt sich nicht als Dauerlösung; vgl. RUF, Norbert, Zum pastoralen Standort des Diözesangerichtes, in: FG Rößler, 401: „Man wird sagen können, daß das drängende pastorale Problem der Seelsorge mit den wiederverheirateten Geschiedenen nicht über den Gerichtsweg, durch Ehenichtigkeitserklärungen in kirchlichen Gerichtsurteilen zu lösen ist."

122 Vgl. KAISER (Fn. 99), 292: „Dann aber erhebt sich die Frage, ob geschlechtliche Vereinigung eines geschiedenen Ehegatten mit einem anderen Partner, mit dem er eine ungültige Ehe geschlossen und damit eine personale Gemeinschaft mit ihm begründet hat, noch als Ehebruch zu verstehen ist." Ohne direkt can. 915 CIC angesprochen zu haben, wird hier schlüssig gezeigt, dass für wiederverheiratete Geschiedene die eucharistische *communio* offen ist. Der kirchlichen Anerkennung ihrer – nicht sakramentalen – Zweitehen stände daher nichts im Wege.

123 Vgl. den überzeugenden Ansatz von WEIGAND, Rudolf, Wie unauflöslich ist die Ehe? Kirchenrechtsgeschichtliche Aspekte einer aktuellen Problematik, in: FS Kaiser, 161-177. Unverständlich erscheint die Kritik an WEIGANDS „Modell" bei GÜTTLER, Markus, Die Ehe ist unauflöslich! Eine Untersuchung zur Konsistenz der kirchlichen Eherechtsordnung, Essen 2002, 213. LANDAU, Peter, In memoriam Rudolf Weigand, in: ZRG KA 86 [2000] 650 f.: „Als Seelsorger bedrängte ihn auch beim gegenwärtigen Stand des kirchlichen Eherechts die Situation der erneuten Eheschließung Geschiedener, so dass er seine Abschiedsvorlesung am 21.07.1997 in Würzburg dem Thema ‚Die Kirche und die wiederverheirateten Geschiedenen' widmete." Diese den ersten in der Fußnote genannten Titel weiterführende Vorlesung wurde in AnzSS 107 (1998) 433-439 veröffentlicht.

124 Vgl. WEIGAND, Rudolf, Das Scheidungsproblem in der mittelalterlichen Kanonistik, in: DERS., Liebe und Ehe im Mittelalter, Goldbach ^{2}1998, 187* [Erstveröffentlichung in: ThQ 151 (1971) 60]: „Doch verdient festgehalten zu werden, daß die gegenteilige Praxis der Griechen nicht verurteilt werden sollte, genau so wenig wie die Anerkennung der Unauflöslichkeit der Ehe von den Griechen als Vorbedingung für die Union auf dem

Ein ähnliches Ergebnis zeitigt die Realdistinktion. Die Trennung von Ehevertrag und Sakrament ermöglichte – ohne „Scheidung" der Erstehe – eine erneute Ehe, die von der Kirche als christliche, wenn auch nichtsakramentale Ehe anerkannt würde.

Mit der Realdistinktion von Ehevertrag und Sakrament erscheint es möglich, die eingangs angesprochenen eherechtlichen und pastoralen Schwierigkeiten zu überwinden. Vermutlich dürften diese und ähnliche Überlegungen jedoch kaum, zumindest nicht in absehbarer Zeit, den kirchlichen Gesetzespositivismus beeinflussen, der allein verbindlich ist. Auch Kanonisten werden die Radbruchsche Formel[125] vertreten, dass nämlich „selbst falsches Recht, ‚unrichtiges Recht'" im Interesse der Rechtssicherheit ertragen werden muss.[126] Es ist im Kontext des Zweiten Vatikanums erneut bekräftigte Lehre, dass der oberste kirchliche Lehrer und Gesetzgeber „jederzeit nach Gutdünken"[127] verbindliche Lehrentscheidungen und Gesetze erlassen, beibehalten, ändern oder aufheben kann. Daher bedeutet es für positiv-rechtlich und rechtshistorisch orientierte Kanonisten auch

Konzil von Florenz gefordert worden war. Demnach ist die Unauflöslichkeit der Ehe wohl nicht als ‚Dogma' im heutigen Sinn des Wortes zu verstehen." Vgl. DERS. (Fn. 25), 510 f. zur „Kompromißlösung am Ende des 12. Jahrhunderts" als „zusätzliches Argument bei der Klärung der heute so drängend anstehenden Frage". Am Ende einer interessanten Argumentation antwortet auf eine in einem weiteren Beitrag von Rudolf WEIGAND zur Unauflöslichkeit der Ehe gestellten Frage KAISER (Fn. 4): „Dann ist die Frage von Rudolf Weigand so zu formulieren: Kann die so verstandene ‚Auflösung' vielleicht unter bestimmten Umständen auch auf vollzogene sakramentale Ehen ausgedehnt werden?"

125 Vgl. RADBRUCH, Gustav, Gesetzliches Unrecht und übergesetzliches Recht, Süddeutsche Juristenzeitung Nr. 5, August 1946; abgedr. in: DERS., Rechtsphilosophie, Stuttgart [5]1956, 353; jetzt in: Gesamtausgabe, hg. v. KAUFMANN, Arthur, Rechtsphilosophie III, bearb. v. HASSEMER, Winfried, Heidelberg 1990, 89; vgl. HOLLERBACH, Alexander, Gustav Radbruch: neu- und wiedergelesen, in: FS Maier, 209.

126 Vgl. PANZRAM, Bernhard, in: Christliche Ehe. Mischehe, Geburtenregelung, hg. v. BAUMHAUER, Otto, Kevelaer 1968, 40: „Die stabilitas iuris, der sogenannte Stabilitätseffekt des Rechts, ist so stark, auch im weltlichen Recht, daß mein Lehrer Gustav Radbruch, der frühere Minister der Weimarer Republik, sogar lehrte, selbst falsches Recht, ‚unrichtiges Recht', müßte wegen des Gutes der Rechtssicherheit ertragen werden."

127 Vgl. Nota explicativa praevia, Nr. 4, in: AAS 57 (1965) 74: „Summus Pontifex, utpote Pastor Supremus Ecclesiae, suam potestatem omni tempore ad placitum exercere potest, sicut ab ipso suo munere requiritur." Joseph RATZINGERS Interpretationsversuch des letzten Satzteils in seinem Kommentar in: LThK[2]-KonzilsK I, 356 ist kanonistisch nichtssagend: „Es kann somit nur besagen, daß der Papst bei seinem Handeln keinem *äußeren* Tribunal untersteht, das als Appellationsinstanz gegen ihn auftreten könnte, wohl aber an den inneren Anspruch seines Amtes, der Offenbarung, der Kirche gebunden ist. Dieser innere Anspruch seines Amtes schließt aber auch eine moralische Bindung an die Stimme der Gesamtkirche ohne Zweifel mit ein." Wer bestimmt die „moralische" Verpflichtung und fordert sie ein? Wenn schließlich festgestellt wird, „das ‚ad placitum'" bleibe „(trotz der nachfolgenden Einschränkung) eine unglückliche Formulierung" (357), ändert dies ebensowenig an der absoluten päpstlichen *potestas suprema*.

keine enttäuschende Überraschung, wenn der Gesetzgeber ausschließlich seinen eigenen Vorstellungen von der *salus animarum* folgt[128]; schließlich wissen sie, dass systemimmanent päpstliche Entscheidungen nach der hierarchisch-autoritären Verfasstheit der Kirche nur den einen Verbindlichkeitsgrund kennen: *Hoc volo, sic iubeo – stat pro ratione voluntas.*

128 Ein sehr anschauliches Beispiel bieten die nach der von der Congregatio Plenaria beschlossenen Fassung des Schema novissimum erfolgten Änderungen, die teilweise völlig unkoordiniert erfolgten und daher zu nicht zu harmonisierenden Spannungen führten (etwa cann. 129 und 274 § 1 i. V. m. can. 1421 CIC § 2); vgl. LÜDECKE (Fn. 100), 235: „Der Papst selbst ging zunächst mit einer Gruppe von sieben Experten, dann zusammen mit vier Bischöfen bzw. Kardinälen [die Namen sind jeweils genannt] Canon für Canon durch. Zahlreiche Bestimmungen wurden noch geändert, gestrichen oder auch ganz neu aufgenommen. Der Papst war in keiner Weise an die Ergebnisse der Reformkommission gebunden."

Zur Natur des dolus im kanonischen Eherecht und zur Rückwirkung der cann. 1098 CIC bzw. 821 CCEO

Carl Gerold Fürst

Vorbemerkungen[1]

Will man sich mit dem *dolus* im kanonischen Eherecht beschäftigen, steht man von neuem vor Problemen, die schon mehr als ein Vierteljahrhundert vor Inkrafttreten des aktuellen Codex Iuris Canonici aufgegriffen oder, besser gesagt, wieder aufgegriffen worden waren, vor Problemen, deren Bedeutung man sich schon damals bewusst war; und wir stehen vor Problemen, die schon seit langer Zeit wieder und wieder diskutiert werden, ohne dass es zu einer definitiven und von allen akzeptierten Lösung gekommen wäre. Tatsächlich haben uns diese Diskussionen über die Natur des *dolus* im kanonischen Eherecht und auch über das Problem der Rückwirkung (und der Adressaten) des can. 1098 CIC[2] bzw. – vergessen wir ihn nicht – des can. 821 des CCEO[3] eine überaus reiche Bibliographie beschert: Monographien – ich denke dabei besonders an die Arbeiten von Miguel Ángel JUSDADO RUIZ-CAPILLAS[4], Bernhard BOHLEN[5], Mauro BARDI[6], Thomás Jesús ZÁRRAGA COLMENARES[7] und Maria Teresa ROMANO[8];

1 Diesen Beitrag habe ich am 14.12.2000 in Rom als Vortrag beim Arcisodalizio della Curia Romana gehalten; das italienische Original wird im zweiten Band des Diritto matrimoniale, a cura di Piero Antonio BONNET e Carlo GULLO erscheinen. Ich freue mich, eine etwas überarbeitete deutsche Version meinem Freund Richard PUZA anlässlich seines 60. Geburtstages widmen zu dürfen.

2 Can. 1098 CIC: „Qui matrimonium init deceptus dolo, ad obtinendum consensum patrato, circa aliquam alterius partis qualitatem, quae suapte natura consortium vitae coniugalis graviter perturbare potest, invalide contrahit."

3 Can. 821 CCEO: „Qui matrimonium celebrat deceptus dolo ad obtinendum consensum patrato circa aliquam alterius partis qualitatem, quae sua natura consortium vitae coniugalis graviter perturbare potest, invalide celebrat."
Die kleine Textdifferenz zu can. 1098 CIC ist, wie leicht gesehen werden kann, nicht inhaltlicher Natur; ich kann daher des weiteren auf ständige Hinweise auf can. 821 CCEO, sofern sie nicht speziell sinnvoll scheinen, verzichten.

4 JUSDADO RUIZ-CAPILLAS, Miguel Ángel, El dolo en el matrimonio canonico, Barcelona 1988.

5 BOHLEN, Bernhard, Täuschung im Eherecht der katholischen Kirche. Can. 1098 in der kanonistischen Wissenschaft und Judikatur, Essen 1994. Gerade die Arbeiten von BOHLEN und JUSDADO RUIZ-CAPILLAS ergänzen sich gegenseitig in einem gewissen Sinn und bilden ein gutes Arbeitsinstrument, das ich natürlich, ich sage dies ein für allemal, auch bei der Erarbeitung dieser Arbeit benützt habe.

6 BARDI, Mauro, Il dolo nel matrimonio canonico, Milano 1996.

Artikel[9]; Kommentare zu cann. 1098 CIC und 821 CCEO in den großen oder kleinen Kommentaren[10] und Handbüchern zum kanonischen Recht, besonders dem kanonischen Eherecht[11]; Urteile kirchlicher Gerichte und Kommentare zu diesen Urteilen[12]; Miszellen[13]; Kongressakten wie die des XXV Congresso nazionale di Diritto Canonico der Associazione Canonistica Italiana von 1993 mit dem Thema „Errore e dolo nel consenso matrimoniale canonico"[14], oder die von Veranstaltungsreihen wie die des Arcisodalizio della Curia Romana im Jahr 2000[15], etc. etc. etc. Dies alles hat nun allerdings einerseits, wie ich schon angedeutet habe, nur zu einer großen Anzahl von Meinungen oder, oft besser gesagt, Schattierungen von Meinungen geführt, ohne dass sich etwas wie eine „herrschende Lehre" herausgebildet hätte. Die Konsequenz ist, dass ich hier keinen Kommentar im „klassischen Stil" vorlegen kann, sondern gezwungen bin, nur und wenigstens kurz bestimmte wesentliche und wichtige Linien der Diskussion nachzuziehen, wobei ich mich auch noch auf einzelne Punkte beschränken und andere, die mir subjektiv im Moment nicht so wichtig scheinen, übergehen muss. Andererseits führt die Situation dazu, dass sehr viel zu dem, was ich sagen will, um meine Meinung auszudrücken, in der einen oder anderen Weise schon

---

7 ZÁRRAGA COLMENARES, Tomás Jesús, El dolo en el derecho matrimonial canónico y su fundamentación juridica, Berriozar (Pamplona) 1999.

8 ROMANO, Maria Teresa, La rilevanza invalidante del dolo sul consenso matrimoniale (can. 1098 C.I.C.). Dottrina e giurisprudenza, Roma 2000.

9 Es versteht sich, dass es hier unmöglich ist, eine auch nur „ausgewählte" Bibliographie zu geben; ich kann also, von den Bibliographien in den Monographien abgesehen, nur generell auf die Bibliographien der kanonistischen Zeitschriften verweisen.

10 Zu can. 821 CCEO s. jetzt Commento al Codice dei Canoni delle Chiese Orientali, a cura di Mons. Pio Vito PINTO con la consulenza di P. Dimitrios SALACHAS, Città del Vaticano 2001, 696 ff., und: A Guide to the Eastern Code. A Commentary on the Code of Canons of the Eastern Churches, ed. George NEDUNGATT, Rome 2002, 563.

11 Man sehe jetzt z. B. VILADRICH, Pedro-Juan, Il consenso matrimoniale. Tecniche di qualificazione e di esegesi delle cause canoniche di nullità (cc. 1095-1107 CIC), Milano 2001, 213-226 (Originalausgabe: El consentimiento matrimonial. Tecnicas de calificacion y exégesis de las causas canónicas de nulidad: cc. 1095 a 1107 CIC, Pamplona 1998, 143-150).

12 Über die Rota-Judikatur s. jetzt BIANCHI, Paolo, L'interpretazione da parte della giurisprudenza rotale, in: Errore e dolo nella giurisprudenza della Rota Romana, Città del Vaticano 2001, 103-120.

13 Siehe z. B. FALTIN, Daniel, Il consenso matrimoniale. Incapacità, errore e dolo, in: Il matrimonio nel Codice dei canoni delle Chiese orientali, Città del Vaticano 1994, 207-231; gekürzt bzw. teilweise überarbeitet und ohne Erscheinungsort und Jahr in verschiedenen Sprachen monographisch veröffentlicht (z. B. als „Anmerkungen zum ‚dolus' mit besonderem Bezug auf den CCEO").

14 Publiziert als Sammelwerk: Errore e dolo nel consenso matrimoniale canonico, Città del Vaticano 1995.

15 Publiziert in dem in Fn. 12 erwähnten Sammelwerk.

von irgend jemand anderem gesagt wurde, ohne dass ich hier in meinem Beitrag in der Lage wäre, Unmengen an Zitationen zu präsentieren.[16]

1. Nun endlich zur Sache

1.1. Die Bemühungen, eine Norm bezüglich des *dolus* in das kanonische Eherecht einzuführen

Wenn wir beginnen, über die Natur des *dolus* im kanonischen Eherecht zu sprechen, meine ich, dass es allgemeines Wissen der Kanonisten ist, dass es Heinrich FLATTEN war, der – ergriffen von einer unter *dolus* in recht besonderen Umständen geschlossenen Ehe und seinerseits etwas verzweifelt über den unzureichenden Schutz gegen *dolus* beim Eingehen der Ehe wegen des Fehlens einschlägiger Normen im kanonischen Recht – für seine Antrittsvorlesung als Ordinarius für Kirchenrecht an der Katholisch-Theologischen Fakultät der Universität Tübingen am 6. Juni 1956, also noch vor Ankündigung des II. Vatikanischen Konzils, das Thema „Irrtum und Täuschung bei der Eheschließung im kanonischen Recht" wählte.[17] Seine Initiative erregte beträchtliches Interesse[18] und regte auch tiefgründige Diskussionen an[19], besonders weil FLATTEN – angeregt durch die Diskussion um den *error qualitatis redundans in errorem personae* und die einschlägige Rechtsprechung – an die Notwendigkeit dachte, in das kanonische Recht eine entsprechende *lex irritans* einzuführen.[20] 1960, nach der Bonner Offizialatstagung der kirchlichen Gerichte Deutschlands, die sich gründlich unter seiner Leitung mit der Frage des *dolus* beschäftigt hatte, schlug

---

16 Ich beschränke mich daher auf ganz wenige Zitationen, die mir, zumindest subjektiv und ohne dadurch andere Autoren gering achten zu wollen, im Zusammenhang am wichtigsten erscheinen.

17 Erschienen als Monografie: FLATTEN, Heinrich, Irrtum und Täuschung bei der Eheschließung im kanonischen Recht, Paderborn 1957; abgedr. auch in: Heinrich Flatten. Gesammelte Schriften zum kanonischen Eherecht, hg. v. MÜLLER, Hubert, Paderborn u. a. 1987, 123-162 (mit einem Anhang: Irrtum und Täuschung im Eherecht der europäischen Staaten, Stand: 30.11.1956).

18 Vor FLATTEN war das Thema, wenn überhaupt, nur sehr kursorisch behandelt worden. Man denke daran, dass selbst ein GASPARRI in seinem zweibändigen „Tractatus canonicus de Matrimonio" nur knapp eine Druckseite für das Problem des *dolus* übrig hatte und dessen Einführung als *lex positiva* in das Kirchenrecht bzw. dessen Berücksichtigung ablehnte, „ne innumera coniugia evaderent dubia et litibus exposita" (Tractatus canonicus de Matrimonio cura et studio Petri Card. Gasparri concinnatus II, Typis Polyglottis Vaticanis ^{2}1932, 20 f.).

19 Über die Interventionen zur Antipreparatoria des Konzils s. etwa BOHLEN (Fn. 5), 73-78.

20 Um die Wahrheit zu sagen: Die von ihm verwendete Terminologie war weder sehr klar noch sehr konsequent. Es scheint allerdings sicher, dass er zunächst ein neues Ehehindernis wollte und nichts anderes.

FLATTEN in einem Artikel sogar einen diesbezüglichen Text als Diskussionsbasis vor; er war gedacht als Nr. 3 des zu reformierenden can. 1083 § 2 CIC/1917. Der Vorschlag lautete:

„[Error circa qualitatem personae, etsi dat causam contractui, matrimonium irritat tantum ...] 3° si quis graviter ac dolose de alterius qualitate magni momenti deceptus matrimonium ineat, quod re vere cognita non contraheret.“[21]

Dieser Artikel wurde im folgenden Jahr, also 1961, ins Lateinische übersetzt, gesondert gedruckt[22], trug viel zur Verbreitung seiner Ideen bei und weckte viele kirchliche Gerichte auf, auch die Rota Romana, so dass wir schon vor dem CIC von 1983 Urteile finden, die – wenn auch meistens unter dem Deckmantel des *error qualitatis redundans in errorem personae* oder der Bedingung, aber auch unter direkter Begründung durch *dolus* als solchem – den *dolus* in die kirchliche Rechtsprechung[23] einführten.

Kehren wir zur doktrinal-legislativen Entwicklung zurück. Selbstverständlich war es quasi eine logische Angelegenheit, dass FLATTEN später in den „Coetus de matrimonio“ der Pontificia Commissio Codici Iuris Canonici Recognoscendo berufen wurde. Aber seine dortige Mitarbeit wurde praktisch zum Fiasko für seine Ideen. Sicher, sein Text von 1960/61 wurde zunächst als Grundlage für die Diskussion genommen; aber in der Diskussion löste man sich sehr bald völlig von diesem Text und ging andere Wege. Nun, die Einzelheiten der äußerst komplizierten Erarbeitung des definitiven Textes des künftigen can. 1098 CIC interessieren hier im Moment nicht. Eine Entscheidung des Coetus, oder besser die dritte von drei Grundsatzentscheidungen, die unseren Zusammenhang berühren, ist allerdings hier sehr wohl von Interesse, nämlich die Entscheidung, dass

„Nihil inquirendum est de fundamento, seu quo iure defectus consensus ex dolo matrimonium irritet.“[24]

In Konsequenz davon fand ein Begriff wie *error dolosus* keine Aufnahme in den Text der kodikarischen Norm, womit zwar einerseits an sich mehr Freiheit

---

21 FLATTEN, Heinrich, Der error qualitatis dolose causatus als Ergänzung zu c. 1083 § 2 CIC, in: ÖAKR 11 (1960) 264; abgedr. in: Flatten. Gesammelte Schriften (Fn. 17), 282.

22 FLATTEN, Heinrich, Quomodo matrimonium contrahentes iure canonico contra dolum tutandi sint, Coloniae 1961; abgedr. auch in: Flatten. Gesammelte Schriften (Fn. 17), 283-298. Das große Interesse, das sein Vorschlag eines konkreten Textes geweckt hatte, zeigt sich schon in einer Anmerkung am Ende des lateinischen Textes: „Iam in litteris a cl.mo canonista die 16 ianuarii 1961 [!] datis alia formula deliberationi traditur: ‚Invalidum est matrimonium etiam ob dolum negativum ab alterutra parte ad id commissum, ut alteram partem, quantum in se est, in errorem seu ignorantiam dantem causam contractui inducat.‘ Quod propositum sane omni disquisitione dignum est, etsi haec verba quibusdam notis caute coercentibus, quae supra expositae, indigere videntur.“

23 Vgl. z. B. das berühmte Bestätigungs-Dekret in einer causa Monasteriensis c. SERRANO v. 28.5.1982, in: Dec 74 (1982) 308-325.

24 Atti Originali, fol. 11, zit. v. JUSDADO RUIZ-CAPILLAS (Fn. 4), 195 Fn. 9.

für die spätere Diskussion um die Natur des *dolus* gegeben war, andererseits aber dieser Diskussion auch keine Grenzen gesetzt waren.

1.2. Natur des *dolus* in den cann. 1098 CIC und 821 CCEO

1.2.1. „dolus" als „error dolosus"

Der Begriff *error dolosus* kehrte allerdings mit neuer Kraft in die Sprache vieler Kanonisten zurück, als es der Papst war, der ihn in einer Ansprache an die Römische Rota vom 26. Januar 1984 verwendete. JOHANNES PAUL II. sagte bezüglich des neuen CIC, der gerade seit zwei Monaten in Kraft war, unter anderem:

> „Ma rimangono canoni, di rilevante importanza nel diritto matrimoniale, che sono stati necessariamente formulati in modo generico e che attendono una ulteriore determinazione, alla quale potrebbe validamente contribuire innanzitutto la qualificata giurisprudenza rotale. Penso, ad esempio ... come pure alla ulteriore precisazione del can. 1098 sull'errore doloso ..."[25].

Es hat den Anschein, als ob schon der bloße Gebrauch des Begriffs *error dolosus* durch den Papst für manche eine klare Interpretation des can. 1098 CIC von Seiten des obersten Gesetzgebers bedeutete; und vielleicht wurde dieser Begriff gerade in dieser Annahme auch von der PCI in zwei „privaten" Antworten auf eine offizielle Anfrage des Erzbischofs von Freiburg im Breisgau, Oskar SAIER, verwendet. Einige Punkte des Inhalts dieser Antworten werden uns etwas später interessieren. Aber, um wenigstens einmal den vollen Text der Anfrage und beider Schreiben im Zusammenhang zu zeigen, erlaube ich mir, ihn schon hier vorzulegen, gleichsam als

Exkurs

Am 14. Januar 1985, also knapp mehr als ein Jahr nach Inkrafttreten des CIC, hatte sich der genannte Erzbischof aus Anlass einer Berufungssache gegen ein Rottenburger erstinstanzliches Urteil[26] unter Hinweis auf die *Litterae Circulares* der Apostolischen Signatur vom 25. Juli 1972, n. 7 an die Signatur mit einem „Dubium circa rectam applicationem legis in decernendo et in procedendo" gewendet, *in concreto* mit einem *Dubium* bezüglich der Frage der Rückwirkung oder nicht des can. 1098 CIC:

---

[25] IOANNES PAULUS PP. II, Ad praelatos Auditores S. Romanae Rotae coram admissos, in: AAS 76 (1984) 648.

[26] Diese *Causa nullitatis* ist von zwei Seiten mit diesem Festschriftbeitrag indirekt verbunden: Andreas WEIß war in I. Instanz Vernehmungsrichter und Ausfertiger des Urteilsentwurfes, Richard PUZA in III. Instanz, die das affirmative Urteil der I. Instanz bestätigte, Anwalt des Klägers.

„... Tribunal episcopale Rottenburgen.-Stuttgardien. tamquam prima instantia die 10 m. dec. a. 1984 sententiam tulit constare de nullitate matrimonii inter D.num ... et D.nam ... die 26 m. febr. anni 1982 ... forma canonica contracti ob dolum causatum a viro (can. 1098 CIC/1983).
Iudices tribunalis 1^{ae} instantiae in iure explicaverunt dolum violare principium a lege naturali postulatum, nempe actum voluntatis consentire debere cum intentione interna ab utraque parte posita; si dolus respiceret ad essentiale matrimonii, i. e. adimpletio iurium et obligationum essentialium e foedere matrimoniali manantium minueretur seu omnino evacuaretur, consensus immediate deficeretur; itaque can. 1098 CIC/1983 adhibendus esset etiam in matrimoniis ante diem 27 m. nov. 1983 contractis.
In facto iudices explicaverunt actorem morbum suum (epilepsia) parti conventae occultasse. Quia periculum tradendi hunc morbum ad proles adfuisset, ius partis conventae ad procreationem prolis repressum esset (tempore celebrationis matrimonii die 26 m. februarii a. 1972 tali forma morbi epilepsiae actor affectus erat, quali matrimonium secundum iurisprudentiam vigentem declaratum nullum nequivisset).
Secundum can. 1682 § 1 CIC/1983 sententia ad tribunal metropolitanum Friburgen. devenit, tamquam tribunal appellationis, ad procedendum secundum can. 1682 § 2 CIC/1983.
Secundum auctores nonnullos linguae Germanicae can. 1098 CIC/1983 tum adhibendus esset ad matrimonia ante diem 27 m. nov. a. 1983 contracta, si certe constaret dolum solum a contrahente (non ab aliis) causatum et essentiale consortii totius vitae (secundum cann. 1055, 1057 § 2, 1101 § 2 CIC/1983) imminuere. Rebus sic stantibus factum doli simulationi aequiparari posset, nam deceptor adipisci vellet, ut deceptus consensum manifestaret, qui non consentiret cum voluntate sua interna (cf. ex gr. K. Lüdicke, in: Münsterischer Kommentar zum Codex Iuris Canonici, can. 1098, 5, referendo Decretum ratihabitationis Rotae Romanae coram Serrano diei 28 maii a. 1982, in: Mon. Eccl. 108, 1983, 11-25), vel censetur can. 1098 CIC/1983 generatim vim retrospectivam esse, quia dolo consensualisticum omnino inficiatur (ita ex gr. H. Zapp, Kanonisches Eherecht, 1983^{6}, 166).
Secundum M. F. Pompedda, Auditorem Rotae Romanae, can. 1098 CIC/1983 adhibendus sit tantum ad matrimonia post diem 27 nov. a. 1983 contracta in referendo can. 9 CIC/1983 (M. F. Pompedda, Annotazioni sul diritto matrimoniale nel nuovo codice canonico, in: Z. Grocholewski, M. F. Pompedda, C. Zaggia, Il matrimonio nel nuovo Codice di diritto canonico, Padova 1984, 64).
Secundum Litteras Circulares Tribunalis Supremi Signaturae Apostolicae ad Praesides Conferentiarum Episcopalium d. 24 m. julii a. 1972 directas n. 7 („Quoties dubitet de recta applicatione legis sive in decernendo sive in procedendo, Episcopus tenetur ... in casibus gravioribus, communicare cum hoc Supremo Tribunali acta et decisiones quae ipsi videantur legem offendere") quaeritur, num applicatione can. 1098 CIC/1983 in matrimonium ante diem 27 nov. 1983 contractum can. 9 CIC/1983 a tribunali Rottenburgen.-Stuttgardien. violatus sit necne et quomodo procedendum sit in hoc casu.
Hanc occasionem nactus profiteor Eminentissimo Domino semper me addictissimum Oscar Saier, Archiepiscopus Friburgensis."

Die Apostolische Signatur leitete die Anfrage kompetenzhalber an die PCI weiter, die mit Datum vom 8. Februar 1986, Prot.N. 843/86, an den Erzbischof wie folgt schrieb:

„Eccellenza Reverendissima,

Faccio seguito alla lettera 485/86 [recte 485/85] del 23 marzo 1985, con la quale si informava Vostra Eccellenza Reverendissima che la questione relativa alla retroattività o meno del can. 1098 CIC, da Lei sottoposta al Supremo Tribunale della Segnatura Apostolica e trasmessa per competenza a questo Dicastero, era allo studio di questa Pontificia Commissione.
Mi pregio ora di assicurarla che detta questione, dopo essere oggetto di particolare e approfondito studio da parte di alcuni nostri Consultori, è stata esaminata collegialmente nella Consulta tenutasi il 13 dicembre u. s. nella quale è emersa la decisione di sottoporla, data la sua complessità dottrinale, alla Plenaria dei Padri Cardinali della Commissione, i quali dovranno anche pronunciarsi sulla opportunità di dare una interpretazione autentica in materia.
La Consulta è inclina a ritenere il disposto del can. 1098 di diritto meramente positivo, e pertanto non retroattivo. Data comunque la grande varietà di casi che potrebbero cadere sotto la fattispecie ivi descritta, non si può escludere a priori che alcuni di essi possano configurare nullità derivanti del diritto naturale, nel cui caso sarebbe legittima una sentenza affermativa. Corrisponde ai giudici, in possesso di tutti possibili elementi, valutare nel caso concreto ci si trovi dinanzi ad un tipo di errore invalidante il consenso non per la disposizione positiva del can. 1098 ma per forza del diritto naturale, come si è verificato in alcune sentenze anteriori alla promulgazione del Codice.
Arrivare tuttavia alla chiarificazione ed approfondimento di questi criteri e concetti è un compito riservato alla dottrina, che forse non conviene precludere con una interpretazione autentica, nonostante il rischio di interpretazioni dottrinali e conseguentemente di sentenze divergenti. Toccherà alla Plenaria, come ho detto prima, pronunciarsi sull'opportunità o meno di una decisione chiarificatrice al riguardo, ciò che da alcuni è ritenuto prematuro, non essendoci ancora un sufficiente approfondimento dottrinale.
Anche in mancanza di una interpretazione autentica che sancisca la non retroattività del can. 1098, attesa del dubbio sulla natura del prescritto del can. 1098 – e di conseguenza sulla sua applicabilità o meno ai matrimoni celebrati prima del 27.XI.1983 – occorre tenere conto del can. 1060, in base al quale ‚in dubio standum est pro valore matrimonii'.
Tanto ho creduto opportuno partecipare a Vostra Eccellenza per gli opportuni adempimenti, mentre mi valgo volentieri dell'occasione per confirmarmi con sensi di distinto ossequio
Dell'Eccellenza Vostra Reverendissima devotissimo
J. Card. Castillo Lara Pres.
J. Herranz Segr."

Diesem Schreiben folgte ein weiteres, ebenfalls „privates" Schreiben, datiert vom 12. Dezember 1986:

„Eccellenza Reverendissima,
Faccio seguito alla lettera N. 843/86 dell'8 febbraio c.a., con la quale si portava a conoscenza dell'Eccellenza Vostra Reverendissima che la questione relativa alla retroattività o meno del can. 1098, già trattata in Consulta il 13 dicembre 1985, sarebbe stata sottoposta alla Plenaria.
Nella stessa lettera si comunicava a Vostra Eccellenza il parere della Consulta ed insieme si ricordava quale dovrebbe essere comunque il comportamento da seguirsi da parte dei Tribunali, in ragione del can. 1060 e anche in considerazione del fatto che nella prescrizione del can. 1098 possono includersi fattispecie di *errore doloso* il cui

peso invalidante nei confronti del consenso matrimoniale non è riducibile al solo diritto positivo.
La Plenaria, tenuta in data 25 novembre u. s., anche dopo gli ulteriori studi fatti successivamente alla Consulta, ha giudicato che la questione non è sufficientemente matura dal punto di vista dottrinale per dare un'interpretazione autentica. Per cui si è stabilito di comunicare a Vostra Eccellenza tale decisione, riconfermando quanto precedentemente detto nella lettera N. 843/86 di questa Pontificia Commissione.
Profitto volentieri della circostanza per confermarmi con sensi di distinto ossequio dell'Eccellenza Vostra Reverendissima devotissimo
J. Castillo Lara Praeses
J. Herranz a Secretis."

Dieses Schreiben vom 12. Dezember 1986, veröffentlicht im weit verbreiteten Archiv für katholisches Kirchenrecht[27], scheint nun gut bekannt. Fast unbekannt blieb hingegen, wenn ich nicht irre, das vorhergehende und wohl interessantere Schreiben vom 8. Februar 1986, das auch ich die längste Zeit nicht im vollständigen Originaltext, sondern nur aus einer englischen Übersetzung[28] kannte.

(Ende des Exkurses)

Nun, die Idee der Interpretation des *dolus* der cann. 1098 CIC und 821 CCEO im Sinne eines *error dolosus* bedarf keiner großen Erklärungen. Für die Verfechter dieser Theorie ist der *dolus* einfach deswegen kein eigenständiger Nichtigkeitsgrund, weil das unmittelbare Ziel dessen, der täuscht, im Hervorrufen der Täuschung besteht, und nur der endgültige Zweck, der ohne das diesem Zweck vorhergehende unmittelbare Ziel nicht erreicht werden kann, im Setzen des Rechtsaktes als Wirkung der Täuschung besteht. Mit anderen Worten: Der primäre Effekt des *dolus* besteht in der Erzeugung des Irrtums, und nur der sekundäre Effekt im Setzen des Rechtsaktes aufgrund des Irrtums. Dementsprechend kann also die Nichtigkeit der Ehe nur vom Irrtum herrühren, aber nicht vom *dolus*. Nicht der *dolus* als solcher ist ein Konsensmangel, sondern dessen unmittelbare und direkte Folge; und so konnte man z. B. sagen:

„Error, nullatenus dolus, est causa directa nullitatis matrimonii"[29]

oder

„This [can. 1098] is a canon on error, not on fraud or deceit. This is clear from the fact that, according to the canon, it is not the *deceiver* (the one who perpetrates the fraud), but the deceived (the one who is in error), who contracts invalidity."[30]

---

27 AKathKR 155 (1986) 482.

28 WRENN, Lawrence G., Annulments (Fifth Edition Revised). Washington 1988, App. Four, 168 f.; von dort entnommen, in: Estudios matrimoniales en recuerdo de Mons. Miguel Aisa Goñi (1935-1991). Curso de derecho matrimonial y procesal canonico para profesionales del Foro (X), ed. par Federico R. AZNAR GIL, Salamanca 1992, Anexo II, 453 f.

29 Titel eines Aufsatzes von GANGOITI, Benito, in: ID. et alii, Quaestiones de matrimonio hisce diebus controversae, Roma 1974, 5-60.

30 WRENN (Fn. 28), 86.

So könnte der *dolus* als solcher, wenn überhaupt, insoweit er Ursache eines *error qualitatis* ist, den formalen Effekt einer *lex invalidans* erzeugen, die einen natürlich ausreichenden Konsens rechtlich als unwirksam erklärt; was natürlich nur in dem Fall gilt, dass sich alle Tatbestandsmerkmale, die der Gesetzgeber festgesetzt hat, verwirklicht haben. Überdies sagen einige, can. 1098 CIC sei, offensichtlich gewollt vom Gesetzgeber, die logische Fortsetzung des can. 1097 CIC und stehe in direkter Verbindung zu can. 1099 CIC, ein Faktum, das als präzise Gradation aufzufassen sei. Und schließlich: Can. 1098 CIC sei rein positiven Rechts, auch wenn es Fälle geben könne, die eine vom Naturrecht abgeleitete Nichtigkeit darstellen können. So war auch jene „private Antwort" der PCI, die ich oben zitiert habe:

> „La Consulta è incline a ritenere il risposto del can. 1098 di diritto meramente positivo ... Data comunque la grande varietà di casi che potrebbero cadere sotto la fattispecie ivi descritta, non si può escludere a priori che alcuni di essi possano configurare nullità derivanti dal diritto naturale."[31]

1.2.2. „dolus" als eigenständiger Tatbestand

Es ist wohl selbstverständlich, dass der Gebrauch eines Begriffs wie „errore doloso" in einer päpstlichen Ansprache an ein Gericht, auch wenn es die Römische Rota ist, noch weniger dessen Gebrauch in den zwei „privaten" Antworten der PCI, die ich zitiert habe[32], nicht einmal von ferne eine authentische Interpretation darstellt. Wenn man den einen oder anderen Aufsatz liest, hat man jedoch den Eindruck, dass der Verfasser glaubte, dass seine Meinung über den *dolus* des can. 1098 CIC, kurz gesagt also die Interpretation als *error dolosus*, die offizielle Meinung der Kirche sei. Sie ist es allerdings, wie ich hoffe zeigen zu können, keineswegs.

Es gibt eine nicht unbedeutende Zahl von Kanonisten, die in ihrer Interpretation des can. 1098 CIC in einem gewissen Sinn vom Begriff des *dolus* im Sinne des Tatbestandes ausgehen, der uns, von LABEO definiert, von ULPIAN überliefert wurde:

> „Itaque ipse [Labeo] definiit dolum malum esse omnem calliditatem fallaciam machinationem ad circumveniendum fallendum alterum adhibitam."[33]

Für sie gilt das Verursachen der Täuschung, die Bewahrung der arglistigen Täuschung oder die Bewahrung der mit täuscherischer Absicht bzw. täuscherischer bloßer Verhehlung herbeigeführten Unkenntnis. Gemäß dieser These sind also *dolus* und *error dolosus* verschiedene Dinge. Zum Unterschied vom *error dolosus*, der sich auf den bezieht, der aufgrund der Täuschung irrt, richtet sich der Blick beim *dolus* auf den „Urheber" des *dolus*, also auf den, der täuscht. Die Handlung gegen die Ehe besteht genau in der Handlung des Täuschenden, ohne

---

31 S. oben, Exkurs S. 375.
32 Ebd., 374 f.
33 Dig. 4.3.1.2.

die der Irrtum nicht entsteht oder die Unkenntnis nicht bekräftigt wird. Im Gegensatz zum Irrtum, der als inneres Prinzip für seinen Ursprung den Irrenden selbst hat, kommt der *dolus* des can. 1098 CIC von außen an den Getäuschten, wird von einer äußeren Quelle gebracht. Und eben deswegen habe der Gesetzgeber die Formel „deceptus dolo" gewählt, nämlich um die täuschende Aktion zu unterstreichen, und habe damit im selben Moment auch den autonomen Charakter des *dolus* unterstrichen. Insgesamt ist der *dolus* bei der Eheschließung auch mit *vis et metus* zu vergleichen, da der *dolus* in der Form, in der er vom Gesetz fixiert ist, die Elemente enthält, die der Gesetzgeber für die Spezifizierung des *metus* vorsah, der die gültige Eheschließung verhindert. Und schließlich: Eine Eheschließung unter *dolus* widerspreche der Lehre des Konzils über die Ehe als Bund und präziser noch der personalistischen Auffassung vom Ehekonsens.

Ich will diesen Abschnitt über den *dolus* als eigenständigen Konsensmangel, eine Meinung, die ich voll teile, nicht schließen, ohne die Aufmerksamkeit auf einen wichtigen Beitrag zu lenken, den zusätzlich eine neu überdachte Systematik der Konsensmängel im CIC leisten kann.

Die Ähnlichkeit, wenn nicht vielmehr die strukturelle Konformität von *[vis et] metus* (cann. 1103 CIC und 825 CCEO) und *dolus* (cann. 1098 CIC und 821 CCEO) wurde, wie ich bereits angedeutet habe, schon bemerkt und wird uns von neuem beschäftigen, wenn es um die Frage einer Rückwirkung der cann. 1098 CIC und 821 CCEO geht. Als erster hat sich Klaus LÜDICKE in seinem (meiner Meinung nach bisher viel zu wenig zur Kenntnis genommenen) Aufsatz „Zur Systematik der Konsensmängel im CIC/1983"[34] klar zur Sache geäußert. LÜDICKE lehnt es ab, sich auch auf eine „mechanische" Folge der cann. 1096-1103 in Buch IV, Kapitel IV des CIC (und, ich ergänze, das gilt auch für die cann. 819-825 des Titels XVI, Kapitel VII, Art. V des CCEO) zu berufen, die, ich erinnere daran, einen Teil der Argumentation der „Erroristen" bildet, die er aber nur für die Frucht einer rechtshistorischen Entwicklung hält. LÜDICKE entwickelt nun ein klares, meiner Meinung nach unanfechtbares System der Art der Konsensmängel, die als Willensmängel einer Person beschrieben werden können, die an sich zum Ehekonsens fähig wäre. Wenn man also die Linie der Kategorisierung der Willensmängel in den cann. 1095-1103 CIC (cann. 818-825 CCEO) nimmt[35], so finden wir in der Linie „Mängel im Willen einer konsensfähigen Person" (cann. 1096-1103 CIC, cann. 819-825 CCEO) Mängel in der Qualität des Konsenses (Qualität = keine Differenz zwischen Absicht des Nupturienten und dem Sinn seiner Erklärung), dann sofort direkt neben can. 1098 CIC (bzw. can. 821 CCEO) und mit ihm gleichwertig can. 1103 CIC (bzw. can. 825

[34] LÜDICKE, Klaus, Zur Systematik der Konsensmängel im CIC/1983, in: Neue Positionen des Kirchenrechts, hg. v. LÜDICKE, Klaus / PAARHAMMER, Hans / BINDER, Dieter A., Graz 1994, 29-48 (zu unserem Problem bes. 46 f.). Ich folge hier eng den Ausführungen LÜDICKES.

[35] Vgl. Schema der Konsensmängel, in: ebd., 33.

CCEO). Bei can. 1098 CIC handelt es sich eben, wie LÜDICKE zu Recht sagt, um eine Differenz zwischen dem, was der Nupturient will, und was er erklärt: Er will die Ehe so, wie er es durch sein „Ja“ zum Ausdruck bringt; er ist aber in Unkenntnis einer Eigenschaft des anderen Partners, die ihrer Natur nach die Gemeinschaft des ehelichen Lebens schwer stören kann.[36] Sein Ehewille hat damit einen Mangel, der in der Kategorie mit *metus* vergleichbar ist: Wenn der Konsensmangel in can. 1103 CIC auf der Drohung seitens einer anderen Person beruht, so bei can. 1098 CIC auf der Täuschung durch eine andere Person. Beide Fälle betreffen nicht den Inhalt des Konsenses, sondern das Ja oder Nein zur Ehe. Wer droht, erzwingt das Ja, wer täuscht, erschleicht es – wobei allerdings der Gesetzgeber wie beim erzwungenen auch beim erschlichenen Konsens weitere Merkmale zur Einschränkung verlangt.

LÜDICKE vergleicht nun auch can. 1098 CIC mit den „sekundären Mängeln“, wie er sie nennt, also mit denen der cann. 1096 CIC (bzw. 819 CCEO), 1097 CIC (bzw. can. 820 CCEO) und 1099 CIC (bzw. 822 CCEO). Er zeigt präzise, dass can. 1098 CIC kein Spezialfall des Unwissens oder des Irrtums ist, dass die Frage nach dem Rechtsgrund der Nichtigkeit und die nach dem Rechtscharakter der Vorschrift nicht vom *error* oder der *ignorantia*, sondern von der Qualität des Konsenses angegangen werden darf (ich ergänze: und muss).

Es ist wohl verständlich, dass ich hier nicht die Ausführungen LÜDICKES vollständig wiedergeben, sondern nur – und nicht nur für den Fall des *dolus* – ein genaues Studium seiner Arbeit empfehlen kann. Was gerade den hier interessierenden can. 1098 CIC betrifft, kann ich nur, wie ich ja schon angedeutet habe, mit LÜDICKE völlig übereinstimmen. Und daher halte ich auch von diesem Gesichtspunkt her die These der „Erroristen“ für verfehlt.

2. Cann. 1098 CIC und 821 CCEO: rückwirkend oder nicht rückwirkend?

In der Frage einer Rückwirkung der cann. 1098 CIC und 821 CCEO finden wir uns grundsätzlich in einer ähnlichen Situation wie in der Diskussion über die Natur des *dolus* als solchem im kanonischen Eherecht.

Die einen, „gestärkt“ durch die oben zitierte „private“ Antwort der PCI vom 8. Februar 1986 („La Consulta è inclina a ritenere il disposto del can. 1098 di diritto meramente positivo, e pertanto <u>non retroattivo</u>“[37]) bestehen auf der aus-

---

[36] So ist das wohl richtiger zu formulieren.

[37] S. oben, Exkurs, S. 375. Aber selbst dort findet man eben den Hinweis, dass „Data comunque la grande varietà di casi ... non si può escludere a priori che alcuni di essi possano configurare nullità derivanti del diritto naturale, nel cui caso sarebbe legittima una sentenza affirmativa.“ Und im Schreiben v. 12.12.1986 wird das vorhergehende Schreiben nochmals etwas gemildert, weil man – auch wenn es hieß, dass bestätigt werde „quanto precedentemente detto nella lettera N. 843/86 di questa Pontificia Commissione“ – bekannt gab, dass die Plenaria „ha giudicato che la questione non è

schließlich positiv-rechtlichen Qualität des Canons; sie zitieren can. 9 CIC[38] und mit einer gewissen Konsequenz bestehen sie auf einer Nicht-Rückwirkung des can. 1098 CIC.

In diesem Zusammenhang verfügen wir allerdings wenigstens bezüglich der Argumentationen bis zu den frühen 90er Jahren, die aber seitdem nicht gerade verbessert wurden, auch über eine ausgezeichnete Arbeit von Carlo GULLO, in der er u. a. klar die zwei hauptsächlichen „großen Thesen" zur Nicht-Rückwirkung von can. 1098 CIC darstellt und sie grundlegend zu Gunsten der Rückwirkung kritisiert[39]:

Die eine Hauptthese besagt einfach, dass can. 1098 CIC nicht rückwirkend sei. Aber die Argumente zur Unterstützung dieser These (die Relevanz des *dolus* würde die Pforten zur Einführung der Scheidung öffnen; der Beweis des *dolus* sei äußerst schwierig, eine „probatio diabolica"; im *dolus* sei sich der Partner des eigenen Fehlens des Konsenses nicht bewusst; die Erheblichkeit eines *dolus in spiritualibus* sei nicht zulässig, weil ein Sakrament immer ein Vorteil für den ist, der es erlangt; die Kirche habe immer mit Bedacht die juridische Relevanz des *dolus* in bezug auf die Ehe verneint; es handle sich beim *dolus* um ein *vitium consensus*, nicht um einen *defectus consensus*; die Kirche kann keine Ehen für nichtig erklären, die im Moment der Eheschließung gültig waren) sind nicht stichhaltig. Ich will hier ganz kurz wesentliche Punkte der Argumentation GULLOS zusammenfassen: Die Behauptung einer Öffnung zur Scheidung ist in der Geschichte des kanonischen Rechts immer wieder vorgebracht worden, zunächst bezüglich einiger Ehehindernisse, dann bezüglich des *metus,* heute bezüglich Eheführungsunfähigkeit und *dolus* – aber sie fand nie Beweis in der Realität und war jedenfalls in der juristischen Systematik nie von Bedeutung; soweit die Argumente den Beweis des *dolus* betreffen, berühren sie nicht die Substanz; es ist irrelevant, ob der, der eine Ehe eingeht, sich eines eigenen Konsensmangels bewusst ist; die Idee einer Unerheblichkeit des *dolus in spiritualibus* ist im kanonischen Recht seit langem überholt; die Behauptung einer ständigen Verneinung der rechtlichen Relevanz des *dolus* in Hinblick auf die Ehe entspricht nicht den Tatsachen[40]; eine Unterscheidung von *vitium consensus* und

---

sufficientemente matura dal punto di vista dottrinale per dare un interpretazione autentica."

38 Can. 9 CIC: „Leges respiciunt futura, non praeterita, nisi nominatim in eis de praeteritis caveatur."

39 GULLO, Carlo, Riflessioni sulla retroattività del can. 1098, in: IusEccl 4 (1992) 225-234; diese Arbeit hat auch heute nichts von ihrer Aktualität verloren.

40 Bezüglich einiger Hinweise auf orientalische Traditionen s. zusätzlich z. B. FALTIN, Consenso (Fn. 13), 226 f.; DERS., Anmerkungen (Fn. 13), 18 ff. Als Musterbeispiel im byzantinischen Recht dient die Novelle 93 LEONS VI. des Weisen (883-911), die – wie auch z. B. in der Äthiopischen Kirche (s. STRAUSS, Peter L. (Hg.), Fetha Nagast. The Law of the Kings. Translated from the Ge'ez by Abba Paulos TZADUA, Addis Abeba 1968, 147) oder in der Chaldäischen Kirche (vgl. Ordo Iudiciorum Ecclesiasticorum. Collectus, dispositus, ordinatus et compositus a Mar ʿABDIŠO [ʿABDÎŠO BAR BĔRÎKHÂ].

defectus consensus, ist – abgesehen davon, dass sie aus mehreren Gründen im kanonischen Recht nicht akzeptabel wäre – im Hinblick auf die Wirkung ohnehin eine Tautologie; man hat nicht im Traum daran gedacht, mit dem *dolus*-Canon Ehen zu annullieren, die gültig geschlossen worden waren; man erklärte nur, wie man es z. B. für die personalistischen Elemente der Ehe tat, dass das Naturrecht, auch wenn nicht geschrieben, heute geltend ist, wie es das gestern war und dass daher diese Ehen heute nichtig sind, wie sie es gestern waren, vor der geschriebenen Norm.

Sehr klar war GULLO auch bezüglich der zweiten „großen" These gegen eine rückwirkende Kraft des *dolus,* dass nämlich der *dolus* die Ehe kraft Naturrecht nichtig mache, dass aber die Elemente, die das Gesetz für seine rechtliche Relevanz verlange, vom positiven Recht zu bestimmen sind, was im CIC von 1983 erstmals geschehen sei; und daher habe can. 1098 CIC keine rückwirkende Kraft. Diese Argumentation findet GULLO schlechthin unglaubwürdig. Unter Bezug auf bestimmte Darlegungen bereits von Domenico SOTO bezüglich des *metus* betont er, dass, wenn der *dolus* schon aufgrund Naturrecht relevant ist (in Analogie zum *metus* und auf Basis der kontraktualistischen Systematik, die auch von den Vertretern der vorgenannten These über die Nicht-Rückwirkung des *dolus* eingeräumt wird), das positive Recht sicher den Umfang dieser Relevanz bestimmen kann; aber das bedeutet nur, dass der *dolus,* so wie can. 1098 CIC von ihm spricht, erst mit Inkrafttreten dieses Codex anwendbar ist, nicht aber dass der *dolus* schlechthin unanwendbar ist, ja dass, wenn die Nichtigkeit durch *dolus* naturrechtlich ist, die Anwendungsmöglichkeit dieses Instituts vor dem neuen CIC, da nicht an die näheren Voraussetzungen des can. 1098 gebunden, weiter war.

Für mich hat nun, alles zusammen genommen, in der Diskussion die Analogie des *dolus* mit dem *metus* einen besonderen Rang. Wenn diese Analogie oder „Verwandtschaft" existiert – und ich habe, auch überzeugt von der Richtigkeit

---

Latine interpretatus est et notis illustravit Iacobus M. VOSTÉ, Città del Vaticano 1940; von ʿABDÎŠO übernommen aus den Canones des IŠOʿBOḲT [8./9. Jh.]) – eine unter Vorspiegelung der Jungfräulichkeit seitens der Braut geschlossene Ehe für ungültig erklärt. Dies scheint nun zunächst eine Nichtigkeitssanktion nur durch eine *lex positiva* darzustellen. Dabei ist aber zu berücksichtigen, dass eine ausgeprägte Konsenslehre analog zu der späteren Konsenslehre der lateinischen Kirche zumindest damals nicht existierte. Die Begründung aber, die LEON VI. für diese Norm gab, zeigt deren wirklichen Gehalt als schlichten Fall von naturrechtlich Folgen tragendem *dolus* (ich zitiere in der französischen Übersetzung der Ausgabe der Novellen LEONS VI.): „Donc, le loi ancienne rompt les fiançilles pour differéntes motifs ... mais le cas que nous jugeons maintenant digne d'etre pris en considération, n'a pas été digne d'être admis par ceux qe l'on devait retenir, soit parce qu'il ne s'était pas présenté dans ce temps-là, comme je l'ai dit, soit parce que l'on n'aurait pas encore pensé qu'il put se produire, soit pour toute autre raison ... mais ... Où sont en effet les véritables fiançailles, là où on n'en aperçoit pas la sinceritè?" (Les Novelles de Léon VI le Ságe. Texte et traduction par Pierre NOAILLES et Alphonse DAIN, Paris 1944, 306, 308).

der Systematik der Konsensmängel LÜDICKES, nicht den geringsten Zweifel daran –, dann gilt die authentische Interpretation der PCI vom 25. November 1986 zum *metus*[41], die ausdrücklich auf Naturrecht basiert[42], indirekt auch für den *dolus* und muss auch für ihn mit allen Konsequenzen anwendbar sein. Aber noch weiter: Ich erinnere an die cann. 1057 § 1 CIC[43] und 817 § 2 CCEO[44]. Diese Canones sprechen eine sehr klare Sprache; und meiner Überzeugung nach würde jeder Versuch, auf einer mangelnden Rückwirkung des can. 1098 CIC zu insistieren oder zu versuchen, den Anwendungsbereich der Normen über den *dolus* allein auf Katholiken zu beschränken, diesen zentralen Grundnormen des kanonischen Rechts über den Konsens widersprechen.

Schlussbemerkungen

Ich habe hier ein wenig, ja vielleicht zu kurz, versucht, *salvo meliori iudicio* meine Überzeugung über die Natur des *dolus* bei der Eheschließung, also des *dolus* der cann. 1098 CIC und 821 CCEO, darzulegen. Ich habe versucht, auch mit Verweis auf die cann. 1057 § 2 CIC und 817 § 2 CCEO und mit Beachtung der „Verwandtschaft" des *dolus* mit *vis et metus* der cann. 1103 CIC und 825 CCEO, meine Überzeugung von der Natur des *dolus* als eigenständiger, naturrechtlich begründeter und daher rückwirkender Norm darzulegen.

Allerdings: Wenn ich mich damit auch selbst in die Diskussion um *dolus* eingemischt habe, bin mir dabei durchaus bewusst, dass wir im Zusammenhang mit *dolus* vor Problemen stehen, die nicht bis zum Jüngsten Gericht diskutiert werden dürfen und diskutiert werden können. Und sie dürfen nicht, wie es manchmal nun doch scheint, gleichsam als *art pour l'art* behandelt werden: Denn so interessant sie vom akademischen Standpunkt aus sein mögen, sie berühren zu-

---

41 AAS 79 (1987) 1132: „Responsiones ad proposita dubia. Patres Pontificiae Commissionis Codici Iuris Canonici authentice interpretando proposito in plenario coetu diei 25 novembris 1986 dubio, quod sequitur, respondendum esse censuerunt ut infra:
D. Utrum vitium consensus de quo in can. 1103 matrimoniis non catholicorum applicari possit.
R. Affirmative."

42 Vgl. Schreiben des Präsidenten der PCI, Kardinal CASTILLO LARA, an Kardinal HÖFFNER v. 12.12.1986, Prot.N. 1185/86, also nach der entsprechenden Sitzung der PCI, teilweise abgedr. im Aufsatz v. LÜDICKE, Klaus, Ehekonsensmangel Furcht und Zwang. Wie neu ist can. 1103 CIC?, in: FS Socha, 216 f.: „La Plenaria ha dato all' unanimità una risposta affermativa. Tale norma infatti ha il suo fondamento prossimo nel diritto naturale, in base al quale il consenso al matrimonio deve procedere da una piena libertà della volontà. Per questo motivo, ed anche per rispetto della sensibilità ecumenica, si è deciso di eliminare l'inciso ‚nonostante can. 11' e si è semplicemente affermato l'applicabilità del can. 1103 a tutti i matrimoni dei non cattolici, siano essi battezzati o meno."

43 Can. 1057 § 1 CIC: „Matrimonium facit partium consensus inter personas habiles legitime manifestatus, qui nulla humana potestate suppleri valet."

44 Can. 817 § 2 CCEO: „Consensus matrimonialis nulla humana potestate suppleri potest."

mindest auch pastorale Bedürfnisse heute lebender Personen, die – *salus animarum suprema lex* – gegebenenfalls Anspruch haben auf den Schutz ihrer Rechte in der Kirche und die zu Recht ein Ende dieser ständigen Diskussionen und endlich Rechtssicherheit fordern können. Auch wenn in der Frage der Rückwirkung des *dolus* eine klare, negative Entscheidung der Kirche erfolgte, wäre dies wohl besser, als quasi eine Erleichterung, wenn nicht sogar Unterstützung des einen oder anderen kirchlichen Gerichts, das dazu neigt, um jeden Preis auf der Gültigkeit einer Ehe zu insistieren, also die Gültigkeit eines Sakramentes zu verteidigen, das in Wahrheit nicht gültig gespendet worden war.

Und damit bleibe ich voll von Trauer. Ich kann nicht verhehlen, dass schon der Gedanke daran schmerzlich ist, dass es selbst 20 Jahre nach Inkrafttreten des CIC, nach einer Diskussion, die schon mehr oder weniger 47 Jahre dauert, unmöglich zu sein scheint, sich zu einer gemeinsamen Meinung durchzuringen und dass, so wie seit langem die Sachen stehen, nämlich auf einem totem Punkt, wenig Hoffnung besteht, dass sich diese Situation auf der Ebene der Diskussionen ändern wird. Und die einzigen Organe, die uns, jedes in seiner Weise, die Hand zur Lösung reichen könnten – verweigern sie uns nicht diese Hand? Das einzige Organ, das mit päpstlicher Autorisation eine bindende Entscheidung treffen könnte, nämlich die PCI, hat uns bisher diese Hand verweigert, obwohl sie bereits vor 17 Jahren darum gebeten wurde; ja sie hat divergierende Meinungen und somit divergierende Urteile offen in Kauf genommen. Die Römische Rota, die für die Einheitlichkeit der Rechtsprechung sorgen und durch die eigenen Urteile den Gerichten niederen Grades helfen soll[45], war und ist infolge der bei ihren Richtern bestehenden divergierenden Meinungen und daher auch divergierenden Urteile dazu gar nicht in der Lage. Will man wirklich warten, bis der letzte Partner einer „Ehe“, der vor Inkrafttreten des CIC unter *dolus* geheiratet hat, gestorben ist und die Probleme wirklich nur mehr akademische Fragen geworden sind? *Dixi et salvavi animam meam.*

---

45 Ap. Konst. PastBon 126: „Hoc Tribunal [Tribunal Rotae Romanae] instantiae superioris partes apud Apostolicam Sedem pro more in gradu appellationis agit ad iura in Ecclesia tutanda, unitati iurisprudentiae consulit et, per proprias sententias, tribunalibus inferioribus auxilio est.“

Ehen ohne Kinder

Ein gesellschaftlicher Trend und seine kirchenrechtliche Bedeutung*

Ilona Riedel-Spangenberger

1. Der gesellschaftlich weit verbreitete Ausschluss des Kinderwunsches und die sich daraus ergebende kirchenrechtliche Fragestellung

Es ist allgemein bekannt, dass im Hinblick auf die Geburtenrate in Europa die traditionell katholischen Länder Italien, Spanien und Österreich seit langem an letzter Stelle der einschlägigen Statistik stehen.[1]

Begleituntersuchungen zur statistischen Erhebung haben ergeben, dass diese Entwicklung dadurch zu erklären ist, dass der überwiegende Teil der ehewilligen Personen in diesen Ländern von vorneherein keine Kinder haben will und diese in ihrer Ehe bewusst ausschließt. Das Problem in den genannten Ländern besteht darin, dass Ehen von Personen, die in dieser Weise eingestellt sind, gegen die in katholischen Kreisen gängige Vorstellung verstoßen, die Ehe sei auf Kinder hin angelegt und die Fortpflanzung wäre eines der Ziele einer katholischen Ehe.

Aus dieser in allen europäischen Ländern verbreiteten gesellschaftlichen Situation des mangelnden Kinderwunsches ergibt sich im Hinblick auf das Bewusstsein der Bevölkerung die Gefahr, dass das Wissen um den notwendigen Zusammenhang zwischen der Ehe und der Zeugung und Erziehung von Kindern schwächer wird. So besteht ein aktueller Anlass, neu über das Wesen und den Sinn der Ehe nachzudenken, und in diesem Zusammenhang auch die derzeit übliche Auslegung der einschlägigen kirchlichen Gesetze kritisch zu hinterfragen.

Vor diesem kurz skizzierten Hintergrund stellen sich unter anderem die folgenden kirchenrechtlichen Fragen:

---

* Der Text dieses Beitrags geht zurück auf eine Gastvorlesung am 26. Oktober 2001 in der Ludwig-Maximilians-Universität München.

1 Vgl. Wie zeugungsfähig ist Vater Staat? In Europa sinken die Geburtsraten, aber mit unterschiedlichem Tempo, in: Der Spiegel Nr. 15/2001, 108 f.; SCHMID, Josef, Deutschland und Europa im Bevölkerungsdilemma – Demographische Trends und soziale Folgen, in: THOMAS, Hans, Bevölkerung, Entwicklung, Umwelt, Herford 1995, 201-215; DERS., Die demographische Entwicklung in Deutschland. Soziale Folgen und politische Steuerung, in: Politische Studien 52 (2001) 72-83; HÖPFLINGER, François, Demographische Alterung und individuelles Altern, Zürich [2]2000; HETTLAGE, Robert, Familienreport. Eine Lebensform im Umbruch, München 1992.

- Welches sind im Hinblick auf die Zeugung und Erziehung von Kindern die Bedingungen für das Kirchenrecht bezüglich des von katholischen Brautleuten bei der kirchlichen Eheschließung zu bekundenden Ehewillens?
- Handeln katholische Geistliche im Bewusstsein der gegenwärtigen Situation in Übereinstimmung mit den kirchenrechtlichen Bestimmungen oder im Widerspruch dazu, wenn sie einer Eheschließung derart eingestellter Personen assistieren?

Für die sachgemäße Beantwortung dieser Fragen bedarf es der Vergewisserung des kirchenrechtlich geltenden Eheverständnisses, das gegenüber den entsprechenden Aussagen des Codex Iuris Canonici von 1917 vom II. Vatikanischen Konzil weiter entwickelt und entsprechend vom geltenden Codex Iuris Canonici von 1983 rezipiert wurde.[2] Aber ebenso bedarf es auch der methodisch und sachlich richtigen Interpretation der für die gültige Eheschließung einschlägigen Rechtsbestimmungen im Hinblick auf die genannten Fragestellungen.

2. Die kanonischen Rechtsbestimmungen bezüglich der Zeugung und Erziehung von Kindern in der Ehe

Auch im Hinblick auf den Stellenwert des Kinderwunsches bei der kirchlichen Eheschließung ist die Norm des can. 1055 § 1 CIC Grund legend. Darin wird definiert, was für die rechtliche Gültigkeit der kirchlich geschlossenen Ehe Ausschlag gebend ist. Die im Hauptsatz enthaltene Hauptaussage dieses Canons hebt auf die Sakramentalität der Ehe ab, durch die der Ehebund[3] unter Getauften in besonderer Weise qualifiziert wird. Hinzu kommen Aussagen in Nebensätzen, die sich nicht nur auf die Ehe unter Christen beziehen, sondern allgemein auf den Ehebund als menschliche Institution. Im ersten Nebensatz wird der Ehebund als Grundlegung der Ehe im Sinne einer spezifischen Lebensgemeinschaft[4] dargestellt, die anderen menschlichen Gemeinschaften nicht vergleichbar ist. Diese eheliche Lebensgemeinschaft umfasst zeitlich und sachlich das gesamte gemeinsame Leben eines Mannes und einer Frau („totius vitae consortium"). Im zweiten Nebensatz wird diese spezifische Lebensgemeinschaft näher charakterisiert durch ihre natürliche, d. h. ohne weiteres mit ihr verbundene Beschaffenheit („indole sua naturali"), und zwar als zwischenmenschlich-personale heterosexu-

---

2 Vgl. JOHANNES PAUL II., Ap. Konst. „Sacrae disciplinae leges" v. 25.1.1983, in: AAS 75 (1983) Pars II, VII-XIV.

3 Zum theologisch grundgelegten und rechtlich rezipierten Begriff „Ehebund" vgl. LÜDECKE, Norbert, Die Eheschließung als Bund. Genese und Exegese der Ehelehre der Konzilskonstitution „Gaudium et Spes" in kanonistischer Auswertung, Würzburg 1989; EDER, Joachim, Der Begriff „Foedus matrimoniale" im Eherecht des CIC, St. Ottilien 1989; AHLERS, Reinhild, Bund oder Vertrag? Zur Diskussion um den Ehebegriff, in: FG Rößler, 193-207.

4 Vgl. LÜDECKE, Norbert, Der Ausschluss des bonum coniugum. Ein Nichtigkeitsgrund mit Startschwierigkeiten, in: DPM 2 (1995) 117-192.

elle Gemeinschaft. Es wird dort ausgeführt, dass die so bestimmte, aus der Schöpfungsordnung resultierende Lebensgemeinschaft zwischen Mann und Frau aufgrund ihrer natürlichen Beschaffenheit objektiv sowohl auf das Wohl der Ehegatten als auch auf die Zeugung und Erziehung von Kindern hingeordnet ist („ad bonum coniugum atque ad prolis generationem et educationem ordinatum"). Das bedeutet, dass die eheliche Lebensgemeinschaft als allgemein menschliche Institution unabhängig von der subjektiven Ausrichtung der Brautleute so geordnet ist, dass in ihr im Rahmen der spezifischen Beziehung von Mann und Frau zwei objektive Sachverhalte ihren angestammten Platz haben, nämlich zum einen das Wohl der Ehegatten und zum anderen die Zeugung und Erziehung von Kindern. Demzufolge ist die Ehe zu verstehen als ein spezifischer Schutzraum für die Ehegatten zur persönlichen und gemeinsamen Verwirklichung ihrer ehelichen Lebensgemeinschaft als auch zur Gründung einer Familie.

Aus can. 1055 § 1 CIC lassen sich somit vier objektive miteinander verknüpfte und nicht voneinander bzw. vom Begriff der ehelichen Lebensgemeinschaft zu trennende Wesenselemente der Ehe im Sinne der Kirche ermitteln:

- Die Ehe ist eine das ganze Leben umfassende Gemeinschaft;
- sie ist eine heterosexuelle Gemeinschaft;
- sie dient dem Wohl der Ehepartner innerhalb der ehelichen Lebensgemeinschaft;
- sie dient der Zeugung und Erziehung von Kindern im Rahmen der ehelichen Lebensgemeinschaft.

3. Bejahung der Nachkommenschaft als Gegenstand des Ehekonsenses

Die im kirchlichen Gesetzbuch als umfassende Lebensgemeinschaft gekennzeichnete Ehe kommt can. 1057 § 1 CIC zufolge durch den von beiden Partnern gleichermaßen zu bekundenden Ehewillen zustande, also durch die Bereitschaft einer bestimmten Frau und eines bestimmten Mannes, in der dafür vorgesehenen öffentlich-rechtlichen Form und in frei gegebener Zustimmung die eheliche Lebensgemeinschaft mit diesen vier objektiv damit verbundenen Wesenselementen einzugehen. Dieser Ehekonsens besteht gemäß can. 1057 § 2 CIC in einem Akt des Willens der beiden ehewilligen Personen, die Ehe als ein solches „gemeinschaftsrechtliches Verhältnis"[5] über ein und dieselbe Angelegenheit einzugehen. Der von beiden Partnern zu leistende Willensakt geschieht also nicht dadurch, dass bestimmten einzelnen Rechten und Pflichten oder einzelnen Wesenselementen in der Ehe zugestimmt wird, sondern dass – wie es in can. 1057 § 2 CIC heißt – durch gegenseitige und vorbehaltlose Hingabe und Annahme der Partner („sese mutuo tradunt et accipiunt ad constituendum matrimonium") die Bereitschaft zum unwiderruflichen Ehebund erklärt wird, d. h. die Einwilligung in die

---

[5] Ebd., 165.

Begründung der Ehe selbst, wie sie kirchlicherseits rechtlich nach objektiven Kriterien umschrieben ist. Wer diesen Ehekonsens leistet, sagt Ja zu der kirchenrechtlich so umschriebenen ehelichen Lebensgemeinschaft und zu den mit dieser verbundenen vier Wesenselementen.

Nun stellen sich in diesem Zusammenhang die Fragen: Ist die „generatio et educatio prolis" Gegenstand des Ehekonsenses? In welcher Weise muss der positive Kinderwillen der Partner bei der Eheschließung gegeben sein?

In can. 1101 § 1 CIC wird präsumptiv davon ausgegangen, dass der formell kundgegebene Ehewille mit dem inneren Ehewillen übereinstimmt. Nach § 2 derselben Bestimmung gilt, dass keine gültige Eheschließung zustande kommt, wenn ein oder beide Partner durch einen positiven Willensakt die Ehe selbst oder ein Wesenselement der Ehe ausschließen.

Dies aber wäre gemäß can. 1055 § 1 CIC genau dann der Fall, wenn, tatsächlich beweisbar, der objektive Zusammenhang zwischen der Zeugung und der Erziehung von Kindern und der das ganze Leben umfassenden Ehe für die eigene eheliche Gemeinschaft bewusst und willentlich negiert würde.

Im übrigen gilt can. 1061 § 1 CIC zufolge der Vollzug der Ehe nicht als ein Gültigkeitskriterium der Ehe im allgemeinen, sondern als ein spezifisches Moment für die Ehen unter Christen, das die absolute Unauflöslichkeit dieser Ehen zur Folge hat (vgl. can. 1141 CIC). Der Schutzraum der Ehe wird noch einmal verstärkt, sobald die Ehegatten „humano modo" einen ehelichen Akt vollzogen haben, der aus sich heraus zur Zeugung von Nachkommen geeignet ist, wodurch, wie es dort heißt, die Ehegatten „una caro" werden. Nach Ansicht der CIC-Reformkommission und der Rechtsprechung der Romana Rota seit 1977 entsprechen die Anforderungen für den Vollzug der Ehe dem in can. 1084 § 1 CIC für die Gültigkeit der Ehe herangezogenen Begriff der Potenz, der nicht die tatsächliche Zeugungsfähigkeit auf Seiten des Mannes und der Frau voraussetzt, sondern lediglich die organische Fähigkeit, miteinander ehelich verkehren zu können.[6] Demzufolge gelten auch kinderlose Ehen – die aus welchen Gründen auch immer kinderlos geblieben sind – als gültige Ehen und die gültig geschlossenen Ehen unter Christen ohne Kinder auch als vollzogene Ehen, wenn die Partner sexuell miteinander verkehrt haben.

Es bleibt also die Frage, worauf bei einer kirchlichen Eheschließung der Ehekonsens hinsichtlich der „generatio et educatio prolis" ausgerichtet sein muss.

4. Unterschiedliche kanonistische Positionen zur Zeugung und Erziehung von Kindern in der Ehe

In der kanonistischen Doktrin ist im Hinblick auf den angesprochenen Sachzusammenhang eine begriffliche und sachliche Uneinheitlichkeit und Unklarheit festzustellen, so dass noch nicht von einer herrschenden wissenschaftlichen

---

6 Vgl. LÜDICKE, Klaus, Heiligungsamt Ehe. Begriffsbestimmung, in: MK CIC 1061, 3-4.

Meinung im eigentlichen Sinn gesprochen werden kann. Dabei fällt u. a. auf, dass die für die kirchenrechtliche Interpretation der Gesetze in can. 17 CIC festgelegte Methodik nicht streng befolgt wird und häufig hilfsweise entweder auf bereits außer Kraft getretenes Recht oder auf moraltheologische Wertungen zurückgegriffen wird, die nicht in die geltenden Gesetze transformiert wurden.

Hinsichtlich einer kirchenrechtlich gültigen Eheschließung und des dazu erforderlichen positiven Kinderwillens werden in der Kirchenrechtswissenschaft folgende Interpretationen der einschlägigen Canones vertreten, die in typisierter Form kurz darlegt werden sollen:

- Einige Autoren vertreten den Standpunkt, dass der geltende CIC genauso wie der CIC/1917 und die Lehre des II. Vatikanischen Konzils von den Ehezwecken ausgehe, und zwar in dem Sinne, dass die Zeugung und Erziehung von Nachkommenschaft als vorrangiger Ehezweck gelte und die gegenseitige Hilfe der Ehegatten als nachrangiger Ehezweck. Das *bonum prolis* sei insofern ein für die Ehe wesentlicher Zweck, dessen Ausschluss die Nichtigkeit der Ehe ohne weiteres zur Folge habe. Deshalb fordere das geltende Gesetzbuch die Bereitschaft zur tatsächlichen Ausführung der Zeugung und Erziehung von Kindern für den gültigen Ehekonsens.[7] Diese Ansicht kann als „Zwecktheorie" bezeichnet werden.
- Andere Autoren gehen davon aus, dass die gegenseitige Hingabe und Annahme von Mann und Frau als Ehegatten zum unwiderruflichen Ehebund Inhalt und Objekt des Ehekonsenses sei. Diese Hingabe und Annahme enthalte zwei voneinander untrennbare Dimensionen, nämlich die unitive Beziehung der Ehegatten zueinander und die prokreative Beziehung als Eltern im Hinblick auf die Zeugung von Kindern. Auf beides sei die Ehe aufgrund ihrer ganzheitlichen Struktur hingeordnet, denn beide Dimensionen seien die Ziele der ehelichen Lebensgemeinschaft. Die Bejahung dieser beiden Ziele dürfe bei der Leistung des Ehekonsenses weder bei einem noch bei beiden Partnern fehlen, auch wenn die tatsächliche Zeugung von Kindern als rechtliches Erfordernis für eine gültige Eheschließung nicht verlangt werde. Wenn jemand ein oder beide Ziele der ehelichen Lebensgemeinschaft willentlich zurückweise, wolle er die Ehe selbst nicht, denn eine Ehe ohne diese Ziele gebe es nicht und deshalb könne in einem solchen Fall keine kirchlich gültige Ehe geschlossen werden.[8] Diese Meinung kann als „Zieltheorie" gekennzeichnet werden. Zweck und Ziel unterscheiden sich bei den beiden Positionen hinsichtlich ihres Ergebnisses. Im ersten Fall ist die tatsächliche Zeugung von Kindern als Gegenstand des Ehekonsenses gefordert, im zweiten Fall die Zeugung von Kindern als Ziel der Ehe im Ehekonsens eingeschlossen.

---

[7] Vgl. SZTYCHMILER, Ryszard, Doktryna soboru watyka'nskiego II o celach malzenstwa i jej recepcja w kodeksie prawa kanonicznego z roku 1983, Lublin 1993 (mit Hinweis auf Ombretta FUMAGALLI CARULLI, 222 f.).

[8] BAÑARES, Juan Ignacio, El matrimonio. En torno a la esencia, propriedades, bienes y fines, in: IusCan 34 (1994) 441-458.

- Eine weitere kanonistische Position setzt bei der Umsetzung des II. Vatikanischen Konzils in kirchenrechtliche Normen an und hebt dabei die folgenden, personal begründeten wesentlichen Aspekte im Zusammenhang mit der Zeugung von Kindern hervor: die Öffnung für das Leben als tiefes Erfordernis der ehelichen Liebe; den ehelichen Akt als gegenseitigen Ausdruck der ehelichen Liebe; die auf die Ehe gegründete Familie als Raum der ehelichen Liebe und der Zeugung von Nachkommen. Vor diesem Hintergrund wird die Untrennbarkeit der unitiven und prokreativen Dimension als Ziel der Ehe betont. Das Wohl der Ehegatten und die Zeugung von Kindern seien in unlösbarer Verbindung Gegenstand des Ehekonsenses. Im Ehekonsens komme die Bereitschaft zum Ausdruck, die Hinordnung der Ehe auf die Einheit dieser beiden Ziele zu erfüllen. Deshalb seien die beiden Dimensionen im positiven Sinn Rechte und Pflichten der Gatten, die für die Ehe übernommen werden müssen; im negativen Sinn seien sie Kriterien für die Ungültigkeit einer Eheschließung.[9] Diese Ansicht kann als „Pflichtentheorie" bezeichnet werden.
- Eine vierte Position vertritt die Auffassung, dass die Ehe nicht Mittel zum Zweck der Fortpflanzung sei. Kirchliche Rechtsposition sei es, deutlich zu machen, dass die sittlich akzeptierte, religiös und gesellschaftlich geordnete Fortpflanzung von der Ehe abhänge. Insofern habe die Ehe nicht den Zweck der Zeugung von Kindern, sondern sei in der Regel der Ort für die Geburt und das Aufwachsen von Kindern. Die Ehetheologie des II. Vatikanischen Konzils verdeutliche, dass Zeugung von Kindern keine bedingungslose Pflicht der Ehegatten sei, sondern Beteiligung an der göttlichen Schöpfung neuer Generationen. Demnach bestehe durchaus eine moralische Norm, die jedoch nicht als Rechtspflicht zur Zeugung von Nachkommenschaft gelte. Vielmehr fordere der Ehekonsens nur einen Rechtsanspruch und eine Rechtspflicht bezüglich der Mitsprache und Mitentscheidung der Ehegatten hinsichtlich der ehelichen Akte und der verantworteten Elternschaft.[10] Somit sei eine Eheschließung ungültig, wenn ein Partner das Recht bestreite, dass der andere Partner über die Zeugung gemeinsamer Kinder gleichberechtigt mitzuentscheiden habe und dass beide Partner zusammen eine gemeinsame Entscheidung zu treffen hätten. Nach dieser Auslegung ist nur die Ehe nichtig, wenn gegen den Willen des anderen Ehepartners das Recht auf Elternschaft verweigert wird. Diese Meinung soll als „Gemeinschaftstheorie" gekennzeichnet werden.

---

9 Vgl. ROJO, Carmen, Unidad y relevancia juridica de los fines del matrimonio en el nuevo Codigo de Derecho Canonico, in: IusCan 31 (1991) 683-707; BURKE, Cormac, Die Zwecke der Ehe. Institutionelle oder personalistische Sicht?, in: ME 120 (1995) 449-478.

10 Vgl. LÜDICKE, Klaus, Die Ehezwecke im nachkonziliaren Eherecht – Wunsch oder Wirklichkeit, in: DPM 3 (1996) 39-58; LÜDECKE (Fn. 4), 181 f.

Die vier vorgestellten, typisierten Positionen sind aus unterschiedlichen Gründen nicht haltbar.

- Die „Zwecktheorie" geht von der institutionellen Sicht der Ehe aus, wie sie dem CIC/1917 zugrunde lag. Demzufolge war die Leistung des Ehekonsenses der Abschluss eines Vertrages mit dem Zweck des gegenseitigen, ständigen und ausschließlichen *ius in corpus* durch solche ehelichen Akte, die in sich selbst zur Zeugung von Nachkommenschaft geeignet sein mussten (can. 1081 § 2 CIC/1917). Insofern galt die Zeugung und Erziehung von Nachkommenschaft als erster und vorrangiger Ehezweck neben der gegenseitigen Hilfe und dem Heilmittel gegen die geschlechtliche Begierde als den nachgeordneten Ehezwecken. Für die Gültigkeit der Ehe war jedoch schon damals der *usus iuris* nicht zwingend. Das geltende Eherecht spricht jedoch weder von Ehezwecken noch vom *ius in corpus* oder vom *bonum prolis*, noch von der tatsächlichen Zeugung der Nachkommen als dem Gegenstand des Ehekonsenses, sondern von dem Gegenstand des Ehekonsenses, der als „sese mutuo tradunt et accipiunt ad constituendum matrimonium" umschrieben wird.
- Wenn die „Zieltheorie" die Zustimmung der Ehegatten zur unitiven und mit ihr verbunden zur prokreativen Beziehung als Ziele der ehelichen Lebensgemeinschaft und damit als Bestandteile des Ehekonsenses versteht, wird nicht erkannt, dass nach geltendem Recht die umfassende eheliche Lebensgemeinschaft selbst das Ziel der Eheschließung ist und ihre integrativen Bestandteile nicht als unmittelbare Intentionen des Ehekonsenses verstanden werden können. Wer einen Bestandteil der Ehe ausschließt, kann durchaus die Ehe selbst wollen.
- Wenn die „Pflichtentheorie" die Einheit von unitiver und prokreativer Dimension als Ziel der Ehe ansieht und die damit verbundenen Rechte und Pflichten, u. a. zur Zeugung von Kindern, als Gegenstand des Ehekonsenses, so entspricht diese Interpretation in keiner Weise den geltenden Rechtsbestimmungen und der rechtmäßigen philologischen Methode zur Gesetzesauslegung; vielmehr wird eine bestimmte Interpretation für die Auslegung der Gesetze zugrundegelegt und manche einschlägige Rechtsbestimmung völlig außer Acht gelassen.
- Wenn auch die „Gemeinschaftstheorie" von der zutreffenden Ansicht ausgeht, dass die Zeugung von Kindern nicht einer der Zwecke der Ehe ist, sondern vielmehr die eheliche Gemeinschaft gleichberechtigter Partner selbst, so kann daraus doch nicht abgeleitet werden, dass nach den kirchenrechtlichen Vorgaben die Zeugung von Kindern in der Ehe dem subjektiven Ermessen und einer gemeinsamen Einigung der Partner darüber anheim gestellt ist, so dass eine Ehe nur dann nichtig wäre, wenn die Zeugung von Kindern von einem Partner gegen den Willen des anderen einseitig verweigert wird. Denn die Bereitschaft zur Zeugung und Erziehung von Nachkommen ist integraler

Bestandteil des christlichen Eheverständnisses, wie es dem Kirchenrecht zu Grunde liegt.

5. Zeugung und Erziehung von Kindern im Zusammenhang mit der ehelichen Lebensgemeinschaft als Gegenstand des Ehekonsenses

Nach der geltenden Rechtslage ist die Zeugung und Erziehung von Kindern ein objektiv mit der ehelichen Lebensgemeinschaft verbundenes Moment, das als eines der vier für die Ehe gesetzlich bestimmten Wesenselemente aus dem Ehekonsens nicht ausgeschlossen werden darf, wenn die Ehe rechtsgültig geschlossen werden soll. Unabhängig von der jeweiligen subjektiven Einstellung der Eheschließenden zur Zeugung und Erziehung von Kindern und der tatsächlichen Entscheidung der Verheirateten muss deshalb die für die amtliche Ehevorbereitung obligatorische Frage

> „Wollen Sie eine Ehe nach dem Willen Gottes und der Lehre der Kirche als volle Lebensgemeinschaft eingehen, in der Sie Einheit und Unauflöslichkeit sowie die Hinordnung auf das beiderseitige Wohl und auf Elternschaft bejahen?“[11]

nicht nur nicht abgelehnt, sondern vielmehr ausdrücklich bejaht werden. Dabei ist der geforderte Wille zur Ehe von dem Wunsch, von der Meinung und von der allgemeinen Haltung der Eheschließenden zu unterscheiden. Nur wer dazu fähig ist, eine selbstverantwortete Entscheidung im Hinblick auf seine Eheschließung zu treffen, kann den Ehekonsens leisten. Wer dagegen das Konsensobjekt nicht hinreichend erfasst oder nicht in der Lage ist, dieses zu bejahen, verursacht einen Konsensmangel, der keine gültige Rechtshandlung zustande kommen lässt. Nur wer die ausdrückliche und beweisbare Entscheidung fällt, seine Ehe als eine Ehe ohne die mit ihr objektiv verbundene Dimension der Zeugung und Erziehung von Kindern schließen zu wollen, schließt mittels des in can. 1101 § 2 CIC gesetzlich verlangten positiven Willensaktes ein Wesenselement der Ehe aus, so dass eine gültige Ehe nicht zustande kommen kann.

---

[11] Ehevorbereitungsprotokoll. Niederschrift zur kirchlichen Ehevorbereitung und Eheschließung. Amtliches Formular der DBK v. 1.4.1989, Frage Nr. 12; in der neu revidierten Fassung heißt es nunmehr: „Der Ehebund, den beide Partner in freier Entscheidung miteinander eingehen, besteht nach Glaube und Lehre der Kirche wesentlich in der ausschließlichen und unauflöslichen Lebensgemeinschaft eines Mannes und einer Frau bis zum Tod. Eine Ehe ist ihrer Natur nach auf das Wohl der Gatten sowie auf die Zeugung und Erziehung von Nachkommenschaft hingeordnet. Die Ehe von Getauften ist von Christus zur Würde eines Sakramentes erhoben (c. 1055). Alle Partner, die eine vor Gott und der Kirche gültige Ehe schließen möchten, müssen durch ihr Jawort erklären, dass sie keinen Kernbereich der Ehe ausschließen, weder die eheliche Treue, noch die Unauflöslichkeit, noch die Hinordnung auf das beiderseitige Wohl und auf Nachkommenschaft.

14. Wollen Sie eine Ehe in diesem Sinne vorbehaltlos miteinander eingehen?“

Diese Erkenntnis stellt hohe Anforderungen und erfordert eine besondere Sorgfaltspflicht des mit der amtlichen Ehevorbereitung befassten Geistlichen. Insofern wäre es wünschenswert, wenn der amtlichen Anmerkungstafel zum Eheschließungsprotokoll der Deutschen Bischofskonferenz ähnlich wie bei anderen Fragestellungen eine entsprechende erläuternde Anmerkung beigefügt würde. Es kommt nämlich für eine gültige Eheschließung darauf an, dass nicht nur der positive Ehewille in allgemeiner Form erfragt wird, sondern dass von den Brautleuten auch die mit der umfassenden ehelichen Lebensgemeinschaft objektiv verbundenen Bestandteile in subjektiver Entscheidung übernommen werden. Nur wenn dies aufgrund der vorgeschriebenen Befragung der Brautleute feststeht, kann der Geistliche der Eheschließung assistieren, denn er hat sich gemäß can. 1066 CIC vor der Trauung zu vergewissern, dass „der gültigen und erlaubten Trauung nichts im Wege steht".

Aber auch im Hinblick auf die gemäß can. 1063, 1° CIC geforderte entferntere Ehevorbereitung durch eine dem jeweiligen Alter angepasste Predigt und Katechese erwachsen aus dem eingangs dargestellten, verbreiteten gesellschaftlichen Trend besondere Anforderungen, denn es muss entgegen dem verbreiteten Augenschein immer wieder bewusst gemacht werden, dass die umfassende Lebensgemeinschaft der Ehe ohne weiteres die Zeugung und Erziehung von Nachkommenschaft mit umfasst und dass bei einem bewussten Ausschluss von Kindern auch nach heute geltendem Recht eine gültige Ehe nicht zustande kommt, auch wenn dafür das dem CIC/1917 entnommene Argument der Nichtverwirklichung des primären Ehezweckes nicht mehr rechtmäßig ins Feld geführt werden kann. Im übrigen besteht für die katholische Kirche die Aufgabe, sich für eine neue Wertschätzung von Ehe und Familie als den konstitutiven Elementen der sozialen Ordnung einzusetzen, wozu auch die Begünstigung, Förderung und Bereitstellung der materiellen Voraussetzungen durch Staat und Gesellschaft gehören. Nur so wird die Kirche auf die neuen sozialen und gesellschaftlichen Verhältnisse Einfluss nehmen können, denn diese sind nicht nur der Reflex auf individuelle Einstellungen, sondern vor allem bedingt durch die jeweiligen materiellen Voraussetzungen.

VI. Kirchenvermögen

Diözesanvermögensverwaltungsrat und Diözesankirchensteuerrat

Chancen und Hindernisse für eine intensive Zusammenarbeit

Rüdiger Althaus

Die Kirche, als geistliche Gemeinschaft in irdische Strukturen eingebunden[1], bedarf zeitlicher Güter, um mit ihrer Hilfe die ihr eingestifteten Ziele zu verwirklichen.[2] Daher zählt auch zu den vielfältigen Aufgaben eines Diözesanbischofs[3], für die Verwaltung dieser zeitlichen Güter Sorge zu tragen, sei es durch unmittelbare Verwaltung solcher, die der Diözese oder einer ähnlichen Rechtsperson gehören[4], sei es durch Aufsicht über die ihm unterstellten Rechtspersonen.[5] Der Diözesanbischof erfährt bei dieser schwierigen Aufgabe, die zudem nicht seinem originären Fachgebiet entspringt[6], Entlastung durch den Diözesanökonom[7], die Letztverantwortung aber liegt bei ihm. Daher sollen den Diözesanbischof gesamtkirchlich zwei Gremien unterstützen: insbesondere der Diözesanvermögensverwaltungsrat[8] (DVVR) und in gewisser Weise das Konsultorenkol-

---

1 VatII LG spricht von der Kirche als einer „realitas complexa“ aus göttlichem und menschlichem Element (Art. 8 Abs. 1).

2 Vgl. ALTHAUS, Rüdiger / SCHULZ, Winfried, in: MK CIC 1254, 1, 4-5, 7.

3 Vgl. cann. 381-400 CIC.

4 Dem Diözesanbischof kommt die rechtsgeschäftliche Vertretung der Diözese (vgl. can. 393 CIC) sowie die Verwaltung des diözesanen Vermögens zu (vgl. can. 1279 § 1 i. V. m. can. 381 § 1 CIC).

5 Die unmittelbare Vermögensverwaltung obliegt dem Leiter der jeweiligen Rechtsperson (vgl. can. 1279 § 1 CIC), die Aufsicht dem Ortsordinarius (can. 1276 CIC). Auf eine Darlegung der Vermögensverwaltung im ordensrechtlichen Bereich sei nachfolgend verzichtet.

6 Die Eignungskriterien des can. 378 § 1 CIC für das Bischofsamt tangieren diesen Bereich nicht.

7 Zu dessen Aufgaben vgl. cann. 494 §§ 3 und 4 und 1278 CIC.

8 Vgl. cann. 492-494, 1263, 1277, 1281 § 2, 1287 § 1, 1292 § 1, 1305 und 1310 § 2 CIC. Zu diesem Gremium vgl. (in Auswahl) ALTHAUS, Rüdiger, Die Rezeption des Codex Iuris Canonici von 1983 in der Bundesrepublik Deutschland, Paderborn 2000, 562-572; DERS., MK CIC vor 1273, 9d; DE ANGELIS, Agostino, I consigli per gli affari economici. Statuti e indicazioni applicative, in: ME 111 (1986) 57-68; BIER, Georg, in: MK CIC 492-494; ETZEL, Günter, Der Diözesanvermögensverwaltungsrat, Würzburg 1994; FARELLA, Adrian, The Diocesan Finance Council. Functions and Duties According to the Code of Canon Law, in: StCan 23 (1989) 149-166; HEIMERL / PREE, VermR, Rnn. 5/18-5/53; SCHMITZ, Heribert, Organe diözesaner Finanzverwaltung. Anmerkungen zu offenen strittigen Fragen, in: AKathKR 163 (1994) 123-138. ETZEL (s. o.), 192-251 analysiert auch die Statuten der DVVR der meisten deutschen Jurisdiktionsbezirke (Stand 1990), womit sich ergänzend SCHMITZ (s. o.) befasst.

legium[9], dessen Aufgaben in Deutschland dem jeweiligen Domkapitel übertragen sind.[10] Aufgrund des deutschen Diözesankirchensteuersystems existiert partikularrechtlich zudem der Diözesankirchensteuerrat (nachfolgend: Kirchensteuerrat), der Zuständigkeiten im Bereich der Erhebung und Verwaltung der Kirchensteuer besitzt.[11] Dies lässt nicht nur nach der Abgrenzung von DVVR und Kirchensteuerrat fragen, sondern auch nach den Möglichkeiten einer Zusammenarbeit, mit Blick auf eine Verwaltungsvereinfachung sogar auf eine Zusammenführung dieser beiden Räte, wie sie gelegentlich angeregt[12] und partiell in den bayerischen Diözesen vorgenommen worden ist.[13] Um dieses Themenfeld zu erhellen, sollen zunächst Rechtsgrundlagen, Zusammensetzung und Kompetenzen beider Gremien näher analysiert werden, um dann Aspekte einer Kooperation zu bedenken. Dabei werden für den DVVR die kodikarischen Bestimmungen zugrunde gelegt, für den Kirchensteuerrat die Regelungen 6 deutscher Diözesen.[14]

---

9 Vgl. cann. 494 §§ 1 und 2, 1277 und 1292 § 1 CIC. Darüber hinaus besitzt dieses Gremium *sede vacante* wichtige Kompetenzen.

10 Die durch can. 502 § 3 CIC eröffnete Möglichkeit setzte die DBK bereits im September 1983 um (vgl. SCHMITZ / KALDE[1], 20); erneuert zum 1.1.1996 (vgl. SCHMITZ / KALDE[2], 40 f.); zu diesem Beschluss vgl. auch ALTHAUS, Rezeption (Fn. 8), 555 f.

11 Bislang fehlt eine eigene Abhandlung über dieses Gremium. Kürzere Ausführungen finden sich bei ETZEL (Fn. 8), 183 ff.; MARRÉ, Heiner, Die Kirchenfinanzierung in Kirche und Staat der Gegenwart, Essen [3]1991, 54 ff.; DERS., Das kirchliche Besteuerungsrecht, in: HdbStKR[2] Bd. 1, 1144-1147; SCHMITZ, Heribert, Der Bischof und die vielen Räte. Anmerkungen zum diözesanen Rätewesen, in: TThZ 79 (1970) 341 f.

12 So bereits 1970 SCHMITZ (Fn. 11), 342; ferner CLEVE, Jürgen, Inkompatibiliät und Kumulationsverbot. Eine Untersuchung zu c. 152 CIC/1983, Frankfurt 1999, 205-208; ETZEL (Fn. 8), 191 f.; HOLLERBACH, Alexander, Kirchensteuer und Kirchenbeitrag, in: HdbKathKR[2], 1083.

13 Hierzu an den entsprechenden Stellen des Beitrages, v. a. Abschnitt 1.1.1.

14 Es wurden exemplarisch die einschlägigen Bestimmungen der Diözesen Augsburg (stellvertretend für Bayern), Dresden-Meißen, Fulda, Freiburg, Hildesheim und Paderborn ausgewählt. Zu den Rechtsgrundlagen: Augsburg: Satzung für die gemeinschaftlichen kirchlichen Steuerverbände in den bayerischen (Erz-)Diözesen i. d. F. v. 1.7.1988 (in: ABl. Augsburg 98 [1988] 453-472), zuletzt geändert am 5.3.1997 (in: ABl. Augsburg 107 [1997] 309 f.); Dresden-Meißen: Satzung des Kirchensteuerrates vom 10.9.1992 (in: KABl. Dresden 2 [1992] 160-163); Freiburg: Kirchensteuerordnung i. d. F. v. 25.7.1978 (in: ABl. Freiburg 122 [1978] 407-411), zuletzt geändert am 23.6.1994 (in: ABl. Freiburg 138 [1994] 420); Wahlordnung für die Kirchensteuervertretung vom 8.3.1978 (in: ABl. Freiburg 122 [1978] 411-414); Fulda: Satzung des Diözesan-Kirchensteuerrates i. d. F. v. 1.9.1995 (in: KABl. Fulda 111 [1995] 65 ff.); Hildesheim: Satzung des Kirchensteuerrates vom 1.1.1995 (in: KA. Hildesheim 107 [1995] 64-68); Paderborn: Satzung des Kirchensteuerrates für den im Lande Nordrhein-Westfalen gelegenen Anteil i. d. F. v. 23.5.1984 (in: KABl. Paderborn 134 [1985] 36 f.), zuletzt geändert am 1.12.1994 (in: KABl. Paderborn 144 [1995] 3).

1. Rechtsgrundlagen und Organisation beider Gremien

1.1. Rechtsgrundlagen

1.1.1. Diözesanvermögensverwaltungsrat

Der gesamtkirchliche Gesetzgeber sieht den DVVR als verfassungsrechtlich verankertes Gremium und schreibt dessen Einrichtung für jedwede Diözese verpflichtend vor.[15] Dafür spricht nicht nur die rechtssprachlich klare Anordnung, sondern auch die Zuweisung konkreter Aufgaben und Beispruchsrechte.[16] Der Diözesanbischof besitzt folglich keinen Ermessensspielraum, ob er diesen Rat einrichtet oder nicht. Es wäre lediglich möglich, dass ein solcher eine andere Bezeichnung trägt[17] oder weitere Aufgaben wahrnimmt, doch hätte er in Zusammensetzung, Aufgaben und Kompetenzen die kodikarischen Vorgaben umzusetzen. Darüber hinaus besteht Gestaltungsfreiheit.

So haben die bayerischen Bischöfe kurz vor dem Inkrafttreten des Codex Iuris Canonici von 1983 beschlossen, den nach dessen Maßgabe einzurichtenden DVVR durch den jeweiligen Diözesansteuerausschuss zu bilden, sofern es sich um den Diözesanhaushalt aufgrund der Diözesankirchensteuer, sowie durch besondere Gremien, sofern es sich um andere Finanzmittel handelt[18]; die Be-

---

[15] „In singulis dioecesibus constituatur consilium a rebus oeconomicis, cui praesidet ipse Episcopus dioecesanus eiusve delegatus, et quod constat tribus saltem christifidelibus, in re oeconomica necnon in iure civili vere peritis et integritate praestantibus, ab Episcopo nominatis“ (can. 492 § 1 CIC). Bereits nach Maßgabe von can. 1520 § 1 CIC/1917 hatte der Ordinarius in seiner Bischofsstadt ein „consilium administrationis“ zu errichten, sofern nicht Partikularrecht oder Gewohnheit bereits eine ähnliche Einrichtung vorsahen. Das II. Vaticanum forderte eine sachgerechte und wirksame Verwaltung der kirchlichen Güter unter Mitwirkung erfahrener Laien (VatII PO Art. 17 Abs. 3 und Art. 21 Abs. 1; VatII AA Art. 10 Abs. 1), das „Directorium de Pastorali Ministerio Episcoporum“ der Bischofskongregation vom 22.2.1973 schrieb für jede Diözese einen Vermögensverwaltungsrat vor, mit dem der Bischof finanzielle Angelegenheiten bespricht und der die Jahresrechnung billigt (Art. 135). Die Gemeinsame Synode der Bistümer in der Bundesrepublik Deutschland ordnete, vorbehaltlich staatskirchenrechtlicher Regelungen, für jede Diözese ein Finanzgremium an, das unter Berücksichtigung der vom Diözesanpastoralrat beschlossenen pastoralen Grundsätze den Haushalt beschließt und dessen Durchführung überwacht (Beschluss „Räte und Verbände“, III. 3.3.8 und III. 3.3.10).

[16] S. unten Abschnitt 1.3.1.

[17] Dies lässt sich aufgrund historischen Herkommens in Deutschland feststellen. So begegnen in Deutschland u. a. die Bezeichnungen „Diözesanvermögensverwaltungsrat“, „Verwaltungsrat“, „Diözesaner Wirtschaftsrat“.

[18] „Das nach c. 492 § 1 CIC in jeder Diözese einzurichtende ‚consilium de rebus oeconomicis‘ wird in den bayerischen (Erz-)Diözesen gebildet durch den Diözesansteuerausschuß, soweit der Diözesanhaushalt auf Grund der Diözesansteuer betroffen ist und durch besondere Beratungskommissionen, die sich aus Fachleuten der Finanz- und allgemeinen Verwaltung der Diözese zusammensetzt, soweit es sich um andere Finanz-

schränkung auf die Kirchensteuermittel ist indes 1988 entfallen.[19]

1.1.2. Kirchensteuerrat

Die rechtlichen Bestimmungen für den Kirchensteuerrat[20] gehören auch aufgrund der historischen Entwicklung[21] zum Partikularrecht. Staatliche Vorgaben begegnen nur ausnahmsweise. So schreibt das Kirchensteuergesetz des Freistaates Bayern die Existenz einer Vertretung für jeden Steuerverband zwingend vor und stellt gewisse Mindestanforderungen an dessen Arbeitsweise und Mitglieder[22], das des Landes Baden-Württemberg weist die Kirchen an, Steuervertretungen rechtlich zu umschreiben und ihnen die Mitwirkung bei der Feststel-

---

mittel handelt. Da die Bildung des Diözesansteuerausschusses auf das konkordatsrechtlich vereinbarte Recht der Kirche zurückgeht, auf der Grundlage der bürgerlichen Steuerlisten Umlagen zu erheben (Art. 10 § 5 BayK) und die Wahlordnung für die gemeinschaftlichen kirchlichen Steuerverbände der bayerischen (Erz-)Diözesen in Ausführung des Art. 5 des Bayerischen Kirchensteuergesetzes ... ergangen ist, verbleibt es bei der von den bayerischen Bischöfen in der Fassung vom 8.4.1976 erlassenen Wahlordnung für den Diözesansteuerausschuß, die an die Stelle der bischöflichen Ernennung nach c. 492 § 1 CIC tritt.“ (Beschluss der bayerischen Bischöfe vom 9.11.1983, in: ABl. Augsburg 93 (1983) 369 f.).

19 Vgl. Art. 7 der Satzung Steuerverbände; hierzu: SCHMITZ (Fn. 8), 124 f. Fn. 12; HEIMERL / PREE, VermR, Rnn. 5/38-5/42, v. a. 5/40. Ursächlich dürfte nicht zuletzt die Praktikabilität gewesen sein. So war vermutlich die notwendige Abgrenzung „beider Haushalte“ nicht immer einfach.

20 Die Bezeichnungen variieren auch hier. Während man in Dresden-Meißen, Hildesheim und Paderborn vom „Kirchensteuerrat“, in Fulda vom „Diözesan-Kirchensteuerrat“ spricht, lautet die Bezeichnung in Bayern „Diözesansteuerausschuss“, in Freiburg „Kirchensteuervertretung“.

21 Nach Maßgabe des Preußischen Gesetzes über die Vermögens-Verwaltung in den katholischen Kirchengemeinden vom 20.6.1875 (in: Preuß. GS 66 [1875] 241) waren der örtliche Kirchenvorstand und die örtliche Gemeindevertretung, mehrheitlich gewählte Beschlussgremien, auch für die Erhebung und Verwaltung der Kirchensteuer zuständig (§ 21 Ziff. 8). Nach Ablösung der Ortskirchensteuer durch die Diözesankirchensteuer im Jahre 1950 schrieb § 2 Abs. 1 des Gesetzes über die Erhebung von Kirchensteuern im Lande Nordrhein-Westfalen vom 15.2.1950 (in: GVBl. NRW 4 [1950] 32) vor, die Kirche habe einen Beirat zu bilden, der bei der Festsetzung und Verteilung der Kirchensteuer durch die Kirchenbehörde mitwirkt. Unter ausdrücklicher Bezugnahme auf diesen § 2 erließ am 21.6.1954 der Erzbischof von Paderborn das Statut des Kirchensteuerbeirates der Erzdiözese Paderborn (in: KABl. Paderborn 103 [1954] 81).

22 Vgl. Art. 5 Abs. 1 des Gesetzes über die Erhebung von Steuern durch Kirchen, Religions- und weltanschauliche Gemeinschaften vom 26.11.1954 (BayRS, 2220-4-K), zuletzt geändert durch Gesetz vom 20.12.1985 (GVBl. Bayern 190 [1985] 816). Folgende Mindestanforderungen werden hinsichtlich der Mitglieder genannt (Buchst. a): „Jede Steuerverbandsvertretung muß einen Vorsitzenden und mindestens zwei weitere Mitglieder haben. Sie müssen sämtlich im Bereich des Steuerverbandes wohnen und kirchensteuerpflichtig sein. Die Mehrheit der Mitglieder einschließlich des Vorsitzenden muß die deutsche Staatsangehörigkeit besitzen.“

lung des Haushaltsplanes und bei der Rechnungslegung einzuräumen.[23] Ansonsten findet sich lediglich ein Hinweis auf eine kirchliche Stelle, die für Stundung und Erlass der Kirchensteuer zuständig ist.[24] Insgesamt aber liegt die rechtliche Regelung in Anwendung des verfassungsrechtlich verankerten Selbstbestimmungsrechtes bzw. der Organisationsfreiheit der Kirchen[25] beim kirchlichen Gesetzgeber.

Die rechtliche Fixierung des Kirchensteuerrates kommt somit dem Diözesanbischof als teilkirchlichem Gesetzgeber zu. Dieser besitzt Gestaltungsfreiheit gerade auch in bezug auf dessen Zusammensetzung und Zuständigkeit. Es wäre folglich aus rechtlicher Sicht sogar möglich, dass die bislang dem Kirchensteuerrat zukommenden Aufgaben einem anderen Gremium übertragen werden, wobei freilich bewährte Strukturen beachtet werden sollten.

1.2. Mitglieder beider Gremien

1.2.1. Mitglieder im Diözesanvermögensverwaltungsrat

Das kirchliche Gesetzbuch schreibt vor, dass der DVVR unter Vorsitz des Bischofs aus mindestens drei von ihm ernannten Gläubigen besteht.[26] Damit wird lediglich eine Mindestzahl angegeben; ansonsten kann sich die Größe an Repräsentanz und Effektivität der Arbeit dieses Gremiums orientieren. Der in bezug auf die Ernennung verwendete Terminus *nominatus* lässt den Diözesanbischof als Handelnden und Letztverantwortlichen deutlich werden, schließt aber nicht aus, dass er sich zuvor mit anderen berät und Vorschläge einholt. Es wäre gar denkbar, dass er sich im Sinne einer Selbstbindung Vorgaben Dritter zu eigen macht.[27]

Bei den einzelnen Mitgliedern muss es sich um *christifideles* handeln. Aufmerksamkeit verdient dabei nicht so sehr, dass es sich um katholische Christen

---

23 Vgl. § 2 Abs. 2 des Gesetzes über die Erhebung von Steuern durch öffentlich-rechtliche Religionsgemeinschaften in Baden-Württemberg vom 15.6.1978 (in: GBl. BW 27 [1978] 370), zuletzt geändert am 21.7.1997 (in: GBl. BW 46 [1997] 317).

24 Vgl. § 14 Abs. 2 des Gesetzes über die Erhebung von Kirchensteuern im Land Nordrhein-Westfalen vom 30.4.1962 i. d. F. vom 22.4.1975 (in: GVBl. NRW 29 [1975] 438), zuletzt geändert am 6.3.2001 (in: GVBl. NRW 55 [2001] 103 f.).

25 Vgl. Art. 140 GG i. V. m. Art. 137 Abs. 3 WRV.

26 Vgl. can. 492 § 1 CIC.

27 Die Verwendung des Begriffes „nominatio" im CIC würde eine eigene Untersuchung verdienen; das Spektrum kann hier nur angedeutet werden. So hat der Diözesanbischof die Möglichkeit, einige Mitglieder des Priesterrates „libere nominare" (can. 497, 3° CIC). Vor der „nominatio" des Diözesanökonomen muss er Konsultorenkollegium und DVVR anhören (can. 494 § 1 CIC). Ein Ordensangehöriger wird vom Diözesanbischof für ein Kirchenamt in der Diözese ernannt („nominatur") auf Vorschlag oder wenigstens mit Zustimmung des zuständigen Ordensoberen (can. 682 § 1 CIC).

handeln muss[28], sondern dass nicht nur Kleriker Mitglied sein können. Der DVVR könnte sogar, trotz seiner Zustimmungsrechte[29], gänzlich aus Laien bestehen.[30] Der Diözesanbischof soll nämlich durch kompetente Gläubige auf dem Gebiet der Vermögensverwaltung entlastet, seine Verantwortung gestützt werden.[31] Ausgeschlossen von der Mitgliedschaft sind lediglich Personen, die mit ihm bis zum 4. Grad der Seitenlinie blutsverwandt sind[32], um jeder Beeinträchtigung der Tätigkeit durch falsch verstandene Rücksichtnahme vorzubeugen. Konsequenterweise bedeutet dies aber auch – was der CIC nicht ausdrücklich regelt –, dass ein dem Diözesanbischof Weisungsgebundener v. a. mit Blick auf die Beispruchsrechte des DVVR nicht uneingeschränkt Mitglied in diesem sein kann. Auch der Diözesanökonom, der den Weisungen und der Aufsicht des DVVR untersteht[33], kann diesem zwar als beratendes Mitglied wertvolle Informationen geben, aber nicht in eigenen Angelegenheiten stimmberechtigt sein.[34]

Besonderes Gewicht legt der Gesetzgeber auf die Eignung der Mitglieder. Diese müssen in wirtschaftlichen Fragen sowie im weltlichen Recht wirklich erfahren sein und sich durch Integrität auszeichnen.[35] Es wird zwar nicht eine bestimmte akademische Qualifikation gefordert[36], wohl aber eine hinreichende Sachkenntnis, die der Komplexität der Vermögenssituation der Diözese entspricht. Die Kenntnis des weltlichen Rechtes findet dabei eigens Erwähnung, weil das kirchliche Vermögensrecht immer wieder auf das weltliche Recht Bezug nimmt.[37] Eine vertiefte Kenntnis des kanonischen Rechtes wird indes nicht

---

28 Vgl. WEBER, Margit, Rechtssprachliche Anmerkungen zur Verwendung von christifidelis, fidelis, baptizatus und christianus im CIC/1917 und im CIC/1983, in: FS Aymans, 653-667.

29 S. Abschnitt 1.3.1.

30 Vgl. bereits can. 1520 § 1 CIC/1917.

31 S. Fn. 6.

32 Vgl. can. 492 § 3 CIC. Ein solcher Ausschluss besteht auch für den Generalvikar und Bischofsvikar in seiner verwandtschaftlichen Beziehung zum Diözesanbischof (vgl. can. 478 § 2 CIC).

33 Vgl. can. 494 §§ 3 und 4 CIC. S. Abschnitt 1.3.1.

34 Vgl. SCHMITZ (Fn. 8), 141 f. Can. 263 § 2 CCEO sieht indes seine Mitgliedschaft ausdrücklich vor.

35 Vgl. can. 492 § 1 CIC.

36 Eine solche wäre auch in Anbetracht der weltweiten Geltung des Gesetzbuches nicht praktikabel, zum einen mit Blick auf die unterschiedlichen Vermögenssituationen der Diözesen, zum anderen angesichts der Verschiedenheit der Ausbildungsstandards, da die Qualität der Studieninhalte und -abschlüsse nicht der Vigilanz der kirchlichen Autorität unterliegt.

37 So wird mehrfach gefordert, die zeitlichen Güter der Kirche möglichst nach Maßgabe des weltlichen Rechtes abzusichern (vgl. can. 1284 § 2, 2° und 3° CIC; hierzu ALTHAUS, Rüdiger, in: MK CIC 1284). Zudem werden Bestimmungen des weltlichen Rechtes rezipiert, d. h. diese unter weitestgehenden Verzicht auf eigene Regelungen für den kirchlichen Rechtsbereich verpflichtend vorgeschrieben (vgl. cann. 1286, 1°, 1290, 1297 und 1299 § 1 CIC, wobei hinsichtlich des Grades der Beachtung des weltlichen

genannt. Diese wird wohl kaum stillschweigend vorausgesetzt; eher wird von solcher abgesehen, um keine Hürde für in den anderen Bereichen Kompetente aufzurichten.[38]

Zum fachlichen Wissen muss Integrität hinzukommen. Diese erstreckt sich nicht nur auf den rechtlich-wirtschaftlichen Bereich, sondern auf die Lebensführung insgesamt. Der kirchliche Gesetzgeber verwendet zwar bei anderen Gremien auch diesbezüglich deutlichere Formulierungen[39], doch kann aufgrund des Erfordernisses der Glaubwürdigkeit der Kirche nicht von der persönlichen christlichen Lebensführung abgesehen werden. Indes lassen sich aus dem Erfordernis der Integrität lediglich Glaubwürdigkeit und Unbedenklichkeit ableiten, nicht aber herausgehobene Anforderungen.

Die Amtszeit der Mitglieder dieses Rates beträgt fünf Jahre, wobei mehrere Amtsperioden möglich sind[40], was der Kontinuität der Arbeit dient, aber auch die Gefahr einer neuen Gedanken verschlossenen Beharrungstendenz in sich birgt.[41]

1.2.2. Mitglieder im Kirchensteuerrat

Die durch die diözesanen Bestimmungen geregelte Größe und Zusammensetzung des Kirchensteuerrates gestaltet sich unterschiedlich, doch gehören diesem, kraft Amtes oder berufen, Vertreter der Bistumsleitung, gewählte Vertreter der Geistlichen sowie in der Mehrzahl gewählte Laien an.[42] Der Rat umfasst insge-

---

Rechtes gewisse Nuancen zu beachten sind; hierzu ALTHAUS, Rüdiger, in: MK CIC 1286, 1290, 1297 und 1299).

38 Zudem gilt der Grundsatz: Curia novit iuria. Für den Diözesanökonom als ausführendes Organ in der diözesanen Vermögensverwaltung darf eine gediegene Kenntnis des kirchlichen Vermögensrechtes vorausgesetzt werden.

39 So fordert can. 512 § 2 CIC hinsichtlich der Mitglieder des Diözesanpastoralrates „certa fide, bonis moribus et prudentia praestantes“.

40 Vgl. can. 492 § 2 CIC. Es ist nicht gefordert, dass die Amtszeit aller Mitglieder zum gleichen Zeitpunkt ausläuft; vielmehr wäre eine Art „Rotationsprinzip“ möglich (z. B. eines jeweils hälftigen Ausscheidens nach 2½ Jahren).

41 Der CIC äußert sich nicht zu der Frage, ob und in welchen Fällen der Diözesanbischof jemanden vorzeitig entlassen kann. Eine Schutznorm wie beim Diözesanökonom fehlt (vgl. can. 494 § 2 CIC), doch widerspricht es dem Status des DVVR als Beispruchsgremium, dass sich der Bischof „unbequemer“ Mitglieder entledigen kann. Das kirchliche Gesetzbuch verpflichtet die Mitglieder, aufrichtig ihre Beurteilung einer Sache vorzutragen (vgl. cann. 127 § 3, 212 § 3 und 1292 § 4 CIC), die hier zudem auf nicht-theologischem Sachverstand gründet.

42 Sofern nicht nachfolgend eigens belegt, entstammen die Angaben aus (Nachweise s. Fn. 14): Augsburg: Art. 6, 8, 12, 15 und 18 Satzung Steuerverbände; Dresden-Meißen: §§ 1 und 2 Satzung Kirchensteuerrat; Freiburg: § 5 Kirchensteuerordnung, § 4 Abs. 3 und § 13 Abs. 2 Wahlordnung Kirchensteuervertretung; Fulda: §§ 1-3 und 8 Satzung Diözesan-Kirchensteuerrat; Hildesheim: §§ 1 und 2 Satzung Kirchensteuerrat; Paderborn: §§ 1 und 3 Satzung Kirchensteuerrat.

samt sechzehn bis vierzig Mitglieder.[43] Zur ersten Gruppe zählen zumeist der Diözesanbischof oder der Generalvikar[44] bzw. ein von diesen bestellter Vertreter sowie ein bis sieben weitere (leitende) Mitarbeiter des Generalvikariates, davon mindestens einer aus dem Bereich der Finanzverwaltung.[45] Der Anteil dieser Gruppe an der Gesamtmitgliederzahl beträgt zwischen 5 % und 30 %.[46] Diese Mitgliedschaft einiger Mitarbeiter der Diözesanleitung, die aufgrund ihrer Qualifikation und ihres Amtes besondere Kompetenz besitzen, ist sicher unverzichtbar. Da aber die Interessen der Steuerpflichtigen sowie Kenntnisse und Sichtweisen von Kundigen, die nicht dem Ordinariat angehören, zum Tragen kommen sollen, sollte es sich nur um eine Minorität handeln. Zudem sei an die Spannung zwischen Rats- und Beschlussgremium und (sonst) weisungsgebundenen Mitgliedern erinnert.[47] In zwei der betrachteten Diözesen gehören zusätzlich die Mitglieder des DVVR dem Kirchensteuerrat an; dies gewährleistet die Verzahnung beider Gremien und verbessert den Informationsfluss. Diese Personen machen mit den bereits genannten zwischen 38 % und 56 % der Gesamt-

---

43 Im einzelnen: Augsburg 16; Dresden-Meißen 16; Freiburg 40; Fulda 23; Hildesheim 26; Paderborn 20.

44 In Augsburg gehört der Diözesanbischof (der sich aber kraft Spezialmandates durch den Generalvikar vertreten lassen kann) dem Rat an, in den anderen Diözesen der Generalvikar.

45 Zu diesen Mitgliedern im einzelnen: Augsburg: der Finanzdirektor; Dresden-Meißen: der Diözesanökonom, der Justitiar, der Leiter der Abteilung Pastoral des Ordinariates, ein Mitglied des Domkapitels als Konsultorenkollegium, die Mitglieder des Vermögensverwaltungsrates (außer dem Generalvikar 4 weitere Mitglieder: vgl. § 1 der Ordnung des DVVR vom 10.9.1992, in: KABl. Dresden-Meißen 2 [1992] 158 f.); Freiburg: ein vom Erzbischof bestellter Vertreter des Ordinariates aus dem Bereich der Vermögensverwaltung; Fulda: bis zu 7 Mitglieder der Abteilungsleiterkonferenz des Generalvikariates, die in ihrer Eigenschaft als Mitglieder des Diözesan-Kirchensteuerrates nicht weisungsgebunden sind (Generalvikar, Justitiar, Leiter der Finanzabteilung, Leiter der Bauabteilung, Leiter der Personalabteilung, Leiter des Seelsorgeamtes); Hildesheim: der Diözesanökonom, die Mitglieder des DVVR (außer dem Generalvikar 4 weitere Mitglieder: vgl. §§ 2 und 4 der Satzung für den Vermögensverwaltungsrat vom 1.6.1984, in: KA. Hildesheim 96 [1984] 127 f.), ein Mitglied des Domkapitels, die Vorsitzenden der Gesamtverbände Bremen-Nord und Bremerhaven sowie ein vom Diözesanbischof berufener Bediensteter des Generalvikariates, der die Befähigung zum Richteramt hat oder die Voraussetzungen für den höheren Verwaltungsdienst im Sinne der staatlichen Vorschriften erfüllt; Paderborn: der Leiter der Finanzabteilung sowie ein weiterer Bediensteter des Generalvikariates mit der Befähigung zum Richteramt oder den Voraussetzungen für den höheren Verwaltungsdienst in Sinne der staatlichen Vorschriften.

46 Augsburg 12,5 %; Dresden-Meißen 31,25 %; Freiburg 5 %; Fulda 30,43 %; Hildesheim 23,08 %; Paderborn 15 %.

47 Die Regelung der Diözese Fulda betont, die Mitglieder des Ordinariates, die dem Kirchensteuerrat angehören, seien hinsichtlich dieser Mitgliedschaft nicht weisungsgebunden (s. Fn. 45). Die anderen Bistümer würden dies auf Anfrage sicher auch bestätigen, doch stellt sich psychologisch die Frage, inwieweit Weisungsgeber und Weisungsnehmer tatsächlich Mitarbeit im Ordinariat und Mitgliedschaft im Kirchensteuerrat exakt voneinander trennen können.

mitgliederzahl aus.[48]

Ferner gehören zumeist ein bis neun Geistliche dem Kirchensteuerrat an, die oftmals vom Priesterrat gewählt werden[49]; ihr Anteil im Kirchensteuerrat macht 6 % bis 22,5 % aus.[50] Die Zugehörigkeit mehrerer Pfarrer verdient durchaus Berechtigung, insofern sie als Vorsitzende der kirchengemeindlichen Vermögensverwaltungsorgane dort verantwortlich zeichnen, wo sich Seelsorge zu einem überwiegenden Teil ereignet und die meisten finanziellen Verpflichtungen bestehen.[51]

Schließlich gehören sechs bis neunundzwanzig Laien dem Kirchensteuerrat an, die in der Mehrzahl gewählt werden, und zwar von Pfarrgemeinderäten, Kirchenvorständen, vom Diözesanpastoralrat oder dem Rat für das Laienapostolat[52]; der Anteil dieser Laien im Kirchensteuerrat beträgt insgesamt 37 % bis 75 %[53], der Gewählten im Verhältnis zur Gesamtzahl 19 % bis 70 %.[54] An diese Mitglieder werden je nach Diözese unterschiedliche Voraussetzungen gestellt.[55]

---

48 Dresden-Meißen 56,25 %; Hildesheim 38,46 %. Die Ursache für diesen erhöhten Wert liegt aber nicht (wie aus Fn. 45 ersichtlich) allein in der Zugehörigkeit der Mitglieder des DVVR.

49 Augsburg: 3 Diözesanpriester, von diesen aus eigenen Reihen gewählt. Diese müssen eine kirchliche Dienststellung in der Diözese bekleiden, dort ihren Hauptwohnsitz haben, die deutsche Staatsangehörigkeit besitzen und kirchensteuerpflichtig sein; Dresden-Meißen: 1 amtierender Pfarrer, vom Priesterrat gewählt; Freiburg: 9 amtierende Geistliche (Priester, hauptberufliche Diakone), von den Geistlichen in Wahlbezirken gewählt; Fulda: nicht ausdrücklich vorgesehen, Mitgliedschaft durch Wahl möglich; Hildesheim: 4 amtierende Pfarrer, vom Priesterrat gewählt; Paderborn: 2 Pfarrer, gewählt vom Priesterrat.

50 Augsburg 18,75 %; Dresden-Meißen 6,25 %; Freiburg 22,5 %; Fulda 0 % (s. Fn. 49); Hildesheim 15,38 %; Paderborn 10 %.

51 Die Mitgliedschaft anderer Priester oder hauptamtlicher Diakone indiziert eher (lediglich) eine Vertretung des Klerikerstandes. Aus dem oben genannten Grunde wäre zu erwägen, trotz neuer Seelsorgestrukturen bzw. -konzeptionen an der Mitgliedschaft der Pfarrer festzuhalten.

52 Augsburg: 11 Personen, davon 9 von Delegierten der Kirchenverwaltungen gewählt, 2 vom Diözesanbischof ernannt; Dresden-Meißen: 6 Laien, davon 3 vom Diözesanrat gewählt, 3 vom Bischof ernannt; Freiburg: 29 Laien, davon 26 von den Pfarrgemeinderäten gewählt, 3 vom Erzbischof ernannt; Fulda: 8 Personen, von den Verwaltungsräten oder Kirchenvorständen gewählt, 4 Personen, vom Katholikenrat der Diözese gewählt, 4 Personen, vom Kirchensteuerrat hinzugewählt; Hildesheim: 12 Laien, gewählt vom Diözesanrat für das Laienapostolat; Paderborn: 15 Laien, davon 12 von Vertretern der Kirchenvorstände gewählt, 3 vom Erzbischof ernannt.

53 Augsburg 68,75 %; Dresden-Meißen 37,5 %; Freiburg 72,5 %; Fulda 69,57 %; Hildesheim 46,15 %; Paderborn 75 %.

54 Augsburg 56,25 %; Dresden-Meißen 18,75 %; Freiburg 65 %; Fulda 69,57 %; Hildesheim 46,15 %; Paderborn 60 %.

55 Augsburg: Die Gewählten müssen römisch-katholisch sein, die deutsche Staatsangehörigkeit besitzen, ihren Hauptwohnsitz in der Diözese haben, kirchensteuerpflichtig und Mitglied einer Kirchenverwaltung sein und das 21. Lebensjahr vollendet haben. Nicht wählbar ist, wem die Fähigkeit zur Bekleidung öffentlicher Ämter fehlt, wer durch ein

In der Regel gilt, dass sie das 18. oder 21. Lebensjahr vollendet und ihren Wohnsitz im Bereich der Diözese haben und kirchensteuerpflichtig sein müssen sowie oftmals nicht hauptberuflich im Dienst der Diözese oder einer ihr nachgeordneten Körperschaft stehen dürfen. Zumeist werden von diesen fachliche Kenntnisse implizit (durch Mitgliedschaft im pfarrlichen Vermögensverwaltungsorgan) oder ausdrücklich verlangt, zumindest gewünscht.[56] Hinsichtlich der Lebensführung dürfen die kirchlichen Gliedschaftsrechte nicht beeinträchtigt sein; das Praktizieren des Glaubens wird wohl stillschweigend vorausgesetzt.[57]

---

deutsches Gericht wegen vorsätzlicher Tat zu einer Freiheitsstrafe von mindestens einem Jahr rechtskräftig verurteilt wurde, die noch nicht getilgt ist, wer sich kirchliche Strafen im Sinne der cann. 1331-1333, 1336 CIC zugezogen hat oder sich sonst im offenen Gegensatz zur Lehre oder zu den Grundsätzen der römisch-katholischen Kirche befindet oder wer offenkundig der Entrichtung der von ihm geschuldeten Kirchenumlagen oder des Kirchgeldes nicht nachkommt. Dresden-Meißen: Die Laien dürfen nicht im Dienstverhältnis des Bistums stehen und müssen zum Zeitpunkt der Wahl Mitglied eines Kirchen- oder Pfarrgemeinderates sein. Freiburg: Wählbar ist jeder katholische Laie, der innerhalb der Erzdiözese seinen Hauptwohnsitz hat, volljährig und in der Ausübung seiner kirchlichen Mitgliedschaftsrechte nicht behindert ist und nicht hauptberuflich im Dienste der Erzdiözese steht. Fulda: Voraussetzungen sind der Hauptwohnsitz im Bistum Fulda, Vollendung des 21. Lebensjahres, Empfang der Firmung, kein Ausschluss von der Kommuniongemeinschaft nach kirchlichem Recht oder Verlust des passiven Wahlrechtes zu kirchlichen Gremien, Kirchensteuerpflicht, möglichst Kenntnisse oder praktische Erfahrungen auf dem Gebiet des Finanz- und Haushaltswesens; die Mitglieder sollen das Gesamtinteresse des Bistums sowie seiner Kirchengemeinden zur Grundlage ihrer Entscheidungen machen. Die vom Kirchensteuerrat Hinzugewählten sollen besondere Kenntnisse und Erfahrungen auf dem Gebiet des Finanz-, Steuer- und Rechtswesens haben und dürfen nicht im Dienst des Bistums, eines Gesamtverbandes oder einer Kirchengemeinde stehen. Hildesheim: Sie dürfen nicht im Dienst der Diözese stehen, 10 von ihnen müssen zum Zeitpunkt der Wahl Mitglied eines Kirchenvorstandes sein. Paderborn: Der zu Wählende muss den Anforderungen für die Mitgliedschaft im Kirchenvorstand entsprechen: Wählbar ist jeder Wahlberechtigte, der am Wahltag 21 Jahre alt ist, sofern er nicht durch kirchenbehördliche Entscheidung von den allen Kirchengliedern zustehenden Rechten ausgeschlossen ist. Nicht wahlberechtigt sind, die unter Betreuung stehen, infolge strafgerichtlicher Verurteilung das Recht nicht besitzen, in öffentlichen Angelegenheiten zu wählen oder die Wählbarkeit insbesondere wegen grober Pflichtwidrigkeit und Ärgernis erregenden Lebenswandels verloren haben. – Gerade mit Blick auf ein diözesanes Gremium problematisch scheint das Erfordernis, dass der Kandidat ein Jahr am Ort der (politischen) Gemeinde gewohnt haben muss (vgl. §§ 4 und 5 des Gesetzes über die Verwaltung des katholischen Kirchenvermögens vom 24.7.1924, in: Preuß. GS 115 [1924] 585, zuletzt geändert am 3.4.1992, in: GVBl. NRW 46 [1992] 124; zu dieser Problematik vgl. auch ALTHAUS, Rüdiger, 75 Jahre Preußisches Kirchenvorstandsgesetz – Bewährung trotz verfassungsrechtlicher Bedenken, in: ThGl 90 [2000] 190 f.).

56 Ausnahmen bilden nur Freiburg und Paderborn (s. Fn. 55). In der Praxis aber gehören auch in diesen Diözesen versierte Fachleute dem Kirchensteuerrat an.

57 Die Formulierungen lauten unterschiedlich und sind rechtlich oftmals schwer zu fassen bzw. praktikabel (z. B. Was ist ein Ärgernis erregender Lebenswandel? Wie ist bei nicht festgestellten Tatstrafen zu verfahren?). Eine positive Forderung (des Empfanges der

Als Gewählte fungieren diese Mitglieder als Repräsentanten der Kirchensteuerpflichtigen; der Kirchensteuerrat wird somit zu einem mehrheitlich demokratisch legitimierten Gremium. Da sie aber Kenntnisse oder Erfahrungen im Bereich der Finanzverwaltung mitbringen sollten oder müssen, vermögen sie die Diözesanleitung fachlich zu beraten und zu unterstützen. Hierdurch besitzt der Kirchensteuerrat – wie der DVVR – zugleich den Charakter eines sachverständigen Gremiums. Letztgenannter Aspekt lässt aber fragen, ob die Mitgliedschaft ausnahmslos an die Kirchensteuerpflicht gekoppelt sein muss.[58] In dieser fachlichen Kompetenz ist die materielle Legitimation des Beschlusses der bayerischen Bischöfe zu sehen, die Aufgaben des DVVR dem Diözesansteuerausschuss zu übertragen und die Wahl seiner meisten Mitglieder an die Stelle der Ernennung durch den Diözesanbischof treten zu lassen.[59]

Die Amtsperiode des Kirchensteuerrates beträgt zwischen vier und sechs Jahren[60]; Wiederwahl bzw. -ernennung sind möglich. Den Vorsitz im Kirchensteuerrat führt zumeist der Diözesanbischof oder der Generalvikar (bzw. der von ihnen bestellte Vertreter), gelegentlich ein vom Kirchensteuerrat aus eigenen Mitgliedern Gewählter.[61] Dies sei im Kontext der Aufgaben und Kompetenzen des Rates noch einmal thematisiert.

1.3. Aufgaben und Kompetenzen

1.3.1. Der DVVR

Dem DVVR werden durch den Codex Iuris Canonici eine Reihe von Aufgaben und Kompetenzen zugewiesen, die unterschiedlichen rechtlichen Kategorien zuzuordnen sind, woraus sich Konsequenzen für die rechtliche Stellung des Diözesanbischofs als Vorsitzendem ergeben.

- Der DVVR hat nach den Weisungen des Diözesanbischofs den jährlichen Haushaltsplan der Diözese[62] aufzustellen.[63] Der Diözesanbischof besitzt da-

Firmung) begegnet nur in der Diözese Fulda, doch gibt auch dies keine Auskunft über eine christlich geprägte Lebensführung.

58 Anzufragen wäre die Zulässigkeit von Ausnahmen, insbesondere wenn die Kirchensteuerpflicht während einer Amtszeit erlischt. Zu denken wäre an solche Personen, die als Rentner (im Unterschied zu Pensionären) in den Ruhestand gehen und wegen Verlustes der Wählbarkeit aus dem Kirchensteuerrat ausscheiden. Aber auch eine Hausfrau und Mutter könnte (gerade bei entsprechender fachlicher Qualifikation) eine wertvolle Ratgeberin sein.

59 S. Fn. 18.

60 Fulda 4 Jahre; Paderborn 5 Jahre; Augsburg, Dresden-Meißen, Freiburg und Hildesheim 6 Jahre.

61 Augsburg: Diözesanbischof; Dresden-Meißen, Hildesheim und Paderborn: Generalvikar; Freiburg und Fulda: Wahl durch die Mitglieder.

62 In Deutschland ist hierunter das Vermögen des (Erz-)Bischöflichen Stuhles und der Diözese zu fassen. Auf weitere, auf der Ebene der Diözese existierende Rechtspersonen (z. B. Domkapitel, Hohe Domkirche, Priesterseminar) sei an dieser Stelle nicht ein-

bei weitgehende Gestaltungsfreiheit. So vermag er auch pastorale Notwendigkeiten und Schwerpunkte finanziell abzusichern. Gebunden ist er freilich zum einen an bestehende rechtliche Verpflichtungen[64], zum anderen an den Geberwillen rechtsgültig angenommener Zuwendungen.[65] Dem DVVR kommt lediglich die konkrete Ausgestaltung des Haushaltes zu, ohne formalrechtlich eine Beratungs- oder gar Entscheidungsbefugnis hinsichtlich der Verwendung der Mittel zu besitzen. *Materialiter* ist er jedoch verpflichtet, den Diözesanbischof auf rechtliche oder ökonomische Notwendigkeiten (ggf. nachdrücklich) aufmerksam zu machen.[66] Insgesamt wäre sicher höchst angemessen, dass Diözesanbischof und sachverständiges Gremium die Eckpunkte des Haushaltes miteinander besprechen.

- Der vom DVVR erstellte Etatansatz bildet die Grundlage der Haushaltsführung des Diözesanökonoms.[67] So steht dem DVVR zu, die Jahresrechnung der Diözese zu billigen.[68] Untrennbar damit verbunden ist das Recht, die Rechnung nach sachlicher und buchhalterischer Richtigkeit zu prüfen, ggf. Beanstandungen vorzunehmen sowie Entlastung zu erteilen. Der DVVR fungiert somit als Aufsichtsorgan der diözesanen Vermögensverwaltung, unmittelbar des Diözesanökonoms, mittelbar des diesem weisungsberechtigten Diözesanbischofs.[69] Da der Diözesanbischof sich nicht selber beaufsichtigen kann, besitzt er hier keine Weisungsbefugnis und kein Stimmrecht.
- Bei der Verwaltung des Diözesanvermögens kommen dem DVVR (zum Teil mit dem Konsultorenkollegium) mehrere Beispruchsrechte zu.[70] So hat der

---

gegangen, da deren Vermögensverwaltung partikularrechtlich unterschiedlich geregelt ist.

63 Vgl. can. 493 CIC. Im Unterschied zu can. 307 SchPopDei weist der Gesetzestext nun auf die Weisungskompetenz des Bischofs hin (zur Einfügung vgl. Comm 13 [1981] 127). Ob die heutige Zuständigkeit des DVVR für Haushalt und Jahresrechnung durch das deutsche Kirchensteuersystem beeinflusst wurde (so MARRÉ, Kirchenfinanzierung [Fn. 11], 55), lässt sich angesichts der grundlegenden, an Funktionentrennung, Kompetenz und Transparenz orientierten Reform des Vermögensrechts nicht nachweisen.

64 Hier ist insbesondere an die Unterhalts- und Sozialpflicht gegenüber Klerikern und Laienmitarbeitern zu denken (vgl. cann. 231 § 2 und 281 CIC).

65 Vgl. cann. 1267 § 3 und 1300 CIC.

66 Es wäre eine eigene Analyse wert, inwieweit sich aus der Rechtsregel „Nemo potest ad impossibile obligari" (6. Reg. Iur. in VI°; in: FRIEDBERG II, 1122) Mitwirkungsrechte des DVVR zumindest in ökonomischer Sicht ableiten lassen. Bemerkenswert ist der Verzicht auf die Weisungsbefugnis in can. 263 CCEO.

67 So hat die CIC-Reformkommission bereits zu Beginn ihrer Arbeiten diesem Rat die „directio generalis" in wirtschaftlichen Angelegenheiten zugewiesen, dem Ökonomen aber die Ausführung nach dessen Maßgabe (vgl. Comm 5 [1973] 228).

68 Vgl. can. 493 CIC.

69 Vgl. can. 494 §§ 3 und 4 CIC.

70 Vgl. zu den Beispruchsrechten can. 127 CIC; hierzu GÜTHOFF, Elmar, „Consensus" und „consilium" in c. 127 CIC/1983 und c. 934 CCEO, Würzburg 1994; SOCHA, Hubert,

Diözesanbischof ihn zu hören vor der Ernennung oder Absetzung des Diözesanökonoms, der Erhebung diözesaner Steuern sowie dem Setzen von Rechtsakten *maioris momenti*[71], seine Zustimmung einzuholen bei Akten der außerordentlichen Vermögensverwaltung oder solchen, die das Diözesanvermögen potentiell beeinträchtigen.[72] Der DVVR nimmt also die Stellung eines Ratsgremiums ein, im Falle eines Zustimmungsrechtes die eines Aufsichtsorgans.

- Der DVVR unterstützt den Diözesanbischof bei seiner Vigilanz der Vermögensverwaltung der ihm unterstellten Rechtspersonen. Er besitzt (wiederum zum Teil mit dem Konsultorenkollegium) verschiedene Anhörungsrechte[73] sowie insbesondere ein Zustimmungsrecht bei der Erteilung der kirchenaufsichtlichen Genehmigung bei Veräußerungen und veräußerungsähnlichen Rechtsgeschäften.[74] Damit fungiert der DVVR als ein Gremium, das dem Bischof kompetent zur Seite steht. Zudem prüft der DVVR die Jahresrechnung dieser Rechtspersonen[75]; ein positives Resultat ist Voraussetzung für die Erteilung der Entlastung durch den Diözesanbischof, ein negatives Anlass für Beanstandungen. Der DVVR als in Wirtschaftsfragen kundiges Gremium hat somit diesbezüglich dem Diözesanbischof die Entscheidung vorzulegen, an die dieser weitestgehend gebunden ist.[76]

Im Falle der genannten Beispruchsrechte ist der Diözesanbischof verpflichtet, sich als Ratsuchender oder Konsenswerber des DVVR zu bedienen, damit er ihn in wirtschaftlichen Fragen entlaste. Da der Diözesanbischof sich nicht selber beraten oder gar sein eigenes Handeln unabhängig prüfend genehmigen kann, steht ihm dieser Rat dann „gegenüber". Dies bedeutet, dass ihm als Mitglied dieses Rates nur die sogenannten Präsidialrechte zustehen (v. a. Einberufung, Vorsitz, Moderation), er aber nicht befugt ist, sich an der kollegialen Willensbildung dieses Rates durch Abstimmung zu beteiligen oder gar ein dirimierendes Stimm-

---

Grundlegung von Beispruchsrechten der Laien durch das Zweite Vatikanische Konzil, in: FG Scheuermann, 355-378.

71 Vgl. cann. 494 §§ 1 und 2, 1263 und 1277 CIC. Die Steuern nach Maßgabe von can. 1263 CIC entsprechen freilich nicht der deutschen Kirchensteuer.

72 Vgl. cann. 1277 und 1292 § 1 CIC.

73 Dies betrifft die Festlegung der Akte der außerordentlichen Vermögensverwaltung (vgl. can. 1281 § 2 CIC), die endgültige Anlage von Stiftungskapital (vgl. can. 1305 CIC) und die Minderung von Stiftungsverpflichtungen unter bestimmten Umständen (vgl. 1310 § 2 CIC).

74 Vgl. can. 1292 § 1 CIC.

75 Vgl. can. 1287 § 1 CIC.

76 Es geht um eine geordnete Haushaltsführung, die zu prüfen und ggf. zu attestieren ist. Diesbezüglich kann der Diözesanbischof nicht zu einem vom DVVR abweichenden Ergebnis kommen. Lediglich in den sich daraus ergebenden Konsequenzen (z. B. Regressanspruch, disziplinäres Vorgehen) besitzt er im Rahmen der Verwirklichung der Gerechtigkeit und des Schutzes der ungeschmälerten Finanzausstattung der juristischen Person einen gewissen Ermessensspielraum.

recht in Anspruch zu nehmen.[77] Darüber hinaus ist gerade aufgrund der Funktion des DVVR als beratendes oder gar zustimmungsberechtigtes Gremium zu beachten, dass sich dessen Mitglieder unabhängig ein Urteil bilden und entscheiden können. Die Bildung des DVVR in den meisten deutschen Bistümern (überwiegend oder vollständig) aus leitenden Mitarbeitern des Generalvikariates steht dazu in deutlicher Spannung, da sie zum Teil als Entscheidungsträger mit den Angelegenheiten bereits befasst waren oder ansonsten dem Diözesanbischof weisungsgebunden sind.[78] Dem kanonischen Gesetzgeber kommt es bekanntlich nicht auf eine nur förmliche Beachtung der Beispruchsrechte an, sondern auf eine echte Hilfestellung und damit Entlastung durch unabhängige Beratung und Aufsicht.[79]

1.3.2. Der Kirchensteuerrat

Die Aufgaben und Zuständigkeiten des Kirchensteuerrates lassen sich in drei Gruppen einteilen[80], die in sachlogischer Verbindung miteinander stehen:

- Der Kirchensteuerrat legt die Höhe der Kirchensteuer fest.[81] Dabei ist (zum Teil ausdrücklich gefordert) der kirchliche Finanzbedarf zu berücksichtigen, insofern es sich um eine Bedarfsdeckungswirtschaft handelt, was zugleich aber genauere Kenntnis über die Situation des gesamten, nicht nur auf das

---

77 Vgl. den Entscheid der PCI vom 14.5.1985, Responsum ad c. 127 § 1 CIC, in: AAS 77 (1985) 771. Vgl. allgemein ALTHAUS, Rüdiger, in: MK CIC vor 1273, 10; DERS., Rezeption (Fn. 8), 566 f.; ETZEL (Fn. 8), 106 f.; SCHMITZ (Fn. 8), 128 f.

78 Vgl. ALTHAUS, Rezeption (Fn. 8), 570 ff.; SCHMITZ (Fn. 8), 134 ff.; s. auch Fn. 45.

79 So verpflichtet can. 127 § 3 CIC alle, deren Zustimmung oder Rat gefordert wird, ihre Beurteilung aufrichtig vorzutragen. Bei der Zustimmung zu Veräußerungen und veräußerungsähnlichen Rechtsgeschäften werden alle Beteiligten verpflichtet, ihre Zustimmung nur zu erteilen, wenn sie sich genau über die ökonomische Situation der betreffenden Rechtsperson informiert haben (vgl. can. 1292 § 4 CIC).

80 Soweit nicht anders angegeben, finden sich die Belege wie folgt (s. Fn. 14): Augsburg: Art. 7 Satzung Steuerverbände; Dresden-Meißen: § 4 Abs. 1 Satzung Kirchensteuerrat; Freiburg: §§ 9 und 10 Kirchensteuerordnung; Fulda: § 9 Satzung Diözesan-Kirchensteuerrat; Hildesheim: § 4 Satzung Kirchensteuerrat; Paderborn: § 5 Satzung Kirchensteuerrat. Aufgrund der besonderen rechtlichen Situation in Bayern kommen dem Diözesansteuerausschuss über die nachfolgende Klassifikation hinaus folgende Aufgaben zu: „... 8. Bestellung und Entsendung (Delegation) eines weltlichen Mitgliedes in den gemeinsamen Steuerausschuß der bayerischen (Erz-)Diözesen (Art. 39 Abs. II Ziff. 2); 9. Bestellung und Entsendung (Delegation) eines Vertreters in den Schiedsausschuß der gemeinschaftlichen kirchlichen Steuerverbände (Art. 40 Abs. II)."

81 In Bayern kommen dem Diözesansteuerausschuss gemäß § 7 Satzung Steuerverbände in diesem Bereich folgende Kompetenzen zu: „... 2. Antragstellung für eine Änderung des Umlagengesetzes (Art. 8 KirchStG); 3. Festlegung der Grundlagen für die Verwaltung der Kirchenumlagen (Art. 17 Abs. 1 KirchStG); 4. Genehmigung für die Erhebung eines gestaffelten Kirchgeldes (Art. 22 Abs. 1 Satz 2 KirchStG); 5. Verteilung von Kirchenumlagen an kirchliche Stiftungen wie kirchengemeindliche Steuerverbände (Art. 24 Abs. 1 KirchStG); 6. Mitteilung über das Aufkommen an Kirchenumlagen (Art. 24 Abs. 2 KirchStG)."

Kirchensteueraufkommen beschränkten Diözesanhaushaltes verlangt. Allerdings handelt es sich in der Praxis fast um eine formale Kompetenz, da Änderungen des Hebesatzes nur schwer möglich bzw. durchsetzbar sind.[82] In dieser Zuständigkeit des Kirchensteuerrates liegt ein gewisser Anklang an das (bloße) Anhörungsrecht des DVVR vor Erhebung einer kirchlichen Steuer, insofern es in beiden Fällen auf der Grundlage der Mitverantwortung für die Teilkirche gilt, deren finanziellen Bedarf für die Erfüllung der ihr eigenen Aufgaben abzusichern.[83]

- Der Kirchensteuerrat entscheidet oftmals über Anträge auf Erlass oder Stundung der Kirchensteuer.[84] Diese sind vor dem Hintergrund des konkreten Falles, aber auch im Horizont der Steuergerechtigkeit zu prüfen. Der Kirchensteuerrat nimmt dabei sowohl die Stellung einer Interessenvertretung der Kirchensteuerpflichtigen ein als auch eines Trägers der Mitverantwortung für die Teilkirche.
- Der Kirchensteuerrat befindet über Haushalt und Jahresrechnung der Diözese, wobei dieser wiederum in der soeben genannten Doppelfunktion aufscheint. Allerdings begegnen unter den Diözesen auffallende Abweichungen. So kann der Kirchensteuerrat in einer Diözese lediglich Richtlinien über die Verteilung der Kirchensteuer beschließen; die konkrete Ausgestaltung dieser Vorgaben, die Bestimmung der Verwendung anderer Einkünfte sowie die Gestaltung des gesamten Haushaltes der Diözese bleibt Sache des Diözesanbischofs in Zusammenwirken mit dem DVVR.[85] In einer anderen Diözese wirkt der Kirchensteuerrat bei der Feststellung des Haushaltsplanes mit[86], ohne dass dies inhaltlich näher gefüllt wird. In einer weiteren Diözese berät und beschließt der Kirchensteuerrat über den Teil des Haushaltes, der durch

---

82 Dies betrifft zum einen die rechtlich geforderte Einheitlichkeit in einem Bundesland, zum anderen aber auch eine Kontinuität über mehrere Jahre hinaus, die auf Schwankungen des Kirchensteueraufkommens kaum flexibel reagieren kann.

83 Das „tributum" gemäß can. 1263 CIC ist zum einen formalrechtlich von der deutschen Kirchensteuer sorgfältig zu unterscheiden, zum anderen stellt materialrechtlich das „tributum" eine außerordentliche Form der Kirchenfinanzierung dar. Als ordentlicher Weg der Kirchenfinanzierung stehen dem gesamtkirchlichen Gesetzgeber in can. 1262 CIC die „subventiones rogatae" vor Augen, die aber vom österreichischen Kirchenbeitragssystem zu unterscheiden sind. Vgl. SCHULZ, Winfried, in: MK CIC 1262-1263 (mit weiteren Verweisen); ALTHAUS, Rezeption (Fn. 8), 1013-1022.

84 In Dresden-Meißen und Hildesheim kann der Kirchensteuerrat diese Zuständigkeiten einem Ausschuss übertragen. In Bayern kommt eine abweichende Festlegung der Kirchenumlagen, Erlass und Stundung derselben dem Kirchensteueramt zu (Art. 11 Satzung Steuerverbände), in Augsburg dem Beirat für Kirchensteuerfragen (vgl. § 1 des Statuts des Beirats für Kirchensteuerfragen vom 16.12.1993, in: ABl. Augsburg 104 [1994] 24-29). Die Freiburger Kirchensteuerordnung und die Fuldaer Satzung des Diözesan-Kirchensteuerrates enthalten keine Angabe.

85 So in Paderborn. Dies kommt der Vorschrift des can. 493 CIC am nächsten.

86 So in Dresden-Meißen.

die Kirchensteuer gedeckt ist[87], in drei Bistümern berät und beschließt er über deren gesamten Haushalt.[88] Die Beschränkung auf den durch Kirchensteuermitteln gedeckten Teil des Haushaltes scheint zunächst konsequent, doch bleibt zu bedenken, dass dieses Aufkommen den weitaus größten Einnahmeposten ausmacht, bei der Beratung und Beschlussfassung ohnehin der gesamte diözesane Haushalt im Blick stehen muss[89] und eine Aufteilung gleichsam in zwei Haushalte den Eindruck gewisser Vorbehalte der kirchlichen Autorität wecken könnte. Insgesamt gesehen kommt dem Kirchensteuerrat in bezug auf den Haushalt eine ungleich größere Kompetenz als dem DVVR zu.[90]

Hinsichtlich der Jahresrechnung stehen dem Kirchensteuerrat Befugnisse jeweils analog zu denen beim Haushalt zu. Im Fall der reinen Richtlinienkompetenz besitzt der Kirchensteuerrat keine Zuständigkeit hinsichtlich der Prüfung der Mittelverwendung bzw. der Rechnungslegung.[91] Im Falle der nicht näher umschriebenen Mitwirkung gilt dies auch für eine solche bei der Feststellung der Haushaltsrechnung.[92] Die allein auf Kirchensteuermittel begrenzte Zuständigkeit begegnet wiederum bei der Genehmigung der Jahresrechnung und der Erteilung der entsprechenden Entlastung[93], die auf den gesamten Haushalt bezogene Kompetenz korrespondiert mit derjenigen für die gesamte Jahresrechnung.[94] Dem Rat kommt gerade in diesen Diözesen jene Aufsichtsfunktion zu, die sonst dem DVVR zusteht. Erinnert sei an die Vorschrift des CIC, dass den Gläubigen Rechenschaft über die von ihnen aufgewandten Gelder zu geben ist, was allgemein nur im Sinne einer Information erfolgen, in bezug auf einen Kreis

87 So in Fulda.

88 So in Augsburg, Freiburg und Hildesheim.

89 SCHMITZ (Fn. 11), 342 führt aus: „Der Kirchensteuerrat hat bestimmte Befugnisse, auch ein Entscheidungsrecht. Er ist allerdings auf die Kirchensteuer beschränkt. Seine Befugnisse erstrecken sich nicht auf die übrigen Finanzen der Diözese. Entscheidungen in der Finanzgebarung der Diözese können aber sachgerecht nur getroffen werden, wenn ein einziges Gremium für die gesamten Finanzen zuständig ist. Dieser Mangel läßt sich leicht beheben. Das Recht bereitet keine Schwierigkeiten. Da der Bischof in der Einrichtung der Kirchensteuerorgane auf Diözesanebene frei ist und die Funktion des Diözesanverwaltungsrates von einem gleichwertigen Organ übernommen werden kann, ist es möglich, den Kirchensteuerrat und den Diözesanverwaltungsrat in ein Gremium zusammenzufassen."

90 Dies kann unter Umständen dazu führen, dass der Diözesanbischof seine Schwerpunkte nicht ohne weiteres durchzusetzen vermag.

91 Hier wäre eine stärkere, rechtlich verankerte Transparenz anzuregen.

92 So in Dresden-Meißen.

93 So in Fulda.

94 So in Augsburg und Hildesheim. In Freiburg erstellt ein vom Erzbischof im Einvernehmen mit der Kirchensteuervertretung errichteter Rechnungsprüfungsausschuss einen Bericht zwecks Feststellung der Jahresrechnung; die Feststellung der Jahresrechnung obliegt der Kirchensteuervertretung.

von Experten aber durchaus auch den Charakter der Prüfung annehmen kann.[95]

In manchen Diözesen bildet der Kirchensteuerrat einen Ausschuss, dem die Vorberatung der Angelegenheiten zukommt, und dem der Rat mit Zweidrittelmehrheit der anwesenden Mitglieder auch die Beschlussfassung über bestimmte Angelegenheiten übertragen kann.[96] Dies ermöglicht eine flexiblere Arbeitsweise.

Für eine Beschlussfassung[97] wird zumeist die Mehrheit der Stimmen der erschienen Mitglieder gefordert[98], gelegentlich die einfache Mehrheit der abgegebenen Stimmen[99]; bei Stimmengleichheit besitzt der Vorsitzende oftmals ein dirimierendes Stimmrecht.[100] Solange keine förmlichen Beispruchsrechte bestehen oder Aufsicht ausgeübt wird, ist dies durchaus legitim, ja (gerade bei der Beratung und Beschlussfassung über den Haushalt) angemessen; indes bestehen bei der Prüfung und Billigung der Jahresrechnung gravierende Bedenken, insofern hier Aufsicht ausgeübt wird. Ausdrücklich schließen eine Reihe von Diözesen die Beteiligung eines Mitgliedes wegen Befangenheit bei Vorliegen eines persönlichen Interesses aus.[101]

Die Wirksamkeit der Beschlüsse hängt in manchen Diözesen von der Billigung durch den Diözesanbischof ab[102], vier Diözesen behalten ihm ausdrücklich ein Veto-Recht vor. Macht er davon Gebrauch, hat der Kirchensteuerrat erneut zu beraten; in zwei Bistümern entscheidet dieser dann mit ⅔-Mehrheit endgültig, in den beiden anderen kann sich der Diözesanbischof, hält der Rat an seinem Be-

---

95 Vgl. can. 1287 § 2 CIC, der hinsichtlich der Modalitäten auf das Partikularrecht verweist.

96 Freiburg: § 6 Kirchensteuerordnung; Fulda: § 12 Satzung Diözesan-Kirchensteuerrat.

97 Soweit nicht anders angegeben, finden sich die Belege wie folgt (s. Fn. 14): Augsburg: Art. 26 und 27 Satzung Steuerverbände; Dresden-Meißen: § 7 Satzung Kirchensteuerrat; Freiburg: § 8 Kirchensteuerordnung; Fulda: §§ 13 und 14 Satzung Diözesan-Kirchensteuerrat; Hildesheim: § 7 Satzung Kirchensteuerrat; Paderborn: § 8 Satzung Kirchensteuerrat.

98 So in Dresden-Meißen, Fulda, Hildesheim und Paderborn.

99 So in Augsburg und Freiburg. Der Unterschied liegt darin, dass im ersten Fall ungültige Stimmen und Enthaltungen faktisch wie Nein-Stimmen zählen, im zweiten Fall diese von der Anzahl der Erschienenen abgezogen werden, wodurch sich das Konsensquorum reduziert. Beide Systeme haben Vor- und Nachteile, was zum einen in der Repräsentanz des Ergebnisses, zum anderen in der Blockierung eines Ergebnisses durch Enthaltungen und ungültige Stimmen gesehen werden kann (vgl. HEIMERL, Hans / PREE, Helmuth, Kirchenrecht. Allgemeine Normen und Eherecht, Wien 1983, 97).

100 Nur Fulda sieht ein solches nicht vor.

101 Dresden-Meißen, Hildesheim und Paderborn verweisen auf die Befangenheitsgründe gemäß §§ 82-84 und 127 Abgabenordnung; Augsburg sieht Befangenheit als gegeben an, wenn ein Beschluss ein Mitglied selber, einen nahen Verwandten oder eine von ihm vertretene Person betrifft, d. h. einen unmittelbaren Vorteil oder Nachteil bringen kann.

102 So ausdrücklich in Dresden-Meißen, Hildesheim und Paderborn. Die nachfolgend erwähnte Möglichkeit eines Einspruches impliziert zumindest eine stillschweigende Billigung.

schluss fest, über diesen hinwegsetzen.[103] Ohne auf diese insgesamt zu begrüßenden Wege der Konfliktlösung näher einzugehen, bestehen (wie bereits angesprochen) Bedenken in den Fällen, in denen der DVVR Aufsichtsfunktion ausübt.

Die im Kontext des DVVR genannten Beispruchsrechte kommen dem Kirchensteuerrat im allgemeinen nicht zu. Eine Ausnahme scheint zunächst in den bayerischen Diözesen vorzuliegen, in denen der Diözesansteuerausschuss die Aufgaben des DVVR wahrnimmt.[104] In der Tat besitzt der Diözesansteuerausschuss in bezug auf die Rechtsgeschäfte mit diözesanem Vermögen die genannten Beispruchsrechte; die frühere Beschränkung auf die Verwendung von Kirchensteuermitteln ist entfallen.[105] Hinsichtlich der Beispruchsrechte im Kontext der kirchenaufsichtlichen Genehmigung für dem Diözesanbischof unterstellte Rechtspersonen (und hier läge ein erhebliches Arbeitspotential!) gilt jedoch (nach Ansicht der bayerischen Bischöfe konkordatsrechtlich abgesichert[106]), dass diese als kirchliche Stiftungen (v. a. Kirchenstiftungen, Pfründen) der Stiftungsaufsicht der Bischöflichen Finanzkammer unterstehen.[107]

2. Aspekte für eine Zusammenarbeit

Die aufgezeigten Berührungspunkte und Parallelen bei DVVR und Kirchensteuerrat in bezug auf Zusammensetzung und Kompetenzen lassen fragen, ob und inwieweit eine Verschmelzung beider Gremien vorgenommen werden könnte und sollte. Die nachfolgend angesprochenen Aspekte wollen dazu einen Diskussionsbeitrag liefern.

---

103 In Dresden-Meißen und Hildesheim berät und beschließt der Kirchensteuerrat unter Berücksichtigung der Einwände des Bischofs erneut; bleibt er bei seinem Beschluss, entscheidet der Bischof. In Freiburg und Fulda bedarf ein Beschluss, der den Einspruch des Bischofs ganz oder teilweise (endgültig) zurückweist, der Mehrheit von ⅔ der Mitglieder.

104 S. Fn. 18.

105 S. Fn. 19.

106 Verwiesen wird in diesem Kontext auf Art. 10 § 5 BayK, der das Recht der Kirche enthält, auf der Grundlage der bürgerlichen Steuerlisten Umlagen zu erheben.

107 Vgl. Art. 42 und 44 der Ordnung für kirchliche Stiftungen in den bayerischen (Erz-)Diözesen i. d. F. v. 1.7.1988 (in: ABl. Augsburg 98 [1988] 390-429), zuletzt geändert am 5.3.1997, in: ABl. Augsburg 107 [1997] 304-309); bzgl. des Begriffsinhaltes „Kirchliche Stiftung" s. Art. 1 Abs. II. Eine weitere Zuständigkeit besteht als Anhörungsrecht bei der Festlegung der Akte der außerordentlichen Vermögensverwaltung (vgl. can. 1281 § 2 CIC). Diese aber ist durch eine Empfehlung der Bischofskonferenz (zumindest ohne erkennbare Mitwirkung der diözesanen DVVR) erfolgt. Zu dieser Thematik vgl. ALTHAUS, Rüdiger, Wi(e)der den Partikularismus. Zur Problematik der Partikularnorm Nr. 19 der Deutschen Bischofskonferenz zu c. 1292 § 1 CIC, in: ThGl 87 (1997) 409-422.

2.1. Ein Gremium – drei Ausschüsse

Mit DVVR und Kirchensteuerrat bestehen in Deutschland zwei Gremien auf diözesaner Ebene, deren Kompetenz auf dem Sektor der diözesanen Vermögensverwaltung liegt und deren Aufgabenbereiche nicht nur eng beieinander liegen, sondern sich oftmals überlagern. Zwar mag man formal die Zuständigkeit des Kirchensteuerrates auf die Kirchensteuer begrenzt sehen wollen und geneigt sein, Projekte, die allein aus anderen Mitteln finanziert werden, der Entscheidung des Diözesanbischofs und evtl. beispruchsberechtigter Gremien zuzuweisen, doch würde dies zu einer Aufsplitterung der Zuständigkeit und damit zur Unübersichtlichkeit führen.[108] Vielmehr ist zu bedenken, dass in allen deutschen Diözesen das Kirchensteueraufkommen den weitaus größten Teil der Einnahmen ausmacht, so dass Entscheidungen über die Verwendung anderer Mittel höchstens personell, nicht aber sachlich getrennt getroffen werden können. Da im Zentrum allen Bemühens, Beratens und Beschließens die gesamte Finanzlage der Diözese als materielle Absicherung der ihr eigenen Aufgaben steht, wäre nicht nur im Sinne einer Verwaltungsvereinfachung, sondern auch aus sachlichen Gründen die Übertragung der Zuständigkeit an ein einziges Gremium höchst sinnvoll. Das Desiderat einer solchen Verbindung zeigt sich im übrigen schon daran, dass der Kirchensteuerrat in manchen Diözesen bereits weitgehende Kompetenzen für deren Haushalt und Jahresrechnung innehat und zwei der untersuchten Diözesen die Mitgliedschaft des DVVR im Kirchensteuerrat vorsehen.

Es könnte erwogen werden, die Aufgaben des Kirchensteuerrates dem DVVR, bestehend aus ernannten Mitgliedern, zu übertragen. Dies würde aber der deutschen Tradition, ja, denkt man z. B. an die Verwaltung der Ortskirchensteuer durch die örtlichen Kirchenvorstände, der hundertjährigen Gewohnheit einer demokratisch legitimierten Interessenvertretung der Steuerpflichtigen, die über die Verteilung der Mittel entscheidet, sowie wohl auch der staatlichen Erwartung widersprechen. Daher legt sich eher nahe, die Aufgaben des DVVR dem Kirchensteuerrat zu übertragen und somit eine partikularrechtlich begründete und bewährte Form der Mitverantwortung der Christgläubigen fruchtbar zu machen. Dadurch könnte sich beispielsweise auch der eine oder andere Vorschlag für eine effizientere Verwaltung (in organisatorischer oder wirtschaftlicher Hinsicht) ergeben.

Blickt man auf die Zuständigkeiten des DVVR in bezug auf die dem Diözesanbischof unterstellten Rechtspersonen (v. a. Kirchengemeinden), ist zu bedenken, dass deren gewöhnlicher Haushalt und besondere Projekte wiederum größtenteils durch Kirchensteuermittel finanziert werden. Daher kann als legitim angesehen werden, dass der Kirchensteuerrat auch die Beispruchsrechte des DVVR wahrnimmt. Obgleich der Kirchensteuerrat mit dem Diözesanhaushalt bereits quasi über den Rahmenfinanzplan befindet, würde hieraus nun auch eine

---

[108] Es sei daran erinnert, dass die bayerischen Diözesen diese Trennung aufgegeben haben.

dezidierte Kenntnis der wirtschaftlichen Situation der einzelnen Rechtspersonen und dort vorhandener Desiderate resultieren, was dem Informationsfluss dient.

Indes ergeben sich aus diesen Beispruchsrechten vor dem Erteilen einer kirchenaufsichtlichen Genehmigung an unterstellte Rechtspersonen ein erhebliches Arbeitspensum und damit im Hinblick auf den Charakter des Kirchensteuerrates als ein Gremium Ehrenamtlicher die Frage der Praktikabilität, so dass deren Einsatzbereitschaft nicht über Gebühr belastet wird.[109] Daher empfiehlt sich die Einrichtung von Ausschüssen[110], wobei die Aufgabenumschreibung sich an den originären Sachgebieten der beiden Räte orientieren kann: Beispruchsrechte (DVVR), Haushaltsfragen (einschließlich Billigung der Jahresrechnung) sowie Fragen im Kontext der Erhebung der Kirchensteuer.[111] Dem Ausschuss würde dann die Vorbereitung einer Entscheidung des Gesamtgremiums zukommen, doch könnte ihm dieses auch zwecks Entlastung (v. a. im Rahmen bestimmter Vorgaben) Entscheidungskompetenzen widerruflich übertragen.

2.2. Bestellung der Mitglieder: Wahl contra Ernennung?

Der DVVR kann wegen seiner Beispruchskompetenzen nicht (vollständig oder größtenteils) aus Mitarbeitern des Generalvikariates gebildet werden. Vielmehr muss es sich um ein Gremium aus sachkundigen Gläubigen ohne das genannte Beschäftigungsverhältnis handeln, was für die Mitgliedschaft im Kirchensteuerrat bereits häufiger gefordert wird.[112] Dies erfordert entweder personell ein Gremium neben dem Kirchensteuerrat oder zur Vermeidung von Parallelstrukturen ein einziges.

Eine Übertragung der Aufgaben des DVVR an den Kirchensteuerrat wäre also auch unter diesem Aspekt zu erwägen, könnte jedoch dem Einwand begegnen, der kodikarische Gesetzgeber schreibe die Ernennung der Mitglieder des DVVR durch den Diözesanbischof vor, während die meisten Mitglieder des Kirchensteuerrates gewählt werden. Zwar mag man hier zwei unterschiedliche Bestellungsmodalitäten sehen[113], die gar einerseits als sachkompetentes Ratsgremium des Diözesanbischofs im Sinne einer synodalen Strukturierung und andererseits als rein demokratisch legitimierte Interessenvertretung der Kirchensteuerpflichtigen polarisiert werden könnten. Da die untersuchten Regelungen des Kirchen-

---

109 S. hierzu auch Abschnitt 1.3.2. Dieses Problem stellt sich in Bayern nicht, da die Zuständigkeit für die stiftungsaufsichtliche Genehmigung bei der Bischöflichen Finanzkammer liegt.

110 Möglich wäre freilich eine ausschließliche Vorbereitung der Beratungs- und Beschlussgegenstände durch das Generalvikariat, doch handelt es sich um Mitarbeiter des Beispruchswerbers, so dass die Prüfung durch die Beispruchsberechtigten möglicherweise zu kurz kommen könnte.

111 In der Mitgliedschaft des DVVR im Kirchensteuerrat könnte man – mit allem Vorbehalt – die erste Vorstufe eines solchen Ausschusses sehen.

112 S. Fn. 55.

113 Erinnert sei an das weite Bedeutungsspektrum des Begriffes „nominare“ (s. Fn. 27).

steuerrates zumeist Kenntnisse der Mitglieder in wirtschaftlichen Fragen fordern, bildet die Sachkompetenz keinen Unterschied zwischen beiden Gremien. Da die Eignungskriterien für ein synodales Gremium vorhanden sind und es um die kompetente Unterstützung des Diözesanbischofs auf einem für ihn fachfremden, für die Seelsorge aber notwendigen Gebiet geht, kann ein mit weitreichenden Kompetenzen ausgestatteter Kirchensteuerrat als wichtiges Bindeglied zwischen den genannten Polen angesehen werden.

Es wäre denkbar, dass sich der Diözesanbischof im Sinne einer Selbstbindung verpflichtet, die Wahl der Vertreter in den Kirchensteuerrat zu bestätigen und so die Gewählten zu ernennen; diesen Weg haben die bayerischen Bischöfe bereits beschritten. Die Interessen des Diözesanbischofs werden durch die Möglichkeit weiterer Berufungen gewahrt. Sollte ein Diözesanbischof Bedenken gegen eine solche Selbstbindung erheben, könnten durchaus Reflexionen über eine Modifikation des Wahlverfahrens angestellt werden, die hier nicht im einzelnen zu erwägen sind. So wäre beispielsweise möglich, dass der Bischof den Wahlgremien Kandidaten zur Wahl benennt oder das Wahlgremium eine größere Anzahl von Kandidaten vorschlägt, aus denen der Bischof dann auswählt (was freilich aufgrund der demokratischen Tradition sehr gewöhnungsbedürftig wäre). Letztlich wäre nicht auszuschließen (was im wesentlichen dem heutigen System entspricht), dass die gewählten Mitglieder (abgesehen von wenigen Ernannten bzw. Mitgliedern kraft Amtes) dem Ausschuss „Erhebung der Kirchensteuern“ angehören, vom Bischof Ernannte aber den Ausschüssen „Beispruchsrechte“ und „Haushalt“, und alle drei Ausschüsse zusammen den Kirchensteuerrat bilden.

Schließlich könnte der Einwand begegnen, die meisten Mitglieder des Kirchensteuerrates seien Laien. Bei dem genannten Modell würde also auch die Ausübung der Beispruchsrechte einem zumeist mit Laien besetzten Gremium bzw. Ausschuss zufallen, das Handeln des Bischofs durch Verweigerung der Zustimmung durch dieses gar blockiert werden.[114] Indes sei angemerkt, dass der Codex Iuris Canonici die Mitglieder des DVVR *christifideles* nennt, der gesamtkirchliche Gesetzgeber auf fachliche Kompetenz abstellt.

Sowohl beim DVVR als auch zumeist beim Kirchensteuerrat kommt dem Diözesanbischof bzw. dem Generalvikar oder einem von ihm Beauftragten der Vorsitz zu. Aus den bereits genannten Gründen ist auch im Falle einer Vereinigung sorgfältig zu unterscheiden, in welchen Fällen die Vorsitzenden sich uneingeschränkt an der kollegialen Willensbildung beteiligen und ggf. sogar dirimierend stimmen können, und wann (nämlich in den Fällen der Beispruchsrechte) ihnen nur die Präsidialrechte zukommen.[115]

---

114 S. Abschnitt 1.2.1.

115 Darüber hinaus ist stets zu beachten, dass ein Mitglied bei persönlicher oder dienstlicher Beteiligung am Beratungsgegenstand sein Stimmrecht nicht ausübt (s. auch Fn. 101).

2.3. Weitere Aspekte einer effizienten Arbeit

Über die Bildung von Ausschüssen hinaus ist die Arbeit eines solchen vereinigten, zumeist aus Ehrenamtlichen bestehenden Rates möglichst effizient zu gestalten. Zunächst wäre zu bedenken, dass nicht jede Angelegenheit, die heute gemäß Partikularrecht dem DVVR zur Beratung oder Entscheidung vorgelegt wird, Materie dieses Rates sein muss. Ein Gremium, dem im vermögensrechtlichen Bereich Beispruchsrechte zukommen, muss aber gleichwohl in der Lage sein, häufiger zu Sitzungen zusammenzukommen, um Entscheidungen treffen zu können. So sollte in zeitlicher Hinsicht eine etwa monatliche Sitzung möglich sein.[116] Daher ist bei einer Übertragung von Aufgaben des DVVR an den Kirchensteuerrat die Sicherung der Flexibilität dieses Gremiums zu bedenken. Zur Entlastung des Gesamtgremiums wäre denkbar, größere Projekte (z. B. Baumaßnahmen, Personalbedarf in Einrichtungen) einmal zu beraten und zu beschließen, die Beispruchsrechte bei der Genehmigung einzelner daraus resultierender Rechtsakte / -geschäfte im Rahmen bestimmter Vorgaben einem Ausschuss zu übertragen.

Auch der räumliche Aspekt spricht für die Einrichtung von Ausschüssen, da weniger Mitglieder zusammenkommen müssen, denn gerade in flächenmäßig großen Diözesen sind erhebliche Anfahrtswege zu bewältigen.[117] In wenigen Jahren dürfte sich dieses Problem indes auch durch das Etablieren von Video-Konferenz-Schaltungen lösen lassen.

Eine Schwierigkeit kann bei einer umfassenden Kompetenz des Kirchensteuerrates in bezug auf den Haushalt der Diözese aus einer unterschiedlichen Schwerpunktsetzung bei diesem und beim Diözesanbischof resultieren, da letzterer nicht die Weisungsbefugnis besitzt, die der CIC diesem gegenüber dem DVVR einräumt.[118] Freilich liegt der weitaus größte Teil des Haushaltes aufgrund bestehender Verpflichtungen fest, doch könnten sich Differenzen wegen einer langfristigen Umschichtung (z. B. wegen Konsolidierung) des Haushaltes oder in bezug auf ein bestimmtes Objekt ergeben, das der eine für geboten hält, der andere aber nicht. Für solche Probleme sollte von vorneherein ein rechtliches Procedere vorgesehen werden. Es wäre an ein Veto-Recht des Diözesanbischofs zu denken, wie in den Ordnungen der Kirchensteuerräte zum Teil verankert, so dass der Kirchensteuerrat erneut beraten muss. Ob bei unveränderter Beschlusslage dieser mit ⅔-Mehrheit endgültig entscheidet[119] oder der Diözesanbi-

---

116 Erinnert sei an die Vorschrift, dass ein Dekret der Verwaltung, für dessen Erlass ein rechtliches Interesse besteht, innerhalb von drei Monaten zu erlassen ist. Kommt der Ordinarius dem nicht nach, wird nicht nur eine ablehnende Antwort vermutet, was den Weg des hierarchischen Rekurses eröffnet, die Verantwortlichen können gar schadensersatzpflichtig sein (vgl. can. 57 CIC).

117 Als Tagungsort wäre nicht unbedingt stets die Bischofsstadt geeignet, sondern ein zentraler gelegener Ort.

118 Vgl. can. 493 CIC.

119 Vgl. Fn. 102 und 103.

schof, wäre eher mit Blick auf den Gegenstand zu klären: Finanzwirtschaftliche Notwendigkeit oder aber pastorale Projekte.

3. Ergebnisssicherung

Mit dem Kirchensteuerrat besteht in Deutschland seit vielen Jahrzehnten ein demokratisch legitimiertes Gremium, das dem deutschen Kirchensteuersystem entspringt. Abgesehen von (selten anzutreffenden) Mindestanforderungen hinsichtlich dieses Rates in staatlichen Kirchensteuergesetzen normiert allein kirchliche (diözesane) Gesetzgebung Zusammensetzung, Kompetenzen und Arbeitsweise dieses Gremiums. Daneben steht kraft kodikarischer Vorschrift der DVVR als verpflichtende Einrichtung, der insbesondere durch Beispruchsrechte den Diözesanbischof bei der Vermögensverwaltung unterstützt.

Die Bestimmungen hinsichtlich der Bildung von DVVR und Kirchensteuerrat weichen insofern voneinander ab, als dass die Ernennung auf der einen, die Wahl der meisten Mitglieder auf der anderen Seite steht, doch wäre möglich, dass der Diözesanbischof im Sinne einer Selbstbindung sich das Ergebnis der Wahl zu eigen macht und eventuell zusätzliche Berufungen vornimmt. Die Vorschriften zur fachlichen und persönlichen Qualifikation der Mitglieder sind im wesentlichen vergleichbar, so dass der Diözesanbischof auch im Kirchensteuerrat ein kompetentes Beratungsgremium hat.

Die Kirchensteuerräte besitzen in den untersuchten Diözesen in bezug auf die Verabschiedung des Haushaltes weitergehende Kompetenzen als der DVVR nach Maßgabe des CIC, in bezug auf die Jahresrechnung nimmt er öfter dessen Aufgaben wahr. Es verbleiben die Beispruchsrechte bei einzelnen Rechtsgeschäften und Zuständigkeiten im Bereich der Kirchensteuererhebung als jeweils originäre Gebiete der jeweiligen Gremien.

In Anbetracht einer Verwaltungsvereinfachung und zur Vermeidung von Parallelstrukturen mag geprüft werden, ob die Aufgaben des DVVR dem Kirchensteuerrat übertragen werden sollten. Dies lässt sich aber aufgrund des Arbeitspensums und der notwendigen Flexibilität nur leisten, wenn Ausschüsse gebildet werden, die Vorberatungen vornehmen oder gar (kraft besonderer Übertragung durch das Gesamtgremium) Entscheidungsbefugnis haben. Die für einen solchen Schritt der Vereinigung beider Gremien erforderlichen weiteren rechtlichen Anpassungen stellen kein besonderes Hindernis dar.[120] Ein Mindestziel aber sollte

---

120 Abschließend sei SCHMITZ (Fn. 8), 134 f. zitiert: „Im partikularrechtlichen Bereich bereitet die Abgrenzung zwischen dem universalkirchlich geforderten DVVR und dem staatskirchenrechtlich bedingten Kirchensteuerrat (oder Diözesansteuerausschuß) einige Schwierigkeiten. Diese ließen sich dadurch beheben, daß der DVVR als Kirchensteuerrat gebildet wird. Die staatlichen Vorgaben für die Kirchensteuerräte enthalten nur wenige Mindestforderungen und überlassen die nähere Ausgestaltung der Normen über die Zusammensetzung der Kirchensteuerräte und die Berufung ihrer Mitglieder dem Selbst-

darin bestehen, dass die Mitglieder des DVVR (gebildet aus dienstlich nicht von den Beratungsgegenständen Betroffenen) auch dem Kirchensteuerrat angehören, der weitreichende Befugnisse in bezug auf Haushalt und Jahresrechnung haben muss.

bestimmungsrecht der Kirche. Daher widerspricht die in c. 492 CIC normierte Anzahl und Berufung der Mitglieder des DVVR nicht den staatskirchenrechtlichen Vorgaben."

Aufsicht über kirchliche Stiftungen

Helmuth Pree

1. Problemstellung

Die Frage nach der Verantwortlichkeit, die den kirchlichen Organen aus ihrer Aufsichtspflicht über Einrichtungen mit kirchlichem Zweck erwächst, hat in den vergangenen Jahren merklich an Bedeutung zugenommen. Im Mittelpunkt des Interesses stehen dabei rechtlich selbständige Einrichtungen, sei es, dass sie nur in kirchlicher oder nur in staatlicher Rechtspersönlichkeit (z. B. als e. V. oder als GmbH) bestehen, oder sei es, dass sie in der Doppelexistenz als juristische Person kirchlichen und staatlichen Rechts (wie dies häufig bei kirchlichen Stiftungen der Fall ist)[1] existieren.

Im folgenden soll für den Bereich der katholischen Kirche – schwerpunktmäßig der *Ecclesia Latina* – den Rechtsgrundlagen, der Zuständigkeit, dem Ziel sowie den Instrumenten der Aufsicht über rechtlich selbständige[2] kirchliche Stiftungen im geltenden Recht nachgegangen werden. Da einerseits das kanonische Recht mit der gleichzeitigen zivilen Rechtsfähigkeit einer kanonischen Stiftung

---

1 Vgl. MENGES, Evelyne D., Die kirchliche Stiftung in der Bundesrepublik Deutschland. Eine Untersuchung zur rechtlichen Identität der kirchlichen Stiftung staatlichen Rechts mit der kanonischen Stiftung, St. Ottilien 1995. Die Frage, ob es möglich ist, eine „kirchliche Stiftung" nur als juristische Person nach staatlichem, nicht auch nach kirchlichem Recht zu errichten (analog zu Caritasverbänden, welche Rechtspersönlichkeit nur als e. V., nicht aber nach kanonischem Recht besitzen), ist m. E. sowohl aus dem Gesichtspunkt des kanonischen, als auch des staatlichen Rechts bejahend zu beantworten, bei letzterem vorbehaltlich einer abweichenden Definition der „kirchlichen Stiftung" in einem Landesstiftungsgesetz. Die Frage kann aber hier nicht weiter vertieft werden.

2 Das kanonische Recht unterscheidet die rechtsfähige Stiftung (*pia fundatio autonoma*), welche von der zuständigen kirchlichen Autorität als juristische Person errichtet wurde, und die *pia fundatio non autonoma* als nicht rechtsfähige „Zustiftung" zugunsten einer öffentlichen kirchlichen juristischen Person (cann. 1303 § 1 CIC; 1047 § 1 CCEO). Bei der Zustiftung ist rechtsdogmatisch zu unterscheiden, ob sie mit der Anordnung versehen ist, dass das übertragene Vermögen dem nämlichen Zweck wie die bedachte juristische Person zu dienen bestimmt ist, oder mit der Auflage, dass das übertragene Vermögen oder dessen Erträgnisse einem anderen (wenngleich ebenso kirchlichen) Zweck dienen sollen. Das kanonische Recht unterscheidet nicht explizit zwischen diesen beiden Arten von „Zustiftungen"; anders Art. 8 I und II KiStiftO (Bayern). Häufig wird der Ausdruck „Zustiftung" für beide Arten verwendet.

rechnet[3] und da andererseits in Deutschland das staatliche (Stiftungs-)Recht die kirchlichen Stiftungen explizit berücksichtigt, sind die angeschnittenen Fragen aus dem Blickwinkel beider Rechtsordnungen zu beantworten. Von besonderem Interesse ist, wie sich bei „kirchlichen Stiftungen" die staatliche Stiftungsaufsicht zur kirchlichen verhält. Dabei ist, nachdem die Stiftungsgesetze in der zweiten Hälfte des 20. Jahrhunderts die letzten Reste der staatskirchenhoheitlichen Stiftungsaufsicht beseitigt haben,

> „in besonderem Maß ein Ausgleich zwischen der Verantwortung des Staates für den weltlichen Rechtsverkehr und der verfassungsrechtlichen Garantie der kirchlichen Eigenständigkeit zu suchen."[4]

Soweit auf Landesrecht zurückzugreifen ist, wird jenes von Bayern[5] und jenes von Baden-Württemberg[6] exemplarisch berücksichtigt, was im gegebenen Rahmen aber nur andeutungsweise geschehen kann.

2. Rechtsgrundlagen der Stiftungsaufsicht, Zuständigkeit

2.1. Kanonisches Recht

Vorauszuschicken ist, dass beide *sedes materiae* des Stiftungsrechts im CIC, nämlich das Recht der juristischen Personen (cann. 113-123 CIC) und das Vermögensrecht (cann. 1254-1310), das eigenständige Rechtsinstitut einer speziellen Stiftungsaufsicht nicht kennen[7], obwohl die Bindung an den Stifterwillen

---

[3] Mehrere Bestimmungen des kanonischen Vermögensrechts lassen die Tendenz erkennen, dass speziell dort, wo es auf die Wirksamkeit bzw. Durchsetzbarkeit und Anerkennung von Rechtsformen, Rechtswirkungen und Rechtsgeschäften ankommt, nach Möglichkeit eine Kongruenz mit dem jeweiligen staatlichen Recht im Sinne des kanonischen Rechts angestrebt wird: vgl. cann. 668 § 4; 1259; 1274 § 5; 1284 § 2; 1286, 1°; 1288; 1290; 1296; 1293 § 2; 1299 § 2 CIC; vgl. PREE, Helmuth, Grundfragen des Rechts und der Verwaltung kirchlichen Vermögens (Teil I), in: Folia Theologica 9 (1998) 53. Dies gilt auch für den CCEO: vgl. z. B. cann. 1020 §§ 1 und 2; 1034 CCEO.

[4] CAMPENHAUSEN, Axel von, Staatskirchenrecht, München [3]1996, 323.

[5] Bayerisches Stiftungsgesetz in der Fassung der Bekanntmachung v. 19.12.2001, in: GVBl. Bayern 207 (2002) 10, BayRS 282-1-1-UK/WFK, sowie Verordnung zur Ausführung des BayStiftG, in: GVBl. Bayern 207 (2002) 23, BayRS 282-1-1-1-UK/WFK.

[6] Stiftungsgesetz für Baden-Württemberg v. 4.10.1977 i. d. F. v. 23.7.1993, in: GBl. BW 40 (1993) 533. Als Beispiel einer kirchlichen Stiftungsordnung beschränkt sich die Darstellung für Baden-Württemberg auf das Bistum Rottenburg-Stuttgart.

[7] Dies gilt auch für den CCEO, der so wie der CIC das Recht der *piae fundationes* auf die zwei Materien über die juristischen Personen (cann. 920-930) und über die frommen Willensverfügungen und Stiftungen (cann. 1043-1054) aufteilt und dessen stiftungsrechtliche Regelungen in der Substanz denen des CIC entsprechen, ausgenommen die im CCEO fehlende Unterscheidung zwischen *persona iuridica publica* und *persona iuridica privata*.
PIRSON weist darauf hin, dass die moderne Stiftungsaufsicht als eigenständiges Rechtsinstitut keine Tradition im kanonischen Recht besitzt, sondern sich der Staatsaufsicht

und die Sicherung seiner Beachtung zu den obersten Grundsätzen des kanonischen Stiftungsrechts gehört.[8]

Stiftungsaufsicht ist als hoheitliche Aufsichtsbefugnis eine Erscheinungsform der mittelbaren Vermögensverwaltung (vigilantia), welche in Leitungs- und Aufsichtsbefugnissen hierarchischer Natur über die unmittelbare Verwaltung besteht.[9] Als solche ist sie, wie in der historischen Entwicklung, Bestandteil des allgemeinen und umfassenden Leitungs- und Aufsichtsrechts der zuständigen hierarchischen Autorität. Ähnlich wie sie beim Papst ohne weiteres in dessen Jurisdiktionsprimat enthalten ist (cann. 331; 1273 CIC) und deshalb keiner eigenen Erwähnung bedarf, ist sie in der umfassenden Hirtengewalt des Diözesanbischofs und der ihm rechtlich Gleichgestellten eingeschlossen (cann. 381 §§ 1 und 2; 1276 §§ 1 und 2 CIC). Implizit ist die bischöfliche Stiftungsaufsicht auch erfasst von can. 391 § 1 CIC, der den Diözesanbischof bevollmächtigt, die ihm anvertraute Teilkirche nach Maßgabe des Rechts mit gesetzgebender, vollziehender und richterlicher Gewalt zu leiten, zumal dies die partikulargesetzliche Regelung der Stiftungsaufsicht impliziert. Darüber hinaus ist can. 392 CIC zu nennen, der die bischöfliche Kompetenz zur Urgenz der Befolgung aller kirchlichen Gesetze (§ 1) sowie zur Verhinderung von Missbräuchen u. a. in der kirchlichen Vermögensverwaltung festlegt (§ 2). Gemäß can. 397 CIC unterliegen der bischöflichen Visitation Personen, katholische Einrichtungen sowie heilige Sachen und Orte, die sich im Bereich der Diözese befinden (can. 397 § 1 CIC). Darunter fallen auch die kirchlichen Stiftungen. Explizit ist der Ordinarius der Vollstrecker aller frommen Willensverfügungen sowohl von Todes wegen als auch unter Lebenden (can. 1301 § 1 CIC).[10] Can. 1302 CIC statuiert eine nicht

---

verdankt, „die das Handeln nichtstaatlicher Organe im Sinne der staatlichen Belange gewährleisten soll und ... insoweit Produkt des neuzeitlichen Staatsverständnisses" ist: PIRSON, Dietrich, Das Stiftungsrecht des Codex Iuris Canonici, in: HOPT, Klaus J. / REUTER, Dieter (Hg.), Stiftungsrecht in Europa. Stiftungsrecht und Stiftungsrechtsreform in Deutschland, den Mitgliedsstaaten der Europäischen Union, der Schweiz, Liechtenstein und den USA, Köln 2001, 566. Vgl. ACHILLES, Wilhelm-Albrecht, Die Aufsicht über die kirchlichen Stiftungen der evangelischen Kirchen in der Bundesrepublik Deutschland, Tübingen 1986, 103-115. Zu beachten bleibt allerdings, dass bereits das Tridentinum die Bischöfe zu Vollstreckern aller frommen Willensverfügungen gemacht und ihnen das *ius visitandi* bezüglich aller frommen bzw. caritativen Einrichtungen („hospitalia, collegia quaecumque, ac confraternitates laicorum ... eleemosynas montes pietatis sive caritatis, et pia loca omnia, quomodocumque nuncupentur ...") eingeräumt hat sowie den „administratores quorumcumque piorum locorum" die Rechenschaftspflicht gegenüber ihrem Bischof auferlegt hat, wenn nicht ausdrücklich in der Stiftung eine andere Regelung getroffen war: Tridentinum, Sessio XXII, cap. 8 und 9 de ref.

8 Vgl. cann. 121; 122; 123; 1267 § 3; 1287; 1299 § 2; 1300-1302; 1307 CIC. Vgl. MENGES (Fn. 1), 307 f.

9 Vgl. HEIMERL / PREE, VermR, Rn. 3/2.

10 Auf Grund dieses Rechts muss der Ordinarius, auch durch Visitation, darüber wachen, dass die frommen Verfügungen erfüllt werden. Alle übrigen Vollstrecker sind ver-

abdingbare Mitteilungspflicht bezüglich treuhänderisch übernommenen Vermögens, dessen Sicherung sowie der Gewährleistung der Erfüllung der frommen Verfügung (can. 1302 §§ 1 und 2 CIC). Dabei ist unerheblich, ob die Stiftung kirchlich als *persona iuridica privata* oder als *persona iuridica publica* errichtet ist (vgl. can. 116 § 1 CIC).[11]

Im kanonischen Recht gründet Stiftungsaufsicht im umfassenden Leitungs- und Aufsichtsrecht der hierarchischen Autorität. Deshalb ist sie eine kirchenrechtlich nicht eigens konturierte Erscheinungsform des Hoheitsrechts der Autorität. Stiftungsaufsicht impliziert daher nach dem universalen Kirchenrecht, zumal auch eine Legaldefinition der Stiftungsaufsicht fehlt, alle von der Autorität in Bezug auf Stiftungen beanspruchten hoheitlichen (kirchenamtlichen) Befugnisse.

Über die Rechtsgrundlage in der hierarchischen Autorität selbst hinaus lässt der CIC noch einen weiteren Rechtsgrund der Stiftungsaufsicht erkennen: das Recht jedes handlungsfähigen Menschen, durch Verfügung unter Lebenden oder von Todes wegen sein Vermögen frommen Zwecken zuzuwenden (can. 1299 § 1 CIC). Diese Norm bedeutet – zusammen mit der strikten Verpflichtung der kirchlichen Autorität zur getreulichsten („diligentissime") Erfüllung des Stifter- und Spenderwillens (cann. 1300; 1267 § 3; 531; 221-223 CIC)[12] und den Normen zur Sicherung dieser Pflicht (cann. 1287 § 2; 1299 § 2; 1301; 1302; 1307 §§ 1 und 2 CIC)[13] – eine Anerkennung der Stifterautonomie und eine Anerkennung der Stiftung selbst, welch letztere in den Vorschriften über die juristische Person (cann. 113 § 2-123 CIC) eine eigene Bestandsgarantie besitzt.[14] Zuständiger Ordinarius ist für alle ihm unterstellten juristischen Personen der Ortsordinarius. Bei juristischen Personen des Ordensrechts (vgl. can. 634 § 1 CIC) steht die Kompetenz zur Stiftungsaufsicht dem zuständigen höheren Oberen des betreffenden Verbandes zu (vgl. can. 134 §§ 1 und 2 CIC). Für überdiözesane und nationale Stiftungen enthält der CIC keine der vereinigungsrechtlichen Norm des can. 312 § 1, 2° CIC (welche der Bischofskonferenz die Zuständigkeit bezüglich nationaler Vereine zuweist) vergleichbare Norm. Im Falle von Stiftungen muss daher auf die allgemeinen Kompetenzregeln gemäß cann. 391; 475

---

pflichtet, dem Ordinarius nach Erledigung ihrer Aufgabe Rechenschaft abzulegen (can. 1301 § 2 CIC). Klauseln in letztwilligen Verfügungen, die diesem Recht des Ordinarius entgegenstehen, sind als nicht hinzugefügt zu betrachten (can. 1301 § 3 CIC). Für den CCEO entsprechend: can. 1045 §§ 1-3 CCEO.

11 Letzteres wäre freilich nur dann möglich, wenn es mit dem Stifterwillen vereinbar ist, und hätte zur Folge, dass das Vermögen der Stiftung Kirchengut (*bona ecclesiastica* gem. can. 1257 § 1 CIC) wird und als solches den Normen des 5. Buches des CIC unterliegt.

12 Vgl. cann. 1044; 1016 § 1; 291; 24-26 CCEO.

13 Vgl. cann. 1031 § 2; 1043 § 2; 1045-1046; 1051 §§ 1 und 2 CCEO.

14 Diese Bestandsgarantie ist als *ius quaesitum* (vgl. can. 4 CIC) ebenfalls Gegenstand eines besonderen rechtlichen Schutzes.

§ 1; 479 § 1; 1301-1302 CIC[15] zurückgegriffen werden. Stets liegt die stiftungsrechtliche Zuständigkeit beim Ortsordinarius des Sitzes der Stiftung.[16]

Diese Vorgaben des universalen Rechts bilden einerseits den Rechtstitel, andererseits den verbindlichen Rahmen, innerhalb dessen Stiftungsaufsicht im kirchlichen Partikular- und Statutarrecht näher geregelt werden kann. Das Partikularrecht sowohl der bayerischen Diözesen als auch der Diözese Rottenburg-Stuttgart weist die Kompetenz zur Stiftungsaufsicht dem Diözesanbischof zu; die Wahrnehmung der Aufsicht obliegt in den bayerischen Diözesen der (erz-)bischöflichen Finanzkammer als kirchlicher Stiftungsaufsichtsbehörde, im Bistum Rottenburg-Stuttgart dem Diözesanverwaltungsrat (als kirchlicher Stiftungsbehörde im Sinne des StiftG BW).[17] Trotz der Lückenhaftigkeit der universalrechtlichen Regelungen der Stiftungsaufsicht gewinnt diese für die kirchliche Autorität besondere Relevanz auf dem Umweg über das staatliche Recht[18], an das sich die deutschen partikularen Gesetzgeber und Statuten zu halten pflegen.

2.2. Staatliches Recht

Das GG enthält keine explizite Regelung des Stiftungswesens, setzt dieses aber in verschiedenen Bestimmungen voraus.[19] Gemäß Art. 87 III GG hat der Bund bei öffentlich-rechtlichen Stiftungen, die bundesunmittelbar sind, die ausschließliche Gesetzgebungskompetenz; für privatrechtliche Stiftungen hat der Bund konkurrierende Kompetenz gemäß Art. 74 Ziff. 1 i. V. m. Art. 72 GG. Bei landesunmittelbaren Stiftungen liegt die Gesetzgebungskompetenz bei den Ländern (vgl. Art. 70 I GG).[20] Art. 19 III GG anerkennt die rechtsfähigen Stiftungen implizit (als juristische Personen) als Träger der Grundrechte, soweit diese ihrem Wesen nach auf juristische Personen anwendbar sind.

Die verfassungsrechtlichen Grundlagen bilden die Basis und den Rahmen auch für die Stiftungsaufsicht im allgemeinen. Der Begriff „Stiftungsaufsicht" wird bisweilen in einem weiteren Sinne verwendet und umfasst dann jede hoheitliche

---

15 Vgl. cann. 191; 245; 249; 1045-1046 CCEO.

16 Vgl. HEIMERL / PREE, VermR, Rn. 5/985.

17 Art. 42 I und II KiStiftO (Bayern); § 5 I StiftO (Diözese Rottenburg-Stuttgart).

18 Vgl. PIRSON (Fn. 7), 566.

19 Implizit ist dem GG die grundrechtliche Stifterfreiheit – als im Grundrecht des Art. 2 I (Recht auf freie Entfaltung der Persönlichkeit) enthalten – zu entnehmen. Daraus wird ein Rechtsanspruch auf Genehmigung einer Stiftung abgeleitet. Ausführlich hierzu HOF, Hagen, Verfassungsrechtliche Grundlagen, in: SEIFART, Werner (Hg.), Handbuch des Stiftungsrechts, München 1987, § 4, Rn. 5-60. Dazu kommen weitere grundrechtliche Verbürgungen, welche einschlussweise die Stifterfreiheit mitgarantieren, wie z. B. Art. 4 I und II GG bezüglich der Errichtung einer religiösen oder kirchlichen Stiftung; Art. 7 IV GG hinsichtlich des Rechts, eine Privatschule in Form einer Stiftung zu errichten; Art. 14 I GG, insofern die Eigentumsgarantie das Recht impliziert, über eigenes Vermögen durch Errichtung einer Stiftung zu verfügen.

20 Vgl. ebd. § 4, Rn. 185 f.

Mitwirkung des Staates bei der Genehmigung und Aufhebung der Stiftung sowie bei der Überwachung der gesamten Stiftungstätigkeit. In einem engeren Sinne erstreckt er sich nur auf die Überwachung der Stiftungsverwaltung.[21] Für die kirchlichen Stiftungen kommt Art. 140 GG in Verbindung einerseits mit Art. 137 III WRV (Selbstbestimmungsrecht der Kirche bezüglich der eigenen Angelegenheiten innerhalb der Schranken des für alle geltenden Gesetzes)[22] sowie andererseits mit Art. 138 II WRV (verfassungsrechtliche Anerkennung kirchlicher Stiftungen im Form einer speziellen Eigentumsgarantie)[23] besondere Bedeutung zu.

Auf einfachgesetzlicher Ebene ist die Stiftungsaufsicht in einem für die Landesstiftungsgesetze verbindlichen Rahmen in den §§ 80-88 BGB vorausgesetzt: Das BGB nimmt auf die erforderlichen „Genehmigungen" und auf die zuständigen (Verwaltungs-)Behörden Bezug, nennt jedoch nicht explizit den Begriff „Stiftungsaufsicht". Es handelt sich dabei um hoheitliches staatliches Verwaltungshandeln[24], das seine Rechtsgrundlagen im Verfassungsrecht, namentlich in den Grundrechten des Stifters und den Grundrechten der Stiftung sowie in den Erfordernissen des Gemeinwohls (vgl. § 87 I BGB) hat, sowie noch konkreter in

---

21 Die enge Begriffsverwendung darf den rechtsdogmatischen, normativen Zusammenhang mit der Genehmigung und der Aufhebung nicht verdunkeln: vgl. HOF, Hagen, Verfassungsrechtliche Grundlagen, in: SEIFART, Werner (Hg.), Handbuch des Stiftungsrechts, München 1987, § 11, Rn. 15.
Die Genehmigungsfunktion (der Verwaltungsbehörde) unterscheidet sich freilich von der Stiftungsaufsicht im engeren Sinn und der Aufhebungsbefugnis darin, dass im Falle des Antrages auf Genehmigung einer neuen Stiftung der Behörde zunächst noch keine eigene juristische Person als Grundrechtsträger gegenübersteht, sondern dieser erst unter Mitwirkung der Behörde rechtlich ins Dasein tritt.

22 Der Schutzbereich des Art. 137 III GG erstreckt sich auf die kirchlichen Stiftungen sowohl unter dem Aspekt ihres Vermögens als auch unter dem ihrer Zwecke und Aktivitäten zur Zweckverwirklichung: vgl. MENGES (Fn. 1), 72-94. Staatliche Stiftungsaufsicht bildet gegenüber kirchlichen Stiftungen insoweit keine Schranke als für alle geltendes Gesetz, insoweit eine funktionsfähige innerkirchliche Stiftungsaufsicht eingerichtet ist: ebd. 92. Vgl. auch CAMPENHAUSEN (Fn. 4), 323 f.

23 Vgl. Art. 10 § 4 BayK: „Die Güter der Seminarien, Pfarreien, Benefizien, Kirchenfabriken und aller übrigen Kirchenstiftungen werden innerhalb der Schranken des für alle geltenden Gesetzes gewährleistet und können ohne Zustimmung der zuständigen kirchlichen Obrigkeit nicht veräußert werden ..." Art. 5 I Badisches Konkordat: „Das Eigentum und andere Vermögensrechte der katholischen Kirche in Baden, ihrer öffentlichrechtlichen Körperschaften, Anstalten und Stiftungen ... werden nach Maßgabe der Verfassung des Deutschen Reiches gewährleistet." Vgl. auch Art. 13 und 17 RK.
Zur Bedeutung der Kirchengutgarantie gem. Art. 138 II WRV für die kirchlichen Stiftungen: MENGES (Fn. 1), 94-97.

24 HOF (Fn. 21) § 11, Rn. 15.
Die staatliche Stiftungsaufsichtsbehörde haftet für die Verletzung einer Amtspflicht der Aufsichtsbehörde auf Grund von Art. 34 GG i. V. m. § 839 BGB gegenüber dem konkreten Anspruchssteller. Als Anspruchsberechtigte kommen in Betracht: die Stiftung selbst, der Stifter, die Destinatäre. Vgl. ebd. § 11, Rn. 326-334.

den Landesstiftungsgesetzen[25]: Das BayStiftG widmet der Stiftungsaufsicht einen eigenen Abschnitt in den Art. 18-27. Von diesem Abschnitt sind jedoch die kirchlichen Stiftungen ausgenommen. Gemäß Art. 31 unterstehen diese der Aufsicht der betreffenden Kirche und ist der Erlass allgemeiner Vorschriften über Name, Sitz, Zweck, Vertretung, Verwaltung und Beaufsichtigung kirchlicher Stiftungen Aufgabe der Kirchen (Art. 31 I BayStiftG). Für die katholische Kirche in Bayern erging dazu als gleichlautendes Diözesangesetz aller bayerischen Diözesanbischöfe die „Ordnung für kirchliche Stiftungen in den bayerischen (Erz-)Diözesen" (KiStiftO) vom 1. Juli 1988, deren sechster Abschnitt (Art. 42-46) der kirchlichen Stiftungsaufsicht gewidmet ist.[26]

Das Stiftungsgesetz des Landes Baden-Württemberg regelt in den §§ 8-16 die Belange der Stiftungsaufsicht, nimmt aber, ähnlich wie in Bayern, die kirchlichen Stiftungen unter bestimmten Voraussetzungen von der staatlichen Stiftungsaufsicht aus:

> „Für die Verwaltung und Beaufsichtigung kirchlicher Stiftungen gelten die von der Religionsgemeinschaft erlassenen Vorschriften. Sind solche nicht erlassen, sind die Vorschriften dieses Gesetzes mit der Maßgabe anzuwenden, dass die Aufgaben der Stiftungsbehörde insoweit durch die zuständige Behörde der Religionsgemeinschaft wahrgenommen werden" (§ 25 I StiftG BW).[27]

Für den Bereich der Diözese Rottenburg-Stuttgart z. B. gilt als Diözesangesetz die „Ordnung für nach staatlichem Recht rechtsfähige kirchliche Stiftungen in der Diözese Rottenburg-Stuttgart – Stiftungsordnung (StiftO)".[28] Für die Kirchenpflegen und die sonstigen ortskirchlichen Stiftungen gilt weiterhin die „Ordnung für die Kirchengemeinden und ortskirchlichen Stiftungen in der Diözese Rottenburg-Stuttgart" vom 1. Juli 2002 („Kirchengemeindeordnung", in: KABl. Rottenburg-Stuttgart 109 [2002], 113-136).

Die Überlassung der Aufsicht für kirchliche Stiftungen an die jeweiligen Kirchen führt dazu,

> „dass kein staatliches Aufsichtsorgan gezwungen ist, in Wahrnehmung seiner Kompetenz einen religiös geprägten Stiftungszweck zu beurteilen und darüber zu befinden, welche Maßnahmen im Interesse eines religiös motivierten Stifterwillens zweckdienlich und erforderlich sind. Gleichzeitig wird eine Konstruktion vermieden, nach welcher die kirchliche Aufsichtsbehörde zum Vollzug staatlichen Rechts tätig wird."[29]

---

25 Ausgenommen bei öffentlich-rechtlichen bundesunmittelbaren Stiftungen gem. Art. 87 III GG.

26 Staatliche Bekanntmachung der KiStiftO v. 9.5.1988, in: KWMBl. I, 212, 215.

27 Vgl. ROTBERG, Konrad von / BROO, Volker / FREY, Alfred Stiftungsgesetz für Baden-Württemberg. Kommentar, Essen [4]2000, 79 f.

28 Die StiftO wurde mit Dekret v. 26.11.1996 erlassen und ist zum 1.1.1997 in Kraft getreten.

29 PIRSON (Fn. 7), 567.

Fraglich ist dabei, wie diese Überlassung rechtlich zu deuten ist, insbesondere ob sie als eine Beleihung der kirchlichen Aufsichtsbehörde mit staatlichen Aufsichtsbefugnissen zu verstehen ist. Eine Beleihung könnte, wenn überhaupt, nur für die staatlich-rechtliche Existenz der Stiftung in Betracht kommen, d. h. insofern sie juristische Person in der staatlichen Rechtsordnung ist, nicht hingegen insoweit sie juristische Person des kanonischen Rechts ist. Die Frage ist nicht nur von theoretischem Interesse. Die Beantwortung ist u. a. relevant für die Frage, ob eine kirchliche Stiftung gegen Maßnahmen der kirchlichen Stiftungsaufsichtsbehörde einen Rechtsschutz vor staatlichen Gerichten in Anspruch nehmen kann.[30]

Die Überlassung der Aufsicht über kirchliche Stiftungen an die Kirchen als Beleihung zu verstehen, würde bedeuten, die Aufsicht über kirchliche Stiftungen genuin als staatliche Aufgabe zu qualifizieren. Die kirchliche Stiftungsaufsichtsbehörde käme in den Besitz vom Staat abgeleiteter Gewalt und würde so zur Verwaltungsbehörde im funktionalen und verfahrensrechtlichen Sinn.[31] Nun ist zwar unstreitig, dass der Staat den Kirchen mit Körperschaftsstatus prinzipiell Hoheitsgewalt delegieren kann.[32] Jedoch würde dies im Falle der Stiftungsaufsicht einer Aufrechterhaltung der seinerzeitigen Staatsaufsicht über die Kirche und damit einer Verletzung des kirchlichen Selbstbestimmungsrechts gleichkommen.[33] Das Selbstbestimmungsrecht der Kirche gemäß Art. 140 GG i. V. m. Art. 137 III WRV steht nicht nur den Kirchen selbst zu,

> „sondern allen der Kirche in bestimmter Weise zugeordneten Einrichtungen ohne Rücksicht auf ihre Rechtsform, wenn sie nach kirchlichem Selbstverständnis, ihrem Zweck oder ihrer Aufgabe entsprechend berufen sind, ein Stück des Auftrags der Kirche wahrzunehmen und zu erfüllen."[34]

Die Wahl der staatlichen Rechtsform einer Stiftung bedeutet daher nicht im mindesten den Verzicht auf den Verfassungsschutz der eigenen Angelegenheiten. Die Überlassung der Aufsicht über kirchliche Stiftungen an die betroffenen Kirchen selbst kann deshalb mit Recht als Verzicht des Staates auf die Beaufsichtigung kirchlicher Stiftungen gedeutet werden, mit der Maßgabe freilich, dass er lediglich

> „die Einhaltung derjenigen stiftungsrechtlichen Bestimmungen sicherstellen wollte, die er als für alle geltenden Gesetze angesehen hat"[35].

---

30 Ebd.; ACHILLES (Fn. 7), 238-266.

31 Vgl. WOLFF, Hans J. / BACHOF, Otto / STOBER, Rolf, Verwaltungsrecht II, München ^{5}1987, 410-419, § 104.

32 Für viele: MAUNZ / DÜRIG / HERZOG / SCHOLZ, Grundgesetz, Art. 140, Rn. 53; MÜNCH, Ingo von / KUNIG, Philip, Grundgesetz III, Art. 140, Rn. 17.

33 Aus den Materialien zum BayStiftG ist ersichtlich, dass der Gesetzgeber die Verwaltung der kirchlichen Stiftungen als eigene Angelegenheit der Kirchen betrachtet hat: Nachweise bei ACHILLES (Fn. 7), 230 f.

34 BVerfGE 46, 73 ff.

35 ACHILLES (Fn. 7), 231.

Mit diesem Verzicht anerkennt daher der Staat, dass die Kirchen bei Wahrnehmung ihrer Aufsicht über kirchliche Stiftungen ihre eigenen Angelegenheiten vollziehen. Es handelt sich folglich um keine Beleihung.[36] Ein Rechtszug der kirchlichen Stiftung gegen Maßnahmen der kirchlichen Stiftungsaufsichtsbehörde an staatliche Gerichte kommt nicht in Betracht.[37]

Die Zuständigkeitsabgrenzung gegenüber den staatlichen Stiftungsbehörden in Angelegenheiten kirchlicher Stiftungen nehmen die beiden Landesstiftungsgesetze in folgender Weise vor:

In Bayern ist das Staatsministerium für Unterricht und Kultus für die Erteilung der Genehmigung zur Entstehung einer (kirchlichen) Stiftung zuständig[38]; die Änderung der Stiftungssatzung bedarf der Genehmigung durch die zuständige kirchliche Behörde[39]; die Ergänzung der Satzung einer kirchlichen Stiftung bei ihrer Genehmigung bedarf der Zustimmung der kirchlichen Behörde.[40]

In Baden-Württemberg finden auf die kirchlichen Stiftungen die Vorschriften des StiftG BW Anwendung, vorbehaltlich ausdrücklich statuierter Ausnahmen (vgl. § 23 StiftG BW). Der Antrag auf Genehmigung oder Verleihung der öffentlich-rechtlichen Rechtsfähigkeit kann für kirchliche Stiftungen nur von einer Religionsgemeinschaft gestellt werden (§ 24 Satz 1 StiftG BW). Gemäß § 25 III StiftG BW kann die Stiftungsbehörde aus wichtigem Grund Auskünfte über die Vermögensverhältnisse sowie Nachweise über die ordnungsgemäße Verwaltung und Beaufsichtigung einer kirchlichen Stiftung verlangen, die nicht für Zwecke des Gottesdienstes und der Verkündigung bestimmt ist.

---

36 Zutreffend ROTBERG / BROO / FREY (Fn. 27), 80 (Kommentar zu § 25 StiftG BW betreffend die Stiftungsverwaltung und Stiftungsaufsicht): „Das bedeutet keine Übertragung staatlicher Befugnisse auf die Religionsgemeinschaft, sondern ist lediglich die Anordnung, dass die Behörden der Religionsgemeinschaft die Vorschriften des StiftG anzuwenden haben. Die Aufsicht über kirchliche Stiftungen ist nach den Regelungen des StiftG und nach dem Erlass kirchlicher Regelungen über die Verwaltung und Aufsicht kirchlicher Stiftungen keine staatliche Aufsicht i. e. S., wenn auch einige Befugnisse staatlicher Behörden gesetzlich festgelegt sind."

37 Der innerkirchliche Rechtszug eines kirchlichen Gerichts- oder Verwaltungsverfahrens richtet sich nach der allgemeinen Regel des can. 1400 §§ 1 und 2 CIC (vgl. can. 1055 §§ 1 und 2 CCEO).
Zum Problem des staatlichen Rechtsschutzes in kirchlichen Angelegenheiten grundlegend: RÜFNER, Wolfgang, Zuständigkeit staatlicher Gerichte in kirchlichen Angelegenheiten, in: HdbStKR[2] II, Berlin 1995, 1081-1116.

38 Art. 30 III i. V. m. Art. 6 BayStiftG.

39 Art. 30 III i. V. m. Art. 9 III BayStiftG.

40 Ebd. Im übrigen ist auf die kirchlichen Stiftungen der erste Abschnitt des BayStiftG anzuwenden, der die allgemeinen Bestimmungen enthält und weiters jene Bestimmung über die Satzung und über die Verwaltung der Stiftungen: Art. 30 III BayStiftG. Allerdings ist sichergestellt, dass eine kirchliche Stiftung nur mit Zustimmung der kirchlichen Behörde als kirchliche Stiftung genehmigt, umgewandelt oder aufgehoben werden kann: Art. 30 I und II BayStiftG.

Im Unterschied zum BayStiftG werden kirchliche Stiftungen nicht generell und schlechthin der kirchlichen Aufsicht unterstellt, sondern differenziert. Die Zuständigkeit der staatlichen Stiftungsbehörde in Angelegenheiten der Zweckänderung, der Zusammenlegung und der Aufhebung von Stiftungen obliegt nur bei solchen kirchlichen Stiftungen der zuständigen Kirchenbehörde, die für Zwecke des Gottesdienstes und der Verkündigung bestimmt sind. In diesen Fällen müssen die getroffenen Maßnahmen der staatlichen Stiftungsbehörde lediglich mitgeteilt werden. Bei den anderen kirchlichen Stiftungen können die genannten Kompetenzen bzw. Maßnahmen der Stiftungsbehörde nur im Einvernehmen mit der Religionsgemeinschaft getroffen werden (§ 26 I StiftG BW). Für kirchliche Stiftungen wird bei der obersten Behörde der Religionsgemeinschaft ein Stiftungsverzeichnis geführt – nicht beim Regierungspräsidium, wo das Verzeichnis für sonstige Stiftungen geführt wird: § 4 StiftG BW. Daher sind entsprechende diesbezügliche Anzeigepflichten gemäß § 4 III und gemäß § 40 StiftG BW, darüber hinaus aber auch die Bestimmung über die Ordnungswidrigkeiten im Zusammenhang mit der Anzeige (§ 41 StiftG BW) auf kirchliche Stiftungen nicht anzuwenden (§ 27 StiftG BW).

Stiftungsbehörde ist für kirchliche Stiftungen das Kultusministerium (§ 28 StiftG BW).

3. Ziele der Stiftungsaufsicht

3.1. Kanonisches Recht

Definitionsmerkmal der *pia fundatio autonoma* als einer *universitas rerum* gemäß can. 115 § 3 CIC ist ihr religiöser bzw. kirchlicher Zweck im Sinne von can. 114 § 2 CIC (can. 1303 § 1, 1° CIC).[41] Beruht dieser einer Vermögensmasse mitgegebene und von der Kirche angenommene Zweck auf einer frommen Willensverfügung (unter Lebenden oder von Todes wegen), so kommt der für das kanonische Recht unverbrüchliche Grundsatz der gewissenhaften Erfüllung des Stifterwillens[42] als oberstes Ziel der Stiftungsaufsicht zum Tragen: „ut piae voluntates impleantur“ (can. 1301 § 2 CIC).

Dient das zweckgebundene Vermögen hingegen öffentlichen Zwecken der Kirche und beruht die Zweckregelung folglich auf kirchlichem Gesetz, wie z. B. bei der Pfarrkirchenstiftung (in der deutschen Rechtssprache würde man in diesem Fall eher von einer öffentlicher Anstalt als von einer Stiftung sprechen), so

---

41 Am Rande sei vermerkt, dass der Ausdruck „kirchliche Zwecke“ im Sinne des kanonischen Rechts (vgl. cann. 114 § 2; 1254 CIC) keineswegs identisch ist mit dem steuerrechtlichen Tatbestand „kirchliche Zwecke“ gem. §§ 51 u. 54 AO.

42 Vgl. Fn. 8.

scheidet das Kriterium des Stifterwillens als Ziel der Aufsicht aus.[43] Das universale Kirchenrecht lässt für diese zuletzt genannten „Stiftungen" kein spezifisches Aufsichtsziel qua Stiftung erkennen, sondern diese unterstehen den allgemeinen Regeln etwa bezüglich der Unterstellung unter die kirchliche Leitungsgewalt und hinsichtlich des Bestandsschutzes als juristische Person.[44]

Mit dem Ziel der Stiftungsaufsicht hängt die Frage eng zusammen, ob sich diese auf eine reine Rechtmäßigkeitskontrolle (sog. Rechtsaufsicht) oder darüber hinaus auch auf eine Ermessens- und Zweckmäßigkeitskontrolle (sog. Fachaufsicht) erstreckt. Die in partikularen kirchlichen Stiftungsordnungen anzutreffende bzw. vorausgesetzte Unterscheidung in Rechtsaufsicht und Fachaufsicht ist nicht kanonischen Ursprungs und ist auch dem universalen Kirchenrecht nicht bekannt. Sie verdankt sich vielmehr dem deutschen Partikularrecht, welches die Stiftungsaufsicht mit Rücksicht auf das staatliche Stiftungsrecht regelt.[45] Staatliche Stiftungsaufsicht hat ihr Vorbild in der Kommunalaufsicht[46], in der die Unterscheidung von Rechts- und Fachaufsicht eine erhebliche rechtliche Rolle spielt.[47] Sowohl die KiStiftO für die bayerischen Diözesen als auch die Stiftungsordnung für das Bistum Rottenburg-Stuttgart gehen über eine reine Rechtsaufsicht weit hinaus. Gemäß Art. 42 IV der bayerischen KiStiftO umfasst die Aufsicht ausdrücklich die „Rechts- und Fachaufsicht" (Art. 42 IV KiStiftO), wobei es der Stiftungsaufsichtsbehörde auch zukommt, die Stiftungsorgane bei der Erfüllung ihrer Aufgaben verständnisvoll zu beraten, zu fördern, zu schützen sowie ihre Entschlusskraft und ihre Selbstverantwortung zu stärken (Art. 42 III

---

43 Hier wirkt sich das Fehlen einer Unterscheidung zwischen Stiftung und Anstalt, wie sie der deutschen Rechtssprache geläufig ist, unmittelbar aus. Die undifferenzierte Anwendung des Stiftungsbegriffs auf Stiftungen und Anstalten dürfte mit dafür verantwortlich sein, dass sich im Kirchenrecht bislang kein einheitliches Rechtsinstitut einer Stiftungsaufsicht entwickeln konnte. Die Aufsicht über Stiftungen ist rechtsdogmatisch anders gelagert als jene über Anstalten. Der Entstehungsgrund in einer frommen Willensverfügung und das Ziel der Sicherung der Erfüllung des Stifterwillens treffen nur auf die eigentliche Stiftung, nicht aber auf die Anstalt, wie z. B. die Kirchenstiftung, zu.

44 Vgl. cann. 4; 120 CIC.

45 Die Unterscheidung zwischen Rechts- und Fachaufsicht wurde im staatlichen Verwaltungsrecht in Zusammenhang mit der Staatsaufsicht über juristische Personen des öffentlichen Rechts, speziell über Einrichtungen der Selbstverwaltung, entwickelt. Innerhalb des eigenen Wirkungskreises der Selbstverwaltung beschränkt sich die Staatsaufsicht auf die reine Rechtmäßigkeitskontrolle (Rechtsaufsicht), während im übertragenen Wirkungsbereich auch die Handhabung des Ermessens und die Zweckmäßigkeit der Entscheidung Gegenstand der Kontrolle sind, wobei auch die Befugnis, Weisungen zu erteilen, impliziert ist (Fachaufsicht): vgl. CREIFELDS, Carl, Rechtswörterbuch, München [12]1994, 1095; KNEMEYER, Franz-Ludwig, Aufsicht, in: StL[7] I, Sp. 400-403.

46 Vgl. BINDER, Josef, Aufsicht über kirchliche Stiftungen. Das Spannungsverhältnis zwischen Stiftungsorganen und Aufsichtsbehörde in einer bayerischen Diözese, Sonderpublikation der Bischöflichen Finanzkammer Augsburg 1997, 5.

47 Vgl. z. B. Art. 110-114 (Rechtsaufsicht) sowie 115 f. (Fachaufsicht) BayGO i. d. F. v. 22.8.1998, in: GVBl. 796, BayRS 2020-1-1-I.

KiStiftO). Die Fachaufsicht schlägt sich nicht nur darin nieder, dass die kirchliche Stiftungsaufsichtsbehörde die gewissenhafte und sparsame Verwaltung des Stiftungsvermögens sowie die stiftungsmäßige Verwendung seines Ertrages und sonstiger Einnahmen überprüft, sondern schlägt sich auch in einer Reihe nachhaltiger Aufsichtsmaßnahmen nieder, über die im letzten Kapitel die Rede sein wird.

Ähnlich beschränkt sich im Bistum Rottenburg-Stuttgart die Stiftungsaufsicht nicht auf die Überwachung der Erfüllung des Stiftungszwecks sowie auf die Beratung und Unterstützung der Stiftungsorgane sowie die Förderung ihrer Eigeninitiative und ihrer Eigenverantwortlichkeit, sondern die kirchliche Stiftungsaufsicht

> „beinhaltet neben der Aufsicht über die Rechtmäßigkeit auch die Aufsicht darüber, dass bei allen Handlungen der Stifterwille, die Stiftungssatzung und die in § 4 genannten Grundsätze"

(Sparsamkeit und Wirtschaftlichkeit, Dauerhaftigkeit und Nachhaltigkeit der Erfüllung des Stiftungszwecks) beachtet werden (§ 5 II StiftO des Bistums Rottenburg-Stuttgart). Dementsprechend intensiv sind die konkreten Aufsichtsinstrumente auch in diesem Partikulargesetz.

3.2. Staatliches Recht

Die Ziele der staatlichen Stiftungsaufsicht, welche auch die Regelung betreffend die Aufsicht über kirchliche Stiftungen einschließt, unterscheiden sich zunächst grundsätzlich durch die anders gelagerte Ordnungsaufgabe, die dem staatlichen Recht im Vergleich zum kanonischen Recht zukommt. Staatliche Stiftungsaufsicht verfolgt *per se* kein religiöses Ziel (wie dies bei kirchlichen Stiftungen nach kanonischem Recht zwingend vorausgesetzt ist) und erstreckt sich auf Stiftungen mit verschiedensten Zwecken. Da hier nicht die staatliche Stiftungsaufsicht allgemein im Vordergrund des Interesses steht, sondern nur im Hinblick auf kirchliche Stiftungen, kann sich die Darstellung auf die Grundsätze beschränken, denen die staatliche Stiftungsaufsicht folgt. Sie ist grundsätzlich reine Rechtsaufsicht.[48] Staatliche Stiftungsaufsicht ist sowohl Garant des Stifter-

---

48 HOF (Fn. 19) § 4, Rn. 95 sowie HOF (Fn. 21) § 11, Rn. 3 und 8-10; ACHILLES (Fn. 7), 78.
Vgl. Art. 18 I BayStiftG, der die öffentlichen Stiftungen – ausgenommen die staatlich verwalteten, und unbeschadet der Spezialnormen über die kirchlichen Stiftungen – der „Rechtsaufsicht des Staates" (Stiftungsaufsicht) unterstellt. Vgl. § 8 I StiftG BW: „Die Stiftungen stehen unter der Rechtsaufsicht des Landes. Sie beschränkt sich darauf zu überwachen, dass die Verwaltung der Stiftungen die Gesetze, das Stiftungsgesetz und die Stiftungssatzung beachtet." § 8 II StiftG BW umgrenzt durch Verweis die Maßnahme der Rechtsaufsicht und ordnet an, dass näher aufgezählte Maßnahmen der Rechtsaufsicht dann entfallen, wenn und solange eine ordnungsgemäße Überwachung der Verwaltung durch ein in der Stiftungssatzung vorgesehenes unabhängiges Kontrollorgan gewährleistet erscheint.

willens[49] wie auch Garant der Stiftungsautonomie, welche sich beide eines grundrechtlichen Schutzes erfreuen.[50] Staatliche Stiftungsaufsicht erfüllt die Funktionen der Kontrolle, des Schutzes („Obhut"), der Förderung, der Beratung (als einer Art vorbeugender Aufsicht) und der Koordinierung.[51]

4. Instrumente der Stiftungsaufsicht

4.1. Kanonisches Recht

Das universale Kirchenrecht regelt die Aufsichtsmittel überwiegend in allgemeiner Weise – z. B. als Bestandteil der hierarchischen Leitungs- und Aufsichtsbefugnisse, wie etwa des bischöflichen Visitationsrechts, wovon unter 2.1. bereits die Rede war – und keineswegs erschöpfend, sondern im Sinne von Mindestanforderungen. Die detailliertere Ausgestaltung ist dem Partikularrecht[52] und den Stiftungssatzungen anheim gegeben. Dabei ist der Unterschied zwischen Stiftungen als *persona iuridica publica* und als *persona iuridica privata* von Bedeutung.

Die Stiftung als *persona iuridica publica* wird von der kirchlichen Autorität errichtet, um im Namen der Kirche Aufgaben zu erfüllen, die dem öffentlichen Wohl der Kirche dienen (can. 116 § 1 CIC).[53] Dabei kann es sich um Stiftungen im eigentlichen Sinne, welche auf einer frommen Willensverfügung eines Stifters beruhen, handeln[54] oder um der Verfassungsstruktur der Kirche zugeordnete Zweckvermögen, welche genauer als „Anstalten" zu bezeichnen wären; ein Beispiel für letzteres bietet die sog. Kirchenstiftung. Die Instrumente der Aufsicht richten sich bei diesen nicht am Stifterwillen und an der Stiftungssatzung aus, sondern sind grundlegend durch Gesetz geregelt. Sie finden ihre Grenze nicht an einer Autonomie des Zweckvermögens, sondern nur am übergeordneten Recht und am rechtlichen Bestandsschutz der Stiftung als juristischer Person.

Demgegenüber dient das Vermögen einer privaten, auf einer frommen Willensverfügung beruhenden Stiftung zwar auch kirchlichen bzw. religiösen Zwecken, nicht aber amtlichen, *nomine Ecclesiae* zu vollziehenden. Die Aufsichtsmittel bestimmen sich – über die verbindlichen gesetzlichen Vorgaben hinaus – nach der Satzung und dem Stifterwillen.

---

49 Den beiden hier herangezogenen Landesstiftungsgesetzen zufolge ist der Wille des Stifters wesentlicher Auslegungsgrundsatz des StiftG: § 2 StiftG BW; Art. 2 I BayStiftG.

50 HOF (Fn. 19) § 4; HOF (Fn. 21) § 11, Rn. 5 f.; vgl. ACHILLES (Fn. 7), 80-86.

51 HOF (Fn. 21) § 11, Rn. 21-48.

52 Vgl. can. 1304 § 2 CIC.

53 Eine Folge des öffentlichen Charakters ist, dass die Satzung einer öffentlichen kirchlichen Stiftung als Gesetz erlassen werden kann (vgl. can. 94 § 3 CIC).

54 Z. B. könnte eine Schulstiftung oder eine gottesdienstlichen Zwecken dienende Stiftung von der kirchlichen Autorität zur *persona iuridica publica* errichtet werden, sofern dies dem Stifterwillen entspricht.

Das Vermögen einer öffentlichen Stiftung als *persona iuridica publica* ist „Kirchengut" (*bona ecclesiastica*) gemäß can. 1257 § 1 CIC und unterliegt daher den Bestimmungen des 5. Buches des CIC über das Kirchenvermögen, u. a. den strengen Regeln für die Verwaltung dieser Güter und für die Rechtsgeschäfte über sie – Bestimmungen, welche die Aufsichtsmittel unmittelbar berühren, z. B. die Grundsätze über die ordentliche und die außerordentliche Verwaltung, die Rechenschaftspflicht, die unter Nichtigkeitssanktion vorgeschriebene Genehmigungsbedürftigkeit der Veräußerungsgeschäfte (im weiteren Sinne) über das Stammvermögen gem. cann. 1291-1295 CIC. Bei privaten Stiftungen ist, von den allgemeinen Regeln über die juristische Person[55] und den speziellen Regeln über die *piae fundationes* (cann. 1299-1310 CIC)[56] abgesehen, die Stiftungsaufsicht näherhin in den Statuten zu regeln.

Die partikularrechtliche Ausgestaltung am Beispiel der bayerischen KiStiftO zeigt, dass dieses Partikulargesetz in gleicher Weise auf Stiftungen im engeren Sinne und auf öffentliche Anstalten der Kirche anzuwenden ist[57], womit aber die – auf öffentliche Anstalten zugeschnittenen – intensiven Aufsichtsinstrumente gem. Art. 42-46 KiStiftO auch auf private Stiftungen Anwendung finden. Dabei handelt es sich um umfassende Prüfungs-, Informations-, Weisungs- und Sanktionsrechte im Sinne einer „Fachaufsicht" hinsichtlich aller Angelegenheiten und Aktivitäten der Stiftung. Dazu zählt u. a. der detaillierte Katalog von Rechtsgeschäften, für die bei sonstiger Unwirksamkeit Genehmigungsvorbehalte zugunsten der Stiftungsaufsichtsbehörde festgelegt sind (Art. 44 KiStiftO), sowie eine Reihe anzeigepflichtiger Rechtshandlungen gem. Art. 46 KiStiftO.

Ganz ähnlich beansprucht die StiftO der Diözese Rottenburg-Stuttgart Geltung für alle Stiftungen mit Sitz in der Diözese, die nach kirchlichem Recht juristische Personen sind und als kirchliche Stiftungen nach staatlichem Recht die Rechtsfähigkeit erlangen bzw. besitzen, sofern nicht gesonderte Regelungen gelten (wie z. B. die Kirchengemeindeordnung für die ortskirchlichen Stiftungen). Die Aufsichtsinstrumente sind in ganz ähnlicher Weise wie in der bayerischen KiStiftO umfassend und nachhaltig in den §§ 6-11 geregelt und umfassen: Unterrichtung (Informationsrecht des Diözesanverwaltungsrates als kirchliche

---

55 Die cann. 113-123 CIC enthalten keine spezifische Regelung der Aufsicht über juristische Personen, sondern nur insofern, als sie die Kompetenz der Autorität zur Errichtung und zur Statutengenehmigung vorsehen: cann. 114; 117 CIC.

56 An Instrumenten der Stiftungsaufsicht sind hier lediglich vorgesehen: das Überwachungsrecht des Ordinarius – auch durch Visitation – über die Erfüllung der frommen Verfügungen einschließlich der Stiftungen sowie die diesbezügliche Rechenschaftspflicht aller sonstigen mit der Vollstreckung frommer Verfügungen Betrauten gegenüber dem Ordinarius (eine durch Stifterwillen nicht abdingbare Kompetenz): can. 1301 §§ 2 und 3 CIC; Anzeigepflicht gegenüber dem Ordinarius über treuhänderisch übernommenes Vermögen zu frommen Zwecken sowie Überwachung der sicheren Veranlagung und der Zweckerfüllung: can. 1302 §§ 1 und 2 CIC; Beurkundungs- und Archivierungspflichten gem. cann. 1306-1307 CIC.

57 Dies ergibt sich aus Art. 1 I und II; Art. 3 I; Art. 4 I und Art. 7 III KiStiftO.

Stiftungsaufsichtsbehörde) und Prüfung der Stiftungsverwaltung, Jahresabschluss, Beanstandung, Anordnung und Ersatzvornahme, Abberufung und Bestellung von Organmitgliedern sowie Genehmigung von Rechtsgeschäften und Rechtsakten.

4.2. Staatliches Recht

Die Aufsichtsinstrumente, welche die hier exemplarisch herangezogenen Landesstiftungsgesetze von Bayern und Baden-Württemberg für Stiftungen des bürgerlichen Rechts und Stiftungen des öffentlichen Rechts (Baden-Württemberg) bzw. für die öffentlichen Stiftungen (so in Bayern)[58] vorsehen, werden für die kirchlichen Stiftungen insofern indirekt bedeutsam, als die kirchlichen Stiftungsordnungen die Instrumente der Stiftungsaufsicht für den innerkirchlichen Bereich übernehmen.[59] Darüber hinaus sind die staatlichen Regelungen bei kirchlichen Stiftungen mit staatlicher Rechtspersönlichkeit in jenen Fällen unmittelbar zu beachten, in denen die Freistellung von der staatlichen Stiftungsaufsicht vom Vorhandensein bestimmter innerkirchlicher Regelungen abhängig gemacht ist.[60] Staatliche Stiftungsaufsicht ist in der Auswahl der Aufsichtsinstrumente an den Verhältnismäßigkeitsgrundsatz (Übermaßverbot) gebunden, d. h. sie hat das jeweils mildeste noch zum Ziele führende Mittel zu wählen.

---

58 Nach der im BayStiftG geltenden Terminologie fallen unter den Begriff der „öffentlichen Stiftungen" alle „Stiftungen des öffentlichen Rechts" gem. Art. 1 II BayStiftG sowie die rechtsfähigen Stiftungen des bürgerlichen Rechts, die nicht ausschließlich private Zwecke verfolgen (Art. 1 III BayStiftG). Kirchlichen Zwecken dienende Stiftungen sind demzufolge jedenfalls den „öffentlichen Stiftungen" zuzuzählen, auch wenn sie als rechtsfähige Stiftungen des bürgerlichen Rechts bestehen.

59 Die staatlichen Stiftungsgesetze stellen, wie bereits erläutert, die kirchlichen Stiftungen weitestgehend von der staatlichen Stiftungsaufsicht frei. Sie respektieren dadurch das Selbstbestimmungsrecht und die grundrechtlich geschützte Religionsfreiheit der Kirche, erwarten jedoch von der Kirche eine entsprechende innerkirchliche Regelung der Stiftungsaufsicht.
Zu den Instrumenten der Stiftungsaufsicht allgemein: HOF (Fn. 21) § 11, Rn. 92-125; ACHILLES (Fn. 7), 86-102 und, speziell hinsichtlich rechtsfähiger kirchlicher Stiftungen, 208-218 sowie 235-237.
Die Erwartung des staatlichen Gesetzgebers, die Kirche werde die Stiftungsaufsicht ausreichend innerkirchlich ausgestalten, bezieht sich auch auf die innerkirchliche Durchsetzbarkeit, zumal den Kirchen trotz ihres Körperschaftsstatus die Befugnis fehlt, die kirchliche Stiftungsaufsicht staatlich durchsetzen zu können. Sollten die innerkirchlichen Aufsichtsmittel einmal nicht ausreichen, so könnte die Kirche nach ACHILLES als *ultima ratio* der Stiftung den kirchlichen Status aberkennen, wodurch sie aufhöre, kirchliche Stiftung zu sein, und zu einer weltlichen würde. Als weltliche Stiftung aber unterliege sie wieder uneingeschränkt der staatlichen Stiftungsaufsicht: ACHILLES (Fn. 7), 237.

60 Vgl. z. B. § 25 I StiftG BW.

Konkret handelt es sich, bezogen auf die Stiftungsaufsicht im engeren Sinn, also mit Ausnahme der das Entstehen und das Erlöschen der Stiftung berührenden hoheitlichen Akte, insbesondere um folgende Mittel:

- Unterrichtung und Prüfung: § 9 StiftG BW; Art. 20 I-III BayStiftG;
- Beanstandung: § 10 StiftG BW; Art. 20 IV BayStiftG;
- Anordnung und Ersatzvornahme: § 11 StiftG BW; Art. 20 V BayStiftG; vgl. auch Art. 26 BayStiftG (Anordnung betreffend Sammlung des Ertrags des Stiftungsvermögens);
- Abberufung und Bestellung von Organmitgliedern: § 12 StiftG BW; Art. 21 BayStiftG;
- Anzeigepflicht hinsichtlich näher bestimmter Maßnahmen: § 13 StiftG BW; Art. 27 II BayStiftG.

Darüber hinaus ist nur im BayStiftG vorgesehen:

- Genehmigungspflichtige Verwaltungsgeschäfte (Annahme von mit Lasten verknüpften Zustiftungen, Veräußerung oder wesentliche Veränderung von Sachen, Abschluss von Bürgschaftsverträgen u. a.): Art. 27 I BayStiftG;
- Vorlage des Rechnungsabschlusses und Rechnungsprüfung: Art. 25 BayStiftG.

Zusammenfassend lässt sich einerseits feststellen, dass das staatliche Recht (BGB, Stiftungsgesetze der Länder) dem verfassungsrechtlich verbürgten Selbstbestimmungsrecht der Kirchen Rechnung trägt, dass aber auf der anderen Seite das Stiftungsrecht der katholischen Kirche einige Desiderate offen lässt. Von diesen seien genannt:

Die fehlende Differenzierung des Rechtsinstituts der *pia fundatio autonoma* in Stiftungen im eigentlichen Sinn (d. h. solche, die auf einer frommen Willensverfügung eines Gläubigen beruhen) und in solche rechtsfähigen Vermögensmassen, die hoheitlich-amtlichen Zwecken der Kirche dienen, nicht jedoch auf einer frommen Willensverfügung beruhen („Anstalten"). Der Unterschied könnte auch für die Regelung der Aufsicht relevant sein.

Für die Stiftungen im eigentlichen Sinn ist schon auf der Ebene des universalen Kirchenrechts das Fehlen des Rechtsinstituts der Stiftungsaufsicht, wenigstens als Rahmenregelung, zu beklagen. Hier sollten insbesondere die von der kirchlichen Rechtsordnung zu schützenden Rechtsgüter genannt und der Kompetenzrahmen sowohl in formaler Hinsicht (jurisdiktionelle Zuständigkeit) als auch in inhaltlicher Hinsicht (nach Gegenständen, Inhalten und Instrumenten der Aufsicht) berücksichtigt werden.

Die Übertragung der im staatlichen Verwaltungsrecht entwickelten Unterscheidung von Rechts- und Fachaufsicht auf die stiftungsrechtlich organisierten öffentlichen juristischen Personen der Kirche wie z. B. die Pfarrkirchenstiftung ist problematisch, da diese dem hierarchischen Aufbau der Kirche zuzuordnende Anstalten sind, nicht Selbstverwaltungskörper mit Autonomie (etwa im Sinne einer Kommune). Das bedeutet: Der Sinn der Unterscheidung in Rechts- und

Fachaufsicht (Berücksichtigung des eigenen im Unterschied zum übertragenen Wirkungsbereich) liegt bei diesen kirchlichen „Stiftungen" nicht vor. Sie unterstehen vielmehr der vollen Leitungsgewalt der zuständigen hierarchischen Autorität. In dieser Gewalt ist die Aufsichtskompetenz ohne weiteres eingeschlossen.

VII. Strafrecht

Der Glaubenskongregation vorbehalten

Zu den neuen strafrechtlichen Reservationen des Apostolischen Stuhls

Klaus Lüdicke

Einleitung

In vorsichtiger Weise hat Papst JOHANNES PAUL II. in seinem Brief an die Priester zum Gründonnerstag 2002[1] auf die „Sünden einiger unserer Brüder" angespielt, die den

> „übelsten Erscheinungsformen des *mysterium iniquitatis*, das in der Welt wirkt",

nachgegeben haben. Schweres Ärgernis entstehe daraus, das einen Schatten auf alle andern, wohlverdienten Priester werfe, die ihren Dienst mit Ehrlichkeit tun.

> „Während die Kirche ihre eigene Sorge um die Opfer ausdrückt und sich bemüht, in Wahrheit und Gerechtigkeit auf jede schmerzliche Situation einzugehen",

sei jeder einzelne aufgerufen, sich immer mehr auf das Bemühen um die Heiligkeit einzulassen. Mit diesen wenigen, in der Tagespresse durchaus wahrgenommenen Andeutungen hat der Papst auf die immer zahlreicher bekannt werdenden Fälle von sexuellem Missbrauch Jugendlicher durch Kleriker Bezug genommen.[2] Im November-Heft des Jahres 2001 der „Acta Apostolicae Sedis" finden sich zwei Dokumente, die in diesem Zusammenhang zu sehen sind. Das erste Dokument ist ein Motuproprio mit dem Initium „Sacramentorum sanctitatis tutela"[3], das unter dem Datum vom 30. April 2001 „Normas de gravioribus delictis Congregationi pro Doctrina Fidei reservatis" promulgiert, die aber nicht mit abgedruckt, ja gar nicht veröffentlicht sind. Das Motuproprio beschreibt die Normae als in zwei Teile unterteilt, die im ersten „Normae substantiales", im zweiten „Normae processuales" enthalten sollen.[4] Das zweite Dokument ist (un-

---

1 Abgedr. in: OssRom 68/2002 v. 22.3.2002, 1 u. 5.

2 V. a. in den Vereinigten Staaten nimmt die Öffentlichkeit von sexuellem Missbrauch Minderjähriger durch Kleriker Notiz und fragt dabei nach der Mitverantwortung der Bischöfe; vgl. TIME v. 1.4.2002, 52-65. Näheres zur rechtlichen Beurteilung im Beitrag von Rik TORFS in diesem Band „Die Entlassung aus dem Klerikerstand im Strafrecht" (477-497).

3 AAS 93 (2001) 737 ff.

4 Die „Normae" kennt offenbar Velasio DE PAOLIS, der unter dem Titel „Normae *de gravioribus delictis* riservati alla Congregazione per la Dottrina della Fede" (in: PerRCan 91 [2002] 273-312) darüber schreibt; John JUKES (Canonical Considerations on the Motu Proprio *Sacramentorum sanctitatis tutela* signed by Pope John Paul IInd on the 30th April 2001, in: CLSN 129/2002, 26-33) kennt sie nicht.

ter dem Datum vom 18. Mai 2001) von der Glaubenskongregation herausgegeben worden.[5] Es ist betitelt als „Epistula a Congregatione pro Doctrina Fidei missa ad totius Catholicae Ecclesiae Episcopos aliosque Ordinarios et Hierarchas interesse habentes: de *delictis gravioribus* eidem Congregationi pro Doctrina Fidei *reservatis*."[6] Es enthält Aussagen zu den Straftatbeständen, die betroffen sind, und zur Verfahrensweise im Umgang mit einschlägigen Fällen. Insofern lässt es erkennen, was Inhalt der „Normae" sein dürfte.

In diesem Beitrag möchte ich den Inhalt der „Epistula" vor dem Hintergrund der Aussagen des Motuproprio referieren, ihn in eine Beziehung zu den strafrechtlichen Normen des CIC (und des CCEO) setzen und die wichtigsten Probleme kurz ansprechen.

1. Motuproprio „Sacramentorum sanctitatis tutela"

Im CIC von 1983 findet sich nur ein einziger Hinweis darauf, dass die Verfolgung nicht aller darin normierten Straftaten ohne weiteres in die Zuständigkeit der Ortsordinarien fällt. In can. 1362 CIC, der von den Verjährungsfristen handelt, sind Delikte von der normalen Frist ausgenommen, die „der Glaubenskongregation vorbehalten sind".[7] Eine Erklärung, was das bedeutet, enthält der CIC nicht.

Das Motuproprio „Sacramentorum sanctitatis tutela" blickt in einer Retrospektive bis zu BENEDIKT XIV. zurück, der in der Konstitution „Sacramentum Poenitentiae" vom 1. Juni 1741[8] die Fälle von Beichtmissbrauch behandelte, die dann im CIC/1917 normiert wurden.[9] Um diese und andere damit verbundene Straftaten zu verhüten, habe die Kongregation des Heiligen Offiziums eine Instruktion mit dem Titel „Crimen sollicitationis" herausgegeben, die mit dem 16. März 1962 datiert war und den Ortsordinarien der lateinischen und der orientalischen Kirchen zugeschickt, aber nicht promulgiert wurde.[10] Darin sei die Verfahrens-

---

5 AAS 93 (2001) 785-788.

6 Kursive im Original.

7 Can. 1362: „§ 1. Actio criminalis praescriptione extinguitur triennio, nisi agatur: 1° de delictis Congregationi pro Doctrina Fidei reservatis; ..." Ähnlich can. 1152 § 2, 1° CCEO, wo der Vorbehalt zugunsten des Apostolischen Stuhls ausgesprochen ist. Das erscheint richtiger, da es in beiden Codices keine Reservierungen zugunsten der Glaubenskongregation gibt, sondern nur zugunsten des Ap. Stuhles. Tatsächlich sind aber die Reservierungen zugunsten des Ap. Stuhles (vgl. cann. 1367, 1370 § 1, 1378 § 1, 1382 und 1388 § 1) auf die Lossprechung von der angedrohten Exkommunikation bezogen, während der Vorbehalt zugunsten der Congr. DocFid etwas anderes meint, wie zu erörtern sein wird.

8 Abgedr. als Documentum V mit dem CIC/1917.

9 Das Motuproprio nennt in Fn. 2 einige Bestimmungen des CIC/1917, u. a. can. 817, der das Verbot einer Konsekration nur einer Gestalt oder beider Gestalten außerhalb der Messfeier aussprach, das aber nicht zum Straftatbestand gemacht war.

10 Der Text ist noch immer nicht gedruckt, er fehlt auch in Ochoa Leges.

weise in diesen Angelegenheiten festgelegt worden, denn die richterliche Zuständigkeit auf gerichtlichem wie administrativem Weg sei der Kongregation zugewiesen.[11] Dass eine Instruktion Gesetzeskraft haben konnte, begründet der Text damit, dass sie aus der Autorität des Papstes hervorgegangen sei, der laut can. 247 § 1 CIC/1917 dem Hl. Offizium vorstand, so dass der Kardinal nur das Amt des Sekretärs innehatte. PAUL VI. habe durch Art. 36 der Ap. Konst. „Regimini Ecclesiae Universae" vom 15. August 1967[12] die Kompetenz der Kongregation bestätigt. Schließlich wird auf Art. 52 PastBon hingewiesen.[13]

Diese Geschichte sei hier nicht näher entfaltet und auch die Rechtslage vor Erlass der oben genannten Dokumente nicht analysiert. Das hat – soweit ersichtlich, als Einziger – Joaquín LLOBELL in Referaten auf zwei Kongressen des Jahres 1996 getan.[14]

Überraschend ist die Aussage des Motuproprio, dass ein erster Schritt zur Konkretisierung der Zuständigkeit der Glaubenskongregation durch die „Agendi ratio in doctrinarum examine" vom 29. Juni 1997[15] getan worden sei. Überraschend deswegen, weil in dieser Verfahrensordnung von Reservierungen zugunsten der Kongregation keine Rede ist; vielmehr wird daran erinnert, dass der Heilige Stuhl immer einschreiten könne und einzuschreiten pflege, wenn der Einfluss einer Schrift die Grenzen des Gebiets einer Bischofskonferenz übersteige oder besondere Gefahr für den Glauben bestehe. In einem solchen Falle gehe die Kongregation nach der „Agendi ratio" vor. Auf Art. 52 PastBon nimmt das Dokument nur in Fußnote 18 Bezug, und zwar wegen des von der Kongregation anzuwendenden Eigenrechts.[16]

---

11 Der Satz ist im Originaltext unvollständig und von mir sinngemäß ergänzt worden. Er lautet: „... Suprema Sacra Congregatio Sancti Officii per Instructionem ... modum procedendi hisce in causis statuit, quippe quae in ipsis iudicialis competentia, sive per viam administrativam, sive per viam processualem, exclusive tributa erat."

12 AAS 59 (1967) 885-928.

13 Art. 52 PastBon lautet: „Delicta contra fidem necnon graviora delicta tum contra mores tum in sacramentorum celebratione commissa, quae ipsi delata fuerint, cognoscit atque, ubi opus fuerit, ad canonicas sanctiones declarandas aut irrogandas ad normam iuris, sive communis sive proprii, procedit."

14 Publiziert sind die Referate wie folgt: LLOBELL, Joaquín, I delitti riservati alla Congregazione per la Dottrina della Fede, in: Gruppo Italiano Docenti di Diritto Canonico (a cura), Le sanzioni nella Chiesa, XXIII Incontro di Studio Abbazia di Maguzzano-Lonato (Brescia) 1 luglio-5 luglio 1996, Milano 1997, 237-278; DERS., Sulla promulgazione delle norme processuali proprie della Congregazione per la Dottrina della Fede in materia penale, in: IusEccl 9 (1997) 289-301.

15 AAS 89 (1997) 830-835.

16 Die Congr. DocFid verwechselt in der Einbeziehung des Lehrprüfungsverfahrens in den Bereich der „ihr vorbehaltenen" Straftaten offenbar die Kategorien. Das Verfahren zur Überprüfung einer Lehre ist ein Verwaltungsverfahren, an dessen Ende Disziplinarmaßnahmen stehen. Für den Fall, dass ein Autor die aufgezeigten Irrtümer nicht richtig stellt und die Kongregation die Strafbarkeit wegen Häresie, Apostasie oder Schisma für gegeben hält, sieht Nr. 28 der *Agendi ratio* vor, dass die Kongregation zur Deklarierung

Da das Maß exklusiver Zuständigkeit der Kongregation bei Delikten gegen den Glauben also schon umschrieben sei, sieht das Motuproprio jetzt nur noch die Definition der schwerer wiegenden Straftaten „tum contra mores tum in sacramentorum celebratione commissa", für die die Kongregation die ausschließliche Zuständigkeit besitze, als Aufgabe der zu promulgierenden Normen an wie auch den Erlass von besonderen Vorschriften „ad canonicas sanctiones declarandas aut irrogandas".[17]

2. „Epistula a Congregatione pro Doctrina Fidei missa ... de *delictis gravioribus* eidem Congregationi pro Doctrina Fidei *reservatis*"

Das Schreiben der Glaubenskongregation beginnt mit der Feststellung, dass zur Ausführung des Art. 52 PastBon zunächst die Festlegung der Verfahrensweise bei Straftaten gegen den Glauben notwendig gewesen sei, was durch die „Agendi ratio in doctrinarum examine", die durch den Papst in forma specifica approbiert wurde, geschehen sei (s. o.).

Etwa zu derselben Zeit (also 1997) habe die Kongregation eine Kommission eingesetzt, um das Strafrecht des CIC und des CCEO zu untersuchen „ad determinanda ‚graviora delicta tum contra mores tum in sacramentorum celebratione'" und „ad perficiendas quoque normas processuales speciales ‚ad canonicas sanctiones declarandas aut irrogandas'", weil die Instruktion „Crimen sollicitationis" von 1962 nach Erlass der beiden Codices zu überarbeiten war.[18] Die von

---

zugezogener Tatstrafen schreitet. (Interessanterweise führt die Ordnung dafür auch Canones des CCEO an, der keine *poenae latae sententiae* kennt.) Dazu aber ist ein Strafverfahren erforderlich, zumal wenn Art. 52 PastBon beachtet werden soll, wonach die Bestrafung „ad normam iuris, sive communis sive proprii" zu erfolgen habe.

17 Ob diese ausschließliche Zuständigkeit bei der Congr. DocFid in guten Händen ist, muss angesichts aktueller Vorgänge bezweifelt werden. Am 10.7.2002 hat die Kongregation sieben Frauen, die sich von einem exkommunizierten Bischof die Priesterweihe hatten spenden lassen, ein Monitum im Sinne des can. 1347 § 1 CIC erteilt, dessen Nichtbeachtung den Eintritt der dem Hl. Stuhl vorbehaltenen Exkommunikation nach sich ziehen werde (vgl. OssRom 11.7.2002). Am 5. August wurde durch Dekret des Präfekten die Exkommunikation für eingetreten erklärt (vgl. OssRom, 6.8.2002, 5). Dabei nennt das Dekret weder einen Straftatbestand, der durch den Empfang der Weihe verwirklicht worden wäre, noch hat die Kongregation ein wie immer geartetes Verfahren, an dem die „Täterinnen" beteiligt worden wären, durchgeführt. An can. 221 § 3 CIC scheint sich die Kongregation nicht gebunden zu fühlen, der sagt, dass die Christgläubigen das Recht haben, mit kanonischen Strafen nur *ad normam legis* belegt zu werden. Oder kennen die Verantwortlichen in der Kongregation das Recht des CIC nicht – eine in gleicher Weise bedrückende Erklärungsmöglichkeit? Näheres dazu bei: LÜDICKE, Klaus, Schutz durch das Recht? Exkommunikation von Frauen aufgrund Empfanges der Priesterweihe, in: Orientierung 66 (2002) 178-181.

18 Von der prinzipiellen Fortgeltung der Instruktion geht die Epistula aus. Das ist aber differenziert zu betrachten. Wenn die Reservierungen zugunsten der Kongregation zu den *leges poenales* gehören, sind sie gemäß can. 6 § 1, 3° CIC aufgehoben, weil sie nicht in

den „Vätern" der Kongregation sorgfältig bedachten Vorschläge der Kommission seien dem Papst vorgelegt worden unter Festhalten an der ausschließlichen Zuständigkeit des Apostolischen Gerichts der Kongregation in diesen Angelegenheiten.[19] Das alles sei vom Papst gebilligt, bestätigt und promulgiert worden durch das Motuproprio „Sacramentorum sanctitatis tutela".

2.1. Tatbestände reservierter Delikte

In ihrem materiell-rechtlichen Teil nennt die Epistula schwerer wiegende Straftaten, die der Glaubenskongregation vorbehalten seien, einerseits bei der Feier der Sakramente und andererseits gegen die Sitten. Zwischenüberschriften machen drei Komplexe unterscheidbar: Straftaten gegen die Heiligkeit des erhabensten eucharistischen Opfers und Sakramentes (dazu 2.1.1.), Straftaten gegen die Heiligkeit des Bußsakramentes (dazu 2.1.2.) und eine Straftat gegen die Sitten (dazu 2.1.3.).

2.1.1. Straftaten gegen die Heiligkeit der Eucharistie

a) „Abductio vel retentio in sacrilegum finem, aut abiectio consecratarum specierum" – sakrilegisches Entwenden oder Zurückhalten oder Wegwerfen der konsekrierten eucharistischen Gestalten

Mit diesem ersten Fall behält die Glaubenskongregation die in can. 1367 CIC und can. 1442 CCEO normierten Straftaten ihrer Zuständigkeit vor. Der Canon enthält zwei Tatbestände: das Wegwerfen von konsekrierten Gestalten und das Entwenden oder Zurückhalten konsekrierter Gestalten zu einem sakrilegischen Zweck.

Der erste Fall sanktioniert eine einfache, nicht zweckbestimmte Handlung, die mit der Formel „species abicere" beschrieben ist. Dazu hat das PCI am 9. Juli 1999 eine vom Papst am 3. Juli 1999 bestätigte authentische Interpretation veröffentlicht:

> Frage: Ob in can. 1367 CIC und 1442 CCEO das Wort „wegwerfen" nur als Handlung des Wegschleuderns zu verstehen ist.
>
> Antwort: Nein, mit Erläuterung. Die Erläuterung ist, dass jedwedes Handeln, das die Heiligen Gestalten willentlich und schwerwiegend verachtet, als im Wort „wegwerfen" eingeschlossen zu verstehen ist.[20]

---

den CIC aufgenommen wurden. Soweit in der Instruktion Verfahrensnormen enthalten sind, die als Eigenrecht der Kongregation zu betrachten sind, gelten sie, weil sie keine *leges disciplinares universales* sind, nach can. 1402 CIC weiter.

19 Originaltext der Epistula: „Congregationis pro Doctrina Fidei Patres accuratius idem examinarunt, Summo Pontifici subiciendo conclusiones circa determinationem graviorum delictorum et modum procedendi ad sanctiones declarandas aut irrogandas, firma manente eiusdem Congregationis Apostolici Tribunalis exclusiva in hoc competentia."

20 „D. Utrum in can. 1367 CIC et 1442 CCEO verbum ‚abicere' intelligatur tantum ut actus proiciendi necne.

Damit ist zunächst der Tatbestand von einer nicht gemeinten Verengung auf eine bestimmte Form des Handelns befreit. Zugleich ist aber in den Tatbestand eine Intention des Täters einbezogen worden, die aus dem Wortlaut des Canons nicht abzulesen war.

Im zweiten Fall bindet schon der Gesetzestext die Absicht eines sakrilegischen Gebrauchs in den Tatbestand ein. In can. 2320 CIC/1917 war von einem „finis malus" die Rede, von einem schlechten Zweck. Das war ein weiterer Begriff als der „finis sacrilegus". Dieser grenzt den Zweck auf die religiöse Dimension ein: Die eucharistischen Gestalten müssen zu einem Zweck entwendet oder zurückgehalten werden, der die Verunehrung Gottes meint. Es reicht also nicht aus, konsekrierten Wein zu entwenden, um sich zu betrinken; er muss entwendet werden, um damit Gott zu verunehren.

b) „Attentatio liturgicae eucharistici Sacrificii actionis vel eiusdem simulatio" – Versuch der liturgischen Handlung des eucharistischen Opfers oder dessen Simulation

Mit diesem Tatbestand ist zunächst can. 1378 § 2, 1° CIC erfasst.[21] Danach begeht eine Straftat, wer, ohne die Priesterweihe empfangen zu haben, das Sakrament der Eucharistie zu feiern versucht. Tathandlung ist das Sprechen des eucharistischen Hochgebetes einschließlich der Wandlungsworte, mindestens aber der Wandlungsworte. Eine Straftat liegt nur vor, wenn der Täter die ungültige Eucharistie in Anwesenheit von wenigstens einem Gläubigen „feiert", der die Handlung für eine gültige Eucharistiefeier halten soll. Die Ablaufprobe einer Eucharistiefeier vor einer Fernsehübertragung, wobei ein Diakon den Zelebranten ersetzt, ist ebenso wenig tatbestandsmäßig wie die von einem Nichtpriester ohne Anwesenheit irgendeiner anderen Person vorgenommene „Zelebration", auch wenn er sie ernst meint. Es wird durch dieses Tun (neben der Selbsttäuschung des Täters) kein strafwürdiger Schaden an der Gemeinschaft verursacht.

Die Reservation umfasst aber auch die Simulation der Eucharistiefeier. Dafür rekurriert die Epistula auf can. 1379 CIC und can. 1443 CCEO. Während die Norm des CIC die Vortäuschung einer Sakramentenspendung umfasst, obwohl der Täter an sich zur gültigen Feier in der Lage wäre, also z. B. eine Taufspendung unter bewusster Verwendung einer nicht ausreichenden Spendeformel, sanktioniert can. 1443 CCEO nur die Simulation der Eucharistiefeier. Aus can. 1379 CIC wird also nur ein Teil herausgenommen, nämlich die Simulation der Eucharistie. Vorstellbar ist etwa die „Eucharistiefeier" unter Verwendung nicht ausreichender Materie oder unter Verwendung ungültiger „Wandlungsworte".

R. Negative et ad mentem.
Mens est quamlibet actionem Sacras Species voluntarie et graviter despicientem censendam esse inclusam in verbo ‚abicere'" (Comm 31 [1999] 38).

21 Der entsprechende Gesetzestext in can. 1378 CIC lautet: „§ 2. In poenam latae sententiae interdicti vel, si sit clericus, suspensionis incurrit: 1° qui ad ordinem sacerdotalem non promotus liturgicam eucharistici Sacrificii actionem attentat; ...".

c) „Vetita eucharistici Sacrificii concelebratio una cum ministris communitatum ecclesialium, qui sucessionem apostolicam non habent nec agnoscunt ordinationis sacerdotalis sacramentalem dignitatem" – verbotene Feier des eucharistischen Opfers gemeinsam mit Dienern von kirchlichen Gemeinschaften, die keine apostolische Sukzession haben und den sakramentalen Charakter der Priesterweihe nicht anerkennen

Als Referenznormen nennt die Epistula die cann. 908 und 1365 CIC sowie 702 und 1440 CCEO. Can. 1365 CIC stellt die verbotene Gottesdienstgemeinschaft unter Strafe. Sie wird im Canon nicht definiert, auch nicht durch Verweis näher konkretisiert. Der einzige durch can. 1365 erfasste Fall, der im CIC genannt ist, ist das Verbot, gemeinsam mit Priestern oder Dienern von Kirchen oder kirchlichen Gemeinschaften, die keine volle Gemeinschaft mit der katholischen Kirche haben, die Eucharistie zu feiern (can. 908). Can. 1440 CCEO stellt die Verletzung der Normen über die *communicatio in sacris* unter Strafdrohung. Darunter fällt das Verbot des can. 702 CCEO an katholische Priester, mit nichtkatholischen Priestern oder Dienern die Göttliche Liturgie zu feiern.

Indem die Congr. DocFid sich die Straftat in Form einer verbotenen Feier des eucharistischen Opfers gemeinsam mit Dienern von kirchlichen Gemeinschaften, die keine apostolische Sukzession haben und den sakramentalen Charakter der Priesterweihe nicht anerkennen[22], vorbehält, schränkt sie den Tatbestand der cann. 1365 CIC und 1440 CCEO ein. Da nicht der Mangel an *plena communio* den Ausschlag gibt, sondern das Fehlen der gültigen Priesterweihe bei den Mitzelebranten, fällt die gemeinsame Feier mit Priestern der orthodoxen Kirchen – die Norm spricht ja auch nur von Amtsträgern kirchlicher Gemeinschaften – nicht unter den Vorbehalt.

d) „Consecratio in sacrilegum finem alterius materiae sine altera in eucharistica celebratione, aut etiam utriusque extra eucharisticam celebrationem" – Konsekration zu einem sakrilegischen Zweck einer Materie ohne die andere innerhalb der Eucharistiefeier oder auch beider Materien außerhalb der Eucharistiefeier

Als Referenz-Canon nennt die Epistula can. 927 CIC, der folgendes sagt: Es ist streng verboten, selbst bei äußerster Notwendigkeit, eine Materie ohne die andere oder auch beide außerhalb der Messfeier zu konsekrieren.[23]

Ein strenges Verbot, das weder im CIC noch im CCEO einer Strafdrohung unterworfen ist, wird von der Epistula als „delictum gravior in sacramentorum celebratione" subsumiert. Damit wird ein anderer Begriff von *delictum* verwen-

---

22 Es sind mit diesen beiden Formeln offenbar nicht verschiedene Kriterien für die Bestimmung des Verbots-Umfangs gemeint, da es meines Wissens keinen Fall gibt, in denen eine Kirche, die die apostolische Sukzession gewahrt hat, die Priesterweihe nicht als Sakrament betrachtet (*et viceversa*).

23 „Nefas est, urgente etiam extrema necessitate, alteram materiam sine altera, aut etiam utramque extra eucharisticam celebrationem, consecrare."

det, als es im übrigen Dokument geschieht – es sei denn, die Congr. DocFid statuiere hiermit einen neuen Straftatbestand. Er umfasst gegebenenfalls nicht den ganzen Umfang der Verbotsnorm, weil er nur die Fälle definiert, in denen der Täter zu einem sakrilegischen Zweck handelt. Da es sich nicht um einen Konsekrationsversuch handelt – darauf bezieht sich der oben unter b) erörterte Tatbestand –, muss der Täter gültig geweihter Priester sein. Wie ein sakrilegischer Zweck aussehen könnte, vgl. oben bei a).

2.1.2. Straftaten gegen die Heiligkeit des Bußsakramentes

a) „Absolutio complicis in peccato contra sextum Decalogi praeceptum" – Lossprechung des Mitschuldigen bei der Sünde gegen das sechste Gebot des Dekalogs

Mit diesem Tatbestand beginnt der zweite Abschnitt von reservierten Delikten im Text der Epistula. Er normiert den Fall, der schon in der Ap. Konstitution BENEDIKTS XIV. behandelt wurde. Während can. 1378 § 1 CIC den Tatbestand dieses Delikts nicht selbst formuliert, sondern auf can. 977 verweist, der die Lossprechung des Mitschuldigen für ungültig erklärt, nennt can. 1457 CCEO den Sachverhalt: Ein Priester, der den Mittäter bei der Sünde gegen die Keuschheit absolviert. Mit dieser Fassung vermeidet der CCEO das Problem, das im lateinischen Recht mit der Bezugnahme auf das sechste Gebot des Dekalogs geschaffen wird. Es lautet bekanntlich: Du sollst nicht ehebrechen! Eine durch can. 18 CIC gebotene enge Auslegung müsste den Anwendungsbereich der *absolutio complicis* und damit die Reichweite der Zuständigkeitsreservation auf die Fälle beschränken, in denen ein Beichtvater mit einer verheirateten Frau die Ehe gebrochen hat. Für den ostkirchlichen Bereich wäre daher nur ein Teil der in can. 1457 normierten Strafdrohung betroffen. Es ist wohl nicht lebensfremd anzunehmen, dass der Gesetzgeber hier mehr meint, wenn er es auch nicht sagt.[24]

b) „Sollicitatio in actu vel occasione vel praetextu confessionis ad peccatum contra sextum Decalogi praeceptum, si ad peccandum cum ipso confessario dirigitur" – Aufforderung im Akt oder bei Gelegenheit oder unter dem Vorwand der Beichte zur Sünde gegen das sechste Gebot des Dekalogs, sofern die Aufforderung auf eine mit dem Beichtvater zu begehende Sünde zielt

Gegenüber den Straftatbeständen, die in can. 1387 CIC und can. 1458 CCEO normiert sind, erfasst der Vorbehalt der Congr. DocFid nur einen engeren Bereich. Fälle, in denen ein Beichtvater den Pönitenten zu Sünden auffordert, die dieser allein oder mit dritten Personen begehen soll, fallen nicht unter die Reservation. Was den beschriebenen Tatbestand angeht, gelten die unter a) angestellten Überlegungen auch hier: Nur das ostkirchliche Recht beschreibt die gemeinte Sünde zutreffend als „peccatum contra castitatem", während das lateinische Recht die unzureichende Formel vom „peccatum contra sextum Decalogi

---

24 Näheres zu diesem Problem bei LÜDICKE, Klaus, in: MK CIC 1378, 3 u. 1395, 4.

praeceptum“ verwendet. Bei enger Auslegung wird also auch hier (wie bei a) nur ein Teil der ostkirchenrechtlichen Strafdrohung erfasst.

c) „Violatio directa sigilli sacramentalis“ – direkte Verletzung des Beichtsiegels

Übereinstimmend stellen can. 1388 § 1 CIC und can. 1456 § 1 CCEO die direkte Verletzung des Beichtgeheimnisses („sigillum sacramentale“) unter Strafe. Direkt wird das Geheimnis verletzt, wenn der Beichtvater Sünder und Sünde preisgibt, d. h. sagt, was eine individuell bezeichnete Person ihm als Sünde bekannt hat. (Bei der indirekten Verletzung können Dritte aus den Angaben des Beichtvaters über eine gebeichtete Sünde oder über einen Pönitenten ableiten, wer die zur Sünde gehörige Person war oder die zur Person gehörige Sünde.)

2.1.3. Straftat gegen die Sitten

In einem dritten Abschnitt nennt die Epistula nur einen Straftatbestand, und zwar wie folgt:

> „Delictum contra mores, videlicet: delictum contra sextum Decalogi praeceptum cum minore intra aetatem duodeviginti annorum a clerico commissum“ – Straftat gegen die Sitten, d. h. Straftat gegen das sechste Gebot des Dekalogs, von einem Kleriker mit einem Minderjährigen unter 18 Jahren begangen

Obwohl die Epistula hier keinen Bezug auf die Gesetzbücher nimmt, wird ein Ausschnitt aus dem Tatbestand des can. 1395 § 2 CIC angezielt. Darin wird ein Kleriker mit einer gerechten Strafe bedroht, der anders (als in can. 1395 § 1) Verstöße gegen das sechste Gebot des Dekalogs begangen hat, und zwar wenn die Tat mit Gewalt oder mit Drohungen oder öffentlich oder mit einem Minderjährigen unter sechzehn Jahren begangen ist.[25] Die Sexualstraftat mit Minderjährigen wird hier aber auf die ganze Zeit der Minderjährigkeit ausgeweitet, das Alter also auf die Vollendung des 18. Lebensjahres des Opfers hochgesetzt.

2.2. Verfahrensnormen

Die Pflichten, die dem Ordinarius oder Hierarchen in einem der genannten Fälle obliegen, werden wie folgt definiert:

> „Quoties Ordinarius vel Hierarcha notitiam saltem verisimilem habeat de delicto reservato, investigatione praevia peracta, eam significet Congregationi pro Doctrina Fidei ...“ – Sooft der Ordinarius oder Hierarch eine wenigstens wahrscheinliche Kunde von einer vorbehaltenen Straftat hat, teile er sie nach vorangegangener Ermittlung der Glaubenskongregation mit ...

[25] Eine parallele Vorschrift des CCEO ist weitaus unspezifischer. Can. 1453 § 1 CCEO bedroht einen Kleriker, der im Konkubinat lebt oder in anderer Weise in einer äußeren Sünde gegen die Keuschheit unter Ärgerniserregung verharrt, mit der Suspension, der weitere Strafen bis zur Absetzung hinzugefügt werden können.

Die hier angesprochene Voruntersuchung dürfte mit derjenigen übereinstimmen, die in cann. 1717 CIC und 1468 CCEO vorgeschrieben ist. Sie dient der Klärung, ob die Voraussetzungen für ein Strafverfahren (im Gerichts- oder Verwaltungsweg) gegeben sind. Welche Konsequenzen aus der Vorermittlung in den reservierten Fällen zu ziehen sind, kann verschieden gelesen werden. Klar dürfte sein, dass die Mitteilung an die Kongregation zu erfolgen hat, wenn die Ermittlungen ein Strafverfahren möglich erscheinen lassen. Weniger klar ist, ob die Mitteilungspflicht unbedingt ist, ob also der Congr. DocFid etwa Anzeigen gegen einen Priester wegen Missbrauchs Minderjähriger auch bekannt zu machen sind, wenn die Vorermittlung keine Chance auf erfolgreiche Durchführung eines Strafverfahrens erkennen lässt oder sogar deutlich wird, dass der Angezeigte unschuldig ist.

Die Antwort lässt sich aber wohl aus dem weiteren Vorgehen ablesen, das die Epistula beschreibt:

> „... quae, nisi ob peculiaria rerum adiuncta causam sibi advocet, Ordinarium vel Hierarcham per proprium Tribunal ad ulteriora procedere iubet opportunas normas tradendo; ..." – die, wenn sie die Sache nicht wegen besonderer Umstände des Falles an sich zieht, den Ordinarius oder Hierarchen anweist, durch sein Gericht das Verfahren voranzutreiben, wobei sie ihm angemessene Vorschriften mitteilt; ...

Wenn die Reaktion auf die Mitteilung des Tatverdachts an die Kongregation deren Anweisung ist, den Prozess durchzuführen – bemerkenswerterweise ist von einer Fortführung des Verfahrens durch das Gericht des Ordinarius oder Hierarchen die Rede –, muss die Mitteilung auf einem positiven Ausgang des Ermittlungsverfahrens beruhen. Eine Mitteilungspflicht bei negativem Ausgang kann also nicht angenommen werden.

Die Kongregation beauftragt in aller Regel den Ordinarius oder Hierarchen und lässt die erstinstanzliche Verhandlung der Sache damit ortsnah geschehen. Welche „opportunae normae" die Kongregation mitzuteilen gedenkt, wird an keiner Stelle angedeutet. Es heißt dazu an späterer Stelle in der Epistula, dass die Gerichte bei den Ordinarien und Hierarchen die Normen über die Straftaten und Strafen sowie über den Strafprozess nach ihrem jeweiligen Codex zu beachten haben

> „una cum normis specialibus a Congregatione pro Doctrina Fidei pro singulo casu tradendis et omnino ad exsecutionem mandandis" – zusammen mit den Sondernormen, die von der Glaubenskongregation für den Einzelfall übersandt werden und gänzlich auszuführen sind.

Soll also gegebenenfalls von den kodikarischen Normen über das Strafverfahren abgewichen werden? In einem Punkte sicher:

> „... ius appellandi contra sententiam primi gradus, sive ex parte rei vel eius Patroni sive ex parte Promotoris Iustitiae, valide unice manet tantummodo ad Supremum Tribunal Congregationis." – Das Berufungsrecht gegen das Urteil der ersten Instanz, sei es vonseiten des Angeklagten oder seines Rechtsbeistandes, sei es vonseiten des Kirchenanwalts, bleibt gültig ausschließlich an das Oberste Gericht der Kongregation.

Damit ist die Berufung an das Metropolitangericht ausgeschlossen und eine Sonderzuständigkeit fortgeschrieben, die auch die Anrufung der Rota Romana ausschließt.[26] Adressat der Berufung ist ein Oberstes Gericht der Kongregation, das an anderer Stelle bereits Apostolisches Gericht genannt wurde.

Die Gerichtsbarkeit der Congr. DocFid hat Tradition: Can. 259 CIC/1917 sprach von der Zuständigkeit der Rota Romana unter dem Vorbehalt der Zuständigkeit des Hl. Offiziums und der Ritenkongregation; can. 1555 § 1 CIC/1917 nannte ein Tribunal Congregationis S. Officii; und während in Art. 7 REU zu lesen stand, dass

> „quaestiones, quae iudicialiter sunt cognoscendae, remitti debent ad competentia tribunalia",

sagte Art. 39 REU:

> „Congregatio [pro Doctrina Fidei] duplici modo procedit: vel administrativo vel iudiciali, pro diversa rerum tractandarum natura."

Im Regolamento Genenerale della Curia Romana von 1992[27] heißt es in Art. 112 § 1:

> „§ 1. Le questioni che richiedano di essere trattate in via giudiziaria devono essere trasmesse ai Tribunali competenti.
> § 2. Vanno rimessi sempre ed esclusivamente al giudizio della Congregazione per la Dottrina della Fede i delitti contro la fede e i più gravi delitti contro la morale e quelli commessi nella celebrazione dei Sacramenti, nonché le questioni concernenti il ‚privilegium fidei', a norma degli artt. 52 e 53 della Cost. ap. *Pastor bonus.* "

Denselben Wortlaut hat das Regolamento Generale von 1999 in Art. 128.[28] Damit scheint ein kongregationsinternes Gericht weiterhin zu existieren, also eine verwaltungsgerichtliche Rechtsprechung der MÖRSDORFschen Art.[29] Was nicht klärt, ob die Ap. Signatur gegenüber diesem Tribunal Aufsichtsrechte hat (vgl. can. 1445 § 3, 1° CIC übereinstimmend mit Art. 124, 1° PastBon).

Für die erstinstanzlichen Gerichte macht die Epistula einige Vorgaben: In den der Congr. DocFid reservierten Fällen können nur Priester die Ämter des Richters, Kirchenanwalts, Notars und Rechtsbeistandes gültig ausüben. Und wenn das erstinstanzliche Verfahren auf irgend eine Weise endet – das kann auch der Freispruch aufgrund erwiesener Unschuld sein –, sind alle Akten von Amts we-

---

26 LLOBELL, I delitti (Fn. 14), 276 stellt aufgrund eines Reskripts des Staatssekretariats an die Bischofskonferenz der Vereinigten Staaten von Amerika v. 25.4.1994, in dem die Zuständigkeit der Rota Romana für Fälle von sexuellem Missbrauch durch Kleriker als unverändert fortdauernd bezeichnet wird, die Frage, ob die Pädophilie-Delikte nach bisher geltendem Recht gar nicht der Congr. DocFid reserviert waren.

27 Abgedr. in: AAS 84 (1992) 201-267.

28 Abgedr. in: AAS 91 (1999) 630-699.

29 Vgl. MÖRSDORF, Klaus, Rechtsprechung und Verwaltung im kanonischen Recht, Freiburg 1941, bes. 114-118.

gen unverzüglich an die Kongregation zu schicken. Im übrigen unterliegen diese Fälle dem *secretum pontificium.*[30]

2.3. Verjährungsregelung

In recht merkwürdiger Weise gibt die Kongregation die in cann. 1362 § 1, 1° CIC und 1152 § 1, 1° CCEO nicht genannte Verjährungsfrist für ihr reservierte Delikte bekannt:

> „Notandum est actionem criminalem de delictis Congregationi pro Doctrina Fidei reservatis praescriptione extingui decennio." – Es ist zu beachten, dass die Strafklage bei der Kongregation für die Glaubenslehre vorbehaltenen Delikten durch Verjährung nach einem Jahrzehnt erfolgt.

Der Beginn der Frist richte sich nach allgemeinem Recht (vgl. cann. 1362 § 3 CIC und 1152 § 3 CCEO: normalerweise mit dem Tag der Straftat, bei Dauerstraftaten aber mit ihrem Aufhören), aber

> „... in delicto autem cum minore a clerico patrato praescriptio decurrere incipit a die quo minor duodevicesimum aetatis annum explevit." – ... bei dem Delikt eines Klerikers mit einem Minderjährigen aber beginnt die Verjährung mit dem Tag zu laufen, an dem der Minderjährige das 18. Lebensjahr vollendet hat.

Wie oben in Fußnote 26 schon erwähnt, hatte Papst JOHANNES PAUL II. der Bischofskonferenz der Vereinigten Staaten von Amerika am 25. April 1994 Sondernormen für Straftaten gegen das Sechste Gebot, die von Klerikern gegen Minderjährige begangen wurden, gewährt.[31] Darin wurde das Alter des Opfers im Sinne der Strafnorm auf die gesamte Zeit der Minderjährigkeit ausgedehnt und die Verjährung unter folgende Bedingungen gestellt:

- Das Opfer muss das 18. Lebensjahr vollendet haben.
- Mindestens ein Jahr muss seit der Anzeige des Delikts vergangen sein, sofern die Anzeige erfolgte, bevor das Opfer das 28. Lebensjahr vollendet hatte.

Die Sonderregeln galten seit dem 25. April 1994 „ad quinquennium".

---

[30] Details dazu in der Instructio de secreto pontificio, die das Staatssekretariat als Rescriptum ex audientia als ab 14. Mai 1974 geltend publiziert hat (vgl. AAS 66 [1974], 89-92); SCHWENDENWEIN, Hugo, Secretum Pontificium, in: FS Plöchl (70), 295-307.

[31] Reskript des Kardinalstaatssekretärs v. 25.4.1994, abgedr. als Anhang zu einem Aufsatz von ALESANDRO, John A., Dismissal from the Clerical State in Cases of Sexual Misconduct. Recent Derogations, in: CLSA Proceedings 56 (1994) 28-63; ferner als Anhang zu einem weiteren Aufsatz desselben Autors (Canonical Delicts Involving Sexual Misconduct and Dismissal from the Clerical State) in: IusEccl 8 (1996) 193; ferner in CLSN 104 (1995) 20 f.

3. Probleme

Eine Frage, die sich geradezu aufdrängt, ist die nach dem rechtlichen Charakter der „Epistula". Normalerweise wird eine solche Bezeichnung nicht für Erlasse verwendet, die Rechtsnormen bekannt geben sollen. Das Motuproprio beschreibt das Dokument, das es in Geltung setzen will, als „Normae", die in zwei Teile unterteilt seien, deren erster „normas substantiales", der zweite „normas processuales" enthalten solle. Dieses Dokument wird von der Kongregation aber nicht publiziert, ja nicht einmal durch Versendung an die Diözesanbischöfe (als Herren des Strafverfahrens in ihren Diözesen) promulgiert. Es ist also Recht anzuwenden, dass der in can. 7 CIC formulierten Geltungsvoraussetzung der Promulgation ermangelt.

Joaquín LLOBELL formuliert in seinen beiden unter Fußnote 14 genannten Referaten als Desiderat, was ein gesetzgeberischer Akt in diesem Bereich leisten müsste:

> „Wahrscheinlich wäre heute ein legislativer Schritt angemessen, der mit Klarheit die Straftaten nennte, die der Glaubenskongregation vorbehalten sind, dann die genauen Tatbestände (sofern sie nicht in den Codices hinreichend klar sind), ihre speziellen Verjährungsfristen, ob sie nach irgendeinem speziellen Verfahrensgesetz behandelt werden müssen (das in den AAS promulgiert werden müsste), die Einheitlichkeit (oder Uneinheitlichkeit) des lateinischen und orientalischen Rechts, die Stellung der dezentralen Gerichte[32] (erster und zweiter Instanz, diözesanrechtlich und bei den Religioseninstituten) in bezug auf diese Straftaten usw."[33]

Mit diesen Erwartungen soll die Epistula kurz verglichen werden:

- Nennung der Straftaten: Die Epistula nennt die Straftatbestände, „die mit ihrer Definition allein dem Apostolischen Gericht der Kongregation für die Glaubenslehre vorbehalten" seien.[34] Mit „Definition" meint das Schreiben wohl nicht die Abgrenzung des Tatbestands, sondern den im Prozessrecht auch des CIC vorkommenden Sinn von „entscheiden" („causam definire", z. B. can. 1607 CIC).
- Präzisierungen gegenüber dem CIC: Hier sind drei Anmerkungen zu machen. Zunächst behält sich die Kongregation einen Tatbestand vor, der kein Straftatbestand ist, nämlich die Konsekration einer oder beider eucharistischer Spezies außerhalb der Feier zu einem sakrilegischen Zweck. Die Aufnahme des nur im Sakramentenrecht genannten Verbots unter die reservierten Delikte schafft aber keinen Straftatbestand.[35] Dazu wäre erforderlich,

---

[32] LLOBELL verwendet hier stets den originellen Ausdruck „tribunali periferici".

[33] LLOBELL, Delitti (Fn. 14), 278; DERS., Promulgazione (ebd.), 301.

[34] „Haec tantum, quae supra indicantur delicta cum sua definitione, Congregationis pro Doctrina Fidei Tribunali Apostolico reservantur" (787).

[35] Richtig schreibt LLOBELL, I delitti (Fn. 14), 273 bei der Erörterung von möglichen, der Kongregation nach bisheriger Rechtslage reservierter Straftaten – er weist darauf hin, dass es dazu kein geltendes Gesetz gebe, sondern nur Literaturmeinungen –, dass etwa

dass mit dem Verbot eine Strafdrohung verbunden würde. Das geschieht weder im CIC noch in der Epistula der Congr. DocFid.
Darüber hinaus hat die Congr. DocFid die Gelegenheit vorübergehen lassen, den untauglichen Begriff des „peccatum contra sextum Decalogi praeceptum“ durch einen geeigneteren zu ersetzen, wie ihn etwa die Parallelvorschriften im CCEO mit der Wendung „contra castitatem“ haben. Unter der Bedingung, dass die seltsame Weise der päpstlichen Inkraftsetzung und Promulgation keine Relevanz hat, wäre das Dokument der Congr. DocFid zu einer solchen Änderung des Strafrechtes in der Lage gewesen. Es hätte den Tatbestand damit auch bei Beachtung der Anwendungsregeln des kanonischen Rechts (vor allem can. 18 CIC) handhabbar gemacht.
Die dritte Anmerkung betrifft die Feststellung, dass der Straftatbestand des Sexualvergehens mit Minderjährigen durch die Epistula ausgeweitet worden ist. Wenn das durch die päpstlich verliehene Autorität der Epistula geschehen konnte – die Bedingung wurde eben genannt –, beweist es die Möglichkeit, auch den aus can. 1395 CIC entnommenen Tatbestand im Sinne der rechtspolitischen Zielsetzung des Gesetzgebers zu präzisieren.

- Verjährungsfristen: Die Epistula nennt die in cann. 1362 CIC und 1152 CCEO fehlende Verjährungsfrist für der Kongregation reservierte Straftaten, wenn auch in einer Weise, dass man an die Fortgeltung einer bestehenden Regelung denkt. Angesichts der Bedenken gegen eine solche Fortgeltung der (unbekannten, weil nicht promulgierten) Instruktion von 1962 in Bezug auf strafrechtliche Normen lässt das aufmerken.
- Übereinstimmung CIC / CCEO: Zu dieser Frage nimmt die Epistula keine Stellung, muss es wohl auch nicht, weil sie die ihr reservierten Tatbestände z. T. abweichend von den Normen der beiden Codices definiert.
- Stellung der dezentralen Gerichte: Das Rätsel, das die Epistula für die Vorgehensweise bei den Ordinarien bzw. ihren Gerichten aufgibt, liegt im Inhalt der Spezialnormen, die die Kongregation in jedem Einzelfall zu übersenden gedenkt und zu beachten verlangt.

4. Zur rechtspolitischen Aufgabe der Epistula

Die Reaktionen der (beschränkten) Öffentlichkeit auf die neuen Normen der Glaubenskongregation waren zumeist skeptisch: Wird hier ein neuer Schritt der Zentralisierung gesetzt? Werden die Ordinarien und Diözesangerichte entmündigt? Soll ein vatikanisches Zentralregister geschaffen werden, in dem alle Denunziationen registriert werden, so dass auch Klerikern, die sich als unschuldig erwiesen haben, bei etwaigen Ambitionen Steine in den Weg gelegt werden können?

---

die Ausfragung eines Pönitenten nach dem Mittäter einer gebeichteten Sünde deswegen nicht der Kongregation reserviert sein könne, weil sie keinen Straftatbestand bilde.

Man wird gerecht sein müssen: Die Reservierung von Straftaten zugunsten der Glaubenskongregation hat eine Geschichte und gute Gründe. Dass die Kirche ihre Kleriker in Bereichen, die ihr eminent wichtig sind, sorgfältig kontrolliert, damit sie die Glaubwürdigkeit des kirchlichen Handelns nicht gefährden, ist richtig. Die Eucharistie als zentrales Sakrament muss ebenso vor Missbrauch geschützt werden wie die im Bewusstsein selbst Kirchenferner unantastbare Verlässlichkeit des Beichtsakramentes. Man darf es nicht als Ausdruck der Beschäftigung mit „immer nur dem einen" werten, wenn Sexualdelikte im Zusammenhang des Beichtsakraments und insbesondere Sexualvergehen mit Minderjährigen einer Aufsicht durch die Kongregation unterworfen werden sollen. Hier bedeutet Zentralisierung unter Umständen auch Rechtsschutz. In vielen Ländern ziehen Sexualdelikte von Klerikern mit Minderjährigen finanzielle Katastrophen für ihre Diözesen nach sich. Der Gedanke, sich von solchen Priestern möglichst rasch zu trennen, kommt leicht auf. Dass eine Entlassung aus dem Klerikerstand nur erfolgen darf, wenn die Schuld des Betroffenen bewiesen ist, sollte selbstverständlich sein. Hier kann eine unvoreingenommene Rechtsprechung der Congr. DocFid Hürden gegen einen Missbrauch der ordentlichen Strafgewalt aufstellen. Die Sorge, die Congr. DocFid werde Priester unter Druck setzen, die keinem ausreichenden Verdacht unterliegen, kann durch eine sachgerechte Vorermittlung bei den Ordinarien ausgeräumt werden. Wenn diese zugunsten des Verdächtigten ausfällt, ist darüber nicht nach Rom zu berichten.

Ein Ziel der neuen Gesetzgebung, das nach Aussage des Motuproprio bereits die früheren Rechtsnormen geleitet hat, nämlich der Gefahr möglicher Verletzungen der entsprechenden Rechtsgüter entgegenzuwirken, wird aber dadurch wohl nicht erreicht werden können. Denn die Probleme, die Kleriker dazu bringen, eine der reservierten Straftaten zu begehen, liegen auf einer Ebene, die mit der Drohung eines Einschreitens der Kongregation nicht zu beeinflussen sein dürfte.

Pädophilie und „episkopein"

Maßnahmen der Bischofskonferenzen von England und Wales sowie von Irland und Schottland

Luc De Fleurquin

1. Einleitung[1]

Beim Studium des Rechtssystems der Katholischen Kirche besteht überhaupt kein Zweifel, dass das Amt, in dem die allgemeine Aufgabe der Aufsicht und des Überblicks, mit anderen Worten die Aufgabe des „episkopein" ausgeübt wird, zu einer der zentralen Aufgaben in unserer Glaubensgemeinschaft gehört. Das sakramentale Bischofsamt wird zu Recht als eine der bedeutendsten Verantwortungen in der Kirche betrachtet. Es wird, je nach den Umständen auf kollegiale Weise und individuell, sowohl auf universaler Ebene als auch auf der Ebene der partikularen Kirchen ausgeübt. Die Texte des Zweiten Vatikanischen Konzils, darunter in erster Linie „Lumen Gentium" und „Christus Dominus", betonen dies immer wieder. Die unzähligen Canones im Codex Iuris Canonici, die manchmal einfach auf das Zweite Vatikanische Konzil verweisen oder dieses auch wörtlich wiederholen, bekräftigen die außerordentliche Bedeutung des Bischofsamtes bei der Erfüllung der grundlegenden Aufgaben der Verkündigung, Heiligung und der Leitung innerhalb der Gemeinschaft. Manche zögern nicht zu sagen, dass die Dynamik, die Kreativität und der Einfluss der Kirchen an den zahllosen Orten und in den Kulturen, in denen die Botschaft Jesu Wurzeln geschlagen hat, in überaus großem Maße von der individuellen und kollektiven Dynamik und von der Kreativität der Priester abhängig sind, die zur Aufgabe des „episkopein", der Aufgabe des Überblicks und der Aufsicht, berufen wurden, der Aufgabe des *vicarius Christi* in den lokalen Glaubensgemeinschaften.

Die Geschichte lehrt uns, dass die Erfüllung des Bischofsamtes im Leben der Kirche meistens alles andere als einfach war. In unserer heutigen Zeit erscheint dieser Auftrag jedoch als eine besonders schwere und komplexe Verantwortung, wenn man im Einklang mit den Grundwerten des Evangeliums die Antworten

---

[1] Dieser Text enthält eine überarbeitete Version des Berichtes, der am 17.5.2001 in Gateshead, England, auf der jährlichen Konferenz der Canon Law Society of Great Britain and Ireland über den sexuellen Missbrauch von Kindern durch Kleriker vorgelegt wurde, die von den katholischen Bischofskonferenzen von England und Wales bzw. von Irland und Schottland anberaumt wurde.

auf zahllose und dringende Fragen unserer ruhelosen und oft gefährlich „emokratischen" Gesellschaft zu formulieren hat.

Unter einer „emokratischen" Gesellschaft verstehen wir, im Gegensatz zu einer demokratischen, eine Gemeinschaft, in der individuelle und kollektive Emotionen – von den Medien ständig und schamlos vergrößert – jede Vernunft zu ersticken drohen, jedes objektive Urteil fortspülen und jede Ehrfurcht vor den Grundwerten im Leben untergraben. Emotionen durchkreuzen fortwährend jeden öffentlichen Dialog. Oft werden sie bewusst manipuliert und meistens führen sie zu unmöglichen Simplifikationen und kurzfristigen Lösungen für gesellschaftliche Probleme, die ein viel tief greifenderes Vorgehen erfordern. Eine Gesellschaft kann dann als „emokratisch" angesehen werden, wenn relativ banalen Geschehnissen plötzlich größte Bedeutung zugemessen wird, wobei diese in kürzester Zeit alle Aufmerksamkeit auf sich ziehen und die politischen Verantwortungsträger zu übereilten Entscheidungen zwingen. Es kann unerträglich schwierig werden, in einer derartigen Gesellschaft sinnvoll Leitung zu vermitteln, um ein guter Diözesanbischof zu sein, um als echter Staatsmann zu entscheiden und – dies gilt für beide – um in den Bereichen, in denen sie Autorität auszuüben haben, als weiser Gesetzgeber aufzutreten.

Bei all dem möchte ich selbstverständlich nicht den Eindruck erwecken, dass ich die Bedeutung eines authentischen Gefühlslebens und der menschlichen Emotionalität unterschätze, ebenso wenig wie die beeindruckenden, ziemlich neuen wissenschaftlichen Fortschritte bei deren Untersuchung. Ich möchte nur unterstreichen, dass ein sensationsorientierter Gebrauch populärer Gefühle und Emotionen meistens zum typischen Gesellschaftsklima führt, das „emokratisch" genannt wird und sehr oft die korrekte Behandlung der wichtigsten individuellen und kollektiven Probleme in unserer Gesellschaft erschwert.

Eines dieser gesellschaftlichen Probleme, dem vor fünfzehn oder zwanzig Jahren kaum Aufmerksamkeit gewidmet wurde, das sich aber in letzter Zeit zu einer öffentlichen Sorge ersten Ranges ausgewachsen hat, ist das Problem der Pädophilie oder des sexuellen Missbrauchs von Kindern unter Beteiligung von Klerikern.

Nach einigen Jahren des unzureichenden Verständnisses für den Ernst der Sache, den Schmerz und die stark traumatisierenden Folgen für die Opfer sowie eines gewissen übertriebenen Schutzes der kirchlichen Institutionen und ihres Personals, mit einem zunehmenden Bewusstsein von der Hartnäckigkeit des Phänomens, entwickelten Bischofskonferenzen und partikulare Kirchen eine systematischere Methode für dieses Problem. Es wurden Beratungsausschüsse gegründet, um in geeigneter Weise zu reagieren, um Richtlinien sowie eine kirchliche Methode in diesem Bereich auszuarbeiten und um die notwendigen Verfahren zu entwickeln, die in solchen Fällen zur Anwendung kommen können.

Zwischen 1994 und 1996 wurden im Auftrag der Katholischen Bischofskonferenzen von England und Wales sowie von Irland und Schottland drei grundlegende Berichte vorbereitet und ausgearbeitet, in denen auch eine Reihe von Empfehlungen formuliert wurden, um den sexuellen Missbrauch von Kindern durch Priester und Ordensangehörige zu bekämpfen. Im Anschluss daran wurden in manchen Bistümern „Child Protection Procedures", besondere Protokolle und andere gleichartige Dokumente, ausgearbeitet, während andernorts noch ungemein viel zu tun war.

Im Sommer 2000 ersuchte der Metropolit von Westminster im Namen der Bischofskonferenz von England und Wales bei einer neuen, unabhängigen Kommission darum, die nach dem ersten Bericht von 1994 eingeführten Maßnahmen zu untersuchen und erneut die zur Verbesserung der Lage notwendigen Empfehlungen auszuarbeiten. Der „provisorische Bericht" dieser neuen Untersuchung wurde von dieser Kommission im April 2001 bekannt gemacht, während die Publikation der endgültigen Version im September des gleichen Jahres erfolgte.

2. Grundlegende Berichte

2.1. England und Wales

CATHOLIC BISHOPS' CONFERENCE OF ENGLAND AND WALES, Child Abuse. Pastoral and Procedural Guidelines. A report from a Working Party to the Catholic Bishops' Conference of England and Wales on Cases of Sexual Abuse of Children involving Priests, Religious and other Church Workers, London 1994 (folgend zitiert als: EW-1).

Dieser erste Bericht ist das Ergebnis der Tätigkeit einer von der Bischofskonferenz eingesetzten Arbeitsgruppe mit dem Ziel,

> „ihre Empfehlungen bezüglich der passenden Maßnahmen zur Behandlung von Fällen sexuellen Missbrauchs von Kindern durch Priester, Ordensangehörige und andere Angestellte der Kirche zu geben."[2]

In der Einleitung zu diesem Bericht wurde klar gestellt, dass die Antwort der Kirche in zwei Phasen auszuarbeiten war. Der Bericht von 1994 war als erste Phase gedacht. Darin wurden die Definitionen entwickelt, die Grundprinzipien des Handelns, die Institutionen sowie die Verfahren. Es wurde dabei als sehr wichtig angesehen, ganz und gar auf der gleichen Wellenlänge wie die staatlichen Behörden in Großbritannien zu arbeiten, von denen zwei Dokumente fortlaufend zitiert werden:

- „Working Together Under the Children Act 1989. A Guide to Arrangements for Inter-Agency Cooperation for the Protection of Children from Abuse",

---

2 EW-1, 7: „... to develop advice on appropriate ways of dealing with cases involving sexual abuse of children by priests, religious and other Church workers."

vom Innenministerium, dem Gesundheitsministerium sowie anderen Diensten 1991 gemeinsam ausgefertigt, und

- „Procedures and Guidelines", eine vom „Child Protection Committee" der Grafschaft Lancastershire ausgefertigte regionale Anwendung des Dokuments „Working Together".

Die zweite Phase des kirchlichen Auftretens sollte aus einer besonderen Untersuchung der Bedürfnisse der Opfer sowie aller anderen Personen bestehen, die von Kindesmissbrauch betroffen wurden. Dieses Dokument wurde 1996 veröffentlicht unter dem Titel „Healing the Wound of Child Sexual Abuse. A Church Response".

Der den Bischöfen von England und Wales vorgelegte Grundbericht von 1994 wurde in drei Hauptteile unterteilt. Der erste Teil enthält die Definitionen und Grundprinzipien. So wurde ein Kind, das missbraucht wird, definiert als

> „ein Junge oder ein Mädchen unter 18 Jahren, der oder das unter einer körperlichen Verletzung, körperlichen Verwahrlosung, mangelnden Entwicklungsmöglichkeiten, emotionalem oder sexuellem Missbrauch gelitten hat, die bzw. der von der Person, die die Verantwortung oder die Sorge für das Kind inne hatte, verursacht oder wissentlich und willentlich nicht verhindert wurde."[3]

Im hierauf folgenden Text wird verdeutlicht, wie Verwahrlosung, körperliche Verletzung, sexueller Missbrauch sowie emotionaler Missbrauch zu verstehen sind. Was mich besonders traf, war die Entschlossenheit der Autoren, die innerkirchlichen Verfahren glasklar und vollumfänglich auf die gesetzlich festgesetzten säkularen Verfahren des Landes abzustimmen. Jede Form des Zudeckens von Missbräuchen wurde als inakzeptabel und verwerflich angesehen, weil dies ungerecht, unaufrichtig und äußerst töricht sei.[4] Auch das so genannte „Paramountcy Principle", also der erste Grundsatz, dass nämlich das Wohlergehen des Kindes in allen Verfahren, an denen es beteiligt ist, die oberste Priorität hat, wurde sorgfältig ausformuliert.[5]

Im zweiten Teil des Dokuments von 1994 werden die möglichen Institutionen und Verfahren entwickelt, um den Schutz des Kindes wirkungsvoll zu garantieren. So wurde etwa die Empfehlung formuliert, in jedem Bistum einen Diözesanpriester als Vertreter oder Delegierten des Bischofs zu ernennen, um alle Fälle von Kindesmissbrauch zu behandeln, um den Informationsfluss in Bezug auf die Art und die Beschreibung von Kindesmissbrauch zum Klerus und zu den Laien zu gewährleisten, um die Kontakte zu Experten und offiziellen Institutionen zu pflegen, die zur Unterstützung der missbrauchten Personen und ihrer Familienmitglieder im gesetzlichen Rahmen gegründet wurden, um sich über die

---

3 Ebd., 9: „... a boy or girl under the age of 18, who has suffered from physical injury, physical neglect, failure to thrive, emotional or sexual abuse, which the person who has had the custody, charge of care of the child either caused or knowingly failed to prevent."

4 Ebd., 12.

5 Ebd., 12 ff.

für die Täter zur Verfügung stehenden Behandlungen zu informieren, sowie auch, um regelmäßige Kontakte zu gleichartigen Delegierten in den anderen Bistümern der Kirchenprovinz zu pflegen.[6] Darüber hinaus wurde empfohlen, in jedem Bistum neben dem Priester-Delegierten des Bischofs auch einen Kommunikationsexperten zu ernennen, um der öffentlichen Meinung bei Missbräuchen die notwendigen Informationen zu verschaffen, falls sich dies als nötig erweisen sollte. Eine Empfehlung formulierte den Wunsch, alle in diesem Bereich tätigen Ämter und Institutionen der Diözese auch allen männlichen und weiblichen Ordensangehörigen mit Wohnsitz im gleichen Bistum zur Verfügung zu stellen.

Im Weiteren beschreibt der Bericht im Einzelnen, wie eine Untersuchung nach einer Anklage durchzuführen ist, wie mit den offiziellen säkularen Instanzen intensiv zusammenzuarbeiten ist, und wie am besten mit den möglichen Reaktionen der des Missbrauchs beschuldigten Person selbst umzugehen ist.[7] Besondere Sorgfalt wurde der seelsorgerlichen Betreuung der Opfer und einer möglichen Therapie für die schuldig befundenen Priester oder Ordensangehörigen gewidmet, wohl wissend, dass keinerlei Empfehlung oder Maßnahme alle möglichen Fälle vorsehen kann.[8] Eine Zusammenfassung mit 39 Schlussbemerkungen und Empfehlungen, gefolgt von acht Zusätzen runden dieses besonders faszinierende erste Dokument ab.

In einer Reaktion auf diese Studie sprachen die Bischöfe von England und Wales auf ihrem Jahrestreffen von 1994 ihren Dank und ihre Wertschätzung für diesen von der Sonderarbeitsgruppe vorgelegten Bericht „Child Abuse – Pastoral and Procedural Guidelines" aus, aber sie überließen es jedem Bischof persönlich, im eigenen Bistum die zu seiner Umsetzung erforderlichen Maßnahmen zu treffen.[9]

Sechs Jahre später lud die gleiche Bischofskonferenz eine neue unabhängige Kommission unter dem Vorsitz von Michael Patrick Lord NOLAN und mit einer Besetzung von vier Katholiken und sechs Nichtkatholiken ein, um die ganze Situation im Licht der geänderten Bedingungen nochmals zu untersuchen, die vorher gemachten Empfehlungen und diözesanen Durchführungsmaßnahmen zu evaluieren und die erforderlichen neuen Empfehlungen zu formulieren. Den Bischöfen wurde im April 2001 ein „provisorischer Bericht" überreicht. Der Schlussbericht, in welchem auch sehr sorgfältig auf alle auf den provisorischen Bericht hin erfolgten Bemerkungen und Reaktionen eingegangen wird, wurde im September 2001 bekannt gemacht. Es versteht sich von selbst, dass wir dem ersten Dokument nur summarische Beachtung schenken und näher auf die endgültige Version eingehen werden, die einige Monate später publiziert wurde:

---

6 Ebd., 14 f.
7 Ebd., 15-18.
8 Ebd., 19 ff.
9 Ebd., 5.

CATHOLIC BISHOPS' CONFERENCE OF ENGLAND AND WALES, Review on Child Protection in the Catholic Church in England and Wales (First Report), London April 2001 (folgend zitiert als: EW-2).

Wie in der einleitenden Auftragserklärung einleuchtend erläutert wird, sorgten die wissenschaftlichen Erkenntnisse über das Phänomen Pädophilie und die Methoden der professionellen Ansätze in der säkularen Gesellschaft in der Periode von 1994 bis 2001 in großem Maße für einen Umbruch. Nun war es nur normal, die kirchliche Sichtweise den neuen Erkenntnissen anzugleichen.[10] Darüber hinaus hatte eine Reihe konkreter Missbrauchsfälle mit Klerikern oder Ordensangehörigen als Täter die Aufmerksamkeit der öffentlichen Meinung sehr stark auf die Kirche gelenkt.[11]

Im provisorischen Nolan-Bericht wurden fünfzig wichtige Empfehlungen formuliert, wobei der Nachdruck sehr stark auf Vorbeugemaßnahmen und -praktiken gelegt wurde, um die Gefahr tatsächlicher Missbräuche auf ein Mindestmaß zu beschränken. Drei allgemeiner gehaltene Empfehlungen eröffnen die Reihe der konkreteren Vorschläge. Die dritte dieser allgemeinen Empfehlungen skizziert besonders deutlich das Klima, in welchem der gesamte Text geschrieben worden ist:

> „Die Kirche erkennt die eigene Würde und die Rechte von Kindern, für die sie eine besondere Verantwortung und Pflicht zur Sorge trägt, an. Die Kirche und ihre individuellen Mitglieder nehmen es auf sich, alles zu tun, was innerhalb ihrer Möglichkeiten liegt, um eine sichere Lebenswelt für Kinder und Jugendliche zu gewährleisten und körperliche, sexuelle oder emotionale Missbräuche zu verhüten. Die kirchlichen Obrigkeiten werden sehr eng mit den gesetzlich dazu vorgesehenen Instanzen zusammenarbeiten, um eine sofortige und angemessene Behandlung jeder Missbrauchsklage sowie eine Unterstützung der Opfer und die Verfolgung der Täter zu gewährleisten."[12]

Genau gleich wie im Bericht von 1994 wird das Abstimmen des kirchlichen Handelns auf die Wellenlänge des Handelns der weltlichen Behörden durch die Integration der dreizehn allgemeinen Grundsätze aus der offiziellen Publikation des Innenministeriums von 1993 „Safe From Harm. A Code of Practice for Safeguarding the Welfare of Children in Voluntary Organisations in England and Wales"[13] außerordentlich gefördert. Diese allgemeinen Prinzipien nennen die erforderlichen Ämter und Instanzen zur Verhinderung und Aufspürung des pä-

---

10 EW-2, 4 und 10.

11 Ebd.

12 Ebd., 11: „The Church recognises the personal dignity and rights of children towards whom it has a special responsibility and a duty of care. The Church, and individual members of it, undertake to do all in their power to create a safe environment for children and young people and to prevent their physical, sexual or emotional abuse. The Church authorities will liaise closely with statutory agencies to ensure that any allegations of abuse are promptly and properly dealt with, victims supported and perpetrators held to account."

13 Ebd., 12-16.

dophilen Missbrauchs, die Ausbildung von professionellen Mitarbeitern und Freiwilligen sowie die Behandlung der Fälle bei Anklagen oder Vermutungen von noch nicht gemeldeten Missbräuchen. Zur Besprechung der konkreten Empfehlungen dieses Berichts verweise ich auf die endgültige Version, die fünf Monate später publiziert wurde:

> CATHOLIC BISHOPS' CONFERENCE OF ENGLAND AND WALES, A Programme for Action. Final Report of the Independent Review on Child Protection in the Catholic Church in England and Wales, London, September 2001 (folgend zitiert als: EW-3).

Nach einer gründlichen Überarbeitung des provisorischen Berichts gelangte die unabhängige Nolan-Kommission, die im Oktober 2000 auf neun Mitglieder – zwei Drittel von ihnen Nichtkatholiken – erweitert worden war, einstimmig zu einem Schlussbericht, der als solcher und ohne Verweise auf die erste Version untersucht werden kann. Dieser Schlussbericht enthält schließlich 83 Empfehlungen und 6 praktische Anlagen, darunter ein ausführliches Glossar, Beschreibungen des Aufgabenbereichs für spezialisierte, vom Dienst befreite Priester und Laien sowie ein mögliches Organigramm für ein ganzheitliches Angehen der Problematik auf der Ebene der Diözesen.

Nach einer Einleitung wird im zweiten Kapitel des Nolan-Berichts im Einzelnen und gut begründet erläutert, welche Änderungen am provisorischen Bericht vorgenommen worden sind, der sich in der Tat ganz beträchtlich von der Schlussversion unterscheidet. Der Sprachgebrauch wurde klar nuancierter[14], der Begriff „risk assessment" (Risikoabschätzung) wurde in eine Voruntersuchung einerseits und eine gründliche professionelle Erhebung samt Beurteilung andererseits aufgeteilt.[15] Außerdem wurden die wichtigsten kritischen Reaktionen auf die erste Version des Berichts erörtert und einzeln widerlegt oder als Verbesserung angenommen. Die überwiegende Mehrheit der Missbräuche werden von Einzelpersonen verübt, bei denen es sich um Bekannte, oft sogar um Familienmitglieder des Kindes handelt. Gut 80 % der Missbräuche ereignen sich zu Hause oder in der Wohnung des Täters. Mädchen werden eher innerhalb der Familie missbraucht, Jungen meistens außerhalb des Familienkreises. Formen emotionaler Einsamkeit in einer übersexualisierten Gesellschaft stellen – in Kombination mit einer Ohnmacht, vollwertige Beziehungen zu einem Erwachsenen aufzubauen – oft im Kontext eines verzerrten Bildes des Erwartungshori-

---

[14] Vgl. EW-3, 6-16, wo ein Unterschied gemacht wird zwischen „disclosure" und „suspicion", zwischen „victim" und „survivor", usw. Im ersten Fall geht es um den Unterschied zwischen einer Anklage und einer Vermutung, im zweiten zwischen einer Person, die vor kurzem Opfer geworden ist und einer, bei der der Missbrauch vor langer Zeit stattgefunden hat.

[15] Ebd., 13: „... an initial process of discernment about wether there is a cause for concern and a thorough technical assessment of the risk posed by a person to children now and in the future."

zontes von Kindern für potenzielle Täter ein großes Risiko dar.[16] Ein Risiko, das noch weiter steigt, je niedriger die Gefahr einer Bestrafung wird.

Das dritte Kapitel des Berichts enthält 83 ausgearbeitete Empfehlungen, von denen die meisten mit einem erläuternden Kommentar versehen sind. Sie betreffen die Sorge um das allgemeine Gesellschaftsklima zum Schutz von Kindern, die erforderlichen Strukturen und Kirchenämter auf der Ebene der Nation, der Diözese und der Pfarrgemeinde, die Behandlung von Anklagen und Vermutungen, die besondere Betreuung der Opfer und ihrer Familie sowie der Täter, die Registrierung von Anklagen, Entscheidungen und Behandlungen von Opfern sowie Tätern, und schließlich eine Reihe besonderer Angelegenheiten wie etwa die ständige Zusammenarbeit mit den weltlichen Behörden. Selbstverständlich ist es nicht möglich, im Rahmen dieses Beitrages näher auf die einzelnen Empfehlungen, von denen eine große Zahl sehr wertvoll sind, einzugehen. Dieser besonders nuancierte und detaillierte Schlussbericht verdient es zweifellos, weit verbreitet und eingehend studiert zu werden.[17]

2.2. Irland

IRISH CATHOLIC BISHOPS' CONFERENCE, Child Sexual Abuse. Framework for a Church Response. Report of the Irish Catholic Bishops' Advisory Committee on Child Sexual Abuse by Priests and Religious, Dublin, 1996 (folgend zitiert als: IR-1).

Dieser Bericht, von den Vorsitzenden der Irischen Bischofskonferenz und der Konferenz der Ordensangehörigen in Irland gemeinsam angefertigt, fällt durch die Klarheit der Formulierung und durch seinen pragmatischen Ansatz auf, allerdings ist auch dieses Dokument für die irischen Bischöfe oder Ordensleiter nicht unmittelbar bindend. Im Text wird die Ausarbeitung weiterer diözesaner Protokolle und partikularrechtlicher Normen vorgeschlagen, unter Einhaltung des diesbezüglichen weltlichen und universalen kanonischen Rechts.[18]

Wie im ersten Kapitel angegeben, sollten solche Protokolle acht Grundsätze enthalten:

- Die Sicherheit und das Wohlergehen der Kinder als vordringliche Werte.
- Die Notwendigkeit, auf alle Anklagen unverzüglich zu reagieren.

---

16 Ebd., 17.

17 Die Canon Law Society of Great Britain and Ireland stellte im Anschluss an den Nolan-Bericht eine Sonderarbeitsgruppe zusammen, um dessen kanonistische Implikationen für die Bischöfe von England und Wales zu formulieren. Die Mitglieder dieser Arbeitsgruppe sind Msgr. Gordon F. READ (Vorsitzender), Msgr. Patrick HENNESSEY, Prof. Kristian PAVER und Prof. Luc DE FLEURQUIN. Das Sekretariat wird von Schw. Martine NEILL geführt.

18 IR-1, 23.

- Die Verpflichtung, jeden Fall unverzüglich den weltlichen Behörden zu melden.
- Die Verfügbarkeit von emotionalem und geistlichem Beistand für die Opfer und ihre Familien.
- Vorläufige Maßnahmen in Bezug auf den beschuldigten Priester oder den beschuldigten Ordensangehörigen während der Untersuchung.
- Achtung der im weltlichen und kanonischen Recht vorgesehenen Rechte des beschuldigten Priesters oder Ordensangehörigen.
- Eine angemessene pastorale Betreuung der Pfarrei und der weiteren Glaubensgemeinschaft.
- Angemessene positive Maßnahmen, um den guten Namen und den Ruf einer Person wieder herzustellen, die zu Unrecht beschuldigt worden ist.[19]

Zu Recht wird am Ende dieses Kapitels darauf hingewiesen, dass die letztendliche Wirkung des Berichts von denen abhängt, die die Verantwortung für die Ausarbeitung der Empfehlungen in partikulare Rechtsnormen tragen, sowie von ihrer Bereitschaft, diese Normen auch tatsächlich einzuhalten und ihre Einhaltung durchzusetzen.[20]

Das zweite Kapitel beginnt mit einer ausführlichen Definition des sexuellen Missbrauchs von Kindern. Diese ursprünglich von einer „Western Australia Task Force" ausgearbeitete Definition wurde von den Verfassern des kirchlichen Berichts aus einem weltlichen Dokument übernommen, dem „Report on Child Sexual Abuse", der 1990 von der „Irish Law Reform Commission" ausgearbeitet worden ist. Die Definition selbst, die keinen Anspruch auf Vollständigkeit erhebt, beschreibt den sexuellen Missbrauch von Kindern in folgender Weise:

> „a.- Absichtliche Körperberührung des Kindes im Hinblick auf die sexuelle Erregung oder sexuelle Befriedigung des Kindes selbst oder des Erwachsenen;
> b.- absichtliche Selbstbefriedigung in Anwesenheit eines Kindes;
> c.- absichtliches Vorzeigen der Geschlechtsteile des Erwachsenen oder jede andere absichtliche sexuelle Handlung in Anwesenheit eines Kindes im Hinblick auf die sexuelle Erregung oder Befriedigung des Erwachsenen oder als Ausdruck von Aggression, Bedrohung oder Einschüchterung; und:
> d.- die sexuelle Ausnutzung, unter anderem unter Zulassung, Ermutigung oder Aufforderung des Kindes, sich zur Prostitution anzubieten oder diese auszuüben, oder zu anderen sexuellen Handlungen – wie weiter oben genannt – mit dem Angeklagten oder jeder beliebigen anderen Person bzw. Personen, Tier oder Gegenstand, oder an einer Aufnahme (auf Video, Film, Tonband oder jedes andere zeitweilige oder permanente Medium) mitzuwirken, zu posieren, als Modell aufzutreten oder irgend einen anderen Auftrag zu erfüllen, bei dem der Körper des Kindes im Hinblick auf die sexuelle Befriedigung eines Publikums zur Schau gestellt wird, oder im Hinblick auf

---

[19] Ebd., 18 f.

[20] Ebd., 19.

jede andere sexuelle Handlung, die in den Unterabschnitten (a) und (b) weiter oben aufgeführt ist."[21]

Genau gleich wie in England und Wales wird in Irland jede Person unter 18 Jahren als Kind betrachtet.

Im dritten und vierten Kapitel des Berichts werden einerseits die für eine effiziente Reaktion der Kirche erforderlichen Strukturen und andererseits ein detailliertes Verfahren zur Behandlung einer Anklage behandelt.[22]

Die Notwendigkeit, zwischen den Bistümern einerseits und den Orden und Kongregationen andererseits einen fortlaufenden Informationsaustausch zu gewährleisten, die erforderlichen Maßnahmen auf der lokalen Ebene und der der Pfarrei, die Risikoeinschätzung, die Behandlung der angeklagten Personen sowie die Auswahl und Ausbildung von künftigen Priestern und Ordensangehörigen werden in den Kapiteln fünf bis einschließlich acht des Berichts im Einzelnen beschrieben.[23]

Schließlich wird im neunten und letzten Kapitel des Dokuments, das in Kreisen der irischen Kirche inzwischen auch häufig das „Green Book" genannt wird, zu Recht für ein klareres Bewusstsein beim Publikum im Allgemeinen und bei den Kirchenbehörden im Besonderen eingetreten.[24] Es ist in der Tat so, dass noch zahlreiche Aspekte dieses pathologischen Sexualverhaltens und seiner Heilung unzureichend erforscht sind.

---

21 Ebd., 20 f. „This definition, while not inclusive of all sexual offences, outlines such behaviour as:
a.- Intentional touching of the body of a child for the purpose of the sexual arousal or sexual gratification of the child or the person;
b.- intentional masturbation in the presence of a child;
c.- intentional exposure of the sexual organs of a person or any other sexual act intentionally performed in the presence of a child for the purpose of sexual arousal or gratification of the older person or as an expression of aggression, threat or intimidation towards the child; and
d.- sexual exploitation, which includes permitting, encouraging or requiring a child to solicit for or to engage in prostitution or other sexual acts as referred to above with the accused or any other person, persons, animal or thing or engaging in the recording (on video-tape, film, audio-tape or other temporary or permanent material), posing, modelling or performing of any act involving the exhibition of a child's body for the purpose of sexual gratification of an audience or for the purpose of any other sexual act referred to in subparagraphs (a) and (b) above."

22 Ebd., 23-27 und 28-37.

23 Ebd., 38 ff.

24 Ebd., 51.

2.3. Schottland

CATHOLIC BISHOPS' CONFERENCE OF SCOTLAND, Child Sexual Abuse. Report Commissioned by the Bishops' Conference of Scotland, o. O. 1996 (folgend zitiert als: SC-1).

Die Schottische Bischofskonferenz gründete im Februar 1995 eine Sonderarbeitsgruppe, die ein Jahr später einen in der gebräuchlichen Weise mit den notwendigen Richtlinien und Empfehlungen versehenen Schlussbericht vorlegte. Die Bischöfe machten bereits im September 1996 mit der Publikation eines vierseitigen Dokuments „A Response to the Report by the Working Party on Child Sex Abuse" ihre Reaktion bekannt.

Im Bericht der Sonderarbeitsgruppe werden bereits bekannte Themen behandelt:

- Grundprinzipien (Kap. 1);
- pastorale und Verfahrensrichtlinien (Kap. 2);
- Bedürfnisse der Opfer (Kap. 3);
- Auswahl, Ausbildung und Betreuung von Priestern und Ordensangehörigen (Kap. 4);
- eine periodische Überprüfung aller Richtlinien und Normen (Kap. 5)
- und schließlich ein allgemeiner gefasster Überblick über alle Empfehlungen (Kap. 6).

Auf mich persönlich haben die fortdauernden Verweise auf die offiziellen Dokumente der weltlichen Behörden in Schottland Eindruck gemacht[25], ebenso der Einfluss der Erklärung der Rechte des Kindes, die von der UNO-Vollversammlung 1989 verabschiedet wurde[26], die akkurate Beschreibung der möglichen psychischen Reaktionen der missbrauchten Kinder[27] und die Forderung einer periodischen Überarbeitung der konkreten Maßnahmen, die im Dokument verkündet wurden.[28]

Es ist bemerkenswert, dass nach dem in Schottland geltenden weltlichen Recht jede Person unter 16 Jahren als Kind angesehen wird, aber dass für private homosexuelle Handlungen zwischen zwei diesen Taten zustimmenden Personen die Altersgrenze für die Aufhebung der Strafbarkeit auf 18 Jahre festgesetzt worden ist.[29]

Als Antwort auf die Empfehlungen vom Februar 1996 ernannte die Schottische Bischofskonferenz im Dezember 1996 eine Sonderkommission von „Diocesan Child Protection Advisors", deren Aufgabe es war, eine Reihe von Richtlinien auszuarbeiten, für die katholischen Gläubigen im Allgemeinen und für professi-

---

25 SC-1, 3.

26 Ebd., 5.

27 Ebd., 19.

28 Ebd., 34.

29 Ebd., 5 und 20.

onelle und ehrenamtliche Kräfte, die mit Kindern, Jugendlichen und schutzbedürftigen Erwachsenen arbeiten, im Besonderen.

THE CATHOLIC CHURCH IN SCOTLAND, Keeping Children Safe. Guidelines for Good Practice for Paid Staff and Volunteers Who Work with Children, Young People and Vulnerable Adults in a Church Context, o. O. 1998 (folgend zitiert als: SC-2).

Dieses nützliche Dokument verschafft klare Information, die um 13 Richtlinien für ein kluges Verhalten gruppiert und in einer besonders zugänglichen sowie leicht verständlichen Sprache geschrieben sind. Es handelt sich hierbei um ein gelungenes Beispiel für die Information eines breiten Publikums, so dass jedermann genau weiß, was akzeptabel ist und was nicht.[30]

2.4. Ähnlichkeiten und Unterschiede

Auch wenn die weiter oben besprochenen Dokumente, die in den drei Kirchenterritorien zwischen 1994 und 2001 entstanden sind, in der Formulierung und im Stil, in ihrer Analyse der heutigen gesellschaftlichen Umstände und in ihren entsprechenden Empfehlungen Unterschiede aufweisen, so hat mich doch die prinzipiell gleichartige Betrachtungsweise der Problematik frappiert. Als gemeinsame Merkmale können betrachtet werden:

- Die Anerkennung, dass es die Kirche und die Gesellschaft in Bezug auf den sexuellen Missbrauch von Kindern mit einem grundlegenden Problem zu tun haben, und dass sich der Umfang des Problems – vor allem in den letzten beiden Jahrzehnten – entgegen aller Erwartungen als viel größer erwiesen hat, als allgemein angenommen.
- Die Notwendigkeit, dieses Problem anzugehen und im Bereich der Vorbeugung dieses Missbrauchs alles nur irgendwie Mögliche zu unternehmen.
- Die erforderlichen Strukturen und Verfahren zu entwickeln, die voll und ganz mit dem Handeln der weltlichen behördlichen Instanzen, mit der Gesetzgebung des Landes sowie mit den diesbezüglichen offiziellen Publikationen im Einklang stehen.
- Die Verpflichtung, zur Behandlung jedes einzelnen Falles eine vollständige und permanente Zusammenarbeit mit der weltlichen Obrigkeit aufzubauen.
- Die Anerkennung der grundlegenden Würde und der Rechte jedes Kindes als Grundprinzip bei jedem Eingreifen.
- Und schließlich nicht nur die Notwendigkeit, auf jede Anklage korrekt zu reagieren, sondern ebenso die einer besseren Auswahl und Ausbildung aller Priester, Ordensangehörigen, angestellter Laien und Freiwilligen in der Kirche.

---

30 SC-2, 16 f.

Beim Vergleich der untersuchten Dokumente sind auch einige Unterschiede festzustellen:

- Manche Texte scheinen sich nicht auf sexuelle Missbräuche an Kindern zu beschränken, sondern wünschen auch einen Schutz des Kindes vor anderen, nicht sexuellen Missbräuchen.
- Einige Berichte beschränken die Problematik auf den sexuellen Missbrauch von Kindern durch Priester und Ordensangehörige, während andere ausdrücklich auch die von der Kirche eingestellten Laien und die Freiwilligen pastoralen Mitarbeiter in die Vorschriften mit einbeziehen.
- In manchen Dokumenten werden nicht nur Kinder und Jugendliche genannt, sondern auch schutzbedürftige Erwachsene, ohne jedoch zu definieren, was darunter verstanden wird.
- In einigen Dokumenten fehlt deutlich die notwendige Aufmerksamkeit für die Problematik und die Rechte des angeklagten oder vermutlichen Täters. Eine ausschließlich einseitige Ausrichtung auf die Problematik des missbrauchten Kindes ist nicht nur ein unvollständiger Ansatz, sondern verhindert letztendlich auch eine echte Lösung der Probleme.

Bei näherem Hinsehen weisen diese gemeinsamen Berichte neben sehr vielen positiven Merkmalen auch einige grundlegende Schwächen auf.

Diese Untersuchungen rufen in erster Linie den allgemeinen Eindruck hervor, dass sie in unzureichendem Maße auf das psychologische und medizinische Wissen gründen, das über diese Form des pathologischen Verhaltens und der Umstände, die dazu führen können, vorhanden ist. Zahlreiche Missverständnisse sind möglich. So existieren beispielsweise zahlreiche Formen sexuellen Missbrauchs an Kindern. Pädophilie ist klar zu unterscheiden von Exhibitionismus, Transvestismus, Voyeurismus, sexuellem Masochismus und sadistischem Sexualverhalten. Die sexuelle Anomalie „Pädophilie" muss von Ephebophilie differenziert werden. Ephebophile werden besonders von Teenagern in und nach den Pubertätsjahren angezogen, während Pädophile meistens auf jüngere Kinder vor ihrer Pubertät orientiert sind. Es ist auch zu unterscheiden zwischen fixierten Tätern einerseits, die ein ausschließliches sexuelles Interesse an Kindern empfinden und überhaupt keines an Erwachsenen, sowie regressionsbehafteten Tätern andererseits, die sexuell sowohl auf Kinder als auch auf Erwachsene orientiert sind. Fixierte Täter sind selten verheiratet, regressionsbehaftete dagegen im Allgemeinen schon. Fremde und eher entfernte Bekannte sind die typischen Opfer von fixierten Tätern, während Kinder von Familienangehörigen oder engen Freunden meistens Opfer von regressionsbehafteten Tätern werden. Darüber hinaus ist es von großer Bedeutung zu erkennen, wie pädophiles und ephebophiles Verhalten entsteht, wie Stress, Einsamkeit und andere Faktoren in der pastoralen Arbeit einen Verlust der eigenen psychischen Kohäsion und Stabilität verursachen und im Anschluss daran den Beginn falscher emotionaler Bindungen.

Ohne das große Leid der Opfer und die zerrüttenden Folgen für ihre Familienmitglieder und die weitere Gemeinschaft auch nur in irgend einer Weise zu minimalisieren, kann es nichtsdestotrotz wünschenswert sein, die öffentliche Aufmerksamkeit viel stärker auf die zahlreichen entgleisten Auffassungen und oberflächlichen Argumentationen in unserer heutigen „emokratischen" Gesellschaft zu richten. Eine sorgfältige Einschätzung der menschlichen Entgleisungen beim Sexualverhalten, weise Entscheidungen in Bezug auf die strafrechtlichen und disziplinarischen Sanktionen für die Täter, und die Chancen auf eine mögliche therapeutische Behandlung dieser Menschen erfordern eine gründliche medizinische Kenntnis der gesamten Problematik.

In zweiter Linie fällt mir bei einer sorgfältigen Studie dieser Dokumente auf, dass sie ein manchmal Verwirrung stiftendes Ganzes von Analysen des Problems sind, von Beschreibungen konkreter Situationen, pastoralen Empfehlungen, möglichen administrativen Maßnahmen, Vorschlägen *de lege ferenda* und oft auch von sehr allgemeinen Betrachtungen. Wahrscheinlich ist dies bei diesem Genre von Beratungsstudien nicht ganz vermeidbar, aber darin liegt wohl eine der Ursachen von häufigem widersprüchlichem Verhalten in der Praxis und von einer oft mangelhaften Implementierung dieser Dokumente in der Politik der lokalen Diözesen.

Schließlich fällt auch auf, dass alle oben genannte Berichte beratender Natur sind. Es wird von den Diözesanbischöfen und den höheren Oberen von Religiosenorden und Kongregationen erwartet, dass sie innerhalb ihres spezifischen Rechtsgebiets weitere konkrete Richtlinien ausarbeiten, partikularrechtliche Normen verabschieden, Protokolle und andere Dokumente aufsetzen. Verfügen sie über die erforderlichen Mittel und die kompetenten Berater, über die unabdingbare Kreativität und ein Minimum an Personal, um die Dutzenden und Aberdutzenden von Empfehlungen effizient und mit der gegebenen Eile in eine realisierbare Politik umzusetzen? Wäre es nicht vorzuziehen, innerhalb des gesamten Territoriums einer Bischofskonferenz identische Regeln zu erlassen? Oder sogar einheitliche Regeln für England, Wales, Irland und Schottland zusammen, in dem Maße, wie die nationalen Gesetzgebungen dies ermöglichen? Nach kanonischem Recht kann nämlich jede Bischofskonferenz can. 455 § 1 CIC anwenden und vom Apostolischen Stuhl eine besondere Anordnung erbitten, um diese Problematik über ein allgemeines Dekret zu lösen. Dies könnte, nach der erforderlichen Rekognition und der offiziellen Promulgation, zu bindenden Normen für alle Bistümer zusammen führen, mindestens im Gebiet ein und derselben Bischofskonferenz.

Um jedoch keine Verwirrung zwischen den streng verbindlichen, juristischen Maßnahmen auf der einen, und den allgemeiner gehaltenen, erwägenden und pastoralen Betrachtungen andererseits zu stiften, erscheint es mir unentbehrlich, zwei sich klar voneinander unterscheidende Dokumente abzufassen: Einen gemeinsamen Hirtenbrief, der an die eigenen Gläubigen und an die öffentliche Meinung im Allgemeinen gerichtet ist, sowie ein gemeinsames allgemeines Dekret mit glasklaren partikularrechtlichen Normen, die Anschluss an das universale kanonische Recht und an die staatliche Gesetzgebung des eigenen Landes haben.[31]

Sicherheitshalber ist auch anzugeben, dass jede Gesetzgebung auf der Ebene der partikularen Kirchen im vollen Einklang mit der sehr aktuellen diesbezüglichen universalen Gesetzgebung auszuarbeiten ist, die im Motuproprio „Sacramentorum Sanctitatis Tutela“ vom 30. April 2001 ihren Ausdruck findet und die im Brief der Kongregation für die Glaubenslehre „De delictis gravioribus“ vom 18. Mai 2001 weiter erläutert wird.

Im Folgenden werden sehr kurz einige inhaltliche Aspekte besprochen, die Gegenstand pratikularrechtlicher Regeln gegen den sexuellen Missbrauch von Kindern in einem allgemeinen Dekret beziehungsweise eines gemeinsamen Hirtenbriefs sein können.

3. Inhaltliche Aspekte eines allgemeinen Dekrets

3.1. Kirchliche Ämter und Strukturen

Partikularrechtliche Normen müssen zweifellos einige diözesane Ämter und Strukturen vorsehen, die die allgemeine Sorge des Bischofs um diese spezifische Problematik, das Verfahren bei einer Anklage sowie die Betreuung von Opfern wie Tätern konkretisieren.

In den meisten Berichten wird ein Bischöflicher Delegierter oder ein diözesaner Koordinator verlangt, oft „Child Protection Co-ordinator“ genannt, um die diesbezügliche Gesamtpolitik der Diözese zu überblicken und bei einer Anklage wegen sexuellen Missbrauchs von Kindern durch Priester, Ordensangehörige oder Kirchenangestellte oder einer Vermutung einer solchen Tat sofort aktiv zu werden. Selbstverständlich sollte der Diözesanbischof diese Person frei und für erneuerbare Perioden von festgesetzter Dauer ernennen und sie auch entlassen können, falls eine Reihe genau definierter Voraussetzungen erfüllt ist.

In einem allgemeinen Dekret müssen die konkreten Voraussetzungen zur Ernennung beschrieben werden, wie die erforderlichen Diplome und die notwendige Vorbildung, das Mindestalter, die Unvereinbarkeit mit anderen Kirchenämtern und dergleichen mehr. Der Gesetzgeber selbst muss entscheiden, ob diese Funktion ausschließlich einem Priester vorbehalten wird oder nicht.

---

[31] Beispiele von allgemeinen Dekreten, die eine gewisse Inspiration bieten könnten, sind zum aktuellen Zeitpunkt noch selten, bis auf einige Ausnahmen, wie unter anderem das noch nicht in Kraft getretene allgemeine Dekret der Katholischen Bischofskonferenz der Vereinigten Staaten v. 14.6.2002, „Essential Norms for Diocesan / Eparchial Policies Dealing with Allegations of Sexual Abuse of Minors by Priests, Deacons, or Other Church Personnel.“

Selbstverständlich muss auch eine exakte Beschreibung des Aufgabenbereichs erfolgen, wobei an die Koordinierung der Behandlung von Anklagen und Vermutungen, die Voruntersuchung, die ständigen Kontakte mit den weltlichen Gerichten und Verwaltungsbehörden, das Informieren der Medien sowie an die besonderen Ausbildungsprogramme für mit Kindern und Jugendlichen arbeitende Kleriker und Laien gedacht werden kann.

Es stellt sich allerdings die Frage, inwieweit die Religiosenverbände und Kongregationen aus ihrer Mitte eigene Vertreter für diese Problematik zu ernennen haben oder sich besser den Aktivitäten des Bistums anschließen, in welchem sie im pastoralen Bereich tätig sind.

Die oben genannten Berichte empfehlen auch die innerkirchliche Ernennung einer Mindestzahl von spezialisierten Betreuern der Opfer und ihrer Familien, die zumeist „Diocesan Support Person" genannt werden, sowie auch der Täter, die oft als „Diocesan Advisor" bezeichnet werden. Die erste Personengruppe, selbstverständlich aus Männern und Frauen zusammengesetzt, um eine gewisse Präferenz des Opfers und der Familie zu ermöglichen, könnte für eine schnelle und effiziente Betreuung von der Anklage oder der ersten Vermutung an sorgen, während sich die zweite Personenkategorie insbesondere für die pastorale, juristische und therapeutische Betreuung der Täter einsetzt, sofern diese zur Mitwirkung bereit sind.

Die Inhaber dieser Ämter sollten ebenfalls vom Diözesanbischof für erneuerbare Perioden von festgesetzter Dauer zu ernennen sein. Sowohl die Beschreibung ihrer Aufgaben als auch die Voraussetzungen zu ihrer Ernennung müssen vom Gesetzgeber unzweideutig festgelegt werden. Sie informieren und betreuen die Opfer, ihre Familien beziehungsweise die Täter, und zwar so lange, wie es von diesen gewünscht wird.

Ebenso muss in einem allgemeinen Dekret eine dieser Problematik verschriebene Diözesankommission juristisch definiert werden, deren Mitglieder den Bischof einzeln und gemeinsam beraten. Es versteht sich von selbst, dass der soeben genannte Bischöfliche Delegierte – möglicherweise als Bischofsvikar ernannt, falls es sich um einen Priester handelt – und die spezialisierten diözesanen Betreuer Teil dieser Diözesankommission sind, die in den in englischer Sprache geschriebenen Dokumenten meistens „Diocesan Child Protection Team" genannt wird.

Manche schlagen sogar eine interdiözesane Kommission vor, die von einem Bischof im Namen der Bischofskonferenz präsidiert wird und die die gesamte Kirchenpolitik im Territorium der Konferenz koordiniert, die Einhaltung des allgemeinen Dekrets überwacht und – falls erforderlich – rechtzeitig die notwendigen Anpassungen der Gesetzgebung vorschlägt.

3.2. Behandlung von Anklagen

In einem allgemeinen Dekret muss auf jeden Fall auch ein sehr detailliertes Verfahren ausgearbeitet werden, das bei einer Anklage oder der Meldung einer Missbrauchsvermutung strikt einzuhalten ist. Es versteht sich von selbst, dass die Normen des Universalrechts, einschließlich der kürzlich erfolgten Ergänzungen von 2001 im Hinblick auf die der Kongregation für die Glaubenslehre vorbehaltenen Delikte, sorgfältig in das Partikularrecht zu integrieren sind. Die cann. 1717-1719 CIC in Bezug auf die Voruntersuchung müssen detaillierter ausgearbeitet werden im Hinblick auf diese spezifische Problematik. Auch can. 1722 CIC ist korrekt anzuwenden, mit anderen Worten: nicht, bevor ein Verwaltungs- oder Strafrechtsverfahren eingeleitet worden ist.

Darüber hinaus muss sich der kirchliche Gesetzgeber klar vor Augen halten, dass die spezifische Aufgabe des „episkopein" in diesen Fällen, deren Komplexität und emotionale Auswirkungen auf alle Beteiligten nur allzu bekannt sind, eine maximale Pflicht zur Sorge beinhält, sowohl für die Opfer und ihre Familien als auch für die Täter und auch für die umfassendere Gemeinschaft der Diözese. Einige der besprochenen Berichte scheinen die besonderen persönlichen Verantwortlichkeiten und Pflichten eines Diözesanbischofs für seine inkardinierten Kleriker zu unterschätzen, insbesondere dann, wenn diese in Schwierigkeiten geraten.

Zwei besonders delikate Probleme, auf die in diesem Beitrag nicht mehr im Einzelnen eingegangen wird, betreffen die innerkirchlichen kanonischen Sanktionen eines Klerikers nach der Verurteilung durch ein weltliches Strafgericht einerseits und andererseits die innerkirchlichen Maßnahmen zur Wiedergutmachung, die sich bei einem umfassenden Freispruch eines Klerikers aufdrängen.

4. Inhaltliche Aspekte eines Hirtenbriefs

Ein Hirtenbrief kann den besonderen Kontext verdeutlichen, in welchem Gläubige in unserer Zeit leben, und der eine Promulgation von zusätzlichen, in einem allgemeinen Dekret formulierten Rechtsnormen notwendig macht. In einer nicht technischen, leicht verständlichen Sprache sollten unter anderem bestimmt folgende Elemente zur Sprache kommen:

- Eine unzweideutige Anerkennung des Leides, das Mitarbeiter der Kirche in der Vergangenheit verursacht haben, und eine aufrichtige Entschuldigung für das, was im Namen der Kirche geschehen ist.
- Die Bekanntmachung, dass bei einer Anklage oder einer Vermutung eines Missbrauchs innerkirchliche Verfahren zur Verfügung stehen.
- Die Verfügbarkeit von diözesanen Betreuern, die Opfern und ihren Familienmitgliedern sachkundig beistehen können, falls diese das wünschen.

- Ein aufrichtiger Aufruf zu einer Kultur der Wachsamkeit und der respektvollen Sorge für alle Kinder und Minderjährigen, der an alle Kleriker und Gläubigen des betreffenden Gebiets gerichtet ist.
- Und schließlich die dreifache Sorge jedes Bischofs taktvoll in Worte fassen, nämlich für die Missbrauchsopfer, für die besonderen Mitarbeiter des Bischofs, die mit ihm zusammen die Sorge für die lokale Kirche tragen, sowie auch für die ganze Glaubensgemeinschaft der Diözese.

5. Allgemeine Schlussfolgerungen

Nach einer allgemeinen Darlegung der verschiedenen mit Empfehlungen versehenen Berichte, die im Laufe des letzten Jahrzehnts auf Anfrage der örtlichen Bischofskonferenzen von verschiedenen Kommissionen vorgelegt wurden, habe ich die wichtigsten Empfehlungen genannt, die weiter in der Form eines bindenden allgemeinen Dekrets und eines Hirtenbriefes ausgearbeitet werden können.

Es drängt sich die weitere Entwicklung einer Kultur der besonderen Aufmerksamkeit für den Schutz von verletzbaren Kindern und Jugendlichen in unserer Gesellschaft auf. Die Art der Delikte, die den sexuellen Missbrauch von Kindern betreffen sowie der Umfang der Problematik erfordern zweifellos weitere gründliche Untersuchungen, sowohl inner- als auch außerhalb der Kirche.

Vielleicht können weitere Forschungsbemühungen und kreative, aber effiziente Maßnahmen zu einer besseren Rechtskultur in der Kirche selbst und zu einer stärker vom Geist des Evangeliums inspirierten Anwesenheit der Kirche in der „Freude und Hoffnung, Trauer und Angst" der breiteren Gesellschaft führen, wie das Zweite Vatikanische Konzil dies in „Gaudium et Spes" (Nr. 1) so trefflich formulierte.

6. Auswahlbibliographie aus dem englischen Sprachraum

6.1. Basisdokumente

- CATHOLIC BISHOPS' CONFERENCE OF ENGLAND AND WALES, Child Abuse. Pastoral and Procedural Guidelines. A Report from a Working Party to the Catholic Bishops' Conference of England and Wales on Cases of Sexual Abuse of Children involving Priests, Religious and other Church Workers, London 1994.
- CATHOLIC BISHOPS' CONFERENCE OF ENGLAND AND WALES, Review on Child Protection in the Catholic Church in England and Wales (First Report), London 2001.
- IRISH CATHOLIC BISHOPS' CONFERENCE, Child Sexual Abuse. Framework for a Church Response. Report of the Irish Catholic Bishops' Advisory Committee on Child Sexual Abuse by Priests and Religious, Dublin 1996.

- CATHOLIC BISHOPS' CONFERENCE OF SCOTLAND, Child Sexual Abuse. Report Commissioned by the Bishops' Conference of Scotland, o. O. 1996.
- THE CATHOLIC CHURCH IN SCOTLAND, Keeping Children Safe. Guidelines for Good Practice for Paid Staff and Volunteers Who Work with Children, Young People and Vulnerable Adults in a Church Context, o. O. 1998.

6.2. Bücher und Aufsätze

- ALESANDRO, John A., Canonical Delicts Involving Sexual Misconduct and Dismissal from the Clerical State. A Background Paper, in: IusEccl 8 (1996) 173-193.
- BEAL, John P., Doing What One Can. Canon Law and Clerical Sexual Misconduct, in: Jurist 52 (1992) 642-683.
- DERS., To Be or Not To Be, That is the Question. The Rights of the Accused in the Canonical Penal Process, in: CLSA-Proceedings 53 (1991) 77-97.
- DERS., At the Crossroads of Two Laws. Some Reflections on the Influence of Secular Law on the Church's Response to Clergy Sexual Abuse in the United States, in: TORFS, Rik / BEAL, John P. / PAPASTHATIS, Charalambos K. (Hg.), Canon Law and Realism (Monsignor W. Onclin Chair 2000), Leuven 2000, 51-74.
- BELL, Adrian M., The Dismissal of a Priest from the Clerical State in Cases of Child Sexual Abuse. The Only Means of Justice exercised by the Church Authority according to the 1983 Code of Canon Law?, Leuven 1998 (Dissertation).
- CALVO, Randolph R. / KLINGER, Nevin J. (Hg.), Clergy Procedural Handbook, Washington, D. C. 1992.
- DOYLE, Thomas P., The Canonical Rights of Priests Accused of Sexual Abuse, in: StCan 24 (1990) 335-356.
- GRIFFIN, Bertram F., The Reassignment of a Cleric who has been Professionally Evaluated and Treated for Sexual Misconduct with Minors. Canonical Considerations, in: Jurist 51 (1991) 326-339.
- INGELS, Gregory, Dismissal from the Clerical Sate. An Examination of the Penal Process, in: StCan 33 (1999) 169-212.
- JENKINS, Philip, Pedophiles and Priests. Anatomy of a Contemporary Crisis, New York u. a. 1996.
- LI, Charles K. / WEST, Donald James / WOODHOUSE, Timothy P., Children's Sexual Encounters with Adults, Buffalo 1993.
- MORRISEY, Francis G., The Pastoral and Juridical Dimensions of the Dismissal from the Clerical State and of other Penalties for the Acts of Sexual Misconduct, in: CLSA-Proceedings 53 (1991) 221-239.
- DERS., Procedures to be Applied in Cases of Alleged Sexual Misconduct by a Priest, in: StCan 26 (1992) 39-73.

- READ, Gordon F., Clerical Child Abuse and the Application of the Penal Process, in: Newsletter of the Canon Law Society of Great Britain and Ireland 104, Dezember 1995, 14-21.
- DERS., Canonical Delicts Involving Sexual Misconduct and Dismissal from the Clerical State, in: Newsletter of the Canon Law Society of Great Britain and Ireland 105, März 1996, 12-15.

Die Entlassung aus dem Klerikerstand im Strafrecht

Rik Torfs

Einleitung

Wer hätte zum Zeitpunkt der Promulgation des CIC im Jahre 1983 vermutet, dass der Verlust des Klerikerstandes als Strafe zwanzig Jahre später zu einem bedeutenden kirchenrechtlichen Thema werden würde? Früher suchten Kleriker durchweg selber beim Apostolischen Stuhl um ein Reskript nach, das den Verlust des Klerikerstandes nach sich zog. Darüber hinaus hegten sie dann auch häufig noch Hoffnung auf eine Dispens von der Zölibatspflicht, damit sie in aller Ruhe in die Ehe eintreten konnten. Aber der Verlust des Klerikerstandes als Strafe? Das war selten. Das Strafrecht als solches war überhaupt nicht beliebt. Es konnte zwar nicht vollständig vom Tisch gewischt werden, aber eigentlich gehörte es nicht in eine Glaubensgemeinschaft, bei der Liebe und Verbundenheit die Zauberworte sind. Heute sieht alles anders aus. Der Verlust des Klerikerstandes als Strafe dient als ein *ultimum remedium* für Kleriker, die mit der Zölibatspflicht mehr oder weniger im Konflikt leben, daraus jedoch selber keine Konsequenzen zu ziehen bereit sind. Aber auch bei Fällen sexuellen Missbrauchs, eines weltlich-rechtlichen Deliktes, das im Allgemeinen von der Gesellschaft als viel schwer wiegender eingestuft wird, kommt der Verlust des Klerikerstandes als Strafe nachdrücklich zum Zuge.[1]

Das Thema dieses Beitrags kann aus verschiedenen Blickwinkeln angegangen werden:

- Zuerst einmal gibt es den technischen Aspekt. Wann und wie kann die Strafe der Entlassung aus dem kirchlichen Stand auferlegt werden? Auf welche Weise kann ein sorgfältiges Verfahren Gestalt gewinnen? Diese Frage wird in meinem Beitrag nur am Rande behandelt. Ein detailliertes Drehbuch wurde vom kalifornischen Kanonisten Gregory INGELS ausgearbeitet. Sein Beitrag wurde 1998 auf einem Workshop in Orlando präsentiert.[2] Relevante Dokumente späteren Datums werden darin logischerweise nicht besprochen. Dazu gehört das Motuproprio „Sacramentorum sanctitatis tutela“ vom 30. April 2001, in dem Papst JOHANNES PAUL II. die Rolle der Kongregation für die Glaubenslehre bei der Behandlung gewisser Verbrechen, darunter die

---

1 Der CIC nennt daneben noch weitere Verbrechen, die zu einer Entlassung aus dem Klerikerstand führen können. Dazu unter 1.1.

2 INGELS, Gregory, Dismissal from the Clerical State. An Examination of the Penal Process, in: StCan 33 (1999) 169-212.

Sittlichkeitsdelikte, gefestigt hat.[3] Wichtig ist auch der Brief, den die Kongregation für die Glaubenslehre am 18. Mai 2001 an alle katholischen Bischöfe, andere Ordinarien und Obere sandte, und in dem die Art und Weise des Eingreifens durch die Kongregation näher umschrieben wird.[4]

- Neben dem technischen Blickwinkel ist auch ein anderer Ansatz möglich. Dabei liegt die Betonung auf strategischen Überlegungen. Wann ist die Entlassung aus dem kirchlichen Stand die angemessene Sanktion? Wo und wie durchkreuzen technische Merkmale der Entlassung die Möglichkeiten des partikularrechtlichen Gesetzgebers oder des Richters? Auf welche Weise kann die Entlassung zu einem glaubwürdigen Bestandteil einer kohärenten Kirchenpolitik werden und sich folglich von einer Panikreaktion unterscheiden, wenn bestimmte Kleriker durch ihr Verhalten der gesamten Kirche zu schaden drohen? Anders gesagt: Der zweite Blickwinkel behandelt sowohl die Legalitäts- als auch die Opportunitätsfrage. Das juristisch Korrekte und das strategisch Optimale werden kombiniert. Ein solcher Ansatz scheint übrigens bei zahllosen Schriften durch, die Richard PUZA zu einem der wichtigsten Kanonisten unserer Zeit machen. Das Recht, wie er es ausübt, entspricht den höchsten technischen Qualitätsnormen, übersteigt jedoch zugleich den rein technischen Diskurs. Die Arbeit des Kanonisten ist keine Suche nach einer einmal und für immer existierenden verborgenen Bedeutung eines Textes, nach einer Art von *depositum iuris*, vielmehr spielen auch das Strategische und das kirchlich Wünschenswerte eine Rolle.

Es ist denn auch dieser zweite Ansatz, der den folgenden Artikel prägt. Deshalb wird die Entlassung aus dem Klerikerstand so analysiert werden, wie sie sich im Bereich der drei Gewalten darstellt, nämlich der legislativen (Kapitel 1), der exekutiven (Kapitel 2) und der judikativen Gewalt (Kapitel 3). In einem abschließenden Abschnitt (Kapitel 4) wird ergründet, wie die Ergebnisse der durchgeführten Analyse im Hinblick auf die großen Fragen aussehen, mit denen das kanonische Recht heute zu kämpfen hat. Die Art und Weise des Umgangs mit einer Strafe wie der Entlassung aus dem Klerikerstand sagt nämlich überraschend viel über das Selbstverständnis der Kirche und ihres Rechtssystems aus.

---

[3] JOHANNES PAULUS II., Litterae Apostolicae motu proprio datae quibus Normae de gravioribus delictis Congregationi pro Doctrina Fidei reservatis promulgantur e civitate Vaticana MMI, in: AAS 93 (2001) 737-739.

[4] CONGREGATIONE PRO DOCTRINA FIDEI, Epistula a Congregatione pro Doctrina Fidei missa ad totius Catholicae Ecclesiae Episcopos aliosque Ordinarios et Hierarchas interesse habentes: de delictis gravioribus eidem Congregationi pro Doctrina Fidei reservatis, in: AAS 93 (2001) 785-788; zu beiden Dokumenten vgl. in diesem Band LÜDICKE, Klaus, Der Glaubenskongregation vorbehalten (441-455).

1. Die Entlassung aus dem Klerikerstand im Bereich der Gesetzgebung

1.1. Universales Recht

Das universale Recht des CIC lässt klar erkennen, dass die Entlassung aus dem Klerikerstand eine besonders schwere Strafe ist, die nur mit größter Umsicht angewendet werden darf.

Die Strafe muss vom universalen Gesetzgeber ausdrücklich und als solche in Aussicht gestellt werden. Dies ist der Fall, wenn bei Häresie, Apostasie oder Schisma von andauernder Widersetzlichkeit oder schwerem Ärgernis die Rede ist (can. 1364 § 2). Andere schwere Delikte, die zur Entlassung führen können, sind das Wegwerfen der eucharistischen Gestalten (can. 1367), die Anwendung physischer Gewalt gegen den Papst (can. 1370 § 1), die Verführung zur Sünde gegen das sechste Gebot in der Beichte (can. 1387), der Versuch der Eheschließung (can. 1394 § 1) sowie diverse sexuelle Verbrechen (can. 1395).[5] Es geht somit um eine begrenzte Zahl von Bestimmungen.

Da das Strafgesetz, wie can. 18 anführt, einer engen Interpretation bedarf, können andere Normen aus dem universalen Strafrecht zum gegenwärtigen Zeitpunkt nicht zu einer Entlassung aus dem Klerikerstand führen. Dies gilt zum Beispiel für can. 1397, wo es um Strafen geht für jemanden, der einen Menschen tötet oder durch Gewalt oder Täuschung entführt, festhält, verstümmelt oder schwer verletzt. Je nach Straftat können dabei die in can. 1336 genannten Rechtsentzüge und Verbote zur Anwendung kommen. Laut MARTIN beinhaltet dies auch die Entlassung aus dem Klerikerstand, die in can. 1336 § 1, 5° als Sühnestrafe aufgeführt wird.[6] Zu Recht weist Thomas GREEN diese Position auf

---

[5] Im Hinblick auf can. 1395 § 2 CIC liegt eine gewisse Entwicklung vor. Im Prinzip gilt eine strengere Bestimmung für Verbrechen, bei denen Minderjährige unter 16 Jahren Opfer sind. Für die Vereinigten Staaten von Amerika wurde am 25.4.1994 eine Sonderregelung angenommen, bei der dieses Alter auf Antrag des Vorsitzenden des USCCB auf 18 Jahre erhöht und die Verjährungsfrist geändert wurde, vgl. CLSN 104 (1995) 20 f.; ALESANDRO, John A. Dismissal from the Clerical State in Cases of Sexual Misconduct. Recent Derogations, in: CLSA Proceedings 56 (1994) 28-67. In dem in Fn. 4 zitierten Brief der Kongregation für die Glaubenslehre ist ebenfalls von Verbrechen gegen Jugendliche unter achtzehn Jahren die Rede. Darüber hinaus wird bezüglich der Verjährungsfrist eine Ausnahme von der Regel von can. 1362 CIC akzeptiert. Im Brief ist von einer Verjährungsfrist von 10 Jahren statt den in can. 1362 § 1, 2° angegebenen 5 Jahren die Rede. Darüber hinaus beginnt die Frist ab dem achtzehnten Geburtstag des Opfers zu laufen, während sie laut can. 1362 § 2 vom Datum der Straftat an einsetzt. Diese Bestimmungen laufen parallel zu dem, was in den Vereinigten Staaten seit 1994 gestattet war.

[6] MARTIN, John, Sanctions in the Church, in: CANON LAW SOCIETY OF GREAT BRITAIN AND IRELAND (ed.), The Canon Law. Letter & Spirit. A Practical Guide to the Code of Canon Law, London 1995, 752 Fn. 2.

der Grundlage der engen Interpretation des Strafrechts zurück.[7] Verbote und Rechtsentzüge sind in can. 1336 § 1, 1°-3° zu lesen. Die in § 1, 5° behandelte Entlassung wird jedoch nicht als ein Verbot (*prohibitio*) oder als eine Entziehung (*privatio*) eingestuft und fällt deshalb außerhalb des Anwendungsbereichs von can. 1397. Jede Form der extensiven Auslegung des Strafgesetzes ist untersagt.

Das universale Recht geht nicht nur mit der Möglichkeit, die Entlassung als Strafe anzuwenden, sparsam um. Auch die Verhängung der Strafe erfolgt besonders umsichtig. Im Prinzip kann der Ordinarius entscheiden, ob gegen einen Angeklagten ein gerichtliches Verfahren stattfinden muss oder ob, falls gesetzlich nicht verboten, mittels eines außergerichtlichen Dekretes vorzugehen ist (can. 1718 § 1, 3°).[8] „Falls gesetzlich nicht verboten“, so lautet die Klausel. Für die Entlassung aus dem Klerikerstand ist dies in der Tat gegeben. Strafen für immer können nicht durch Dekret verhängt oder festgestellt werden (can. 1342 § 2). Die Entlassung aus dem Klerikerstand muss folglich nach einem gerichtlichen Verfahren verhängt werden.

Auf dem Wege des gerichtlichen Verfahrens bietet can. 1425 § 1, 2° noch eine zusätzliche Garantie. Er behält die Beurteilung von Strafsachen, die die Entlassung aus dem Klerikerstand zur Folge haben können, einem Kollegialgericht von drei Richtern vor.

Der Beschuldigte kann somit mit einer doppelten Garantie rechnen. Erstens erhält er ein gerichtliches Verfahren und kann nicht infolge eines Verwaltungsdekrets aus dem Klerikerstand entlassen werden. Zudem ist innerhalb des gerichtlichen Weges ein aus drei Richtern zusammengesetztes Kollegialgericht zuständig, was weniger Risiken beinhaltet als das Urteil eines Einzelrichters.

1.2. Partikularrecht

Der außerordentliche Charakter der Entlassung aus dem Klerikerstand als Strafe wird auf der Ebene des Partikularrechts konsequent weitergeführt. Can. 1317 Satz 2 ist ebenso kategorisch wie klar:

> „Die Entlassung aus dem Klerikerstand aber kann durch ein Partikulargesetz nicht festgesetzt werden.“

Die partikularrechtliche Wahrung der Disziplin, bei der sich Schwierigkeiten ergeben können, die auf universaler Ebene vielleicht weniger in Erscheinung treten, muss vor dem Schutz des Klerikers und dem außerordentlichen Charakter der Entlassung zurücktreten.

---

7 GREEN, Thomas J., Sanctions in the Church, in: BEAL, John P. / CORIDEN, James A. / GREEN, Thomas J. (ed.), New Commentary on the Code of Canon Law, New York 2000, 1537.

8 Für eine weitere Auseinandersetzung mit dieser Problematik s. HUYSMANS, Ruud G.W., De begrafenis van canonieke rechtspraak in strafzaken, in: TTh 42 (2002) 289-310.

Der partikulare Gesetzgeber hat aus diesem Grunde häufig mit der Begrenzung zu kämpfen, die ihm durch can. 1317 auferlegt ist. Dies führt zu unterschiedlichem Verhalten, einmal *secundum*, ein andermal eher *praeter legem*. Das eine Mal juristisch elegant, dann wieder etwas kantig. Zur Veranschaulichung sollen zwei Beispiele dienen, das eine aus den Niederlanden, das andere aus den Vereinigten Staaten.

- Beim niederländischen Fall geht es um die Position, die gegenüber der so genannten Registrierten Partnerschaft einzunehmen ist. Worum genau geht es bei dieser Diskussion? Am 1. Januar 1998 wurde in den Niederlanden eine neue Form des Zusammenlebens von zwei Personen anerkannt, die Registrierte Partnerschaft. Sie erhielt einen juristischen Status neben der Zivilehe. Die Registrierte Partnerschaft wurde anfänglich zweifellos als ein interessantes Instrument für homosexuelle Partner betrachtet. Aber nicht nur das: Auch Heterosexuellen steht diese neue Rechtsform offen, die inhaltlich der Ehe nahe steht, ohne vollständig mit ihr identisch zu sein.

  Ein Problem entstand, als sich herausstellte, dass Priester von dieser neuen Möglichkeit Gebrauch machten, beispielsweise, um einer Person, mit der sie sich verbunden fühlten, auch langfristig, beispielsweise nach ihrem Ableben, ausreichende vermögensrechtliche Garantien zu bieten. So fand eine registrierte Partnerschaft zwischen einem Priester und einer Frau in der Presse eine ziemlich große Resonanz.

  Die niederländischen Bischöfe sahen sich mit einem Problem konfrontiert, jedenfalls, wenn sie den Abschluss einer registrierten Partnerschaft mit strafrechtlichen Mitteln bekämpfen wollten. Der CIC richtet sich gegen das Konkubinat von Klerikern (can. 1395), gegen die Zivilehe (can. 1394), hält für beide Fälle übrigens die Entlassung aus dem Klerikerstand als eine mögliche Strafe *in petto*, sagt aber überhaupt nichts über die Registrierte Partnerschaft. Das ist nur logisch, denn zum Zeitpunkt der Promulgation des Codex von 1983 waren solche Rechtsformen noch reine Science-Fiction. Natürlich kann durchaus gegen einen Kleriker vorgegangen werden, der eine Registrierte Partnerschaft führt, falls er im Konkubinat lebt oder aber klar gegen das sechste Gebot verstößt. Was jedoch, wenn ein Priester nicht mit seinem registrierten Partner zusammenlebt, und sogar klar bestätigt, dass er seiner Zölibatspflicht unverkürzt nachkommt? Hier geht es in eine Sackgasse. Selbst dann, wenn die Registrierte Partnerschaft der Ehe bis ins Detail gleichen sollte, darf sie strafrechtlich nicht mit ihr gleichgesetzt werden, denn das würde gegen can. 18 verstoßen, der eine enge Interpretation des Strafgesetzes vorschreibt. Der Weg über das universale Recht war den niederländischen Bischöfen folglich versperrt. Aber auch die Einführung eines Partikulargesetzes, das den Abschluss einer registrierten Partnerschaft mit der Entlassung aus dem Klerikerstand sanktionierte, stellte keinen Ausweg dar. Der bereits zitierte can. 1317 verhindert ja, dass eine Entlassung aus dem Klerikerstand von einem Partikulargesetz verhängt wird.

Es blieb den niederländischen Bischöfen nichts anderes übrig, als sich für eine wenig überzeugende Zwischenlösung zu entscheiden. Am 1. Mai 2001 fertigten sie ein allgemeines Dekret aus, das Priestern und unverheirateten Diakonen das Schließen einer registrierten Partnerschaft verbietet.[9] Darin gaben sie die Meinung kund, dass

> „gewünscht wird zum Ausdruck zu bringen, dass zwischen der Zivilehe und der Registrierten Partnerschaft kein Unterschied im Hinblick auf die Unvereinbarkeit mit dem Zölibat besteht. Folglich ist es einem Priester oder einem unverheirateten Diakon nicht gestattet, eine Registrierte Partnerschaft einzugehen. Wer das dennoch tut, handelt sich eine Suspension von Rechts wegen ein. Falls er nach einer Ermahnung nicht seinen Sinn ändert und Ärgernis zu geben fortfährt, kann er schrittweise mit Entziehungen bestraft werden."

Die Formulierung ist bemerkenswert. Sie übernimmt ungefähr wörtlich die Formulierungen, die in can. 1394 § 1 verwendet werden, um einen Geistlichen, der eine Ehe einzugehen wagt, zu bestrafen. Ungefähr wörtlich, denn can. 1394 § 1 geht weiter als schrittweise Entziehungen, da er sogar die Entlassung aus dem Klerikerstand in Aussicht stellt. Aber, wie bereits erwähnt, der Partikulargesetzgeber kann diesen letzten Schritt nicht machen.
Die von den niederländischen Bischöfen gefundene Lösung ist kanonistisch gesehen zwar korrekt, ihr fehlt es aber an Eleganz. Weshalb? Einerseits schreiben die Bischöfe im Begleitbrief zum allgemeinen Dekret, dass das Eingehen einer Registrierten Partnerschaft zu einer persönlichen Bindung zwischen den Partnern führt, die genau so weit reichend ist wie die zwischen Ehepartnern. Andererseits kann diese in den Augen der Bischöfe perfekte Analogie auf der Ebene des Strafmaßes nicht durchgezogen werden: Die Entlassung aus dem Klerikerstand, das drohende *ultimum remedium* für einen Kleriker, der heiratet, braucht ein registrierter Partner nicht zu befürchten.[10]

---

9 NEDERLANDSE BISSCHOPPENCONFERENTIE, Algemeen decreet houdende een verbod tot het aangaan van een geregistreerd partnerschap door priesters en ongehuwde diakens, 1.5.2001. Das Dekret erlangt can. 8 § 2 CIC zufolge einen Monat nach dem Promulgationsdatum Verpflichtungskraft. Demnach trat es am 1.6.2001 in Kraft. Weil can. 9 CIC festlegt, dass Gesetze Zukünftiges betreffen, nicht das in der Vergangenheit Geschehene, entstand ein Problem im Hinblick auf Priester und unverheiratete Diakone, die bereits eine Registrierte Partnerschaft geschlossen hatten. In einem Begleitbrief werden diese Personen – auch wenn sie mit besten Absichten handelten – ersucht, ihre Registrierte Partnerschaft rückgängig zu machen. Die vorsichtige juristische Formulierung weist zu Recht auf die rechtlich schwache Position hin, in der sich die Bischöfe befinden.

10 Am 1.12.2002 erließ jeder niederländische Bischof das selbe allgemeine Dekret bezüglich einer bereits bestehenden Registrierten Partnerschaft. Auch Priester und unverheiratete Ständige Diakone, die vor dem 1.6.2001 eine Partnerschaft eingingen und nicht durch das allgemeine Dekret vom 1.5.2001 gebunden sind, werden gleichwohl ihre Registrierte Partnerschaft vor dem 1.5.2003 beenden müssen. Falls sie sich weigern dies zu tun, werden sie sich die Suspension *latae sententiae* zuziehen. Laut den Bischöfen ha-

- In den Vereinigten Staaten trat die Entlassung aus dem Klerikerstand anlässlich einer nicht nachlassenden Flut von Fällen, bei denen Kleriker des sexuellen Missbrauchs bezichtigt wurden, stark in den Vordergrund. Es entstand ein Klima allgemeiner Malaise, in welchem die Bischöfe unter starken Druck der öffentlichen Meinung und auch der Presse zu stehen kamen. Ausgerechnet in dieser etwas überzogenen Atmosphäre fertigte die United States Conference of Catholic Bishops (USCCB) in Dallas ein Dokument aus, datiert auf Juni 2002, mit dem Titel „Charter for the Protection of Children and Young People".[11] Der Ton des Dokuments ist durch Härte gegenüber dem in der Vergangenheit manchmal allzu lange vertuschten sexuellen Missbrauch gekennzeichnet. Von einer gnadenlosen „Zero Tolerance" ist gerade noch nicht die Rede, aber es fehlt nicht viel dazu. Auch im Bereich der Sanktionierungsmechanismen wollen die amerikanischen Bischöfe nichts dem Zufall überlassen.
  Die Charta besteht aus zwei Teilen, nämlich einer Präambel von zehn Paragraphen sowie einem normativen Teil. In der Präambel fällt sofort auf, wie Thomas GREEN zu Recht anmerkt[12], dass kein klarer Unterschied zwischen dem Priesteramt und dem Klerikerstand gemacht wird. Das zieht natürlich bedeutende theologisch-kanonistische Rückwirkungen nach sich. Denn wenn einem Kleriker ein bestimmtes Amt entzogen wird, bleibt er immer noch Geistlicher und beispielsweise in einem Bistum inkardiniert. Die Sache liegt anders bei einem Arbeitnehmer in der weltlichen Sphäre, der nach dem Beenden des Arbeitsverhältnisses keinerlei Bindung zu seinem früheren Arbeitgeber mehr hat. Die Spannung zwischen dem konkreten Amt einerseits und der Inkardination andererseits kommt in den Normen von Dallas nur unzureichend zum Ausdruck. Das Dallas-Dokument geht nicht auf die Bedeutung der besonderen Beziehung ein, die ein Bischof mit seinen Priestern hat und umgekehrt, einer Beziehung, die in der Rechtsform der Inkardination ihre theologische und kanonische Ausgestaltung findet.
  Die Unschärfe und mangelnde Nuancierung, unter denen die Präambel leidet, werden im normativen Teil des Dokuments fortgesetzt. So wird in Artikel 5 die zukünftige Diözesanpolitik vorgezeichnet. Fortan bedeutet jede be-

---

ben Priester aufgrund ihrer besonderen Verpflichtung, ihrem Ordinarius Gehorsam zu erweisen (can. 273), dieser Vorschrift Folge zu leisten. Durch diesen Kunstgriff wenden die Bischöfe *de facto* das allgemeine Dekret aus dem Jahre 2001 rückwirkend an, ohne dabei formal und direkt can. 9 zu verletzen. Vgl. z. B. BISSCHOP VAN ROTTERDAM, Algemeen Decreet tot vaststelling van de gefolgen van het decreet d.d. 1 mei 2001 houdende een verbod tot het aangaan van een geregistreerd partnerschap, 1.12.2002.

11 USCCB, Charter for the Protection of Children & Young People, Washington D. C. 2002.

12 GREEN, Thomas J., Some Thoughts on the USCCB Charter for the Protection of Children and Young People Approved on 14 June 2002 (Draft 2 Reflecting Revisions of an Earlier Draft in Light of Comments from Various Canonists), 2002, 2 (unv.).

liebige Tat des sexuellen Missbrauchs an einem Minderjährigen, ob in der Vergangenheit, der Gegenwart oder der Zukunft ausgeübt, für den Priester oder Diakon, der die Tat verübt hat, die permanente Entlassung aus seinem Amt:

„... the offending priest or deacon will be permanently removed from ministry."

Eine sehr harte Methode, denn wer seine Strafe bereits verbüßt hat, erhält eine zweite Sanktion, eine Verhöhnung des Rechtsgrundsatzes *ne bis in idem*.

Gehen wir jedoch zurück zur genauen Formulierung der zitierten Stelle. Die angedrohte Strafe, „permanent removal from ministry", sieht auf den ersten Blick klar aus und ist zweifellos auch medienwirksam, entspricht aber keiner einzigen präzisen strafrechtlichen Kategorie, die in Buch VI („De sanctionibus in Ecclesia") des geltenden CIC geboten werden. Thomas GREEN führt aus, dass die Sanktion vielleicht als lebenslängliche Sühnestrafe angesehen werden kann, bei der jemandem eine oder mehrere kanonische Vollmachten entzogen werden.[13] Was GREEN noch hinzufügt, ist jedoch noch wichtiger: Die Strafe scheint die gleichen Folgen zu haben wie eine Säkularisierung, auch wenn sie technisch gesehen Unterschiede aufweist:

„It seems tantamount to laicization even if it isn't such technically."

Dieser Gedankengang ist einige Überlegung wert. Die US-Bischöfe sind scheinbar – vielleicht bewusst, vielleicht auch unbewusst – geschickter gewesen als ihre niederländischen Amtsbrüder. Beide Gruppen sahen sich mit der harten Norm von can. 1317 konfrontiert, die klar aussagt, dass die Entlassung aus dem Klerikerstand nicht von einem Partikulargesetz verhängt werden darf. Die niederländischen Bischöfe scheinen sich damit abzufinden: Obwohl sie zwischen einer Registrierten Partnerschaft und einer Ehe kaum einen Unterschied ausmachen können, lassen sie in ihrem Partikulargesetz über die Registrierte Partnerschaft die Möglichkeit der Entlassung aus dem Klerikerstand einfach unberücksichtigt. Den US-Bischöfen dagegen scheint es zu gelingen, das Verbot zu umgehen. Die Entlassung aus dem Klerikerstand wird zwar nicht als mögliche Sanktion erwähnt, aber die Strafe, die angedroht wird – „permanent removal from ministry" – läuft praktisch auf das gleiche hinaus. Die Strafe geht weiter als eine Suspension, denn sie ist permanent. Sie betrifft nicht ein einziges Amt, sondern alle Ämter, und mehr noch: scheinbar alle Handlungen, die mit dem Klerikerstand verbunden sind. Mit anderen Worten: Der Kleriker bleibt Kleriker, aber so gut wie alle Rechte, die ihm der Klerikerstand bietet, werden ihm für immer entzogen. Die kirchenrechtlichen Folgen der Laisierung werden zum größten Teil über eine im CIC bis heute noch unbekannte Strafe rekonstruiert: „permanent removal from ministry". Der Klerikerstand bleibt als leere Hülle zurück.

---

13 GREEN (Fn. 12), 6.

Zwischenzeitlich schrieb Giovanni Battista Kardinal RE, Präfekt der Kongregation für die Bischöfe, in einem vom 14. Oktober 2002 datierten Brief an den Vorsitzenden der USCCB, dass trotz der Bemühungen der Bischöfe, mit Missbrauchsfällen korrekt umzugehen, eine *recognitio* nicht gewährt werden könne. Der Grund für diese Verweigerung wird im Brief genannt: Die Normen und die Charta enthalten Bestimmungen, die in einigen Aspekten nur schwer mit dem allgemeinen Kirchenrecht in Einklang zu bringen sind. Darüber hinaus wird die in dem Dokument verwendete Terminologie als vage bzw. ungenau und daher schwer interpretierbar beurteilt. Schließlich bleiben Fragen, wie diese Bestimmungen in Verbindung mit den Erfordernissen des CIC und des Motuproprio „Sacramentorum sanctitatis tutela“ angewendet werden sollen. Eine gemischte Kommission erarbeitete revidierte Normen und eine revidierte Charta, und beide Dokumente wurden auf dem Jahrestreffen der Bischöfe in Washington D.C. am 13. November 2002 verabschiedet.[14] Die neuen Vorschriften garantieren mehr Schutz für den Angeklagten. Sie wurden zur *recognitio* nach Rom geschickt; diese wurde von der Kongregation für die Bischöfe am 8. Dezember 2002 gewährt. Die Entlassung aus dem Klerikerstand bleibt möglich, aber folgt nicht automatisch, sondern nur nach der vorgeschriebenen Vorgehensweise in Übereinstimmung mit dem Kirchenrecht.

Unterdessen lässt die unterschiedliche Haltung der niederländischen Oberhirten und der US-Bischöfe erkennen, mit welchen Schwierigkeiten der Gesetzgeber durch die strenge Norm des can. 1317 zu kämpfen hat. Die niederländischen Bischöfe wurden *secundum legem* gesetzgeberisch tätig, auf Kosten einer gewissen Eleganz. Ihre US-Amtsbrüder, möglicherweise unter schwerem Druck, den sexuellen Missbrauch durch Kleriker drastisch einzudämmen, legten mehr Initiative an den Tag, indem sie die Entlassung aus dem Klerikerstand über eine gleichartige, jedoch formal unterschiedliche Strafe rekonstruierten, wobei die Frage bleibt, ob ein derartiger Ansatz kanonistisch völlig hieb- und stichfest ist.

2. Die Entlassung aus dem Klerikerstand im Bereich der Exekutive

Auf den ersten Blick existiert kein direkter Zusammenhang zwischen der ausführenden Gewalt einerseits und der Entlassung aus dem Klerikerstand andererseits, weil letztere nicht über ein Verwaltungsdekret ausgesprochen werden kann. Es ist ein gerichtliches Verfahren notwendig.

Und dennoch spielt die ausführende Gewalt bei der Entlassung aus dem Klerikerstand eine große Rolle. Dafür gibt es zwei Gründe, einen allgemeinen und

---

[14] Ein Vergleich beider Dokumente (der so genannten „Normen“) findet sich auf der folgenden Internetseite: http://www.nccbuscc.org/comm/compare.htm (Stand der Adresse: 12.12. 2002).

einen eher technischen. Auf den eher technischen Aspekt werde ich später zurückkommen. Nun zuerst zum allgemeinen Punkt.

In diesem Bereich gilt, dass derjenige die ausführende Gewalt inne hat, der die betreffenden Verfahren in Gang setzt. Can. 1341 gibt an, dass es dem Ordinarius zusteht zu bestimmen, ob die Einleitung eines gerichtlichen oder eines Verwaltungsverfahrens zur Verhängung von Strafen angemessen ist. Im Falle einer Entlassung aus dem Klerikerstand, bei der nur der gerichtliche Weg erlaubt ist, bleibt es dennoch der Ordinarius, der entscheidet, ob wirklich ein gerichtliches Verfahren stattfindet, und ob der Beschuldigte demzufolge in die Gefahr läuft, nach Abschluss dieses Verfahrens aus dem Klerikerstand entlassen zu werden oder nicht.

Der Leiter bestimmt somit, ob ein Strafprozess stattfinden wird. Die ausführende Gewalt funktioniert als Hebel für den gerichtlichen Weg. Moderne Theorien vom Gleichgewicht der Gewalten sind damit kaum in Einklang zu bringen. Aber die römisch-katholische Kirche kennt nun einmal keine Gewaltenteilung, führt dafür übrigens theologische Argumente ins Feld. Eine klare Konsequenz dieser fehlenden Gewaltenteilung ist in can. 1341 anzutreffen. Es ist der Ordinarius, also oft der Bischof, der einen Schuss vor den Bug abgibt und entscheidet, ob es zu einem Strafprozess kommt oder nicht. Die Befugnis ist sehr groß und kann zu zwei extremen Verhaltensweisen führen, nämlich einerseits zum Verlangen, um jeden Preis einen Prozess zu verhindern, und andererseits zum Hinsteuern auf die härtesten möglichen Sanktionen einschließlich der Entlassung aus dem Klerikerstand.

Die erste extreme Einstellung, das Vermeiden eines Strafprozesses um jeden Preis, ist vor allem in der postkonziliaren kirchlichen Kultur tief verwurzelt. Auch der CIC schlägt vor – beispielsweise in can. 1341 –, dass das Auferlegen einer Strafe nicht immer der einzuschlagende Weg ist. Eine Strafe ist nur dann eine Lösung,

> „wenn er [der Ordinarius] erkannt hat, daß weder durch mitbrüderliche Ermahnung noch durch Verweis noch durch andere Wege des pastoralen Bemühens ein Ärgernis hinreichend behoben, die Gerechtigkeit wiederhergestellt und der Täter gebessert werden kann."

In Konsequenz davon ist im Kirchenrecht eine Kultur entstanden, bei der der Verhängung einer Strafe eine geringere Rolle zugemessen wird, als vom Gesetzgeber ursprünglich beabsichtigt. Darauf weist Klaus LÜDICKE in seinem Kommentar zu can. 1317 sehr zu Recht hin:

> „Strafen sind nur in soweit aufzustellen, als sie wirklich erforderlich sind, um die kirchliche Disziplin in möglichst geeigneter Weise sicherzustellen."

Heute wird dieser Satz, so LÜDICKE, meist einschränkend interpretiert[15], als Ansporn für den Bischof, zurückhaltend aufzutreten, während es anfänglich

---

[15] LÜDICKE, Klaus, Strafrecht und Strafbefehl, in: MK CIC 1317, 4. An dieser Stelle erwähnt LÜDICKE den restriktiven Ansatz von Autoren wie GREEN, ARIAS und AZNAR.

nicht um eine Einschränkung, sondern um einen Auftrag ging.[16] Kurz, die gesunde kirchliche Einstellung, nicht allzu schnell oder allzu häufig zu strafen, darf nicht zu einem übertriebenen Vermeidungsverhalten oder zu einer Politik der Vertuschung führen. Daher rührt wohl auch das schon erwähnte Motuproprio vom 30. April 2001, laut welchem bestimmte schwere Vergehen wie Sittlichkeitsdelikte der Kongregation für die Glaubenslehre vorgelegt werden müssen. Wie aus dem Brief der Kongregation vom 18. Mai 2001 hervorgeht, wird diese dann dem lokalen Gericht vorschreiben, welche Verfahrensregeln einzuhalten sind.

Es ist klar, dass das zwingend vorgeschriebene Eingreifen der Kongregation für die Glaubenslehre die Autonomie, in deren Genuss die Bischöfe unter anderem nach can. 1341 kommen, einschränkt. Der Bischof kann eben nicht mehr autonom entscheiden, keine Strafverfolgung einzuleiten. Sicher ist die Reaktion des Papstes und der Kongregation für die Glaubenslehre im Licht der vor kurzem ans Tageslicht gekommenen Pädophilieskandale in den Vereinigten Staaten begreiflich. Eine nicht so positive Nebenwirkung ist jedoch ein inzwischen zunehmender Zentralismus.

Neben einer allzu laschen Politik ist jedoch noch eine zweite Extremhaltung möglich, nämlich eine Strategie, bei der sich der Bischof stets für den Strafprozess entscheidet mit deutlich fühlbarer Option, gewisse Delinquenten (vor allem solche, die sich sexueller Vergehen schuldig gemacht haben) den Klerikerstand einbüßen zu lassen.

Auch diese Strategie ist gewiss in Ländern begreiflich, in denen die finanzielle Haftung bei Führungsfehlern von weltlichen Gerichten hoch veranschlagt werden kann. „Liability for negligence" (Haftung bei Fahrlässigkeit) ist etwas, mit dem ein Bischof nicht gerne konfrontiert wird. Das kann zur Aussetzung sinnvoller Aktivitäten und sogar zur Entlassung von Kirchenpersonal führen, das mit der Angelegenheit nichts zu tun hat, aber durch die hohen Schadensersatzsummen nicht weiter bezahlt werden kann. Es ist jedoch sehr fraglich, ob der „liability for negligence" einzig durch die Entlassung aus dem Klerikerstand begegnet werden kann. Selbst in den Vereinigten Staaten scheint ein weniger radikales Vorgehen ausreichende Garantien zu bieten.[17]

Darüber hinaus ist es fraglich, ob es für die Gesellschaft immer von Nutzen ist, wenn ein Delinquent aus dem Klerikerstand entlassen wird. In einer ersten, emotionalen Reaktion scheint dies manchmal der Fall zu sein. Die Entlassung aus dem Klerikerstand sorgt für ein Gefühl der Erleichterung, das Problem ist gelöst, es sieht gar wie geistliche Lynchjustiz aus. Dennoch warnt John BEAL zu Recht vor den möglichen Folgen einer Entlassung. Die betreffenden Personen

---

16 Ebd.

17 Für eine nuancierte Auseinandersetzung mit dieser Problematik s. BEAL, John P., At the Crossroads of Two Laws. Some Reflections on the Influence of Secular Law on the Church's Response to Clergy Sexual Abuse in the United States, in: TORFS, Rik (ed.), Canon Law and Realism. Monsignor W. Onclin Chair 2000, Leuven 2000, 51-74.

gehören nicht mehr zum Klerus, sind nirgends mehr inkardiniert, bewegen sich in der Gesellschaft ohne irgend eine Form der Aufsicht. Ob sie sich einer Behandlung unterziehen, ob sie potenziell gefährliche Orte meiden, hängt künftig ausschließlich von ihnen selber ab. Sie werden oft nicht besonders motiviert sein, um sich behandeln zu lassen, denn der Klerikerstatus wurde ihnen bereits entzogen. Was haben sie noch zu verlieren? Sie drohen in eine Stresssituation zu geraten, ohne Kontakt zu anderen und ohne soziales Netz. Genau unter diesen Bedingungen wird die Gefahr eines Rückfalls größer.[18] Abgesehen von der Haltung, die gegenüber dem betreffenden Kleriker die richtige wäre[19], scheint es klar zu sein, dass der Sicherheit der Gesellschaft mit einer radikalen Entlassung aus dem Klerikerstand nicht immer am besten gedient wird.

Wie auch immer, die Position des Leiters bei der möglichen Einleitung eines Strafverfahrens ist nicht ohne Belang. Allerdings ist seine Entscheidungsbefugnis seit 2001 eingeschränkt. Einen allzu laschen Weg kann er angesichts der Notwendigkeit, die Kongregation für die Glaubenslehre einzuschalten, nicht mehr einschlagen. Er kann sich hingegen noch für zahlreiche Strafprozesse entscheiden, auch wenn mit der Entlassung aus dem Klerikerstand möglicherweise gesellschaftliche Nachteile verbunden sind. Dennoch werden sich in der Praxis wenige Führungspersonen für eine Flut von Strafprozessen entscheiden, sie werden wohl eher auf ein Laisierungsdekret abzielen, auf das ich unten näher eingehen werde.

Zuerst werde ich noch ein anderes, technischeres Problem behandeln, mit dem die ausführende Gewalt im Zusammenhang mit einer eventuellen Entlassung aus dem Klerikerstand konfrontiert werden kann. Das Problem hat mit der Entscheidung für den Verwaltungs- oder den gerichtlichen Weg zu tun. Ein Bischof, der sich für ein Verwaltungsdekret entscheidet, muss seine Strategie im Voraus gut überdenken. Will er es bei rein administrativ verhängten Sanktionen belassen und einen Prozess vermeiden, was für ihn in der Tat einfacher ist, dann muss er sich schon vorab im Klaren sein, dass sein Sanktionierungsapparat beschränkt bleibt und dass die Entlassung aus dem Klerikerstand nicht dazu gehört. Ein konkreter Fall zur Verdeutlichung:

Ende der neunziger Jahre entstand im belgischen Bistum Mecheln Aufregung wegen eines jungen homosexuellen Priesters, der in aller Offenheit intensive Beziehungen zu einem Freund pflegte. Dem betreffenden Geistlichen zufolge, der weder seine Homosexualität noch seine Freundschaft zur betreffenden Person leugnete, stand die Beziehung nicht im Widerspruch zu seiner Zölibatspflicht, der er uneingeschränkt nachzukommen behauptete. Ein Teil der Diskussion spitzte sich auf den exakten Inhalt der Zölibatspflicht zu. Zwischen dem

---

18 BEAL (Fn. 17), 71.

19 Manche Autoren plädieren für eine Atmosphäre des Vertrauens, wobei natürlich auch rein menschliche Überlegungen wichtig bleiben. Vgl. CONSIDINE, Francis, Justice and Equity in Cases of Sexual Misconduct Involving Priests, in: Philippine Canonical Forum 4 (2002) 143-162.

betreffenden Priester und seinem Bischof fanden diverse Gespräche statt, abwechselnd mit zahlreichen Äußerungen in den Medien – hauptsächlich von Seiten des Priesters. Zu guter letzt fertigte der Bischof am 9. Oktober 1999 ein Dekret zur Suspension aus, das er nach einem Rücknahmeantrag am 9. November 1999 bestätigte, und in welchem dem betreffenden Priester untersagt wird, kraft der ihm zuerkannten Weihegewalt irgend einen Akt vorzunehmen, und worin ihm auch das Recht entzogen wird, die Aufgaben des ihm anvertrauten Amtes wahrzunehmen.[20]

Im Rahmen der Rechtsform der Suspension, die in can. 1333 beschrieben wird, wurde dem betreffenden Priester eine sehr schwere Sanktion auferlegt. Eine Suspension kann bekanntlich auch bestimmte Akte der Weihegewalt und bestimmte Akte der Leitungsgewalt betreffen. Hier wurde jedoch eine so weit wie möglich reichende Suspension gewählt. Eigentlich hat der Bischof über ein Dekret die Strafe auferlegt. Das Amt des Priesters – in diesem Fall eher ein Scheinamt, denn es handelte sich um eine Sekretariatsfunktion beim Bistum, bei dem er nicht anwesend zu sein brauchte – konnte ihm noch so entzogen werden, aber da lag die Grenze für den Verwaltungsweg.

Problematisch war nun aber, dass dieser Priester auch nach der Suspension dem Konflikt nicht aus dem Wege ging. Er fand sich nicht mit seiner Strafe ab und spendete zum Beispiel weiterhin Sakramente und stand auch der Eucharistie vor. Dadurch geriet der Bischof in eine schwierige Lage. Auf dem Verwaltungsweg hatte er sogleich die schwerste Strafe gewählt, so dass eine schärfere Sanktion nicht mehr möglich war. Es blieb ihm somit nur noch ein möglicher Strafprozess, um zu einer Entlassung aus dem Klerikerstand zu gelangen. Allein, aus welchem Grunde? Der Verstoß gegen die Zölibatspflicht kann in der Tat, wie cann. 1394 und 1395 festlegen, zum Verlust des Klerikerstandes führen. Ob nun der betreffende Priester tatsächlich die Zölibatspflicht verletzt hatte, blieb unklar und war auf jeden Fall nur schwer zu beweisen. Der betreffende Priester stritt jeden Verstoß ab und sein „Freund" wohnte nicht unter dem gleichen Dach. Klarer zu beweisen war die Tatsache, dass der Priester gegen can. 1393 verstoßen hatte. Diese Bestimmung lautet:

> „Wer die ihm aus einer Bestrafung auferlegten Verpflichtungen verletzt, kann mit einer gerechten Strafe belegt werden."

Eine gerechte Strafe ist ein dehnbarer Begriff, bedeutet aber auf jeden Fall nicht die Entlassung aus dem Klerikerstand, was eine Strafe ist, die ausdrücklich in Aussicht gestellt werden muss.

Aus diesem Fall ist die Schlussfolgerung zu ziehen, dass es kirchenpolitisch ratsam ist, bei einem Verwaltungsdekret nicht gleich die schwerst mögliche

---

20 Erzbistum Mecheln-Brüssel, Dekret zur Suspension v. 9.10.1999; Dekret v. 9.11.1999 zur Bestätigung des Dekrets zur Suspension v. 9.10.1999. Das zweite Dekret wurde als Antwort auf die am 12.10.1999 zur Rücknahme des Dekrets v. 9.10.1999 eingelegte Bitte ausgefertigt, gemäß can. 1734 § 1 CIC.

Strafe zu verhängen. In der Tat, um zu einer Entlassung aus dem Klerikerstand zu gelangen, ist nicht nur ein Strafverfahren erforderlich, sondern auch die klare Androhung der Entlassung als Sanktion in einem universalen Gesetz. Auf der Verwaltungsebene wurde die Obergrenze des Strafmaßes sogleich erreicht. Einer Eskalation des Konflikts stand der Bischof machtlos gegenüber.

Zusammengefasst: Die ausführende Gewalt spielt bei der Entlassung aus dem Klerikerstand als Strafsanktion durchaus eine Rolle. Erstens, weil der Leiter entscheidet, ob der Verwaltungsweg (falls gestattet) oder aber der gerichtliche Weg eingeschlagen wird, allerdings unter Beachtung der neuen Rolle, die der Kongregation für die Glaubenslehre seit 2001 zusteht. Zweitens muss der Leiter, der über ein Verwaltungsdekret straft, genau wissen, was die Konsequenzen seines Vorgehens sind. Wie weit kann er gehen? Ist er im Falle einer Eskalation bereit, auf den gerichtlichen Weg überzuwechseln, um eventuell eine Entlassung zu erreichen? Und geht es um eine Straftat, bei der eine Entlassung überhaupt möglich ist?

3. Die Entlassung aus dem Klerikerstand im Bereich der Rechtsprechung

In den vorigen Abschnitten wurden vor allem die Hindernisse behandelt, die dazu führen, dass die Entlassung aus dem Klerikerstand im Prinzip eine außerordentliche Strafe bleibt. Nur eine begrenzte Zahl von Delikten kann dafür Anlass sein, Partikularnormen können die Entlassung nicht als Strafe verhängen, strategisch gesehen kann eine Entscheidung für die Entlassung mit Fragezeichen versehen werden. Auf der Ebene der Rechtsprechung wird die vorsichtige Linie nachgerade bestätigt. Wie bereits erwähnt, kann die Entlassung nur auf gerichtlichem Wege verhängt werden (can. 1342 § 2) und auf diesem Weg ausschließlich von einem aus drei Richtern zusammengesetzten Kollegium (can. 1425 § 1, 2°).

Dass nur der gerichtliche Weg erlaubt ist und demnach nicht der administrative, hat natürlich mit der Tatsache zu tun, dass auf dem ersten Weg die Verteidigungsrechte besser geschützt werden als auf dem zweiten. Wie Gregory INGELS[21] zu Recht anführt, bleibt der Angeklagte auch beim Verwaltungsweg nicht rechtlos, aber beim gerichtlichen Weg gibt es im Hinblick auf die Verteidigungsrechte mehr Garantien.[22] Der Gesetzgeber lässt übrigens seine Vorliebe für den gerichtlichen Weg klar erkennen, auch in Fällen, bei denen dieser, im Gegensatz zur Entlassung aus dem Klerikerstand, nicht die einzige Möglichkeit ist. In can. 1718 § 1, 3° wird suggeriert, dass der Verwaltungsweg nicht die Regel, sondern eine Ausnahme darstellt. Und in can. 1342 § 1 wird festgelegt, dass gute Gründe gegen ein gerichtliches Verfahren sprechen müssen, um den Weg

---

21 INGELS (Fn. 2), 190.

22 S. COPPOLA, Raffaele, La tutela dei diritti nel processo penale canonico, in: ME 113 (1988) 83.

des außergerichtlichen Dekrets einschlagen zu können. In diesem Kontext ist es nur logisch, dass für die außergewöhnlich schwerwiegende Entlassung aus dem Klerikerstand das gerichtliche Verfahren ein zwingendes Erfordernis ist. Bis hierher ein perfektes Bild.

Die Realität sieht jedoch anders aus. Vielleicht genau deswegen, weil rund um die Entlassung aus dem Klerikerstand ein hoher juristischer Schutzwall errichtet wird, entsteht bei manchen das Bedürfnis nach einem einfacheren Weg, nach einer einfacheren Form der Entlassung, die mit einem viel leichteren Verfahren und mit geringeren Garantien für den Beklagten zu realisieren wäre.

Ein verblüffendes Beispiel für eine Umgehung des umständlichen gerichtlichen Verfahrens stellt die administrative Entlassung aus dem Klerikerstand dar, die 1998 mindestens vier Priestern aus den Vereinigten Staaten zuteil wurde. Diese administrative Entlassung ging von der Kongregation für den Gottesdienst und die Sakramentenordnung aus, sie war Folge einer direkten Intervention des betreffenden Diözesanbischofs beim Papst. Es geht folglich nicht um ein bischöfliches Verwaltungsdekret, das, wie weiter oben ausführlich dargelegt, bei einer Entlassung aus dem Klerikerstand untersagt ist, und gegen das, falls es doch zu Unrecht ausgefertigt worden wäre, der hierarchische Rekurs im Sinne von can. 1732 möglich ist. Nein, in diesem Fall geht es um ein Dekret eines päpstlichen Leitungsgremiums, gegen das keine Berufung möglich ist. Anders gesagt: Der Rechtsschutz des Angeklagten ist hierbei nicht nur geringer als bei einem gerichtlichen Verfahren, er erreicht nicht einmal das Niveau der Garantien, die bei einem bischöflichen Dekret geboten werden. Dieser Zwischenweg wird übersprungen. Von den harten Garantien, die ein Strafprozess bietet, geht es *linea recta* zum Fehlen jeglicher Berufung, die Konsequenz der Ausfertigung eines römischen Dekrets. Gregory INGELS zählt eine Reihe von Nachteilen auf: kein identifizierbarer Prozess, keinerlei Beteiligung des Beschuldigten in irgendeiner Form, keine Chance und kein Mittel für den Beschuldigten, sich zu verteidigen. Darüber hinaus, so fährt INGELS fort, ist dieses Vorgehen nicht mit can. 221 § 3 in Einklang zu bringen, worin steht, dass die Gläubigen das Recht haben, dass kanonische Strafen über sie nur nach Maßgabe des Gesetzes verhängt werden.[23]

Die Frage lautet, weshalb man sich für den Weg der administrativen Entlassung entschieden hat. INGELS beschreibt, wie in mindestens zwei der vier Reskripte, in denen die Entlassung enthalten ist, die Unmöglichkeit („impossibilitas“) erwähnt wird, in einem gerichtlichen Strafprozess nach den Normen von cann. 1342 § 2 und 1425 § 1, 2° lit. a) zu einer Entlassung aus dem Klerikerstand zu gelangen. Wohl aber fand – den Reskripten zufolge – die Voruntersuchung statt, die in den cann. 1717-1719 beschrieben ist.[24]

---

23 INGELS (Fn. 2), 169 f.

24 Ebd., 170 Fn. 1. Der von INGELS zitierte lateinische Text lautet: „inspecta impossibilitate procedendi ad eiusdem dimissionem e statu clericali per processum iudiciali poenali ad normam cann. 1342, § 2 et 1425, § 1, sub 2° litt. a), praeviis praemissis premittendis

Sehr präzise ist so eine Erklärung natürlich nicht. Was bedeutet „impossibilitas"? Ein einziges, ziemlich schwammiges Wort genügt, um alle Grundsätze eines korrekten Prozesses vom Tisch zu wischen. Hinter der Verwendung des ungreifbaren Wortes „impossibilitas" verbirgt sich ein zum Himmel schreiender Mangel an Rechtskultur. Der Strafprozess ist für viele so ungebräuchlich geworden, dass er undurchführbar erscheint. Von einem komplizierten Verfahren mit solidem Schutz der Verteidigungsrechte wird ohne weiteres auf ein federleichtes administratives Vorgehen ohne auch nur eine einzige Verfahrensgarantie umgeschaltet.

Leider können die Reskripte von 1998 nicht als einmalig betrachtet werden. In offiziellen Dokumenten wird ein derartiger Ansatz immer wieder als begehbarer Weg angegeben. Die US-Bischofskonferenz verweist implizit darauf in der „Charter for the Protection of Children and Young People", die sie im Juni 2002 in Dallas annahm. In Artikel 5, § 5 sprechen die Bischöfe von einer

> „request by the bishop for dismissal from the clerical state even without the consent of the priest or deacon".

In seinem Kommentar zu den Dallas-Normen sagt Thomas GREEN zu Recht, dass in diesem Passus vermutlich auf eine außergewöhnliche administrative Entlassung durch den Papst angespielt wird.[25] GREEN findet, dass dies allerdings, wenn es der Fall sein sollte, auch in aller Klarheit gesagt werden müsste.

Die besagte Passage aus der Charta von Dallas ist auf jeden Fall keine gute Reklame für das Kirchenrecht. Die Verteidigungsrechte müssen gerade auch unter schwierigen Umständen aufrecht erhalten werden. Sie sind keine theoretischen Ornamente, über die man sich dann freut, wenn von keinem Konflikt die Rede ist. Natürlich ist sexueller Missbrauch eine sehr schwere Straftat, gegen die energisch vorgegangen werden muss. Dies rechtfertigt jedoch auf gar keinen Fall die Ausrufung einer Art von kirchlichem Notstand, bei dem alle Rechte ausgesetzt werden.

Jedenfalls belastet die Praxis der päpstlichen administrativen Entlassung das gesamte System und auch die große Sorgfalt, die das kanonische Recht bei der Entlassung aus dem Klerikerstand als Strafe an den Tag legt. Es sieht so aus, als ob man sich heute zwischen zwei Wegen entscheiden muss: nicht zwischen dem gerichtlichen Verfahren und dem Verwaltungsverfahren, wie es beim Verhängen von zahlreichen anderen Strafen der Fall ist, sondern zwischen dem gerichtlichen Verfahren einerseits und überhaupt keinem Verfahren andererseits. Wie gut ein Teil der öffentlichen Meinung in unserer von den Medien beherrschten Zeit diese Lösung auch finden mag, professionelle Kirchenjuristen müssen dem Druck, daran mitzuwirken, widerstehen können.

---

de quibus in cann. 1717-1719." Es handelt sich hier um ein Reskript v. 26.6.1998, Prot.N. 1770/97/S und um ein Reskript v. 21.10.1998, Prot.N. 2102/98/S.

25 GREEN (Fn. 12), 7.

4. Die Entlassung aus dem Klerikerstand als Strafe und die großen kanonistischen Fragen

In einem gesellschaftlichen Klima, das sexuellem Missbrauch gegenüber äußerst sensibel reagiert, wird mit Argusaugen beobachtet, wie die kirchliche Obrigkeit mit Klerikern als Tätern umgeht. Versucht sie die Tatsachen mit dem Mantel der christlichen Nächstenliebe zu bedecken? Wagt sie es, hart dagegen vorzugehen? Gehört die Entlassung aus dem Klerikerstand zu den realen Möglichkeiten? Natürlich kann die Entlassung auch außerhalb des Kontextes des sexuellen Missbrauchs für einige andere schwere Straftaten ausgesprochen werden. Vor allem aus Anlass des sexuellen Missbrauchs zeichnen sich jedoch die Fragen am schärfsten ab und berühren die Öffentlichkeit. Die kirchliche Obrigkeit wird gezwungen, Stellung zu nehmen, wobei sie sich nicht nur durch ihre eigenen theologischen oder kanonistischen Prioritäten, sondern auch durch die Wünsche der öffentlichen Meinung und der Medien inspirieren lässt. Dieses Phänomen stellt eine ausgezeichnete Gelegenheit dar, einige Fragen zu stellen, wie das Kirchenrecht nun tatsächlich funktioniert. Weicht diese Haltung davon ab, wie die Theoretiker das kanonistische System sehen, oder nicht? Ohne im Detail auf diese Fragen einzugehen, möchte ich doch zwei Kernfragen des kanonischen Rechts anführen, für die der Umgang mit der Entlassung aus dem Klerikerstand als Strafe neuen Denkstoff bietet.

- Ein erster Gedanke hat mit der konziliaren Idee zu tun, dass die Kirche in der Welt von heute steht. Die Kirche ist nicht mehr ausdrücklich eine *societas perfecta*. Vielleicht werden die praktischen Konsequenzen dieser prinzipiellen Stellungnahme nicht immer in all ihrer Schärfe erkannt.[26] Der Abschied von der *societas perfecta* bedeutet nicht nur, dass die Kirche aufhört, eine ganz und gar selbstständige religiöse Gemeinschaft neben der weltlichen Gesellschaft zu sein, sondern auch, dass in breitem Umfang akzeptiert wird, dass die weltliche Gesellschaft der Rahmen ist, in welchem die Kirche funktioniert. Das Ende der *societas perfecta* bedeutet somit nicht nur das Aufgeben eines Anspruchs, sondern zugleich auch das Akzeptieren eines Einflusses. Fortan stellt die weltliche Gesellschaft den Kontext dar, in welchem die Gläubigen das Salz der Erde zu sein versuchen, aber bestimmte Errungenschaften der modernen demokratischen Gesellschaft nicht einfach unter dem Vorwand einer gegenseitigen religiösen Verbundenheit unbeachtet lassen können. So können beispielsweise Pädophiliefälle nicht von der Öffentlichkeit fern gehalten werden, als ob die Kirche in dieser Hinsicht immer noch eine *societas perfecta* mit ganz eigenen Gesetzmäßigkeiten wäre. Als sich die Kirche in offiziellen Dokumenten selbst nicht mehr eine *societas perfecta* nannte, wurden an Stelle davon rein ekklesiologische Beschreibungen

---

26 Zu diesem Thema s. TORFS, Rik, The Roman Catholic Church and Secular Legal Culture in the Twentieth Century, in: Studia Historiae Ecclesiasticae 25 (1999) 1-20 (Referat v. 18.1.1999 in Potchefstroom).

hervorgeholt, wie etwa die Kirche als *communio* oder als „Volk Gottes". Nun, diese Beschreibung sagt etwas über einen einzigen Aspekt der *societas perfecta*, nämlich über ihren theologischen. Es gibt jedoch noch einen zweiten Aspekt, der mit den Rückwirkungen zu tun hat, die das *societas-perfecta*-Denken im Bereich der Beziehungen zwischen Kirche und Staat mit sich bringt. Dort könnte man beispielsweise für ein *sal-terrae*-Modell eintreten. *Sal terrae* bezieht sich dabei auf das Akzeptieren demokratischer Gesellschaftsstrukturen, von denen die Kirche eine Reihe von Grundprinzipen auch intern akzeptiert, es aber zugleich nicht dabei belässt, sondern resolut versucht, mehr zu bieten, *sal terrae* sein will. Diese Sichtweise ist vielleicht ein wenig zu idealistisch, aber in Bezug auf Ambitionen kann sich die Kirche wohl kaum mit weniger zufrieden geben. Mittlerweile bleibt ihr nichts anderes übrig, als in einer Reihe von Bereichen wichtigen juristischen Errungenschaften der modernen Gesellschaft zu folgen. Beim Kampf gegen sexuellen Missbrauch bedeutet das, für zwei Dinge Sorge zu tragen. Auf einer ersten, spektakuläreren Ebene muss das Phänomen erkannt und bekämpft werden, für eine Vertuschungspolitik ist nicht länger Platz, darüber kann es keine Meinungsverschiedenheiten geben. Auf einer zweiten, längerfristig ebenso wichtigen Stufe hat die Bekämpfung des sexuellen Missbrauchs nach den Grundsätzen eines ordentlichen Prozesses zu erfolgen. In ihrer Eile, um den ersten Anspruch zu erfüllen, scheint die Kirche den zweiten hin und wieder über Bord zu werfen. Das ist verhängnisvoll, denn obwohl weniger spektakulär, ist die zweite Ebene von einem *sal-terrae*-Ansatz her, der die entscheidenden Errungenschaften des modernen Rechtsstaates übernimmt, mindestens ebenso wichtig. Lynchen, ob körperlich oder geistig, kann niemals, aber auch wirklich niemals die Antwort sein, selbst nicht auf das abscheulichste Verbrechen.

- Ein zweiter Gedanke bezieht sich auf einen ebenso wichtigen, jedoch mehr nach innen gekehrten Schwerpunkt: das Selbstverständnis des Kirchenrechts. Seit vielen Jahren erschöpfen sich Kanonisten darin klarzustellen, dass Recht in der Kirche und Recht in der weltlichen Gesellschaft zwei völlig unterschiedliche Dinge sind. Vor allem anlässlich der Rechte und Pflichten aller Christgläubigen (cann. 208-223) trat dieser Gedanke in den Vordergrund. Gerade weil eine Reihe dieser Normen von der Formulierung her sich nahe am Text weltlicher Menschenrechtskataloge anlehnt, standen die Kanonisten sofort bereit, um die „grundlegend andersartige Beschaffenheit" des kanonischen Rechtes zu beweisen. Dafür gibt es eine Unmenge von Beispielen.[27]

---

[27] Eine wichtige Dokumentation findet sich im Protokoll des vierten Internationalen Kongresses der Consociatio Internationalis Studio Iuris Canonici Promovendo, der vom 6.-11.10.1980 in Fribourg stattfand. CORECCO, Eugenio / HERZOG, Niklaus / SCOLA, Angelo (Hg.), Die Grundrechte des Christen in Kirche und Gesellschaft, Fribourg u. a. 1981. S. dort u. a. den Beitrag von Antonio ROUCO VARELA (53-78). Autoren wie Peter

Ich beschränke mich hier auf Winfried AYMANS.[28] Denn AYMANS ist ein sehr bedeutender Kanonist, dessen Gedanken sowohl für eine ganze Denkart repräsentativ sind, als auch bei einer großen Zahl von Kanonisten Einfluss genießen. AYMANS weist die Identifikation so genannter kirchlicher Grundrechte mit aus dem weltlichen Recht stammenden Menschenrechtskatalogen zurück. Ihm zufolge übernehmen sich der bekannte amerikanische Kanonist James CORIDEN und Richard PUZA bei dieser Identifikation.[29] Darüber hinaus wird von AYMANS auch jegliche Form der Analogie zurückgewiesen. Analogie würde darin bestehen, die kirchlichen Grundrechte gegenüber der *potestas sacra* abzugrenzen, wie die Menschenrechte gegenüber der *potestas civilis*: So würde dann eine Analogie existieren zwischen der kirchenrechtlichen Grundposition der Gläubigen einerseits und der Freiheit des Bürgers andererseits[30], wie sie von den weltlichen Menschenrechten gewährleistet wird.

AYMANS stellt den Irrwegen der Identifikation und Analogie das Prinzip der Wesensverschiedenheit[31] beider Rechtssysteme gegenüber. Weltliche Menschenrechtskataloge haben ihren Ursprung in einer defensiven Position des Individuums gegenüber dem Staat. Freiheitsrechte sorgen dafür, dass dem Menschen ein vorstaatlicher Freiheitsraum garantiert wird, über den die weltlichen Machthaber keine Zuständigkeit ausüben.

Das gilt nicht für die Gläubigen in der Kirche. Letztere ist eine religiöse Gemeinschaft. Der rechtliche Status aller Gläubigen ist das Ergebnis der Taufe, ein Akt der Kirche selbst. Es existiert somit keine Trennung von Kirche und den Gläubigen. Beim Staat ist das anders, denn die Geburt eines Menschen ist ein natürliches Ereignis, bei dem der Staat nicht interveniert.

Während die Freiheitsrechte eine Distanz gegenüber dem Staat erkennen lassen, eine Kluft zwischen dem Bürger und dem Staat, gibt es diesen Abstand in der Kirche nicht. Ein Freiraum mit Privatautonomie existiert somit im Staat, jedoch nicht in der Kirche.[32] AYMANS schlägt denn auch vor, in der

---

KRÄMER, Eugenio CORECCO oder Paul HINDER befinden sich vom Ideengut her nicht weit von AYMANS entfernt und könnten im gleichen Sinne zitiert werden.

28 AYMANS, Winfried, Vom Grundstatut zum Gemeinstatut aller Gläubigen. Ein Beitrag zur kirchlichen Rechtssprache, in: FS Schmitz, 3-22.

29 AYMANS (Fn. 28), 16: „Identifikation liegt dann vor, wenn die kirchlichen Grundrechte mit den aus dem weltlichen Recht bekannten Menschenrechtskatalogen identifiziert werden oder doch deren Wirkung auf die kirchliche Rechtsordnung mit der Wirkung auf die staatlichen Rechtsordnungen gleichgesetzt wird." In Fn. 41 zitiert der Autor aus den zahlreichen bahnbrechenden Beiträgen, die James A. CORIDEN im Laufe der Jahre herausgebracht hat, nur den kurzen Artikel „Die Menschenrechte in der Kirche. Eine Frage der Glaubwürdigkeit und Authentizität", in: Conc 15 (1979) 234-239. Vgl. PUZA, Richard, Katholisches Kirchenrecht, Heidelberg ^{2}1993, 66-74.

30 AYMANS (Fn. 28), 16.

31 Ebd., 18.

32 Ebd., 22.

Kirche nicht mehr über „Grundrechte und Grundpflichten" zu sprechen, sondern fortan den Begriff „Gemeinrechte und Gemeinpflichten" anzuwenden.

Persönlich habe ich gegenüber solchen theoretischen Betrachtungsweisen immer eine gewisse Skepsis gespürt. Die Identifikations- und Analogiemodelle bringen das kanonische Recht nämlich in Verbindung zum weltlichen Modell, welches – was den Schutz von Rechten betrifft – zweifellos über mehr Know-how verfügt als die Kirche. Für mich ist der sichtbare Anteil einer reichen weltlichen Rechtskultur von größerer Bedeutung als theoretische Einwände, die – übrigens aus guten Gründen – gegen einen analogischen Ansatz formuliert werden können.

Wenden wir nun aber einmal die Theorie, die von AYMANS übrigens mit sehr viel Format ausgearbeitet wurde, auf die kirchliche Vorgehensweise bei der Entlassung aus dem Klerikerstand als Strafe an. Wie wird die Wesensverschiedenheit zwischen weltlichen und kanonischen Rechten konkret gestaltet? Gelingt es dem heutigen kanonischen System, die Vorstellung eines Gemeinrechts anders und besser als ein gewöhnliches Grundrecht zur Geltung kommen zu lassen?

Die Antwort ist meines Erachtens gemäßigt positiv, wenn die Analyse auf den CIC beschränkt bleibt. Der Gemeinschaftsgedanke, der der Kirche eigen ist und in der Inkardination noch eine zusätzliche Dimension erhält, führt zu einer legislativen Zurückhaltung in Bezug auf das definitive Beenden von Beziehungen, wofür die Entlassung aus dem Klerikerstand gewiss ein Beispiel ist. Die Entlassung als Strafe ist nur bei bestimmten, sehr schweren Straftaten möglich. Es ist ein Strafverfahren vor einem aus drei Richtern zusammengesetzten Kollegium erforderlich. Eine Entlassung als Sanktion einer partikularrechtlichen Norm ist verboten. Es ist klar, dass die Entlassung aus dem Klerikerstand um einiges schwieriger ist als das Beenden jedes beliebigen Arbeitsverhältnisses in der weltlichen Sphäre.

Von der schönen Vorstellung des Gemeinrechts bleibt jedoch viel weniger übrig, wenn auch die Praxis berücksichtigt wird; die päpstliche administrative Entlassung fällt außerhalb jeder Form der Kontrolle, Verteidigung oder Berufung. Die Eigenart des Rechts in der Kirche bedeutet hier offensichtlich, dass man auf der Ebene des Rechtsschutzes weit unter das Niveau des weltlichen Rechts zurückfallen darf. Gemeinrechte und Gemeinpflichten, die Wesensverschiedenheit, schließen hier vor allem ein, dass man nicht auf ein weltlich-rechtliches Minimum zurückgreifen kann, weil in einer Gemeinschaft die Gegensätze fehlen, die so etwas unverzichtbar machen. Die Eigenart des Kirchenrechts kann auf diese Weise dazu dienen, um weltlich-rechtlich allgemein betonte Prinzipien, wie das Recht, eine kanonische Strafe nur nach Maßgabe des Gesetzes verhängt zu bekommen (can. 221 § 3), zur Seite zu schieben: In der Kirche als Gemeinschaft bedeutet ein Prinzip ja etwas anderes und braucht nicht so hart juristisch angewendet zu werden wie in der weltlichen Gesellschaft.

Wir müssen uns ehrlich zu fragen getrauen, ob und inwiefern die Wesensverschiedenheit zwischen Kirchen- und weltlichem Recht nicht ab und zu als Hebel für ein Vorgehen nach freiem Ermessen benutzt wird. Die Art und Weise, in der mit der Entlassung aus dem Klerikerstand als Strafe umgegangen wird, lässt manchmal diesbezügliche Vermutungen wach werden. Etwas erscheint mir auf jeden Fall gewiss: Die Qualität des kanonischen Rechtssystems liegt nicht in erster Linie in seinen theoretischen Fundamenten begründet und ebenso wenig in der Formulierung der Rechtsregeln. Die Qualität muss vor allem dort gemessen werden, wo das Recht angewendet wird – oder nicht angewendet wird. Wenn es stimmt, dass Glauben ohne Taten nichts bedeutet, dann bleiben Rechtsregeln ohne ihre präzise Anwendung umso bedeutungsloser.

VIII. Prozessrecht

Ehenichtigkeitserklärung – ein für kanonistische Laien problematisches Wort

Vorschläge für eine bessere Verständigung zwischen Mitarbeitern kirchlicher Ehegerichte und Betroffenen

Engelbert Frank

Ich kenne in meinem Lebensbereich kaum einen Ausdruck, den Menschen, die keine Fachleute im katholischen Kirchenrecht sind, ständig so missverstehen, wie „Ehenichtigkeitserklärung“. Die falschen Vorstellungen sowie die damit zusammenhängenden unangemessenen Wertungen und Reaktionen, die dieses Fachwort auslöst, bemerke ich in privaten Gesprächen und vor allem bei meiner Arbeit am kirchlichen Gericht. Wenn von „Ehenichtigkeitserklärung“ die Rede ist, reagieren viele mit einem verwunderten Kopfschütteln. Bei manchen kommen sogar Aggressionen hoch, die sich in bitteren Vorwürfen gegenüber der Kirche entladen. Der Terminus „Ehenichtigkeitserklärung“ sollte deshalb vor allem gegenüber den Menschen, die zum ersten Mal der damit bezeichneten Sache begegnen, vermieden und mit anderen Formulierungen umschrieben werden. Wenn man das nicht tun will, muss man spätestens dann reagieren, wenn ein Betroffener mit dem Wort „Ehenichtigkeitserklärung“ Schwierigkeiten bekommt, er aufgrund von Missverständnissen z. B. nicht weiß, wie er es menschlich bewältigen soll, dass ein kirchliches Gericht seine Ehe für nichtig erklärt hat.

Meine Formulierungsvorschläge basieren auf der Überzeugung, dass oft nur die Ausdrucksweise Probleme bereitet und nicht die dahinter liegende Sache, nämlich die Frage: Kann festgestellt und bewiesen werden, dass eine Ehe nach den Kriterien des katholischen Kirchenrechts ungültig geschlossen wurde? Als Leser dieses Artikels habe ich auch den einen oder anderen Partner aus einer gescheiterten Ehe vor Augen, der besser verstehen möchte, was mit dem Fachausdruck „Ehenichtigkeitserklärung“ gemeint ist. Damit die kirchlichen Ehegerichte für die betroffenen Ehepartner attraktiver werden und diese das Kirchenrecht als Schutz, Hilfe oder Lebensorientierung empfinden, muss auch die kanonistische Fachsprache laiengerecht gestaltet werden. Besonders die Wörter, die für den Nichtfachmann die Wirklichkeit verschleiern und negativer erscheinen lassen, als sie ist, gilt es zu ersetzen oder zu erläutern. Es freut mich, dass Richard PUZA für die Sprache der kirchlichen Ehegerichte und ihre Wirkung auf Betroffene Interesse gezeigt hat.[1]

---

[1] Vgl. PUZA, Richard, Das gewandelte Eheverständnis und die kanonistische Theorie und Praxis. Eine Anfrage an das Kirchenrecht, in: KUSTERMANN, Abraham Peter / PUZA, Ri-

1. „Ehenichtigkeitserklärung" – was Betroffene damit verbinden

Um auszudrücken, dass die Ungültigkeit einer Eheschließung festgestellt werden soll, benutzen die meisten Mitarbeiter der kirchlichen Gerichte das Wort „Ehenichtigkeitserklärung" oder „Ehenichtigerklärung". Das ist natürlich nicht falsch, weil es sich um einen korrekten und klar definierten Terminus des kanonischen Rechts handelt. Eine mögliche Definition lautet:

> „Die Nichtigerklärung ist ihrer rechtlichen Natur nach nicht die Auflösung einer bestehenden Ehe, sondern die kirchenamtliche Feststellung der Nichtexistenz einer Ehe. Mit ihr wird klargestellt, daß eine Ehe, obschon dem Anschein nach gültig existierend, in Wahrheit bei ihrem vermeintlichen Abschluß gar nicht gültig zustande gekommen ist und daher auch nicht als gültige Ehe existiert."[2]

Diese oder ähnliche Umschreibungen dessen, was mit „Ehenichtigkeitserklärung" gemeint ist, kennen jedoch viele betroffenen Partner aus gescheiterten Ehen nicht. Sie meinen tatsächlich, bei einer Ehenichtigkeitserklärung handele es sich um eine kirchliche Scheidung. Oder sie haben die Vorstellung, durch eine Nichtigkeitserklärung wolle die Kirche die gesamte Lebenswirklichkeit während der Ehe gleichsam auslöschen. Diese beiden, von mir am häufigsten beobachteten Missverständnisse führen zu negativen Reaktionen, die so weit gehen können, dass es Betroffene von vornherein ablehnen, ein kirchliches Eheverfahren einzuleiten oder sich daran zu beteiligen.[3]

---

chard (Hg.), Bilderstreit um die Ehe. Theologische und kanonistische Erblasten eines aktuellen Konflikts, Fribourg 1997, 138; DERS., Kirchenrecht gestern und heute, in: ThQ 182 (2002) 249. An Richard PUZA, den ich 1983 bei meinem Studium an der Katholisch-Theologischen Fakultät der Universität Tübingen kennen lernte, schätze ich besonders, dass er sich für neue Projekte begeistern lässt und sie unterstützt. Ich danke ihm für die partnerschaftliche Zusammenarbeit, die bis heute andauert.

2 FLATTEN, Heinrich, Nichtigerklärung, Auflösung und Trennung der Ehe, in: HdbKathKR[1], 820. Diese Definition hat übernommen ASSENMACHER, Günter, Nichtigerklärung, Auflösung und Trennung der Ehe, in: HdbKathKR[2], 994. Zur Ehenichtigkeit im früheren deutschen Ehegesetz vgl. GIESEN, Dieter, Die bürgerliche Eheschließung und Ehescheidung, in: HdbKathKR[2], 1006-1010.

3 Im Rahmen dieses Artikels werden die Vorstellungen, Erwartungen, Meinungen, Gefühle, Wertungen und Handlungsweisen, die ein Wort wie „Ehenichtigkeitserklärung" bei Betroffenen auslösen kann, nur beispielhaft dargestellt. Wissenschaftlich habe ich diese Wahrnehmungen untersucht in meiner Doktorarbeit mit dem Titel „Le langage des tribunaux d'église. Perception des termes techniques par les laïcs" (Thèse de doctorat en droit canonique, Université des Sciences humaines de Strasbourg, Institut de droit canonique), Microfiches (Bibliothèque Nationale de Strasbourg u. a.) 1994/95; s. auch FRANK, Engelbert, Die Sprache kirchlicher Ehegerichte und ihre Wahrnehmung durch Betroffene. Über Vorverständnisse und bisherige Untersuchungen zu einem neuen Forschungsgegenstand, in: FG Rößler, 463-473.

1.1. „Scheidung auf katholisch"

Der Sinn der kirchlichen Ehenichtigkeitserklärung besteht darin aufzudecken, dass eine Ehe kirchlich nicht gültig geschlossen wurde, der Eheschließungsakt also gar keine Ehe nach den Kriterien des katholischen Kirchenrechts bewirkte. Eine solche Feststellung ist etwas völlig anderes als eine bürgerliche Ehescheidung. Das staatliche Scheidungsurteil setzt nämlich eine gültig geschlossene Ehe voraus und will nun diese rechtlich existierende Ehe, die gescheitert ist, auflösen.[4] Viele von einem kirchlichen Ehenichtigkeitsverfahren Betroffene haben aber gerade die Vorstellung, eine Nichtigkeitserklärung sei im Grunde genommen die kirchliche Scheidung einer Ehe, die bestanden hat, aber schlecht verlaufen und gescheitert ist. Drei Beispiele:

- Ein katholischer Elektrotechniker, der aus seiner gescheiterten Ehe ein Kind hat, erklärt vor einem Informationsgespräch über die kirchlichen Eheverfahren, also bei seinem ersten Kontakt mit einem Vertreter des kirchlichen Gerichts, auf die Frage, was er sich unter einer Ehenichtigkeitserklärung vorstellt:

> „Ich habe eigentlich immer die Meinung gehabt, wenn man einmal vor der katholischen Kirche geheiratet hat, kann man das nicht mehr annullieren. Ich dachte, dass man für die katholische Kirche einfach verheiratet ist. Es geht einmal, mehr geht nicht. Das war seither mein Gedanke. Ich habe nicht gewusst, dass man eine Ehe annullieren kann. Das habe ich erst kürzlich erfahren. Es hat mich eigentlich positiv überrascht, dass es diese Möglichkeit gibt. Denn ich finde, es kommt immer auf den Grund an, weshalb eine Ehe gescheitert ist. Dass man doch noch die Möglichkeit hat, vor der Kirche eine Ehe zu schließen mit einem neuen Partner, wenn die Gründe halt entsprechend sind, hat mich eigentlich positiv überrascht, weil ich immer gedacht habe, die Kirche ist so konservativ, dass sie es nicht zulässt. Ich stelle mir vor, dass eine Ehenichtigkeitserklärung möglich ist, wenn ein Ehepartner das Eheversprechen nicht hält, die ganze Sache also einseitig ist; wenn einer an der Ehe festhalten möchte, der andere sie aber dann eigentlich zerstört, weil er sein Versprechen einfach nicht einhält."[5]

---

4 Der staatliche Gesetzgeber geht zwar von der grundsätzlichen Unauflösbarkeit der Ehe aus, hat aber auch die Voraussetzungen und Folgen einer Ehescheidung geregelt. Bürgerlich geschieden wird eine Ehe durch Urteil des Familiengerichts auf Antrag eines oder beider Ehegatten, wenn sie gescheitert ist und keine scheidungshindernde Härteklausel eingreift. Die Bestimmungen über die Scheidungsfolgen umfassen Regelungen über die Unterhaltsverpflichtungen der Ehegatten untereinander und gegenüber den ehelichen Kindern, die güterrechtliche Auseinandersetzung, den Versorgungsausgleich, die Verteilung des Hausrats und das elterliche Sorge- und Umgangsrecht; vgl. GIESEN (Fn. 2), 1010 ff.

5 FRANK, Le langage (Fn. 3), 283 ff. Der besseren Lesbarkeit wegen habe ich für diesen Artikel die Antworten der Betroffenen in den von mir mit ihnen gemachten Interviews insofern geglättet, dass u. a. Verlegenheitslaute, Redepausen, Satzbrüche und dem Thema fremde Textteile nicht wiedergegeben werden. Das gilt für dieses und auch für die folgenden Beispiele.

- Eine katholische Hauswirtschaftsleiterin, deren kinderlos gebliebene Ehe bis zur bürgerlichen Scheidung etwa dreieinhalb Jahre dauerte, bemerkt vor ihrer eidlichen Befragung in dem von ihr beantragten Eheverfahren auf eine entsprechende Frage:

> „Ich finde es schon gut, dass man das machen kann, dass die Ehe von der Kirche auch getrennt werden kann und dass die Kirche gewisse Gründe anerkennt. Für mich ist das halt irgendwie wichtig, weil ich schon stark gläubig bin und weil ich da schon Gott auf meiner Seite haben möchte. Das hört sich jetzt blöd an, aber die Ehe wurde vor Gott geschlossen und wenn sie dann nicht einfach von den Menschen getrennt wird, sondern von Gott, dann ist es schon eine richtige Trennung, also dann ist die Scheidung schon richtig durchgeführt. Wenn die Ehe bloß staatlich getrennt wird, kann ich selbst es eigentlich nicht so anerkennen. Ich denke, dass Gott mir nicht umsonst die Ehe zugeführt hat und dass ich daraus habe lernen müssen und dass er dann auch dafür ist, dass die Ehe so getrennt wird."[6]

- Ein katholischer Fernmeldetechniker, dessen kinderlos gebliebene Ehe bis zur bürgerlichen Scheidung über sechseinhalb Jahre dauerte, berichtet nach Akteneinsicht in dem von seiner geschiedenen Frau beantragten Eheverfahren:

> „Ich kenne die Ehenichtigkeitserklärungen aus der Presse und vom Fernsehen, wenn sich die besseren Herrschaften scheiden lassen. Prinzessin Caroline ist mir da als Einzige im Gedächtnis. Dass ihre Ehe dann auf einmal für nichtig erklärt wurde, das hat mich also sehr verwundert. Ich gehe davon aus, dass so wie eine zivilrechtliche Scheidung mehr oder weniger rückgängig macht, was man mal vor dem Standesbeamten geschlossen hat, eine kirchliche Annullierung praktisch das aufhebt, was man vor der Kirche geschlossen hat. Eine Nichtigkeitserklärung meiner Ehe lehne ich ab, solange die Gesetze in der Kirche so sind, wie sie jetzt sind. Wenn es später mal irgendwie Änderungen gibt, wäre ich jederzeit dafür. Bloß ich sage mir jetzt, ich will kein Ausnahmefall sein. Ich bin überzeugt, dass es eine normale Ehe war. Und dann könnte im Prinzip jede Ehe für nichtig erklärt werden, wenn meine Ehe für nichtig erklärt wird."[7]

Diese Beispiele zeigen, dass eine kirchliche Ehenichtigkeitserklärung verglichen und gleichgesetzt wird mit der bürgerlichen Scheidung. Die Vorstellung ist, dass eine Ehe, die bestanden hat, aber unglücklich verlaufen ist, auch von der Kirche geschieden und damit beendet wird, so dass sie nicht mehr als Ehe existiert. Betroffene sprechen von „Annullierung" (Beispiel 1), „Trennung" (Beispiel 2), „Scheidung" (Beispiel 2), „Aufhebung" (Beispiel 3) oder „Rückgängigmachung" (Beispiel 3) einer Ehe.[8] Eine Ehescheidung, bei der wie im

---

6 Ebd., 208 f.

7 Ebd., 214 f.

8 Wenn Betroffene neben „Trennung" und „Scheidung" auch das Wort „Annullierung", „Aufhebung" oder „Rückgängigmachung" benutzen, ist aufgrund des Zusammenhangs, in dem dieser Ausdruck verwendet wird, nicht davon auszugehen, dass sie damit die Aufhebung einer Ehe im Sinne des staatlichen Rechts meinen. Nach geltendem staatlichen Recht bedeutet „Aufhebung" die konstitutive Ungültigmachung einer zunächst gültigen Ehe *ex nunc*. Die Möglichkeit der Aufhebung einer gültigen Ehe (neben der

staatlichen Recht eine gültig geschlossene Ehe vorausgesetzt wird, gibt es unter bestimmten Voraussetzungen auch im kirchlichen Rechtsbereich, wenngleich dort das Wort „Ehescheidung" meist vermieden und statt dessen von „Eheauflösung" gesprochen wird.[9] Eine kirchliche Ehenichtigkeitserklärung ist aber etwas gänzlich anderes, wenngleich die bürgerliche Scheidung und die kirchliche Nichtigkeitserklärung insofern dieselbe Wirkung haben, dass sie den Zugang zu einer standesamtlichen bzw. kirchlichen Eheschließung mit einem neuen Partner ermöglichen.

Betroffene, die eine kirchliche Ehenichtigkeitserklärung als eine Scheidung missverstehen, bewerten sie entweder positiv (Beispiele 1 und 2), wenn sie die Möglichkeit einer kirchlichen Scheidung befürworten, oder aber negativ, wenn sie trotz der bürgerlichen Scheidung an der Bindung vor Gott und der Kirche festhalten möchten (Beispiel 3). Beide Wertungen beruhen jedoch auf einem falschen Verständnis dessen, was mit „Ehenichtigkeitserklärung" gemeint ist. Dieses Missverständnis kann, auch wenn es in manchen Fällen zu positiven Wertungen führt, nicht toleriert werden. Darum gilt es, für kanonistische Laien verständliche Formulierungen zu finden.

1.2. „Ein Stück Leben wird ausgelöscht"

Bei der kirchlichen Ehenichtigkeitserklärung wird im Nachhinein festgestellt, dass eine Ehe im Sinne der Kirche nicht gültig geschlossen wurde. Die meisten Mitarbeiter der kirchlichen Gerichte vermeiden deshalb zu Recht den auch umgangssprachlich oft verwendeten Ausdruck „Eheannullierung". Denn dieses Wort könnte von Nichtkanonisten fälschlicherweise in dem Sinn aufgefasst werden, dass eine Ehe, die rechtlich besteht, null und nichtig gemacht werden soll. Ein solches Ungültigmachen einer Ehe kennt zwar das staatliche Recht, dort wird es Eheaufhebung genannt, nicht aber das kanonische.[10] Wenn aus die-

---

Möglichkeit einer Scheidung) besteht dann, wenn der Ehe zur Zeit der Eheschließung bestimmte Mängel anhafteten; vgl. GIESEN (Fn. 2), 1008 ff. Die Möglichkeit der konstitutiven Ungültigmachung einer zunächst gültigen Ehe *ex nunc* ist in der katholischen Kirche bei einer vollzogenen Ehe zwischen Getauften nicht möglich (can. 1141 CIC).

9 Nach dem katholischen Kirchenrecht kann die gültig geschlossene und vollzogene Ehe zwischen Getauften durch keine menschliche Gewalt und aus keinem Grunde, außer durch den Tod, aufgelöst, d. h. geschieden werden (vgl. can. 1141 CIC). Alle anderen gültigen Ehen sind zwar durch die Partner unauflösbar, können aber bei Vorliegen bestimmter Voraussetzungen kirchlich aufgelöst werden. Möglich ist in gewissen Fällen die Auflösung einer nicht vollzogenen Ehe zwischen Getauften oder zwischen einem getauften und einem ungetauften Partner (vgl. can. 1142 i. V. m. cann. 1697-1706 CIC). Daneben gibt es noch die Auflösung einer Ehe kraft des Paulinischen Privilegs (vgl. cann. 1143-1147 CIC) und kraft des Privilegium Petrinum, auch Glaubensprivileg genannt; vgl. CONGREGATIO PRO DOCTRINA FIDEI, Normae de conficiendo processu pro solutione vinculi matrimonialis in favorem fidei v. 30.4.2001.

10 Zur Aufhebung einer Ehe nach staatlichem Recht, also zur konstitutiven Ungültigmachung einer zunächst gültigen Ehe *ex nunc* vgl. GIESEN (Fn. 2), 1008 ff.

sem Grunde statt „Eheannullierung" der Ausdruck „Ehenichtigkeitserklärung" benutzt wird, hilft das nicht weiter. Viele Betroffene verbinden nämlich auch mit diesem Wort die Vorstellung, die Kirche wolle eine bisher bestehende Ehe rechtlich nichtig machen und eben nicht nur erklären, dass sie immer schon ungültig war. Darüber hinaus meinen manche sogar, von der Kirche werde mit einer Nichtigkeitserklärung die gesamte Lebenswirklichkeit während der Ehe gleichsam ausgelöscht. Das zeigen die drei folgenden Beispiele:

- Danach gefragt, was das Wort „Ehenichtigkeitserklärung" bei ihr auslöste, antwortet nach Akteneinsicht eine katholische Antragstellerin, von Beruf Hotellerie- und Gastronomieaushilfe, deren Ehe bis zur bürgerlichen Scheidung fast acht Jahre dauerte und aus der zwei Kinder hervorgingen:

  „Als ich das Wort ‚Ehenichtigkeitserklärung' zum ersten Mal hörte, fand ich es furchtbar und ich finde es heute noch furchtbar. Ich frage mich, wieso die katholische Kirche auf diese Nichtigkeitserklärung setzt. Also, mein Exmann hat mich gefragt, und das hat auch meine Schwiegermutter gefragt: ‚Wie kann es sein, dass eine Ehe für nichtig erklärt werden soll, wenn aus dieser Ehe Kinder hervorgegangen sind?' Das ist einfach eine Sache, die kein Mensch in der Bevölkerung versteht, kein Mensch, nicht Katholiken und auch nicht Evangelische. Das klingt für mich wie ungeschehen machen und damit fertig. Und etwas, das stattgefunden hat, kann man nicht ungeschehen machen. Man kann darüber reden, inwieweit die Ehe nicht normal verlaufen ist und was zur Scheidung geführt hat, aber Nichtigkeitserklärung empfinde ich als nicht in Ordnung. Obwohl es keine gute Ehe war, hat sie stattgefunden und aus dieser Ehe sind zwei Kinder hervorgegangen."[11]

- Der evangelische geschiedene Mann dieser Antragstellerin, von Beruf Lagerarbeiter, gibt nach Akteneinsicht auf eine entsprechende Frage an:

  „Also ich halte von einer Ehenichtigkeitserklärung gar nichts, weil ich der Meinung bin, eine Ehe, die war, war eine Ehe, die kann man nicht einfach wieder auslöschen. Wenn es eine Ehe gewesen wäre, die drei oder vier Monate gedauert hätte, vielleicht ja, aber nicht eine Ehe, die sechs Jahre gedauert hat und wo zwei Kinder da sind. Da kann ich doch hinterher nicht hergehen und sagen: ‚Das war keine Ehe.' Die Ehe hat für mich stattgefunden, sechs Jahre lang. Für mich wäre die Nichtigkeitserklärung widersinnig. Das sind sechs Jahre, die kann man nie auslöschen. Nicht bloß sechs Jahre, das sind hinterher vielleicht noch einmal fünf oder noch mehr Jahre, wo ich versucht habe, die Ehe wieder zu kitten. Das ist für keinen Partner leicht, wenn so was ist."[12]

- Eine evangelische Nichtantragstellerin, von Beruf Ärztin, deren kinderlos gebliebene Ehe bis zur bürgerlichen Scheidung über sechs Jahre dauerte, erklärt vor ihrer eidlichen Befragung:

  „Mein Mann bat mich vor einigen Monaten, unsere Ehe auf Grund seiner persönlichen Situation annullieren zu lassen. Da ich seiner Zukunft nicht im Wege stehen will, stimme ich der Annullierung zu. Für mich selbst gibt es jedoch keinen Grund,

---

11 FRANK, Le langage (Fn. 3), 190 f.

12 Ebd., 178, 186.

die Ehe für nichtig erklären zu lassen, da es fünf Jahre unseres Lebens sind, die man nicht einfach streichen kann."[13]

In den angeführten Beispielen sprechen Betroffene davon, dass sie „Ehenichtigkeitserklärung" als ein „Ungeschehenmachen" (Beispiel 1), ein „Auslöschen" (Beispiel 2) oder „Streichen" (Beispiel 3) einer Ehe ansehen. Ihre Vorstellungen gehen in Richtung dessen, was im weltlichen Recht die Aufhebung, also die Ungültigmachung einer zunächst gültigen Ehe ist.[14] Die Betroffenen meinen aber darüber hinaus, dass die Kirche, nachdem ein Paar jahrelang ehelich zusammengelebt hat und vielleicht sogar Kinder aus der Verbindung hervorgegangen sind, so tue, wie wenn menschlich nichts gewesen wäre. Die Kirche wolle also, so die Meinung vieler Partner aus gescheiterten Ehen, die gesamte Lebenswirklichkeit während der Ehe auslöschen. Und auch die Kinder würden durch eine Ehenichtigkeitserklärung unehelich, was jedoch kanonistisch nur in den seltensten Fällen gegeben sein dürfte.[15]

Dass bei einem solchen Missverständnis eine Ehenichtigkeitserklärung negativ bewertet wird, liegt auf der Hand. Zumal viele Menschen nicht nur die Lebenswirklichkeit an sich, sondern auch die Lebenswirklichkeit als Ehe stehen und gelten lassen wollen. Obwohl die eheliche Lebensgemeinschaft nicht mehr fortgesetzt werden kann oder fortgesetzt werden will, soll das Vergangene nicht als ungeschehen oder als ein Nichts betrachtet werden. Darauf legt übrigens die evangelische Kirche grundsätzlich Wert, wenn sie bei einer gescheiterten Ehe die Frage, ob der Eheabschluss ungültig war, nicht stellt, sondern von einer tatsächlichen Ehe ausgeht.[16]

---

13 Dieses Beispiel ist nicht den von mir im Zusammenhang mit meiner Doktorarbeit durchgeführten Befragungen entnommen, sondern dem Brief einer Nichtantragstellerin an das kirchliche Gericht.

14 Vgl. GIESEN (Fn. 2), 1008 ff. Wenn Betroffene von „Ungeschehenmachen", „Auslöschen" oder „Streichen" einer Ehe sprechen, denken sie vielleicht auch, die Kirche wolle mit einer Ehenichtigkeitserklärung feststellen, es habe gar kein Eheschließungsakt stattgefunden, es handele sich also um eine Nichtehe, wie es z. B. bei einem Konkubinat der Fall ist. Zum Begriff „Nichtehe" im staatlichen Bereich vgl. ebd., 1007 f. Zum Begriff „Nichtehe" im kirchlichen Rechtsbereich vgl. HEIMERL, Hans / PREE, Helmuth, Kirchenrecht. Allgemeine Normen und Eherecht, Wien u. a. 1983, 167 u. 181 f.

15 Can. 1137 CIC bestimmt, dass die in einer gültigen oder in einer Putativehe empfangenen oder geborenen Kinder ehelich sind. Eine für ungültig erklärte Ehe ist in der Regel bis zum Urteil, das die Ungültigkeit feststellt, als Putativehe zu betrachten. Denn es ist wohl meistens davon auszugehen, dass sie wenigstens von einem Partner im guten Glauben geschlossen wurde, was die Voraussetzung für das Vorliegen einer Putativehe ist (can. 1061 § 3 CIC).

16 SELGE, Karl-Heinz, Apologie des Ehenichtigkeitsverfahrens in ökumenischer Absicht, in: DPM 8 (2001) 356 schreibt: „[Es] wird auch in der evangelischen Kirche die Möglichkeit gesehen, dass die erste Ehe nichtig war, diese Möglichkeit wird jedoch nicht eigens untersucht. Grund hierfür ist die Wertschätzung der gescheiterten Lebensgemeinschaft als wahre Ehe. Damit geht es um ein Ernstnehmen der gescheiterten Ehe als unwiderruflicher Lebenswirklichkeit der Ehepartner ...".

Das Missverständnis, die Kirche wolle im Nachhinein etwas ungeschehen machen, was offensichtlich existiert hat, halte ich für einen der größten Nachteile des Ausdrucks „Ehenichtigkeitserklärung". Wenn zum Beispiel jemand als nicht antragstellende Partei eines Eheverfahrens diesem Irrtum verfällt, kann man davon ausgehen, dass er sich am Verfahren nicht oder nur mit einer negativen Haltung beteiligt. Deshalb halte ich es für wichtig, gegenüber kanonistischen Laien Formulierungen zu verwenden, die verstehen lassen, was die katholische Kirche mit einer Ehenichtigkeitserklärung feststellen will, nämlich dass die Lebensgemeinschaft keine Ehe nach dem kanonischen Recht gewesen ist, aber als gelebte Gemeinschaft so stehen gelassen wird und nach weltlichem Recht bis zur Scheidung sogar eine Ehe war.

2. Alternativen zum Ausdruck „Ehenichtigkeitserklärung"

Die von mir angeführten Beispiele zeigen, was Betroffene fälschlicherweise mit dem Wort „Ehenichtigkeitserklärung" verbinden, nämlich die Scheidung einer Ehe und das Auslöschen einer Lebenswirklichkeit durch die Kirche. Um das zu verhindern, muss man Formulierungen verwenden, die dem kanonistischen Laien den Unterschied zwischen der weltlichen Scheidung und der kirchlichen Ehenichtigkeitserklärung deutlich machen und ihm kein Ungeschehenmachen der gelebten ehelichen Gemeinschaft nahe legen. Meiner Erfahrung nach ist das am besten zu erreichen, wenn man betont, dass es bei einer Ehenichtigkeitserklärung um die Frage geht, ob eine Ehe kirchlich ungültig geschlossen wurde und ob das nach den Kriterien des katholischen Kirchenrechts festgestellt werden kann.

2.1. Es geht um die Ungültigkeit der Eheschließung

Alle angeführten Äußerungen von Betroffenen zeigen: Das Wort „Ehenichtigkeitserklärung" lässt kanonistische Laien nicht erkennen, dass die Gültigkeit des Eheabschlusses in Frage gestellt wird. Um deutlich zu machen, dass es nicht darum geht, eine Ehe zu scheiden, wie es der Staat tut, und schon gar nicht um das Auslöschen einer tatsächlich gelebten menschlichen Beziehung, betone ich, dass bei einer Ehenichtigkeitserklärung der Eheschließungsakt in den Blick genommen werden muss: Es wird geprüft, ob der Eheabschluss ungültig war, ob also bestimmte Sachverhalte verhindert haben, dass die Eheschließung wirksam war. Oder anders formuliert: Es geht um die Frage, ob im Zeitpunkt der Heirat ein Mangel vorlag, der einen gültigen Eheabschluss verhinderte.[17]

---

17 Das ist dann der Fall, wenn entweder die von der Kirche vorgeschriebene Eheschließungsform nicht eingehalten wurde, wenn bei der Heirat ein trennendes Ehehindernis vorlag oder wenn der erforderliche Ehewillen bei einem oder beiden Ehepartnern fehlte; vgl. ASSENMACHER (Fn. 2), 994. Die einzelnen Tatbestände, die nach geltendem kanonischen Eherecht die Ungültigkeitserklärung einer Ehe ermöglichen, werden für die

Der von den kirchlichen Gerichten regelmäßig gegebene Hinweis, dass bei der Ehenichtigkeitserklärung nicht ein Ehepartner angeklagt werde, sondern die Ehe selbst in Frage stehe, reicht nicht aus. Man muss betonen, dass der Eheschließungsakt hinterfragt wird, dass also zu untersuchen ist, ob bei der Heirat zumindest eine Voraussetzung für eine gültige Eheschließung fehlte. Es ist meiner Erfahrung nach besser, wenn kanonistische Laien erst in einem zweiten Schritt darauf hingewiesen werden, dass aufgrund des ungültigen und daher unwirksamen Eheschließungsaktes die Voraussetzungen für das Zustandekommen einer Ehe fehlten und diese folglich ungültig ist und als nicht bestehend oder nicht existierend zu gelten hat.

Mit dem Ausdruck „nichtig" bin ich allerdings sowohl im Zusammenhang mit dem Eheschließungsakt als auch mit der Ehe selbst vorsichtig. Ich bevorzuge „ungültig". Denn „nichtig" kann, wie die von mir angeführten Beispiele zeigen, leicht in dem Sinne missverstanden werden, dass die Kirche die Eheschließung und die Ehe selbst im Nachhinein ungeschehen machen will, ja sogar die Lebenswirklichkeit der Heirat und Ehe gleichsam auszulöschen versucht. Vor allem Letzteres muss jedem Menschen als unmöglich erscheinen, denn das bei der Eheschließung und während der Ehe Erlebte kann nicht als ein Nichts betrachtet werden.

Dass „nichtig" in diesem Sinne missverstanden wird, erstaunt allerdings nicht. Denn dieses Wort bedeutet in der Umgangssprache

> „ohne Wert, ohne Gewicht, ohne innere Substanz" oder „gänzlich unwichtig, belanglos".[18]

Das fachsprachlich verwendete Synonym zu „nichtig", nämlich „ungültig", ist gegenüber kanonistischen Laien besser geeignet, weil es in seiner umgangssprachlichen Bedeutung der rechtlichen sehr nahe kommt. Das Wort „gültig" bedeutet in der Umgangssprache

> „rechtlich, gesetzlich o. ä. anerkannt u. entsprechend wirksam; Geltung habend".[19]

„Ungültig" heißt folglich: rechtlich / gesetzlich nicht anerkannt und nicht wirksam, keine Geltung habend. So spricht man beispielsweise von „ungültigen Ausweispapieren", einem „ungültigen Fahrschein" oder einem „ungültigen Vertrag".[20]

---

seelsorgerliche Praxis vollständig und übersichtlich dargestellt von PREE, Helmuth, Ehenichtigkeitsgründe, in: AnzSS 9 (1991) 352-362.

18 Duden. Deutsches Universalwörterbuch, Mannheim u. a. ^{4}2001, 1137 f.

19 Ebd., 689.

20 Noch besser als das Wort „ungültig" scheint mir in Bezug auf eine Ehe der Ausdruck „nicht bindend" zu sein. „Nicht bindende Ehe" kann wohl kaum in dem Sinne missverstanden werden, dass eine Ehe nachträglich ungültig gemacht oder die erfahrene Lebensgemeinschaft ausgelöscht wird. In diese Richtung geht auch ein Vorschlag der Canon Law Society of America, die 1983 ein Komitee geschaffen hat, um kanonistische Begriffe, die von Nichtfachleuten häufig falsch verstanden werden, zu untersuchen. Als

2.2. Es geht um eine Feststellung nach den Kriterien des katholischen Kirchenrechts

Wenn anstatt von „nichtiger Ehe“ von „ungültiger Eheschließung“ und in einem zweiten Schritt von „ungültiger Ehe“ gesprochen wird, so reicht das noch nicht aus. Denn zu sagen, eine Eheschließung oder eine Ehe sei ungültig, kann von Betroffenen missverstanden werden in dem Sinne, dass es sich um eine allgemein von Menschen anerkannte Ungültigkeit handelt. Deshalb ist es wichtig zu betonen, dass es um eine Ungültigkeit nach dem Recht der katholischen Kirche geht.[21] In Frage steht der Eheabschluss im kirchenrechtlichen Sinn und das kirchenrechtliche Eheband, nicht das Jawort und die Ehe unter zivilrechtlichem oder allgemein menschlichem Aspekt.[22] Die kirchenrechtliche Untersuchung der Gültigkeit einer Ehe ist nur eine ganz bestimmte Art, die Wirklichkeit „Ehe“ zu sehen. Es wird über die Frage der Ungültigkeit einer Ehe entschieden, alle anderen, für die Feststellung der kirchenrechtlichen Ungültigkeit nicht relevanten Aspekte bleiben außer Betracht, zum Beispiel die jetzige Situation der Partner, ihre Erinnerungen an das gemeinsame Leben oder ihre Trauer über das Zerbrechen der Ehe. Bei der Ungültigkeitserklärung wird ihnen folglich nur bescheinigt, dass sie in einer kirchenrechtlich nicht gültigen oder bindenden Ehe gelebt haben. In der Regel war es aber trotzdem eine vor dem Staat rechtmäßige Ehe

---

eine Alternative für „invalid“ (ungültig) wird der Ausdruck „not binding according to church law“ (nicht bindend gemäß dem Kirchenrecht) diskutiert; vgl. CANON LAW SOCIETY OF AMERICA (Hg.), Proceedings of the Forty-Fifth Annual Convention, San Francisco, California, October 10-13, 1983, Washington D. C. 1984, 324 ff.; MORROW, Denis W., Committee Report of the Committee „Annulment Language“, in: CANON LAW SOCIETY OF AMERICA (Hg.), Proceedings of the Forty-Seventh Annual Convention, New Orleans, Louisiana, October 15-18, 1985, Washington D. C. 1986, 171-175.

21 Marie ZIMMERMANN, mit der ich mich seit meinem Studium am Kanonistischen Institut in Straßburg verbunden fühle und die mich bei meiner Lizentiats- und Doktorarbeit in einem das allgemein Übliche weit übertreffenden Maße unterstützte, weist auf diesen selbstverständlichen, aber doch leicht aus dem Blick geratenden Aspekt hin; vgl. ZIMMERMANN, Marie, L'homosexuel(le), un(e) incapable „juridique“? Ou du caractère pernicieux du c. 1095, in: PJR 3 (1986) 240.

22 Dass die kirchliche Ungültigkeitserklärung einer Ehe keine Wirkung im weltlichen Bereich hat, gilt allerdings nicht für Länder wie z. B. Italien, wo Katholiken die Ehe nur in kanonischer Form schließen und dann von der zivilen Anerkennung der Ehe Gebrauch machen können, die durch ein Konkordat zugesichert ist. Gläubige, die ihre Ehe in dieser konkordatären Form geschlossen haben, sind gehalten, nach Abschluss des kirchlichen Eheverfahrens beim zuständigen staatlichen Gerichtshof den Antrag auf die zivilrechtliche Vollstreckung des kirchlichen Urteils zu stellen; vgl. Generaldekret der Italienischen Bischofskonferenz v. 5.11.1990 über die kanonische Ehe, in: AKathKR 159 (1990) 504, 520.

und wurde vielleicht auch von den Partnern selbst sowie von deren gesellschaftlichem Umfeld menschlich und moralisch anerkannt.[23]

„Ehenichtigkeitserklärung" lässt, wie die im ersten Teil angeführten Beispiele zeigen, kanonistische Laien nicht klar erkennen, dass es um ein deklaratorisches Urteil geht, das Gegebenes beschreibt und rechtliche Tatsachen feststellt. Wenn man aber von „Feststellung" der Ungültigkeit spricht, kann damit auch für Nichtkanonisten deutlich werden, dass es darum geht, einen gegebenen oder eben nicht gegebenen Sachverhalt, nämlich eine gültige bzw. nicht gültige Eheschließung, festzustellen. Es gilt dann nur noch zu betonen, was an dem Wort „Ehenichtigkeitserklärung" für Betroffene ebenfalls nicht zu erkennen ist, dass die Ungültigkeit einer Ehe nach bestimmten kirchenrechtlichen Regeln bewiesen werden muss, weil die Kirche von der Gültigkeit einer formrichtig geschlossenen Ehe bis zum Beweis des Gegenteils ausgeht.[24]

Wenn man gegenüber kanonistischen Laien erklärt, dass es sich bei der Ehenichtigkeitserklärung um die Feststellung und den Beweis einer gegebenen Tatsache handelt, so wird für sie auch deutlich, dass es Fälle geben kann, wo die Ehe objektiv ungültig ist, es sich aber nach den rechtlichen Kriterien nicht feststellen und beweisen lässt, weil z. B. ein Partner die Aussage verweigert oder die Zeugen sich nicht mehr richtig erinnern können. Wenn den Betroffenen außerdem gesagt wird, dass die Richter die Beweise nach ihrem Gewissen bewerten müssen, bleibt zu erkennen, dass sich ein Gericht auch irren und ein objektiv falsches Urteil fällen kann, was aber nichts an der objektiven Gültigkeit oder Ungültigkeit der Ehe ändert.[25] Solche Informationen können manchen Betroffe-

---

23 Zur Unterscheidung zwischen rechtlicher und moralischer Ebene vgl. PREE, Helmuth, Forum externum und forum internum. Zu Sinn und Tragweite einer Unterscheidung, in: FS Holotik, 507-512.

24 Vgl. can. 1060 CIC. Aufgrund dieser Rechtsgunst, der sich die formrichtig geschlossene Ehe erfreut, ist an der Gültigkeit der Ehe so lange festzuhalten, bis das Gegenteil nach den vom Recht vorgegebenen Regeln bewiesen ist. Hierbei gilt, dass das gerichtliche Geständnis und andere Erklärungen der Parteien zwar eine Beweiskraft haben, die vom Richter zusammen mit den übrigen Umständen des Falles zu würdigen ist. Volle Beweiskraft kann ihnen jedoch nicht zuerkannt werden, sofern nicht weitere Beweiselemente, vor allem Zeugenaussagen, hinzukommen, die sie ganz und gar bekräftigen (vgl. can. 1536 § 2 CIC). Ferner gilt, dass die Aussage eines einzigen Zeugen keinen vollen Beweis schaffen kann, außer es handelt sich um einen qualifizierten Zeugen, der über von ihm amtlich behandelte Dinge aussagt, oder die sachlichen und persönlichen Umstände legen etwas anderes nahe (vgl. can. 1573 CIC).

25 Die Rechtsvermutung der Gültigkeit der Ehe kann erst dann als überwunden gelten, wenn ein Ungültigkeitsgrund für den Richter mit moralischer Gewissheit feststeht, d. h. mit einer Gewissheit, die jeden vernünftigen Zweifel ausschließt. Die moralische Gewissheit muss der Richter dem entnehmen, was aufgrund der Akten bewiesen ist. Er muss diese Beweise nach seinem Gewissen bewerten, unbeschadet der gesetzlichen Vorschrift über den Wert bestimmter Beweise (can. 1608 §§ 1-4 CIC).

nen helfen. Sie machen vielleicht auch Mut, gegen ein Urteil Berufung[26] einzulegen oder die Wiederaufnahme des Verfahrens bei zwei gleich lautenden Entscheidungen[27] zu beantragen.

3. Konkrete Möglichkeiten und Folgen für die kirchlichen Gerichte

Das kirchliche Eheverfahren wird von Partnern aus gescheiterten Ehen oft deswegen negativ wahrgenommen, weil sie die kanonistische Fachsprache nicht oder falsch verstehen. Deshalb ist es wichtig, im Sprechen und im Schriftverkehr mit ihnen sensibel zu sein. Die richtige Wortwahl ist vor allem beim ersten Kontakt wichtig. Statt einem Antragsteller, der sich über die kirchlichen Eheverfahren informieren möchte, zu schreiben:

> „Sie können bei einem Informationsgespräch am kirchlichen Gericht prüfen lassen, ob ihre gescheiterte Ehe nichtig ist",

ist es möglich zu formulieren:

> „Es kann geprüft werden, ob es in Ihrem Fall Hinweise dafür gibt, dass ihre Ehe nach den rechtlichen Kriterien der katholischen Kirche ungültig geschlossen wurde, ob also der Eheschließungsakt selbst so mangelhaft war, dass er nach dem Recht der katholischen Kirche keine Ehe bewirkte."

Wenn ich mich so ausdrücke, erfährt der Betreffende in etwa, um was es bei einer Ehenichtigkeitserklärung geht, und verliert mögliche falsche Vorstellungen. Zumindest kann ihn eine solche Ausdrucksweise zum Nachfragen anregen.

Im ersten Schreiben an den Nichtantragsteller, mit dem er darüber unterrichtet wird, dass ein kirchliches Eheverfahren eingeleitet wurde, kann man oft lesen:

> „Ihr geschiedener Partner hat beantragt, Ihre Ehe für nichtig zu erklären. Es geht um folgende Frage: ‚Steht es fest, dass die Ehe nichtig ist wegen ...?'"

Ich würde in etwa so schreiben:

> „Ihr geschiedener Partner hat beantragt, das kirchliche Gericht möge feststellen und erklären, dass die Ehe mit Ihnen nach kirchlichem Recht ungültig geschlossen wurde. Es geht also um die Frage, ob bei der Heirat die von der katholischen Kirche für einen wirksamen Eheabschluss geforderten rechtlichen Voraussetzungen fehlten und keine kirchlich lebenslang bindende Ehe zustande kam."

Mit derartigen Formulierungen mache ich gute Erfahrungen: Es kommt selten zu negativen Reaktionen oder sie werden zumindest entschärft.

---

[26] Wenn sich jemand durch ein Urteil beschwert fühlt, kann er dagegen bei dem Gericht, von dem das Urteil gefällt worden ist, Berufung einlegen (vgl. can. 1630 CIC) und diese dann beim Berufungsgericht verfolgen (vgl. can. 1633 CIC).

[27] Da Entscheidungen in Verfahren zur Ungültigkeitserklärung einer Ehe niemals in Rechtskraft übergehen (vgl. can. 1643 CIC), kann jederzeit das Berufungsgericht angerufen werden, wobei dann allerdings „neue und zwar schwerwiegende Beweise oder Begründungen vorzulegen sind" (can. 1644 § 1; vgl. can. 1684 § 2 CIC).

Wenn sich ein Partner durch das ihm zugesandte Urteil, in dem die Nichtigkeit seiner Ehe erklärt wurde, verletzt fühlt und es nicht verstehen kann, hilft ihm vielleicht ein Brief, in dem er mitgeteilt bekommt, dass es sich um eine kirchenrechtliche Ungültigkeit handelt und andere Aspekte nicht berücksichtigt wurden. Demjenigen, der von einem negativen Urteil enttäuscht ist, weil er die Überzeugung hat, seine Ehe sei tatsächlich ungültig geschlossen worden, wird eventuell der Hinweis nutzen, dass eben der Nachweis dafür nicht möglich war, die Ehe aber trotzdem objektiv ungültig sein kann. In solchen Fällen ist es wichtig, den Blick der Betroffenen von ihren eigenen, häufig falschen Auffassungen weg auf das zu lenken, was eine Ehenichtigkeitserklärung in Wirklichkeit ist.

Aber nicht nur in ihren Schreiben sollten die Mitarbeiter der kirchlichen Gerichte das Wort „Ehenichtigkeiterklärung“ vermeiden oder zumindest erklären, sondern auch in Telefonaten und besonders in persönlichen Begegnungen mit Betroffenen, z. B. beim Informationsgespräch vor Verfahrensbeginn, bei der kanonische Befragung oder bei Akteneinsicht. Im persönlichen Gespräch wäre es auch möglich zu klären, welche Bedeutung eine kirchenrechtlich festgestellte Ungültigkeit der Ehe für das weitere Leben des Betroffenen haben kann. Wenn jemand beispielsweise den Eheschließungsakt verungültigte, weil er bei der Heirat beabsichtigte, sich bei schlechtem Eheverlauf wieder scheiden zu lassen, so kann ihm im Nachhinein aufgehen, dass seine Ehe vielleicht gerade deswegen gescheitert ist, weil er sich nicht bedingungslos an seinen Partner gebunden hat. Das wäre ein wichtiger seelsorgerlicher Dienst, den die Mitarbeiter der kirchlichen Gerichte oder andere geeignete Menschen leisten könnten.[28]

Meine Formulierungsvorschläge mögen manchmal etwas umständlich klingen. Das sollte man aber in Kauf nehmen, wenn damit ein falsches Verständnis und negative Reaktionen der Betroffenen vermieden werden. Manche der von mir angebotenen Alternativen drücken vielleicht auch nicht vollständig aus, was der Begriff „Ehenichtigkeitserklärung“ beinhaltet, oder betonen zu sehr einzelne Aspekte. Das darf aber ebenfalls nicht überbewertet werden. Denn eine noch so präzise Sprache hat Ungenauigkeiten. Es wird in der Fachsprache wie in der Alltagssprache immer die Spannung zwischen dem Wort und der Sache selbst geben. Die Sprache ist nie absolut eindeutig und informiert nie so abschließend und vollkommen, dass nichts mehr zu sagen wäre.

Ich bin davon überzeugt, dass viele Probleme, die Betroffene und auch die Öffentlichkeit mit den kirchlichen Eheverfahren haben, nicht mit der Sache selbst, sondern mit der Ausdrucksweise zusammenhängen. Wenn sich die Mitarbeiter der kirchlichen Gerichte so ausdrücken, dass die Menschen verstehen, um was es bei einer Ehenichtigkeitserklärung geht, nämlich um die Frage, ob die Ungül-

---

[28] Ich danke an dieser Stelle Elmar MOREIN, einem Kollegen als Diözesanrichter am Bischöflichen Offizialat Rottenburg. Er hat mir neben anderen wichtigen Anregungen für diesen Artikel auch den Hinweis gegeben, dass sich an ein kirchliches Eheverfahren aufgrund der dabei gewonnenen Informationen eine Art Lebensberatung für die Parteien anschließen könnte.

tigkeit des Eheschließungsaktes nach den Kriterien des katholischen Kirchenrechts festgestellt werden kann, dürften künftig mehr Partner aus gescheiterten Ehen die kirchlichen Verfahren beanspruchen. Ich schließe damit nicht aus, dass einige – das wird aber die Minderheit sein – gerade deswegen kein Verfahren beginnen, weil sie genau darüber informiert sind, was eine Ehenichtigkeitserklärung zum Ziel hat. Manchmal kommt es ja vor, dass jemand, wenn ich ihn über die Eheverfahren unterrichte, es entschieden ablehnt, den Eheschließungsakt anzufechten oder dessen Ungültigkeit kirchenamtlich mit der Anhörung von Zeugen feststellen zu lassen. Das ist aber immer noch besser, als wenn solche Menschen mit falschen Vorstellungen ein Eheverfahren beginnen und erst später enttäuscht merken, worauf sie sich eingelassen haben. Die meisten Betroffenen sind jedoch bereit, ihre gescheiterte Ehe kirchenrechtlich überprüfen zu lassen, weil ihnen eine neue, von der katholischen Kirche anerkannte Eheschließung das wert ist. Viele beginnen sogar erleichtert das Verfahren, weil es ja „nur" um die Frage der Ungültigkeit des Eheschließungsaktes geht.

Mitarbeiter kirchlicher Gerichte, die sich um eine für kanonistische Laien verständliche Sprache bemühen, werden die Erfahrung machen, dass ihnen die Menschen weniger voreingenommen begegnen, die Gespräche mit ihnen offener verlaufen und die Eheverfahren selbst sachgemäßer durchgeführt werden können. Eine für Betroffene geeignete Sprache trägt letztlich dazu bei, dass das Kirchenrecht seine „diakonische Funktion", auf die Richard PUZA immer wieder hingewiesen hat, besser erfüllt. Seine diakonische Funktion, die unter anderem darin besteht,

> „es dem Gläubigen zu ermöglichen und ihm zu helfen, in der Gemeinschaft des Volkes Gottes seinen Weg zum Heil ... zu gehen."[29]

---

[29] PUZA, Richard, Katholisches Kirchenrecht, Heidelberg ^{2}1993, 76.

Freie oder gebundene Beweiswürdigung?

Zu ihrer geschichtlichen Entwicklung und Verhältnisbestimmung im kirchlichen Eheprozessrecht

Andreas Weiß

Richard PUZA hat in seinem reichen Œvre viele Rechtsmaterien in ihrer historischen Entwicklung beleuchtet. Er legte deren Fundamente frei, um den Leser in die Lage zu versetzen, die Qualität des geltenden Rechts erfassen zu können. Der Blick in die Geschichte bewahrte ihn davor, Erreichtes als endgültig zu betrachten, lehrt die Retrospektive doch, dass Neues meist aus der Unzulänglichkeit des Bisherigen entsteht.

1964 listete Heinrich FLATTEN – einer der Vorgänger am Lehrstuhl für Kirchenrecht der Katholischen Fakultät der Universität Tübingen, den der Jubilar heute inne hat –, unter den Ärgernissen im kirchlichen Eheprozess u. a. die nicht unerhebliche Beeinträchtigung der Richter in der Urteilsfindung durch gesetzliche Beweisregeln[1] auf. Dieser Beitrag geht – auch im Hinblick auf die Tätigkeit des Jubilars als Diözesanrichter am Bischöflichen Offizialat Rottenburg seit 1987 – der Frage nach, ob bzw. wie das Gesetzbuch von 1983 der Forderung nach einem Verzicht auf gesetzliche Beweisregeln als Fesseln der Beweiswürdigung entsprochen hat.

Einleitung

Im Mittelpunkt richterlicher Entscheidungsfindung steht die Suche nach einem wahren und gerechten Urteil. Unter dem Primat der rationalen Wahrheitserforschung bietet die beste Gewähr dafür eine möglichst umfassende Sachverhaltsaufklärung sowie eine korrekte Würdigung der Beweise. Diese Prozessgrundsätze sind Ausdruck heutigen rechtspolitischen Wollens. Doch das war nicht immer so, in der Geschichte wurde die Suche nach einem wahren und gerechten Urteil auf ganz unterschiedliche Weise gelöst. Will man das Beweisrecht früherer Epochen verstehen, ist es erforderlich, die Frage nach Wahrheit und Gerechtigkeit nicht abstrakt abzuhandeln, sondern im Kleide des jeweiligen Beweissystems sowie der damaligen politischen und sozialen Verhältnisse.

---

1 FLATTEN, Heinrich, Das Ärgernis der kirchlichen Eheprozesse, Paderborn 1965. FLATTEN ging freilich in diesem Artikel auf „Modalitäten des kirchlichen Verfahrens“ nicht näher ein, sondern befasste sich mit den kirchlichen Eheprozessen primär unter materiell-eherechtlichen Gesichtspunkten.

1. Freie Beweiswürdigung oder Beweisregeln? Das Ringen im römischen Prozess

In der mehr als tausend Jahre währenden Epoche der römischen Kultur bis zum Niedergang Roms im Jahre 476 n. Chr. hat der Straf- wie Zivilprozess verschiedene Stufen durchlaufen, von denen die klassische Periode (ca. 550 v. Chr. bis 300 n. Chr.) als Epoche beispielhafter Rechtspflege unser besonderes Augenmerk verdient. Kennzeichnend für beide Prozessarten in dieser Zeit ist der Versuch, die Urteilsfindung durch Einsatz des menschlichen Verstandes zu betreiben und sich um materielle Wahrheit zu bemühen.

Das Verfahren setzte eine private Klage voraus, auf der sich ein kontradiktorischer Prozess der Parteien aufbaute. Der Kläger trug die Beweislast, die Aufnahme der Beweise war mündlich, öffentlich und unmittelbar. Wenn auch grundsätzlich alle Beweismittel[2] herangezogen wurden, welche die Wahrheit der vom Kläger aufgestellten Behauptung nachweisen konnten, blieb der Zeuge die wichtigste Beweismöglichkeit. Er durfte sein Wissen nur vom eigenen Hören oder Sehen haben, das Zeugnis vom Hörensagen war unzulässig. Der Beklagte hatte ein Recht auf Gehör.

Der Beweiswert eines Zeugnisses wurde im klassischen römischen Prozess vom Richter nach seinem ganz persönlichen Eindruck beurteilt. Es galt das Prinzip der absolut freien Beweiswürdigung, das später klassisch formuliert wurde in den 533 n. Chr. vom oströmischen Kaiser JUSTINIAN publizierten Digesten 22, 5, 3 § 2: Auf welche Weise, so heißt es dort, die einzelnen Beweismittel für einen Beweis ausreichen, kann man nicht allgemein festlegen. Als generelle Regel lässt sich nur aufstellen: Der Richter darf seine Entscheidung nicht durch ein einziges Beweismittel bestimmen lassen, sondern muss sich in einer Gesamtschau ein abwägendes Urteil darüber bilden, wieweit er überzeugt ist oder den Beweis für nicht ausreichend erbracht hält.[3] CICERO prägte den Satz: „Apud bonum iudicem argumenta plus quam testes valent."[4] Freilich war die Urteilsfindung mitunter stark von irrationalen Einflüssen durchsetzt, wofür CICERO selbst Anschauungsmaterial in reicher Fülle liefert. Bekanntlich führte er durch seine auf rhetorische Tricks und Emotionalität aufgebaute Überzeugungskunst mit durchschlagendem Erfolg Gerichte zu der Entscheidung, die sein Mandant und er anstrebten. Dabei setzte CICERO mit Vorliebe Glaubwürdigkeitsbeurteilungen[5]

---

2 Z. B. Urkunden, Parteienaussagen und die sog. Präjudizien.

3 „Quae argumenta ad quem modum probandae cuique rei sufficiant, nullo certo modo satis definiri potest ... Hoc ergo solum tibi rescribere possum summatim non utique ad unam probationis speciem cognitionem statim alligari debere, sed ex sententia animi tui te aestimare oportere, quid aut credas aut parum probatum tibi opinaris."

4 De re publica I, 38.

5 In seiner Verteidigung „Pro Fonteio" trug CICERO vor: „Nicht darin besteht die Pflicht des Richters, die angehörten Zeugenaussagen mechanisch zu zählen und ohne weiteres ihnen zu trauen, sondern darin, dieselben zu prüfen und ihre Glaubwürdigkeit abzuwägen. Wäre jenes die Aufgabe, so würde es einen Unterschied zwischen guten und

ein, deren Kriterien zum Teil erstaunlich modern wirken. Der Richter besah die bürgerliche Stellung des Zeugen und beleuchtete seinen Lebenswandel. War jemand mit einer Partei befreundet oder verfeindet oder suchte er durch den Ausgang des Prozesses einen persönlichen Vorteil, machte ihn das verdächtig. Daneben achtete man, was besonders hervorzuheben ist, auf die Art und Weise, wie die Aussage abgelegt wurde. Emotionsgeladenes Vorbringen erregte Misstrauen, den ruhigen und unparteiischen Vortrag hielt man für zuverlässig. Diese und andere Glaubwürdigkeitskriterien legten den Richter in seiner Entscheidung jedoch nicht fest, sondern waren nur Anhaltspunkte zur Urteilsfindung. Gesetzliche Festlegungen im Zeugenbeweis gab es nur in Form der Begrenzung der Zeugnisfähigkeit, also in formalen Zulassungsvoraussetzungen für die Beweisaufnahme.

Obwohl das Prozessrecht Parteien und Zeugen zum wahrheitsgemäßen Vortrag durch den Kalumnieneid[6] verpflichtet hatte, schwand in der nachklassischen Zeit des verfallenden römischen Kaiserreiches allmählich das Vertrauen in die Zuverlässigkeit gerichtlicher Aussagen. Immer zahlreichere Regeln schrieben jetzt dem Richter eine unterschiedliche Wertung von Zeugenaussagen vor je nach Stellung, Leumund und Beziehung des Betreffenden zu den Parteien. Entscheidend wurde der Ort des Zeugnisses, ob es gerichtlich oder außergerichtlich abgelegt wurde, und ebenso die Anzahl der Zeugen. Zwei genügten zu einem Urteil, waren aber auch erforderlich. Wesentlich formaler als früher wurden die althergebrachten Glaubwürdigkeitskriterien gehandhabt.

In der Kaiserzeit war man demnach bestrebt, durch einzelne Anweisungen die absolut freie Beweiswürdigung des Richters einzugrenzen. Die völlige Ungebundenheit des Richters im Quästionenprozess hatte zu manch ungerechtem Urteil geführt, was man nun durch bestimmte Grenzziehungen zu verhindern suchte. Nach wie vor war jedoch die persönliche Überzeugung für die Entscheidung des Richters maßgeblich. Die Entwicklung des römischen Prozessrechts spiegelt ein erstes Mal den „Widerstreit zwischen festen Beweisregeln und freier Beweiswürdigung“[7] wider.

---

schlechten Richtern gar nicht geben, und ihre Tätigkeit würde nicht mehr eine Tätigkeit des Verstandes, sondern ein Geschäft der Augen und Ohren sein. Ihre Pflicht aber fordert eine Prüfung der Zeugenaussagen, und so müssen sie denn selbst bei der großen Zahl derselben freisprechen, solange ihnen nur eine wirkliche Überzeugung von der Schuld des Angeklagten mangelt“; zit. nach GEIB, Karl G., Geschichte des römischen Criminalprozesses bis zum Tode Justinians, Leipzig 1842, 328.

6 OLZEN, Dirk, Die Wahrheitspflicht der Parteien im Zivilprozeß, in: ZZP 98 (1985) 403 f. (mit vielen Quellen).

7 BENDER, Hans-Udo, Merkmalskombinationen in Aussagen. Theorie und Empirie zum Beweiswert beim Zusammentreffen von Glaubwürdigkeitskriterien, Tübingen 1987, 10.

2. Persönlichkeit und Ehrenhaftigkeit im Mittelpunkt des germanisch-altdeutschen Rechtsganges

Der germanische Prozess war ursprünglich darauf ausgerichtet, den Abschluss eines Sühnevertrages zu erreichen. Ausgangspunkt war ein Unrecht, das der Kläger selbst oder einer seiner Sippengenossen erlitten hatte. Neben dem Kampf ums Recht auf eigene Faust in Form der Rache und Fehde trat bald der gerichtliche Kampf ums Recht[8], der die Selbsthilfe mit ihren schädlichen Folgen für den öffentlichen Frieden ablösen sollte. Wer Unrecht erlitten hatte, musste den Beklagten förmlich vor die öffentliche Gerichtsversammlung ziehen und dort in feierlicher Rechtsbehauptung seine Klage vorbringen. Hatte der Beklagte in Beantwortung der Klagebehauptung geleugnet, wurde der Beweis angeordnet, d. h. Beweisführer, -mittel und eine Frist für die Beweiserbringung festgesetzt sowie auch schon die Folgen, falls der Beweis den Beklagten nicht entlastet.[9] Den Beweis erbrachten die Parteien aber nicht dem Richter, sondern entsprechend dem Charakter des Verfahrens als Parteienstreit einander, und zwar nicht durch Tatsachennachweis, sondern durch die Einhaltung der vorgeschriebenen Verfahrensform.

Im Mittelpunkt der Beweisführung stand die Persönlichkeit des Beklagten, sein Ruf und Lebenswandel. Die Klage stellte einen Vorwurf an ihn dar, durch den er in seiner Ehre verletzt war und von dem er sich reinigen musste. Dies konnte er nur durch den Nachweis der Ehrenhaftigkeit seiner Person[10], indem er den Reinigungseid leistete. Ziel des Verfahrens war also nicht, durch ein der Wahrheit entsprechendes Urteil des Richters einen Rechtsstreit zu beenden, sondern durch den Vollzug des auferlegten Beweises sich selbst von einem erhobenen Vorwurf zu befreien.[11]

Der Eid war das mit Abstand wichtigste Beweismittel. Ausgehend von der Wahrhaftigkeit des freien Sippengenossen war man überzeugt, dass ein beklagter unbescholtener Mann den Reinigungseid nur leisten würde, wenn er die ihm zur Last gelegte Tat nicht verübt hatte. Im Falle einer Falschaussage würde er sich ja selbst verfluchen. In den meisten Fällen war der Reinigungseid nicht als Alleineid ausgestaltet, er musste vielmehr durch sog. Eideshelfer verstärkt werden. Diese Personen bürgten für die Glaubwürdigkeit ihrer Partei, indem sie selbst schworen, dass der geleistete Parteieid „rein und nicht mein" sei. Ein Ei-

---

8 AMIRA, Karl von, Grundriss des germanischen Rechts, Straßburg ^{4}1967, 1.

9 Für diesen Fall enthielt das Urteil die Verpflichtung des Beklagten, die Erfüllung des Urteilspruchs gegenüber dem Kläger zu geloben.

10 Als Hintergrund dieser Verteilung der Beweisrollen muss man die damals geschlossenen und überschaubaren Verhältnisse berücksichtigen, in der ein unbescholtener freier Mann auch als unschuldig angesehen wurde.

11 Abgesehen davon, dass die Natur der im germanischen Verfahrensgang angewandten Beweismittel eine Würdigung der Beweise in unserem heutigen Sinne gar nicht zuließ, war eine solche vom Richter auch gar nicht gefordert, da die Entscheidung mit dem Gelingen oder Misslingen des auferlegten Beweises unmittelbar verknüpft war.

deshelfer bestätigte also nicht den Inhalt einer Aussage, sondern steigerte[12] durch den Einsatz seiner eigenen Person die Glaubwürdigkeit[13] der schwörenden Partei. Bei einem Mangel an der erforderlichen Zahl der Eideshelfer oder bei Eidesunwürdigkeit[14] konnten als Ersatzbeweismittel der Zweikampf oder das Gottesurteil[15] angewandt werden.

Das in seiner rigorosen Formenstrenge auf den ersten Blick befremdliche Beweisverfahren des germanischen Prozesses war nicht vom Prinzip der materiellen Wahrheitssuche in unserem heutigen Verständnis geleitet. Als irrational würde ich es aber nicht bezeichnen. Die Menschen der damaligen Zeit kannten sich in ihren Sippenverbänden so gut, dass ein Verfahren auf dem persönlichen Vertrauen aufbauen konnte. Zudem war man überzeugt, dass nur der einen Eid leistet, der sich seines Rechtes sicher ist, und nur der einen Zweikampf oder ein Gottesurteil überstehen wird, der sich im Recht befindet. Insofern waren damals die gesellschaftlichen und religiösen Bedingungen erfüllt, um dem Eid einen derart hohen Stellenwert einräumen zu können. Man betrachtete den Eid als taugliches Mittel, um das materiell richtige Ergebnis[16] eines Streites zu erzielen.

Der CIC von 1983 hat den Eid als selbstständiges Beweismittel[17] abgeschafft, ihn jedoch als Mittel zur Bekräftigung der Wahrheit einer Aussage[18] beibehalten. Zudem hat das geltende Gesetzbuch das Institut der Glaubwürdigkeitszeugen[19], welche nicht „zur Sache" aussagen können, sondern durch Eid für die Glaubhaftigkeit der entsprechenden Parteiaussage eintreten, für alle[20] Ehepro-

---

12 GEPPERT, Klaus, Der Grundsatz der Unmittelbarkeit im deutschen Strafverfahren, Berlin 1979, 8 spricht von einer „Art Leumundszeugnis zugunsten der Glaubwürdigkeit des Beklagten."

13 Daher rührt der Name „Kredulitätseid".

14 Sie lag vor bei Unfreie oder Rechtlosigkeit.

15 Gottesurteile fanden Anwendung in der Form der Wasserprobe, des Kesselfangs, der Feuer-, Biss- oder Bahrprobe. Ausführlich dazu NOTTARP, Hermann, Gottesurteilsstudien, München 1956. Päpste wie NIKOLAUS I., STEPHAN VI., ALEXANDER IV., COELESTIN III., INNOZENZ III. und HONORIUS III. verurteilten Gottesurteile und Duelle scharf, ebenso das 4. Laterankonzil. Nachweise bei MEILE, Josef, Die Beweislehre des kanonischen Prozesses in ihren Grundzügen unter Berücksichtigung der modernen Prozeßrechtswissenschaft, Paderborn 1925, 11. Das heißt aber nicht, dass das kirchliche Verfahren sich dem formalistischen Beweisrecht der damaligen Zeit entziehen konnte. Es kannte vielmehr spezifisch christliche Ordalien in Form der Kreuzprobe, des geweihten Bisses oder der Abendmahlsprobe.

16 SCHMITT, Bertram, Die richterliche Beweiswürdigung im Strafprozeß, Lübeck 1992, 91 meint mit Recht, „daß die Germanen sich um die Wahrheit in einer ihrer Kulturstufe angemessenen Form bemühten und deshalb davon überzeugt waren, mit ihren sakralen Beweismitteln den wirklichen Sachverhalt zu Tage zu fördern."

17 Cann. 1829-1836 CIC/1917.

18 Cann. 1532, 1561 CIC.

19 Can. 1679 CIC.

20 In can. 1975 CIC/1917 bzw. Art. 137 EPO waren die sog. Siebenhänderzeugen noch auf Impotenz- und Nichtvollzugsverfahren beschränkt.

zesse als Element der Beweisführung nach can. 1536 § 2 CIC zugelassen. Es ist allerdings fraglich, ob auf dem Hintergrund der religiösen und gesellschaftlichen Situation heute dem Eid[21] bzw. den Glaubwürdigkeitszeugen diese Bedeutung zukommen kann.

3. Materielle Wahrheit durch feste Beweisregeln im italienisch-kanonischen Prozess

Ein anderer Weg richterlicher Entscheidungsfindung zeigt sich im klassischen kanonischen Verfahren. Anknüpfend an den justinianischen Vorläufer war dies ein seit 1215 schriftlicher Beamtenprozess. Nach der Festsetzung des Streitgegenstandes[22], die in diesem Verfahren wieder aufblühte, ermittelte das Gericht die materielle Wahrheit; es prüfte den historischen Vorgang, der einer Klage zugrunde lag. Dies geschah durch Behauptungen und Einreden, die in knappen Sätzen aufgestellt wurden: „Pono, quod ...“[23], auf die sich der Gegenüber zu erklären hatte. Bestrittene Behauptungen wurden zu „articuli“, für die der Beweis erbracht werden musste.

Eine bedeutende Weiterentwicklung und das Verdienst des kanonischen Prozessrechts schlechthin war sein durchnormiertes System der Beweiszulassung und -würdigung. Als Beweismittel kam alles in Betracht, was zum Beweisgang zugelassen war und die Wahrheit der aufgestellten Behauptung erweisen konnte wie z. B. Urkunden, Präsumtionen, Sachverständige, persönlicher Augenschein, Notorietät, Geständnis und insbesondere Zeugen.

Hinsichtlich der Beweiswürdigung galt zwar wie im römischen Recht das Prinzip, dass der Richter nach seiner persönlichen Überzeugung entscheiden solle; da jedoch im Laufe der Zeit eine Vielzahl von festen Regeln der Beweiswürdigung die richterliche Freiheit immer mehr einschränkte, muss man konstatieren, dass die Entwicklung sich über den römischen Grundsatz hinweggesetzt hatte. Das Motiv für die Hinwendung zur gesetzlichen Beweistheorie war das Bestreben, Richterwillkür zu verhindern. Widersprachen sich Beweismittel, war genau geregelt, welches den Vorzug zu erhalten hatte.[24] Der Beweiswert einer

---

21 Vgl. dazu Weiß, Andreas, Eid und Wahrheitssuche. Zu ihrer Verhältnisbestimmung im Ehenichtigkeitsverfahren, in: FS Fürst, 981-996.

22 Sie besteht aus drei Schritten: Ladung des Beklagten durch den Richter; Aushändigung der Klageschrift, die wie im germanischen Prozess nur die Rechtsbehauptungen enthielt; förmliche Gegenbehauptung des Beklagten bzw. Äußerung seines Streitwillens. Bei Weigerung oder Säumigkeit des Beklagten wurden Zwangsmittel angeordnet, denn ohne *litis contestatio* war ein Urteil nicht möglich.

23 Daher die Bezeichnung „Positionalverfahren“ („positiones“).

24 Z. B. eine öffentliche Urkunde vor zwei Zeugen. Äußerst fragwürdig aber die Festsetzung bei zwei sich widersprechenden Zeugen, dass dem älteren der Vorzug vor dem jüngeren gebühre oder der Reiche vor dem Ärmeren zu berücksichtigen sei, der Adlige vor dem Nichtadligen, der Mann vor der Frau.

Zeugenaussage war ebenso festgelegt: Zwei[25] Zeugen erbringen wie eine öffentliche Urkunde vollen Beweis. Bei nur einem Zeugen war der Beweis halb erbracht, er konnte jedoch durch den Nachweis von Gerücht („fama") und Gerede („rumor") vervollständigt werden. Eine besondere Bedeutung kam den Präsumtionen zu, den Rechtsvermutungen aus alltäglichen Gesetzmäßigkeiten und Erfahrungen[26], die wie Indizien gewertet wurden. Im Laufe der Zeit nahm ihre Zahl immer mehr zu, wobei der Beweiswert unterschiedlich[27] war. Das Bemühen ging dahin, einen reinen Indizienbeweis durch Vermutungen zu ermöglichen, wobei der Beweiswert einzelner Präsumtionen im Rahmen einer Legaltheorie von vorneherein festgelegt[28] war. Beachtung wurde im Gegensatz zum römischen Recht auch dem Zeugnis vom Hörensagen geschenkt. Volle Beweiskraft konnte der *testis de auditu* jedoch nicht erbringen, dies war nur in Verbindung mit anderen Beweismitteln möglich.

Wie seine Wurzeln kannte auch das klassische kanonische Prozessrecht die Wahrheitspflicht[29], welche jetzt über die Parteien hinaus auch auf die Zeugen ausgedehnt wurde. Ausdruck dafür ist der Voreid, der besonders in den *causae spirituales* Anwendung fand. Er war obligatorisch und beinhaltete das Versprechen, die Wahrheit zu sagen. Als eigenständiges Beweismittel wurde der Eid nur subsidiär anerkannt, wenn keine *probationes legitimae* greifbar waren.

Zusammenfassend ist festzuhalten: Der italienisch-kanonische Prozess wollte die Erforschung der Wahrheit rationaler wie seine Vorfahren angehen. Dazu diente ihm ein geschlossenes System von Regeln zur Beweiszulassung sowie zur Bewertung der Beweismittel. Aus Furcht vor überzogener Subjektivität und Willkür im richterlichen Ermessensspielraum war jedoch eine legale Beweistheorie entstanden, die durch die Anwendung der vielen Beweiswürdigungsregeln den Grundsatz der freien Beweiswürdigung faktisch unterlief. Es konnte der Fall eintreten, dass der Richter entgegen seiner inneren Überzeugung eine Tatsache

---

25 Hier knüpfte man an biblische Aussagen an (z. B. Dtn 17, 6; Mt 18, 15 f.; Joh 8, 16 f.).

26 Eine solche Vermutung war, dass jemand um seine eigenen Angelegenheiten sorgfältiger bemüht ist als um fremde.

27 Zwei Beispiele verdeutlichen dies: Wenn der Ehemann seine Frau nackt im Bett mit einem anderen Mann antraf, konnte man nach GREGOR IX., Decr. Lib. II Tit. XXIII C. 12 unbedenklich von der Absicht zum Geschlechtsverkehr ausgehen. Weniger zwingend war jedoch die Vermutung, die Umarmung einer Frau durch einen Geistlichen geschehe nicht aus Unzucht, sondern „benedicendi causa"; WALTER, Gerhard, Freie Beweiswürdigung. Eine Untersuchung zu Bedeutung, Bedingungen und Grenzen der freien richterlichen Überzeugung, Tübingen 1979, 34; BENDER (Fn. 7), 16.

28 Unter den einfachen Vermutungen – nur einer von vier Klassen – war z. B. die „praesumtio necessaria" unwiderlegbar und erbrachte vollen Beweis, die „praesumtio probabilis" nur halben.

29 OLZEN (Fn. 6), 405 f.

als erwiesen ansehen musste, weil für sie rechnerisch der Beweis erbracht war. Die Beweiswürdigung war zu einer „arithmetischen Operation“[30] degeneriert.

4. Der Weg der Wahrheitserforschung im mittelalterlichen Inquisitionsprozess

Mit dem Wort „Inquisition“ verbindet sich sehr häufig eine negative Wertung. Man denkt sofort an die Folter und bringt den Inquisitionsprozess ausschließlich mit der Ketzerverfolgung in Verbindung. Dass diese Verfahrensform aber gegenüber früheren ein immenser Fortschritt war, wird oft übersehen.

Der Inquisitionsprozess hatte sich seit Anfang des 13. Jahrhunderts im kirchlichen wie im weltlichen Bereich herausgebildet. Papst INNOZENZ III. änderte das bis dahin in der Kirche übliche Informationsverfahren ab, indem er verfügte, dass eine *mala fama* nicht mehr durch den Reinigungseid[31] ausgeräumt werden konnte, sondern eine *inquisitio veritatis* stattzufinden hatte. Mit den Bekundungen hierin musste sich der Richter nun inhaltlich auseinander setzen.

Allerdings stand er hier oft vor erheblichen praktischen Schwierigkeiten. Der Richter, der jetzt von Amts wegen und nach dem Untersuchungsgrundsatz vorgehen musste, kam nicht immer an die Beweismittel heran. Dies führte dazu, dass die Aussage des Beklagten zusehends stärker in den Mittelpunkt des Inquisitionsprozesses rückte. Der Sinn seiner Befragung bestand ab sofort darin, ein Geständnis zu erlangen. Dieses war inzwischen zur „Königin der Beweismittel“ geworden. Weil für die Beweisführung ein Geständnis unentbehrlich erschien, griff man immer häufiger zur Folter als Mittel zu dessen Erlangung. Mussten anfangs noch gewisse Verdachtsmomente als Voraussetzung zu deren Anwendung vorliegen, gab man diese Forderung bald auf. Die Tortur war aber nicht unumgänglicher Bestandteil des Verfahrens – als Kennzeichen des Inquisitionsprozesses ist die Verbindung von Offizial- und Instruktionsmaxime anzusehen –, sie war nur eine von mehreren Möglichkeiten, das Geständnis des Beklagten zu erreichen. Allerdings fand sie sehr häufig Anwendung und war beileibe kein Garant für die Wahrheit, wie die späteren Hexenprozesse ausweisen. Der Beschuldigte war vollkommen schutzlos der richterlichen Willkür ausgeliefert, was oftmals zu einer Beugung der Wahrheit führte. Ermittlungen und Befragungen fanden unter Ausschluss der Öffentlichkeit statt, so dass diese jetzt auch ihrer pas-

---

30 GROß, Carl, Das Beweisverfahren im canonischen Prozeß II, Innsbruck 1880, 318; ähnlich FLATTEN, Heinrich, Die freie Beweiswürdigung im kanonischen Prozeß, abgedr. in: Heinrich Flatten. Gesammelte Schriften zum kanonischen Eherecht, hg. v. MÜLLER, Hubert, Paderborn u. a. 1987, 237. Nach WALTER (Fn. 27), 35 hat die inflationäre Anwendung von Vermutungen „im Verein mit den Bestimmungen über den Beweiswert der klassischen Beweismittel zum Bankrott einer vernünftigen und gerechten Rechtsprechung“ geführt.

31 Der Reinigungseid fand nur noch subsidiär Anwendung, wenn die *inquisitio veritatis* nicht erfolgreich war, aber doch starke Verdachtsmomente blieben.

siven Rolle beraubt war. Die gesamte Rechtspflege war zu einer vom Prinzip der Schriftlichkeit beherrschten Angelegenheit hinter verschlossenen Türen geworden, die in den Händen von beamteten Berufsrichtern lag.

Wie stand es um die Beweiswürdigung im Inquisitionsprozess? Einerseits sollte durch Offizial- und Instruktionsmaxime die Ermittlung des tatsächlichen Sachverhaltes und damit die Erforschung der materiellen Wahrheit gewährleistet sein. Andererseits waren dem Richter jedoch in der Würdigung der Beweismittel in mehrfacher Hinsicht die Hände gebunden: Ein Geständnis erbrachte vollen Beweis, war es durch die Tortur erzwungen oder nicht. Es wurde nicht auf seine Glaubhaftigkeit überprüft, auch ein Widerruf nach der Folter blieb ohne Auswirkung. Unter diesem Gesichtspunkt kann das Geständnis des Inquisitionsverfahrens nur als untaugliches Mittel zur Wahrheitsfindung angesehen werden. Ihm war ein zu hoher Beweiswert eingeräumt worden mit oft katastrophalen Folgen für den Prozessausgang. Andere Quellen standen dem Richter ja selten zur Verfügung. Die Erforschung der materiellen Wahrheit als Prozessziel blieb somit Illusion, man verharrte (zunächst) „beim formalen Beweisvollzug ohne (wesentliche) richterliche Wertungsmöglichkeiten."[32] Geändert hatte sich nur das Beweismittel.

Dieser Zustand konnte auf Dauer nicht befriedigen. So verwundert es nicht, dass gegen Ende des 15. Jahrhunderts immer stärkere Kräfte vom italienisch-kanonischen Prozess ausgingen und allmählich eine Umgestaltung des Inquisitionsverfahrens herbeiführten. Durch Rezeption wichtiger Grundsätze des italienisch-kanonischen Rechts konnte die Willkürjustiz des Inquisitionsverfahrens langsam überwunden und eine Annäherung an Gerechtigkeit und materielle Wahrheit erreicht werden. Bestes Beispiel hierfür ist der Strafprozess der Carolina (CCC), eines wahrlich „epochemachenden Gesetzes."[33]

An den Verfahrensgrundsätzen des mittelalterlichen Inquisitionsprozesses änderte die Carolina nichts Grundlegendes. Um so einschneidender waren die Veränderungen im Beweisrecht. Eine Verurteilung war jetzt nur noch möglich nach Überführung durch mindestens zwei Tatzeugen oder durch ein Geständnis des Beschuldigten. Ausschlaggebend war aber nicht mehr das formale Vorliegen des Beweismittels, sondern die inhaltliche Tragkraft desselben, seine Glaubhaftigkeit. Deshalb gab die CCC dem Richter auch Richtlinien zur Glaubwürdigkeitsbeurteilung an die Hand. Er sollte „auff den grundt der Wahrheit"[34] kommen. Ein durch die Folter erlangtes Geständnis hatte nur dann Beweiskraft, wenn es ohne Tortur später wiederholt wurde. Beim Verhör waren Suggestivfragen und Vorhalte verboten.[35] Bei der Glaubwürdigkeitsbeurteilung der Aussage von Zeugen waren deren Persönlichkeit wie auch der Inhalt des Vorbringens zu berück-

---

32 BENDER (Fn. 7), 31.

33 SCHMIDT, Eberhard, Die Carolina, in: ZRG GA 53 (1933) 2. Die CCC wurde von Kaiser KARL V. 1532 als Reichsgesetz verabschiedet und hielt sich bis 1806.

34 Art. 56 CCC.

35 Art. 56 CCC.

sichtigen. Gewarnt wurde vor unbekannten[36] und bestochenen[37] Zeugen. Wichtig wurde die Kenntnis der Quelle, woher also die betreffende Person ihr Wissen hatte.[38] Um die Glaubhaftigkeit einer Zeugenaussage beurteilen zu können, nahm man neben dem Wortlaut selbst noch ein Verhaltensprotokoll zu den Akten, die „eusserlichen geberden" und ob der Zeuge sich „wanckelmutig" oder „unbestendig" verhielt.[39] Erstaunlich modern anmutende Kriterien zur Glaubwürdigkeitsprüfung und Würdigung einer Zeugenaussage!

Ein zweiter, nicht minder großer Fortschritt waren die Zulassungsvoraussetzungen zur Anwendung der Folter. In fünfundzwanzig zum Teil sehr ausführlichen Artikeln setzte die CCC dem bisher unbegrenzten Ermessen des Richters präzise Grenzen, indem sie aus der italienisch-kanonischen Rechtskultur die dortige Indizienlehre rezipierte und zu einer vollständigen Theorie ausarbeitete. Die Folter durfte nur dann vom Richter angeordnet werden, wenn das zur Last gelegte Verbrechen durch einen Tatzeugen nachgewiesen war oder wenigstens durch zwei Zeugen hinreichend indiziert.[40] Die Carolina teilte die Indizien in zwei Gruppen ein: allgemeine, die auf viele Tatbestände zutreffen können[41], und besondere, die nur zu einem bestimmten Verbrechen passen.[42] Die Carolina beließ es jedoch nicht bei der Auflistung der Indizien, sondern regelte auch deren Richtung und Stärke[43] sowie das Zusammentreffen verschiedenartiger Beweisanzeichen.

Wenn auch das frühe 16. Jahrhundert noch nicht reif war für die Beseitigung der verabscheuungswürdigen Folter, so muss man doch festhalten, dass die Carolina geeignete Maßnahmen traf, um den Missbrauch der Tortur einzuschränken und eine Verurteilung Unschuldiger zu verhindern. Hinsichtlich der Beweiswürdigung konnte die Gerichtsordnung KARLS V. das legale Beweissystem des italienisch-kanonischen Vorbildes zwar nicht abstreifen, jedoch brach sie dessen Geschlossenheit durch Neuerungen auf, die als wesentliche Verbesse-

---

36 Art. 63 CCC.

37 Art. 64 CCC.

38 Art. 65 CCC.

39 Art. 71 CCC.

40 Art. 23 CCC.

41 Art. 25 CCC. Darunter fallen schlechter Leumund, Feindschaft usw.

42 Vorspann vor Art. 33 CCC; z. B. Besitz des geraubten Gutes, Blutspuren des Ermordeten an Kleidern des Verdächtigen.

43 Ein Beispiel für die vorbildliche Indiztheorie stellt Art. 36 CCC dar, in dem es um Kindestötung geht: „item wo aber das kindtlein, so kürtzlich ertödt worden ist, daß der mutter die milch inn den prüsten noch nit vergangen, die mag an jren prüsten gemolcken werden, welcher dann inn den prüsten recht vollkommene milch funden wirdet, die hat deßhalb eyn starck vermutung peinlicher frag halber wider sich. Nach dem aber etliche leibärtzte sagen, daß auß etlichen natürlichen ursachen etwann eyne, die keyn kindt getragen, milch in prüsten haben möge, darumb so sich eyn dirnn inn disen fellen also entschuldigt, soll deßhalb durch die hebammen oder sunst weither erfahrung geschehen"; zit. nach BENDER (Fn. 7), 33.

rungen zu qualifizieren sind. Diese liegen in der zunehmenden Bedeutung von direkten Tatzeugen und insbesondere der Verifikation jeder Aussage hinsichtlich ihrer Glaubhaftigkeit. Dem Richter blieb in der CCC erstmals in der Prozessgeschichte ein beträchtlicher Ermessensspielraum in der Würdigung der Beweise, er musste sich inhaltlich mit dem Prozessstoff auseinandersetzen und war nicht durch eine formale Beweistheorie zu einer Entscheidung gegen seine Überzeugung gezwungen. Auf der anderen Seite kannte die CCC aber auch eine Vielzahl von Vorschriften für die Beweiswürdigung des Richters, was den Weg für die Beweistheorien der folgenden Jahrhunderte ebnete.

5. Rückzug auf formelle Wahrheit durch gesetzliche Beweistheorie im Absolutismus

Die Entwicklung im Zeitalter des Absolutismus soll nur kurz gestreift werden, da sie für unser Thema nichts Neues erbrachte. Erwähnung verdient sie nur, um spätere Entwicklungen besser verstehen zu können.

Im Zeitalter des Absolutismus traten die Belange des Staates gegenüber den Rechten der einzelnen Person deutlich in den Vordergrund. Die Entwicklung des Prozessrechtes belegt dies in mehrerlei Hinsicht. Zum einen konnte die Folter als Mittel zur Erlangung eines Geständnisses wieder leichter angewandt werden, weil die Kautelen der CCC verwässert oder überschritten wurden, bis sie schließlich in den Hexenprozessen[44] des 17. Jahrhunderts ganz wegfielen. Sie stellten für die Staatsraison nur Hemmnisse dar. Völlig irrationale Indizien wie z. B. das Zittern während einer gerichtlichen Aussage reichten zur Anwendung der Folter aus. Diese war auch zwei- bis dreimal wiederholbar. Zum anderen engte man das Ermessen des Richters immer mehr durch gesetzliche Beweisregeln ein, bis dieser schließlich ganz an eine detaillierte Beweistheorie gebunden war. Eine formelle Geständniswiederholung nach der Folter genügte, seine objektive Überprüfung hielt man für entbehrlich. Das Geständnis als Hauptziel der Ermittlungen, um zur Verurteilung schreiten zu können, erlangte so wieder absolute Beweiskraft. An der mathematischen Berechnung des Beweiswertes von Zeugenaussagen lässt sich die schematische Handhabung des Zeugenbeweises ablesen. Neben einer Einteilung in geeignete und ungeeignete Zeugen mit genauer Festlegung des Beweiswertes ist auch eine Differenzierung zwischen männlichen und weiblichen Zeugen feststellbar: Während zwei männliche Zeugen einen vollen Beweis schufen, waren dazu vier Frauen nötig.

Summa summarum kann die Entwicklung im Zeitalter des Absolutismus nur als Rückschritt bewertet werden. Trotz eines anders lautenden Anspruches begnügte man sich wieder mit der formellen Wahrheit. Das Verfahren fiel zurück auf die Stufe des Inquisitionsprozesses vor der CCC; eine Würdigung der Be-

---

[44] Hexerei war ein besonders verwerfliches Verbrechen gegen die Religion, das nach damaliger Vorstellung unbedingt bestraft werden musste.

weise, die ihren Namen verdienen würde, konnte es durch die verbindliche gesetzliche Beweistheorie nicht geben.

6. Über negative Beweistheorie zur freien Beweiswürdigung

Im Zuge der Aufklärung forderte man die Berücksichtigung der Vernunft und die Achtung vor der Menschenwürde im Prozess. Der Aufklärung ist es auch zu verdanken, dass FRIEDRICH II. im Jahre 1740 die Folter verbot. Damit aber war das vorhandene Beweissystem in die Krise geraten, stand man doch zusehends häufiger vor Beweisschwierigkeiten. Die Vielfalt der Lebenswirklichkeit war im Indiziensystem nicht lückenlos festzulegen. Außerdem klafften das gesetzliche Beweisergebnis und die richterliche Entscheidung mitunter auseinander, wenn der Richter nach der Beweistheorie gegen seine Überzeugung entscheiden musste. Ein Zustand, den man zunehmend als untragbar empfand. So entstanden allmählich grundsätzliche Zweifel am Wert der bisherigen Beweisregeln: Sollten sie weiterhin wie eine Zwangsjacke die Beweiswürdigung fesseln?

Die Schwächen der positiven Beweistheorie führten zur Ausbildung eines negativen Pendants. Grundsätzlich hielt auch die negative Beweistheorie an den Beweisregeln zum Schutze des Angeklagten fest. Man sah in ihnen die Erfahrung vieler Jahrhunderte angehäuft, welche die erforderliche Gewähr für ein gerechtes Urteil bieten konnte. Aber die Regeln waren nicht mehr Determinanten für den Richter, sondern hatten nur noch „die Funktion eines gesetzlichen Beweisminimums zugunsten des Angeklagten.“[45] Zur Urteilsfindung hinzu kommen musste noch die individuelle Überzeugung des Richters von der Wahrheit des Geschehens. Und hierin lag der unlösbare Widerspruch der Theorie: Wie ist das Festhalten an der Beweiskraft abstrakter Regeln unter einen Hut zu bringen mit der Forderung nach der persönlichen Überzeugung des Richters, die u. U. gegenteilig lauten konnte? Es ist ja nicht zu leugnen, dass die Forderung nach der richterlichen Überzeugung letztendlich die Frage verneinte, die prozessuale Wahrheit ließe sich durch abstrakte Beweisanforderungen finden. Durch die negative Beweistheorie gelang zwar „ein einschneidender Einbruch in das System legaler Beweistheorie“[46], ihre Schwächen waren jedoch derart unübersehbar, dass sie nur eine kurze Etappe in der Weiterentwicklung des prozessualen Beweisrechtes bleiben konnte. Ihre Bedeutung liegt darin, im Begriff der richterlichen Überzeugung das Instrumentarium zum endgültigen Durchbruch der freien Beweiswürdigung bereitgestellt zu haben.

Das Prinzip der freien Beweiswürdigung, das nach 1791 sich unaufhaltsam in der wissenschaftlichen Diskussion durchsetzte und allerorten in die Gesetzgebung[47] Einzug hielt, zwang in logischer Konsequenz dazu, ein fundiertes wis-

---

[45] SCHMITT (Fn. 16), 154.
[46] BENDER (Fn. 7), 36.
[47] Die Entwicklung für Deutschland zeichnet differenziert SCHMITT (Fn. 16), 159-171.

senschaftliches System der Wahrheitserforschung zu entwickeln. Denn nur auf der Grundlage von Grundsätzen, die eine Gewähr für die angestrebte Wahrheitsfindung darstellen und zugleich eine Garantie gegen die unsachgemäße Handhabung seiner Freiheit durch den Richter, war die Ersetzung der tradierten Beweisregeln zu verantworten.

7. Entwicklung der Beweisfrage im kirchlichen Prozessrecht

In der Kirche wurden ab dem 12. Jahrhundert Ehesachen auf dem ordentlichen Prozessweg verhandelt. Das dabei angewandte Verfahrensrecht

> „stellt eine eigentümliche, aber durchaus selbständige Verbindung germanischer und römischer Elemente dar, wobei das römische Rechtsgut seit Gratian und den Dekretisten in verstärktem Maße wieder in den Vordergrund trat."[48]

Wo keine eigene Vorschrift vorhanden war, diente das weltliche Recht als subsidiäre Quelle. Zeugen waren das bedeutsamste Beweismittel, andere wie z. B. Urkunden, Augenschein, Sachverständige, Notorietät und insbesondere die Parteienvernehmung waren jedoch nicht unbekannt. Weitere römisch-rechtliche Einflüsse sind die Mündlichkeit des Beweisverfahrens, die wenigen Formalitäten und insbesondere das freie Ermessen des Richters in der Beweiswürdigung. Ergebnisse wurden vom Aktuar summarisch protokolliert. Bei den einzelnen Schritten des Verfahrens, in dem schon relativ früh Anfänge der Offizialmaxime zu beobachten sind, konnten die Parteien anwesend sein. Germanischen Ursprungs sind neben dem Parteien- und Zeugeneid das Institut der Eideshelfer, das im Siebenhändereid und später im Leumundszeugnis zugunsten der Glaubwürdigkeit einer Partei seine Ausprägung fand. Wenn sich Päpste und kirchliche Synoden im Verein mit dem weltlichen Machthabern auch bemühten, die formalistischen Beweismittel des germanischen Rechtes zurückzudrängen, konnten sie doch eine Verschmelzung mit Elementen des germanischen Beweisverfahrens nicht verhindern. Die Verquickung führte auf dem Höhepunkt des klassischen kanonischen Prozesses zu einem geschlossenen System gesetzlicher Beweisregeln; in ihnen verfolgte man die Grundidee der materiellen Erforschung der Wahrheit.[49] Ziel war es, „gründlich, schnell und möglichst getreu den objektiven Sachverhalt zu ermitteln."[50]

---

[48] PLÖCHL, Willibald Maria, Geschichte des Kirchenrechts II, Wien ^{2}1962, 311.

[49] Wie genau man es mit dem Wahrheitsbeweis nahm, offenbart die von WEIGAND, Rudolf, Zur mittelalterlichen kirchlichen Ehegerichtsbarkeit. Rechtsvergleichende Untersuchungen, in: ZRG KA 98 (1981) 235 f. aus dem Jahre 1433 berichtete Vorgehensweise des kirchlichen Gerichts der Erzdiözese York in England bei Beweisschwierigkeiten wegen Impotenz: Von Amts wegen wurden mehrere ehrenhafte Frauen zu dem der Impotenz verdächtigten Mann geschickt. Wenigstens eine von ihnen ließ dann ihren „sex appeal" spielen, entblößte ihre Brüste, streichelte mit ihren erwärmten Händen die Genitalien des Mannes, umarmte und küsste ihn. Wenn sich beim Mann nach einer gewissen Zeit keine Erregung zeigte, beschimpften die Frauen ihn, weil er trotz seiner Im-

Obwohl nach der Trennung zwischen kirchlichem Zivil- und Strafprozess im 13. Jahrhundert der kirchliche Eheprozess manches Wesenselement aus dem Strafverfahren übernahm, war es doch notwendig, einige prozessuale Vorschriften zu ändern. Dies ergab sich vom Ziel her, ein gerichtliches Feststellungsurteil zu treffen, ob der Tatbestand einer gültigen Ehe gegeben war oder nicht. Als wichtige Abänderungen sind hervorzuheben die mangelnde Verjährbarkeit des Klageanspruchs, die nur bedingte Rechtskraft des Urteils, die Zeugnisfähigkeit von Verwandten, der erhöhte Beweiswert eines Parteiengeständnisses und der Bedeutungszuwachs des Eides in Form der Siebenhänderzeugen.

Diese Eigentümlichkeiten brachten nicht nur Vorteile mit sich, wie sich bald zeigte. Ein Nachteil war die Schwerfälligkeit des Eheprozesses. Im Laufe der Zeit wurden deshalb Beschleunigungsmaßnahmen eingeführt, bis CLEMENS V. anordnete, dass die Richter vorgehen sollen „simpliciter et de plano ac sine strepitu iudicii et figura."[51] Die Unklarheit darüber, was das bedeutet, führte zu der Konstitution „Saepe contingit" aus dem Jahre 1306[52], welche das summarische Verfahren ermöglichte. Ohne Klageschrift, Festsetzung des Prozessgegenstandes, Terminabfolge, ohne feierliche *conclusio in causa* und ohne *publicatio processus* soll „sola rerum veritate inspecta" vorgegangen und das Urteil verkündet werden.[53] Der Richter konnte die Anträge und Stellungnahmen der Parteien beschränken, ebenso die Zeugenzahl limitieren. Fast selbstverständlich war, dass die Mündlichkeit im neuen summarischen Verfahren die Oberhand gewann. Damit war nicht das bisherige Prozessrecht verändert, sondern ein neues Verfahren eingeführt worden, welches neben dem *processus sollemnis* bis heute bestehen bleiben sollte.

Offensichtlich nahmen es die kirchlichen Richter jedoch mit der Anwendung der Prozessnormen im Eheverfahren nicht so genau, weshalb sich das Konzil von Trient veranlasst sah, zur Strenge des 12. Jahrhunderts mit der Festsetzung zurückzukehren, dass Ehesachen ab sofort wieder ausschließlich im ordentlichen

---

potenz geheiratet und seine Frau unglücklich gemacht hatte. Auf die Mitteilung des negativen Prüfungsergebnisses hin annullierte das Gericht die beklagte Ehe.

50 MEILE (Fn. 15), 15. Interessant ist die Vielfältigkeit der Klagen in der mittelalterlichen kirchlichen Ehegerichtsbarkeit. In Folge der bis zum Tridentinum herrschenden Formfreiheit der Eheschließung stellten nach WEIGAND (Fn. 49), 230 die Eheschließungsverfahren (Klagen auf Zuerkennung des Partners als Ehegatten, Feststellung der Rechtmäßigkeit einer Ehe oder eines Verlöbnisses) den Großteil der Verfahren dar, Klagen auf Nichtigerklärung einer Ehe machten nur etwa 10 % aller Eheverfahren aus. Klagen auf Einlösung des Eheversprechens sind nach can. 1062 § 2 CIC nicht mehr möglich, wohl aber solche auf Wiedergutmachung entstandener Schäden aus einer Verlobung.

51 Clem II, 1, 2 (Dekretale „Dispendiosam prorogationem"), in: FRIEDBERG II, 1143.

52 Clem V, 11, 2, in: ebd., 1200.

53 WEIGAND (Fn. 49), 220 fand im Regensburger Gerichtsbuch des Jahres 1480 folgenden Hinweis: Am Freitag, den 14.1.1480, wurden neunzehn Eheverfahren geführt und entschieden. Mindestens bei dreien kam es auch zu Zeugenvernehmungen.

Prozessweg zu behandeln seien.[54] Hinsichtlich der Dauer von Verfahren wurde angeordnet, dass in erster Instanz alle Prozesse in zwei Jahren abzuwickeln seien, andernfalls man sich an eine höhere Instanz wenden könne.

Da die tridentinischen Maßnahmen nicht die gewünschten Verbesserungen erbrachten, sah sich Papst BENEDIKT XIV. zu einer grundlegenden Reform des Eheprozesses veranlasst. Dies geschah durch seine bekannte Konstitution „Dei miseratione" vom 3. November 1741. BENEDIKT XIV. geißelte den Niedergang[55] der Ehegerichtsbarkeit. Sein Ziel war es, die ständige Erweiterung der Nichtigkeitsgründe einzuschränken. Zwei Neuerungen sollten dies bewerkstelligen: zum einen die Einführung des Ehebandverteidigers[56], zum anderen die Beseitigung der formellen Rechtskraft von Urteilen in Ehesachen. Auch nach zwei gleichlautenden Urteilen war ab sofort eine Wiederaufnahme des Verfahrens möglich, allerdings nur bei schwerwiegendem Vorbringen. Beide damaligen Neuerungen haben sich bis ins geltende Recht gehalten.

1840 verdeutlichte die Konzilskongregation in der Instruktion „Pro confectione processus" die Teilung des Eheprozesses in das Beweis- und das Verteidigungsverfahren. Befugnisse und Vorgehen des *defensor vinculi* wurden festgelegt, der Gebrauch des Eides vermehrt. Dies gilt insbesondere für den Siebenhändereid.

Größten Einfluss auf die spätere Kodifizierung des kirchlichen Prozessrechtes hatte die Instructio Austriaca vom 4. Mai 1855, im wesentlichen ein Werk des Wiener Kardinals Joseph Othmar von RAUSCHER. Sie war ein meisterhaft konzipiertes Partikularrecht für das damalige österreichische Kaiserreich, das weit über die Grenzen der Donaumonarchie hinaus strahlte.[57] Allgemeinrechtliche

---

54 Sess. XXIV. can. 20.

55 Auch die Rota Romana fügte sich im 18. Jahrhundert in die Reihe der zu tadelnden Gerichte ein, weil sie durchweg das Summarverfahren anwandte, statt – der Anordnung CLEMENS V. entsprechend – das Kurzverfahren auf Bagatellfälle zu beschränken.

56 PLÖCHL (Fn. 48) IV, 403 bezeichnet die Einführung des Ehebandverteidigers als den „entscheidenden Schritt zum modernen Ehegerichtsverfahren." Dies ist nicht nachvollziehbar. Da der *defensor vinculi* der Kontrolle des Gerichtsverfahrens dient, indem er die Gesetzeskonformität der Verfahrensschritte prüft und die Sachargumente für die Gültigkeit der Ehe ins Feld führt, kommt ihm nach LÜDICKE, Klaus, Zum Berufungssystem im kirchlichen Ehenichtigkeitsprozess, in: FG Wesemann, 529 eine „ordnungspolitische" Bedeutung zu. Was den Kanonistenpapst trieb, war „schlichtweg die Tatsache, daß die kirchlichen Richter zu seiner Zeit die Aufsicht nötig hatten ... Zum Schutz der Ehe hatte Benedict den Eheverteidiger bestellt, ihm eine Parteirolle im Prozeß gegeben. Daher lag es nahe, ihn seine Aufsicht über die Rechtsprechung tatsächlich auch mit den Mitteln einer Prozeßpartei ausüben zu lassen." Die Rolle des Ehebandverteidigers ist im wesentlichen bis heute gleich geblieben, wenn auch seine Verpflichtung, gegen jedes positive Ehenichtigkeitsurteil Berufung einzulegen, durch den „technischen Mechanismus" des can. 1683 § 1 CIC ersetzt wurde, die Aktenübersendung an die nächste Instanz und die dortige Prüfung des Vor-Urteils von Amts wegen.

57 Nachweise bei PLÖCHL (Fn. 48) IV, 407 und POTOTSCHNIG, Franz, Staatlich-kirchliche Ehegesetzgebung im 19. Jahrhundert (Instructio Austriaca). Problematik – Auswirkun-

Bedeutung erlangte sie durch den augenscheinlichen Einfluss auf den CIC/1917. Fragen der Gerichtsorganisation und der Verfahrensweise wurden eingehend behandelt. In unserem Zusammenhang interessieren besonders die Regelungen für die Beweiserhebung und -würdigung. Ein „Untersuchungskommissär" wurde eingeführt, der den Tatbestand erhob. Die Einvernahmen fanden ohne Anwesenheit der Parteien statt, sie waren von den Prinzipien der Mündlichkeit und Unmittelbarkeit beherrscht. Durch die Einführung des verpflichtenden Richterkollegiums wurde der Einzelrichter in Ehesachen abgelöst, die Entscheidung lag ab sofort auf drei Schultern. Die Lehre der Instructio Austriaca von der Trennung der Gewalten hat den Weg bereitet zur festen Installation des Offizials im CIC/1917.

Das kirchliche Gesetzbuch von 1917 fand eine Prozessform, die Elemente des summarischen Verfahrens wie auch Bestandteile des *processus sollemnis* enthielt. Echte Neuschöpfungen waren nicht dabei.[58] Man hielt am Ehebandverteidiger fest, dem Dreiergericht und an der Voraussetzung von zwei konformen Urteilen zur Erteilung der Heiratserlaubnis. Im Vergleich zum Eheprozess der Instructio Austriaca stellte das Eheverfahren des CIC/1917 in einigen Punkten sogar einen Rückschritt dar (Schriftlichkeit, durchlöcherte Unmittelbarkeit, *litis contestatio*, Dauer, Ablehnung von Laien als Richter ...).

Entsprechend dem tatsächlichen Hauptgegenstand der kirchlichen Prozesse bezogen sich auch die meisten Rechtsänderungen, welche seit dem CIC/1917 erfolgt sind, auf die Ehenichtigkeitsverfahren. Die wichtigsten zwei Dokumente sind die Instructio der Sakramentenkongregation „Provida Mater" vom 15. August 1936[59] und das Motuproprio Papst PAULS VI. „Causas Matrimoniales" vom 28. März 1971.[60] Die hervorstechendste Neuerung des letztgenannten Erlasses war die Einführung einer Dekretentscheidung des Appellationsgerichtes, welche das positive Ehenichtigkeitsurteil der ersten Instanz entweder ohne erneutes förmliches Verfahren bestätigen konnte oder die Sache einer erneuten Prüfung im ordentlichen Verfahren zuzuweisen hatte. Dieser Impuls diente der Abkürzung der Verfahren, da er die Wiederholung zeitraubender und zur Wahrheitsfindung nichts beitragender Formalien vermeiden half.

Neben zahlreichen Mahnungen der Päpste und römischen Behörden im 20. Jahrhundert, im Eheprozess die Normen des kanonischen Rechts zu beachten, sind hinsichtlich der Weiterentwicklung des Prozessrechts die „American Pro-

---

gen – Gegenwartsbedeutung einer österreichischen Rechtsreform, Wien 1974. Die Austriaca ist abgedr. in: AKathKR 1 (1857) LVIII-CXXXV.

58 Die Bedeutung des CIC/1917 liegt in seiner Gestaltungskraft für die gesamte katholische Kirche, erstmals galten einheitliche Normen weltweit.

59 AAS 28 (1936) 313-361; im deutschsprachigen Raum bekannt als „Eheprozeßordnung für die Diözesangerichte (EPO)".

60 AAS 63 (1971) 441-446.

cedural Norms"[61] (APN) besonders zu erwähnen, welche der Hl. Stuhl am 28. April 1970 der Bischofskonferenz der USA mit Rechtskraft vom 1. Juli 1970 gewährte. Sie waren bis zum CIC von 1983 in Geltung. Neben dem Einzelrichter in Ehesachen ermöglichten sie den völligen Verzicht auf die zweite Instanz, wenn keine Berufung erfolgte. Neue Wege beschritten die amerikanischen Sondernormen auch in der Zuständigkeitsregelung, der Abänderungsmöglichkeit der Prozessfrage und der Glaubwürdigkeitsbeurteilung.

Auf dem geschilderten historischen Hintergrund stellt sich die Frage, welche Beweistheorie der kirchliche Gesetzgeber dem Prozessrecht des CIC/1917 und dessen Neufassung im CIC von 1983 zugrunde gelegt hat. Ist er beim geschlossenen System der gesetzlichen Beweisregeln des klassischen kanonischen Rechts geblieben? Oder hat sich die freie Beweiswürdigung durchgesetzt? Wie ist das Verhältnis von freier und gebundener Beweiswürdigung bestimmt?

Eine erste Antwort gibt can. 1869 CIC/1917 bzw. can. 1608 CIC. Beide Grundaussagen sind, von sprachlichen Veränderungen in den beiden letzten Paragraphen abgesehen, miteinander identisch, so dass sie hier gemeinsam behandelt werden können. Nachdem § 1 als Ziel der richterlichen Beweiswürdigung die moralische Gewissheit nennt und § 2 hierfür als Quelle das in den Akten niedergelegte Beweismaterial angibt, handelt § 3 von der Methode der richterlichen Urteilsfindung: Grundsätzlich gilt das Prinzip der freien Beweiswürdigung; ausgenommen sind die Fälle, in denen gesetzliche Beweisregeln etwas über die Kraft eines Beweismittels festlegen und so den Richter in seiner Entscheidung binden. Die Abänderung der *nisi*-Klausel des can. 1869 § 3 CIC/1917, welche als typische Formel[62] die Beweisregeln als taxative Ausnahmen anzeigte und nach can. 19 CIC/1917 eine enge Interpretation derselben erforderte, in die Formulierung „firmis praescriptis legis de ..." in can. 1608 § 3 CIC ist nach Ausweis der Textgeschichte[63] nicht als prinzipielle Änderung des bisherigen Verhältnisses von freier und gebundener Beweiswürdigung im kanonischen Recht zu verstehen. Man kann vom Grundsatz her zwar nicht von einer Prävalenz[64] der

---

61 Die APN sind abgedr. in: PerRMCL 59 (1970) 594-598. Zur Entwicklung des Eheprozessrechts in den USA vgl. GUTH, Hans-Jürgen, Ehescheidung oder Ehenichtigkeit? Das Eheprozessrecht der römisch-katholischen Kirche in den USA seit dem Zweiten Vatikanischen Konzil, Fribourg 1993. Sondernormen erhielten auch die Bischofskonferenzen von Belgien, England und Wales, Australien und Kanada (abgedr. in: GORDON, Ignacio / GROCHOLEWSKI, Zenon, Documenta recentiora circa rem matrimonialem et processualem cum notis bibliographicis et indicibus I, Roma 1977, 256-260, und GROCHOLEWSKI, Zenon, Documenta ... II, Roma 1980, 126-132).

62 SOCHA, Hubert, in: MK CIC 18, 7.

63 Comm 11 (1979) 139; vgl. ACEBAL LUJÁN, Juan L., Kommentar in: Code de Droit Canonique Annoté, Paris 1989, 903. Die meisten Kommentare gehen auf die textliche Änderung gar nicht ein.

64 In diese Richtung tendiert POMPEDDA, Mario F., Il valore probativo delle dichiarazioni delle parti nella nuova giurisprudenza della Rota Romana, in: IusEccl 5 (1993) 450; ähnlich ARROBA CONDE, Manuel J., Diritto processuale canonico, Roma ^{2}1994, 343 f.

freien gegenüber der gebundenen Beweiswürdigung sprechen, wohl aber von einer „Grundregel“[65], einem Prinzip, das Ausnahmen kennt. Der Richter hat die Beweise nach seinem Gewissen zu würdigen, bleibt dabei jedoch an die gesetzlichen Vorschriften über den Wert einiger Beweismittel gebunden.

Wie stellt sich das Regel-Ausnahme-Verhältnis in der Beweiswürdigung jedoch in der Realität des Eheprozessrechts dar? Zwar bekannte sich das Gesetzbuch von 1917 neben der Grundnorm des can. 1869 in vielen Einzelaussagen zur freien Beweiswürdigung des Richters. Um nur einige Beispiele zu nennen: Im Zusammenhang mit dem außergerichtlichen Geständnis einer Partei[66], der Aussageverweigerung einer Partei[67], der Bewertung eines Sachverständigengutachtens[68], der Beweiskraft privater oder verfälschter Urkunden[69], der Weigerung zur Vorlage einer Urkunde[70] oder dem Beweiswert eines Siebenhänderzeugen[71] legte der damalige Gesetzgeber es in die Hand des Richters, hieraus Schlussfolgerungen für die Urteilsfindung zu ziehen. Dem standen jedoch im Beweisrecht einschneidende Festlegungen gegenüber, insbesondere was den Beweiserfolg durch zwei oder mehr Zeugen und deren Glaubwürdigkeitsbeurteilung anbelangt. Zwei oder drei Zeugen erbrachten nach can. 1791 § 2 CIC/1917 vollen Beweis, sofern sie über jeden Einwand erhaben waren.[72] Gehörte jemand einmal zur Gruppe der „testes suspecti“, ja stand er nur im Verdacht, konnte er zusammen mit einem ohne Abstriche glaubwürdigen Zeugen keinen vollen Beweis mehr erbringen. Dem Richter waren die Hände gebunden: Er konnte zwar die Wahrhaftigkeit einer Aussage in freier Würdigung prüfen, musste dann aber, falls nur zwei Zeugen gehört werden konnten und bei einem der beiden Abstriche an der Wahrhaftigkeit zu machen waren, einen vollständigeren Beweis verlangen. Auf das innere Gewicht der Aussage wurde zwar Wert gelegt; jedoch verdeutlicht dieses Beispiel neben anderen[73], dass es im konkreten Fall dem Richter unmöglich sein konnte, das Beweisergebnis frei zu würdigen. DORDETT spricht in diesem Zusammenhang zu Recht von einem „gemischten Vorgehen. ... Elemente der freien Würdigung mischen sich mit denen eines gebundenen Be-

---

FLATTEN (Fn. 30), 240 nennt die Beweisregeln eine „sekundäre Hilfestellung“ für den Richter.

65 LÜDICKE, Klaus, in: MK CIC 1608, 9; ähnlich BONNET, Piero A., De iudicis sententia ac de certitudine morali, in: PerRMCL 75 (1986) 82.

66 Vgl. can. 1753 CIC/1917.

67 Vgl. can. 1743 § 2 CIC/1917.

68 Vgl. can. 1804 CIC/1917.

69 Vgl. cann. 1817 Satz 1 bzw. can. 1818 CIC/1917.

70 Vgl. can. 1824 § 2 CIC/1917.

71 Vgl. can. 1975 § 2 CIC/1917.

72 Das „omni exceptione maiores“ traf dann zu, wenn sich ein begründeter Verdacht weder gegen die Person des Zeugen noch gegen seine Aussage anführen ließ; vgl. cann. 1764 und 1783, 2° CIC/1917.

73 Z. B. der Vermutung in can. 1800 § 4 CIC/1917, dass die Verweigerung einer Schriftprobe als Geständnis der Autorschaft eines belastenden Schriftstückes gilt.

weises."[74] Der Rechtszustand im Gesetzbuch von 1917 glich einer Fahrt in die richtige Richtung, allerdings mit Hindernissen. Die freie Beweiswürdigung als „Eckpfeiler jedes modernen Prozessrechts"[75] war im Visier, allerdings war die Handbremse nicht weit genug gelöst, weshalb die Fahrt immer wieder ins Stocken geriet. Kein geringerer als Papst PIUS XII. ging auf das Konfliktpotential des Regel-Ausnahme-Verhältnisses in seiner berühmten Ansprache vom 1. Oktober 1942 an die Richter der Rota Romana ein.[76] Er unterbreitete Vorschläge, wie in einem Konfliktfall ein ungerechtes Urteil zu vermeiden sei, musste jedoch eingestehen, dass ein Rest an Schwierigkeiten bleibe. Sollte ein Richter in eine derartige Situation kommen, stünde ihm der Rekurs an den Gesetzgeber offen. Damit war angedeutet, dass die Regelung des CIC/1917 nicht das Endstadium der Entwicklung sein konnte.

Hat der CIC von 1983 das Verhältnis von freier und gebundener Beweiswürdigung *in concreto* besser geregelt? Die Frage ist klar zu bejahen. Neben der schon erwähnten Beibehaltung der Grundsatzaussage der freien Würdigung der Beweise durch den Richter in can. 1608 § 3 CIC belegen dies eine Anzahl weiterer Beobachtungen:

- Die Stellen, an denen bereits das Gesetzbuch von 1917 die freie Beweiswürdigung des Richters erwähnte, wurden übernommen.[77]
- Die einschneidendsten Beschränkungen richterlicher Freiheit in der Beweiswürdigung des CIC/1917 sind weggefallen, insbesondere die Festlegung eines vollen Beweises auf zwei oder mehr Zeugen[78] und die Kategorie des verdächtigen Zeugen.[79]
- Einige Regelungen des CIC/1917 bzw. der EPO finden sich in geänderter Form im Gesetzbuch von 1983 wieder, wobei die damaligen Begrenzungen zugunsten größerer richterlicher Freiheit teilweise ganz gewichen sind oder wenigstens erheblich reduziert wurden. Hierunter fallen der Beweiswert von Parteieneinlassungen[80] und die Anwendbarkeit des Ein-Zeugen-Beweises[81],

---

74 DORDETT, Alexander, Kirchliche Ehegerichte in der Krise, Wien 1971, 55.

75 FLATTEN (Fn. 30), 233.

76 Abgedr. in: AAS 34 (1942) 338-343, hier 341 f.

77 Can. 1537 (außergerichtliches Geständnis), can. 1531 § 2 (Aussageverweigerung einer Partei), can. 1579 (Sachverständigengutachten), cann. 1542 Satz 1 und 1543 (Beweiskraft privater und verfälschter Urkunden), can. 1679 CIC (Beweiswert von Glaubwürdigkeitszeugen als Nachfolgeinstitut der Siebenhänderzeugen). Die Verweigerung einer Urkunde kann der Richter analog der Aussageverweigerung in can. 1531 § 2 CIC werten.

78 Can. 1791 § 2 Satz 1 CIC/1917.

79 Can. 1757 § 2 CIC/1917. Es gibt jetzt nur noch vermindert zeugnisfähige und zeugnisunfähige Personen (can. 1550 §§ 1 und 2 CIC) sowie normale Zeugen.

80 Art. 117 EPO und can. 1536 § 2 CIC.

81 Cann. 1791 § 1 CIC/1917 und 1573 CIC.

die Regelung der Beweiskraft privater Urkunden[82] sowie die Festsetzungen zur Eidesleistung der Parteien und Zeugen.[83]

- Daneben finden sich im geltenden Prozessrecht an mehreren Stellen Wendungen, die unmissverständlich die Verantwortung des Richters in seiner freien Würdigung der Beweise ansprechen. So z. B. der Hinweis in can. 1572, 4° CIC auf „andere Beweiselemente" zur Bestätigung der Glaubhaftigkeit einer Zeugenaussage oder die „elementa" zur Bekräftigung der gerichtlichen Parteiaussage nach can. 1536 § 2 CIC sowie der letzte Satzteil von can. 1573 CIC, dass „sachliche und persönliche Umstände" den Ein-Zeugen-Beweis[84] ermöglichen. Diese offenen Formulierungen sind ein Fingerzeig für den Richter, Aussagen nicht zu zählen, sondern zu würdigen, und dies auch nicht „schematisch in stets gleicher Weise ..., sondern im Kontext der darin angesprochenen Sachfragen, der Interessenlage der Parteien, des Streitstandes, des Gewichtes der umstrittenen Sache usw."[85] Der Spielraum des Richters in der Beweiswürdigung ist durch den CIC von 1983 gewiss größer geworden.[86]

Dennoch hat das Gesetzbuch von 1983 in der Frage der Beweisbeurteilung das gemischte System des CIC/1917 nicht restlos abgelöst, was schon daran ersichtlich ist, dass der CIC nach wie vor einige gesetzliche Beweisregeln[87] enthält. Aber der neue CIC hat das auch schon 1917 vorhandene grundsätzliche Bekenntnis zur freien Beweiswürdigung entschieden konsequenter in konkrete Normen des Prozessrechts umgesetzt. Das Prinzip der freien Beweiswürdigung stellt bei gewissenhafter Anwendung im Vergleich zur legalen Beweistheorie den sichereren Weg dar, um zu einem gerechten und wahrheitsgemäßen Urteil zu gelangen. Allerdings führt es nicht bequemer zum Prozessziel und stellt keineswegs geringere Anforderungen[88] an den Richter. Denn die Suche nach dem

---

82 Cann. 1817 Satz 2 CIC/1917 und 1542 CIC: früher keine Beweiskraft *per se* gegenüber Dritten, jetzt Beweiskraft wie Parteierklärung nach can. 1536 § 2 CIC.

83 Cann. 1744 bzw. 1767 § 1 CIC/1917 mit der Pflicht zur Leistung des Voreides wurden in cann. 1532 bzw. 1562 § 2 CIC zu einer Sollvorschrift im Ermessen des Richters.

84 FLATTEN (Fn. 30), 244 ff. interpretiert die negative Beweisregel des can. 1791 § 1 CIC/1917 so, dass sie nur dann griff, wenn außer der einen Zeugenaussage gar nichts mehr an Beweiselementen im Aktenmaterial zu finden war. In diesem Falle war negativ zu entscheiden. Standen jedoch „weitere Beweisargumente, die zur einen Zeugenaussage hinzutraten", zur Verfügung, durfte can. 1791 § 1 CIC/1917 nicht angewandt werden, vielmehr musste der Richter in freier Beweiswürdigung seine Entscheidung treffen und begründen.

85 LÜDICKE, Klaus, in: MK CIC 1536, 5.

86 Gleicher Ansicht LÜDICKE, Klaus, in: MK CIC Einf. vor 1547, 2.

87 Von den bei LÜDICKE, Klaus, in: MK CIC 1608, 10 aufgezählten Regeln zur „Bewertung einiger Beweismittel" sind Beweisregeln im strengen Sinn eigentlich nur die cann. 1536 § 2, 1541-1542, 1573 und 1586 CIC.

88 STANKIEWICZ, Antoni, Le caratteristiche del sistema probatorio canonico, in: Apoll 67 (1994) 115 (abgedr. auch in: BONNET, Piero A. / GULLO, Carlo (Hg.), Il processo matrimoniale canonico, Città del Vaticano 1994, 567-597) bezeichnet aufgrund der mitunter

besten Weg der Beweisbeurteilung erfordert zuvor das ernsthafte Bemühen nach einer effektiven Ermittlung des tatsächlichen Sachverhalts. Hier ist zu beobachten, dass mancher Prozessgrundsatz im Laufe der Geschichte sich erheblich gewandelt, mitunter sogar ins Gegenteil gekehrt hat, wobei die Erforschung der materiellen Wahrheit als oberstes Prozessziel des Ehenichtigkeitsprozesses[89] stets gleich geblieben ist. Von daher drängt sich die Frage auf, ob überhaupt alle heute angewandten Prinzipien zum Ehenichtigkeitsprozess passen. Ob im Ringen um die bestmögliche Wahrheitserforschung die konsequentere Hinwendung des CIC zur freien Beweiswürdigung nicht weitere Änderungen vor allem in der Beweisaufnahme nach sich ziehen müsste, als sie der CIC gebracht hat?

Ergebnis

Ist aus dem geschichtlichen Wechselspiel von frühen beachtenswerten Höhepunkten und immer wiederkehrenden Rückfällen zu Starrheit und sogar Missbrauch irgendeine Erkenntnis bezüglich der Verhältnisbestimmung von freier und gebundener Beweiswürdigung zu gewinnen? Die Antwort lautet: ja.

Eine erste Erkenntnis lässt sich so formulieren: Es ist unter dem Primat der Wahrheitserforschung nicht möglich, in gesetzlichen Bestimmungen die Ermittlung und Feststellung eines Sachverhalts exakt festzulegen, da sich die Wirklichkeit nur sehr schwer in rechtliche Kategorien einfangen und schon gar nicht deterministisch im Voraus festlegen lässt. Alle Versuche, den Richter in der Wahrheitsfindung durch feste Regeln zu leiten, mussten wegen innerer Widersprüche scheitern. So gewaltig z. B. der Fortschritt durch die Indizienlehre des klassischen kanonischen Prozesses war, so konnte er doch nicht zur materiellen Wahrheit führen. Die Beweisregeln hatten zwar – abgeleitet aus dem Erleben unzähliger „Fälle" – wohlbegründetes Erfahrungswissen zum Inhalt; sie wären aber in der Beweiswürdigung des Einzelfalles auf ihre Berechtigung für jeden speziellen Casus zu prüfen gewesen, was dem Richter wegen der starren, gesetzlich festgelegten Satzung nicht möglich war. Objektive Wahrheit lässt sich nur in einer umfassenden Würdigung des Einzelfalles finden. Gerade diese Erkenntnis muss unterstrichen werden, wenn unter dem Deckmantel einer Rationalisierung der Beweiswürdigung Gedanken[90] diskutiert werden, die Vorgängen

---

unzureichenden Ausbildung kirchlicher Richter und deren fehlender Sensibilität für die Würde der Ehe die Bindung an bestimmte Beweisregeln für eine kluge Entscheidung des Gesetzgebers. Welches Misstrauen artikuliert sich in einer solchen Einschätzung!

89 Vgl. zu seiner historischen Entwicklung vom CIC/1917 bis heute COX, Craig A., Procedural Changes in Formal Marriage Nullity Cases From the 1917 to the 1983 Code. Analysis, Critique and Possible Alternatives, Ann Arbor 1989.

90 Z. B. zur wahrscheinlichkeitstheoretischen Absicherung der richterlichen Gewissheit die Überlegungen von PSIUK, Eugen, Moralische Gewissheit allein aus Indizien? Zur Theorie des kanonischen Indizienbeweises, in: FG Wesemann, 595-612; vgl. dazu

der legalen Beweistheorie sehr ähneln, wenn jene auch nicht zu neuem Leben erweckt werden soll.

Eine zweite Beobachtung lautet, dass das Hin und Her in der Frage der Beweistheorie unmittelbar mit der Wertschätzung verbunden ist, die man der Rechtsprechung des Richters entgegenbringt. Die Angst vor richterlicher Willkür und die Suche nach Schutzmaßnahmen führten in der Geschichte zu festen Beweisregeln, wie auch umgekehrt die Erkenntnis, dass es andere Sicherungen gegen richterliche Unberechenbarkeit gibt als die Festlegung durch gesetzliche Bindungen, eine Renaissance der richterlichen Freiheit in der Beweisführung und -würdigung mit sich brachte.

Als dritte Erkenntnis lässt sich festhalten: Die im geltenden CIC gestärkte Maxime der freien Beweiswürdigung kann nicht isoliert betrachtet werden, sondern nur in ihrer Verknüpfung mit anderen Prozessgrundsätzen und ihrer Einbettung in das gesamte Beweissystem. Der historische Streifzug hat erwiesen, dass mit der Wahrheitssuche im gerichtlichen Verfahren die Frage verbunden ist, welche prozessualen Verfahrensgrundsätze zur Anwendung kommen. Die aus der Prozessrechtsgeschichte herausgegriffenen Etappen mit besonderer Prägnanz zeigen, dass es „Garantien“[91] gibt, welche die Wahrheitserforschung absichern, und ebenso Vorkehrungen, welche die Parteien vor einem Missbrauch der richterlichen Freiheit durch den Richter selbst schützen.[92] Die als moderne Errungenschaft[93] hochgelobte Wahrheitsfindung durch die freie richterliche Würdigung der Beweise bleibt hohl, wenn die Verzahnung mit anderen Verfahrensgrundsätzen[94] nicht beachtet wird. Wenn zur Klärung der Prozessfrage in der Beweisaufnahme beispielsweise die Chancen der Mündlichkeit, Unmittelbarkeit und sachgerechten Protokollierung leichtfertig vertan werden, oder wenn durch die Fixierung auf den festgesetzten Prozessgegenstand der Richter nicht alles erheben kann, was zur Ausleuchtung der behaupteten Nichtigkeit der Ehe und einer sachgerechten Entscheidung darüber wichtig wäre, dann bleibt die Suche nach einem wahren und gerechten Urteil ein zwar in der Prozessordnung verankertes oberstes Verfahrensziel, das durch andere Prinzipien jedoch konterkariert wird.

WEIß, Andreas, Grundsatzfragen der Glaubwürdigkeitsbeurteilung im kirchlichen Verfahren, in: DPM 1 (1995) 63-93.

91 Die Beachtung der Verfahrensgrundsätze kann letztendlich nur die Findung einer gerechten Entscheidung prozedural ebnen, aber nicht garantieren. Hier sind positiv zu nennen z. B. die Unparteilichkeit des Richters und die dialektische Ausgestaltung des Prozessgeschehens zwischen Parteien und Gericht.

92 Z. B. Teilöffentlichkeit, Entscheidung im Kollegium, Pflicht zur Urteilsbegründung.

93 Vgl. HÖCHERL, Hermann, Die richterliche Überzeugung, in: FG Peters , 22.

94 POTOTSCHNIG, Franz, Entwicklungstendenzen im kanonischen Ehe- und Eheprozeßrecht, in: ÖAKR 29 (1978) 72 macht aufmerksam, „daß es bei der Wahrheitsfindung vor allem darauf ankommt, welche *prozessualen Maximen* zur Anwendung kommen“ (Hervorhebung im Text).

Nichts aber wäre unglaubwürdiger, als dass die Maxime der Findung eines wahren und gerechten Urteils zu einer „plakativen Konstruktion in einem Vakuum prozessualer Scheinregeln degradiert wird.“[95]

---

95 HETZER, Wolfgang, Wahrheitsfindung im Strafprozeß unter Mitwirkung psychiatrischer / psychologischer Sachverständiger, Saarbrücken, Berlin 1982, 22.

Zur Funktion kirchlicher Gerichte im Bereich der evangelischen Kirchen

Karl-Hermann Kästner

1. Judikatur in Kirchensachen?

Die Existenz und die Funktion von Gerichten wird in den evangelischen Kirchen traditionell mit Reserve betrachtet, was in der Wurzel mit einem bekanntlich seit LUTHER gepflegten distanzierten Verhältnis evangelischer Theologen zum Recht und zu den Juristen überhaupt zusammenhängen mag. Vorbehalte und Missverständnisse bestehen gegenüber der staatlichen Justiz, gleichermaßen aber auch gegenüber den Kirchengerichten, die – wie die prinzipielle Existenz des Kirchenrechts – vielfach als Fremdkörper oder lästiges Übel im Raum der Kirche empfunden werden. Nachhaltig ist ein Misstrauen spürbar, dass Recht und Rechtsanwendung als sachfremde Fesseln beschränkend auf die adäquate Wahrnehmung des kirchlichen Auftrags einwirken könnten. Motivierend für die Schaffung eigener Gerichte sind denn auch ersichtlich nicht geistliche Gesichtspunkte gewesen, sondern eher Bestrebungen, das staatliche Vorbild nachzuahmen.[1]

Ein in diesem Sinne prinzipiell kritischer Blick richtet sich im kirchlichen Raum traditionell zunächst auf die staatliche Judikatur, soweit sie sich mit kirchlichen Angelegenheiten zu beschäftigen hat oder vielmehr – wenn man die vergangenen Jahrzehnte betrachtet – eigentlich zu beschäftigen hätte. Die unendliche Geschichte unzureichenden staatlichen Rechtsschutzes in Kirchensachen ist bis heute nicht zuletzt aus dem Irrtum gespeist worden, dass bereits eine Beschäftigung staatlicher Gerichte mit kirchlichen Angelegenheiten prinzipiell als Beeinträchtigung des kirchlichen Freiheitsanspruchs zu werten sei. Als irrtümlich stellt sich diese Betrachtung einerseits deshalb dar, weil in ihrem Kontext die Tätigkeit der Judikative sachlich zu Unrecht als eine Spielart der historisch belasteten speziellen Kirchenaufsicht des Staates identifiziert wird; und irrtümlich bereits in der Wurzel ist sie andererseits auch deshalb, weil das verfassungsrechtlich garantierte religiöse Selbstbestimmungsrecht als solches bei näherer Betrachtung nicht in einem Gegensatz zur Funktion der Gerichte steht, sondern im Gegenteil (wie die anderen Freiheitsrechte des Grundgesetzes auch) verfassungsgemäße richterliche Tätigkeit normstrukturell voraussetzt und ein-

---

1 SCHEUNER, Ulrich, Grundfragen einer kirchlichen Verwaltungsgerichtsbarkeit, in: ZevKR 6 (1957/58) 339, 346 f.; MAURER, Hartmut, Grundprobleme der kirchlichen Gerichtsbarkeit, in: ZevKR 17 (1972) 51.

schließt. Denn die Tragweite jeglicher normativer Gewährleistung hängt in der Rechtspraxis davon ab, inwieweit sie im Streitfalle notfalls gerichtlich autoritativ definiert und durchgesetzt werden kann. Insgesamt jedenfalls dürften nur die erwähnten prinzipiellen Vorbehalte, die viele Theologen (und merkwürdigerweise auch manche Kirchenjuristen) gegenüber richterlicher Tätigkeit pflegen, die Tatsache erklären, dass es in kirchlichen Kreisen nach wie vor als positiv bewertet wird, von staatlichen Gerichten mit dem Danaergeschenk einer Herausnahme aus dem allgemeinen rechtsstaatlichen Justizsystem bedacht zu werden. Um ein Danaergeschenk handelt es sich aus der Sicht wohlverstandener kirchlicher Interessen hier deshalb, weil die Etablierung staatlich rechtsschutzfreier Räume in Kirchensachen zwar die Kirchen als Beklagte vor Zumutungen richterlicher Dezision bewahren mag, weil sie aber andererseits auch die Gefahr in sich birgt, dass den Kirchen dann ihrerseits staatlicher Rechtsschutz verweigert wird, soweit sie solchen in eigenen Angelegenheiten benötigen. Es ist deshalb erfreulich, dass sich in neueren Urteilen des Bundesgerichtshofes (Februar 2000[2]) und des Bundesverwaltungsgerichts (Februar 2002[3]) endlich die Bereitschaft zu einer rechtsstaatlich längst überfälligen Modifikation der einschlägigen höchstrichterlichen Judikatur angedeutet hat.

Vorbehalte gegenüber richterlicher Tätigkeit wurden und werden im Raum der evangelischen Kirchen allerdings auch im Blick auf die eigene Gerichtsbarkeit virulent; dem liegt vielfach das Empfinden zugrunde, dass eine Streitentscheidung nach Maßgabe geltenden Rechts eigentlich als mit dem wahren Wesen der Kirche unvereinbar zu beurteilen sei. Diese Auffassung hat einerseits dazu beigetragen, dass eine kirchliche Verwaltungsgerichtsbarkeit in manchen Landeskirchen nur zögernd und nach langwierigen Diskussionen etabliert worden ist. Sie fördert andererseits die Neigung, grundsätzliche Bedenken gegenüber der Funktion kirchlicher Gerichte sozusagen dadurch zu kompensieren, dass man ihnen auch Funktionen der Seelsorge bzw. der Schlichtung zuschreibt – was weder mit der prinzipiellen Aufgabe von Gerichtsbarkeit noch in der Regel mit der einschlägigen Qualifikation des richterlichen Personals befriedigend zu vereinbaren ist.

Personell und strukturell können die kirchlichen Gerichte im Prinzip die gleiche Leistungsfähigkeit wie entsprechende staatliche Gerichte entfalten; wenn man die veröffentlichten Entscheidungen betrachtet, ist denn auch den Kirchengerichten die Anerkennung nicht zu versagen, dass sie durchweg mit Erfolg um einen vergleichbaren Standard der Judikatur bemüht sind. Allerdings darf diese vergleichende Betrachtung nicht ihre spezifische Einbettung in den Funktionsbereich der Kirchen überlagern. Es sollte nicht in erster Linie um eine Profilierung anhand der Maßstäbe staatlicher Gerichtsbarkeit gehen – so maßgeblich diese

---

2 BGH, in: NJW 53 (2000) 1555; dazu KÄSTNER, Karl-Hermann, Tendenzwende in der Rechtsprechung zum staatlichen Rechtsschutz in Kirchensachen, in: NVwZ 19 (2000) 889-894.

3 BVerwG, in: NVwZ 21 (2002) 987.

als „Prüfsteine" einer ernst zu nehmenden Judikative auch sind. Gleichermaßen wichtig ist die Beachtung der Spezifika kirchlicher Existenz, aus denen allein sich die – verfassungsrechtlich unumstrittene[4] – Existenz einer eigenständigen kirchlichen Gerichtsbarkeit im Lichte von Art. 140 GG i. V. m. Art. 137 Abs. 3 WRV rechtfertigt. Ihre spezifische Rolle im eigenen kirchlichen Aufgabenbereich eröffnet den Kirchengerichten viele Möglichkeiten; sie birgt allerdings auch Grenzen und Herausforderungen in sich.

2. Kirchliche und staatliche Gerichtsbarkeit

Nach dem Zweiten Weltkrieg hat, wie bereits gesagt, der Ausbau der staatlichen Gerichtsbarkeit eine Vorbildfunktion auch im kirchlichen Bereich entfaltet; dies schlug sich äußerlich in einer deutlichen Affinität der kirchlichen Verfahrensordnungen zur staatlichen Verwaltungsgerichtsordnung nieder und förderte nachhaltig das Bemühen, qualitativ nicht hinter den staatlichen Gerichten zurückzustehen. Diese im Prinzip begrüßenswerte Bereitschaft, eine an anerkannten Maßstäben unabhängiger Judikatur orientierte Gerichtsbarkeit zu etablieren, haben sich die evangelischen Kirchen auferlegt, ohne von Rechts wegen hierzu verpflichtet zu sein.[5] Sie kommen damit zweifellos dem Erwartungshorizont der Rechtssuchenden entgegen, ihnen auch vor den kirchlichen Gerichten einen Standard der Rechtspflege zu bieten, welcher dem der staatlichen Judikative im Vergleich standhält. Überdies vermag nur eine den anerkannten Maßstäben unabhängiger Judikatur entsprechende kirchliche Gerichtsbarkeit der Aufgabe gerecht zu werden, angemessen zur Sicherung der Rechtlichkeit[6] (nicht: Rechtsstaatlichkeit) des kirchlichen Lebens beizutragen. Allerdings drohen andererseits von einem unmodifizierten Vergleichsdenken her auch Gefahren bzw. Missverständnisse.

Nicht zuletzt ist die Gefahr sichtbar geworden, dass kirchliche Gerichte in dem legitimen Bestreben, einen mit staatlichem Rechtsschutz qualitativ vergleichbaren Rechtsschutz zu bieten, ohne weiteres über die verfahrensbezogenen Standards hinaus auch materielle Entscheidungskategorien staatlicher Judikatur übernehmen, ohne diese hinreichend kritisch auf ihre Übertragbarkeit in den Raum der Kirche hinein zu befragen; das ist in den vergangenen Jahren vor allem im Blick auf Grundrechte oder Handlungsmaßstäbe rechtsstaatlicher Verwaltung der Fall gewesen und zweifellos sozusagen mental durch die Tatsache begünstigt worden, dass es den evangelischen Kirchen bisher erfreulicher Weise

---

4 RÜFNER, Wolfgang, Zuständigkeit staatlicher Gerichte in kirchlichen Angelegenheiten, in: HdbStKirchR² II, 1109.

5 SEIDLER, Gerhard, Fragen aus der kirchlichen Verwaltungsgerichtsbarkeit, in: ZevKR 17 (1972) 92 f.; RÜFNER (Fn. 4), 1112 f.

6 In diesem Sinne bezeichnet EVERS, Hans-Ulrich, Das Verhältnis der kirchlichen zur staatlichen Gerichtsbarkeit, in: FS Ruppel, 353 kirchliche Gerichtsbarkeit als „Dienst an der Kirche, in der es ordentlich zugehen soll".

gelungen ist, eine beträchtliche Zahl aktiver oder im Ruhestand stehender Richterinnen und Richter der staatlichen Justiz für einen ehrenamtlichen Dienst in den Kirchengerichten zu gewinnen. Diese Tatsache aktiviert für die kirchlichen Gerichte den Erfahrungsschatz staatlicher Justiz; sie konfrontiert die Richter andererseits aber mit der bisweilen komplexen Aufgabe, in ihrer kirchlichen Funktion an Argumentationsmuster, welche im staatlichen Bereich schon längst nicht mehr begründungsbedürftig erscheinen, möglicherweise durchaus mit einer gewissen Distanz herangehen zu müssen.

Zweifellos wird die Grundsatzfrage nach dem Verhältnis zwischen kirchlicher und staatlicher Gerichtsbarkeit in dem Maße an Bedeutung gewinnen, in welchem die staatlichen Gerichte ihre verfehlte Verweigerungshaltung gegenüber einem regulären staatlichen Rechtsschutz in Kirchensachen aufgeben. Denn unter institutionellen Gesichtspunkten ist die Errichtung und Funktion der kirchlichen Gerichte vor allem in den ersten Jahrzehnten nach dem Zweiten Weltkrieg unter anderem auch mit der Motivation verknüpft worden, durch die Existenz einer qualitätvollen eigenen Gerichtsbarkeit die staatliche Rechtspflege nicht nur zu ergänzen, sondern sie dem Raum der Kirche fernzuhalten. Es handelte sich hierbei allerdings nicht um eine Selbsteinschätzung bzw. Selbstüberschätzung der Kirchengerichte, sondern um eine Überlegung, welche diesen durch die Diskussion über die staatliche Justizgewährungsaufgabe in Kirchensachen und durch die einschlägige staatliche höchstrichterliche Rechtsprechung sozusagen aufgedrängt wurde. Vor allem in der älteren Literatur ist bekanntlich im Blick auf Verwaltungsrechtsstreitigkeiten die Auffassung vertreten worden, kirchlichen Gerichten komme möglicherweise die Qualität als „besondere Verwaltungsgerichte" im Sinne von § 22 Abs. 1 VGG[7] bzw. als „andere bestehende Gerichte" im Sinne von § 22 Abs. 3 MRVO Nr. 165[8] zu; auch auf Grund kirchengesetzlicher Zuweisung könne daher die Judikatur staatlicher Gerichte abschließend durch kirchengerichtliche Rechtsschutzgewährung ersetzt werden, sofern letztere bestimmten rechtsstaatlichen Qualitätserfordernissen entspreche.[9] Diese

---

7 § 22 Abs. 1 VGG: „Das Verwaltungsgericht entscheidet über die Anfechtung von Verfügungen der Verwaltungsbehörden und von sonstigen Verwaltungsakten (Anfechtungssachen) sowie in anderen Streitigkeiten des öffentlichen Rechts (Parteistreitigkeiten), soweit nicht besondere Verwaltungsgerichte ... zu entscheiden haben."

8 § 22 Abs. 3 MRVO Nr. 165: „Die Zuständigkeit der Landesverwaltungsgerichte ist ausgeschlossen in Angelegenheiten, die durch Gesetz den ordentlichen Gerichten oder einem anderen bestehenden Gericht zugewiesen sind."

9 In diesem Sinne v. a. SCHEVEN, Dieter, Der Verwaltungsrechtsschutz im kirchlichen Bereich, Köln 1954, 109 ff.; DERS., Die Bedeutung des Art. 19 Abs. IV des Grundgesetzes für die Anfechtung kirchlicher Verwaltungsakte, in: ZevKR 4 (1955) 188 ff.; HESSE, Konrad, Kirchliche und staatliche Verwaltungsgerichtsbarkeit, in: DVBl. 70 (1955) 590 ff.; DERS., Der Rechtsschutz durch staatliche Gerichte im kirchlichen Bereich, Göttingen 1956, 116 ff., 126; ULE, Carl Hermann, Verwaltungsgerichtsbarkeit, Köln ^{2}1962, 103 f.

Lehre war zwar bereits damals durchaus umstritten[10] und wurde nach Inkrafttreten des § 40 VwGO weithin nicht mehr aufrechterhalten.[11] In der Praxis der staatlichen Gerichte hat sie allerdings bis in die jüngere Vergangenheit hinein zu der Ansicht geführt, eine staatsgerichtliche Zuständigkeit zur Entscheidung entfalle jedenfalls dann, wenn hinreichender Rechtsschutz durch kirchliche Gerichte zur Verfügung stehe.[12]

Freilich beruhte bzw. beruht diese noch dem Geist der Koordinationslehre verhaftete Einschätzung auf einer grundlegenden Verkennung der Zuordnung kirchlichen Wirkens zum Aufgabenbereich des Staates, dessen Rechtshoheit die Kirchen, Religions- und Weltanschauungsgemeinschaften unterworfen sind. Der soziale Rechtsstaat des Grundgesetzes ist zur Gewährung effektiven Rechtsschutzes in allen Bereichen seiner Verfassungsordnung nicht nur berechtigt, sondern verpflichtet; diese Justizaufgabe kann formell nur durch staatliche bzw. zumindest staatsabgeleitete Gerichte verfassungsgemäß erfüllt werden, und sie erübrigt sich auch nicht[13], wenn kirchliche Gerichte vorhanden sind, welche nach Befugnissen, Status, Zusammensetzung und Verfahren dem allgemeinen staatsverfassungsrechtlichen Standard von „Gerichtsbarkeit" entsprächen, sofern säkularstaatliche Maßstäbe an sie anzulegen wären. Denn die Garantie staatsrichterlichen Wirkens steht nicht in einem Verhältnis der Alternativität oder Subsidiarität zu anderweitigen Wegen der Rechtsverwirklichung, sondern sie ist von diesen sowohl im positiven wie im negativen Sinne unabhängig. Weder

---

10 Kritisch SCHEUNER (Fn. 1), 359; BACHOF, Otto, Der Rechtsschutz durch staatliche Gerichte im kirchlichen Bereich. Zugleich ein Beitrag zur Frage des rechtlichen Verhältnisses von Staat und Kirche in der Gegenwart, in: DÖV 11 (1958) 558; MAURER, Hartmut, Die Verwaltungsgerichtsbarkeit der evangelischen Kirche, Göttingen 1958, 152 Fn. 53; DERS., Zur Anfechtbarkeit kirchlicher Verwaltungsakte vor staatlichen Gerichten, in: DÖV 13 (1960) 753; BETTERMANN, Karl August, Die Unabhängigkeit der Gerichte und der gesetzliche Richter, in: DERS. (Hg.), Die Grundrechte III/2, Berlin 1959, 630 mit Fn. 577; RUPP, Hans Heinrich, Zur neuen Verwaltungsgerichtsordnung. Gelöste und ungelöste Probleme, in: AöR 85 (1960) 163 f.

11 HESSE, Konrad, Die Entwicklung des Staatskirchenrechts seit 1945, in: JöR N. F. 10 (1961) 79 f. unter zutreffendem Verweis darauf, dass der Rechtsweg vor die allgemeinen Verwaltungsgerichte nach Maßgabe von § 40 VwGO nur noch durch eine ausdrückliche bundes- oder landesgesetzliche Zuweisung an ein anderes Gericht ausgeschlossen werden kann.

12 BGHZ 34, 372 (374, 375); 38, 289 (295); BVerwGE 66, 241 (248 f.); OVG Münster, in: KirchE 7, 14 (16, 17 f., 19); OVG Lüneburg, in: KirchE 7, 33 (34, 37), sowie in: KirchE 9, 223 (225); VGH Mannheim, in: KirchE 18, 165. Offengelassen wurde die Möglichkeit eines Ersatzes staatlichen Rechtsschutzes durch kirchliche Gerichte vom BVerfG (NJW 36 [1983] 2569; ebd., 2570) und vom BVerwG (BVerwGE 7, 189 [190]).

13 Zutreffend BETTERMANN, Karl August, Der Schutz der Grundrechte in der ordentlichen Gerichtsbarkeit, in: DERS. (Hg.), Die Grundrechte III/2 (Fn. 10), 795; WEBER, Hermann, Die Religionsgemeinschaften als Körperschaften des öffentlichen Rechts im System des Grundgesetzes, Berlin 1966, 137 f.; STEINER, Udo, Staatliche und kirchliche Gerichtsbarkeit, in: NVwZ 8 (1989) 414 f.

schließt die verfassungsrechtliche Gewährleistung effektiven staatlichen Gerichtsschutzes nichtstaatliche Rechtsdurchsetzungsmöglichkeiten schlechterdings aus[14], noch wird sie selbst dem Grunde nach durch deren Existenz relativiert oder gar beschränkt.

Nach Maßgabe der geltenden Verfassung unterliegt es keinem Zweifel, dass den Kirchengerichten die grundlegenden Wesensmerkmale der Staatlichkeit bzw. jedenfalls Staatsabgeleitetheit[15] abgehen. Zufolge des ihnen in Art. 140 GG i. V. m. Art. 137 Abs. 3 WRV garantierten Selbstbestimmungsrechts haben ausschließlich die Kirchen selbst über die Errichtung, Besetzung und Funktion ihrer Gerichte zu entscheiden.[16] Deshalb verbietet sich auch dann, wenn kirchliche Judikatur materiell sämtlichen Erfordernissen rechtsstaatlicher Gerichtsbarkeit gerecht wird, die Annahme, ihr komme ohne weiteres die Qualität als „staatlich" bzw. „vom Staate abgeleitet" und damit als Rechtsprechung im Sinne des Art. 92 GG zu. Nach Maßgabe der Säkularisierung des Staates und seiner Funktionen haben die Kirchen in Angelegenheiten, welche dem staatlichen Justizanspruch unterfallen, ihre früheren Kompetenzen zur Ausübung einer „bürgerlich wirksamen" Gerichtsbarkeit, d. h. zur im formellen Sinne endgültigen gerichtlichen Dezision, bereits seit langem verloren. Sinnfällig zum Ausdruck kam diese Tatsache in § 15 Abs. 3 des Gerichtsverfassungsgesetzes i. d. F. vom 27. Januar 1877[17], wenn dort (nach einem Verweis auf das staatliche Rechtsprechungsmonopol im ersten Absatz[18]) normiert war:

> „Die Ausübung einer geistlichen Gerichtsbarkeit in weltlichen Angelegenheiten ist ohne bürgerliche Wirkung ...".

Im Rahmen der Rechtsvereinheitlichung nach dem Zweiten Weltkrieg ist § 15 GVG zwar im Jahre 1950 ersatzlos aufgehoben worden[19]; doch geschah dies

---

14 DÜTZ, Wilhelm, Rechtsstaatlicher Gerichtsschutz im Privatrecht, Bad Homburg 1970, 107; LORENZ, Dieter, Der Rechtsschutz des Bürgers und die Rechtsweggarantie, München 1973, 14.

15 Als Grundvoraussetzung für die Anerkennung einer in diesem Sinne den Anforderungen des Grundgesetzes entsprechenden Judikatur – in allen Zweigen der Gerichtsbarkeit (BVerfGE 4, 331 [344]) – ist neben der Fundierung im staatlichen Recht in jedem Falle eine hinreichende Bindung an den Staat zu fordern, die sich in einer maßgeblichen Einflussnahme auf die personelle Besetzung erweist (BVerfGE 4, 74 [92]; 18, 241 [253 f.]; 26, 186 [194 f.]; 27, 312 [320]; 48, 300 [315]).

16 Eine Bindung an staatliche Vorgaben besteht auch nicht nach Maßgabe der Schrankenklausel des Art. 140 GG i. V. m. Art. 137 Abs. 3 WRV, da sich die die Organisation und Funktion der Gerichtsbarkeit betreffenden Normen sowohl der Justizverfassung des Grundgesetzes als auch des einfachen Rechts von vornherein nur auf staatliche Judikatur beziehen.

17 RGBl. 41.

18 § 15 Abs. 1 GVG i. d. F. v. 27.1.1877: „Die Gerichte sind Staatsgerichte."

19 Art. 1 Ziff. 13 des Gesetzes zur Wiederherstellung der Rechtseinheit auf dem Gebiete der Gerichtsverfassung, der bürgerlichen Rechtspflege, des Strafverfahrens und des Kostenrechts v. 12.9.1950, BGBl. I 455: „§ 15 wird aufgehoben."

nicht, um eine Änderung der Rechtslage herbeizuführen, sondern deshalb, weil die Aussage der fraglichen Vorschrift als unter dem Grundgesetz selbstverständlich bewertet wurde.[20]

Ohne Belang ist in diesem Zusammenhang der in Art. 140 GG i. V. m. Art. 137 Abs. 5 WRV den religiösen Verbänden garantierte bzw. angebotene Status als Körperschaften des öffentlichen Rechts. Denn diese Rechtsqualität vermittelt den betreffenden Kirchen und Religionsgemeinschaften nicht die Möglichkeit zur Ausübung übertragener staatlicher bzw. „öffentlicher" Gewalt im Sinne einer Gleichstellung mit sonstigen Körperschaften des öffentlichen Rechts. Der religiöse Korporationsstatus wird vielmehr nur in seiner Einbettung in den Kontext des übrigen Staatskirchenrechts zutreffend verstanden. Insoweit fehlt jeglicher Anhaltspunkt für die Annahme, durch Art. 137 Abs. 5 WRV bzw. seine Inkorporation in das Grundgesetz sei die Abschichtung der jeweils staatlichen bzw. kirchlichen Justizzuständigkeit in Frage gestellt worden, welche 1919 und 1949 längst erreicht war und sich in der bereits erwähnten Vorschrift des § 15 GVG dokumentierte. Das in Art. 137 Abs. 1 WRV verfassungskräftig statuierte Prinzip der institutionellen Trennung von Staat und Kirche und nicht zuletzt die Tatsache, dass – als genuine Staatsbefugnis – das Recht der Besteuerung in Abs. 6 dieser Vorschrift ausdrücklich übertragen wird, sprechen eindeutig für das Gegenteil. Auch den religiösen Körperschaften des öffentlichen Rechts gegenüber behauptet der soziale Rechtsstaat des Grundgesetzes nach Maßgabe der Verfassung dem Grunde nach seine hoheitlichen Funktionen. Die Befugnis zur Ausübung von Gerichtsbarkeit im Sinne des Art. 92 GG gehört weder traditionell noch gegenwärtig zum Bestand der religiösen Korporationsrechte.[21]

Auch aus der Verfassungsgarantie des Selbstbestimmungsrechts der Kirchen und Religionsgemeinschaften ergibt sich kein abweichendes Ergebnis. Einerseits unterliegt es nach gegenwärtiger Verfassungslage keinem Zweifel mehr, dass – wie andere Äußerungsformen religiöser Selbstbestimmung auch – die kirchliche Gerichtsbarkeit in ihrem Bestand und in ihrer Funktion als spezifische Ausprägung des „Verwaltens" von Art. 140 GG i. V. m. Art. 137 Abs. 3 WRV umfasst wird.[22] Den Kirchen und Religionsgemeinschaften ist insoweit die Möglichkeit

---

[20] Vgl. insoweit nur die Begründung zu Art. 1 Nr. 12 des Entwurfs (Dt. Bundestag, I. Wahlperiode 1949, Anlage I zur Drs. Nr. 530, 6): „§ 15 ist heute ohne sachliche Bedeutung. Er ist im Kampf des Staates gegen Beeinträchtigungen seiner Justizhoheit durch die Patrimonialgerichtsbarkeit, Privatgerichtsbarkeit und kirchliche Gerichtsbarkeit entstanden. Diese Auseinandersetzungen gehören der Vergangenheit an. Die alleinige und unbeschränkte Zuständigkeit des Staates, für seinen Bereich Gerichtsbarkeit zu üben, ist unbestritten. Deshalb kann § 15 aufgehoben werden."

[21] Zutreffend WEBER, Hermann, Weltlich wirksame Rechtsprechung der Kirchengerichte? Zum Verhältnis von staatlicher und kirchlicher Gerichtsbarkeit, in: DVBl. 85 (1970) 255; SACHS, Michael, Staatliche und kirchliche Gerichtsbarkeit, in: DVBl. 104 (1989) 489; RÜFNER (Fn. 4), 1113 f.

[22] BVerfG, in: KirchE 18, 390 (390).

eingeräumt, für den gesamten Bereich ihrer „eigenen Angelegenheiten" nach Maßgabe der in Art. 137 Abs. 3 WRV enthaltenen Schrankenklausel frei zu entscheiden, ob Kirchengerichte errichtet werden, welche Zuständigkeiten diesen im einzelnen eingeräumt sind, wie ihr Verfahren ausgestaltet wird, usw. Bestand und Funktion der kirchlichen Gerichtsbarkeit beruhen in diesem Rahmen auf eigenständigem, vom Staate anerkanntem Recht der Kirchen bzw. Religionsgemeinschaften; sie stellen sich also nicht als vom Staate abgeleitet dar. Der verfassungsrechtliche Befund lässt den religiösen Verbänden insoweit auf dem Felde der Judikatur in eigenen Angelegenheiten weiten Raum freier Entfaltung. Doch ist in der Garantie des religiösen Selbstbestimmungsrechts zugleich eine für die Reichweite kirchlicher Judikatur grundlegende Begrenzung enthalten. Gewährleistet wird das selbstständige Ordnen und Verwalten – und damit auch die eigene Gerichtsbarkeit – den Kirchen und Religionsgemeinschaften lediglich in ihren (eigenen) Angelegenheiten. Die Bereitstellung letztverbindlichen effektiven Rechtsschutzes indes zählt auch in Kirchensachen zu den spezifischen Gemeinwohlfunktionen des säkularen sozialen Rechtsstaats, nicht hingegen zum kirchlichen Aufgabenbereich.

Freilich entbehren die Entscheidungen der kirchlichen Gerichte damit keineswegs jeglicher Relevanz im Rahmen staatlichen Rechts. Denn nicht anders als sonstige kirchliche Rechtsakte des „Ordnens und Verwaltens" (Art. 140 GG i. V. m. Art. 137 Abs. 3 WRV) entfaltet die kirchliche Judikatur in der staatlichen Rechtsordnung unmittelbare Tatbestandswirkung. Sie ist insofern selbstverständlich materiell „bürgerlich wirksam"; die Anfang der 80er Jahre geäußerte Auffassung des Bundesverfassungsgerichts, es könnten Rechtsakte der kirchlichen Gerichte „grundsätzlich nur die innerkirchliche Sphäre treffen, nicht hingegen den außerhalb liegenden öffentlich-rechtlichen Rechtskreis des Staatlichen"[23], ist in ihrer Tragweite deshalb differenziert zu betrachten. Kirchliche Gerichte vermögen durchaus effektiven und angesichts ihrer gesteigerten „Sachnähe" zur Verfahrensmaterie sachlich überzeugenden Rechtsschutz zu gewähren. Sofern freilich dieser kirchengerichtliche Spruch den jeweiligen Konflikt aus der Sicht des Rechtsschutzsuchenden nicht zufriedenstellend klärt, kommt ihm in der staatlichen Rechts- und Justizordnung keine höhere Dignität zu als sonstigen Akten kirchlicher Gewalt[24], welche im Streitfall nach Maßgabe des geltenden Rechts staatsgerichtlicher Dezision unterliegen.[25] Kirchengerichte können dann dem Gerichtsschutzpostulat des Grundgesetzes letztverbindlich nicht Genüge leisten.[26] Sie unterfallen vielmehr in ihren Entscheidungen selbst

---

23 Ebd.

24 In diesem – formellen – Sinne kommt den Entscheidungen der kirchlichen Gerichte in der Tat „nur kirchliche Wirkung" zu, wie HESSE, Konrad, Das Selbstbestimmungsrecht der Kirchen und Religionsgemeinschaften, in: HdbStKirchR^2 I, 537 bemerkt.

25 WEBER, Hermann, Staatliche und kirchliche Gerichtsbarkeit, in: NJW 42 (1989) 2227.

26 Davon geht zu Recht auch SCHENKE, Wolf-Rüdiger, Die verfassungsrechtliche Garantie eines Rechtsschutzes kirchlicher Bediensteter, in: FS Faller, 143 aus.

der staatlichen Judikatur[27] – im Rahmen der allgemeinen Möglichkeit, gegen kirchliche Maßnahmen Rechtsschutz durch die Staatsgerichte zu begehren, nicht jedoch im Sinne eines formellen prozessualen Instanzenzuges.

Kirchliche und staatliche Gerichtsbarkeit haben folglich in der Verfassungsordnung des Grundgesetzes verschiedene Funktionssphären auszufüllen. Sie stehen hierbei weniger in einer Konkurrenz[28] zueinander als vielmehr in einem Verhältnis der Koexistenz, welches maßgeblich auf einer sachangemessenen Abschichtung der jeweiligen staatlichen bzw. kirchlichen Justizaufgaben und -zuständigkeiten beruht.

3. Kirchliche Judikatur als Verfahren der Rechtsanwendung

Ihrer Grundaufgabe gemäß sind die kirchlichen Gerichte grundsätzlich – vorbehaltlich der in den Verfahrensordnungen normierten Ausnahmen oder Einschränkungen[29] – zur Judikatur über Akte kirchlichen Lebens berufen, welche entweder rechtsförmig ergehen oder konkrete rechtliche Bezüge aufwerfen. Ihnen obliegt hierbei ebenso wie den staatlichen Gerichten die Aufgabe, ihre Entscheidungen nach Maßgabe des jeweils anwendbaren Rechts zu treffen.[30] Diese Bezogenheit auf das Recht entspricht dem herkömmlichen Verständnis von „Rechtsprechung“[31], und sie versteht sich, soweit es um die Grundlagen gerichtlicher Funktionen geht, deshalb[32] auch im kirchlichen Raum von selbst. Dem entsprechend bemühen sich die Kirchen denn auch zu Recht und mit Erfolg, für ihre Gerichte Personal zu gewinnen, welches mit der Praxis richterlicher Dezi-

---

27 Wolfgang RÜFNER spricht insoweit durchaus treffend von kirchlichen Gerichten als im Verhältnis zu den staatlichen „vorgeschalteten Gerichten“: DERS. (Fn. 4), 1114 ff. In ähnlichem Sinne war Ulrich SCHEUNER 1967 davon ausgegangen, es dürfe der Staat den kirchlichen Gerichten „wohl Vorentscheidungen überlassen“: DERS., Die Religionsfreiheit im Grundgesetz, in: DÖV 20 (1967) 591. Vgl. zur „Vorschaltung“ des kirchlichen Rechtswegs ferner RUPPEL, Erich, in: EssG 7 (1972) 69 (Aussprache); CAMPENHAUSEN, Axel Frh. von, ebd., 71 f.; WEBER, Hermann, ebd., 74 f.

28 So aber MAURER (Fn. 1), 69; DERS., Kirchenrechtliche Streitigkeiten vor den allgemeinen Verwaltungsgerichten, in: FS Menger, 300; wohl auch SACHS (Fn. 21), 493 f., der von prinzipiell voneinander geschiedenen Funktionssphären kirchlicher und staatlicher Gerichtsbarkeit ausgeht.

29 Vgl. z. B. § 20 VwGG EKU; § 9 Abs. 2 KVwGG Württemberg.

30 MAURER (Fn. 1), 59, 84, 85 ff.

31 THOMA, Richard, Grundbegriffe und Grundsätze, in: Handbuch des Deutschen Staatsrechts II, hg. v. ANSCHÜTZ, Gerhard, Tübingen 1932, 129, definierte Rechtsprechung als „den verselbständigten Ausspruch dessen, was in Anwendung des geltenden Rechtes auf einen konkreten Tatbestand im Einzelfalle Rechtens ist, durch eine staatliche Autorität“; vgl. ferner BVerfGE 7, 183 (188 f.); 22, 49 (74 ff.).

32 HÄBERLE, Peter, „Gemeinrechtliche“ Gemeinsamkeiten der Rechtsprechung staatlicher und kirchlicher Gerichte? Die Bindung an das Gesetz und das richterliche Prüfungsrecht, in: JZ 21 (1966) 384 f., spricht insoweit von „gemeinrechtlichen Gemeinsamkeiten“ kirchlicher und staatlicher Gerichtsbarkeit.

sion vertraut ist. Die Prozessordnungen der evangelischen Kirchen vermitteln in ihrer sachlichen und vielfach auch textlichen Orientierung am staatlichen „Vorbild“[33] strukturell fast überdeutlich diesen Eindruck „regulärer“ Gerichtsbarkeit; teilweise wird in ihnen sogar explizit auf die staatliche Verwaltungsgerichtsordnung verwiesen.

Kirchliche Judikatur muss, wenn sie überhaupt ihre Aufgabe im Organismus der Kirche erfüllen will, als Verfahren der Rechtsanwendung wahrgenommen werden, nicht als Bestandteil des geistlichen Wirkungskreises. Es handelt sich vor Gericht nicht um eine „gottesdienstgemäße Form der Kirchenrechtsanwendung“, wie Albert STEIN einmal formuliert hat.[34] Daran ändert die Tatsache nichts, dass in kirchlichen Verfahrensordnungen für den Beginn der Verhandlung eine Lesung aus der Heiligen Schrift[35] bzw. für den Beginn der gerichtlichen Beratung ein Gebet[36] vorgesehen ist. Im Gegenteil verdeutlicht sich gerade hieran einerseits die der Gemeinde Christi aufgegebene Zuordnung allen Handelns – auch der gerichtlichen Erörterung und Entscheidung – auf das Evangelium hin; diese Bindung sollte allen kirchlichen Richterinnen und Richtern in ihrer Tätigkeit stets vor Augen stehen, und sie sollte nicht zuletzt auch an einer fairen Atmosphäre der kirchengerichtlichen Verhandlung deutlich werden. Andererseits weist die Schriftlesung zu Beginn aber auch darauf hin, dass die Tätigkeit des kirchlichen Gerichts eine Konfrontation mit dem *proprium* der Kirche nicht zu scheuen braucht, zu welchem – da es in der Kirche erfahrungsgemäß nun einmal menschlich und damit möglicherweise auch fehlsam zugeht – legitimer Weise die Aufrechterhaltung guter Ordnung in institutioneller Hinsicht mit den Mitteln des Rechts gehört.[37] Bekanntlich ist bereits der ersten Christenheit nicht verborgen geblieben, dass gegebenenfalls auch die Notwendigkeit erwächst, Streitigkeiten autoritativ zu entscheiden.

In den evangelischen Kirchen der Gegenwart besteht, wie bereits erwähnt, dieser Realität (ebenso wie prinzipiell dem Kirchenrecht) gegenüber allerdings teilweise ein gebrochenes Verhältnis. Juristisch begründete Dezisionen scheinen dem Prinzip brüderlichen bzw. schwesterlichen Konsenses zu widersprechen, wie es in den Kirchen in Problemsituationen vielfach beschworen wird. Das hierin begründete Unbehagen artikuliert sich in einer Reihe von Verfahrensordnungen darin, dass dort den Kirchengerichten explizit die Aufgabe zugewiesen

---

33 Dazu auch FROST, Herbert, Strukturprobleme evangelischer Kirchenverfassung, Göttingen 1972, 375 ff.

34 STEIN, Albert, Kirchenrecht in theologischer Verantwortung, Wien 1990, 33.

35 § 39 Abs. 1 VwGG EKU; § 46 Abs. 1 KVwGG Baden; § 20 Abs. 1 Gesetz über die Verwaltungsgerichtsbarkeit in der Bremischen Evangelischen Kirche; § 33 Abs. 1 KVwGG Kurhessen-Waldeck; § 19 Abs. 1 KiG für die Gemeinsame Verwaltungsgerichtsbarkeit in der Lippischen Landeskirche und der Evangelisch-reformierten Kirche in Nordwestdeutschland; § 66 Abs. 1 KVwGG Württemberg.

36 § 74 Abs. 1 KVwGG Württemberg.

37 Darauf verweist zu Recht im Kontext kirchlicher Judikatur auch MAURER (Fn. 1), 85.

wird, auf eine gütliche Einigung hinzuwirken.[38] So gibt denn auch das jüngst in der Evangelischen Landeskirche in Württemberg erlassene Kirchliche Gesetz über die kirchliche Verwaltungsgerichtsbarkeit dem Kirchengericht nach dem Muster anderer Ordnungen in Form einer Soll-Bestimmung Schlichtungsbemühungen auf[39], bevor es dann im nächsten Absatz die staatliche Vorschrift des § 106 VwGO über gerichtliche Vergleiche fast wortgleich rezipiert.

Auf den ersten Blick scheinen kirchliche Verfahrensordnungen, wenn sie dem Gericht ausdrücklich aufgeben, auf eine gütliche Beilegung des Rechtsstreits hinzuwirken, über die im staatlichen Verwaltungsrechtsstreit gegebene Rechtslage hinauszugehen. Dort sind – wie in anderen durch die Dispositionsmaxime geprägten Verfahren auch – gerichtliche Vergleiche möglich. Es ist auch nicht unüblich, dass das Verwaltungsgericht hierbei hilfreich mitwirkt; es kann diesbezügliche Vorschläge unterbreiten, was § 106 VwGO ausdrücklich voraussetzt[40], und es kann überdies einen Gütetermin anberaumen.[41] Vergleichsbemühungen solcher Art entsprechen bewährter gerichtlicher Tradition; sie liegen allerdings im Ermessen des Gerichts, welches hierbei stets die Rechtslage und auch seine eigene Verpflichtung, jeglichen Anschein der Parteilichkeit zu vermeiden, gebührend in Rechnung zu stellen hat. Im kirchlichen Verwaltungsprozess liegen die Dinge dem Grunde nach nicht anders. Soweit in Verfahrensordnungen der evangelischen Kirchen explizit ein Bemühen des Gerichts um eine gütliche Verfahrensbeendigung angesprochen wird, handelt es sich lediglich um die – innerkirchlichen Stimmungslagen entgegenkommende – normative Bekräftigung eines ohnehin bestehenden *nobile officium*, nicht aber darum, die Funktion kirchlicher Verwaltungsgerichte prinzipiell von der Streitentscheidung hin zur bloßen Schlichtung zu verschieben. Dagegen spräche ebenso die Entwicklungsgeschichte kirchlicher Gerichtsbarkeit wie der offensichtliche Grundzug der kirchlichen Verfahrensordnungen, strukturell eine „reguläre" Verwaltungsgerichtsbarkeit zu etablieren.

Demgegenüber sind in der Auseinandersetzung mit der Gerichtsbarkeit evangelischer Kirchen freilich auch andere Bilder innerkirchlicher Rechtspflege angeklungen. So hat beispielsweise Albert STEIN das in seiner Sicht angemessene Selbstverständnis des kirchlichen Verwaltungsrichters dahin definiert, er sehe

---

38 § 41 Abs. 1 VwGG EKU; § 48 Abs. 1 KVwGG Baden; § 46 Abs. 1 KVwGG Bayern; § 36 Abs. 1 KVwGG Kurhessen-Waldeck; § 27 KiG über den Rechtshof Mecklenburg; § 2 Abs. 1 Satz 3 Gesetz über das VuVG Pfalz.

39 § 69 Abs. 1 KVwGG Württemberg.

40 Satz 2: „Ein gerichtlicher Vergleich kann auch dadurch geschlossen werden, dass die Beteiligten einen in der Form eines Beschlusses ergangenen Vorschlag des Gerichts, des Vorsitzenden oder des Berichterstatters schriftlich gegenüber dem Gericht annehmen."

41 Gemäß § 87 Abs. 1 Satz 2 Nr. 1 VwGO kann der Vorsitzende oder der Berichterstatter „die Beteiligten zur Erörterung des Sach- und Streitstandes und zur gütlichen Beilegung des Rechtsstreits laden und einen Vergleich entgegennehmen".

sich im Sinne von 1 Kor 6 als „Schlichter"[42]; auch Herbert EHNES hat im Blick auf die kirchliche Gerichtsbarkeit von einem „besonderen Charakter als Schlichtungsinstanz"[43] gesprochen. Im gleichen Sinne plädierte Gerhard SEIDLER 1971 – immerhin aus der Perspektive eines Oberlandesgerichtspräsidenten i. R. – dafür, es sollte

> „der kirchlich zutiefst legitime Gedanke der schiedsrichterlichen Kontrolle nicht nur in der Handhabung, sondern auch in der Gestaltung der Normen ... bewahrt bleiben und bedacht werden"[44];

allerdings zitierte er im gleichen Vortrag auch die zutreffende Auffassung des Verfassungs- und Verwaltungsgerichts der VELKD, dass „ein Verfahren vor einer Gütestelle, die vermitteln soll, aber nicht entscheiden darf, kein Rechtsweg sei."[45]

In den Plädoyers für eine Schlichtungsfunktion kirchlicher Gerichte innerhalb der evangelischen Kirchen schwingt die fundamentale Erkenntnis mit, dass gütliche Einigungen unter Christen allemal die angemessenere Methode der Streitbeilegung darstellen als autoritative Dezisionen, nach welchen jeweils ein Beteiligter notgedrungen als Verlierer zurückbleibt. In diesem Sinne hat Ulrich SCHEUNER zu Recht „von der in jeder christlichen Gemeinschaft gültigen Anstrengung um gütliche Einigung" gesprochen.[46] Doch darf dieses Bemühen – auch in der Kirche – nicht tendenziell zur Rechtsverweigerung führen.[47] Auch dort, wo den kirchlichen Verwaltungsgerichten normativ Vergleichsbemühungen aufgegeben worden sind, bleibt es – sofern diese Versuche nicht zur Beilegung des Rechtsstreits führen – beim Geltungsanspruch des einschlägigen Rechts[48] und beim Erfordernis einer streitigen Entscheidung des kirchlichen Gerichts.[49]

Ausgehend von der Rechtsanwendungsaufgabe der kirchlichen Gerichte ist im übrigen die notwendige Differenzierung zwischen richterlichen Funktionen einerseits und geistlichen Funktionen andererseits zu bekräftigen; das gilt insbesondere für seelsorgerliche Aspekte in Disziplinarsachen[50], darüber hinaus aber nicht minder für die allgemeine kirchliche Verwaltungsrechtsprechung. Allerdings sprach Konrad HESSE noch 1956 davon, dass „eine kirchliche Gerichtsbarkeit ... eher die Züge eines diakonischen Dienstes tragen" müsse, welcher „der

---

42 STEIN (Fn. 34), 35.

43 EHNES, Herbert, Die Bedeutung des Grundgesetzes für die Kirche, insbesondere Grundrechte in der Kirche, in: ZevKR 34 (1989) 401.

44 SEIDLER (Fn. 5), 94 f.

45 Ebd., 93.

46 SCHEUNER (Fn. 1), 364.

47 Zutreffend MAURER (Fn. 1), 79 Fn. 85.

48 Vgl. hierzu auch ebd. 80, 85, 86 f.

49 FROST (Fn. 33), 375.

50 Hierzu HANSCH, Karl, Die Disziplinargerichtsbarkeit in der evangelischen Kirche, Göttingen 1961, 123.

Kirche um ihrer Verkündigung willen aufgegeben" sei[51], und zitierte in diesem Zusammenhang aus einem Gutachten des Großen Senats des Verfassungs- und Verwaltungsgerichts der VELKD vom 4. November 1952. Nach Maßgabe dieses Gutachtens besitzt das

> „kirchliche Rechtsverfahren ein ihm eigentümliches, von demjenigen der gleichen staatlichen Institution verschiedenes Gepräge. Es geht bei ihm nicht darum, einen Streit feindlicher Parteien ‚nach der Schärfe des Rechts' zu entscheiden, sondern mit richterlicher Autorität und den Mitteln richterlicher Rechtsfindung einen Akt christlicher Rechtshilfe zu leisten, damit die geistliche Einigkeit, ‚Liebe und Frieden' unter den Mitgliedern des ‚christlichen Körpers' auf eine für Christen geziemende Weise wiederhergestellt werde. Dieser – man darf sagen – seelsorgerliche Zug geht der staatlichen Verwaltungsgerichtsbarkeit ab. Dagegen sollte er jedes Stadium des kirchlichen Rechtsverfahrens beherrschen. Selbst wenn keine gütliche Beilegung im Lauf des Verfahrens gelingt, müßte der abschließende Spruch nicht so sehr den Charakter einer Streitentscheidung als einer brüderlichen Rechtsweisung tragen."[52]

Eine Relativierung der den kirchlichen Gerichten aufgegebenen Funktionen autoritativer Entscheidung von Rechtsstreitigkeiten mochte damals noch verständlich erscheinen vor dem Hintergrund der bereits erwähnten grundsätzlichen Reserve der Jurisprudenz gegenüber, welche insbesondere die frühen Diskussionen über die Etablierung einer Gerichtsbarkeit in den evangelischen Kirchen nachhaltig prägte. Sie verfehlte und verfehlt allerdings die definitionsgemäße Aufgabenstellung gerichtsförmiger Rechtsanwendung, an welcher sich heute[53] auch eine Kirchengerichtsbarkeit jedenfalls dann zu orientieren hat, wenn sie überhaupt eine Existenzberechtigung besitzen soll. Historisch gesehen war zwar kirchliche Gerichtsbarkeit eine Funktion des geistlichen Amtes[54], die vom Bischof ausgeübt wurde und nach wie vor die bischöfliche Stellung und die des Papstes in der Römisch-katholischen Kirche bestimmt. Sie stand und steht aber neben den pastoralen Funktionen; auch dies lässt sich deutlich im kanonischen Recht nachvollziehen. Für die evangelischen Kirchen hat dem Grunde nach in-

---

51 HESSE, Rechtsschutz (Fn. 9), 115; zustimmend wohl KRÄMER, Achim, Verfassungsrechtliche und staatskirchenrechtliche Probleme kirchlicher Gerichtsbarkeit, in: DVBl. 96 (1981) 2.

52 Text nach HESSE, Rechtsschutz (Fn. 9), 115 Fn. 19.

53 Das Bild, das Ulrich SCHEUNER noch 1958 zeichnete (DERS. [Fn. 1], 350 f.: „Ein Christ, der um der guten Ordnung innerhalb der Kirche willen ein kirchliches Gericht anruft, bezeugt damit nicht so sehr sein subjektives Recht, das er nach eigenem Willen durchsetzt, sondern er schreitet nach innerer Prüfung, ob er im Geiste der Auferbauung der Gemeinde nicht gehalten sein möchte, auch Fehler im rechtlichen Gefüge hinzunehmen oder auszugleichen, um der ganzen Gemeinde willen zur Anrufung des Gerichts, damit dies die rechte Ordnung bezeuge und wiederherstelle, wo sie verletzt ist. Keineswegs aber können hier Recht und Gesetz als oberster Maßstab erscheinen, der sich nicht jederzeit als ein Dienst gegenüber Wort und Bekenntnis verstehen müßte."), wird jedenfalls der heutigen Situation kirchlicher Rechtspflege nicht mehr gerecht – wenn es denn Ende der 50er Jahre des vorigen Jahrhunderts noch realistisch gewesen sein sollte.

54 Hierzu DERS. (Fn. 1), 352 ff.

sofern nichts anderes zu gelten. Die Kirchengerichte sind nicht in den geistlichen Aufgabenbereich der Kirche involviert[55], sondern auf eine sozusagen „äußerliche" Kontrolle kirchlichen Lebens beschränkt, soweit der jeweilige Streitstoff überhaupt vom Geltungsanspruch des Rechts erfasst und somit justitiabel ist. Die Verwaltung der Sakramente und sonstige geistliche Amtshandlungen sind folglich ebenso wie die Entscheidung theologischer Sachfragen dem Zuständigkeitsbereich der Kirchengerichte entzogen.[56]

Hiernach gilt es, im Blick auf die Rechtspflege in den evangelischen Kirchen eine Entscheidung zu treffen: Erachtet man in Streitsituationen eigentlich nur eine Beilegung auf dem Wege der Mediation als dem christlichen Liebesgebot und dem Wesen der Kirche adäquat, dann wäre diese Aufgabe gegebenenfalls besser auf sonstige Amtsträger oder Gremien der Kirche zu übertragen und auf die Existenz kirchlicher Gerichte im Prinzip zu verzichten. Erkennt man hingegen die – im Ergebnis notwendigerweise dezisive, nicht ausgleichende – richterliche Funktion auch in der Kirche als legitim an, dann sollte man sie nicht durch pastorale Intentionen überlagern bzw. relativieren, welche den Gerichten der evangelischen Kirchen strukturell funktionsfremd sind und sie überdies – ungeachtet dessen, dass in ihnen die Richterbank durchweg auch mit Theologinnen bzw. Theologen besetzt ist – ohnehin der Sache nach weithin überfordern. Hartmut MAURER hat die klare Alternative, vor welche die Kirchen hier gestellt sind, bereits 1958 ebenso deutlich wie zutreffend auf den Punkt gebracht:

> „Das Wesen der Gerichtsbarkeit liegt in der Rechtsprechung, die von der Schlichtungstätigkeit grundsätzlich verschieden ist ... Es steht der Kirche frei, ob sie eine Gerichtsbarkeit einführen will oder nicht. Wenn sie aber eine Gerichtsbarkeit einrichtet, muß sie auch deren Eigenart akzeptieren. Eine Gerichtsbarkeit mit sachfremden Elementen und Aufgaben ist eine Fehlkonstruktion, die zu Verwirrung und Unfrieden führen muß."[57]

Pastorale Intentionen wirken in gerichtlichen Entscheidungen jedenfalls dann als Fremdkörper, wenn ihr Bezug zum geltenden Kirchenrecht nicht deutlich wird. Ein aktuelles Beispiel hierfür findet sich im Urteil des Verfassungs- und Verwaltungsgerichts der VELKD vom 5. Dezember 2001[58], das über die Rechtmäßigkeit der Abberufung des Trägers eines kirchenleitenden Amtes mangels gedeihlichen Wirkens befand. Anschließend an die Begründung der Entscheidung fühlte sich das Gericht aufgerufen, „zur Vermeidung weiterer Rechtsstreitigkeiten" noch Ausführungen anzuschließen, welche zumindest in der veröf-

---

55 Zur Herausnahme geistlicher Fragen aus dem Zuständigkeitsbereich der Kirchengerichte bereits ebd. 346 mit Fn. 20, 360 f.

56 Vgl. etwa § 9 Abs. 2 Nr. 1 KVwGG Württemberg. Hierzu auch MAURER (Fn. 1), 64 ff., der zutreffend die Nichtüberprüfbarkeit einer Vornahme oder Ablehnung geistlicher Amtshandlungen durch kirchliche Gerichte dem „gemeinen evangelischen Kirchenrecht" zurechnet (64).

57 MAURER, Verwaltungsgerichtsbarkeit (Fn. 10), 137.

58 VuVG VELKD, RsprB. ABl. EKD 2002, 9.

fentlichten Fassung des Urteils länger ausfallen als die tragenden Entscheidungsgründe. Über „präventive" Erwägungen hinaus, welche ersichtlich noch im einschlägigen Recht angesiedelt sind, finden sich dort auch Ermahnungen an die Träger kirchenleitender Ämter,

> „sich in jeder Lage in der Erkenntnis ihrer jeweiligen Stärken und Schwächen zu respektieren, anzunehmen und gegenseitig zu motivieren"[59],

sowie – im Kontext der nach Auffassung des Gerichts zu berücksichtigenden „geistlich-theologischen Relevanz des Sachverhalts" – konkrete Verweise auf das Apostelkonzil zu Jerusalem der Jahre 48/49 n. Chr.[60] Ein solches offensichtliches Bemühen des Verfassungs- und Verwaltungsgerichts der VELKD, in der evangelischen Kirche einen Geist des brüderlichen bzw. schwesterlichen Umgangs miteinander zu fördern, ist der Sache nach zu begrüßen. Jedoch sollten diesbezügliche Intentionen ihren Platz in der geistlichen Leitung und auch in der Verwaltungspraxis der Kirche haben; in der Begründung einer gerichtlichen Entscheidung hingegen sind sie dann fehl am Platze, wenn auf sie über die – retrospektive – Anwendung des geltenden Rechts hinaus sozusagen pastoral Bezug genommen wird. Ein *cum grano salis* ähnlicher Versuch, nach der Begründung der Abweisung der Klage über die konkrete Rechtslage hinaus ausgleichend zu wirken, fand sich in einem Urteil des Kirchlichen Verfassungs- und Verwaltungsgerichts der Evangelischen Kirche in Hessen und Nassau vom 1. Dezember 1998, wo das Gericht nach dem Hinweis darauf, dass der Kläger sich gegen eine Abfindungssumme und für eine gerichtliche Entscheidung entschieden habe, „die auch für die Zukunft zur Klärung der Rechtslage beitragen wird", die Anregung äußerte, „die Beklagte möge erwägen, ob dies dem Kläger aus Billigkeitsgründen honoriert werden könnte".[61]

---

59 Ebd., 12.
60 Ebd., 13.
61 KVuVG EKHN, RsprB. ABl. EKD 1999, 15.

IX. Verhältnis Staat – Kirche

Les Concordats dans l'Histoire*

Jean Gaudemet (†)

Le mot „Concordat" évoque un accord entre deux parties, accord qui affirme deux souverainetés, dit-on souvent. Il détermine les droits des parties et les modes d'exercice de ces souverainetés sur un même sol et vis-à-vis des mêmes personnes.

Rattacher le droit concordataire à la notion de souveraineté pourrait prêter à discussion. Cette notion est, en effet, un apport de la réflexion politique moderne. Elle s'affirme au XVI° siècle avec Jean BODIN. L'*impérium mundi* revendiqué par les empereurs germaniques médiévaux n'était pas une souveraineté comparable à celle qu'invoquent aujourd'hui des centaines d'États, grands ou petits.

Les concordats – on le verra plus loin – n'apparaissent pas avant le XVI° siècle. Ils doivent être envisagés indépendamment de la doctrine de la souveraineté. Entre la souveraineté d'un État et celle que l'on pourrait attribuer à l'Église catholique les différences sont d'ailleurs importantes. Si la notion de souveraineté politique peut être appliquée à l'État du Vatican (ou, auparavant, aux „États de l'Église"), elle ne convient guère à l'institution religieuse qu'est l'Église catholique, dont le fondateur disait que „son Royaume n'était pas de ce monde". C'est le Saint-Siège, non l'État du Vatican, qui est partie aux concordats.

Aussi, sans mettre en jeu le concept de souveraineté, semble-t-il préférable de voir dans le concordat une convention passée entre le Saint-Siège et un État, aux fins d'assurer, dans cet État, le libre exercice de la religion catholique, avec ce que cela implique, en ce qui concerne l'exercice du culte, le statut de ses ministres, les droits des fidèles, les moyens matériels nécessaires à l'exercice du culte.

De telles conventions semblent aujourd'hui normales. Depuis un siècle, elles se sont multipliées. Cependant, sous cette forme, pendant près de quinze siècles, l'Église les a ignorées.

Les premiers Chrétiens ne pouvaient guère y songer. Ignorées, critiquées, persécutées, les communautés chrétiennes ne pouvaient négocier avec l'Empire ro-

---

* Jean GAUDEMET est décédé en mai 2001. Il avait laissé sur son bureau cet article, avec la mention „pour les Mélanges Richard Puza".
Orientation bibliographique; parmi les principaux travaux, mentionnons seulement: 1) pour les textes: MERCATI, Angelo, Raccolta di concordati, ²1954 et, plus récent: CORRAL SALVADOR, Carlos / GIMENEZ Y MARTINEZ DE CARVAJAL, José, Concordats vigentes, 2 vol., Madrid 1981; 2) pour les études: WAGON, Henri, L'Église et les concordats. Histoire des Concordats, Paris 1990; „Quand le Saint-Siège signe des Concordats". Six articles, dans: LeSuppl 199 (1996).

main, seule puissance qui, à cette époque, régnait sur l'Occident. Reconnue, l'Église obtint de l'Empire romain certains droits, voire certains privilèges, demandés par les conciles, parfois par des papes soucieux d'assurer la vie religieuse des Chrétiens. De telles mesures furent consignées dans des constitutions impériales, qui seules avaient autorité pour formuler des règles que devaient observer Chrétiens et païens. Encore vers la fin du IV° siècle, la jeune Église et l'État romain ne se situaient pas dans le cadre de deux puissances, négociant entre elles. Voulant situer l'empereur en face de l'Église, AMBROISE dit du premier qu'il est „dans l'Église et non pas au dessus" („Imperator intra Ecclesiam non supra Ecclesiam est"). Pour l'évêque de Milan, l'Église est une communauté de foi qui réunit les petits et les grands. Il n'y a pas de place pour un accord, là où il n'y a pas deux pouvoirs en présence, qu'il faut concilier.

Progressivement, canons des conciles, statuts des évêques, décrétales des papes, fixent le droit de l'Église, qu'il s'agisse de la célébration cultuelle, du statut des ministres, des devoirs des fidèles, de la protection du patrimoine. De leur côté, les monarchies „barbares", devenues maîtresses de l'Occident, acceptèrent ces lois, parfois les fortifièrent de leur propre législation et mirent à leur service leurs moyens de contrainte et leurs tribunaux. Un accord tacite s'instaurait ainsi, dont l'Église était bien souvent la grande bénéficiaire. Convertis à la religion nouvelle, entourés fréquemment de „conseillers" ecclésiastiques, tenant le service de la foi pour l'une de leurs principales missions, rois, ducs et comtes se montrèrent, sauf rares exceptions, les auxiliaires de l'Église. La religion assurait ainsi sa prééminence.

Sans doute, en 499, le pape GÉLASE avait-il reconnu dans une lettre à l'empereur ANASTASE (Ep. 12, reproduite dans le Décret de GRATIEN, D. 96, c. 10) que „Deux pouvoirs gouvernent le monde": l'„Auctoritas sacrata Pontificum" et la „Regalis Potestas". Le dualisme était inégal. La primauté du pouvoir spirituel n'était guère contestée, alors même que, sur certains points, empereurs et princes aient fermement défendu leur autorité. Il y eut des tensions et des crises. Mais pendant longtemps, nul ne songea à les prévenir par la conclusion d'un concordat.

Ceux-ci apparaissent dans les premières années du XII° siècle. Il fallait mettre un terme aux graves différents que suscitait alors l'immense fortune foncière de l'Église, dont les évêques étaient, pour bonne part, les responsables et les bénéficiaires. À la richesse ainsi assurée à nombre d'évêques, s'ajoutait, pour leur titulaire, le plus souvent, un pouvoir séculier.

En effet, dans la société médiévale occidentale, la maîtrise du sol emportait l'autorité sur ses occupants. Les évêques, surtout dans l'Empire germanique, étaient ainsi à la fois pasteurs de leur peuple et seigneurs féodaux. Aussi, les évêchés étaient-ils convoités. À qui revenait-il de les attribuer? Au pape appartenait l'institution de la charge, à l'Empereur l'„investiture" du fief. Partage d'attributions difficile à régler, lorsque c'était un même homme qui devait être choisi pour gouverner l'Église et servir l'Empereur. Le Moyen Âge exigeait pour tout transfert de pouvoir la remise d'un objet qui le symbolisait. Il devait donc y avoir „investiture" spirituelle et „investiture" temporelle du nouveau prélat. Mais le symbolisme était équivoque. L'empereur prétendait investir par la remise de la crosse et de l'anneau, symboles qui pouvaient laisser croire que c'était lui qui conférait le pouvoir spirituel. D'où l'opposition romaine à ce rite et, dans l'Empire, la „Querelle des Investitures".

C'est dans cette situation qu'apparurent les premiers concordats. Il fallait en effet mettre un terme à un conflit de compétence, qui tournait au conflit politique.

1. Une histoire millénaire

Le premier essai reste incertain et ne mérite pas pleinement le nom de Concordat, que l'histoire tend à lui attribuer. D'après les récits des contemporains, il n'y eut pas accord, mais tentative de régler unilatéralement la Querelle et ce fut un échec.

En 1111, les envoyés du pape PASCAL II affirment à l'empereur HENRI V que le pape s'engage, pour les évêques allemands, à ce qu'ils renoncent à leur pouvoir temporel et mettent ainsi fin à toute discussion sur l'investiture. C'était „le Concordat de Sutri". La promesse était-elle sérieuse? Le pape l'avait-il formulée en ces termes? Espérait-il que l'épiscopat lui serait soumis jusqu'à accepter la perte de son important temporel? On en peut douter. En tout cas, l'épiscopat allemand refusa de consentir à l'abandon que le pape aurait fait en son nom.

Quelques années plus tard, après des négociations difficiles, un accord intervint sur la même question des investitures. L'affaire avait été menée en présence de deux Français, l'abbé de Cluny et GUILLAUME DE CHAMPEAUX qui avaient peut-être contribué à trouver un modus vivendi. Ce fut le „Concordat de Worms" (21 septembre 1122). Il s'agissait en réalité de deux déclarations conjointes. L'empereur renonçait à l'investiture „par l'anneau et la crosse" et s'engageait à respecter la liberté des élections épiscopales. Le pape consentait à ce que l'élection ait lieu „en présence" de l'empereur et à ce que les regalia soient remis à l'évêque par le sceptre. Cette fois, il y avait bien eu accord. Mais, dans la forme, il se présentait en deux déclarations indépendantes, émanant de chaque partie. On retrouvera plus loin un autre exemple d'un formalisme analogue.

Ce n'est qu'avec le milieu du XV° siècle que les concordats entrent vraiment dans l'histoire de l'Église.[1] Ils devaient y connaître une belle fortune.

Dans l'Empire en 1447, un accord intervenait entre EUGÈNE IV et l'empereur FRÉDÉRIC III. L'année suivante le même empereur concluait avec NICOLAS V le Concordat de Vienne, qui réglait la discipline de l'Église impériale.

---

[1] Il semble que le terme „Concordat" apparaisse pour la première fois au milieu du XV° siècle.

En France, un projet de concordat fut présenté à CHARLES VII par le légat d'EUGENE IV en 1443. Il s'agissait de répartir les compétences entre le pape et le roi en ce qui concernait la provision aux bénéfices ecclésiastiques. La question était d'importance étant donnée la situation qu'ont toujours occupée les évêques dans leur diocèse. Mais elle avait aussi des aspects financiers. La provision aux bénéfices était l'occasion de perception de taxes par le roi comme par les finances pontificales. La nomination d'un évêque était d'autre part le moyen de récompenser certains services, parfois de servir des intérêts familiaux.

Le projet fut retenu par les commissaires royaux, qui y apportèrent quelques modifications. Le Saint-Siège en accepta l'essentiel. Ainsi revu, le projet fut soumis à une Assemblée du Clergé qui se tint à Bourges en 1444. Celle-ci l'accepta, au prix de quelques nouvelles retouches de détail. Mais une Assemblée du Clergé tenue à Nancy en 1445 présenta de graves réserves, spécialement à propos des exigences financières de Rome. Le pape refusa de céder. Ce fut la rupture.[2]

Dans les années suivantes, la situation de l'Église en France s'aggrava. La provision aux bénéfices était, en principe, régie par la „Pragmatique Sanction de Bourges" de 1438, une réglementation unilatérale. LOUIS XI (roi de 1461 à 1483) n'appréciait guère cette œuvre des parlementaires. Tour à tour, il l'abrogea (1461, 1467), ou la rétablit (1463-1464). En fait, la disposition des évêchés dépendait de l'arbitraire royal. En 1472, un Concordat fut conclu avec SIXTE IV. Mais bientôt, le roi imposa à nouveau ses candidats et les conflits reprirent.

C'est avec le Concordat de Bologne que s'ouvre vraiment l'âge concordataire des Temps modernes. L'importance de cet acte, qui, pendant trois siècles régira le statut de l'Église de France, mérite que l'on s'y arrête un instant. Sa négociation est riche d'enseignements. Il ne faut pas la détacher de la situation politique dans laquelle elle intervint. La victoire de Marignan (septembre 1515) avait donné à FRANÇOIS I la maîtrise du Milanais, lui assurant ainsi une position de force vis-à-vis de LEON X, pontife suprême de l'Église, mais également prince temporel en Italie centrale. Le roi de France laissa l'initiative des négociations au pape. Celles-ci se déroulèrent en décembre 1515 à Bologne (d'où le nom de Concordat de Bologne) et aboutirent à un accord le 16 août 1516. Une bulle du 18 août „Primitiva illa ecclesia", entérinait l'accord. La Pragmatique était définitivement abrogée.

Les bulles furent présentées au concile qui, depuis le 10 mai 1512 était réuni au Latran. Celui-ci, dans sa session XI (16 décembre 1516), en approuva la teneur, d'où la mention „Sacro approbante Concilio". Les bulles furent transmises au roi de France, qui les fit enregistrer par son Parlement, selon l'usage. Elles furent publiées par lettres patentes, le 13 mai 1517.

---

2 VALOIS, Noël, Histoire de la Pragmatique Sanction de Bourges sous Charles VII, Paris 1906, 101-147.

On retiendra cette procédure. Certes, il s'agit d'un „accord", négocié à Bologne. Mais il ne prend pas la forme d'une convention souscrite par les deux parties. Chacun reste maître chez lui. Le pape promulgue la bulle, „avec approbation du saint Concile". Le roi fait enregistrer par son Parlement, conformément à la tradition gallicane, des bulles émanant d'une „puissance étrangère" et il donne des lettres patentes.

Sur le fond, le Concordat apportait la trace de concessions réciproques, donc d'avantages pour les deux parties. Le roi obtenait la disposition des bénéfices majeurs; le pape, par des voies détournées, gagnait les annates, c'est-à-dire la première année des revenus de bénéfices nouvellement conférés. Échange bizarre, a-t-on dit, dans lequel le pape obtenait le temporel (les annates) et donnait le spirituel (les désignations épiscopales) à un prince temporel. L'accord des deux puissances se faisait au dépens du clergé de France, „objet" de la convention, qui perdait les fruits de la première année des bénéfices majeurs et ne choisissait pas librement ses évêques.

Une vingtaine de concordats furent conclus entre celui de Bologne et les années 1790. Dès 1519, LÉON X signait un Concordat avec le roi de Pologne, SIGISMOND. Un nouveau concordat avec SIGISMOND fut passé en 1525 par CLÉMENT VII (1523-1534), qui, l'année précédente, en avait conclu un avec CHARLES-QUINT. Le XVII° siècle fut plus calme. Au XVIII°, on relève des concordats avec la Sardaigne (1727), la Pologne (1625 et 1736), l'Espagne (1737 et 1753), la Sicile (1741), le Portugal (1778).

Puis, au lendemain de la crise révolutionnaire, ce fut le „Concordat de Messidor" (1801). Le 14 juin 1800, Marengo assurait une fois encore aux armées françaises la maîtrise de l'Italie padane. Le 16 janvier 1801 l'armistice de Trévise, le 9 février 1802 le Traité de Lunéville modelaient l'Italie du Nord, y compris la Toscane, selon les vues du premier consul. L'Autriche, repoussée vers la Vénétie, était coupée des États de l'Église. La papauté s'en trouvait politiquement affaiblie.

Le premier consul voulait rétablir l'unité de l'Église en France. Les deux „Églises" des années 1790, la „réfractaire" et la „constitutionnelle", se partageant clergé et fidèles. Le pape de son côté souhaitait la restauration de l'Église de France. Dès septembre 1800, des négociations étaient engagées. Pressé d'aboutir, le premier consul mit son autorité au service de l'accord. Des questions difficiles, où l'entente aurait été malaisée, comme celle des ordres religieux ou de l'enseignement, furent mises de côté. Le 15 juillet 1801 était signé à Paris le Concordat de Messidor (an IX.).

La religion catholique était reconnue comme étant „celle de la grande majorité des Français". Le premier consul obtenait la nomination aux évêchés et le maintien de la situation existant pour les acquéreurs de „biens nationaux" comportant ceux dont l'Église avait été spoliée.

Ce Concordat dura plus d'un siècle et reste encore en vigueur dans les départements d'Alsace-Moselle et, pour des raisons différentes[3], en Guyane. Il inspira très directement le Concordat du 16 septembre 1803, conclu avec la république italienne (ancienne République cisalpine).

Les XIX° et XX° siècles furent riches en concordats, mais le rythme de leur conclusion fut inégal. Cela vint en partie du fait de la personnalité des pontifes, plus ou moins enclins à de telles négociations, mais également du jeu des circonstances politiques, qui, par période, firent apparaître l'opportunité d'accords avec de nouveaux États ou de nouvelles formes de gouvernement.

Rares entre le Concordat de 1801 et l'avènement de PIE IX en 1846, ils se multiplièrent sous le pontificat de ce dernier (1846-1878). Pour le début du siècle, on citera trois concordats conclus avec les États allemands: Bavière (1817)[4], Prusse (1821), Hanovre (1824). Une vingtaine furent signés sous PIE IX. Parmi eux, avec l'empereur de Russie, roi de Pologne (1847), avec l'Espagne (1851), l'Autriche (1855)[5], le Portugal (1857), le Wurtenberg (1857), Bade (1859).

PIE IX se montra particulièrement soucieux de la situation de l'Église dans les États d'Amérique latine venus depuis peu à l'indépendance: Costa-Rica et Guatemala (1852), Haïti (1853), Honduras (1861, jusqu'en 1880), en 1862 Équateur (puis 1881), Nicaragua (jusqu'en 1894), Venezuela (jusqu'en 1870), Salvador, Colombie (après PIE IX en 1887).

Puis la conclusion de concordats marque un temps d'arrêt et, au début du XX° siècle, on pouvait croire que l'âge de tels accords était terminé.

La reprise se manifeste à la suite des traités qui suivirent la Grande Guerre de 1914-1918. De nouveaux États sont créés; des empires disparaissent. Une quinzaine de concordats ont été ainsi conclus sous le pontificat de PIE XI (1922-1939), plusieurs avec de nouveaux États: Létonie (1922), Pologne (1925), Lituanie (1927), Yougo-Slavie (1935), ou sur les territoires allemands: Bavière (1924), Prusse (1935), Bade (1932), Concordat du Reich avec HITLER (1933), Autriche (1934); d'autres enfin avec l'Europe du Sud, dans les États passés également à des régimes autoritaires: Portugal (en 1928 alors que CARMONA est devenu président de la République), Italie de MUSSOLINI (1929), Espagne de FRANCO, (1953, Concordat passé avec PIE XII).

Depuis le concile de Vatican II (1962-1965), au contraire, l'activité concordataire a repris. Le concile avait orienté les relations entre Église et État dans des voies nouvelles. Il avait revendiqué haut et fort „la liberté religieuse", mais avait reconnu celle des États souhaitant une certaine forme de collaboration ou, tout au moins, une entente. Cette politique s'affirme tout spécialement dans la Cons-

---

3 À la Guyane, la loi de séparation de 1905 n'a pas été introduite. Le régime reste celui de l'ordonnance du 27 août 1828. La loi de départementalisation de 1946 n'a pas modifié ce régime.

4 HAUSBERGER, Karl, Staat und Kirche nach der Säkularisation. Zur bayerischen Konkordatspolitik im frühen 19. Jahrhundert), München 1983.

5 ZANOTTI, Andrea, Il concordato austriaco del 1855, Milano 1986.

titution pastorale sur „l'Église dans le Monde de son temps", „Gaudium et spes", promulguée dans la session IX, le 7 décembre 1965. Celle-ci déclarait (n. 76, al. 3):

> „Communitas politica et Ecclesia in proprio campo ab invicem sunt independentes et autonomae. Ambae autem, licet diverso titulo, eorumdem hominum vocationi personali et sociali inserviunt."

Certains avaient vu là la fin des concordats. DE BERNARDIS écrivait en 1973 dans un article, Diritto canonico e politica ecclesiastica (reproduit en 1995 dans ses Scritti vari):

> „L'âge des concordats est dépassé. Un tel instrument est destiné à tomber en désuétude du fait des modifications apportées aux relations Église-État par Vatican II."

En fait, de multiples concordats ont été conclus depuis ce concile et pour se conformer à ses orientations.

Dans l'Amérique latine, le Concordat avec le Venezuela, de 1964 (donc avant la constitution conciliaire rappelée ci-dessus, mais en conformité avec l'esprit qui l'emportait déjà au concile) faisait état, formule nouvelle, du „pouvoir spirituel de l'Église catholique". Il mettait ainsi clairement en évidence la différence entre les pouvoirs de l'Église et ceux de l'État. D'autres concordats sont conclus avec l'Argentine (1966) et la Colombie (1973).[6] Avec le Pérou intervient en 1980 un „Accord", inspiré des principes de la constitution „Gaudium et spes".

Avec l'Espagne, après l'Accord du 28 juillet 1976, quatre accords sont passés en 1979. Chacun d'eux règle une partie des questions que posent les relations entre l'Église et l'État. Autre „Accord", celui de la Villa Madame, conclu avec l'Italie (1984). Il se dit intervenir sur les „modifications du Concordat de 1929" et se référer expressément au concile de Vatican II. En fait, c'est un nouveau concordat qui est conclu, inspiré de l'esprit nouveau du concile et, du côté de l'État italien, du retour à un régime démocratique. Plus récemment, „Accord" avec Malte en 1993.

On notera l'abandon du terme de concordat pour ces règlements espagnol, italien ou péruvien. Ce n'est pas une condamnation du vocabulaire ancien, mais c'est peut-être la marque d'un souci de donner moins d'éclat à ces conventions, sans en diminuer l'importance.

C'est d'ailleurs un concordat qui a été conclu avec la Pologne. Signé à Varsovie le 28 juillet 1993, sa ratification fut retardée par l'arrivée à la Diète d'une nouvelle majorité qui lui était peu favorable. La ratification est intervenue après un autre changement de la majorité parlementaire, le 8 janvier 1998.

Une place spéciale doit être faite à deux „Accords" entre le Saint-Siège et des États où la religion musulmane est religion d'État; l'un d'eux a pour chef d'État

---

6 FELIX BALLESTA, M. Angeles, Aproximacion historica de las relaciones Iglesia-Estado en Colombia, dans: Anuario del derecho ecclesiastico 13 (1997) 77-136.

le „Commandeur des Croyants". En 1964, un Modus vivendi intervenait avec la Tunisie. Il garantissait la liberté de culte et reconnaissait à l'Église „la personnalité civile d'association privée". Avec le Maroc, ce fut un „échange de Lettres", celle du roi HASSAN II du 30 décembre 1983 et celle du pape JEAN-PAUL II, en réponse, du 5 février 1984.[7] On doit également signaler un Concordat, aujourd'hui dépassé, entre la Yougo-Slavie de 1966, alors pays communiste, et le Saint-Siège. Là encore, était reconnue „la liberté de conscience et de confession" et il était dit que „l'Église qui est en Yougos-Slavie est personne morale de droit civil".

Ces exemples montrent que là où existent des communautés catholiques, le Saint-Siège parvient à négocier des accords fixant les conditions de la vie religieuse, alors même que l'État contractant se réclame d'une autre religion. C'est là un changement très important, caractéristique d'une nouvelle conception de la place de la vie religieuse dans une société.[8]

On terminera ce tableau en évoquant la situation particulière de la Hongrie.[9] Depuis fort longtemps, ce pays est hostile aux concordats. Le roi y disposait des évêchés et déterminait les circonscriptions ecclésiastiques sans se soucier de faire intervenir le Saint-Siège dans ces questions. Le Concordat autrichien conclu en 1855 par FRANÇOIS-JOSEPH I, empereur d'Autriche et roi (non encore couronné) de Hongrie, fut tenu pour illégitime par les juristes hongrois. Un „Accord partiel" était intervenu avec la République populaire de Hongrie le 15 septembre 1964, autre exemple d'accord avec un pays professant officiellement l'athéisme. Mais, alors que le concile de Vatican II avait déjà donné ses orientations nouvelles, cet accord fut abrogé par un autre, du 9 février 1990; des négociations se poursuivent sur un rythme assez lent.

2. Acteurs et enjeux

De cette histoire millénaire, de nombreuses observations pourraient être dégagées, qu'il s'agisse de la place occupée par l'Église dans la société, des principaux points de rencontre entre les deux pouvoirs, de la signification qui, selon les époques, fut donnée au principe de „liberté des cultes", des conditions dans lesquelles furent conduites les négociations.

Contraints de nous limiter, nous ne ferons que quelques remarques sur deux points majeurs. Le premier relève pour partie du droit international public; il concerne la détermination des parties qui concluent les concordats. L'autre est

---

7 METZ, René, Les relations du roi du Maroc et de l'Église catholique, dans: ALZATI, Cesare (a cura di), Cristianità ed Europa. Miscellanea di studi in onore di Luigi Prosdocimi, Roma 1994, 817-831.

8 Mentionnons également „l'accord fondamental" du 30 décembre 1993, avec l'État d'Israël, et celui du 10 novembre 1997.

9 ERDÖ, Peter, Accords bilatéraux entre le Saint-Siège et la Hongrie, dans: LeSuppl 199 (1996) 121-128.

relatif au contenu de ces conventions; quels sont les points majeurs qui sont le plus souvent abordés?

2.1. Les partenaires

La terminologie a évolué. Ces changements ne sont pas sans intérêt, car ils témoignent de modifications dans la conception même des pouvoirs, dans les États et dans l'Église.

On a dit plus haut la singularité de la présentation du Concordat de Bologne. C'est „François par la grâce de Dieu roi des Francs ..." qui rapporte la bulle de LÉON X. Celle-ci reproduisait les termes des mesures arrêtées d'un commun accord à Bologne et qui, soumises par le pape au concile réuni au Latran, avaient obtenu son approbation. Suivaient le mandat apostolique et la bulle du 19 décembre 1516. Le tout s'achevait par le mandat royal du 13 mai 1517, rendant obligatoire les clauses énoncées dans la bulle. Pas d'acte d'accord des deux puissances, par conséquent, mais deux instances agissant chacune dans sa sphère propre.

Au XVIII° siècle, les choses ont changé. Le concordat est présenté comme un acte conjoint du souverain nommément désigné et du pontife régnant. Il en va ainsi du Concordat espagnol de 1737, conclu entre „Sa Majesté catholique PHILIPPE V" et „Sa Sainteté CLÉMENT XII". Un siècle plus tard, en Espagne toujours, le Concordat de 1851 est conclu entre „Sa Majesté la reine catholique ISABELLE II" et „Sa Sainteté et Pontife Suprême, PIE IX."

Le Concordat de 1801, „Convention entre Sa Sainteté PIE VII et le gouvernement français" mettait en présence „Sa Sainteté le Souverain Pontife PIE VII" et „le Premier Consul de la République française".

Encore dans les premières décennies du XX° siècle, la formule reste du même type. Le Concordat du Latran de 1929 est conclu entre „Sa Sainteté le Souverain Pontife PIE IX" et „Sa Majesté VICTOR EMMANUEL III" et le Concordat avec le Reich de 1933 met en présence „Sa Sainteté le pape PIE XI" et „le Président de l'Allemagne".

Les formules changent à partir du milieu du XX° siècle. À la personne, se substitue l'entité juridique. Les concordats se conformaient ainsi aux usages des traités diplomatiques. Le Concordat avec l'Espagne de 1953 est conclu entre „le Saint-Siège apostolique" et l'État espagnol. Mention est cependant faite de „son chef FRANCO". C'est également „l'État espagnol" qui intervient pour les quatre Accords de 1979. Pour les concordats récents, la formule est stéréotypée: d'une part le Saint-Siège, d'autre part la République ..., de Colombie en 1973, italienne en 1984, de Pologne en 1993.

2.2. Les questions abordées

Il y aurait beaucoup à dire sur ce sujet. Une étude comparative selon les temps plus que selon les pays permettrait de voir quelles sont les questions qui présentaient, à une époque déterminée, le plus grand intérêt pour les deux parties. On verrait également celles qui furent laissées à l'écart et la force respective des deux partenaires selon l'ampleur des concessions faites par l'un ou par l'autre.

Du XV° siècle à la fin de l'Ancien Régime, c'est la provision aux bénéfices majeurs qui a le plus préoccupé les deux parties. Le choix de la personne, ses mérites et ses qualités, son attitude vis-à-vis des autorités religieuses et vis-à-vis du prince n'étaient pas seuls en question. La richesse des diocèses et des monastères suscitait des appétits et permettait de récompenser service et fidélité. Les sécularisations révolutionnaires ont modifié cette situation. Les considérations financières n'ont plus guère de place dans un monde où la richesse ecclésiastique n'est généralement plus qu'un souvenir. Mais la place qu'occupe l'évêque dans son diocèse fait que beaucoup de gouvernements ne veulent pas être tenus totalement à l'écart des choix faits par Rome. Le Concordat de Messidor reconnaissait encore la nomination des évêques par le premier consul. Un tel système de nomination a presque totalement disparu.[10] D'autres formes, plus discrètes, subsistent, mais sont mises en question.[11]

Un sujet d'importance est celui du mariage. Longtemps a régné seul le mariage religieux. Puis se sont introduites des formes civiles. Le mariage, disait le droit canonique médiéval, est „matière mixte". Les concordats ont été conduits à tenir compte de ce caractère mixte.[12] Le détail de leurs solutions est complexe et ne peut être exposé ici. Deux formes de mariage ont parcouru l'histoire, un mariage civil et un mariage religieux. Selon les temps ou les sociétés, l'une ou l'autre ont régné seules ou toutes deux ont coexisté.

---

10 Elle ne subsiste qu'au profit du président de la République française, pour les deux évêchés de Strasbourg et de Metz. En fait, des négociations entre Rome et la France peuvent précéder de telles nominations. METZ, René, Le président de la République française, dernier et unique chef d'État au monde qui nomme les évêques, dans: Revue des Sciences religieuses 66 (1986) 63-89; Sur le système de la notification préalable FELICIANI, Giorgio, Autonomia istituzionale della Chiesa, dans: La liberta religiose. Atti del IX Congresso Internazionale di Diritto Canonico, Milano 1996, 347-357.

11 METZ, René, Le choix des évêques dans les récents Concordats (1914-1954), dans: AnCan 3 (1954/55) 75-98; ID., La désignation des évêques dans le droit actuel, dans: StCan 27 (1993) 321-334; BUSSO, Annabella, Il patronato regio spagnolo e il suo influsso in America, dans: Folio theologica 7 (1996) 197-217; PRIMETSHOFER, Bruno, La nomina dei Vescovi nell'Austria, Germania e Svizzera, dans: Il processo di designazione dei vescovi. Storia, legislazione, prassi. Atti del X Symposium Canonistico-Romanistico 24-28 aprile 1995, a cura di ANDRÉS GUTIÉRREZ, Domingo J., Città del Vaticano 1996, 511-531.

12 GAUDEMET, Jean, L'apport de la doctrine canonique aux droits occidentaux en matière de mariage, dans: FS Fürst, 167-195.

L'Occident ne connut pendant longtemps qu'un mariage religieux, conclu devant un ministre du culte catholique. La Réforme fit apparaître pour les protestants d'autres modalités de formation du mariage. En France, à la veille de la Révolution, fut introduit un mariage civil des protestants, reconnu par l'État (édit du 17 novembre 1787). Après la Révolution, le code civil de 1804 ne reconnut que le mariage civil. Le mariage religieux restait possible, mais n'avait pas d'effets civils et la loi exigeait qu'il intervienne après le mariage civil (code pénal, art. 199 et 200).

Au cours des XIX° et XX° siècles, des solutions diverses furent retenues par de multiples concordats. En Espagne, celui de 1953 (art. 23) reconnaissait encore au mariage religieux catholique pleine valeur au regard du droit civil. La transcription de l'acte de mariage sur les registres de l'état civil était requise pour assurer la connaissance de l'union et permettre ainsi à ses effets civils de jouer. Mais elle n'était pas considérée comme constitutive de ces effets. D'autre part, la juridiction ecclésiastique restait seule compétente pour les questions matrimoniales. Il ne pouvait donc pas y avoir de divorce reconnu, puisque l'Église n'admet pas le divorce. Seule était possible, conformément au droit canonique, une sentence judiciaire de nullité d'un mariage non consommé ou la mise en jeu du „privilège paulin". L'un des Accords de 1979 ouvre l'option entre mariage civil et mariage religieux. Celui-ci est reconnu par l'État et emporte des effets civils.

Telle était également la solution adoptée pour l'Italie par le Concordat du Latran de 1929 (art. 34). L'Accord de 1984 (art. 8, 2°) maintient cette possibilité, mais les effets civils ne sont reconnus au mariage religieux que si l'acte est transmis sur les registres civils. Les causes matrimoniales ne sont pas réservées aux seuls tribunaux ecclésiastiques et le divorce a été introduit par le referendum de 1974.

Le Concordat du Reich de 1933 renvoyait la question du mariage à une loi ultérieure. Mais il reconnaissait la validité d'un mariage religieux en cas de „maladie mortelle" ou de „grave nécessité morale" (art. 26).

Le Concordat polonais de 1993 laisse le choix entre mariage civil et mariage religieux. Celui-ci aura des effets civils s'il répond à certaines exigences légales et s'il a été inscrit sur les registres civils (art. 10).

Ces quelques exemples montrent la diversité des solutions admises par les concordats récents en matière de mariage.

D'autres observations pourraient être faites pour bien d'autres questions, telles que celles relatives à l'enseignement, aux écoles religieuses et Universités catholiques (Italie, 1929, art. 35 à 40; 1984, art. 9 et 10; Reich, art. 19 à 25; Pologne, art. 12 à 15), aux jours de fêtes religieuses reconnues comme fêtes „légales" (Italie, 1929, art. 11 et 12; 1984, art. 6; Pologne, art. 9), au service militaire des clercs (Italie, 1929, art. 3; 1984, art. 4; Pologne, art. 16, n° 3 à 5), à l'assistance religieuse (Italie, 1929, art. 13; 1984, art. 11), au statut des lieux de culte et des biens ecclésiastiques (Italie, 1929, art. 9, 10, 27; 1984, art. 7, n° 5 et 12; Reich, art. 17; Pologne, art. 23 et 24), à la fiscalité (Italie, 1929, art. 29; 1984, art. 7; Reich, art. 8; Pologne, art. 21 et 22), etc.

Ainsi, à travers les dispositions des concordats, un vaste tableau des relations entre Église et État pourrait être brossé, où s'inscriraient les variations de ces rapports.

Kirche und Konkordate

Kann die Kirche des Zweiten Vatikanischen Konzils noch Konkordate schließen? Theologische und ekklesiologische Voraussetzungen des konkordatären Systems zwischen Staat und Kirche

Pier Virginio Aimone

1. „Historia concordatorum, historia dolorum“

Manchen ist vielleicht der alte Ausspruch der römischen Kurie bekannt: „historia concordatorum, historia dolorum“: Die Geschichte der Konkordate war für die Kirche eine Leidensgeschichte.

Deswegen hätte sich PAUL VI. eigentlich freuen sollen, als im Jahre 1970 der damalige Rektor der römischen Universität La Sapienza und Ordinarius des kanonischen Rechts, Pietro Agostino D'AVACK, damals einer der berühmtesten italienischen Laienkanonisten, während einer Kirchenrechtstagung in Rom lapidar sagte: „L'era dei concordati é finita“[1] (die Zeit der Konkordate ist vorbei). Die ekklesiologischen Prinzipien des Zweiten Vatikanums erlaubten es der Kirche nicht mehr, Konkordate abzuschließen. Seit dem Konzil und der Erklärung über die Religionsfreiheit gäbe es keinen konfessionellen Staat mehr, so dass die Kirche innerhalb des Staates keiner besonderen Stellung bedürfe.[2] Der Papst nutzte jedoch die Gelegenheit, unmittelbar darauf eine Antwort zu geben; auf diese Ansprache werde ich mich später beziehen.

Auch nach dem Konzil hat die katholische Kirche zahlreiche Konkordate abgeschlossen – so viele wie nie zuvor. Also „post factum non valet illatio“: Die

---

1 Die Tagung „La Chiesa dopo il Concilio“ fand an der staatlichen römischen Universität „La Sapienza“ statt. Einige Tage später schien der Papst persönlich die Aussage D'AVACKS öffentlich zu erwidern. Vgl. die Ansprache „Ad clarissimum Virum Romanae Studiorum Universitatis Rectorem ceterosque Iuris Canonici peritos, qui Coetui internationali interfuerunt Romae habito“ PAULS VI., in: AAS 62 (1970) 107: „... noi ci asteniamo dall'entrare con queste nostre occasionali parole nel merito delle materie studiate. Tralasciamo perfino dal farvi commento. Qualcuno sarebbe forse necessario da parte nostra, qualche approfondimento, qualche riserva“ („Wir verzichten darauf, mit diesen heute so spontan gesprochenen Worten zum Kern der Sache vorzudringen. Wir verzichten sogar auf einen Kommentar. Es wären vielleicht einige Anmerkungen von uns notwendig, einige Ergänzungen, einige Vorbehalte.“).

2 Vgl. die in DirEccl 82 (1971) abgedruckten Tagungsbeiträge von D'AVACK, Pietro Agostino, La chiesa e lo stato nella nuova impostazione conciliare (21-50) sowie von GISMONDI, Pietro, Il diritto canonico nei principi conciliari (51-66).

Zeit der Konkordate war und ist – entgegen der Meinung von Prof. D'AVACK – noch nicht vorbei. Dessen Wunsch entsprach somit nicht der Realität, denn einige Zeit später wurde noch ein großes Konkordat abgeschlossen, das inzwischen endgültig ratifiziert worden ist, nämlich das polnische Konkordat. Neben dem polnischen Konkordat wurden außerdem in den letzten Jahren zahlreiche Konkordate mit Ländern aus Mittel- und Osteuropa geschlossen (Kroatien, Lettland, Litauen, Slowakei usw.).[3] In der Tat hat der Heilige Stuhl in den letzten Jahren seine Beziehungen mit den Staaten ausgebaut, auch seine diplomatischen Beziehungen. Und man weiß, wie stark das Konzil gerade diesen Bereich kritisiert hatte.

Seit ungefähr neun Jahrhunderten schließt die katholische Kirche mit der jeweiligen weltlichen Macht Konkordate. Vom Wormser Frieden im Jahre 1122[4], mit dem der Investiturstreit beendet wurde, über die beiden französischen Konkordate (mit FRANZ I. im Jahre 1516[5] und NAPOLEON im Jahre 1801[6]) und die Lateranverträge (1929)[7] bis hin zum preußischen (1929)[8] und zum Reichskonkordat (1933)[9] hat die römisch-katholische Kirche eine Leidensgeschichte erfahren. Mit Schmerzen und unter Vorbehalten musste die Kirche im Laufe der Jahrhunderte viele für sie unangenehme Kompromisse akzeptieren.

Die Zeit der Kompromisse und der Schmerzen ist aber noch nicht vorbei! Das jüngste Beispiel liefert ein staatlicher Einspruch bei der Bischofswahl von Basel

---

3 In den AAS sind die verschiedenen Konkordate offiziell veröffentlicht, ebenso wie die Daten der Unterzeichnung, Ratifizierung und des Inkrafttretens nach Austausch der Ratifizierungsurkunden. Den jüngsten Überblick über die seit 1950 abgeschlossenen Konkordate, insbesondere aber – was hier von besonderem Interesse ist – nach Abschluss des Zweiten Vatikanischen Konzils, bietet MARTÍN DE AGAR, José T., Raccolta di concordati. 1950-1999, Città del Vaticano 2000. Das im Text erwähnte polnische Konkordat findet sich ebd., 682-696, die Vereinbarungen mit Kroatien ebd., 154-182. Im Jahr 2000 hat der Heilige Stuhl in Bezug auf Abkommen und Konkordate, wie aus dem 2001 erschienenen Supplementband von MARTÍN DE AGAR, José T., I concordati del 2000, Città del Vaticano 2001, hervorgeht, weitere Aktivitäten entfaltet: Pactio cooperationis inter Sanctam Sedem et Unitatem Africanae Institutionem (OAV), unterzeichnet am 19.10.2000 (ebd., 48-52); Conventio inter Sanctam Sedem et Slovachiae Rem Publicam, unterzeichnet am 24.11.2000 (ebd., 57-70); auch die Abkommen mit den zwei baltischen Staaten Lettland und Litauen finden sich ebd., 9-22 (Lettland) bzw. 23-47 (Litauen).

4 Vgl. MERCATI, Angelo (Hg.), Raccolta di Concordati su materie ecclesiastiche tra la Santa Sede e le autorità civili I: 1098-1914, Città del Vaticano 1954, 18 f.

5 Ebd., 233-251.

6 Ebd., 561-565, bes. 563 Art. 5. Das Konkordat von 1801 findet sich auch bei MARTÍN DE AGAR (Fn. 3), 205-209, Art. 5 auf 207.

7 AAS 21 (1929) 209-274 (Traktat), 275-294 (Konkordat). Unterzeichnung am 11.2. 1929, Austausch der Ratifizierungsurkunden am 7.6.1929 (295).

8 Ebd., 521-535. Unterzeichnung am 14.6.1929, Austausch der Ratifizierungsurkunden am 13.8.1929 (542).

9 AAS 25 (1933) 389-413. Unterzeichnung am 20.7.1933, Austausch der Ratifizierungsurkunden am 10.9.1933 (414).

im Jahr 1994. Die Möglichkeit der Bischofswahl, die einige Diözesen in der Schweiz, in Deutschland und in Österreich noch besitzen, ist zu begrüßen. Sie entspricht der im Mittelalter allgemein üblichen kanonischen Tradition[10] und dem heutigen Subsidiaritätsprinzip: Der Bischof wird von der Ortskirche gewählt, und zwar durch ein besonderes Wahlkollegium.

Das Recht der Ortskirche auf die Bischofswahl ist oft nur wegen historisch-politischer Umstände verloren gegangen, nämlich durch den Anspruch der weltlichen Macht, selbst die Bischöfe zu ernennen. Dass Rom dann diese Rolle übernahm, war oft die notwendige Folge, als die politische Macht ihren Anspruch aufgegeben bzw. verloren hatte. Zu denken wäre hierbei zum Beispiel an das Patronatsrecht von Spanien über ganz Lateinamerika; an die Situation in Frankreich, wo das Napoleonische Konkordat, das die Bischofsernennung durch das Staatsoberhaupt vorsah (der in Fn. 6 erwähnte Art. 5 des Konkordats von 1801), mit der Trennung von Kirche und Staat 1905 außer Kraft gesetzt wurde; oder an das österreichische Kaiserreich, das nach dem ersten Weltkrieg zusammenbrach, wodurch das entsprechende Präsentationsrecht verloren ging. Bei diesen staatlichen Rechten handelte es sich eigentlich nicht um ein Bischofswahlrecht, sondern vielmehr um die mit der Wahl verbundene politische Klausel[11] bzw. ein Vetorecht, welches tatsächlich ausgeübt wurde. Es ist übrigens zu bemerken, dass die politische Klausel – also ein Recht auf Einmischung des Staates bei der Bischofsernennung – auch in den letzten Konkordaten zwischen dem Heiligen Stuhl und fast allen neuen deutschen Bundesländern nach dem preußischen Modell Einzug gehalten hat.[12]

Es ist ein wenig überraschend, dass es heute nach dem Konzil wirklich noch eine politische Klausel geben soll. Sie wurde den totalitären Staaten (unter MUSSOLINI, HITLER und FRANCO) zugestanden, hat aber auch seitdem in Verträgen stetig zugenommen. In Italien gibt es nur eine Höflichkeitsmitteilung, um zu vermeiden, dass die Regierung die Namen der neuen Bischöfe aus den Zeitungen erfährt; in Spanien gibt es heute weder eine Staatsernennung noch eine politische Klausel. Es ist daran zu erinnern, dass PAUL VI. FRANCO persönlich darum bat, darauf zu verzichten, dessen Antwort aber war negativ. Besser gesagt – hätte er, FRANCO, auf dieses Privileg verzichtet, so hätte auch die Kirche im Gegenzug auf all ihre Privilegien verzichten müssen, die ihr das Konkordat einräumte.[13] Das Konkordat von 1933 mit dem Deutschen Reich (vgl. Fn. 9) sah

---

10 Vom CIC in can. 377 § 1 bestätigt: „Der Papst ernennt die Bischöfe frei oder bestätigt die rechtmäßig Gewählten."

11 Zur politischen Klausel vgl. noch immer KAISER, Joseph H.: Die politische Klausel der Konkordate, Berlin 1949.

12 Vgl. die einzelnen Konkordate in: MARTÍN DE AGAR (Fn. 3), ab 380; vgl. auch Fn. 14.

13 Vgl. AIMONE, Pier V., L'intervento dello Stato nelle nomine dei Vescovi, Roma 1978, 73 Fn. 33: „... En cuanto a la opinión publica española ... estoy seguro de que no aprobarían una renuncia unilateral por parte del Estado sin que al mismo tiempo se revisen aquellos otros puntos que, siguiendo las orientaciones de la ‚Gaudium et Spes' pueden

in Artikel 16 einen Treueid vor, was einstmals auch in Italien der Fall war. Heute aber haben die neu ernannten italienischen Bischöfe nach den konziliaren Prinzipien der kirchlichen Freiheit diese Pflicht nicht mehr.[14]

Im Bistum Basel, um zum oben erwähnten Vorfall von 1994 zurückzukommen, besitzt die Diözesankonferenz also aus Konkordats- bzw. Gewohnheitsrecht ein Vetorecht.[15] Die so genannte Diözesankonferenz ist eine politische Instanz der zehn Kantone, welche die Diözese Basel bilden. Manchmal gehört ihr Vorsitzender sogar der reformierten Kirche an. Vor der Wahl reicht das Domkapitel eine Sechserliste bei der Diözesankonferenz ein, welche dann die Möglichkeit hat, einen oder mehrere Kandidaten, sogar alle sechs, als *persona minus grata* zu bezeichnen: Dies ist in der Tat ein Vetorecht, von dem tatsächlich Gebrauch gemacht wird. Ich zitiere aus der Mitteilung des Vororts der Diözesankonferenz:

> „Als persona minus grata gilt ein Kandidat, wenn auf seinen Namen sechs oder mehr Nein entfallen. Dies war für einen Kandidaten der Fall; er ist nicht mehr wählbar. Vereinzelt entfielen auch Streichungen auf andere Kandidaten. Sie verblieben jedoch auf der Liste."[16]

Weiter bedauert der Vorort den „etwas überraschende(n) Entscheid", rechtfertigt ihn aber, weil er demokratisch zustande gekommen sei.

Ich möchte nur anmerken, dass zum letzten Mal im Konklave des Jahres 1903 Kardinal PUZYNA, der Erzbischof von Krakau, im Namen des Kaisers von Österreich das Vetorecht gegen die Wahl Kardinal RAMPOLLAS, den Österreich als Freund Frankreichs betrachtete, einlegte.[17] Ferner möchte ich noch den Unterschied zwischen Demokratie und Synodalität betonen. Nur die Synodalität entspricht, meiner Meinung nach, der geltenden Verfassung der katholischen Kirche.

---

constituir impedimentos para el testimonio cristiano que reclama la sensibilidad del mundo actual ...".

14 Im Übrigen verzichten auch die Landesregierungen in den Konkordaten mit den neuen deutschen Bundesländern auf die Anwendung jenes den Treueid vorschreibenden Artikels 16 des Reichskonkordates. Dazu und zur politischen Klausel s. auch FUCHS, Claudio, Das Staatskirchenrecht der neuen Bundesländer, Tübingen 1999, 127 f.

15 Zur Basler Situation vgl. LORETAN, Adrian, Das „Streichungsrecht" der Diözesankonferenz bei der Bischofswahl gemäss Basler Bistumskonkordat, in: DERS. (Hg.), Kirche – Staat im Umbruch. Neuere Entwicklungen im Verhältnis von Kirchen und anderen Religionsgemeinschaften zum Staat, Zürich 1995, 243-249. Der Sammelband enthält eine Reihe von Aufsätzen zum spezifisch schweizerischen Verhältnis von Staat und Kirche (vgl. v. a. die Beiträge des schweizerischen Theologen Josef BRUHIN, des heutigen Basler Bischofs Kurt KOCH sowie des ehemaligen Nuntius Karl-Josef RAUBER).

16 Vgl. Schweizerische Kirchenzeitung 162 (1994) 45.

17 Vgl. LThK[3] V, 699 Stichwort „Ius exclusivae": „Noch im Konklave 1903 bringt es Kardinal Puzyna im Auftrag Österreichs gegen Kardinal Rampolla vor."

Die Basler Regelung ist also eine weitere Bestätigung einerseits für die Kompromissbereitschaft der Kirche, andererseits ein Beispiel für eine schmerzliche Erfahrung in Bezug auf die *libertas Ecclesiae*, die kirchliche Freiheit.

2. Meinungen bestimmter Konkordatsgegner

Bekanntlich sind immer noch einige Konkordatsgegner der Meinung, dass die Kirche des Konzils nicht mehr Konkordate abschließen dürfe. Darüber hinaus sind sie der Meinung, dass die ekklesiologischen Prinzipien des Zweiten Vatikanums den Abschluss von Verträgen zwischen Staat und Kirche nicht mehr zulassen. Deshalb handelt es sich um eine theologische Kritik am Konkordat, nicht nur um eine Kritik lediglich in Bezug auf dessen Opportunität. Und wenn von Konkordatsgegnern die Rede ist, so denke ich hierbei an sehr engagierte und glaubwürdige Mit-Christen. Es sind also nicht Liberale, Sozialisten oder Antiklerikale gemeint, die sich aus politischen bzw. soziologischen Gründen dem Abschluss von Konkordaten widersetzen.[18] Vor allem an die in Italien gemachten Erfahrungen ist zu denken, weil dort die Diskussion über das Konkordat nach dem Konzil begann, lange Jahre andauerte und noch immer andauert, obwohl ein neues Konkordat schon seit 1984 besteht. Deswegen stellt sich die Frage, ob es zutrifft, dass die aus der konziliaren Diskussion hervorgegangene Kirche – ohne ihr Selbstbild und ihre eigentliche Aufgabe zu verleugnen – der politischen Gemeinschaft nicht jenes Verständnis entgegenbringen kann, das wir als Konkordat, Konvention oder im Allgemeinen als Pakt bezeichnen.

Das Konzil hatte die Kirche als Gemeinschaft („communio") bezeichnet. Dieses Wort wurde dem Begriff Institution („institutio") entgegengestellt, da die vorkonziliare Kirche als institutionelle Kirche, als *societas perfecta* bezeichnet wurde.

Wenn die Kirche eine „communio" ist, wenn die wahre Kirche nur als „mysterium" / „sacramentum" oder nur als Kirche der Liebe bzw. charismatische Kirche zu betrachten wäre und vor allem, wenn diese wahre Kirche einen Gegensatz zur institutionellen Kirche darstellen würde, dann könnte aus einer solchen Einschätzung der Kirche von vornherein nur eine Ablehnung eines möglichen Konkordats resultieren. Jedes Konkordat würde so gesehen nur zur Kirche als Institution und nicht zur Kirche als „communio" gehören.

Man sollte hier kurz auf die Zweideutigkeit des Begriffs „Institution" hinweisen: Auf der einen Seite wirkt er so, als ob er Recht gegen Liebe bzw. Recht gegen Charisma stelle; auf der anderen Seite aber bringt er eine nicht abzustreitende Wirklichkeit zum Ausdruck: Zur Verwirklichung einer Idee, eines Konzepts sind Institutionen notwendig. Es ist klar, dass eine Institution außer Ideen auch Verwaltung, Behörden, Schwerfälligkeit und Bürokratie verlangt. Viel-

---

[18] Übrigens sind z. B. die italienischen Kommunisten immer Befürworter eines Konkordats mit der Kirche gewesen.

leicht handelt es sich um einen unverzichtbaren Preis. Man kann sich also fragen, ob sich die Botschaft Jesu auch ohne die Kirche als Institution so verbreiten würde.

Die Konkordate gehören – so lautet die Meinung der Konkordatsgegner – eher zu einer Kirche, die politische Macht besitzt; zu einer Kirche, die Macht – als Objekt oder Subjekt von Vereinbarungen – in Händen hält; zu einer Kirche, die nicht wahrhaft arm ist; zu einer Kirche, die sich im Einverständnis mit der weltlichen Macht befindet und deswegen keine prophetische Kirche mehr ist. Eine wahre Kirche wäre nämlich nicht bereit, weitere Konkordate einzugehen; im Gegenteil, die Basis, das Volk Gottes, lehne den allen Konkordaten innewohnenden Kompromisscharakter ab.

3. Eine Möglichkeit, Konkordate theologisch zu begründen

Ohne diesen Argumenten direkt zu widersprechen, wird hier versucht, die ekklesiologischen Voraussetzungen zu beleuchten und, soweit dies hier möglich ist, die Gründe, die für Konkordate sprechen und die den Abschluss von Konkordaten rechtfertigen können, näher zu betrachten.

Zunächst kann man sagen, dass eine Lösung schneller gefunden werden könnte, wenn ein gründliches Missverständnis geklärt wäre, nämlich dass das Konzil nur eine Definition der Kirche als „communio" gegeben hätte. Dieser Begriff wurde und wird mitunter deshalb so stark betont, weil er bei der Auslegung des Konzils von einem Teil der kirchlichen Öffentlichkeit einseitig hervorgehoben wurde. Das Konzil aber hatte die Kirche als „communitas" (Gemeinschaft) bezeichnet.[19] Der Begriff „communio" bezieht sich auf eine theologische, der Begriff „communitas" vielmehr auf eine soziologische Tatsache. In Wahrheit nahm das Konzil neben einer spirituellen auch eine soziologische Idee auf. Aber diese Haltung des Konzils wurde durch die nachkonziliare Diskussion sozusagen überdeckt, wodurch jenes Verständnis verhindert und die These von der Kirche als „communio" in der Öffentlichkeit als einzig geltende dargestellt wurde.

Die These, die Kirche sei auch eine Gemeinschaft („communitas") und nicht nur eine „communio", wird gestützt und bewiesen: erstens durch die Auslegung der dogmatischen Konstitution „Lumen Gentium", zweitens durch die Interpretation der Pastoralkonstitution „Gaudium et Spes" und drittens durch die Geschichte der gegenwärtigen Ekklesiologie.

4. Geschichte der gegenwärtigen Ekklesiologie

Es wird später noch mit einigen Bemerkungen auf die Punkte eins und zwei zurückzukommen sein. Zunächst ist es wichtig, sich kurz mit der Geschichte der

---

19 Vgl. COLOMBO, Giuseppe, Documentazioni di Justitia 4/5, Roma 1977, 3-11.

gegenwärtigen Ekklesiologie zu beschäftigen, mit dem Begriff der Kirche als Gemeinschaft. Man kann von einem dreifachen Schema sprechen: rechtlich, mystisch und soziologisch.

- Rechtlich: Die Kirche wird nach der Lehre der römischen Schule des *ius publicum ecclesiasticum*[20] als eine vollkommene Gesellschaft betrachtet, als *societas perfecta*. Dieser Begriff, sogar die ausdrückliche Bezeichnung der Kirche als solche, ist in der Enzyklika „Immortale Dei" LEOS XIII. (1885) enthalten:

  „... und – was höchst wichtig ist – sie [die Kirche] ist eine ihrer Art und ihrem Recht nach vollkommene Gesellschaft."[21]

  Die letzte Ausgabe des Werkes „Institutiones iuris publici ecclesiastici" von Kardinal OTTAVIANI[22], das die Lehre von der Kirche als vollkommener Gesellschaft vertrat, erschien 1960, also kurz vor dem Konzil – und während des Konzils änderte OTTAVIANI seine Meinung nicht. In einem Interview im Jahre 1985 beschrieb Kardinal SIRI die

  „Wirklichkeit des Konzils [als] folgende: Sie war wie der Kampf zwischen den Horatii und den Curiatii. Jene waren damals je drei Gegner, im Konzil waren es derer je vier, nämlich auf der einen Seite Frings, Liénart, Suenens und Lercaro, auf der anderen Seite Ottaviani, Ruffini, Browne und ich."[23]

- Mystisch: Die Kirche als mystischer Leib[24] („corpus mysticum"). Durch die Aufnahme biblischer Aussagen wirkt sie einem lediglich juridischen Verständnis der Kirche entgegen.
- Soziologisch: Die Kirche wird als Volk Gottes betrachtet („communitas"). Es bleibt aber anzumerken, dass das Konzil den Begriff *societas perfecta* nie in Bezug auf die Kirche gebraucht hat. Wenn man nur soziologische Begrifflichkeiten benutzt, greift man zu kurz.

  „Die tiefere Bedeutung der konziliaren Lehre unterstreicht aber, dass die Kirche – ohne die Unveränderlichkeit ihres Grundes zu verleugnen – der Geschichte und letztendlich der Menschlichkeit ihrer Mitglieder anvertraut ist."[25]

Im Grunde also versteht sich die Kirche nicht nur als „unbeirrbarer Felsen" inmitten der Wechselfälle der Geschichte, sondern sie akzeptiert sich auch als in die zeitweilige und fehlbare Verantwortung ihrer Mitglieder gegeben, weil die

---

20 Von TARQUINI im 19. Jahrhundert über CAVAGNIS zu Beginn des letzten Jahrhunderts bis zu Kardinal OTTAVIANI unmittelbar vor dem Zweiten Vatikanischen Konzil.

21 DENZINGER / HÜNERMANN 3167.

22 OTTAVIANI, Alfredo, Institutiones iuris publici ecclesiastici II: Ecclesia et Status. Editio quarta adiuvante Iosepho DAMIZIA, Città del Vaticano 1960.

23 Vgl. LAI, Benny, Il Papa non eletto. Giuseppe Siri. Cardinale di Santa Romana Chiesa, Roma u. a. 1993, 233, Fn. 27.

24 Nach der Lehre PIUS' XII. und seiner Enzyklika „Mystici corporis" von 1943, in: AAS 35 (1943) 193-248, auszugsweise in: DENZINGER / HÜNERMANN 3800-3822.

25 Vgl. COLOMBO (Fn. 19), 7.

geschichtliche Entwicklung der Kirche mit ihnen zumindest teilweise verbunden ist. Anders gesagt: Früher wurde die Kirche als juristische Institution, als vollkommene Gesellschaft oder als mystischer Leib auf einer vertikalen Linie angesiedelt, die von Gott direkt herrührte und auf der die Kirche stets blieb, ohne davon abzuweichen, weil die bösen Kräfte sie nicht besiegen konnten: „portae inferi non praevalebunt adversus eam". Heute, nach dem Konzil, betont die Kirche auch die horizontale Linie, das heißt ihr Eingebundensein in die Geschichte, ihre geschichtliche Struktur, weshalb ihre Begegnung mit der Geschichte flexibler und weniger vorherbestimmbar wird.

Es ist allerdings nicht zu bestreiten, dass die Kirche auch vor dem Konzil in der Lage war, der Geschichte zu begegnen und die Menschen anzusprechen. Dem damaligen Anspruch der Kirche nach aber kam ihre Autorität direkt von Gott, der durch die Kirche zum Menschen sprach. Gottes Wort kam gleichsam ungefiltert, ungetrübt und unbefleckt über die kirchliche Autorität zu den Menschen. Die Kirche beanspruchte also, eine von weltlichen Regelungen gänzlich unabhängige Gesellschaft zu sein, und hielt damit zugleich den Anspruch aufrecht, Gottes Wort unmittelbar in die menschliche Wirklichkeit transportieren zu können. Nach dem Konzil hat die Kirche eine neue Sichtweise angenommen: Analog zum Beispiel Christi, der Mensch geworden ist, gesteht (sich) auch die Kirche ein, dass sie Bestandteil der Wirklichkeit der Geschichte ist – mit allen Konsequenzen, die dieses Eingeständnis mit sich bringt. Die Kirche des Konzils bleibt in der Erfahrung einer besonderen und untrennbaren Beziehung mit Gott, erhebt aber nicht mehr den Anspruch, Gott ohne weiteres und ohne Widersprüche zu erkennen. Vielmehr gesteht sie (sich selbst) ein, Gott auch nur auf Menschenart, gleichsam durch die Vermittlung der Kultur, in der auch die Kirche lebt – mit allen Problemen, die eine solche Vermittlung mit sich bringt – zu erkennen. Die Kirche soll daher tiefer forschen, die Geschichte befragen und sich von dieser und der Welt befragen lassen.[26]

Diese Analyse enthält ohne weiteres manches Wahre, jedoch wäre noch anzumerken, dass die innerkirchliche Opposition, welche die Konkordate ablehnt, diese Haltung manchmal nur aus mehr oder weniger emotionalen Gründen vertritt, ohne reifliche Überlegung, die oft zudem noch von politischen Verhaltensmustern getrübt wird. Einige ohne Zweifel fromme Gläubige wünschen sich manchmal eine Kirche, die schon jetzt auf Erden ohne Flecken und Runzeln („sine macula et ruga")[27] sein möge, eine Kirche der Reinheit sozusagen. Eine solche Kirche aber wäre nicht in der Lage, von der wichtigen Tatsache der Inkarnation, der Menschwerdung, Zeugnis abzulegen. Und es bleibt eine Tatsache, dass die Geschichte Ort des Heils ist; glauben wir doch an einen Gott, der Mensch geworden ist, um den Menschen und allem, was der Welt und der Ge-

---

26 Ebd., 10. Vgl. auch VatII GS 40-44. Die Passagen finden sich in AAS 58 (1966) 1057-1065; dt. in: RAHNER / VORGRIMLER, 486-495.

27 Eph 5, 27.

schichte angehört, Hoffnung zu bringen. Die Konkordatsgegner träumen gleichsam von einer Kirche, die (nach dieser Konzeption) grundsätzlich von der (menschlichen) Geschichte losgelöst ist. Obwohl die Umschreibung der Kirche als „communio" unter Rückgriff auf die Ekklesiologie der Alten Kirche eine wieder gewonnene Offenbarung des Konzils ist, so beschreibt dennoch auch der Begriff soziologischer Herkunft, dass die Kirche eine „communitas" ist, eine Wirklichkeit, weil die Kirche des Konzils keine abstrakte, utopische, außerhalb der (Kirchen-)Geschichte stehende ist, sondern an den Menschen gebunden bleibt. Sie ist und bleibt eine Kirche aus Menschen, auch wenn ihr ein Versprechen des göttlichen Gründers gilt. Der Idealzustand des Reiches Gottes betrifft in seiner Vollform noch nicht die heutige Zeit, sondern bleibt eine eschatologische Hoffnung.

5. „Lumen Gentium" und die Konkordate

Einerseits trifft es zwar zu, dass die Kirche „ein Volk in der Einheit des Vaters, des Sohnes und des Heiligen Geistes versammelt"[28] ist, eine Gemeinschaft göttlichen Lebens[29], oder eine Gemeinschaft von Glaube, Hoffnung und Liebe in Christus, „durch (den) der ganze Leib zusammengefügt und gefestigt"[30] wird; aber andererseits ist es notwendig, auch an die Konstitution „Lumen Gentium" zu erinnern, in der es unter Nr. 8 heißt:

> „Die mit hierarchischen Organen ausgestattete Gesellschaft und der geheimnisvolle Leib Christi, die sichtbare Versammlung und die geistliche Gemeinschaft, die irdische Kirche und die mit himmlische Gaben beschenkte Kirche sind nicht als zwei verschiedenen Größen zu betrachten, sondern bilden eine einzige komplexe Wirklichkeit, die aus menschlichem und göttlichem Element zusammenwächst. Deshalb ist sie in einer nicht unbedeutenden Analogie dem Mysterium des fleischgewordenen Wortes ähnlich. Wie nämlich die angenommene Natur dem göttlichen Wort als lebendiges, ihm unlöslich geeintes Heilsorgan dient, so dient auf eine ganz ähnliche Weise das gesellschaftliche Gefüge der Kirche dem Geist Christi, der es belebt, zum Wachstum seines Leibes."[31]

Das Konzil nimmt also auch den Gedanken von der Kirche als göttlich-menschlicher Realität, als sozialer Leib auf. Wenn sich das Volk Gottes in Christi Namen, von ihm befreit und vom heiligen Geist zum Leben erweckt, auf der Basis einer sich gegenseitig dienenden Gemeinschaft, in der durch Taufe und Firmung verschiedene Charismen verteilt sind, versammelt, dann anerkennt dieses Volk in seiner Mitte zugleich auch einen Dienst („ministerium"), für den

---

28 Wie CYPRIANUS, Cornelius, De oratione dominica, 23, in: PL IV, 553 sagt.

29 Vgl. 1 Joh 1, 3-4; vgl. auch VatII LG 3-4, in: AAS 57 (1965) 6 f.; dt. in: RAHNER / VORGRIMLER, 124 f.

30 Eph 4, 16; vgl. auch Eph 1, 23 und VatII LG 7 (AAS 57 [1965] 9 ff. bzw. RAHNER / VORGRIMLER, 128 ff.).

31 VatII LG 8, in: AAS 57 (1965) 11; dt. in: RAHNER / VORGRIMLER, 130.

das Sakrament der Weihe grundlegend ist. Dieses „ministerium“ vertritt also mit bestimmten Aufgaben die ganze Gemeinschaft vor Gott, vor allen Mitgliedern und schließlich vor Gesprächspartnern von außen.

Da gerade die Kirche eine sakramentale – d. h. zeichenhafte – Realität darstellt, sie Zeichen und sichtbares Instrument der innigsten Vereinigung mit Gott (VatII LG 1) ist durch Christus, das menschgewordene und rettende Wort in der Kraft des Geistes, würde, falls das sichtbare und soziale Element wegfiele, auch die sakramentale Wirklichkeit der Kirche verschwinden. Fehlte dieser sakramentale Aspekt, wäre das Volk Gottes nicht mehr als eine Ansammlung von Menschen, die man zwar zählen und verwalten könnte, aber das Eigentliche ginge verloren. Theologisch aber ist die Kirche mehr.

Die soziale Wirklichkeit der Kirche gehört – anders als die des Staates, die von den historischen Gegebenheiten eingeschränkt wird – nicht zu einer internationalen Gesellschaft mit religiösen Zwecken, sondern zu einer gemeinschaftlichen Realität, die rettende Solidarität zeigt und praktiziert, welche Christus für alle Mitglieder der geretteten Menschheit bestimmt hatte. Deswegen sollte der soziale, sichtbare und geschichtliche Aspekt nicht zu Gunsten des mystischen Aspekts und der Gemeinschaft der Gnade vernachlässigt werden, weil gerade eine solche Vernachlässigung auch Auswirkungen auf den *ordo salutis* haben würde.[32]

6. „Gaudium et Spes“

Nach der Darstellung dieser notwendigen Voraussetzungen ist es wichtig, an eine bekannte Stelle der Pastoralkonstitution „Gaudium et Spes“ über die Präsenz der Kirche in der Welt von heute (GS 76) zu erinnern:

> „Die politische Gemeinschaft und die Kirche sind auf je ihrem Gebiet voneinander unabhängig und autonom. Beide aber dienen, wenn auch in verschiedener Begründung, der persönlichen und gesellschaftlichen Berufung der gleichen Menschen. Diesen Dienst können beide zum Wohl aller um so wirksamer leisten, je mehr und besser sie rechtes Zusammenwirken miteinander pflegen; dabei sind jeweils die Umstände von Ort und Zeit zu berücksichtigen.“[33]

Theoretisch wünscht sich das Konzil also eine Zusammenarbeit zwischen Staat und Kirche für das Wohl der Menschen, in deren Dienst Kirche und Staat stehen sollten. Eine solche Zusammenarbeit ist nicht nur wünschenswert, sondern auch notwendig. Das Konzil bestimmte aber nicht einfach die juristischen Modalitäten dieser Zusammenarbeit, sondern gab im Gegenteil zu verstehen, dass diese Zusammenarbeit – je nachdem, was für Ort und Zeit geeignet erscheint – verschiedene Formen haben kann.

---

32 Vgl. MARRANZINI, Alfredo, Il concordato alla luce dei principi conciliari, in: Documentazioni di Justitia 6/7, Roma 1977, 31 ff.

33 VatII GS 76, in: AAS 57 (1966) 1099; dt. in: RAHNER / VORGRIMLER, 534.

Weder das Trennungs-, noch das theokratische, noch das Konkordatssystem werden als Ideal vorgeschlagen. Vielleicht wurde eine bestimmte Orientierung über den Inhalt (und in keiner Weise über die juristischen Modalitäten!) der Zusammenarbeit ausgedrückt und offenbart, als das Konzil erinnerte:

> Die Kirche „setzt ... ihre Hoffnung nicht auf Privilegien, die ihr von der staatlichen Autorität angeboten werden. Sie wird sogar auf die Ausübung von legitim erworbenen Rechten verzichten, wenn feststeht, daß durch deren Inanspruchnahme die Lauterkeit ihres Zeugnisses in Frage gestellt ist, oder wenn veränderte Lebensverhältnisse eine andere Regelung fordern" (GS 76).[34]

Deshalb lässt sich die Meinung vertreten, dass die Kirche in vollkommener Weise und ganz bewusst die Prinzipien des Konzils aufnimmt, wenn sie das Konkordatssystem nicht als eine Möglichkeit, Privilegien oder Erleichterungen für sich selbst und ihre Mitglieder zu erhalten, sondern als nützliche Rechtsgarantie im völkerrechtlichen Sinne versteht. Wurde in der Tat früher ein Konkordat als Sonderrecht („privilegium") betrachtet, so versteht man heute darunter einen völkerrechtlichen Vertrag zwischen Kirche und politischer Gemeinschaft (z. B. einem Staat, einem Land usw.).

7. Aktuelle Haltung des Heiligen Stuhls zu den Konkordaten

Wenn wir uns objektiv zu fragen versuchen, was der Heilige Stuhl heute über das Konkordatssystem bzw. den Einsatz von Konkordaten denkt, stellt sich auch die Frage, was die Gründe sind, die ihn in einigen Fällen Konkordate und in anderen Fällen andere Formen der Beziehung mit Staaten bevorzugen lassen. Versuchen wir, die Konkordate richtig einzuschätzen, das heißt nur als technische Mittel (die als rechtliche Technik in sich neutral sind) anzusehen, welche die weise und loyale Eintracht, über die das Konzil und PAUL VI. gesprochen haben, verwirklichen helfen können – eine Eintracht, die sowohl der Kirche als auch dem Staat nützen kann.

Ich glaube, es passt an dieser Stelle gut, einen Text zu zitieren, der eher unbekannt geblieben ist. Es geht um einen Text, der, meiner Meinung nach, grundsätzliche Bedeutung für die theoretische Rechtfertigung der Gründe hat, die für Konkordate sprechen. Dieser Text wird deutlich zeigen, warum auch die nachkonziliare Kirche noch Konkordate abschließen kann. Es handelt sich um die schon erwähnte Rede, die PAUL VI. am 20. Januar 1970 während der genannten Kirchenrechtstagung an der juristischen Fakultät der römischen Universität gehalten hat (also die Antwort auf die eingangs erwähnte Feststellung D'AVACKS).[35] Damals betonte Papst PAUL VI. nachdrücklich die Bedeutung des sichtbaren Elements in der Kirche und folglich des Kirchenrechts. Und so nahm

---

[34] AAS 58 (1966) 1099 f.; dt. in: RAHNER / VORGRIMLER, 535.

[35] Vgl. Fn. 1; abgedr. in: AAS 62 (1970) 106-111.

er die Frage der Beziehungen zwischen katholischer Kirche und staatlicher Gesellschaft in Angriff. Er sagte den Teilnehmern der Tagung:

> „Glauben sie nicht, dass die Kirche, falls sie sich mit der Zivilgesellschaft konfrontiert sehen sollte, sich von ihr trennen oder ihr entgegenstehen möchte. Glauben sie nicht, dass die Kirche die Zivilgesellschaft beherrschen möchte oder sie im Fall einer Vereinbarung mit ihr noch heute Privilegien gewähren oder erbeten möchte. Vielmehr wünscht sich heute die Kirche, die eine Kirche ohne weltliche Macht und nicht mehr von dem Wunsch erfüllt ist, die Last und den Vorteil der weltlichen Macht zurückzuerobern, nur noch die Absicherung der freien Ausübung ihrer spirituellen und moralischen Aufgaben durch gerechte, loyale und dauernde Abgrenzungen der jeweiligen Zuständigkeiten."[36]

Das Konkordat wird also als Mittel verstanden, als Instrument einer juristischen Technik für eine gesunde Zusammenarbeit zwischen Kirche und Staat, die beide unabhängige und autonome Gesellschaften sind. Deswegen handelt es sich nicht um ein absolutes Muss; das Konkordat (oder allgemeiner: ein internationaler Vertrag) wird nicht immer als das beste Instrument verstanden, das unbedingt benutzt werden muss. Die Zufälligkeit des Konkordats wird hervorgehoben und das Konkordat wird nur in den Fällen, die dem Wohl der Kirche nutzen, vorgezogen. Die Haltung des Heiligen Stuhles orientiert sich m. E. an dieser zweifachen Ordnung: Das Konkordat wird dort zunächst auch als eines von mehreren Mitteln zur Verwirklichung einer loyalen Zusammenarbeit betrachtet, die beiden Seiten nützt; zweitens als nützliche Rechtsgarantie (eventuell im Sinne einer konstitutionellen Garantie).

8. Derzeitige Bedeutung und Funktion der Konkordate

Heute steht für die Beziehungen zwischen Staat und Kirche eine breite Skala juristischer Möglichkeiten zur Verfügung: In einigen Ländern, meist im angelsächsischen Raum, gilt ein System des liberalen Separatismus (zu denken wäre hierbei vor allem an die Vereinigten Staaten von Amerika), in anderen Ländern ist ein rigideres Trennungssystem in Kraft – zum Beispiel in der mexikanischen Republik, in der der Staat die Kontrolle über die Kirche noch vor einigen Jahren ausübte. Die Besuche JOHANNES PAULS II. in Mexiko haben auf die so genannte nichtkonfessionelle bzw. laizistische Verfassung des mexikanischen Staates aufmerksam gemacht. Auch nach der neuesten Änderung (1992) lässt diese Ver-

---

36 Zur Ansprache vgl. Fn. 1 bzw. 35, die von mir übersetzte Passage findet sich im italienischen Originaltext in AAS 62 (1970) 110: „... non crediate che, venendo ella [nämlich die Kirche] a confronto con la società civile, da questa si separi o a questa si opponga, o in questa infonda la sua animazione per dominarla, o accordandosi con essa, la Chiesa voglia ancor oggi concedere, o chiedere privilegi, e non piuttosto, priva ormai di temporale potenza, né ambiziosa di ricuperarne il peso e il vantaggio, che ella altro desideri se non che effettivamente le sia assicurato il libero esercizio della sua spirituale e morale missione, mediante eque, leali e stabili delimitazioni delle rispettive competenze."

fassung Fragen offen. Beispielsweise werden Priestern und Ordensleuten – und zwar mexikanischen Staatsbürgern (!) – bestimmte politische (passives Wahlrecht) und private Rechte immer noch verwehrt.[37] An dieser Stelle ist anzumerken, dass wir hier einen Separatismus vor uns haben, der zu wenig liberal ist und die Kirche nicht nur dem allgemeinen Recht unterwirft, was ohne weiteres zu akzeptieren wäre, sondern ihr auch noch besondere Grenzen auferlegt, so dass einige Bürger weniger gleich sind als andere.

In anderen Ländern finden wir Verträge, Konventionen, Modus vivendi und Konkordate. Insbesondere wäre hierbei an Deutschland zu denken, ein Land, in dem verschiedene Vereinbarungen in Kraft sind; nicht nur mit dem Heiligem Stuhl, sondern auch mit der lutherischen Kirche und dem dortigen Episkopat. In den beiden letzten Fällen kann man nicht von einem eigentlichen Konkordat sprechen, da – im Gegensatz zum Heiligen Stuhl – weder der dortige Episkopat noch die evangelisch-lutherische Kirche internationale Rechtspersönlichkeit besitzen. Man kann aber von einer „Entente" sprechen, einem juristischen Begriff, der heute auch in Italien („intesa") für die Vereinbarungen zwischen Staat und der „tavola valdese" (Waldenser Synode) sowie für die zwischen Staat und jüdischer Gemeinschaft benutzt wird.

In einigen anderen Ländern (zu denken wäre beispielsweise an die frühere kommunistische Tschechoslowakei oder an das kommunistische Litauen) waren oder sind immer noch bestimmte minimale Vereinbarungen in Kraft, die so genannten *Modus vivendi* bzw. „Modus non moriendi" (noch heute mit China, Vietnam, Kuba, Burma, Nordkorea u. a.). Obwohl heutzutage manche alten Streitfälle geklärt scheinen, gibt es doch keine Garantie dafür, dass die Situation dort für die Kirche nicht auch wieder ungünstiger werden könnte.

In vielen Länder der so genannten „Dritten Welt", vor allem in Asien und Afrika – in Lateinamerika ist das Konkordatssystem am häufigsten in Kraft –, finden wir eine neue Art von Beziehungen, die im Allgemeinen dem Separatismus ähneln, die aber auch eine gewisse Kooperation zwischen Staat und Kirche vorsehen.

Die Meinung ist also durchaus vertretbar, dass das Konkordat, d. h. ein internationaler gegenseitiger Vertrag zwischen zwei Rechtspersonen, die der internationalen Rechtsordnung angehören, nicht der konziliaren Ekklesiologie entgegensteht und mit Vorteilen genutzt werden kann.[38] Dieser Vertrag soll vor al-

---

37 Art. 3 der italienischen Verfassung ist vielleicht weniger laizistisch bzw. antikonfessionell, garantiert er doch ohne Unterschied die vollkommene Gleichheit aller Bürger vor dem Gesetz.

38 Diskussionen um die Konkordate sind legitim, denn es handelt sich dabei schließlich um Fragen, die nicht den Glauben betreffen, also frei diskutierbar sind. Oft wird allerdings zwischen Gegnern und Befürwortern der Konkordate diskutiert, ohne den eigentlichen Kern des Problems zu treffen. Sinnvolle Kritik sollte nicht gegen das Institut des Konkordats an sich geübt werden, sondern sollte die Art und Weise der Zusammenarbeit zwischen Staat und Kirche hinterfragen. Man kann sich durchaus überlegen, welche

lem die so genannten *materiae mixtae* regeln, das heißt die Fragen bzw. die Angelegenheiten, die beide Rechtsordnungen betreffen. Gerade bei den materiae mixtae können Meinungsverschiedenheiten hinsichtlich mancher Handlungen und Auslegungsfragen und dadurch manchmal auch Konflikte entstehen. Ein gutes Konkordat ist ohne weiteres sowohl für die Kirche als auch für den Staat vorteilhafter als eine schlechte Trennung. Freilich kann umgekehrt mitunter eine gute Trennung beiden Seiten mehr nützen als ein schlechtes Konkordat. Heute bringt ein Konkordat, das von einer konfessionellen Auffassung im religiösen und von einer autoritären Auffassung im politischen Bereich geprägt ist und mit dem man sich gegenseitig Dienste bzw. Privilegien einräumen möchte, keine Vorteile. Ein solches Konkordat ist nicht nur nachteilig, sondern es steht auch im Gegensatz zu den konziliaren Formulierungen über die Beziehungen zwischen Kirche und ziviler Gesellschaft.

Hier ist es angebracht, etwas über die wichtige Frage der Aussicht eines nützlichen und vorteilhaften Konkordats zu ergänzen. Es wurde zu begründen versucht, dass das Konkordat an sich der Ekklesiologie des Konzils nicht widerspricht. Zumindest steht es nicht stärker gegen den Geist des Konzils als eine Vereinbarung, die eine neutrale bzw. friedliche Trennung erreichen möchte. Außerdem bevorzugt gegenwärtig der Heilige Stuhl das Konkordat als Mittel, um die Zusammenarbeit und Eintracht zwischen Kirche und Staat zu verwirklichen.

Es handelt sich beim Konkordat um eine nützliche Rechtsgarantie, welche die in der Verfassung gegebenen Garantien ergänzen kann. Eine Rechtsgarantie wozu, könnte man sich fragen. Die Antwort sollte deutlich lauten: eine Garantie für die Freiheit der Kirche, und zwar für eine wahre Freiheit. Es ist klar, dass dieser Begriff der *libertas Ecclesiae* tiefer untersucht werden muss. Hier kann nur angedeutet werden, dass das Konzilsdekret „Dignitatis humanae" über die Religionsfreiheit wichtige Aussagen gemacht hat[39], und zwar nicht nur über die individuelle religiöse Freiheit, sondern auch über die kollektive. An dieser Stelle soll betont werden, dass das einzige Privileg, das die Kirche heute sucht, das Privileg der Freiheit ist, das der Ausübung einer wahren Freiheit. Eine substanzielle Freiheit, nicht nur eine vorgespiegelte Freiheit, die theoretisch bleibt, auch wenn sie Bestandteil einer Staatsverfassung ist – wie es z. B. in der DDR und anderen sozialistischen Staaten der Fall war, wo die Verfassung entsprechende Freiheiten vorgab, diese aber in der Praxis nicht gewährt wurden. Meiner Meinung nach kann dort, wo eine ausreichende Reife des demokratischen Pluralismus erreicht ist, eine gesunde Zusammenarbeit zwischen Staat und Kirche auch mit anderen nützlicheren Mitteln als dem Konkordat erreicht werden. Das Kon-

---

Rechtsform man hierfür wählen möchte. Hier ist auch zu bemerken, dass die Katholiken, die den Abschluss von Konkordaten eigentlich bejahen, diese Zustimmung nicht immer deutlich genug zum Ausdruck gebracht haben.

[39] AAS 58 (1966) 929-946; dt. in: RAHNER / VORGRIMLER, 661-675.

kordat erscheint aber als starkes Instrument, wo die Freiheit in irgendeiner Weise geschmälert oder aufs Spiel gesetzt wird.

Neben dieser Unterscheidung zwischen demokratischen und totalitären Systemen kann man auch eine zweite hervorheben, die das Konkordat als Rechtsgarantie betrifft: die Unterscheidung in Staaten, die zwar absolut demokratisch sind, in denen es aber eine starke ideologische Polarisierung gibt, und solche, die gleichfalls demokratisch sind, aber keine (starke) ideologische Polarisierung kennen. Mit dieser Unterscheidung könnte uns die Untersuchung leichter fallen, warum der Heilige Stuhl durch internationale Vereinbarungen eine Rechtsgarantie zu finden versucht, welche die Garantien, die schon in den Verfassungen vieler Staaten vorgesehen sind, übertrifft – besonders in jenen Staaten, die von einer starken ideologischen Spannung gekennzeichnet sind.

Zum Versuch der Kirche, ihre eigene Freiheit zu schützen, wurde gelegentlich angemerkt, dass die Kirche versuchen sollte, die Freiheit aller und nicht nur ihre eigene abzusichern, weil Freiheit untrennbar und solidarisch sei. Angesichts dieses Einwands könnte man allerdings anmerken, dass es möglich ist, diese durchaus richtige Meinung auch unter einem anderen Blickwinkel zu betrachten: Wenn die Kirche Garantien bzw. Schutz für ihre eigene Freiheit sucht (und aus juristischer Sicht kann das Konkordat nicht viel mehr anbieten), so kämpft und arbeitet die Kirche – zumindest indirekt – für die allgemeine Freiheit, für die Freiheit aller. Ich denke, dass historische Erfahrungen (z. B. Polen) diese Perspektive bestätigen.

9. Schlusswort

Zum Abschluss ist es vielleicht gut, daran zu erinnern, dass dieser Anspruch auf Freiheit, dieser Vorbehalt der Eigenständigkeit, nicht als direkte Folge einer Auffassung entstanden ist, die in der kirchlichen Gesellschaft, in der societas *Ecclesiae*, eine alternative Größe zur politischen Gesellschaft (*societas civilis*) sieht, sondern sich vielmehr aus der tiefen Notwendigkeit heraus ergeben hat, dass die Kirche (nur) ihre Mission verwirklichen soll, das heißt, das geoffenbarte Wort zu vermitteln, das Evangelium zu verkünden.

Viele Christen sind heute dennoch der Meinung, ein rechtliches Instrument wie das Konkordat sei nicht immer ein geeignetes Mittel, um die kirchliche Sendung zu unterstützen. Die Kirche sollte den Grund dieser Kritik anerkennen, vor allem, wenn sie selbst die Grenzen eines Mittels anerkennt, das heute und unter diesen besonderen Umständen richtig sein kann, während es morgen und unter anderen Umständen nicht mehr so tragfähig sein könnte. In diesem Sinn sind Vorschläge willkommen, die in der Lage sind, Formeln von weiser und loyaler Eintracht zu finden. Formeln, die geeignet sind, die strenge Alternative zwischen Konkordat oder Trennung zu überwinden und den Wunsch des Konzils zu verwirklichen, das die Kirche und die politische Gesellschaft als voneinander unabhängig und souverän betrachtet hat und eine rechte Zusammenarbeit und Mitwirkung zwischen Staat und Kirche verlangte.

Wenn wir aus historischer Sicht noch etwas über die Beziehungen zwischen Kirche und Staat ergänzen wollten, wäre es interessant, an die Unterscheidung zwischen „eusebianischem" und „gelasianischem" Schema zu erinnern. Das eusebianische Schema bzw. der Cäsaropapismus vertritt die Ansicht, die weltliche Macht beherrsche die Kirche, d. h. die Kirche ist dem Staat unterworfen. Im gelasianischen Schema bzw. im Theokratismus bestimmt die Kirche das politische und soziale Leben, d. h. der Staat ist der Kirche unterworfen. Im Grunde überwindet das Konkordatssystem die Starrheit dieser Schemata, es bietet beiden Seiten Zusammenarbeit und Mitwirkung an. Man könnte es gar als drittes Schema betrachten. Als weiteres Schema ist vor allem das „augustinische" Schema zu bezeichnen. In seinem Werk „De civitate Dei" schreibt Augustinus, dass die Kirche nur dann für die Heilung und Errettung der Welt wirkt, wenn sie in der Lage ist, über diese Welt zu richten.[40] Die Kirche kann aber über diese Welt nur dann „richten", das heißt sie retten, wenn sie, die Kirche, – um einen heutigen Ausdruck zu benutzen – zur „Opposition" wird.

Viele Gläubige haben Papst JOHANNES PAUL II. zugestimmt, als er zur Zeit des Golfkriegs den Mut hatte, den Krieg als ein „Abenteuer ohne Wiederkehr" zu bezeichnen – oder man bewundert ihn auch wegen seines ständigen Einsatzes hinsichtlich des Balkankriegs sowie für die Würde aller Menschen. Und Opposition leistete, in Stille und Stärke, auch Bischof Samuel RUIZ, der auf Wunsch der mexikanischen Regierung versetzt werden sollte, wozu der Heilige Stuhl leider aus so genannten „diplomatischen Gründen" schon seine Zustimmung erteilt hatte, und der heute weiterhin, auch nach seinem Rücktritt, seinen Indios in San Cristobal de las Casas als Fürsprecher zur Verfügung steht.

Es spielt also keine Rolle, Minderheit oder Mehrheit zu sein. Heute geht es für die Kirche eher darum, Minderheit statt Mehrheit zu sein, wenngleich es noch immer Situationen gibt, in denen sie sich in der Mehrheit befindet. Eine unverzichtbare Aufgabe der Kirche, eine Aufgabe, die Christus seiner Kirche anvertraut hat, bleibt – ob mit oder ohne Konkordat – der Widerstand, die Opposition – um die Worte des heiligen AUGUSTINUS in die heutige Sprache zu übersetzen – insbesondere gegen jede Art von Ungerechtigkeit.

---

[40] Vgl. BAGET-BOZZO, Gianni, Il partito Cristiano al potere. La DC di De Gasperi e di Dossetti 1945-1954, Firenze 1974, ^{3}1978.

Les concordats, une procédure parmi d'autres*

Brigitte Basdevant-Gaudemet

Une confession religieuse, réalité sociale, faite de groupes et d'individus qui s'inscrivent également dans un État, ne peut pas être ignorée de la société civile ou des gouvernements. Fidèles et groupements religieux s'organisent à l'intérieur d'un État, adoptant des comportements, poursuivant certaines fins, qui nécessitent ressources, lieux de réunions, moyens d'expression.

Ces relations peuvent aboutir à des unions étroites entre spirituel et temporel, voire des confusions entre les deux ordres, soit au profit de l'État comme dans les systèmes de césaro-papisme, soit au profit de l'Église dans un régime de théocratie. Dans ces hypothèses, l'une des deux entités tente d'imposer autoritairement sa domination à l'autre partie, qu'il convient de soumettre. À l'opposé, l'histoire a connu et connaît encore les persécutions, tentatives d'anéantissement d'une religion par le pouvoir temporel. Les autorités séculières peuvent aussi affirmer ne pas tenir compte d'une religion, apparente ignorance qui, pourtant, ne peut être totale.

Avec plus de réalisme, religions et États acceptent souvent leur cohabitation, souhaitent collaborer ou du moins prendre en considération l'existence même des uns et des autres. Des négociations interviennent, organisant les relations, soit au sein de l'État, soit sur la scène internationale. S'agissant de l'Église catholique, ces pourparlers aboutissent parfois à des concordats, mais bien d'autres formes de réglementation sont concevables; nombre de phénomènes religieux sont appréhendés par les pouvoirs publics, par la législation ou diverses modalités de réglementation, dans le cadre d'un État.

L'histoire témoigne de cette diversité. L'Église catholique a négocié et signe toujours de nombreux concordats (1); néanmoins, les questions traitées ont souvent changé (2); en outre, il s'agit là d'une modalité parmi bien d'autres mécanismes (3) recherchant une organisation harmonieuse des rapports entre société civile et religion.

1. Une pratique diplomatique fréquente à travers les siècles

Dans les pays où l'Église catholique rassemble, en tant que fidèles, une fraction importante des citoyens, la pratique des concordats est ancienne et demeure essentielle.

---

* Cet article paraîtra également dans les actes du colloque des 23 et 24 mai 2002 „Le Concordat dans la France du Sud", organisé par l'Institut catholique de Toulouse.

Un concordat est „un accord diplomatique signé entre le Saint-Siège et un État dans le but de régler des sujets religieux les concernant l'un et l'autre."[1] Accord diplomatique, par sa définition même, le concordat prend place parmi les traités internationaux, ce que justifient pleinement la structure de l'Église catholique et la fonction du souverain pontife. La nécessité de conventions internationales ne s'impose pas de la même manière à d'autres religions, comme les Églises réformées qui ne sont pas contraintes de traiter avec des autorités étrangères.[2] Néanmoins, il se peut que l'organisation juridique et administrative d'autres confessions s'élabore également dans des cadres supra-nationaux. Actuellement, la réflexion sur la place et les structures des communautés musulmanes en Europe est objet de discussions communes dans l'ensemble des États européens, même si les solutions, lorsqu'elles prennent forme, demeurent encore nationales.[3]

Accord international, un concordat n'est pourtant pas conclu entre deux „États", mais entre un État et le Saint-Siège, organe représentatif par lequel agit l'Église catholique[4], permettant au souverain pontife de négocier en tant que chef d'une Église disposant, sur la scène internationale, d'une souveraineté spirituelle.[5] La convention possède, du fait même de la nature propre de l'Église, des caractères bien spécifiques.[6]

---

1 MARGIOTTA BROGLIO, Francesco, art. Concordat, in: Dictionnaire de la Papauté, dir. Philippe LEVILLAIN, Paris 1994, 442.

2 Il y a là l'une des raisons, peut-être la principale, de la constitution „d'Églises nationales" dans un certain nombre d'États dont la majorité de la population est acquise à la religion réformée, ou orthodoxe. Sur les Églises nationales, voir: AnCan 43 (2001) 6-118 et 44 (2002) (à paraître).

3 On connaît les tentatives françaises d'établissement d'un organisme représentatif des communautés musulmanes qui serait l'interlocuteur des pouvoirs publics en France. Plusieurs essais en ce sens n'ont pas pleinement abouti. La tentative récente, engagée par le ministre Chevènement, consista en l'organisation d'élections au sein des mosquées. Le résultat n'a pas encore totalement fait ses preuves. La plupart des pays européens connaissent des difficultés comparables, dues au manque d'unité entre les musulmans résidants dans un État. Deux pays de l'Union européenne semblent néanmoins proposer à l'Islam un cadre d'organisation plus structuré. En Belgique, un arrêté royal du 3 juillet 1996 avait prévu la création d'un „Exécutif des Musulmans". Les élections ont eu lieu en décembre 1998 et cette instance représentative a été reconnue par arrêté royal en mai 1999; cf. VERLIET, Luc, L'Église et l'État en Belgique, in: EJCSR 6 (1999) 1-10 et 7 (2000) 13-20. En Autriche, la formation des imams est assurée au sein de „l'Islamische Religionspädagogische Akademie", fondée en juin 1998 (POTZ, Richard, Church and State in Austria in 1998, in: EJCSR 6 [1999] 161-172.

4 MINNERATH, Roland, L'Église catholique et les États concordataires (1846-1981). La souveraineté spirituelle, Paris 1983, 65-69.

5 La doctrine a parfois discuté la question de la nature juridique d'un concordat. Trois thèses ont été présentées; celle voyant dans un concordat une convention internationale bilatérale entre le pape et un gouvernement étatique; celle considérant un concordat comme un privilège librement concédé par l'autorité religieuse qui, dès lors, était maître de la modifier; ou encore la thèse légaliste considérant le concordat comme une loi de l'État. La première de ces trois conceptions semble avoir dominé tout au long de

Cette pratique diplomatique fut très fréquente au cours des siècles et se poursuit aujourd'hui.[7]

Elle commença au XII° siècle, dans un cadre conflictuel, opposant les grands laïcs du monde féodal aux autorités religieuses et, plus directement, l'empereur au pape. À cette époque, la réforme grégorienne et l'élaboration de grandes collections canoniques dans l'entourage du pape avaient posé les bases de la *plenitudo potestatis* que l'évêque de Rome cherchait à établir, à son profit, sur l'Occident chrétien.[8] De leur côté, si les princes temporels avaient pris l'habitude de collaborer à la promotion des valeurs chrétiennes dans la société, ils étaient largement devenus maîtres de la vie et de l'organisation de cette Église. La revendication de celle-ci à un pouvoir propre était une nouveauté que les princes, l'empereur en premier lieu, n'étaient pas prêts à concéder.

Les premiers concordats, au début du XII° siècle[9] intervinrent dans ce climat conflictuel, alors que chacune des deux parties estimait pouvoir exercer son autorité sur l'autre. Le concordat de Worms, entre l'empereur HENRI V et le pape CALIXTE II, vise bien à cantonner les autorités séculières dans une certaine sphère de compétences, dont on cherche à définir les contours. L'accord intervint pour tenter d'établir un équilibre entre prétentions de l'Église et des princes.[10]

Par la suite, à partir du XV° siècle, les concordats des temps modernes prirent leur essor; concordat avec la „nation germanique" en 1418, à la fin du concile de Constance; puis, le 17 février 1448, concordat de Vienne, conclu entre l'empereur FRÉDÉRIC III et le pape NICOLAS V, qui constitua le texte fondateur de l'organisation des relations entre l'autorité romaine et l'empereur pendant plus de trois siècles.

Au cours du XVI° siècle, prérogatives régaliennes et souverainetés étatiques s'affirmaient à travers tout l'Occident. Ces États, de plus en plus forts, étaient confessionnels, en application du principe constant *cuius regio eius religio*. Ce

---

l'histoire. Elle est aujourd'hui unanimement admise; voir BASDEVANT-GAUDEMET, Brigitte, Le concordat de 1801. Référence pour une politique concordataire, in: RHEF 87 (2001) 393-417.

6 MARTÍN DE AGAR, José T., Passato e presente dei concordati, in: IusEccl 12 (2000) 613-660.

7 Cf. GAUDEMET, Jean, Les concordats dans l'histoire, dans ce même volume, 557-568. Voir aussi: MERCATI, Angelo, Raccolta di concordati su materie ecclesiastiche tra la Santa Sede e le Autorita civili, Città del Vaticano ^{2}1954 (dresse le bilan des concordats jusqu'en 1954); MARTÍN DE AGAR, José T., Raccolta di concordati 1950-1999, Città del Vaticano 2000 (bilan pour les années 1950-1999).

8 La *Summa Parisiensis* (1160) affirme: „Le pape est véritable empereur et l'empereur est son vicaire"; La *Summa Coloniensis* (1169) reprend: „Le pape est au-dessus de l'empereur; c'est lui le véritable empereur"; sur ces principes, voir GAUDEMET, Jean, Église et Cité, Paris 1994, 321 ss.

9 Sutri 1111 et Worms 1122; cf. infra.

10 MARTÍN DE AGAR (note 6).

fut avec ces États, à la fois souverains et confessionnels, que furent signés les concordats d'Ancien Régime (Concordat de Bologne de 1516 pour la France et, dans le même esprit, concordat de 1753 avec l'Espagne, ou de 1741 avec le royaume de Naples ou encore de 1757 avec la Lombardie, etc.). Confessionnel, l'État voulait une Église associée à l'exercice du pouvoir et à la vie publique; souverain, il se voulait puissant et donc maître des modalités de cette collaboration. Là encore, les concordats établissaient un équilibre, fixant une limite aux prétentions de chaque partie. Si la naissance des concordats, au XII° siècle, intervint pour tenter d'apaiser les querelles entre les deux puissances se disputant le „gouvernement du monde", leur essor, à partir du XV° siècle, correspond à la naissance de l'État moderne et à l'affirmation de sa souveraineté.

À partir de la Révolution française, selon un processus lent et diversifié en fonction de chaque pays, un mouvement de sécularisation des États s'opéra, accompagné de la reconnaissance du pluralisme religieux. Des concordats, dont la convention de Messidor négociée par BONAPARTE, s'en accommodèrent. Ce mouvement de sécularisation concerna tout d'abord les États. En revanche, pendant la même période, l'Église continuait à solliciter les pouvoirs publics afin qu'ils prônent des doctrines confessionnelles. La réalité concordataire subit le contre-coup de ce désaccord. D'une part, certains concordats, ou tentatives de concordats voulurent rétablir une religion d'État. Tel était l'objectif de projet de concordat français, en 1817 qui ne vit pas le jour. LOUIS XVIII ne le soumit pas à la ratification des chambres; peut-être craignait-il un rejet. D'autre part, la plupart des concordats du XIX° siècle affirmaient encore la place privilégiée de l'Église catholique comme, par exemple, les accords conclus avec les diverses principautés italiennes. Les constitutions, quant à elles étaient souvent ambiguës; plusieurs, comme le Statut Albertini promulgué en 1848 pour le Piémont et la Sardaigne, puis étendu à toute l'Italie lors de la réalisation de l'unité, déclaraient que le catholicisme était „religion d'État" et, en même temps, accéléraient la sécularisation de la société et des institutions.[11]

Vers la fin du XIX° siècle, le pape LÉON XIII ne voyait plus, dans les concordats, un instrument très utile pour les relations Église-État. Selon lui, il suffisait, pour que ces rapports soient cordiaux, que chacun se tienne dans sa sphère de compétence. Comme le note Giorgio FELICIANI[12], le pape reconnaissait qu'il existait néanmoins des cas nécessitant des négociations; dans ces hypothèses, l'Église devait se montrer la „plus indulgente possible et capable de renoncer à sa position", affirmait l'encyclique „Immortale Dei". Dans le Code de droit canonique promulgué en 1917, l'institution concordataire n'est mentionnée que de

---

11 Il faudra attendre Vatican II pour que les conventions avec des États mentionnent expressément la laïcité de l'État. Une telle disposition figure dans les Accords de la Villa Madame de 1984.

12 FELICIANI, Giorgio, Droit canonique des relations de l'Église catholique avec les États depuis 1917, in: Le Supplément. Revue d'éthique et de théologie morale 198, sept. 1996, 87-119.

façon accidentelle, au sujet des „conventiones" qui sont alors en vigueur et semblent un vestige du passé. La doctrine dominante considère souvent les concordats comme le résultat de relations „imperfectae", avec des sociétés marquées de laïcisme et de libéralisme, que l'Église ne peut pourtant pas ignorer.[13]

Cependant, lors de l'élaboration du Code, certains, à la suite de Mgr. PACELLI (le futur PIE XII), alors secrétaire de la Congrégation des Affaires ecclésiastiques extraordinaires[14], se montraient moins hostiles aux concordats. À l'époque où semblait triompher, en droit canonique, un droit universel qui s'inscrivait dans la codification pio-bénédictine, correspondant à la centralisation romaine à son apogée, la situation de chaque Église continuait à dépendre de contingences locales. Les droits particuliers demeuraient. Les concordats constituaient le meilleur mécanisme pour établir un régime propre à chaque État tout en permettant le contrôle de l'autorité romaine sur ces droits particuliers.

Le pontificat de PIE XI (1922-1939) fut parfois qualifié „d'âge d'or des concordats" et les relations internationales prirent alors une grande importance dans la politique du Vatican. Entre les deux guerres beaucoup furent négociés, du moins pour l'Europe, avec les États totalitaires.[15]

Des hésitations se retrouvèrent chez les canonistes au lendemain de Vatican II et pourtant la pratique concordataire connaît encore un essor considérable dans le monde actuel, conformément à la volonté personnelle de JEAN-PAUL II.[16] Certains avaient de nouveau pensé que l'ère des concordats était close. Au lendemain de Vatican I, comme au lendemain de Vatican II, plusieurs canonistes annonçaient la fin de l'époque des concordats, mais les arguments avancés à chacune des deux périodes furent bien différents. À la suite du concile de Vatican I fut entreprise l'élaboration du code de droit canonique, achevé en 1917. Parmi

---

13 Le cardinal OTTAVIANI pensait que les concordats étaient nécessaires car les États ne respectent pas la religion et n'admettent plus de se soumettre à l'Église.

14 Il considérait que, dans les concordats existant, il fallait distinguer deux séries de mesures: – des dispositions contractuelles demandées par les gouvernements, dans leur intérêt politique; – d'autres dispositions, prises à l'initiative du Saint-Siège, afin de régler la situation spécifique de telle ou telle nation. À ce point de vue, les concordats restaient utiles car permettaient d'établir des normes canoniques, applicables localement, pour le bien de l'Église.

15 MARGIOTTA BROGLIO, Francesco, La politique concordataire du Saint-Siège vis-à-vis des États totalitaires, in: Relations internationales 27 (1981) 319-342. Accords du Latran en 1929 pour l'Italie; Concordat avec le Reich d'une part, avec l'Autriche également en 1933; avec le Portugal de Salazar en 1940; accord sur la procédure de nomination des évêques avec l'Espagne de Franco en 1941; on pourrait ajouter les initiatives concordataires, sans suite, du gouvernement de Vichy en 1940 puis en 1943. En revanche, pour la même période, force est de constater qu'il y a eu peu de concordats importants signés avec des États libéraux, ou démocratiques. Il y eut un essai de négociation avec le gouvernement de la Seconde République espagnole, en 1931 puis 1936; on peut aussi citer une tentative comparable au cours de la Troisième République en France, en 1934/35. Mais dans ces deux cas, en définitive, l'accord n'intervint pas.

16 Voir les diverses contributions dans QDPE 13 (1997) / 1.

d'autres arguments, on affirmait que la codification générale d'un droit universel de l'Église latine ne devait guère laisser de place à des accords particuliers que l'on ne pouvait que tolérer. Au lendemain de Vatican II, si les conclusions sont comparables, les arguments sont bien différents. Il n'y a plus mépris à l'égard des sociétés civiles, ni pessimisme dans l'analyse des relations entre Église catholique et États. En revanche, on veut respecter l'indépendance de chacune des deux entités et les caractères spécifiques de leur nature. Le concile avait insisté sur l'indépendance de l'Église par rapport aux pouvoirs politiques. L'Église ne revendique plus une sorte de pouvoir indirect qu'elle serait habilitée à exercer sur la société civile. Elle ne demande plus aux États d'intervenir pour promouvoir la religion catholique. Fallait-il en conclure que les négociations n'avaient plus leur place? Une telle interprétation des textes de Vatican II était erronée et les faits ont prouvé que les concordats subsistent, encore plus fréquents. Giorgio FELICIANI note que les grandes constitutions de Vatican II maintiennent le principe du concordat. La constitution dogmatique *de Ecclesia* affirme que l'Église est une société constituée et organisée, pourvue des moyens nécessaires pour assurer son unité. Quant à *Gaudium et spes*, si l'indépendance de l'Église par rapport aux États y est hautement proclamée avec sa nature spécifique, sacramentelle et mystérieuse, le texte indique clairement qu'elle doit jouir de la liberté nécessaire pour accomplir sa mission, partout dans le monde.

Les accords entre l'Église et les États demeurent, mais on reconnaît désormais plus largement l'autonomie des États, la liberté religieuse et donc le pluralisme, ainsi que la liberté propre de l'Église catholique. L'indépendance de chacune des sphères d'action est aujourd'hui prise en compte dans un soucis de respect de l'autre et non plus dans un désir de domination. *Dignitatis Humanae* impose quelques réserves à l'Église catholique qui, admettant la liberté religieuse, ne peut plus revendiquer d'un État les privilèges dont elle a bénéficié au cours de l'histoire. L'esprit des négociations est modifié, rendant, en un sens, plus aisés les accords avec bon nombre de pays, aux régimes les plus divers. Les accords avec le Saint-Siège ne se limitent pas aux États confessionnels ni aux pays majoritairement catholiques et ne sont pas liés à un type de régime des cultes, l'on qualifie, peut-être naïvement mais avec une apparente logique, de „régime concordataire". Des concordats existent dans des régimes de séparation, de laïcité de l'État. En France, le principe constitutionnel de laïcité s'accommode fort bien du maintien du concordat dans trois départements. En Italie, les Accords de la Villa Madame, conclus en 1984, mentionnent expressément la laïcité de l'État. De même, des conventions peuvent intervenir dans des États dont la religion, officielle, ou majoritaire, ou d'État, n'est pas le catholicisme, mais où, au contraire, cette confession est minoritaire.[17]

---

[17] Si ces accords ne sont pas toujours qualifiés de „concordat", mais plutôt de protocole, la réalité est comparable. *Modus vivendi* de 1964 avec la Tunisie, où l'Islam est religion d'État, mais où l'article 2 de la Constitution garantit le „libre exercice du culte catholique". Accord conclu en 1966 avec les autorités yougoslaves; échange de correspondan-

Si les concordats persistent, tout en s'inscrivant dans des contextes forts variés de relations entre l'Église catholique et les pouvoirs étatiques, il n'est guère étonnant que, parallèlement, les thèmes essentiels qui y sont réglementés aient, eux aussi, évolués.

2. La diversité des questions traitées

Au cours de l'histoire, la principale question réglée par les concordats fut le mode de désignation des évêques et les intérêts patrimoniaux qui y étaient liés, mais il n'en est plus ainsi actuellement.

Dans les premiers siècles du christianisme, s'était établie une règle selon laquelle l'évêque était élu „a clero et populo", au sein de la communauté. Au cours de l'Antiquité et pendant le haut Moyen Âge, ce principe électif avait été constamment rappelé par les textes. Mais il fonctionnait de plus en plus mal. Inutile d'évoquer les abus, les dérives du principe, aux temps mérovingiens et encore plus sous les carolingiens. Le prince accordait alors une *licencia eligendi* (autorisation d'élire), dans laquelle il indiquait le nom de son candidat. En pratique, le prince nommait souvent les évêques.

Les premiers concordats apparurent dans ce contexte, lors de la Querelle des Investitures, l'un des plus important conflit entre puissances spirituelles et pouvoirs temporels. Les enjeux étaient de taille. Les pouvoirs temporels estimaient être maîtres de l'attribution des bénéfices; mais alors, qui désignait le titulaire de la fonction religieuse ? L'Église ? ou le roi et les seigneurs ?

Une première tentative d'accord eut lieu à Sutri.[18] Quelques années plus tard, en 1122, les envoyés d'HENRI V négociaient le concordat de Worms avec les représentants de CALIXTE II.[19] On s'acheminait vers une distinction entre une

---

ces avec le Maroc en 1983/1984; accords avec le Kazakstan en 1998; avec Israël; avec l'OLP (février 2000), etc.

18 Ce simulacre d'accord intervint en 1111, alors que l'empereur HENRI V, voulant se faire couronner par le pape PASCAL II, semblait prêt à quelques concessions; par le concordat de Sutri, en février 1111, l'empereur affirmait renoncer aux investitures; de leur côté, les évêques disaient renoncer aux *regalia*. Mais il n'en fut rien et les princes ecclésiastiques refusèrent, en fait, d'abandonner ce qu'ils considéraient comme leurs biens; le conflit se durcit; HENRI V fit emprisonner PASCAL II et bon nombre de cardinaux, ce qui permit à l'empereur d'obtenir d'autres concessions de la part du pape. Ces engagements n'avaient aucun sens. En somme, ce concordat de Sutri est un coup de force, rendu possible par la position de dépendance dans laquelle se trouvait le pape, mais qui n'aura pas de suite. Cf. Histoire du christianisme des origines à nos jours V. Apogée de la papauté et expansion de la chrétienté, 1054-1274, dir. Jean-Marie MAYEUR, Paris 1993, 118-129.

19 Pour le représenter dans ces négociations, le pape avait choisi deux légats français, l'évêque de Cluny et Guillaume de Champeaux, évêque de Chalons-sur-Marne. Le choix n'était pas neutre. En France, des doctrines (celles d'YVES DE CHARTRES et d'HUGUES DE FLEURY) avaient déjà ébauché une distinction entre investiture temporelle et spirituelle.

investiture spirituelle, qui relèverait de l'autorité ecclésiastique et une remise du temporel qui serait de la compétence du prince. La solution était plus théorique que pratique; que ce passait-il si le bénéfice n'était pas remis à celui désigné par l'autorité religieuse?

Cet enjeu, déterminant à l'origine, demeura fondamental pendant bien des siècles: désignation des hauts dignitaires ecclésiastiques et condition des biens qui leur étaient remis. Les modalités de nomination aux bénéfices majeurs constituèrent encore le principal point de discussion dans les accords des Temps modernes. Dans l'empire, aux termes du concordat de Vienne (1448), pape et collateurs ordinaires se partageaient nominations et revenus, dans un délicat équilibre des prérogatives. De part et d'autre, les ressentiments subsistaient.[20]

En France, le coup de force tenté par CHARLES VII prenant, en 1438, la Pragmatique Sanction de Bourges, décision unilatérale de la monarchie, visait à exclure Rome de la procédure; évêques et abbés étaient élus, mais sur présentation d'un candidat par le roi. Cette disposition mécontenta le pape qui ne participait plus aux désignations. Elle ne fonctionna jamais sereinement et les abus ne firent que se multiplier. Le texte fut tour à tour aboli, puis rétabli, par l'autorité royale, dans un certain désordre. En 1472, LOUIS XI tenta une réglementation plus harmonieuse. Il négocia le concordat d'Amboise, première convention avec le Saint-Siège abolissant officiellement le régime des élections épiscopales en France en le remplaçant par un système de présentation royale et de nomination pontificale. L'accord fonctionna tant bien que mal, mais se heurtait à l'opposition, d'une part du clergé privé de son droit électoral et, d'autre part des parlements, car la théorie du gallicanisme conciliaire exposée dans la Pragmatique Sanction perdait son autorité. Pour mettre définitivement fin à ces querelles, en 1516, FRANÇOIS I négocia avec LEON X le concordat de Bologne, reprenant en partie les dispositions du concordat d'Amboise, mais avec plus de succès. Le principe même des élections fut définitivement aboli. Désormais, le roi, dans les six mois suivant la vacance du siège épiscopal, choisissait un candidat, répondant à certaines conditions. Si le candidat nommé par le roi satisfaisait aux conditions fixées, le pape était tenu d'accorder l'investiture canonique. En cas de désaccords sur les qualités de l'évêque pressenti et de refus du pape, le roi nommait un autre personnage. Si ce dernier ne répondait pas non plus aux critères exigés, le pape acquérait un droit de nomination directe et définitive. Le concordat de Bologne s'appliqua dans le royaume de France jusqu'à la Révolution, mettant en pratique la collation des évêchés à la disposition du roi, mais selon les dispositions d'une convention bilatérale, liant les deux parties intéressées. Le roi disposait de ces bénéfices majeurs, représentant une fortune considérable et

---

20 Le principe demeurait celui de l'élection des évêques et des abbés avec la possibilité pour le pape de nommer „une personne plus digne"; RAPP, Francis, in: Histoire du christianisme des origines à nos jours VI. Un temps d'épreuves (1274-1449), dir. Jean-Marie MAYEUR et alii, Paris 1990, 707.

convoitée. Le pape avait obtenu, contrepartie importante, les annates c'est-à-dire la première année des revenus des bénéfices nouvellement conférés.

En 1801, les deux mêmes questions demeuraient fondamentales lors du Concordat napoléonien: mode de désignation des évêques d'une part, affaires patrimoniales d'autre part.

Il appartenait au chef de l'État de choisir les évêques qui recevaient l'investiture canonique du pape, solution qui constituait une des manifestations les plus essentielles du gallicanisme du XIX° siècle.[21] C'était reprendre la procédure de l'Ancien Régime, mais au profit d'un chef d'État qui n'était plus le „Roi Très Chrétien“. Après la Révolution, dans un régime de liberté religieuse et de pluralisme confessionnel, le gallicanisme n'était plus essentiellement alliance de l'Église et de l'État mais davantage contrôle de l'Église par les pouvoirs publics.

Lors des négociations du concordat, le premier consul avait exigé que PIE VII demande, et obtienne, la démission de tous les évêques de France, même ceux qui, au cours de la Révolution, lui étaient demeurés fidèles. De fait, le concordat prévoit (art. 3), que le pape demande aux évêques le „sacrifice“ de leur siège. Bonaparte entendait nommer „son“ épiscopat. Ses conseillers établirent des listes d'épiscopables et Bonaparte choisit, sur ces listes, les évêques qu'il souhaitait.

Traditionnellement, au cours des siècles, à la procédure de désignation des évêques avaient été liées les questions patrimoniales, notamment les bénéfices. Sous un autre aspect, le concordat de 1801 réglemente, lui aussi, la condition du patrimoine ecclésiastique.

L'un des points les plus fondamentaux aux yeux de Bonaparte fut d'obtenir l'assurance de ce que les acquéreurs de biens nationalisés ne seraient point inquiétés; en d'autres termes, que ces nouveaux propriétaires garderaient les propriétés acquises lors de la vente des anciens biens de la noblesse ou de l'Église qui avaient été confisqués sous la Révolution. La Convention de Messidor accorde cette garantie dans son article 13.

Toujours en ce qui concerne les questions matérielles, le concordat de 1801 contient quelques dispositions, parfois vagues, sur les salaires des ministres du culte ou sur la condition du patrimoine affecté au culte. Ces points seront précisés par les articles organiques, par les avis du Conseil d'État ou par des décrets, notamment celui de 1809 relatif aux fabriques. Ces questions patrimoniales sont réglementées en détail, pour partie par le concordat et davantage par des textes promulgués dès l'empire et qui viennent compléter le régime concordataire. Cette législation de droit interne s'inscrit dans la logique du cadre posé par le concordat.[22]

---

21 NEVEU, Bruno, Pour une histoire du gallicanisme, in: Administration et Église du Concordat à la Séparation de l'Église et de l'État, Droz 1987, 57-107.

22 Le concordat prévoyait des „traitements convenables“ pour les évêques et les curés. Les articles organiques apporteront des précisions et décideront du salaire des autres membres du clergé catholique et des pasteurs protestants. Les rabbins n'émargeront au bud-

Nous avons envisagé des exemples français, mais bien souvent, les concordats signés au XVIII° et XIX° siècles, en Occident, présentent des caractères assez comparables. Désignation des membres du clergé, statut du patrimoine sont des points essentiels. Ainsi en fut-il dans les concordats conclus avec la Pologne en 1519 puis 1625, puis 1736, ou avec l'Espagne en 1753, le Portugal en 1778, la Sardaigne en 1727, la Sicile en 1741, etc.

Ce survol historique fait apparaître que, pendant des siècles, les enjeux d'une politique concordataire, pour l'Eglise comme pour l'Etat, ont été très largement la procédure de désignation aux bénéfices, c'est-à-dire le choix des hauts dignitaires et les questions patrimoniales, les deux aspects étant liés. La Convention de Messidor appartient encore à ce modèle ancien. Même si le régime napoléonien consacre officiellement le pluralisme religieux en France, le concordat de 1801 illustre encore une conception héritée de l'Ancien Régime de relations étroites entre Église et Prince.

Les modalités des désignations épiscopales ne sont plus, aujourd'hui, l'un des principaux enjeux des concordats.

Église et État ont acquis chacun leur indépendance. Par respect de la liberté de l'Église, les États ont renoncé à toute intervention dans les désignations épiscopales.[23] Le décret conciliaire „Christus Dominus“ demande cette liberté des désignations, corollaire indispensable de la *libertas ecclesiae*. En même temps, la suppression du régime bénéficial a fait disparaître l'une des préoccupations majeures des États qui ne prétendent plus à un droit de regard sur la gestion de ces masses patrimoniales considérables.

Partout, l'Église a acquis la liberté de choisir seule ses ministres, en premier lieu ses évêques, exception faite du régime des cultes reconnus dans les trois départements de l'Alsace-Moselle.[24] Le thème n'est plus au centre des négociations concordataires. Mais un nouveau débat est apparu, option entre deux systèmes. L'Église de Rome choisit l'évêque, mais deux mécanismes sont concevables et se rencontrent à travers les continents. Soit, avant la nomination, l'Église (Rome ou le nonce) demande au gouvernement étatique s'il a des objections au candidat pressenti.[25] Soit l'autorité religieuse informe simplement le gouvernement, après la nomination.[26]

Même si coexistent aujourd'hui diverses conceptions, plus ou moins larges, de la liberté de l'Église, en tout état de cause, l'indépendance, tant de l'Église que de l'État, est devenue réalité.

---

get de l'Etat qu'en 1831. Quant aux édifices du culte, le Conseil d'Etat tranchera la question de leur propriété en l'attribuant aux collectivités locales.

23 TALAMANCA, Anna, Le nomine episcopali nei concordati post-conciliari, in: QDPE 15 (1999) 97-110.

24 Il n'y a qu'à Strasbourg et à Metz que l'évêque soit nommé par un chef d'État; METZ, René, La désignation des évêques dans le droit actuel, in: StCan 27 (1993) 321-334.

25 Tel est le système français depuis 1921.

26 Tel est le système italien depuis les accords de la Villa Madame, 1984.

En revanche, d'autres questions, rarement évoquées aux siècles antérieurs, ont pris place dans les concordats récents. L'Église revendique sa propre liberté, qui consiste dans la liberté de formation de ses ministres, liberté d'utilisation des moyens de communication sociale, liberté de son enseignement, de son droit pénal, etc. Elle proclame son droit à l'autodétermination, c'est-à-dire son autonomie d'organisation interne et son indépendance par rapport aux pouvoirs publics.

En conséquence, les concordats décident du statut de l'école confessionnelle et de la place faite à l'enseignement religieux dans les écoles publiques, thèmes dénués d'intérêt tant que tous s'accordaient pour reconnaître à l'Église une place dominante dans l'éducation des jeunes. La question de l'assistance religieuse dans les services publics, aumôneries des hôpitaux, des prisons ou à l'armée, ne se posait pas davantage lorsque l'Église assumait la charge de l'assistance. Dans un tout autre domaine, pendant des siècles, celle-ci fut seule compétente pour réglementer le lien matrimonial et statuer sur sa validité; ce ne fut qu'à une époque récente qu'apparut la question des rapports entre mariage civil et mariage religieux. On envisage aussi la condition des lieux de culte et des biens ecclésiastiques, plus largement, les privilèges fiscaux éventuellement accordés aux communautés religieuses. Mentionnons encore, parmi les questions abordées dans les concordats récents, celle de la délimitation des circonscriptions religieuses, les diocèses essentiellement, afin d'éviter qu'elles ne coïncident pas avec les frontières politiques d'un État. Les accords récemment conclus avec les pays de l'ancien bloc socialiste abordent généralement ce point.

Divers exemples permettraient d'illustrer ces évolutions. Les Accords de la Villa Madame, de 1984 pour l'Italie.[27] Les quatre „Accords", signés le 3 janvier 1979, à Rome, entre le ministre des Affaires étrangères espagnol et le cardinal

---

27 MARGIOTTA BROGLIO, Francesco, Les institutions et les biens ecclésiastiques dans le nouveau concordat italien, in: PJR 2 (1985) 218-226. De la réforme italienne, réalisée en 1984 dans les Accords de la Villa Madame modifiant l'ancien concordat du Latran de 1929, il ressort clairement que l'État renonce à tout contrôle sur la nomination des évêques et autres titulaires d'offices. Autre point pour lequel la réforme est tout aussi profonde: les biens ecclésiastiques. Les accords de la Villa Madame posent le principe selon lequel les fidèles doivent assumer le financement du culte. Le financement sur fonds publics doit progressivement être réduit, et devait disparaître en 1990. L'État facilite une gestion centralisée de ces questions financières en suscitant la mise en place „d'instituts diocésains pour l'entretien du clergé", qui doivent recueillir les biens des églises auparavant très dispersés. Le principe de l'autofinancement de l'Église connaît néanmoins quelques entorses; ainsi, depuis 1990, d'importantes déductions fiscales sont accordées aux fidèles qui effectuent des dons à „l'Institut central pour l'entretien du clergé", créé et géré par la conférence épiscopale. Ces accords traitent également des effets civils du mariage religieux, des écoles religieuses et des universités catholiques, des fêtes religieuses reconnues comme fêtes légales, du service militaire des clercs, de l'assistance religieuse dans les services publics, …

VILLOT, Secrétaire d'État de JEAN-PAUL II[28]; les nombreuses conventions signées avec les pays de l'ancien bloc socialiste (Pologne, Croatie en 1996 et 1998, Estonie en 1998 / 1999, Létonie et Slovaquie en 2000, ...).

La pratique concordataire demeure bien vivante et a su s'adapter aux évolutions des doctrines et réalités relatives aux relations entre l'Église catholique et les pouvoirs publics. Il ne s'agit plus tant d'établir un équilibre au sein de rapports de force, mais de protéger la liberté, l'identité et l'autonomie de l'Église et de l'État. Néanmoins, à aucune époque, ce type de convention n'a été exclusif d'autres modalités d'organisation des relations entre une confession religieuse, catholique ou non, et un État.

3. Une organisation des cultes hors concordat

Avant le XII° siècle, les concordats n'existaient pas et plusieurs aspects de la condition de l'Église étaient cependant précisés par le droit. L'édit de Milan (313) ne constitue certainement pas un accord international conclu avec les autorités ecclésiastiques. Du reste quelle aurait pu être l'autorité religieuse compétente au début du IV° siècle? L'édit de Milan procède de conférences, entre les deux empereurs, CONSTANTIN et LICINIUS, aboutissant à des constitutions impériales, mesures législatives de l'État. Le christianisme est autorisé. Par la suite, de nombreux privilèges lui seront reconnus. Ces mesures sont multiples, avant comme après l'édit de Thessalonique de 380 qui fait du christianisme la religion de l'État. L'Église obtint d'importants privilèges dans de nombreux domaines: statut de ses ministres, condition de son patrimoine, pouvoir de juridiction, etc.

---

28 MARGIOTTA BROGLIO, Francesco, Il nuovo concordato spagnolo, in: Nuova Antologia, n° 2132, oct.-déc. 1979, 177-188. Il s'agit du premier concordat qui soit en accord avec les normes constitutionnelles démocratiques d'un pays qui avait connu le fascisme. Il opère une modification du concordat de 1953. Le premier de ces quatre accords porte sur les „questions juridiques", soit les manifestations essentielles de la liberté du culte (garantie de la liberté d'exercice public du culte; liberté du „magister" de l'Église; liberté de l'organisation des institutions ecclésiastiques; détermination des fêtes religieuses qui sont également fêtes civiles; reconnaissance de la personnalité juridique de la conférence épiscopale; renonciation, par l'État, au contrôle sur les fins poursuivies par les établissements ecclésiastiques). Le second concerne l'enseignement. L'État reconnaît le „droit fondamental à la liberté religieuse" et le droit pour l'Église de coordonner sa propre mission éducative avec les principes de liberté religieuse et de non discrimination religieuse. Néanmoins, l'accord de 1979 prévoit dans son article 1 que l'éducation à l'école publique respecte les valeurs chrétiennes. L'enseignement de la religion catholique à l'école publique n'est pas une matière obligatoire, mais garde une place privilégiée, disposition qui peut sembler anachronique et n'est pas totalement conforme à la Constitution d'octobre 1978 imposant la non discrimination. Le troisième envisage les „questions économiques", c'est-à-dire le régime de financement de l'Église; les ressources proviendront essentiellement des contributions des fidèles même si des aides publiques subsistent. Enfin, le quatrième accord porte sur l'assistance religieuse au sein des forces armées et sur le service militaire des clercs.

Cette situation s'établit dans un climat de collaboration harmonieuse entre Église et État, à l'abri de tout conflit majeur. Elle procède de la législation impériale, non de conventions bilatérales. Les mécanismes mis en œuvre et l'absence de conventions entre pouvoirs spirituel et temporel n'interdisent pas aux évêques de solliciter l'empereur, ou à l'empereur de prendre conseil auprès de certains évêques. Canons conciliaires d'un côté, constitutions impériales de l'autre réglementent l'organisation du culte par des dispositions qui, mises côte à côte, réalisent un ensemble harmonieux, bénéfique à l'Église comme à l'État. Qu'il s'agisse du statut des clercs et de leurs privilèges, du tribunal de l'évêque ou des compétences juridictionnelles des assemblées conciliaires, de la condition du patrimoine ecclésiastique, des lieux de cultes, de l'organisation du monachisme, etc., ces questions, et bien d'autres, firent, à partir du règne de Constantin, l'objet d'une abondante législation, toute à la fois conciliaire et impériale.

Au cours du haut Moyen Âge occidental, l'absence de convention ne freine pas l'Église dans sa volonté d'étendre sa puissance sur la société et n'entrave pas non plus les innombrables interventions des princes dans la vie de l'Église. L'imbrication très étroite des ordres spirituel et temporel ne nécessita pas, avant le XI° ou XII° siècle, l'établissement de convention expresse entre Rome et un prince temporel. La situation changea, nous l'avons dit, lorsque chacun des deux pouvoirs revendiqua d'établir sa domination sur l'autre partie. C'est parce qu'il y eut conflit et que l'on voulut mettre un terme à ces oppositions que les concordats apparurent.

Lorsqu'ils existent, les concordats, aussi utiles qu'ils soient, ne règlent pas tout. Le cas de la France aux XIX° et XX° siècles en est un exemple parmi bien d'autres; les modalités de négociations sont très diversifiées.

Si la France a connu, au XIX° siècle, un régime concordataire, la Convention de Messidor ne constituait pas une réglementation d'ensemble. En admettant même – ce que les autorités religieuses n'ont jamais accepté – de considérer que les articles organiques aient également constitué un élément du système concordataire, il n'en demeure pas moins que nombre de secteurs essentiels échappaient à cet ensemble normatif et étaient régis par d'autres types de normes juridiques.

Dans l'accord de 1801, rien sur le mariage qui, dans la législation étatique demeurait le contrat civil institué par la loi du 20 septembre 1792 et repris par le code civil de 1804. Rien sur les congrégations dont BONAPARTE se méfiait comme il se méfiait de tout groupement et qui, pourtant, connaîtront un essor extraordinaire au cours du XIX° siècle, ne serait-ce que pour accompagner la politique coloniale des gouvernements successifs, cléricaux ou anticléricaux. Rien sur l'école pour laquelle NAPOLEON allait, en 1806, constituer l'Université impériale, monopole d'un service public étatique à l'intérieur duquel le clergé occupait une place essentielle, mais en conformité avec une législation unilatérale de l'État.

Dans ces secteurs clef, des réformes intervinrent au cours du régime concordataire, modifiant profondément la place des religions et cependant sans incidence sur le „régime concordataire“. Le divorce fut tour à tour supprimé (1816) puis rétabli (1884). Les congrégations se multiplièrent, puis subirent les conséquences dramatiques de la loi du 1er juillet 1901.[29] Quant à l'enseignement, la séparation de l'Église et de l'école se fit sans atteinte directe au concordat.[30]

La loi du 9 décembre 1905 mit fin au concordat en introduisant, en France, une séparation entre les Églises et l'État. Pourtant, beaucoup de points furent réglés suite à des négociations, des accords entre l'Église et l'État. Dans les années 1920 à 1924, les relations diplomatiques avec le Saint Siège furent rétablies (1921); le mécanisme dit „du droit de regard“, permit de régler harmonieusement le rôle de chacun des deux pouvoirs dans la procédure de désignation des évêques.[31] Vers la même époque (1924), les dirigeants légitimes des diocèses constituèrent des assemblées diocésaines, structures juridiques associatives adaptées aux besoins de l'exercice du culte et respectant pleinement l'organisation de l'Église catholique, dans le cadre du droit français.[32] Progressivement au cours du XX° siècle, les congrégations bénéficièrent d'un statut légal, les faisant passer de groupements illicites à des organismes pouvant jouir d'une large capacité civile, moyennant une procédure d'autorisation appelée „reconnaissance légale“.[33] L'école privée confessionnelle fut appelée à participer au service public de l'enseignement et à bénéficier de financements sur le budget de l'État, souvent équivalents aux ressources attribuées à l'enseignement public.[34]

La loi de 1905 ne s'appliqua pas dans trois départements de l'Est de la France, alors sous domination allemande. En Alsace Moselle, un droit local subsiste dont le régime juridique des cultes constitue un important élément avec, au moins, trois dispositions spécifiques essentielles. Les évêques de Strasbourg et

---

29 Art. 13: „Aucune congrégation religieuse ne peut se former sans une autorisation donnée par une loi ...“.

30 Principales lois de laïcisation de l'enseignement à la fin du XIX° siècle: décembre 1880, loi sur la laïcité de l'enseignement secondaire des jeunes filles (dite loi *Camille See*); mars 1882, loi sur la laïcisation des programmes dans l'enseignement primaire (dite loi *Jules Ferry*); octobre 1886, loi sur la laïcisation du personnel enseignant dans l'école primaire publique (dite loi *Goblet*); juillet 1904, loi interdisant l'enseignement à tous les congréganistes, qu'il soit membre d'une congrégation autorisée ou non autorisée.

31 Aide mémoire de mai 1921, prévoyant que le gouvernement français est appelé à faire savoir s'il a „quelque chose à dire sur le candidat au point de vue politique“.

32 Elles se constituèrent suite à des négociations entre le Saint-Siège et le gouvernement et suite à un avis du Conseil d'État, reconnaissant la conformité de leurs statuts par rapport au droit français. Voir: DURAND, Jean-Paul, Le *Modus Vivendi* et les diocésaines 1921-1924, in: AnCan 34 (1992) 199-234.

33 Acte qualifié de loi du 18 avril 1942, puis assouplissement des procédures de reconnaissance légale des congrégations, puis loi du 23 juillet 1987.

34 Loi *Marie* et *Baranger* sous la IV° République, développant les systèmes de bourses pour les élèves de l'enseignement privé; surtout, loi *Debré* (décembre 1959) organisant les écoles privées „sous contrat“.

de Metz sont nommés par le chef de l'État, mais ce dernier ne décide qu'après consultation du nonce; ici comme dans la France de l'intérieur, les deux pouvoirs se concertent, même si les rôles de chacun semblent inversés. Les cultes reconnus sont financés sur fonds publics; mais il n'est pas établi que ce financement permette aux communautés religieuses de l'Est de la France de jouir d'une plus grande aisance matérielle. Une heure de religion est prévue dans les programmes scolaires; néanmoins, sa suppression est envisagée; l'heure n'est suivie que par 2 à 3 % des élèves; en outre, sur ce point, la spécificité du droit local tient à la non application des lois républicaines des années 1880, et non au maintien du régime concordataire.

Certes, le régime des cultes reconnu subsiste, dans la ligne de la convention de Messidor. Les spécificités sont notables, mais le droit local des cultes de l'Alsace Moselle n'est pourtant pas en tous points opposé à celui de l'ensemble du territoire français. L'existence, ou l'absence, de concordat constitue une donnée essentielle, mais n'aboutit pas à la formation de deux catégories de régime des cultes qui seraient diamétralement opposés sur les questions les plus fondamentales.

En France ou ailleurs, les négociations entre l'Église catholique et l'État n'aboutissent pas toujours à des „concordats". La terminologie, fluctuante, n'a guère d'importance. Le terme même de concordat n'apparut que tardivement au cours de l'Ancien Régime.[35] À toute époque, d'autres expressions furent également utilisées (*modus vivendi*, protocole, ...). Les formes diplomatiques varièrent également. Bien souvent, au terme de discussions communes, chacune des deux parties signent et promulguent un acte, applicable dans son propre ordre juridique; il n'y eut pas toujours deux signatures apposées au bas d'un même texte. Par ailleurs, l'exemple récent de la Pologne témoigne du délai qui peut s'écouler entre la signature d'un concordat (1993) et son entrée en vigueur (1998).

D'autre part, l'Église veut donner plus d'importance aux conférences épiscopales nationales. Le Code de 1983 confère à ces entités nationales plus de prérogatives que ne le faisait celui de 1917. Il prévoit que les épiscopats locaux sont appelés à promulguer, par leurs conférences, (can. 455) ou en concile plénier (can. 439) des normes de droit particulier. Conformément à la volonté du législateur canonique, ces instances deviennent les interlocuteurs courants des pouvoirs publics, dans chaque État.[36] Les conférences épiscopales accompagnent le mouvement d'élaboration d'un droit particulier, soit du droit canonique proprement dit dans les domaines de compétence que le Code de 1983 reconnaît aux conférences, soit par des négociations avec les pouvoirs publics, qui abou-

---

35 GAUDEMET (note 7).

36 BASDEVANT-GAUDEMET (note 5); FELICIANI, Giorgio, Gli episcopati, nuovi protagonisti delle relazione tra la chiesa e gli stati, in: PerRCan 89 (2000) 661-680; l'auteur étudie de nombreux concordats récents, dans lesquels le rôle des conférences épiscopales est expressément mentionné. Il envisage plus spécifiquement le cas de l'Italie.

tissent à des textes de lois, ou à une réglementation, de droit interne. Ainsi, dans le texte des accords de la Villa Madame, on souligne que les relations de l'État avec l'Église ne se font plus uniquement avec le Saint-Siège, mais se déroulent également avec d'autres instances, notamment la conférence épiscopale.

En outre, la reconnaissance du pluralisme religieux comme principe constitutionnel conduit les pouvoirs publics à négocier avec les diverses confessions composant le paysage religieux d'un pays. Les religions ont droit à une politique de neutralité positive de la part des États, leur garantissant une pleine liberté. En conséquence, des accords aboutissant à des normes de droit interne sont conclus. En Europe, ils concernent les communautés protestantes, israélites, bouddhistes, musulmanes, mais aussi les Églises adventistes, voire les Témoins de Jéhovah. Un texte, accord ou entente générale, réglemente les divers aspects des relations entre une religion et l'État (lieux de culte, statut des ministres, financement, enseignement religieux à l'école, assistance spirituelle dans les services publics, ...). Espagne et Italie usent largement de ce mécanisme. Ailleurs, comme en France, le statut juridique des confessions religieuses peut être fixé selon des modalités moins formelles; circulaires ministérielles ou jurisprudence notamment déterminent des modalités d'aides financières indirectes, la condition des lieux de culte et de sépulture, les repas dans les cantines des établissements publics, etc. Plusieurs États ont déjà promulgué, ou sont en train d'élaborer une loi sur la liberté religieuse, sorte de loi cadre, concernant l'Église catholique et les autres confessions, à l'intérieur de laquelle des accords spécifiques pour chaque religion gardent toute leur place.

Apparus au Moyen Âge dans un contexte conflictuel pour tenter d'établir un certain équilibre, les concordats subsistent, accompagnés d'autres catégories d'accords. Ils ont conservé leur fonction essentielle, celle de préciser les prérogatives tant de l'État que de l'Église sur les sujets d'intérêt religieux. Mais un climat de concorde et de respect mutuel a généralement remplacé les conflits sous-jacents aux négociations concordataires des siècles passés. Concordats, accords, négociations n'ont plus, comme objectif premier, d'apaiser des querelles préexistantes, mais d'organiser, pour l'avenir, une coexistence sereine à l'intérieur d'une même société où chacun exerce ses propres fonctions, correspondant à ses propres missions.

Die europäische Identität unter dem Gesichtspunkt des Vertragswerkes der Europäischen Union*

Hugo Schwendenwein

Die wichtigsten Verträge, die den Weg zur Ausbildung der Rechtsgrundlagen der Europäischen Union kennzeichnen, sind die Gemeinschaftsgründungsverträge vom 25. März 1957[1], der Vertrag über die Europäische Union (EU-Vertrag) vom 7. Februar 1992 und der Vertrag von Amsterdam zur Änderung des Vertrages über die Europäische Union, die Verträge zur Gründung der Europäischen Gemeinschaft, sowie einiger damit zusammenhängender Rechtsakte (AV) vom 2. Oktober 1997.

Diese Verträge sind weitgehend wirtschaftlich ausgerichtet, doch wird zunehmend die Tendenz deutlich, die Kompetenzen der Europäischen Union auszuweiten und der Wirtschaftsgemeinschaft auch andere Aufgaben hoheitlich-staatlichen Charakters anzuvertrauen. Einen ganz zentralen Punkt in diesen Ausweitungsbestrebungen stellt die Vorlage einer Grundrechtscharta dar. Sie versteht sich insofern als Ausweis europäischer Identität, als in ihr der gemeinsame Stand der Grundrechte, wie er sich in den Staaten Europas ausgebildet hat, festgehalten ist. Hier spiegelt sich deutlicher als in den primär wirtschaftsbezogenen Verträgen das, was die europäische Identität ausmacht, wider.

So steht also die Charta der Grundrechte der Europäischen Union, wie sie von der Präsidentin des Europäischen Parlaments, dem Präsidenten des Rates und dem Präsidenten der Kommission anlässlich des Europäischen Rates von Nizza am 7. Dezember 2000 unterzeichnet und feierlich verkündet wurde, im Mittelpunkt der folgenden Überlegungen. In der Charta der Grundrechte ist zum ersten Mal in der Geschichte der Europäischen Union in einem einzigen Text die Gesamtheit der bürgerlichen, politischen, wirtschaftlichen und sozialen Rechte der europäischen Bürger sowie aller im Hoheitsgebiet der Union lebenden Personen zusammengefasst. In insgesamt 54 Artikeln werden die Grundrechte sichtbar gemacht, an denen das Recht der Europäischen Union zu messen ist.

Die in der Grundrechtscharta genannten Rechte beruhen insbesondere auf den in der Europäischen Menschenrechtskonvention anerkannten Rechten und Grundfreiheiten, den Verfassungstraditionen der Mitgliedsstaaten der Europäi-

---

* Überarbeitete Fassung eines an der Péter-Pázmány-Universität in Budapest gehaltenen Vortrages.

1 In diesem Zusammenhang müssen genannt werden: der Vertrag zur Gründung der Europäischen Gemeinschaft für Kohle und Stahl v. 25.3.1957 (EGKSV); der Vertrag über die Gründung der Europäischen Atomgemeinschaft (EAGV) v. 25.3.1957 und der Vertrag zur Gründung der Europäischen Wirtschaftsgemeinschaft (EWGV) v. 25.3.1957.

schen Union, der Sozialcharta des Europarates und der Gemeinschaftscharta der sozialen Grundrechte der Arbeitnehmer sowie anderen internationalen Übereinkommen, denen die Europäische Union oder ihre Mitgliedsstaaten angehören.

Hat die französische Erklärung der Menschen- und Bürgerrechte von 1789 erstmals die Geltung von Rechten proklamiert, so dient die jetzige Erklärung der sichtbaren Kodifizierung des in der Europäischen Union erreichten Entwicklungsstandes des Grundrechtsschutzes. Sie bringt zugleich nach innen und außen einen Konsens der Werte zum Ausdruck, die der europäischen Einigung zu Grunde liegen. Sie ist Teil der europäischen Identität. Der Charta kommt damit eine wesentliche Legitimations- und Integrationsfunktion zu.

1. Die Schlagworte der Französischen Revolution und die Europäische Charta der Grundrechte

In der Präambel der Charta der Grundrechte heißt es: In dem Bewusstsein ihres geistig-religiösen und sittlichen Erbes gründet sich die Union auf die unteilbaren und universellen Werte der Würde des Menschen, der Freiheit, der Gleichheit und der Solidarität. Sie beruht auf den Grundsätzen der Demokratie und der Rechtsstaatlichkeit. Sie stellt die Person in den Mittelpunkt ihres Handelns, indem sie die Unionsbürgerschaft und einen Raum der Freiheit der Sicherheit und des Rechts begründet.

Die Frage nach der europäischen Identität weist weit zurück. Es waren vor allem das römische und das kanonische Recht, welche, allenfalls gegendweise ergänzt durch Einflüsse von Volks- und Stammesrechten, das europäische Rechtsdenken durch die Jahrhunderte geprägt haben. Ein wesentlicher Schritt dieser Entwicklung steht im Zeichen der Ideen der Aufklärung. Zur Charakterisierung der rechtlichen Errungenschaften der Aufklärung werden gerne die Schlagworte der Französischen Revolution „Freiheit, Gleichheit, Brüderlichkeit" genannt, die zur Praxis der Revolutionsjahre teilweise sogar einen sehr krassen Widerspruch darstellten, die aber doch die Leitbilder für ein neues Gesellschafts- und Rechtsdenken abgaben, durch das sich die von ihnen geprägte Epoche von der Zeit vor der Revolution deutlich abhebt. Auch die Grundrechtscharta der EU steht, wenn sie im Hinblick auf die Würde des Menschen die Leitworte „Freiheit, Gleichheit, Solidarität" verwendet, auf dieser Linie. Die Zeit nach der Französischen Revolution ist durch die Tendenz gekennzeichnet, die Integritäts- und Freiheitssphäre des Menschen gegenüber dem Staat abzusichern, die Möglichkeiten der Willkür durch die Staatsorgane möglichst klein zu halten, Ungleichheiten zu beseitigen und allen Menschen die gleiche Chance zu geben. Die Einführung von Grundverfassungen, die Definition unveräußerlicher Menschenrechte, die Gewaltenteilung, kurz, das, was wir den Rechtsstaat nennen, ist eine Frucht dieses Denkens. Und es hängt auch das demokratische Prinzip eng mit diesen Ideen zusammen. Wenn man in der Folge erkannte, dass der Mensch trotz Wahrung seiner rechtlich abgesicherten Persönlichkeitssphäre doch wirtschaftlich zu

Grunde gehen kann, so hat dies konsequenterweise in vielen Ländern zu einer Sozialgesetzgebung geführt, die ihn auch von der wirtschaftlichen Seite her möglichst abzusichern sucht. Meines Erachtens könnte man diese Entwicklung zum Sozialstaat, durch welche die Errungenschaften des demokratischen Rechtsstaates nicht, zumindest nicht notwendigerweise, preisgegeben, sondern nur durch neue Werte ergänzt und bereichert wurden, noch als späte Frucht der Französischen Revolution ansehen, die ja ebenso unter dem Schlagwort der Brüderlichkeit – die Grundrechtscharta der EU spricht von „Solidarität" – angetreten ist. Auch hier geht es um den Menschen, um den Schutz seines Lebensraumes.[2]

Wenn Europa heute vor einer Welt steht, die immer mehr zusammenfließt, in der das Geschehen zunehmend von der in der Dritten Welt entfalteten Dynamik mitbeeinflusst wird, so muss man doch daran festhalten, dass das Wertvolle, das Europa dieser Welt zu geben hat, seine Rechtskultur ist, die in der Katalogisierung der Grundrechte einen vorzüglichen Ausdruck findet.

Entgegenstehende Tendenzen und Probleme. Allerdings begegnen uns auch Tendenzen, die dem von der Aufklärung geprägten Bild einer menschengerechten Rechtsordnung nicht oder zumindest nicht eindeutig kongruieren.

- Ein Beispiel für Bestrebungen, in einem bisher vom herkömmlichen Menschenbild geprägten Rechtsbereich Neuerungen durchzuführen, die nicht mehr auf der Linie dieses Bildes liegen, bietet die uns in der Europäischen Union vereinzelt begegnende gesetzliche Vorsorge für die aktive Sterbehilfe.
- Neue Errungenschaften. Es gibt heute zunehmend Bereiche, die unter dem Aspekt des herkömmlichen Verständnisses der Menschenwürde Probleme aufwerfen, die es früher nicht gegeben hat, wie beispielsweise die Frage gentechnischer Eingriffe bzw. gentechnischer Manipulation. Art. 3 Abs. 2 der zur Besprechung stehenden Grundrechtscharta lehnt eugenische Praktiken ab, insbesondere solche, die die Selektion von Menschen zum Ziele haben. Aber es wird sehr von der praktischen Handhabung abhängen, ob eine solche Grundrechtsbestimmung durch Maßnahmen im Vor- und im Umfeld ausgehöhlt wird, die letztlich in den Bereich hineinreichen, in dem die Selektion ihren Ausgang nimmt.

Die Grundrechtscharta ist vom Bestreben gekennzeichnet, die europäische Identität zu wahren, und sie entspricht auch – zumindest in gewissen Grundlinien – dem Menschenbild, dem sich Europa in seiner Geschichte, besonders in der Neuzeit, verpflichtet wusste. Die großen, diesem Menschenbild entgegengesetzten Bewegungen, wie der Kommunismus und der Nationalsozialismus, konnten auf die Dauer ihre uneingeschränkten Machtpositionen nicht erhalten. Aber es gibt, wie die Abtreibungsfrage und die erwähnte aktive Sterbehilfe zeigen, Einbrüche in eine sonst weitgehend von diesem Menschenbild geprägte

---

2 SCHWENDENWEIN, Hugo, Die Errungenschaften der Französischen Revolution und das kanonische Recht, in: ÖAKR 21 (1970) 130-141.

Tradition. Und gerade manche der von der Wissenschaft und dem Fortschritt neu erschlossenen Lebensbereiche – wie die oben erwähnten gentechnischen Manipulationen –, sind besonders anfällig für von der angesprochenen Tradition abweichende Neuregelungen. Jedenfalls bedarf es großer Wachsamkeit und der Bereitschaft zum Engagement, um die traditionellen europäischen Werte zu wahren.

Großorganisation und kleine Gruppe. Die von der Aufklärung geprägte Epoche steht im Zeichen von Bestrebungen, die letztlich auf eine Streuung der Gewalt über den Einzelnen bei gleichzeitiger Entflechtung der Gewaltausübung vom Persönlichen hinauslaufen.[3] Aber es scheint fast, dass der heutige Mensch verzweifelt nach dem „Persönlichen" sucht, das in der Sachlichkeit einer immer mehr und mehr von der Technik geprägten Welt zu verkümmern droht.

Wir stehen hier natürlich vor der Situation, dass die Menschen immer mehr zusammenrücken, dass ihr Lebens- und Entfaltungsraum – auch global gesehen – immer enger wird. Man braucht sich ja nur Städte wie Hongkong und Tokio vor Augen zu halten. Der Staat, die große Organisation, die in vergangenen Zeiten vor allem den Frieden nach außen sichern und die Gerechtigkeit im Inneren wahren musste, greift zunehmend in das Lebens-, Wirtschafts- und Sozialgefüge ein. Er steht dem Einzelnen und seiner Lebenswelt als umfassende Großorganisation gegenüber, so dass sich der Mensch auch gegen das Institutionelle, das ja Versachlichung bedeutet, sträubt und nach Auflockerung der Großorganisationen, nach Bildung kleiner überschaubarer Gemeinschaften strebt, in denen er nicht nur eine Nummer, sondern eine Persönlichkeit ist. Man hat manchmal fast den Eindruck, als ob er auch der Justitia mit den verbundenen Augen, der anonymen Institutionen des Rechtsstaates, überdrüssig wäre. Angesichts des rapiden Fortschrittes der Menschheitsentwicklung heute erweist sich manches von diesen Institutionen, die ja gerade durch ihre Inflexibilität einen Schutz des Menschen vor Willkür darstellen sollten, als zu unbeweglich und der Dynamik des heutigen Lebens, der man auch im Recht Rechnung tragen will, nicht restlos gewachsen. In den gesellschaftlichen Bestrebungen von heute zeichnen sich die verschiedenartigsten Strömungen ab, die oft schwer auf einen Nenner zu bringen sind, aber sehr viel erwartet man sich offenbar von kleinen, weitgehend autonomen Personengemeinschaften, die ihre Angelegenheiten nach der jeweiligen Situation selbst entscheiden. Zweifelsohne würde dies eine viel größere Elastizität bedingen.

Masse und Individuum. Würde man ohne gleichzeitige Berücksichtigung der Errungenschaften der Französischen Revolution hier anknüpfen, so wären wir in etwa wieder bei der stark dezentralisierten und vielfältig gegliederten mittelalterlichen Ordnung angelangt, bei der das Individuum in hohem Maße, in fast totalitärer Weise von seiner Gruppe abhing. Es wäre mit einem Schlag der Menschheitsfortschritt, den die Neuzeit in mühevollem Ringen erzielt hat, hin-

---

3 Des Näheren s. SCHWENDENWEIN (Fn. 2).

weg gewischt. Wenn heute immer wieder von Freiheit, Menschenwürde und Menschenrecht gesprochen wird, so darf uns das nicht darüber hinwegtäuschen, dass man nicht nur, wie wir schon sagten, sehr leicht geneigt ist, das Individuum, wo es mit der Gemeinschaft in Konkurrenz steht, zu opfern, sondern dass man auch gar nicht daransetzt, seine Rechtsphäre in minutiöser Weise abzusichern. Nach den in den 70er Jahren in Österreich erlassenen arbeitsrechtlichen Bestimmungen kann sich der Einzelne nicht einmal gegen eine Kündigung wehren, nur der Betriebsrat, der das Kollektiv der Arbeitnehmer repräsentiert, kann dies tun.

Man glaubt, allem Genüge getan zu haben, wenn der Einzelne irgendwo mit einer Stimme, die oft gar nicht zur Geltung kommt, mitbestimmen kann. Es hat sehr viel für sich, wenn Ladislaus BOROS sagt, dass die große Entwicklungslinie heute nicht zum Individuum, sondern zum Kollektiv[4] hin verläuft.

Wenn man sieht, wie die Menschen immer näher und näher aneinander rücken, insbesondere in den Zusammenballungen der großen Städte, wo in der immer noch zunehmenden Arbeitsteilung der Technik, bei allen Aufgliederungsversuchen der Großorganisation, das „Zusammen" immer nötiger wird, wie die Wirtschaft so verzahnt ist, dass jeder auf andere angewiesen ist, dann könnte man versucht sein, die Frage zu stellen, ob wir nicht am Ende der Neuzeit stehen, zu deren Charakteristika die Geschichte das zunehmende Heraustreten des Menschen aus den ihn oft in der Totalität der Lebensbezüge erfassenden Bindungen der mittelalterlichen Lebenskreise zählt. Zumindest aber ist immer wieder die Tendenz spürbar, die institutionalisierte Absicherung der Sphäre des Individuums zurück- und den Menschen wiederum stärker in die Bindungen der Gesellschaftsgruppen hineinzustellen.

Erneuerung und Bewahrung. Auch wenn wir unabhängig vom europäischen Zusammenschluss im Zeichen neuer großer wirtschaftlicher und sozialer Umwälzungen stehen, so muss uns doch folgendes klar sein. Alfred KOBZINA hat bereits im Jahre 1956, also in der Zeit, in der der Rechtsstaat noch in keiner Weise bedroht erschien, darauf hingewiesen, dass,

> „wenn wir ... in den hergebrachten Rechtsbegriffen verharren und wenn es nicht gelingt, der neuen gesellschaftlichen Ordnung ... auch neue rechtliche Werte entgegenzusetzen, ... die Komponente der soziologischen Erscheinungsformen, die diesen immanente Macht, die Herrschaft des Rechtes ablösen" wird.[5]

---

4 Bezüglich der Ausbildung eines Kollektivbewusstseins sei auch auf die Ausführungen von Pierre TEILHARD DE CHARDIN, L'avenir de l'homme, Paris 1959, 255 hingewiesen.

5 Zum Ermessensspielraum, in: JBl. 78 (1956) 524. Hans R. KLECATSKY hat unter Anspielung auf das hier angedeutete Phänomen sogar das Wort gebraucht, dass die Geschichte der Menschheit „auf die totale Stagnation", d. h. also auf die mangelnde Bereitschaft zur Anpassung der rechtlichen Institutionen an die gesellschaftliche Entwicklung, immer wieder nur „eine einzige Antwort" gegeben hat: „die totale Revolution" (Föderalismus und Gerichtsbarkeit, in: JBl. 91 [1969] 22; vgl. auch DERS., Allgemeines österreichisches Verwaltungsrecht, in: JBl. 76 [1954] bes. 508).

Es lässt sich nichts daran ändern, dass nach der Französischen Revolution die industrielle und in der Folge die im Zeichen der modernen Kommunikationsmittel stehende Revolution eingetreten sind und dass auch die Entwicklung des Rechtes noch nicht am Ende ist, sondern weitergeht. Freilich darf dieses Weiterschreiten kein atavistischer Rückschlag in längst überwunden geglaubte, in etwa an mittelalterliche Strukturen erinnernde Formen sein. M. E. sollte man die Rechtsbildungs- und Entscheidungsstrukturen nicht auf zu kleine Einheiten verlegen, es müsste ein Ausgleich zwischen verschiedenen Stufen gegeben sein.

Der Versuch des Rechtes, den Menschen unter Rückgriff auf seine fundamentale Würde vor der Abhängigkeit, Beeinträchtigung und Verknechtung durch andere Menschen, durch gesellschaftliche Mächte zu schützen, war zum Teil damit verbunden, dass man die ihn betreffenden Entscheidungen aus dem menschlichen Nahbereich, in dem zu leicht emotionsgeladene Einflüsse und persönliche Bindungen mitspielen könnten, herauszieht. Dies hat man ja sehr treffend durch die Justitia mit den verbundenen Augen symbolisiert, die die Waage in der Hand hält, für die also nicht das Ansehen der Personen oder die persönliche Stellung zu diesen, sondern das Gewicht der Sache entscheidet. In diesem Sinne hatte sogar der absolutistische Staat mit seinen zentralen, zur Anonymität neigenden Institutionen, mit der Tendenz, das Recht einheitlich für alle zu fixieren und seinem vor allem dem Herrscher und nicht örtlichen und Gruppeninteressen ergebenen Beamtenapparat, einen wenigstens in etwa besseren Rechtsschutz gebracht, als er in den zwar oft kleinen, aber den Menschen total beherrschenden und vom Persönlichen und dadurch auch von der Willkür der Maßgeblichen bestimmten Einheiten des Mittelalters und des Ständestaates am Anfang der Neuzeit gegeben war. Die Aufklärung hat hierin eine Leistung für den Menschen gesehen. Allerdings haftete diesem System doch der Mangel an, dass letztlich alle Gewalt in der Hand des Herrschers zusammenlief. Dieser Mangel wurde dann in der von der Französischen Revolution geprägten Epoche mit der Deklaration unveräußerlicher, auch die staatlichen Machthaber bindenden Menschenrechte und der Gewaltenteilung beseitigt, einer Epoche, in der das der Neuzeit eigene Streben, den Menschen in den Vordergrund zu stellen und aus ihn hemmender gesellschaftlicher Abhängigkeit zu lösen, seinen Höhepunkt erreichte. Man glaubte, in den vom Persönlichen losgelösten Institutionen des modernen Rechtsstaates die höchst möglichen Garantien für einen nicht korruptionistischen, sondern sachgerechten Vollzug des offiziellen Lebens der Gemeinschaft gefunden zu haben.[6]

M. E. ist es von großem Gewicht, Gewährleistungen der Sphäre des Menschen, und dabei stehen natürlich die Grundrechte im Vordergrund, auch auf der hohen Ebene der sich heute ausbildenden überstaatlichen Organismen zu bieten. Außerdem bringen das starke Zusammenrücken, die Globalisierung, die großen wirtschaftlichen Zusammenschlüsse eine enorme wirtschaftliche Abhängigkeit

---

6 SCHWENDENWEIN (Fn. 2).

des Menschen von anderen mit sich und es ist wichtig, auch seine wirtschaftliche, soziale Position abzusichern. So treten heute zu den klassischen Grundrechten die sozialen Grundrechte, die freilich nicht in gleicher Weise wie andere Grundrechte justiziabel sind.

Außer dieser neuen Dimension ist natürlich zu berücksichtigen, dass die klassischen Grundrechte angesichts neuer Entwicklungen (z. B. in der Medizin, in der Genetik) in dem einen oder anderen Punkt einer konkretisierenden Ausfaltung oder Präzisierung bedürfen.

2. Grundrechtskataloge auf internationaler Ebene

Seit der Französischen Revolution und insbesondere seit der bürgerlichen Revolution von 1848 ist man in zahlreichen Ländern zur Abfassung von Grundrechtskatalogen in Staatsverfassungen geschritten.[7]

Nach dem Zweiten Weltkrieg war sich die Staatengemeinschaft dessen bewusst, dass die Grundrechte auch einer internationalen Absicherung bedürfen. Am 10. Dezember 1948 nahm die Generalversammlung der Vereinten Nationen die Allgemeine Erklärung der Menschenrechte an. Der Text war unverbindlich und entwickelte zunächst bloß moralische Autorität. Rechtlich bindend sind die UN-Pakte von 1966 über wirtschaftliche, soziale und kulturelle Rechte sowie über bürgerliche und politische Rechte. Einen ungeahnt starken Einfluss auf die Menschenrechte in verschiedenen europäischen Ländern hat die Europäische Menschenrechtskonvention von 1950 genommen. Sie bietet einen sehr wirksamen Schutz, weil sie verbindliche Urteile über die Teilnehmerstaaten ermöglicht hat.

<u>Die Arbeiten an der Grundrechtscharta der Union.</u> Gemäß den Schlussfolgerungen des EU-Gipfels in Köln vom 3. und 4. Juni 1999 samt Ratsbeschluss setzte der Europäische Rat in Tampere am 15./16. Oktober 1999 zur Abfassung einer Europäischen Grundrechtscharta ein Gremium ein, das sich in seiner konstituierenden Sitzung vom 17. Dezember 1999 den Namen „Konvent" gegeben hat. In der Zusammensetzung des 62 Mitglieder umfassenden Konvents kommen unterschiedliche Legitimationsquellen der Europäischen Union zum Ausdruck:

- 15 persönliche Beauftragte der Staats- und Regierungschefs der Mitgliedstaaten,
- 16 Mitglieder des europäischen Parlaments,

---

[7] Im Schatten der Nuklearbomben auf Hiroshima und Nagasaki wurde nach dem Zweiten Weltkrieg in Europa ein System geschaffen, das erstmalig der „Anarchie zwischen den europäischen Staaten" ein Ende gesetzt hat. Die institutionelle Friedenssicherung ist, wie das letzte halbe Jahrhundert gezeigt hat, voll gelungen. Spätestens seit dem Kosovo hat die supranationale Wirklichkeit das Territorialprinzip (die Alleinzuständigkeit der Nationalstaaten) abgelöst. Diese Entwicklung war und ist eine historische Notwendigkeit.

- 30 Mitglieder der nationalen Parlamente sowie
- 1 Mitglied der Kommission.

¾ der Konventsmitglieder waren zugleich Mitglieder der betreffenden Parlamente. Und ¾ der Mitglieder kamen unmittelbar aus dem Rechtskreis der Mitgliedstaaten. Das Europäische Parlament ist erstmals konstitutiv an der Definition der Grundlagen der Verträge in mitbestimmender Weise beteiligt gewesen.

Zum Vorsitzenden wurde Roman HERZOG gewählt, der in souveräner Liberalität und zugleich Autorität das Erreichen von Kompromissen ermöglicht hat, die letztlich zum erforderlichen Konsens unabdingbar waren. Nach knapp 10 Monaten konnte HERZOG am 2. Oktober 2000 im engen Benehmen mit den Vorsitzenden der Gruppierungen des Konvents feststellen, dass der ausgearbeitete Charta-Entwurf für alle Seiten zustimmungsfähig sei. Dieser Konsens wurde erleichtert durch die Vorgabe des Europäischen Rates, dass die Charta vorerst nicht als verbindlicher Teil in die Verträge aufgenommen werden sollte.

Zwischendurch wurden die Arbeiten an einer Europäischen Verfassung aufgenommen. Aber die Grundrechtscharta stellt sich als ein Papier dar, das für die Zukunft grundlegende Regelungen bezüglich der Grundrechte bietet.

Was den Stil betrifft, so versucht die Charta klar, einprägsam und eindringlich zu sein. Kein Artikel (mit Ausnahme von Art. 41) enthält mehr als drei Absätze. Die Charta ist in allen Amtssprachen der Union abgefasst.[8]

Angemerkt sei noch, dass die Charta neben Menschenrechten auch besondere Rechte der Unionsbürger enthält, die zum Teil auf Drittstaatsangehörige erstreckt werden, soweit sie sich in rechtmäßiger Weise im Hoheitsgebiet eines Mitgliedstaates aufhalten.

3. Verbindlichkeit der Charta

Die Frage des rechtlichen Status – das heißt die Rechtsverbindlichkeit der Charta durch ihre Einbeziehung in den EU-Vertrag – wurde bereits durch den Europäischen Rat von Köln, der das Vorhaben in die Wege geleitet hat, aufgeworfen.

Der Konvent arbeitete den Entwurf der Charta mit Blick auf eine etwaige Einbeziehung in den Vertrag aus und auch das Europäische Parlament sprach sich für die Aufnahme in den Vertrag aus.

Man ist davon ausgegangen, dass die feierliche Erklärung von Nizza zunächst rechtlich unverbindlich bleibt und dass sich die Parlamente der Mitgliedstaaten mit der Charta befassen, ohne aber eine förmliche Zustimmung zur Ratifizierung zu geben. Europäisches Parlament, Rat und Kommission gehen mit der Erklärung eine Selbstbindung ein, so dass mit einer Beachtung in der Praxis der Rechtsgestaltung und Rechtsanwendung zu rechnen ist.

---

8 Der französische Text diente oft als Ausgangssprache für Beratungen; federführend als Sekretär des Konvents war der Verfassungs- und Europarechtler Jean-Paul JACQUÉ.

Obwohl die Verankerung der Charta im Vertragswerk der EU noch jahrelang dauern wird, hat ihr Charakter als feierliche Erklärung der drei EU-Organe (Kommission, Rat und Parlament) schon jetzt zu spektakulären Anerkennungsschritten der Charta als De-facto-Rechtsquelle der EU geführt.

Bereits am 7. März 2001 hat die Kommission eine Mitteilung des Präsidenten an alle Mitarbeiter der Kommission gebilligt, wodurch der Charta für alle Bereiche der Kommissionsarbeit unbedingte Geltung eingeräumt werden soll.

Es wird betont, dass die Kommission aus dem feierlichen Ereignis der Verkündigung der Grundrechtscharta konkrete Konsequenzen zu ziehen habe. Die Charta wird demnach in allen täglichen Aktionen der Kommission als Richtschnur zu gelten haben und bei allen Rechtsakten der Kommission heranzuziehen sein. Insbesondere wird in Zukunft jeder Vorschlag eines Rechtsaktes auf seine Kompatibilität mit den Bestimmungen der Charta überprüft werden müssen. Auch in der Begründung der jeweiligen Rechtsakte wird deren Übereinstimmung mit den Bestimmungen der Charta ausdrücklich zu belegen sein.

Was den EU-Gerichtshof betrifft, so stand zu erwarten, dass er die Charta – als Ausdruck des allgemeinen Grundrechts-Konsenses – zur Anwendung bringen wird, ohne die formelle Verbindlichkeit abzuwarten. Bei der diesem Gerichtshof aufgetragenen Ermittlung der gemeinsamen Verfassungstraditionen der Mitgliedstaaten[9] legt es sich nahe, auf den in der Charta festgeschriebenen Konsens zurückgreifen.[10] Dieser Linie folgt der Generalanwalt des Europäischen Gerichtshofes, der am 8. Februar 2001 in einem schriftlichen Urteilsentwurf eines Verfahrens sich ausdrücklich auf das Solidaritätskapitel der Charta als Rechtsquelle beruft.[11] Man gewinnt den Eindruck, dass wohl kaum mehr mit größeren inhaltlichen Modifikationen der Charta zu rechnen ist. Allerdings bietet die Charta Interpretationsspielräume.

Jenseits aller textlichen und inhaltlichen Schwächen bringt die Grundrechtscharta einen Qualitätssprung für das EU-Vertragswerk, gleichgültig, wann und in welcher Weise sie in die Verträge eingegliedert wird. Die feierliche Verkün-

---

9 Art. 6 II EU-Vertrag.

10 Die Gerichte können aber auch über das Schutzniveau der Charta hinausgehen, wenn weiterreichende Verfassungstraditionen gegeben sind. Der Grundrechtsschutz soll durch die Charta nicht verkürzt werden, wobei es sich aber, wie in der Folge gezeigt werden soll, vereinzelt ergeben kann, dass dieser Grundsatz nicht restlos durchgezogen wird. Vgl. die Einschätzung der Kommission in der Mitteilung v. 11.10.2000, in: KOM 37 (2000) 644.

11 In diesem Fall bleibt allerdings noch die Entscheidung des Gerichtshofes abzuwarten. Erwähnt sei auch ein Urteilsspruch der ersten Instanz v. 20.2.2001, in dem die Heranziehung der Charta als Rechtsquelle mit der Begründung abgelehnt wird, dass die Charta erst am 7.12.2000 proklamiert worden sei und daher auf einen zurückliegenden Streitfall (eines Kommissionsbeamten gegen die Kommission) nicht angewendet werden kann. Hier wurde also die Charta nicht als Niederschlag des bereits ihr vorgegebenen Grundrechtskonsens, sondern als Dokument gewertet, durch welches eine Rechtslage begründet wird. M. E. bedarf dieser Vorgang noch einer weiteren Klärung.

dung als politische Erklärung der Mitgliedstaaten generiert die Charta als Auslegungsregel und als Leitlinie für die weitere Vertragsentwicklung. Das Vertragswerk der Union hat damit endgültig den Status einer ausschließlichen Wirtschaftsgemeinschaft überschritten.

Die erstmalige Einbeziehung von Grundrechten der „dritten Generation" (Sozialrechte) stärkt deren Rechtscharakter unabhängig davon, ob diese in der derzeitigen Fassung bereits justiziabel sind oder nicht. Von manchen wird die Charta als das derzeit fortschrittlichste Grundrechtsdokument der Welt bezeichnet.[12]

4. Inhalt der EU-Grundrechtscharta

Die Rechte der Grundrechtscharta sind in sechs große Kapitel unterteilt: Würde des Menschen, Freiheiten, Gleichheit, Solidarität, Bürgerrechte und Justizielle Rechte. Von der Erstellung eines komplementären Grundpflichtenkataloges ist Abstand genommen worden, da die komplementären Grundpflichten aus dem Erfordernis der Grundrechte abgeleitet werden können.

Aus Kap. I der Grundrechtscharta erhellt, dass sich der Konvent auf die Unantastbarkeit der Würde des Menschen als obersten Wert der Charta einigen konnte und damit in etwa dem Art. 1 des Bonner GG folgt. Das Folterverbot bzw. die Verbote, die Todesstrafe zu verhängen oder zu vollstrecken, sind vor allem im Hinblick auf die Außenbeziehungen und auf die entsprechende Menschenrechtspolitik der Union aufgenommen worden (vgl. Art. 2 und 3).

Zweifelsohne wird in diesem Kapitel auch modernen Problemen Rechnung getragen. Bei Ausformulierung des Rechtes auf körperliche und geistige Unversehrtheit (Art. 3)[13] wird u. a. das Verbot eugenischer Praktiken ausgesprochen[14], insbesondere solcher, welche die Selektion von Menschen zum Ziele haben. Im Rahmen der Medizin und der Biologie ist, wie es ausdrücklich heißt, zu beachten, dass die freie Einwilligung der betroffenen Person nach vorheriger Aufklärung entsprechend den gesetzlich festgelegten Modalitäten erforderlich ist.

Hierzu sei angemerkt: Die Grundsätze des Art. 3 der Charta sind bereits im Rahmen des vom Europarat angenommenen Übereinkommens über Menschen-

---

12 Ihre Legitimation durch eine unionsweite Volksabstimmung erscheint erwägenswert.

13 Verschiedene der in Art. 3 diskriminierten Handlungen werden in dem am 17.7.1998 in Rom verabschiedeten Statut des Internationalen Strafgerichtshof (siehe Art. 7 I lit. g) als internationale Verbrechen betrachtet.

14 M. E. wäre es auch erwägenswert gewesen, noch eine ergänzende Formulierung anzubringen, durch die in umfassender Weise ein Recht auf den Schutz gegen jede Form der Diskriminierung aufgrund von Gesundheit oder besonderer genetischer Bedingungen zum Ausdruck kommt. Angesichts dessen, dass in der Genetik immer wieder neue, zum Teil spektakuläre Erkenntnisse erzielt werden, erscheint die Ausbildung missbräuchlicher Praktiken in bezug auf Personen denkbar, deren Veranlagung zu bestimmten Krankheiten entdeckt wird (z. B. in bezug auf den Arbeitsvertrag oder die Zahlung von Versicherungsprämien).

rechte und Biomedizin[15] enthalten. Die Charta will von diesen Bestimmungen nicht abweichen und verbietet daher lediglich das reproduktive Klonen. Die anderen Formen des Klonens werden von der Charta weder gestattet noch verboten. Sie hindert den einzelstaatlichen Gesetzgeber also keineswegs daran, auch die anderen Formen des Klonens zu verbieten.

Durch den Hinweis auf eugenische Praktiken, insbesondere diejenigen, welche die Selektion von Personen zum Ziel haben, soll die Möglichkeit erfasst werden, dass Selektionsprogramme organisiert und durchgeführt werden, die beispielsweise Sterilisierungskampagnen, erzwungene Schwangerschaften, die Pflicht zur Wahl des Ehepartners aus der gleichen Volksgruppe usw. umfassen.

Es ist zu begrüßen, dass die Charta Problemen, die in der früheren Zeit keine Rolle gespielt haben, Rechnung getragen und so durch differenzierendere Aussagen zum Grundrecht Anpassungen an die Zeitsituation vorgenommen und traditionelle Wertvorstellungen konkretisiert hat.

Allerdings hätte die Anpassung des traditionellen europäischen Wertekodex an die Zeitsituation auch noch weitere Differenzierungen erfordert, die man in der Charta nicht getroffen hat. Nach dem angesprochenen Werteverständnis hat der Mensch als geistig-sittliches Wesen einmaliger Art der öffentlichen Gewalt gegenüber Anspruch darauf, in jeder Phase seiner Existenz als Subjekt, niemals als bloßes Objekt behandelt zu werden. Von diesem Verständnis ausgehend hat die COMECE angesichts in der Medizin und Biotechnologie zutage tretender Tendenzen angeregt, ausdrücklich zu formulieren:

- Jedes menschliche Wesen hat das Recht auf Leben von seinem Beginn bis zu seinem natürlichen Ende.
- Jedes menschliche Wesen hat das Recht, von Mann und Frau gezeugt zu werden.

Auch, wenn man dies früher nicht in so differenzierter Weise rechtlich ausformuliert hat, so entspricht dies doch dem herkömmlichen Grundrechtsverständnis und ist eine logische Konsequenz aus diesem. Man hat sich früher über diese Frage keine Gedanken gemacht, das Ausgedrückte wurde selbstverständlich vorausgesetzt, aber die neue Entwicklung (in Medizin, Biologie usw.) und die in ihr liegenden Herausforderungen und Bedrohungen drängen zu einer differenzierteren Formulierung im Sinne der von der COMECE vorgeschlagenen. So gesehen kann selbst das bloße Beibehalten einer früher gängigen und ausreichenden Grundrechtsformulierung, wenn diese nicht durch differenzierende Zusätze ergänzt wird, dazu führen, dass das früher geschützte Anliegen nicht mehr in eindeutiger Weise voll abgedeckt ist. Wenn man im vorliegenden Fall eine Formulierung im Sinne der von der COMECE vorgeschlagenen nicht in die Charta eingebaut, also eine unter der heutigen Sicht angebrachte Differenzierung nicht vorgenommen hat, so ist man versucht, dies als Hinweis darauf zu verstehen, dass man sich die Möglichkeit offen lässt, einem gewandelten Grund-

15 STE 164 und Zusatzprotokoll 168.

rechtsverständnis nicht zu widersprechen, einem Verständnis, nach welchem das Recht auf Leben nicht mehr all das umgreift, was in der herkömmlichen europäischen Auffassung von diesem Recht erfasst war. Man denke nur an die Abtreibungsgesetzgebung in verschiedenen Ländern, die nicht immer mit einer Änderung in den Grundrechtskatalogen einhergegangen ist.

Im Kapitel II über die Freiheiten tragen u. a. die Rechte zum Bereich von Ehe und Familie den gewandelten gesellschaftlichen Einstellungen Rechnung. Die weitreichende Medienfreiheit wird auf den Grundsatz der Pluralität verpflichtet. Die Berufsfreiheit schließt das „Recht zu arbeiten“ (nicht das „Recht auf Arbeit“) ein und wird ergänzt durch die Garantie der unternehmerischen Freiheit (vgl. Art. 15 und 16).

Die in Art. 15 I festgeschriebene Berufsfreiheit wird in der Rechtsprechung des Gerichtshofes anerkannt.[16] Die darauf bezogene Bestimmung der Charta lehnt sich an Art 1 der am 18. Oktober 1961 unterzeichneten und von allen Mitgliedstaaten ratifizierten Europäischen Sozialcharta und an Nr. 4 der Gemeinschaftscharta der sozialen Grundrechte der Arbeitnehmer vom 9. Dezember 1989 an. Der Ausdruck „Arbeitsbedingungen“ ist i. S. des Art. 140 EGV zu verstehen. In Abs. 2 wurden die drei Freiheiten aufgenommen, die durch die Art. 39, 43 und 49 ff. EGV garantiert sind, d. h. die Freizügigkeit der Arbeitnehmer, die Niederlassungsfreiheit und der freie Dienstleistungsverkehr.

Die Formulierung über das Eigentum (Art. 17) wurde zeitgemäßer gestaltet, doch hat dieses Recht gemäß Art. 52 III die gleiche Bedeutung und die gleiche Tragweite wie das in der EMRK garantierte Recht, wobei nicht über die in der EMRK vorgesehenen Einschränkungen hinausgegangen werden darf.

An die Aussage über das Eigentumsrecht ist noch ein Abschnitt über das geistige Eigentum angefügt. Der Schutz des geistigen Eigentums ist zwar ein Aspekt des Eigentumsrechts, er wird jedoch auf Grund seiner zunehmenden Bedeutungen und auf Grund des abgeleiteten Gemeinschaftsrechts in Abs. 2 ausdrücklich aufgeführt. Das geistige Eigentum umfasst neben dem literarischen und dem künstlerischen Eigentum das Patent- und Markenrecht sowie die verwandten Schutzrechte. Die in Abs. 1 vorgesehenen Garantien gelten sinngemäß für das geistige Eigentum.

Art. 16 gewährleistet die unternehmerische Freiheit nach dem Gemeinschaftsrecht und den einzelstaatlichen Rechtsvorschriften und Gepflogenheiten. Dieser Artikel stützt sich auf die Rechtsprechung des Gerichtshofs, der die Freiheit anerkannt hat, eine Wirtschafts- oder Geschäftstätigkeit auszuüben, sowie auf Art. 4 I und II EGV, in denen der freie Wettbewerb anerkannt wird. Dieses Recht wird natürlich unter Einhaltung des Gemeinschaftsrechts und der einzelstaatli-

---

16 Siehe u. a. EuGH, Sammlung 1974, 491 Rn. 12 ff. = NJW 28 (1975) 518 (Nold KG vs. EG-Kommission); Sammlung 1979, 3727 = NJW 33 (1980) 505 (Liselotte HAUER vs. Rheinland-Pfalz); Sammlung 1986, 2897, Rn. 8 = NJW 40 (1987) 568 (Staatsanwaltschaft Freiburg i. Br. vs. Franz KELLER).

chen Rechtsvorschriften ausgeübt. Es kann nach Art. 52 I der Charta beschränkt werden.

Die Frage, ob es sich hier um eine den modernen Bedingungen angepasste Ausfaltung von in der europäischen Tradition vorhandenen Rechten handelt, wird man nur mit deutlichen Einschränkungen bejahen können. Zwar gab es auch in der Vergangenheit Versuche und Bestrebungen, die rechtlichen Rahmenbedingungen in einer den genannten Freiheiten entgegen kommenden Richtung zu gestalten, aber es hat dabei doch auch immer wieder – in verschiedenen Ländern in sehr unterschiedlicher Weise – Regulierungen gegeben, die nicht auf dieser Linie liegen. Jedenfalls ist die Tatsache, dass diese Freiheiten in geradezu absoluter Weise vertreten werden, neu und nicht schon in der Tradition der Mehrheit der europäischen Staaten verankert. Hier erweist sich eben, dass an der Wiege der Brüsseler Union der Gedanke eines gemeinsamen Wirtschaftsraumes steht, in dem der Markt und seine Gesetze eine beherrschende Stellung haben.

Ausgefeilt und modernen Anforderungen entsprechend ist das Kapitel III „Gleichheit" mit den Artt. 20-26. Wichtig erscheinen insbesondere die Bestimmungen über die Gleichheit von Männern und Frauen sowie die Rechte für Kinder, ältere Menschen und Menschen mit Behinderungen. In Art. 21 wird in einem umfassenden Katalog u. a. die Diskriminierung aus Gründen der Zugehörigkeit zu nationalen Minderheiten verboten, für die auch der folgende Art. 22 mit dem Achtungsgebot der Vielfalt der Kulturen, Religionen und Sprachen von Belang ist. Auf spezifische Gruppenrechte konnte sich der Konvent nicht einigen.

Die Union anerkennt und achtet das Recht älterer Menschen auf ein würdiges und unabhängiges Leben und auf Teilnahme am sozialen und kulturellen Leben. Dieser Artikel lehnt sich an Art. 23 der revidierten Europäischen Sozialcharta und die Art. 24 und 25 der Gemeinschaftscharta der sozialen Grundrechte der Arbeitnehmer an. Die Teilnahme am sozialen und kulturellen Leben umfasst natürlich auch die Teilnahme am politischen Leben.

Im Hinblick auf die wirtschaftlichen und sozialen Grundrechte im Kapitel IV „Solidarität" gab es keine einheitlichen Ausgangspositionen der Mitglieder des Konventes, so dass Art. 27 bis 38 Züge eines Kompromisses aufweisen, letztlich aber doch den bestehenden gemeinsamen Rechtsbestand wiedergeben. Der Rückgriff auf die europäische Sozialcharta von 1965 erwies sich als schwierig, da nicht alle Mitgliedstaaten der Union sich übereinstimmend zur Beachtung sämtlicher Rechte dieser Charta verpflichtet haben.[17] Auf Grund der begrenzten Kompetenzen der Europäischen Gemeinschaft auf dem Gebiet der Sozialpolitik musste die Gewährleistung verschiedener Rechte an den einzelstaatlichen Rechtsvorschriften und Gepflogenheiten ausgerichtet werden. Im Hinblick auf

---

17 Auch war die revidierte Charta von 1996 noch nicht von allen Mitgliedstaaten ratifiziert.

den Umwelt- und Verbraucherschutz ergab der Konsens nur unscharfe Verbürgungen, die eher Zielvorgaben entsprechen (Art. 37 und 38).

Das Kapitel V zu den Bürgerrechten konnte sich im Wesentlichen auf die Rechte der Unionsbürger in den Art. 17 ff. EGV beziehen. Hervorzuheben ist das Recht auf eine gute Verwaltung (Art. 41)[18], das in seinen unterschiedlichen Ausprägungen den Mindeststandard des modernen Verwaltungsrechtes wiedergibt, der sich im Laufe der Zeit in verschiedenen Staaten herausgebildet hat. Es handelt sich um ein Recht, das sich als logische Konsequenz der von der Aufklärung geprägten Entwicklung zu einer stärkeren Konkretisierung des Rechtsstaates ergeben hat. Konkret ist ein Recht gegenüber Organen und Einrichtungen der Union angesprochen; die Einzelstaaten sind in diesem Zusammenhang nicht genannt. Es geht um die gerechte und unparteiische Behandlung der den Einzelnen betreffenden Angelegenheiten innerhalb einer angemessenen Zeit.[19] Das Problem der Dauer der Verfahren begegnet uns nicht nur bei dem mit dem Ende des Hl. Römischen Reiches 1806 erloschenen Reichskammergericht, dem man nachsagt, dass es zuletzt mit Verfahren um 100 Jahre in Rückstand war. Auch in unseren Tagen ist in rechtsstaatlich gut ausgestatteten Ländern der Rechtsschutz in manchen Fällen durch die Dauer der Prozesse gemindert oder gar entwertet. Beim erwähnten Reichskammergericht war die lange Dauer der Prozesse auf das unregelmäßige Fließen der Abgaben der Reichsstände und die dadurch bedingte Unmöglichkeit zurückzuführen, genügend richterliches Personal zu halten oder zu besolden.

Besonders hervorgehoben wird in der Charta das Recht auf Gehör, auf Akteneinsicht (soweit nicht legitime Interessen der Vertraulichkeit und des Berufs- und Geschäftsgeheimnisses entgegenstehen) und die Verpflichtung, Entscheidungen zu begründen.[20] Sogar ein Recht auf Ersatz von Schäden, die durch amtliches Handeln entstanden sind, wird ausgesprochen.[21] Die Bedeutung der Norm

---

18 Art. 41 ist auf das Bestehen einer Rechtsgemeinschaft gestützt, deren charakteristische Merkmale sich durch die Rechtsprechung entwickelt haben, die insbesondere den Grundsatz einer guten Verwaltung festgeschrieben hat.

19 Art. 41 Abs. 1: „Jede Person hat ein Recht darauf, dass ihre Angelegenheiten von den Organen und Einrichtungen der Union unparteiisch, gerecht und innerhalb einer angemessenen Frist behandelt werden."

20 Art. 41 Abs. 2: „Dieses Recht umfasst insbesondere:
- das Recht einer jeden Person, gehört zu werden, bevor ihr gegenüber eine für sie nachteilige, individuelle Maßnahme getroffen wird;
- das Recht einer jeden Person auf Zugang zu den sie betreffenden Akten unter Wahrung des legitimen Interesses der Vertraulichkeit und des Berufs- und Geschäftsgeheimnisses;
- die Verpflichtung der Verwaltung, ihre Entscheidungen zu begründen."

21 Art. 41 Abs. 3: „Jede Person hat Anspruch darauf, dass die Gemeinschaft den durch die Organe oder Bediensteten in Ausübung ihrer Amtstätigkeit verursachten Schaden nach den allgemeinen Rechtsgrundsätzen ersetzt, die den Rechtsordnungen der Mitgliedsstaaten gemeinsam sind."

ist allerdings dadurch gemindert, dass der Ersatzanspruch nach den allgemeinen Rechtsgrundsätzen der Mitgliedstaaten bemessen wird, und der diesbezügliche Standard ist in manchen Mitgliedstaaten nicht sehr hoch. Noch vor wenigen Jahren hat es in dieser Frage beim Europarat im Zusammenhang mit einem damals in Vorbereitung stehenden internationalen Abkommen große Bedenken und Diskussionen gegeben.

Die Betonung, dass sich jede Person in einer der Sprachen der Verträge an die Organe der Union wenden kann und eine Antwort in derselben Sprache erhalten muss (Art. 41 Abs. 4), betrifft nur die Organe der Union und nicht die der Mitgliedstaaten. Für diese wäre der Verwaltungsaufwand nicht oder kaum zu bewältigen, wie in einer vor wenigen Jahren im Rahmen des Europarates geführten Diskussion aufgezeigt wurde.

Das Recht auf einen wirksamen Rechtsbehelf wird durch Art. 47 Charta gewährleistet.

Die im Kapitel VI abschließend aufgeführten justiziellen Rechte sind vor allem für das von den europäischen und nationalen Gerichten anzuwendende Prozessrecht wichtig. Auch hier handelt es sich um eine konkretisierende Ausfaltung des europäischen rechtsstaatlichen Denkens. Eine zusätzliche Grundrechtsbeschwerde sieht die Charta nicht vor, da nach dem bestehenden Rechtszustand für den Einzelnen ein ausreichender prozessualer Rechtsschutz zur Verfügung steht. Nach Art. 47 Abs. 2 hat jede Person ein Recht darauf, dass ihre Sache von einem unabhängigen, unparteiischen und zuvor durch Gesetz errichteten Gericht in einem fairen Verfahren, öffentlich und innerhalb angemessener Frist verhandelt wird. Jede Person kann sich beraten, verteidigen und vertreten lassen.

Nach Abs. 3, der der von der Rechtsprechung des Europäischen Gerichtshofes für Menschenrechte gewiesenen Linie folgt, ist eine Prozesskostenhilfe zu gewähren, wenn mangels einer solchen Hilfe die Einlegung eines wirksamen Rechtsbehelfs nicht gewährleistet wäre.[22] Angemerkt sei, dass es auch ein Prozesskostenhilfesystem für die beim EuGH anhängigen Rechtssachen gibt.

Art. 48 Abs. 1 trifft eine Festlegung, die den Grundsatz „nulla poena sine lege praevia" minutiös ausdifferenzierend absichert. Erstaunlicherweise wird hierzu in Abs. 2 eine ergänzende Bestimmung getroffen, die meines Erachtens nicht mehr ganz auf der Linie dieses Grundsatzes liegt. Diese lautet:

> „Dieser Artikel schließt nicht aus, dass eine Person wegen einer Handlung oder Unterlassung verurteilt oder bestraft wird, die zur Zeit ihrer Begehung nach den allgemeinen, von der Gesamtheit der Nationen anerkannten Grundsätzen strafbar war."

Mag sein, dass diese Ausnahme mit historischen Erfahrungen zusammenhängt. Zweifelsohne soll bei internationalen, von der Staatengemeinschaft geführten Kriegsverbrecherprozessen – man denke nur an die Tribunale von Nürnberg und von Den Haag – nicht die Entschuldigung möglich sein, dass Menschen verachtende, abscheuliche Verbrechen den seinerzeitigen Rechtsvorschriften oder dem

---

22 EGMR, Serie A, 32 (1980) 11 (Johanna AIREY vs. Irland).

Befehl der damaligen Machthaber eines Staates entsprochen haben. Aber jedenfalls zeigt Art. 48 Abs. 2, welchen Stellenwert die allgemeinen, von der Gesamtheit der Nationen anerkannten Grundsätze haben.

5. Die Linienführung der Charta

Erstmals finden sich in ein und demselben Dokument neben den klassischen Grundrechten auch wirtschaftliche und soziale, wie das Recht auf Zugang zur Arbeitsvermittlung oder auf angemessene Arbeitsbedingungen. Diese Unteilbarkeit der Grundrechte wird in sechs Kapiteln sichtbar. Allerdings sind die letztgenannten Rechte (die sozialen Grundrechte) schon vom Ansatz her nur beschränkt judizierbar (der liberale Staat kann zwar gute Rahmenbedingungen für die Arbeit sichern, aber nicht allen bezahlte Arbeitsplätze verschaffen). Das Recht auf soziale Sicherheit etwa wird von der Union ausdrücklich nur nach Maßgabe des Gemeinschaftsrechts und der einzelstaatlichen Rechtsvorschriften und Gepflogenheiten anerkannt und geachtet. Originell ist die Charta dort, wo sie dem Bürger in einer Art Selbstverpflichtung der Union das Recht auf eine gute Verwaltung (mit Entscheidungen innerhalb angemessener Frist, Zugang zu den Akten usw.) einräumt. Politisch sensible Themen wie der Schutz des ungeborenen Lebens oder spezielle Rechte ethnischer Minderheiten bleiben hingegen ausgeklammert.

Das Verhältnis zu EMRK. Art. 52 III sowie 53 der Charta legen das Verhältnis zur EMRK fest, das im Mittelpunkt der Beratungen stand: Keine Bestimmung der Charta soll so ausgelegt werden, dass im Vergleich zur EMRK ein geringeres Schutzniveau erreicht wird. Zugleich wird die Autonomie des Unionsrechtes hervorgehoben, die ein gegenüber der EMRK weiter reichendes Schutzniveau zulässt. Dies kommt insbesondere in Rechten zum Ausdruck, die auf moderne Herausforderungen (Datenschutz u. a.) und künftige Gefahren (z. B. Art. 3 II zur Bioethik) bezogen sind.

Dennoch kann sich gegenüber der EMRK ein geminderter Rechtsschutz ergeben.[23] Das Recht auf Leben umfasst in der Menschenrechtskonvention auch eine Schutzpflicht („Das Recht jedes Menschen auf das Leben wird gesetzlich geschützt."). In der Charta ist dies nicht der Fall („Jede Person hat das Recht auf Leben."). Nach der EMRK dürfte der Staat nicht alle Strafbestimmungen zum Schutz des Lebens abschaffen, nach dem Text der Charta wäre dies hingegen theoretisch denkbar. Durch diese Divergenz wollte man möglicherweise der Abtreibungsfrage ausweichen. Die EMRK ist ein Dokument der 50er Jahre, und damals war das allgemeine Verständnis des Schutzes des Lebens im Wesentlichen noch so, dass man das ungeborene Leben als in diesen Schutz mit einbezogen betrachten konnte, auch wenn die offiziellen Texte in der Vergangenheit nicht immer ausdrücklich darauf hingewiesen haben. Heute freilich kann das

---

[23] Siehe auch weiter oben S. 613.

Fehlen eines ausdrücklichen Hinweises unter Umständen in die Richtung der Nichteinbeziehung in den Rechtsschutz gedeutet werden. M. E. zeigt sich hier, dass der Wertekonsens der heutigen Zivilgesellschaft in einzelnen Fragen hinter der von der herkömmlichen Linie des europäischen Menschenrechtsdenkens geprägten Tradition zurückbleibt.

In Bezug auf das Verhältnis zum nationalen Verfassungsrecht unterstreicht Art. 53 am Ende, dass keine Bestimmung der Charta als Einschränkung der nationalen Grundrechte ausgelegt werden soll. Soweit eine Auslegung nicht in Betracht kommt, bleibt der Vorrang des Unionsrechtes bestehen. Trotzdem könnte auch hier ein Problem entstehen, dann nämlich, wenn Grundrechtsschutz gegen Grundrechtsschutz steht.

Offene Fragen. Maßstab für die Aufnahme von Rechten in die Charta ist auf der einen Seite der Grad an Gefährdung der Existenzvoraussetzungen des Einzelnen angesichts übermächtiger Sachzwänge, wie sie gerade in einem überwiegend wirtschaftlich geprägten Gemeinwesen wie dem der EU eine Rolle spielen, und auf der anderen Seite der Grad an Bedrohung, den das Gemeinwesen selbst durch die zunehmende Infragestellung seines Bildes vom Menschen erfährt.

Es erhebt sich natürlich die Frage, ob man mit den vorliegenden Umschreibungen von Grundrechten auch den modernen Entwicklungen gerecht wird. Immerhin hat man ein Verbot des reproduktiven Klonens von Menschen und ein Verbot, den menschlichen Körper und Teile davon als solche zur Erzielung von Gewinn zu nutzen, ausgesprochen. Ich frage mich aber – und das ist heute noch wenig überschaubar –, ob im Bereich der heutigen Kommunikationstechniken stärker differenzierende Grundrechtsbestimmungen hilfreich oder notwendig wären.

Schrankenregelung und Freiheit in der modernen Welt. Es ergeben sich immer wieder neue Probleme durch den elektronischen Handel, Probleme des Verbraucher- und Produzentenschutzes im Rahmen der Lebensmittelnormen sowie Probleme der Kommunikationstechniken für die Bildung und Erziehung. Einerseits sind hier Schranken aufzustellen, die der Freiheit zu allem und jedem entgegenstehen, anderseits darf die Einschränkung nicht zu weit gehen. Je differenzierter die technische Welt und die Kommunikation wird, umso mehr stellt sich die Frage, ob die Schrankenregelungen ausreichen, wie wir sie in der EMRK haben.

Sonn- und Feiertage. Die Auflistung der Grundrechte lässt vor allem den Sonn- und Feiertagsschutz vermissen, der nicht nur im Blick auf die Arbeitsruhe Bedeutung hat. Der Sonntag als gemeinsamer Ruhetag aller Mitgliedstaaten ist Ausdruck ihrer Identität und Teil ihres gemeinsamen kulturellen Erbes. Er ist in vielen Staaten gesetzlich, in verschiedenen Staaten auch verfassungsrechtlich geschützt.[24]

---

24 Vgl. Art. 139 WRV und die gemeinsamen Verfassungsüberlieferungen der Mitgliedsländer der EU.

Bedeutung der Familie. Dem überkommenen europäischen Werteverständnis hätte natürlich auch eine besondere Akzentuierung der Ehe und der Familie im herkömmlichen Sinn entsprochen, doch ist dies mit Rücksicht auf den Wandel im gesellschaftlichen Bewusstsein und auf die jüngste Gesetzgebung mancher Staaten, die auch für andere Formen des familienähnlichen Zusammenlebens offen sind, nicht erfolgt. Der bloße Anspruch auf Achtung des Privat- und Familienlebens unterstreicht noch nicht das Anliegen, Ehe und Familie im herkömmlichen Sinn besonders zu fördern.[25] In der europäischen Tradition ist man davon ausgegangen, dass eine Ehe nur zwischen zwei Personen verschiedenen Geschlechts geschlossen werden kann.

Wenn auch in vielen früheren Grundrechtstexten das Anliegen der Ehe und Familie nicht oder doch nur in sehr allgemeiner Form genannt wurde[26], so scheint doch heute angesichts der gesellschaftlichen Situation und der Möglichkeit gleichgeschlechtlicher, eheähnlicher Partnerschaft eine differenziertere Aussage am Platze zu sein. Wenn man sich bei der Konzipierung der Charta auf keine Aussage oder nur auf eine nicht stärker als früher differenzierende Aussage einigen konnte, so geschah dies deshalb, weil nicht mehr alle an der Formulierung Beteiligten auf dem Boden des herkömmlichen Menschenbildes der europäischen Tradition stehen, das den Grundrechtskatalogen zu Grunde liegt.

Kultureller und religiöser Hintergrund der europäischen Grundrechtsentwicklung. Der Präsident der Europäischen Kommission, Romano PRODI, sagt von den hohen Werten, die Europa geprägt haben – und zu diesen gehört auch der Wert der die Grundrechte mit umgreifenden Gerechtigkeit –:

> „They are part of Europe's distinctive political and ethical heritage, and they reflect in large measure our humanist tradition and the moral legacy of the three Mediterranean faiths."

Und nur in diesem Bereich kann auch die Aufgabe der Kirche liegen. Der Apostolische Nuntius bei der EU hat bei einer Ansprache in der Sitzung der COMECE darauf hingewiesen, dass die unverzichtbare Aufgabe der Kirche nicht darin besteht, zur „Technik" der Europäisierung Stellung zu nehmen, sondern darin, jene Werte und Grundsätze zu bewahren, ohne die weder die Union noch irgendeine andere menschliche Gemeinschaft Bestand haben kann.

Die Entwicklung der Grundrechte, die mit der europäischen Identität so eng verbunden sind, ist natürlich auf einem religiösen Hintergrund zu sehen. Es ist der des christlichen Abendlandes, in dem immer auch die jüdische Glaubensge-

---

25 Als natürliche Keimzelle der Gesellschaft verdienen Ehe und Familie den größtmöglichen Schutz und Beistand durch das öffentliche Gemeinwesen für die gesamte Dauer ihres Bestehens.

26 Bezüglich des Anliegens der Ehe bzw. der Familie wird gerne auf Art. 8 und Art 12 EMRK, Art. 16 Nr. 1 und Art 25 der Allgemeinen Erklärung der Menschrechte der Vereinten Nationen v. 10.12.1948 sowie Art. 7 der Erklärung der Grundrechte und Grundfreiheiten des Europäischen Parlaments von 1989 verwiesen; vgl. auch Art. 13 EU-Konvent.

meinschaft präsent war. Auch dürfen die Einflüsse islamischer Kultur in Europa nicht unterschätzt werden. Der Kommissionspräsident trägt dem Rechnung, indem er das moralische Vermächtnis der drei großen Religionen des mediterranen Raumes nennt. Er trägt damit auch der Tatsache Rechnung, dass der Islam als Religion heute zunehmend Bedeutung in Europa gewinnt. Auf der einen Seite darf der Unterschied zwischen den ethischen Wertungen des Menschen in diesen drei großen monotheistischen Religionen nicht zu hoch veranschlagt werden. Anderseits ist natürlich mit dem vom Islam her kommenden religiösen und kulturellen Einfluss etwas da, was in der Zukunft Europas nur schwer übersehen werden kann und möglicherweise deutlicher als in der Vergangenheit zutage tritt.

6. Der Schutz der religiösen Sphäre

Trotz Intervention der französischen Regierung, in der Präambel der Grundrechtscharta die Wortfolge „geistig-religiöses Erbe“ durch „spirituelles Erbe“ zu ersetzen, ist in der deutschen Fassung die Textierung „geistig-religiöses Erbe“ erhalten geblieben. Der französische Verfassungsgrundsatz der Laizität kann die prägende Bedeutung der Religionen, insbesondere des Christentums, für die gesellschaftspolitische Befindlichkeit der Union weder verkleinern noch aufheben. Die Verleugnung des religiösen Erbes der Union kann nur dazu dienen, die Bürgergesellschaft wesentlicher Motivationsquellen zu berauben, die für das Funktionieren der Zivilgesellschaft unerlässlich sind. Die ausschließliche Bezugnahme des französischen Textes der Präambel auf ein „spirituelles Erbe“ der Union birgt überdies die Gefahr einer Missdeutung im Hinblick auf eine Gleichstellung von Religionen mit Bewegungen sektenhaften Charakters, aber auch mit pseudoreligiösen Phänomenen aus dem Dunstkreis des Nationalismus.

Angesichts der Bedeutung, die dem geistig-religiösen Erbe für die Völker Europas in ihrer geschichtlichen Entwicklung zukommt, in der sie ihre rechtlichen Systeme ausgebildet haben, erscheint auch die Berücksichtigung dieses Bereiches in einer europäischen Grundrechtsordnung von Gewicht.

Akzentuierung der Wirtschaft oder der geistigen Werte. Der Ruf, dass das neue Europa nicht nur ein wirtschaftlicher Zusammenschluss sein darf, dass auch die geistigen und religiösen Werte ihr Gewicht im neuen Europa haben, soll m. E. nicht dahingehend verstanden werden, dass die EU Regelungen über die Religion trifft und die kultusrechtliche Kompetenz an sich zieht, die bei den einzelnen Staaten verblieben ist. An sich wurden der EG Bereiche der Kirchen- und Religionspolitik nicht aufgegeben.[27] Doch sind im Laufe der Zeit mittelbare Folgewirkungen des Europarechts auf die mitgliedstaatliche Rechtslage von Religionsgesellschaften zu verzeichnen. Die Etablierung und Konsolidierung einer europäischen Rechtsordnung durch die Europäische Gemeinschaft und die Eu-

---

27 Vgl. Art. 2, 3 EGV.

ropäische Union ließ nahezu keinen lebensweltlichen Bereich in seiner bestehenden mitgliedstaatlichen Regulierung unberührt, auch nicht den der Religion und Weltanschauung. M. E. ergibt sich dadurch ein Problem, dass die Vorschriften der EU – zumindest im Regelfall – den einzelstaatlichen Rechtsnormen vorgehen und nationale Gesetze – selbst Verfassungsgesetze – brechen, so dass unter Umständen eine nicht aus kultusrechtlichen Überlegungen gegebene EU-Bestimmung vor nationalem Verfassungsrecht rangiert. Die stärkere Berücksichtigung des Religiösen beim europäischen Zusammenschluss müsste m. E. zu einer Bereichsausnahme religionsrechtlicher Bestimmungen von Gemeinschaftsvorschriften führen, also dahin, dass ein bestimmter Grundbestand der nationalen kultusrechtlichen Vorschriften auch im Falle der Kollision mit EU-Recht – zumindest aber bei Kollision mit dem Wirtschaftsrecht der EU – den Vorrang hat.

M. E. könnten Erwägungen dieser Art über den Kultusbereich hinaus auch für die eine oder andere Agende des Kulturrechtes am Platze sein.

Amsterdamer Kirchenklausel. Was nun speziell religionsrechtliche Normierungen der EU anbelangt, so ist – unabhängig von den Frage, welcher Verbindlichkeitsgrad der Grundrechtscharta der EU eignet, also unabhängig von den in dieser Charta enthaltenen Bestimmungen – Folgendes zu sagen:

Die EU kennt nicht nur die individuelle, sondern auch die kollektive Religionsfreiheit, die Freiheit der religiösen Gemeinschaften. Die Erklärung Nr. 11 der Regierungskonferenz von Amsterdam (von manchen als die Amsterdamer Kirchenklausel oder Kirchenerklärung bezeichnet) hält ausdrücklich fest:

> „Die Europäische Union achtet den Status, den Kirchen und religiöse Vereinigungen oder Gemeinschaften in den Mitgliedstaaten genießen, und beeinträchtigt ihn nicht. Die Europäische Union achtet den Status von weltanschaulichen Gemeinschaften in gleicher Weise."

Im Verhältnis zu den Mitgliedstaaten liegt die rechtliche Brisanz des Gemeinschaftshandelns auf den Gebieten „Religion und Weltanschauung" und „Staatskirchenrecht" weniger bei der Kompetenz als solcher, sondern bei deren Schranken:

- Das Subsidiaritätsprinzip (Art. 5 Abs. 2 EGV) lässt sich allenfalls in Ausnahmefällen effektuieren.
- Höher ist der Schutzgehalt des Achtungsgebots bezüglich der nationalen Identität (Art. 6 Abs. 3 EGV). Gewährleistet sind dadurch zwar nicht alle Einzelausprägungen bestimmter staatskirchenrechtlicher Systeme, wohl aber deren tragende Grundpfeiler. Im Hinblick auf das deutsche und das österreichische Verfassungsrecht sind nicht nur die Institute der Religions- und Weltanschauungsfreiheit und das Verbot der Diskriminierung aus Gründen der Religion und der Weltanschauung zu nennen, sondern auch das Verbot der Staatskirche. Andererseits kann aber auch das Bestehen einer Staatskirche Bestandteil der nationalen Identität sein (z. B. in Großbritannien).

- In Bereichen, in denen bereits dem Mitgliedstaat keine Regelungskompetenz zukommt, besitzt sie infolge fehlender Integrationsermächtigung auch die Gemeinschaft nicht. Bedeutung erlangt dies insbesondere für den Komplex der „innerkirchlichen Angelegenheiten".

Darüber hinaus ist zu beachten: Dort, wo die Gemeinschaft über eine – mittelbare – Sachkompetenz zur Regelung religionsrechtlicher Sachverhalte i. w. S. verfügt, hat sie die materiellen Erfordernisse der Religions- und Weltanschauungsfreiheit zu beachten.

Verschiedene Fragen. Im Laufe der Zeit, zum Teil auch schon vor Fertigstellung der Charta, haben sich Fragen im Zusammenhang mit dem Diskriminierungsverbot ergeben; die eine betrifft die Gleichheit der religiösen Gemeinschaften, die andere die Anforderungen an kirchliche Dienstträger.

Tendenzschutz. Man will in der Europäischen Union allen freien Zugang zum Arbeitsmarkt ermöglichen. Dabei soll es keine Diskriminierung geben. Im Amsterdamer Vertrag wurde der EG erstmalig eine explizite religionspolitische Kompetenz eingeräumt. Nach Art. 13 EGV kann der Rat

> „unbeschadet der sonstigen Bestimmungen dieses Vertrages ... im Rahmen der durch den Vertrag auf die Gemeinschaft übertragenen Zuständigkeiten auf Vorschlag der Kommission und nach Anhörung des Europäischen Parlaments einstimmig geeignete Vorkehrungen treffen, um Diskriminierungen aus Gründen des Geschlechts, der Rasse, der ethnischen Herkunft, der Religion oder Weltanschauung, einer Behinderung, des Alters oder der sexuellen Ausrichtung zu bekämpfen."

Unwillkürlich fragt man sich, ob Art. 13 EGV das kirchliche Arbeitsrecht erheblich verändern kann. Sowohl nach österreichischem Arbeitsrecht[28] als auch nach der durch das deutsche Bundesverfassungsgericht und das staatskirchenrechtliche Schrifttum gebilligten Praxis deutscher Religionsgesellschaften darf für die Begründung eines Arbeitsverhältnisses eine bestimmte Glaubenszugehörigkeit vorausgesetzt, dürfen den Mitarbeiterinnen und Mitarbeitern kirchlicher Einrichtungen bestimmte religiös geprägte Loyalitätspflichten auferlegt werden. Wenngleich in diesen Fällen Personen wegen ihrer religiösen Überzeugung ungleich behandelt (etwa nicht eingestellt oder arbeitsrechtlich sanktioniert werden), so handelt es sich nicht um eine rechtswidrige Diskriminierung. In diesem Zusammenhang wird gerne das Beispiel eines Homosexuellen angeführt, der sich, da ihm die Bestellung als Seelsorger verwehrt wird, wegen Diskriminierung beschwert. Im Hinblick auf Einrichtungen, die eine besondere Zielsetzung haben, und die, um dieser Zielsetzung willen, bei ihren Mitarbeitern auf bestimmte Haltungen bzw. Eigenschaften dringen müssen, haben verschiedene europäische Länder sogenannte „Tendenzschutzbestimmungen" erlassen. Jedenfalls ist ein gewisser Tendenzschutz gemeineuropäischer Besitzstand.[29]

---

28 Vgl. hierzu SCHWENDENWEIN, Hugo, Österreichisches Staatskirchenrecht, Essen 1992, 331-341.

29 Dabei steht insbesondere die Frage nach einer Stufung der religiösen Anforderungen an Arbeitnehmerinnen und Arbeitnehmer im Vordergrund. Es liegt auf der Hand, dass in

Dank intensiver Bemühungen insbesondere kirchlicher Repräsentanten ist es bei den Arbeiten an der europäischen Antidiskriminierungsrichtlinie (Fassung vom 17. Oktober 2000) gelungen, eine Tendenzschutzklausel einzufügen. Von französischer Seite will man den Tendenzschutz auf den wesentlichen („essential"), auf den Kernbereich des Tendenzbetriebes einschränken. Dies würde darauf hinauslaufen, dass an den Lebenswandel eines Seelsorgers besondere Anforderungen gestellt werden können, nicht aber an den eines Angestellten eines kirchlichen Wirtschaftsbetriebes. Dabei stellt sich die Frage: Wie ist das mit Einrichtungen des sogenannten dritten Sektors, also mit Einrichtungen der Caritas, mit kirchlichen Kindergärten und Krankenhäusern oder auch mit kirchlichen Schulen? Für Einrichtungen, die auch von Anbietern, die dem Tendenzschutz nicht unterliegen, geführt werden können, ergeben sich Probleme.

Gerhard ROBBERS hat in Frage gestellt, ob bezüglich der Kirchen das Wort „Tendenzschutz" angemessen ist. Die Kirchen vertreten nicht eine Tendenz, wie dies eine Zeitung oder eine politische Partei tun. Sicher spräche manches dafür, angesichts der religionsbezogenen Wurzel des Selbstbestimmungsrechtes der Religionsgesellschaften in Personalfragen ein anderes Wort zu gebrauchen, aber in der Rechtssprache wird das Wort „Tendenz" verwendet, wenn angesichts der besonderen Ausrichtung der Einrichtung, bei der jemand an- oder eingestellt wird, die Berücksichtigung der persönlichen Einstellung und des Lebenswandels angebracht ist.[30]

Unterschiede zwischen den Religionsgemeinschaften. In den letzten Jahren ist gelegentlich die Frage der unterschiedlichen rechtlichen Einordnung von Religionsgemeinschaften angesprochen worden. So werden in der Rechtsordnung mancher Staaten die gesetzlich anerkannten Religionsgesellschaften von denen abgehoben, denen die gesetzliche Anerkennung nicht zuteil geworden ist. In Österreich begegnet uns die Unterscheidung in gesetzlich anerkannte Kirchen und Religionsgesellschaften einerseits und religiöse Bekenntnisgemeinschaften andererseits.[31] In Deutschland wird herkömmlicher Weise zwischen der großen und der kleinen Parität unterschieden, wobei die große Parität die zwischen den beiden großen Kirchen, der katholischen und der evangelischen Kirche, bestehende ist. Diese Unterscheidung hängt damit zusammen, dass verschiedene Einrichtungen[32] nur bei zahlenmäßig größeren Religionsgemeinschaften in Frage kommen. Vielfach handelt es sich bei staatlichen Vorsorgen der genannten Art

---

Organisationen, die bestimmte religiöse Werte vertreten, für bestimmte Arbeitsplätze oder Tätigkeiten nur Arbeitnehmer mit der entsprechenden religiösen Überzeugung in Betracht kommen.

30 ROBBERS, Gerhard, Die Kirchen und das Europarecht, in: Staatliches Religionsrecht im europäischen Vergleich, hg. v. PUZA, Richard / KUSTERMANN, Abraham P., Fribourg 1993, 184.

31 Vgl. hierzu SCHWENDENWEIN, Hugo, Das neue österreichische Gesetz über die religiösen Bekenntnisgemeinschaften, in: FS Listl, bes. 319-336.

32 Beispielsweise vom Staat erhaltene Theologische Fakultäten.

nicht um Diskriminierungen, sondern um in der Verfassungstradition des betreffenden Landes verankerte Differenzierungen.

Die den Religionsgemeinschaften gewährleistete Freiheit verlangt, diesen eine differenzierte, dem jeweiligen Selbstverständnis entsprechende Entfaltung zu ermöglichen.

Die unterschiedliche Behandlung zwischen anerkannten und nicht anerkannten Religionsgemeinschaften entspricht der Verfassungstradition einer Reihe von Mitgliedstaaten, wobei aber die nicht anerkannten Religionsgemeinschaften nicht in allen Fällen bzw. nicht zur Gänze den von den Religionssoziologen als Sekten bezeichneten Gemeinschaften zugeordnet werden können.

Auch das Bestreben, der Freiheit, der Selbstentfaltung und Selbstverwirklichung Genüge zu tun und auf das Selbstverständnis der betreffenden Gemeinschaften abzustellen, kann eine unterschiedliche Behandlung begünstigen. Der Schwerpunkt für die Beurteilung, ob eine Diskriminierung tatsächlich vorliegt, kann sich je nach der betreffenden geschützten Gruppe ändern. Die Vielfalt der Kirchen und Religionsgemeinschaften und ihre unterschiedliche Verwurzelung in den einzelnen Gesellschaften und Gemeinschaften der Union ermöglicht und erfordert eine weitmaschige Abgrenzung zwischen Ungleichbehandlung und Diskriminierung vor allem auch deshalb, weil die Zugehörigkeit zu einer Kirche oder Religionsgemeinschaft im Regelfall frei gewählt ist und daher mit der Diskriminierungsproblematik von Rasse, Alter, Staatszugehörigkeit oder Geschlecht nicht von vorn herein verglichen werden kann.

Homogenisierungsbestrebungen, die gerade auf den Gebieten von Religion und Weltanschauung auch der Erklärung zum Status der Kirche und weltanschaulichen Gemeinschaften Nr. 11 im Vertrag von Amsterdam widersprächen, hat der EU-Kommissar für Beschäftigung und soziale Angelegenheiten in seiner Botschaft an die Konferenz eine Absage erteilt, indem er auf das Erfordernis von Vielfalt und Individualität innerhalb des europäischen Spektrums wiederholt und ausdrücklich hinwies.

Die religiöse Grundrechtsbestimmung (Art. 10 Abs. 1) der EU-Charta betont:

> „Jede Person hat das Recht auf Gedanken-, Gewissens- und Religionsfreiheit. Dieses Recht umfasst die Freiheit, seine Religion oder Weltanschauung zu wechseln, und die Freiheit, seine Religion oder Weltanschauung einzeln oder gemeinsam mit anderen öffentlich oder privat durch Gottesdienst, Unterricht, Bräuche und Riten zu bekennen.“

Das in Art. 10 Abs. 1 garantierte Recht entspricht dem Recht, das durch Art. 9 EMRK garantiert ist, und hat nach Art. 52 Abs. 3 die gleiche Bedeutung und die gleiche Tragweite wie dieses. Bei Einschränkungen muss daher Art. 9 Abs. 2 EMRK gewahrt werden, der lautet:

> „Die Freiheit, seine Religion oder Weltanschauung zu bekennen, darf nur Einschränkungen unterworfen werden, die gesetzlich vorgesehen und in einer demokratischen Gesellschaft notwendig sind für die öffentliche Sicherheit, zum Schutz der öffentli-

> chen Ordnung, Gesundheit oder Moral oder zum Schutz der Rechte und Freiheiten anderer."

So gesehen scheint die zur Besprechung stehende Charta die rechtliche Gewährleistung der EMRK zu unterstreichen.

Der Europäische Gerichtshof für Menschenrechte und die Religionsfreiheit

Gerhard Robbers

1. Entwicklung der religionsrechtlichen Rechtsprechung

Die inzwischen reichhaltige Rechtsprechung des Europäischen Gerichtshofs für Menschenrechte zur Religionsfreiheit gewinnt zunehmende Bedeutung für die europäische Einigung. Wo politische Grenzen in den Hintergrund treten und wirtschaftliche Verflechtung auf gutem Wege oder fast vollendet ist, stellt die religiöse Dimension des Lebens neue Herausforderungen und Chancen für die weitere Vertiefung der Integration. Die Europäische Menschenrechtskonvention besitzt dabei eine besonders bedeutsame Funktion, weil sie sowohl die Mitgliedstaaten der Europäischen Union untereinander als auch die anderen Staaten Europas miteinander verbindet. Die Rechtsprechung des Europäischen Gerichtshofs für Menschenrechte ist deshalb besonders geeignet und berufen, ein gemeineuropäisches materielles Verfassungsrecht zu begründen, das sich jenseits herkömmlicher formeller Unterscheidungen des Völkerrechts, des Gemeinschaftsrechts, des nationalen Verfassungs- oder einfachen Rechts bewegt. Mit der auch in Europa zunehmenden Revitalisierung des Religiösen tritt ein weiterer Faktor hinzu, der der Rechtsprechung des Europäischen Gerichtshofs für Menschenrechte in Fragen der Religionsfreiheit zusätzlich Gewicht gibt.

Einen ersten Schwerpunkt hatte die Rechtsprechung des Europäischen Gerichtshofs für Menschenrechte in der Frage des Rechts auf Missionierung oder auf Proselytismus kleinerer und neuerer Religionsgemeinschaften.[1] Hier hat der Gerichtshof differenzierte Standards gesetzt.[2] Während in der früheren Rechtsordnung nicht selten der Eindruck vermittelt wurde, der Gerichtshof vermeide die Anwendung von Art. 9 EMRK und weiche so oft wie möglich auf die Argumentation mit anderen Rechten wie der Meinungs- oder der Versammlungsfreiheit aus, scheint die neuere Rechtsprechung diese Zurückhaltung aufgegeben zu haben.[3] Die neuere Rechtsprechung des Gerichtshofes wendet sich Kernfra-

---

1 Vgl. kritisch GUNN, Jeremy T., Adjudicating Rights of Conscience under the European Convention on Human Rights, in: VYVER, Johan van der / WITTE, John (Hg.), Religious Human Rights in Global Perspective, Den Haag 1996, 305-330.

2 Vgl. ROBBERS, Gerhard, Religionsfreiheit in Europa, in: FS Listl, 201-214.

3 Vgl. z. B. JOHNSTON und andere gegen Irland, Urteil 18.12.1986, 9697/82, in: ECHR A-112, 3 (27); DARBY gegen Schweden, Urteil 23.10.1990, 11581/85, in: ECHR 187, 3 (13) = Europäische Grundrechte-Zeitschrift 16 (1990) 504 ff. (Leitsätze); vgl. anderer-

gen der Bedeutung und des Schutzbereiches des Rechts auf Religionsfreiheit zu. Dabei beschreibt sie einen Weg intensivierender Wahrnehmung der Religion und eines immer umfassenderen Verständnisses der Religionsfreiheit.

2. Strukturprinzipien gemeinschaftlichen Religionsrechts

Das kommt besonders in der Entscheidung Metropolitankirche von Bessarabien gegen Moldawien[4] zum Ausdruck, in der das Gericht auf die Leitfunktion der Religionsfreiheit für eine freiheitliche und demokratische Gesellschaft eingeht. Die Entscheidung enthält zentrale Aussagen zur Bedeutung der Religionsfreiheit und könnte in den kommenden Jahren zu einer Leitentscheidung in Fragen des Religionsrechts werden. Grundlegung und Zusammenfassung prägen diese Entscheidung. Ausdrücklich heißt es:

> „Das Gericht bezieht sich auf seine feststehende Rechtsprechung, nach der, wie in Artikel 9 enthalten, Gedanken-, Gewissens- und Religionsfreiheit eine der Fundamente einer ‚demokratischen Gesellschaft' im Sinne der Konvention ist, in ihrer religiösen Dimension, eines der lebenswichtigen Elemente, die die Identität von Gläubigen und ihre Vorstellung vom Leben ausmachen, aber sie ist auch ein wertvolles Besitztum für Atheisten, Agnostiker, Skeptiker und für die Indifferenten. Der mit einer demokratischen Gesellschaft untrennbar verbundene Pluralismus, der über Jahrhunderte hinweg teuer gewonnen worden ist, hängt von ihr ab."[5]

Zugleich beschreibt der Gerichtshof religiösen Pluralismus als einer demokratischen Gesellschaft eigentümlich. Die Aufrechterhaltung dieses religiösen Pluralismus ist – objektivrechtliche – Verpflichtung der Signatarstaaten der Europäischen Menschenrechtskonvention.

Die Umstände des Falles zeigen einmal mehr, welch aktuelle und unmittelbare politische Wirkkraft in religiösen Zusammenhängen enthalten sein kann. Die Metropolitankirche von Bessarabien wurde am 14. September 1992 als örtliche, autonome orthodoxe Kirche gegründet und nimmt nach ihren Statuten den Platz der Metropolitankirche von Bessarabien ein, die bis 1944 Bestand gehabt hatte. Im Dezember 1992 wurde die Kirche dem Patriarchat von Bukarest angegliedert. Ausdrücklich heißt es in ihren Statuten, dass sie keine politischen Aktivitäten ausübe und dies auch in Zukunft nicht tun werde. Sie werde die staatlichen Gesetze respektieren, ebenso wie das internationale Recht der Menschenrechte. Mit den staatlichen Behörden werde sie im Bereich von Kultur, Erziehung und

---

seits KOKKINAKIS gegen Griechenland, Urteil 25.5.1993, 14307/88, in: ÖJZ 49 (1994) 59-64.

4 Metropolitankirche von Bessarabien und andere gegen Moldawien, Urteil 13.12.2001, 45701/99, in: EHRLR 8 (2002) 542 ff. (Übersetzung vom Verf.).

5 Ebd., § 114; vgl. auch MANOUSSAKIS und andere gegen Griechenland, Urteil 26.9.1996, 18748/91, in: ECHR 1996-IV, 1346 (1364), § 44; STANKOV und die Vereinigte Mazedonische Organisation Ilinden gegen Bulgarien, Urteil 2.10.2001, 29221/95, 29225/95, in: Human Rights Law Journal 22 (2001) 404-416, § 84.

sozialer Hilfe zusammenarbeiten, und gegen andere Kirchen und Religionsgemeinschaften werde die Metropolitankirche von Bessarabien keinerlei ökonomische Ansprüche stellen; sie strebe ökumenische Beziehungen zu anderen Kirchen und religiösen Bewegungen an. Mitglieder der Metropolitankirche von Bessarabien sind nach ihren Statuten Staatsangehörige der Republik von Moldawien, dasselbe gilt für die Geistlichkeit der Kirche. Für Gottesdienste, die in allen Gemeinden der Metropolitankirche von Bessarabien gehalten werden, sehen die Statuten besondere Gebete für die Behörden und Institutionen des Staates mit den Worten vor:

> „Wir beten, wie stets, für unser Land, die Republik Moldawien, für ihre Führer und für ihre Armee. Möge Gott sie beschützen und ihnen ein friedliches und ehrliches Leben gewähren, das in Gehorsam zu den Canones der Kirche verbracht wird.“[6]

Die Bedeutung der Metropolitankirche von Bessarabien lässt sich daran ermessen, dass sie fast eine Million moldawische Staatsangehörige als Mitglieder hat. Sie ist von allen orthodoxen Patriarchaten mit Ausnahme des Patriarchats von Moskau anerkannt.

Der Antrag der Metropolitankirche von Bessarabien auf Registrierung im staatlichen Register von Religionsgemeinschaften wurde letztinstanzlich abgelehnt. Demgegenüber hat die Regierung von Moldawien im Jahre 1993 die Metropolitankirche von Moldawien registriert. Diese orthodoxe Kirche ist dem Patriarchat von Moskau angeschlossen. Die orthodoxe Kirche von Moldawien sieht sich ihrerseits als unabhängige Kirche und als Rechtsnachfolgerin der Metropolitankirche von Bessarabien, also jener Kirche, die bis 1944 Bestand gehabt hatte und deren Platz ihrerseits die (neue) Metropolitankirche von Bessarabien beansprucht.

Nach Auffassung des Präsidenten der Republik von Moldawien könne die Angelegenheit nur durch Verhandlungen zwischen dem russischen und dem rumänischen Patriarchat gelöst werden. Es würde gegen moldawisches Recht verstoßen, wenn staatliche Behörden in den Konflikt intervenierten. Würden die Behörden die Metropolitankirche von Bessarabien anerkennen, würde dies unvorhersehbare Konsequenzen für die moldawische Gesellschaft zur Folge haben.[7] Die moldawische Regierung vertrat den Standpunkt, dass der Konflikt einen politischen Konflikt zwischen Rumänien und Russland verberge. Die Regierung betrachte die Metropolitankirche von Bessarabien als schismatische Gruppe. Würde sie in den Konflikt durch Anerkennung dieser Kirche intervenieren, würde dies wahrscheinlich verheerende Konsequenzen für die Unabhängigkeit und die territoriale Integrität der jungen Republik Moldawien zeitigen.

Die Verweigerung der Anerkennung habe die Wahrung der öffentlichen Ordnung und der öffentlichen Sicherheit zum Ziel.[8] Der moldawische Staat, dessen

6 Metropolitankirche (Fn. 4), § 11.
7 Ebd., §§ 43, 98.
8 Ebd., § 110.

Territorium früher wiederholt zwischen rumänischer und russischer Kontrolle hin und her gewechselt habe, besitze eine ethnisch und sprachlich unterschiedliche Bevölkerung. Deshalb besitze die junge Republik von Moldawien, die seit 1991 unabhängig sei, nur wenige Stärken, die ihre dauerhafte Existenz gewährleisten. Ein wesentlicher Faktor für Stabilität sei die Religion, da die Mehrheit der Bevölkerung orthodoxe Christen seien. Deshalb ermögliche die Anerkennung der moldawischen orthodoxen Kirche, die dem Patriarchat von Moskau unterstehe, dass die gesamte Bevölkerung in dieser Kirche zusammenkomme. Sollte die Metropolitankirche von Bessarabien anerkannt werden, wäre es wahrscheinlich, dass dieses Band sich lockere und die orthodoxe christliche Bevölkerung sich in mehrere Kirchen aufsplittere. Hinzu käme, dass unter dem Deckmantel der Metropolitankirche von Bessarabien, die dem Patriarchat von Bukarest unterstehe, politische Kräfte Hand in Hand mit rumänischen Interessen arbeiten würden, die rumänischen Interessen auf Wiedervereinigung zwischen Bessarabien und Rumänien günstig wären. Die Anerkennung der Metropolitankirche von Bessarabien würde deshalb alte russisch-rumänische Rivalitäten innerhalb der Bevölkerung wiederbeleben und so die soziale Stabilität bis hin zur moldawischen territorialen Integrität gefährden.[9]

Mit diesen Darlegungen ist ein religiös durchwobener Konflikt bezeichnet, der im Erfahrungshorizont der Betroffenen existentielle Bedeutung für die staatlich verfasste Gemeinschaft besitzt. Die Europäische Menschenrechtskonvention in der Rechtsprechung des Gerichtshofs zeigt alternative Wege aus dieser Gefährdungssituation.

Der Gerichtshof anerkennt, dass Staaten das Recht haben festzustellen, ob eine Bewegung oder eine Vereinigung durchaus auch in Verfolgung religiöser Ziele Tätigkeiten ausübt, die für die Bevölkerung oder für die öffentliche Sicherheit schädlich sind. Dabei kann sich der Gerichtshof auf die Entscheidungen im Fall Manoussakis[10] berufen. Damit ist die staatliche Friedensfunktion und Schutzaufgabe anerkannt. Das Existenzrecht der konkreten Staaten erscheint so grundsätzlich religiösen Zielen vorgeordnet. Dies steht in Übereinstimmung mit den Schranken, die Art. 9 EMRK im Blick auf den Schutz der öffentlichen Sicherheit und der öffentlichen Ordnung vorsieht. Zugleich anerkennt der Gerichtshof, dass religiöse Spannungen innerhalb eines Landes staatengefährdende Formen annehmen können. Gleichzeitig weist der Gerichtshof einen Weg aus dem Dilemma, der auf die Stärke und Wirkkraft von Demokratie und Menschenrechten vertraut. Dabei scheinen Kernsätze eines gemeineuropäischen Religionsrechts auf.

Religionsfreiheit gilt dem Gerichtshof als eines der Fundamente einer demokratischen Gesellschaft und als identitätsstiftendes Element für jeden einzelnen. Religion ist damit nicht nur Privatangelegenheit, sondern auch öffentlich wirk-

---

9 Ebd., § 98.

10 MANOUSSAKIS (Fn. 5), 1362 § 40; STANKOV (Fn. 5).

sam.[11] Mit der Funktionsbeschreibung, die der Gerichtshof vornimmt, ist nicht nur anerkannt, dass Religion im Handeln des einzelnen in die Öffentlichkeit ausstrahlen darf. Anerkannt ist sogleich, dass Religionsfreiheit und damit Religion selbst wesentliches Strukturelement positiver öffentlicher Ordnung insgesamt ist. Untrennbar mit religiösen Überzeugungen verbunden ist es, in Worten und Taten Zeugnis dieser religiösen Überzeugungen abzulegen. Religiös motiviertes Handeln ist deshalb untrennbarer Bestandteil der durch Art. 9 EMRK geschützten Religionsfreiheit. Religion ist Privatsache und zugleich öffentliche Angelegenheit.

Art. 9 EMRK verpflichtet zu staatlicher Neutralität. Neutralität gewinnt eine zentrale Bedeutung als religionsrechtliche Kategorie für Europa. Keineswegs ist damit Neutralität ein besonders auf die Bundesrepublik Deutschland zugeschnittenes oder aus ihr stammendes, mit den konkreten Besonderheiten Deutschlands verbundenes Merkmal des Religionsrechtes.

Der Gerichtshof bemerkt in dieser Hinsicht, dass in einer demokratischen Gesellschaft der Staat die Befugnis hat, konfligierende Interessen verschiedener Religionsgemeinschaften zu friedlicher Koexistenz zu bringen. In der Ausübung seiner regulativen Funktion muss der Staat neutral und unparteiisch sein.[12] Dies folgt aus der staatlichen Verpflichtung zur Aufrechterhaltung von Pluralismus und Demokratie. Der Weg zum Ausgleich konfligierender religiöser Interessen führt über Dialog, nicht über Gewalt. Gibt es Spannungen aus religiösen Gründen innerhalb der Bevölkerung, so ist es Aufgabe des Staates, diese Spannungen nicht dadurch zu lösen, dass er den Pluralismus abschafft. Vielmehr besteht die Verpflichtung des Staates sicherzustellen, dass die miteinander konkurrierenden Gruppen sich gegenseitig tolerieren. Die Verpflichtung des Staates zu religiöser und weltanschaulicher Neutralität zeitigt damit die weitere Verpflichtung zur aktiven Verwirklichung von Toleranz. Dabei ist nicht lediglich die staatliche Toleranz gegenüber anderen gemeint, vielmehr die Verpflichtung, für eine Atmosphäre der Toleranz in der Gesellschaft Sorge zu tragen.[13] Dies erfordert aktives Handeln des Staates, konkrete Maßnahmen zur Förderung toleranzbereiter Einstellungen in der Bevölkerung.

Neutralität verpflichtet darüber hinaus, dass der Staat sich grundsätzlich einer Bewertung der Legitimität religiöser Überzeugungen enthält und auch einer Bewertung der Legitimität der Art, in der diese Überzeugungen zum Ausdruck gebracht werden. Der Staat darf nicht einzelne religiöse Führer oder besondere religiöse Organe einer gespaltenen Religionsgemeinschaft favorisieren. Er darf auch keine einzelne Gemeinschaft oder Gemeinde verpflichten, sich gegen ihren

---

11 Metropolitankirche (Fn. 4), § 114.

12 Vgl. auch HASAN und CHAUSH gegen Bulgarien, Urteil 26.10.2000, 30985/96, in: HUDOC, § 78.

13 Vgl. United Communist Party of Turkey and others v. Turkey, Urteil 30.1.1998, 19392/92, in: ECHR 1998-I, 1 (27), § 57; SERIF gegen Griechenland, Urteil 14.12.1999, 38178/97, in: HUDOC, § 53.

Willen einer einheitlichen Führung zu unterwerfen. In einer demokratischen Gesellschaft braucht der Staat keine Maßnahmen zu ergreifen, um sicherzustellen, dass Religionsgemeinschaften unter einer einheitlichen Führung bleiben oder ihr unterworfen werden.[14] Entsprechend verbietet staatliche Neutralität auch, die Ausübung der Religion einer Genehmigung durch eine anerkannte kirchliche Behörde zu unterwerfen.[15]

3. Auf dem Weg zur Korporativen Religionsfreiheit

Wichtige Schritte hat der Europäische Gerichtshof für Menschenrechte auch im Blick auf die korporative Religionsfreiheit unternommen. Der Gerichtshof hat wiederholt und inzwischen in ständiger Rechtsprechung ausgesprochen, dass eine Kirche oder eine kirchliche Institution als solche das Recht hat, die durch Art. 9 EMRK gewährleisteten Rechte im Namen ihrer Anhänger auszuüben.[16] Wenngleich die korporative Ausübung der Religionsfreiheit damit weiterhin gebunden bleibt an die Formulierung, dass diese Religionsfreiheit im Namen der Mitglieder ausgeübt wird, verfestigt sich die Eigenständigkeit der korporativen Religionsfreiheit der Institutionen als solche in dieser ständigen Rechtsprechung stetig. Der Gerichtshof spricht ausdrücklich davon, dass die Weigerung der Anerkennung einer Religionsgemeinschaft Konsequenzen für die Religionsfreiheit dieser Religionsgemeinschaft besitzt. Es wird deshalb ausdrücklich von der Religionsfreiheit der Religionsgemeinschaft gesprochen. Ferner wird das Recht der Ausübung der Religion ohne weiteres der Religionsgemeinschaft als solcher zugesprochen.[17]

Endlich anerkennt der Gerichtshof auch das Selbstbestimmungsrecht der Religionsgemeinschaften als Gewährleistungsgehalt von Art. 9 i. V. m. Art. 11 EMRK. Die autonome Existenz von Religionsgemeinschaften ist nach dieser Rechtsprechung unentbehrlich für den Pluralismus in einer demokratischen Gesellschaft. Das Selbstbestimmungsrecht ist damit nach den Worten des Gerichtshofs ein Kernbestandteil des Schutzes von Art. 9 EMRK.[18] Damit ist die innere Organisation von Religionsgemeinschaften gegenüber ungerechtfertigter staatlicher Intervention gesichert.

---

14 SERIF (Fn. 13), § 52.

15 PENTIDIS und andere gegen Griechenland, Urteil 9.6.1997, 23238/94, in: ECHR 1997-III, 983-1003; Bericht der Kommission 27.2.1996, in: ECHR 1997-III, 992 (995), § 46.

16 Cha'are Shalom ve Tsedek gegen Frankreich, Urteil 27.6.2000, 27417/95, in: HUDOC, § 72; Metropolitankirche (Fn. 4), § 101.

17 Metropolitankirche (Fn. 4), § 118.

18 Vgl. auch HASAN und CHAUSH (Fn. 12), § 62.

4. Staatliche Demokratie und religiöser Partikularismus

In den Zusammenhang zwischen Religionsfreiheit und Demokratie reicht auch die zweite zentrale Entscheidung der neueren Rechtsprechung des Gerichtshofs zu Art. 9 EMRK, die Entscheidung im Fall der Refah Partisi (Wohlfahrtspartei) und andere gegen die Türkei.[19] Das Verbot der Wohlfahrtspartei in der Türkei war auf Gründe gestützt, die sich aus der religiösen Ausrichtung und den religiösen Lehren dieser Partei ergaben. Der Gerichtshof hat das Verbot aufrechterhalten. Die Partei hatte unter anderem vertreten, dass es in einem Staat mehrere Rechtssysteme geben müsste. Jeder einzelne müsse frei sein, eines der Rechtssysteme zu wählen. Diese Rechtssysteme sollten nicht zuletzt von verschiedenen Religionsgemeinschaften begründet sein. Jeder wäre so den Rechten und Pflichten zugehörig, die von der Religion seiner Gemeinschaft vorgeschrieben wären.[20]

Der Gerichtshof befand in Übereinstimmung mit der türkischen Regierung, dass eine solche Pluralität von Rechtssystemen eine Unterscheidung zwischen den Individuen aufgrund ihrer Religion einführen würde. Dies würde bedeuten, dass jedermann entsprechend seinen religiösen Vorstellungen kategorisiert würde und deshalb seine Rechte und Freiheiten nicht als Individuum, sondern aufgrund seiner Zugehörigkeit zu einer religiösen Bewegung besäße. Ein solches System ist nach Auffassung des Gerichtshofs unvereinbar mit dem freiheitlichen und demokratischen System, wie es die Europäische Menschenrechtskonvention aufrichte. Der Staat habe eine positive Verpflichtung, dafür zu sorgen, dass jedermann innerhalb des staatlichen Herrschaftsbereiches die Rechte und Freiheiten der Konvention genieße. Diese Rechte und Freiheiten könnten nicht aufgegeben werden.[21] Außerdem würde ein solches System vielfältiger Rechtssysteme das Prinzip der Nichtdiskriminierung verletzen.[22] Zugleich lässt der Gerichtshof deutliche Zurückhaltung gegenüber der Scharia erkennen. Nach Auffassung des Gerichtshofes kann eine Partei, die die Scharia in einem Signatarstaat der Konvention einführen möchte, kaum als Vereinigung gelten, die mit den demokratischen Idealen der Konvention übereinstimme.[23]

Wahrscheinlich kann dies aber nur für die allgemeine und umfassende Form gelten, in der die verbotene Partei dieses Ziel angestrebt hat. Wertvorstellungen, die ihren Grund in religiösen Überzeugungen haben und die mit demokratischen, rechtsstaatlichen und menschenrechtlichen Grundsätzen übereinstimmen, können von diesem Verdikt nicht betroffen sein. Es wird in Zukunft viel darauf

---

[19] Refah Partisi (Wohlfahrtspartei) und andere gegen Türkei, Urteil 31.7.2001 (41340/98, 41342/98, 41343/98, 41344/98), in: HUDOC.

[20] Ebd., § 25.

[21] Ebd., § 70; vgl. AIREY gegen Irland, Urteil 9.10.1979, in: ECHR A-32, 1 (14), § 25.

[22] Vgl. auch ABDULAZIZ, CABALES und BALKANDALI gegen Vereinigtes Königreich, Urteil 28.5.1985 (9214/80, 9473/81, 9474/81), in: ECHR A-94, 1 (35), § 72.

[23] Refah Partisi (Fn. 19), § 25.

ankommen, auch aus einer gegenüber dem Islam als Außensicht auftretenden Perspektive diejenigen Werthorizonte in der Scharia ausfindig zu machen, die auch von Nichtmoslems geteilt werden können. Gerade die Gemeinschaft der Europäischen Menschenrechtskonvention mit ihren gemeinsamen Organen bietet die Chance, religionsübergreifende Wertgemeinsamkeiten zu finden und wo erforderlich zu entwickeln, die ein friedliches Miteinander der unterschiedlichen Religionen stützen können.

Nationalism, Patriotism and Religious Belief in Europe

Silvio Ferrari

1. Nation, State and Globalisation in the Europe of Today

One of the most interesting and disquieting transformations ongoing in Europe is the displacement of the State: more and more frequently the State is unable to tackle a number of important problems, which emerge and are solved at levels that are higher or lower than the level at which the State can effectively operate.[1]

This displacement has a long history but recently it has been highlighted by a cluster of factors which are usually collected under the heading „globalisation". They include, among others, the development of a global financial system, the expansion of global communications and media network, the interdependence of national economies, the new significance acquired by trans-national religious and ethnic ties, the enormous flow of people across national boundaries and the increasing authority of institutions and communities above the State.[2] Taking into account the growing importance of these factors, it is useful to look at the problems that nations and States are facing from the globalisation angle. At the same time the impact that local factors are having on these same problems should not be overlooked: for example, in Eastern Europe globalisation is not having the same effect it has in Western Europe because of the different political and economic regimes governing the two parts of Europe in the last fifty years.[3]

---

1 An analysis of this process from the angle of Church-State relations can be found in: TORFS, Rik, European Nationalism. Coexistence in a Multi-Ethnic and Multi-Religious Society, in: MORÁN, Gloria (ed.), Nacionalismo en Europa. Nacionalismo en Galicia. La religión como elemento de la ideología nacionalista, La Coruña 1998, 137-143.

2 See MCGREW, Anthony, A global society?, in: HALL, Stuart / HELD, David / MCGREW, Anthony (eds.), Modernity and its Futures, Cambridge 1993. For a discussion of the definitions of globalisation see FEATHERSTONE, Mike (ed.), Global Culture, Nationalism, Globalization and Modernity, London 1990. More specifically on the relationship between globalisation and religion see BEYER, Peter, Religion and Globalization, London 1994.

3 In the East the void left by the fall of the Soviet bloc has deprived of any legitimacy not only the communist governments but also the State institutions which for so long had been identified with communism. Moreover, in the last decades the Eastern countries could not develop their own democratic systems. These factors help to explain why in the East the resurgence of cultural, ethnic and religious bonds has been stronger than in the West and, above all, why it has got out of control in some regions.

Globalisation has deprived territorial sovereignty (which is one of the most important prerogatives of the State) of much of its meaning[4]: technological developments, deregulation, privatisation and liberalisation of the economic markets have severely limited the capacity of the State to control what happens within its own borders. The State's power to master its economic, monetary and military system or the flow of information has been rapidly eroded by multi-national companies, organisations like the International Monetary Fund and the NATO or uncontrollable networks like internet. In Western Europe a few States have tried to deal with some of these challenges by building the European Union: but membership of the European Union means giving up a part of State sovereignty, that is to accept the loss of the State centrality mentioned at the beginning of this paper. In Eastern Europe, the fall of the Soviet bloc has left States still more vulnerable to globalisation than their Western counterparts.

The displacement of the State does not affect only politics, economics, defence or communication. Its growing impotence to control effectively these fields questions also the role the State has as a provider of a common identity.

Globalisation, by reducing any particular culture to a regional custom, engenders a sense of alienation and disorientation and fosters the need of a common identity.[5] But today's States are rarely in a position to provide an answer to this need: more frequently answers are sought and found at different levels, either above or below the State level. In the first case the answer to the quest for identity is provided by reaffirming a common civilisation, as happens when the Western civilisation is juxtaposed to the Muslim one[6]; in the second case, the same answer is sought at the local or regional level, where ethnic, religious or linguistic particularities are still strong enough to provide a communality of history and culture.

---

4 See KALDOR, Mary, Cosmopolitanism versus Nationalism. The new divide?, in: FABER, Mient J. (ed.), The Balkans. A Religious Backyard of Europe, Ravenna 1996. The weakening of the notion of sovereignty inherited from the last century has been noted by many scholars of international law: see LAPIDOTH, Ruth, Sovereignty in Transition, in: JIA 45 (1992) 325-346.

5 This is particularly true in the West. In other parts of the world, there is a feeling that globalisation is a kind of cultural imperialism which spreads the values of the dominant culture (the Western one) to the rest of the globe and undermines particular cultures and identities (see AHMED, Akbar S. / HASTINGS, Donnan, Islam, Globalisation and Post-modernity, London 1994, 3). This feeling is strong in Eastern Europe, where the void of values left by the fall of Communism has been rapidly filled with the ideals and „way of life" prevailing in the West, the United States in particular. The disruption that inevitably followed has triggered a reaction aimed to rediscover alternative values based on the „local" culture and religion. In conclusion, through a different way we arrive at the same point, the reaffirmation of a common identity which is perceived as in danger because of globalisation.

6 A few years ago this point has been underlined by HUNTINGTON, Samuel, The Clash of Civilizations?, in: Foreign Affairs (New York) 3 (1993) 22-49.

Let us discuss this second case in a little more depth, as it is the most frequent one. Many scholars affirm that an identity based on a communality of history and culture is what makes a nation.[7] If this assumption is correct, a fundamental characteristic of contemporary Europe is the reawakening of nations, that is of people bound together by a common history and culture. But nations seldom overlap with the State boundaries and this can have disruptive effects. When the State is strong enough, this reawakening of one or more nations inside its borders can be controlled through the concession of regional autonomies, which satisfy the demand for national identities without breaking the State's unity: albeit in different ways, this is the case of Scotland, Wales, Belgium and Catalonia. But when the State is an artificial or weak construction, the same process provokes its dissolution and substitution with new States shaped more rigidly along national lines: this is what happened in Yugoslavia and, much more peacefully, in Czechoslovakia. In any case, both in Western and Eastern Europe, multi-national States suffer the challenge of globalisation and find it difficult to resist the strengthening of national identities inside their borders. Therefore, as it is hardly possible to re-design the European map according to the principle „one nation, one State", the first question that needs to be answered is the following: how can the coexistence of different nations inside the same State be made a viable option? The urgent need for an answer is heightened by the fact that multinational States have traditionally played the role of bridge between different cultures and worlds: every time a bridge of this kind collapses, HUNTINGTON's disquieting perspective of the „clash of civilisations" as the future of humankind looms larger.

The role of the State as provider of a common identity can be questioned from a different point of view. The reawakening of nations does not affect only multinational States: it also affects the core of the modern State itself, which has been conceived as a neutral organisation, a common house where everybody can feel at home independently from his or her race, religion, language, history.[8] The need for a common bond or the quest for identity which is behind the reawakening of nations is not necessarily associated with a territorial claim, that is the claim to create a new State (or at least an autonomous region): it can find expression through a different demand, the requirement to put a set of non-neutral

---

7 The definitions of nation, nationality and nationalism have been widely discussed in these last years. For a synthesis of the debate see HUTCHINSON, John, Modern Nationalism, London 1994; WIBERG, Håkan, Divided Nations and Divided States, in: FABER (note 4), in particular 26-29.

8 In „the modern European and American nation-State ... individuals are linked to a centralised, all-embracing democratic political system that is unaffected by any other affiliation, be they ethnic, cultural or religious. That linkage is sealed by an emotional sense of identification with a geographical area and a loyalty to a particular people, an identity that is part of the feeling of nationalism" (JUERGENSMEYER, Mark, The New Cold War? Religious Nationalism Confronts the Secular State, Berkeley 1993, 14).

values at the base of the existing State.[9] There is no desire to break the State down into smaller units, to suit the „national" characteristics of a part of the population: there is instead a wish to reshape public life according to the tradition or cultural heritage of the majority of the citizens, to grant a central position to the values derived from the religion, culture or language of a people, to define citizenship on the basis of „nationality" (which this time means a set of values that provide the identity of a particular group). The reaction of broad strata of the European population to immigration or new religious movements is a good example of the uneasiness with which many regard the prospect of a multi-cultural, multi-ethnic, multi-religious society. They feel the need to re-establish a bond based on a set of traditional values.[10]

In my paper I shall not deal with this aspect of the question. Nevertheless, it is important to grasp the connections between the difficulties that multi-national States are encountering in preserving their physical unity and the difficulties that mono-national States are finding in preserving their cultural and political unity. There is a common factor behind both of them, the passage from a rational-political nationalism to a cultural nationalism.[11] The modern State has increasingly provided its citizens with a rational-secular kind of national identity[12], which is

---

9 Stefano BIANCHINI writes that „each time a society passes through a period of instability (due either to deep economic crises, traumas caused by an encounter with new technologies, or due to the loss of authority of representative institutions) the majority nation is tempted to take over the State power and impose its moral universe upon ethnic minorities" (Between History and Politics. Minorities Nations and Ethnic Groups in Eastern Europe, in: FABER [note 4], 101). What is said about ethnic minorities could be extended in my opinion to religious or linguistic minorities as well.

10 See TORFS (note 1), 122 s.

11 According to HUTCHINSON (note 7), 41-46 the political nationalism doctrine „derives from Kant and conceives of the political community as a body of individuals who have signified their will regarding the manner of their government". Behind „the political nationalist focus on citizenship rights is the belief in reason as the ethical basis of the community": the objectives of political nationalism „are essentially modernist: to secure a representative State for their community so that it might participate as an equal in the developing world civilization. This objective can lead to a wholesale rejection of tradition (often identified with the religion heritage) as an oppressive encumbrance". Cultural nationalism, deriving from HERDER, „perceives the nation as a natural solidarity endowed with unique cultural characteristics": rejecting „the ideal of uniform citizenship rights as the basis of solidarity, cultural nationalism perceives the nation as a differentiated community, united not by reason or law, but by a passionate sentiments rooted in nature and history". Cultural nationalism „seeks a moral regeneration of the community: ... at time of crisis generated by the modernization process, cultural nationalists play the role of moral innovators proposing alternative indigenous models of progress". In this perspective „cultural nationalism is a recurring movement that arises in response to a deep-seated conflict of identities, generated by the continual challenge to the established status order by externally inspired modernizing pressures".

12 Generally speaking, this is true both for mono-national and multi-national States, both for the communist and the liberal States of Europe. Of course, the modern State put

akin to the type of identity fostered by the global society.[13] Therefore many perceive the modern State not as an alternative to globalisation, but as a part of the global discourse. The answer to the crisis of identity provoked (inter alia) by globalisation is then looked for elsewhere, in some form of cultural nationalism. But the passage from a (modern) rational-political nationalism to a (post-modern) cultural nationalism is not painless for the State. The need to reaffirm a national identity founded on a set of specific values can be felt by a minority with a strong territorial base in a part of a State: then it can lead to separation and to the creation of a new and smaller State, which is ethnically, racially, religiously or culturally more homogeneous than the previous one. In a different situation the same need can result in the demand to reshape public life and the State according to the „unique and differentiated civilization" that is perceived as „the core of a nation".[14] But difference of opinions about what constitutes „the core of a nation" can cause conflicts which, being conflicts of culture and identities, are more radical and global than „conflicts which may be politically negotiated".[15] This process can erode the consensus on a set of shared values which is necessary for a peaceful coexistence and in the end make the State ungovernable.

Religion has a great deal to do with the issues outlined in this paragraph. Sometimes religion has been a divisive factor, as in the Balkan wars.[16] Sometimes, in a less apparent way, it might have been a unifying factor, preventing linguistic or economic divisions from becoming so strong as to cause the division of a State (this might have been the case of Belgium and Italy). It is there-

---

stronger and earlier roots in some parts of Europe than in others. For example, the separation of religion and politics (which is part of the building of a secular-rational type of national identity) has been stronger in the North than in the South, in the West than in the East. On this point see BAUBEROT, Jean, Religion et modernité. Laïcité et sécularisation dans la crise de la modernité en Europe, in: Religions et société (Cahiers français 273 [1995]), 69-75.

13 HUTCHINSON (note 7), 43 notes that political nationalism „is a cosmopolitan conception that logically looks forward to a common humanity transcending traditional differences."

14 Ibid., 44. According this author „cultural nationalist demand that the natural divisions within the nation – sexual, occupational, religious and regional – be respected because the impulse to diversity is the dynamo of national creativity". Of course such demand can exasperate the problem of those who do not share the elements put at the base of public life (i. e. the problem of minorities).

15 VRCAN, Srdjan, The Religious Factor and the War in Bosnia Herzegovina, in: MOJZES, Paul (ed.), Religion and the War in Bosnia, Atlanta 1998, 114.

16 For an analysis of the role played by religion in the Balkan wars see VRCAN (note 15), 108-131. According to the author „the religious factor in contemporary Bosnia Herzegovina has shown it is more inclined to separate than to unite, more to divide than to link together, more to confront than to cooperate, more to deepen social cleavages than to build bridges, more to inflame conflicts than to mitigate them, and that it is more a vector of conflict and war than a vector of peace and coexistence" (127).

fore important to analyse the relationship between State, nation and religion and the approach of the Christian Churches to the new significance the nation has acquired in contemporary Europe.

2. The Christian Approach

2.1. The Interplay of the Universal and the Particular

The coexistence of a universal and a particular dimension in the Christian experience is the starting point for a correct approach to the relationship between religion, nation and State.

The Christian religion has a universal content, it is a message addressed to any man or woman independently from his or her nationality: St. PAUL repeatedly stressed there are no Greeks and no Jews in the eyes of God, but only men and women saved by Christ[17] and St. PETER proclaimed that

> „God does not have favourites, but anybody of any nationality who fears God and does what is right is acceptable to him.“[18]

There is a common unity which overcomes any difference of social status, language, culture or nationality.[19]

But men and women are reached by the Christian revelation through history. This universal message is therefore inevitably embedded in a specific place and time and assumes a particular character. Christ's incarnation is the model: the expression of God's revelation through the language, culture and way of life of the Jewish people in the Palestine of two thousand years ago is the methodological indication as to how to communicate that message, which can be transmitted and understood only through a specific medium. The best example of this method is described in the Acts of the Apostles: at Pentecost Greeks, Arabs, Romans, Egyptians hear the apostles speaking in their own languages. The same teaching is translated into the language – but we might well say, the culture – of any person willing to hear it. The universal dimension of the message combines with the particular dimension of the time and place where the recipient of the message lives: without loosing its original identity, the Christian revelation acquires new and different shapes, inflexions, colours according to the people – but we could well say, the cultures – who accept it.

What has been said up to now leads to the first conclusion. The Christian message needs a culture to live in: it must become part of a history, a language, a tradition. It cannot live in a vacuum. At the same time the Christian revelation

---

17 See for example Epistle to Galatians 3, 28; Epistle to Romans 10, 12.

18 Acts 10, 34 s.

19 From this point of view Christianity is different from other religions (for example Judaism or Shinto) which are strictly connected to the history of one people.

cannot identify completely and exclusively with a specific culture.[20] A Church that is only the expression of a national culture, loosing touch with the supra-national level, would not reflect adequately the balance between the universal and the particular dimensions which are both present in Christian teaching.

3. Religion, State and Nation
A Historical Overview of the Orthodox and Catholic Approach

The historical translations of these two particular and universal dimensions have been very different. Sometimes a good balance was achieved between them, at others one or the other assumed a disproportionate importance. But even in this last case the idea that both dimensions – particular and universal – were co-essential has never been obliterated completely from Christian theology and discipline.

From the very beginning, Christianity lived and developed in a trans-national context. The Roman Empire offered a framework for the diffusion of Christianity which overcame national, linguistic or ethnic divisions. The providential character of the Roman Empire was affirmed by the Fathers of the Church exactly for this reason: the Empire was an instrument provided by God to spread the Christian religion as far as the borders of the civilised world (or what was then supposed to be the civilised world). Later the Carolingian Empire and the Holy Roman Empire of the Middle Ages played the same role in Western Europe and they were accordingly considered not only political but also religious institutions, whose task was to defend and spread Christianity. In the East the Byzantine Empire fulfilled an analogous task. This supra-national dimension is reflected also in the internal organisation of the Church: the necessity of a strong authority at the centre of Christianity, endowed with the power to enact laws which every member of the Church is obliged to respect, was felt from the very beginning of Church history. Of course, placing this power in the hands of the ecumenical council or in those of the pope makes a difference: but this difference affects more the way that power is exercised than the idea that the universal dimension of the Christian experience must find not only a theological but also a legal expression.

The stress placed on the central government was not detrimental to the development of the particular Churches: on the contrary, the universal Church was regarded as a communion of particular Churches. The starting point is the idea that the particular Church, that is a community headed by a bishop, is a microcosm containing all the essential elements of the Church. Therefore the particular Church was not regarded as a geographical district or a department of the universal Church: on the contrary, the universal Church exists „in and from“ the

---

20 This point is made very clearly in the Vatican II Pastoral Constitution „Gaudium et spes“ n. 58.

particular Churches, as it is now written in can. 368 of the Roman Catholic Code of Canon Law. The idea that the particular Church is the basic unit of Church organisation and that the „communio ecclesiarum" is the guiding principle of the Church constitution gave birth to a rich tradition of national or regional councils and synods: bishops coming from the same geographical area assembled periodically, discussed topics of common interest, took decisions and promulgated Canons which were valid for the whole region represented at the council or synod. This is the source of the particular law that governed specific areas of the Church within the limits of the universal law promulgated by the ecumenical councils or the pope: the number and importance of the Canonical collections of particular laws that were drawn up in the first twelve centuries of our era indicates that many sub-systems of local laws existed within the universal Church. Therefore, even if it is impossible to speak of „national" Churches, it is not wrong to regard the Church in North Africa, in Spain, in Italy, and so on, as regional Churches, where the universal rules of the Church were adapted to the social and cultural background of the people living in that part of the world.

The first blow to the relationship between the universal and the particular which had taken shape during the first millennium of Christianity came with the separation of the Eastern and Western Churches, a separation which left both of them needing to find a new balance.

That separation, followed later by the fall of the Byzantine Empire under the Muslim assaults, left the Orthodox Church without a strong centre and opened the way for the constitution of national and autocephalous Churches, often shaped along the borders of a State. Of course the Orthodox Church retained a central institution with jurisdiction over the entire Church, the ecumenical council: but the end of the imperial institution, which had been the real focus of Church discipline, and the modest role granted to the Patriarch of Constantinople, entitled just to an honorary pre-eminence over the other Patriarchs, stressed the independent character of the autocephalous Churches, which were united by a common faith but less and less by a common discipline. The process of differentiation among the Orthodox Churches brought each of them to a closer identification with a people: this process was further emphasised by the importance the Churches had in safeguarding the cultural identity of the Russian and Balkan populations during the Mongol and Ottoman domination[21] and by the system of government prevailing in the Ottoman Empire, where the Patriarchs (filling the void left by the collapse of the Byzantine State) became the representatives of the spiritual as well as of the temporal needs of their Christian communities before the Ottoman authorities. The outcome of these developments has been a close relationship between Church and nation and, in the last

---

21 See ARZT, Donna E., Historical Heritage or Threat? Proselytising and the Muslim Ummah in Russia, in: EILR 12 (1998) 427; PERENDITIS, S., Ortodossia e Stato laico. Tradizione, dottrina, ideologia, in: RICCARDI, Andrea (ed.), Il Mediterraneo nel Novecento. Religioni e Stati, Milano 1994, 231-246.

two centuries, between Church and national States[22]: the idea of „symphony“ between Church and State[23] (which is much more intense and binding than the Catholic idea of co-operation between Church and State) is an expression of that relationship; another is the notion that the Orthodox Church has a unique right to be present in its own territory, to the exclusion of any other Church (the principle „one Church in one territory“ which is part of the Orthodox Canon law).

Such a close relationship between Church and nation has many positive aspects, especially when it comes to the acceptance of languages, local traditions and customs[24]: but it is not without dangers. The recent wars in the Balkans, where the Serbian Orthodox Church was heavily involved in the struggle, are an example of this: the weakness of a supra-national centre in the Orthodox world has paved the way for an almost complete identification of the Church with the national aspiration of the Serb people, leaving the impression that the relationship between the universal and particular dimensions of the Christian experience was unbalanced to the detriment of the former.[25]

History took a different course in the West. During the Middle Ages, the power of the pope grew and the local Churches were brought increasingly under the control of the Holy See: the birth of a coherent body of canon law, which developed later into the Corpus Iuris Canonici, gave the Papacy the instrument to affirm not only a theological but also a legal predominance over the whole of Christendom. The primacy of the pope, which had previously been more a statement than a fact, became stronger and stronger.

There is little point in trying to summarise the history of many centuries in just a few lines but it is worth underlining at least one aspect. Contrary to the East,

---

22 This process is analysed by SANDŠAKOSKI, Stefan, The Ecclesiastic Attitude Towards Ethnic Reductionism or Whether the Orthodox Church is Nationalistic?, in: FABER (note 4), 11-16; MAKRIDES, Vasilios N., Ortodossia e nazionalismo nella Grecia moderna. Aspetti di una correlazione, in: Religioni e Società 25 (1996) 43-70; KOKOSALAKIS, Nikos, Aspetti culturali del cristianesimo orientale ortodosso, ibid., in particular 19-23.

23 According to this principle, the Church provides the State with moral values and the State grants material support to the Church. See KOKOSALAKIS, Nikos (ed.), Orthodoxy and Modern Life, in: Religioni e Società 28 (1997) 110.

24 Stressing this point, SANDŠAKOSKI (note 22), 14 observes that „there is a difference between ‚evangelising the west German barbarians' and „baptising the Slavs“. The eastern „barbarians received Christianity in their mother tongue, but their western brothers had to learn Latin in order to receive the knowledge of the faith, including its salvation“.

25 The Catholic Church in Croatia took an analogous stand, defending the national aspirations of the Croatian people but the Holy See maintained a much more restrained attitude and did not refrain from applying some pressure to the Croatian clergy to play a more constructive role. See PALMER, Peter, Religions and Nationalism in Yugoslavia. A Tentative Comparison between the Catholic Church and the Other Communities, in: FABER (note 4), 147-162. On the role religion played in the Balkan conflicts see MOJZES (note 15); DAVIS, Grady Scott (ed.), Religion and Justice in the War over Bosnia, New York 1996, 23-43.

where the Church was challenged by an external enemy, Islam, in the West the danger came from the inside, the constitution of national States on the ruins of the Holy Roman Empire. The medieval order, based on the balance between the supra-national authorities of the Emperor and the Pope, was upset when the kings of France, or Spain, or England reclaimed the power to control whatever happened inside the borders of their States, including the organisation of the Church.[26] From the fifteenth century onwards, the claims of the national sovereigns greatly reduced the capacity of the Holy See to control the organisation of the Churches inside the new States and provided the foundations for the birth of national Churches which more than once preferred to go along with their sovereigns than with the Pope. The national State (and the related possibility of a national Church) was perceived from the beginning by the Holy See as a dangerous threat to the unity of the universal Church and the primacy of the pope: therefore for almost five centuries the Church of Rome maintained uneasy relations with States which, while professing the Catholic faith, were often successfully trying to place the appointment of bishops or ecclesiastical property under their exclusive control. Such a situation prevented a complete identification of Church and national State along the lines that prevailed in the East. Sometimes the national Churches grew very powerful, as happened in France during the seventeenth and eighteenth centuries. However, the Holy See never ceased to affirm the superiority of the Pope over the national councils of bishops and that prevented the unity of the legal system of the Roman Catholic Church from breaking up. The price to pay for keeping this bond between the Holy See and the particular (national) Churches was not cheap, especially in countries where Catholics were a minority: they were often labelled as „papists", that is as people more loyal to the Pope than to their own country, and were sometimes deprived of civil and political rights.

In the long run the Holy See won its battle: when the liberal States of the last century dropped (sometimes reluctantly) their claims to control ecclesiastical life, the national Churches lost their most powerful ally and the Holy See was able to reaffirm its jurisdiction fully. But this long struggle to keep firm the primacy of the pope had important repercussions on the internal organisation of the Church. Even though the struggle had primarily been between the Holy See and the States, its consequences were considerable with regard to the relationship between the universal Church, represented by the pope, and the particular Churches, especially at the national level.[27] Trapped in the very middle of the conflict between the Holy See and the national States, the national Churches were not always able (and sometimes were not willing either) to resist the pressure brought to bear by the sovereigns: in reaction to their vacillating position,

---

26 See DE LA HERA, Alberto, Las orígines del Estado-nación. El factor religioso, in: MORAN (note 1), 65-81; GAUDEMET, Jean, Église et Cité. Histoire du droit canonique, Paris 1994, 585 ss.

27 See ALBERIGO, Giuseppe, La Chiesa nella storia, Brescia 1988, 303 ss.

the Holy See increased the centralisation of powers in the hands of the pope.[28] The First Vatican Council in 1870 and the Code of Canon law in 1917 brought the centralisation of the Catholic government to its peak, concluding a process which had started with the council of Trent in the sixteenth century. The theological and legal theory which regarded the Church as a *societas perfecta* stressed the analogies between Church and State, pope and sovereign: in this context it was easy to confuse the particular Church with some kind of administrative sub-division of the universal Church, losing sight of its true theological nature and bringing the autonomy of the particular Churches to its lowest level. Once again the balance was unsatisfactory, with the universal dimension crushing the particular.

Things started changing fairly quickly in the twentieth century: political parties of Catholic orientation were created on a national base in many countries; in the first and second world wars Catholics fought as loyally as any other citizen under the flags of their States, even if that sometimes meant fighting against other Catholics; the Holy See wisely maintained a neutral attitude during the wars and did not support the Catholic States. The stereotype of the Catholics as papists faded away before the demonstration that they could be at the same time loyal citizens of their State and sincere members of their Church. More important developments took place inside the Roman Catholic Church. Once the primacy of the pope had been accepted everywhere, the Holy See started returning some power to national ecclesiastical bodies: the development of the national conferences of bishops indicates that the scare of the national Churches and their centrifugal force had been overcome.[29] After the Second Vatican Council, the power these conferences obtained in governing their (national) Churches re-adjusted the balance between the universal and the particular, even though a strong central authority remains the distinguishing feature of the Roman Catholic Church in comparison to the Orthodox.

This albeit sketchy historical overview allows two conclusions to be drawn.

First, the relationship between the universal and the particular has been differently translated by the Orthodox and Roman Catholic Churches. Both affirm that the particular Churches are bound together by a common faith, but the Orthodox model is based on the organisational and legal independence of the particular (national) Churches while the Roman Catholic model is based on their autonomy. It is not a negligible difference. Autonomy means freedom of action within a well defined framework which, in the case of the Catholic Church, includes the primacy of the pope. Independence means that each particular Church is in a

---

28 On the process of centralisation see FANTAPPIÈ, Carlo, Introduzione storica al diritto canonico, Bologna 1999, 165 ss.

29 See FELICIANI, Giorgio, Le conferenze episcopali, Bologna 1974; LEGRAND, Hervé / MANZANARES, Julio / GARCIA Y GARCIA, Antonio (a cura di), Natura e futuro delle conferenze episcopali. Atti del colloquio internazionale di Salamanca, 5-8 gennaio 1988, Bologna 1988.

position to build its own legal and organisational framework. When we come to sensitive topics like the appointment of bishops, the difference between autonomy and independence becomes very clear.

Although the Orthodox and Catholic patterns are different, both Churches place a great value on the nation (and this is my second conclusion). On one hand, the nation synthesises and hands down through the ages a set of traditional values of which the Christian religion itself is part (and sometimes a very important one); on the other the Churches are fully aware that the nation is a permanent component of the history of mankind, and that it is far more stable than the State. Nations do not die, said pope BENEDICT XV.[30] The teaching of JOHN PAUL II is even more explicit. The nation is viewed as a cultural community of fundamental importance to the development of the human personality, a primary community which is necessary for human life.[31] Such a strong conception of the nation leads the pontiff to conceive the European Union as a community of nations[32] and to sustain the „fundamental sovereignty belonging to each nation because of its own culture“[33]. This statement is couched in a framework which takes considerably into account the need to balance the rights of the majority and those of the minority[34] and to respect the principles of democracy. Nevertheless the idea that each nation has a fundamental right to sovereignty might be considered as coming dangerously close to nationalistic ideology.[35] Given the factual relationship between religion and nationalism in the Balkans and in other

---

30 See MOROZZO DELLA ROCCA, Raimondo, Le Nazioni non muoiono. Russia rivoluzionaria, Polonia indipendente e Santa Sede, Bologna 1992.

31 This conception has some points of contact with the organic conception of nation affirmed by HERDER and the doctrine of cultural nationalism: in both cases the nation is equated to the family and is regarded as a form of natural solidarity. About JOHN PAUL II's conception of nation see PETSCHEN, Santiago, La Santa Sede y el fenomeno del nacionalismo, in: CORRAL SALVADOR, Carlos (ed.), La construcción de la casa comun europea, Madrid 1993, 83-96.

32 See CORRAL SALVADOR, Carlos, La casa europea que construir. La concepción de Juan Pablo II, in: CORRAL SALVADOR (note 31), 49-64; D'ONORIO, Joël-Benoît, Le projet européen de Jean Paul II, in: D'ONORIO, Joël-Benoît (ed.), Le Vatican et la politique européenne, Paris 1994, 9-39.

33 This passage, quoted by PETSCHEN (note 31), 89 is taken from JOHN PAUL II'S speech at UNESCO of June 2, 1980.

34 See on this point KERR, Donald A., L'Eglise et les minorités culturelles, in: POUPARD, Paul (ed.), Christianisme et identité nationale. Une certaine idée de l'Europe, Paris 1994, 89-104; GJIDARA, Marc, L'Eglise, les nations et les minorités dans l'Europe post-communiste, in: D'ONORIO (note 32), 151-211; EGGER, Kurt (ed.), Chiesa e minoranze etniche, Bologna 1997. In 1989 JOHN PAUL II has devoted a whole message to the need to respect minorities (text in: Il Regno-documenti [Bologna] 34 [1989] 2-4).

35 See on this point LEGRAND, Hervé, Il rapporto divergente dei cattolici e degli ortodossi con la loro storia comune. Riflessioni del presente per il futuro, in: Religioni e Società 26 (1996) 42 s.; MERLE, Marcel, Entre nation et nationalisme. Positions de l'Eglise catholique, in: Etudes (Paris), mai 1994, 591-599.

parts of Europe, it is impossible to dodge the question: is the Christian religion an organic component of nationalism?

4. Nationalism and the Interplay of Temporal and Spiritual

The answer is no: religion and nationalism can have some common interests, but there is something differentiating them and preventing religion from going along with nationalism up to the end. Therefore the examples (and they are not few) of collusion between Christianity and nationalism should be considered as a pathology of the Christian religion or more precisely a hypertrophy of one of its elements.

The reason why the Christian religion and nationalism cannot be reconciled derives from the interplay between the temporal and the spiritual, the secular and the religious, which is the second fundamental feature of the Christian doctrine concerning the place of the nation and the State (the first feature, which has already been considered, is the interplay between the particular and the universal).

The principle „render to Caesar the things that are Caesar's and to God the things that are God's“[36] enshrines two ideas upon which there is a wide consensus in the Christian world[37]: first, human life consists of two dimensions, the religious and the secular, which are related but do not identify. Second, these dimensions are directed by two authorities, the Church and the State: they must co-operate but should remain distinct entities.

This interplay between the secular and the religious has been interpreted in many different and sometimes conflicting ways. Correctly understood, it defines an area where people can fully participate in the life of their national community and be loyal members of their State without any interference on the part of the Church.[38] At the same time the national community and the State cannot become the horizon defining and exhausting the whole of human existence. There is always something „beyond“ the nation or the State, something connected with a super-natural salvation which can come neither from the nation nor from the State.

---

36 Mt 22, 21.

37 But not in other religions. Moshe SILBERG pointed that such a principle „is a novelty created in the school of Christianity. Judaism does not recognise ‚things of Caesar‘ at all“ and Jewish law „makes no distinction between worldly matters, given over almost exclusively to the political authority, and matters touching the well-being of the soul, coming within the jurisdiction of religious organs“ (Law and Morals in Jewish Jurisprudence, in: HLR 75 [1961] 321). The same can be said regarding Islam (see CAMPANINI, Massimo, Islam e politica, Bologna 1999, 274).

38 For example the different forms that a political regime or a State can assume (republic, monarchy, pluri-national or mono-national State, etc.) are equally acceptable to the Church. See on this point ALIX, Christine, Le Saint-Siège et les nationalismes en Europe 1870-1960, Paris 1962, 11 s.

This is the key to understanding the difference between patriotism and nationalism mentioned in the title of my paper. Both have a common starting point in their love for the homeland, historical memory and cultural heritage which constitute a nation: but nationalism involves the idea that the nation is paramount and any other value (including those connected to the spiritual dimension of human life) must be bent to serve the interest and the destiny of the nation. According to one of the leading scholars in this field, nationalism is „a state of mind" in which „the supreme loyalty of the individual is felt to be due the nation-State"[39]. This statement cannot be accepted without specifications by a Christian as it unbalances the relationship between God and Caesar, putting the first at the service of the second. From a Christian point of view, the supreme loyalty is due the nation-State in the secular sphere, but it is due the Church in the spiritual sphere.

Of course a conflict is possible every time that the State laws are in contrast to religious or ethical imperatives. But, if placed in the context of a democratic society where different positions compete in order to gain recognition and standing in the „public square", these conflicts do not entail any kind of disaffection or disloyalty to the country where a person lives (nor to the State which is the political embodiment of that country).[40] In this framework a place could be found even for conscientious objection, which is the most extreme form of challenge of the State authority.[41]

In conclusion, the end of the twentieth century is characterised by the passage from political nationalism to cultural nationalism. This passage reduces the distance between nationalism and religion. While the Christian Churches have considered with some suspicion the political nationalist project because of its rational-secular bias[42], cultural nationalism upholds an organic conception of nation which is more appealing to the Christian Churches. Nevertheless, the core of cultural nationalism is a secular ideology that is incompatible with the Christian religion[43]: nationalism is always particularistic in its approach whereas the Christian religion is universalistic, the Christian religion believes in a supranatural salvation whereas nationalism (even cultural nationalism) is this-world

39 KOHN, Hans, Nationalism. Its Meaning and History, Princeton 1955, 9.

40 For a more detailed analysis see FERRARI, Silvio, The New Wine and the Old Cask. Tolerance, Religion, and the Law in Contemporary Europe, in: SAJÓ, András / AVINERI, Shlomo, The Law of Religious Identity, Den Haag 1999, 1-15.

41 See on this problem European Consortium for Church-State Research, Conscientious objection in the EC countries, Milano 1992.

42 This is to be considered within the framework of the uneasy relationship between religion and modernity underlined by TORFS (note 1), 118 ss. TORFS interprets „the strong link between nationalism and religion" emerged „more vividly than ever before, in the Europe of the nineties" as a return „towards pre-Enlightenment values". HUTCHINSON explains it with the passage from a rational-political to a cultural nationalism. While not identical, these two interpretations have many points in common.

43 See KEDOURIE, Elie, Nationalism, London 1966; KOKOSALAKIS (note 22), 20.

oriented. An organic and permanent relationship with nationalism could be established only if religion could accept to be secularised, to be confined within a secular horizon.[44] It has happened and it still happens, but every time the price to be paid has been too high.

44 A way to do that would be to reduce religion to a component of culture, as it happens when religious liberty is primarily regarded as a cultural right: this approach could reduce the incompatibility between religion and cultural nationalism. While the relationship between religion and culture is undeniable, stressing the specificity of religion (and religious rights) would save the difference. On the possibility of a secularisation of religion when its national character becomes predominant, see LEGRAND (note 35), 33 s.; KOKOSALAKIS (note 22), 19-23.

Religion und Verfassungstreue im deutschen Verfassungsrecht

Heinrich de Wall

Zu den Themen, zu deren Erörterung Richard PUZA mehrfach Anstoß gegeben hat, zählen die Einbettung der Kirchen und Religionsgemeinschaften in die allgemeine Rechtsordnung ebenso wie das Verhältnis der Religionsgemeinschaften untereinander, auch der Dialog zwischen den Weltreligionen.[1] In Folge der Anschläge vom 11. September 2001 ist beides auch in der breiten Öffentlichkeit diskutiert worden. Sowohl aus staats- und verwaltungsrechtlicher, als auch aus staatskirchenrechtlicher Sicht sind neue, auch rechtspolitische Überlegungen angestellt worden. Zu den Maßnahmen, die in der Bundesrepublik als Konsequenz der Anschläge getroffen wurden, zählte die Streichung des sog. „Religionsprivilegs" aus dem Vereinsgesetz. Danach unterfielen Religionsgemeinschaften nicht dem Anwendungsbereich des Vereinsgesetzes mit seinen Ausführungsbestimmungen zum in Art. 9 Abs. 2 GG vorgesehenen Vereinsverbot, so dass ihr Verbot nicht möglich war. Die Streichung dieses Privilegs ist ausgesprochen zügig durchgesetzt worden, die Gesetzesänderung trat am 8. Dezember 2001 in Kraft, und am 12. Dezember 2001 verfügte und vollzog dann der Bundesinnenminister gleich das Verbot der als Kalifatsstaat bekannten Vereinigung des sog. Kalifen von Köln Metin KAPLAN.[2] Damit war auch das Thema der Verfassungstreue, die durch Art. 9 Abs. 2 GG geschützt wird, und der Religionsfreiheit auf dem Tapet. Allerdings ist dies kein Thema, das sich hier erstmalig gestellt hat oder gar nur zu den flüchtigen Agenden der Tagespolitik gehört. Vielmehr wird hier die Grundsatzfrage der Grenzen religiöser Betätigung im säkularen Staat aufgeworfen, die sich im Falle des Aufeinandertreffens der unterschiedlichen Religionen und ihrer Kulturen, hier der christlich geprägten der Bundesrepublik und der der zugewanderten Muslime – in besonderer Weise

---

1 S. nur die von ihm herausgegebenen Sammelbände „Die Kirchen und die Deutsche Einheit" (1991); „Staatliches Religionsrecht im Europäischen Vergleich" (1993) und „Neue Verträge zwischen Staat und Kirche" (1996), die auf die von ihm gemeinsam mit Abraham KUSTERMANN veranstalteten Fachtagungen der Akademie der Diözese Rottenburg-Stuttgart zurückgehen. Als mehrfacher Teilnehmer dieser besonders anregenden und angenehmen Tagungen möchte ich Richard PUZA auch dafür danken. Besonders eindrucksvoll war die Tagung aus dem Jahr 2000, als es um das religiöse Recht in Christentum, Judentum und Islam ging.

2 Das BVerwG hat dieses Verbot in seinen Urteilen v. 27.11.2002 – BVerwG 6 A 1.02, 6 A 3.02, 6 A 4.02 und 6 A 9.02 – bestätigt. Erst jüngst sind weitere 16 mit dieser Vereinigung verbundene Organisationen verboten worden; vgl. Pressemitteilung des Bundesministeriums des Innern v. 19.9.2002; http://www.bmi.bund.de/dokumente/Pressemitteilung/ix_90649.htm (Stand der Adresse: 1.12.2002).

stellt. Bei näherem Nachdenken erweist sich auch, dass das Thema von Religion und Verfassungstreue keinesfalls erstmalig auf der Tagesordnung steht. Daher verdient es eine über den aktuellen Fall hinausgehende Diskussion, zu der im folgenden bisherige Fallgestaltungen und ihre rechtliche Bewertung erläutert werden sollen.

Auch im Zusammenhang mit den sog. Psychosekten und Jugendreligionen und vor allem dann, wenn Angehörige nichtchristlicher Religionsgemeinschaften und Sekten in den öffentlichen Dienst treten wollten, wurde das Thema „Religion und Verfassungstreue" immer wieder aufgeworfen. In Bayern werden nach wie vor Bewerber für den öffentlichen Dienst besonders auf ihre Zugehörigkeit zur Scientology Church überprüft. Diese Beispiele zeigen bereits, dass die Problematik von Religion und Verfassungstreue in ganz unterschiedlichen sachlichen und normativen Zusammenhängen auftritt. Schon ein kurzes Nachdenken über die wenigen genannten Beispiele lässt erkennen, dass eine ganze Reihe von Verfassungsvorschriften betroffen sind, nämlich die Religionsfreiheit des Art. 4 Abs. 1, 2 GG, die Vereinigungsfreiheit von Art. 9 Abs. 1 GG mit ihren Schranken in Art. 9 Abs. 2 GG, die Spezialregelung der religiösen Vereinigungsfreiheit in Art. 137 Abs. 2 WRV i. V. m. Art. 140 GG und schließlich Art. 33 Abs. 2, 3 und 5 GG mit ihren Regelungen zum öffentlichen Dienst.

Schaut man sich diese Vorschriften an, so sucht man einen ausdrücklichen Vorbehalt der Verfassungstreue vergeblich. Überhaupt kommt der Begriff der Verfassungstreue im Grundgesetz ausdrücklich nur an einer Stelle vor, nämlich mit der Aussage in Art. 5 Abs. 3 GG, dass die Freiheit der (wissenschaftlichen) Lehre nicht von der Treue zur Verfassung entbindet. Allerdings bedeutet dies nicht, dass Verfassungstreue nicht auch in anderem Zusammenhang eine implizite Voraussetzung oder Schranke der Ausübung verfassungsmäßiger Rechte ist. Auf Art. 9 Abs. 2 GG, wonach Vereinigungen, die sich gegen die verfassungsmäßige Ordnung richten, verboten sind, wurde bereits hingewiesen. Auch ist Verfassungstreue als ein hergebrachter Grundsatz des Berufsbeamtentums im Sinne von Art. 33 Abs. 5 GG geläufig. In jüngerer Zeit hat die Frage der Verfassungsloyalität als Voraussetzung für die Verleihung der Rechte einer Körperschaft des öffentlichen Rechts an die Zeugen Jehovas nach Art. 137 Abs. 5 WRV eine Rolle gespielt. Ebenso wie die Vielzahl der in den angeführten Beispielsfällen betroffenen Rechte und Freiheiten des Grundgesetzes zeigt aber auch die Differenziertheit der jeweils zugehörigen Schranken und ihrer Formulierungen, dass das Problem der Verfassungstreue und der Religion juristisch je nach Regelungszusammenhang gesondert zu untersuchen ist.

Wie der Blick auf die unterschiedlichen Formulierungen der einschlägigen Schrankenvorbehalte zeigt, ist auch zunächst einmal gar nicht eindeutig, was unter Verfassungstreue jeweils zu verstehen sein soll. Ist die Treue zur Verfassung in der Lehre des Hochschullehrers dasselbe wie die von Beamten allgemein geforderte Verfassungstreue, d. h. die Gewähr, jederzeit für die freiheitlich demokratische Grundordnung einzutreten? Bedeutet verfassungsmäßige Ordnung i. S. v. Art. 9 Abs. 2 GG dasselbe wie diese freiheitlich demokratische Grundordnung? Und ist diese wiederum geeignet, der Religionsausübung in Art. 4 Abs. 2 Schranken zu setzen oder ist insofern ein engerer oder weiterer Begriff der Verfassungstreue als denkbare Begrenzung zu bilden? Um dies feststellen zu können, müssen die einschlägigen grundgesetzlichen Regelungen und ihre Schranken je für sich betrachtet werden.

1. Religionsfreiheit und Verfassungstreuevorbehalt

Die zentrale Vorschrift für religiös motivierte Handlungen sowohl von Individuen als auch von Religionsgemeinschaften ist die Religionsfreiheit des Art. 4 Abs. 1 und 2 GG. Dabei herrscht bereits über die dogmatische Grundstruktur seit einigen Jahren verstärkte Diskussion. Weitgehend unbestritten werden die in Art. 4 im einzelnen aufgeführten Freiheiten des Glaubens, des religiösen und weltanschaulichen Bekenntnisses und der Religionsausübung zu einem einheitlichen Grundrecht der Religionsfreiheit zusammengezogen. Gespalten ist das Meinungsbild aber bei der Bestimmung der Schranken der Religionsfreiheit. Während das BVerfG und ein nicht unerheblicher Teil der Lehre die Religionsfreiheit als ein ohne ausdrückliche Schrankenregelung gewährleistetes Grundrecht ansehen, das nur in kollidierendem Verfassungsrecht seine durch den Gesetzgeber zu ziehende Schranke findet[3], ist ein wachsender Teil der Lehre dafür, Art. 136 Abs. 1 WRV i. V. m. Art. 140 GG als ausdrücklichen Schrankenvorbehalt zu lesen, so dass die Religionsausübung praktisch unter einem einfachen Gesetzesvorbehalt steht.[4] Diese Lösung würde die Schrankenziehung religiöser Freiheit durch den Gesetzgeber erheblich erleichtern, da damit jedes Gemeinwohlinteresse vorbehaltlich der übrigen Anforderungen, insbesondere also der Verhältnismäßigkeit, der Religionsfreiheit Schranken zu setzen geeignet wäre. Schwieriger ist dies nach der herrschenden Rechtsprechung. Hier bedarf es nämlich der Argumente, weshalb ein grundrechtsbeschränkendes Gesetz gerade dem Schutz eines durch die Verfassung gesicherten Rechtsgutes dient. Dieses Problem stellt sich umso mehr, als der Schutzbereich der Religionsfreiheit äußerst weit gefasst wird. Das Bundesverfassungsgericht sieht nicht nur im engeren Sinne kultische Handlungen durch Art. 4 Abs. 1 und 2 GG geschützt, son-

---

3 Vgl. BVerfGE 24, 236 (245); 67, 26 (37); 83, 341 (354); LISTL, Joseph, Glaubens-, Bekenntnis- und Kirchenfreiheit, in: HdbStKR² I, 454; MORLOK, Martin, in: DREIER, Horst (Hg.), GG-Kommentar I, Tübingen 1996, Art. 4 Rn. 93.

4 Vgl. etwa CAMPENHAUSEN, Axel Freiherr von, in: MANGOLDT, Hermann von / KLEIN, Friedrich / STARCK, Christian (Hg.), Das Bonner Grundgesetz III, München ⁴2001, Art. 136 WRV Rn. 6; HECKEL, Martin, Religionsfreiheit, in: SCHLAICH, Klaus (Hg.), Martin Heckel – Gesammelte Schriften IV, Tübingen 1997, 755 f.; KÄSTNER, Karl-Hermann, Hypertrophie des Grundrechts auf Religionsfreiheit, in: JZ 48 (1998) 983; MUCKEL, Stefan, in: FRIAUF, Karl Heinrich / HÖFLING, Wolfram (Hg.), Berliner Kommentar zum GG, Berlin 2000, Art. 4 Rn. 47 m. w. N.

dern insgesamt das Recht des einzelnen, sein Verhalten an religiösen Grundsätzen auszurichten.[5] Auf diese Weise besteht natürlich die Gefahr, dass jede beliebige Handlung als religiös motiviert ausgegeben und damit dem besonderen Schutz des vorbehaltlos gewährleisteten Art. 4 Abs. 1 und 2 GG unterstellt wird. Dem kann dadurch jedenfalls zum Teil entgangen werden, dass zumindest eine gewisse Plausibilität dafür verlangt werden kann, weshalb eine Handlung durch die jeweilige Religion geboten sein muss.

Für das hier zu behandelnde Thema interessanter ist freilich die Frage nach den Schranken der weit verstandenen Religionsfreiheit. Zu den Rechtsgütern, zugunsten derer der Gesetzgeber vorbehaltlos gewährleistete Grundrechte einschränken darf, gehören nach dem BVerfG zunächst die Grundrechte anderer.[6] Daneben gehören andere mit Verfassungsrang ausgestattete Rechtsgüter zu den immanenten Grundrechtsschranken auch von Art. 4 Abs. 1 und 2 GG.[7] Hier ist zu fragen, inwiefern die freiheitlich demokratische Grundordnung und ihr Schutz dazu gehören. Zum Teil wird dargelegt, dass die freiheitlich demokratische Grundordnung nicht geeignet sei, die Religionsfreiheit einzuschränken. Das wird damit begründet, dass die freiheitlich demokratische Grundordnung in vereinzelten Vorschriften des Grundgesetzes gesondert als Schranke enthalten sei, so in Artt. 5 Abs. 3, 9 Abs. 2, 10 Abs. 2, 11 Abs. 2, 18, 21 Abs. 2 und 79 Abs. 3 GG. Diese an bestimmten Stellen genannte Schranke könne man nicht einfach auf die Religionsfreiheit übertragen, da das Grundgesetz sie bewusst nur für bestimmte Regelungsbereiche genannt hätte.[8] Mir scheint dies ein Scheinproblem zu sein. Als Elemente der freiheitlich demokratischen Grundordnung nennt das BVerfG die Achtung vor den im Grundgesetz konkretisierten Menschenrechten, die Volkssouveränität, die Gewaltenteilung, die Verantwortlichkeit der Regierung, die Gesetzmäßigkeit der Verwaltung, die Unabhängigkeit der Gerichte, das Mehrparteienprinzip und die Chancengleichheit für alle politischen Parteien mit dem Recht auf verfassungsmäßige Bildung und Ausübung einer Opposition.[9] Diese Elemente können aber je für sich als grundgesetzlich geschützte Rechtsgüter hergeleitet werden. Der Gesetzgeber darf daher auch zu ihren Gunsten die Religionsfreiheit einschränken, so dass es auf die ausdrückliche Nennung der freiheitlich demokratischen Grundordnung als Schranke der Religionsfreiheit gar nicht ankommt.

Allerdings unterliegt die Einschränkbarkeit der Religionsfreiheit den übrigen, allgemeinen Voraussetzungen, insbesondere dem Verhältnismäßigkeitsgebot.

---

5 Vgl. BVerfGE 24, 236 (245 ff.); 32, 98 (106); 53, 366 (392 f.).

6 Vgl. nur BVerfGE 53, 223 (246 f.).

7 Vgl. etwa BVerfGE 32, 98 (107 f.); 93, 1 (21).

8 S. etwa VEELKEN, Sebastian, Das Verbot von Weltanschauungs- und Religionsgemeinschaften, Münster 1999, bes. 208; GROH, Kathrin, Das Religionsprivileg des Vereinsgesetzes, in: KritV 85 (2002) 55 ff. m. w. N.

9 Vgl. BVerfGE 2, 12 f.; 5, 85 (140); 7, 198 (208); s. a. STREINZ, Rudolf, in: MANGOLDT / KLEIN / STARCK (Fn. 4), II, München [4]2000, Art. 20 Rn. 224 ff.

Sie hängt daher unter anderem auch von der jeweiligen historischen und politischen Situation ab. Wo eine Gefährdung nicht erkennbar ist, wird ein einschränkendes Gesetz kaum angemessen im Sinne des Verhältnismäßigkeitsprinzips sein. Auch dürften die genannten Rechtsgüter durch eine bloße Meinungsäußerung, die ja um Art. 4 Abs. 1, 2 GG zu unterfallen jedenfalls plausibel religiös begründet sein muss, kaum gefährdet sein, sondern erst dann, wenn mit einer aggressiv kämpferischen Haltung gegen sie agitiert wird.[10] Schließlich kann auch nicht jede Regelung der Verfassung die Religionsfreiheit beschränken. Einzelne Bestimmungen des Grundgesetzes sind eher technisch-organisatorischer Natur und in dem Sinne kontingent, dass sie etwas regeln, das man so wie im Grundgesetz regeln kann, aber auch ohne Verlust an Demokratie oder Rechtsstaatlichkeit anders gestalten kann. In solchen Fällen wird bereits die als Voraussetzung für die Einschränkung von Grundrechten erforderliche Güterabwägung zwischen dem geschützten und dem eingeschränkten Verfassungsgut für die Religionsfreiheit sprechen, sofern Kollisionen zwischen dieser und der entsprechenden Grundgesetzvorschrift überhaupt vorkommen können. Es ist ja wohl kaum plausibel, die Verteilung der Gesetzgebungskompetenzen zwischen Bund und Ländern einer religiös begründeten Kritik zu unterziehen.

Insgesamt ist aber zu bemerken, dass auch dann, wenn man dem Bundesverfassungsgericht im Verständnis des Art. 4 Abs. 1, 2 GG als vorbehaltlos gewährleistetem Grundrecht folgt, das Grundgesetz die notwendigen Möglichkeiten für den Gesetzgeber offen hält, die Verfassung zu schützen.

2. Vereinigungsfreiheit und Vereinsverbote

Art. 4 Abs. 1, 2 GG schützt nicht nur die Religionsfreiheit des Individuums in seiner Vereinzelung, sondern auch die kollektive und die korporative Religionsfreiheit; die Ausübung der Religion mit anderen ist daher ebenso geschützt, wie das religiöse Handeln von Religionsgemeinschaften selbst.[11] Umstritten ist freilich, ob die Bildung und als Gegenstück die Auflösung religiöser Vereinigungen durch Art. 4 Abs. 1 und 2 GG umfasst sind oder ob sie Art. 9 GG oder gar nur Art. 137 Abs. 2 WRV unterfallen.[12] Diese schwierige dogmatische Einordnung hat Bedeutung für die Frage, unter welchen Umständen und mit welcher rechtlichen Begründung Religionsgemeinschaften verboten werden können. Dies betrifft unmittelbar das aktuelle Thema der Vereinsverbote und des Religionsprivilegs des Vereinsgesetzes.

Man wird wohl in der Einschätzung nicht fehlgehen, dass der Beitrag der Streichung des Religionsprivilegs zur Bekämpfung des internationalen Terro-

---

10 Das hat das BVerwG auch in seinen jüngsten Entscheidungen zum Kalifatsstaat (s. o. Fn. 2) betont.

11 Vgl. BVerfGE 19, 129 (132); 24, 236 (246 f.); 35, 366 (387); 83, 341 (354).

12 S. VEELKEN (Fn. 8), 126 ff., 135 f.; GROH (Fn. 8), 46 ff.; MICHAEL, Lothar, Verbote von Religionsgemeinschaften, in: JZ 52 (2002) 482-491.

rismus eher gering ist. Das heißt allerdings nicht, dass sie nicht sinnvoll und im Interesse einer folgerichtigen Rechtsordnung gewesen ist. Dass Religionsgesellschaften, anders als andere Vereinigungen und auch anders als Parteien, überhaupt nicht verboten werden konnten, auch dann nicht, wenn sie sich kämpferisch gegen die freiheitlich demokratische Grundordnung oder gegen den Gedanken der Völkerverständigung richteten, dies war sachlich kaum zu begründen. Juristisch ist es allerdings keineswegs unumstritten, ob mit der Streichung des Religionsprivilegs tatsächlich der Weg für ein Verbot von Religionsgemeinschaften frei ist. Hiergegen wird nämlich angeführt, dass die religiöse Vereinigungsfreiheit bereits in Art. 4 des GG enthalten ist, so dass die Schranken des Art. 9 Abs. 2 GG nicht gelten.[13]

Die zahlreichen Auslegungen und Systematisierungsversuche des Verhältnisses von Art. 4 Abs. 1 und 2, Art. 9 Abs. 1 und 2 und Art. 140 GG i. V. m. Art. 137 Abs. 2 WRV, der Spezialregelung zur religiösen Vereinigungsfreiheit, sind Gegenstand bereits mehrerer aktueller Abhandlungen gewesen.[14] Insgesamt scheint es mir plausibel, Art. 9 Abs. 2 GG als Schrankenregelung für alle Vereinigungen, also auch für Religionsgemeinschaften, zu lesen.[15] Das Vereinsgesetz bildet ein Ausführungsgesetz für diese Schranken. Durch die Streichung des Religionsprivilegs ist der Weg offen, diese auch für Religionsgesellschaften zu aktivieren. Nach dem bereits zu Art. 4 Abs. 1, 2 GG Gesagten kann aber die Religionsfreiheit ebenfalls zugunsten der einzelnen in der freiheitlich-demokratischen Grundordnung enthaltenen Verfassungsgüter eingeschränkt werden. Somit können grundsätzlich auch Religionsgesellschaften, die sich gegen die verfassungsmäßige Ordnung richten, verboten werden, selbst wenn man Art. 9 Abs. 2 GG nicht für einschlägig erachtet. Entsprechendes gilt, wenn man Art. 137 Abs. 2 WRV als Spezialregelung der religiösen Vereinigungsfreiheit heranzieht.

Schwierigkeiten bereitet dann allerdings der Begriff der verfassungsmäßigen Ordnung, der überwiegend mit dem Begriff der freiheitlich demokratischen Grundordnung im Sinne von Art. 21 Abs. 2 GG, den Voraussetzungen für ein Parteienverbot, gleichgesetzt wird.[16] Zum Teil wird aber auch vertreten, dass der Begriff der verfassungsmäßigen Ordnung im Sinne von Art. 9 Abs. 2 GG so zu verstehen ist wie in Art. 20 Abs. 3 GG, wo er soviel bedeutet wie „alle Vor-

---

13 Vgl. CAMPENHAUSEN (Fn. 4), Art. 137 WRV Rn. 16; WÜRTENBERGER, Thomas, Zur Interpretation von Art. 4, 9 und 140 GG i. V. m. Art. 137 WRV, in: ZevKR 18 (1973) 72 f.

14 S. die in Fn. 8 und 12 genannten; ferner HESSE, Konrad, Das Selbstbestimmungsrecht der Kirchen und Religionsgemeinschaften, in: HdbStKR² I, 522 f.

15 LISTL, Joseph, Verbots- und Auflösungsmöglichkeit von Religions- und Weltanschauungsgemeinschaften bei verfassungsfeindlicher politischer Betätigung, in: DÖV 26 (1973) 185 ff.; LÖWER, Wolfgang, in: MÜNCH, Ingo von / KUNIG, Philip (Hg.), Grundgesetz, München ⁵2000, Art. 9 Rn. 34.

16 Vgl. BVerwGE 37, 344 (358 f.); BAUER, Hartmut, in: DREIER (Fn. 3), Art. 9 Rn. 52; STERN, Klaus, Das Staatsrecht der Bundesrepublik Deutschland I, München ²1984, § 6 V 3 b δ (277).

schriften des Grundgesetzes".[17] Letzteres erscheint mir kaum überzeugend. Dass alle, auch die rein organisatorischen Regelungen des Grundgesetzes damit einer besonderen Qualität unterliegen, so dass sie von Vereinigungen nicht angegriffen werden dürfen, scheint mir zu weit zu gehen.

Freilich besteht ohnehin noch eine zweite Hürde vor einem Vereinsverbot. Auch Vereinigungen, und damit auch Religionsgesellschaften, dürfen sich durchaus gegen Regeln der Verfassung aussprechen, auch wenn sie zur freiheitlich demokratischen Grundordnung gehören. Auch die Forderung nach einem streng hierarchischen Staat aus religiösen Gründen führt nicht dazu, dass eine solche Vereinigung verboten werden müsste. Erforderlich ist vielmehr eine aggressiv kämpferische Haltung. Dies hat das Bundesverwaltungsgericht zu Recht hervorgehoben.[18] Auch die wehrhafte Demokratie kann es ertragen, wenn Ansichten lediglich vorgebracht werden. Dies gilt erst recht für solche Ansichten, die auf religiösen Grundlagen beruhen. Erst wenn diese Ansichten in kämpferischer Weise durchgesetzt werden sollen, ist ein Bedarf für den Schutz der Verfassung gegeben. Es müssen demgemäß, wie ebenso das Bundesverwaltungsgericht zu Art. 9 Abs. 2 GG hervorhebt, „Tatsachen vorliegen, die eine Tätigkeit der Vereinigung mit dem Ziel der Verwirklichung ihrer verfassungswidrigen Absichten ergeben."[19]

Relativ unproblematisch ist die Rechtslage für die Bereiche, in denen das Selbstbestimmungsrecht der Religionsgemeinschaften i. S. v. Art. 137 Abs. 3 WRV greift. Soweit deren Tätigkeit durch die korporative Religionsfreiheit umfasst ist, gilt das für Art. 4 Abs. 1, 2 GG bereits Ausgeführte. Soweit das Selbstbestimmungsrecht darüber hinausgeht, steht es unter den Schranken des für alle geltenden Gesetzes. Damit gelten auch die allgemeinen Gesetze, die dem Schutz der Verfassungsordnung dienen.

3. Körperschaftsstatus und Staatsloyalität

Nicht nur als Schranke der Freiheitsrechte, sondern auch als Voraussetzung besonderer staatlicher Vergünstigungen spielt die Verfassungstreue eine Rolle. Eine längere wissenschaftliche Diskussion hat es über die Voraussetzungen gegeben, unter denen eine Religionsgemeinschaft den Status einer Körperschaft des öffentlichen Rechts i. S. v. Art. 137 Abs. 5 WRV erlangen kann, mit dem ja eine Reihe besonderer Vorteile verbunden ist, etwa das Besteuerungsrecht oder die Dienstherrenfähigkeit. Dabei war unstreitig, dass zu den Verleihungsvoraussetzungen eine allgemeine Rechtstreue in dem Sinne zu zählen ist, dass von der

---

17 JARASS, Hans D., in: DERS. / PIEROTH, Bodo (Hg.), Grundgesetz, München ⁶2002, Art. 9 Rn. 17; KEMPER, Michael, in: MANGOLDT / KLEIN / STARCK (Fn. 4), I, München ⁴1999, Art. 9 Rn. 160.

18 BVerwGE 37, 344 (358 f.); 61, 218 (220) sowie die in Fn. 2 angegebenen aktuellen Entscheidungen; s. auch BVerfGE 5, 81 (141, 142 f.).

19 BVerwGE 61, 218 (220).

betreffenden Religionsgemeinschaft zu erwarten sein muss, dass sie die geltenden Gesetze einhält. Meinungsverschiedenheiten bestanden aber, ob eine darüber hinausgehende Staatsloyalität in dem Sinne zu verlangen ist, dass die grundlegenden Verfassungsprinzipien befürwortet werden.[20] Das Bundesverwaltungsgericht ist im Verfahren über die Verleihung des Körperschaftsstatus an die Zeugen Jehovas bekanntlich davon ausgegangen, dass eine Religionsgemeinschaft, die ihre Mitglieder zum Fernbleiben von staatlichen Wahlen auffordert, nicht die erforderliche Loyalität zum Staat aufbringt – trotz Nichtbestehens einer Wahlpflicht. Dem ist das Bundesverfassungsgericht zu Recht entgegengetreten.[21] Der Körperschaftsstatus verleiht den Religionsgemeinschaften keine besondere Nähe zum Staat; er ändert nichts daran, dass sie gesellschaftliche Vereinigungen bleiben, für die im Grundsatz das gleiche gilt wie für alle Bürger. So lange daher weder eine Wahlpflicht besteht noch ein Aufruf zum Fernbleiben von einer Wahl gegen die Rechtsordnung verstößt, kann anderes auch von einer Religionsgemeinschaft nicht verlangt werden, die den Körperschaftsstatus erlangen möchte.

Das Bundesverfassungsgericht hat aber andere Erfordernisse aufgezeigt. So hat es darauf hingewiesen, dass der Körperschaftsstatus jedenfalls dann zu versagen ist, wenn die Voraussetzungen erfüllt sind, unter denen eine private Vereinigung nach Art. 9 Abs. 2 GG zu verbieten wäre.[22] Das zur Möglichkeit des Verbots von Religionsgemeinschaften Ausgeführte gilt hier daher entsprechend. Das Bundesverfassungsgericht führt ferner aus, dass die Religionsgemeinschaft die Gewähr dafür bieten muss, dass ihr künftiges Verhalten die in Art. 79 Abs. 3 GG umschriebenen fundamentalen Verfassungsprinzipien, die dem staatlichen Schutz anvertrauten Grundrechte Dritter sowie die Grundprinzipien des freiheitlichen Religions- und Staatskirchenrechts des Grundgesetzes nicht gefährdet.[23] Zu Recht weist das Bundesverfassungsgericht freilich darauf hin, dass die Grundprinzipien des Art. 79 Abs. 3 i. V. m. Art. 20 GG Strukturvorgaben für die staatliche Ordnung sind und nur als solche den Religionsgemeinschaften entgegengehalten werden können. Keinesfalls ist aus ihnen abzuleiten, wie die Religionsgemeinschaften ihre eigene Binnenstruktur zu gestalten hätten. Auch eine Förderpflicht der Religionsgemeinschaften dergestalt, dass sie besonders für die staatlichen Strukturprinzipien einzutreten und sie zu fördern hätten, existiert nicht. Insofern müssen Religionsgemeinschaften nicht gleichsam aktiv loyal sein. Das Gericht weist auch zutreffend darauf hin, dass – wie alle anderen – auch die korporierten Religionsgemeinschaften nicht unmittelbar an die Grund-

---

20 So BVerwGE 105, 117 (125 f.); ähnlich MUCKEL, Stefan, Muslimische Gemeinschaften als Körperschaften des öffentlichen Rechts, in: DÖV 48 (1995) 316; a. A. MORLOK, Martin / HEINIG, Michael, Parität im Leistungsstaat – Körperschaftsstatus nur bei Staatsloyalität, in: NVwZ 18 (1999) 699 ff.

21 BVerfGE 102, 370.

22 Ebd., 389.

23 Ebd., 392.

rechte gebunden sind. Nur soweit der Staat im Sinne eines Schutzauftrages für Grundrechte Dritter zu garantieren hat, sind daher aus ihnen Beschränkungen für die Verleihung des Körperschaftsstatus abzuleiten. Das bedeutet etwa, dass gegenüber einer Religionsgemeinschaft, deren Praktiken die körperliche Unversehrtheit von Kindern gefährden, der Staat nicht nur zu einem Einschreiten verpflichtet wäre, sondern dass er auch den Körperschaftsstatus an eine solche Vereinigung nicht verleihen muss.

Schließlich hebt das Bundesverfassungsgericht – ebenso zu Recht – hervor, dass auch die Grundprinzipien des freiheitlichen Religions- und Staatskirchenrechts durch eine Religionsgemeinschaft, die den Körperschaftsstatus erlangen möchte, nicht gefährdet werden dürfen. Dazu zählt es das Verbot der Staatskirche sowie die Prinzipien von Neutralität und Parität. Freilich gilt auch hier, dass nicht die bloße Lehre einer Religionsgemeinschaft entscheidend ist. Nur wenn das tatsächliche Verhalten der Gemeinschaft oder ihrer Mitglieder darauf ausgeht, diese Grundlagen zu beeinträchtigen, können sie der Gemeinschaft entgegengehalten werden. Eine Vereinigung, die etwa einen Exklusivitätsanspruch nicht nur geistlich behauptet, sondern darauf hinwirkt, ihn mit staatlichen Mitteln durchsetzen zu wollen und damit den Neutralitätsgrundsatz gefährdet, hat keinen Anspruch auf Verleihung des Körperschaftsstatus.[24] Bemerkenswert ist, dass hier eine sozusagen bereichsspezifische Schranke der Tätigkeit von Religionsgemeinschaften errichtet wird. Dieser Gedanke erscheint verallgemeinerbar. Die Grundprinzipien des Staatskirchenrechts gehören zu den mit Verfassungsrang ausgestatteten Rechtsgütern, die etwa auch der Ausübung der Religionsfreiheit entgegengehalten werden können. Insofern kann der Gesetzgeber auch Regeln vorhalten, die es Religionsgemeinschaften oder einzelnen untersagen, diese Grundlagen zu beseitigen oder zu gefährden. Inwiefern solche Regelungen dem Verhältnismäßigkeitsprinzip entsprechen, ist wiederum abhängig von der konkreten Situation und Gefährdung der genannten Rechtsgüter.

4. Religionsfreiheit und Treuepflicht der Beamten

4.1. Zugehörigkeit zu Religionsgemeinschaften und Verfassungstreuepflicht

Erhebliches Aufsehen haben immer wieder Fallkonstellationen erregt, in denen es um den Zugang von Angehörigen anderer Religionsgemeinschaften als der christlichen Kirchen zum öffentlichen Dienst oder um Beamtenpflichten ging, die mit religiösen Vorschriften kollidierten. Erinnert sei hier nur an die Fälle der Kopftuch tragenden muslimischen Lehramtsanwärterinnen[25], an die restriktive Linie etwa des Freistaates Bayern gegenüber Bewerbern des öffentlichen

24 Ebd., 395.

25 BVerwG, in: NJW 56 (2002) 3344 ff.

Dienstes, die Mitglieder der Scientology Church sind[26], oder – das ist nun schon einige Zeit her – die Fälle der als Bhagwan-Anhänger rot oder orange gewandeten Beamten.[27] Hier geht es, entgegen dem in der Presse bisweilen hervorgerufenen Anschein, nicht in erster Linie um die Religionsfreiheit des Art. 4 Abs. 1, 2 GG – die Religionsfreiheit vermittelt ja kein Recht auf Zugang zum öffentlichen Dienst –, sondern um Art. 33 GG. Nach dessen Abs. 2 hat jeder Deutsche nach Eignung, Befähigung und fachlicher Leistung gleichen Zugang zu jedem öffentlichen Amte, und nach Abs. 3 ist diese Zulassung zu öffentlichen Ämtern unabhängig vom religiösen Bekenntnis. Zusätzlich wird in Art. 33 Abs. 3 Satz 2 GG hervorgehoben, dass niemandem aus seiner Zugehörigkeit oder Nichtzugehörigkeit zu einem Bekenntnis oder einer Weltanschauung ein Nachteil erwachsen darf. Schließlich regelt Abs. 5, dass das Recht des öffentlichen Dienstes unter Berücksichtigung der hergebrachten Grundsätze des Berufsbeamtentums zu regeln sei. Unter diesen Grundsätzen wird nun vom Bundesverfassungsgericht insbesondere die Pflicht zur Verfassungstreue hervorgehoben.[28] Der Beamte muss danach die Gewähr bieten, jederzeit für die freiheitlich demokratische Grundordnung einzutreten. Das bedeutet mehr als eine Pflicht, die Verfassung nicht selbst zu bekämpfen, sondern beinhaltet eine Pflicht zum positiven Eintreten für die freiheitlich demokratische Grundordnung.[29] Ohne dass hier die dogmatische Verortung in Art. 33 Abs. 5 oder Art. 33 Abs. 2 GG diskutiert werden muss, gilt dies nicht nur für bereits im Dienst befindliche Beamte, sondern natürlich auch für Beamtenbewerber. Nur diejenigen, die diese Gewähr bieten, haben einen Anspruch auf gleichen Zugang zum öffentlichen Dienst im Rahmen von Art. 33 Abs. 2 und 3 GG. Nur sie sind i. S. v. Art. 33 Abs. 3 GG für ein öffentliches Amt geeignet.[30] Diese Eignung kann nun durch die Zugehörigkeit oder durch die aktive Mitarbeit bei bestimmten Religionsgemeinschaften durchaus in Frage gestellt sein. Im Grundsatz gilt hier nichts anderes als für die Mitarbeit bei bestimmten Parteien. Im Zusammenhang mit der in den siebziger und achtziger Jahren aktuellen Frage der Vereinbarkeit der Aktivitäten nicht verbotener, aber als verfassungsfeindlich eingestufter Parteien ist diskutiert worden, ob bereits die Zugehörigkeit zu einer solchen Partei die Verfassungstreue ausschließt. Die Gerichte haben das z. T. – jedenfalls wenn der Bewerber keine parteipolitischen Aktivitäten über die Mitgliedschaft hinaus entfaltet – ver-

---

26 In Bayern werden Bewerber zur Aufnahme in den öffentlichen Dienst einer Befragung über ihre Beziehung zur Scientology-Organisation unterzogen, deren Falschbeantwortung dienst- und arbeitsrechtliche Sanktionen zur Folge haben kann; vgl. Bekanntmachung der Bayerischen Staatsregierung v. 29.10.1996, Nr. 476-1-160, in: AllMBl. 1996, 699 f.

27 Vgl. BVerwG, in: NVwZ 6 (1988) 938; OVG Hamburg, in: NVwZ 4 (1986) 407; VGH München, in: NVwZ 4 (1986) 405 f.

28 Vgl. BVerfGE 39, 334 (346 ff.). Der Grundsatz der Verfassungstreue ist einfachgesetzlich u. a. in §§ 7 Abs. 1 Nr. 6 BBG, 4 Abs. 1 Nr. 2 BRRG niedergelegt.

29 Vgl. BVerfGE 39, 334 (348).

30 Vgl. nur JARASS, Hans D., in: JARASS / PIEROTH (Fn. 17), Art. 33 Rn. 18.

neint.[31] Der Europäische Gerichtshof für Menschrechte hält es für unvereinbar mit der Meinungs- und mit der Vereinigungsfreiheit in Art. 10 und 11 der Europäischen Menschrechtskonvention, aus Aktivitäten in einer nicht verbotenen Partei einen Verstoß gegen Beamtenpflichten herzuleiten, solange diese nicht nachweislich mit verfassungsfeindlichen Handlungen oder Äußerungen verbunden sind.[32] Es scheint mir aber für unseren Bereich durchaus berechtigt, aus Lehre und Verhalten von Religionsgemeinschaften Rückschlüsse auf die Eignung ihrer Anhänger für den öffentlichen Dienst zu ziehen, wie dies etwa der Freistaat Bayern gegenüber Angehörigen der Scientology Church tut. Auch wenn man, was hier ausdrücklich in Frage gestellt sei, unterstellt, dass Scientology eine Religionsgemeinschaft ist: Wenn die Lehren einer Religionsgemeinschaft Elementen der freiheitlich demokratischen Grundordnung entgegenstehen und die entsprechende Gemeinschaft aktiv die Durchsetzung dieser Lehren betreibt, kann, je nach den Umständen, die Eignung ihrer Mitglieder für den öffentlichen Dienst ausgeschlossen sein. Dies ist weniger eine Rechts- als eine Tatfrage. Hier sind Lehre und Gebaren der Religionsgemeinschaften und das Maß der von ihren Mitgliedern abverlangten Loyalität zu berücksichtigen. Wenn es Erkenntnisse gibt, dass die verfassungsfeindlichen Bestrebungen ohne wesentlichen Widerspruch von den Mitgliedern getragen werden und ihre Durchsetzung von allen Mitgliedern verlangt wird, kann auch aus der bloßen Zugehörigkeit zu einer Religionsgemeinschaft der Rückschluss auf die mangelnde Verfassungstreue des Beamten bzw. Eignung des Bewerbers berechtigt sein.

4.2. Kopftuch tragende Lehramtsanwärterinnen

Anders zu beurteilen ist der Fall der Kopftuch tragenden Lehramtsanwärterinnen. Hier kann keine Rede davon sein, dass durch das Beharren darauf, im Unterricht ein Kopftuch tragen zu wollen, die freiheitlich demokratische Grundordnung gefährdet ist. Jedenfalls erschiene die Behauptung, die entsprechende Anwärterin biete nicht die Gewähr, jederzeit für die freiheitlich demokratische Grundordnung einzutreten, gewagt. Hier geht es vielmehr um schulspezifische Fragen, die die Eignung der Bewerberin für das spezifische Amt eines Lehrers betreffen. Inwiefern kann es an der Eignung einer solchen Bewerberin fehlen? Dies ergibt sich daraus, dass der Unterricht an den staatlichen Schulen, wie das Bundesverfassungsgericht in seinen Urteilen zur Gemeinschaftsschule hervorgehoben hat, dem Grundsatz der staatlichen Neutralität in religiös-weltanschaulichen Fragen entsprechen muss. Der Unterricht darf nicht missionieren, auch in einer christlichen Gemeinschaftsschule als staatlicher Regelschule darf die christliche Religion nur als kulturprägender Faktor besonders hervorgehoben werden.[33] Daher ist zu fragen, ob das Beharren auf dem Kopftuch die Neutralität

[31] Vgl. BVerfGE 39, 334 (335, 359); BVerwGE 52, 313 (336); 59, 355; 61, 176.
[32] Vgl. EGMR, in: NJW 50 (1996) 378 (Vogt ./. Bundesrepublik Deutschland).
[33] Vgl. BVerfGE 41, 29 (51 f.); 41, 65 (78); 52, 223 (237); weiterhin BVerfGE 93, 1 (23).

des Unterrichts in Frage stellt. Zu weit geht es, davon generell auszugehen, wie es das BVerwG in seiner Entscheidung zum Fall LUDIN getan hat.[34] Ebenso wie in der viel diskutierten Kruzifix-Entscheidung[35] würde es die Bedeutung religiöser Symbole, wenn man den Schleier wohl berechtigter Weise dazu zählt, überschätzen, wenn man die Konfrontation mit einem solchen Symbol als Lernen unter dem Kreuz bzw. dem Schleier bezeichnete und hierin *per se* einen neutralitätswidrigen Eingriff in die Religionsfreiheit der Schüler erblickte. Im Falle des Kopftuchs der muslimischen Lehrerin ist es ebenso wie dann, wenn ein christlicher Lehrer oder eine christliche Lehrerin ein Kreuz trägt, durchaus möglich, dies auch aus der Perspektive der Schüler als Ausdruck der Persönlichkeit des Lehrers und der Pluralität der Gesellschaft zu begreifen und nicht als Infragestellung der Neutralität des Unterrichts. Dies bedeutet freilich keine allgemeine Freigabe für das Tragen religiöser Symbole im Unterricht. Je nach Einzelfall kann nämlich das Tragen eines solchen Symbols einen missionierenden Charakter gewinnen. Entsprechend kann das Verhalten des Lehrers dann unterbunden werden. Für den Fall der Lehramtsanwärterin, also bei der Frage der Eignung zum öffentlichen Dienst, ist ebenfalls zu differenzieren. Sofern das Verhalten der Anwärterin erkennen lässt, dass sie gewillt ist, der staatlichen Neutralität Rechnung zu tragen, steht einem Zugang zum öffentlichen Dienst nichts entgegen. Aus einem besonders nachdrücklichen Beharren auf religiös symbolhafte Kleidung, möglicherweise mit dem Hinweis darauf, dass es dabei um die Betonung religiöser Vorstellungen oder den appellhaften Charakter des Symbols geht, dürfen freilich durchaus negative Rückschlüsse auf die Eignung der Bewerberin gezogen werden. In solchen Fällen kann nämlich die Prognose gerechtfertig sein, dass der oder die Betreffende – ganz ungeachtet der Kleidung – die Neutralität des Unterrichts gefährdet. Auch dies ist eine Frage des Einzellfalls. Nur mit einer solchen Einzelfall bezogenen Lösung kann die Spannung zwischen den verfassungsrechtlich niedergelegten Anforderungen des öffentlichen Dienstes sowie den ebenso verfassungsrechtlich gesicherten religiösen Rechten des Beamten und des Bewerbers, nämlich der in Art. 33 Abs. 3 GG besonders hervorgehobenen religiösen Gleichheit und der Religionsfreiheit, gelöst werden.

In den Bereich des öffentlichen Dienstes fällt auch Art. 5 Abs. 3 Satz 2 GG, wonach die Freiheit der Lehre nicht von der Treue zur Verfassung entbindet. Dass die Verfassungstreue insofern auch für Hochschullehrer ausdrücklich verlangt wird, sei hier nur erwähnt.

---

[34] BVerwG, in: NJW 56 (2002) 3335 f.

[35] BVerfGE 93, 1 ff.

5. Verfassungstreue und Religionsunterricht

Besondere Aufmerksamkeit findet das Thema Verfassungstreue und Religion schließlich im Zusammenhang mit dem Religionsunterricht des Art. 7 Abs. 3 GG. In den letzten Jahren wird vermehrt um die Einführung eines islamischen Religionsunterrichts i. S. v. Art. 7 Abs. 3 GG diskutiert. In zweierlei Hinsicht ist hier die Verfassungstreue Anlass zur Diskussion. Zum einen wird mehr oder weniger deutlich ein solcher Religionsunterricht gerade deshalb gefordert, um die religiöse Bildung der zahlreichen muslimischen Schüler aus dem Dunkel der Koranschulen – und was man berechtigter oder unberechtigter Weise von ihnen befürchtet – in das Licht der öffentlichen Schule hineinzuziehen. Andererseits wird aber auch die Frage aufgeworfen, inwiefern verfassungskonformer muslimischer Religionsunterricht überhaupt möglich wäre.[36] Rechtlich stellt sich in diesem Zusammenhang die Frage, inwiefern der Religionsunterricht inhaltlich an die Wertordnung des Grundgesetzes gebunden ist, wenn man diesen Terminus gebrauchen möchte, inwiefern also vom Unterricht und von den Lehrkräften Verfassungstreue verlangt werden kann.

Bei der inhaltlichen Gestaltung des Religionsunterrichts sind zwei Positionen in Einklang zu bringen. Zum einen enthält Art. 7 Abs. 1 GG, der dem bloßen Wortlaut nach lediglich die Aufsicht des Staates über das gesamte Schulwesen anordnet, unbestritten einen staatlichen Bildungs- und Erziehungsauftrag in der Schule. Bildung und Erziehung sind ohne Definition von Erziehungszielen nicht möglich. Die Landesverfassungen und Schulgesetze formulieren solche Bildungsziele, die dazu dienen, die hinter dem Grundgesetz stehenden Werte im Unterricht zu vermitteln. Dazu gehören die Erziehung der Schüler zu selbstbestimmten Personen, zur Achtung von Menschenwürde und Freiheit der anderen, zu Demokratie und Toleranz, Frieden und Völkerverständigung.[37] Für den Religionsunterricht ordnet Art. 7 Abs. 3 Satz 2 GG an, dass dieser unbeschadet des staatlichen Aufsichtsrechtes in Übereinstimmung mit den Grundsätzen der Religionsgemeinschaften erteilt wird. Diese haben demgemäß das Recht, den Inhalt des Religionsunterrichts zu bestimmen, weil der religiös-weltanschaulich neutrale Staat nicht selbst religiöse Lehren definieren kann. Dies eröffnet die Mög-

---

[36] HECKEL, Martin, Religionsunterricht für Muslime, in: JZ 49 (1999) 746 ff.; HEIMANN, Hans Markus, Inhaltliche Grenzen islamischen Religionsunterrichts, in: NVwZ 11 (2002) 941 f.; KORIOTH, Stefan, Islamischer Religionsunterricht und Art. 7 III GG, in: NVwZ 16 (1997) 1044 ff.; LANGENFELD, Christine, Integration und kulturelle Identität zugewanderter Minderheiten. Eine Herausforderung für das deutsche Schulwesen. Einführung in einige grundrechtliche Fragestellungen, in: AöR 123 (1998) 401 ff.; LINK, Christoph, Religionsunterricht in Deutschland, in: ZevKR 47 (2002) 460 ff.; LOSCHELDER, Wolfgang, Islamische Religionsunterweisung an öffentlichen Schulen, in: KuR 4 (1999) 138 (Ziff. 730, 32).

[37] Vgl. Art. 131 Abs. 2, 3 BV; 1 Abs. 1 BayEUG; 7 LV-NW, § 1 SchOG-NW; ROBBERS, Gerhard, in: MANGOLDT / KLEIN / STARCK (Fn. 4), I, Art. 7 Rn. 82; s. auch LINK, Christoph, Religionsunterricht, in: HdbStKR^2 II, 440 ff.

lichkeit des Konflikts zwischen der Inhaltsbestimmung durch die Religionsgemeinschaften und den allgemeinen staatlichen Erziehungszielen.

Daraus, dass das Bestimmungsrecht der Religionsgemeinschaften unbeschadet der staatlichen Aufsicht eingeräumt wird, kann man folgern, dass der Religionsunterricht den allgemeinen Erziehungszielen entsprechen muss. Andererseits sind die staatlichen Erziehungsziele ihrerseits auch an die Religionsfreiheit und das Selbstbestimmungsrecht der Religionsgemeinschaften gebunden. Das heißt, die staatlichen Erziehungsziele müssen beides berücksichtigen, für die inhaltliche Ausgestaltung des Religionsunterrichts muss bei grundsätzlicher Geltung der allgemeinen Erziehungsziele dem Selbstverständnis und der Selbstbestimmung der Religionsgemeinschaften Raum gegeben werden. Für unser Thema bedeutet das immerhin, dass in diesem Sinne der Religionsunterricht seinem Inhalt nach verfassungstreu zu sein hat. Die Erziehung zur Demokratie und Toleranz, zur Achtung von Menschenwürde und Freiheit und Rechten der anderen, zu Frieden und Völkerverständigung dürfen durch die Inhalte des Religionsunterrichts nicht in Frage gestellt werden. In Anlehnung an das, was das Bundesverfassungsgericht im Urteil zum Körperschaftsstatus der Zeugen Jehovas ausgeführt hat, ist Toleranz im Bereich des Religionsunterrichts auch dahingehend zu verstehen, dass die Grundlagen der Verhältnisbestimmung von Staat und Religion durch die Verfassung, das heißt insbesondere die religiös-weltanschauliche Neutralität des Staates und die Trennung von Staat und Kirche, durch den Religionsunterricht nicht in kämpferischer Weise in Frage gestellt werden dürfen.[38]

Gegen einen islamischen Religionsunterricht wird nun zum Teil vorgebracht, dass der Islam mit der Wertordnung des Grundgesetzes in mehreren Hinsichten unvereinbar sei, unter anderem wegen der Stellung der Frau, der fehlenden Religionsfreiheit, des Mangels an Toleranz und des Strafensystems.[39] Ob solche Analysen inhaltlich zutreffen oder nicht, soll hier nicht bewertet werden. Aus juristischer Sicht sind allerdings einige relativierende Bemerkungen über die erforderliche Loyalität zur Wertordnung des Grundgesetzes zu machen, die nicht nur für den Religionsunterricht, sondern auch für andere Erscheinungsformen der Religion und damit auch für die anderen hier vorgestellten verfassungsrechtlichen Zusammenhänge gelten. Die eben angeführten Aussagen über die angeblich mangelnde Vereinbarkeit des Islam mit der Wertordnung des Grund-

---

38 BVerfGE 102, 370 (393 f.).

39 Vgl. CAVDAR, Ibrahim, Islamischer Religionsunterricht an deutschen Schulen, in: RdJB 41 (1993) 269; EISELT, Gerhard, Islamischer Religionsunterricht an öffentlichen Schulen in der Bundesrepublik Deutschland, in: DÖV 34 (1981) 207 f.; FÜSSEL, Hans-Peter / NAGEL, Tilman, Islamischer Religionsunterricht und Grundgesetz, in: EuGRZ 12 (1985) 498 f.; aus juristischer Sicht zu Recht relativierend MÜCKL, Stefan, Staatskirchenrechtliche Regelungen zum Religionsunterricht, in: AöR 122 (1997) 553 f.; OEBBECKE, Janbernd, Reichweite und Voraussetzungen der grundgesetzlichen Garantie des Religionsunterrichts, in: DVBl. 47 (1996) 342.

gesetzes lassen zum Teil auf ein nicht hinreichend durchdachtes Verständnis der Reichweite des Grundgesetzes schließen. Wenn etwa behauptet wird, die Stellung der Frau im Islam sei nicht mit dem Grundgesetz vereinbar, steht dahinter ja die Auffassung, dass etwa der Gleichheitssatz und die besonderen Diskriminierungsverbote des Art. 3 Abs. 2 und 3 GG gleichsam für jedermann, auch für die Religionsgemeinschaften verbindliche Rechtssätze seien. Dies ist aber gerade nicht der Fall. Die Grundrechte regeln das Verhältnis von Staat und Bürger. Sie geben dem Bürger ein Abwehrrecht gegen Eingriffe des Staates in seine Freiheiten bzw. gegen ungerechtfertigte Ungleichbehandlungen. Die Grundrechte enthalten dagegen grundsätzlich gerade keine Gebote an den einzelnen oder an Vereinigungen von Bürgern. Dies hat das BVerfG[40] auch in der Entscheidung zu den Zeugen Jehovas verdeutlicht. Selbstverständlich sind daher etwa Religionsgemeinschaften nicht an die Religionsfreiheit gebunden. Alles andere wäre ja auch absurd. Entsprechendes gilt natürlich auch für das Verbot der Diskriminierung wegen der Religion. Die katholische Kirche braucht niemanden als Priester zu beschäftigen, der ihr nicht angehört. Dementsprechend ist es auch grundsätzlich legitim, ein anderes Verständnis der Rolle der Frau oder der Familie zu lehren als das, das in unserer Gesellschaftsordnung derzeit herrscht. Soweit der Staat etwas derartiges unterbinden will, wäre das nur durch Eingriffe in die Grundrechte der jeweiligen Gemeinschaft, in unserem Fall durch einen Eingriff in die Religionsfreiheit, möglich. Diese können möglicherweise gerechtfertigt werden, aber dies nur unter engen Voraussetzungen. Für die Stellung der Frau ist dabei natürlich Art. 3 Abs. 2 Satz 2 GG in seiner neuen Fassung rechtlich einschlägig, wonach der Staat die tatsächliche Gleichstellung der Geschlechter fördert. Allerdings bedeutet dies selbstverständlich kein Verbot abweichender Auffassungen und Lehren. Anderenfalls würde jedenfalls im Bereich der Religionsgemeinschaften in einen Kernbereich religiöser Lehrfreiheit eingegriffen. Allgemein gilt also: Die Grundrechte sind grundsätzlich Maßstäbe staatlichen Verhaltens, nicht privaten Verhaltens. Insofern kann nur sehr bedingt mit Verweis auf die Grundrechte die inhaltliche Gestaltung des Religionsunterrichts eingeschränkt oder auch im übrigen die Religionsfreiheit beschränkt werden. Nur wo etwa darauf ausgegangen wird, die Grundrechte gegenüber dem Staat zu beseitigen oder wo zur Verletzung der Rechte anderer Bürger aufgerufen wird, ist die Grenze dessen erreicht, was zu dulden ist. Selbstverständlich darf auch im Religionsunterricht nicht zu Gewalt, Revolution, zu Zwangsbekehrung Andersgläubiger oder gar, wie das wohl bisweilen befürchtet wird, zum Heiligen Krieg aufgerufen werden. Auch dürfen die Religionsgemeinschaften nicht in kämpferischer und aggressiver Weise darauf ausgehen, Toleranz, Gleichberechtigung, Freiheit von Religionsausübung und Religionswechsel und dergleichen im staatlichen Bereich zu bekämpfen.

---

40 BVerfGE 102, 370 (392 ff.).

Entsprechendes gilt für andere Elemente der grundgesetzlichen Ordnung, wie etwa das Demokratieprinzip. Das Demokratieprinzip ist nach dem Grundgesetz ein Prinzip zur Organisation der Staatsgewalt. Keinesfalls wird dadurch irgendein Gebot an die Organisation religiöser Vereinigungen aufgestellt. Selbstverständlich muss die katholische Kirche nicht demokratisch strukturiert sein. Entsprechendes gilt natürlich auch für andere Religionsgemeinschaften. Nur in dem Sinne ist also Loyalität gefragt, dass die Religionsgemeinschaften im Religionsunterricht nicht wiederum in kämpferischer Weise zur Beseitigung der demokratischen Ordnung im Staat aufrufen dürfen. Insgesamt ist aber daran zu erinnern, dass das Grundgesetz keine umfassende Ordnung des gesellschaftlichen Lebens errichten will, sondern die Einrichtungen des Staates und die Grundrechte des Bürgers gegenüber dem Staat regelt. Nur in dieser Reichweite kann in den genannten Grenzen Verfassungstreue eingefordert werden.

6. Resümee

Das Grundgesetz kennt keine allgemeine Regelung, die von Religionsgemeinschaften Verfassungstreue fordert oder die Religionsausübung von Individuen unter einen Verfassungstreuevorbehalt stellt. Inwiefern Verfassungstreue verlangt werden kann, ist vielmehr je nach dem Regelungszusammenhang bzw. dem einschlägigen Grundrecht zu bestimmen. Sowohl im Bereich der Freiheitsrechte – also bei der Religionsfreiheit, bei der religiösen Vereinigungsfreiheit oder beim Selbstbestimmungsrecht der Religionsgemeinschaften – als auch im Bereich darüber hinausgehender staatlicher Vergünstigungen, namentlich bei der Verleihung des Körperschaftsstatus, beim Zugang zum öffentlichen Dienst und im Religionsunterricht, sind aber die rechtlichen Instrumentarien vorhanden, Gefährdungen der Verfassungsordnung entgegenzuwirken und vorzubeugen und in diesem Rahmen auch eine gewisse Loyalität von Religionsgemeinschaften und Individuen zur Verfassungsordnung sicherzustellen. Die entsprechenden Loyalitätsanforderungen sind je nach Regelungsbereich unterschiedlich und auch abhängig von der jeweiligen historischen Situation. Die Anforderungen an Bewerber für den öffentlichen Dienst sind strenger als die Schranken, die allgemein der Religionsausübungsfreiheit gezogen werden können. Auch die Übereinstimmung des Religionsunterrichts mit den grundlegenden Erziehungszielen in der Schule, die die Wertordnung des Grundgesetzes konkretisieren, ist rechtlich sichergestellt. In jedem Falle ist dabei aber die grundsätzlich auf die staatliche Ordnung und das Verhältnis von Staat und Bürgern beschränkte Reichweite der Verfassung zu beachten. Das Grundgesetz hält die notwendigen rechtlichen Mittel bereit, um Gefährdungen der freiheitlich demokratischen Grundordnung entgegenzuwirken, ohne die Religionsfreiheit und das Selbstbestimmungsrecht der Religionsgemeinschaften mehr als nötig einzuschränken. Insofern dürfte es auch dem kritischen Blick Richard PUZAS standhalten, der aufgrund seiner Herkunft aus unserem Nachbarland Österreich Stärken, aber auch Schwächen und allzu verfestigte Diskussionstopoi im Deutschen Religionsverfassungsrecht scharfsichtiger aufzudecken vermag als viele andere Teilnehmer an der wissenschaftlichen Diskussion.

Ausländische Priester als Pfarrer in Deutschland

Kann das Kirchenrecht den Rassismus und die Fremdenfeindlichkeit des Reichskonkordats überwinden?*

Hans-Jürgen Guth

Neben den religionsrechtlichen Bestimmungen des Grundgesetzes bildet das Reichskonkordat die staatskirchenrechtliche Grundlage für das Verhältnis von katholischer Kirche und Staat in der Bundesrepublik Deutschland.[1] Der Praxis des Heiligen Stuhls entspricht es, nur die Verträge als Konkordat zu bezeichnen, die umfassende oder zumindest die bedeutsamsten Bereiche betreffende Regelungen des Verhältnisses von Staat und Kirche enthalten.[2] Im Reichskonkordat sind die das Verhältnis von Staat und Kirche berührenden Bereiche auf weitgehend umfassende Weise geregelt. Neben grundsätzlichen Aussagen über die Weitergeltung bzw. Vorrangigkeit bestehender Länderkonkordate finden sich Bestimmungen – um nur einige Beispiele zu nennen – zur Schule, zum Religionsunterricht, zur Bischofsernennung, zur Anstalts- und zur Militärseelsorge, zu den Katholisch-Theologischen Fakultäten an staatlichen Hochschulen oder auch zum Gebrauch geistlicher Kleidung.

Die Fortgeltung des am 20. Juli 1933 zwischen dem nationalsozialistischen Deutschen Reich und dem Heiligen Stuhl abgeschlossenen, in Abgrenzung zu den in Deutschland bereits bestehenden Länderkonkordaten als Reichskonkordat bezeichneten Vertrags war nach der Befreiung Deutschlands von der nationalsozialistischen Herrschaft sowohl im Westen als auch im Osten nicht unbestritten. Für die Bundesrepublik Deutschland wurde dies durch den sogenannten Kon-

---

* Der am 2.5.2002 unter dem Titel „Kann das Kirchenrecht den Rassismus und die Fremdenfeindlichkeit des Reichskonkordats überwinden?“ auf Einladung der Katholisch-Theologischen Fakultät der Universität Würzburg gehaltene Vortrag wurde für den Druck um Anmerkungen ergänzt. Die Konzeption des Vortrags für ZuhörerInnen, die überwiegend keine Kirchenrechtlerinnen bzw. Kirchenrechtler sind, wurde ebenso wie der Vortragsstil beibehalten. Danken möchte ich folgenden KollegInnen für wertvolle Hinweise und Informationen: Dr. Andrea REDEKER, Essen; Hubert BERSCHAUER, Siegen; Michael FELDMANN, Berlin; Dr. Dieter KRAUS, Luxemburg; Dr. Thomas SCHÜLLER, Limburg; Peter SEIF, Rottenburg; Reinhard WENNER, Bonn und Dr. Lorenz WOLF, München.

1 Z. B. abgedr. in: LISTL, Joseph (Hg.), Die Konkordate und Kirchenverträge in der Bundesrepublik Deutschland I, Berlin 1987, 34-61.

2 LISTL, Joseph, Konkordat, in: LThK³ VI, Sp. 263-268.

kordatsprozess vor dem Bundesverfassungsgericht am 26. März 1957 entschieden.[3]

In einer komplizierten und sehr differenzierten Begründung wurde der Antrag der Bundesregierung unter Bundeskanzler Konrad ADENAUER, das Land Niedersachsen zur Respektierung der im Reichskonkordat getroffenen Schulbestimmungen zu zwingen, vom Bundesverfassungsgericht abgelehnt.[4] Denn obwohl sowohl der Bund als auch die Länder an das fortgeltende Reichskonkordat gebunden seien, könne der Bund aufgrund fehlender verfassungsrechtlicher Kompetenz die Länder wegen ihrer in der Verfassung verankerten ausschließlichen Kulturhoheit nicht zur Beachtung des Reichskonkordats zwingen. Wenn auch kein Bundeszwang zur Durchsetzung der Fortgeltung des Reichskonkordats zulässig sei, hat sich das Bundesverfassungsgericht aber grundsätzlich für die Fortgeltung des Reichskonkordats entschieden. Heute wird die Fortgeltung des von HITLER und dem Heiligen Stuhl abgeschlossenen Reichskonkordats kaum mehr von jemand ernsthaft in Frage gestellt. Umstritten ist freilich insbesondere unter Historikerinnen und Historikern, wie der Abschluss dieses Konkordats zu werten ist.[5]

In meinem Beitrag möchte ich eine in ihrer Brisanz und Problematik bis heute meist übersehene Stelle des noch geltenden Reichskonkordats aufgreifen. Sie findet sich im dortigen Artikel 14. Im Hinblick auf den Einsatz von ausländischen Priestern in der Gemeindepastoral geht es mir vor allem um die in Absatz 2 als Nummer 1 genannte Bedingung. Demnach müssen katholische Geistliche, die in Deutschland ein geistliches Amt bekleiden oder eine seelsorgerliche oder Lehrtätigkeit ausüben, deutsche Staatsbürger sein.[6] Artikel 14 des Reichskonkordats lässt aber Ausnahmen zu. Bei kirchlichem und staatlichem Einverständnis kann auch Nicht-Deutschen ein geistliches Amt, eine seelsorgerliche oder Lehrtätigkeit übertragen werden.[7] Die genaue Formulierung lautet:

---

3 GIESE, Friedrich / FREIHERR VON DER HEYDTE, Friedrich August (Hg.), Der Konkordatsprozess I-IV, München 1957-1959.

4 BVerfGE 6, 309-367.

5 Vgl. LISTL, Joseph, Die Fortgeltung und die gegenwärtige staatskirchenrechtliche Bedeutung des Reichskonkordats vom 20. Juli 1933, in: FS Carlen, 309-334.

6 Neben dieser staatskirchenrechtlichen Bestimmung sind die für alle AusländerInnen geltenden ausländerrechtlichen Regelungen zu beachten. S. hierzu SPALLEK, Ulrich, Aufenthaltsgenehmigung und Arbeitsgenehmigung für ausländische Priester und Ordensleute, in: ZAR 20 (2000) 103-110.

7 Weder in der Statistik der DBK noch im „Annuarium Statisticum Ecclesiae“ wird die Zahl der in Deutschland eingesetzten ausländischen Priester angegeben. Von den im Jahr 2001 in Deutschland tätigen 14.295 Priestern dürften jedoch ca. 1.400 ausländische Staatsbürger sein, d. h. ca. 10 Prozent. Im Katholischen Dekanat Balingen (42.953 KatholikInnen, 28 Kirchengemeinden, 6 Seelsorgeeinheiten) in der Diözese Rottenburg-Stuttgart z. B. ist der Anteil aber schon wesentlich höher. Dort sind von 18 Priestern sechs Nicht-Deutsche (3 aus Polen, je einer aus dem Kongo, Italien und Kroatien). In der Diözese Würzburg sind zusätzlich zu 404 aktiven inländischen Priestern ca. 35 aus-

„1. Katholische Geistliche, die in Deutschland ein geistliches Amt bekleiden oder eine seelsorgerliche oder Lehrtätigkeit ausüben, müssen: a) deutsche Staatsangehörige sein ... 2. ... Bei kirchlichem und staatlichem Einverständnis kann von den in Absatz 2, Ziffer 1 a, b, c genannten Erfordernissen abgesehen werden."

Die anderen beiden Erfordernisse, von denen ebenfalls abgesehen werden kann, sind das Reifezeugnis und ein wenigstens dreijähriges philosophisch-theologisches Studium, das sogenannte Triennium.

Dass Artikel 14 des Reichskonkordats Ausnahmen für Ausländer vorsieht, ändert nichts an der fremdenfeindlichen Tendenz dieser Bestimmung. Denn durch den Ausnahmecharakter, der ein Abweichen von der grundsätzlichen Regelung nur unter der Bedingung des kirchlichen und staatlichen Einverständnisses ermöglicht, werden ausländische Geistliche gegenüber denen, die die deutsche Staatsangehörigkeit besitzen, eindeutig benachteiligt. Wer meint, die Übertragung geistlicher Ämter, seelsorgerlicher oder Lehrtätigkeit an Nicht-Deutsche sei nur ausnahmsweise zulässig, wird sich vor dem Kontext einer durch Abstammung definierten Staatsangehörigkeit, wie sie bis heute das deutsche Recht prägt[8], auch dem Vorwurf des Rassismus aussetzen.

Die historischen Wurzeln für diese Regelung liegen in der Zeit der Staatskirchenhoheit, als das kirchliche Amt noch als öffentliches Amt verstanden wurde.[9] So verwies die Regierungsbegründung zur entsprechenden Stelle des Preußischen Konkordats vom 14. Juni 1929 ausdrücklich darauf, dass hier nur bereits geltendes staatliches Recht vom Heiligen Stuhl nun ausdrücklich akzeptiert wurde.[10] Ein Hinweis, dass diese Bestimmung aus der Zeit der Staatskirchenhoheit stammt, fand sich auch im Bayerischen Konkordat vom 29. März 1924. In Art. 13 § 1 des Bayerischen Konkordats wurde das Erfordernis der bayerischen oder einer anderen deutschen Staatsangehörigkeit für den Einsatz in der Pfarrseelsorge mit Staatsleistungen begründet, d. h. mit den aus der Zeit der Staatskirchenhoheit stammenden Aufwendungen des Bayerischen Staates für die Bezüge der Geistlichen.[11]

Der von Ludwig KAAS ausgearbeitete sogenannte Zweite Entwurf für ein Konkordat zwischen dem Heiligen Stuhl und dem Deutschen Reich griff diese Begründung auf. In diesem Entwurf hieß es in Art. 14:

„... Außerdem besteht Einvernehmen über folgende Punkte: 1. Katholische Geistliche, die in Deutschland ein geistliches Amt bekleiden oder eine seelsorgerliche oder

---

ländische Priester tätig plus zeitlich befristete Aushilfen aus dem Ausland, was in etwa dem bundesweiten Durchschnitt entspricht.

8 S. hierzu z. B. HAILBRONNER, Kay / RENNER, Günter, Staatsangehörigkeitsrecht, München ^{3}2001.

9 SOLTE, Ernst-Lüder, Die Ämterhoheit der Kirchen, in: HdbStKR^{2} I, 564.

10 LISTL, Joseph (Hg.), Die Konkordate und Kirchenverträge in der Bundesrepublik Deutschland II, Berlin 1987, 717 ff. und 731.

11 Ebd. I, 299 f.

Lehrtätigkeit ausüben, für die staatliche Aufwendungen erfolgen, müssen: a) deutsche Staatsbürger sein; ...“[12].

Die im Bayerischen Konkordat zur Begründung angeführten Staatsleistungen sollten nach diesem Entwurf Voraussetzung für die Bedingung der Staatsangehörigkeit sein. D. h. nur für die geistlichen Ämter, für die tatsächlich Staatsleistungen gezahlt werden, ist die deutsche Staatsangehörigkeit gefordert. Auf Drängen des staatlichen Verhandlungspartners verschwand diese Einschränkung auf Ämter und Tätigkeiten, für die staatliche Leistungen tatsächlich gezahlt werden, wieder und findet sich nicht mehr im endgültigen Text des Reichskonkordats.

Der von Rassismus und Fremdenfeindlichkeit bestimmten nationalsozialistischen Ideologie und Politik kam diese bereits in ähnlicher Form sich im Bayerischen Konkordat vom 29. März 1924[13], im Preußischen Konkordat vom 14. Juni 1929[14] und im Badischen Konkordat vom 12. Oktober 1932[15] zu findende Bestimmung natürlich sehr gelegen. So kann es nicht verwundern, wenn Kurt KRÜGER in einem im Jahr 1938 erschienenen „Kommentar zum Reichskonkordat“ hierzu folgendes schrieb:

„Auf das Erfordernis des staatlichen Einverständnisses im Falle der Verwendung ausländischer Geistlicher in der Seelsorge sind die preußischen Bischöfe durch Runderlaß des Reichskirchenministers vom 16.11.1936 ‚aus gegebener Veranlassung‘ nochmals besonders hingewiesen worden.“[16]

Eines solchen Hinweises von staatlicher Seite bedarf es heute nicht mehr. Denn meines Wissens beachten die meisten Diözesen in der Bundesrepublik Deutschland heute immer noch diese Bestimmung des Reichskonkordats. Es gibt sehr viele Diözesen, in denen aus diesem Grund ausländische Priester grundsätzlich nicht zu Pfarrern ernannt werden, obwohl sie selbstverständlich in der Pfarrseelsorge bzw. Gemeindepastoral eingesetzt werden. Vielfach werden sie nur zu Pfarrvikaren (cann. 545-552 CIC) oder Pfarradministratoren (cann. 539-541 CIC) ernannt. Mit dieser Ernennung zum Pfarrvikar bzw. Pfarradministrator ist natürlich nicht das Ansehen und die soziale Anerkennung als Pfarrer verbunden. Auch wenn deshalb ausländischen Priestern in einigen dieser Diözesen mit der Ernennung zum Pfarrvikar oder Pfarradministrator das Recht zugestanden wird, den Titel „Pfarrer“ zu führen, sind sie rechtlich gesehen nur Pfarrvikare bzw. Pfarradministratoren. Als solche bekommen sie dementsprechend

---

12 KUPPER, Alfons (Hg.), Staatliche Akten über die Reichskonkordatsverhandlungen 1933, Mainz 1969, 46; VOLK, Ludwig (Hg.), Kirchliche Akten über die Reichskonkordatsverhandlungen 1933, Mainz 1969, 42. S. auch DERS., Das Reichskonkordat vom 20. Juli 1933. Von den Ansätzen in der Weimarer Republik bis zur Ratifizierung am 10. September 1933, Mainz 1972.

13 LISTL (Fn. 10) I, 299 f.

14 Ebd. II, 717 ff.

15 Ebd. I, 143 f.

16 KRÜGER, Kurt, Kommentar zum Reichskonkordat, Berlin 1938, 23.

auch ein geringeres Gehalt. Zum Teil erhalten sie nur die Hälfte dessen, was ihre deutschen Kollegen bekommen, die als Pfarrer investiert sind. Die unterschiedliche Bezahlung von Pfarrern und Pfarradministratoren dürfte angesichts can. 540 § 1 CIC nicht zu rechtfertigen sein. Denn nach can. 540 § 1 CIC kommen grundsätzlich dem Pfarradministrator die gleichen Rechte und Pflichten wie dem Pfarrer zu. Dass der Pfarradministrator aber im Gegensatz zum Pfarrer jederzeit ohne Angaben von Gründen seines Amtes enthoben werden kann, bedeutet eine weitere Diskriminierung der nicht-deutschen Priester. Wenn darüber hinaus auch noch vielfach die Altersversorgung dieser Priester nicht geklärt ist bzw. für eine persönliche Rente oder Pension nicht gesorgt ist, sind ausländische Priester gegenüber ihren inländischen Kollegen eindeutig im Nachteil.

Welche Möglichkeiten bieten sich der katholischen Kirche in Deutschland, mit der dieser Praxis zugrundeliegenden ausländer- und fremdenfeindlichen Bestimmung heute umzugehen?

Ein erster Weg ist die in Art. 14 des Reichskonkordats selbst vorgesehene Möglichkeit des Absehens von der Voraussetzung der deutschen Staatsangehörigkeit. Bischöfe, die in ihren Diözesen in Deutschland heute z. B. aufgrund des zunehmenden Priestermangels ausländische Geistliche in der Seelsorge einsetzen wollen, müssen sich dies in jedem Einzelfall von der jeweils zuständigen Landesbehörde, d. h. in der Regel dem Kultusministerium, genehmigen lassen. Eine solche staatliche Dispens ist heute eigentlich überall in Deutschland möglich.[17]

Eine zweite Möglichkeit wäre, den Teil des Konkordats aufzukündigen, der diese Bestimmung enthält. Das Reichskonkordat beinhaltet jedoch keine Kündigungsklausel, d. h. eine einseitige Kündigung des Vertrags oder von Teilen des Vertrags ist nicht möglich. Dennoch kennt das völkerrechtliche Vertragsrecht die Möglichkeit einseitiger Aufkündigung unbefristeter und unkündbarer Verträge. Nach der Klausel *rebus sic stantibus* ist die einseitige Aufkündigung eines Vertrags möglich, wenn sich nach Vertragsabschluss die dem Vertrag zugrundeliegenden Umstände so tiefgreifend geändert haben, dass der betroffenen Partei die Erfüllung des Vertrages nicht mehr zugemutet werden kann.

---

17 Nach Aussage von Ernst-Lüder SOLTE, der den einschlägigen Artikel „Die Ämterhoheit der Kirchen" in dem 1994 erschienenen ersten Band der zweiten Auflage des HdbStKR verfasst hat (Fn. 9), ist nur in Bayern eine Dispens vom Erfordernis der deutschen Staatsangehörigkeit nicht möglich. Dennoch erteilt das zuständige bayerische Kultusministerium zumindest der Erzdiözese München und Freising solche Ausnahmegenehmigungen, wie mir der zuständige Referatsleiter des Bischöflichen Ordinariats der Erzdiözese, Herr Domkapitular Dr. Lorenz WOLF, versichert hat. Die von Ernst-Lüder SOLTE wohl übersehene Rechtsgrundlage für die Erteilung dieser Ausnahmegenehmigungen findet sich im am 4. September 1974 abgeschlossenen Vertrag zwischen dem Heiligen Stuhl und dem Freistaat Bayern zur Änderung und Ergänzung des Bayerischen Konkordats vom 29. März 1924 (LISTL [Fn. 10] I, 419 f. u. 426). Seither kann auch in Bayern bei kirchlichem und staatlichem Einverständnis vom Erfordernis der deutschen Staatsangehörigkeit „abgesehen werden" (neuer § 3 in Art. 13 BayK).

Zweifellos haben sich die Umstände seit dem Vertragsabschluss am 20. Juli 1933 in Deutschland tiefgreifend verändert. Der kirchliche Vertragspartner, d. h. der Heilige Stuhl, könnte heute argumentieren, dass aufgrund des Priestermangels in Deutschland, der zum Zeitpunkt des Vertragsabschlusses noch nicht absehbar war, die Seelsorge nur durch den vermehrten Einsatz ausländischer Geistlicher sicherzustellen ist. Die Einholung des staatlichen Einverständnisses in jedem Einzelfall erschwere dies unnötig. Nicht vermittelbar sei zudem die in dieser Regelung zum Ausdruck kommende Diskriminierung ausländischer Priester. Nach der in Art. 33 des Reichskonkordats festgeschriebenen Freundschaftsklausel kann der Heilige Stuhl sich aber erst auf die Klausel *rebus sic stantibus* berufen, wenn eine freundschaftliche Lösung, d. h. eine Lösung in beiderseitigem Einverständnis nicht möglich ist, womit wir bei einer anderen Möglichkeit der Lösung des Problems wären.

Dass diese dritte Möglichkeit der Lösung in beiderseitigem Einverständnis vom Heiligen Stuhl bevorzugt wird, lässt sich schon daran ablesen, dass die Freundschaftsklausel auf Wunsch des Heiligen Stuhls in fast allen seinen mit staatlichen Partnern abgeschlossenen Verträgen aufgenommen ist. Ebenso wie bei einer Berufung auf die Klausel *rebus sic stantibus* ist bei einer freundschaftlichen Lösung kirchlicherseits der Heilige Stuhl als Vertragspartner gefordert. Dies schließt jedoch nicht aus, dass einzelne Diözesanbischöfe hier die Initiative ergreifen und eine solche freundschaftliche Lösung anstoßen. Staatlicherseits hat sich durch die verfassungsrechtlichen Vorgaben des Grundgesetzes die Kompetenz vom Reich bzw. Bund auf die Länder verlagert.

Dass der Weg, über Verhandlungen eine Modifikation dieser fremdenfeindlichen Bestimmung des Reichskonkordats zu erreichen, keine rein theoretische Überlegung darstellt, zeigt ein Blick in die neuen Bundesländer. In den neuen, zwischen dem Heiligen Stuhl und den Bundesländern Sachsen, Mecklenburg-Vorpommern, Sachsen-Anhalt und Thüringen abgeschlossenen Einzelverträgen[18] ist genau diese Bestimmung des Reichskonkordats entsprechend modifiziert worden. Allerdings lagen dort die Motive für die Modifikation auf dem Hintergrund der in der ehemaligen DDR insbesondere in der evangelischen Kirche gemachten Erfahrungen eher allgemein in der Ablehnung jeglicher staatlicher Einflussnahme auf die Besetzung kirchlicher Ämter.[19] Für die katholische

---

18 Die Verträge sind alle abgedr. z. B. in: José T. MARTÍN DE AGAR (Hg.), Raccolta di Concordati 1950-1999, Città del Vaticano 2000.

19 Vgl. zum folgenden auch: HAERING, Stephan, Staatliche Beteiligung an der Besetzung kirchlicher Ämter. Die aktuelle vertragliche Rechtslage für katholische Kirchenämter in den neuen Ländern der Bundesrepublik Deutschland und in Berlin, in: FS Holotik, 293-328; WEBER, Hermann, Neue Staatskirchenverträge mit der Katholischen Kirche in den neuen Bundesländern, in: FS Heckel, 463-493; WEBER, Klaus / RAUM, Rolf, Die Besetzung kirchlicher Ämter nach dem katholischen Kirchenvertrag Sachsen vom 2. Juli 1996, in: AKathKR 165 (1996) 414-436; ANKE, Hans Ulrich, Die Neubestimmung des Staat-Kirche-Verhältnisses in den neuen Ländern durch Staatskirchenverträge, Tübin-

Kirche ist hier zuerst in Sachsen eine m. E. mustergültige Lösung gefunden und verwirklicht worden. Diese weist auch noch den Vorteil auf, dass sie das Reichskonkordat als solches in seiner Geltung überhaupt nicht zur Disposition stellt. So enthält das Schlussprotokoll des Vertrags zwischen dem Heiligen Stuhl und dem Freistaat Sachsen vom 2. Juli 1996 folgenden Passus (zu Art. 13 Abs. 3):

> „Die Vertragschließenden sind sich darüber einig, dass eine Pfarrstelle dauernd nur demjenigen übertragen werden darf, der ein mindestens dreijähriges theologisch-philosophisches Studium erfolgreich abgeschlossen hat. Im übrigen entscheidet der zuständige Diözesanbischof in Abweichung von Artikel 14 Abs. 2 des Konkordates zwischen dem Heiligen Stuhl und dem Deutschen Reich vom 20. Juli 1933 und in Abweichung von Artikeln 9 und 10 des Vertrages zwischen Preußen mit dem Heiligen Stuhl vom 14. Juni 1929 frei über die Besetzung von Pfarrstellen."

Gleiches gilt auch für den Vertrag zwischen dem Heiligen Stuhl und dem Land Mecklenburg-Vorpommern vom 15. September 1997. Dort heißt es in Art. 15 Abs. 1:

> „Die Kirche ist frei bei der Besetzung ihrer Ämter."

In Verbindung mit Art. 25 Abs. 1, der feststellt, dass die in diesem Vertrag behandelten Gegenstände der Beziehung zwischen Land und Kirche durch diesen Vertrag abschließend geregelt sind, ergibt sich, dass zur Übernahme eines Pfarramtes die deutsche Staatsangehörigkeit nicht mehr erforderlich ist.

Auch das Land Sachsen-Anhalt hat in dem neuen Vertrag zwischen dem Heiligen Stuhl und dem Land Sachsen-Anhalt vom 15. Januar 1998 (Schlussprotokoll) auf die Einhaltung der Erfordernis der deutschen Staatsangehörigkeit verzichtet:

> „Zu Artikel 12 Absatz 1: Das Land besteht nicht auf der Einhaltung der in den Artikeln 9 und 10 des Vertrages des Freistaates Preußen mit dem Heiligen Stuhl vom 14. Juni 1929 und in den Artikeln 14 Absatz 2 Nummer 1 und Absatz 3 des Konkordats zwischen dem Heiligen Stuhl und dem Deutschen Reich vom 20. Juli 1933 genannten Erfordernissen."

In Thüringen wurde eine einvernehmliche Lösung in der Weise gefunden, dass statt eines staatlichen Verzichts auf das Erfordernis der deutschen Staatsangehörigkeit eine generelle staatliche Einverständniserklärung die kirchliche Anfrage im Einzelfall ersetzt hat. Nach dem Vertrag zwischen dem Heiligen Stuhl und dem Freistaat Thüringen vom 11. Juni 1997 gilt dort das staatliche Einverständnis zum Absehen vom Erfordernis der deutschen Staatsangehörigkeit „grundsätzlich als erteilt" (Schlussprotokoll zu Artikel 5 Absatz 4 in Verbindung mit Art. 5 Abs. 7).

Eine vierte Möglichkeit des Umgangs mit dem Erfordernis der deutschen Staatsangehörigkeit nach Art. 14 des Reichskonkordats im Hinblick auf die Si-

---

gen 2000; KORTA, Stefan, Der katholische Kirchenvertrag Sachsen, Frankfurt a. M. u. a. 2000.

cherstellung der Seelsorge in der Gemeindepastoral möchte ich der Vollständigkeit halber hier noch nennen, auch wenn ich sie nicht favorisiere. Diözesanbischöfe könnten einfach ausländische Priester zu Pfarrern ernennen, ohne das staatliche Einverständnis einzuholen. Solange dies von staatlicher Seite nicht bemerkt oder stillschweigend geduldet würde, könnte dieser stille Konkordatsbruch noch eine akzeptable Lösung sein. Sobald dies aber in der Öffentlichkeit publik würde, wäre aus dem stillen ein offener Konkordatsbruch geworden, der dem Ansehen der katholische Kirche als verlässlicher Vertragspartner schweren Schaden zufügen könnte und in seinen Folgen für das Verhältnis von Kirche und Staat in der Bundesrepublik nicht abzuschätzen wäre.

Aus juristischer und kanonistischer Sicht gibt es meiner Meinung nach keinen zwingenden Grund, warum auf staatlicher Seite heute nicht auch die übrigen Bundesländer dem Beispiel der genannten neuen Bundesländer folgen könnten. Europarechtliche Vorgaben scheinen zudem staatlicherseits zumindest nach einhelliger Auffassung aller europarechtlichen und staatskirchenrechtlichen Expertinnen und Experten im Widerspruch zu der Forderung der deutschen Staatsangehörigkeit nach Art. 14 des Reichskonkordats zu stehen. Art. 39 (alte Zählung Art. 48) des Vertrags zur Gründung der Europäischen Gemeinschaft (EGV) gewährleistet die Freizügigkeit für Arbeitnehmerinnen und Arbeitnehmer innerhalb der Europäischen Gemeinschaft.[20] Nach dem hier verwendeten weiten Arbeitnehmerbegriff sind auch Geistliche Arbeitnehmer im Sinne dieser Bestimmung. Die Ausnahmeklausel für die öffentliche Verwaltung schließt die Kirchen nicht ein, auch wenn sie nach deutschen Recht Körperschaften des öffentlichen Rechts sind. Denn nach der einschlägigen Rechtsprechung des Europäischen Gerichtshofs zählt zur öffentlichen Verwaltung nur eine Tätigkeit, die eine Ausübung hoheitlicher Befugnisse mit sich bringt oder der Wahrung allgemeiner Staatsbelange dient. So schreibt z. B. Hans Ulrich ANKE unter Verweis auf Gerhard ROBBERS, Alexander HOLLERBACH und Rudolf STREINZ:

> „Ein eigenständiges staatliches Interesse, die Kirchen bei der Auswahl ihrer Amtsträger auf das Erfordernis der deutschen Staatsangehörigkeit zu verpflichten, ist nicht ersichtlich. Europarechtliche Bindungen nach Art. 48 II EGV untersagen dem Staat im Gegenteil ausdrücklich ‚jede auf der Staatsangehörigkeit beruhende unterschiedliche Behandlung der Arbeitnehmer der Mitgliedsstaaten in bezug auf Beschäftigung'."[21]

---

[20] Vgl. zu folgendem auch: GEIGER, Rudolf, EUV / EGV. Vertrag über die Europäische Union und Vertrag zur Gründung der Europäischen Gemeinschaft, München ³2000; HOLLERBACH, Alexander, Europa und das Staatskirchenrecht, in: ZevKR 35 (1990) 250-283; ROBBERS, Gerhard, Die Fortentwicklung des Europarechts und seine Auswirkungen auf die Beziehungen zwischen Staat und Kirche in der Bundesrepublik Deutschland, in: EssG 27 (1993) 81-100; ROBBERS, Gerhard, Europarecht und Kirchen, in: HdbStKR² I, 315-332; STREINZ, Rudolf, Auswirkungen des Europarechts auf das deutsche Staatskirchenrecht, in: EssGespr 31 (1997) 53-87.

[21] ANKE (Fn. 19), 380 f.

Wenn heute auch staatlicherseits kein eigenständiges Interesse mehr für das Erfordernis der deutschen Staatsangehörigkeit als Voraussetzung zur Übernahme eines geistlichen Amtes begründbar ist, dürfte einem Verzicht auf das Erfordernis der deutschen Staatsangehörigkeit im Wege einer freundschaftlichen Lösung nichts mehr im Wege stehen. Orientieren sollte sich eine solche Lösung in beiderseitigem Einvernehmen von Heiligem Stuhl und jeweiligem Bundesland an der wegen ihrer Klarheit und Eindeutigkeit auch heute noch vorbildlichen erstmaligen Lösung des Problems in dem Vertrag zwischen dem Heiligen Stuhl und dem Freistaat Sachsen vom 2. Juli 1996, die ich abschließend noch einmal zitieren möchte:

> „Im übrigen entscheidet der zuständige Diözesanbischof in Abweichung von Artikel 14 Abs. 2 des Konkordates zwischen dem Heiligen Stuhl und dem Deutschen Reich vom 20. Juli 1933 und in Abweichung von Artikeln 9 und 10 des Vertrages zwischen Preußen mit dem Heiligen Stuhl vom 14. Juni 1929 frei über die Besetzung von Pfarrstellen."

Pflegegeld und Amtsträger der katholischen Kirche in Österreich

Eine Bestandsaufnahme

Herbert Kalb

Einführung

Lange Zeit war in Österreich und Deutschland die Pflegebedürftigkeit nicht als eigenständiges soziales Risiko anerkannt. Eine diesbezügliche Vorsorge wurde in beiden Staaten vom Sozialversicherungssystem getragen, das aber stark auf erwerbsbezogene Risiken fokussiert war. Für „sonstige Pflegebedürftigkeit" war man in Österreich bis 30. Juni 1993 allenfalls auf den vom Obersten Gerichtshof (OGH) stark restriktiv interpretierten Hilflosenzuschuss verwiesen, darüber hinaus waren Pflegebedürftige über weite Strecken auf Leistungen der Sozialhilfe angewiesen. In der österreichischen und deutschen sozialrechtlichen Diskussion bestand weitgehende Einigkeit, ein Pflegesicherungssystem zu konzipieren, das die Abhängigkeit von der Sozialhilfe minimiert, bestehende Zersplitterungen beseitigt und alle Pflegebedürftigen, unabhängig von der Ursache ihrer Beeinträchtigung, in einer bedarfsgerechten Weise erfasst.[1]

In Deutschland erfolgte eine Neukonzeption mit dem Pflegeversicherungsgesetz 1994 (PflegeVG)[2], in Österreich ist 1993 eine umfassende einheitliche Neuregelung der Vergabe von Geldleistungen an pflegebedürftige Personen in Kraft getreten.[3] Der verfassungsrechtlichen Kompetenzlage entsprechend ist die Pflegeversorgung zwischen Bund und Ländern aufgeteilt. Um Zweifel über die kompetenzrechtliche Zuordnung zu beseitigen, wurde dem Bundespflegegeldgesetz (BPGG)[4] in Art. I eine Verfassungsbestimmung vorangestellt, mit der aber keine grundsätzliche Verschiebung von Kompetenzen zwischen Bund und Ländern intendiert war. Das BPGG erfasst grundsätzlich Personen, für die schon

---

[1] PFEIL, Walter J., Die Neuregelung der Pflegevorsorge in Österreich und Deutschland. Beginn einer Neuorientierung der sozialen Sicherheit in Zentraleuropa, in: SozSi 43 (1994) 661.

[2] BGBl. I 1994, 1014, insbesondere dessen 1. Teil, mit dem ein elftes Buch in das Sozialgesetzbuch (SGB) eingefügt wurde.

[3] Vgl. dazu PFEIL, Walter J., Neuregelung der Pflegevorsorge in Österreich, Wien 1994.

[4] BGBl.Ö 1993/110 i. d. F. v. 2001/69; vgl. PFEIL, Walter J., Bundespflegegeldgesetz und landesgesetzliche Pflegegeldregelungen, Wien 1996; GRUBER, Gerd / PALLINGER, Manfred, Kommentar zum BPGG, Wien u. a. 1994.

bisher der Bund als Gesetzgeber zuständig (bzw. – wie bei Freiberuflern – potentiell zuständig) war.

Um dennoch eine bundesweite einheitliche Leistungsregelung zu ermöglichen, wurde mit den Ländern ein Gliedstaatenvertrag gemäß Art. 15a B-VG abgeschlossen[5], worin sich die Länder verpflichteten, für ihren Bereich analoge Pflegegeldgesetze zu verabschieden.

Während in Deutschland das PflegeVG ein umfassendes Leistungsspektrum von Geld- und Sachleistungen vorsieht, entschied man sich in Österreich für das Konzept einer Gewährung von Geldleistungen. Der Pflegebedürftige soll sich mit der Geldleistung selbst die nötigen Dienstleistungen beschaffen; zur Etablierung eines entsprechenden Angebots von ambulanten wie (teil)stationären Diensten haben die Länder sich in der Pflegevereinbarung in Form eines Dreistufenplanes verpflichtet.

Ein Problem der Fallkonstellationen, mit denen sich die Rechtsprechung auseinander zu setzen hatte, betraf die Frage eines Pflegegeldanspruchs für katholische Priester und Ordensangehörige. Um die Hintergründe der damit verbundenen Diskussion zu verdeutlichen, ist kurz die rechtliche Berücksichtigung katholischer Priester und Ordensangehöriger im Sozialversicherungsrecht in den Blick zu nehmen. Wohl handelt es sich bei der Pflegegeldregelung in dogmatischer Perspektive um eine Sozialleistung eigener Art[6], doch ist ein Nahverhältnis zu anderen Sozialleistungen unübersehbar. So stellt etwa – bezogen auf den anspruchsberechtigten Personenkreis gemäß BPGG – das Pflegegeld eine Annexleistung zu Pensionen und Renten dar, grundsätzlich besteht ein enger Zusammenhang mit der im Allgemeinen Sozialversicherungsgesetz (ASVG) geregelten Grundleistung.

1. Priester und Ordensangehörige der katholischen Kirche und das Sozialversicherungsrecht – einige Streiflichter

Gemäß § 4 ASVG unterliegen grundsätzlich alle Dienstnehmer, d. h. Personen, die „in einem Verhältnis persönlicher und wirtschaftlicher Abhängigkeit gegen Entgelt" beschäftigt werden, der Vollversicherung (Kranken-, Unfall-, Pensionsversicherung). Die §§ 5, 6, 7 und 8 ASVG zählen Ausnahmen von der Vollversicherung auf, die sich in zwei große Gruppen einteilen lassen: jene der geringfügig Beschäftigten und jene der anderweitig Versorgten. Zu letzteren zählen gemäß § 5 Abs. 1 Ziff. 7 ASVG auch

> „Priester der Katholischen Kirche … hinsichtlich der Seelsorgetätigkeit und der sonstigen Tätigkeit, die sie in Erfüllung ihrer geistlichen Verpflichtung ausüben, zum Beispiel des Religionsunterrichtes … und Angehörige der Orden und Kongregationen

5 „Vereinbarung zwischen dem Bund und den Ländern gemäß Art. 15a B-VG über gemeinsame Maßnahmen des Bundes und der Länder für pflegebedürftige Personen", in: BGBl.Ö 1993/866 (Pflegevereinbarung).

6 RESCH, Reinhard, Sozialrecht, Wien [2]2001, 152.

der Katholischen Kirche ... wenn sie nicht in einem Dienstverhältnis zu einer anderen Körperschaft (Person) als ihrer Kirche bzw. deren Einrichtungen (Orden, Kongregation ...) stehen."

Diese Herausnahme aus der Vollversicherung des ASVG wird durch drei Ausnahmen – wenn auch nicht gravierend – durchbrochen:

- Gemäß § 8 Abs. 1 Ziff. 1 lit. a ASVG sind Bezieher einer Pension aus der Pensionsversicherung nach dem ASVG, wenn und solange sie sich ständig im Inland aufhalten, in der Krankenversicherung teilversichert. Diese Bestimmung gewinnt u. a. Bedeutung bei Ordensangehörigen, die in der Pensionsversicherung freiwillig weiterversichert waren und pensionsberechtigt geworden sind.
- Seit der 9. ASVG-Novelle 1962 sind Angehörige der Orden und Kongregationen der Katholischen Kirche in ihrer Tätigkeit in einem land- bzw. forstwirtschaftlichen Betrieb ihres Ordens (Kongregation) in der Unfallversicherung teilversichert (§ 8 Abs. 1 Ziff. 3 lit. d).
- Gemäß § 1 Ziff. 1 Beamten-Kranken- und UnfallversicherungsG (B-KUVG) sind Ordensangehörige, die in einem pragmatisierten Dienstverhältnis zu einer Gebietskörperschaft stehen, kranken- und unfallversichert und überdies nach dem in Betracht kommenden Dienstrecht pensionsberechtigt.

Abgesehen von diesen drei Fällen ist eine Pflichtversicherung nicht vorgesehen. Allerdings räumen die §§ 16 und 17 ASVG allen Personen, die aus der Pflichtversicherung ausscheiden, die Möglichkeit einer freiwilligen Weiterversicherung in der Kranken- bzw. Pensionsversicherung ein, falls die betreffenden Personen vorher während einer im Gesetz bestimmten Dauer in der Kranken- bzw. Pensionsversicherung pflichtversichert waren.[7]

Mit den §§ 308-313 ASVG trägt der Gesetzgeber einem Wechsel des Versicherungsversorgungssystems Rechnung. So wird u. a. festgelegt, dass beim Ausscheiden eines Dienstnehmers aus einem „pensionsversicherungsfreien Dienstverhältnis" der bisherige Dienstgeber dem zuständigen Pensionsversicherungsträger einen Überweisungsbetrag zu leisten hat. Auf diese Weise wird dem bisher nicht pensionsversicherten Dienstnehmer eine Anwartschaft auf Altersversorgung zugebilligt.

Bis zur 29. ASVG-Novelle 1973 wurden jedoch Priester und Ordensleute von dieser Regelung nicht erfasst, denn aufgrund der Legaldefinition des § 308 Abs. 2 ASVG werden diese Personen nicht jenen in einem „pensionsversicherungsfreien Dienstverhältnis" zugerechnet. 1973 wurde jedoch diese Lücke geschlossen und eine Überweisungsbetragsregelung für Priester und Ordensleute einge-

---

7 KALB, Herbert, Bemerkungen zu § 5 Abs. 1 Ziff. 7 ASVG, in: ÖAKR 36 (1985) 312; DERS., Das Verhältnis zwischen Staat und Kirche im Bereich des österreichischen Sozialversicherungsrechts, in: FG Pototschnig, 471; HEIMERL / PREE, VermR, Rn. 6/295-306; KOIZAR, Wolfgang, Sozialrechtliche Stellung von Klerikern, Ordensangehörigen und kirchlichen Mitarbeitern, in: RUNGGALDIER, Ulrich / SCHINKELE, Brigitte (Hg.), Arbeitsrecht und Kirche, Wien u. a. 1996, 179.

führt. Legistisch die einfachste Lösung wäre gewesen, diese Personen in die im § 308 Abs. 2 ASVG genannten pensionsversicherungsfreien Dienstverhältnisse einzubeziehen. Konsequenz dieser Lösung wäre gewesen, dass etwa die Ordensprofess als Dienstvertrag qualifiziert worden wäre. Ungeachtet von jedenfalls dienstvertraglichen Elementen der Profess wollte der Gesetzgeber keine normative Festlegung treffen und schuf eine Sonderregelung für Priester und Ordensleute in § 314 ASVG:

> „Scheidet ein gemäß § 5 Abs. 1 Ziff. 7 ASVG von der Vollversicherung ausgenommener Geistlicher der Katholischen Kirche aus dem geistlichen Stand bzw. ein Angehöriger eines Ordens oder einer Kongregation der Katholischen Kirche aus dem Orden bzw. der Kongregation aus, so hat die Diözese bzw. der Orden (die Kongregation) dem Pensionsversicherungsträger, der auf Grund der vom Geistlichen bzw. vom Angehörigen des Ordens oder der Kongregation ausgeübten Tätigkeit zuletzt zuständig gewesen wäre, einen Überweisungsbetrag zu leisten (§ 314 Abs. 1 ASVG)."

Besondere Auslegungsfragen im Zusammenhang mit dem Überweisungsbetrag ergeben sich bezüglich der Tatbestandselemente „Ausscheiden aus dem geistlichen Stand" bzw. „Ausscheiden aus dem Orden". Gemäß kirchlichem Recht bewirkt die einseitige Willenserklärung, aus dem geistlichen Stand bzw. dem Orden auszuscheiden, keinen kirchenrechtlich gültigen Verlust des klerikalen Standes bzw. keine Säkularisation des Ordenmitglieds, es bedarf jeweils eines hoheitlichen Aktes seitens der zuständigen kirchlichen Autorität. Entgegen der von der überwiegenden Zahl der Diözesen vertretenen Rechtsansicht hat die Beurteilung des Ausscheidens nicht nach kirchlichem Recht zu erfolgen, sondern es ist auf ein „faktisches Ausscheiden" abzustellen. Ein solches Ausscheiden ist daher nicht nur dann gegeben, wenn ein kirchliches Laisierungsdekret bzw. ein entsprechendes kirchliches Urteil ergangen ist, sondern auch, wenn der Betreffende ohne rechtsförmliche Rückführung in den Laienstand aus dem kirchlichen Verhältnis ausscheidet. Bei der Interpretation des Begriffs „Ausscheiden" in § 314 ASVG ist der allgemeine sozialversicherungsrechtliche Grundsatz anzuwenden, wonach die tatbestandsmäßige Beurteilung von Lebenssachverhalten von den tatsächlich gegebenen Sachverhaltsumständen abhängt.[8]

Festzuhalten ist, dass die Herausnahme aus der Vollversicherung und die damit verbundenen Regelungen jeweils auf Wunsch und in Absprache mit der Katholischen Kirche erfolgten. „Motivation" für die Herausnahme im Jahre 1955 war der Wunsch, sich von staatlichen Bindungen im Sozial- bzw. – weit einschneidender – im Arbeitsrecht möglichst „freispielen" zu können.

---

[8] Neben der hier in Fn. 7 zitierten Literatur vgl. auch KALB, Herbert, Ausscheiden aus dem geistlichen Stand, in: ÖAKR 37 (1986) 328; DERS., Bereicherungsrecht und Überweisungsbetrag. Bemerkungen zu einer These H. Prees, in: ÖAKR 38 (1987) 52; PREE, Helmuth, Die vermögensrechtliche Lage ausgeschiedener Religiosen nach kanonischem und nach staatlichem Recht unter Berücksichtigung der 29. ASVG-Novelle, in: ÖAKR 24 (1973) 303.

2. Pflegegeldanspruch von Priestern und Ordensangehörigen

§ 3 BPGG definiert den anspruchsberechtigten Personenkreis auf Bundespflegegeld, wobei die diesbezüglichen Anknüpfungstatbestände grundsätzlich auf eine „bundesgesetzliche Grundleistung" abstellen. Das Pflegegeld präsentiert sich daher als eine Annexleistung zu Pensionen und Renten. Mangels „bundesgesetzlicher Grundleistung" – auf die Herausnahme aus der Vollversicherung aus dem ASVG wurde bereits verwiesen – ist es nicht möglich, Priester und Ordensangehörige dem anspruchsberechtigten Personenkreis des § 3 Abs. 1 BPGG zu subsumieren. Damit wurde die Frage virulent, ob Priestern und Ordensleuten ein Pflegeanspruch gegenüber ihrem Bundesland gemäß den landesgesetzlichen Pflegegeldregelungen zukommt. Eine derartige Möglichkeit scheidet aber bereits aus kompetenzrechtlichen Erwägungen aus.

Wie insbesondere PFEIL[9] schlüssig aufzeigte, liegt keineswegs bei allen Personen, die keine „bundesgesetzliche Grundleistung" beziehen und auch sonst nicht ausdrücklich vom BPGG erfasst sind, die Zuständigkeit zur Pflegegeldgewährung bei den Ländern. Die Zuständigkeit der Länder für die Regelung von Pflegegeldansprüchen beruht auf der subsidiären Generalkompetenz nach Art. 15 B-VG, d. h. die Länderkompetenz beginnt dort, wo die Bundeskompetenz endet. Die Vereinbarung zwischen Bund und Ländern über gemeinsame Maßnahmen für pflegebedürftige Personen beinhaltet nur die Verpflichtung, im Rahmen der ihnen verfassungsrechtlich zugeordneten Kompetenzbereiche ein umfassendes Pflegesystem zu schaffen, eine Verschiebung der Kompetenztatbestände zwischen Bund und Ländern ist damit nicht eingetreten. Daher ist für Priester und Ordensangehörige von einer grundsätzlichen Regelungsbefugnis aus dem Kompetenztatbestand „Sozialversicherungswesen" (Art. 10 Abs. 1 Ziff. 11 B-VG) auszugehen, für eine Länderkompetenz besteht kein Raum. Hinweise in den Landespflegegeldgesetzen auf eine kompetenzverträgliche, nicht hoheitliche Gestionsweise (Art. 17 B-VG) fehlen.[10]

Das BPGG sieht aber vor, dass mittels Verordnung durch den Bundesminister für Soziale Sicherheit und Generationen unter Zustimmung des Bundesministers für Finanzen und unter Anhörung der in Betracht kommenden Interessensvertretungen Personengruppen, die nicht der gesetzlichen Pensionsversicherung unterliegen, in den anspruchsberechtigten Personenkreis des BPGG einbezogen werden (§ 3 Abs. 3 BPGG). Voraussetzung ist aber, dass deren „Anspruch auf eine Pension, einen Ruhe(Versorgungs)genuß oder eine gleichartige Leistung

---

9 PFEIL, Walter J., Probleme des Bundespflegegeldgesetzes, in: DRdA 43 (1993) 181; DERS. (Fn. 3), 146; DERS. (Fn. 4), 60.

10 KALB, Herbert, Die „zivilistische Relevanz" von Inkardinations- und Professverhältnis in arbeits- und sozialrechtlicher Perspektive, in: DRdA 45 (1995) 381. Die Frage der „automatischen Zuständigkeit der Länder" klang in der OGH-Entscheidung v. 22.10. 1996 (vgl. Fn. 20) zwar an, der OGH sah im konkreten Fall aber keine Notwendigkeit, darauf einzugehen.

auf einer privatrechtlichen Vereinbarung beruht" (§ 3 Abs. 4 BPGG) und ein der Gesamtfinanzierung des BPGG vergleichbarer Betrag der einzubeziehenden Personengruppen zum durch die Einbeziehung entstandenen Mehraufwand geleistet wird (§ 3 Abs. 5 BPGG).

In Zusammenhang mit diesen „Einbeziehungstatbeständen" sind zwei Tatbestandselemente maßgeblich, nämlich die privatrechtliche Anspruchsgrundlage sowie das Vorliegen eines Anspruchs auf Pension, Ruhe(Versorgungs)genuss oder gleichartige Leistung. Diese wurden im Schrifttum und in von Verfahrensparteien beigebrachten kanonistischen Gutachten differenziert beurteilt. Eine unmissverständliche und überzeugende Klärung erfolgte mittlerweile in der Judikatur für (Welt)priester.

2.1. Einbeziehung von (Welt)priestern in den anspruchsberechtigten Personenkreis

Zur Klärung der Rechtsfrage, ob „römisch-katholische Weltpriester" aufgrund einer gemäß § 3 Abs. 4 BPGG zu erlassenden VO in den Adressatenkreis des BPGG einbezogen werden können, wurden mehrere Revisionsverfahren beim OGH anhängig gemacht. Alle Kläger wurden von derselben Anwaltskanzlei vertreten, beklagte Partei war in allen Fällen das Land Salzburg. In erster Instanz hat jeweils dasselbe Gericht, das LG Salzburg als Arbeits- und Sozialgericht, in zweiter Instanz das OLG Linz als Berufungsgericht in Arbeits- und Sozialrechtssachen entschieden. Diesem Sachverhalt entsprechend hat der OGH eine eingehend begründete Entscheidung erlassen[11] und bei Ablehnung der anderen Pensionsverfahren nur noch auf diese „Leitentscheidung" verwiesen.[12]

Wesentlich war die Beantwortung der Frage, ob die umfassende kirchliche Versorgung für Kleriker auch einen „Anspruch auf eine Pension, einen Ruhe-(Versorgungs)genuß oder eine gleichartige Leistung" umfasst, der auf einer „privatrechtlichen Vereinbarung" beruht. Der OGH hat diese Rechtsfrage zutreffender Weise bejaht.

Grundgelegt ist der kirchliche Versorgungsanspruch im Inkardinationsverhältnis. Unter Inkardination versteht man die mit der Diakonatsweihe erfolgende Eingliederung eines Klerikers in den geistlichen Heimatverband (Diözese, Personalprälatur, Institut des geweihten Lebens), wodurch ein Dienst- und Treueverhältnis eigener Prägung zwischen „einem Kleriker und einem kirchlichen Oberen und dem diesem zugeordneten Klerikerverband" (H. SCHMITZ) entsteht.[13]

---

[11] OGH 5.9.2000, 10 Ob S 121/00t; DRdA 51 (2001) 313 (mit Besprechung von KALB); KALB, Herbert, Ordensangehörige und Weltpriester und ihr Anspruch auf Pflegegeld. Einige Anmerkungen, in: ZAS 35 (2000), 139.

[12] OGH 5.9.2000, 10 Ob S 125/00f; 10 Ob S 124/00h; 10 Ob S 126/00b.

[13] Vgl. SCHWENDENWEIN, Hugo, Die Zugehörigkeit zu einem geistlichen Heimatverband, in: HdbKathKR², 264-274.

Aus diesem „dienstrechtsähnlichen Grundverhältnis" resultiert für den Kleriker die Verpflichtung für den Dienst in der Kirche in Unterstellung unter die zuständige Autorität, aber auch ein Rechtsanspruch auf eine seinen Fähigkeiten entsprechende Verwendung in seinem Heimatverband, personale Betreuung sowie umfassende Sustentation mit den Teilelementen der gerechten Entlohnung, des angemessenen Urlaubs sowie der umfassenden sozialen Für- und Vorsorge auch im Hinblick auf Alter und Krankheit. Im Vordergrund steht der Alimentationsgedanke im Hinblick auf die lebenslange Verfügbarkeit des Klerikers, ohne dass der Entgeltgedanke für erbrachte Leistungen im Sinne einer synallagmatischen Verknüpfung völlig in Abrede gestellt werden könnte.

Unübersehbar weist die Inkardination auch vertragliche Elemente auf, deren „zivilistische Relevanz" auch durch Verweis auf die in Art. 15 StGG verbürgte Kirchenautonomie nicht entkräftet werden können. Unbestritten zählt die Inkardination nach dem Selbstverständnis der katholischen Kirche zu den „inneren Angelegenheiten", doch ist die Vorsorge gegen allgemeine wirtschaftliche Lebensrisiken eine Aufgabe staatlichen Wirkens, die dem Staat hinsichtlich aller Bürger, auch derjenigen, die im Dienste der Kirche stehen, zukommt. In einem entsprechend begrenzten Rahmen ist daher grundsätzlich von einer staatlichen Regelungskompetenz für Priester (und Ordensangehörige) aus dem Kompetenz-Tatbestand „Sozial- und Versicherungswesen" (Art. 10 Abs. 1 Ziff. 11 B-VG) auszugehen, was auch in der sozialversicherungsrechtlichen Rechtsprechung seinen Niederschlag findet.[14]

Diese Überlegungen, die bereits das Berufungsgericht anstellte, werden vom OGH durch Verweis auf die relevante diözesane Besoldungsregelung für Priester unterstrichen, die als *lex contractus* zu qualifizieren ist. Dem Einwand, die priesterliche Altersversorgung stelle keinen Anspruch auf eine Pension, einen Ruhe(Versorgungs)genuss oder eine gleichartige Leistung im Sinne von § 3 Abs. 4 BPGG dar, begegnet der OGH mittels teleologischer Interpretation, indem er auf eine funktional vergleichbare Leistung abstellt, um dann resümierend festzuhalten:

> „Schließlich vermag auch der weitere vom Kläger gegen seine Zugehörigkeit zum Personenkreis des § 3 Abs 3 (nunmehr Abs 4) BPGG erhobene Einwand, sein Pensionsanspruch stelle keinen Anspruch auf eine Pension, einen Ruhe-(Versorgungs-)genuß oder eine gleichartige Leistung im Sinne dieser Gesetzesstelle dar, nicht zu überzeugen. Es kann nicht ernsthaft bestritten werden, daß es sich bei der vom Kläger gemäß der Besoldungsordnung für die Priester der Erzdiözese Salzburg bezogenen Pension um eine einer aus der gesetzlichen Sozialversicherung gebührenden Pension funktional vergleichbaren Leistung handelt, die nach Beendigung seiner aktiven Tätigkeit ebenso seiner Versorgung dient ... Daran vermögen auch allfällige Unterschiede im Leistungsrecht nichts zu ändern. ... Zusammenfassend gelangt daher der erkennende Senat zu dem Ergebnis, daß der Kläger, der als Weltpriester der römisch-katholischen Kirche im Hinblick auf seine nach den kirchlichen Vorschriften beste-

[14] KALB (Fn. 10), 381 mit weiteren Nachweisen; KOIZAR (Fn. 7), 179 und der Judikaturabdruck in RUNGGALDIER / SCHINKELE (Fn. 7), 303-366.

hende eigene Versorgung gemäß § 5 Abs 1 Z 7 ASVG von der Vollversicherung nach dem ASVG ausgenommen ist und daher auch keine aus der gesetzlichen Sozialversicherung oder öffentlich-rechtlichen Pensionsvorsorge gebührende Pensionsleistung erhält, jedoch eine auf kirchlichen Vorschriften und damit auf einer im Sinn des § 3 Abs 3 (nunmehr Abs 4) BPGG ‚privatrechtlichen Vereinbarung' beruhende, funktional vergleichbare Geldleistung bezieht, dem von § 3 Abs 3 (nunmehr Abs 4) BPGG erfassten Personenkreis angehört."

Damit war klargestellt, dass ein Pflegegeldanspruch für Weltpriester im Wege einer Einbeziehungsverordnung gemäß § 3 Abs. 4 BPGG bzw. nur durch eine solche begründet werden kann. Eine diesbezügliche Verordnung trat mit 1. März 2002 in Kraft.[15] Danach zählen nun auch

„Weltpriester der Katholischen Kirche, welche in einer ihren Sitz im Bundesgebiet habenden Diözese inkardiniert oder vorläufig aufgenommen sind und Ansprüche auf Bezüge gegen eine dieser Diözesen haben",

zum anspruchsberechtigten Personenkreis gemäß § 3 Abs. 1 BPGG.

2.2. Ordensangehörige und Anspruch auf Pflegegeld

Für Ordensangehörige wird deren Subsumtion unter den Einbeziehungstatbestand „Anspruch auf eine Pension, einen Ruhe(Versorgungs)genuß oder eine gleichartige Leistung", der auf einer privatrechtlichen Vereinbarung beruht, kontrovers beurteilt.

Unbestritten ist, dass der kirchliche Versorgungsanspruch im Professverhältnis grundgelegt ist. Die Profess ist das öffentliche Gelübde von Ordensangehörigen, womit diese die Verpflichtung zu Gehorsam, Keuschheit und Armut übernehmen, und dem Institut mit den vom Recht festgesetzten Rechten und Pflichten eingegliedert werden.[16]

Unbestritten ist ebenso, dass die Profess in ihrem Kernbereich ein religiöser Akt ist, doch weist sie auch vertragliche Elemente auf[17], die an ein synallagmatisches Verhältnis zumindest im Sinne einer *Do-quod-des*-Beziehung erinnert.[18] Der Versprechende verpflichtet sich, seine Tätigkeit dem Institut unentgeltlich zur Verfügung zu stellen, das Institut übernimmt die Verpflichtung, den Gelobenden in den Verband einzugliedern und für sein Wohl zu sorgen. Dieser Anspruch des Ordensangehörigen auf umfassende Versorgung beinhaltet nicht nur die wirtschaftliche Absicherung gegen Lebensrisiken, sondern darüber hinausgehend alles, was zur Erfüllung der Berufung im Allgemeinen wie auch der

---

15 BGBl.Ö II 2002/72.

16 PRIMETSHOFER, Bruno, Die Religiosenverbände, in: HdbKathKR², 604.

17 Vgl. KALB (Fn. 10), 381; KOIZAR (Fn. 7), 179 ff.

18 GAMPL, Inge, Kommentar zur Entscheidung des VwGH v. 12.1.1972, 593/71, in: ZAS 8 (1973) 66; KALB (Fn. 10), 381; anderer Meinung PRIMETSHOFER, Bruno, Sozialversicherungsrechtliche Fragen von Ordenspersonen im Spannungsfeld zwischen kanonistischem und staatlichem Recht, in: GS Schulz, 661 ff.

übertragenen Aufgabe im Besonderen erforderlich ist. Strukturell vergleichbar mit dem vertraglichen Aspekt der Profess ist die Inkorporation in Gesellschaften des apostolischen Lebens, Verbände mit apostolischer Zielsetzung ohne Ordensgelübde, also ohne gemeinrechtliche Verpflichtung zu Gehorsam, Keuschheit und Armut. Die Eingliederung in eine derartige Gesellschaft beinhaltet auch vertragliche Elemente, wodurch die Inkorporierten die in den jeweiligen Konstitutionen festgelegten Pflichten übernehmen, der Verband sich zur materiellen Versorgung bekennt, eine Sustentationsverpflichtung, die materiell jener aus der Profess vergleichbar ist.[19]

Wie die Inkardination weist auch die Profess – ohne die Einheitlichkeit derartiger Lebenssachverhalte in Frage zu stellen – vertragliche Elemente auf, deren „zivilistische Relevanz" auch mit der in Art. 15 StGG verbürgten Kirchenautonomie nicht in Abrede gestellt werden kann. Auch die Profess ist unbestritten nach dem Selbstverständnis der katholischen Kirche eine „innere Angelegenheit", doch ist analog zur Argumentation hinsichtlich der Inkardination darauf zu verweisen, dass die Vorsorge gegen allgemeine wirtschaftliche Lebensrisiken eine Aufgabe staatlichen Wirkens ist, die dem Staat hinsichtlich aller Bürger, auch derjenigen, die im Dienste der Kirche stehen, zukommt, demzufolge in einem entsprechend begrenzten Rahmen grundsätzlich von einer staatlichen Regelungskompetenz für Ordensangehörige (und Priester) aus dem Kompetenz-Tatbestand „Sozial- und Vertragsversicherungswesen" (Art. 10 Abs. 1 Ziff. 11 B-VG) auszugehen ist.

Diese Auffassung von der „zivilistischen Relevanz" der Profess wird auch von der Judikatur geteilt[20], doch – anders als bei der Inkardination – sieht sie aus dem Professverhältnis keinen „Anspruch auf eine Pension, einen Ruhe(Versorgungs)genuß oder eine gleichartige Leistung" entstehen. Diesbezüglich formulierte der OGH:

> „Was unter ‚Pension' zu verstehen ist, wird im Gesetzestext nicht definiert und in den Materialien nicht erläutert. Soweit im BPGG der Begriff Pension verwendet wird (zB § 3 Abs 1 Z 1, § 22 Abs 1 Z 1), sind darunter laufende Geldleistungen, nicht aber etwa Sachleistungen zu verstehen. Der Begriff ‚Ruhe(Versorgungs)genuss' kommt aus dem Dienstrecht der öffentlich-rechtlichen Bediensteten (Ruhegenuss in § 3 PG, Versorgungsgenuss in § 8 PG), wobei es sich auch hier um monatliche Geldleistungen handelt. Daraus kann geschlossen werden, dass auch der Anspruch auf eine ‚gleichartige Leistung' ein solcher auf Geldleistung sein muss, die ebenso wie die Pension oder der Ruhe(Versorgungs)genuss der Versorgung des Betreffenden dient."

Da es sich – so der OGH – bei den aus dem Professverhältnis resultierenden Ansprüchen um Sach- und nicht um Geldleistungen handle, sei eine Subsumtion dieser Leistungen unter den Einbeziehungstatbestand verunmöglicht:

> „Dass der Profess eine zivilrechtlich relevante Vertragswirkung zukommt, ist nicht zweifelhaft. Bezüglich der Versorgung des Professen verpflichtet sich das Ordensin-

---

19 HENSELER, Rudolf, Die Gesellschaften des apostolischen Lebens, in: HdbKathKR^2, 642.

20 Z. B. OGH 22.10.1996, 10 Ob S 267/95; DRdA 47 (1997) 369 ff.

> stitut, ihm lebenslang den angemessenen Unterhalt zu gewähren und auch das zur Verfügung zu stellen, was zur Erfüllung der Berufung im allgemeinen wie auch der übertragenen besonderen Aufgabe erforderlich ist. Dabei wird es sich in erster Linie um Sachleistungen und nicht um Geldleistungen des Ordensinstituts handeln. Aus dem Professverhältnis lässt sich aber keineswegs ableiten, dass ein Ordensmitglied etwa ab einem bestimmten Alter oder Einschränkung der körperlichen oder geistigen Kräfte einen Anspruch auf eine Pension oder einen Ruhe(Versorgungs)genuß bzw eine andere derartige Geldleistung hat, nur auf eine solche stellt aber die gesetzliche Regelung ab."[21]

In der Diskussion dieser Entscheidung wurde eingewendet, diese Eingrenzung des Begriffs „gleichartige Leistung" auf eine geldwerte Leistung stelle eine unzulässige Reduktion und positivistische Engführung dar, denn beide Begriffe „Pensionen" und „Ruhe(Versorgungs)genuss" meinten wohl Geldleistungen, die dritte Alternative „gleichartige Leistung" beziehe sich dann aber sinnvoller Weise auf ein *aliud*, z. B. Sachleistungen.[22]

Demgegenüber argumentiert PRIMETSHOFER, dass selbst,

> „wenn man der Überlegung Raum geben könnte, dass die ‚geldwerte Leistung' im gegebenen Zusammenhang nicht unbedingt nur im Sinne einer Geldleistung interpretiert werden muss",

der Gesetzgeber aber auf der Höhe nach gleichbleibende Zuwendungen, in der Regel wohl monatliche, abstelle.[23] Allerdings kann sich auch dieser Einwand nicht auf den Wortlaut der Gesetzesbestimmung beziehen, sondern ist aus dem Begriffsverständnis von „Pension" geschöpft. Diese unterschiedlichen Interpretationen sind aber spätestens durch die schon angeführte Entscheidung über die Einbeziehungsmöglichkeit von Weltpriestern weitgehend obsolet. Dort begegnet der OGH dem Einwand, die priesterliche Altersversorgung stelle keinen Anspruch auf eine Pension, einen Ruhe(Versorgungs)genuss oder eine gleichartige Leistung im Sinne von § 3 Abs. 4 BPGG dar, mit systematisch-teleologischen Überlegungen, indem er – wie bereits PFEIL[24] – auf funktional vergleichbare Leistungen abstellt, ein Befund, der auch auf die Bewertungen von Ansprüchen aus dem Professverhältnis Anwendung finden müsste.

Diese Überlegungen finden auch unter rechtspolitischen Gesichtspunkten eine entsprechende Bestätigung und werden in der Entscheidung vom 5. September 2000 bezüglich der Einbeziehung von Weltpriestern auch ausdrücklich angesprochen:

> „Damit im Einklang steht auch der Umstand, dass die Finanzierung des durch die Einführung des Pflegegeldes bedingten finanziellen Mehraufwandes im Bereich der der staatlichen Sozialversicherung unterliegenden Personen in erster Linie durch die Erhöhung der Beitragsgrundsätze in der gesetzlichen Krankenversicherung, die

---

21 Ebd.

22 KALB, Herbert, in: DRdA 47 (1997) 369 ff. (Entscheidungsbesprechung).

23 PRIMETSHOFER, Bruno, in: JBl. 127 (1998) 524 (Entscheidungsbesprechung).

24 PFEIL (Fn. 4), 58.

> gleichzeitige Neugestaltung der Krankenversicherung der Pensionisten und die dadurch erreichte Verminderung des Bundesbeitrages zur Pensionsversicherung gewährleistet werden soll … Für Personen …, die von der staatlichen Sozialversicherung auch nicht betroffen sind, ergibt sich aus der Bestimmung des § 3 Abs. 5 BPGG die Absicht des Gesetzgebers, eine Gewährung von Pflegegeld aus Bundesmitteln an Angehörige dieser Personengruppen nur dann in Betracht zu ziehen, wenn diese auch einen angemessenen finanziellen Beitrag leisten ..."[25]

– eine unmissverständliche Absage an die „Rosinentheorie".

Derselbe Befund ist aber auch für Ansprüche aus dem Professverhältnis anzuwenden. Systemkonform müssten daher auch die Ordensleute durch eine Verordnung gemäß § 3 Abs. 4 BPGG in den Kreis der anspruchsberechtigten Personen einbezogen werden.

---

25 S. Fn. 11.

Öffentlich-rechtliche Anerkennung und Gleichbehandlung von Religionsgemeinschaften im schweizerischen Recht

René Pahud de Mortanges

Einleitung

Anders als das Grundrecht der Religionsfreiheit, welches durch Art. 15 der Schweizerischen Bundesverfassung (BV) geschützt wird, ist die Frage des Verhältnisses von Kirche und Staat in der Schweiz eine rein kantonale Frage.[1] Es besteht hier aus historischen Gründen[2] eine kantonale Kompetenz (Art. 72 Abs. 1 BV). Im Bundesstaat ist es damit Aufgabe der Kantone zu entscheiden, wie sie das Verhältnis zu den Kirchen und anderen Religionsgemeinschaften in ihrem Gebiet regeln wollen. Die meisten Kantone gewähren der Evangelisch-reformierten und der Römisch-katholischen Kirche einen ähnlichen (nicht unbedingt völlig gleichen) öffentlich-rechtlichen Status. Durch diese öffentlich-rechtliche Anerkennung wird ihnen ein Bündel von Rechten und Pflichten gewährt. Den anderen Religionsgemeinschaften kommt, mit Ausnahmen, dieser Rechtsstatus nicht zu. Sie haben sich in den Formen des Privatrechts zu organisieren, etwa als Verein oder als Stiftung.[3] Während für sie, vereinfacht gesagt, ein organisatorisches Trennungssystem gilt, leben die Kirchen der beiden Mehrheitskonfessionen in einem System der Verbindung von Kirche und Staat. Damit stellt sich die Frage nach der Gleichbehandlung zwischen den beiden großen Kirchen einerseits und den zahlreichen kleineren und kleinen Kirchen und anderen Religionsgemeinschaften andererseits. Dem ist in diesem Aufsatz näher nachzugehen.

Hinzuweisen ist zunächst darauf, dass die Situation im Einzelnen deutlich nuancierter ist und heute auch in Bewegung gerät:

- Der Inhalt der öffentlich-rechtlichen Anerkennung unterscheidet sich von einem Kanton zum anderen. Es existiert in der Schweiz nicht ein Anerkennungssystem, sondern wegen der kantonalen Souveränität bestehen in diesem Bereich eigentlich 26 verschiedene Systeme.

---

1 Richard PUZA hat sich in seiner Forschungstätigkeit nicht nur mit dem deutschen, sondern stets auch intensiv mit dem ausländischen Staatskirchenrecht beschäftigt. Dieser im November 2002 abgeschlossene Aufsatz zum schweizerischen Recht, eine modifizierte Version meines Beitrages zum Expertenbericht „Religionsartikel" des Schweizerischen Evangelischen Kirchenbundes, sei ihm in Dankbarkeit für die Zeit als Gast an seinem Lehrstuhl in Tübingen gewidmet.

2 Vgl. unter 1.

3 Dazu RÜEGG, Christoph, Die privatrechtlich organisierten Religionsgemeinschaften in der Schweiz. Eine Bestandesaufnahme und juristische Analyse, Fribourg 2002.

- Die beiden „Trennungskantone" Genf und Neuenburg kennen diese Rechtsfigur nicht. Dort werden die Kirchen zwar „öffentlich anerkannt", behalten aber ihren privatrechtlichen Status.
- In verschiedenen Kantonen sind heute nicht mehr bloß die Römisch-Katholische und die Evangelisch-Reformierte Kirche anerkannt, sondern auch die Christkatholische Kirche und die Jüdische Gemeinschaft.
- Das Recht mehrerer Kantone sieht die Möglichkeit vor, weitere Religionsgemeinschaften anzuerkennen. Die Voraussetzungen und die Wirkungen dieser Anerkennung werden (in einigen Fällen) im kantonalen Recht geregelt.
- Schließlich wird seitens verschiedener heute privatrechtlich organisierter Religionsgemeinschaften ein Interesse an einer öffentlich-rechtlichen Anerkennung signalisiert, teilweise aus Interesse an den damit verbundenen Rechten, teilweise als Zeichen der damit zum Ausdruck gebrachten öffentlichen Wertschätzung.

1. Historische Erläuterungen

Mit der Durchsetzung der Reformation in verschiedenen Orten der alten Eidgenossenschaft entstanden konfessionell geprägte Gebiete: Während ein Teil der Orte zum neuen Glauben überging und dies auch für ihre Untertanengebiete durchsetzte, blieb ein anderer Teil der Orte beim alten Glauben. Die Eidgenossenschaft teilte sich in reformierte und katholische Orte.

Der 1. Landfriede von 1529 ließ die Entscheidungsfreiheit eines jeden eidgenössischen Standes in Glaubensfragen unangetastet.[4] Es bestand, wie anderswo zu dieser Zeit in Europa, ein Glaubenszwang gemäß der Formel *cuius regio eius religio*. Toleranz gegenüber Andersgläubigen, selbst nur in Form eines *ius emigrandi*, gab es zunächst nicht. In den gemeinsam beherrschten Untertanengebieten konnte immerhin die einzelne Kirchgemeinde durch Mehrheitsentscheid über ihren Glauben entscheiden.

Mit dem 2. Landfrieden von 1531 erhielten in den gemeinsamen Untertanengebieten der Orte die katholischen Minderheiten in reformierten Gebieten das Recht zur Kultusausübung und der Beteiligung am Kirchengut.[5] Das Umgekehrte gab es zunächst jedoch nicht.

Erst der 4. Landfrieden von 1712 schuf für die gemeinsamen Herrschaften eine reziproke Parität zwischen den Konfessionen. Dort wurden Ämter paritätisch besetzt, das Kirchengut anteilsmäßig aufgeteilt, ja gelegentlich ein und dieselbe Kirche von beiden Konfessionen benützt (sog. Simultaneen).[6] Abgesehen von

---

4 Vgl. PFISTER, Rudolf, Kirchengeschichte der Schweiz II, Zürich 1974, 64.

5 Ebd., 65.

6 Vgl. BRÜHSCHWEILER, Paul, Die landfriedlichen Simultanverhältnisse im Thurgau, Frauenfeld 1932; MÜLLER, Emil F.J., Das Simultaneum an der Kirche in Glarus, Freiburg 1945.

den gemeinsamen Herrschaften galt aber in den Orten bis zum Ende der Alten Eidgenossenschaft das Prinzip der konfessionellen Ausschließlichkeit weiter; von einer Gleichberechtigung der beiden Konfessionen konnte nicht die Rede sein. Die Dominanz der eidgenössischen Orte in Glaubensfragen und als Folge die konfessionelle Fragmentierung der Eidgenossenschaft als Ganzes vermag wohl zu erklären, dass bis heute das „Kirchenwesen" eine kantonale Domäne geblieben ist.

Erst seit der Mitte des 19. Jahrhunderts und verstärkt dann im 20. Jahrhundert wurde in den Kantonen sukzessive eine Parität zwischen den beiden Konfessionen hergestellt. Nun erhielt auch die jeweilige Minderheitskonfession eine öffentlich-rechtliche Stellung und wurde organisatorisch der Mehrheitskonfession angeglichen. Letztere verlor oftmals ihre Stellung als Staatskirche und wurde zu einer der beiden Landeskirchen. Mit dieser Herstellung der Parität taten sich die traditionell reformierten Kantone oftmals schwerer als die katholischen Kantone.[7] In der traditionell reformierten Waadt blieb die Römisch-Katholische Kirche lange auf das Privatrecht verwiesen.[8] Katholischerseits hat sich, umgekehrt, das Wallis erst 1990 von der Staatsreligion verabschiedet.

Die auf dem Ersten Vatikanischen Konzil (1869-1870) dogmatisierte päpstliche Primatialgewalt und Infallibilität führte in manchen Kantonen zu Auseinandersetzungen innerhalb der Katholiken. Neben der Römisch-Katholischen entstand, teilweise mit staatlicher Unterstützung, die Christkatholische Kirche. Eine Reihe von römisch-katholischen Pfarreien wechselte zur Christkatholischen Kirche, welche letztere mit bundesrätlicher Genehmigung 1876 ein eigenes Nationalbistum errichtete.[9] Die christkatholischen Gemeinden und Landeskirchen wurden, teilweise schon kurz nach ihrer Entstehung, von den Kantonen öffentlich-rechtlich anerkannt. Heute hat die Christkatholische Kirche in neun Kantonen einen öffentlich-rechtlichen Status.[10]

Neueren Datums ist die öffentlich-rechtliche Anerkennung jüdischer Gemeinden in einzelnen Kantonen. Sie erfolgte 1972 in Basel-Stadt, 1990 in Freiburg,

---

[7] Vgl. für die Gründe dazu KRAUS, Dieter, Schweizerisches Staatskirchenrecht, Tübingen 1993, 63.

[8] Mit der neuen Kantonsverfassung, die im April 2003 in Kraft treten wird, wird sich dies nun ändern.

[9] Vgl. KÜRY, Urs, Die Altkatholische Kirche. Ihre Geschichte, ihre Lehre, ihr Anliegen, Frankfurt a. M. 1982, 79-151.

[10] Es sind dies die Kantone Zürich, Bern, Basel-Stadt, Basel-Landschaft, Luzern, Aargau, Schaffhausen, St. Gallen und Solothurn; vgl. WEYERMANN, Maya, Überlegungen aus christkatholischer Sicht, in: PAHUD DE MORTANGES, René / RUTZ, Gregor A. / WINZELER, Christoph, Die Zukunft der öffentlich-rechtlichen Anerkennung von Religionsgemeinschaften, Fribourg 2000, 167 sowie KRAUS (Fn. 7), 440 und FISCHLI-GIESSER, Liz, Die öffentlich-rechtliche Stellung „anderer" Religionsgemeinschaften, in: LORETAN, Adrian (Hg.), Kirche-Staat im Umbruch, Zürich 1995, 167 Fn. 5.

1993 in St. Gallen und 1995 in Bern.[11] Bemerkenswerterweise erließ der Kanton Aargau allerdings schon im 19. Jahrhundert Sonderreglungen für die jüdischen Gemeinschaften in Endingen und Lengnau, dies im Bestreben, die jüdischen Gemeinden den christlichen Kirchgemeinden gleichzustellen.[12] Im Kanton Zürich, wo mehrere der im Kanton bestehenden jüdischen Gemeinden die Anerkennung schon seit den siebziger Jahren anstreben, ist sie umgekehrt noch nicht erfolgt.

2. Was bedeutet öffentlich-rechtliche Anerkennung?

Die historischen Hinweise verdeutlichen, dass in den Kantonen die beiden Mehrheitskonfessionen sowie teilweise zwei weitere Religionsgemeinschaften einen öffentlich-rechtlichen Status haben. Was bedeutet dieser Status und wo liegen die Vorteile gegenüber einer privatrechtlichen Organisationsform? Dies ist im Sinne einer Verallgemeinerung hier darzustellen.

Durch die öffentlich-rechtliche Anerkennung entsteht ein neues öffentlich-rechtliches Rechtssubjekt. Die Religionsgemeinschaft wird aus dem Kreis der privatrechtlich organisierten Gebilde herausgehoben.[13] Der Staat setzt sich durch diesen Rechtsakt in ein näheres Verhältnis[14] zu einer Religionsgemeinschaft. Der Begriff „Anerkennung“ drückt die Bedeutsamkeit der betreffenden Religionsgemeinschaft für den Staat aus, der Zusatz „öffentlich-rechtlich“ präzisiert die rechtliche Organisation derselben.

Der öffentlich-rechtliche Status hat für die Religionsgemeinschaften verschiedene Wirkungen.[15] Diese sind, stark verallgemeinert gesagt, die folgenden:

- Wichtig ist zunächst das Recht der Religionsgemeinschaften, von ihren Mitgliedern Steuern zu erheben und dort, wo ein Kanton von den juristischen Personen Kirchensteuern erhebt[16], an deren Erträgen zu partizipieren. Zur Durchsetzung ihrer Forderung steht ihnen der staatliche Verwaltungszwang zur Verfügung.

---

11 1997 trat in Bern das Gesetz über die jüdischen Gemeinden in Kraft, das die Einzelheiten regelt; vgl. FREY, Jakob, Bericht Kanton Bern, in: Schweizerisches Jahrbuch für Kirchenrecht 2 (1997) 140 ff.

12 Vgl. WYLER, Fritz, Die staatsrechtliche Stellung der israelitischen Religionsgenossenschaften in der Schweiz, Glarus 1929, 186-193.

13 FAMOS, Cla Reto, Die öffentlich-rechtliche Anerkennung von Religionsgemeinschaften im Lichte des Rechtsgleichheitsprinzips, Fribourg 1999, 42.

14 CAVELTI, Urs J., Die öffentlich-rechtlichen Religionsgemeinschaften im schweizerischen Staatskirchenrecht, Fribourg 1954, 27.

15 Im einzelnen siehe RUTZ, Gregor A., Die öffentlich-rechtliche Anerkennung in der Schweiz. Bestandesaufnahme und Entwicklungstendenzen, in: PAHUD DE MORTANGES / RUTZ / WINZELER (Fn. 10), 35-38.

16 S. die Zusammenstellung in: Interkantonale Kommission für Steueraufklärung, Die Kirchensteuern, Bern 1999, 25.

- In verschiedenen Kantonen werden die anerkannten Gemeinschaften zudem, oftmals beruhend auf historischen Vereinbarungen, vom Staat aus allgemeinen Steuermitteln finanziell unterstützt. Zudem genießen sie Steuerfreiheit.
- Auch haben die anerkannten Religionsgemeinschaften die Möglichkeit, in kantonalen und kommunalen Anstalten wie Spitälern, Schulen und Gefängnissen Seelsorge an ihren Mitgliedern zu leisten.[17] Teilweise werden sie dabei staatlicherseits finanziell unterstützt, z. B. indem die Seelsorgestelle vom Staat finanziert wird.
- Ebenso steht den Religionsgemeinschaften in der Regel das Recht zu, im schulischen Religionsunterricht mitzuwirken[18] und für den eigenen, konfessionellen Unterricht die schulische Infrastruktur nutzen zu können.
- Weiter haben die anerkannten Gemeinschaften ein Anrecht auf die Meldung ihrer Mitglieder durch die Einwohnergemeinde; auf diese Weise werden sie über den Zu- oder Wegzug ihrer Mitglieder informiert.

Namentlich mit dem Steuerrecht delegiert der Staat ein Stück seiner Hoheitsgewalt. Vor dem Hintergrund der staatskirchlichen Geschichte (namentlich der traditionell reformierten Kantone) und der republikanischen Tradition der Schweiz erklärt das die Auflagen, welche oft mit der öffentlich-rechtlichen Anerkennung verbunden sind:

- Es besteht meist eine begrenzte staatliche Oberaufsicht über die Tätigkeit der Religionsgemeinschaften und eine staatliche Einsicht in ihre Finanzen.
- Auch sind die Religionsgemeinschaften mancherorts verpflichtet, sich demokratische Entscheidstrukturen zu geben und ihre Mitglieder bei der Wahl ihrer Amtsträger mitwirken zu lassen.[19]

Für Religionsgemeinschaften mit einer hierarchischen Verfassung sind namentlich die letztgenannten Auflagen nicht ohne weiteres akzeptierbar. In den Kantonen, in denen die Römisch-Katholische Kirche öffentlich-rechtlichen Status hat, wurden meistens zusätzlich zu den Organen des kanonischen Rechts staatskirchenrechtliche Gremien geschaffen, welche diese finanziell und administrativ unterstützen. Allerdings erfolgte und erfolgt die öffentlich-rechtliche Anerkennung nie gegen den Willen einer Religionsgemeinschaft. Auch besteht seit ge-

---

17 Dabei ergeben sich heute teilweise Probleme in Zusammenhang mit dem Datenschutz; vgl. PAHUD DE MORTANGES, René (Hg.), Staatliches Datenschutzrecht und die Kirchen, Fribourg 1999.

18 Die Mitwirkung bezieht sich u. a. auf die Gestaltung des Lehrplanes wie auch die Beteiligung von Lehrpersonen. Es gibt in diesem Bereich eine große Vielfalt staatlicher Regelungen, die von Kanton zu Kanton differieren. Der Religionsunterricht ist wohl gesamtschweizerisch im Umbruch begriffen. Im Einzelnen vgl. BELLIGER, Andréa / GLUR-SCHÜPFER, Thomas / SPITZER, Beat, Die rechtliche und tatsächliche Situation des Religionsunterrichts in den öffentlichen Schulen der Deutschschweizer Kantone, Ebikon 1999; LORETAN, Adrian / KOHLER-SPIEGEL, Helga (Hg.), Religionsunterricht an öffentlichen Schulen, Zürich 2000.

19 Vgl. RUTZ (Fn. 15), 37.

raumer Zeit die Tendenz, die staatliche Aufsicht zu lockern und die Autonomie der anerkannten Religionsgemeinschaften zu vergrößern.

Die öffentlich-rechtliche Anerkennung besteht, zusammenfassend gesagt, aus einem Bündel von Rechten und Pflichten. Sie erleichtert die Tätigkeit der anerkannten Religionsgemeinschaften nicht nur durch einen erleichterten Finanzierungsmodus und finanzielle Unterstützung, sondern auch durch verschiedene Formen staatlicher „Amtshilfe". Im einzelnen bestehen zwischen den Kantonen allerdings nicht unbeträchtliche Unterschiede im Anerkennungsrecht. Wie die Anerkennung etwa der Römisch-Katholischen Kirche ausgestaltet ist, ist von Kanton zu Kanton verschieden zu beantworten.[20] Auch sind die verschiedenen anerkannten Religionsgemeinschaften in den einzelnen Kantonen einander oft nicht völlig gleichgestellt. Die Parität zwischen den anerkannten Religionsgemeinschaften ist, wie dargestellt, historisch gewachsen und war jeweils das Ergebnis eines politischen Willens. Welche Wirkungen man der Anerkennung einer weiteren Religionsgemeinschaft verleihen wollte, wurde oftmals politisch oder pragmatisch und *ad hoc* beantwortet.

Nicht alle Wirkungen, welche, wie oben beschrieben, mit dem öffentlich-rechtlichen Status verbunden sind, sind zwingend nur diesem vorbehalten. In den beiden „Trennungskantonen" Genf und Neuenburg wurden den großen Kirchen auf dem Wege der Vereinbarung verschiedene Rechte zugestanden. In den anderen Kantonen können die privatrechtlich organisierten Kirchen und andere Religionsgemeinschaften Steuerbefreiung beantragen. Auch die Partizipation an der Anstaltsseelsorge und am Religionsunterricht könnten auf dem Vereinbarungswege geregelt werden. Die Steuerhoheit setzt hingegen den öffentlich-rechtlichen Status voraus.

3. Öffnung des Anerkennungssystems

Öffentlich-rechtlich anerkannt sind heute in der Regel die Römisch-Katholische und die Evangelisch-Reformierte Kirche, denen gemäß den provisorischen Resultaten der Volkszählung 2000 zusammen rund 81 % der Schweizer Bevölkerung angehören. Anerkannt sind sodann in neun Kantonen die Christkatholische Kirche mit gesamtschweizerisch rund 13.000 Mitgliedern und in vier Kantonen die jüdischen Gemeinschaften; insgesamt wohnen in der Schweiz rund 18.000 Menschen jüdischen Glaubens.

Alle anderen Kirchen und Religionsgemeinschaften verfügen nicht über diesen Status, was mit einem Blick auf ihre teilweise beträchtliche Mitgliederzahl erstaunen mag. Gemäß der Volkszählung 2000 wohnen in der Schweiz 310.000

---

20 Vgl. FRANK, Antoinne, La reconnaissance d'un statut de droit public à l'Église catholique romaine dans les cantons suisses, in: Schweizerisches Jahrbuch für Kirchenrecht 3 (1998) 195-208.

Muslime, womit der Islam die drittgrößte Religionsgemeinschaft in der Schweiz geworden ist.

Zahlenmäßig nicht unbedeutend sind in der Schweiz die Angehörigen der Methodistischen, der Lutherischen, der Orthodoxen und der Anglikanischen Kirche.[21] Auch manche christliche Freikirchen und Sondergemeinschaften zählen mehrere zehntausend Mitglieder. Die Neuapostolische Kirche hat, um nur ein Beispiel zu nennen, in der Schweiz 36.000 Angehörige. Hinzuweisen ist sodann auf den Hinduismus und den Buddhismus, Religionen, die in der Schweiz u. a. durch die Migration an Bedeutung gewonnen haben.

Die definitive Auswertung der Volkszählung 2000 wird es ermöglichen, die aktuelle Situation der Religionen und Konfessionen in der Schweiz zu erfassen. Offenkundig aber ist, dass durch die zunehmende religiöse Pluralität die „Exklusivität" der öffentlich-rechtlichen Anerkennung in Frage gestellt wird. Es besteht, jedenfalls seitens verschiedener Religionsgemeinschaften, ein Bedürfnis nach Öffnung des Anerkennungssystems. Das zeigte eine Tagung des Institutes für Kirchenrecht und Staatskirchenrecht an der Universität Fribourg im Jahr 1999, wo mehrere Vertreter heute privatrechtlich organisierter Religionsgemeinschaften ihr Interesse an diesem Status bekundeten[22]:

- So hat für die Muslime eine öffentlich-rechtliche Anerkennung nicht bloß praktische, sondern primär ideelle Bedeutung, insofern als sie von diesem Status einen Abbau gesellschaftlicher Diskriminierung und eine Förderung ihrer Integration erwarten.[23]
- Auch für einen Großteil der schweizerischen Juden ist es ein politisches und emanzipatorisches Anliegen, den anderen Religionsgemeinschaften gleich gestellt zu sein.[24]
- Wenig evident ist der privatrechtliche Status für die Angehörigen jener christlichen Kirchen, die in anderen Ländern einen öffentlich-rechtlichen Status haben wie z. B. die Anglikanischen, die Evangelisch-lutherischen und die Evangelisch-methodistischen Kirchen. Die Vereinsnatur führt dazu, dass die Kirchen für ihr Wirken „keine öffentliche Unterstützung und Anerkennung"[25] erhalten und häufig auch mit dem Unverständnis von Behörden zu kämpfen haben.
- Auch für die christlichen Freikirchen, die traditionell auf eine gewisse Distanz zum Staat bedacht waren, scheint die öffentlich-rechtliche Anerkennung an Relevanz zu gewinnen. Dies auch deshalb, um sich von sektiererischen

---

21 S. zu diesen Kirchen WINZELER, Christoph, Strukturen von einer „anderen" Welt, Fribourg 1998, 235-253.

22 Vgl. die Stellungnahmen von Vertretern verschiedener Kirchen und Religionsgemeinschaften in: PAHUD DE MORTANGES / RUTZ / WINZELER (Fn. 10), 105-199.

23 AMIN, Ismail, Überlegungen aus islamischer Sucht, in: ebd., 198.

24 BLOCH, Rolf, Überlegungen aus jüdischer Sicht, in: ebd., 169.

25 SCHAAD, Theo, Überlegungen aus evangelisch-methodistischer Sicht, in: ebd., 175.

Gruppierungen abgrenzen zu können.[26] So sind zur Zeit in den Kantonen Bern und Basel-Landschaft Gesuche um öffentlich-rechtliche Anerkennung anhängig, welche von Freikirchen eingereicht wurden. Andere Freikirchen haben zwar noch kein Gesuch eingereicht, beobachten aber die Entwicklung mit großer Aufmerksamkeit.

Es zeigt sich, dass es den an einem öffentlich-rechtlichen Status interessierten Religionsgemeinschaften vorwiegend um die damit verbundenen ideellen Vorteile geht. Die finanzielle Unterstützung durch den Staat und die praktischen Vorteile mögen als Motiv gewiss mitspielen, scheinen aber teilweise weniger bedeutsam zu sein. Das mag sich daraus erklären, dass man sich bisher auch auf andere Weise zu organisieren wusste.

4. Besteht ein Anspruch auf Anerkennung?

Damit eine bisher privatrechtlich verfasste Religionsgemeinschaft öffentlich-rechtlichen Status erlangen kann, ist zunächst vorausgesetzt, dass das kantonale Recht diese Möglichkeit überhaupt vorsieht. Das ist in 13 von 26 Kantonsverfassungen der Fall. Es sind dies die Verfassungen der Kantone Bern (Art. 126 Abs. 2 KV BE), Obwalden (Art. 3 Abs. 2 KV OW), Nidwalden (Art. 36 KV NW), Glarus (Art. 135 Abs. 2 KV GL), Freiburg (Art. 2 Abs. 3 KV FR), Solothurn (Art. 53 Abs. 2 KV SO), Basel-Landschaft (§ 136 Abs. 3 KV BL), Schaffhausen (Art. 50 KV SH), Appenzell-Außerrhoden (Art. 111 KV AR), Aargau (§ 109 Abs. 2 KV AG), Tessin (Art. 24 Abs. 2 KV TI), Wallis (Art. 2 Abs. 3 KV VS) und Jura (Art. 130 Abs. 2 KV JU).[27] Allerdings wird in keiner Verfassung abschließend gesagt, unter welchen Voraussetzungen die Anerkennung ausgesprochen wird. Oft wird stattdessen auf ein zu erlassendes Gesetz verwiesen. Ein solches ist bisher nur in Einzelfällen ergangen:

- Hinzuweisen ist namentlich auf das „Gesetz über die Beziehungen zwischen den Kirchen und dem Staat" des Kantons Freiburg (1990), welches detailliert

---

26 Treffend MÜLLER, Markus, Überlegungen aus Sicht der Pilgermission St. Chrischona, in: ebd., 188 f.: „In der heutigen Zeit ist der religiöse Markt stark segmentiert, der Kampf um die Seelen und deren Finanzkraft ist härter geworden. Damit verbunden ist die Feststellung, dass der durchschnittliche Bürger überfordert ist, die verschiedenen quasi-religiösen Gemeinschaften richtig einzuordnen, zu verstehen und zu bewerten. Die öffentlich-rechtliche Anerkennung verschafft ihren Trägern in diesem Kampf einen Wettbewerbsvorteil, vergleichbar mit einem ISO-Zertifikat oder dem Label ‚Bioprodukt'. Was der Staat anerkannt hat, repräsentiert nach landläufiger Meinung das gute schweizerische Mittelmass und ist daher unbedenklich. Freikirchen geraten dadurch in einen fortwährenden Erklärungszwang, wollen sie nicht in den grossen Topf extremer, intoleranter und sektiererischer Gruppen geworfen werden."

27 Die Abkürzung nach „KV" ist jeweils die Kurzform des betreffenden Kantons. Die genannten Bestimmungen finden sich im Wortlaut bei FREY, Jakob (Hg.), Schweizerische Kirchenrechtsquellen I. Kantonales Recht, Bern 1999; vgl. auch die Kommentierung bei FAMOS (Fn. 13), 47-65.

die Voraussetzungen für die Gewährung von öffentlich-rechtlichen Vorrechten an eine privatrechtlich organisierte Religionsgemeinschaft regelt.[28]

- Konkrete Ausführungsbestimmungen kennt sodann das Kirchengesetz des Kantons Basel-Landschaft (1950)[29] sowie
- das „Dekret betreffend die öffentlichen kirchlichen Korporationen" des Kantons Schaffhausen (1889).[30]
- Als Entwurf liegt im Kanton Zürich seit 1998 ein Gesetz über die Anerkennung anderer religiöser Gemeinschaften (als die Landeskirchen) vor, welches in § 3 die Voraussetzungen für die Anerkennung regelt.

Für den Entscheid über die Anerkennung wird gelegentlich die kantonale Exekutive, in den meisten Fällen jedoch das Kantonsparlament als zuständig erklärt. Stets ist diese Entscheidung damit ein politischer Akt. Anders als in anderen Ländern entscheidet in der Schweiz nicht eine Verwaltungsbehörde und ggf. ein Gericht, sondern ein politisches Gremium. Das hat Vor- und Nachteile.

In den Kantonen, die im gegenwärtigen Recht keine Möglichkeit der Anerkennung weiterer Religionsgemeinschaften vorsehen, müsste vorgängig eine Verfassungsrevision erfolgen. Dies setzt eine Volksabstimmung voraus. Die politische Hürde ist hier höher, der Aufwand größer.

Kann eine Religionsgemeinschaft, die den öffentlich-rechtlichen Status wünscht und ein entsprechendes Gesuch in einem der oben genannten Kantone einreicht, geltend machen, es bestehe ein Anspruch auf Anerkennung? Die meisten kantonalen Rechtstexte schweigen sich zu dieser Frage aus. Eine Ausnahme ist das Kirchengesetz des Kantons Basel-Landschaft, das in § 1a Ziff. 2 bestimmt: „Ein Rechtsanspruch auf kantonale Anerkennung besteht nicht."[31]

Wie verträgt sich das mit Art. 8 der BV (Rechtsgleichheit)? Haben die nicht anerkannten Religionsgemeinschaften nicht vielmehr einen Anspruch auf Gleichbehandlung mit den anerkannten?

Um diese Frage zu beantworten, ist zunächst die herrschende Lehre und Rechtsprechung zu Art. 8 BV zu skizzieren: Gemäß bundesgerichtlicher Rechtsprechung ist der Grundsatz der Rechtsgleichheit (nur) dann verletzt, „wenn wesentlich Gleiches ungleich oder wesentlich Ungleiches gleich behandelt wird".[32] Das geht zurück auf die alte, schon von den griechischen Philosophen entwickelte Formel, dass Gleiches gleich und Ungleiches ungleich zu behandeln ist. Das Gebot der Gleichbehandlung bedeutet also nicht, dass in jeder Konstellation alle genau gleich zu behandeln sind. Die Notwendigkeit absoluter Gleichbehandlung

---

28 Gesetz über die Beziehungen zwischen den Kirchen und dem Staat v. 26.9.1990 (in: SGF 190.1), Artt. 28 (Voraussetzung der Gewährung von Vorrechten), 29 (Arten von Vorrechten) und 30 (Entzug und Verzicht), abgedr. bei FREY (Fn. 27), 151.

29 Kirchengesetz v 3.4.1950 (SGS 191), §§ 1-1d, abgedr. ebd., 51 f.

30 Dekret betreffend die öffentlichen kirchlichen Korporationen v. 18.11.1889 (SHR 130.010), abgedr. ebd., 260 f.

31 Kirchengesetz v 3.4.1950 (SGS 191), abgedr. ebd., 51.

32 BGE 103 Ia 245.

ist nur in wenigen Fällen wirklich gegeben.[33] Vielmehr ist in den meisten Fällen auf die individuellen Unterschiede Rücksicht zu nehmen. Würden ungleiche Sachverhalte gleich behandelt, würde ja wieder Ungleichheit produziert. Statt absoluter Gleichbehandlung ist bei der Rechtssetzung und -anwendung meistens eine relative Gleichbehandlung erforderlich. Ein kantonaler Erlass oder Entscheid verletzt gemäß bundesgerichtlicher Rechtsprechung das Rechtsgleichheitsgebot nur dann, wenn Unterscheidungen getroffen werden, für die ein vernünftiger Grund in den zu ordnenden Verhältnissen nicht ersichtlich ist, oder Unterscheidungen unterlassen werden, die sich aufgrund der Verhältnisse aufdrängen.[34] Einfacher gesagt: Jede Differenzierung muss sich auf Gründe stützen können, die als sachlich und vernünftig anerkannt werden können.[35]

Übertragen auf die Frage nach der Anerkennung bedeutet dies: Die Kantone sind aus Art. 8 BV nicht verpflichtet, alle Religionsgemeinschaften öffentlichrechtlich anzuerkennen und damit gleich zu behandeln. Das ist in der herrschenden Lehre nicht umstritten.[36] In Bezug auf die Organisationsparität besteht in der Schweiz nur ein Anspruch auf relative Gleichbehandlung der Religionsgemeinschaften. Die Kantone haben einen Ermessensspielraum, um den faktischen Unterschieden zwischen den Religionsgemeinschaften Rechnung zu tragen. Untersagt ist ihnen aufgrund von Art. 8 BV nur, aber immerhin, einer Religionsgemeinschaft das Institut der öffentlich-rechtlichen Anerkennung in diskriminatorischer Weise vorzuenthalten.

Auch aus Art. 15 BV (Religionsfreiheit) lässt sich in dieser Frage nichts anderes ableiten. Die Religionsfreiheit verpflichtet den Staat zu religiöser und weltanschaulicher Neutralität. Er darf niemand ausschließlich aus religiösen Gründen privilegieren oder diskriminieren. Das verbietet gemäß herrschender Lehre aber nicht Differenzierungen nach religiösen oder weltanschaulichen Bekenntnissen. Verboten sind nur Differenzierungen wegen diesen Bekenntnissen, also Ungleichbehandlungen aus ausschließlich religiösen Motiven.[37] Verboten wäre es z. B., die Orthodoxe Kirche nur deshalb nicht anzuerkennen, weil sie orthodox ist.

---

33 Vgl. FAMOS (Fn. 13), 91.

34 BGE 119 Ia 128.

35 FAMOS (Fn. 13), 96.

36 Ebd., 111; KRAUS (Fn. 7), 414 f.; KARLEN, Peter, Zur öffentlichrechtlichen Anerkennung weiterer Religionsgemeinschaften, in: Schweizerisches Jahrbuch für Kirchenrecht 1 (1996) 43; HÄFELIN, Ulrich in: Kommentar zur Bundesverfassung der schweizerischen Eidgenossenschaft, hg. v. AUBERT, Jean-François, Basel 1993, Art. 49 Rn. 40; HANGARTNER, Yvo, Grundzüge des schweizerischen Staatsrechts II, Zürich 1982, 101; SALADIN, Peter, Grundrechte im Wandel, Bern 1982, 13 f.

37 KARLEN, Peter, Das Grundrecht der Religionsfreiheit in der Schweiz, Zürich 1988, 195 f.

5. Beurteilungskriterien für die Anerkennung

Wenn die Kantone damit nicht verpflichtet sind, jedes Gesuch um Anerkennung *a priori* positiv zu beantworten, stellt sich die Anschlussfrage, welche Kriterien herangezogen werden dürfen, um das eine Gesuch positiv, das andere hingegen negativ zu beantworten. Welche Beurteilungskriterien sind sachlich und vernünftig? Schauen wir zunächst, was in den Kantonen verlangt wird:

Das Kirchengesetz des Kantons Basel-Landschaft nennt als Voraussetzung für die Anerkennung, dass eine Religionsgemeinschaft

- ein christliches oder jüdisches Glaubensbekenntnis vertritt,
- in der Schweiz während mehr als zwanzig Jahren im Einklang mit der Rechtsordnung gewirkt hat,
- die Rechtsordnung, insbesondere die Glaubens- und Gewissensfreiheit Andersgläubiger, respektiert und
- nachweist, dass die Mehrheit der abstimmenden Angehörigen ihrer Ordnung zugestimmt hat.[38]

Gemäß dem Gesetz über die Beziehungen zwischen den Kirchen und dem Staat im Kanton Freiburg kann der Staatsrat einer Religionsgemeinschaft öffentlich-rechtliche Vorteile gewähren, wenn diese

- sich auf eine in der Schweiz überlieferte religiöse Bewegung oder auf eine solche von weltweiter Bedeutung beruft,
- dem Ökumenischen Rat der Kirchen angehört oder seit dreißig Jahren im Kanton zugegen ist,
- im Kanton mindestens hundert Mitglieder zählt,
- in der Form eines Vereins mit Sitz und Kultusstätte im Kanton organisiert ist und
- die Grundsätze der schweizerischen Rechtsordnung respektiert.[39]

Von Interesse ist sodann der Entwurf zu einem Gesetz über die Anerkennung anderer religiöser Gemeinschaften von 1998 des Kantons Zürich, der in § 3 Abs. 1 verlangt, dass die anzuerkennende Religionsgemeinschaft

- während mehr als 30 Jahren in der Schweiz gewirkt hat und mehr als 3.000 Mitglieder im Kanton zählt oder auf andere Weise für die Gemeinschaft bedeutsam ist,
- die Grundwerte der schweizerischen Rechtsordnung, insbesondere die Toleranz und den Frieden unter den religiösen Gemeinschaften respektiert,
- demokratisch organisiert ist und
- über ihre Finanzen öffentlich Rechenschaft ablegt.

Die hier genannten Kriterien lassen sich unter folgende Obertitel zusammenfassen:

---

38 Zit. nach FREY (Fn. 27), 51.

39 Zit. ebd., 151.

a) Dauer der Verbreitung der Religionsgemeinschaft in der Schweiz / im Kanton,
b) Mindestanzahl der Mitglieder,
c) Mindestanforderungen für die rechtliche Organisation der Gemeinschaft,
d) Verpflichtung auf den *ordre public*,
e) Art des Bekenntnisses der Religionsgemeinschaft.

Zu a) und b): Als ohne weiteres sachlich gerechtfertigt gelten in der Lehre Mindestanforderungen in Bezug auf die Mitgliederzahl und die Anwesenheitsdauer der Religionsgemeinschaft in der Schweiz bzw. im Kanton. Es soll vermieden werden, dass „religiöse Eintagsfliegen" anerkannt werden oder Gemeinschaften, deren Existenz von der Öffentlichkeit gar nicht wahrgenommen wird.[40] Da auch – anders als in anderen Ländern – im schweizerischen System die Anerkennung nicht ein bloßes Etikett ist, sondern mit konkreten Konsequenzen und damit sowohl für den Staat wie für die anerkannte Gemeinschaft mit einigem Aufwand verbunden ist, rechtfertigt sich die Forderung nach einer durch den Mitgliederbestand dokumentierten Mindestgröße. Oben stehende Formulierungen zeigen aber, dass diese Zahlen nicht immer als absolut verstanden werden. Eine Religionsgemeinschaft kann zwar zahlenmäßig klein, aber auf andere Weise gesellschaftlich von Bedeutung sein.

Zu c): Ebenso ist vernünftig einsehbar, dass der anerkennende Kanton Mindestanforderungen stellt hinsichtlich der rechtlichen Organisation der Religionsgemeinschaft. Damit eine Gemeinschaft ihren durch die Anerkennung eingegangenen Verpflichtungen nachkommen kann, bedarf es ausgereifter Strukturen mit klaren Zuständigkeiten und Entscheidwegen.[41] Dass die Struktur der Religionsgemeinschaft eine demokratische sei, entspricht der republikanischen Tradition der Schweiz, nicht aber dem hierarchischen Selbstverständnis mancher Glaubensgemeinschaft. Dies führt dazu, dass zusätzlich zu den internen, hierarchischen Strukturen noch externe, demokratische Strukturen gebildet werden müssen. Das birgt das Risiko in sich, dass die äußere Hülle nur eine Scheinkonstruktion darstellt. Das Demokratieerfordernis ist damit zwar rechtlich nicht zu beanstanden, mag aber faktisch ein Hindernis für die Öffnung des Anerkennungssystems sein.

Zu d): Einsehbar ist, dass sich eine Religionsgemeinschaft dazu verpflichten muss, in Leben und Lehre die freiheitlich-demokratischen Grundwerte des Staates zu wahren. Eine Gruppierung, die grundsätzlich eine ablehnende Haltung gegenüber dem Staat und seinen Werten einnimmt, kommt für eine Anerkennung nicht in Frage. Das bedeutet indessen nicht, dass eine Religionsgemeinschaft keine Kritik an der bestehenden Rechtsordnung üben dürfte. Auch die großen christlichen Kirchen verstehen sich als „kritisches Korrektiv" zum Staat. Diese Kritik muss aber auf demokratischem Wege eingebracht werden.

---

40 Im Einzelnen vgl. FAMOS (Fn. 13), 125-164.

41 Ebd., 143.

Zu e): Schwerer tut sich die Lehre schließlich mit der Beschränkung der Anerkennung auf bestimmte Bekenntnisse, wie dies im Kanton Basel-Landschaft der Fall ist („christliches oder jüdisches Bekenntnis").[42] Das ist unter dem Gesichtspunkt der religiösen Neutralität des Staates heikel. Zwar kann die Schweiz nach wie vor als ein christliches Land betrachtet werden und gebietet die Rechtsgleichheit oder die Religionsfreiheit nicht, dass das christliche Element im öffentlichen Leben völlig ausgeblendet wird. Das Anerkennungsrecht aber *a priori* auf christliche oder jüdische Bekenntnisse einzugrenzen, schafft eine systematische Imparität, welche einem modernen Verständnis der religiösen Neutralität des Staates nicht gerecht wird. Abgesehen davon wäre mit einem solchen Kriterium ein staatliches Organ gezwungen zu beurteilen, ob eine religiöse Lehre z. B. noch christlich ist, was in Einzelfällen nicht leicht sein kann. Eine staatliche Beurteilung von Glaubensinhalten aber ist auf jeden Fall zu vermeiden.

6. „Große" und „kleine" Anerkennung

Das System der Anerkennung ist auf die christlichen Großkirchen zugeschnitten. Schon die Anerkennung der jüdischen Gemeinschaften, zahlenmäßig kleiner und teilweise anders organisiert, verlangte Einiges an gesetzgeberischer Kreativität, um ein passendes rechtliches Gewand zu finden.[43]

Geht es um die Anerkennung weiterer Religionsgemeinschaften, kann freilich nicht stets ein *Ad-hoc*-Gesetz gemacht werden, das den jeweiligen organisatorischen Besonderheiten der entsprechenden Religionsgemeinschaft Rechnung trägt. Umgekehrt wird, wie oben dargestellt, nicht von allen Religionsgemeinschaften das ganze Bündel an Rechten und Pflichten gewünscht, das typischerweise mit der öffentlich-rechtlichen Anerkennung verbunden ist.

In dieser Situation sehen einzelne Kantone vor, dass die Religionsgemeinschaft ihren privatrechtlichen Status behält, aber einzelne Rechte verliehen bekommt. Folgende Beispiele seinen erwähnt:

- Gemäß Art. 29 des Gesetzes über die Beziehungen zwischen den Kirchen und dem Staat des Kantons Freiburg werden gewährt die Steuerbefreiung, das Recht zur Anstaltsseelsorge, das Recht auf Datenmeldung durch die Gemeinden und das Recht, für den eigenen Religionsunterricht Schullokale nutzen zu können.
- Der Entwurf für ein Anerkennungsgesetz im Kanton Zürich kennt neben der Anerkennung als Gemeinde auch eine Anerkennung als privatrechtlicher Verein (§ 4). Ähnlich wie in Freiburg zieht dieser Status ebenfalls nur einen Teil der Rechte, namentlich nicht die Steuerhoheit (§ 6 *e contrario*), mit sich.

Auf diese Weise gibt es neben der „großen" auch eine „kleine" Anerkennung. Das ermöglicht es der Religionsgemeinschaft, die vergleichsweise schlanken

---

42 Ebd., 156-159; FISCHLI-GIESSER (Fn. 10), 164 f.; KARLEN (Fn. 37), 45.

43 Vgl. für Bern FREY (Fn. 11), 140 ff.

Strukturen des Vereinsrechts beizubehalten. Vom Rechtsgleichheitsgebot aus ist das nicht zu beanstanden, denn dieses erlaubt (und verlangt), wie dargestellt, auf faktische Unterschiede Rücksicht zu nehmen.

Die Differenzierung der Anerkennungswirkungen existiert auch in anderen europäischen Ländern. Sie lässt sich nicht vermeiden in Ländern, in denen noch eine Mehrheit der Bevölkerung den christlichen Großkirchen angehört, daneben aber andere Religionsgemeinschaften bestehen, welche an Bedeutung gewinnen.

7. Defizite des geltenden Systems

Die ausschließlich kantonale Kompetenz zur Anerkennung von Kirchen und anderen Religionsgemeinschaften hat heute mehrere gravierende Nachteile:

Das kantonale Verfassungsrecht ist, wie dargestellt, in der Frage der Anerkennung höchst disparat. Manche kantonale Rechtsordnungen sind für die Anerkennung weiterer Religionsgemeinschaften offener angelegt als andere. Insgesamt ist aber das kantonale Anerkennungsrecht eine statische Rechtsmaterie. Zwar ist in der Lehre das Bedürfnis nach einer Ausweitung des Anerkennungssystems auf weitere Religionsgemeinschaften unbestritten, doch tut sich in dieser Frage in vielen Kantonen faktisch wenig. Der kantonale Gesetzgeber ist, mit Ausnahmen, wenig innovativ in dieser Materie. Wie sich die in verschiedenen Kantonen laufenden Verfassungsrevisionen auswirken werden, lässt sich zum gegenwärtigen Zeitpunkt nicht sagen.

Das aber entspricht kaum der Tatsache, dass es heute neben den beiden großen Kirchen verschiedene andere Kirchen und Religionsgemeinschaften gibt, denen eine gesellschaftliche Bedeutung nicht abgesprochen werden kann. Einige von ihnen erreichen in den einzelnen Kantonen politisch und rechtlich die Anerkennungsschwelle nicht, obwohl ihre landesweiten Mitgliederzahlen und Aktivitäten nicht unbedeutend sind. Das kantonale Anerkennungssystem, so wie es heute existiert, spiegelt diesen Wandel hin zu religiöser Pluralität in der Schweiz unzureichend wider.

Auch für die großen Religionsgemeinschaften besteht heute eine teilweise unbefriedigende Situation. Nicht nur auf der kantonalen Ebene, sondern auch auf Bundesebene existieren in vielen Bereichen institutionalisierte Kontakte zwischen staatlichen Stellen und den Kirchen. Zu denken ist z. B. an

- die Seelsorge in der Armee,
- die außerschulische Jugendförderung,
- die Entwicklungszusammenarbeit,
- die Empfangsstellen für Asylsuchende,
- die Betreuung von Flüchtlingen,
- die Konzessionierung religiöser Programmveranstalter für Radio und Fernsehen sowie
- die institutionalisierten Vernehmlassungsverfahren.

Wo der Bund sich neuer staatlicher Aufgaben mit gesellschaftspolitischer Relevanz annimmt, kommt er oftmals nicht umhin, den Kontakt zu den Kirchen und anderen Religionsgemeinschaften zu suchen, weil diese Aufgaben auch deren Interessens- und Wirkungskreis tangieren. Die in Art. 72 Abs. 1 BV als ausschließlich formulierte kantonale Kompetenz im Staatskirchenrecht geht damit ein Stück weit an der Realität im Bundesstaat vorbei. Faktisch nimmt heute der Bund einen Teil seiner Aufgaben in Kooperation mit den Kirchen und Religionsgemeinschaften wahr. Ohne Verfassungsgrundlage haftet aber diesen Kooperationsformen etwas Zufälliges und Willkürliches an. Wer wird von den Bundesorganen als Gesprächspartner begrüßt und in welchen Fragen? Mit wem arbeiten die Bundesorgane zusammen? Wer wird vom Bund für welche Aktivitäten unterstützt? Die Antwort darf nicht beliebig und im einen Fall anders als im anderen ausfallen.

Von daher stellt sich die Frage, ob in der Bundesverfassung nicht eine Grundlage geschaffen werden sollte für eine öffentliche Anerkennung von Kirchen und anderen Religionsgemeinschaften auf Bundesebene. Diese Anerkennung könnte die Grundlage für die Kooperation des Bundes mit den anerkannten Gemeinschaften darstellen. Entscheidend ist aber, dass eine solche Bundesanerkennung das kantonale Anerkennungsrecht nicht ersetzt, sondern ergänzt, da eine Infragestellung der kantonalen Souveränität im Kirchenwesen vermutlich auf großen politischen Widerstand stoßen würde.

Séparation française et séparation allemande entre les cultes et l'État
Quelques aspects

Jean-Paul Durand

Le Professeur Richard PUZA rappelle volontiers que le droit civil ecclésiastique français parle de laïcité[1], quand le Staatskirchenrecht allemand parle de neutralité.[2]

C'est d'autant plus vrai en régime français de séparation; la séparation française étant la réalisation maximale de la laïcité constitutionnelle, dans la France de ce temps. C'est plus complexe dans le cadre des autres régimes étatiques des cultes que certaines régions de France connaissent pour leur part: certes, la laïcité s'y applique aussi en tant que principe de non confessionnalisme de la République française, République une et indivisible, République constitutionnellement laïque depuis 1946. Le territoire sous nationalité française n'est pas entièrement régi par un régime de séparation entre les cultes et l'État, puisque l'Alsace, la Moselle et certains territoires d'Outre mer connaissent d'autres régimes étatiques de liberté religieuse – liberté individuelle – et de liberté de religion – liberté collective, communautaire et institutionnelle.[3] Or, pour parler du régime français de la séparation, en vigueur depuis la loi du 9 décembre 1905 – modifiée surtout par la loi du 2 janvier 1907 – le professeur d'histoire Jean-Marie MAYEUR parle de respect de la part de l'État et du droit français[4], pour les règles d'organisation propres de chaque culte, moyennant un respect de chaque culte à l'égard de l'ordre public républicain. L'historien rappelle ainsi l'esprit du rapport d'Aristide BRIAND chargé de présenter au Parlement en 1905 cette importante loi de séparation. L'historien pourrait même rappeler dans quelles cir-

---

1 BEDOUELLE, Guy / COSTA, Jean-Paul, Les laïcités à la française, Paris 1998; BAUBEROT, Jean, Vers un nouveau pacte laïque?, Paris 1990; POULAT, Émile, La solution laïque et ses problèmes Fausses certitudes, vraies inconnues, Paris 1997.

2 PUZA, Richard, Introduction. Les pays germaniques combinant la tradition concordataire catholique et le système des Églises établies protestantes, in: BASDEVANT-GAUDEMET, Brigitte / MESSNER, Francis (dir.), Les origines historiques du statut des confessions religieuses dans les pays de l'Union européenne, Paris 1999, 119-124.

3 BARBIER, Maurice, La laïcité, Paris 1995; DURAND, Jean-Paul, Droit public ecclésiastique et droit civil ecclésiastique français, in: VALDRINI, Patrick / DURAND, Jean-Paul / ECHAPPE, Olivier / VERNAY, Jacques, Droit canonique, Paris [2]1999, 427-663; JEUFFROY, Bernard / TRICARD, François (éd.), Liberté religieuse et régimes des cultes en droit français. Textes, pratique administrative, jurisprudence, Paris 1996.

4 MAYEUR, Jean-Marie, La question laïque, XIX-XX siècle, Paris 1997.

constances ce principe a trouvé une place délicate au cœur d'un article 4 – de transition – appartenant à cette fameuse loi du 9 décembre 1905 de séparation des Églises et de l'État. Ce principe de respect de la part de l'État à l'égard des règles d'organisation propre de chaque culte, est devenu une réalité dans les autres régimes étatiques des cultes en France, à mesure que l'esprit[5] gallican a cédé du terrain au profit de celui de la laïcité. Mais qui dit respect, ne signifie pas que le droit interne d'une religion – canonique, coranique, hébraïque ou autre – peut s'imposer au droit étatique ou avoir autorité en droit français. Le respect signifie la non ingérence de l'État dans la définition et dans la mise en œuvre de l'organisation cultuelle; respect signifie aussi le constat par l'État de l'existence d'un fait qui a sa cohérence et sa nature propres: cohérence d'une tradition vivante d'une part et nature spécifiquement religieuse et confessionnelle d'autre part. L'État reste garant de l'ordre public, de la santé publique, de la sûreté publique.

Pour le régime allemand de séparation entre les cultes et l'État fédéral, le professeur d'histoire du droit allemand et du droit canonique, Peter LANDAU[6], a parlé par ailleurs lors d'une conférence publique à la Sorbonne, en termes de drôle de séparation, afin d'insister sur une séparation allemande où existent tout de même des relations structurées et stables de coopération[7] entre l'État fédéral, chacun des „Länder", d'une part, et les cultes, d'autre part. Ceci est conforme en effet à l'article 7 de la Loi fondamentale constitutionnelle allemande de 1949; c'est conforme aussi à des articles de la Constitution de la République de Weimar qui appartiennent à la Loi fondamentale de 1949, selon son article 140.[8]

Il faudrait procéder à une analyse systématique de droit civil ecclésiastique comparé, ce qui ne peut être l'ambition d'un bref article. Et pour éviter les pièges d'une approche trop positiviste, encore devrait-on investir ici le contexte historique et sociologique, pour tenter une interprétation plus large et plus profonde. Tout au plus, vais-je évoquer quelques traits de mentalités, des aspects qui appellent une appréciation par la science politique. Des traits de mentalité qui ont sans doute contribué à l'émergence des deux droits étatiques – ou seulement de l'un des deux – en matière de liberté religieuse et de religion: le droit français d'un côté et le droit allemand de l'autre. Des traits de mentalité qui vont

---

5 BASDEVANT-GAUDEMET, Brigitte, Le jeu concordataire dans la France du XIX siècle. Le clergé devant le conseil d'État, Paris 1988.

6 LANDAU, Peter, La genèse du Staatskirchenrecht en Allemagne dans la seconde moitié du XIX siècle, in: RDC 47 (1997) 161-189.

7 MESSNER, Francis, Le droit conventionnel entre les Églises et les États en RFA, in: PJR 6 (1989) 61-91.

8 HdbStKR^2; HOLLERBACH, Alexander, Le droit allemand des religions dans le cadre de la réunification, in: RDC 45 (1995) 53-62; ROBBERS, Gerhard, État et Églises en République fédérale d'Allemagne, in: ROBBERS, Gerhard (éd.), État et Églises dans l'Union européenne, Baden-Baden 1997, 62; FRIAUF, Karl Heinrich / HÖFLING, Wolfram (Hg.), Berliner Kommentar zum Grundgesetz, Berlin 2000.

encore fortement évoluer au gré de tensions risquant de s'accentuer entre des intégrismes religieux, ici et différentes formes de libéralisme permissif, là. Le grand juriste français Jean CARBONNIER a toujours été attentif à l'évolution du droit positif en fonction des mentalités et des mœurs, mais la règle positive chargée aussi de garantir des droits fondamentaux, peut-elle se contenter de suivre les mœurs, lorsqu'elles peuvent tendre à prendre leurs distances à l'égard de certains de ces droits fondamentaux?

Je compléterai ces remarques par une série – en fin d'article –, de notations de droit civil ecclésiastique comparé Allemagne-France, à propos des efforts de coopérations structurées même en régimes de séparation: une manière d'inviter à un développement de cette discipline délicate du droit comparé. Un effort d'autant plus nécessaire, que se construit un espace de souveraineté politique supra-national, l'Union européenne: n'a-t-elle pas besoin d'un langage à la fois différencié et commun en droit civil ecclésiastique?

1. Quelques enjeux démographiques issus d'une histoire politico-religieuse singulière, tant en Allemagne et qu'en France

Mon ambition n'est donc pas de procéder à une étude de sociologie religieuse, ni de sociologie juridique, pour insister sur les motifs de démographie religieuse existant différemment pour l'Allemagne et la France; des motifs qui peuvent intervenir en effet dans ce qui a conduit ces deux États de droit à forger pour l'un, le Staatskirchenrecht allemand et pour l'autre, le droit civil ecclésiastique français: deux dispositifs comportant de grandes disparités et beaucoup de défis relativement semblables.

En France, le catholicisme reste encore la religion la plus importante en nombre de fidèles, se distinguant nettement des effectifs que connaissent les autres cultes.

Alors qu'en Allemagne, évangéliques et catholiques se partagent ensemble, presque à part égale, ce titre de religions les plus importantes en nombre.

Pour une population totale de 82 millions d'habitants en Allemagne, il faut compter environ 27 millions de catholiques et 27 millions de protestants (1996). Ensuite, il est possible d'évaluer à 3 millions le nombre de musulmans (1998).[9] Il y a 430 000 fidèles pour l'Église néo-apostolique, 350 000 pour l'Église orthodoxe grecque, 151 000 Témoins de Jéhovah et 67 000 juifs (1997).[10]

---

9 MUCKEL, Stefan, Streit um den muslimischen Gebetsruf. Der Ruf des Muezzin im Spannungsfeld von Religionsfreiheit und einfachem Recht, in: Nordrhein-Westfälische Verwaltungsblätter 12 (1998) 1-6.

10 Der Fischer Weltalmanach 2000, Frankfurt a. M. 1999, col. 163 et Statistisches Jahrbuch für die Bundesrepublik Deutschland 1998, Wiesbaden 1998, 96.

En France, pour une population totale de 60 millions d'habitants, 45 millions ont été baptisés catholiques avec seulement 8 % de pratiquants réguliers et près de 40 % de non pratiquants. Près de 22 % se disent catholiques pratiquants occasionnels selon un sondage du 25 novembre 2000 (La Croix). La France compte plus de 4 millions de musulmans[11], 1 million de fidèles sont protestants. Près de 700 000 juifs vivent en France.[12] Il y aurait 600 000 bouddhistes. Les orthodoxes ont 200 000 fidèles environ. Témoins de Jéhovah et anglicans sont peu nombreux. Fin 2000, 21 % des Français interrogés se déclaraient sans religion.[13]

Dans les deux pays, les groupuscules et réseaux à tendances sectaires fortes et prégnantes sont en nombre très limité; mais ils retiennent l'attention d'une opinion publique inquiète. Le désarroi de cette dernière peut conduire à réclamer des lois d'exception: des risques d'amalgame ne sont pas minces entre une notion peu juridique de „secte" et une évolution religieuse forcément complexe.[14]

Le phénomène le plus visible et le plus massif, c'est l'islam en Europe, en Allemagne et en France notamment. État français et l'État allemand ne disposent, pas plus que leurs collègues européens, d'un droit civil ecclésiastique suffisamment adapté à la difficulté de dialoguer avec des représentants de cet islam en Europe.[15]

Les deux pays connaissent un certain retour des demandes religieuses – cependant, des régions allemandes de l'Est restent très dechristianisées. Les nouvelles demandes religieuses ne sont pas toujours des demandes confessionnelles: les religions traditionnelles continuent à connaître une certaine érosion de leur influence, tout en restant des composantes importantes dans la vie de chacun de ces pays.[16]

---

11 BOYER, Alain, L'institut musulman de la Mosquée de Paris, Paris 1992.

12 PERCHENET, Annie, Histoire des juifs de France, Paris 1988.

13 Conférence des évêques de France, L'Église catholique en France 2000, Paris 2000, 386 et Conférence des évêques de France, Guide 2001 de l'Église catholique en France, Paris 2001, 235.

14 DURAND, Jean-Paul, Loi du 12 juin 2001 de prévention et de répression des mouvements sectaires (Chronique de droit civil ecclésiastique), in: AnCan 33 (2001) 309-315; MESSNER, Francis (dir.), Les „sectes" en Europe (dossier), in: RDC 51 (2001) 5-19; MUCKEL, Stefan, The Church of Scientology under German Law on Church and State, in: GYIL 41 (1998) 299-316.

15 FREGOSI, Franck, Le culte musulman dans ses rapports à la République en France. Réflexions sur les contours théoriques et pratiques d'un islam républicain selon Jean-Pierre Chevènement, in: QDPE 16 (2000) 281-293; CHAMAY, Jean-Paul, La Charia et l'Occident, Paris 2002; MÉRAD, Ali, La tradition musulmane, Paris 2002, 128; BOYER, Alain, L'islam en France, Paris 1998.

16 BRÉCHON, Pierre, Les attitudes religieuses en France. Quelles recompositions en cours? (Dossier: Formes religieuses caractéristiques de l'ultramodernité: France, Pays-Bas, États-Unis, Japon, Analyses globales), in: Archives de sciences sociales des religions, N° 109, janvier-mars 2000, 11-30.

2. Des Mentalités philosophiques et religieuses encore différentes entre l'Allemagne et la France

Je n'ai pas à évoquer les parcours accomplis respectivement par la nation française[17] et par le peuple allemand[18], la France ayant obtenu très tôt une unité, l'Allemagne ayant dû s'unifier plus lentement. S'agissant de l'histoire des rapports qu'entretiennent les religions avec la modernité en Allemagne d'une part et en France d'autre part, ces rapports n'ont pas été sans peser sur l'évolution des dispositifs étatiques en matière d'exercice public des cultes.[19] Qu'un certain pluralisme religieux puisse être accepté par un même État de droit[20], un tel dilemme a forcément été posé à nouveaux frais à l'occasion de la crise de la Réforme. Nos pays héritent de ces situations que chacun d'eux a cherché à solu-

---

17 LE GOFF, Jacques / RÉMOND, René (dir.), Histoire de la France religieuse, en particulier t. 3: Du roi très chrétien à la laïcité républicaine. XVIII-XIX siècles, Paris 1991; t. 4: Société sécularisée et renouveaux religieux. XX siècle, Paris 1992.

18 BERSTEIN, Serge / MILZA, Pierre, L'Allemagne de 1870 à nos jours, Paris [5]1997; BESIER, Gerhard, Preußische Kirchenpolitik in der Bismarckära, Berlin 1980; ID., Religion, Nation, Kultur. Die Geschichte der christlichen Kirchen in den gesellschaftlichen Umbrüchen des 19. Jahrhunderts, Neukirchen-Vluyn 1992; COLONGE, Paul / LILL, Rudolf (dir.), Histoire religieuse de l'Allemagne. Collection Histoire religieuse de l'Europe contemporaine, Paris 2000; LILL, Rudolf, Die ersten deutschen Bischofskonferenzen, Freiburg i. Br. 1964; GOTTO, Klaus / REPGEN, Konrad, Kirche, Katholiken und Nationalsozialismus, Mainz 1980; GEORGES, Goyau, L'Allemagne religieuse. Le protestantisme, Paris 1906; D'HARCOURT, Robert, Catholiques d'Allemagne, Paris 1938; LINDT, Andreas, Protestanten – Katholiken – Kulturkampf. Études sur l'histoire des Églises et des mentalités du XIX siècle, Zürich 1963; SPOTTS, Frederic, The Churches and Politics in Germany, Middletown 1973; THALMANN, Rita, Protestantisme et nationalisme en Allemagne de 1900 à 1945, Paris 1976.

19 GREISCH, Jean, Le buisson ardent et les lumières de la raison. L'invention de la philosophie de la religion, T. I. Héritages et héritiers du XIX siècle, Paris 2002; Théologie et droit dans la science politique de l'état moderne. Actes de la table ronde organisée par l'Ecole Francaise de Rome avec de concours du CNRS (Rome 12-14 novembre 1987), Roma 1991; CORECCO, Eugenio, Théologie et droit canon. Écrits pour une nouvelle théorie du droit canon, Fribourg 1990; POTZ, Richard, Die Geltung kirchenrechtlicher Normen. Prolegomena zu einer kritisch-hermeneutischen Theorie des Kirchenrechts, Wien 1978; GAUDEMET, Jean, Les naissances du droit. Le temps, le pouvoir et la science au service du droit, Paris [3]2001; DURAND, Jean-Paul, Les institutions religieuses, Paris 1999; RÉMOND, René, Religion et société en Europe. La sécularisation aux XIX et XX siècles, Paris 1998; HERVIEU-LEGER, Danièle / WILLAIME, Jean-Paul (dir.), Croyances religieuses, morales et éthiques dans le processus de construction européenne, Paris 2002.

20 Voir déjà en France au XVI siècle avec BODIN, Jean: ZARKA, Yves-Charles / BODIN, Jean (dir.), Nature, histoire, droit et politique, Paris 1996.

tionner, selon des méthodes qu'il faudrait comparer plus en profondeur encore[21], avec l'aide des historiens et des socio-historiens.[22]

Tout au plus, ferais-je la remarque suivante du point de vue de la science politique et de la sociologie religieuse:

Il est des pays où la rupture entre l'État et les religions n'a pas conduit l'État à chercher à exclure telle religion ou toutes les religions de la sphère publique, ni de la sphère sociale, ni non plus de la conscience de ses citoyens. Pourtant, les conflits peuvent ne pas avoir manqué, ne serait-ce à chaque fois que l'État tente de s'émanciper d'une tutelle religieuse pour s'affirmer davantage: en s'accaparant d'abord en quelque sorte le droit divin, ou par fascination pour la seule raison, ou moyennant le recours à la force, relayée si possible par un positivisme kelsenien. Cela peut conduire à ce que s'établisse une entente entre l'État et une religion en faveur de la dominance de cette dernière, aux dépends des autres religions existant sur son territoire.

Poursuivons la formulation de l'hypothèse d'école: de plus, la culture d'un pays a pu connaître parfois de profondes déchirures entre modernité et religion – comme en témoigne par exemple l'œuvre critique de Ludwig FEUERBACH. Ce qui ne manque pas de repositionner les croyances religieuses, les autorités confessionnelles, la loi divine[23], la conscience individuelle[24], le droit positif[25], à l'épreuve de l'idéalisme, du rationalisme, du matérialisme, du libéralisme, du nihilisme.

Sociologiquement, les mentalités d'un peuple et les cultures d'institutions de l'État, peuvent être majoritairement attachées à une anthropologie sociale, où les questions religieuses entrent encore normalement dans la définition sociale et dans la notion admise de la nature humaine. Dans ces conditions, l'État n'hésitera pas à punir tel comportement religieux attentatoire à l'ordre public du pays. État punira parfois ce comportement religieux indu plus sévèrement, puisqu'un intérêt religieux devrait être exemplaire par excellence pour le bien général des individus, des institutions légitimes et de toute la civilisation. Mais rien ne justifie ici – le courant philosophique profondément athée n'étant pas majoritaire –, que l'État et la Cité cherchent à extirper de la culture et du droit, la dimension religieuse: en effet, les valeurs religieuses ne sont pas a priori, ici, qualifiées de nocives, d'opium du peuple, de danger ni pour l'ordre public, ni pour la santé publique. La culture majoritaire en Allemagne ne se reconnaîtrait-elle pas dans ces derniers traits de mentalités?

---

21 KIDERLEN, Hans-Joachim / TEMPEL, Heidrun / TORFS, Rik, Quelles relations entre les Églises et l'Union européenne? Jalons pour l'avenir, Leuven 1995.

22 BELY, Lucien (dir.), L'Europe des traités de Westphalie, esprit de la diplomatie et diplomatie de l'esprit, Paris 2000.

23 LEDERHILGER, Severin J., Das ius divinum bei Hans Dombois, Wien 1994.

24 LALOUETTE, Jacqueline, La Libre-Pensée en France (1848-1940), Paris 1992.

25 CHEVALLIER, Jacques, L'État de droit, Paris 1992.

Je suis incapable d'expliquer la situation politico-religieuse de l'Allemagne: il a fallu que les valeurs religieuses cessent de se faire la guerre entre catholiques et protestants, que le Kulturkampf trouve une issue, qu'après la Deuxième guerre mondiale, la liberté religieuse et de religion soient garanties solidement dans l'ordre constitutionnel allemand, selon l'article 4 de la Loi fondamentale de 1949. En tout cas, la neutralité confessionnelle de l'État allemand séparé des cultes, est une neutralité étatique compatible avec l'institutionnalisation de coopérations profondes en maints domaines avec les différents cultes, congrégations religieuses, collectivités religieuses, avec les œuvres d'intérêt général à caractère propre religieux ou confessionnel.[26]

Tandis qu'en France, comme le remarquait le professeur Brigitte BASDEVANT-GAUDEMET, la fin du XIX siècle et le début du XX siècle plaçaient la République française et l'Église catholique en France, en situation d'adversaires inconciliables. Les radicaux, les républicains et les socialistes de cette époque cherchaient à réussir l'affermissement de la III République née en 1875, en résistant aux tentatives de restaurations monarchistes, que soutenaient de nombreux croyants catholiques et des esprits seulement épris d'ordre moral et de culture catholique. Les partis du radicalisme et du républicanisme, aux yeux des catholiques et de la Droite monarchiste, ne pouvaient incarner que l'irreligion, que la persécution religieuse, qu'un rationalisme imposant une Nation abstraite, à savoir une incarnation indue de la souveraineté: une Nation[27] usurpatrice de la place légitimement occupée en principe par la personne physique du Roi de droit divin de la France, la Fille aînée de l'Église catholique.

Certes, il y eut les efforts du Pape LEON XIII en 1892 préconisant un civisme catholique pour que la République soit respectée par tous les catholiques français. Autre effort du Saint-Siège: Le Pape PIE X condamne le Sillon de Marc SANGNIER par lettre du 25 août 1910 adressée à l'épiscopat français. Le Pape PIE XI condamnera l'Action française de Charles MAURAS le 24 décembre 1926 par allocution consistoriale. Par ailleurs, le Pape PIE X avait condamné le modernisme par le décret „Lamentabili“ du 3 juillet 1907.

Mais l'image du catholicisme, de ses congrégations[28], de ses œuvres scolaires et sanitaires, est une image qui restera longtemps vécue par les républicains et par la Gauche comme étant l'ennemi à abattre pour sauver la pérennité des institutions républicaines en France.

---

26 Collectif, Les relations entre les Églises et la société en Allemagne fédérale et en France, de 1960 à 1985, in: Revue de l'institut catholique de Paris, N° 22, avril-juin 1987, 189-264.

27 SCHULZE, Hagen, État et nation, dans l'histoire de l'Europe, Paris 1990.

28 DURAND, Jean-Paul, La liberté des congrégations religieuses en France, Paris 1999, t. 1: Une situation métamorphosée? Droit français des congrégations religieuses et droit canonique de l'état de vie consacrée; t. 2: Régimes français des congrégations religieuses; t. 3: L'hypothèse de la congrégation simplement déclarée, du droit de déclarer une spécialité congréganiste.

Sans doute que l'engagement pendant la Première mondiale de nombreux catholiques, de prêtres, de congréganistes auprès des autres patriotes français, a-t-il occasionné une certaine amélioration des relations entre la République et le catholicisme.

Le régime de droit civil ecclésiastique, issu de ces crises anti-catholiques, entre 1880 et 1914, n'a heureusement pas officialisé tous les projets et propositions parmi les plus radicaux, pourtant prévus au Parlement français entre 1871 et 1905.[29] Des aménagements ont été recherchés de la part des plus hauts responsables de la République française en 1901 (Pierre WALDECK-ROUSSEAU pour les congrégations religieuses) et en 1905 (Aristide BRIAND pour les associations cultuelles), malgré l'intermède très laïciste d'Émile COMBES. Il s'agissait pour la France de ne pas s'affaiblir davantage dans cette querelle fratricide, de consolider ensuite une paix politico-religieuse retrouvée en métropole surtout et même dans ses colonies d'Outre-mer.

Mais les déchirures anti-catholiques et anti-religieuses ont été si profondes qu'il est devenu impossible, selon le régime issu de 1905, de subventionner les cultes comme tels, ni d'admettre que des valeurs religieuses ou des institutions confessionnelles, soient en France d'utilité publique, ni d'intérêt général. Ainsi, pour les œuvres scolaires fondées, animées ou inspirées par des valeurs religieuses, ou encore par des autorités confessionnelles: certes, l'activité scolaire de ces œuvres confessionnelles peut-être d'intérêt général en respectant l'ordre public et les critères du service public de l'éducation scolaire, par exemple, mais: ni l'inspiration religieuse, ni l'autorité confessionnelle concernées, ne deviennent, même dans ce cas, d'utilité publique, ni même d'intérêt général. Il est donc impensable en France que des cultes ou des congrégations religieuses, deviennent en droit français des collectivités de droit public français, capables de lever des impôts d'ordre public. L'institution associative de droit privé français est seule pensable, et encore sous certaines conditions restrictives pour surveiller l'objet cultuel et l'objet congréganiste. Le droit français ne sait pas accueillir l'institution canonique, comme telle, et surtout pas une forme canonique hiérarchique qui prétendrait devenir librement de droit public français, sous le prétexte qu'elle est déjà de droit canonique public. Nous sommes loin des tout récents enregistrements, sans concordat, de personnes juridiques canoniques, comme personnes juridiques de droit hongrois.[30]

Même le régime napoléonien subsistant en Alsace et en Moselle des quatre cultes – et que l'État accompagne depuis 1802 d'établissements publics du culte pour certaines de leurs institutions confessionnelles –, même ce régime, d'ori-

29 MERLET, Jean-François (éd.), Mission interministérielle pour la célébration du centenaire de la loi du 1 juillet 1901. L'avènement de la loi de 1901 sur le droit d'association. Genèse et évolution de la loi au fil des journaux officiels, Paris 2001.

30 ERDÖ, Peter, La place de l'Église catholique romaine dans la société hongroise et son rapport avec l'État, in: LEB, Ioan-Vasile / DURAND, Jean-Paul (dir.), Les cultes et l'Etat en Roumanie, in: AnCan 45 (2003), à paraître.

gine gallicane, n'a pas donné aux institutions canoniques, ecclésiastiques – ou hébraïques – une valeur civile, même de droit privé français. La personne juridique de droit canonique public qu'est le diocèse, „portio populo Dei", par exemple, n'est qu'un groupe de fait au regard du droit français d'origine napoléonienne et gallicane.

3. Allemagne et France ont néanmoins recherché des coopérations plus structurées, même en régime de séparation entre l'État et les cultes

Même en régime de séparation entre les cultes et l'État français issu des lois de 1905-1907, des relations plus structurées ont été recherchées entre l'État et les différents cultes.

Le problème a longtemps été réduit surtout aux relations avec le culte catholique, parce que sociologiquement majoritaire dans la population. Le culte catholique a ceci de particulier, c'est qu'il n'est pas une Église nationale, ni une Église dépendant seulement d'un lointain patriarcat. Le culte catholique n'est pas non plus une religion aux entités locales fédérées à travers le monde, ni même reliées les unes aux autres dans un rapport de filiation. Dans le cas de l'Église catholique romaine, le Siège apostolique de Rome n'est pas seulement la réalité canonique catholique suprême et hiérarchique: en effet, l'office ecclésiastique canonique du Saint-Siège est aussi une personne morale de droit international public, souveraine et gouvernementale.[31]

Dans ces conditions, tout gouvernement politique qui recherche une négociation avec les catholiques, avec leurs collectivités, leurs communautés, avec leurs institutions et leurs œuvres, est un gouvernement qui ne va pas seulement rencontrer l'épiscopat local ou national; il va rencontrer le Saint-Siège aussi.

En France, lors de la négociation et des différentes conclusions du *Modus vivendi* de 1921-1924[32], cet accord diplomatique en forme simplifiée – mis à jour en peu de domaines en 1996[33] – a fini par être négocié entre le Gouvernement français et le Saint-Siège en association l'épiscopat français. Ce dernier avait été maintenu à l'écart dans la première phase des négociations.

Lors de la tentative avortée de négociation d'un concordat d'ensemble entre le Gouvernement français et le Saint-Siège entre 1952 et 1957, l'épiscopat français a-t-il été suffisamment associé?

Lorsque le Gouvernement français, le 12 février 2002, a rencontré publiquement les responsables de l'épiscopat français avec le nonce apostolique, en vue

---

31 BARBERINI, Giovanni, Chiesa e Santa Sede nell'ordinamento internazionale. Esame delle norme canoniche, Torino 1996.

32 DURAND, Jean-Paul, Le modus vivendi et les diocésaines (1921-1924). L'hypothèse d'un accord diplomatique en forme simplifiée, in: AnCan 35 (1992) 199-234.

33 ID., Une mise en conformité en 1996 des statuts des associations civiles diocésaines, in: AnCan 38 (1995/1996) 362-369.

d'inaugurer une modalité souple – mais réitérable – de contacts structurés et paritaires, pour des conversations *ad actum*, le Gouvernement français a délibérément entrepris d'associer immédiatement l'épiscopat local et le Saint-Siège: ce qui d'ailleurs rejoint l'évolution des méthodes de la diplomatie pontificale à la demande du Concile Vatican II, du Pape PAUL VI puis du Pape JEAN PAUL II.[34]

Quant à cette méthode de contacts souples et désormais répétés – au moyen par exemple de sous-commissions spécialisées paritaires, toutes étant coordonnées par le Premier ministre pour favoriser un traitement interministériel des dossiers –, ce n'est pas avec le culte catholique, que les Gouvernements français de la fin du XX siècle et du début du XXI siècle, ont décidé de commencer de la mettre en oeuvre: des contacts de cette nature avaient déjà lieu avec la Communauté juive, avec les Églises protestantes et orthodoxes, avec les autorités bouddhistes et, plus difficilement – malgré de très nombreuses tentatives – avec des musulmans en France, dont la représentativité nationale reste fortement contestée parmi certains de leurs co-religionnaires en France et selon divers États musulmans. Ces contacts avec les autres cultes ont lieu dans le seul cadre du droit français interne et non pas en droit diplomatique, tandis qu'avec la présence du nonce le 12 février 2002, cette rencontre avec le Premier ministre de Gauche, Lionel JOSPIN, n'avait pas seulement un caractère de droit interne français, compte tenu du Saint-Siège et de ses relations diplomatiques rétablies avec la France en 1921 (après avoir été rompues par elle en 1904).

La France distingue selon des aires géographiques, les domaines où s'appliquent chacun des régimes étatiques des cultes: la séparation de 1905, le concordat de 1801 avec les articles organiques de 1802 et des décrets ultérieurs, enfin les différents régimes en vigueur en Outre-Mer française. C'est à ces trois grands régimes que la rencontre du 12 février 2002 à Matignon pouvait s'intéresser. Bien que normalement, des procédures éprouvées diplomatiquement existent déjà pour le régime concordataire et universitaire d'Alsace et de Moselle.

En Allemagne, le pays tout entier connaît à la fois un régime de séparation et des pondérations de coopérations consistant, pour le culte catholique, en de véritables concordats ou en des accords diplomatiques spécialisés, tous signés avec le Saint-Siège, pour tout le pays et surtout pour tel et tel Länder. Avec les autres cultes, des accords sont conclus en droit allemand uniquement et non pas en droit international public.

La France ne confond pas le régime de ses relations diplomatiques avec le Saint-Siège d'une part, et ses relations de droit interne français avec le fait religieux et confessionnel, que représente le culte catholique romain en France, d'autre part.

La France ne pondère généralement pas son régime de séparation par des accords diplomatiques signés avec le Saint-Siège – sauf lors du *Modus vivendi* de

---

[34] D'ONORIO, Joël-Benoît (dir.), La diplomatie de Jean Paul II, Paris 2000.

1921-1924[35]: mais ce *Modus vivendi* n'avait pas pour objet de modifier les „lois laïques"; son objet a consisté à s'entendre diplomatiquement à propos des interprétations que chaque partie, France et Saint-Siège, donnèrent dorénavant de plusieurs dossiers: comme la nomination des évêques depuis 1905, la déclaration d'associations civiles diocésaines (associations déclarées civilement, garanties par une auto-discipline catholique au moyen de statuts types, statuts dûment appréciés au préalable par le Conseil d'État). La règle générale en régime français de séparation, restait de conclure des ententes en droit interne français avec chaque culte, y compris avec l'épiscopat catholique français: désormais, ce sera avec la présence explicite du Saint-Siège.

En Allemagne, il a fallu assumer la réunification du pays à partir de 1989 en matière de Staatskirchenrecht. Je laisse à mes collègues allemands le soin d'en exposer mieux que moi, les données qui concernent immédiatement le régime allemand de la séparation entre l'État et les cultes d'une part, et qui concerne *ad casum*, le droit public ecclésiastique: à savoir dans ce cas, s'il devient possible et opportun de conclure un nouvel accord diplomatique avec le Saint-Siège, pour telle question concernant le culte catholique romain dans un Land réuni à l'Allemagne fédérale.

Le principe de la séparation allemande – tout comme le principe de la non séparation existant respectivement, entre les États Italien et Espagnol avec leurs cultes par exemple –, c'est que ces régimes ont entendu garantir l'égalité entre les cultes: que ces cultes bénéficient ou non d'accords de droit interne, ou encore de conventions diplomatiques, comme avec le Saint-Siège. Cette égalité admet que l'État puisse financer et reconnaître le droit interne de chaque religion, ses institutions canoniques.

Pour la culture française de la séparation issue de 1905, le financement du culte – à l'exception d'aumôneries auprès de services publics –, n'est pas légal. Comme il n'est pas légal, que le droit français reconnaisse au delà du fait – comme un droit externe susceptible d'avoir une valeur en droit interne français –, le droit interne d'un culte ou les institutions propres de ce culte. Tout au plus, le régime français de la séparation s'appuie sur le fait cultuel: par exemple, pour savoir si tel curé occupant un lieu de culte, est le curé du culte affectataire légitime de cet édifice. Le juge français demandera donc au curé incriminé, s'il est reconnu canoniquement par l'évêque diocésain qui, lui, est réputé être en communion hiérarchique avec le Pape (canon 205 du Code de droit canonique de rite latin en vigueur depuis 1983).

---

[35] Je ne traite pas ici d'un autre dossier, celui des Pieux établissements, notamment ceux de la France à Rome.

Le statut des chapitres cathédraux concordataires en Alsace-Moselle

Histoire, droit local et droit canonique

Francis Messner

Introduction

L'étude des chapitres cathédraux ou collégiaux ne constitue pas le secteur le plus dynamique de la recherche scientifique. Cette indifférence résulte en grande partie des rétrécissements successifs du champ de compétence de ces institutions dont la survie semble être compromise dans un certain nombre de diocèses français. En dépit de cette apparente décadence, les diocèses „concordataires" de Strasbourg et de Metz maintiennent depuis des temps immémoriaux des chapitres cathédraux pourvus en chanoines qui célèbrent avec une régularité de métronome l'office et la messe capitulaires. Une telle constance ne peut qu'éveiller la légitime curiosité du chercheur dont la vocation première est de comprendre et d'expliquer. Nous présenterons successivement les procédures d'érection des chapitres cathédraux (1) et d'un chapitre collégial au début du 19e siècle (2), ainsi que les règles régissant l'existence d'un chapitre protestant (3) pour enfin détailler le statut du chapitre cathédral de Strasbourg (4).

1. L'érection des chapitres concordataires

La Révolution a sonné le glas des chapitres. Ils sont dissous et, à l'instar des autres institutions ecclésiastiques, perdent leur statut corporatif[1], leurs privilèges et leurs sources de financement. La dîme est abolie[2] et les biens ecclésiastiques

> „mis à la disposition de la nation à charge de pourvoir d'une manière convenable aux frais du culte, à l'entretien des ministres et au soulagement des pauvres."[3]

Le décret de l'Assemblée constituante sur la Constitution civile du clergé des 12 juillet-24 août 1790 n'a pas rétabli les chapitres qu'ils soient cathédraux ou

---

1 „L'anéantissement de toutes espèces de corporation des citoyens du même état ou profession étant une des bases fondamentales de la constitution française, il est défendu de les rétablir de fait, sous quelque prétexte et quelque forme que ce soit." Art. premier, Loi Le Chapelier, 17 juin 1791.

2 Arrêté des 4-11 août 1789.

3 Décret du 2 novembre 1789 et décret du 14 avril 1790.

collégiaux. Les conseils habituels et permanents des évêques sont au cours de cette période constitués par

> „... les vicaires des églises cathédrales, les vicaires supérieurs et vicaires directeurs du séminaire.“[4]

La réorganisation du culte catholique en 1801-1802 prévue par la loi du 18 germinal an X (Concordat et articles organiques) repose essentiellement sur un système rationalisé, centralisé et hiérarchisé des activités et des institutions cultuelles. Il est contrôlé par le chef de l'État et ses représentants. Les autorités religieuses supérieures sont les garants de la fidélité des ministres du culte paroissiaux, aux autorités civiles. Nommés par le chef de l'État, les évêques choisissent et instituent les curés qui sont eux-mêmes agréés par le gouvernement. Ils sont secondés par des desservants et des vicaires librement nommés par l'autorité religieuse. L'organisation cultuelle imposée par le Premier Consul a été motivée par un „service étatique“ des cultes fondé sur la paroisse et le diocèse. Les institutions de l'Église catholique autres que le diocèse et la paroisse sont soit interdites: chapitres collégiaux, ordres monastiques, soit ignorées: tribunaux ecclésiastiques ou encore considérées comme des accessoires non financés de ce service et dont l'érection est soumise à une autorisation gouvernementale préalable: séminaires et chapitres cathédraux.

Cette position est vigoureusement soutenue et argumentée par Jean-Etienne-Marie PORTALIS, le premier ministre du culte du 19e siècle: il convient d'accorder une prépondérance aux curés et aux desservants „le presbytère“. Il n'en va pas de même pour le Saint-Siège. Le Pape soumet, conformément à la législation ecclésiale, l'érection de nouveaux diocèses[5] à la nécessaire existence de chapitres cathédraux dans chaque église cathédrale.[6] Au regard du droit ecclésial catholique les principes et la procédure de ces érections sont fixés par une Bulle du 29 novembre 1801 suivi d'un décret d'application du 10 avril 1802 précisant qu'il y aura dans chaque diocèse des chapitres. Ils seront canoniquement créés par le cardinal légat CAPRARA qui, usant de la faculté donnée par le Saint-Siège, a accordé à tous les évêques nommés au titre de la loi de germinal an X le pouvoir d'ériger par ordonnance les chapitres de leurs églises cathédrales. La Bulle de novembre 1801 est publiée en application de l'article premier des articles organiques du culte catholique par un arrêté du 29 germinal an X précisant cependant, gallicanisme oblige, que cette publication n'entraîne pas

> „... une approbation des divers brefs énoncés dans ladite bulle, ainsi que des clauses formulées et expressions qu'elle renferme et qui sont ou pourraient être contraires aux lois de la République, aux libertés, aux franchises et maximes de l'Église gallicane.“[7]

---

4 Art. 14, Constitution civile du clergé.

5 Art. 2, Concordat du 10 septembre 1801.

6 Lettre apostolique „Ecclesia Christi“, 15 août 1801.

7 PELLETIER, Victor, Des chapitres cathédraux en France devant l'Église et devant l'État, Paris 1864, 34 f.

Finalement l'article 11 du Concordat et l'article 35 des articles organiques du culte catholique autorisent les évêques à ériger un chapitre dans leur cathédrale.

> „Ils ne pourront le faire sans avoir rapporté l'autorisation du gouvernement, tant pour l'établissement lui-même que pour le nombre et le choix des ecclésiastiques"

précise l'article 35 de la section V des articles organiques du culte catholique. Les chapitres cathédraux érigés par ordonnance épiscopale en application des textes romains[8] sont tenus de faire approuver leurs statuts par le gouvernement. La nomination des chanoines est soumise à un agrément du gouvernement.[9]

2. La persistance des chapitres collégiaux

Au nombre de 481 en 1789, les chapitres collégiaux c'est-à-dire les chapitres rattachés à une autre église que cathédrale – il s'agit souvent d'églises paroissiales – ont été supprimés par les lois de la Révolution. Les textes fondateurs du système concordataire français – Concordat et articles organiques du culte catholique – ne mentionnent pas ces institutions jugées inutiles au bon fonctionnement du culte dans le cadre de la réorganisation rationalisée de 1801. En dépit de cette position de principe, un texte érigea dès 1806 une institution comparable aux chapitres collégiaux canoniques. Elle était intitulée Chapitre Saint-Denis.[10] L'église de Saint-Denis était consacrée à la sépulture des Empereurs. Les chanoines de ce chapitre étaient choisis parmi les évêques de plus de soixante ans et qui se trouvaient hors d'état de continuer l'exercice de leurs fonctions.[11] Il s'agissait en fait d'assurer de manière élégante la retraite d'évêques invalides. Sous la Seconde Restauration, les chanoines évêques furent assistés de 24 jeunes chanoines du second ordre

> „placés près d'eux (et qui) puiseront dans ces modèles les exemples des vertus sacerdotales."[12]

La Révolution de juillet a freiné dans un premier temps le développement du chapitre Saint-Denis. La loi de finances du 12 avril 1832 disposa que les nouveaux chanoines ne seraient plus rémunérés par l'État. Cette rigueur ne dura qu'un temps car dès 1838 il sont à nouveau soutenus économiquement. En 1852, par décret présidentiel du 25 mars, le chapitre Saint-Denis est réorganisé. Il comporte six chanoines évêques et huit chanoines prêtres placés sous la juridic-

---

8 Bulle „Qui Christi Domini Vices", 29 novembre 1801 et décret „Inter coeteras" du 10 avril 1802.

9 Art. 35, Articles organiques du culte catholique, loi du 18 germinal an X.

10 Voir Mgr Michel ANDRÉ et abbé Pierre CONDIS, Dictionnaire de droit canonique et des sciences en connexion avec le droit canonique I, Paris 1894, 386.

11 Décret du 20 février 1806.

12 Ordonnance du 23 décembre 1816.

tion de l'archevêque de Paris.[13] Mais c'est au cours du dernier tiers du 19e siècle que cette institution *sui generis* retrouve tout son éclat. Il est composé désormais de 12 chanoines évêques ou de premier ordre[14] et de 12 chanoines prêtres ou de second ordre nommés dans les deux cas par le Président de la République sur proposition du ministre de l'instruction publique et des cultes.[15] La loi de finances du 21 mars 1885 supprima les traitements des chanoines. Dix ans plus tard l'église Saint-Denis est érigée en cure.[16] A partir de cette date, il n'existe plus de chapitres collégiaux en France et cela contrairement à l'Italie où leur statut est fixé par le droit actuel italien[17] dans le respect des normes canoniques. Le canon 503 CIC dispose que

> „le chapitre des chanoines collégial est le collège de prêtres auquel il revient d'accomplir les fonctions liturgiques plus solennelles dans l'église collégiale.“[18]

Leur fonction semble, si l'on se réfère aux textes, se cantonner à des activités liturgiques.

3. Le chapitre protestant Saint-Thomas

Au stade de ce travail, et bien que cette institution ne concerne pas l'Église catholique, il n'est pas possible de passer sous silence un avatar de chapitre collégial, le chapitre Saint-Thomas de Strasbourg qui est régi par le droit local alsacien-mosellan. Chapitre séculier depuis 1031, il s'est rallié en corps à la Réforme protestante en 1523-1524. Ses biens ont été affectés en 1544 à la formation de la jeunesse protestante. Ils échappèrent à la nationalisation pendant la Révolution. Réorganisé à l'occasion de l'annexion de 1870 de l'Alsace-Lorraine par le IIe Reich allemand par une loi d'Empire du 29 novembre 1873, il est formé de onze chanoines obligatoirement protestants et résidant à Strasbourg. Le chapitre Saint-Thomas est composé de membres de droit: le président du Directoire de l'ECAAL (culte reconnu luthérien), les pasteurs les plus anciens des paroisses luthériennes de Saint-Thomas, Sainte-Aurélie et Saint-Nicolas, ainsi que de quatre professeurs d'Université (faculté de théologie protestante, faculté de

---

13 Le statut canonique du chapitre a été fixé par un bref du 31 mars 1857 publié par un décret du 18 décembre 1858.

14 Les chanoines du premier ordre sont choisis parmi les archevêques et évêques des diocèses de la France ou de ses colonies dont la démission aura été acceptée. Les chanoines du second ordre sont choisis parmi les aumôniers de l'armée ou des établissements publics ayant au moins dix années d'exercice dans leur fonction.

15 Décret du 23 juin 1873.

16 Décret du 30 avril 1895.

17 Les chapitres collégiaux sont des établissements ecclésiastiques reconnus civilement. Les nouvelles reconnaissance civiles sont subordonnées à „la suppression ou à la fusion de chapitres déjà existants ...“. Art. 14 loi du 20 mai 1985, in: Code européen Droit et religion, Milan 2001, 463.

18 Voir également les canons 504 à 510.

lettres et faculté de droit) et de membres nommés: deux le sont par le Directoire de l'ECAAL et un chanoine est directement désigné par le Ministère de l'intérieur. Il comprend actuellement une chanoinesse, la pasteure la plus ancienne de la paroisse Sainte-Aurélie. Le Chapitre Saint-Thomas est chargé de l'administration de biens constitués exclusivement par dix-sept fondations dont il exécute les charges.[19] Il soutient notamment des établissements d'enseignement.

4. Le chapitre cathédral de Strasbourg

Le chapitre cathédral de Strasbourg, héritier lointain du Grand chapitre et du Grand chœur, exerce par le biais du chanoine archiprêtre des fonctions curiales (4.2.). Constitué conformément à des statuts qui déterminent son organisation interne et sa composition (4.1.), il exerce des attributions fixées par le droit local et le droit canonique (4.3.). La nomination de ses membres titulaires au nombre de neuf est subordonnée à un agrément ministériel (4.4.).

4.1. Statut et composition

Sous l'Ancien Régime deux corps de chanoines cohabitaient dans la cathédrale de Strasbourg: le Grand chapitre et le Grand chœur.[20] Le Grand chapitre se composait de vingt-quatre chanoines-comtes pouvant se prévaloir de seize quartiers de noblesse. Le Grand chœur était quant à lui composé d'une douzaine de roturiers. S'il n'est certes pas orné du nom de chapitre, ce dernier jouit toutefois d'une autonomie certaine. Il élit ses représentants et dispose de revenus propres. Ces deux institutions n'ont pas totalement disparu suite à l'interruption de l'office canonial dans la cathédrale de Strasbourg en janvier 1791. Les chanoines continuent de le célébrer en l'église Sainte-Croix à Offenbourg, dans la partie germanique du diocèse de Strasbourg où l'évêque de Strasbourg s'était replié. La sécularisation des biens ecclésiastiques du Saint Empire Romain Germanique prise par le „Reichsdeputationshauptschluss" du 25 février 1803 sonne le glas de l'institution canoniale d'Ancien Régime. Le Grand chapitre et le Grand chœur sont dissous. L'érection du chapitre concordataire s'est opérée progressivement au cours de l'année 1803 avec l'approbation gouvernementale des statuts en janvier et l'agrément par le Premier Consul des chanoines nommés par l'évêque de Strasbourg en février de la même année.[21]

Les statuts actuels du chapitre cathédral de Strasbourg sont plus récents. Ils ont été approuvés par un rescrit de la Sacrée Congrégation du Concile du 29 août

---

19 VOLFF, Jean, La législation des cultes protestants, Strasbourg 1993, 246-254.

20 Voir XIBAUT, Bernard, Le Grand chapitre et le Grand chœur, Strasbourg 1991.

21 Voir ID., La cathédrale de Strasbourg au lendemain de la Grande Révolution, Strasbourg 1992.

1908[22] et comportent 37 articles divisés en 8 titres: 1) La constitution du chapitre; 2) Du doyen et des offices; 3) De la préséance; 4) Des obligations des chanoines: assistance au chœur pour l'office divin et la messe capitulaire; 5) De l'obligation de résidence; 6) Des relations avec l'évêque; 7) Des réunions du chapitre; 8) Du vicaire capitulaire pendant la vacance du siège.

L'article premier fixe à neuf le nombre des chanoines. Strasbourg dispose d'un chanoine supplémentaire à raison de la réunion de la cure au chapitre contrairement au diocèse concordataire de Metz. Cette limitation quantitative (8 ou 9) a été posée par le gouvernement qui ne souhaitait rémunérer qu'un nombre limité de chanoines. Notons qu'en droit canonique la création d'un chapitre est subordonnée à l'existence d'au moins trois chanoines „Tres faciunt capitulum". Le chapitre cathédral de Strasbourg comprend un doyen[23] et quatre offices: archiprêtre, théologal, pénitencier et custode. La nomination à ces offices, qui est compatible avec la fonction de doyen, relève de la seule compétence de l'évêque alors que le doyen, président de droit du chapitre, est toujours le chanoine le plus ancien en titre (art. 7). L'archiprêtre est le curé de la paroisse cathédrale pour le culte de laquelle est affectée la chapelle Saint-Laurent (art. 8). Le chanoine pénitencier[24], qui a la faculté d'absoudre de certaines censures, reçoit les fidèles dans la cathédrale (art. 10) alors qu'au custode revient le rôle de modérateur et de surveillant du chœur et de la sacristie (art. 12). Le chanoine théologal[25] est tenu, du moins d'après les „Statuta", d'expliquer l'écriture sainte deux fois par mois dans l'église cathédrale (art. 9). L'article 5 des „Statuta" prévoit la possibilité de créer une prébende canoniale. Le chanoine nommé à cet office jouissait d'une prébende versée par la Fondation Müller-Simonis et porte les insignes des chanoines honoraires. Le chapitre ne fait plus usage de cette possibilité. Il n'existe plus de chanoine prébendé depuis plusieurs décennies. Le supérieur du Grand séminaire et les vicaires généraux sont équiparés, conformément à une coutume immémoriale, aux chanoines titulaires lorsqu'ils assistent à l'office au chœur (art. 14). Un décret du 26 février 1810 prévoit par ailleurs qu'un ecclésiastique, qui a rempli pendant trois ans consécutifs les fonctions de vicaire général et qui perdrait cette place soit par suite d'un changement d'évêque ou en

---

[22] Statuta Capitularia Ecclesiae Cathedralis Argentinensis, Argentorati, Der Elsässer, 1917.

[23] Le décanat peut être considéré comme étant une dignité „Nulla exstat in Capitulo Dignitatis nisi hoc nuncupare libeat Decanatum", art. 2, Statuta Capitularia (note 22).

[24] § 1. Le chanoine pénitencier, aussi bien d'une église cathédrale que d'une église collégiale, possède, en vertu de son office, la faculté ordinaire, qu'il ne peut cependant pas déléguer à d'autres, d'absoudre au for sacramentel des censures latae sententiae non déclarées et non réservées au Siège Apostolique; cette faculté s'étend aussi aux étrangers dans le diocèse et même aux diocésains en dehors du diocèse.

§ 2. Là où il n'y a pas de chapitre, l'évêque diocésain constituera un prêtre pour remplir cette fonction, CIC, can. 508.

[25] L'office de chanoine théologal n'est plus prévu dans le Code de 1983 alors qu'il était obligatoire dans toutes les cathédrales dans le Code de 1917, can. 398 et suivants.

raison de son âge ou de ses infirmités, sera nommé au premier canonicat vacant dans le chapitre du diocèse.

L'article 5 prévoit également la possibilité pour l'évêque de nommer des chanoines honoraires. Ils jouissent du seul „honorifique" attaché au titre de chanoine et n'ont aucune part aux revenus et aux actes du chapitre. Ils sont nommés par l'évêque sans intervention des autorités publiques.[26] L'importance accordée aux fonctions du chapitre s'impose dans l'ordre de préséance des clercs réglé de la manière suivante dans les Statuts synodaux du diocèse de Strasbourg promulgués en 1948: 1) Les vicaires généraux; 2) Les chanoines titulaires; 3) Les supérieurs du Grand séminaire; 4) Les chanoines honoraires; 5) Les professeurs de la faculté de théologie.[27]

4.2. La réunion de la cure au chapitre

Au début du 19e siècle, suite à la réorganisation du culte par la loi de germinal an X, la cathédrale était affectée à deux institutions bien distinctes: la cure et le chapitre. Les relations entre le curé et certains chanoines se sont détériorées au fil du temps. L'évêque de Strasbourg, Jean-Pierre SAURINE, par ailleurs hostile au curé de l'époque, était en faveur de l'union de la cure au chapitre, ce qu'il obtint en 1811. Un décret du 8 février de la même année approuve et exécute l'ordonnance épiscopale portant réunion du titre curial de la cathédrale à son chapitre[28] et augmente le nombre des chanoines d'une unité. L'archiprêtre est actuellement nommé par l'évêque conformément à l'article 4 des Statuta Capitularia. Cette nomination doit être agréée par le Ministre de l'intérieur en application du droit local des cultes. La fabrique cathédrale du diocèse de Strasbourg en charge de la gestion du temporel de cette église à la fois paroissiale et capitulaire est composée de l'évêque, de l'archiprêtre, de quatre chanoines et de cinq laïcs „choisis parmi les notables strasbourgeois."[29]

4.3. Les attributions du chapitre cathédral de Strasbourg

Les fonctions du chapitre sont déterminées par le droit ecclésial catholique, le droit canonique (obligations liturgiques et le cas échéant fonctions consultatives) et des textes de droit français (administration de la mense épiscopale et élections de vicaires généraux capitulaires à l'occasion de la vacance du siège épiscopal).

---

26 Le canon 406 CIC/1917 recommandait de nommer rarement et avec circonspection des chanoines honoraires. Enfin, une coutume, taxée de fantaisie française, consistait pour les évêques à nommer chanoines d'honneur les évêques d'autres diocèses, les abbés mitrés et les protonotaires apostoliques. Pour une appréciation de ces pratiques, voir WINNINGER, Paul, La vanité dans l'Église, Paris 1968.

27 Statuts synodaux, Diocèse de Strasbourg, Strasbourg 1948, 3.

28 Le canon 510 CIC dispose que les paroisses ne seront plus unies à un chapitre de chanoines; celles qui sont unies à un chapitre en seront séparées par l'évêque diocésain.

29 Statut de la fabrique de la cathédrale du 25 juin 1847.

4.3.1. Fonctions consultatives et liturgiques

L'habit des chanoines – rochet, mozette, aumusse – se rapproche traditionnellement de celui de l'évêque. Ce privilège a été motivé par le fait qu'ils forment un corps avec l'évêque et participent à l'administration épiscopale. Le droit au port de la soutane et du camail violets a été accordé aux chanoines de la cathédrale de Strasbourg par un bref apostolique du 5 mars 1913 aux fins de les rapprocher des chapitres allemands jouissant du même privilège:

> „Venerabilis frater Adolphus Fritzen Episcopus Argentinen. significat Nobis Canonicorum Ecclesiae Cathedralis ordinem omni patrimonio tempore Gallicae eversionis spoliatum, non modo carere opibus, verum etiam quoad habitum choralem ceteris Germaniae Capitulis immerito inferiorem esse."

Véritable contre pouvoir de celui de l'évêque sous l'Ancien Régime, les attributions des chapitres cathédraux en France ont cependant été considérablement réduites dès le début du 19e siècle. Le principe de la juridiction simultanée a été supprimé et dans la pratique, l'usage a, du moins en France concordataire, exempté l'évêque de l'obligation de consulter le chapitre et cela en dépit des textes.[30]

Le Code de 1917 ainsi qu'antérieurement le Corpus Iuris Canonici ont attribué aux chapitres cathédraux la fonction de conseil de l'évêque.[31] Cette compétence a été transférée au conseil presbytéral et au collège des consulteurs[32] par le Code de 1983 qui n'exclut cependant pas que l'évêque diocésain puisse attribuer un certain nombre de fonctions de type consultatif au chapitre cathédral. Enfin, la conférence des évêques peut librement décider que la fonction du collège des consulteurs soit exercée par le chapitre cathédral. Dans le diocèse de Strasbourg le chapitre n'a plus de fonction consultative auprès de l'évêque.

Le rôle liturgique du chapitre cathédral de Strasbourg, sa contribution à l'éclat du „service religieux" consiste actuellement à célébrer quotidiennement la messe capitulaire, à réciter une partie de l'office divin[33] et à assister l'évêque à l'occasion des festivités religieuses.

---

30 Le Code de droit canonique de 1917 faisait toutefois obligation à l'évêque de solliciter l'avis du chapitre ou le cas échéant le consentement du chapitre avant de prendre des décisions relatives au fonctionnement interne du chapitre et plus généralement du diocèse.

31 Can. 391 § 1 CIC/1917: „... institutum [est] ... ut Episcopum ... tanquam eiusdem senatus et consilium, adiuvet ...".

32 Cann. 503-510 CIC.

33 Statuta Capitularia (note 22), art. 19 à 25, et Rescriptum S.C.C. die 29 Augusti 1908 in perpetuum concessae qui accorde un certain nombre de dispenses et de facultés. Le chapitre n'est pas tenu à la récitation de la totalité de l'office divin.

4.3.2. Fonctions électives

En cas de vacance du siège épiscopal un décret du 28 février 1810 prévoit qu'il sera pourvu au gouvernement des diocèses conformément aux lois canoniques en vigueur au 19e siècle:

> „Les chapitres présenteront à notre ministre des cultes les vicaires généraux qu'ils auront élus, leur nomination devra être reconnue par nous."

Les vicaires généraux capitulaires sont élus en même nombre que les vicaires généraux de l'évêché, c'est-à-dire deux pour l'archidiocèse de Strasbourg. Ils gouvernent le diocèse pendant la vacance du siège sans pouvoir se permettre aucune innovation dans les „usages et coutumes" du diocèse conformément au principe *sede vacante nihil innovetur*. Le décret du 28 février 1810 qui reprenait les dispositions canoniques de l'époque n'est plus en phase avec le droit canonique actuel.[34] Le Code de droit canonique[35] prévoit l'élection d'un seul administrateur diocésain par le collège des consulteurs dans les huit jours suivant la vacance du siège. Avant l'élection de l'administrateur diocésain, le pouvoir de gouvernement, limité à celui que le droit accorde au vicaire général, revient soit à l'évêque auxiliaire et à défaut au collège des consulteurs.

4.3.3. Fonctions administratives

Le „corps de chaque chapitre cathédral" est chargé d'administrer les biens de la mense capitulaire conformément au titre II du décret du 6 novembre 1813. La mense capitulaire est destinée à améliorer la situation matérielle des chanoines. A l'instar des menses épiscopales et des menses curiales et succursales, elle est un établissement public *sui generis* doté de la capacité civile. Elle est représentée par son trésorier, nommé pour cinq ans par l'évêque parmi deux candidats présentés par le chapitre.[36] Le chapitre ne peut valablement délibérer sur la gestion de sa mense que si quatre cinquièmes de ses membres sont présents (soit huit chanoines sur neuf à Strasbourg, sept sur huit à Metz). Les délibérations du chapitre doivent être approuvées par l'évêque. En cas de désaccord persistant entre l'évêque et le chapitre, il en est référé au ministre des cultes qui tranchera.[37] Actuellement, les revenus des chanoines sont assurés essentiellement par leur traitement, et les menses capitulaires de Metz et de Strasbourg n'ont plus guère de biens à gérer. A Metz, la mense gère pour l'essentiel une maison, dans laquelle sont logés certains des chanoines. La mense capitulaire de Stras-

---

34 L'article 432 § 1 du Code de droit canonique de 1917 prévoyait déjà l'élection d'un seul vicaire capitulaire.

35 Cann. 416-430 CIC. Notons, par ailleurs, que le décret du 28 février 1810 est en contradiction avec l'article 36 des Statuta Capitularia (note 22) dont les dispositions prévoient l'élection d'un seul vicaire capitulaire.

36 Art. 50, Décret 6 novembre 1813.

37 Ibid., art. 50.

bourg ne possède aucun bien immobilier et n'a pratiquement aucune source de revenus.

4.4. La nomination des chanoines

La rupture avec l'Ancien Régime est loin d'être consommée au début du 19e siècle. Au contraire, le rétablissement de prérogatives relevant de l'ancien droit devait accompagner la transition entre la royauté et l'empire. Par l'article 16[38] du Concordat passé entre

> „votre Majesté impériale et le Saint-Siège, il est formellement déclaré que Sa Sainteté reconnaît dans votre Majesté les mêmes droits et prérogatives dont jouissait l'ancien gouvernement"

a affirmé PORTALIS.[39]

D'après cette interprétation, il revient au souverain de nommer directement les chanoines titulaires lors de la vacance du siège épiscopal[40], de l'avènement de la couronne (joyeux avènement) et enfin à l'occasion du serment de fidélité prêté par un nouvel évêque. Cette interprétation des textes ne resta pas lettre morte. En 1814 LOUIS XVIII invoqua le droit de régale (vacance du siège) et nomma à tous les canonicats vacants. CHARLES X a usé des mêmes facultés. Mais suite à la Révolution de juillet, les souverains n'ont plus fait usage de cette possibilité qui n'a pas, sous la Seconde Restauration, été dénoncée par les évêques de France ou le Saint-Siège.

La nomination[41] des chanoines était subordonnée à un certain nombre de conditions. Le candidat devait être de nationalité française[42], incardiné dans un diocèse[43], être ordonné prêtre[44] et à dater du 1er janvier 1835 être licencié en théologie ou à défaut avoir rempli pendant quinze ans les fonctions de curé ou de desservant.[45] La condition de diplôme n'a pas été appliquée avec une très grande rigueur.

Au regard de la législation ecclésiale, les chanoines devaient ou auraient du posséder

---

38 „Sa Sainteté reconnaît dans le Premier Consul de la République française les mêmes droits et prérogatives dont jouissait près d'elle l'ancien gouvernement."

39 PORTALIS, Jean-Etienne-Marie, Discours .... Rapport adressé à sa Majesté Impériale et Royale sur le droit du joyeux avènement du 6 ventôse an XIII, Paris, 375.

40 Le droit de régale continuera d'être exercé dans l'empire, ainsi qu'il l'a été de tout temps, par les souverains nos prédécesseurs, art. 33, décret du 6 novembre 1813.

41 Le traitement des chanoines a été supprimé par la loi de finances de 1885. Ils continueront cependant à être nommés avec l'agrément du gouvernement en tant qu'administrateur de la mense épiscopale et en tant qu'électeur des vicaires généraux capitulaires.

42 Art. 32, articles organiques du culte catholique.

43 Ibid., art. 33.

44 Art. 2, Statut du chapitre cathédral de Strasbourg approuvé par le gouvernement le 8 pluviôse an XI (28 janvier 1803).

45 Ordonnance royale du 25 décembre 1830.

„à un haut degré les vertus de leur état et servir suivant leur nom de règle vivante aux autres ecclésiastiques.“[46]

Conformément au droit local alsacien-mosellan actuel les chanoines sont nommés par l'évêque ou l'archevêque. Leur nomination doit être agréée par le ministre de l'intérieur. Les conditions de nationalité ne s'appliquent plus aux candidats ressortissants d'États membres de l'Union Européenne. Les chanoines titulaires perçoivent une rémunération afférente à l'indice brut 638 de la fonction publique, à l'instar des vicaires généraux et des secrétaires généraux des évêchés.[47]

5. Conclusion

Cette étude montre s'il en était besoin les étonnantes capacités de survie des institutions religieuses. En effet, les chapitres cathédraux souvent richement dotés exerçaient un pouvoir simultané de gouvernement du diocèse avec l'évêque jusqu'au seuil du 19e siècle. Cette montée en force des chapitres dans l'histoire a été freinée puis déconstruite sous l'impulsion de deux facteurs: le régalisme et la sécularisation des biens ecclésiastiques d'une part, et le processus de centralisation de l'Église catholique d'autre part. Dépouillés de leurs biens et marginalisés par l'État, transformés en instance consultative par l'Église, les chapitres cathédraux ont perdu beaucoup de leur éclat et de leur poids dans les politiques diocésaines. Certes les effets de ces évolutions ont été atténués dans certains pays. En Allemagne, en Suisse et en Autriche certains chapitres continuent en application du droit concordataire de jouer un rôle important. Ils élisent ou proposent un candidat à la nomination du siège diocésain. En France par contre, le centralisme napoléonien, en privilégiant les préfets en violet, ne laisse guère de chance aux chapitres qui se sont essentiellement illustrés dans les fastes de la liturgie. Le Code de droit canonique de 1983 ne renforce pas leur position. Leurs compétences sont transférées à d'autres instances même si les textes prévoient qu'ils puissent continuer d'être chargés de les exercer.

Actuellement les chapitres, peu répandus hors des pays européens, se raréfient progressivement en raison notamment du manque de prêtre. Dans le meilleur des cas, ils sont formés d'ecclésiastiques méritants à la retraite. La législation ecclésiale, nous l'avons vu, n'apporte que peu de remèdes à ce déclin programmé. Par contre, et cela non sans paradoxe, le droit de l'État qu'il soit unilatéral ou conventionnel est le meilleur garant de la pérennité de ces institutions. En octroyant un statut de droit public à l'établissement représentant les intérêts du chapitre et en rémunérant les chanoines, les pouvoirs publics maintiennent en

---

[46] ANDRÉ / CONDIS (note 10), 373.

[47] Les indices bruts des ministres du culte catholique s'échelonnent entre l'indice de départ des vicaires: 232 et l'indice des évêques diocésains: 1015.

vie cette institution et incitent d'une certaine manière à sa „rentabilisation". Au contraire des diocèses de Vieille-France, les chanoines titulaires strasbourgeois occupent en grande partie des fonctions de direction dans l'administration diocésaine.

Streitfall Kirchensteuer – umstritten, aber bewährt[1]

Waldemar Teufel

1. „Nehmt keinen Geldbeutel mit!" (Lk 10, 4) Diskussion und Angriffe[2]

Die Kritik an der Kirchensteuer und der Ruf nach ihrer Abschaffung haben Tradition und immer wieder Konjunktur – sowohl im innerkirchlichen wie auch im gesellschaftlichen und politischen Bereich. Manche Medien scheinen sogar geradezu einen Kreuzzug gegen die Kirchensteuer zu führen. Kritiker und Gegner der Kirchensteuer stoßen dabei psychologisch generell auf einen positiven Resonanzboden, denn das Wort „Steuer" ist für sich gesehen schon ein Reizwort. Wer zahlt schon gerne Steuern?

Gefragt wird, ob die jährlichen Milliardeneinnahmen durch das Kirchensteuersystem mit dem Auftrag Jesu noch in Einklang zu bringen seien. An Zitaten ist man dabei auch nicht verlegen. Diese finden sich bei der Aussendung der Jünger. Bei MATTHÄUS heißt es:

> „Steckt nicht Gold, Silber und Kupfermünzen in euren Gürtel!" (Mt 10, 9).

LUKAS kann gleich dreimal zitiert werden, nämlich:

> „Nehmt nichts mit auf den Weg, keinen Wanderstab und keine Vorratstasche, kein Brot, kein Geld ..." (Lk 9, 3).
> „Nehmt keinen Geldbeutel mit, keine Vorratstasche und keine Schuhe!" (Lk 10, 4)

---

1 Manuskript eines am 9.5.1996 im Rahmen der Veranstaltungen der Katholisch-Theologischen Fakultät Tübingen gehaltenen Vortrages. Der Titel lehnt sich an an die Publikation von FELDHOFF, Norbert, Kirchensteuer – umstritten, aber bewährt, hg. v. Presseamt des Erzbistums Köln, Köln 1990.

2 Der im Teil 1 dargestellte Meinungsstand hat an seiner Aktualität nichts verloren und die verschiedenen politischen Lager haben sich nicht verändert. Bei CDU und SPD gehen die Überlegungen – angesichts der Koppelung der Kirchensteuer an die Einkommensteuer und die damit verbundenen negativen Auswirkungen der Steuerreformen auf das Kirchensteueraufkommen – in Richtung einer Suche nach einer anderen Bemessungsgrundlage, so insbes. die Ministerpräsidenten von Hessen und Rheinland-Pfalz, Roland KOCH (CDU) und Kurt BECK (SPD) (KNA-ID Nr. 18 v. 5.5.1999, 3). Die steuerpolitische Sprecherin der FDP-Bundestagsfraktion, Gisela FRICK, spricht sich gegen die Kirchensteuer aus unter Berufung auf den Verfassungsgrundsatz der Trennung von Staat und Kirche (DAS v. 6.8.1999). Die kirchenpolitische Sprecherin der Bundestagsfraktion von Bündnis 90 / Die Grünen, Christa NICKELS, fragt sich: „Mit welcher Berechtigung haben die Kirchen das Privileg, dass der Staat extra für sie Steuern einzieht? Eine Gewerkschaft zieht ja auch ihre Beiträge selber ein!" (Publik Forum v. 7.5.1999).

„Als ich euch ohne Geldbeutel, Vorratstasche und Sandalen aussandte, habt ihr da etwas entbehren müssen?" (Lk 22, 35)

Ein gewisses Verständnis könnte man noch dafür aufbringen, dass – wie etwa von Peter EICHER in einem FAZ-Interview vom 31. August 1990 beklagt wird –, die Kirche gerade in dem Moment unselbständig und fantasielos gegenüber der Gesellschaft geworden sei, in dem sie den bestmöglichen finanziellen Zustand erreicht habe.[3] Vielfach wird jedoch mit der Verweigerung der Kirchensteuerzahlung schlichtweg versucht, von rechts oder links Druck auszuüben. Mit dem gesparten Geld wollen die einen die „Initiative Kirche von unten" unterstützen, die anderen die Finanzierung eines ungeliebten Jugendverbandes verhindern.[4] Andere meinen die Kirche, wenn sie das Kirchensteuersystem angreifen, wenn etwa eine Bundestagsabgeordnete in einer Fernsehdiskussion als „engagierte Katholikin" gegen die „Herren Bischöfe", den „exklusiven Club", die über das Geld bestimmen, polemisiert.[5] Der größte gemeinsame Nenner scheint die Forderung zu sein: „Weg von den Zwangsabgaben, hin zu freiwilligen Spenden".[6]

Oft wird aber auch der „äußere Reichtum" der Kirche ihrer „inneren Armut" gegenübergestellt. So meint etwa Eugen DREWERMANN in einem Interview der Berliner Morgenpost (18. April 1992), der Reichtum habe die Kirche „faul" gemacht, weshalb im Zusammenbruch ihrer Finanzgrundlage eine Chance liege. Die Abschaffung der Kirchensteuer würde dazu führen, dass „wir ab sofort eine andere Kirche hätten, sie wäre viel agiler und würde den Menschen wieder ernst nehmen". Es wird also „die Gleichung aufgestellt: Weniger Geld bedeutet mehr Glaube, Hoffnung und Liebe".[7]

Die Vorsitzende des „Vereins zur Umwidmung der Kirchensteuer", Magdalene BUßMANN, vertrat in einem WDR-Interview am 23. September 1990 die Auffassung, durch Umstellung auf ein dezentrales Spendensystem müsse in der Kirche eine Art freier Marktwirtschaft hergestellt werden; die Kirchenleitung müsse, um an Geld zu kommen, sich nach dem richten, was das „Volk" erwarte.[8]

Im politischen Bereich wird vor allem die Schlagzeile von der FDP in der Deutschen Tagespost vom 18. April 1996 geliefert, nämlich: „Die FDP will weiter an der Kirchensteuer sägen." Grundlage dieses Zeitungsberichtes ist eine Erklärung des damaligen FDP-Generalsekretärs WESTERWELLE gegenüber der Evangelischen Nachrichtenagentur. Seinen Angaben zufolge sind die FDP-Thesen „von der freien Kirche im freien Staat" aus dem Jahre 1974 nach wie vor für die Partei gültig und die Abschaffung des staatlichen Kirchensteuereinzugs bleibt langfristiges Ziel der FDP. Zurück geht dies auf den Beschluss des 45.

---

3 FELDHOFF (Fn. 1), 11.
4 Ebd., 17.
5 Ebd., 20.
6 Ebd., 5.
7 FELDHOFF, Norbert, Kirchensteuer in der Diskussion – publizistisch, politisch, volkswirtschaftlich, rechtlich und theologisch, Köln 1996, 63.
8 FELDHOFF (Fn. 1), 24.

ordentlichen Parteitags der FDP in Rostock vom 3.-5. Juni 1994, wonach die bisherige Kirchensteuer durch ein kircheneigenes Beitragssystem zu ersetzen ist.[9]

Ebenfalls für eine schrittweise Abschaffung der Kirchensteuer sprechen sich Bündnis 90 / Die Grünen in einer Informationsschrift der Abgeordnetengruppe vom Juni 1994 aus mit dem Titel „Um Gottes Willen!“[10]

Für die großen Parteien CDU / CSU und SPD, für die Mehrheit deren Mitglieder und für die Führung dieser Parteien ist die Abschaffung der Kirchensteuer allerdings kein Thema. Schon 1990 hatte das „Komitee Christenrechte in der Kirche“ auf das Ergebnis einer Anfrage an alle im Bundestag vertretenen Parteien enttäuscht festgestellt, dass alle Parteien einer Abschaffung der Kirchensteuer mit unterschiedlichen Argumenten skeptisch bis ablehnend gegenüber stünden, wobei allerdings bei den Grünen die Diskussion nach eigenen Angaben auf Bundesebene noch am Anfang stehe.

In einem Interview in der Bildzeitung am Sonntag vom 23. Februar 1992 hatten sich die Parlamentarier Franz ROMER (CDU), Wolfgang LÜDER (FDP) und Edith NIEHUIS (SPD) aus unterschiedlicher Motivation und mit unterschiedlicher Begründung für eine Abschaffung oder Änderung des Kirchensteuersystems ausgesprochen. Die damaligen Parteivorsitzenden von CDU und SPD, Helmut KOHL und Björn ENGHOLM sowie der Saarländische Ministerpräsident Oskar LAFONTAINE wiesen damals die Vorschläge der drei Abgeordneten zurück.

Die CDU hat schließlich 1994 erstmals in ihr Grundsatzprogramm den Passus aufgenommen, dass der Selbständigkeit der Kirchen und der Erfüllung ihrer Aufgaben wegen das System der Kirchensteuer beizubehalten ist.[11]

2. „... und viele andere, die ihnen dienten mit ihrem Vermögen“ (Lk 8, 3) Historische Entwicklung und rechtliche Begründung[12]

Es ist eine einfache Erkenntnis, um nicht zu sagen: Binsenweisheit, dass eine Gemeinschaft ihre gemeinsamen Aufgaben nur erfüllen kann, wenn jedes ihrer Mitglieder zu deren Lasten beiträgt. Man kann auch von einem naturrechtlichen Grundgedanken sprechen.[13] Dieser Grundsatz wird in can. 222 § 1 CIC ausgesprochen, wenn es dort heißt:

> „Die Gläubigen sind verpflichtet, für die Erfordernisse der Kirche Beiträge zu leisten, damit ihr die Mittel zur Verfügung stehen, die für den Gottesdienst, die Werke des Apostolats und der Caritas sowie für einen angemessenen Unterhalt der in ihrem Dienst Stehenden notwendig sind.“

---

9 FELDHOFF (Fn. 7), 22.

10 Ebd., 22 f.

11 Vgl. ebd., 20 ff.

12 Zu der in Teil 2 dargestellten historischen Entwicklung vgl. nunmehr umfassend HAMMER, Felix, Rechtsfragen der Kirchensteuer, Tübingen 2002, 3-74, insbes. 4-40.

13 Ebd., 52.

Dies war in der Urkirche prinzipiell nicht anders. „Nehmt keinen Geldbeutel mit" war ein Appell an die Ausgesandten selbst und keine Entscheidung über ein Finanzierungssystem. Im Neuen Testament sind mehrere Finanzierungsformen zu finden:

- die Unterstützung durch Spenden (u. a. Apg 24, 17),
- die Selbstversorgung der Glaubensboten durch eigene Arbeit (Apg 18, 3; 1 Kor 9, 4 ff.),
- die kollektive Nutzung des Besitzes (Apg 2, 44 f.) und die finanzielle Hilfe aus dem eigenen Vermögen. „Sie alle unterstützten Jesus und die Jünger mit dem, was sie besaßen" (Lk 8, 3).

Im nachkonstantinischen römischen Reich erfolgte die Finanzierung über eine unmittelbare Staatssubventionierung. Im Westen wurde unter PIPPIN III. und unter KARL DEM GROßEN (779) der Zehnt als Pflichtabgabe staatlich und reichseinheitlich geregelt. Auch andere Abgaben wurden eingeführt – teilweise unter Eintreibungsbeihilfe weltlicher Fürsten. Wir erinnern uns: THOMAS VON AQUIN nannte in seiner Summa Theologica die Steuererhebung der geistlichen und weltlichen Fürsten „legalen Raub".[14] Zusätzlich finanzierte sich die Kirche vielfach aus den Erträgnissen ihres Besitzes, der ihr geschenkt oder vererbt worden war oder den sie sonst erworben hatte.

Eine Wende wurde eingeleitet und der Grundstein für die Entwicklung hin zur Kirchensteuer gelegt mit dem Reichsdeputationshauptschluss (RDHS) vom 22. Februar 1803 (bestätigt von Kaiser FRANZ II. am 27. April 1803). Auf Grund von § 35 RDHS wurde das Kirchengut säkularisiert, d. h. zugunsten der weltlichen Fürsten konfisziert. Die Kirche verlor ihre materielle Grundlage und damit ihre Unabhängigkeit. Aus dem RDHS ergab sich, dass mit den eingezogenen Besitzungen und Vermögen die auf diesen ruhenden Lasten von den Rechtsnachfolgern übernommen wurden. Den Fürsten wurde ferner zur Auflage gemacht, die Bistümer auszustatten und der betroffenen Geistlichkeit Pensionen auszurichten.[15]

Eine logische Folge war die, dass die Fürsten bzw. Staaten danach trachteten, zur Zurückführung (Reduktion) der Staatsleistungen den kirchlichen Bedarf durch Umlage auf die Kirchenmitglieder abzudecken. Speziell in Württemberg stellte sich dies rechtlich wie folgt dar[16]:

Herzog ULRICH, der 1519 als Folge der kriegerischen Auseinandersetzungen mit dem Schwäbischen Bund seine Herrschaft verloren hatte, gewann diese

[14] Vgl. PRADEL, Werner E., Kirche ohne Kirchenbeitrag. Mittel und Methoden kirchlicher Finanzierung. Dokumentation aus 75 Ländern, Wien u. a. 1981, 16.

[15] FEINE, Hans E., Kirchliche Rechtsgeschichte. Die Katholische Kirche, Köln u. a. ^{5}1992, 596 f.; RICHTER, Georg, Staatsleistungen an die Kirchen. Herkommen und Entwicklung nach 1945, in: Rottenburger Jahrbuch für Kirchengeschichte 7 (1988) 35 f.

[16] Zur Darstellung der historischen Entwicklung der Kirchensteuer während des 19. und zu Beginn des 20. Jahrhunderts insgesamt vgl. PUZA, Richard, Die Finanzierung der katholischen Kirche im historischen Rückblick, in: FS Carlen, 335-351.

1534 zurück und führte die Reformation ein. Im Zusammenhang damit hob er die kirchlichen, insbesondere klösterlichen Besitzrechte zugunsten der landesherrlichen Finanzen auf. Sein Sohn und Nachfolger Herzog CHRISTOPH vereinigte seit 1551 das gesamte Pfründvermögen mit den Einkünften aus Stiften und Klöstern zu einem Fonds, dem „Gemeinen Kirchenkasten". Selbstständig blieben nur die von den Gemeinden verwalteten älteren Fonds, die sog. „Heiligen", „Kirchenfabriken" oder „Armenkasten". Der Gemeine Kirchenkasten war nicht zur Aufbesserung der Landeseinkünfte bestimmt, sondern hatte primär die kirchlichen Ausgaben zu bestreiten, die den einbezogenen Besitzungen, Gütern und Berechtigungen zugekommen waren. Ähnlich wurde mit den unter landesherrlicher Vogtei stehenden 14 Mannsklöster verfahren, die allerdings zunächst als Klosterverwaltungen für sich geführt wurden, bis sie schließlich im 17. Jahrhundert im Gemeinen Kirchenkasten aufgingen. Der Gemeine Kirchenkasten wurde gewöhnlich als altwürttembergisches Kirchengut oder geistliches Gut bezeichnet, für dessen Verwaltung eine eigene Behörde, der herzogliche Kirchenrat, zuständig war.[17] 1805 ordnete schließlich FRIEDRICH I. von Württemberg – aufgrund des Preßburger Friedens König geworden – die Inkamerierung des altwürttembergischen Kirchenguts mit dem Staatsgut an – ein Bruch alter Verfassungsnormen, die Herzog KARL EUGEN 1770 im Erbvergleich noch feierlich beschworen hatte.[18] Ausgenommen von der Einziehung war gemäß § 63 RDHS das örtliche Kirchenvermögen, also die vorgenannten von den Gemeinden verwalteten Kirchenfabriken oder Armenkasten.[19]

Nach § 130 Abs. 2 des württembergischen Verwaltungsediktes vom 1. März 1822 war die Gemeindekasse zur Deckung des Defizits unter bestimmten Voraussetzungen verpflichtet. In Altwürttemberg machte dies wegen der Kongruenz der kirchlichen und der politischen Gemeinde keine Probleme. Dies war jedoch anders in den neuen katholischen Landesteilen. Dort blieb den katholischen Gemeinden nichts anderes übrig, als ein etwaiges Defizit durch eine Umlage auf die Gemeindemitglieder abzudecken. Ein solches Umlagerecht der Kirchengemeinden war zwar unangefochten. Bezüglich der Ausgestaltung wie etwa hinsichtlich der Art der Umlage, des Maßstabs und des Verfahrens fehlte es jedoch an einer gesetzlichen Grundlage. Dies führte natürlich zu den unterschiedlichsten Handhabungen und eine genaue gesetzliche Regelung war mit der Zeit dringend geboten.[20]

Ferner war auf dem Weg hin zu einer Regelung des Kirchensteuerrechts das Gesetz vom 14. April 1848 betreffend die Beseitigung der auf dem Grund und Boden ruhenden Lasten von Bedeutung. Dies bedeutete die Aufhebung des Lehensverbandes. Das Eigentumsrecht des Grundherrn an den von ihm verliehenen

---

17 RICHTER (Fn. 15), 34.

18 Ebd., 35.

19 HAGEN, August, Geschichte der Diözese Rottenburg I, Stuttgart 1956, 155 f.

20 LANDAUER, Das Gesetz betreffend die Vertretung der katholischen Pfarrgemeinden und die Verwaltung ihrer Vermögensangelegenheiten v. 14.6.1887, Ellwangen 1890, 82 f.

Gütern wurde ohne Entschädigung aufgehoben. Wo Pfarrgüter zu Lehen gegeben waren, gingen sie in das Eigentum des Bauern über. Dies war ein starker finanzieller Aderlass, der sowohl evangelische wie katholische Kirchengemeinden betraf. Gleichwohl sollte es bis zu einer gesetzlichen Regelung des kirchlichen Besteuerungsrechts noch nahezu vierzig Jahre dauern.

Mit der Zeit nahm die Mischung der Konfessionen, vor allem in den Städten, zu. Der Gemeinderat wurde ohne Rücksicht auf die Konfession von den wahlberechtigten Einwohnern gewählt. Dies führte dazu, dass die Verwaltung des evangelischen wie auch katholischen Orts- und Stiftungsvermögens über den Gemeinderat von Angehörigen der jeweils anderen Konfession mitbestimmt wurde.[21]

Ein weiterer Anstoß in dieser Entwicklung war das Gesetz vom 17. April 1873 zur Ausführung des Reichsgesetzes vom 6. Juni 1870 über den sog. Unterstützungswohnsitz. Dadurch wurde durch Überweisung der ausschließlich dem Zwecke der öffentlichen Armenunterstützung dienenden Stiftungen in die Verwaltung der neu geschaffenen Ortsarmenbehörde eine Ausscheidung des Stiftungsvermögens aus der Verwaltung des Gemeinderates und damit auch eine Änderung des Verwaltungsedikts vom 1. März 1822 notwendig, zumal auch die Evangelische Landessynode im Jahre 1878 eine Kirchengemeinde- und Synodalordnung beschlossen hatte, mit der auch die Vermögensverwaltung in den evangelischen Gemeinden geordnet wurde. Der Staat musste sich also entschließen, bei der Durchführung dieser evangelischen Kirchengemeinde- und Synodalordnung im Wege stehende staatliche Gesetze zu beseitigen und damit auch für die katholische Kirche eine Neuregelung treffen.[22]

Dies geschah mit den beiden Gesetzen vom 14. Juni 1887 betreffend die Vertretung der evangelischen und katholischen Pfarrgemeinden und die Verwaltung ihrer Vermögensangelegenheiten. Mit diesen Gesetzen erhielten die Pfarrgemeinden das Besteuerungsrecht. Art. 38 des katholischen Gesetzes lautete:

> „Reichen die ordentlichen und außerordentlichen laufenden Einnahmen der Kirchenkasse zur Bestreitung der kirchlichen Bedürfnisse nicht aus, sind ferner keine im voraus angesammelte Fonds verwendbar, und ist bei außerordentlichen Ausgaben auch ein Grundstocksangriff oder die Aufnahme eines Anlehens nicht zulässig, so hat der Kirchenstiftungsrat die Beschaffung der erforderlichen Mittel in Erwägung zu ziehen.
> Wird durch Beisteuer Dritter oder durch freiwillige Beiträge der Pfarrgenossen der Bedarf nicht aufgebracht, so kann der Kirchenstiftungsrat die Erhebung von Umlagen auf die Pfarrgenossen beschließen.
> Die kirchliche Besteuerung unterliegt der Staatsaufsicht, welche insbesondere die Ordnungsmäßigkeit der Auferlegung, die Leistungsfähigkeit der Pflichtigen und die Angemessenheit des Beitragsfußes zum Gegenstand hat."

Eine verfassungsrechtliche Gewährleistung brachte erst die Weimarer Reichsverfassung in Art. 137 Abs. 6, wo es heißt:

---

21 Ebd., 1.
22 Ebd., 5.

> „Die Religionsgesellschaften, welche Körperschaften des öffentlichen Rechtes sind, sind berechtigt, aufgrund der bürgerlichen Steuerlisten nach Maßgabe der landesrechtlichen Bestimmungen Steuern zu erheben“.

Die landesrechtliche Ausführung erfolgte in Württemberg durch das Württembergische Kirchengesetz vom 3. März 1924. Art. 137 Abs. 6 WRV gilt über Art. 140 GG als Bestandteil des Grundgesetzes weiter. Art. 140 GG wiederum ist in die Verfassung des Landes Baden-Württemberg über Art. 5 inkorporiert. Die derzeit geltende landesrechtliche Ausführungsregelung ist das baden-württembergische Kirchensteuergesetz vom 15. Juni 1978 (zuletzt geändert durch Gesetz vom 6. Februar 2001).

Nach der kirchlichen Steuerordnung beschließen über die Erhebung und Verwendung der Kirchensteuer der Diözesanrat, der sich mehrheitlich aus gewählten Laien zusammensetzt, als Diözesansteuervertretung und die örtlichen Kirchengemeinderäte, die sich ebenfalls mehrheitlich aus gewählten Laien zusammensetzen, als Ortskirchensteuervertretungen. Die Kirchensteuer wird als Zuschlag (8 %) zur Lohn- und Einkommensteuer erhoben.

Der staatliche Einzug erfolgt erst seit 1. Mai 1952. Grundlage ist das Gesetz über die Verwaltung von Kirchensteuern im Landesbezirk Württemberg vom 1. April 1952[23] bzw. im Land Württemberg-Hohenzollern vom 8. April 1952[24], das in § 1 Abs. 1 eine entsprechende Antragsmöglichkeit für die Kirchen vorsah. Der Staat erhält eine Vergütung in Höhe von 3 % des Aufkommens.

Das Kirchensteuersystem in der Bundesrepublik Deutschland ist durch höchstrichterliche Entscheidungen des Bundesfinanzhofes und des Bundesverfassungsgerichts präzisiert und gesichert worden. Beispiele sind:

- Kirchensteuer wird nur von Mitgliedern, also natürlichen Personen erhoben, nicht von juristischen Personen.
- Anknüpfung an innerkirchliche Regelungen für die Mitgliedschaft verstößt nicht gegen die Glaubens- und Bekenntnisfreiheit sowie die negative Vereinigungsfreiheit, sofern eine Austrittsmöglichkeit besteht.
- Finanzämter dürfen Erhebungsdienste leisten.
- Erhebung der Kirchensteuer im Abzugsverfahren ist verfassungskonform.
- Arbeitgeber werden beim Abzug der Kirchensteuer für den Staat nicht für die Kirche tätig, so dass deren Grundrecht auf Glaubens- und Gewissensfreiheit nicht verletzt wird. Die Indienstnahme der Arbeitgeber ist als Berufungsausübungsregelung mit Art. 3 Abs. 1, Art. 12 und Art. 14 GG auch bei Unentgeltlichkeit vereinbar.
- Angabe der Religions- bzw. Konfessionszugehörigkeit auf der Lohnsteuerkarte ist zulässig.

Die kirchenrechtliche Begründung und Zulässigkeit einer Kirchensteuer ergibt sich aus der schon erwähnten, in can. 222 § 1 CIC vorgesehenen Grundpflicht

---

23 RegBl. 33.

24 Ebd., 32.

eines Kirchenmitglieds, die Kirche materiell zu unterstützen. In can. 1260 CIC ist der Abgabepflicht der Gläubigen entsprechend das Recht der Kirche als Gemeinschaft vorgesehen, von ihren Mitgliedern zu fordern, was zur Erfüllung der Aufgaben notwendig ist. Can. 1261 § 2 CIC statuiert schließlich als Aufgabe des Bischofs, in geeigneter Weise dafür zu sorgen, dass diese Verpflichtung erfüllt wird. Eine Kirchenabgabe in Form einer Steuer hat allerdings im CIC einen Ausnahmecharakter. Nach can. 1263 CIC hat der Diözesanbischof das Recht, nach Anhörung des Vermögensverwaltungsrats und des Priesterrats für die notwendigen Bedürfnisse der Diözese den seiner Leitung unterstellten öffentlichen juristischen Personen eine maßvolle, ihren Einkünften entsprechende Steuer aufzuerlegen; den übrigen natürlichen und juristischen Personen darf er nur im Falle eines großen Notstandes eine außerordentliche und maßvolle Abgabe auferlegen.

Es ist bekannt, dass diesen einengenden Bestimmungen, durch die ein unbegrenztes allgemeines Besteuerungsrecht verworfen werden sollte, in letzter Minute auf Betreiben der Deutschen Bischofskonferenz ein Vorbehalt zugunsten des Partikularrechts eingefügt worden ist, nämlich: „... unbeschadet der partikularen Gesetze und Gewohnheiten, die ihm weitergehende Rechte einräumen." Allerdings wäre eine solche *clausula teutonica* nicht notwendig gewesen als Rechtsgrundlage für das deutsche Kirchensteuersystem, weil dieses ja auch konkordatsmäßig abgesichert ist (z. B. Reichskonkordat, Schlussprotokoll zu Art. 13) und nach can. 3 CIC Konkordate „ohne die geringste Einschränkung durch entgegenstehende Vorschriften dieses Codex" fortgelten. Der genannte Vorbehalt in can. 1263 CIC zugunsten des Partikularrechts muss also dahingehend verstanden werden, dass er einem Kirchensteuersystem das Außergewöhnliche abspricht und ausdrücklich anerkennt, dass Partikularkirchen, welche die Kirchensteuer als Regel kennen oder auch einführen wollen, nichts Außergewöhnliches tun und kein schlechtes Gewissen zu haben brauchen.[25]

3. „Einer trage des anderen Last" (Gal 6, 2) Bewertung und inhaltliche Begründung

Wenn man zu einer Bewertung und inhaltlichen Begründung unseres Kirchensteuersystems kommt, dann ist von entscheidender Bedeutung, dass – wie dargelegt – das Kirchensteuerrecht in seiner historischen Begründung und Entwicklung von den Kirchengemeinden ausgeht. Nicht der Bischof, nicht das Bischöfliche Ordinariat, nicht die Diözesanverwaltung haben das Kirchensteuerrecht, sondern die Gemeinschaft der Kirchengemeindemitglieder. Deshalb heißt es im Kirchensteuergesetz des Landes Baden-Württemberg, dass die Religionsgemeinschaft das Besteuerungsrecht hat, also damit die Kirchengemeindemitglieder als steuerverbandliche Körperschaft insgesamt (§ 1 Abs. 1 KiStG).

---

[25] FELDHOFF (Fn. 7), 52 f.

Erhoben wird die Kirchensteuer von den Religionsgemeinschaften als Landeskirchensteuer und von den Kirchengemeinden als Ortskirchensteuer (§ 1 Abs. 2 KiStG). Die Erhebung als Landes- bzw. Diözesankirchensteuer wird seit 1952 praktiziert, also von dem Zeitpunkt an, mit dem der Einzug der Kirchensteuer durch Vertrag dem Staat übertragen wurde. In diesem Zusammenhang war sicherzustellen, dass ein einheitlicher Hebesatz, der ja vom Staat zu genehmigen ist, beschlossen wird, der Staat sich also nicht mit Steuerbeschlüssen von mehr als 1.000 Kirchengemeinden in der Diözese Rottenburg-Stuttgart auseinandersetzen musste.

Dass das Kirchensteuerrecht jedoch von seinem Ursprung her von den Kirchengemeinden ausgeht, wirkt sich in der Weise aus, dass zwar die Diözesankirchensteuervertretung den einheitlichen Hebesatz beschließt, von dem darauf beruhenden Kirchensteueraufkommen aber 50 % den Kirchengemeinden zusteht und diesen nach einem Verteilungsschlüssel, der die Steuerkraft der einzelnen Kirchengemeinde und die Katholikenzahl berücksichtigt, auch direkt zugewiesen wird. Den Kirchengemeinden steht hierüber das Haushaltsrecht zu.

Über die Verwendung des Diözesananteils, also über die andere Hälfte des Kirchensteueraufkommens, beschließt die Diözesankirchensteuervertretung. Hieraus werden die kirchlichen Aufgaben finanziert, die Kirchengemeinde übergreifend sind. Hinsichtlich der kirchlichen Dienste sieht die Aufgabenverteilung so aus, dass die pastoralen und sozialen Dienste über den Diözesanhaushalt finanziert werden, die Ausgaben z. B. des Personals der Kindergärten über die Kirchengemeinden, da diese Träger der örtlichen Einrichtungen sind.

Vor der Aufteilung des Kirchensteueraufkommens in den je hälftigen Diözesan- und Kirchengemeindeanteil werden das vereinbarte Entgelt in Höhe von 3 % für den staatlichen Einzug abgezogen sowie sog. Vorwegausgaben an den Verband der Diözesen Deutschlands, über dessen Haushalt überdiözesane, vor allem weltkirchliche Aufgaben finanziert werden. Ferner wird der Finanzausgleich für ärmere Diözesen abgezogen, z. Zt. insbesondere für die neuen Diözesen in den neuen Bundesländern.

Dieses System ist ein wirkungsvoller Beitrag zur Erfüllung des Gesetzes Christi im Sinne des Galaterbriefes (6, 2):

> „Einer trage des anderen Last; so werdet ihr das Gesetz Christi erfüllen."

Erinnern wir uns an die Forderungen von Peter EICHER in seinem FAZ-Interview und von der Vorsitzenden des „Vereins zur Umwidmung der Kirchensteuer" nach einem dezentralen Spendensystem, dann wird nunmehr deutlich, was damit zerschlagen würde. Es geht mit solchen Forderungen nur vordergründig um ein neues Finanzierungssystem, tatsächlich um eine andere Kirche, um eine in ihrem Auftrag geschwächte Kirche. Deutlich wird dieses vordergründige Angriffsziel auch bei den anderen erwähnten Kritikern. Nicht selten liegt der Grund für die Angriffe ganz einfach in einer mangelnden oder zurückgehenden

Bindung, sofern sie nicht ohnehin von solchen vorgebracht wird, die sich durch den Kirchenaustritt von ihrer Kirche getrennt haben.

Auch das Argument, Pflichtbeiträge seien vom kirchlichen Verständnis her gesehen nicht akzeptabel, ist entlarvend, denn die Kirchensteuerpflicht gründet ja gerade auf der Kirchenmitgliedschaft. Wer zu seiner Mitgliedschaft steht, wird auch ein Finanzierungssystem bejahen, das eine wirkungsvolle materielle Lebensfähigkeit garantiert mit einer sicheren Vorausplanung von Einnahmen und Ausgaben, und das nicht in die Beliebigkeit und Abhängigkeit von einigen wenigen „Gönnern" gerät, wie es die Gefahr eines reinen Spendensystems mit sich bringen würde.

Bei einer von der Katholischen Akademie und der Evangelischen Akademie in Bayern veranstalteten Expertenrunde im Februar 1996 zum Thema Kirchensteuer äußerte sich in dieser Richtung der damalige Richter am Bundesverfassungsgericht Prof. Paul KIRCHHOF dahingehend, er vermute hinter der Kirchensteuerdiskussion nur eine „Umkleidung" für das „grundsätzliche Infragestellen" der Kirchen und ihrer Aufgaben. Die Gegner könnten nämlich keine Alternativen mit gleichem „Gerechtigkeitswert" und ähnlicher Ertragskraft anbieten. KIRCHHOF wörtlich: „Wer in der Kirche leben will, muss seine Kirche ebenso regelmäßig unterhalten, wie derjenige, der leben will, regelmäßig essen muss."[26] Insgesamt kam die Tagung zu dem Ergebnis, dass sich die Kirchensteuer bewährt hat und unersetzbar ist. Im einzelnen wurde hervorgehoben:

- Die Kirchensteuer sei eine gerechte Abgabe, weil sie die Kirchenmitglieder nach ihren finanziellen Möglichkeiten heranzieht.
- Der Kirchenbeitrag in der Rechtsform des staatlichen Rechts als Steuer sichere dem Kirchensteuerpflichtigen die Errungenschaften moderner Rechtsstaatlichkeit.
- Die Zusammenarbeit des Staates mit den Kirchen zum Wohl der Menschen habe sich bewährt. Ohne die Kirchensteuer der Kirchenmitglieder könnten viele soziale Dienste nicht aufrechterhalten werden. Die Kirchensteuer stabilisiere das deutsche Sozialsystem in erheblichem Umfang (bundesweit ca. 10.000 Kindergärten und Kinderhorte mit 650.000 Plätzen in kirchlicher Trägerschaft sowie kirchliche Heime, Schulen, Krankenhäuser, Jugendzentren und Beratungsstellen). Der Staat zahle dafür zwar zum Teil hohe Zuschüsse und Rückerstattungen, die Kirchen übernähmen aber die Finanzierung der Lücken und sorgten für die Organisation.
- Die Kirchensteuer komme auch der Wirtschaft zugute, da rund 70 % unmittelbar in die Wirtschaft zurückflössen. Die restlichen 30 % würden auf die Steuerquote und die Sparleistung der kirchlichen Lohnempfänger sowie auf weltkirchliche Aufgaben entfallen.

---

[26] KNA-ID Nr. 6 v. 8.2.1996, 2.

- Spenden statt Kirchensteuer würden die Kirche von ihren „Financiers“ abhängig machen. Das gegenwärtige System biete ein hohes Maß an Unabhängigkeit gegenüber einzelnen Geldgebern.
- Die Kirchensteuer mache die Kirche auch vom Staat unabhängig. Eine staatliche Alimentierung wie zu Zeiten des Staatskirchentums gebe es nicht mehr.

Ich kann hierzu auf die dargelegte historische Entwicklung verweisen. Nach allem kommt es also nicht entscheidend darauf an, unser Kirchensteuersystem zu modifizieren, es abzuschaffen und nach Alternativen zu suchen. Entscheidend ist meiner Meinung nach, dass wir noch stärker als bisher deutlich machen, wie die Kirchensteuermittel dem kirchlichen Auftrag gemäß eingesetzt werden. Auftragsgemäß heißt: für den Dienst am Menschen, für den Nächsten, für dessen geistliches und leibliches Wohl. Kurz: Im Sinne der Grunddienste der Kirche für „die Feier des Gottesdienstes in Wort und Sakrament“, für „das Zeugnis der tätigen Liebe“ und für „die Erfüllung des kirchlichen Weltauftrags“[27].

---

27 KGO § 1.

Zur öffentlichen Finanzierung katholischer Schwangerenberatungsstellen

Wolfgang Rüfner

Seit dem „Ausstieg“ der katholischen Kirche aus der Schwangerschaftskonfliktberatung erteilen Beratungsstellen, die im Auftrag der Kirche tätig sind, nicht länger Beratungsbescheinigungen nach § 7 SchKG. Die Kirche und die in ihrem Auftrag arbeitenden Beratungsstellen (vor allem des Sozialdienstes katholischer Frauen – SkF) haben sich aber nicht aus der Schwangerenberatung zurückgezogen. Sie beraten vielmehr weiterhin und bieten alle Leistungen nach § 2 SchKG an, die sich zu einem erheblichen Teil mit denen nach § 5 SchKG überschneiden. Verweigert wird nur jede Unterstützung einer Abtreibung. Dies hat zu Schwierigkeiten bei der staatlichen Finanzierung geführt, die in einigen Ländern (z. B. in Rheinland-Pfalz) überwunden sind, aber in anderen (z. B. in Bayern, Niedersachsen und Nordrhein-Westfalen) fortbestehen. Der Staat verweigert seine Förderung, auf welche „die nach den §§ 3 und 8 erforderlichen Beratungsstellen“ nach näherer Regelung des Landesrechts (§ 4 Abs. 3 SchKG) Anspruch haben (§ 4 Abs. 2 SchKG). Die Begründung scheint einfach zu sein: Die kirchlichen Beratungsstellen erbringen nicht die nach dem SchKG vorausgesetzten Leistungen.

1. Finanzierung von Beratungsstellen, die sich auf die Beratung nach § 2 SchKG beschränken

Irritationen sind zum einen dadurch entstanden, dass der Gesetzgeber in Art. 1 des Schwangeren- und Familienhilfeänderungsgesetzes (SFHÄndG) vom 21. August 1995[1] bei der Änderung des Gesetzes über Aufklärung, Verhütung, Familienplanung und Beratung, damals in „Gesetz zur Vermeidung und Bewältigung von Schwangerschaftskonflikten (Schwangerschaftskonfliktgesetz – SchKG)“ umbenannt, die Finanzierung der neu geordneten Beratungsstellen nicht umfassend neu geregelt hat.

Nach dem ursprünglichen Gesetz über Aufklärung, Verhütung, Familienplanung und Beratung[2] wurde zwischen Beratungsstellen, welche zur Ermöglichung straffreier (nach der damaligen, später vom BVerfG beanstandeten Regelung sogar rechtmäßiger) Abtreibungen Beratungsscheine (§ 219 Abs. 3 StGB a. F.) ausstellten, und anderen Beratungsstellen nicht differenziert. Der Beratungs-

---

1 BGBl. I 1050.

2 Art. 1 des SFHG v. 27.7.1992, in: BGBl. I 1398.

schein war nur in § 219 Abs. 3 StGB erwähnt, das Gesetz über Aufklärung, Verhütung, Familienplanung und Beratung enthielt Vorschriften über die Beratung, nicht dagegen über die Ausstellung eines Beratungsscheins. Dementsprechend genügte zur Regelung der staatlichen Finanzierung § 4, der ein flächendeckendes Angebot an Beratungsstellen vorschrieb und zur Sicherstellung eines ausreichenden Angebots Anspruch auf eine angemessene öffentliche Förderung zur Bestreitung der Personal- und Sachkosten gewährte (§ 4 Abs. 2).

Nach dem Urteil des BVerfG vom 28. Mai 1993[3], das wesentliche Teile der Abtreibungsregelungen für nichtig erklärt hatte, wurde die Materie neu geregelt. Das BVerfG verlangte als Voraussetzung einer straffreien (gleichwohl in der Regel rechtswidrigen)[4] Abtreibung, dass ihr eine qualifizierte Beratung vorausging, über welche ein Beratungsschein ausgestellt wurde. Seit dem SFHÄndG vom 21. August 1995 gibt es nach dem SchKG zwei verschiedene Formen der Beratung. Die erste wird in Abschnitt 1 („Aufklärung, Verhütung, Familienplanung und Beratung"), die zweite in Abschnitt 2 („Schwangerschaftskonfliktberatung") geregelt.

Nach Abschnitt 1 hat jeder Mann und jede Frau einen Anspruch, sich in Fragen der Sexualaufklärung, Verhütung und Familienplanung sowie in allen eine Schwangerschaft unmittelbar oder mittelbar berührenden Fragen informieren und beraten zu lassen (§ 2 Abs. 1 SchKG). Was zu dieser Beratung gehört, wird in § 2 Abs. 2 SchKG dann noch näher erläutert.

Die Beratung nach Abschnitt 1 SchKG hat nicht das Ziel, einer (möglicherweise) abtreibungswilligen Frau die Beratung zu gewähren und zu dokumentieren, die ihr eine straflose Abtreibung ermöglicht. Diese Beratung ist vielmehr in Abschnitt 2 gesondert geregelt.

Nicht nur zwischen beiden Formen der Beratung wird unterschieden. Das SchKG differenziert auch deutlich zwischen den Beratungsstellen nach Abschnitt 1 und denen nach Abschnitt 2, denn es gibt den Ländern in § 3 auf, ein ausreichendes Angebot wohnortnaher Beratungsstellen für die Beratung nach § 2 SchKG sicherzustellen. Für die Schwangerschaftskonfliktberatung enthält § 8 SchKG eine entsprechende Vorschrift für die Beratung nach den §§ 5 und 6. Diese Beratungsstellen bedürfen einer besonderen staatlichen Anerkennung (§ 8

---

3 BVerfGE 88, 293.

4 Dazu kritische Hinweise bei JAKOBS, Günther, Rechtmäßige Abtreibung von Personen?, in: JR 54 (2000) 407, der im Hinblick darauf, dass das BVerfG die Konsequenzen der Rechtswidrigkeit in zahlreichen wichtigen Fragen (Nothilfe zugunsten des ungeborenen Kindes, Gültigkeit des Arztvertrages, Gewährleistung von Beratungsstellung und Abtreibungseinrichtungen, Lohnfortzahlung, Sozialhilfe) ausschließt, von einer *protestatio facto contraria* spricht; ähnlich DERS., Lebensschutz durch Pflichtberatung, in: Schriftenreihe der Juristen-Vereinigung Lebensrecht e. V. Nr. 17 (2000) 34 ff., wo er die Rechtswidrigkeit eine Chimäre nennt.

Satz 2, § 9 SchKG). Die Differenzierung der Beratungsstellen entspricht ihren unterschiedlichen Aufgaben.[5]

§ 4 SchKG wurde im SFHÄndG dem Abschnitt 1 des SchKG zugeordnet und nur wenig verändert. Seither heißt es in § 4 Abs. 1 statt „den anerkannten Beratungsstellen für die Beratung nach diesem Gesetz" „den Beratungsstellen nach den §§ 3 und 5". In Abs. 2 des § 4 findet sich eine vergleichbare Anpassung an die neue Rechtslage (statt „im Sinne des § 3 Abs. 1" jetzt „nach den §§ 3 und 8").

Zweifel bezüglich der Finanzierung erweckt zum einen die systematisch unrichtige Einordnung des § 4 im SchKG. § 4 steht in Abschnitt 1 und könnte deshalb zunächst den Eindruck erwecken, es gehe nur um die Beratung nach Abschnitt 1. Dem steht indes der klare Wortlaut entgegen, der auf Beratungsstellen nach §§ 3 und 8 verweist.

Schwieriger ist das Problem, ob nach § 4 nur Beratungsstellen gefördert werden sollen, welche beide Arten von Beratung übernehmen, oder auch solche, welche nur nach Abschnitt 1 oder nur nach Abschnitt 2 beraten. Für die erste Auffassung scheint die einheitliche Verhältniszahl von mindestens einer Beraterin oder einem Berater für je 40.000 Einwohner zu sprechen, die nicht zwischen Beratungsstellen nach § 3 und nach § 8 SchKG unterscheidet. Eine solche Unterscheidung war nach älterem Recht, d. h. nach dem Gesetz über Aufklärung, Verhütung, Familienplanung und Beratung von 1992, das im wesentlichen dem Abschnitt 1 des jetzigen SchKG entsprach, nicht vorgesehen. Bei der Änderung des älteren Gesetzes und seiner Ergänzung durch die Abschnitte 2 (und 3) blieb § 4 mit redaktionellen Anpassungen im wesentlichen erhalten. Zwar gibt es jetzt im Gesetz zwei Arten von Beratung und zwei Arten von Beratungsstellen, die Vorschrift über die öffentliche Förderung blieb jedoch einheitlich.

Ausweislich der Gesetzesbegründung war nicht beabsichtigt, nur noch die Beratungsstellen zu fördern, welche zugleich die Beratung nach den Abschnitten 1 und 2 SchKG anbieten. Der Gesetzgeber wollte, obwohl die Förderung von Beratungsstellen nach § 3 und § 8 SchKG systematisch unkorrekt in Abschnitt 1 geregelt wurde und obwohl die einheitlichen Verhältniszahlen (je eine Beraterin oder ein Berater je 40.000 Einwohner) nicht mehr passen[6], wenn es verschiedene Arten von Beratungsstellen gibt, den Beratungsstellen, welche sich auf die Beratung nach § 2 SchKG beschränken, den Anspruch auf Förderung nicht versagen. Es heißt in der maßgeblichen Bundestagsdrucksache[7]:

> „Durch eine redaktionelle Anpassung wird klargestellt, dass sich die bisherigen Vorschriften über die öffentliche Förderung der Beratungsstellen sowohl auf die als Schwangerschaftskonfliktberatungsstellen anerkannten Stellen als auch auf etwaige

---

[5] Ellwanger, Dieter, Schwangerschaftskonfliktgesetz, Stuttgart u. a. 1997, § 2 Rn. 2.

[6] Ellwanger (Fn. 5), § 4 Rn. 2 bezieht den Versorgungsschlüssel 1:40.000 auf beide Einrichtungen, nicht etwa auf jede gesondert.

[7] BTDrs. 13/1850 (Ausschussfassung).

> weitere Beratungsstellen erstrecken, die den Beratungsanspruch des § 2 SchKG erfüllen."

Auch Beratungsstellen, welche die Beratung nach den §§ 5-7 SchKG (die Schwangerschaftskonfliktberatung) nicht anbieten, sind danach Beratungsstellen, zu deren Vorhaltung die Länder verpflichtet sind und die sie mit Zuschüssen zu fördern haben. Ein Ausschluss von Beratungsstellen mit Beschränkung auf die Beratung ohne „Scheinerteilung" nach § 7 SchKG ist rechtswidrig. In diesem Sinne führt der HessVGH in seinem Urteil vom 18. November 1997[8] aus:

> „Art. 1 Nr. 6b des Schwangeren- und Familienhilfeänderungsgesetzes stellt jedoch klar, dass neben den Schwangerschaftskonfliktberatungsstellen nach dem neuen § 8 SchKG nach wie vor auch die Beratungsstellen nach dem § 3 dieses Gesetzes im bisherigen Umfang zu fördern sind."

Der Wille des Gesetzgebers ist danach eindeutig feststellbar. Sowohl Beratungsstellen, welche Schwangerschaftskonfliktberatung mit Beratungsschein anbieten, wie auch solche, welche sich auf die Beratung nach § 2 SchKG beschränken, sind förderungswürdig.[9]

Wenn ein Land Beratungsstellen, welche sich auf die Beratung nach § 2 SchKG beschränken, die Förderung verweigert, verstößt es gegen Bundesrecht. In manchen Ländern, wie in Rheinland-Pfalz, wo eine Vereinbarung über die Finanzierung der katholischen Beratungsstellen zu Stande gekommen und vor kurzem verlängert worden ist[10], ist das Problem angemessen gelöst, in anderen besteht dagegen ein rechtswidriger Zustand. Dies gilt auch für Bayern, das in seinem Schwangerenberatungsgesetz[11] nur eine Förderung von Beratungsstellen vorsieht, welche (zumindest auch) die Schwangerenkonfliktberatung nach §§ 5ff. SchKG mit Ausstellung eines Beratungsscheins anbieten und eine dementsprechende staatliche Anerkennung erhalten haben (Art. 16 BaySchwBerG).

---

8 HessVGH v. 18.11.1997, 11 UE 315/97, in: RiA 45 (1998) 200 ff., auch zur Höhe der Förderung und zur Zulässigkeit der Regelung durch Verwaltungsvorschriften; anders ELLWANGER (Fn. 5), § 4 Rn. 10, der eine Regelung durch Verwaltungsvorschriften allenfalls übergangsweise hinnehmen will und zur Höhe in Rn. 11 ff. eine geringere Förderung der Beratungsstellen nach § 2 (damals – 1996 – in Baden-Württemberg 23.500 DM pro Fachkraft jährlich gegenüber 50.000 DM bei Beratungsstellen nach § 8 SchKG mit der Beratungspflicht nach § 219 StGB) rechtfertigt.

9 Dahin tendiert auch VG Minden v. 24.1.2002, 7 K 27/01, 72/01, 555/01, in: DÖV 55 (2002) 439, wo allerdings die Förderung wegen angeblich nicht umfassender Beratung abgelehnt wird; dazu u. 2.

10 Vereinbarung v. 6.12.2000, in: KABl. Mainz 144 (2001) 16; verlängert laut Nachricht in Rhein-Zeitung v. 12.7.2002.

11 Gesetz über die Schwangerenberatung (BaySchwBerG) v. 9.8.1996, in: GVBl. 320.

2. Art und Weise der Beratung

Es bleibt der Einwand, katholische Beratungsstellen böten die Beratung nach § 2 SchKG nicht in vollem Umfang an.

Mit dieser Begründung hat das VG Minden[12] Ansprüche katholischer Träger von Beratungsstellen abgelehnt. Das Urteil beruht noch auf den vorläufigen Richtlinien des Erzbischofs von Paderborn für katholische Schwangerschaftsberatungstellen nach § 219 StGB i. V. m. § 2 SchKG vom 13. Dezember 1999[13], die sich jedoch nicht entscheidend von den einheitlichen späteren Bischöflichen Richtlinien vom 26. September 2000 unterscheiden, die in den Diözesen von den Bischöfen in Kraft gesetzt wurden.[14]

Diese Richtlinien tragen den katholischen Beratungsstellen ausdrücklich auf, die Beratung Schwangerer unverändert fortzuführen mit der einzigen Einschränkung, dass Beratungsbescheinigungen, die Voraussetzung für einen straffreien Abbruch sind, nicht mehr ausgestellt werden. Ausdrücklich heißt es in der Präambel der Richtlinien, die Kirche wolle weiterhin ihre öffentliche Verantwortung wahrnehmen und die Beratungstätigkeit im staatlichen gesetzlichen Rahmen des SchKG durchführen. An keiner Stelle der Richtlinien werden Vorbehalte gegenüber den Beratungsansprüchen nach § 2 SchKG angebracht. Die Beratung Schwangerer in Not- und Konfliktlagen wird zu den Aufgaben der kirchlichen Beratungsstellen gerechnet (§ 1 Abs. 2 der Richtlinien) Nach § 1 Abs. 3 der Richtlinien gehören zur Beratung Information und Begleitung in Fragen von Sexualität und Familienplanung. In den früheren Richtlinien des Erzbischofs von Paderborn war ausdrücklich gesagt, dass die Beratung insbesondere Informationen über die in § 2 SchKG genannten Bereiche umfasse. Dies wird zwar in den neuen Richtlinien nicht in dieser Form wiederholt, jedoch wird kein Bereich ausgeschlossen. Lediglich die Hilfe zur Abtreibung wird in § 4 der geltenden Richtlinien (wie auch schon in den vorläufigen Richtlinien von Paderborn, § 5) untersagt. Eine authentische Interpretation[15] stellt jedoch klar: Die ratsuchende Schwangere muss in katholischen Beratungsstellen zu Beginn der Beratung darauf hingewiesen werden, dass ein Beratungsschein nicht ausgestellt werden kann. In diesem Zusammenhang ist eine Information über andere Beratungsstellen, welche Beratungsbescheinigungen ausstellen, nicht ausgeschlossen. Es ist danach weder in den früheren Richtlinien im Erzbistum Paderborn noch in den jetzt in fast allen Diözesen geltenden Normen verboten, dass Informationen

---

12 VG Minden, in: DÖV 55 (2002) 439.

13 Kirchliches Amtsblatt Paderborn, 177 f.

14 Von der DBK am 26.9.2000 verabschiedet und durch bischöfliche Regelungen in den Diözesen i. d. R. mit Wirkung ab 1.1.2001 in Kraft gesetzt, vorher noch durch eine authentische Interpretation v. 21.11.2000 ergänzt, vgl. Veröffentlichung für das Bistum Mainz im Kirchlichen Amtsblatt für die Diözese Mainz (2000) 91 ff., ergänzende authentische Interpretation (2001) 1.

15 Nachweise s. Fn. 14.

über Schwangerschaftsabbrüche, deren Risiken und Folgen (§ 2 Abs. 2 Nr. 6 SchKG) gegeben werden.

Dem entspricht die Rahmenkonzeption des Zentralrats des Deutschen Caritasverbandes vom 12. Oktober 2000.[16] Zielgruppen sind danach Personen mit Problemen, wie sie in § 2 SchKG genannt sind.[17] Die kirchlichen Beratungsstellen schließen heikle Themen nicht aus, wenn sie auch das Ziel des Lebensschutzes stets im Auge haben.

Nur in dieser Zielsetzung für das Leben unterscheidet sich ihre Beratung möglicherweise von der anderer Beratungsstellen. Katholische Beratungsstellen leisten keine Hilfe zur Abtreibung und raten auch nicht zur Abtreibung. Im übrigen erbringen sie alle Leistungen nach § 2 SchKG.

Wäre es das Ziel der Beratung nach § 2 SchKG, zumindest auch den Weg zu einer Abtreibung zu ebnen, könnten allerdings die katholischen Beratungsstellen nicht mehr mit staatlicher Förderung rechnen.

Verschiedene Indizien könnten darauf hindeuten, dass das gesamte Recht der Schwangerenberatung letztlich auf das Ziel ausgerichtet sei, das Selbstbestimmungsrecht der Schwangeren zu verwirklichen, auch wenn die Schwangere zu einer Abtreibung tendiert. Dies wäre auf der Grundlage eines Rechts auf Abtreibung folgerichtig. Manche Äußerungen von Parlamentariern zur Schwangerenberatung stellen nur das Selbstbestimmungsrecht der Frau in den Vordergrund, nicht den Schutz des ungeborenen Lebens.[18] In besonders krasser Form wurde das „Recht auf Abtreibung" kürzlich vom (für solche Fragen nicht zuständigen) EU-Parlament propagiert. Es verabschiedete einen Bericht, nach welchem der Schwangerschaftsabbruch für alle Frauen legal, sicher und zugänglich sein müsse.[19]

Solche Auffassung entsprechen jedoch weder dem Wortlaut des SchKG noch dessen verfassungsrechtlichem Hintergrund. Vielmehr ist das gesamte SchKG auf das Ziel des Lebensschutzes hingeordnet. Die Abtreibung wird nicht als Verwirklichung des Selbstbestimmungsrechts, sondern nur als nicht voll vermeidbares Unrecht hingenommen. Nur diese Sicht wird den gesetzlichen und verfassungsrechtlichen Anforderungen gerecht.

Die Beratung nach den §§ 5 und 6 SchKG ist zwar ergebnisoffen zu führen (§ 5 Abs. 1 Satz 1 SchKG) und darf den Weg zu einer Abtreibung nicht versperren. Eine solche ergebnisoffene Beratung wurde vom BVerfG gebilligt, weil

---

16 Veröffentlicht unter dem Titel „Ja zum Leben". Rahmenkonzeption für die Arbeit katholischer Schwangerschaftsberatungsstellen, Freiburg i. Br. 2000.

17 Ebd., 11.

18 Etwa die Abg. Ina LENKE (F.D.P.) in der 47. Sitzung des 14. Bundestages am 24.6.1999 (in: StenBerBT, 3961B) oder die Abg. Kerstin MÜLLER (Bündnis 90 / Die Grünen) in der Beratung des SFHÄndG (47. Sitzung des 13. Bundestages, StenBerBT, 3769A-3770D).

19 EU-Parlament, Entschließung v. 3.7.2002 zu sexueller und reproduktiver Gesundheit und Rechten (2001/2128/INI), 141 Nr. 12.

das Gericht das (angeblich) lebensschützende Konzept des Gesetzgebers akzeptierte. Die Beratung einer möglicherweise abtreibungswilligen Frau kann nach Ansicht des Gerichts nur erfolgversprechend sein, wenn sie ergebnisoffen geführt[20] und die Frau nicht eingeschüchtert[21] wird. Die Beratung nach §§ 5 und 6 SchKG ist, obwohl ergebnisoffen, mit dem Ziel des Lebensschutzes, nicht im Sinne einer Abtreibungshilfe zu führen[22], wie § 5 Abs. 1 Satz 4 SchKG ausdrücklich vorschreibt.

Dagegen mögen Stimmen aus der öffentlichen Diskussion, aus Parlamentsdebatten oder auch der erwähnte Beschluss des EU-Parlaments angeführt werden. Diese können aber aus verfassungsrechtlichen Gründen nicht relevant sein.[23] Der Wille des historischen Gesetzgebers, wenn er denn (partiell bei einigen Abgeordneten) auf ein Recht auf Abtreibung gerichtet war, muss hinter einer dem Wortlaut des Gesetzes entsprechenden verfassungskonformen Auslegung und Anwendung zurückstehen. Der Vorrang des Europarechts und damit die Äußerung des EU-Parlaments kann in diesem Zusammenhang keine Rolle spielen, weil die EU in diesen Fragen keine Kompetenz hat und der Beschluss des EU-Parlaments nur als eine unverbindliche Meinungsäußerung zu bewerten ist.

Schon die Schwangerschaftskonfliktberatung muss also im Sinne des Lebensschutzes geführt werden, obwohl sie mit dem Beratungsschein auch die Möglichkeit der straffreien (wenn auch in der Regel rechtswidrigen) Abtreibung eröffnet.

Die Beratung nach § 2 SchKG ist nach der Vorstellung des Gesetzgebers nicht die Beratung, welche Schwangere in Not- und Konfliktlagen suchen, um straflos abtreiben zu können. Zwar schließt § 2 SchKG eine Beratung in Konfliktfällen nicht aus, jedoch kann diese nicht damit enden, dass die straflose Abtreibung ermöglicht wird. Eine Hilfe zur möglichen Abtreibung, wie sie sich zwangsläufig aus der Beratung gemäß den §§ 5 ff. SchKG nach dem gesetzlichen Schutzkonzept ergibt, ist in der Beratung nach § 2 SchKG nicht intendiert. Die Beratung, welche von katholischen Beratungsstellen nach § 2 SchKG angeboten wird

---

20 BVerfGE 88, 203, 282.

21 Ebd., 283.

22 Ebd., 282: Die Beratung bedarf der Zielorientierung auf den Schutz des ungeborenen Lebens hin. Dazu TETTINGER, Peter J., Schutz des werdenden Lebens in Deutschland. Zum Streit um die katholische Schwangerschaftskonfliktberatung, in: FS Ipsen, 773, der auf 774 zutreffend darauf hinweist, dass „ergebnisoffen“ nur bedeutet, dass die Entschlussfreiheit der Schwangeren zu respektieren ist. Die Grundeinstellung der katholischen Kirche mit ihrer Ausrichtung auf den Lebensschutz entspricht den Leitvorstellungen der Verfassung und des SchKG; TETTINGER, 777; ähnlich KLUTH, Winfried, Die rechtliche Einordnung des „neuen Scheins“ der kirchlichen Beratungsstellen, in: NJW 52 (1999) 2722, der mit Recht darauf hinweist, dass eine Beratung, die sich deutlich für eine Fortsetzung der Schwangerschaft engagiert, vor dem Hintergrund der Ausführungen des BVerfG mit dem Beratungskonzept vereinbar ist.

23 Klar BVerfGE 88, 203, 255, wo eine Rechtfertigung der Abtreibung in Abwägung mit dem Selbstbestimmungsrecht verworfen wird.

und das Ziel des Lebensschutzes verfolgt, ist also nicht als untauglich zu disqualifizieren. Eine Abtreibungshilfe in dem Sinne, dass Ratsuchende auf Ärzte, Krankenhäuser oder andere Einrichtungen hinzuweisen sind, die Abtreibungen vornehmen, ist in der Beratung nach § 2 SchKG nicht vorgesehen. Wenn die kirchlichen Richtlinien dies ausschließen, ist das entgegen der Auffassung des VG Minden kein Grund, die staatliche Förderung zu verweigern.

3. Erforderlichkeit katholischer Beratungsstellen

Es bleibt der Einwand, für ein ausreichendes Angebot wohnortnaher Beratungsstellen seien die katholischen Beratungsstellen nicht mehr erforderlich.

Möglicherweise gibt es – rein zahlenmäßig – in einzelnen Gebieten bereits hinreichend viele Beratungsstellen. Darauf allein kann es aber nicht ankommen: § 3 Satz 3 SchKG schreibt ausdrücklich vor, dass die Ratsuchenden zwischen Beratungsstellen verschiedener weltanschaulicher Ausrichtung auswählen können sollen.[24]

An dieser Stelle wird die Kirche oft auf „Donum vitae“ als einen katholischen Träger hingewiesen, der die Pluralität zugunsten der katholischen Seite sichere. Dies beruht jedoch auf einem schweren Missverständnis: In „Donum vitae“ sind zwar Katholiken aktiv, welche den „Ausstieg“ der katholischen Kirche aus der Schwangerschaftskonfliktberatung nach §§ 5 ff. SchKG missbilligten. „Donum vitae“ ist aber nach seinem Selbstverständnis und vor allem nach der insoweit maßgeblichen Auffassung der katholischen Kirche kein katholischer Verein. Er vertritt im Gegenteil gerade Positionen, die von der Kirche verworfen worden sind. „Donum vitae“ kann daher ein katholisches Beratungsangebot nicht ersetzen.

„Donum vitae“ will zwar nach seiner Satzung die bisherige Praxis der katholischen Beratungsstellen fortsetzen, also – wie von Gesetz und Verfassung vorgeschrieben – nicht im Sinne eines Selbstbestimmungsrechts zur Abtreibung, sondern im Sinne des Lebensschutzes beraten. Der für die straflose Abtreibung erforderliche Beratungsschein soll aber erteilt werden. Die katholische Kirche sieht darin eine Verdunkelung des Zeugnisses für das Leben und musste sich deshalb von der Beratung nach den §§ 5 ff. SchKG zurückziehen. Ihre Beratungsstellen können nicht mehr als solche nach § 8 SchKG tätig werden, auch wenn dort die Anerkennung von Einrichtungen freier Träger vorgeschrieben und eine weltanschaulich plurale Ausrichtung erwünscht ist. Dies rechtfertigt aber nicht, katholische Beratungsstellen auch von der Beratung nach § 2 SchKG auszuschließen und nicht mehr zu fördern. In der Beratung nach § 2 SchKG, in der

[24] ELLWANGER (Fn. 5), § 3 Rn. 4 weist darauf hin, dass wegen des Grundsatzes der Subsidiarität die Beratungsstellen freier Träger in § 3 Satz 2 SchKG hervorgehoben werden. Nach Rn. 2 gehört die Beratung zu den grundständigen Aufgaben kommunaler, kirchlicher und freier Wohlfahrtspflege.

es nicht um die Entscheidung der Schwangeren für oder gegen einen Abbruch geht, hat die Stimme der Kirche ihren Platz, die sich jetzt kompromissloser als früher für den Lebensschutz einsetzt und eine Verfälschung ihres Zeugnisses durch Missverständnisse vermeiden will. Das schließt nicht aus, dass den Einrichtungen von „Donum vitae" und ihren Mitarbeiterinnen und Mitarbeitern zugestanden wird, eine Beratung im Sinne des Lebensschutzes aus einer katholisch geprägten Grundhaltung heraus anzubieten. Nur: Als Stimme der katholischen Kirche kann „Donum vitae" nicht bewertet werden. Wird „Donum vitae" in der Schwangerenberatung berücksichtigt, vom Staat anerkannt und finanziert, stellt dies nicht eine Beteiligung der katholischen Kirche dar, welche eine Förderung von deren Beratungsstellen überflüssig werden ließe.

Weder die Versagung des Beratungsscheines, noch die Art und Weise der kirchlichen Beratung, noch die Tätigkeit von „Donum vitae" kann danach rechtfertigen, dass deutsche Länder kirchlichen Beratungsstellen (vor allem den Stellen des SkF) die öffentliche Förderung verweigern. Im pluralistischen Konzept der Schwangerenberatung nach § 2 SchKG gebührt vielmehr der katholischen Kirche eine angemessene Beteiligung und staatliche Förderung.

Die Kultursteuer – Ausweg oder Irrweg für die Kirchenfinanzierung in Österreich?

Nikolaus Schöch

1. Zunehmende Verbreitung der Finanzierung von Kirchen und Religionsgemeinschaften durch das System der Kultursteuer

Als Alternative zum österreichischen Kirchenbeitragssystem kommen im Grunde drei Modelle in Frage, nämlich

- das Spenden- und Kollektensystem (USA, Niederlande, Frankreich etc.);
- das Kirchensteuersystem (Deutschland, Schweiz);
- das vergleichsweise neue System der Kultursteuer bzw. Teilzweckbindung der Einkommenssteuer, wie es von Jörg MEUTHEN treffend genannt wurde.[1] Es ist in Spanien seit 1987, in Italien seit 1990 und in Ungarn seit 1998 in Kraft.

Während als Alternative zum in der Welt einzigartigen österreichischen System des Kirchenbeitrags nicht das in den USA, Frankreich, Holland und anderen Staaten in unterschiedlicher Form praktizierte System der Finanzierung aus Spenden diskutiert wird und gegenwärtig kaum mehr mit der realistischen Möglichkeit der Einführung des deutschen Systems der Kirchensteuer in Österreich gerechnet wird, wurde in letzter Zeit von verschiedenen Seiten in Kirche und Politik das System der Kultursteuer aufgegriffen. Richard PUZA bezeichnete es bereits im Jahr 1993 als die am ehesten gangbare Alternative zum Kirchenbeitrag, da es die Religionsfreiheit mit evangelischer Armut verbindet.[2] Inzwischen sind zehn Jahre vergangen und reiche Erfahrungen konnten nicht nur in Spanien und Italien, sondern auch in Ungarn gesammelt werden. In zwei Nachbarländern Österreichs ist damit die Kultursteuer, wenn auch in etwas verschiedener Form, in Kraft. Die Ausdehnung auf drei Länder mit unterschiedlicher Geschichte und unterschiedlichem staatskirchenrechtlichem System zeigt deren Anpassungsfähigkeit ebenso wie deren Aktualität angesichts der gegenwärtigen Entwicklung der Beziehungen zwischen Kirche und Staat in Europa. Zugleich wurde sie in Italien und Ungarn nicht nur von der katholischen Kirche, sondern von allen großen Religionsgemeinschaften übernommen, was ihr eine besondere Aktualität verleiht.

---

1 Vgl. MEUTHEN, Jörg, Die Kirchensteuer als Einnahmequelle von Religionsgemeinschaften. Eine finanzwissenschaftliche Analyse, Frankfurt a. M. 1993, 181.

2 Vgl. PUZA, Richard, Modalitäten der Kirchenfinanzierung in der Europäischen Union, in: ÖAKR 42 (1993) 195.

Es soll nun ohne Vorurteile eine Abwägung der zu erwartenden Vorteile ebenso wie der zu befürchtenden Nachteile durchgeführt werden. Dies erfolgt vor allem durch einen Vergleich der gegenwärtigen Stärken, aber auch der Problemfelder des Kirchenbeitrags in Österreich mit den erreichten Erfolgen und auch Schwierigkeiten, denen sich die Kirchen und Religionsgemeinschaften in jenen Ländern stellen mussten, in denen die Kultursteuer während der vergangenen fünfzehn Jahren eingeführt wurde.

1.1. Kultursteuer in Spanien

Seit der neuen Verfassung von 1978 ist die katholische Kirche nicht mehr Staatskirche. Spanien betrachtet sich seit damals wieder als ein religiös neutraler Staat. In diesem Sinn unterschrieben der Apostolische Stuhl und die spanische Regierung im Jahr 1979 neue Vereinbarungen, „Acuerdos" genannt, in denen auch die spanische Variante der so genannten Teilzweckbindung der Einkommenssteuer, welche häufig auch mit dem allgemeineren Begriff der Kultursteuer bezeichnet wird, ihre Grundlage findet.[3] Es handelt sich um die Rahmen-Übereinkunft zwischen dem spanischen Staat und dem Apostolischen Stuhl über wirtschaftliche Fragen („Acuerdo de Asuntos Económicos") vom 5. Dezember 1979.[4]

Dieses Grundsatzabkommen wurde erstmals mit dem Gesetz Nr. 33 vom 23. Dezember 1987 konkretisiert, welches am 1. Januar 1988 in Kraft trat.[5] Da die Kultursteuer keine Kirchensteuer ist, entscheiden die Steuerzahler frei, ob sie einen Teil ihrer ohnehin zu bezahlenden Einkommenssteuer der katholischen Kirche[6] oder gemeinnützigen Organisationen wie dem Roten Kreuz widmen.[7] Wurde keine Widmung vorgenommen, so werden die nicht gewidmeten Gelder anders als in Italien und Ungarn nicht noch einmal aufgeteilt, sondern fließen dem Staat zu. Zwar drückten die anderen Religionsgemeinschaften den Wunsch nach der gleichen Behandlung wie die katholische Kirche aus[8], lehnten jedoch die Übernahme der Kultursteuer ausdrücklich ab, was ein deutliches Zeichen für die bisher unbefriedigenden Resultate darstellt.[9] In den Vereinbarungen, die

---

3 Vgl. García Hervás, Dolores, El actual sistema de financiación directa de la Iglesia Católica. Consideraciones críticas y propuestas de futuro, in: Roca, Maria J. (Hg.), La financiación de la Iglesia católica en España, Santiago de Compostela 1994, 182.

4 Der spanische Text findet sich in: Santa Sede – Gobierno español, Acuerdo sobre Asuntos Económicos, 5.12.1979, in: IusCan 19 (1979) 300 f.

5 Vgl. González del Valle, José M., Regimen patrimonial y económico, in: Navarro-Valls, Rafael (Hg.), Derecho Eclesiastico del Estado Espanol, Pamplona [3]1993, 339.

6 Vgl. Blanco, María, Cooperación Estado-confesiones religiosas en materia económica, in: Otaduy, Jorge D. (Hg.), Tratado de Derecho Eclesiástico (Colección canónica de la Universidad de Navarra. Manuales), Pamplona 1994, 647.

7 Vgl. González del Valle (Fn. 5), 339.

8 Vgl. ebd., 344.

9 Vgl. ebd., 343.

zwischen dem spanischen Staat und der protestantischen sowie der jüdischen Religionsgemeinschaft geschlossen wurden, klammerte man sie bewusst aus, obwohl sie von Anfang an für alle Konfessionen gedacht war. Die grundsätzliche Möglichkeit muss jedoch auf der Grundlage des Prinzips der konfessionellen Neutralität und der Religionsfreiheit auch in Zukunft aufrecht erhalten bleiben.[10]

Die katholische Kirche ist die einzige Glaubensgemeinschaft geblieben, welche die Kultursteuer in Anspruch nimmt. Selbst wenn es derzeit vollkommen irreal erscheint, drückte sie bereits die Hoffnung aus, sich in ferner Zukunft einmal von dieser Bindung an den Staat zu befreien und ohne die Kultursteuer auszukommen. Das ganze System ist der Vereinbarung gemäß ausdrücklich nur bis zu dem Augenblick gedacht, da die Kirche in der Lage sein wird, sich ohne Hilfe des Staates selbst zu finanzieren.[11] Damit ist nicht ausgeschlossen, dass ihr in dieser letzten im Abkommen über wirtschaftliche Fragen vorgesehenen Phase[12] jener Anteil an der Kultursteuer gewidmet werden kann, der für Projekte zur Förderung der praktischen Umsetzung der Religionsfreiheit und sozial-caritative Aktivitäten vorgesehen ist.[13]

Im Gesetz vom 23. Dezember 1987 wurde der Prozentsatz der Einkommenssteuer, der gewidmet werden kann, extrem niedrig angesetzt: 0,5239 %. Die deutsche Kirchensteuer ist vergleichsweise fast zwanzigmal so hoch (ca. 9 %). Während die Grundvereinbarung bilateral ist, wurde die Umsetzung und damit die Festlegung einseitig durch den mächtigeren Teil, den Staat, nach mit idealen Voraussetzungen durchgeführten Berechnungen im Vergleich mit den bisherigen direkten Staatsleistungen vorgenommen. Der Irrtum bei der Festlegung des Prozentsatzes lag vor allem darin, dass er einseitig in der naiven Meinung fixiert wurde, dass alle Katholiken ihren Anteil der eigenen Kirche ausdrücklich widmen würden.[14]

Nach der Überprüfung im Jahr 2002 hat der Staat die Möglichkeit, den Prozentsatz zugunsten der Kirche für das Jahr 2003 zu erhöhen und eventuell die Kultursteuer auf land- und forstwirtschaftlichen sowie sonstigen Grundbesitz auszudehnen.[15] Wiederum liegt die Initiative trotz aller Proteste und Beschwerden der Bischofskonferenz beim Staat, der wahrscheinlich aus politischen und

---

[10] Vgl. GIMÉNEZ Y MARTÍNEZ DE CARVAJAL, José, Situación actual de la financiación de la Iglesia Católica en España, in: ROCA (Fn. 3), 52 f.

[11] Vgl. ebd., 60; vgl. auch PUZA (Fn. 2), 192.

[12] Vgl. Santa Sede / Gobierno español, Acuerdo sobre Asuntos Económicos, 5.12.1979, Art. II § 5, in: IusCan 19 (1979) 301.

[13] Vgl. GOTI ORDEÑANA, Juan, Financiación de la Iglesia, in: REDC 58 (2001) 734.

[14] Vgl. GARCÍA HERVÁS, Dolores, El actual sistema de financiación directa de la Iglesia catholica en España, in: DirEccl 105/1 (1994) 843.

[15] Vgl. PRESAS BARROSA, Concepción, La nueva asignación tributaria en España y la Iglesia católica, in: Anuario de Derecho Eclesiástico del Estado 16 (2000) 704.

steuerlichen Gründen wie bereits in den vergangenen 15 Jahren die dringend erforderliche Erhöhung weiter hinausschieben wird.

1.2. Kultursteuer in Italien

Das italienische System hat sich an der spanischen Vereinbarung inspiriert, welche erstmalig das System der Kultursteuer in die Tat umsetzte. In Italien beruht das geltende System auf dem Rahmenkonkordat von 1984 und sieben Sonderverträgen, die zwischen der Regierung und der italienischen Bischofskonferenz abgeschlossen wurden. Diese werden „intese", d. h. Vereinbarungen genannt und bilden, anders als das Rahmenkonkordat, keine internationalen Verträge, was den Vorteil hat, dass sie leichter den sich wandelnden Gegebenheiten angepasst werden können. Allerdings wurde die Vereinbarung in Bezug auf die Kirchenfinanzierung zur besseren Absicherung nicht nur von der Italienischen Bischofskonferenz, sondern auch vom Apostolischen Stuhl als internationalem Partner ratifiziert, um den Bestand des Systems auch unter rasch wechselnden politischen Umständen garantieren zu können.[16]

Damit trat mit dem Steuerjahr 1989 eine gegenüber dem spanischen Modell in einigen nicht unwesentlichen Punkten verbesserte Form der Teilzweckbindung der Einkommensteuer in Kraft. Infolge der mit 31. Dezember 1989 auslaufenden Staatsleistungen hat der italienische Steuerzahler seit dem 1. Januar 1990 die Möglichkeit, für die Klerusbesoldung, den Bau und den Erhalt von Kirchengebäuden sowie die Caritas 8 ‰ der zu entrichtenden Einkommenssteuer zweckgebunden an einen Sozial-Fonds beim Innenministerium oder das von der Italienischen Bischofskonferenz eingerichtete Zentralinstitut für den Unterhalt des Klerus in Rom oder einer anderen Konfession zu widmen, die mit dem Staat eine diesbezügliche Vereinbarung schloss. Damit ist der Prozentsatz im Vergleich zu Spanien bereits nicht unwesentlich angehoben, obwohl er etwa im Vergleich mit der deutschen Kirchensteuer lediglich ein Zehntel beträgt. Vorteilhaft für die Kirche ist die Aufteilung des Restbetrags der nicht gewidmeten Beträge gemäß dem Prozentsatz derjenigen Steuerzahler, welche eine Wahl trafen. Es zählt die Stimme, nicht die zu bezahlende Summe[17], was den Vorteil hat, dass auch ärmere Einkommensschichten im gleichen Maß den Geldfluss steuern können. Da der Anteil der 8 ‰ bereits der Sphäre des Steuerzahlers entrissen ist und dem Staat gehört, dient dessen Erklärung nur mehr zur Mitbestimmung der Richtung bestimmter Finanzflüsse. Die Unterlassung einer Erklärung wird nicht als Steuerverweigerung geahndet, da man nicht vorenthalten kann, was man ohnehin nicht mehr besitzt.[18]

---

16 Vgl. PUZA (Fn. 2), 189.

17 Vgl. MEUTHEN (Fn. 1), 194; PUZA (Fn. 2), 191.

18 Vgl. FIORITA, Nicola, L'autofinanziamento agevolato: critica di una definizione, in: DirEccl 108/2 (1997) 527.

Das italienische System prämiert die zahlenmäßig starken Konfessionen und benachteiligt die kleinen. Der religiös neutrale Staat behält 600 Millionen Euro vom Staatsbudget beiseite und bestimmt sie zur Finanzierung von Religionsgemeinschaften. Das neue System begleitet den Übergang von der Staatskirche mit einer bevorzugten Konfession zur Gleichbehandlung einer Vielfalt von Religionsgemeinschaften.[19] Alle Steuern fließen zunächst in den Staatshaushalt und der Staat finanziert einige von ihnen, in dem er den von den einzelnen Steuerzahlern angegebenen Widmungen entspricht. Die Kultursteuer erbringt keine erleichterte Selbstfinanzierung („autofinanziamento agevolato"), sondern stellt lediglich eine neue Form der Staatsfinanzierung dar. Die Einhebung erfolgt durch staatliche Organe, nämlich die Finanzämter, und das Steuergeld befindet sich im Augenblick der Widmung durch den Steuerzahler bereits im Eigentum des Staates. Es handelt sich daher um ein System der Staatsfinanzierung, welches vom Steuerzahler mit beeinflusst wird.[20]

Richard PUZA bezeichnet das in Italien geltende System der Kirchenfinanzierung zu Recht als eine staatliche Misch-Kirchenfinanzierung[21], welches neue Verflechtungen zwischen Staat und Kirche schafft. Alle drei Jahre erfolgt die Festsetzung des Promillesatzes durch eine paritätisch besetzte Kommission der italienischen Regierung und der Bischofskonferenz. Bisher wurde er nie angetastet. Die Bischofskonferenz ihrerseits muss der Regierung gegenüber jedes Jahr Rechenschaft über die Verwendung der Einnahmen geben. Die gleiche Verpflichtung auf Information gilt allen Steuerzahlern gegenüber.

Das Kultursteuersystem bringt die Verantwortung aller Staatsbürger für soziale und kulturelle Aufgaben zum Ausdruck.[22] Der Staat kommt so seiner in der Verfassung garantierten Pflicht nach, den Bürgern die notwendigen Grundlagen zur Verwirklichung der Religionsfreiheit zu sichern. Der Anteil der Kultursteuer an der Finanzierung der katholischen Kirche in Italien bewegt sich je nach Diözese zwischen 70 und 80 % und ist damit sehr hoch. Der Anteil der Vermögenserträge aus den inzwischen vom Fonds für den Klerus verwalteten früheren Benefizien liegt wesentlich niedriger.[23]

Will der Steuerzahler eine Widmung vornehmen, so muss er in der jeweiligen Steuererklärung die Zweckbestimmung des entsprechenden Prozentsatzes aus-

---

19 Vgl. ebd., 529.

20 Vgl. ebd., 526.

21 Vgl. PUZA, Richard, Das staatliche Religionsrecht in Italien, in: DERS. / KUSTERMANN, Abraham P. (Hg.), Staatliches Religionsrecht im Europäischen Vergleich, Fribourg 1993, 71.

22 Vgl. KLIEBER, Brigitte, Modelle der Kirchenfinanzierung, in: Diak 26 (1995) 112.

23 Das Budget der Diözese Rom wurde im Jahr 1998 zu 79,34 % aus der Kultursteuer finanziert; vgl. CELLI, Andrea, Il concreto finanziamento degli Istituti per il sostentamento del Clero, in: DirEccl 112/1 (2001) 1003.

drücklich kundtun.[24] Fehlt bei einem Katholiken oder Nichtkatholiken diese Erklärung, so hat dies für seine Gliedschaftsrechte in der Kirche anders als in den deutschsprachigen Ländern keinerlei Folgen[25], was die Gläubigen der Notwendigkeit des Austritts und die Kirche der Kontrolle der Beitragszahlungen enthebt. Weiterhin kann der Steuerzahler wie in Spanien diesen Betrag auch dem Staat zuweisen, so dass die 8 ‰ auf ein Konto des italienischen Innenministeriums fließen und aufgrund gesetzlicher Bindung für soziale und humanitäre Zwecke wie Katastrophenhilfe, Flüchtlingshilfe, Armutsbekämpfung oder die Erhaltung von Kulturgütern zu verwenden sind. Während in Spanien das Geld bei Fehlen einer Widmung vollständig dem Staate zufließt, wird es in Italien im Verhältnis jener Beträge, für die eine Zweckbindung vorgenommen wurde, aufgeteilt. Insofern tragen hier auch jene, die keine bewusste Entscheidung über die Widmung treffen, indirekt zur Kirchenfinanzierung bei.[26]

Im Gegensatz zu Spanien nahmen auch die übrigen größeren Religionsgemeinschaften die Möglichkeit in Anspruch: Adventisten[27], Assemblee di Dio[28], Waldenser[29]. Manche von ihnen verwenden den Ertrag allerdings ausschließlich für wohltätige Zwecke wie die Waldenser oder zur Erhaltung ihres religiösen und kulturellen Erbes wie die Juden.[30] Lediglich die katholische und die evangelisch-lutherische Kirche[31] verwenden diese Einnahmen auch für den Unterhalt der eigenen Amtsträger.[32]

Im Jahr 1996 wurde die Vereinbarung zwischen dem Staat und den Adventisten dahingehend verbessert, dass ihnen ebenso wie der katholischen Kirche die Möglichkeit gewährt wurde, nicht nur das Geld jener zu erhalten, die sich für sie

---

24 Vgl. MARRÉ, Heiner, Die Kirchenfinanzierung in Kirche und Staat der Gegenwart. Die Kirchensteuer im internationalen Umfeld kirchlicher Abgabensysteme und im heutigen Sozial- und Kulturstaat Bundesrepublik Deutschland, Essen 1993, 26.

25 Vgl. PUZA (Fn. 2), 191.

26 Vgl. MEUTHEN (Fn. 1), 194.

27 Vgl. Intesa tra la Repubblica Italiana e l'Unione italiana delle Chiese avventiste del Settimo giorno integrativa dell'intesa firmata il 29 dicembre 1986; bestätigt durch das Gesetz Nr. 516 v. 22.11.1988, in: DirEccl 108/1 (1997) Art. 30.

28 Vgl. Norme per la legislazione dei rapporti tra lo Stato e le Assemblee di Dio in Italia: Gesetz Nr. 517 v. 22.11.1988, Art. 23.

29 Vgl. Integrazione dell'intesa tra il governo della Repubblica Italiana e la Tavola Valdese (25.1.1993). Der vollständige Text der Vereinbarung findet sich in: DirEccl 104/1 (1993) 385 f.

30 Sie erhalten auch Anteil am Prozentsatz der nicht deklarierenden Steuerzahler: „La partecipazione alla ripartizione di cui al comma 1 viene stabilita sulla base delle scelte espresse dai contribuenti in sede di dichiarazione annuale dei redditi. In caso di scelte non espresse da parte dei contribuenti, la partecipazione stessa si stabilisce in proporzione alle scelte espresse" [vollständiger Text des Gesetzes Nr. 638 v. 20.12.1996 in: DirEccl 108/1 (1997) 212].

31 Intesa tra il Governo della Repubblica Italiana e la Chiesa Evangelica Luterana in Italia v. 20.4.1993, abgedr. in: DirEccl 104/1 (1993) 412 f.

32 Vgl. FIORITA (Fn. 18), 522 Fn. 11.

entschieden, sondern auch einen Anteil an den Steuern derer, die keine Widmung vornahmen.[33] Dieser proportionale Anteil wird ebenso seit 1995 der lutherischen Kirche[34] und seit 1997 der Union der jüdischen Gemeinden überwiesen.[35] Den anderen Religionsgemeinschaften steht die Möglichkeit offen, in Hinkunft einen diesbezüglichen Antrag zu stellen.

Noch nicht gesetzlich umgesetzt, aber bereits unterschrieben sind die jüngsten Vereinbarungen zwischen dem Staat und den Zeugen Jehovas[36] sowie der Union der Buddhisten Italiens, beide vom 20. März 2000.[37]

Was zunächst als Erfolg erscheinen mag, entwickelt sich zunehmend zur potentiellen Bedrohung für das Funktionieren des Systems. Das italienische Staatskirchenrecht kennt keinen klaren und eindeutig abgrenzbaren Begriff von Religionsgemeinschaft, weshalb sich für die Zukunft die Frage nach der Ausdehnung des Kultursteuersystems auf jegliche beliebige Religionsgemeinschaft stellt. Diese Ausdehnbarkeit ist keineswegs unbegrenzt. Würde der Staat nämlich tatsächlich alle Gruppen, die sich als religiös definieren, finanzieren, um schließlich vollständig dem Prinzip der Religionsfreiheit zu entsprechen, dann würde er zugleich die Effizienz des Systems schwer gefährden und die durch staatliche Organe unterstützte Finanzierung unzähliger Gruppen die öffentliche Verwaltung vollständig überfordern.[38] Allein die Möglichkeit einer solchen Finanzierung könnte an sich nicht religiöse Gruppen einladen, sich zur Erlangung von Vorteilen als Religionsgemeinschaften zu deklarieren. Weiterhin stellt sich die Frage, ob dann nicht fast alle gemeinnützigen Vereine den Zugang zu diesen Mitteln beantragten.[39]

1.3. Kultursteuer in Ungarn

In Ungarn wurde die Kultursteuer erst vor kurzem zur Finanzierung der Kirchen und Religionsgemeinschaften eingeführt. Ihre rechtliche Ausgestaltung trug bereits den in Spanien und Italien gesammelten Erfahrungen sowie der staatskirchenrechtlichen Situation Rechnung und stellt eine besonders ausgewo-

---

33 Vgl. ebd., 518.

34 Vgl. LICASTRO, Angelo, Sostentamento dei ministri di culto. Postilla di aggiornamento, in: PARADISI, Bruno (Hg.), Enciclopedia giuridica 30, Roma 1988 ff. (Loseblattwerk), 1.

35 Vgl. ebd., 1.

36 Vgl. Intesa tra la Repubblica Italiana e la Congregazione cristiana dei Testimoni di Geova (20.3.2000), in: DirEccl 111 (2000) 590-593. Art. 17 lautet: „L'attribuzione delle somme di cui al 1° del comma viene effettuata sulla base delle scelte espresse dai contribuenti in sede di dichiarazione annuale dei redditi, nel cui modulo gli enti della confessione dei testimoni di Geova sono indicati con la denominazione Congregazione cristiana dei testimoni di Geova."

37 Vgl. Intesa tra la Repubblica Italiana e l'Unione buddista italiana (20.3.2000). Der vollständige Text der Vereinbarung findet sich in: DirEccl 111 (2000) 594-599.

38 Vgl. FIORITA (Fn. 18), 521.

39 Vgl. ebd., 523.

gene und weit entwickelte Form dar, die von Anfang an in gleicher Weise auf alle größeren innerhalb des Staatsgebiets tätigen Religionsgemeinschaften ausgedehnt wurde.

Trotz der gegenüber Spanien und Italien unterschiedlichen Beziehung zwischen Staat und Kirche folgt die Teilzweckbindung der Einkommenssteuer auch in Ungarn auf die direkte Staatsfinanzierung. Das vom kommunistischen Regime erlassene Regierungsdekret Nr. 170 von 1951 und die Resolution Nr. 1026 von 1968 garantierten finanzielle Zuschüsse des Staates an die Kirchen. Zusätzlich leistete etwa die Hälfte der Bürger während der siebziger und achtziger Jahre eine sehr niedrige Abgabe an die Pfarreien. 60 % der Einnahmen entstammten dieser Pfarrabgabe, 25 % den staatlichen Zuschüssen und 15 % der Unterstützung ausländischer Diözesen.[40] Nach der Wende von 1989 erhielten die Kirchen zwischen 1990 und 1997 einen direkten Zuschuss aus dem staatlichen Budget, dessen Summe Jahr für Jahr vom Parlament neu festgelegt wurde.[41] Jedoch drückte die Regierung selbst bereits im Jahr 1990 ihre Absicht aus, das gesamte System der Kirchenfinanzierung umzuwandeln und die direkte Staatsfinanzierung zu beenden. Am 9. Februar 1990 vereinbarten die Regierung und die Ungarische Bischofskonferenz, Angelegenheiten des gemeinsamen Interesses einvernehmlich zu lösen.[42]

Dennoch verabschiedete das Parlament gemäß einer Regierungsvorlage im Herbst 1996 einseitig das Gesetz Nr. 126, wonach die Staatsbürger 1 % ihrer Einkommenssteuer wohltätigen Zwecken, etwa Stiftungen, kulturellen Institutionen, Museen und unter anderem auch den Kirchen etc. widmen konnten. Das System erwies sich jedoch von Anfang an als zur Kirchenfinanzierung ungeeignet, da der Gläubige zwischen Tausenden von möglichen juristischen Personen des öffentlichen und des privaten Rechts einschließlich der Kirchen wählen sollte, weshalb die Verhandlungskommission des Apostolischen Stuhles erklärte, von dieser Möglichkeit keinen Gebrauch zu machen[43], obwohl die Ungarische Bischofskonferenz grundsätzlich das System der Teilzweckbindung der Einkommenssteuer gewünscht hatte.[44] Auch den anderen Kirchen, die sich keineswegs gegen eine Modernisierung des Finanzierungssystems sperrten, erschien dieses Gesetz als unbefriedigend.[45]

---

40 Vgl. SCHÁNDA, Balász, Church and State in Hungary in 1999. The Funding of Churches, in: EJCSR 7 (2000) 263.

41 Vgl. ebd., 269.

42 Vgl. ERDÖ, Péter, Accordo tra Santa Sede e Repubblica d'Ungheria, in: IusEccl 10 (1998) 655.

43 Vgl. ERDÖ, Péter, Das neue ungarische Staatskirchenrecht, in: Folia Theologica 10 (1999) 140.

44 Vgl. ebd., 139.

45 Vgl. ERDÖ (Fn. 42), 654.

Zwischen dem Apostolischen Stuhl und der ungarischen Regierung wurde die Meinungsverschiedenheit durch das Abkommen vom 20. Juni 1997 bereinigt[46], welches neben Vereinbarungen über die finanzielle Unterstützung des kirchlichen Privatschulwesens und die Rückgabe der verstaatlichten Immobilien im dritten Teil dem Steuerzahler die Möglichkeit der Zweckbindung eines weiteren Prozents der Einkommenssteuer gewährte. Das Abkommen wurde durch das Gesetz Nr. 124 vom 26. Dezember 1997 promulgiert[47] und trat am 1. Januar 1998 in Kraft. Während in Italien alle Steuerpflichtigen um den gleichen Prozentsatz der Gesamteinnahmen des Staates aus der Einkommenssteuer entscheiden, kann jeder ungarische Steuerzahler über den Prozentsatz seiner eigenen Einkommenssteuer verfügen und nicht über jenen der gesamten Staatseinnahmen aus der Einkommensteuer, weshalb die Höhe der Einnahmen nicht nur von der Zahl der Widmungen, sondern auch von jener Summe abhängt, die der einzelne Bürger dem Staat zu bezahlen hat.[48] Deshalb verfügen jene, die wegen ihres höheren Einkommens eine höhere Steuer zahlen, über einen größeren Einfluss auf die Verteilung dieser Summe. Die niedrigsten Einkommensschichten und vor allem die Rentner und Pensionäre sind in Ungarn von der Einkommenssteuer befreit. Ihr Anteil an den Gläubigen ist besonders hoch. Sie bleiben vom System ausgeschlossen. Jene Kirche erhält mehr, der nur wenige Pensionäre, aber zahlreiche Mitglieder hoher Steuerklassen angehören. Dies hat zur Folge, dass nicht die Gesamtheit der Bürger, sondern nur ein kleiner Teil der aktiven

---

46 Der italienische Text der Vereinbarung findet sich unter dem Titel „Accordo fra la Santa Sede e la Repubblica di Ungheria sul finanziamento delle attività di servizio pubblico e di altre prettamente religiose svolte in Ungheria dalla Chiesa cattolica e su alcune questioni di natura particolare“ in: DirEccl 109 (1998) 705-708. Der die Kultursteuer betreffende Art. 4 lautet:

„IV, 1. Lo Stato ungherese assicura per legge che le persone fisiche, a partire dal 1° gennaio 1998, possano destinare l'1 % della loro IRPEF progressiva in favore della Chiesa di loro scelta oppure di un fondo statale speciale.

2. Lo Stato ungherese garantisce alle chiese lo 0,5 % dell'IRPEF progressiva dell'anno precedente fino al 2001, in modo che, se la somma indicata dai cittadini contribuenti sarà inferiore a detto ammontare, essa sarà completata dal medesimo Stato ungherese. Tale somma aggiuntiva sarà assegnata alle chiese nella proporzione delle indicazioni dei cittadini che esprimono l'opposizione. Comunque non può essere inferiore a 1.700 milioni di fiorini. Nel 2001 le parti esamineranno la situazione di detta fonte di reddito. (Il significato di IRPEF progressiva è spiegato nel Protocollo addizionale dell'Accordo).

3. Lo Stato ungherese continuerà, secondo le sue possibilità, a dare sussidi straordinari per scopi ben determinati che siano segnalati dalla Conferenza episcopale ungherese.

4. Le diverse facilitazioni come pure le esenzioni dalle tasse attualmente in vigore, contemplate nelle leggi, sia nel capo IRPEF sia nell'imposta concernente le società, che spettano in modo speciale alla chiesa, alle persone e alle attività ecclesiastiche, non saranno ridotte senza il consenso della medesima.“

47 Der Text des Gesetzes findet sich in englischer Übersetzung in: SCHÁNDA, Balász (Hg.), Legislation on Church-State Relations in Hungary, Budapest 2002, 80-88.

48 Vgl. SCHÁNDA, Balász, Introduction. Church and State in Hungary, in: SCHÁNDA (Fn. 47), 27; vgl. auch SCHÁNDA (Fn. 40), 270.

Bevölkerung tatsächlich die Verteilung dieses Teils der Einkommenssteuer mitbestimmt.[49] Der Prozentsatz der Steuerzahler allerdings, die eine Widmung an die katholische Kirche vornahmen, entspricht bisher in etwa ihrem tatsächlichen Anteil an der Gesamtbevölkerung (ungefähr zwei Drittel).[50]

Daraus erklärt sich auch die Schwankung der Durchschnittsabgabe zwischen 1.542 Forint bei den Zeugen Jehovas und 20.693 Forint bei den Anglikanern. Der Staat garantiert bis einschließlich 2001, dass jene Summe eingeht, die 0,5 % jedes Steuerzahlers entspricht. Gegenwärtig machen etwas über 10 % der Steuerzahler von der Widmungsmöglichkeit Gebrauch. Im ersten Jahr, 1998, waren es genau 10,25 %. Der niedrige Anteil ergibt sich einerseits aus der Kompliziertheit der Steuererklärung und zum anderen aus der geringen Zahl der Kirchgänger, die knapp über 10 % liegt.[51] Daraus ergibt sich die Notwendigkeit, den Steuerzahler durch ein transparentes Finanzgebaren und eine entsprechende Öffentlichkeitsarbeit zu einer ausdrücklichen Widmung an die eigene Religionsgemeinschaft zu gewinnen.[52] Von den Steuerzahlern wandten 66,7 % ihren Beitrag der katholischen Kirche zu, 19,1 % der reformierten Kirche und 5,7 % der lutherischen Kirche. Die Konkurrenz ist trotz des verbesserten Systems immer noch groß, denn insgesamt erhielten 59 verschiedene Kirchen- und Religionsgemeinschaften Zuwendungen, darunter auch Sekten wie Scientology und Hare Krishna. Damit ist das ungarische System derzeit jenes mit der höchsten Zahl an indirekt staatlich geförderten Kirchen.[53]

Weiterhin sind die Formalitäten der Widmung kompliziert, weshalb von Anfang an keine hohe Summe zu erwarten war. Da das System in Ungarn keine Tradition hat, garantiert der Staat bis zum Jahr 2002 0,5 % der Einnahmen der Einkommenssteuer gemäß des Anteils der jeweiligen Konfession an der Gesamtzahl der Widmungen und damit Mindesteinnahmen.[54]

In regelmäßigen Abständen, zum ersten Mal nach vier Jahren, d. h. im Jahr 2001, findet ein gemeinsamer Erfahrungsaustausch zwischen dem Apostolischen Stuhl und der ungarischen Regierung und damit eine Überprüfung des Systems statt.[55] Ab dem Jahr 2003 wird die Ergänzung durch den Staat auf 0,8 % der gesamten Staatseinnahmen aus der Einkommenssteuer erhöht. Auch das Verteilungsschema wird geändert werden: Statt die Proportion der Widmungen zu berücksichtigen, werden die Ergebnisse der letzten Volkszählung (2001) die Grundlage der Verteilung bilden. Damit wird die Ergänzung gemäß der konfes-

---

49 Vgl. SCHÁNDA (Fn. 48), 31.
50 Vgl. ebd., 32.
51 Vgl. SCHÁNDA (Fn. 40), 270.
52 Vgl. ebd., 272.
53 Vgl. ebd., 270.
54 Vgl. ERDÖ (Fn. 42), 658.
55 Vgl. SCHÁNDA (Fn. 48), 28; ERDÖ (Fn. 43), 143.

sionellen Verteilung auf die gesamte Bevölkerung durchgeführt.[56] Die letzte Volkszählung von 2001 enthält Angaben über das Religionsbekenntnis.[57]

Allerdings verfügt der Steuerzahler über eine doppelte Widmungsmöglichkeit: 1 % für wohltätige und kulturelle Organisationen einschließlich kirchlicher Institutionen und ein weiteres Prozent für soziale Dienste des Staates oder die Kirchen, so dass der einzelne Bürger letztlich auch 2 % seiner Einkommenssteuer einer Religionsgemeinschaft widmen kann. Damit ist der Prozentsatz mehr als doppelt so hoch wie in Italien.

Im Unterschied zu Spanien und Italien verfügen die ungarischen Diözesen praktisch über keine andere Einnahmen, weshalb sie des Ertrags der Kultursteuer für den Kultus im engen Sinn bedürfen.[58] Im Gegensatz zu den konkordatären Systemen in Österreich, Deutschland, Italien, Kroatien, Polen, Slowakei, Slowenien etc. beschränken sich die Vereinbarungen zwischen Ungarn und dem Apostolischen Stuhl auf die pragmatische Lösung aufgetretener Fragen und regeln nicht alle Aspekte der rechtlichen Stellung der katholischen Kirche.[59]

---

56 Der Erlass Nr. 124/1997 in der mit 1.1.2002 ergänzten Form lautet (in englischer Übersetzung aus dem ungarischen Original):
„Section 4, (1): In accordance with the contents of a separate Act, the individual churches are entitled to one percent of the personal income tax paid by private persons who make a declaration of disposal, which may be used in the manner defined in the internal rules of the church.
(2) If, on the basis of subsection (1), the amount due to the churches does not reach jointly 0.8 per cent of the personal income tax of the year of the declaration, the amount to be actually remitted to the churches shall be complemented from the central budget at least up to the measure thereof. Churches shall receive a share in the supplement according to the proportions calculated on the data regarding religious affiliation at the latest census. Upon establishing the proportions of distribution, those people have to be taken into consideration who provided an answer to the question on religious affiliation. In case one religion is practised by more churches, the individual churches shall partake in the amount of this complementation in proportion of the number of private persons making a disposal to their benefit …
(3) If, in any year, the revenue from the proportion of the personal income compared to the aggregated tax revenue does not reach the same proportion for the year 2001, then, the rate of supplement defined in subsection (2) shall be increased in a way that the churches receive at least the valorised amount of the year 2001.
(4) The herein defined system of church subsidies shall be revised in every four years by involving the churches, the first revision taking place before the adoption of the 2006 central budget“ (vgl. Act CXXIV on the Financial Condition of the Religious and Public Purpose Activity of the Churches, in: SCHÁNDA, Balász, Legislation on Church-State Relations in Hungary – consolidated text with the amendments, as of January 1, 2002, in: SCHÁNDA [Fn. 47], 85).

57 Vgl. SCHÁNDA (Fn. 40), 261.

58 Vgl. ERDÖ (Fn. 42), 657.

59 Vgl. SCHÁNDA (Fn. 48), 17; vgl. auch SCHÁNDA, Balász, Church Autonomy and Religious Liberty – National Report on Hungary, in: ROBBERS, Gerhard (Hg.), Church Autonomy. A Comparative Study, Frankfurt a. M. 2001, 541-560.

Trotz aufgetretener Probleme kann die Vereinbarung für Ungarn als Erfolg betrachtet werden, da sie eine stabilere und besser voraussehbare Finanzierung der Kirche ermöglicht. Nur hoffen kann man allerdings, dass der Prozentsatz der Teilzweckbindung, ebenso wie der Prozentsatz der Ergänzung durch den Staat, von der jährlichen parlamentarischen Debatte über das Staatsbudget und der Tagespolitik verschont bleibt. Grund für die Einführung der Teilzweckbindung der Einkommenssteuer in Ungarn war ja die Befreiung der Kirchenfinanzierung vom direkten Staatseinfluss und damit eine deutlichere Trennung von Staat und Kirche.[60]

1.4. Diskussion um die Einführung der Kultursteuer in Österreich

Der Gedanke an die Kultursteuer ist in Österreich gar nicht so neu, wie es den Anschein hat. Bereits im Anschluss an den Staatsvertrag stand sie zur Diskussion. Bei der Besprechung am 14. September 1956 in Lainz zwischen Vertretern des Unterrichts- und des Finanzministeriums sowie Bischof Dr. Josef SCHOISWOHL als Vertreter der Österreichischen Bischofskonferenz erläuterte Dr. Eduard HEILINGSETZER, Sektionschef im Finanzministerium, die Möglichkeit der Einführung einer staatlichen Kultussteuer für alle Staatsbürger einschließlich der Konfessionslosen. Die Österreichische Bischofskonferenz debattierte diesen Vorschlag bei ihrer Tagung am 16. und 17. Oktober in Wien eingehend und fasste den einstimmigen Beschluss, dass die Einhebung einer allgemeinen Kultussteuer durch den Staat die günstigste Form für die Aufbringung der für die katholische Kirche notwendigen Mittel wäre, weil weder ein Anreiz zum Kirchenaustritt noch eine Opposition der Lohnbüros wegen der Einziehung einer Kirchensteuer zu erwarten wäre.[61]

Bedenken wurden jedoch von Seiten der Finanzkammern geäußert, welche eine einseitige staatliche Festlegung des Prozentsatzes fürchteten. Bischof Stefan LÁSZLÓ aus dem Burgenland warnte vor der Schwierigkeit, alle gesetzlich anerkannten Religionsgemeinschaften sowie den Staat, der die Einhebung vornimmt, für eine einheitliche Vorgangsweise zu gewinnen. Neue Schwierigkeiten traten auf, als das Finanzministerium für den 1. Januar 1958 eine Steuersenkung ankündigte, welche bei der Einhebung der Kultussteuer unmöglich geworden wäre.[62] Die Einführung der Kultussteuer scheiterte in erster Linie am Finanzministerium, und die Bischofskonferenz bedauerte, dass die von ihr gewünschte Kultussteuer auf so großen politischen Widerstand stieß.[63]

---

60 Vgl. ERDÖ (Fn. 42), 659.

61 Vgl. LIEBMANN, Maximilian, Von der Kirchensteuer zum Kulturbeitrag. Zur Geschichte des Kirchenbeitrages in Österreich, in: PAARHAMMER, Hans / POTOTSCHNIG, Franz / RINNERTHALER, Alfred (Hg.), 60 Jahre Österreichisches Konkordat, München 1994, 535.

62 Vgl. ebd., 537.

63 Vgl. ebd., 538.

So blieb der Kirchenbeitrag als ein weltweit einzigartiges Modell der Finanzierung einer Religionsgemeinschaft erhalten und wurde durch den Vertrag zwischen dem Apostolischen Stuhl und der Republik Österreich zur Regelung vermögensrechtlicher Beziehungen vom 23. Juni 1960 als spezielle Form des Vermögenserwerbs der katholischen Kirche für die Bistümer der Republik Österreich konkordatär verankert. Damit wurde es im Jahre 1960, also 21 Jahre nach seiner einseitigen Einführung durch den Staat zur von beiden Partnern frei akzeptierten Konkordatsmaterie und als solche durch cann. 3 und 1263 CIC auch im universalkirchlichen Recht abgesichert. So wurde das Kirchenbeitragswesen ein sowohl völkerrechtlich als auch kirchenrechtlich anerkanntes System der Kirchenfinanzierung.[64]

In der Folge kam es zu einer breiten innerkirchlichen Diskussion, wobei die pastorale Bedeutung und Herausforderung des Kirchenbeitragswesens von Anfang an erkannt und gewürdigt wurde. Auf der Herbstkonferenz der Bischofskonferenz vom 3. November 1970 wurde der Kirchenbeitrag nochmals in Anwesenheit der Vorsitzenden der Konferenz der Finanzkammer-Direktoren sowie der Pastoralkommission eingehend beraten. Dabei kam es zu wichtigen Beschlüssen bezüglich der Einhebungspraxis, der Bemessung der Kirchenbeiträge und des Erlasses einer für alle Diözesen gemeinsamen Kirchenbeitragsordnung.[65] Es ging allerdings nur mehr um die Modalitäten der Einhebung, denn eine grundlegende Änderung des Systems stand nicht mehr zur Diskussion.

Diese wurde erst nach der Einführung der Teilzweckbindung in Spanien und Italien sowie angesichts der hohen Zahlen der Kirchenaustritte wieder ein Thema. Im benachbarten Deutschland erregte im Jahr 1992 der Jesuitenpater Eberhard VON GEMMINGEN als Leiter der deutschen Abteilung von „Radio Vatikan" in Rom Aufsehen, als er eine in den Medien geäußerte Kritik an der deutschen Kirchensteuer zum Anlass nahm, für das italienische Modell einzutreten. Von Seiten konservativer Gruppen sowie der Kirchengegner wurde dem Vorschlag applaudiert.[66] Im September 1992 veröffentlichte auch die konservative

---

64 Vgl. PAARHAMMER, Hans, Probleme des Kirchenbeitragswesens, in: PAARHAMMER / POTOTSCHNIG / RINNERTHALER (Fn. 61), 545.

65 Vgl. ebd., 549.

66 Klaus BEDNARZ vom Westdeutschen Rundfunk beendete einen Monitor-Beitrag im Ersten Deutschen Fernsehen zum Thema „Weg mit der Kirchensteuer?" am 11.5.1992 mit folgenden Worten: „Einen Vorschlag, wie man das Ärgernis Kirchensteuer aus der Welt schaffen könnte, hat vor kurzem der nicht gerade kirchenfeindliche Sender Radio Vatikan gemacht. Vor genau einem Monat schlug er vor, die Kirchensteuern in Deutschland nach italienischem Modell zu organisieren. Dabei wäre jeder Bürger verpflichtet, statt Kirchensteuern acht Promille seines Einkommens für einen sozialen oder kulturellen Zweck seiner Wahl abzuzweigen – dies könnte für die Kirche sein, aber auch für den Umweltschutz, den Katastrophenschutz oder andere soziale Aufgaben. Ach, gäbe es doch bei uns so einen fortschrittlichen Sender wie Radio Vatikan!" (LOHMANN, Martin, Reizthema Kirchensteuer – die Medien und die Kirchenkritiker, in: OCKENFELS, Wolfgang / KETTERN, Bernd [Hg.], Streitfall Kirchensteuer, Paderborn 1993, 67).

Zeitschrift „Der Fels“ einen Beitrag aus der Feder eines ehemaligen Krankenhaus-Verwaltungsdirektors, der für die Abschaffung des Junktims zwischen Kirchenzugehörigkeit und Kirchensteuerpflicht in Deutschland eintrat.[67]

Nur ein Jahr später tauchte der Vorschlag für Österreich auf: Am 30. November 1993 wurde im Morgenjournal die Ablösung des in der Ära des Nationalsozialismus auferlegten und nach 1945 partiell austrofizierten Kirchenbeitragsgesetzes gefordert.[68]

Auch ranghohe Repräsentanten der Römischen Kurie mischten sich in die Diskussion ein: Kardinal RATZINGER riet den deutschen Bischöfen, ihr Kirchensteuersystem, das dem österreichischen sehr ähnlich ist, im Lauf der Zeit aufzugeben und die Finanzierung auf Freiwilligkeit nach dem italienischen Modell umzustellen.[69]

Auch in Österreich fanden sich Befürworter dieses Modells. In den Jahren von 1994-1996 wurde vom Arbeitskreis mit dem bezeichnenden Titel „Kirche steuern mit Kirchensteuern“ ein parlamentarisches Volksbegehren zur Abänderung des Kirchenbeitragsgesetzes vorbereitet. Die Hauptinitiatoren waren Dr. Fritz DOLLMANITS, ehemaliger Sekretär von Kardinal KÖNIG, der Journalist Werner ERTEL und Dr. Emmerich LAKATHA, ein Beamter des Wissenschaftsministeriums. Sie befürworteten die gesetzliche Verankerung eines von allen Staatsbürgern gleichermaßen zu entrichtenden Kulturbeitrages. Der einzelne sollte unabhängig von seinem Religionsbekenntnis die Möglichkeit haben, seinen Beitrag ganz oder teilweise einer Religionsgemeinschaft oder kulturellen Zwecken zu widmen, ohne deshalb eine Austrittserklärung mit ihren kirchenrechtlichen Konsequenzen vornehmen zu müssen.

Im Gefolge der im Jahr 1995 ausgebrochenen Affäre um den Wiener Erzbischof Hermann GROER schien der Boden für die Einleitung dieses Volksbegehrens zur Abschaffung des Kirchenbeitrags bereitet.[70] Nach der Ablehnung von Seiten der Bischofskonferenz sah man das Startzeichen für ein neues Volksbegehren gegeben. Fritz DOLLMANITS: „Wenn die Antwort negativ ist, dann starten wir das Volksbegehren sobald wie möglich.“[71]

Ende Januar 1996 präsentierte diese Plattform ihre Vorstellung einer neu organisierten Kirchenfinanzierung: Statt des derzeitigen Modells soll der Staat in Zukunft alle Steuerzahler zur Kasse bitten. Ein Prozent der Lohnsteuer-Bemessungsgrundlage soll als „Kultursteuer“ verbindlich an den Finanzminister abgeliefert werden.[72] 100.000 Unterschriften wären für das von Fritz DOLLMANITS

---

67 Vgl. ebd., 67 u. 72.

68 Vgl. LIEBMANN (Fn. 61), 540 f.

69 Vgl. HOFFMANN-OSTENHOF, Georg, Weg mit der Kirchensteuer, in: Profil (Wien), Nr. 38, 16.9.1996, 82.

70 Vgl. VOTZI, Josef, Weber's Wunschkonzert, in: Profil Nr. 46, 12.11.1995, 55.

71 Vgl. ebd.

72 Vgl. HUBER, Markus / BANKHAMER, Alfred, Klingeln im Beutel, in: Profil Nr. 6, 5.2. 1996, 36.

vorbereitete Volksbegehren notwendig gewesen, damit es im Parlament behandelt wird. Aber die Organisatoren wollten mehr. „500.000 haben das Kirchenvolks-Begehren unterschrieben", rechnet ERTEL vor: „Wir wollen eine Million."[73]

Fritz DOLLMANITS erklärte:

> „Die staatlichen Finanzämter sollten analog zur Umlage der Kammern auch einen Kulturbeitrag, der von allen steuerpflichtigen Österreichern zu entrichten ist, einheben. Jeder Steuerpflichtige müsste jedoch jährlich entscheiden können, wem er aus einem namentlich vorgegebenen Katalog seinen pflichtigen Kulturbeitrag zukommen lässt. Dieser Auswahlkatalog sollte die staatlich anerkannten Religionsgemeinschaften einerseits und entsprechend ausgewiesene kulturelle und soziale Institutionen, z. B. das Bundesdenkmalamt oder die staatliche Entwicklungshilfe, andererseits umfassen."[74]

Die Kultursteuer sollte allen staatlich anerkannten Religionsgemeinschaften zugänglich sein.

Man hatte eine Kulturbeitragsregelung in Anlehnung an das italienische Modell im Auge, wonach die staatlichen Finanzämter analog zur Umlage der Kammern auch den Kulturbeitrag, der von allen steuerpflichtigen Österreichern oder in Österreich lebenden Steuerzahlern zu entrichten sei, einheben. Bei der Berechnung der Beitragshöhe müsse vom jetzigen Kirchenbeitragsaufkommen ausgegangen werden, das hieße, dass der Promill-(Prozent-)satz so hoch sein müsse, dass das gegenwärtige Kirchenbeitragsaufkommen erreicht werde. Der Staat, so der Vorschlag, habe bei der Überweisung der eingehobenen Beitragsgelder nicht dem zentralistischen Prinzip wie in Italien, sondern, konform der österreichischen Bundesstruktur, dem föderalistischen Prinzip zu folgen und sie der jeweiligen Diözese bzw. diözesanen Finanzkammer und nicht einem zentralen Institut der Bischofskonferenz wie in Italien zu überweisen. Die staatliche Hilfestellung in der Einhebung des Kulturbeitrages müsste finanziell abgegolten werden, wobei ein geringer Prozentsatz vom Kulturbeitragsaufkommen ausreichen müsste.[75]

Der frühere Sekretär von Kardinal KÖNIG, Fritz DOLLMANITS, berief sich in einem zusammen mit Werner ERTEL und Anton REFENNER im Jahr 1996 an die Wochenschrift „Profil" gesandten Beitrag ausdrücklich auf Kurienkardinal Josef RATZINGER:

> „Dass Kardinal Ratzinger das italienische Modell empfiehlt, ist für uns ein neuer Impuls, mit dem Kirchensteuer-Volksbegehren in Österreich weiterzumachen: Schon am 29. September 1996 wird es in Wels ein gesamtösterreichisches Treffen geben, zu dem wir Teilnehmer und Aktivisten aus Vorarlberg, Tirol, Steiermark, Niederösterreich, Wien und dem Burgenland erwarten. Wir wollen den innerkirchlichen Druck in

---

73 Vgl. ebd.

74 DOLLMANITS, Fritz, Neues Plebiszit. Von der Kirchen- zur Kultursteuer, in: Profil Nr. 46, 13.11.1995, 55.

75 Vgl. LIEBMANN (Fn. 61), 540 f.

> Richtung Abschaffung der Zwangseintreibungen bei der Kirchensteuer verstärken, uns aber ein parlamentarisches Volksbegehren als Rute im Fenster offen halten."[76]

Der Episkopat lehnte die von den Initiatoren des Volksbegehrens vorgeschlagene staatliche Einmischung und das „italienische Modell" mit einem einstimmigen Beschluss ab. „Wir wären dann abhängig vom Wohlwollen anderer", so Diözesanbischof Dr. Kurt KRENN.[77] In Sachen Geld war der Konsens in der Bischofskonferenz dennoch rasch gefunden. Der damalige Präsident der Bischofskonferenz, Bischof Johann WEBER: „Wir bleiben bei unserem System." Und Diözesanbischof Dr. Kurt KRENN: „Wir sehen die jetzige Form als die beste Form an."[78] 4,3 Milliarden Schilling (immerhin 312 Millionen Euro) flossen im Jahr vor dem Volksbegehren allein aus dem Kirchenbeitrag in die Kassen der Diözesen. „Soviel würde beim italienischen System nicht übrig bleiben", fürchtet Brigitte KLIEBER, Direktorin der Finanzkammer der Erzdiözese Wien.[79] Von Seiten der Finanzkammern war also keine Sympathie zu erwarten. Der Präsident der Generalsynode der evangelisch-lutherischen Kirche, Peter KRÖMER, hält die Einführung der Kultursteuer für die knapp 350.000 evangelischen Gläubigen in Österreich für eine Katastrophe. Schon jetzt können die evangelischen Pfarrer nur dank jener Gemeindeabgabe überleben, welche die Gläubigen zusätzlich zum Kirchenbeitrag einzahlen. Die würde dann wegfallen: „Gerade weil wir keine großen Vermögen und Denkmäler besitzen, würde uns das doppelt treffen", meinte Peter KRÖMER.[80]

Das Volksbegehren erregte zwar ein nicht geringes Medienecho, jedoch gelangte es nicht ins Parlament, obwohl manche Politiker wie SPÖ-Klubobmann Peter KOSTELKA oder die Obfrau der Grünen, Madeleine PETROVIC durchaus Sympathien äußerten. ÖVP-Klubobmann Andreas KHOL hingegen möchte die Rechte der Kirche nicht beschneiden:

> „Ich bin froh, dass der Staat sich nicht in kirchliche Angelegenheiten einmischt. Darum ist es auch gut, wenn wir der Kirche nicht die Finanzierung abnehmen. Und in Zeiten, wo wir überall vom Sparen reden, können wir auf diesem Nebenschauplatz keine neue Steuer einführen."[81]

Als Christlich-Sozialer beweist KHOL damit Linientreue. Schon einmal gab es in Österreich Diskussionen um eine staatliche Kirchenfinanzierung: 1956 scheiterte der Plan für eine „Kultusabgabe" an ÖVP-Finanzminister Reinhard KAMITZ, der grundsätzlich die Einführung neuer Steuern ablehnte. Die Initiative

---

76 ERTEL, Werner / DOLLMANITS, Fritz / REFENNER, Anton, Weg mit der Kirchensteuer (Leserbrief), in: Profil Nr. 39, 23.9.1996, 16.

77 Vgl. HUBER / BANKHAMER (Fn. 72), 36.

78 Vgl. VOTZI (Fn. 70), 55.

79 Vgl. HUBER / BANKHAMER (Fn. 72), 36.

80 Vgl. ebd.

81 Vgl. ebd.

ging damals von ganz offizieller Seite, nämlich der Österreichischen Bischofskonferenz, aus.[82]

Selbst bei prominenten Kirchen-Kritikern wie dem Paudorfer Pfarrer Udo FISCHER stieß das Volksbegehren auf wenig Gegenliebe. Sein Solidaritätskreis „Weg der Hoffnung" beschloss ausdrücklich, das Volksbegehren in der vorliegenden Form und zum jetzigen Zeitpunkt nicht zu unterstützen.[83] Bedenken äußerte auch der Innsbrucker Religionslehrer Thomas PLANKENSTEINER, seit der Affäre GROER via Kirchenvolks-Begehren („Wir sind Kirche") inoffizieller Sprecher progressiver Laien:

> „Ich habe ökumenische Bedenken, die finanzielle Souveränität der Kirche an den Staat abzutreten ... Es ist zu früh, den Kirchenbeitrag zu diskutieren. Sicherlich kann man vieles in der Kirche nur über finanzielle Zu- oder Abwendungen steuern. Aber Ertels Vorstellungen sind unausgegoren. Von uns wird es keine Zustimmung geben. Das Volksbegehren ist nicht einmal innerhalb der progressiveren Katholiken eine mehrheitsfähige Position."[84]

Tatsächlich können die Beitragszahler bereits jetzt in sieben der neun Diözesen die Hälfte ihres Kirchenbeitrages zweckgebunden geben – für die Caritas oder andere kirchliche Gruppen. Thomas PLANKENSTEINER fürchtet, dass dies bei einer Kultursteuer nicht mehr möglich wäre – entweder jeder Schilling für die Amtskirche oder gar keiner.[85] Pfarrer Rudolf SCHERMANN, Herausgeber der progressiven Zeitschrift „Kirche intern", äußerte sich hingegen positiv:

> „Ich plädiere stark für dieses Modell, das in Italien ja bereits hervorragend funktioniert. Wir werden das als Zeitung auch unterstützen. Denn das System der Zwangseintreibung ist alles andere als christlich."[86]

Im Sommer 2000 flammte in Österreich erneut eine breite Diskussion um die Einhebung der Kirchenbeiträge nicht nur von Mitgliedern, sondern von allen Steuerzahlern auf. Wortführer für die Einführung der Kultursteuer war diesmal der Grazer Kirchenhistoriker Universitätsprofessor Dr. Maximilian LIEBMANN, der es für gerechtfertigt hält, Steuern zur Finanzierung der Religionsgemeinschaften von allen einzuheben, da alle an der Kulturlandschaft teilhaben. Die staatlichen Finanzämter sollten analog zur Umlage der Kammern auch einen Kulturbeitrag, der von allen steuerpflichtigen Österreichern zu entrichten ist, einheben. Jeder Steuerpflichtige müsste jedoch jährlich entscheiden können, wem er aus einem namentlich vorgegebenen Katalog seinen obligatorischen Kulturbeitrag zukommen lässt. Dieser Auswahlkatalog sollte die staatlich anerkannten Religionsgemeinschaften einerseits und entsprechend ausgewiesene

---

82 Vgl. ebd.
83 Vgl. ebd.
84 Vgl. ebd.
85 Vgl. ebd.
86 Vgl. VOTZI (Fn. 70), 55.

kulturelle oder soziale Institutionen, z. B. das Bundesdenkmalamt oder die staatliche Entwicklungshilfe, andererseits umfassen.[87]

Für etwa 90 % der Österreicher handelte es sich nicht um eine neue Abgabe (Steuer), weil diese bereits bisher einen Beitrag für ihre Kirche bzw. Religionsgemeinschaft leisten; lediglich die Einhebungsart durch die staatlichen Finanzämter an Stelle der Kirchenbeitragsstellen wäre neu. Während im außerkirchlichen Bereich eher Aufgeschlossenheit für dieses Modell zu verzeichnen war, kamen von kirchlicher Seite überwiegend negative Stellungnahmen.[88] Der Grazer Bischof Dr. Johann WEBER sah einen Hoffnungsschimmer zur Lösung des problematischen Kirchenaustritts aus finanziellen Gründen, während Bischof KRENN eine totale Abhängigkeit von der Gunst der Medien fürchtete. Die Arbeitsgemeinschaft Katholischer Verbände begrüßte hingegen den Vorschlag LIEBMANNS und meinte, die Umstellung hätte unzweifelhaft einen positiven Effekt auf die katholische Kirche.[89] Der Vizepräsident der Katholischen Aktion, Otto FRIEDRICH, sowie der Präsident der Arbeitsgemeinschaft Katholischer Verbände, Johannes MARTINEK, begrüßten LIEBMANNS Vorschlag, weil eigene Leistungen und Anliegen besser in der Öffentlichkeit kommuniziert werden könnten.[90] In der politischen Landschaft erschien der Vorschlag allerdings als unrealistisch, da es in Zeiten harter Sparpakete schwer fällt, die Regierung für eine zusätzliche Kultursteuer zu gewinnen.[91] Es ist zweifellos das Verdienst von Universitätsprofessor Dr. Maximilian LIEBMANN, den Vorschlag für die Einführung der Kultursteuer und deren Modalitäten weiter verbessert zu haben. Abgesehen von einer Diskussion in den Medien blieb aber auch seinem in zwölf Punkten zusammengefassten Vorschlag der Durchbruch bisher versagt.[92]

---

87 Vgl. ebd.

88 Vgl. LIEBMANN (Fn. 61), 540 f.

89 Vgl. Debatte um Kultur- statt Kirchensteuer, in: Salzburger Nachrichten, 7.8.2000, 2.

90 Vgl. BAUMGARTNER, Hans, Kirchenbeitrag in Diskussion, in: Kirche (Diözese Innsbruck), 20.8.2000, 10.

91 Vgl. ebd.

92 Vgl. LIEBMANN, Maximilian, Kultursteuer statt Kirchenbeitrag. Zwölf Eckpunkte zur Diskussion, in: Kirche Intern 14 (2000), Nr. 9 (September), 15: „1. Der kirchliche Finanzbedarf ist nur durch staatliche Mitwirkung zu decken. 2. Einführung eines Kultursteuersystems, das das jetzige Kirchenbeitragsgesetz ablöst. 3. Diese Kultursteuer hebt der Staat (Finanzbehörde) ein und bringt zwei unvereinbar erscheinende Prinzipien, Zwang und Freiheit, auf einen Nenner: a) Die Kultursteuer wird von allen steuerpflichtigen Österreichern oder in Österreich lebenden Steuerzahlern eingehoben (Zwang); b) Jeder Steuerpflichtige entscheidet jährlich, wem er aus einer vorgegebenen Liste seine pflichtige Kultursteuer zukommen lässt (Freiheit). 4. Diese Liste (Auswahlkatalog) wird zwischen den Kirchen (Religionsgemeinschaften) und dem Staat ausgehandelt und besteht jedenfalls aus den staatlich anerkannten Religionsgemeinschaften und dem Denkmalschutz. 5. Der Staat behält sich vom Aufkommen als Entgelt einen geringen Prozentsatz für seine Einhebung ein. 6. Die Höhe des Kultursteuersatzes soll von dem jetzigen Kirchenbeitragsaufkommen ausgehen, d. h. der Prozentsatz soll so hoch sein, dass das heutige Kirchenbeitragsaufkommen erreicht werden kann, wobei sowohl der Entfall

2. Bei einer Einführung der Kultursteuer zu erwartende Vorteile gegenüber dem System des Kirchenbeitrags

2.1. Schädigungsabsicht des historischen Gesetzgebers

Die eventuell einzuführende Kultursteuer könnte einen endgültigen Schlussstrich unter den nationalsozialistischen Ursprung des Kirchenbeitragssystems setzen. Die damalige totalitäre Regierung hatte unter gewaltsamer Abwürgung aller bisher zustehenden Rechtstitel die Kirchen vom Status der Körperschaften öffentlichen Rechts auf eine „vereinsprivatrechtliche" Konstruktion reduziert und völlig unter Staatsaufsicht gestellt. Alle Leistungen aus gesicherten Rechtstiteln waren mit einem Schlag durch einen Akt des totalitären nationalsozialistischen Machthabers vernichtet, alle bisherigen Quellen versiegt, was die Kirche an den Rand des finanziellen Ruins brachte.

> „Der Nationalsozialismus wollte durch den Wegfall bisheriger wesentlicher Mittel der Kirchenfinanzierung … und die Neueinführung der vor den Zivilgerichten einklagbaren allgemeinen Kirchenbeiträge die Kirchen dem finanziellen Ruin nahe bringen und eine Austrittsbewegung auslösen."[93]

Historisch betrachtet besteht also kein Zweifel, dass das System des Kirchenbeitrags in kirchenfeindlicher Absicht durch den Gesetzgeber eingeführt worden ist.[94] Das praktisch über Nacht erlassene und in Kraft gesetzte Kirchenbeitragsgesetz von 1939 einschließlich der Durchführungsbestimmungen brachte einen folgenschweren Umbruch der kirchlichen Einnahmenwirtschaft mit sich.[95]

---

der jetzigen und die neu anfallenden Einhebungskosten einzukalkulieren sind. 7. Der Staat folgt bei der Überweisung der eingehobenen Kultursteuer dem föderalistischen Prinzip und überweist sie der jeweiligen Diözese und nicht einer Zentrale (Bischofskonferenz). 8. Eine staatliche Nachforschung bzw. Erhebung der Religions- bzw. Kirchenzugehörigkeit entfällt. Bei der fortschreitenden Säkularisation wird die öffentliche Bekanntgabe von Religionszugehörigkeit ohnehin immer obsoleter. 9. Expertengruppen sollen sowohl die staatskirchenrechtlichen Belange prüfen als auch die fiskalischen Details und womöglich Übergangsbestimmungen ausarbeiten. 10. Da 75 Prozent der Österreicher ohnehin eine Art ‚Kirchensteuer' für ihre Kirche bzw. Religionsgemeinschaft entrichten, handelt es sich für diese bei der Kultursteuer nur *de iure*, nicht aber *de facto* um eine neue Steuer, sondern bloß um eine andere Einhebungsart bei der so zu leistenden ‚Kultursteuer'. 11. Einer der wesentlichen Vorteile dieser zur Diskussion gestellten Kultursteuer ist der Wegfall finanzieller Anreize (Belohnung für den Kirchenaustritt). Die Freiheit auf Kirchenaustritt bzw. -übertritt oder keiner Religionsgemeinschaft anzugehören, wird in keiner Weise in Frage gestellt. 12. Da alle Österreicher an der Kultur bzw. Kulturlandschaft Österreichs teilhaben, erscheint es gerechtfertigt, dass alle Steuerpflichtigen diese Kultursteuer zu entrichten haben."

93 Vgl. SCHWENDENWEIN, Hugo, Österreichisches Staatskirchenrecht, Essen 1992, 260.

94 Eine Zusammenfassung der historischen Entwicklung des Kirchenbeitrags findet sich bei ZINNHOBLER, Rudolf, Zur Geschichte und Praxis von Kirchensteuer und Kirchenbeitrag, in: ThPQ 142 (1994) 180-185.

95 Vgl. PAARHAMMER (Fn. 64), 547.

> „Bei der Mentalität der hiesigen Bevölkerung, welcher der Begriff einer katholischen Kirchensteuer völlig fremd ist, würde die Einführung einer solchen einen vernichtenden Schlag gegen die Kirchenorganisationen bedeuten",

meinte im Jahr 1938 Gauinspektor Hans BERNER.[96]

Bei einer ausgewogenen Betrachtung der Situation darf jedoch die andere Seite der Medaille nicht übersehen werden. Die auf eine dauerhafte Schwächung der kirchlichen Einrichtungen abzielende Maßnahme konnte nur durch ein überraschend festes und so nicht erwartetes Zusammenstehen von Hirten und Gläubigen abgefangen werden. Bereits im März 1939 wurde mit der Errichtung von Pfarrkirchenräten begonnen. Somit wurde praktisch in jeder Pfarre eine „Kirchenbeitragsstelle" eingerichtet, obwohl es die Bezeichnung damals noch nicht gab.[97]

Die in aller Eile neu errichteten Finanzkammern nahmen am 1. Oktober 1939 ihre Tätigkeit auf. Am 1. Januar 1940 kam die erste Kirchenbeitragsordnung heraus. Trotz der massiven Einschränkung der kirchlichen Tätigkeit durch die nationalsozialistische Regierung funktionierte die Beitragserhebung dank der Solidarität der Katholiken beinahe anstandslos. Entsprechend dem Kirchenbeitragsgesetz musste der jährliche Haushaltsplan den nationalsozialistischen Behörden zur Genehmigung vorgelegt werden.[98] So wurden die Kirchen aus dem Bereich des öffentlichen Rechts in jenen des Privatrechts zurückgedrängt und völlig unter Staatsaufsicht gestellt.[99] Angesichts dieser raschen Reaktion kirchlicher Stellen sowie der Gläubigen wird man der Geschichte des Kirchenbeitrags weit eher gerecht, seine Beibehaltung im Nachkriegsösterreich als Frucht der Solidarität und des Zusammenhalts der Katholiken unter einem kirchenfeindlich eingestellten Regime, denn als Relikt des Nationalsozialismus zu betrachten. Von genau dieser Solidarität wird es abhängen, ob der Kirchenbeitrag auch in Zukunft in einem sich wandelnden religiösen und sozialen Umfeld Erfolg haben wird.

2.2. Größere Beitragsgerechtigkeit angesichts der staatlichen Einhebung der Kultursteuer

Eine große Schwierigkeit des Kirchenbeitragssystems besteht in der genauen Berechnung des von jedem einzelnen Gläubigen zu zahlenden Kirchenbeitrags

---

96 Vgl. Gauinspektor Hans BERNER, Brief an Gauleiter Josef BÜRCKEL v. 6.12.1938, zit. in: POTOTSCHNIG, Franz, Kirchenbeitrag, Bekenntnisfreiheit und Kirchenaustritt. Überlegungen zu aktuellen Fragen des österreichischen Kultusrechts, in: FG Schwendenwein, 646 Fn. 10.

97 Vgl. Erzdiözese Wien, Kirchenbeitrag. Geschichtliche Grundlagen des Kirchenbeitrags, in: http://www.kirchenbeitrag.at/cgi-bin/wdbcgiw.cmd/edw/edw.wwv_media.show?p_type=text&p_id=524&p_currcornerid=78&p_textid=523&p_language=d (Stand der Adresse: 25.10.2002).

98 Ebd.

99 Vgl. PAARHAMMER (Fn. 64), 547.

ohne die Hilfe der staatlichen Finanzämter. Die Einhebung erfolgt durch die so genannten Kirchenbeitragsstellen. Der Diözesanfinanzkammer obliegt die Aufsicht über die Kirchenbeitragsstellen, die Verwaltung der Kirchenbeiträge, die Abänderung von Beitragsbescheiden sowie deren Geltendmachung in zweiter Instanz.[100] Nach § 16 der geltenden Kirchenbeitragsordnung der Erzdiözese Wien, welche in ähnlicher Form auch in den anderen Diözesen Österreichs in Kraft ist, muss der Pflichtige den Eintritt der Beitragspflicht sowie alle für die Veranlagung maßgebenden Änderungen binnen Monatsfrist unaufgefordert der Kirchenbeitragsstelle einreichen. Weiterhin muss er bis zum 31. Januar eines jeden Jahres, ein Einkommensteuerpflichtiger bis spätestens vier Wochen nach Erhalt des Einkommensteuerbescheides, mündlich oder schriftlich die zur Veranlagung für das abgelaufene Beitragsjahr erforderliche Erklärung abgeben und die hierzu notwendigen Unterlagen beibringen, da im Fall einer nicht fristgerecht eingereichten oder nicht ausreichend belegten Erklärung die Veranlagung durch Schätzung erfolgt[101], welche aufgrund grober Fehleinschätzungen nicht selten großes Ärgernis hervorruft. Dieses Schätzungsrecht wird von der Judikatur der österreichischen Gerichte ausdrücklich anerkannt.[102]

Es stellt sich dann die Frage, woher die Kirche ihre Anhaltspunkte für die Einschätzung bezieht, ja überhaupt für die Feststellung des Wohnsitzes des Beitragszahlers. Die staatlich anerkannten Kirchen und Religionsgemeinschaften sind tatsächlich auf die Übermittlung bestimmter Personaldaten durch die Meldebehörden angewiesen. Anhand des seit Januar 1995 geltenden Meldegesetzes erhalten nämlich die gesetzlich anerkannten Religionsgemeinschaften von den Gemeinden die Meldedaten all jener Personen, die bei der Anmeldung ihre Mitgliedschaft bekannt gaben. Aus den Meldedaten sind jedoch weder Familienstand noch Beruf ersichtlich, weshalb die Kirchenbeitragsstelle letztlich auf die Mithilfe der Katholiken angewiesen ist. Manche Auskünfte über Taufen, Trauungen, Sterbefälle stammen auch aus pfarrlichen Mitteilungen, Zeitungsmeldungen oder sonstigen Veröffentlichungen. Weder Finanzamt noch Dienstgeber leiten Informationen an die Beitragstellen weiter, weshalb der Beitragszahler selbst alle notwendigen Angaben machen muss.[103] Die freiwillige Deklarierung stellt eine latente Überforderung der Gläubigen dar, die sich ständig in einem Gewissenskonflikt befinden, wie weit sie die Beitragsstelle informieren sol-

---

100 Vgl. HEIMERL / PREE, VermR, 174.

101 Kirchenbeitragsordnung der Erzdiözese Wien, § 16 (1).

102 OGH Wien, Entscheidung v. 12.10.1982, Geschäftszahl 5 Ob 724/82 (5 Ob 725/82), in: Entscheidungen des Österreichischen Obersten Gerichtshofs in Zivilsachen 55, Wien 1984, 735.

103 Vgl. Erzdiözese Wien, Kirchenbeitrag. Fragen & Antworten, in: http://www.kirchenbeitrag.at/cgi-bin/wdbcgiw.cmd/edw/edw.wwv_main.main?p_language=d&p_cornerid=79&p_currcornerid=62&p_full=1 (Stand der Adresse: 25.10.2002).

len.[104] Der dadurch eintretende Verlust wird immerhin mit etwa einem Drittel der „Soll"-Einnahmen des Kirchenbeitrags beziffert.[105]

Bis zur so genannten „Steuerreform 1994" stellten die Haushaltslisten, die alle fünf Jahre vom Haushaltsvorstand auszufüllen waren, die ergiebigste Möglichkeit der Datenbeschaffung dar. Über die in den Haushaltslisten gemachten Angaben bezüglich Namen, Geburtsdatum, Familienstand, Religionsbekenntnis, Wohnsitz und Erwerbstätigkeit war den anerkannten Kirchen- und Religionsgemeinschaften auf deren Verlangen Auskunft zu erteilen.[106] Dann wurden die Haushaltslisten abgeschafft.[107] Um die Kirchenbeitragsstellen nicht jeglicher Information zu berauben, wurde zugesichert, dass auf dem Meldezettel die Religionszugehörigkeit wenigstens auf einer Kopie aufscheinen muss, welche beim Meldeamt zum einzigen Zweck bleibt, die Religionsgemeinschaft über den gegenwärtigen Aufenthalt ihrer Mitglieder zu informieren.[108] Allerdings ist zu bedenken, dass die Unterlassung der Eintragung oder die falsche Eintragung des Religionsbekenntnisses auf dem Meldezettel nicht strafbar ist, wie der Österreichische Verfassungsgerichtshof in einer jüngsten Erkenntnis feststellte:

> „Es erscheint denkunmöglich, § 3 Abs 2 iZm § 22 Abs 1 Z 1 MeldeG 1991 dahin auszulegen, dass die Weigerung des Meldepflichtigen, ein Religionsbekenntnis in den Meldezettel einzutragen, als Nichterfüllung der Meldepflicht den durch diese Gesetzesstellen umschriebenen Tatbestand einer Verwaltungsübertretung begründet. Die Annahme, dass ein (bloß) unvollständiges Ausfüllen des Meldezettels in Ansehung des Religionsbekenntnisses verwaltungsstrafrechtlich zu ahnden sei, obwohl sogar eine vorsätzlich unrichtige Eintragung eines Religionsbekenntnisses in den Meldezettel nicht mit einer Verwaltungsstrafe bedroht ist, gerät in einen dem Sachlichkeitsgebot widerstreitenden offenkundigen Wertungswiderspruch."[109]

Noch weiter ging der Datenschutzrat in einer Stellungsnahme vom 20. Juli 2000:

> „Da Angaben über das Religionsbekenntnis von den Meldebehörden nur als Dienstleister für die Kirchen und Religionsgesellschaften verarbeitet werden sollen, wird vorgeschlagen, diese Daten ausdrücklich vom Begriff der Meldedaten auszunehmen.

---

104 Vgl. FAHRNBERGER, Gerhard, Die Beitragspflicht der Gläubigen im Licht des II. Vatikanischen Konzils, in: PAARHAMMER, Hans (Hg.), Kirchliches Finanzwesen in Österreich. Geld und Gut im Dienste der Seelsorge, Thaur 1989, 344.

105 Vgl. MARRÉ (Fn. 24), 22.

106 Vgl. HEIMERL / PREE, VermR, 171.

107 Vgl. BGBl. 1993/818. Nach § 118 der Bundesabgabenordnung von 1961 hatten die Kirchenbeitragsstellen hingegen ein Recht auf Zugang zu den Steuerlisten.

108 Vgl. SCHINKELE, Brigitte, Church and State in Austria in 1999, in: EJCSR 7 (2000) 205.

109 VfGH, Erkenntnis v. 24.6.1999, B 1253/98, abgedr. und kommentiert in: öarr 47 (2000) 404-410.

Der letzte Halbsatz sollte daher lauten: ‚nicht jedoch Unterschriften und Angaben über das Religionsbekenntnis'."[110]

Damit würde der Nutzen des Melderegisters für die Kirchen weitgehend verloren gehen.

Das Bundesministerium für Inneres arbeitet an der Erstellung eines Zentralen Melderegisters (ZMR) als Informationsverbundsystem, in welches allerdings das Religionsbekenntnis nicht aufgenommen werden soll.[111] Das Sekretariat der Österreichischen Bischofskonferenz kritisierte an den Ministerialentwürfen für ein neues Meldegesetz ausdrücklich, dass die Aufnahme des Religionsbekenntnisses in das ZMR nicht vorgesehen ist.[112] Die dortige Aufnahme des Religionsbekenntnisses würde eine wesentliche Verfahrensvereinfachung für die Verbesserung der Datensätze der Österreichischen Katholikendatei ermöglichen, insbesondere die Beibehaltung des Hauptwohnsitzes auf dem neuesten Stand.[113] Noch gravierender ist die Folge der Nichtbeachtung des Religionsbekenntnisses im Zentralen Melderegister für die kleineren Religionsgemeinschaften.[114]

Es ist also für die Zukunft keine Verbesserung, eher noch eine Verschlechterung zu erwarten. Das Fehlen zuverlässiger Grundlagen für eine der finanziellen Leistungsfähigkeit entsprechenden Verteilung der Lasten auf alle Kirchenmitglieder ist in naher Zukunft nicht zu erwarten. Im Gegenteil, der Zugriff auf öffentliche Daten wird in Zukunft noch schwieriger werden. Damit wird sich das pastorale, aber auch finanzielle und rechtliche Problem der säumigen bzw. zu wenig oder überhaupt nicht zahlenden Kirchenmitglieder nicht ändern. Deshalb bleibt in Österreich der Wunsch nach mehr Steuer- bzw. Beitragsgerechtigkeit wach.[115]

Tatsächlich verdienen viele Gläubige mehr als die Kirchenbeitragsstelle weiß, zahlen aber aufgrund unvollständiger Angaben einen geringeren Beitrag.[116] Vor allem die oberen Einkommensschichten erweisen sich als schwer erfassbar. Die gängige Praxis, für sie individuelle Verhandlungslösungen zu akzeptieren, kann vom Standpunkt der Beitragsgerechtigkeit keineswegs befriedigen.[117]

Es ist deshalb MEUTHEN zuzustimmen, dass diese Art der Einnahmeerhebung aus systematischer Perspektive keineswegs befriedigen kann.[118] Dies gilt um so

---

110 Abgedr. in: SCHIMA, Stefan, Die wichtigsten religionsrechtlichen Regelungen des Bundesrechts und des Landesrechts – Jahrgang 2001, 1. Halbjahr, in: öarr 48 (2001) 299 Fn. 45.

111 Vgl. ebd., 300.

112 Vgl. Sekretariat der ÖBK, Stellungnahme v. 9.8.2000 zum Entwurf des Bundesgesetzes zur Änderung des Meldegesetzes 1991 und des Volkszählungsgesetzes von 1980 v. 25.6.2000, in: ebd., 301.

113 Vgl. ebd.

114 Vgl. ebd., 302.

115 Vgl. MARRÉ (Fn. 24), 23.

116 Vgl. Erzdiözese Wien (Fn. 103).

117 Vgl. FAHRNBERGER (Fn. 104), 344.

118 Vgl. MEUTHEN (Fn. 1), 192.

mehr, als es sich bei der Einschätzung keineswegs um einen recht seltenen Sonderfall, sondern vielmehr um die allgemein übliche Praxis handelt. So sind die Kirchen meist auf eine Ermittlung der Einkommensverhältnisse des Beitragspflichtigen auf dem Schätzungswege angewiesen, was manchmal grobe Fehleinschätzungen und einen damit verbundenen Kirchenaustritt zur Folge hat. Der mangelhafte staatliche Beistand sowohl bei der Erfassung der Beitragspflichtigen als auch bei der Ermittlung der Beitragsgrundlagen ist nach wie vor ein ungelöstes Problem, welches mit der öffentlich-rechtlichen Stellung der Kirche im Staat nicht vereinbar ist.[119] Das deutsche Kirchensteuersystem ist ebenso wie die Kultursteuer wesentlich gerechter als das österreichische Kirchenbeitragssystem.[120]

2.3. Ende der gerichtlichen Klagen und Kirchenaustritte

Einen wichtigen Platz in der Erörterung der Vor- und Nachteile des Kirchenbeitrags nimmt die Frage nach der Freiwilligkeitskirche ein. Die Großkirchen erscheinen oft als Zwangskörperschaften, weil man zwar aus ihnen austreten, nicht aber darin bleiben und je nach Gebewilligkeit Beiträge leisten kann.[121]

Die Verbindung von unvollständigen Unterlagen, welche den Kirchenbeitragsstellen zur Verfügung stehen einerseits und latenter Klagedrohung von Seiten der diözesanen Finanzkammern andererseits, werden auch weiterhin dafür sorgen, dass die Kirchenbeitragsstellen immer auch als ungeliebte Eindringlinge empfunden werden. Die Kirche kann auf diese Weise sicher keine Freunde gewinnen, sondern drückt die psychologische Austrittsbarriere weiter herab.[122] Der vom historischen Machthaber vorgeschriebene Zivilrechtsweg wertet die Kirchenbeiträge zu Vereinsbeiträgen ab.[123]

Hinzu kommt die kirchenrechtliche Problematik der Bewertung des Austritts. Man wird in Zukunft um eine Unterscheidung zwischen jenen, die aus finanziellen Gründen die Kirche verlassen, und jenen, die dies wegen des Glaubens, der Lehre oder der Hierarchie tun, kaum herumkommen. Eine Bewertung der vor der Bezirkshauptmannschaft als zuständiger staatlicher Verwaltungsbehörde erfolgten Austrittserklärung kann zweifellos nicht rundweg mit can. 1364 CIC als Delikt zumindest des Schismas, wenn nicht der Apostasie mit der Exkommunikation als Tatstrafe geahndet werden, was bedauerlicher Weise immer noch der Fall ist, obwohl vor allem in der jüngsten Vergangenheit über die Angemes-

---

119 Vgl. PAARHAMMER (Fn. 64), 553.
120 Vgl. MEUTHEN (Fn. 1), 192.
121 Vgl. CAMPENHAUSEN, Axel von, Staatskirchenrecht. Ein Studienbuch, München ^{3}1996, 281.
122 Vgl. FAHRNBERGER (Fn. 104), 344.
123 Vgl. SCHWENDENWEIN (Fn. 93), 266 f.

senheit dieses Weges diskutiert wird und dabei auch theologische Argumente herangezogen werden.[124]

Gerade das Schweizer Beispiel mit seinem besonders hohen Ausländeranteil unter Katholiken zeigt, dass nicht wenige dieser in der Schweiz ausgetretenen Katholiken zum Unterhalt der Heimatkirche beitragen. Sie verbanden mit ihrer Austrittserklärung in keiner Weise den Wunsch, ihre Zugehörigkeit zur katholischen Kirche als solcher zu beenden.[125] Ähnliches gilt für katholische Gäste in Österreich, die aus ihren Heimatländer keineswegs an mit Zivilklagen eingezogene Zwangsbeiträge gewöhnt sind.

Hier greift das von Fritz DOLLMANITS in seinem im Jahr 1996 propagierten Volksbegehren genannte Argument:

> „Der gegenwärtige Beitragszwang und die Verknüpfung mit der Kirchenmitgliedschaft erwecken zwangsläufig den Eindruck, als sei das Leben in unserer Glaubensgemeinschaft nur gegen Bezahlung möglich. In den meisten Diözesen Österreichs gibt es keine oder nur unzureichende Möglichkeiten der Zweckwidmung des Kirchenbeitrags."[126]

Mit der von DOLLMANITS und jüngst von Maximilian LIEBMANN propagierten Kulturbeitragslösung entfällt die Notwendigkeit der staatlichen Nachforschung auf Religions- bzw. Kirchenzugehörigkeit sowie der finanziellen Belohnung des Kirchenaustritts.[127]

Die Kirchenbeitragsstellen reagieren mit Ermäßigungen in berücksichtigungswürdigen Fällen sowie der Stundung oder Ratenzahlungen.[128] Der Oberste Gerichtshof erinnerte in einer Entscheidung vom 6. Juli 1960 ausdrücklich daran, dass der Zivilrechtsweg zur Eintreibung von Kirchenbeiträgen erst nach Ausschöpfung aller Mittel zur Festsetzung und Einziehung der Kirchenbeiträge nach den Kirchenbeitragsordnungen zulässig ist.[129] In der Frage der Mahnfrist wird deren fruchtloses Verstreichen als Voraussetzung der Klagbarkeit betrachtet.[130]

Auch seit Jahren säumigen Kirchenbeitragszahlern wird manchmal ein Versöhnungsangebot gemacht. Anstelle einer Zivilklage erhalten sie ein Schreiben mit der Möglichkeit eines teilweisen Schuldenerlasses. Nach Angaben von Josef WEISS von der Wiener Kirchenbeitragsstelle waren von dieser Maßnahme im

---

124 Vgl. FAHRNBERGER (Fn. 104), 311. Ausführlich beschäftigte sich mit der Frage der rechtlichen Folgen des Kirchenaustritts RIEDEL-SPANGENBERGER, Ilona, Kirchenzugehörigkeit und Kirchensteuer. Zum Verhältnis von staatlichem und kirchlichem Recht, in: TThZ 102 (1993) 286-304.

125 Vgl. AIMONE, Pier Virginio, Sovvenire alle necessità della Chiesa. Sistemi di finanziamento della Chiesa cattolica in Svizzera, in: Apoll 68 (1995) 477.

126 Vgl. Forderungen von Dr. Fritz DOLLMANITS, abgedr. in: VOTZI (Fn. 70), 55.

127 Vgl. LIEBMANN (Fn. 61), 540 f.

128 Vgl. HEIMERL / PREE, VermR, 174.

129 Vgl. OGH, Entscheidung v. 6.7.1960, Geschäftszahl 3 Ob 230/60, in: Entscheidungen des Österreichischen Obersten Gerichtshofs in Zivil- und Justizverwaltungssachen 33 (1960) 231.

130 Ebd.

Jahr 2001 immerhin 60.000 Personen betroffen – und Ausstände von rund 14 Millionen Euro. Inspiriert wurde die Aktion durch Appelle von Papst JOHANNES PAUL II. zu einem Erlass eines Teils der Schulden wirtschaftlich unterentwickelter Länder im Heiligen Jahr 2000.[131] In der Erzdiözese Salzburg erhalten Kirchenmitglieder, deren Beitragsrückstand gerichtlich eingeklagt wird, im Regelfall acht bis zehn Zahlungsaufforderungen, Mahnungen und mindestens einen Kontakt durch den Interventionsdienst. Das heißt, dass mit den Betroffenen unterschiedliche Zahlungsmodi erarbeitet, der Beitrag neu berechnet, mitunter gar erlassen oder mitgeteilt wurde, dass sie als Arbeitslose, Sozialhilfeempfänger, Lehrlinge, Bezieher einer Notstandshilfe, Häftlinge, Menschen in Karenz vom Beitrag befreit sind.[132]

Das Kirchenbeitragsaufkommen stagniert in der Erzdiözese Wien real und die Zahl der Klagen ist zwischen 1990 und 2000 um 40 Prozent, jene der Exekutionen noch stärker zurückgegangen: Von 13.000 auf 5.000 Fälle pro Jahr. Die Reduktion geht auf verstärkte Telefonaktionen und Hausbesuche bei säumigen Zahlern zurück. Die Beitragsberechnung wurde vereinfacht und kann über das Internet erfolgen.[133] Auch andere Diözesen bemühen sich um eine Reduktion der Klagen. In der Diözese St. Pölten funktioniert der mobile Interventionsdienst bereits problemlos: Die Mitarbeiter setzen auf Gespräche. Von den rund 391.700 Kirchenbeitragszahlern werden jährlich nur etwa 9.000 gemahnt und etwa 3.500 verklagt. Diese Zahl möchte Kirchenbeitragsreferent Karl Heinz CHRIST in Zukunft noch halbieren.[134]

Im Jahr 1998 beschloss die Bischofskonferenz auf ihrer Frühjahrstagung eine Reform des Kirchenbeitrags. Ab 1999 wird dessen Höhe jeweils für drei Jahre festgesetzt. In dieser Zeit können die Beiträge nur herabgesetzt (beispielsweise bei Karenz- und Arbeitslosenzeiten), nicht aber erhöht werden. Klagen und Pfändungen säumiger Zahler sollen erst nach einem persönlichen Gespräch mit dem Schuldner möglich sein.[135]

Dennoch verließen zwischen 1995 und 1999, also innerhalb von lediglich fünf Jahren, fast 200.000 (genau: 198.178) Katholiken in Österreich die Kirche, wodurch Gesamteinnahmen aus dem Kirchenbeitrag einer kleineren Diözese – z. B. Feldkirch – verloren gingen.[136]

---

131 Vgl. Erzdiözese gewährt Nachlass von Schulden beim Kirchenbeitrag, in: Die Presse (Wien), 30.3.2001, 17.

132 Vgl. STROBL, Bernhard, Kirchenfrust und soziale Not, in: Salzburger Nachrichten, 29.3.1999, Lokalteil.

133 Vgl. Erzdiözese gewährt Nachlass (Fn. 131), 17.

134 Vgl. Kirchenbeitrag wird nur mehr in Ausnahmefällen eingeklagt, in: Kurier, 8.2.2000, 8.

135 Vgl. Kirchenbeitrag wird ab 1999 für drei Jahre eingefroren, in: Die Presse (Wien), 4.4. 1998, 6.

136 Vgl. BAUMGARTNER (Fn. 90), 10.

Im Jahr 1999 sprengten die Austritte aus der katholischen Kirche erneut alle negativen Rekorde. 44.359 Gläubige, also mehr als im Rekordjahr 1995.[137] Im Jahr 2000 pendelte sich die Zahl wieder ein: 35.711[138] und im Jahr 2001 33.857.[139] Es wird also auch in Zukunft dabei bleiben, dass in Österreich jährlich zwischen 30.000 und 35.000 Katholiken, darunter vor allem Jugendliche, austreten.[140] Etwa 30.000 bilden den Sockel, der in der Kirche keine Antworten mehr findet und daher weggeht. Hinzu kommen dann bei besonderen Krisen und Skandalen 10.000 zusätzliche Austritte nach dem Motto „Jetzt reicht es". Häufig wird dabei der Kirchenbeitrag einfach zum letzten Anlass, sich von einer Glaubensgemeinschaft zu trennen, der man ohnehin nur mehr lose angehört. Der Mitgliederschwund hat auch finanzielle Auswirkungen. Es gilt die Faustregel, dass die Diözesen über den Kirchenbeitrag im Durchschnitt pro Katholik und Jahr ca. 75 Euro einnehmen.[141]

Mit der Kulturbeitragslösung hingegen entfiele jegliche Notwendigkeit der staatlichen Nachforschung über Religions- bzw. Kirchenzugehörigkeit, außerdem wäre diese vom finanziellen Nach- bzw. Vorteil entkoppelt, wodurch, wie Richard PUZA schreibt, die Trennung von Kirchensteuer bzw. Kirchenbeitrag und Kirchenaustritt möglich wird.[142]

Mit der Akzeptanz der Kultursteuer in Staat und Gesellschaft ist nach Hans-Joachim KIDERLEN grundsätzlich zu rechnen, da sie Wahlfreiheit und Pflicht des Bürgers auf nachvollziehbare Weise verbindet und die pluralistische Entwicklung postmoderner europäischer Gesellschaften berücksichtigt.[143] Ein spanisches, italienisches oder ungarisches Kirchenmitglied steht nicht wie der Kirchenbeitragszahler vor einer Entweder-oder-Entscheidung mit allen damit verbundenen rechtlichen Konsequenzen. Andererseits kann er sich im Gegensatz zum Kirchenbeitrag nicht durch Kirchenaustritt entziehen.[144] Es entfallen die immerhin 10 % ausmachenden Kosten für die Kirchenbeitragseinhebung. Außerdem entspricht der Steuersatz im Gegensatz zum Kirchenbeitrag genau den Einkommensverhältnissen und es entfällt die Schätzung durch die Kirchenbeitragsstellen.

---

137 Vgl. Rekordjahr bei den Kirchenaustritten, in: Salzburger Nachrichten, 4.5.2000, 4.

138 Zentralstelle für kirchliche Statistik, Statistische Daten der röm.-kath. Kirche in Österreich im Kalenderjahr 2000, in: http://www.kathpress.co.at/info/stat00a.htm (Stand der Adresse: 25.10.2002).

139 ÖBK, Erklärungen der Österreichischen Bischofskonferenz vom 17. bis 19. Juni 2002 in Mariazell im Wortlaut, in: http://www.kathpress.co.at/info/doku/biko02s.htm (Stand der Adresse: 25.10.2002).

140 Vgl. PAARHAMMER (Fn. 64), 553.

141 Vgl. Rekordjahr bei den Kirchenaustritten (Fn. 137), 4.

142 Vgl. PUZA (Fn. 2), 194.

143 Vgl. KIDERLEN, Hans-Joachim, Die unterschiedlichen Systeme der Kirchenfinanzierung in Europa, in: FAHR, Friedrich (Hg.), Kirchensteuer. Notwendigkeit und Problematik, Regensburg 1996, 51.

144 Vgl. ebd., 45.

2.4. Kultursteuer als mögliche Alternative angesichts der schwindenden Akzeptanz des Kirchenbeitrags

Die Erträge des bisher in Österreich funktionierenden Kirchenbeitragssystems sind keineswegs in allen Diözesen zufriedenstellend, was zu Einsparungsmaßnahmen zwingt. Andererseits wäre es verfehlt, von einem allgemeinen Rückgang zu sprechen. Im ersten Halbjahr 2000 ist es wieder zu einer Aufwärtsentwicklung bei den Einnahmen aus dem Kirchenbeitrag gekommen.[145]

Während manche Diözesen mit leichten Defiziten zu kämpfen haben[146], konnten andere wie Linz im Jahr 2000 mit Einnahmen und Ausgaben von jeweils 76.266.723,83 € eine ausgeglichene Jahresrechnung präsentieren. Diözesanökonom Dr. Josef WÖCKINGER lobte bei dieser Gelegenheit den erfolgreichen Sparkurs: Alle diözesanen Ämter und Einrichtungen hätten bei den erforderlichen Zuschüssen die Budgetvorgaben genau eingehalten, teilweise sogar unterschritten.[147] Diese ausgeglichene Bilanz ist zweifellos Frucht der Arbeitsgruppe für Einsparungen, welche im Jahr 1997 mit dem Ziel der Ausgabensenkung um 30 % eingerichtet wurde.

Ärger ist die Evangelische Kirche, die ebenso mit dem Kirchenbeitrag finanziert wird, von Finanzsorgen geplagt. Sie befindet sich seit 1997 in roten Zahlen, so dass sie mehrere Pfarrstellen trotz vorhandener Kandidaten unbesetzt lassen musste.[148]

Das Bundesland Kärnten ist dabei eines der größten Sorgenkinder des evangelisch-lutherischen Bischofs in Österreich, Herwig STURM. Von 33 Gemeinden liegen 28 mit ihrem Kirchenbeitragsaufkommen weit unter dem österreichischen Durchschnitt. Anstatt der 1,5 % von seinem Einkommen (im Gegensatz zu 1,1 % für die katholische Kirche), die jeder Beitragspflichtige an die Kirchenkasse abliefern sollte, sind es in den säumigen Gemeinden nur die Hälfte. Österreichweit bleibt mehr als die Hälfte (100 der 191) der evangelischen Gemeinden hinter ihrem Zahlungsziel zurück. Der Kirchenbeitrag erweist sich damit vor allem für die kleineren Konfessionen der evangelischen Kirche Augsburgischen und Helvetischen Bekenntnisses sowie der altkatholischen Kirche als unzureichend[149], allerdings könnte die eventuelle Einführung der Kultursteuer zu noch geringeren Ergebnissen führen.

---

145 Vgl. Weiter Sparkurs der Kirche, in: Die Presse, 13.7.2000, Österreich-Teil.

146 Vgl. ebd.

147 Vgl. Diözese Linz: Finanzkammer, Rechenschaftsbericht 2000, in: http://www.dioezese-linz.at/dfk (Stand der Adresse: 25.10.2002).

148 Vgl. Evangelische Kirche steht vor Finanzkollaps, Pfarrstellen unbesetzt, in: Die Presse, 29.10.1998, 10.

149 Vgl. SCHWENDENWEIN (Fn. 93), 258.

Der Rückgang bei den Taufen, so in Wien auf nur mehr 45 % der Neugeborenen[150], wird vor allem langfristige Auswirkungen auf die Zahl der Beitragszahler haben. Mehr noch als statistisch vorhersehbare Daten erweisen sich negative Schlagzeilen in den Medien als nachteilig für die Beitragszahlungen und auf die Kirchenmitgliedschaft.[151] So etwa im Jahr 1995 beim Fall GROER, welcher bereits im April 1995 bei den Finanzkammerdirektoren die Alarmglocken läuten ließ.[152]

Auch nur geringfügige Veränderungen oder die Versendung der Quartalvorschreibungen kann Protestwellen auslösen wie etwa Anfang 1999 in der Erzdiözese Salzburg. Die Telefonleitungen liefen heiß. So Alfred VIEHAUSER, Leiter der Kirchenbeitragsstelle: „Zwei Mitarbeiter sind täglich von 8 bis 15 Uhr als Telefondienst eingeteilt. Sie sind in dieser Zeit ununterbrochen am Telefonieren.“ Während seiner zwanzigjährigen Tätigkeit könne er sich nie an einen derartigen Ansturm erinnern, was die Zunahme der Protestbereitschaft deutlich macht:

> „Täglich liegen bis 100 Protestbriefe in der Postmappe, die sieben Sachbearbeiter seiner Dienststelle führen täglich mit gut hundert Personen direkte Gespräche. Dabei war der Kirchenbeitrag und vor allem der Mindestbeitrag nur ganz leicht angehoben worden.“[153]

Aber keineswegs nur von progressiven, sondern auch von Seiten konservativer Mitchristen nimmt der Widerstand zu. Matthäus THUN-HOHENSTEIN, der für den konservativen Club Österreichischer Katholiken in der Öffentlichkeit auftritt, meinte in einer Presseaussendung, die katholische Kirche sei von einer „protestantisiert-neuheidnischen Funktionärsschicht“ beherrscht und drohte mit einem „Kirchenbeitrags-Streik“, sollte der Delegiertentag des so genannten Dialogs für Österreich vom 23.-26. Oktober 1998 sich nicht auf die katholische Lehre besinnen.[154]

Selbst kirchliche Amtsträger protestieren. So zahlt der oberösterreichische Pfarrer Siegfried PLASSER seit 1992 keinen Kirchenbeitrag. Der progressive Pfarrer will dies erst wieder tun, wenn es in der kirchlichen Disziplin Neuerungen gibt. Die Diözese reagierte unkonventionell und behielt das doppelte des geschuldeten Kirchenbeitrags vom Gehalt ein.[155]

---

150 Vgl. ÖBK, Österreich-Quinquennalbericht 1992-1997 anläßlich des „Ad-Limina-Besuches“ der österreichischen Bischöfe im Vatikan November 1998, in: http://www.kathpress.co.at/info/doku/adlimi98bericht.htm (Stand der Adresse: 25.10.2002).

151 Vgl. KIDERLEN (Fn. 143), 51.

152 Vgl. FORSTNER, Anton K., Durch den Fall Groer schlittert die katholische Kirche in eine Moralkrise, die auch die Finanzgebarung nicht unbeschadet lässt, in: Trend (Wien), Nr. 5, 30.4.1995, 73.

153 Vgl. Beitragsstelle als Klagemauer, Salzburger Nachrichten, 29.1.1999, Lokal-Teil.

154 Vgl. Dialog muss sich auf den Heiligen Vater besinnen, in: Die Presse, 24.9.1998, 7.

155 Vgl. Kirchensteuer. Pfarrer rebelliert, in: Die Presse, 5.2.1999, 7.

Doch gutheißen will man die Proteste nicht. „Das ist nicht der richtige Weg", stellte der Leiter der Finanzkammer der Erzdiözese Salzburg, Josef LIDICKY, fest, als einige Salzburger Katholiken den zivilrechtlich anerkannten Verein „Salzburger Kirchenbeitrag auf ein Treuhandkonto" gründeten, um mit der Kirchenpolitik nicht einverstandenen Katholiken eine Alternative zum Kirchenaustritt zu bieten. Rund 60 Personen parkten ihren Beitrag auf einem Zwischenkonto, eine in Ländern mit der vom Staat eingezogenen Kultur- sowie der Kirchensteuer undenkbare Maßnahme. Die Kirchenbeitragsstelle klagte nicht, sondern vereinbarte mit den Initiatoren, im Gespräch zu bleiben und abzuwarten.[156] Auch bei anderen negativen Schlagzeilen der Kirche in den Medien rief der Verein die Salzburger Katholiken auf, nicht aus der Kirche auszutreten, sondern ihren Kirchenbeitrag auf das Treuhandkonto des Vereins einzahlen. Bis Januar 2002 gingen verweigerte Kirchenbeiträge in der Höhe von rund 37.000 Euro von 215 Beitragszahlern ein.[157]

Die meisten Diözesen bieten seit wenigen Jahren die Möglichkeit zur Zweckwidmung der Kirchensteuer an. Damit sollen Kritiker vom Kirchenaustritt abgehalten werden. In Salzburg kann der Beitrag an Caritas, kirchliche Jugendarbeit, Entwicklungshilfe oder Priesterseminar bezahlt werden. Dies ist solange möglich, als nicht zu zahlreiche Gläubige die Zweckbindung beanspruchen. Wenn es mehr als 2 % der Beitragszahler sind, kann es für die diözesane Finanzplanung bereits kritisch werden. Dennoch steht die Erzdiözese Salzburg auch noch in ihrem im Jahr 2002 erschienenen Rechenschaftsbericht über das Jahr 2001 gut da. Immerhin 29,471 Millionen Euro hat der Kirchenbeitrag trotz einzelner medienwirksamer Protestaktionen erbracht.[158]

2.5. Beitrag der Mitglieder der nicht anerkannten Religionsgemeinschaften und der Konfessionslosen für die kulturellen und sozialen Dienste der anerkannten Konfessionen

Manche kirchliche Stellen sehen die Kultursteuer nicht als Alternative, sondern als neue Einnahmequelle zusätzlich zum bestehenden Kirchenbeitrag, da nicht einzusehen ist, dass die kulturellen Leistungen der Kirche überproportional von den Katholiken finanziert werden.[159] Die Kultursteuer bringt diese Möglichkeit

---

[156] Vgl. LAGLER, Claudia, Salzburger Kirchenbeiträge auf ein Treuhandkonto?, in: Die Presse, Nr. 15.975, 20.1.2001, 10.

[157] Vgl. Aufmüpfige Katholiken, in: Salzburger Nachrichten, 28.1.2002, in: http://www.salzburg.com/servlet/scom2/searchresult?xm=233968&res=0 (Stand der Adresse: 25.10.2002).

[158] Vgl. Stabile finanzielle Basis der Erzdiözese, in: Salzburger Nachrichten, 9.4.2002, in: http://www.salzburg.com/servlet/scom2/searchresult?xm=254634&res=0 (Stand der Adresse: 25.10.2002).

[159] Vgl. BAUER, Johann A., Sonntagsblatt (Diözese Graz), 13.8.2000, 3.

mit sich.[160] Es ist gerecht, alle zur Kasse zu bitten, da alle an der von der Kirche geprägten Kultur teilhaben.[161]

Bundeskanzler Wolfgang SCHÜSSEL hält für diesen Zweck eher die Refundierung der bei Kirchenrenovierungen anfallenden Mehrwertsteuer an eine österreichische Nationalstiftung für Denkmalschutz für sinnvoll. Kardinal SCHÖNBORN begrüßt diesen Vorschlag, da es „nicht sein kann, dass die Katholiken mit ihrem Kirchenbeitrag für das ganze Land den Großteil der Lasten unseres kulturellen Erbes tragen“[162], während die kirchlichen Denkmäler allen Einwohnern sowie den Touristen offen stehen. Bisher werden die Gläubigen sowohl durch die Leistung des Kirchenbeitrages als auch durch zusätzliche Spenden und Zuwendungen zur Kasse gebeten.[163]

Selbst die deutschen Diözesen, die einer allgemeinen Kultur- und Sozialsteuer grundsätzlich ablehnend gegenüberstehen, erkennen das Argument an, es müsse verhindert werden, dass Nicht-Kirchenmitglieder kirchliche Einrichtungen in Anspruch nehmen können, ohne dazu einen finanziellen Beitrag zu leisten.[164] In den skandinavischen Ländern ist es selbstverständlich, dass auch Nicht-Mitglieder der evangelisch-lutherischen Kirche dennoch 30 % der Kirchensteuer dieser allein steuerberechtigten Kirche bezahlen, als Abgeltung für gemeinnützige Dienste wie Standesamt und Friedhofswesen.[165]

Die „Zwölf Punkte“ von Prof. Dr. Maximilian LIEBMANN sehen die Einhebung der Kultursteuer von allen steuerpflichtigen Österreichern oder in Österreich lebenden Steuerzahlern vor. Jeder Steuerpflichtige entscheidet jährlich, wem er aus einer vorgegebenen Liste seine pflichtige Kultursteuer zukommen lässt.[166] Damit sind alle Staatsbürger ohne Ausnahme in die Finanzierung der Kirche und wohltätiger Projekte einbezogen.

3. Bei einer Einführung der Kultursteuer zu befürchtende Nachteile gegenüber dem System des Kirchenbeitrags

3.1. Kultursteuer als Nachfolgemodell der Staatsfinanzierung

Zweifellos ist das Kirchenfinanzierungssystem Ausdruck der Beziehung zwischen Staat und Kirche sowie der Rolle der Kirche im jeweiligen Land.[167] Die Einführung und geltende Regelung der Kultursteuersysteme in Spanien, Italien

---

160 Vgl. ebd.
161 Vgl. Kultursteuer statt Kirchenbeitrag, in: Salzburger Volkszeitung, 7.8.2000, 10.
162 Vgl. Steuerrefundierung für Kirchen-Denkmalschutz?, in: Die Presse, Kultur-Journal, 26./27.5.2001, 29.
163 Vgl. PAARHAMMER (Fn. 64), 553.
164 Vgl. Prälat Wilhelm SCHÄTZLER, zit. v. LOHMANN (Fn. 66), 67.
165 Vgl. KIDERLEN (Fn. 143), 45 f.
166 Die zwölf Punkte finden sich abgedr. in: LIEBMANN (Fn. 92), 15.
167 Vgl. SCHÁNDA (Fn. 40), 262.

und Ungarn ist dabei Frucht des im Bereich des Staatskirchenrechts vorherrschenden Vertragsdenkens.[168] In allen drei Staaten, in denen die Kultursteuer eingeführt wurde, ersetzt sie die Finanzierung der katholischen Kirche bzw. in Ungarn der verschiedenen Kirchen- und Religionsgemeinschaften durch den Staat. Die Abschaffung der privilegierten Stellung der so genannten Staatskirche bedeutete keineswegs das Ende jeglichen Einflusses des Staates auf die Kirchen. Der nunmehr betont religiös neutrale Staat bemüht sich um die Finanzierung einer Mehrzahl von Kirchen- und Religionsgemeinschaften[169], ja er muss sich sogar darum bemühen, da er gerade aufgrund des Grundprinzips der weltanschaulichen Neutralität für die religiösen Bedürfnisse der Bürger nicht selbst sorgen kann.[170] Die Finanzierung erfolgt weiterhin durch Mitarbeit des Staates, baut jedoch zugleich auf dem freien Willen der Gläubigen auf.[171] Allerdings fließen alle Steuern zunächst in den Staatshaushalt und der Staat finanziert einige Konfessionen, indem er den von den einzelnen Steuerzahlern ausgedrückten Präferenzen entspricht. Deshalb finanzieren im Grunde die Katholiken die anderen Religionsgemeinschaften und die anderen Religionsgemeinschaften die Katholiken mit. Zu Recht schließt deshalb Nicola FIORITA, die Kultursteuer stelle keine Form der erleichterten Selbstfinanzierung, sondern lediglich eine neue Form der Staatsfinanzierung dar.[172] Nur wenn man die Gemeinsamkeiten der Kultursteuer mit der Kirchensteuer betont, kann man von einem System der Selbstfinanzierung sprechen.[173]

Es geht dem Staat nicht nur darum, sich im negativen Sinn jeder Minderung der Religionsfreiheit zu enthalten, sondern positiv die Ausübung dieser Rechte zu garantieren.[174] Es genügt nämlich nicht, Religionsfreiheit zu postulieren und dann die Religionsgemeinschaften sich selbst zu überlassen.[175] Der Staat versetzt die Religionsgemeinschaften, die es wünschen, in die Lage, die Kosten auf sich nehmen zu können, welche das Erreichen ihrer Ziele erfordert.[176] Damit sichert er den nunmehr vor dem Gesetz gleichgestellten Kirchen und Religions-

---

168 Vgl. PUZA (Fn. 21), 72.

169 Vgl. GARCÍA HERVÁS (Fn. 14), 836.

170 Vgl. ebd., 839.

171 Vgl. BURGAZZI, Cesare, Il sostentamento del Clero. Indagine storico-giuridica con particolare riferimento alla formazione dei canoni 1272-1274-1275 del Codex Iuris Canonici 1983 e alla loro applicazione in ambito europeo, Roma 2002, 222.

172 Vgl. FIORITA (Fn. 18), 526.

173 Vgl. MARTÍN GARCÍA, María del Mar, Cooperación económica estatal con las confesiones religiosas, libertad religiosa y aconfesionalidad. Análisis de algunos aspectos controvertidos en Espana, in: Anuario de Derecho Eclesiástico del Estado 16 (2000) 317.

174 Vgl. Spanien: Supremo Tribunal de la Casación, Beschluss v. 11.4.1985, Nr. 53/1985; vgl. auch GIMÉNEZ Y MARTÍNEZ DE CARVAJAL (Fn. 10), 57.

175 Vgl. MOSTAZA RODRÍGUEZ, Antonio, Sistema espanol de dotación estatal a la Iglesia, in: GIMÉNEZ Y MARTÍNEZ DE CARVAJAL / CORRAL, Carlos, Iglesia y Estado en España: Régimen jurídico de sus relaciones, Madrid 1980, 171.

176 Vgl. MARTÍN GARCÍA (Fn. 173), 313.

gemeinschaften die notwendigen Grundlagen zur Verwirklichung der Religionsfreiheit, wie sie in den Verfassungen Spaniens, Italiens und Ungarns grundgelegt ist.[177] So muss das System jeglicher Religionsgemeinschaft offen stehen, welche mit dem Staat eine derartige Vereinbarung treffen möchte.[178] Der religiös neutrale Staat kooperiert mit einer Mehrzahl von Religionsgemeinschaften[179], weshalb das Prinzip der Kooperation in finanziellen Fragen mit dem Prinzip der Neutralität des Staates in keinen Widerspruch tritt.[180] Das bestehende System der Kultursteuer stellt eine Form der Misch-Kirchenfinanzierung dar und ist gerade in Spanien und Italien eine Frucht der Entkonfessionalisierung des Staatskirchenrechts.[181] Die in Spanien als „Asignación tributaria"[182] (steuerliche Zuweisung), aber auch „Sistema de dotación económica directa"[183] (System der direkten ökonomischen Zuwendung) genannte Kultursteuer erweist sich als geeignetes System der Verwirklichung der Kooperation in finanziellen Fragen.[184]

Die Religionsgemeinschaften werden als eine Bereicherung für die Gesellschaft und als für das Gemeinwohl nützlich betrachtet. Nur in diesem Fall kann sie staatliche Hilfe in Anspruch nehmen, weil sie gewisse soziale Interessen fördert oder einen religiösen Dienst leistet, der gleichfalls von öffentlichem Interesse ist.[185] Das System, welches als solches ein geeignetes Instrument der Kooperation des Staates mit der Kirche darstellt, kann sich allerdings in ein Streitobjekt zwischen den kirchlichen und politischen Autoritäten verwandeln. Letztlich neigt der Staat selbst in der Gegenwart nicht selten dazu, die Kooperation als eine konkrete politische Option aufzufassen, welche vom Gutdünken der Regierung und vom Grad ihrer Nähe zu den einzelnen Kirchen und Religionsgemeinschaften abhängt. Das System der Kultursteuer schließt eine politische Entwicklung, die im Gegensatz zum effizienten Schutz der Religionsfreiheit steht, nicht aus.[186] Bereits in den letzten Jahren zeigte der Vergleich der Einnah-

---

177 Vgl. GARCÍA HERVÁS (Fn. 14), 841; vgl. dazu ausführlich FORNÉS, Juan, Régimen jurídico-patrimonial y financiación de la Iglesia desde la perspectiva de la libertad religiosa, in: IusCan 36 (1996) 13-61.

178 Vgl. MARTÍN GARCÍA (Fn. 173), 328.

179 Vgl. GARCÍA HERVÁS (Fn. 14), 838. Eine Analyse der grundsätzlichen Problematik der staatlichen Mithilfe bei der Kirchenfinanzierung findet sich in: PREE, Helmuth, Independenter a civili potestate (c. 1254 § 1 CIC). Zur Legitimität staatlich sanktionierter Kirchenfinanzierungssysteme, in: ZKTh 118 (1996) 151-168 und ROBBERS, Gerhard, Förderung der Kirchen durch den Staat, in: HdbStKR^2 I, 867-890.

180 Vgl. BLANCO (Fn. 6), 633.

181 Vgl. PUZA, Richard, Europa ohne Grenzen – und die Kirche?, in: ThQ 173 (1993) 14.

182 Vgl. BLANCO (Fn. 6), 641.

183 Vgl. MARTÍN GARCÍA (Fn. 173), 330.

184 Vgl. BLANCO (Fn. 6), 641.

185 Vgl. GARCÍA HERVÁS (Fn. 14), 839.

186 Vgl. BLANCO (Fn. 6), 646.

men deutlich, dass die zahlenmäßig starken Konfessionen bevorzugt und die kleinen finanziell benachteiligt werden.[187]

Noch ist nicht absehbar, wie sich die Entwicklung des Europarechts auf die Kirchenfinanzierungssysteme auswirken wird. Nach dem Prinzip der Subsidiarität hat hier das nationale Recht gegenüber dem Gemeinschaftsrecht Vorrang.[188] Das immer wieder genannte Argument der notwendigen Rechtsangleichung in Europa ist deshalb als solches unzutreffend, da es keine Kompetenz der Europäischen Union zur Regelung staatskirchenrechtlicher Fragen gibt. Die Kultushoheit ist ebenso Angelegenheit der einzelnen Staaten wie die Regelung der Beziehungen zwischen dem Staat und den Religionsgemeinschaften.[189]

Allerdings zeigt sich bereits eine Erosion der Extreme in den westlichen Industriestaaten in Bezug auf die kirchlichen Abgabe- bzw. Finanzsysteme. In Ländern, die vor kurzem noch durch das System des Staatskirchentums gekennzeichnet waren, vollzog sich der Übergang von der vollständigen Erhaltung der Staatskirche hin zu Formen der Kultursteuer[190] und damit zur Finanzierung der Religionsgemeinschaften durch den Staat gemäß der Widmungen der einzelnen Steuerzahler bzw. wie dies von manchen Autoren interpretiert wird, als Finanzierung der Kirchen durch die Gläubigen mit Hilfe des Staates.

In Ländern mit bisher strikter Trennung von Staat und Kirche wie in Frankreich oder in den Niederlanden entwickelt sich das Spenden- und Kollektensystem hin zu einem empfohlenen kontinuierlichen, wenn auch nicht einklagbaren Beitrag von bestimmter Höhe.[191] In den Diözesen der Niederlande ist in den letzten Jahren neben die Kollekte ein freiwilliger so genannter Kirchenbeitrag getreten, für dessen Höhe ein bestimmter Prozentsatz (1 bis 3 %) des Einkommens empfohlen wird und der mittlerweile immerhin etwa 68 % des kirchlichen Finanzbedarfs deckt. Zu erwähnen sind bei der – im Gegensatz zu Frankreich – wohlhabenden katholischen Kirche in den Niederlanden noch die etwa 10 % der Ausgaben erbringenden Vermögenserträge sowie, der Vollständigkeit halber, die staatliche Subventionierung einiger kirchlicher Lehrstühle an staatlichen Universitäten, einiger kirchlicher theologischer Hochschulen und der Katholischen Universität Nijmegen.[192]

Von einer zunehmenden Konvergenz der Kirchenfinanzierungssysteme innerhalb der Europäischen Union zu sprechen, wäre verfrüht, allerdings übt die wirtschaftliche, rechtliche und gesellschaftliche Entwicklung einen zunehmenden Konformitäts- und Konvergenzdruck aus.[193]

---

187 Vgl. FIORITA (Fn. 18), 529.
188 Vgl. CAMPENHAUSEN (Fn. 121), 274.
189 Vgl. LOHMANN (Fn. 66), 67-71.
190 Vgl. CAMPENHAUSEN (Fn. 121), 275.
191 Vgl. ebd.
192 Vgl. MARRÉ (Fn. 24), 20.
193 Vgl. KIDERLEN (Fn. 143), 52.

Unter Fachleuten besteht ein Konsens, dass das Kirchenfinanzierungssystem von den jeweiligen Beziehungen zwischen Kirche und Staat in dem betreffenden Land geprägt wird.[194] Dies gilt ebenso für die Kultursteuer, obwohl sie sich als noch anpassungsfähiger erweist als die Kirchensteuer, die bei der Neuordnung der staatskirchenrechtlichen Verhältnisse im ehemaligen Ostblock kaum zur Diskussion stand:

> „Zu sehr ist die Kirchensteuer an bestimmte historische Entwicklungen und an eine besondere Partnerschaft zwischen Staat und Kirche vor dem Hintergrund einer Kirchlichkeit der Gesamtgesellschaft gebunden. Eher schon könnte das Konzept der Kultursteuer, das einige wesentliche Elemente der Kirchensteuer aufnimmt, ein wichtiges Modell für die künftige Praxis der Kirchenfinanzierung in Europa werden."[195]

Damit wird sich der Konvergenzdruck innerhalb der europäischen Union nicht in kurzfristiger, sehr wohl jedoch in langfristiger, die kommenden Jahrzehnte mit berücksichtigender Sicht indirekt auf die Modelle der Kirchenfinanzierung auswirken. Indirekt vor allem deshalb, weil sich der Konvergenzdruck zunächst auf das Verhältnis zwischen Staat und Kirche in den einzelnen europäischen Nationen und mittelbar, bei dessen zunehmender Angleichung, auch zu Anpassungen im Bereich der Modelle der Kirchenfinanzierung führen wird, ohne dass eine totale Gleichschaltung zu erwarten ist. Ein funktionierendes System kann nicht von heute auf morgen vertraglich geschaffen werden, sondern es müssen zunächst die entsprechenden Grundlagen wachsen, bevor es mit Aussicht auf einen für beide Seiten zufrieden stellenden Erfolg eingeführt werden kann.

3.2. Der zur Erhaltung derselben Einnahmen notwendige Prozentsatz der Kultursteuer

Der Kirchenbeitrag stellt die mit Abstand wichtigste Einnahmequelle der Diözesen in Österreich dar. So entfielen von den Gesamteinnahmen der Erzdiözese Salzburg im Jahr 2000 in Höhe von 473.375.878,24 Schilling (34.414.426,35 €) immerhin 394.205.546,03 Schilling (28.658.734,20 €) auf den Kirchenbeitrag.[196]

Gemäß den Zwölf Punkten LIEBMANNS[197] müsste bei der Berechnung der Beitragshöhe vom jetzigen Kirchenbeitragsaufkommen ausgegangen werden. Der Promille- oder Prozentsatz müsste so hoch sein, dass das gegenwärtige Kirchenbeitragsaufkommen erreicht wird. Für Deutschland würde dies nach LOHMANN bedeuten, dass der Prozentsatz einer eventuell einzuführenden Kultursteuer wesentlich höher sein müsste, als allgemein angenommen wird, um den gleichen Ertrag zu sichern.[198] Im Gegensatz zum Kirchenbeitrag handelt es sich auf jeden

---

194 Vgl. PUZA (Fn. 2), 178.

195 Vgl. KIDERLEN (Fn. 143), 52.

196 Vgl. Finanzkammer der Erzdiözese Salzburg, Rechenschaftsbericht 2000, in: http://www.kirchen.net/kirchenbeitrag/jahresbericht2.htm (Stand der Adresse: 25.10.2002).

197 Die zwölf Punkte finden sich abgedr. in: LIEBMANN (Fn. 92), 15.

198 Vgl. LOHMANN (Fn. 66), 69.

Fall nicht mehr um einseitig von der Kirche festgelegte Prozentsätze. Die Kirchensteuer wird als Zuschlagsteuer in der Höhe von 8 oder 9 % der geschuldeten Lohn- oder Einkommenssteuer verrechnet. Sie ist an den staatlichen Lohn- und Einkommenssteuersatz gebunden.[199]

Nimmt man als Berechnungsbasis das Lohn- und Einkommensteueraufkommen (laut Bundesvoranschlag 2000) des Staates und Kirchenbeitragseingänge 1999 (plus 2 %) und nimmt man weiterhin an, dass der Staat ebenso wie in Italien an die Kirche keine Einhebungskosten verrechnet, die immerhin mehr als 10 % der Einnahmen aus dem Kirchenbeitrag verschlingen, und 80 % der österreichischen Katholiken widmen tatsächlich ihren Steuerzuschlag der katholischen Kirche, dann müsste der zur Erhaltung der Einnahmen notwendige Prozentsatz rund 3 % der österreichischen Einkommens- bzw. Lohnsteuer betragen. Das bedeutet, dass laut Berechnungen der Finanzkammern der österreichischen Diözesen zur Aufrechterhaltung des derzeitigen Kirchenbeitragsaufkommens der Steuerzuschlag in Österreich viermal so hoch wie in Italien sein müsste.[200] Im Vergleich zum wesentlich effizienteren Kirchensteuersystem in Deutschland ist zu bedenken, dass diese 9 % der Einkommensteuer beträgt, also mehr als zehn mal so hoch liegt. Der österreichische Kirchenbeitrag macht derzeit etwa das vierfache der italienischen Kultursteuer aus.[201] Bei einem Prozentsatz wie in Italien würden die Möglichkeiten der Kirche vergleichsweise etwa mit Deutschland laut Schätzungen auf 10-20 % des bisherigen Umfangs eingeschränkt.[202]

Dabei ist zu berücksichtigen, dass die Zahl der Widmungen, wie das italienische Beispiel zeigt, Jahr für Jahr leichten Schwankungen unterliegt. So betrug die Zahl der Widmungen in den Jahren von 1990 bis 1999 zwischen 76,16 % und 86,58 % jener Steuerzahler, die überhaupt eine Widmung vornahmen.[203] Damit unterlag die Anzahl immerhin Schwankungen in der Höhe von 10 %. Zu bedenken ist, dass 50 % der Steuerzahler überhaupt keine Widmung vornimmt[204], obwohl die Italienische Bischofskonferenz jährlich in einer groß angelegten Werbekampagne dazu aufruft. Die Einnahmen der katholischen Kirche

---

199 Vgl. CAMPENHAUSEN (Fn. 121), 263.

200 Vgl. Erzdiözese Wien, Kirchenbeitrag. Kirchenfinanzierung – Mittelaufbringung bzw. Beitragseinhebung durch den Staat, in: http://www.kirchenbeitrag.at/cgi-bin/wdbcgiw.cmd/edw/edw.wwv_media.show?p_type=text&p_id=565&p_currcornerid=80&p_textid=564&p_language=d (Stand der Adresse: 25.10.2002).

201 Vgl. PUZA (Fn. 2), 195.

202 Vgl. FAHR, Friedrich, Defizite im Wissen um die Kirchenfinanzierung in Deutschland, in: DERS. (Fn. 143), 122.

203 Vgl. Conferenza Episcopale Italiana, Servizio per la promozione del sostegno economico alla Chiesa, Otto per mille. Destinazione ed impieghi 1990-2000, Roma, 1.5.2001, 4.

204 Vgl. FIORITA (Fn. 18), 527 Fn. 24.

aus der Kultursteuer stiegen von 210 Millionen Euro im Jahr 1990 auf immerhin 908 Millionen Euro im Jahr 2002 für 228 Diözesen.[205]

Sollte der letztlich vom Staat festgelegte Prozentsatz der Kultursteuer zu niedrig ausfallen, ist zu bedenken, dass irreparable Schäden entstehen können, was in Spanien tatsächlich der Fall war, wo die Kirche die illusorische Hoffnung hegte, der Prozentsatz würde erhöht werden.[206] Tatsächlich decken die Einnahmen aus der Teilzweckbindung der Einkommenssteuer in Spanien derzeit lediglich 30 % des tatsächlichen Finanzbedarfs der Kirche, was dazu führt, dass auch wesentliche Aufgaben nur unzureichend erfüllt werden können.[207] Experten der Spanischen Bischofskonferenz sprechen von einem Mindestsatz von 1 %, während aus politischen Gründen innerhalb der vergangenen fünfzehn Jahre lediglich die Hälfte, 0,5239 %, tatsächlich durchgesetzt werden konnte.[208] Obwohl das spanische System auf einer Vereinbarung zwischen dem spanischen Staat und dem Apostolischen Stuhl beruht[209], wurde die Höhe des Prozentsatzes einseitig vom Staat ohne Approbation von Seiten der Kirche festlegt. Der Prozentsatz wird somit zum Druckmittel gegen die Kirche.[210] Der Staat kann mit einer Verringerung des Prozentsatzes drohen. Außerdem verringerte die Kompliziertheit des Deklarierungssystems die Einnahmen und begünstigte den Staat.[211] Der Kirche steht in Spanien keinerlei Kontrollmöglichkeit über die Korrektheit der staatlichen Behandlung der Steuererklärungen zu.[212]

3.3. Mit der Einführung der Kultursteuer verbundene Risiken

Das Kultursteuer-System birgt zugleich einige Risiken in sich. Skandale oder innerkirchliche Spannungen können dazu führen, dass in einem bestimmten Jahr nur wenige Katholiken ihren Beitrag der Kirche widmen, während kleinere Religionsgemeinschaften durch ein starkes soziales Engagement zu vergleichsweise hohen Einnahmen gelangen können. Dies kann die Genauigkeit der Haushaltsplanung vor allem wegen der schwierigen Vorhersehbarkeit der Auswirkungen solcher Ereignisse beeinträchtigen.[213]

---

205 Conferenza Episcopale Italiana, Servizio per la promozione del sostegno economico alla Chiesa, Rendiconto 2002, in: http://www.sovvenire.it/spse.html (Stand der Adresse: 25.10.2002).

206 Vgl. GIMÉNEZ Y MARTÍNEZ DE CARVAJAL, José, Situación actual de la financiación de la Iglesia Católica, Vortrag gehalten beim X. Herbstkurs der Universidad de Atlántico, Santiago de Compostela, 8.-10.11.1993 (Maschinenschrift), 33.

207 Vgl. GARCÍA HERVÁS (Fn. 14), 846.

208 Vgl. ebd., 848.

209 Vgl. BLANCO (Fn. 6), 712.

210 Vgl. ebd., 648; vgl. auch MARTÍN GARCÍA (Fn. 173), 328 f.

211 Vgl. GARCÍA HERVÁS (Fn. 14), 849.

212 Vgl. ebd., 848.

213 Vgl. MEUTHEN (Fn. 1), 184.

Da die Staatsbürger jedes Jahr von neuem entscheiden, ob sie ihren Beitrag der katholischen Kirche widmen oder nicht, wird die Anzahl der Widmungen und damit die Höhe der Einnahmen von der jeweiligen Wertschätzung für das religiöse und soziale Angebot der Kirchen abhängen. Die Kultursteuer wird so zu einem geeigneten Gradmesser für das Interesse, welches die einzelnen Religionsgemeinschaften und schließlich Religion überhaupt in der Gesellschaft hervorruft.[214]

Die Erfahrung in Spanien zeigte, dass eine Informationskampagne über Steuererklärungen notwendig ist, denn großteils aus Unwissenheit unterließen bei Einführung des Systems trotz eines Katholikenanteils von weit über 80 % immerhin 52 % aller Staatsbürger eine Widmung.[215] Eine wesentliche Erhöhung konnte jedoch auch in den folgenden Jahren nicht erreicht werden. Zahlreiche Steuerberater und sonstige Büros, die beim Ausfüllen der Steuererklärungen helfen, erkundigen sich häufig beim Klienten gar nicht, ob er etwas der Kirche widmen will oder nicht. Weist er nicht von sich aus darauf hin, unterbleibt die Widmung.[216]

Eine Änderung der Einkommenssteuergesetzgebung könnte verheerende Auswirkungen auf die Einnahmen aus der Kultursteuer haben. Bei der Kirchensteuer in Deutschland fielen vergleichsweise mit dem Jahressteuergesetz von 1996 fast zwei Millionen Steuerzahler aus der Steuerpflicht heraus und zahlten damit auch keine Kirchensteuer mehr.[217] Ähnliches könnte leicht bei einer eventuell einzuführenden Kultursteuer geschehen.

Sollte die Kultursteuer auch anderen wohltätigen Organisationen offen gestellt werden, würden neue Religionsgemeinschaften und Sekten sowie eine Unzahl von auch nur teilweise karitativ tätigen Organisationen eine Beteiligung in Anspruch nehmen. Man bedenke, dass allein in Ungarn 59 Religionsgemeinschaften ein Beitrag gewidmet werden kann. Die Kirchen müssten zusammen mit kleinen Religionsgemeinschaften sowie einer großen Zahl anderer wohltätiger, eingetragener und als gemeinnützig anerkannter Vereine und schließlich der Sozialprojekte des Staates selbst um die Steuererklärung der Bevölkerung in den Wettbewerb treten.[218] Dies würde zur Einführung von Kriterien der Logik des Marktes auf grundlegende religiöse, kulturelle und soziale Werte führen, was auf Dauer weder für die Kirchen noch für den Staat tragbar ist.[219]

---

214 Vgl. GIMÉNEZ Y MARTÍNEZ DE CARVAJAL (Fn. 10), 58 f.

215 Vgl. MARRÉ (Fn. 24), 28.

216 Vgl. GARCÍA HERVÁS (Fn. 3), 178.

217 Vgl. SCHÄTZLER, Wilhelm, Verständige Zusammenarbeit oder strikte Trennung von Staat und Kirche?, in: FAHR (Fn. 143), 135.

218 Vgl. MEUTHEN (Fn. 1), 187.

219 Vgl. GARCÍA HERVÁS (Fn. 3), 186; vgl. in Bezug auf Italien GUAZZAROTTI, Andrea, L'accesso al mercato religioso in Italia. Note critiche sul finanziamento delle confessioni religiose, in: DirEccl 108/1 (1997) 116-151.

3.4. Mit der Einhebung der Kultursteuer verbundene Abhängigkeit vom Staat

Die katholische, die evangelische Kirche sowohl Augsburger als auch Helvetischen Bekenntnisses und die altkatholische Kirche gaben dem funktionierenden Kirchenbeitragssystem nach dem Ende des Nationalsozialismus den Vorzug gegenüber einem vom Staat abhängigen System. Das Kirchenbeitragsgesetz wurde daher durch das Rechtsüberleitungsgesetz vom 1. Mai 1945, weil nicht mit nationalsozialistischem Gedankengut behaftet, nicht aufgehoben, sondern in die österreichische Rechtsordnung übernommen.[220]

Das Kirchenbeitragssystem findet seine verfassungsrechtliche Grundlage genau in einem vom Staat ausgesparten Bereich, nämlich in der in Art. 15 des Staatsgrundgesetzes den gesetzlich anerkannten Kirchen und Religionsgesellschaften garantierten Autonomie. Es ist einhellige Auffassung von Lehre und Judikatur, dass zu den inneren Angelegenheiten einer gesetzlich anerkannten Kirche oder Religionsgesellschaft auch die Einhebung von Kirchenbeiträgen ohne staatliche Zustimmung und staatliches Gesetz zur Deckung ihres Sach- und Personalbedarfs zählt.[221] Nach § 3 Abs. 1 Kirchenbeitragsgesetz ist die Einhebung der Kirchenbeiträge den Kirchen selbst überlassen. Art. XIV des Konkordates enthält folgende rechtliche Grundlage für die Einhebung von Beiträgen:

> „Die Verwaltungsangelegenheiten der kirchlichen Verbände werden von der Kirche geregelt, wobei der Kirche das Recht zur Einhebung von Umlagen grundsätzlich zukommt; bei Vorschreibung von Umlagen wie überhaupt in allen jenen Fällen, in denen staatliche Interessen berührt werden, wird im Einvernehmen mit der staatlichen Gewalt vorgegangen."[222]

Das Recht zur Festsetzung und Einhebung von Kirchenbeiträgen steht den Kirchen selbst zu.[223] Die Kirchenbeitragsordnungen werden von ihnen erlassen und sind innerkirchliches Recht[224], obwohl sie vom Bundesministerium für Bildung, Wissenschaft und Kultur mit Bescheid zur Kenntnis genommen werden, um auch im staatlichen Bereich rechtswirksam zu sein.[225] Dies gilt ebenso für einen Anhang zur Kirchenbeitragsordnung. Die nach den kanonischen Vorschriften erforderliche Kundmachung erfolgt im jeweiligen Diözesanblatt.[226] Die Bestim-

---

220 Vgl. PAARHAMMER (Fn. 64), 547.

221 Vgl. SCHWENDENWEIN (Fn. 93), 264.

222 Vgl. Heiliger Stuhl / Republik Österreich, Konkordat, 5.6.1933, in: AAS 26 (1934) 265.

223 Vgl. SCHWENDENWEIN (Fn. 93), 265.

224 Vgl. ebd., 270.

225 VfGH, Beschluss v. 1.10.1981, Geschäftszahl B265/81, in: Erkenntnisse und Beschlüsse des Verfassungsgerichtshofs 46 (2. Halbjahr 1981), i. A. des Verfassungsgerichthofs amtlich hg. v. QUELL, Heimgar, Wien 1983, 44, Sammlungsnr. 9199.

226 Vgl. Erzdiözese Wien, Kirchenbeitrag. Anhang 2002 zur Kirchenbeitragsordnung (KBO), in: http://www.kirchenbeitrag.at/cgi-bin/wdbcgiw.cmd/edw/edw.wwv_media.show?p_type=text&p_id=1336&p_currcornerid=78&p_textid=1335&p_language=d (Stand der Adresse: 25.10.2002).

mungen des Einkommenssteuergesetzes über Steuersätze und Steuerabsetzbeträge haben keinen Einfluss auf die Bemessung des Kirchenbeitrages. Das gesamte zu versteuernde Einkommen im Sinne des jeweils geltenden Einkommensteuergesetzes sowie das Gesamtvermögen im Sinne des Bewertungsgesetzes stellt lediglich die Beitragsgrundlage dar, doch sind die Diözesen frei und können in der diözesanen Kirchenbeitragsordnung oder deren Anhang Abweichendes bestimmen.[227] Der österreichische Kirchenbeitrag ist ebenso wie die Kirchensteuer bzw. Kultursteuer ein Pflichtbeitrag. Im Gegensatz dazu erfolgt jedoch die Einhebung nicht durch staatliche Stellen, sondern durch die Kirche selbst.[228] Der Oberste Gerichtshof stellte in seiner Entscheidung vom 27. Februar 1964 ausdrücklich fest, dass die Festsetzung und Auferlegung von Kirchenbeiträgen im Sinne des Kirchenbeitragsgesetzes 1939 im kirchlichen Bereich verbleibt:

> „Durch die Zuweisung der Entscheidung über die Kirchenbeitragsstreitigkeiten an die Gerichte werden die Kirchenbeitragsschulden als zivilrechtliche Verpflichtungen qualifiziert“[229]

und die Kirchenbeiträge dadurch zu Vereinsbeiträgen abgewertet.[230] Diese Ansicht vertritt konstant auch die Judikatur der österreichischen Höchstgerichte wie des Verfassungsgerichtshofs oder des Obersten Gerichtshofs.[231] Hugo SCHWENDENWEIN drückt das so aus:

> „Die Normen des KBG (Kirchenbeitragsgesetz) legen lediglich dar, unter welchen Voraussetzungen die zwangsweise staatliche Eintreibung gewährt wird, ihre Einhaltung ist nicht für die kirchliche Vorschreibung und Einhebung, sondern für den staatlichen Beistand bei der Eintreibung conditio sine qua non.“[232]

Auch die evangelische Kirche Helvetischen Bekenntnisses und die altkatholische Kirche sind berechtigt, nach Maßgabe der von ihnen zu erlassenden Kirchenbeitragsordnung Kirchenbeiträge zur Deckung ihres Sach- und Personalbe-

---

227 Vgl. Erzdiözese Wien, Kirchenbeitrag. Kirchenbeitragsordnung (KBO) der Erzdiözese Wien, in: http://www.kirchenbeitrag.at/cgi-bin/wdbcgiw.cmd/edw/edw.wwv_media.show?p_type=text&p_id=518&p_currcornerid=78&p_textid=517&p_language=d (Stand der Adresse: 25.10.2002).

228 Ebd.

229 OGH, Entscheidung v. 27.1.1964, Geschäftszahl 6 Ob 302/63, in: Entscheidungen des Österreichischen Obersten Gerichtshofs in Zivilsachen 37, Wien 1966, 115.

230 Vgl. SCHWENDENWEIN (Fn. 93), 266 f.

231 VfGH, Erkenntnis v. 28.7.1956, Sammlungsnr. 3039, in: Sammlung der Erkenntnisse und wichtigsten Beschlüsse des Verfassungsgerichtshofs 21 (1956), N. F., hg. von Walter ANTONIOLLI, 304; VfGH, Beschluss v. 1.10.1981, Geschäftszahl B265/81, in: QUELL (Fn. 225), 44, Sammlungsnr. 9199; VfGH, Beschluss v. 27.11.1981, Geschäftszahl V3/81, G12/81, in: ebd., 306 f., Sammlungsnr. 9278. Vgl. dazu OGH, Entscheidung v. 27.2.1964 6 Ob 302/63, in: Entscheidungen des Österreichischen Obersten Gerichtshofs in Zivilsachen 37 (1964), Wien 1966, 115.

232 Vgl. SCHWENDENWEIN (Fn. 93), 265.

darfs zu erheben. Damit erfolgte im Rahmen der geltenden Verfassungsrechtsordnung keine Kompetenzzuweisung durch den Staat an die Kirche.[233]

Der Verfassungsgerichtshof drückte sich in einem Beschluss aus dem Jahr 1959 folgendermaßen aus:

> „Zu den inneren Angelegenheiten einer gesetzlich anerkannten Kirche oder Religionsgesellschaft zählt auch die Erhebung von Beiträgen zur Deckung ihres Sach- oder Personalbedarfes. Denn die Beschaffung der hierfür erforderlichen finanziellen Mittel ist eine Voraussetzung dafür, dass die Kirche oder Religionsgesellschaft überhaupt ihre inneren Angelegenheiten ordnen und verwalten kann. Wenn hierzu das Vermögen und freiwillige Spenden nicht ausreichen, ist die Erhebung von Beiträgen unvermeidlich. Es ist daher das Recht der gesetzlich anerkannten Kirchen und Religionsgesellschaften zur Erhebung von Beiträgen für die Deckung des mit der Ordnung und Verwaltung der inneren Angelegenheiten verbundenen Sach- und Personalbedarfs ihr institutionell mitgegeben. Die Erhebung solcher Beiträge ist daher selbst eine innere Angelegenheit. Sie bleibt es auch dann, wenn die so gewonnenen Mittel zur Besorgung von äußeren Angelegenheiten verwendet werden, die der gesetzlich anerkannten Kirche oder Religionsgesellschaft von Staats wegen zur Besorgung übertragen wurden. Denn die Regelung der Frage der Tragung der Kosten für die Besorgung solcher Angelegenheiten ist selbst eine äußere Angelegenheit, die aber die gesetzlich anerkannte Kirche oder Religionsgesellschaft nicht hindern, ihrerseits ohne gesetzliche Verpflichtung diese Kosten aus ihren Mitteln zu tragen."[234]

Die Kirchenbeitragsordnung wird zwar von den einzelnen Diözesen erlassen, ist aber für alle österreichischen Diözesen bis auf ganz geringfügige Abweichungen gleich lautend. Die Geltendmachung der Beiträge in zweiter Instanz sowie die gerichtliche Geltendmachung von Kirchenbeiträgen obliegt der Finanzkammer. Gemäß § 3 Abs. 1, 2. Satz Kirchenbeitragsgesetz wird für die Geltendmachung des Anspruches auf den Rechtsweg verwiesen, worunter nach einhelliger Meinung der Zivilrechtsweg zu verstehen ist.[235] Novellierungen erfolgen auf Beschluss der Bischofskonferenz (Amtsblatt der Österreichischen Bischofskonferenz).[236] Der Kirchenbeitragstarif in der Höhe von derzeit 1,1 % vom steuerpflichtigen Einkommen wird in jeder Diözese vom Diözesankirchenrat als Beratungsgremium des Bischofs in Wirtschaftsfragen beschlossen, vom Bischof verordnet, dem Bundesministerium für Bildung, Wissenschaft und Kultur mitgeteilt und im Anhang zur Kirchenbeitragsordnung publiziert.

Das Argument des Salzburger Erzbischofs Dr. Georg EDER, mit einer Kultursteuer, die zwangsweise von allen Bürgern eingehoben wird, würde die Kirche ein großes Risiko eingehen, ist daher nicht von der Hand zu weisen. Die Abhängigkeit von Politik und Medien würde zweifellos verstärkt. Tatsächlich gewährleistet das derzeitige System eine weitgehende finanzielle Unabhängigkeit der

---

233 Vgl. HEIMERL / PREE, VermR, 171.

234 VfGH, Beschluss v. 15.12.1959, Prot.N. V 11/59, in: Sammlung der Erkenntnisse (Fn. 231), 24 (1959), Wien 1961, 485 f., Nr. 3657.

235 Vgl. SIEGEL, Rainer, Die Finanzierung anerkannter Religionsgemeinschaften. Ein Vergleich zwischen Österreich und Frankreich, Linz 1993, 97.

236 Vgl. HEIMERL / PREE, VermR, 173.

Kirche vom Staat.[237] Zur Einhebung der Kirchenbeiträge bedarf die Kirche einer im Vergleich mit der Kirchensteuer oder der Teilzweckbindung der Einkommenssteuer nur sehr geringen staatlichen Hilfe, weshalb der Verfassungsgrundsatz der staatlichen Neutralität in Weltanschauungsfragen noch besser gewährleistet ist.[238]

Die Berechnung der Kultursteuer hingegen richtet sich völlig nach dem staatlichen Steuersystem und dessen Bemessungsregeln. Das bedeutet, dass sich bei einer Erhöhung oder Senkung der staatlichen Einkommenssteuer automatisch auch die Einnahmen der Kirche ändern; Maßnahmen der staatlichen Steuerpolitik (wie Steuerfreibeträge) beeinflussen auch die Höhe einer möglichen Widmung an die Glaubensgemeinschaft.

Auch kleinere Änderungen können zu Einbußen bei den Einnahmen führen. So werden in Österreich die Inhaber von Personengesellschaften ihre Gewerbesteuer in Zukunft auf ihre Einkommensteuerschuld anrechnen. Dadurch zahlen sie weniger Einkommensteuer und würden im Fall ihrer Einführung auch weniger Kultursteuer zahlen. Wesentlich schwerwiegendere Folgen hat für die Kultursteuer die europaweite Tendenz des Übergangs von direkten zu indirekten Steuern, welche eine Senkung der Einkommenssteuern mit sich bringt.[239] Alexander HOLLERBACH weist in Bezug auf die deutsche Kirchensteuer – diese Überlegung gilt auch für die Kultursteuer – darauf hin, dass die Verklammerung mit einer bedeutsamen staatlichen Maßstabssteuer wie der Lohn- und Einkommenssteuer von den Regierungen als Mittel für Gesellschafts- und wirtschaftspolitische Maßnahmen verwendet wird, was den Ertrag von der Steuerpolitik ebenso wie von der wirtschaftlichen Konjunktur abhängig macht.[240] Auch das italienische und das spanische System ist einkommenssteuerabhängig.[241]

Die Kirchenbeitragspflicht erstreckt sich laut § 7 der geltenden Kirchenbeitragsordnung auf die Angehörigen der katholischen Kirche ohne Rücksicht darauf, ob sie der römischen oder einer orientalisch-katholischen Kirche eigenen Rechts (*Ecclesia sui iuris*) angehören, sofern sie im Bereich der Diözese einen Wohnsitz oder, mangels eines solchen, ihren gewöhnlichen Aufenthalt haben, wie der Verfassungsgerichtshof in einem Beschluss aus dem Jahr 1981 anlässlich der Klage eines ausländischen Mitarbeiters einer in Wien ansässigen Behörde der UNO feststellte.[242] Einen Wohnsitz (cann. 100-107 CIC) hat jedenfalls

237 Vgl. Eder gegen Kultursteuer, in: Die Presse, 8.8.2000, 6.

238 Vgl. CAMPENHAUSEN (Fn. 121), 280.

239 Vgl. HAUCH-FLECK, Marie-Luise, Wie Josef im alten Ägypten. Interview von E. von Vietinghoff, in: Die Zeit (Hamburg), 31.8.2000, 24.

240 Vgl. HOLLERBACH, Alexander, Kirchensteuer und Kirchenbeitrag, in: HdbKathKR², 1087.

241 Vgl. PUZA (Fn. 2), 192.

242 VfGH, Beschluss v. 1.10.1981, Geschäftszahl B265/81, in: QUELL (Fn. 225), 44.

jeder Angehörige der katholischen Kirche, welcher im Bereich der Diözese einen Hauptwohnsitz im Sinn des staatlichen österreichischen Melderechts hat.[243]

Obwohl die staatliche Rechtsprechung ebenso wie die kirchliche Verwaltung den Ausdruck „Kirchenbeitrag" verwenden, erinnert das völlige Fehlen der Entgeltlichkeit bzw. die Unabhängigkeit von Gegenleistungen ebenso wie die öffentlich-rechtliche Stellung der Kirchen eher an eine Steuer als an einen Beitrag. Im finanzwissenschaftlichen Sinn handelt es sich ebenso wenig um einen Beitrag, da Gebühren und Beiträge aus der Sicht der Finanzwissenschaft dem Prinzip der Entgeltlichkeit untergeordnet sind, d. h., dass dem Leistenden durch die Entrichtung des Beitrags Gegenleistungen gewährt werden, was beim Kirchenbeitrag gerade nicht der Fall ist, da er vom Mitglied unabhängig davon zu zahlen ist, ob es die Angebote kirchlicher Einrichtungen nützt[244], gleichgültig, wie der Oberste Gerichtshof feststellte,

> „... ob der Gläubige irgendwelche gottesdienstliche Leistungen in Anspruch nimmt, ob er an gottesdienstlichen Handlungen teilnimmt, sich seelsorglich betreuen lässt und dergleichen mehr. Die Kirchenbeiträge sind daher eine von irgendwelchen Leistungen der Kirche unabhängige Verpflichtung, die aus der Zugehörigkeit zu einer bestimmten Religionsgemeinschaft fließt, und darum eine Schuld des Angehörigen dieser Religionsgemeinschaft."[245]

Umgekehrt erinnern die fehlende Qualifizierung des Kirchenbeitrags als öffentlich-rechtliche Abgabe sowie die fehlende staatliche Einhebung und Eintreibung auf dem Klageweg vor den Zivilgerichten an eine privatrechtliche Geldleistung des Mitglieds an die Kirche, der er angehört.[246] Dieser Eindruck wurde in jüngster Zeit noch dadurch verstärkt, dass eine Wegentwicklung von der Vorstellung des progressiven staatlichen Steuersystems erfolgte. Der Beitragsermittlung liegt ein fixer Prozentsatz des steuerpflichtigen Einkommens zugrunde, der einen mehr oder weniger proportionalen Tarif ermöglicht[247], durch den die Kirche das Beitragssystem als ihr eigenes vom Staat unabhängiges Finanzierungssystem anerkennt.

In der freien Hand der Kirche sowohl bei der Beitragsgestaltung als auch bei der Art und Weise der Einhebung sowie bei der Verwendung des Beitragsaufkommens liegt ein unschätzbarer Vorteil gegenüber den Systemen der Kirchensteuer und der Kultursteuer, wie Hans PAARHAMMER zu Recht betont. Die Kirche kann selbst ihren Haushalt ohne Bevormundung, Einflussnahme oder Aufsicht staatlicher Behörden gestalten. Die Abrechnungen der einzelnen juristischen Personen werden allein von der kirchlichen Behörde und nicht vom Fi-

---

243 Kirchenbeitragsordnung der Erzdiözese Wien, § 7.

244 Vgl. SIEGEL (Fn. 235), 84.

245 OGH, Entscheidung v. 27.8.1952, Geschäftszahl 3 Ob 509/52, in: Entscheidungen des Österreichischen Obersten Gerichtshofs in Zivil- und Justizverwaltungssachen 25 (1952), Wien 1954, 573.

246 Vgl. SIEGEL (Fn. 235), 84.

247 Vgl. FAHRNBERGER (Fn. 104), 344.

nanzamt geprüft. Die Modalitäten der Beitragserhebung, der Errichtung und des Unterhalts der Kirchenbeitragsstellen sind ebenso wie die Anstellung, Aus- und Weiterbildung des Personals allein Angelegenheit der Kirche.[248] Der engagierte Kämpfer gegen die Kultursteuer, der ehemalige Direktor der Wiener Finanzkammer, Dr. Otto TASCHNER, sieht in der rein kirchlichen Einhebung des Beitrags die Unabhängigkeit der kirchlichen Finanzen sowie deren gesamter Verwaltung vom Staat garantiert:

> „Das Opfer des Verzichts einer höheren Kirchenbeitragseinnahme bei Einhebung durch den Staat müsse durch den Gewinn von Freiheit der Disposition und Unabhängigkeit der Budgetierung sowie einer unbeschränkten Handlungs- und Gebarungsmöglichkeit einfach gerechtfertigt sein."[249]

Auch in der jüngsten Diskussion im Zusammenhang mit den „Zwölf Punkten" von Maximilian LIEBMANN aus dem Jahr 2000 wurde die durch den Kirchenbeitrag ermöglichte Loslösung der Kirche aus staatlicher Bevormundung als Argument genannt. Sie kann frei und eigenständig seelsorgliche und kulturelle Aufgaben wahrnehmen.[250] Der Staat seinerseits kann auf die Belastung der öffentlichen Verwaltung mit der Einhebung und Verteilung der Kultursteuer verzichten und die Sorge um die spirituellen Bedürfnisse der Bevölkerung den Religionsgesellschaften überlassen. Die Klagemöglichkeit gegen säumige Beitragszahler im Zivilprozess steht allen Vereinigungen des Öffentlichen und Privaten Rechts offen, und bedeutet damit eine minimale Mehrbelastung staatlicher Gerichte.[251]

Mit der Beitragsvorschreibung selbst sind seelsorgliche Elemente verbunden.[252] Die kirchliche Behörde kann bei entsprechend ausgesuchtem und qualifiziertem Personal mit dem einzelnen Gläubigen Kontakt aufnehmen und die Chance des Gesprächs besonders mit den Fernstehenden nützen, deren Rückstand bei der Beitragszahlung zum Anlass für einen Besuch durch Mitarbeiter der Beitragsstelle, Seelsorger oder pfarrliche Mitarbeiter wird. Gemäß der Grundpflicht der Gläubigen, einen finanziellen Beitrag zur Aufrechterhaltung der kirchlichen Dienste zu leisten (vgl. can. 221 CIC) und das kirchliche Leben auch finanziell mitzutragen, wird jeder nach seinem Können und Vermögen zu Beitragsleistungen herangezogen.[253]

Im Gegensatz zu den österreichischen Bischöfen und den Direktoren der diözesanen Finanzkammern sieht der Zwölf-Punkte Vorschlag von Maximilian LIEBMANN die staatliche Mitwirkung ausdrücklich vor und macht sie zu seinem Grundprinzip:

---

248 Vgl. PAARHAMMER (Fn. 64), 552.
249 Zit. v. LIEBMANN (Fn. 61), 539.
250 Vgl. BAUER (Fn. 159), 3.
251 Vgl. BERLINGÒ, Salvatore, Sostentamento dei ministri di culto, in: PARADISI (Fn. 34), 2.
252 Ausführlich beschäftigt sich mit den seelsorglichen Aspekten des Kirchenbeitrags ZAUNER, Wilhelm, Kirchenbeitrag und Pastoral, in: ThPQ 142 (1994) 293-300.
253 Vgl. PAARHAMMER (Fn. 64), 552.

> „Der kirchliche Finanzbedarf ist nur durch staatliche Mitwirkung zu decken."[254]

Manche, wie Hans-Joachim KIDERLEN, sehen in der Notwendigkeit der staatlichen Mitwirkung gerade im Rahmen der Kultursteuer sogar eine Aufwertung der Stellung der Kirchen in der Öffentlichkeit:

> „Das Konzept der Kultursteuer und ihre Nutzbarmachung für die Kirchen ist grundsätzlich ein Angebot, dem Öffentlichkeitsanspruch der Kirchen in einer pluralistischen Gesellschaft von Staats wegen zu entsprechen."[255]

Damit wird nicht vergangenen staatskirchenrechtlichen Privilegien das Wort geredet, sondern vielmehr die verbesserte Anerkennung als Bestandteil des rechtlich verfassten öffentlichen Lebens erkannt. Eine Abhängigkeit von sich ändernden politischen Verhältnissen ließe sich nach KIDERLEN durch entsprechende Staatskirchenverträge oder auch durch die Aufnahme in die Verfassung verhindern.[256]

Vor diesbezüglichen Illusionen warnt nach den Erfahrungen der spanischen Kirche in jüngster Vergangenheit der spanische Jurist José GIMÉNEZ Y MARTÍNEZ DE CARVAJAL. Da es um das Verhältnis zwischen Kirche und Staat gehe, dürfe nicht vergessen werden, dass jene den schwächeren Teil darstellt.[257] Gerade die Grenzen und Mängel der Teilzweckbindung der Einkommenssteuer in Spanien, wie sie in den vergangenen Jahren deutlich zum Tragen kamen, sind in vielen Fällen Folge einer einseitigen normativen Anwendung der Vereinbarungen des Staates unter elementarer Verletzung der Prinzipien des internationalen Rechts. Die von falschen Hypothesen ausgehende einseitige Fixierung eines sehr niedrigen Prozentsatzes (0,5239 %) verhinderte die Bedarfsdeckung und konnte trotz der diesbezüglichen Bemühungen der Bischofskonferenz innerhalb der vergangenen fünfzehn Jahre nicht angehoben werden. Obwohl dieser Fehler nicht irreparabel ist, wurde doch bei der alle drei Jahre stattfindenden Revision der Vereinbarung keine Erhöhung vorgenommen.[258]

Das Wirtschaftsministerium beschloss im Gesetz Nr. 54 vom 29. Dezember 1999 ein paar Verbesserungen. Es wurde eine maximale Summe und ein Mindestbetrag festgelegt. Die vereinbarten Ober- und Untergrenzen gelten für die Jahre 2000, 2001 und 2002 und können dann geändert werden.[259] Für die einzige Alternative zur Kirche, d. h. für soziale Zwecke, konnten in diesen Jahren maximal 22.000 Millionen Peseten gewidmet werden und der Staat garantiert mindestens 19.000 Millionen Peseten. Sollte diese Summe nicht erreicht werden, verspricht das Gesetz, werde der Staat sie ergänzen.[260]

---

254 LIEBMANN (Fn. 92), 15.

255 Vgl. KIDERLEN (Fn. 143), 50.

256 Vgl. ebd.

257 Vgl. GIMÉNEZ Y MARTÍNEZ DE CARVAJAL (Fn. 10), 60.

258 Vgl. GARCÍA HERVÁS (Fn. 3), 171 ff.

259 Vgl. Spanien: Gesetz 54/1999 v. 29.12.1999, in: Boletín oficial de Estado (Madrid), Ausgabe v. 30.12.1999, Art. 20.

260 Vgl. ebd., Art. 22.

Die Einnahmen für soziale Zwecke von Seiten des Staates lagen höher als jene der katholischen Kirche. Im Jahr 1999 erhielt die katholische Kirche 20.532 Millionen Peseten und blieb damit unter der im staatlichen Budgetvoranschlag für die katholische Kirche vorgesehenen Mindestsumme, weshalb ein Zuschuss vorgenommen wurde. Zusätzlich erhalten kirchliche Schulen, Krankenhäuser und Altenheime Subventionen. Seit dem Jahr 2000 wird in Spanien auch die Restsumme besser verteilt. Es fällt nicht einfach der gesamte Rest sozialen Zwecken zu, sondern sowohl für die Kirche als auch für soziale Zwecke muss eine ausdrückliche Zuweisung erfolgen. Wird keine Zuweisung vorgenommen, erhält keine der beiden Gruppen den Beitrag. Die Festlegung der Mindest- und Höchstsummen erfolgt allerdings einseitig durch den Staat und keineswegs paritätisch und hängt damit vom guten Willen der Regierung ab.[261]

Bereits die Möglichkeit einer alternativen Widmung für staatliche soziale Zwecke wurde gegen die Grundsatzvereinbarung mit dem Apostolischen Stuhl eingeführt. Alle Proteste der Spanischen Bischofskonferenz verhallten ungehört. Die Anerkennung einer paritätischen Stellung der Kirche gegenüber dem Staat blieb ihr bei der Anwendung der Grundvereinbarungen von 1979 versagt. Gerade diese Alternative erweckte beim Steuerzahler den Eindruck, als bestünde zwischen der Kirche und der Unterstützung kranker und behinderter Menschen ein Gegensatz.[262] Wer der Kirche widmete, musste zugleich auf eine Widmung an wohltätige Organisationen verzichten.[263]

Die Kirche verfügt weiterhin über keine Kontrollmöglichkeit über die staatliche Verrechnung und der Staat seinerseits informiert die Kirche kaum, so dass sie ihre Werbekampagne nicht zielgruppenorientiert durchführen kann.[264] Umgekehrt beansprucht der Staat die Kontrolle der kirchlichen Finanzgebarung. So muss die Italienische Bischofskonferenz jährlich dem Staat über die Verwendung der Einnahmen Rechnung legen und dabei auch Auskunft über die Gehälter der Kleriker erteilen. Alles unterliegt einer genauen Prüfung durch den Staat, was gut funktionieren kann, solange die jeweilige Regierung des Staates die kirchliche Unabhängigkeit respektiert. Bei einer Änderung der politischen Verhältnisse kann es jedoch rasch zu einer totalen Abhängigkeit der Kirche und zu einer nahezu vollständigen Staatskontrolle kommen.[265] Genau die vom nationalsozialistischen Staat verlangte Rechnungslegung wurde durch das Rechtsüberleitungsgesetz vom 1. Mai 1945 nicht übernommen. Auch in Italien ist man sich in kirchlichen Kreisen der Gefahr bewusst, dass sich die Beziehungen zwischen der Sphäre der weltlichen Macht und der religiösen Autorität wieder nach einer Logik der Privilegien und Konzessionen gestalten könnten, was den notwendigen Respekt vor der Souveränität und der Unabhängigkeit der Kirche beein-

---

261 Vgl. PRESAS BARROSA (Fn. 15), 701 ff.
262 Vgl. GARCÍA HERVÁS (Fn. 3), 173 ff.
263 Vgl. ebd., 176.
264 Vgl. ebd., 178.
265 Vgl. PUZA (Fn. 2), 195.

trächtigen würde.[266] In Deutschland warnte Eckhart von VIETINGHOF, Präsident des Landeskirchenamtes der Evangelisch-Lutherischen Kirche Hannovers, vor dem Modell der Kultursteuer, da es sich um eine staatliche Steuer handelt, welche die Trennung von Kirche und Staat wieder aufhebt, was zweifellos auf Dauer noch nicht absehbare negative Konsequenzen für die Freiheit der Kirche mit sich bringt.[267]

4. Schlussfolgerungen

Zweifellos konnte das System der Kultursteuer oder genauer Teilzweckbindung der Einkommenssteuer bedeutende Erfolge verbuchen. Es wurde innerhalb der vergangenen fünfzehn Jahre mit kleinen Varianten in drei Staaten mit einem hohen Katholikenanteil eingeführt: Italien, Spanien und Ungarn. In allen diesen Ländern wurde die Kirche ursprünglich weitgehend direkt vom Staat finanziert. Wesentlich weniger erfolgreich war die Übertragung des westdeutschen Kirchensteuersystems auf Ostdeutschland. Sie bewirkte eine Flut von Kirchenaustritten ohne gleichen. Von 16 Millionen Einwohnern im Jahr 1990 gehörte bald überhaupt nur mehr ein Viertel (!) einer anerkannten Kirche oder Religionsgemeinschaft an.[268] Die Kirche wurde zur Minderheitenkirche, eine Entwicklung, die sich auch in anderen westeuropäischen Ländern fortsetzt. Trotz immer deutlicher werdender Schwierigkeiten vor allem in Spanien hat das System in diesen drei Ländern insgesamt seine Bewährungsprobe bestanden. Es gelingt ihm, zwei unvereinbar scheinende Prinzipien zu verbinden: Zwang und Freiheit.

Der Einfluss der Europäischen Union verstärkt die Bereitschaft zur Anpassung und zum Vergleich mit Systemen der Nachbarn, auch wenn sie von EU-Normen und Richtlinien nicht direkt betroffen sind. Dem Vertrag von Amsterdam wurde ausdrücklich die Klausel beigefügt, wonach die Europäische Union den rechtlichen Status der Kirchen und Religionsgemeinschaften in den einzelnen Mitgliedsstaaten unangetastet lässt.[269] Allerdings können europarechtliche Maßnahmen die Rahmenbedingungen für das Funktionieren eines Systems beeinflussen.[270] Immerhin sind Spanien und Italien EU-Länder sowie Italien und Ungarn Nachbarländer Österreichs, weshalb sich eine gedankliche Auseinandersetzung

---

266 Vgl. BURGAZZI (Fn. 171), 222.

267 Vgl. HAUCH-FLECK (Fn. 239), 24.

268 Vgl. PRANTL, Heribert, Der Staat – weltlicher Arm der Kirche?, in: FAHR (Fn. 143), 87. Die radikale Steigerung der Kirchenaustritte von Katholiken nach der Wiedervereinigung lässt sich belegen: Traten im Jahr 1989 noch 93.010 Personen aus, so stieg die Zahl 1990 auf 143.530, 1991 auf 167.933 und im Jahr 1992 auf 192.766 Personen (DBK, Pressemitteilungen. Zahlen und Fakten. Übertritte, Wiederaufnahmen zur katholischen Kirche sowie Austritte aus der katholischen Kirche, in: http://www.dbk.de/daten/in_daten-08.html (Stand der Adresse: 20.11.2002).

269 Vgl. ROBBERS, Gerhard, Partner für die Einigung. Die Kirchenerklärung der Europäischen Union, in: HK 51 (1997) 622-626.

270 Vgl. HOLLERBACH (Fn. 240), 1091.

mit ihren Systemen zweifellos als positiv erweist. Richard PUZA nannte bereits im Jahr 1993 das italienische Kirchenfinanzierungssystem vorsichtig als ein mögliches Beispiel für Österreich.[271] Vor diesem Hintergrund ist auch der Zwölf-Punkte-Vorschlag des Grazer Kirchenhistorikers Prof. Dr. Maximilian LIEBMANN zur Einführung der Kultursteuer als grundsätzlich positiv zu bewerten, obwohl er derzeit nicht in die rechtliche und politische Wirklichkeit umzusetzen ist.

Das österreichische Kirchenbeitragssystem hingegen kann auf keine vergleichbare Erfolgsserie im Ausland zurückblicken. Nirgendwo in der Welt wurde es als nachahmungswürdig auch nur in Betracht gezogen. Ihm fehlt nach außen hin, aufgrund anderer staatskirchenrechtlicher Voraussetzungen, aber auch wegen seiner zweifellos vorhandenen Schwächen als halbherziger Lösung, die Überzeugungswirkung. So wurde es auch von Vertretern der Kirchen Deutschlands und der Schweiz kritisiert. Gerade im vergangenen Jahrzehnt wurden die Mängel des Kirchenbeitragssystems deutlich. Dazu gehören die geringe Effizienz und die fehlende Beitragsgerechtigkeit aufgrund mangelnder Daten, über welche die Kirchenbeitragsstellen verfügen. Da die Unterlassung der Angabe des Religionsbekenntnisses auf dem Meldeschein ebenso wenig strafbar ist wie dessen falsche Angabe, und da der Zugang zum Zentralen Melderegister des Innenministeriums den Kirchenbeitragsstellen nicht offen steht, wird die Zukunft weitere Probleme bei der Führung der für die Vorschreibung des Kirchenbeitrags notwendigen kirchlichen Dateien mit sich bringen.

Die besonders seit 1995 deutliche Steigerung an Kirchenaustritten wurde auch finanziell für die diözesanen Finanzkammern spürbar, so dass Sparmaßnahmen ergriffen werden mussten. Der ganz große Vorteil der Kultursteuer liegt in der Überwindung des sowohl kirchenrechtlichen als auch pastoraltheologischen Problems des Kirchenaustritts mit seinen nicht nur finanziell, sondern auch allen Fernstehenden gegenüber äußerst negativen Folgen. Allerdings wird bei der Kultursteuer nicht festgestellt und den Religionsgemeinschaften mitgeteilt, wer für welchen Zweck widmete.[272] Deshalb hat die Kirche keine Kontrolle, wer zahlte. Sie weiß auch nicht, warum jemand nicht mehr zahlt, sich ärgert und nicht mehr widmet. Sie kann keine Hausbesuche säumiger Zahler planen. Es bleibt nur das Endergebnis verringerter Einnahmen ohne jeglichen Hinweis auf den Grund der zurückgegangenen Zahl an Widmungen.

Zur Entschärfung des Problems der Kirchenaustritte sind alle KatholikInnen – ob Priester oder Laien – eingeladen, an der Verbesserung der Einhebungsmodalitäten mitzuarbeiten, wie es sich bereits der Salzburger Universitätsprofessor Dr. Hans PAARHAMMER wünschte. Hier wird eine intensivere seelsorgliche Betreuung der Fernstehenden sowie eine vorübergehende Zweckbindung des Kirchenbeitrags, gerade im Fall von so genannten „Kirchensteuerstreiks" bzw.

---

271 Vgl. PUZA (Fn. 181), 16.
272 Vgl. MARTÍN GARCÍA (Fn. 173), 328.

dem Einfrieren jener der Kirche geschuldeten Summe auf Vereinskonten eine Lösung herbeiführen. Es gibt ja nicht wenige Ausgetretene, die sehr wohl bereit sind, zugunsten kirchlicher Sozialeinrichtungen oder für die Renovierung kirchlicher Kulturgüter zu spenden. Das Problem des Beitrags aller zum Erhalt der kirchlichen Kulturgüter könnte nicht nur durch die Einführung der Kultursteuer, sondern ebenso durch staatliche Subventionen oder verbesserte Möglichkeiten zu Steuerabschreibungen bei Spenden zugunsten von Kirchenrenovierungen gelöst werden.

Gegenwärtig ist zwar zweifellos die Zeit für Überlegungen und Diskussionen, nicht jedoch für eine Systemänderung gekommen. Wegen der langen Tradition und der guten konkordatsrechtlichen Verankerung ist eine Änderung von heute auf morgen weder durchführbar noch empfehlenswert. Zu Recht warnt der Salzburger Ordinarius für Kirchenrecht Hans PAARHAMMER vor einem totalen Umbruch der kirchlichen Finanzwirtschaft durch eine grundlegende Änderung des gewachsenen Systems.[273] Sie bedarf einer wesentlich breiteren Akzeptanz innerhalb der Kirche sowie der Zustimmung der Regierung und, wegen der konkordatären Absicherung, des Apostolischen Stuhls. Es ist weiterhin zu bedenken, dass das System der Kultursteuer bisher lediglich in Staaten mit Staatsfinanzierung eingeführt wurde. Diese gibt es in Österreich schon längst nicht mehr, weshalb ein harmonischer Übergang von der direkten zur indirekten Staatsfinanzierung wesentlich schwieriger ist. Es darf nicht übersehen werden, dass das System der Kultursteuer von einigen Autoren wie etwa in jüngster Zeit Nicola FIORITA von der Universität von Florenz mit überzeugenden Argumenten nicht mehr als System der erleichterten Selbstfinanzierung („autofinanziamento agevolato"), sondern lediglich als eine neue Variante der Staatsfinanzierung („finanziamento statale") betrachtet wird.[274]

Abgesehen von einer allgemein gehaltenen grundsätzlich positiven Stellungnahme von Bischof WEBER erging eine eindeutige Ablehnung von Seiten der Bischofskonferenz und der Finanzdirektoren. Die politische Unterstützung war, mit Ausnahme von ein paar positiven Wortmeldungen, gering und kam eher aus dem kirchenfernen politischen Lager. Nicht einmal aus progressiven Bewegungen wie der Aktion „Wir sind Kirche" aus dem Jahr 1995 kam Zustimmung. Daher kann nur von einer Diskussion, nicht aber von einer breiten Überzeugungsbasis gesprochen werden.

Eine Gefahr der Kultursteuer liegt in der Verringerung des Ertrags durch zunehmende Konkurrenz. Die Regierung könnte im Laufe der Zeit immer mehr Religionsgemeinschaften staatlich anerkennen und ihnen den Zugang zum System gewähren. Zudem könnten sich zahlreiche gemeinnützige Vereine darum bemühen, in den Genuss der Vorteile der Kultursteuer zu gelangen, wie die Erfahrungen besonders in Spanien und Ungarn sowie die Befürchtungen für Italien

---

273 Vgl. PAARHAMMER (Fn. 64), 556.

274 Vgl. FIORITA (Fn. 18), 526.

zeigen. Der überzeugte Christ, der dem Nächsten als freiwilliger Sanitäter beim Roten Kreuz oder als Mitglied in einem Kulturverein dient, könnte vor dem Dilemma stehen, ob er seinen Anteil der Kirche oder dem Roten Kreuz, der Kirche oder einem Verein für Denkmalpflege widmen soll. Außer Zweifel steht, dass die zunehmende Konkurrenz den Ertrag mindert und damit das gesamte System in die Krise führen kann.

Man darf sich keinen Illusionen hingeben. Der Erfolg der Kultursteuer verlangt nicht nur einen wesentlich höheren Prozentsatz der Einkommenssteuer als in allen Ländern, in denen sie bisher eingeführt wurde, nämlich vier bis fünf Prozent, da mit einem so hohen Anteil an Widmungen wie in Italien nicht zu rechnen ist. Dort schwankt er zwischen 75 und 85 %, wobei allerdings zu beachten ist, dass sich dieser Prozentsatz auf jene bezieht, die Widmungen vornahmen. Diese sind ihrerseits lediglich höchstens 50 % aller Steuerzahler![275]

Während beim Kirchenbeitrag als einem vom Staat weitgehend unabhängigen und selbst in Zeiten eines deklariert kirchenfeindlichen Regimes wie jenes des Nationalsozialismus bewährtem Modell vor allem die innerkirchliche Akzeptanz und Solidarität erforderlich ist, bedarf die Kultursteuer einer so klaren Unterstützung durch den Staat und eines so großen Entgegenkommens des Finanzministeriums, gerade angesichts des zur Erreichung mit dem Kirchenbeitrag vergleichbarer Einnahmen hohen notwendigen Prozentsatzes, dass diese weder in der gegenwärtigen politischen Landschaft noch in der nahen Zukunft zu erwarten sind. Der Kirchenbeitrag seinerseits verlangt die Solidarität des Kirchenvolks, um in Zukunft erfolgreich bestehen zu können. Darum werden sich nicht nur die Kirchenbeitragsstellen, sondern vor allem die Seelsorger bemühen müssen. Ohne überzeugte Mitglieder, die bereit sind, einen Beitrag zu zahlen, weil ihnen die Zugehörigkeit zur Kirche als Wert erscheint, wird das System Rückgänge beim Ertrag, vor allem durch Austritte, auf Dauer nicht verhindern können.

Wichtig erscheint die Zusammenarbeit mit der evangelischen Kirche Augsburgischen und Helvetischen Bekenntnisses sowie der altkatholischen Kirche. Gerade aus Rücksicht auf diese zahlenmäßig kleinen und von noch größeren Finanzsorgen geplagten Kirchen ist von der Alternative der Kultursteuer abzuraten, da diese, wie die Erfahrung im Ausland zeigt, die zahlenmäßig starken Konfessionen eindeutig begünstigt. Zu bedenken sind neben der ständigen Verbesserung des Kirchenbeitrags flankierende Maßnahmen zur Erschließung zusätzlicher Einnahmequellen ebenso wie erhöhte Abschreibemöglichkeiten von Spenden zur Erhaltung der Kirchengebäude.

Der am meisten bedenkenswerte Nachteil der Kultursteuer für Österreich besteht in der Verringerung der finanziellen Unabhängigkeit der Kirche gegenüber dem Staat und damit dem Risiko der Einflussnahme politischer Gruppierungen. Der Kirchenbeitrag hat einen Freiheitsraum geschaffen, der in seiner Bedeutung

---

[275] Vgl. ebd., 527 Fn. 24.

nicht hoch genug eingeschätzt werden kann. Abgesehen von für die Kirche eventuell ungünstigen politischen Veränderungen sind auch die Folgen künftiger staatlicher Steuerreformen zu berücksichtigen, die, wie bereits jetzt die Erfahrungen mit dem zunehmenden Übergang von direkten zu indirekten Steuern in Deutschland zeigen, zu einer Verringerung der Einkommensteuer führen. Bei jeglicher Ankündigung einer Reform der Einkommensteuer von Seiten der Regierung müssten bei der Bischofskonferenz und den Finanzkammern bereits die Alarmglocken läuten.

Es legt sich der Schluss nahe, dass es kein ideales System für Österreich gibt, und es gegenwärtig günstiger erscheint, an einer Verbesserung des bestehenden Systems zu arbeiten, um dessen zweifellos gegebene Nachteile abzumildern, als ein grundlegend neues System mit allen damit verbundenen strukturellen Umstellungen und Risiken ohne den gegenwärtig zweifellos nicht vorhandenen breiten Konsens zu wagen. Nicht nur unter den kirchlichen Amtsträgern und Mitarbeitern der diözesanen Finanzkammern, den Organisationen des Laienapostolats sowie politischen Gruppen – abgesehen von einzelnen positiven Stellungnahmen – fehlt eine klare und dauerhafte Unterstützung. Entscheidend wäre für einen solchen Schritt weiterhin die klare Befürwortung durch das Finanzministerium, von der gegenwärtig nicht gesprochen werden kann, weil die Frage noch gar nicht aktuell genug erscheint, um sich mit ihr ernsthaft auseinander zu setzen. Gerade das Finanzministerium, und dies darf nicht vergessen werden, trug entscheidend zum Scheitern der Einführung der Kultussteuer in den fünfziger Jahren bei.

Un esempio di „flexibilitas iuris“

Il sistema italiano di finanziamento delle Confessioni religiose nel confronto con i vari modelli europei

Salvatore Berlingò

1.

L'uso del termine „pattizio“, per connotare il sistema di finanziamento delle Confessioni religiose, che si è andato sviluppando lungo l'arco di tempo degli ultimi decenni nel contesto dell'esperienza italiana, è soprattutto evocativo di un modulo di cooperazione e di un principio di bilateralità, e non strettamente o tecnicamente ancorato ad un richiamo ai Patti lateranensi.[1] Vi è anzi un largo consenso nel riconoscere che le maggiori novità, in materia di rapporti fra Stato italiano e Chiesa cattolica, sono state quelle introdotte, a partire dal 1984, nell'ambito dei finanziamenti pubblici, della loro regolamentazione e gestione.[2]

Il termine „pattizio“ è, in ogni caso, invalso a caratterizzare – di là del suo significato proprio e tradizionale – un modo del tutto tipico e specifico di regolamentare i „rapporti“ tra le comunità religiose e le comunità politiche, sperimentato in Germania, parallelamente alla prassi concordataria, e poi recepito in Italia dalla Costituzione, in termini che ne hanno consentito e favorito il trapianto anche in altri Paesi europei.

Il paradigma della cooperazione civile – religiosa viene sempre più diffusamente considerato un modello proponibile in una società multietnica e multiculturale quale si avvia ad essere quella europea.[3] Potrebbe non essere fuori posto, ricordare, in proposito, come proprio nel primo articolo dell'Accordo di modificazioni sottoscritto il 18 febbraio 1984, la Santa Sede e la Repubblica italiana – pur nel pieno rispetto del principio della distinzione degli ordini di entrambe – si sono esplicitamente impegnate alla „reciproca collaborazione per la promozione dell'uomo e il bene del Paese“. E ciò porta ulteriormente a precisare

---

1 BERLINGÒ, Salvatore, Il „principio pattizio“. Una garanzia costituzionale „forte“ per i rapporti tra lo Stato e le Confessioni religiose, in: PolDir 27 (1996) 57-69.

2 CONSORTI, Pierluigi, La remunerazione del clero. Dal sistema beneficiale agli Istituti per il sostentamento, Torino 2000; FELICIANI, Giorgio, voce: Sostentamento del clero, in: EncDir XLIII, 122-125; MIRABELLI, Cesare, Il servizio del clero nella Diocesi, in: AA. VV., Rapporti di lavoro e fattore religioso, Napoli 1988, 189-194; TORFS, Rik, Stati e Chiese nella Comunità europea, in: QDPE 10 (1993) 11-32.

3 TORFS, Rik, European Nationalism. Coexistence in a Multi-ethnic and Multi-religious Society, in: DerOp 5 (1997) 433-448.

che il termine pattizio, nell'accezione adoperata in questa sede, non deve assolutamente evocare i „pacta unionis“ e quindi le commistioni confessioniste e giurisdizionaliste – senza dubbio presenti nei vecchi Patti del Laterano – divenute ormai impraticabili, anzi impensabili. Il Concilio Vaticano II ha inequivocamente parlato di „pacta libertatis et cooperationis“ e la Costituzione repubblicana ha introdotto, oltre che il già richiamato principio della distinzione degli ordini, il principio, altresì, dell' „eguale libertà“ di tutte le Confessioni religiose, vero architrave di ogni regolamentazione giuridica delle esperienze di fede socialmente rilevanti nel nostro Paese.[4]

2.

Per altro, la suggestione del carattere „pattizio“ del sistema – anche se inteso nel senso più ampio e più nuovo di „cooperativo“ o di „bilateralmente convenuto“ fra i rappresentanti delle comunità religiose e i rappresentanti delle comunità politiche – deve essere ulteriormente circoscritta nei limiti imposti dalle considerazioni che seguono.

Per prima cosa occorre tener presente che, nonostante il diffondersi di sempre più estese esperienze di collaborazione, negli ambiti più disparati, tra comunità e istanze religiose, da una parte, e comunità e istanze politiche dall'altra, non sempre, non a tutti i livelli, non in tutti i Paesi il paradigma cooperativo si traduce in espliciti e formali accordi intese o convenzioni o partenariati.

Emblematico può risultare, al riguardo, l'atteggiamento finora assunto dalla stessa Unione Europea, che non manca di coinvolgere in frequenti consultazioni le istanze religiose più rappresentative, né trascura di tenerne conto nei suoi programmi di intervento o nella pianificazione ed organizzazione stessa dei propri apparati; e giunge persino a riconoscere in documenti ufficiali il „particolare contributo“ che possono apportare alla governance europea le „chiese e le comunità religiose“[5]. Quando, però, si è cercato di inserire nel Trattato di Amsterdam il riconoscimento che lo statuto costituzionale delle organizzazioni religiose nei singoli Stati membri doveva considerarsi parte del patrimonio culturale comune dell'Europa, non si è andati più in là della Dichiarazione n. 11, annessa all'Atto finale.[6] Con questa Dichiarazione ci si limita ad asseverare lo *status quo* delle varie discipline nazionali e quindi a riaffermare la competenza propria di ciascuno Stato in materia di rapporti con le Confessioni.

Analoga timidezza o ritrosia nell'accordare rilievo alla dimensione istituzionale delle Chiese e delle comunità religiose al livello europeo – presupposto in-

---

4 FERRARI, Silvio, Religione e denaro, in: FERRARI, Silvio / IBÁN, Iván C., Diritto e Religione in Europa occidentale, Bologna 1997, 135-148.

5 MARANO, Venerando, Unione europea ed esperienza religiosa. Problemi e tendenze alla luce della Carta dei diritti fondamentali dell'Unione europea, in: Scritti in onore di Giovanni Galloni, a cura di CARPINO, Brunetto, 2 voll., Roma 2002, 1473-1516.

6 BERLINGÒ, Salvatore (dir.), Code européen droit et religions I, Milano 2001.

defettibile per qualsiasi formale e paritetica prassi di negoziazione – si è potuta registrare anche in occasione della redazione e della proclamazione della „Carta dei diritti fondamentali dell'Unione europea".

3.

Questa prima puntualizzazione si presta, fra l'altro, a rimarcare come i modelli teorici del tipo „confessionista", „separatista", „cooperativo" o „pattizio", ecc., pur essendo utili dal punto di vista classificatorio (almeno in prima approssimazione), non sono mai riscontrabili allo „stato puro" o in modo schematico nella realtà, e vanno quindi affiancati da altri strumenti di verifica e di analisi, capaci di giovarsi di indicatori più completi e affidabili delle mere qualifiche formali.

Una seconda considerazione non può essere trascurata nell'accostarsi al tema specifico su cui tocca intrattenersi in questa sede. I sistemi di finanziamento delle Confessioni religiose sono vari; e può convenirsi con chi sostiene che la scelta fra l'uno o l'altro di tali sistemi rappresenta una sorta di „carta da visita" o di biglietto di presentazione dell'atteggiarsi della comunità politica nei riguardi del fenomeno religioso[7], sicché spesso sussisterebbe un legame tra il sistema di finanziamento prescelto ed il modello di relazioni adottato nei confronti delle istanze confessionali.[8] Una più ravvicinata e compiuta osservazione della realtà delle cose ci dice però che quest'ultimo corollario non è sempre vero.

Bisogna, intanto, accordarsi sull'individuazione dei molteplici sistemi di finanziamento.

Un primo criterio[9], facendo leva esclusivamente sulla fonte che attiva i flussi finanziari, si limita ad individuarne tre:

- quello in cui al finanziamento provvede lo Stato;
- quello in cui è la stessa Chiesa ad attingere alle sue sole risorse istituzionali;
- quello in cui l'afflusso di denaro è fatto dipendere dalle scelte dei cittadini – fedeli.

Un secondo criterio[10] porta ad una classificazione più analitica dei vari sistemi, perché tiene conto anche delle connotazioni formali dei flussi finanziari e dei fondi da cui sono alimentati, e quindi perviene ad individuare un numero doppio di meccanismi o modelli di reperimento e di distribuzione delle risorse:

- contribuzione statale;
- gestione finanziaria autonoma del patrimonio confessionale;

---

7 PREE, Helmuth, „Independenter a civili potestate" (can. 1254 § 1). Zur Legitimität staatlich sanktionierter Kirchenfinanzierungssysteme, cit. in: FORNÉS, Juan, Régimen jurídico-patrimonial y financiación de la Iglesia desde la prospectiva de la libertad religiosa, in: IusCan 36 (1996) 4.

8 MARRÉ, Heiner, Die Kirchenfinanzierung in Kirche und Staat der Gegenwart, Essen [3]1991.

9 FERRARI (nota 4).

10 MARRÉ (nota 8).

- imposta ecclesiastica;
- contribuzioni spontanee dei fedeli per le prestazioni ricevute;
- erogazioni liberali, sempre da parte dei fedeli (legati, eredità, donazioni);
- disponibilità di una certa quota del gettito fiscale.

E' possibile, infine, ipotizzare una combinazione di alcuni di questi ultimi sei modelli fra loro, o l'interferenza tra essi (o alcuni di essi) e i sistemi sopra recensiti alla luce del primo criterio di classificazione.

4.

Quale che sia il criterio adottato per inquadrare i vari sistemi di finanziamento, si potrebbe essere indotti a pensare che, in ogni caso, il sistema (o i sistemi) secondo cui le Confessioni religiose provvedono al proprio mantenimento attingendo ai redditi dei beni di loro proprietà o al ricavato delle loro attività, non dovrebbe (o non dovrebbero) sussistere in presenza di modelli di rapporto Stato-Chiesa del tipo „unionista" o „pattizio" (nel senso stretto e tradizionale di concordatario). Invece, questo è proprio il caso dell'Inghilterra e del Portogallo, almeno fino all'entrata in vigore, in quest'ultimo Stato, della nuova legge sulla libertà religiosa emanata il 22 giugno del 2001. Questi due Paesi sono formalmente riconducibili ciascuno, rispettivamente, agli schemi di relazione Stato-Chiesa appena richiamati, ed in essi non v'è (o non vi era) alcun obbligo espresso dello Stato a contribuire al mantenimento di qualsiasi Confessione religiosa.

Per altro, l'esclusione di finanziamenti statali è sancita non solo nella Olanda separatista o pluriconfessionale e nella laica Repubblica Francese, ma anche nella cattolicissima Irlanda (addirittura a livello costituzionale: art. 44 Cost.)[11]; sicché appare appropriato osservare che

> „la scelta di evitare qualsiasi finanziamento pubblico delle confessioni religiose non sembra rispondere a criteri di carattere generale ma alle vicende storiche di ciascuna nazione."[12]

L'angolo visuale di cui occorre servirsi per una corretta e congrua valutazione comparativa dei vari sistemi di finanziamento non può, dunque, essere rigido o unidimensionale. L'opportuno richiamo alla prospettiva storica induce a giudicare della portata e dell'effettiva caratura del sistema nel quadro degli istituti e delle esperienze che lo hanno preceduto ed in vista dei suoi probabili esiti a venire.

Inoltre la conquista di una prospettiva diacronica, ossia pluridimensionale quanto al tempo, rende avvertiti della necessità di procedere analogamente an-

---

11 CASEY, James, The Constitutional Status of Religion: Ireland, in: EUROPEAN CONSORTIUM FOR CHURCH AND STATE RESEARCH (a cura di), The Constitutional Status of Churches in the European Union Countries, Paris 1995, 171-178.

12 FERRARI (nota 4).

che in ambito topico, e cioè quanto ai „luoghi" e ai molteplici livelli di competenza e di intervento cui afferiscono finanziamenti pubblici.

5.

La riconfigurazione e, per certi versi, il ridimensionamento stesso del welfare, conducendo ad una più estesa e penetrante valorizzazione del privato – sociale o del c. d. terzo settore, tendono a far confluire in questa sfera una parte almeno delle maggiori risorse che altrimenti si sarebbero dovute impiegare nella diretta gestione pubblica dei servizi volti alla salvaguardia o al miglioramento della qualità di vita dei consociati.

Di questi flussi finanziari finiscono per giovarsi anche le estroversioni umanitarie delle esperienze di fede, non strettamente cultuali ma religiosamente ispirate, come quelle assistenziali, formative, caritative; nonché le attività promosse dalle Chiese per i beni culturali, l'edilizia e le attrezzature di uso pubblico, le intraprese sportive, turistiche, di intrattenimento, e così via.

Pertanto, nel giudicare alcuni sistemi apparentemente preclusi ad ogni forma di finanziamento per le Confessioni, occorre mettere in conto questi ulteriori elementi ed evidenziare, ad esempio, che in Inghilterra le charity godono di un privilegiato regime fiscale, così come in Olanda gli edifici utilizzati per finalità di carattere religioso; che in Irlanda ed in Francia gli istituti confessionali destinatari di liberalità sono esentasse quanto all'incremento patrimoniale che ne deriva; che, sempre in Francia, le scuole confessionali sono sostenute, a determinate condizioni, da fondi pubblici; che dappertutto la manutenzione e la valorizzazione di strutture e beni dotati di pregio artistico, anche se di proprietà ecclesiastica, fruiscono di agevolazioni e contributi; e dappertutto, quando non sono retribuiti a carico dell'erario gli insegnanti di religione, lo sono, quanto meno, le varie figure di cappellani militari, ospedalieri, scolastici e simili.

Ad alcuni di questi settori i finanziamenti giungono non solo da istanze pubbliche di livello nazionale, ma altresì di livello regionale, locale e addirittura europeo. Non può trascurarsi, a quest'ultimo riguardo, che spesso la collaborazione, sia ideativa sia operativa, delle realtà confessionali con istanze nazionali e infranazionali è particolarmente ricercata, anzi risulta spesso determinante per la captazione delle risorse finanziarie pianificate ed erogate dall'Unione.

6.

Potrebbe rilevarsi che la tendenza a sostenere e favorire le attività secolari di una comunità religiosa, in specie se volte ad alleviare i disagi di persone disadattate o marginalizzate, va emergendo persino nella più recente giurisprudenza statunitense.[13] Quest'ultima è, però, condizionata dall'esistenza dell'esplicito ed assoluto divieto ricorrente nella clausola del no establishment, che non trova un correlato di pari rigidità in Europa, dove, viceversa, i vari sistemi sembrano indirizzati, piuttosto, ad espandere i loro benefici a favore di tutte le esperienze di fede (anche di nuovo impianto) e, addirittura, di tutte le esperienze sorrette da visioni complessive del mondo e della vita (Weltanschauungen o comprehensive doctrines) pure ateisticamente orientate.[14]

Ferma restando la legittimità e anche l'utilità di fare rinvio ai molteplici sistemi di finanziamento riscontrabili in Europa e di rimarcarne, altresì, le differenze è sembrato, tuttavia, opportuno compiere queste precisazioni al fine di spiegare perché è condivisibile la tesi che in Europa occidentale, e ora anche orientale, può notarsi una sorta di „erosione degli estremi"[15], e l'opinione che

> „si è quindi in presenza di situazioni difficilmente riconducibili ad un modello teorico definito."[16]

Queste prime riflessioni possono pure costituire un contributo metodologico per chi voglia procedere ad una verifica del modello, meglio, dell'esperienza italiana, che vada più in profondità degli schemi classificatori formali, allo scopo di saggiarne la effettiva portata, le pratiche conseguenze e quindi la reale consonanza o dissonanza con gli indirizzi già percepibili o in qualche modo suscettibili di sviluppi futuri nella regione Europa.

Per quel che mi riguarda, limiterò ora l'esame a quella parte del sistema di finanziamento italiano che fa leva sul meccanismo della messa a disposizione della libera scelta dei contribuenti di una quota del gettito tributario pari all'otto per mille del ricavato dall'imposizione sul reddito delle persone fisiche (IRPEF).

7.

Occorre notare subito che questo meccanismo è andato svelando in progress la sua reale natura e le sue concrete potenzialità, a cominciare dal valore sostanziale della fonte normativa in cui esso ha visto per la prima volta la luce, nell'ambito di vigenza dell'ordinamento giuridico italiano, cioè l'art. 47 della legge 20 maggio 1985, n. 222.

Questa legge, ove dovessero tuttora applicarsi rigorosamente i criteri formali adottati dalla Corte Costituzionale, con la sentenza n. 1 del 1977, per individuare

---

13 DESTRO, Robert A., Religious Liberty and the Politics of Judicial Review. A Pre-Election Review of the Cases Decided by the United States Supreme Court During its 1999-2000 Term, in: EJCSR 7 (2000) 409-431; MADERA, Adelaide, Spunti evolutivi nella giurisprudenza della Corte Suprema USA sul primo emendamento, in QDPE 18 (2001) 785-804.

14 FERRARI (nota 4); TORFS (nota 3).

15 MARRÉ (nota 8).

16 ASTORRI, Romeo, L'„assegnazione tributaria" alla Chiesa cattolica. Italia, Spagna, Germania, Firenze 1999, 32-43.

le „norme di derivazione concordataria in senso stretto o proprio“, non potrebbe rientrare fra queste ultime, pur essendo stata emanata al fine di dar seguito e concreta attuazione all'accordo di principio sotteso al Protocollo addizionale del 15 novembre 1984, ratificato con la legge 20 maggio 1985, n. 206.[17] La legge n. 222 potrebbe, però, rientrare quanto meno – sempre per adoperare la terminologia usata dalla Corte – tra le „norme di derivazione concordataria in senso largo“. Pertanto, l'enunciato dell'art. 47, cui si è fatto prima richiamo, sembrava dovesse comportare, all'origine, la messa a disposizione della sola Chiesa cattolica della parte dell'otto per mille (che, pur non essendo stata oggetto di scelte dirette ed esplicite dei contribuenti, era) ad essa attribuibile sulla base della percentuale delle preferenze espresse a suo favore in alternativa con lo Stato, come realizzazione di un impegno latamente pattizio (nel senso di materialmente bilaterale).

Ove si fosse dovuto e voluto mantenere alla norma questo significato ed un valore geneticamente e sostanzialmente bilaterale o pattizio il sistema si sarebbe potuto ugualmente ed ovviamente estendere – come per vero si è esteso – ad altre Confessioni religiose; ma, in tal caso, esse si sarebbero dovute prevalere solo sulla parte di otto per mille rimasta nella disponibilità dello Stato una volta conteggiata la parte spettante alla Chiesa cattolica; in altre parole: la percentuale delle preferenze espresse a favore delle Confessioni diverse dalla cattolica si sarebbe dovuta calcolare non sull'intera quota dell'otto per mille, ma su di una parte residuale della stessa quota, collocando queste Confessioni in una posizione evidentemente discriminata rispetto a quella della Chiesa cattolica.[18]

8.

Così, però, non è stato, come può ricavarsi dalla nuova formulazione normativa delle disposizioni riguardanti la materia in esame (art. 4, legge n. 409 del 1993; art. 27, legge n. 520 del 1995; art. 2, legge n. 638 del 1996), da cui

> „emerge ormai con chiarezza l'intento di delineare uno strumento attraverso cui consentire una scelta tra possibili destinazioni che concorrono tutte allo stesso titolo e con pari dignità al riparto dell'unica ed intera quota.“[19]

Del resto, anche le modalità tecniche di determinazione della quota in esame risultano fissate in maniera non difforme e nello stesso testo di legge per la Chiesa cattolica e per le altre Confessioni (art. 45.7 della legge 23 dicembre 1998, n. 448).

Se dunque l'esperienza italiana tende, nel corso ed in virtù della sua evoluzione, a scremare il sistema dell'otto per mille dai profili che potrebbero con-

---

17 BERLINGÒ, Salvatore, Enti e beni religiosi in Italia, Bologna 1992.

18 FINOCCHIARO, Francesco, Diritto ecclesiastico, Bologna [6]1997.

19 LICASTRO, Angelo, Sostentamento dei ministri di culto. Postilla di aggiornamento, in: EncGiur XXX, ed. PARADISI, Bruno, 1 ss.

durre ad esiti sperequati, può trarsene il convincimento che la determinazione di fondo relativa a questo sistema – e cioè la messa a disposizione per le libere indicazioni dei contribuenti della quota dell'otto per mille – non solo formalmente e in senso proprio o stretto, ma neppure sostanzialmente o in senso largo, non ha natura concordataria o pattizia o bilaterale.[20] Se così non fosse lo Stato non avrebbe potuto sancire, senza un previo accordo con la Chiesa cattolica[21], la possibilità di incrementare il numero delle preferenze esprimibili e, di conseguenza, il montante delle scelte espresse da tenere in conto nel calcolare la proporzione per il riparto della quota correlata ai contribuenti che non si sono pronunziati.

Fermo restando che le modalità del concorso di ogni Confessione religiosa alla suddivisione della quota dell'otto per mille e la individuazione delle finalità cui destinare queste risorse finanziarie sono rimaste oggetto di determinazioni bilaterali o, in senso ampio, pattizie, il passaggio da una

> „partecipazione, anche se parziale, ad una disciplina prevista per la confessione ‚più favorita' al delinearsi di un sistema in cui tutte le confessioni si presentano titolari di un medesimo diritto"[22],

è frutto di una scelta di politica legislativa unilateralmente assunta dallo Stato italiano, pur se tradotta in pratica progressivamente e frazionatamente nel contesto di Accordi via via conclusi con le Confessioni diverse dalla cattolica.

9.

Del resto, proprio in forza di tale evoluzione il modello italiano può essere segnalato – secondo quanto si è già riferito – come del tutto „nuovo" ed originale, anche rispetto al „precedente" spagnolo, la cui fonte primaria è stata e rimane di rango concordatario, la cui unica beneficiaria è la Chiesa cattolica e la cui finalità di assicurare, in ogni caso, alla Chiesa medesima, per un periodo di tempo transitorio ma indefinito, un flusso di entrate di ammontare simile („de cuantìa similar") a quello goduto nel passato, rende praticamente inincisive le indicazioni espresse dai contribuenti.[23]

Viceversa la „variante" italiana del modello di „finanziamento tributario"[24], così come è andata evolvendo e configurandosi negli ultimi anni, ha mostrato virtualità espansive oltre i moduli offerti dalle fonti concordatarie o di specifici accordi con determinate Confessioni, essendo recepita, con qualche adattamento, anche in normative generali ed organiche sulla libertà religiosa e sul finanziamento aperto ed offerto a tutte le comunità di fede o credenza.

---

20 ASTORRI (nota 16); BERLINGÒ (nota 17); LICASTRO (nota 19).

21 BERLINGÒ, Salvatore, voce: Sostentamento dei ministri di culto, in: EncGiur XXX, 1-5; VEGAS, Giuseppe, Spesa pubblica e Confessioni religiose, Padova 1990.

22 ASTORRI (nota 16), 86-110.

23 MARTÍN DE AGAR, José T., Notas sobre la cooperaciòn del Estado con la Iglesia Catòlica, in: IusCan 21 (1981) 794.

24 ASTORRI (nota 16), 86-110.

Basta fare riferimento, in questa direzione, alle esperienze ungherese e portoghese. In entrambi i casi, per l'assegnazione di una quota pari, rispettivamente, al dieci o al cinque per mille, di quanto dovuto da ciascun contribuente per l'imposta sul reddito personale, viene riservato a tutte le Confessioni un trattamento formalmente paritario. Proprio per questo vengono prese in considerazione tutte le Confessioni in qualche modo „radicate“ sul territorio e si attribuiscono a ciascuna di esse solo le somme corrispondenti alle quote degli introiti derivanti da ciascuna dichiarazione che contenga una esplicita indicazione in tal senso: valgono, in altri termini, solo le scelte espresse.

10.

Siffatto „aggiustamento“ del sistema elimina gli esiti moltiplicatori che si risolvono in un vantaggio per le Confessioni con maggior numero di „simpatizzanti“, ma presenta il difetto connesso al peso diverso che ciascuna preferenza espressa viene ad assumere in rapporto all'entità del reddito dichiarato da ciascun contribuente.

Risultano, così, favorite le Confessioni i cui membri vantano redditi più cospicui e si finisce col frustrare proprio uno degli scopi per i quali è stato introdotto questo „nuovo“ sistema di „finanziamento tributario“ accanto a quello imperniato sulle deduzioni o detrazioni fiscali, o sull'imposta ecclesiastica, e cioè il fine di introdurre un meccanismo perequativo a vantaggio delle Confessioni composte da fedeli non sempre facoltosi.

Altra difficoltà cui va incontro il sistema di finanziamento così „aggiustato“ è rappresentata dalla selezione che occorre operare fra gli aspiranti ad essere ammessi al sistema medesimo. Bisogna dotarsi di un paradigma volto a distinguere tra finalità, sia pure latamente, religiose ed altre che risultano rispetto ad esse assolutamente estranee. Spesso si obietta, al riguardo, che essendo quasi tutti gli Stati contemporanei europei ormai rispettosi, se non nella forma, quanto meno nella sostanza del principio di non identificazione con alcun credo religioso o del principio di distinzione degli ordini, risulterebbe per essi arduo accertare ciò che è religioso e ciò che non lo è.

Tuttavia, questa difficoltà non sembra insormontabile, se è vero – come non ha mancato di precisare recentemente anche la Corte costituzionale tedesca (QDPE 2001/3) – che la verifica dei pubblici poteri non deve riguardare il merito o il pregio delle singole fedi o dottrine come tali, ma le concrete ed effettive estrinsecazioni delle stesse in atti ed operazioni empiricamente (e dunque weltlich, mondanamente e laicamente) falsificabili.

11.

Per converso, l'eccessiva larghezza nell'ammettere alla registrazione – come è avvenuto, ad esempio, in Ungheria – realtà che poco hanno a che vedere con la religione può essere corretta sia ricorrendo a criteri non meramente formali (come il semplice numero dei seguaci), sia incardinando la correlata competenza in organi dotati di idonea qualificazione.[25] Ciò potrebbe, se non scongiurare, in qualche modo contenere un altro pericolo indotto indirettamente dallo sviluppo di questo sistema e cioè l'impropria concorrenza degli enti religiosi nel quadro delle iniziative del c. d. terzo settore.[26] Questo pericolo non si contrasta, a mio avviso, con la limitazione a determinati scopi, *a priori* individuati come più strettamente afferenti alle finalità di culto o di religione, dell'impiego dei fondi percepiti. In vero, se si tratta di enti autenticamente religiosi, quanto da essi risparmiato per i finanziamenti ricevuti per attività filantropiche ed umanitarie, correlate con quelle più strettamente e tipicamente religiose, sarà riversato a vantaggio di queste ultime; se, viceversa, si tratta di enti solo apparentemente religiosi, quanto da essi ricevuto col vincolo di destinazione a finalità cultuali o simili, consentirà loro di distrarre da queste ultime le riserve già possedute in proprio per dare vita o alimento alle attività umanitarie filantropiche o di utilità sociale concorrenti con quelle poste in essere dagli enti non lucrativi del terzo settore. La soluzione più opportuna non sembra essere, per altro, quella di includere, in un unico sistema di finanziamento delle attività socialmente utili, enti religiosi ed enti non religiosi, perché, come la stessa esperienza ungherese ha dimostrato[27], proprio le realtà più profondamente ispirate da motivi di fede potrebbero non avere interesse a competere nel „mercato dello stato sociale" con le altre entità non lucrative, per meglio difendere la loro identità ed il senso più autentico e tipico della loro credenza. Un effetto migliore di una rigida e schematica determinazione dei fini e delle destinazioni, compiuta *a priori*, conseguirebbe, a mio avviso, dal controllo *ex post* sulla natura e sulla portata delle attività realmente poste in essere.

12.

Sembra dunque che il sistema di finanziamento pubblico introdotto e sviluppato nell'esperienza italiana possa costituire anche per il futuro ed a livello europeo un valido punto di riferimento.

Di uguali chances non appare dotato, invece, il sistema di finanziamento che fa leva sull'imposta ecclesiastica. E' vero che quest'ultimo risulta più intimamente e direttamente connesso con l'esplicazione dell'autonomia riconosciuta a ciascuna delle Confessioni nell'ordine loro proprio; e forse anche per questo, oltre che per fattori di carattere storico, trova, a volte, il suo fondamento nelle stesse

---

[25] SCHÁNDA, Balász, Church and State in Hungary in 1999. The Funding of Churches, in: EJCSR 7 (2000) 259-278.

[26] SACERDOTI, Giorgio, Intervento alla Tavola rotonda su „Prospettive della politica ecclesiastica italiana", in: QDPE 14 (1997) 185.

[27] ASTORRI (nota 16); SCHÁNDA (nota 25).

Carte costituzionali e, come in Germania, si applica ormai ad un numero cospicuo di Confessioni.

Il sistema dell'imposta ecclesiastica è passato anche al vaglio della giurisprudenza di Strasburgo che non vi ha, finora, ravvisato motivi di contrasto con l'art. 9 della Convenzione europea dei diritti dell'uomo; ma non è mancato in dottrina chi ha colto una contraddizione tra

> „la tassa ecclesiastica ... sentita come obbligatoria" e „l'appartenenza alla chiesa ... vissuta come una libera scelta."[28]

In via di principio, quindi, l'imposizione tributaria deliberata dalle stesse Confessioni religiose all'interno dello spazio riservato alla loro autonomia sembrerebbe il meccanismo più in linea con gli indirizzi che si vanno diffondendo in Europa, volti a rispettare a pieno la libertà di coscienza dei cittadini e a non obbligarli a finanziare una comunità religiosa contro la loro volontà.[29] Tuttavia, anche questo sistema, per avere una resa effettiva, finisce sempre con l'avvalersi, in minore o maggior misura, dell'intervento strumentale dei pubblici poteri, anche quando, come in Austria, le Confessioni religiose non sono costrette ad assumere la veste di enti di diritto pubblico (come in Germania).

Di fatto, sia ai fini della compilazione e del trattamento degli elenchi dei fedeli – contribuenti[30], sia ai fini della esazione coattiva dell'imposta, quale che sia la forma (giudiziaria o amministrativa) da essa rivestita[31], l'intervento dei pubblici poteri risulta determinante e difficilmente componibile con le esigenze della privacy e della libertà di coscienza. Inoltre sarebbe illusorio ritenere che il sistema dell'imposta ecclesiastica, a differenza di quello dell'otto per mille, risulti insensibile rispetto alle modifiche introdotte dallo Stato nella propria legislazione tributaria. E' stato calcolato che, proprio in Germania, la riforma fiscale incidente sul triennio 1999-2002 provocherà una diminuzione di circa il 15 % degli introiti finanziari delle Chiese, la cui riduzione annuale precedente non ha mai superato l'1 %.[32]

Non può, per altro, non assumere particolare significato, in un contesto di riflessioni dedicato all'esperienza italiana, la circostanza che, in Italia, l'Unione delle Comunità Ebraiche, pur di giovarsi del sistema imperniato sull'otto per mille, ha consentito che venisse equiparato, nel trattamento fiscale (deducibilità non oltre i due milioni di lire), alle mere erogazioni liberali il contributo (obbligatorio) annuale versato alle Comunità dai loro aderenti.

---

[28] HENGSBACH, Franz, Efficaces mais largement fictifs les rapports d'argent Église-État en Allemagne, in: PJR 11 (1994) 26-47.

[29] FERRARI (nota 4).

[30] SCHINKELE, Brigitte, Church and State in Austria in 1999, in: EJCSR 7 (2000) 159-209.

[31] POTZ, Richard, Stato e Chiesa in Austria, in: ROBBERS, Gerhard (ed.), Stato e Chiesa nell'Unione Europea, Baden-Baden 1996, 247-278.

[32] PUZA, Richard, Relations between Church and State in the Federal Republic of Germany in 1999, in: EJCSR 7 (2000) 71.

13.

Tutte queste considerazioni non devono però condurre alla conclusione affrettata ed erronea che il sistema dell'otto per mille si sia ormai definitivamente stabilizzato e che esso continuerà ad assicurare in Italia alla Chiesa cattolica l'assegnazione degli stessi ragguardevoli importi fatti registrare negli ultimi anni.

E' bene essere avvertiti del fatto che, già a partire dall'anno 2000 sono sparite definitivamente dai conteggi le voci relative ai conguagli rateizzati del 1990-1992 ed a tutti gli aggiustamenti definitivi dei conguagli fino al 1995.

Inoltre è bene tener da conto che il montante delle assegnazioni totali si mantiene sempre elevato in virtù della corresponsione di anticipi conteggiati sulla base delle ultime scelte note, relative a tre anni prima del periodo di tempo in cui il sempre più alto livello dei redditi dei contribuenti esenti dalla dichiarazione IRPEF condurrà ad un inesorabile contrarsi delle scelte espresse, già in calo pressoché costante (ove si eccettuino il 1991 ed il 1996) tra il 1990 ed il 1997.

E' vero che il recupero consentito dal congegno fondato sul criterio proporzionale di riparto della quota relativa alle scelte non espresse ha funzionato e continuerà a funzionare da correttivo, rispetto all'assuefazione astensionista del contribuente e alla maggiorazione d'incombenze per la trasmissione delle scelte preferenziali che grava sui (sempre più numerosi) cittadini esenti da dichiarazione (cui, ad esempio, è stato precluso nel 2001 l'accesso alla via telematica, nonostante che la copertura offerta dal codice informatico di accesso avrebbe potuto essere utilizzata a tutela anche della loro privacy). Va tenuta presente, tuttavia, la linea evolutiva costante del sistema, in Italia e altrove in Europa, che – come si è già avuto modo di notare – tende:

- ad affrancarlo non solo formalmente ma anche sostanzialmente e concretamente da ogni residuo confessionista, foss'anche dovuto ai divari eccessivi nell'entità dei finanziamenti[33];
- a collegarlo il più strettamente possibile alle scelte effettuate dai contribuenti (e alle „indicazioni dei cittadini" faceva, del resto, riferimento espresso la Relazione sui principi della Commissione Paritetica Italia-Santa Sede del 1984)[34];
- a rinvenire un fondamento almeno implicito in alcune norme e principi costituzionali che giustifichi l'utilizzo di una quota delle risorse fiscali fornite dalla generalità dei consociati per un'operazione che sembrerebbe risolversi a vantaggio di una sola parte di essi.[35]

---

33 ASTORRI (nota 16), 116-119.

34 BERLINGÒ (nota 17); NICORA, Attilio, I valori ecclesiali e civili di una riforma, in: CEI (a cura di), Educare al sovvenire, Roma 1993, 28; MARGIOTTA BROGLIO, Francesco, Riforma della legislazione concordataria sugli enti e sul patrimonio ecclesiastico. I „principi" della Commissione paritetica Italia Santa Sede, in: Foro italiano 5 (1984) 370.

35 FERRARI (nota 4).

14.

Quest'ultimo preclusivo rilievo può essere superato solo che si prenda contezza dell'esistenza di finalità di interesse generale (quali il progresso spirituale della società o la diffusione e la pratica di determinati valori connessi a varie forme di solidarietà e di partecipazione) che lo Stato o la comunità politica, proprio perché secolarizzati, non possono da soli procurare, assicurare o produrre. Tra queste finalità è da includere senz'altro il pieno ed integrale svolgimento della personalità umana in seno a quelle formazioni sociali costituite dalle Confessioni religiose, la cui tipica ragion d'essere si giustifica come originale, indipendente e distinta da quella dello Stato o della comunità politica in quanto non può essere ridotta del tutto all'ordine di competenza dei poteri mondani e quindi non può esaurirsi nel suo insieme nelle estrinsecazioni assistenziali, culturali, filantropiche, umanitarie e simili, che pure figurano spesso come corollari di un nucleo essenzialmente religioso.

Non vi è dunque contraddizione tra l'onere fatto gravare sul pubblico erario e la sua destinazione al mantenimento e al sostegno di specifiche identità religiose, la cui reale autonomia e la cui concreta indipendenza sono il necessario presupposto per ogni fruttuosa e feconda cooperazione. E' ovvio, d'altra parte, che sarebbe invece contraddittorio con l'appena richiamato principio di incompetenza statale in materia religiosa e di non identificazione con alcuna religione, la mancata estensione o, quanto meno, apertura del sistema a tutte le esperienze di fede o convinzioni di coscienza.

Può ritenersi che verso questo esito di generalizzata apertura si sia già incamminata l'esperienza italiana. Infatti, anche se la Corte costituzionale dovesse mantenere in questo ambito il self-restraint (sentenza 27-31 maggio 1996) che in altri campi ha già abbandonato, non è temerario prevedere che vi si arrivi, prima o poi, per via legislativa, anche di là degli accordi con singole Confessioni, sia perché si è potuta riscontrare nel corso dell'evoluzione prima illustrata una costante iniziativa dello Stato sostanzialmente di carattere unilaterale, sia perché in Paesi pure dotati di un sistema di accordi con la Santa Sede, quali l'Ungheria e il Portogallo, si è pervenuti a questo risultato sulla base di leggi (almeno formalmente) non concordate con le Chiese.

15.

Non sembra invece ineludibile la prospettiva del mantenimento della alquanto impropria concorrenza, su di un'unica quota di risorse fiscali messe a disposizione dei contribuenti, tra scelte preferenziali riferite a realtà fra loro poco comparabili, come quelle pertinenti all'ordine proprio del religioso e quelle in comune col c. d. terzo settore, che risultano interscambiabili con l'ordine proprio della comunità politica. Nonostante la legge portoghese perseveri nell'insistere su questo raffronto, finendo anzi con l'accentuarlo, sembra più congruo l'atteggiamento assunto dal legislatore ungherese che ha finito col distinguere nettamente, secondo quanto si è già avuto modo di accennare, i due livelli d'intervento: quello a favore delle Confessioni religiose e quello a sostegno delle attività socio-umanitarie.

Non v'è neppure bisogno di ricorrere, a mio avviso, come si attarda invece a fare la normativa portoghese, anche dopo gli esiti negativi registrati dall'esperienza magiara, alla finzione della „donazione fiscale" del singolo contribuente direttamente al beneficiario che più gli aggrada, purché rivesta la generica qualifica di ente impegnato in opere di „solidarietà sociale".

Si è avuto modo di ribadire appena sopra che la Repubblica non esorbiterebbe dal suo compito

> „di rimuovere gli ostacoli e di promuovere le condizioni per il pieno esercizio delle libertà fondamentali dei cittadini, tra le quali vi è indubbiamente la libertà religiosa"[36],

anche se ponesse nella disponibilità di scelta dei cittadini una quota del gettito fiscale destinata a questo solo scopo, da perseguire sulla base di una sana competizione fra Confessioni, evitando interferenze o intrecci poco chiari con l'area del no profit.

Sarebbe, piuttosto, necessario rendere più evidente il nesso tra il meccanismo di distribuzione delle risorse e l'obiettivo perseguito, eliminando quegli automatismi che, per inerzia, finiscono col favorire un sempre maggiore accumulo di mezzi in capo alle posizioni dominanti, anziché privilegiare le esperienze di fede che, pur nel proprio ordine e nel rispetto della propria identità, dimostrano maggiore efficacia nell'alimentare e sollecitare quei valori di partecipazione, di solidarietà e di responsabilità condivisa che possono essere asseverati e testimoniati solo da scelte personali esplicite e consapevoli. Concretamente, da un assetto più equilibrato e rigoroso del sistema potrebbe scaturire, anche per i fedeli o i simpatizzanti della Chiesa Cattolica, l'incentivo a riscoprire che in esso v'è spazio per praticare, premiare e mettere a frutto i valori profondamente religiosi e tipicamente cristiani del sovvenire reciproco e della convivialità condivisa, da porre al servizio di una missione senza chiusure e senza confini.

---

36 Si veda il documento della CEI, Sovvenire alle necessità della Chiesa, ora in: DE PAOLIS, Velasio / MISTÒ, Luigi / MOGAVERO, Domenico, Non per denaro. Il sostegno economico alla Chiesa, Saronno 2000.

Principio costituzionale di laicità e i partiti politici islamici nell'ordinamento della Turchia

A proposito di una recente sentenza della Corte Europea dei diritti dell'uomo

Francesco Margiotta Broglio

Ha fatto molto discutere la sentenza del 31 luglio 2001 della Corte europea dei diritti dell'uomo che ha, in buona sostanza, respinto i ricorsi contro la Repubblica Turca presentati dal partito politico Refah (del benessere) e da alcuni suoi esponenti per violazione degli artt. 9, 10, 11, 14, 17 e 18 della Convenzione europea dei diritti dell'uomo e degli artt. 1 e 3 del Protocollo n. l.

Ad avviso della maggioranza dei giudici di Strasburgo, lo scioglimento del partito ricorrente da parte delle autorità turche rientrerebbe nelle previste restrizioni all'esercizio dei diritti tutelati dalla Convenzione quando siano stabilite per legge e costituiscano „misure necessarie, in una società democratica, per la sicurezza nazionale, l'ordine pubblico, la difesa dell'ordine e la prevenzione dei disordini e dei reati, per la protezione della salute e della morale o per la protezione dei diritti e delle libertà altrui" (art. 11, comma 2).

Ne deriva che non vi sarebbe stata, quindi, violazione degli articoli citati della Convenzione europea i quali garantiscono il rispetto delle libertà di pensiero, coscienza e religione, di espressione e di opinione, di associazione e di riunione pacifica, del principio di uguaglianza e non discriminazione e dei beni di ogni persona fisica o giuridica, e prevedono l'impegno degli Stati ad organizzare libere elezioni assicurando la „libera espressione dell'opinione del popolo sulla scelta del corpo legislativo".

Le imminenti elezioni in Turchia (3 novembre 2002) e i primi sondaggi che danno come favorito il movimento guidato dall'ex sindaco di Istanbul (3 milioni di abitanti, un sesto della popolazione e un terzo dell'economia), ERDOGAN, pongono nuovamente il problema politico e costituzionale del partito islamico fondamentalista che sembrava congelato se non risolto dalla decisione della Corte di Strasburgo. Problema di grande rilevanza interna, ma anche europea se verrà – prima o poi – accolta la domanda di adesione della Turchia all'Unione presentata fin dalla metà degli anni sessanta del secolo scorso e già di per sé di difficile accoglimento per la crisi di Cipro, la questione curda, la situazione dei diritti umani e dell'economia. E' vero che la recente svolta di Ankara (abrogazione della pena di morte in tempo di pace, trasmissioni televisive in lingue diverse dal turco, quindi anche in curdo, istruzione privata in curdo per la relativa minoranza, libertà di parola, revisione delle norme restrittive attuali su assemblee e manifestazioni, stampa e poteri della polizia) è certamente un primo passo verso l'Europa (il commissario europeo all'allargamento VERHEUGEN ha parlato di decisione coraggiosa), ma le difficoltà per mettere insieme un'alleanza elettorale di carattere social-liberale tra partiti laici e modernizzatori aprono nuovi spazi al resuscitato partito islamico la cui presenza rischia di aumentare le non poche complicanze della precaria salute politica turca.

Dopo aver abolito la teocrazia ottomana e fondato la Repubblica (1923), Mustafà KEMAL eliminò, infatti, la religione di stato islamica nel 1928 e, nel 1937, ottenne il riconoscimento costituzionale delle laicità come principio fondamentale dello stato. Il revival religioso della seconda metà del 900 spinse però alcuni partiti a fare appello ai sentimenti islamici della popolazione (soprattutto rurale) e, poi, a dar vita a veri e propri movimenti politici confessionali. Dal canto loro nel 1982 i generali „laici" al potere resero obbligatorio l'insegnamento della religione nelle scuole pubbliche, non per fare una concessione agli islamismi ma per fornire ai giovani una formazione libera dalle influenze del fanatismo estremista che caratterizzava i corsi illegali di dottrina coranica organizzati da confraternite e gruppi fondamentalisti (Poulton).

Almeno cinque partiti islamici si sono susseguiti in Turchia dopo il 1971, tutti nati dalle ceneri del precedente, guidati dai medesimi capi e più o meno fondati sul medesimo programma, e tutti sciolti „manu militari" o dalla Corte Costituzionale. Ultimo il Fazilet (partito della virtù che aveva ottenuto il 15,4 % dei voti alle politiche del 1999) nel 1997, ma più noto ed importante il Refah fondato nel 1983 mettendo insieme componenti contraddittorie sulla base di ambigui profili confessionali, che ottenne il 22 % dei voti alle politiche del 1995 e il 35 % alle amministrative del 1996, costituì il 28 giugno 1996 un governo di coalizione guidato dal suo leader ERBAKAN, ma venne sciolto dalla Corte nel gennaio del 1998 in quanto „centro di attività contraria alla laicità", principio costituzionale, quest'ultima, giudicato immodificabile, definito essenza filosofica della vita, base della rivoluzione e del passaggio dall'ouma (comunità religiosa) alla unità nazionale, fondamento della democrazia: democrazia che è l'antitesi della legge islamica. Principio con il quale, peraltro, Necmettin ERBAKAN e il suo partito furono costretti a convivere nel periodo di governo, con effetti sostanzialmente negativi:

> „Le Refah n'était pas parvenu à mettre en œuvre son programme d'islamisation: il se heurtait aux institutions laïques, qu'il ne pouvait attaquer de front, sauf à déclencher un processus révolutionnaire qu'il n'avait pas les moyens de contrôler, et dans lequel les classes moyennes pieuses ... ne l'auraient pas suivi."[1]

La Costituzione turca del 1961, infatti, definisce la Repubblica

> „Stato di diritto democratico, laico e sociale rispettoso dei diritti dell'uomo, fedele al nazionalismo di Atatürk e fondato sui principi fondamentali enunciati nel preambolo" (art. 2).

---

[1] KEPEL, Gilles, Jihad. Expansion et déclin de l'islamisme, Paris 2000, 512.

Preambolo nel quale, in conformità con il principio di laicità, è stabilito che i

> „sentimenti religiosi, altamente rispettabili, non devono assolutamente interferire negli affari di Stato e nella politica."

L'art. 10, 1 garantisce l'uguaglianza di tutti gli individui senza alcuna discriminazione basata, tra l'altro, sulle

> „credenze filosofiche, la religione, l'appartenenza a una tendenza religiosa o altri motivi del genere",

mentre il successivo art. 14, 1 vieta l'esercizio dei diritti e libertà sanciti dalla Costituzione allo scopo, tra gli altri, di stabilire discriminazioni fondate sulla religione o sull'appartenenza ad una setta religiosa e di dare vita con qualsiasi altro mezzo ad un tipo di Stato basato su concezioni e opinioni del genere. Molto preciso il comma 4 dell'art. 24 che vieta l'utilizzo, in qualsiasi modo, della religione, dei sentimenti religiosi o delle cose considerate sacre dalla religione e l'abuso dei medesimi allo scopo di basare, anche parzialmente, l'ordinamento sociale, politico, economico e giuridico dello Stato su precetti religiosi o anche per assicurarsi un interesse o una influenza sul piano politico o personale. Inoltre la legge n. 2820 sui partiti politici stabilisce che tali partiti non possono tendere, operare o incitare al fine di mettere in pericolo l'esistenza dello Stato e della Repubblica, di abolire libertà e diritti fondamentali, di stabilire discriminazioni basate, tra le altre, sulla religione o l'appartenenza ad una tendenza religiosa o al fine di instaurare, con qualsiasi mezzo, un regime fondato su nozioni o concezioni di tal genere (art. 78). E prevede che nessuno possa essere obbligato ad atti e pratiche di culto o a rivelare le proprie credenze o convinzioni (art. 24), vietando le attività politiche contrarie alle disposizioni che hanno lo scopo di preservare „il carattere laico dello Stato" (art. 84) o dirette a modificare tale carattere o a ricostituire il „califfato" (art. 90). La Corte costituzionale può, di conseguenza, decidere lo scioglimento di un partito politico i cui organi o dirigenti facciano dichiarazioni contrarie a tali disposizioni (art. 101, d) e quando constati che un partito è diventato un „centro di attività contrarie agli articoli da 78 a 88 e all'art. 97" (art. 103, 1) della medesima legge n. 2820.

Premesso che il principio di laicità è una condizione preliminare di ogni democrazia pluralista e liberale, il governo turco – dopo aver richiamato le norme della Costituzione e quelle della citata legge n. 2820 – ha specificato, nel corso del procedimento che si è svolto tra il 2000 e il 2001 davanti alla Corte europea dei diritti dell'uomo, il significato di tale principio nell'ordinamento giuridico della Turchia e ha messo in evidenza le conseguenze dell'islam politico. A suo avviso:

> „Un État qui adhère au principe de laïcité est une communauté politique qui refuse d'organiser la société selon les principes religieux. Dans une telle communauté, l'État prend ses distances de la même manière par rapport à toutes les religions et croyances. Le Gouvernement fait également valoir que certaines conditions rendent le principe de laïcité particulièrement important pour la Turquie par rapport aux autres démocraties. Il convient de noter que la République de Turquie est fondée sur un pro-

> cessus révolutionnaire qui a transformé un État théocratique en un État laïque et que les tendances réactionnaires islamiques constituent un danger encore actuel à nos jours. Selon le Gouvernement, l'Islam politique ne se limite pas au domaine privé des relations entre l'individu et Dieu, mais il prétend aussi organiser l'État et la communauté. En ce sens, il présenterait les caractéristiques d'un régime totalitaire. Pour parvenir à son but ultime de remplacer l'ordre juridique actuel par la *Charia*, l'Islam politique utiliserait la méthode de ‚*takiyye*', consistant à dissimuler ses convictions jusqu'à ce qu'il parvienne à ce but. Le Gouvernement fait en outre observer que la population turque est à plus de 95 % de religion musulmane et que l'utilisation abusive des notions religieuses par les politiques constitue une menace et un danger potentiel pour la démocratie turque. ... Par ailleurs, un mouvement anti-laïque serait en train de naître parmi les citoyens turcs vivant à l'étranger et le Refah Partisi n'hésiterait pas à les appeler au *djihad*, par l'intermédiaire des organisations qui lui sont proches."[2]

Accusati, pertanto, dal governo di voler sostituire l'ordine democratico con un sistema fondato sul diritto religioso e di voler riorganizzare lo Stato e la comunità civile sulla base di dogmi e regole invariabili, contrarie al pluralismo e all'evoluzione delle libertà, il partito Refah, come il suo successore Fazilet, non sono nominativamente tra le forze politiche che si confronteranno nelle prossime elezioni anticipate, anche se il ricordato movimento guidato da ERDOGAN tenta di ereditarne l'elettorato. Non è imminente, infatti, il riesame, chiesto dagli interessati, da parte della Grande Camera (una sorta di „sezioni unite") della Corte europea dei diritti dell'uomo della sentenza pronunciata il 31 luglio 2001 dalla sua terza sezione che ha confermato – respingendo, con 4 voti contro 3, il ricorso del partito Refah – la decisione dei giudici costituzionali turchi alla luce della Convenzione europea del 1950.

Una sentenza che, diversamente da alcuni casi precedenti (come quello del Partito comunista unificato nel 1998), ha „assolto" il governo e che, per la sua particolare rilevanza, va ben al di là dello stesso caso in esame ed investe, grazie ai richiami alla Convenzione nel diritto comunitario (art. 6 TUE) ed ai collegamenti con la medesima nella Carta dei diritti fondamentali (artt. 10 e 52, 2), lo stesso ordinamento dei paesi dell'Unione Europea. La Corte di Strasburgo, infatti, ha escluso che lo scioglimento del Refah abbia violato le disposizioni della Convenzione sulla libertà di associazione, di religione e di espressione (artt. 9, 10 e 11), assumendo che dichiarazioni e comportamenti dei principali esponenti di tale partito dimostrano la volontà di restaurare il sistema multi-giuridico ottomano che discrimina in base alle religione professata, di ripristinare la legge islamica anche come diritto comune, di non escludere la forza (guerra santa)

---

2 Corte Europea dei diritti dell'uomo, sentenza 31 luglio 2001, par. 59 s. La sentenza della Corte Europea dei diritti dell'uomo, sezione terza, alla quale si è fatto riferimento è: „Affaire Refah Partisi (Parti de la prospérité) et autres C.E.R.N., (Requêtes n. 41340/98, 41342/98, 41343/98, 41344/98), Arrêt, Strasbourg, 31 juillet 2001." Molti materiali sul caso sono stati raccolti dal Partito interessato in cd-rom dal titolo „European court of Human Rights, The Turkish Welfare Party Case", Ankara 2002.

come strumento politico e di eliminare ogni distinzione tra ordine politico e ordine religioso.

Tenendo conto, inoltre, della importanza delle laicità per la democrazia turca, la Corte ha ritenuto che con lo scioglimento del partito islamico si siano legittimamente perseguite alcune finalità previste dalla Convenzione europea come limiti all'esercizio dei diritti e si sia risposto ad una necessità sociale „imperativa“ con una misura proporzionata allo scopo. Lo Stato democratico, in quanto garante dei diritti e organizzatore imparziale dell'esercizio del culto, non può in alcun caso obbligare le persone ad ubbidire a regole imposte dalle confessioni e deve garantire il rispetto sia del principio fondamentale di non-discriminazione, sia dell'interesse dell'intera società per la pace e la tolleranza religiosa. L'introduzione nel sistema giuridico di diritti religiosi obbliganti sarebbe, quindi, difficilmente compatibile con i fondamenti della democrazia quali si deducono dall'insieme della Convenzione sui diritti dell'uomo: casi emblematici il velo islamico per le donne o l'organizzazione del settore pubblico in funzione di riti o preghiere. Sciogliere un partito politico, vietando anche ai suoi dirigenti di avere, per un certo periodo, responsabilità pubbliche, quando il suo progetto abbia tali finalità può, quindi, essere misura grave, ma giustificata per consolidare lo stato democratico di diritto.

La Corte, quindi, ha ritenuto che lo scioglimento del partito Refah da parte delle autorità turche non abbia violato le disposizioni della Convenzione europea invocate dai ricorrenti (artt. 9, 10, 11, 14, 17 e 18; 1 e 3 del Protocollo n. 1), sottolineando l'importanza del principio di laicità per il sistema democratico turco e ribadendo che la libertà di pensiero, coscienza e religione rappresenta

> „l'une des assises d'une ‚société démocratique' au sens de la Convention“[3]

e che, in contesti sociali multireligiosi, può rivelarsi necessario regolarla in modo da conciliare gli interessi delle diverse comunità e assicurare il rispetto delle convinzioni di tutti (par. 50). Richiamandosi alla sua precedente giurisprudenza la Corte di Strasburgo ha, inoltre, ribadito che

> „le principe de laïcité en Turquie est assurément l'un des principes fondateurs de l'État qui cadrent avec la prééminence du droit et le respect des droits de l'homme.“[4]

Quanto all'opinione dissenziente dei tre giudici di minoranza, va sottolineato che essa non riguarda il profilo dei principi affermati o ribaditi dalla sentenza, ma contesta la sussistenza di prove formali o convincenti tra gli elementi addotti dalla Turchia (essenzialmente dichiarazioni pubbliche e comportamenti di suoi dirigenti o membri) per dimostrare le responsabilità del partito Refah. Pur ricordando la grande rilevanza politica di esso e mettendo in rilievo che né statuti, programmi o manifesti né altri documenti pubblici conterrebbero richiami agli scopi contestati (creazione di uno stato teocratico e attentato al carattere laico

---

[3] Corte Europea dei diritti dell'uomo, sentenza 31 luglio 2001, par. 49.

[4] Ibid., par. 52.

dello Stato consacrato nella Costituzione), anche l'opinione dissenziente ammette, peraltro, la vitale importanza della laicità per la Turchia, unico Stato con una popolazione essenzialmente mussulmana che aderisce ai principi della democrazia liberale (pp. 35, 38).

Non sappiamo quale potrà essere l'esito del ricorso presentato dagli interessati alla Grande Camera della Corte europea (che dovrebbe essere discusso negli ultimi mesi del 2002), nel quale vengono anche richiamate esperienze (secondo il Refah) parallele come quelle dei partiti „confessionali" cristiano-democratici in Italia e in Germania. Certo è che la decisione del 2001 è fondata su molti riferimenti a precedenti decisioni della stessa Corte. E certo è anche che, se confermata dalla Grande Camera della Corte, la sentenza di Strasburgo sul caso turco non potrà non essere presa in considerazione per situazioni dello stesso genere che si dovessero verificare in altri paesi dell'Unione Europea, ristretta o allargata che sia.[5]

---

[5] Nel corso della pubblicazione del presente contributo, le elezioni in Turchia si sono concluse con la vittoria del Partito islamico moderato della Giustizia e dello Sviluppo (AKP) che ha ottenuto il 30 % dei voti con 363 deputati sui 550 del nuovo Parlamento.
Soltanto qualche giorno prima del voto la Corte Costituzionale ha rinviato la discussione sul ricorso tendente a mettere al bando per violazione del principio supremo di laicità anche questo partito, lasciando comunque sospesa una „spada di Damocle" su di esso, mentre si attende sempre la conferma da parte della Corte Europea della sentenza oggetto di questa nota.
Certo il quadro costituzionale kemalista, che si é sopra brevemente richiamato, ha obbligato il leader ERDOGAN e gli esponenti dell'AKP ad annacquare ostentatamente il vino fondamentalista che aveva consentito al precedente Partito della Prosperità di ottenere largo consenso elettorale invocando il ritorno alla teocrazia basata sulla „sharià". E non é un caso che, sia nel ricorso alla Grande Camera della Corte Europea, sia in molte dichiarazioni di suoi esponenti, l'AKP abbia fatto frequente riferimento ai partiti cristiani europei e, in particolare, alla Democrazia Cristiana italiana. Se per tanti anni i partiti a base „confessionale" hanno potuto legittimamente governare ed anzi contribuire in maniera determinante ad avviare il processo di integrazione europea, perché mai la ... „Democrazia Islamica" turca non potrebbe governare il suo paese e contribuire all'ingresso della Turchia in Europa?
L'interrogativo é abile, ma il contesto é molto più complesso. In primo luogo i partiti cristiano-democratici in Italia, Francia e Germania avevano partecipato in maniera determinante nel dopoguerra alla ricostruzione costituzionale della democrazia laica in questi Paesi. Né risulta che le mogli o le figlie dei loro dirigenti indossassero in pubblico il „velo cattolico", come moglie e figlie di ERDOGAN e degli altri capi dell'AKP ostentano il „velo islamico", o che contestassero la parità dei sessi. Non si ponevano, poi, delicate questioni geopolitiche a base religiosa come quella di Cipro: di fronte all'ingresso di Cipro nell'Unione Europea, alcuni esponenti di questo partito hanno minacciato di annettere alla Turchia la parte Nord (islamica) di uno Stato che é entrato a far parte dell'Unione Europea. D'altro canto, posto che l'AKP riesca ad evitare la „ghigliottina" della Corte Costituzionale e a governare la Turchia, sarà estremamente difficile per l'Europa allargata lasciare questo paese fuori della porta (non più ... „Sublime"!), tenendo conto sia dell'islamismo moderato oggi professato dal partito che ha vinto le elezioni, sia della prospettiva dell'ingresso nell'Unione di paesi come la Bulga-

Bibliografia

Si danno, qui di seguito, alcune indicazioni bibliografiche utili per un approfondimento del tema:

- BERKES, Niyazi, The Development of Secularism in Turkey, Montreal [2]1982.
- BILLION, Didier, La politique extérieure de la Turquie. Une longue quête d'identité, Paris 1997.
- BOZDEMIR, Michel (dir.), Islam et laïcité. Approches globales et régionales. Colloque international d'Istanbul, 22-24 septembre 1994, Paris 1996.
- ELMAS, Hasan Basri, Turquie-Europe. Une relation ambiguë, Paris 1998.
- ENGELHARDT, Edouard Ph., La Turquie et le Tanzimat, Paris 1918.
- FRANCO, Gad, Développement constitutionnels en Turquie, Paris 1925.
- GÖLE, Nilüfer, Musulmanes et modernes. Voile et civilisation en Turquie, Paris 1993.
- GULLU, Ali Reza, Les droits de l'homme et la Turquie. Thèse n. 526, Université de Genève 1958.
- HALE, William Matthew, Turkish Politics and the Military, London 1994.
- HARPUTLU, Kamuran B., La Turquie dans l'impasse, Paris 1974.
- HARVEY, Özlem Denli, Islam and the Freedom of Religion of Belief. Perspectives from Contemporary Turkey, Oslo 2000.
- HEPER, Metin, Turkey and the West. Changing Political and Cultural Identities, London 1993.
- KABOGLU, Ibrahim Ö. (dir.), Laiklik ve Demokrasi, Ankara 2001.
- KEPEL, Gilles, Jihad. Expansion et déclin de l'islamisme, Paris 2000, 502-528.
- LEWIS, Bernard, The Emergence of Modern Turkey, Oxford 1961.
- MARTY, Martin E. / APPLEBY, R. Scott (dir.), Fundamentalism and the State, Chicago 1993.

---

ria e la Romania, sia di quella, più lontana, di stati „islamici moderati" come l'Albania o la Bosnia. Né si puo' dare torto all'AKP che vuole la abolizione della Direzione generale statale degli affari religiosi che controlla minutamente le attività confessionali in Turchia in violazione di tutta una serie di principi costituzionali degli Stati dell'Unione e del Consiglio d'Europa. Si porrà, invece, la questione dei confini sud-orientali dell' Unione Europea. E' vero che alla morte di SOLIMANO II l'Impero ottomano arrivava al nord di Budapest e ricomprendeva Ungheria, Moldavia, Serbia, Bulgaria e Grecia, ma per l'Unione non sarebbe certo comodo avere ai suoi confini paesi come Siria, Iran e Irak. A più forte ragione dopo il risultato elettorale di novembre 2002 la candidatura della Turchia obbliga l'Unione Europea ad interrogarsi sulla propria identità e sui propri con fini e suggerisce a quelle forze religiose che vorrebbero il richiamo alle „radici cristiane" nella Costituzione europea in preparazione, di non insistere su una linea giuridicamente poco produttiva e politicamente inopportuna, sia nell'ipotesi di una esclusione dei turchi dalla mensa comunitaria, sia (e a più forte ragione) nella prospettiva dell'arrivo tra i cittadini dell'Unione Europea di oltre sessantacinque milioni di islamici.

- PICARD, Elisabeth (dir.), La nouvelle dynamique au Moyen Orient. Les relations entre l'Orient arabe et la Turquie, Paris 1993.
- POULTON, Hugh, Top Hat, Grey Wolf and Crescent. Turkish Nationalism and the Turkish Republic, London 1997.
- REDJANI, Omar, L'évolution constitutionnelle en Turquie et l'organisation politique actuelle, Thèse, Université de Strasbourg 1934.
- TAPPER, Richard L., Islam in Modern Turkey. Religions, Politics and Literature in a Secular State, London 1991.
- TOPRAK, Binnaz, Islam and Political Development in Turkey, Leiden 1981.
- TOUZANNE, Jean-Pierre, L'islamisme turc, Paris 2001.
- VANER, Semih (dir.), Modernisation autoritaire en Turquie et en Iran. Actes de la table ronde de l'équipe de recherche sur la Turquie et l'Iran contemporains, Paris 1991.
- YERASIMOS, Stéphane, Les Turcs. Orient et occident, Islam et laïcité, Paris 1994.
- ZÜRCHER, Eric, Turkey. A modern History, London 1997, 269-342.

- AMIRAUX, Valérie, Transnational en puissance, transnational en acte. Le rôle de l'espace migratoire dans la mobilisation islamique, in: Les Annales de l'Autre Islam 6 (1999) 97-113.
- AYATA, Ayse, Patronage, Party and State. The Politicisation of Islam in Turkey, in: Middle East Journal 50 (1996) 40-56.
- BAYART, Jean-François, La combinaison de forces nationalistes en Turquie. Démocratie islamique ou criminalisation du communautarisme, in: CEMOTI 24 (1997) 271-281.
- BESSON, Frédérique-Jeanne, La montée de l'islamisme en Turquie, in: Hérodote 77 (1995) 209-233.
- BOCKEL, Alain, Le droit constitutionnel turc à l'épreuve européenne, in: Revue Française de droit constitutionnel 40 (1999) 911 sgg.
- BOZDEMIR, Michel, La réforme de l'enseignement religieux, in: Les Annales de l'Autre Islam 6 (1999) 209-233.
- CAJOLY, Marie-Gabrielle, Une modernité sous le voile? Les voix féminines du Parti Refah, in: Les annales de l'Autre Islam 6 (1999) 27-42.
- CAKIR, Rusen, Islamisme radical en Turquie, hier et aujourd'hui, in: Les Annales de l'autre Islam 6 (1999) 343-352.
- CAKIR, Rusen, Mobilisation islamique en Turquie, in: Esprit 184 (1992) 130-142.
- CECCANTI, Stefano, Anche la Corte di Strasburgo arruolata nella „guerra di civiltà"?, in: Quaderni Costituzionali 1 (2002) 81-83.
- COPEAUX, Etienne, La nation turque est musulman. Histoire, Islam, nationalisme en Turquie, in: Les annales de l'Autre Islam 6 (1999) 372-342.

- ENCEL, Frédéric, Israel-Turquie. Un nouvel axe géostratégique, in: Hérodote 90 (1998) 148-162.
- ESPUGLAS, Pierre, L'interdiction des partis politiques, in: Revue Française de droit constitutionnel 36 (1998) 675 sgg.
- GÖKALP, Altan, L'islam des Turcs, in: Hommes et migrations 1212 (1998) 35-52.
- GÖKALP, Altan, La question religieuse en Turquie, in: Projet 231 (1992) 33-40.
- GÖLE, Nilüfer, Islamisme et féminisme en Turquie, in: Confluences 27 (1998) 87-93.
- GÖLE, Nilüfer, Secularism and Islamism in Turkey. The Making of Elites and Counter-elites, in: Middle East Journal 51 (1997) 46-58.
- GRESH, Alain, Turkish-Israeli-Syrian relations and their Impact in the Middle East, in: Middle East Journal 52 (1998) 188-203.
- HAVUS, Hakan, Political Islam and the Welfare Party in Turkey, in: Comparative Politics 30 (1997) 63-82.
- HEPER, Metin, Islam and Democracy in Turkey. Toward a Reconciliation?, in: Middle East Journal 51 (1997) 32-45.
- ILYASOGLU, Aynar, Le rôle des femmes musulmanes en Turquie, in: CEMOTI 21 (1996) 43-52.
- KAZANCIGIL, Ali, La démocratie en terre musulmane. La Turquie, in: Revue internationale des sciences sociales 128 (1991) 365-383.
- KENTEL, Ferhat, L'expérience du Refah au gouvernement. Un conservatisme entre démocratie et islamisme, in: Les Annales de l'Autre Islam 6 (1999) 291-306.
- KENTEL, Ferhat, L'Islam, carrefour des identités sociales et culturelles en Turquie. Le cas du parti de la prospérité, in: CEMOTI 19 (1995) 211-225.
- KENTEL, Ferhat, Recomposition du religieux en Turquie. Pluralisme et individualisation, in: CEMOTI 26 (1998) 75-104.
- LAPIDOT, Anat, Islamic Activism in Turkey since the 1980 Military Takeover, in: Terrorism and Political Violence 8 (1996) 62-74.
- MARCOU, Jean, L'expérience constitutionnelle turque, in: Revue de droit public et de la science politique en France et à l'étranger 103 (1996) 440 sgg.
- MARDIN, Serif, La religion dans la Turquie moderne, in: Revue internationale des sciences sociales 29/2 (1977) 184 sgg.
- NARLI, Nilüfer, The Rise of Islamist Movement in Turkey, in: MERIA Journal 3/3 (1999) 23 sgg.
- ÖKTEM, Emre, La Turquie et les dimensions internationales de la liberté religieuse, in: QDPE 19 (2002) 263-292.
- ÖNIS, Ziya, The Political Economy of Islamic Resurgence in Turkey. The Rise of the Welfare Party in Perspective, in: Third World Quarterly 18 (1997) 734-766.

- PICCOLI, Wolfgango, Turchia, in: Guida ai Paesi dell'Europa centrale, orientale e balcanica, in: Annuario politico-economico 2001, a cura di BIANCHINI, Stefano / DASSÙ, Marta, Bologna 2001, 367-372.
- PIPES, Daniel, Islam option turque, in: Politique internationale 68 (1995) 271-280.
- RANDAZZO, Barbara, Democrazia e laicità a Strasburgo, in: Quaderni Costituzionali 1 (2002) 83-85.
- SALT, Jeremy, Nationalism and the Rise of Muslim Sentiment in Turkey, in: Middle Eastern Studies 31 (1995) 13-27.
- TOPRAK, Binnaz, Religion as a State Ideology in a Secular Setting. The Turkish-Islamic Synthesis, in: WAGSTAFF, Malcolm (dir.), Aspects of Religion in Secular Turkey (University of Durham, Center for Middle Eastern Studies, Occasional Papers 40), Durham 1990, 10-15.
- TÜRKMEN, Buket, Le retour au Coran de Yasar Nuri Öztürk. Vers un Islam national?, in: Les Annales de l'Autre Islam 6 (1999) 81-90.
- UGUR, Aydin, Etat, religion et société civile en Turquie, in: Cahiers d'études sur la méditerranée orientale et le monde turco-iranien 19 (1995) 97 sgg.
- UGUR, Aydin, L'ordalie de la démocratie en Turquie. Le projet „communautarien islamique" d'Ali Bulac et la laïcité, in: CEMOTI 19 (1995) 97-124.
- VARDAR, Deniz, Le nouveau visage de la droite islamisant, in: Les Annales de l'Autre Islam 6 (1999) 307-315.
- VINOT, François, Armée, laïcité et démocratie en Turquie, in: CEMOTI 27 (1999) 71-93.
- WAXMAN, Dov, Turkey's Identity Crises. Domestic Discord and Foreign Policy, in: Conflict Studies 311 (1998) 1-28.
- WEIBEL, Nadine, Femmes, Islam et Identité Religieuse en Turquie, in: CEMOTI 21 (1996) 171-177.
- Sono in corso di pubblicazione gli atti dell'incontro „The Turkish Welfare Party Case. Implications for Human Rights in Europe. A Conference of Experts, Central European University, Budapest, June 2-3, 2002", con relazioni di Emre ÖKTEM, Murat OZSUNAY, Christian MOE, Javier MARTÍNEZ-TORRÓN, Ann E. MAYER, Silvio FERRARI, Joergen NIELSEN, András SAJÓ, W. Cole DURHAM, e interventi di Ahmet EVIN, Tore LINDHOLM, Oya Akgonenc MUGIUSUDDIN, Rik TORFS, Wolfgang WIESHAIDER.

„Gemeinwohlerwartungen" des Staates gegenüber den Kirchen

Impulse aus 36 Bänden der „Essener Gespräche zum Thema Staat und Kirche"

Heiner Marré

Das Bistum Essen lädt seit 1966 alljährlich wissenschaftlich kompetente Persönlichkeiten aus Deutschland und dem europäischen Umfeld zum überkonfessionell und interdisziplinär ausgerichteten Fachkongress der Essener Gespräche ein. Ebenfalls alljährlich erscheint ein Band der gleichnamigen Schriftenreihe im Verlag Aschendorff zu Münster, in dem Referate und Diskussionsbeiträge des jeweiligen Gesprächs abgedruckt sind.[1]

Behandelt werden zum einen klassische Fragen des Staatskirchen- bzw. Religionsrechts wie z. B. Religionsgemeinschaften als Körperschaften des öffentlichen Rechts, Religionsfreiheit, Förderung und Finanzierung der Kirchen im modernen Staat, Kirchliche Schulen und Fachhochschulen, Arbeitsrecht in der Kirche, Kirche und Rundfunk, Theologie in der Universität, karitative Tätigkeit der Kirchen im heutigen Sozialstaat, die sogenannten Jugendreligionen, die muslimische Minderheit in Deutschland, Seelsorge in staatlichen Einrichtungen, Schutz der Sonn- und Feiertage, die Einigung Deutschlands sowie die Einigung Europas und die Staat-Kirche-Ordnung.

Zu diesen klassischen Themen treten Themen aus dem vergleichenden Staatskirchenrecht bzw. Religionsrecht wie z. B. das Verhältnis von Staat und Kirche in anderen Ländern Europas (in der Schweiz, in Frankreich, Italien, Spanien, Skandinavien, Österreich, in den Niederlanden, in Polen, Russland, Tschechien, Ungarn).

Gewissermaßen ins Zentrum des Staat-Kirche-Verhältnisses führen Grundfragen, die sich vor allem aus der staatstheoretischen Erkenntnis ergeben, dass der religiös-weltanschaulich neutrale, freiheitliche säkulare Staat von Voraussetzungen lebt, die er selbst nicht schaffen kann, die ihm nur aus der Gesellschaft und in ihr insbesondere aus den Kirchen zuwachsen können. Diese Erkenntnis hat zur Konsequenz, dass eine auf Kirche und Gesellschaft gerichtete verfassungsstaatliche Erwartung oder Gemeinwohlerwartung besteht, mit der eine Verantwortung korrespondiert, die Kirche und Gesellschaft für den Staat tragen. Derartige Grundfragen behandelten bisher folgende Tagungsthemen der Essener Gespräche: Die Verantwortung der Kirche für den Staat (Bd. 25), Staat und

---

[1] Zu Gründung, Organisation und Intention der „Essener Gespräche zum Thema Staat und Kirche" s. MARRÉ, Heiner, Essener Gespräche, in: LKStKR I, 631 f.; DERS., Essener Gespräche, in: LThK³ XI, Sp. 69 f.

Ethik – die sogenannten Grundwerte (Bd. 11), Das christliche Freiheitsverständnis in seiner Bedeutung für die staatliche Rechtsordnung (Bd. 30), Ehe und Familie unter veränderten gesellschaftlichen Rahmenbedingungen (Bde. 21, 35), Der Schutz des menschlichen Lebens (Bd. 22), Der Beitrag der Kirchen zur Erfüllung des staatlichen Erziehungsauftrags (Bd. 32), Fundamentalismus als Herausforderung an Staat, Kirche und Gesellschaft (Bd. 33), Das Staat-Kirche-Verhältnis in Deutschland an der Schwelle zum 21. Jahrhundert (Bd. 34), Kirche und Kunst (Bd. 36).

Der Inhalt eines jeden dieser Bände ist, wie der folgende Text zeigen wird, von ungebrochener Aktualität.

1. Die Verantwortung der Kirche für den Staat (Bd. 25)

Der 1991 erschienene Jubiläumsband 25 enthält die Vorträge von Staatsminister a. D. Professor Dr. phil. Dr. iur. h. c. Hans MAIER, München, über „Dienste der Kirche am Staat. Entwurf einer Typologie", von Professor Dr. theol. Martin HONECKER, Bonn, „Der Auftrag der Kirche und die Aufgabe des Staates" und von Professor Dr. iur. Josef ISENSEE, Bonn, „Verfassungsstaatliche Erwartungen an die Kirche".

Wegen der fortschreitenden Säkularisierung und einer sich verschärfenden Sinn- und Wertekrise versuchte es das 25. Essener Gespräch, die für das menschliche Zusammenleben in unserem Gemeinwesen entscheidenden Grundsatzfragen unter dem Gesichtswinkel der Verantwortung der Kirche für Gesellschaft und Staat aufzunehmen und zu beantworten. Die Diskussion betrachtete das Tagungsthema aus den verschiedenen Blickwinkeln der drei Vorträge: aus dem historisch-kulturtheoretischen, aus dem theologischen und aus dem verfassungstheoretisch-staatsphilosophischen.

Nach dem Vortrag von Hans MAIER ging sie zunächst Ursachen und Konsequenzen der Erfahrung nach, dass sich Kirche und Christen leichter zu tun scheinen, eine – für die richtigen „Dienste der Kirche am Staat" notwendige – angemessene Haltung gegenüber totalitären Regimen wie denen des Dritten Reiches oder der DDR zu finden als zur schlechter greifbaren pluralistischen Demokratie der Gegenwart.

Der Satz Ernst-Wolfgang BÖCKENFÖRDEs von den Lebensvoraussetzungen des Staates[2] findet seine notwendige Ergänzung und Fortführung durch die „Verfassungserwartungen", die Josef ISENSEE als metarechtliche Kategorie speziell für die Staat-Kirche-Ordnung entwickelte und auf dem 25. Essener Gespräch vortrug. Danach beziehen sich die verfassungsstaatlichen Erwartungen auf die ge-

2 BÖCKENFÖRDE, Ernst-Wolfgang, Die Entstehung des Staates als Vorgang der Säkularisation, in: DERS., Staat, Gesellschaft, Freiheit. Studien zur Staatstheorie und zum Verfassungsrecht, Frankfurt a. M. 1976, 60.

meinwohlförderliche Weise der Ausübung verfassungsrechtlich verbürgter kirchlicher Freiheit.

> „Erwartungen als metarechtliche Kategorie treten dort auf, wo das Gemeinwesen auf bestimmte Leistungen aus verfassungsrechtlicher Freiheit angewiesen ist, ohne dass der Staat sie von sich aus erzwingen, einlösen oder adäquat ersetzen könnte. Doch was der Staat nicht erzwingen kann, das vermag er zu fördern und anzuregen. Vorkehrung dazu ist das staatskirchenrechtliche System des Grundgesetzes."[3]

Josef ISENSEE stellt eine umfassende Typologie dieser Verfassungserwartungen auf. Sie kulminiert – über die sozialen Dienste und kulturellen bzw. kulturstaatlichen Leistungen der Kirche hinausgehend – im (staats)ethischen und religiösen Dienst der Kirche am Verfassungsstaat. Unter den „staatsethischen Diensten" der Kirche nennt ISENSEE die – dringend notwendige – Sicherung der „ethischen Regeln der Demokratie", zu der die Kirche, die ja von Haus aus nicht selbst Partei des Wettstreits ist, beitragen kann, nämlich zur Sicherung von

> „Fairneß, Redlichkeit, Maß und Toleranz, nicht zuletzt von Rahmenbedingungen der Friedlichkeit im politischen Konflikt"[4].

Kämpferisch wird er angesichts der „grassierenden Abtreibungsseuche". Es sei

> „die erste Aufgabe der Kirche, die sittlichen Begriffe bei den Menschen wieder richtig zu stellen, das Ethos der sexuellen Folgenverantwortung der Jugend einzupflanzen, die Überzeugung einzuwerben von der Unverfügbarkeit des Lebens auch vor der Geburt, den Willen zum Kind zu ermutigen und den Frauen zu helfen, die seelischen und sozialen Belastungen einer unerwünschten Schwangerschaft durchzustehen ..."[5].

Sowohl an die vom Theologen Martin HONECKER dargebotene „kirchliche Aufgabenlehre" oder „Typologie kirchlicher Grundvollzüge" als auch an die vom Juristen Josef ISENSEE aufgestellte „Typologie verfassungsstaatlicher Erwartungen" gegenüber den Kirchen schlossen sich in der Diskussion parallele Überlegungen an:

Auf welche Weise und in welchem Umfang können Kirche und Christen heute im Rahmen staatlich gesicherter Freiheit der pluralistischen Gesellschaft Orientierungsgrößen, Grundwertungen geben, an der Bildung des sittlichen Grundkonsenses der Gesellschaft mitwirken und damit dem Staat in gemeinwohlförderlicher Weise einen Dienst leisten, ihm Kräfte zuführen, die er selbst nicht bilden kann, von denen er aber lebt? Diese Überlegungen wurden etwa am Beispiel des in Artikel 7 des Grundgesetzes verankerten Religionsunterrichts konkretisiert.

Die wichtigen Aussagen des 25. Essener Gesprächs, das 1990 im Jahr der Wiedervereinigung Deutschlands stattfand, machten angesichts der epochalen

---

3 ISENSEE, Josef, Verfassungsrechtliche Erwartungen an die Kirche, in: EssG 25 (1991) 144 f.

4 Ebd., 128.

5 Ebd., 137.

gesamtdeutschen und europäischen Entwicklungen am Ende des 20. Jahrhunderts die Verantwortung der Kirche für den Staat neu bewusst.

2. Staat und Ethik – die sogenannten Grundwerte (Bd. 11)

Bereits im Jahre 1976 befasste sich das 11. Essener Gespräch – mitten in der damaligen „Grundwerte"-Diskussion, die durch die öffentliche Auseinandersetzung um Gesetzgebung und Verfassungsrechtsprechung zur Änderung des § 218 des Strafgesetzbuches und die Debatte um die Reform des Ehe- und Familienrechts ausgelöst wurde – mit der Krise der Wertvorstellungen in unserer Gesellschaft und in unserm Staat, mit dem Verhältnis von Grundrechten und Grundwerten, mit dem Spannungsverhältnis zwischen Recht und Ethik. Die evangelische und die katholische Kirche machten in den 70er Jahren wiederholt und mit Nachdruck darauf aufmerksam, dass der christliche Glaube – angesichts und trotz des gesellschaftlichen Pluralismus – nicht darauf verzichten könne, einen Grundbestand verbindlicher sittlicher Werte zu vertreten, damit Gesellschaft und Staat sich nicht letzten Endes selbst zerstörten.[6]

Referenten des 11. Essener Gesprächs waren der damalige Freiburger Theologe Professor Dr. theol. Dr. phil. Karl LEHMANN („Die Funktion von Glaube und Kirche angesichts der Sinnproblematik in Gesellschaft und Staat heute"), der Bonner Philosoph Dr. phil. Dr. h. c. Wolfgang KLUXEN („Über die Moralität staatlicher Normsetzung") und der Bonner Staatsrechtslehrer Professor Dr. iur. Josef ISENSEE („Demokratischer Rechtsstaat und staatsfreie Ethik").

In der Diskussion über den juristischen Themenbereich suchte man nach Kriterien für eine Unterscheidung der Aufgaben von Staat und Gesellschaft – und hier speziell der Kirchen – im Felde der Ethik. Die Referenten waren sich darin einig, dass der Rechtsstaat – „oberhalb" der Basis des von der Verfassung als dem „ethischen Grundkonsens der Nation" gewährleisteten „Mindeststandards an sittlicher Homogenität in der pluralistischen Gesellschaft" – vom Ethos seiner Bürger lebe, das er selbst nicht garantieren oder gar oktroyieren könne, ohne seine Freiheitlichkeit preiszugeben. Das führte unter anderem zur Erörterung der Bedeutung des Begriffs „Sittengesetz" in Art. 2 des Grundgesetzes und zu der Folgerung, dass der Staat den gesellschaftlichen Gruppen, die sich um das ethische Fundament des gesellschaftlichen und staatlichen Lebens bemühten, in ihrem Bemühen nicht entgegenwirken dürfe, sondern helfen müsse. Bei alledem klangen immer wieder beispielhaft Fragen aus dem Bereich von Schule und Erziehung an, besonders die, wer über Lerninhalte und Erziehungsziele zu

---

[6] Die zahlreichen Stellungnahmen der Kirchen und ihre Fundstellen sind angegeben in EssG 11 (1977) 7. Durch diese Stellungnahmen herausgefordert, entwickelten vor der Katholischen Akademie Hamburg Bundeskanzler Helmut SCHMIDT (SPD), Kanzlerkandidat Ministerpräsident Dr. Helmut KOHL (CDU) und Bundesinnenminister Prof. Werner MAIHOFER (FDP) ihre Vorstellungen zum Thema „Grundwerte"; s. HK 30 (1976) 356 ff.

bestimmen habe, Fragen, die in vorhergehenden und folgenden Essener Gesprächen gründlicher erörtert werden konnten.

3. Das christliche Freiheitsverständnis in seiner Bedeutung für die staatliche Rechtsordnung (Bd. 30)

Das Christentum gehört in religiöser, kultureller und politischer Hinsicht zu den Wurzeln Europas. Es hat die Geschichte Europas geprägt. Auch heute macht es zu einem erheblichen Teil die Identität Europas und der europäischen Völker, die nationale Identität der Mitgliedsstaaten der Europäischen Union aus. Ein Schlüsselwort dabei ist das Wort „Freiheit". Aber sprechen Philosophie, Theologie und Jurisprudenz, sprechen Kirche und Staat hier die gleiche Sprache?

Das 30. Essener Gespräch im März 1995 wandte sich diesem Problem zu und fragte nach dem christlichen Freiheitsverständnis in seiner Bedeutung für die staatliche Rechtsordnung. Dies geschah philosophisch, theologisch und rechtswissenschaftlich durch Dr. Robert SPAEMANN, Professor em. für Philosophie an der Universität München, durch Dr. Hermann Josef POTTMEYER, Professor für Fundamentaltheologie an der Ruhr-Universität Bochum, und durch Dr. Martin HECKEL, Professor für Öffentliches Recht und Kirchenrecht an der Universität Tübingen.

In der Diskussion über den einleitenden Vortrag „Sittliche Normen und Rechtsordnung" von Robert SPAEMANN ging es um die Unterschiede zwischen sittlichen Pflichten und Rechtspflichten als Regulativen der Freiheit sowie z. B. um ein beide verbindendes Element. Zwischen der (negativen) grundrechtlichen Freiheit als Abwehr von staatlichen Zwangsgesetzen und dem sittlichen Gebot vermittle – so wurde gesagt und damit an das 25. Essener Gespräch angeknüpft – die staatsphilosophische Kategorie der Verfassungserwartung. Die Verfassung erwarte, dass die Grundrechte gemeinwohldienlich ausgeübt würden. Darin werde ein positives Freiheitsverständnis sichtbar. Es werde von Christen und ihren Kirchen verwirklicht, indem sie – unabhängig davon, ob sie sich in einer Mehrheits- oder in einer Minderheitssituation befänden – in der Erfüllung ihres religiösen Auftrags mutig, treu und beständig blieben. Die Diskussion über die philosophische Seite des Tagungsthemas führte vom Abstrakten ins Konkrete, etwa zur Abtreibung, Euthanasie, Homosexualität, Medienmacht und zu schulischen Erziehungszielen.

Der auf das Referat von Hermann Josef POTTMEYER über „Das christliche Freiheitsverständnis in seiner Bedeutung für die staatliche Rechtsordnung in theologischer Sicht" folgende Diskurs kreiste um die fundamentale Diskrepanz zwischen dem christlichen Freiheitsverständnis und dem liberalen Freiheitsverständnis unseres Verfassungsstaates. Einigkeit bestand in der – an die Diskussion des philosophischen Einführungsreferats anknüpfenden – Überzeugung, dass die rechtliche Freiheit im Verfassungsstaat nur einen Rahmen absteckt. Dieser Rahmen muss durch den sittlichen Freiheitsgebrauch ausgefüllt werden, auf den der freiheitliche Staat in existentieller Weise angewiesen ist. Hier wurde auf die Wichtigkeit der Erklärung des Zweiten Vatikanischen Konzils über die Religionsfreiheit hingewiesen. Mit ihr sei der Boden gewonnen worden, um der modernen Welt nicht nur in einer Abwehrhaltung zu begegnen, sondern in einer Weise, die es erlaubt, das Eigene positiv einzubringen, dadurch aber auch zugleich auf ein Ungenügen oder offene Probleme hinzuweisen, die sich gerade auch in dieser freiheitlichen Verfassungsordnung stellen.

In der Aussprache über das Referat von Martin HECKEL wurde erneut das Zentralthema des Verhältnisses des christlichen und des weltlich säkularen Freiheitsverständnisses zueinander behandelt. Dabei griff man auch die bereits nach dem Vortrag von Hermann Josef POTTMEYER gestellte Frage nach einer „immanenten sittlichen Begründung der weltlichen Freiheitsrechte" sowie nach einer „Harmonisierung" des christlichen und des staatlichen Freiheitsverständnisses wieder auf. Im Ergebnis blieb die Aussprache bei der Unterscheidung dieser Freiheitsverständnisse, aber, wie es Martin HECKEL formulierte,

> „in einem Verhältnis des Ineinander-Gelagertseins: dass man diese äußeren weltlichen Freiheiten verwendet zur Verkündigung der Botschaft und ihrer geistigen Freiheit."[7]

4. Der Schutz von Ehe und Familie (Bd. 21). Ehe und Familie unter veränderten gesellschaftlichen Rahmenbedingungen (Bd. 35)

Das 35. Essener Gespräch im März 2000 über „Ehe und Familie unter veränderten gesellschaftlichen Rahmenbedingungen" knüpft thematisch an das 21. Essener Gespräch im März 1986 mit dem Thema „Der Schutz von Ehe und Familie" an. Unvergessen sind die Vorträge der Professoren Paul MIKAT („Ethische Strukturen der Ehe in unserer Zeit. Zur Normierungsfrage im Kontext des abendländischen Eheverständnisses"), Peter KRAUSE („Ehe und Familie im sozialen Sicherungssystem") und Paul KIRCHHOF („Ehe und Familie im staatlichen und kirchlichen Steuerrecht"). Der Vortrag von Paul KIRCHHOF war sozusagen der Vorbote der Entscheidungen des Zweiten Senats des Bundesverfassungsgerichts vom 10. November 1998 zur Einkommensbesteuerung von Familien[8], für die der spätere Bundesverfassungsrichter Professor Dr. Paul KIRCHHOF als Berichterstatter fungierte. Um es mit den Worten des Kölner Professors Dr. iur. Peter J. TETTINGER in seinem Vortrag beim 35. Essener Gespräch vom Jahr 2000 zu sagen:

> „Die BVerfG-Entscheidungen vom 10.11.1998 haben „dem Gesetzgeber präzise Reformschritte vorgegeben, setzten hier richtungweisende Ecksteine pro familia et iu-

[7] HECKEL, Martin, Der Einfluß des christlichen Freiheitsverständnisses auf das staatliche Recht, in: EssG 30 (1996) 130.

[8] BVerfGE 99, 216 ff., 246 ff., 268 ff. u. 273 ff.

ventute, die breite Zustimmung gefunden haben. ... Aus der Perspektive der Familienförderung in konsequenter Umsetzung der Postulate des Art. 6 Abs. 1 GG ist diese Judikatur ohne Einschränkung zu begrüßen ..."[9].

Der Band 35 der Essener Gespräche bietet die Referate von Dr. iur. utr. Hans-Wolfgang STRÄTZ, Professor für Rechtsgeschichte, Kirchenrecht und Bürgerliches Recht an der Universität Konstanz („Ehe und Familie als Institute des bürgerlichen Rechts. Eine Bestandsaufnahme im Hinblick auf die faktische und rechtliche Gleichstellung der nichtehelichen Lebensgemeinschaft"), Professor Dr. theol. lic. iur. can. Karl-Theodor GERINGER, Inhaber des Lehrstuhls für Kirchenrecht, insbesondere für Eherecht, Prozess- und Strafrecht sowie Staatskirchenrecht an der Universität München („Das geltende kanonische Eherecht"), Dr. iur. Gerhard ROBBERS, Professor für Öffentliches Recht, Kirchenrecht, Staatsphilosophie und Verfassungsgeschichte an der Universität Trier und Mitglied der Synode der EKD („Ehe und Familie in evangelischer Sicht. Ein Kurzbericht") sowie abschließend von Professor Dr. iur. Peter J. TETTINGER, Direktor des Instituts für Öffentliches Recht und Verwaltungslehre an der Universität zu Köln und Richter des Verfassungsgerichtshofes des Landes Nordrhein-Westfalen („Der grundgesetzlich gewährleistete besondere Schutz von Ehe und Familie").

Auf diesen Vortrag von Peter J. TETTINGER stand im Mittelpunkt des 35. Essener Gesprächs der einmütig an das Parlament als den demokratisch legitimierten Gesetzgeber gerichtete dringliche Appell, gemäß Art. 6 Abs. 1 unseres Grundgesetzes eine grundlegende Änderung der rechtlichen Rahmenbedingungen des Familienrechts vorzunehmen. Dieser Appell wurde initiiert durch eine erschreckende Realanalyse, nach der u. a. Deutschland neben Italien und Spanien in Europa die niedrigsten Geburtenzahlen hat. Das drohe auf Dauer das Sozialversicherungssystem und den Arbeitsmarkt zu destabilisieren und könne kaum durch einen problembeladenen Import von „Humankapital" ausgeglichen werden.

Dreh- und Angelpunkt für die sich aus dieser bedrohlichen Situation ergebende Notwendigkeit einer Reform des Familienrechts ist nach wie vor Art. 6 Abs. 1 GG, wonach Ehe und Familie unter dem besonderen Schutz der staatlichen Ordnung stehen. Staatsrechtslehre und Bundesverfassungsgericht haben als „natürliche Kombattanten" durch Verfassungsinterpretation und Verfassungsrechtsprechung dem Gesetzgeber den verfassungskonformen Weg zu dieser Reform des Familienrechts zu weisen. Der in Art. 6 Abs. 1 festgelegte besondere Schutz von Ehe und Familie ist im Grundrechtsteil der Verfassung einmalig und findet seine Rechtfertigung in der erheblichen Gemeinwohlrelevanz von Ehe und Familie. Er enthält daher ein sogenanntes spezifisches Differenzierungsgebot. Nichteheliche

9 TETTINGER, Peter J., Der grundgesetzlich gewährleistete besondere Schutz von Ehe und Familie, in: EssG 35 (2001) 150.

Lebensgemeinschaften hetero- und homosexueller Art[10] sind – das ist unter Verfassungsrechtlern unbestritten – schon begrifflich weder Ehe noch Familie und haben folglich keinen Anspruch auf Gleichbehandlung. Es gab zahlreiche weitere Themen der Interpretation des Art. 6 GG wie z. B., dass der Schutzauftrag des Staates ein Förderungsauftrag ist.

Aus der Interpretation des Textes des Art. 6 GG und der Rechtsprechung des BVerfG dazu wurden beim 35. Essener Gespräch Reformvorschläge für folgende stichwortartig aneinandergereihte Bereiche artikuliert: Kindergartenplätze, Familiengründungsbeihilfen, Familienleistungsausgleich, Vereinbarkeit von Familie und Beruf bzw. von Erziehungs- und Erwerbstätigkeit, Sozialversicherungsrecht, insbesondere Rentenrecht, und Steuerrecht, wozu die bereits erwähnten BVerfG-Entscheidungen vom 10. November 1998 zur Einkommensbesteuerung von Familien dem Gesetzgeber den richtigen Weg gewiesen haben.

Die Referate von Karl-Theodor GERINGER und Gerhard ROBBERS machten – wie es der Tagungsleiter Professor Dr. iur. Christian STARCK aus Göttingen formulierte – vor allem

> „deutlich, dass die Kirchen die ethischen Grundlagen für die Ehe und die Familie liefern. ... Je mehr das staatliche Recht ethisch ausgehöhlt wird, umso wichtiger ist für die Gesellschaft die Ehe- und Familienethik der Kirchen."[11]

5. Der Schutz des menschlichen Lebens (Bd. 22)

Der Schutz des menschlichen Lebens vor allem an seinem Beginn und an seinem Ende ist seit langem eine der drängendsten Aufgaben unserer Zeit. Kirchen, christlich bestimmte Gruppen wie z. B. das Zentralkomitee der deutschen Katholiken[12] und einzelne Christen mühen sich um diesen Schutz. Fachkongresse, wie z. B. der 56. Deutsche Juristentag 1986 in Berlin, und die Rechtsprechung widmen sich diesem Thema.[13] Auch die politische Debatte kann sich ihm nicht

---

10 Das Urteil des BVerfG v. 17.7.2002 zum Lebenspartnerschaftsgesetz (NJW 55 [2002] 2543-2552) lag bei Abfassung und Ablieferung dieses Textes noch nicht vor. Es stieß in der Presse sofort auf juristische Kritik; so z. B. von Bundesverfassungsrichter a. D. Paul KIRCHHOF (vgl. DERS., Bedrängender Übereifer, in: RhM Nr. 30/2002, 24), vom thüringischen Justizminister Andreas BIRKMANN (vgl. DERS., Keine Verlierer, in: ebd.) und von Friedrich Graf von WESTFALEN (vgl. DERS., Spiegel der Gesellschaft, in: ebd., 23).

11 STARCK, Christian, in: EssG 35 (2001) 92.

12 S. z. B. die Dokumentation des ZdK v. Mai 2001 zu „Entwicklungen in der Biomedizin und ihre ethische Bewertung", hg. v. Generalsekretariat des ZdK, Postfach 240141, 53154 Bonn. Sie enthält neben dem Beschluss der Vollversammlung des ZdK zu Fragen der biomedizinischen Entwicklung und ihrer ethischen Bewertung v. 4. / 5.5.2001 einen „Diskussionsanstoß des kulturpolitischen Arbeitskreises des ZdK im ‚Jahr der Lebenswissenschaften'" v. 1.3.2001 zum Thema „Der biomedizinische Fortschritt als Herausforderung für das christliche Menschenbild".

13 S. die umfangreichen Fundstellenhinweise in EssG 22 (1988) 7. Auf den Seiten 160-205 des Anhangs sind zudem „Beschlüsse und Richtlinien von juristischen und medizini-

entziehen. Denn wie der im Mittelpunkt des 21. und des 35. Essener Gesprächs stehende Schutz von Ehe und Familie nach Art. 6 GG muss auch der in den Art. 1 und 2 GG normierte Schutz des menschlichen Lebens Gegenstand gemeinsamer Sorge von Staat, Gesellschaft und Kirche sein.

Beim 22. Essener Gespräch im März 1987 stellte Professor Dr. med. Markus von LUTTEROTTI, mehr als 25 Jahre Chefarzt der Inneren Abteilung des Loretto-Krankenhauses in Freiburg i. Br., den medizinischen Aspekt des Schutzes des menschlichen Lebens dar („Schutz des menschlichen Lebens an seinem Beginn und seinem Ende im Bereich von Naturwissenschaft und Medizin"). Professor Dr. phil. habil. Josef SEIFERT, Rektor der Internationalen Akademie für Philosophie im Fürstentum Liechtenstein, betrachtete das Tagungsthema unter dem Blickwinkel der philosophischen Ethik („Menschenwürde und unbedingte Achtung menschlichen Lebens: Einige Fragen der Bioethik und die Grundlagen der Moral"). Und Professor Dr. iur. Dr. h. c. Adolf LAUFS, Inhaber des Lehrstuhls für Deutsche Rechtsgeschichte und Bürgerliches Recht an der Juristischen Fakultät der Universität Tübingen und bekannt auf dem Fachgebiet des Arztrechts, widmete sich der rechtlichen Wertung des Tagungsthemas.

Die Durchsicht dieses Bandes der Essener Gespräche erweckt den Eindruck, dass trotz der Weiterentwicklung der biologischen und der biomedizinischen Forschung die (bio)ethischen und rechtlichen Grundfragen nach den Grenzen dieser Forschung die alten bleiben. Das sollte aber kein Grund sein, das Thema „Schutz des menschlichen Lebens" nicht ebenso wie das Thema „Schutz von Ehe und Familie" ein zweites Mal zum Gegenstand eines interdisziplinären Essener Gesprächs zu machen.

6. Der Beitrag der Kirchen zur Erfüllung des staatlichen Erziehungsauftrags (Bd. 32)

Der Themenkreis Bildung, Erziehung, Schule, Religionsunterricht beschäftigt die Essener Gespräche immer wieder. Beim 5. Gespräch (1970) ging es um den Religionsunterricht, beim 9. Gespräch (1974) um kirchliche Schulen und Fachhochschulen in freier Trägerschaft, beim 12. Gespräch (1977) um die inhaltliche Gestaltung der Schule und beim 14. Gespräch (1979) um Elternrecht – Recht des Kindes – Recht des Staates.

Traditionsbruch, allgemeine Orientierungskrise und nicht zuletzt im Zusammenhang damit Probleme und Aufgaben in den neuen Bundesländern nach der deutschen Wiedervereinigung[14] brachten dem genannten Themenkreis erneute Aktualität, die die Kirchen zu neuen Überlegungen nötigten. Ergebnisse waren

---

schen Fachgremien zum Schutz des menschlichen Lebens" sowie „Dokumente der Kirchen zum Schutz des menschlichen Lebens" abgedruckt, so z. B. auch die Beschlüsse des 56. Deutschen Juristentages von 1986 in Berlin.

14 S. EssG 26 und 29 zur Einigung Deutschlands und zur Neuordnung des Verhältnisses von Staat und Kirche in Mittel- und Osteuropa, Münster 1992 und 1995.

die Studie „Identität und Verständigung. Standort und Perspektiven des Religionsunterrichts in der Pluralität" der EKD von 1994[15] sowie die Erklärung der Deutschen Bischöfe „Die bildende Kraft des Religionsunterrichts. Zur Konfessionalität des katholischen Religionsunterrichts" von 1996.[16] Aus den genannten Gründen wurde auch für das im März 1997 geführte 32. Essener Gespräch das Generalthema gewählt: „Der Beitrag der Kirchen zur Erfüllung des staatlichen Erziehungsauftrags".

Am Anfang stand der Vortrag „Öffentlicher Erziehungsauftrag. Eine Wiederbesichtigung nach der deutschen Einheit" des Inhabers des Lehrstuhls für Öffentliches Recht und Auswärtige Politik an der Universität Tübingen, Professor Dr. Thomas OPPERMANN. Die Aussprache darüber wandte sich vor allem den von Thomas OPPERMANN gemachten Vorschlägen für eine Tendenzwende in Richtung auf eine Renaissance der öffentlichen Erziehung zu. Hier ging es hauptsächlich – ungeachtet aller faktischen und rechtlichen Hindernisse – um einen im Interesse des Wettbewerbs liegenden Abschied vom staatlichen Schulmonopol und eine Stärkung der Privatschulfreiheit. Bei einer daraus resultierenden dualen Schulordnung werde – vergleichbar der dualen Rundfunkordnung – die öffentliche Schule durch eine private Konkurrenz wieder in die Pflicht genommen, erzieherisch tätig zu werden. Zusätzlich werde sie durch eine Werte- und Sinnstiftung ergänzt, die dem religiös-weltanschaulich neutralen Staat verwehrt sei.

Professor Dr. iur. Karl-Hermann KÄSTNER, zum Zeitpunkt der Tagung Ordinarius für Öffentliches Recht und Kirchenrecht an der Universität Halle-Wittenberg, griff sodann die aktuellen zentralen staatskirchenrechtlichen Fragen des Religionsunterrichts der Gegenwart auf. Mit ihm gingen die Diskussionsteilnehmer davon aus, dass die Einrichtung des Religionsunterrichts in Art. 7 Abs. 3 GG, der Staat und Kirche zur Kooperation verpflichte, einerseits besage, dass es zum staatlichen Erziehungsauftrag gehöre, in der öffentlichen Schule auch der religiösen Dimension ihren Platz einzuräumen. Andererseits artikuliere Art. 7 Abs. 3 GG eine auf die Religionsgemeinschaften gerichtete Verfassungserwartung, dafür Sorge zu tragen, die von der Verfassung eröffnete Möglichkeit des Religionsunterrichts inhaltlich zu füllen und damit an der religiösen und ethischen Bildung und Erziehung der Jugend mitzuarbeiten.

Einig waren sich die Diskussionsredner auch darin, dass die verfassungsrechtliche Garantie des Religionsunterrichts zwingend durch das Erfordernis der Konfessionalität bestimmt wird. Gerungen wurde in der Diskussion vor allem um die Konsequenzen aus der wachsenden Einsicht in die Unverzichtbarkeit wertbezogener schulischer Erziehung. Auf diese Einsicht wird nun nicht nur zur

---

15 Gütersloh 1994.

16 Nr. 56 der Erklärungen der Deutschen Bischöfe v. 27.9.1996, hg. v. Sekretariat der DBK, Kaiserstraße 163, 53113 Bonn.

Legitimation des Religionsunterrichts Bezug genommen, sondern auch zur Legitimation eines eigenständigen Ethikunterrichts.

Das wirft Fragen auf: Sind Religion und Ethik voneinander zu trennen? Wenn zwar wertgebundener, aber religiös-weltanschaulich neutraler Ethikunterricht möglich ist, soll er dann vom Staat als allgemeinverbindliches Schulfach eingeführt werden oder nur als Ersatzfach für die Schüler, die nicht am Religionsunterricht teilnehmen? Wie steht es um die Möglichkeit eines islamischen Religionsunterrichts? Darf seine Einrichtung von bestimmten Voraussetzungen abhängig gemacht werden, die sich auf den Inhalt der Lehre, die Organisation der Religion, den Ausbildungsstandard der Lehrer beziehen?

Abschließend referierte Professor Dr. theol. Hermann Pius SILLER, em. Inhaber des Lehrstuhls für Praktische Theologie und Religionspädagogik an der Universität Frankfurt a. M., über „Das konfessionelle Element in der öffentlichen Schule". Die Tagungsteilnehmer waren, wie es der Tagungsleiter Professor Dr. iur. Alexander HOLLERBACH aus Freiburg formulierte, dankbar dafür, dass der Referent sie

> „so intensiv, nachhaltig und ernst an die Grundfragen nach dem Sinn von konfessionellem Religionsunterricht herangeführt"[17]

hatte. Wie Hermann Pius SILLER geht auch die Studie „Identität und Verständigung" der EKD von dieser Konfessionalität aus. Die Diskussion wandte sich darüber hinausgehend z. B. den Gründen für den Ausfall traditioneller religiöser Erziehung im Elternhaus und Krisenmomenten im schulischen Religionsunterricht zu.

7. Fundamentalismus als Herausforderung an Staat, Kirche und Gesellschaft (Bde. 33, 20, 34)

Beim Begriff „Fundamentalismus" geht es um eine geistige Haltung, die durch kompromissloses Festhalten an ideologischen oder religiösen Grundsätzen gekennzeichnet ist. Im modernen Sprachgebrauch wird das Wort häufig als Synonym für einen militanten Expansionsdrang islamischer Prägung verwendet, der die reine islamische Religion zur Grundlage des politischen und sozialen Lebens zu machen versucht. Fest steht, dass der Fundamentalismus, unbeschadet seiner religiösen Zuordnung, zum Sammelbegriff bestimmter Verhaltensweisen geworden ist, die ihre Ziele ohne erkennbare Zeichen von Toleranz mit einem unerschütterlichen Absolutheitsanspruch verfolgen. So wird bereits aus dem Tagungsthema deutlich, dass der Fundamentalismus nicht nur eine Herausforderung für Staat, Kirche und Gesellschaft ist, sondern auch den Gemeinwohlerwartungen des Staates bzw. den verfassungsstaatlichen Erwartungen fundamental widerspricht.

---

17 HOLLERBACH, Alexander, in: EssG 32 (1998) 136.

Beim 33. Essener Gespräch 1998 befasste sich zunächst in einem staatstheoretischen Vortrag Professor Dr. Otto DEPENHEUER, damals Inhaber des Lehrstuhls für Öffentliches Recht und Rechtsphilosophie an der Universität Mannheim, mit „Wahrheit oder Frieden? Die fundamentalistische Herausforderung des modernen Staates". Der Bischof von Mainz und Vorsitzende der Deutschen Bischofskonferenz, Professor Dr. theol. Dr. phil. Karl LEHMANN, behandelte im zweiten Vortrag das Thema „Der Fundamentalismus als Herausforderung für Theologie und Kirche". Den dritten Vortrag „Islamischer Fundamentalismus – eine Herausforderung für den Westen?" hielt Professor Dr. phil. Friedemann BÜTTNER, Inhaber des Lehrstuhls im Fachbereich Politische Wissenschaften, Arbeitsstelle Politik des Vorderen Orients an der Freien Universität Berlin.

Gegenstand der Vorträge und Aussprachen waren zunächst Phänomen und Begriff des Fundamentalismus in seiner ganzen Vielschichtigkeit. Als es dann um die Herausforderungen des Fundamentalismus ging, kam es auch zu einer engagierten Erörterung der komplexen staatskirchenrechtlichen Fragestellungen, die sich aus der Anwesenheit einer muslimischen Minderheit für die deutsche Staat-Kirche-Ordnung ergeben.

Das 33. Essener Gespräch nahm damit Überlegungen wieder auf, die vor allem beim 20. Essener Gespräch 1985 über den „Islam in der Bundesrepublik Deutschland" begonnen hatten. Nach dem islamwissenschaftlichen Referat von Professor Dr. phil. Baber JOHANSEN aus Berlin hatte damals Dr. iur. Alfred ALBRECHT aus dem Kultusministerium des Landes Nordrhein-Westfalen über „Religionspolitische Aufgaben angesichts der Präsenz des Islam in der Bundesrepublik Deutschland" und Professor Dr. iur. Wolfgang LOSCHELDER, 1985 noch an der Ruhr-Universität Bochum, zum Thema „Der Islam und die religionsrechtliche Ordnung des Grundgesetzes" gesprochen. Dass die Debatte über diesen Themenbereich mit dem 33. Essener Gespräch nicht abgeschlossen war, zeigte sich beim 34. Essener Gespräch im März 1999 im Referat von Professor Dr. iur. Axel von CAMPENHAUSEN über „Offene Fragen im Verhältnis von Staat und Kirche am Ende des 20. Jahrhunderts" und in der sich anschließenden Aussprache. Vortrag und Diskussion kamen zu dem Ergebnis: Die deutsche Staat-Kirche-Ordnung – „ein Stück deutscher und europäischer Kultur, die in wesentlicher Hinsicht Derivat des Christentums"[18] ist – zeigt ihre Zukunftsfähigkeit durch ein hohes Maß an Kontinuität und Konsens „im Normbestand, in der Rechtsprechung, in der wissenschaftlichen Lehre und sogar in der politischen Welt"[19]. Diese Ordnung wird allerdings einer Bewährungsprobe ausgesetzt vor allem durch eine aus der Wiedervereinigung Deutschlands resultierende Änderung der Konfessionsstatistik sowie durch die Anwesenheit einer muslimischen Minderheit.

---

18 CAMPENHAUSEN, Axel von, in: EssG 34 (2000) 143.

19 Ebd., 105 f.

In der Aussprache neigte man dazu, diesen Haupt-Herausforderungen einerseits mit Selbstvertrauen, andererseits aber auch mit „flexibler Kontinuität" zu begegnen und mit dem Bestreben, das System offen zu halten und weiterzuentwickeln im Blick auf andere Religionen, um damit seine Legitimation zu verbreitern. Es wurden die Chancen einer solchen Entwicklung gesehen, aber auch die Risiken und Grenzen. Solche Grenzen zeigten sich immer wieder in der Erörterung der Details; so etwa bei der Anwendbarkeit der Institute des Staatskirchenrechts (Religionsunterricht, Körperschaftsstatus) auf den – volle Religionsfreiheit nach Art. 4 GG besitzenden – Islam.

Zum Islam in Deutschland[20] sei folgende Schlussbemerkung gemacht, die sich einerseits auf die Integration der dauerhaft in Deutschland bleiben wollenden Mehrheit der Muslime bezieht und andererseits auf fundamentalistisch orientierte islamistische Gruppen und Organisationen: Bei der Integration wird von den Einheimischen lediglich die Anerkennung der Andersartigkeit der Einwanderer verlangt. Dagegen geht es bei den Migranten

> „um eine dosierte Einübung, zu der die Erlernung der Sprache und vermittels ihrer auch die Bekanntschaft mit der kulturellen Überlieferung und den Einstellungsmustern des Aufnahmelandes" gehören. „Die Vermittlung der einheimischen Kultur beansprucht gegenüber der Minderheit unter dem Gesichtspunkt der Integration in die Aufnahmegesellschaft Priorität, ohne dass damit ein Wertvorsprung der einheimischen Kultur vor fremden Kulturen behauptet werden dürfte."[21]

Und mit den Worten von Paul KIRCHHOF, der von 1987 bis 1999 Richter am Bundesverfassungsgericht war: Die deutsche und die europäische Verfassungsordnung ist

> „nicht in einer multikulturellen Beliebigkeit offen", sie ist sich „vielmehr in der festen Verankerung einer christlich geprägten Rechtstradition ihrer eigenen Prinzipien so gewiss, dass sie auf dieser Grundlage das andere, das Fremde, das Ungewohnte als Anregung und Bereicherung wünschen und willkommen heißen kann."[22]

Dr. phil. Bassam TIBI, aus Damaskus stammender (Reform-)Muslim und Professor für Internationale Politik an der Universität Göttingen, setzt sich mit Vehemenz dafür ein, die Mehrheit der muslimischen Einwanderer

---

20 S. den in der im September 2003 im Verlag Duncker & Humblot in Berlin erscheinenden und von Stefan MUCKEL herausgegebenen Festschrift für Wolfgang RÜFNER zum 70. Geburtstag enthaltenen Beitrag von MARRÉ, Heiner: Der Islam in Deutschland. Historische, politische und rechtliche Überlegungen zu einem komplexen Thema.

21 GRIMM, Dieter (Bundesverfassungsrichter a. D.), Kann der Turbanträger von der Helmpflicht befreit werden? Nach dem Gesetz: Welche kulturellen Konflikte zwischen Einheimischen und Zugewanderten entstehen und wie ihnen juristisch begegnet werden kann, in: FAZ v. 21.6.2002, 49.

22 KIRCHHOF, Paul, Humus für die Freiheit. Recht und Kultur. Was bedeutet das Christentum für die Politik der EU?, in: RhM Nr. 21/2002, 25; vgl. auch HÄBERLE, Peter, Europäische Rechtskultur. Versuch einer Annäherung in zwölf Schritten, Baden-Baden 1994.

„durch Integration zu europäischen Bürgern zu machen und den Islamisten unter ihnen das Handwerk zu legen.“[23]

Professor Dr. Christian HILLGRUBER, Inhaber des Lehrstuhls für Öffentliches Recht, Völkerrecht und Rechtsphilosophie an der Universität Erlangen-Nürnberg, hat rechtswissenschaftlich untersucht, ob der Islamismus in Deutschland eine Gefahr für die freiheitlich-demokratische Grundordnung bedeutet. Er kommt zu dem Ergebnis, dass eine latente Gefahr für die politische Kultur des Westens und damit auch für die mit ihr verbundene Bundesrepublik Deutschland besteht. Es ist

„die durch kulturelle Prägung tief verwurzelte, andere islamische Mentalität in Sachen Politik und Religion, die den säkularen, gewaltenteilenden, den Menschenrechten verpflichteten Verfassungsstaat westlicher Provenienz potentiell gefährdet.“[24]

Christian HILLGRUBER geht unter Berücksichtigung von Erkenntnissen des Verfassungsschutzes der Frage nach, welche islamistischen Gruppierungen (verfassungs)rechtswidrig agieren. Er beschäftigt sich auch mit der von dem (inhaftierten) Metin KAPLAN geführten Organisation „Der Kalifatsstaat“, die u. a. als Endziel die Weltherrschaft des Islam propagiert, dem sich Nichtmuslime zu unterwerfen haben.[25] Diese Organisation ist inzwischen im Dezember 2001 von Bundesinnenminister Otto SCHILY verboten worden.[26] Demgegenüber hat der Zentralrat der Muslime Anfang des Jahres 2002 in einer Grundsatzerklärung von der „Pflicht, sich zu integrieren“ gesprochen und sich zum Grundgesetz bekannt.[27] Ob dahinter ein echter Wille zur Integration steht oder nur die Kunst der „Verstellung“ (taqîya) im „Feindesland“, die „Doppelbödigkeit“ oder Doppelzüngigkeit der Rede mit Deutschen einerseits und Muslimen andererseits?[28] Umfasst das Bekenntnis zum Grundgesetz auch die Gleichberechtigung von Mann und Frau (Art. 3 Abs. 2 GG) sowie das Grundrecht der Religionsfreiheit (Art. 4

---

23 TIBI, Bassam, Islamisten schaden dem Islam. Integration von Zuwanderern. Was Europa tun sollte, um nicht zum Hinterland muslimischer Extremisten zu werden, in: RhM Nr. 27/2001, 6; s. auch RÖSER, Johannes, Ohne zu lügen ... Bassam Tibi, Gilles Kepel: Wie modernitätstauglich ist der Islam?, in: CiG 54 (2002) Nr. 25 v. 23.6.2002, 203 f.

24 HILLGRUBER, Christian, Islamismus in Deutschland – eine Gefahr für die freiheitliche demokratische Grundordnung?, in: Bundesamt für Verfassungsschutz, 50 Jahre im Dienst der inneren Sicherheit, Köln u. a. 2000, 345; DERS., Der deutsche Kulturstaat und der muslimische Kulturimport. Die Antwort des Grundgesetzes auf eine religiöse Herausforderung, in: JZ 54 (1999) 538-547 und in: Jahres- und Tagungsbericht der Görres-Gesellschaft 1998, 87-114 (Geschäftsstelle: Belfortstr. 9, 50686 Köln).

25 Vgl. HILLGRUBER, Islamismus (Fn. 24), 341.

26 HERHOLZ, Andreas, Überfällige Maßnahme. Schily macht dem Kalifatsstaat ein Ende, in: Ruhr-Nachrichten v. 13.12.2001, 2.

27 Pflicht, sich zu integrieren, in: FAZ v. 21.2.2002, 5; s. auch SCHROM, Michael, 21 Punkte Theorie. Wie wird sich die Islamische Charta bei uns in der Praxis bewähren?, in: CiG 54 (2002), Nr. 21 v. 26.5.2002, 172.

28 HILLGRUBER, Kulturimport (Fn. 24), 110.

GG) auch in seiner negativen Ausprägung des Ausscheidens aus einer Religionsgemeinschaft?[29]

Der Referent des 33. Essener Gesprächs über den Fundamentalismus, Karl Kardinal LEHMANN, hat sich jüngst[30] mit der Frage beschäftigt „‚Ewiger Krieg' im Heiligen Land?" und ist dabei auch auf die Gewaltanfälligkeit von Religion zu sprechen gekommen. Man könne nicht verschweigen, dass sich die muslimischen Traditionen des Verhältnisses zur Gewalt im Selbstverständnis des Islam bis heute auswirkten, dass der Religionsgründer Mohammed zugleich Staatsgründer und Eroberer war und seiner normativen Idee einer Einheit von Politik und Religion die Vorstellung einer herrschenden Religion innewohne. Dem Islam fehle der harte Maßstab des Gewaltverzichts, der aus christlicher Sicht im Kreuz Jesu Christi aufgerichtet sei und auf den die Kritiker einer Gewaltanwendung im Bereich christlicher Geschichte sich immer wieder berufen konnten. Die Lehre über den Dschihad müsse ein zentrales Gesprächsthema zwischen Islam und Christentum werden und vermutlich lange bleiben.

---

29 S. GRIMM (Fn. 21).

30 LEHMANN, Karl, Recht überwindet Rache. „Ewiger Krieg" im Heiligen Land?, in: RhM Nr. 5/2002, 3, 25.

Kirchenrecht – Staatskirchenrecht – Staatliches Religionsrecht
Ein Themenschwerpunkt der Akademie der Diözese Rottenburg-Stuttgart

Abraham Peter Kustermann

1. „Quod omnes tangit ..."

Schaut man sich im Gelände um, scheint die Beschäftigung mit Themen des Kirchenrechts und des Staatskirchenrechts nicht zum typischen Repertoire Katholischer Akademien[1] zu gehören. Da mag die eine oder andere Tagung da und dort im Programm schon einmal auftauchen, aber dann doch eher punktuell. Selbst wo eine Katholische Akademie – zum Beispiel – ein so renommiertes Forum wie die „Essener Gespräche zum Thema Staat und Kirche" regelmäßig unter ihr Dach nimmt[2], lädt sie sich damit doch nur einen Gast ins Haus; am Gespräch selbst beteiligt sie sich institutionell nicht.[3]

Die kirchlichen Akademien verfügen in der Regel über eine weit gehende Gestaltungsfreiheit bezüglich ihrer Themen und Schwerpunkte. Also liegen die Gründe dafür nicht einfach auf der Hand. Wahrscheinlich gelten Themen des Kirchen- und / oder Staatskirchenrechts als zu spröde für ein größeres Publikum, vielleicht auch als zu subtil für eine offene Debatte. Vieles spricht zunächst dafür, dass es dabei nur um Fragen für eine Hand voll Spezialisten gehen könne, keinesfalls um die „großen" kirchlichen und gesellschaftlichen Gegenwartsfragen, die den kirchlichen Akademien in Deutschland, Katholischen wie Evangelischen, herkömmlicher Weise (in der Binnenwahrnehmung wie von den Außenerwartungen her) auf die Fahnen geschrieben sind.[4] Auch scheinen sich solche Themen zu weit vom Leben des Publikums zu entfernen, also auf Desinteresse zu stoßen – wenn nicht gar Aversionen zu provozieren. Wohl findet sich

---

1 KREMS, Gerhard, Akademien, in: LThK³ I, 280; LOSCH, Bernhard, Erwachsenenbildung und Akademien, in: HdbStKR² II, 639-661; KUSTERMANN, Abraham Peter, Akademie, kirchliche. II. Kath., in: LKStKR I, 42 ff. (Lit.).

2 S. dazu den Beitrag von Heiner MARRÉ in diesem Band (827-841). Die „Essener Gespräche" finden regelmäßig in der Katholischen Akademie der Diözese Essen „Die Wolfsburg" (Mühlheim / Ruhr) statt.

3 S. jedoch den unter Federführung der Katholischen Akademie „Die Wolfsburg" entstandenen Tagungsband: Zwischen nationaler Identität und europäischer Harmonisierung. Zur Grundspannung des zukünftigen Verhältnisses von Gesellschaft, Staat und Kirche in Europa, hg. v. KÄMPER, Burkhard / SCHLAGHECK, Michael, Berlin 2002.

4 S. dazu „Die Kirche braucht Kulturstationen". Ein Gespräch mit Akademiedirektor Gebhard Fürst, in: HK 53 (1999) 182-187; HENRIX, Hans Hermann, Akademie als Fenster der Kirche zur Welt und Gesellschaft, in: EuA 78 (2002) 216-230.

die Beschäftigung der kirchlichen Akademien mit Fragen der Theologie – in allgemeiner wie in spezifischer Weise – keineswegs selten thematisiert und reflektiert[5], doch steht die Kanonistik in solchen Zusammenhängen völlig im Schatten der übrigen theologischen Disziplinen.

Und wirklich – wo kommt ein normaler Christenmensch schon mit dem Kirchenrecht in Berührung, außer vielleicht, im Konfliktfall, mit dem kirchlichen Eherecht – eine Erfahrung, die dann allerdings weiteren „Bedarf" dafür vorwiegend erledigt? Haben wir nicht der Verrechtlichung(en) genug, genug „Rechtskirche" statt „Liebeskirche"?

Aber es gibt ja nicht nur diese klassische Gegenüberstellung, es gibt auch eine klassische Antwort darauf: Das Gegenteil von „Rechtskirche" ist nicht die „Liebeskirche", sondern die Unrechtskirche. Deshalb kann das Recht der Kirche niemandem, der in ihr lebt und glaubt, im Grunde gleichgültig sein. Die Sozialform der Kirche, die Beziehungen ihrer Glieder untereinander, ihre Selbstvollzüge nach innen und außen, all das hat seinen rechtlichen Ausdruck, seine rechtlichen Regeln und Formen, die durch nichts ersetzbar sind – außer durch bessere, wo sie Buchstaben und Geist des Evangeliums, der Sendung der Kirche zu *diakonia* (Dienst), *martyria* (Zeugnis) und *leiturgia* (Gottesdienst) oder dem Wesen des Rechts selbst widersprechen.

Dass in dieser Hinsicht heute vom bestehenden kirchlichen Recht aus vielfach nach „besserem" Recht gefragt wird, dass Fragen der Struktur- und Fallgerechtigkeit eine wachsende Rolle spielen, ja, dass die Frage der Angemessenheit vieler geltender Rechtsnormen – und insofern die Frage nach der Gerechtigkeit und „Rechtlichkeit" des geltenden Kirchenrechts – offen hinterfragt wird, bedarf keiner Belege. Man bekommt in der medialen Berichterstattung aus der bzw. über die Kirche hauptsächlich davon zu lesen, und derartige Fragen stehen allüberall im Hintergrund unserer geradezu alltäglich gewordenen innerkirchlichen Konflikte. Man muss nicht den Propheten spielen, um auch im Blick auf das kirchliche Recht zu sagen: Es wird nichts bleiben, wie es ist, wenn es sich nicht ändert.

Im Anliegen einer angemessenen Weiterentwicklung des kirchlichen Rechts wie der Korrektur von Fehlformen und -entwicklungen sind sich übrigens die „Spezialisten", die professionellen Kirchenrechtler aus Wissenschaft, kirchlichem Gerichtswesen, kirchlichen Rechtsämtern und sonstigen Institutionen, weithin einig mit denen, die zwar nicht die gleiche (Fach-)Kompetenz, aber dasselbe Interesse an einem „guten" Recht in der Kirche haben. Alle zusammen sind wir ja Betroffene vom selben kirchlichen Recht. Und so lässt sich das Hauptmotiv für die kontinuierliche Beschäftigung einer Katholischen Akademie

---

5 LEHMANN, Karl Kardinal, Theologische Impulse für die geistige und ethische Orientierung Europas an der Bruchlinie zwischen Ost und West, in: Bulletin ET 12 (2001) 147-162 (bes. 158); Brückenschläge. Akademische Theologie und Theologie der Akademien, hg. v. GARHAMMER, Erich / WEIß, Wolfgang, Würzburg 2002 (bes. Kap. 3: Theologie der Akademien – Dialogorte, 287-389).

mit Themen des Kirchenrechts mit einem alten kirchlichen Rechtssatz, kaum verändert, so formulieren: „Quod omnes tangit, ab omnibus disputari potest" (Was alle betrifft, unterliegt der freien Erörterung aller).

Dieses Motto stand ungeschrieben über bislang 13 Offenen und Fach-Tagungen, die die Akademie der Diözese Rottenburg-Stuttgart[6] seit 1989 in enger fachlicher Kooperation mit dem Lehrstuhl für Kirchenrecht an der Katholisch-Theologischen Fakultät der Universität Tübingen ausgelobt und alternierend in ihren Tagungshäusern in Stuttgart-Hohenheim und in Weingarten veranstaltet hat, personell gewendet: in gleich freundschaftlicher wie sachlich effektiver und fachlich fruchtbarer Zusammenarbeit mit dem Lehrstuhlinhaber, Professor Dr. Richard PUZA. Davon sei in diesem Beitrag berichtet – mit der gebotenen Knappheit zwar, aber doch unterlegt mit dem Goldgrund herzlichen Dankes. Denn davon ist hier die Rede: „Tua de tuis".

Es ging (und geht) bei diesen Veranstaltungen um den – in den Grenzen des Gegebenen erfolgreichen – Versuch, in der Verbindung von freiem Dialog und fachlichem Diskurs Einfluss zu nehmen auf die Kultivierung und Weiterentwicklung einer wesentlichen Vollzugsform der Kirche: eben ihres Rechts.[7] Natürlich waren (bzw. sind) die oben genannten Fachleute, zu denen dann auch wissenschaftliche Nachwuchskräfte (DiplomandInnen, DoktorandInnen, HabilitandInnen) an kanonistischen und juristischen Lehrstühlen gezählt werden dürfen, jeweils die ersten Adressaten der Einladung und stellen das Gros der Teilnehmerschaft. (Dass sogar gestandene „Kirchenjuristen" unsere Tagungen als Gelegenheit zur Fortbildung wahrnehmen, sei am Rande mit Freude vermerkt.) Dieser Umstand verwies aber nie (und will es auch weiterhin nicht) TeilnehmerInnen ohne vergleichbare Fachkompetenz in die minderqualifizierte Rolle bloßer Zuhörer. Manche Diskussion gewann gerade daraus ihre Lebendigkeit und Delikatesse, dass „quer" zu den Fachanalysen und -perspektiven gefragt und disputiert wurde, und dass gelegentlich auch persönliche Betroffenheit ins Spiel kam, die, weitab von modischer Betroffenheitsattitüde, am einen „Fall" zu demonstrieren geeignet war, „quod omnes tangere potest": was im Fall des Falles unter Geltung der Normen des kanonischen Rechts jedes Mitglied der katholi-

---

6 Zu Geschichte, Verfassung und Arbeitsweise der Akademie der Diözese Rottenburg-Stuttgart (in Auswahl) vgl. FÜRST, Gebhard, Die Diözesan-Akademie in Stuttgart-Hohenheim. Vorreiter in Deutschland, in: Rottenburger Jahrbuch für Kirchengeschichte 7 (1998) 151-174; Akademie der Diözese Rottenburg-Stuttgart (Hg.), Dialog und Gastfreundschaft. 40 Jahre Akademie der Diözese Rottenburg-Stuttgart 1951-1991, 2 Bde., Stuttgart 1991; DIES. (Hg.), Mehr denn Utopie. 50 Jahre Akademie der Diözese Rottenburg-Stuttgart, Stuttgart u. a. 2001; DIES. (Hg.), Kirche im Konjunktiv – Akademie im Präsens. 50 Jahre Akademie der Diözese Rottenburg-Stuttgart, Stuttgart 2003 (im Druck). Über konkrete Arbeit und Publikationen der Einrichtung berichtet die jährlich erscheinende Chronik der Akademie. Laufende Informationen: http://www.akademie-rs.de.

7 Diesem Ziel dient auch die Publikation der Beiträge in den einschlägigen Tagungs-Dokumentationen, die, soweit vorliegend, unten jeweils angemerkt sind.

schen Kirche unmittelbar und – je nachdem – angenehm oder auch höchst unangenehm (be)treffen kann.

Nicht notgedrungen, sondern als bare Selbstverständlichkeit auf dem Hintergrund der gesamtgesellschaftlichen Verhältnisse und unserer bundesrepublikanischen Rechtswirklichkeit gehören hierher auch Fragen und Themen des (in Deutschland herkömmlich so genannten) Staatskirchenrechts. Viele Gegebenheiten, die tief in das kirchliche Leben einerseits, in das staatliche und / oder gesellschaftliche andererseits eingreifen, beruhen auf Vereinbarungen oder Verträgen zwischen staatlichen Rechtsträgern und den Kirchen. Man denke an die klassischen *res mixtae* (gemeinsame Angelegenheiten von Staat und Kirche) wie beispielsweise den Religionsunterricht als ordentliches Lehrfach an den öffentlichen Schulen, die Existenz Theologischer Fakultäten an den Universitäten oder die Geltung des kirchlichen Dienstes als öffentlicher Dienst. Diese Verhältnisse bringen es mit sich, dass „Kirchenrecht" seit je als Disziplin nicht nur an den Theologischen Fakultäten gelehrt und vertreten wird (oder „Kirchenordnung", wie der bevorzugte Terminus an den Evangelisch-Theologischen Fakultäten lautet), sondern ebenso an den Juristischen. Unsere Tagungen haben auch das Ziel, den interdisziplinären Dialog beider zu unterstützen oder mitunter – bezüglich einzelner Fragen – überhaupt in Gang zu bringen. Und gegebenermaßen schließt dieser Dialog die ökumenische oder – in diesem Fall exakter zu sagen – interkonfessionelle Ebene ein, weil die Rechtsverhältnisse der Kirchen in Deutschland – namentlich beider Großkirchen – in dieser Hinsicht *mutatis mutandis* nahezu dieselben sind.

Manches in den Beziehungen zwischen Staat und Kirche, das nur auf Herkommen beruht, vor allem auf dem Misstrauen des früheren Obrigkeitsstaates gegen die Kirche, ist heute seinem Grunde nach fraglich geworden, historisches Relikt, und bedarf der Anpassung oder Korrektur, beispielsweise Einflüsse des Staates auf die kirchliche Ämterbesetzung, das Obligatorium der staatlichen Ziviltrauung oder der Treueid von Bischöfen auf die Verfassung. Andersherum schwindet in der Öffentlichkeit die Akzeptanz für (vermeintliche oder tatsächliche) Privilegien der Kirchen wie beispielsweise das Recht, öffentlich Religionsunterricht zu erteilen, unter Inanspruchnahme der staatlichen Finanzverwaltung Kirchensteuer einzuziehen, oder das System der „hinkenden Trennung" von Kirche und Staat ganz grundsätzlich. Alles Fragen, die sich unter dem Stichwort „Staatskirchenrecht" stellen, ja allmählich aufhäufen, womit die Nähe unseres Bemühens zu den „großen" kirchlichen und gesellschaftlichen Gegenwartsfragen doch immerhin angedeutet sei. Vor allem die deutsch-deutsche Wiedervereinigung und alles danach hat in dieser Hinsicht eine Menge alt-neuer Fragen mit sich gebracht oder erneut und verschärft aufgeworfen, teils im Blick auf Regelungsmaterien im einzelnen, teils im Blick auf Vertrags- und Verfassungsfragen im Grundsatz. Dass sich der Terminus „Staatskirchenrecht" mittlerweile mehr und mehr ersetzt findet durch den des Religionsverfassungsrechts – auf nationaler wie auf europäischer Ebene –, ist insoweit keineswegs nur modische terminologische Spielerei, sondern Ausdruck für

- eine schärfere, letztlich systemadäquatere begriffliche Erfassung historisch befrachteter rechtlicher Sachverhalte vom Boden des modernen Verfassungsstaates aus,
- die Potenz verfassungsregulativen Denkens, denjenigen Voraus-Setzungen intra-konstitutionell genuin Raum zu geben, ohne die der moderne Staat nicht leben, die er selbst aber nicht schaffen kann (Ernst-Wolfgang BÖCKENFÖRDE).

Wie allgemein-politisch, kann aber auch im Fall des Staat-Kirche-Verhältnisses die nationale deutsche Perspektive allein nicht mehr genügen. Der Prozess der wachsenden europäischen Einigung ist auch hier – vielleicht noch zu wenig wahrgenommen – bereits zu einem (mit-)bestimmenden Faktor geworden. Und so muss sich die Aufmerksamkeit schließlich dem umfassenderen Bereich des Staatlichen Religionsrechts im europäischen Rahmen zuwenden, sei es in seinem positiven Bestand für sich, sei es unter rechts- oder systemvergleichenden Gesichtspunkten. Von daher fließt in unsere Tagungen auch regelmäßig internationale Farbe ein, sowohl was die Themen als was die TeilnehmerInnen angeht: Frankreich, Italien, die Niederlande, Belgien, Österreich und die Schweiz sind regelmäßig „mit im Gespräch", d. h. unter den Themen, mit Referierenden sowie mit Teilnehmern vertreten; von Polen, Spanien sowie vom Recht der Europäischen Gemeinschaft war mehrfach ausdrücklich die Rede.

2. Eine Skizze der Themen und Tagungen

2.1. Den äußeren Anstoß zum Start dieses Arbeitsschwerpunkts gab die sog. Kölner Erklärung von 162 katholischen Theologieprofessoren „Wider die Entmündigung – für eine offene Katholizität" vom 6. Januar 1989. Auf die in ihrem Gefolge meistdiskutierten Sujets abgestellt, waren Frage und Thema unserer ersten Tagung (8.-10. Dezember 1989 in Stuttgart-Hohenheim): „Frost auf die Blüten des Teilkirchen-Rechts? Kirchenrechtliche Konflikte zwischen Rom und den deutschen Ortskirchen."[8] In der Einladung hieß es:

> „Das 2. Vatikanum betonte die Struktur der Kirche als ‚Communio' und sieht in eins damit in den Teilkirchen (Diözesen) jene Größen, ‚in denen und aus denen die eine und einzige katholische Kirche besteht' (Lumen Gentium, Art. 23). Der theologische Gleichrang, die theologisch gleiche Qualität und Würde von Gesamt- und Teilkirche wurde damit verbindliche Lehre. Konsequenterweise machte sich das nachkonziliare kirchliche Verfassungsrecht diesen Grund-Satz zu eigen (CIC/1983, can. 368). Doch: Trotz der prinzipiellen theologischen Verhältnisbestimmung scheinen die ekklesiologischen Konsequenzen dieses Grund-Satzes noch nicht sehr klar zu sein. Nicht wenige sehen ihn durch einen akzentuierten innerkirchlichen Zentralismus in der Praxis

---

8 Eine Kirche – ein Recht? Kirchenrechtliche Konflikte zwischen Rom und den deutschen Ortskirchen, hg. v. PUZA, Richard / KUSTERMANN, Abraham Peter, Stuttgart 1990.

geradezu unterlaufen. Unter den gegenwärtigen ‚Störungen im deutschen Katholizismus', die sich auf konkurrierende Auslegungen des Grund-Satzes zurückführen lassen, sind vorzugsweise die irritierenden Vorgänge um einzelne Bischofsbestellungen und die Handhabung einiger Normen des kirchlichen Hochschulrechts zu nennen. Theologisches und kirchenrechtliches Denken sind hier noch zu intensiver Reflexion und Stellungnahme herausgefordert – über die konkreten Einzelpunkte hinaus auch bzgl. der kirchenverfassungsrechtlichen und -vertragsrechtlichen Rahmenbedingungen. Diese Reflexion schließt den offenen Dialog mit den Gliedern der Kirche ein."

Um wenigstens in diesem einen Fall etwas Einblick in die versuchten Antworten zu vermitteln, der für die „Tonlage" der hier skizzierten Tagungen außerdem durchaus repräsentativ ist, sei hier aus dem damaligen Eingangsvortrag von Richard PUZA eine Passage zitiert, die auffälligen Beifall erhielt:

„Das Verständnis der Kirche als Communio und die Wiederentdeckung der Ortskirche sind die beiden ‚Revolutionen' des II. Vatikanischen Konzils. Sie müssen eine Entsprechung in der Rechtsordnung der Kirche finden. Das Kirchenrecht muß geeignete juristische Institute und ausreichende Räume für den Ausgleich der Spannungen zwischen Universal- und Teilkirche(n) und für die wiederbekräftigte Mitverantwortung der Gläubigen schaffen. Es muß eine Ordnung schaffen, die nicht zuvorderst die Gewalt des Papstes in den Mittelpunkt stellt und die die interne Organisation der Teilkirche am Modell der eucharistischen Ekklesiologie neu gestaltet.
Rechtstheoretisch heißt das, daß zwischen strukturellem und normativem Recht zu unterscheiden ist. Ersteres umfaßt nicht nur das göttliche und das Naturrecht, sondern die grundlegenden ekklesiologischen Aussagen (Daten), die das II. Vatikanische Konzil wiederentdeckt und formuliert hat.
Für das positive Recht hat das zur Konsequenz, dass es nach dem strukturellen Recht zu gestalten und gemäß jenem zu interpretieren ist. So muss eine – auch korrigierende – Interpretation des neuen CIC durch das II. Vatikanische Konzil möglich sein, solange eine entsprechende Rechtsänderung nicht erfolgt ist. ...
Eine grundlegende Schwäche sowohl der jeweiligen Ausführungen im II. Vaticanum wie im Codex ist der Mangel der Unterscheidung von Erst- und Zweitzuständigkeit. Mit-Sorge kann immer nur Zweitzuständigkeit bedeuten, trägt infolge dessen immer subsidiären bzw. nachgeordneten Charakter und muß die Erstzuständigkeit des jeweiligen Amtsträgers respektieren. Das ‚una cum', das alle amtlichen Dienste der Kirche prägt, den Petrusdienst ebenso wie den episkopalen Dienst in den Teilkirchen, kennt unterschiedliche Intensitätsformen. Diese Intensitätsformen und ihre Anwendung können nicht beliebig sein, sie richten sich vielmehr nach den in Frage stehenden jeweiligen Sachverhalten. Wo es z. B. um eine neue geschichtliche Situation geht, eine bis dahin so nicht aufgetauchte ganz entscheidende und zentrale Frage hinsichtlich des Glaubens, d. h. wo es um eine zu erringende neue Konsensbildung im Glauben geht, ist aufgrund dieser Problematik ein Konzil oder eine Bischofssynode notwendig. Sie kann nicht einfach durch eine päpstliche Entscheidung ersetzt werden, die lediglich von einer begrenzten Konsultation begleitet wird (LG 22: ‚desgleichen das Zusammentreten von Konzilien zur gemeinsamen Regelung gerade der wichtigeren Angelegenheiten in einem durch die Überlegung vieler abgewogenen Spruch weisen auf die kollegiale Natur und die Beschaffenheit des Episkopates hin'). Anders steht es bei Ordnungsbedürftigkeiten, die den Glaubenskonsens nicht wesentlich berühren. Hier werden mehr oder weniger ausgedehnte Konsultationsvorgänge ausreichend sein. Daraus ergibt sich aber, dass die Kirche von ihrer Amtsstruktur her sowohl ein universales Rahmenrecht braucht, als auch um ihrer Eigenart willen das Ei-

genrecht der Teilkirchen und der regionalen Zwischeninstanz. Ein so allgemeiner Vorrang des Gesamtkirchenrechtes, wie ihn can. 6 § 1 u. 2 CIC/1983 formuliert, gehört damit aber in die rechtspositivistische Mottenkiste."[9]

2.2. Die Wiedervereinigung Deutschlands ließ fast über Nacht zwei Rechtskulturen aufeinander treffen, die während vierzig Jahren getrennt gewachsen waren, sei es wegen unterschiedlicher Weiterentwicklung alten „Weimarer" Rechts, sei es wegen souveräner positiver Rechtssetzungen der beiden deutschen Staaten nach 1949. Dies gilt auch für den Bereich der Religionsgemeinschaften. Hier begegnen sich heute der Typ einer Freiwilligkeitskirche mit großer Staatsferne (ehemalige DDR) und eine auf „balancierte Trennung" von Kirche und Staat eingerichtete Volkskirche (alte BRD). Für das Regelungsgefüge des Kirche-Staat-Rechts und die Zuordnung der beiden ungleichen Partner ergaben sich daraus (bzw. ergeben sich teilweise immer noch) System- und Einzelfragen von einiger Tragweite, die nun unter dem Dach des gemeinsamen deutschen Hauses zu lösen waren (bzw. es noch sind).

In der ehemaligen DDR begegnete die pauschale Übernahme von staatskirchenrechtlicher Theorie und Praxis der alten BRD und ihrer Bundesländer im ersten Moment (und begegnet teilweise noch immer) nicht zu unterschätzenden Reserven. Derartige Stimmen gehen unüberhörbar in die allgemeine Diskussion solcher Fragen ein, die – mit ungewissem Ausgang – an Intensität zunimmt. Gleichwohl waren im Gefolge des Vollzugs der staatlichen Einheit für viele Einzelfragen konkrete Lösungen dringlich, nicht wenige sind mittlerweile positiv erledigt, manche stehen auch jetzt noch zur Lösung an.

Diese Ausgangslage ließ uns zwar sofort an eine entsprechende Tagung denken, doch die politische Dynamik des Sommers 1990 mit der schließlichen Nennung des 3. Oktober als des alles entscheidenden Datums und der dann einsetzenden Hektik ließ alle Planungen fürs Erste illusorisch werden: Die akute Überforderung der angefragten Fachleute (besonders aus der Noch-DDR), der rapide Zusammenbruch so ziemlich aller Kommunikationswege und nicht zuletzt das Datum des 3. Oktober selbst zwangen kurzfristig zur Absage einer für anfangs Oktober 1990 bereits ausgeschriebenen Tagung.

Für ihre endlich erfolgreiche Realisierung (22.-24. März 1991 in Weingarten) unter dem Titel „Geeintes Deutschland: Neue Rechtsfragen zwischen Kirche und Staat"[10] bedurfte es ganz offensichtlich der Realität der neuen Gegebenheiten. Ihr sachliches Gewicht war dadurch zusätzlich unterstrichen, dass sich kurz zuvor auch die renommierten „Essener Gespräche" des gleichen Themas ange-

---

9 S. ebd. 27, 31 ff.; vgl. dazu neuestens wieder: PUZA, Richard, Das Verhältnis von Lehramt und Leitungsamt in kirchenrechtlicher Perspektive, in: Bulletin ET 13 (2002) 182-194.

10 Die Kirchen und die deutsche Einheit. Rechts- und Verfassungsfragen zwischen Kirche und Staat im geeinten Deutschland, hg. v. PUZA, Richard / KUSTERMANN, Abraham Peter, Stuttgart 1991.

nommen hatten[11]; ein Umstand, der unserer Tagung übrigens mehrfach und erfreulich zugute kam.

2.3. Nicht nur das wiedervereinigte Deutschland – immer noch –, auch das Selbstverständnis Europas befindet sich in einem fundamentalen Umbruch. Lange am Ziel eines „Gemeinsamen Marktes" orientiert und auf dessen Schaffung und Vollendung konzentriert, bindet es sich heute – nach den dramatischen Umbrüchen in der mittelost- und osteuropäischen Sphäre – an das Symbol des „Gemeinsamen Hauses", einen strukturell größeren und dimensional tieferen Horizont. Dieser Umbruch macht jenseits bloßer Marktmechanismen endlich wieder das ursprüngliche politische Ziel aller europäischen Impulse der Nachkriegszeit sichtbar: die Integration und Einigung der europäischen Staaten. Dieser Idee kommt heute mehr Schubkraft zu denn je, auch wenn die Wege ihrer definitiven Verwirklichung durch die neuesten Ereignisse zunächst etwas unübersichtlicher geworden sein mögen.

Solange sich diese Idee (nur) in den Strukturen des Gemeinsamen Marktes auslegte und realisierte, fand sie von Seiten der Kirchen in Europa zwar als „Idee" Beachtung, aber kaum im Hinblick auf die daraus resultierenden politischen und institutionellen Schritte im konkreten. Den Gemeinsamen Markt überließ man sozusagen den Krämerseelen, ohne eine besondere Herausforderung an sich selbst wahrzunehmen. Dem weit verbreiteten Gefühl auf der einen Seite, dass „es der Markt schon regeln würde", entsprach auf Seiten der Kirchen eben ein ziemliches Desinteresse an ihm und den von ihm induzierten politischen und rechtlichen Strukturen. Was ging „der Markt" die Kirchen an?

Ähnliches lässt sich für den Bereich des Staatskirchenrechts sagen. Europa-Fragen wurden dort vergleichsweise spät entdeckt und traktiert, so richtig erst in Reaktion auf die Einheitliche Europäische Akte (1986) bzw. im Vorfeld des Gipfels Maastricht I (1992), kurz vor dem Übergang zum Europäischen Binnenmarkt am 1. Januar 1993. Aber sehr schnell wurde klar: Die Tendenz zur schrittweisen Vereinheitlichung rechtlicher Strukturen, inzwischen bereits vielfältig spürbar, wird prinzipiell keinen Lebensbereich ausnehmen. Nicht im ersten Moment, wohl aber auf längere Sicht, werden davon auch die auf nationaler Ebene bislang sehr unterschiedlich ausgestalteten Rechtsbeziehungen zwischen Kirche(n) und Staat(en) berührt sein. Den damit verbundenen Fragen – Aussichten, Wünschen, Befürchtungen – galt die Tagung „Staatliches Religionsrecht im europäischen Vergleich"[12] (5.-7. Dezember 1991 in Stuttgart-Hohenheim).

An Leitfragen dazu – restlos vielleicht nur aus deutscher Sicht verständlich – waren im Voraus formuliert worden: Woraus resultieren die auffälligen Unterschiede nationalen Religionsrechts innerhalb Europas (in Theorie und Praxis)? Wie stellen sie sich dar und wo sind sie für Entwicklungen offen? Worin und in

---

11 S. den Band: MARRÉ, Heiner / STÜTING, Johannes (Hg.), Die Einigung Deutschlands und das deutsche Staat-Kirche-System, Münster 1992.

12 Staatliches Religionsrecht im europäischen Vergleich, hg. v. PUZA, Richard / KUSTERMANN, Abraham Peter, Fribourg 1993.

welcher Weise wird sich das Europarecht (das Recht der Europäischen Gemeinschaften zunächst) auf (national-)staatliches Religionsrecht („Staatskirchenrecht") auswirken? Und bezüglich welcher Materien ist eine Einflussnahme auf die sich entwickelnde europäische Gesetzgebung aus bewährten nationalen Rechtsvorstellungen und aus bewährter Praxis heraus sinnvoll, richtig oder geboten?

Ohne allzu gewagtes Prophetentum ließen sich für die künftige Entwicklung im Ergebnis zwei Tendenzen prognostizieren:

- Maastricht I erhöht die Bedeutung der Regionen im Entscheidungsfindungsprozess der Zwölf durch Schaffung eines Regionalrats. In der Kraft und im (Selbst-)Bewusstsein der Regionen liegt wohl auch die Zukunft des geeinten Europa. Von deutscher Warte aus betrachtet heißt dies aber unter Umständen größere EG-Kompetenz in Fragen des Kirche-Staat-Rechts (Staatskirchenrechts); denn die entsprechende Kompetenz liegt hierzulande ja bei den einzelnen Bundesländern.
- Im Staatskirchenrecht aller Länder der Gemeinschaft (auch wo es dieses unter dieser oder anderer Bezeichnung *de iure* nicht gibt) zeigt sich derzeit als gemeinsame Tendenz: Regelung der Verhältnisse im Wege der Kooperation, sei es durch förmlichen Vertrag, sei es (zumindest) durch vereinbarte Regelung. Das künftige „Staatskirchenrecht" im geeinten Europa wird wohl ein Kirchenvertrags-Recht sein.

2.4. So konkret wie selten sonst erfährt sich der (katholische) Christ in Bezug auf die Ehe als „Bürger zweier Welten": Die eine Ehe erscheint aufgespalten in zwei Ehen, eine zivile (staatliche) und eine kirchliche. Der doppelte Trauungsakt macht dies auch äußerlich deutlich. Ausschließlich die Ziviltrauung des religiös neutralen Staates begründet bürgerlich-rechtliche Folgen; die kirchliche Trauung bringt das Bekenntnis zur Ehe als Sakrament mit kirchlichen Rechtsfolgen zum Ausdruck. So unterliegt die eine Ehe verschiedenen, ja konkurrierenden Normen.

Der Unterschied zwischen staatlichen und kirchlichen Normen im Recht der Ehe wird auch fassbar an ihrem Beginn und ihrem Ende. In beiden Hinsichten sind neue Entwicklungen zu registrieren; am auffälligsten hinsichtlich der Beendigung einer Ehe, die (außer durch Tod) das Zivilrecht in den Formen der Nichtigkeit, Aufhebung und Scheidung, das kirchliche Recht in denen der Nichtigkeit und Auflösung kennt.

Die bewusst interdisziplinär konzipierte Tagung „Ehebeginn und Eheende. Aktuelle Tendenzen in Kirchen- und Zivilrecht"[13] (10.-12. Dezember 1992 in Weingarten) wollte das Gespräch zwischen Zivil- und Kirchenrecht über die Ehe intensivieren, die Entwicklung neuer Aspekte sowie diese selbst in materieller

---

13 Beginn und Ende der Ehe. Aktuelle Tendenzen in Kirchen- und Zivilrecht, hg. v. PUZA, Richard / KUSTERMANN, Abraham Peter, Heidelberg 1994.

Hinsicht bilanzieren, auf Gemeinsamkeiten und Unterschiede hin befragen und in ihrer grundsätzlichen Auswirkung auf das Verständnis von Ehe diskutieren.

Keine Kulturkampftöne waren es, wenn dabei der Ruf laut wurde, im religionsneutralen Staat allgemein – und so in Deutschland, entsprechend einer Reihe älterer und koextensiver europäischer Vorbilder – die obligatorische Zivileheschließung durch die fakultative abzulösen bzw. die religiös geschlossene mit bürgerlich-rechtlicher Wirkung zu versehen. Denn im „kulturkämpfenden" Deutschland war es ja der Staat, der durch einseitigen Oktroy die Zivileheschließung obligatorisch machte.

2.5. Vornehmlich Binnenkirchliches stand auf der Agende der Tagung „Synodale Strukturen – Synodales Recht. Mitwirkung in Recht und Leben der Kirche"[14] (2.-4. Dezember 1993 in Stuttgart-Hohenheim). Worum ging es – zwei Jahre vor einem (je nach Perspektive) synodal-äquivalenten bzw. -alternativen „Diözesantag" unserer eigenen Rottenburg-Stuttgarter Ortskirche (unter dem Episkopat von Dr. Walter KASPER) im Oktober 1995[15]?

Das synodale Prinzip bringt den Grundsatz der Mitwirkung aller Getauften an der Leitung der Kirche ekklesiologisch zum Ausdruck. Allerdings ist es rechtlich sehr verschieden konkretisiert. Das Recht der lateinischen Kirche bietet erstmals grundlegende Rahmenbedingungen für das althergebrachte, klassische Institut der Diözesansynode (cann. 460-468 CIC), gleicherweise für die noch junge Einrichtung der Bischofssynode (cann. 342-348 CIC). Beide und alle weiteren synodalen Gremien unterscheiden sich erheblich hinsichtlich Charakter, Form und Verbindlichkeit. Wieder anders konkretisiert das neue orientalische Kirchenrecht (CCEO) das synodale Rahmenrecht auf dem Hintergrund einer „volleren" Theorie und Praxis von Synodalität.

Der rechtliche und theologische Klärungsbedarf im Blick auf das kirchliche Synodalinstitut ist damit mehr aufgeworfen als erledigt. Zum Beispiel: Im Bereich der Teilkirchen (Diözesen) zeichnet sich neuerdings ein Trend zu nichtkodikarischen, unverbindlichen synodalen Formen ab („Diözesanforum", „Diözesantag" o. ä.), die dem Vorsitzenden der Deutschen Bischofskonferenz (Kardinal LEHMANN) zufolge eine beachtenswerte Alternative zu den Diözesansynoden darstellen – aber um welchen Preis? Oder: Kontinentale Bischofsversammlungen, interregionale Synodalberatungen und speziell die römische Bischofssynode geben dem Gedanken der Synodalität an sich neuen Aufschwung – doch ihre originäre Kompetenz erscheint zunehmend unklar.

Wer entscheidet worüber mit originärer Kompetenz? Welchen Kräften, welchen Formen gehört die Zukunft? In welchem Verhältnis zueinander stehen

---

14 Synodalrecht und Synodalstrukturen. Konkretionen und Entwicklungen der „Synodalität" in der katholischen Kirche, hg. v. PUZA, Richard / KUSTERMANN, Abraham Peter, Fribourg 1996.

15 Im Heute glauben. Dem Geheimnis des Lebens auf der Spur, hg. vom Bischöflichen Ordinariat der Diözese Rottenburg-Stuttgart, Rottenburg 1995.

Primat, Kollegialität und Synodalität? Kann Synodalität zu einem Instrument der Konfliktlösung in der Kirche werden?

Was „Synodalität der Kirche" heute nicht mehr meinen kann: Beschränkung auf synodale Beratung von Bischöfen untereinander. Was „Synodalität der Kirche" heute heißen muss: Teilhabe aller Christgläubigen an den synodalen Beratungen und Beschlüssen.

2.6. Nach diesem Exkurs ins engere Gebiet der klassischen Kanonistik verlangte die öffentliche Tagesordnung von allein wieder die eingehende Beschäftigung mit Materien des Staatskirchenrechts.

Die vielerlei und vielschichtigen politischen und gesellschaftlichen Umbrüche der zurückliegenden Jahre haben in Europa eine neue Ära vertraglicher Vereinbarungen zwischen den Kirchen und Staaten eingeläutet. Besonders dicht und plastisch sind entsprechende Vorgänge in Deutschland, dem klassischen Land des „Staatskirchenrechts", greifbar geworden. Es dürfte kein Zufall gewesen sein, dass 1994, im fünften Jahr nach der Vereinigung von BRD und DDR, die zweite Auflage des „Handbuchs des Staatskirchenrechts der Bundesrepublik Deutschland" (hg. von Joseph LISTL und Dietrich PIRSON) zu erscheinen begann. Theorie und Praxis des Staatskirchenvertragsrechts stehen gegenwärtig auf Seiten beider Vertragspartner – Kirche und Staat – vor neuen Herausforderungen.

Vor neuen Herausforderungen, das gilt wörtlich. Denn das oftmals als „hinkende Trennung" charakterisierte Verhältnis von Kirche und Staat hierzulande hat heute aus vielfältigen Gründen keine sozusagen fraglose Akzeptanz mehr für sich wie vordem. Nur wenn es gelingt, die anstehenden Fragen sach-, zeit- und situationsgerecht zu beantworten und auf faire Weise einen gesellschaftlichen Konsens darüber herbeizuführen, wird sich die vertragliche Koordination von Staat und Kirche weiter und weiterhin legitimieren lassen – im deutschen wie im europäischen Rahmen. Denn immer deutlicher zeichnet sich das Staatskirchenvertragsrecht auch als das führende Modell für staatliches Religionsrecht im Europa der Zukunft ab.

Gewissermaßen in Fortführung der Tagung von 1991 stand die Diskussion darüber im Mittelpunkt der Tagung „Kirche und Staat – Vertragliche Partnerschaft mit Zukunft. Entwicklungen und Tendenzen im Kirchenvertrags-Recht"[16] (1.-3. Dezember 1994 in Weingarten). Neben der materiell-rechtlichen Sichtung der verschiedenen evangelischen und katholischen Kirchenverträge mit den neuen Bundesländern und des (damals noch nicht unterzeichneten) Konkordats mit Polen befasste sie sich intensiv auch mit der Theorie, d. h. Prinzipien- und Legitimationsfragen des Kirchenvertrags- und Konkordatsrechts.

2.7. Das Thema des „verflixten siebten Jahrs" unserer kirchenrechtlichen Tagungsserie hatte nicht aus beliebiger Laune heraus wieder mit dem Fragenkreis

---

[16] Neue Verträge zwischen Kirche und Staat. Die Entwicklung in Deutschland und Polen, hg. v. PUZA, Richard / KUSTERMANN, Abraham Peter, Fribourg 1996.

um die Ehe zu tun, sondern aus dem konkreten Anlass, der mit dem vielbeachteten Hirtenbrief der drei oberrheinischen Bischöfe vom 10. Juli 1993 „Zur seelsorglichen Begleitung von Menschen aus zerbrochenen Ehen, Geschiedenen und wiederverheirateten Geschiedenen" einerseits, mit der römischen Reaktion darauf vom 14. September 1994 (und anderen Reaktionen) andererseits gegeben war. Zu beidem lagen damals bereits beeindruckende Stellungnahmen vor.[17] Mit der Tagung „Leitbilder von Ehe in Konkurrenz und Widerstreit. Theologische und kirchenrechtliche Erblasten eines aktuellen Konflikts"[18] (30. November bis 1. Dezember 1995 in Stuttgart-Hohenheim) wollten wir diese von unserer Seite weder wiederholen noch konterkarieren – was hätte der Grund dafür sein können? –, sondern mit einer speziellen Fragestellung einen eigenen Akzent setzen:

Rechtliche Regelungen haben den Sinn, Ordnung zu garantieren, Verhältnisse transparent zu machen und für den Konfliktfall Regelungen zur „Befriedung" bereitzustellen. Dass das kirchliche Eherecht namentlich in letztgenannter Hinsicht hilfreich oder auch nur überzeugend sei, wird zunehmend bezweifelt – von „innen" wie von „außen". Die Einwände stützen sich auf respektable Argumente aus der kanonistischen Theorie wie auf zigfache leidvolle Praxis. Das kirchliche Eherecht ist zur (kirchen-)öffentlichen Konfliktzone geworden.

Gibt es möglicherweise eine tiefere Wurzel, einen gemeinsamen Hintergrund der zunehmenden Auseinandersetzungen? Zum Beispiel: Der Hirtenbrief der drei oberrheinischen Bischöfe ist deutlich und engagiert dem konziliar erneuerten Leitbild der Ehe verpflichtet. In den Gegenreaktionen melden sich ebenso deutlich und mit autoritativen Ansprüchen abgelöst geglaubte Leitbilder und traditionale Tendenzen zu Wort. Angesichts konkurrierender Leitbilder von Ehe im Hintergrund des Streits wird zur Frage: Welches ist das rechte und angemessene? Und welches ist – heute und künftig – das legitime Maß des kirchlichen Eherechts?

2.8. Das eingespielte Staat-Kirche-Verhältnis in Deutschland – trefflich als System der „balancierten Trennung" charakterisiert – ruht auf kulturellen und gesellschaftlichen Voraussetzungen, deren fraglose (Weiter-)Geltung mit der Pluralisierung der religiösen Lebenswelt schwindet. Der Legitimationsdruck steigt, nicht nur von der Mentalität in den neuen Bundesländern her. Eine zunehmende Zahl von Klagen und umstrittener Urteile bringen „Unwucht" in die Balance. „Akademische" Fragen werden plötzlich zu Tagesfragen: „Kirche – Staat – Gesellschaft: Wohin verändern sich die Beziehungen? Religiöser Plura-

---

17 Text und Reaktionen am besten zugänglich in: Geschieden, wiederverheiratet, abgewiesen? Antworten der Theologie, hg. v. SCHNEIDER, Theodor, Freiburg i. Br. 1995.

18 Bilderstreit um die Ehe. Theologische und kanonistische Erblasten eines aktuellen Konflikts, hg. v. KUSTERMANN, Abraham Peter / PUZA, Richard, Fribourg 1997. Dass die Serie der gemeinsamen Veröffentlichungen vorläufig mit diesem Titel endet, ist allein Umständen geschuldet, die beim Mitherausgeber vonseiten der Akademie liegen und hoffentlich in absehbarer Zeit zu ändern sind.

lismus und die Zukunft der „balancierten Trennung“ im religionsneutralen Staat“[19] (28.-30. November 1996 in Stuttgart-Hohenheim).

Was heißt „Religionsneutralität“ des Staates in einer religiös pluralen, inhomogenen Gesellschaft? Muss alle Religion dem Staat gleichgültig, d. h. gleich gültig sein? Gibt es ein legitimes öffentliches Interesse an der Einbindung korporativ verfasster Religion in das staatliche Verfassungsgefüge? Welcher rechtliche Ausdruck ist einer bestimmten Gestalt kultureller Identität angemessen? Wozu verpflichtet der Gleichheitsgrundsatz unter der Rücksicht von religiöser Mehrheit / Minderheit, wozu die staatliche Toleranzpflicht angesichts abnehmender Religionsbindung? Was verlieren Staat, Gesellschaft und Individuum bei einem forcierten Rückzug der Kirchen, Religionsgemeinschaften, religiösen Symbole usw. aus der Öffentlichkeit?

Mehr als ein abstraktes Dass oder Ob steht bereits das Wohin künftiger Veränderungen zur Debatte. Deshalb waren zu diesem interdisziplinären Fachgespräch auch parlamentarische Vertreter aus der Politik gebeten, denn in den Parlamenten bereiten sich die entscheidenden Weichenstellungen vor.

2.9. Die Päpste setzen sich seit JOHANNES XXIII. für die Verwirklichung der Menschenrechte auf der ganzen Welt ein – endgültiger Wendepunkt einer einst ganz anders intonierten Partitur kirchlicher Lehre, die jede Forderung nach Gewissens- oder Religionsfreiheit im vorigen Jahrhundert noch als „pesthaften Irrtum“ und „größte Unverschämtheit“ zurückgewiesen hatte (GREGOR XVI., 1832).[20] Diesem Thema galt die Tagung „Menschenrechte, Grundrechte und das Kirchenrecht. Für eine Neuorientierung der kirchlichen Rechtskultur“[21] (27.-29. November 1997 in Weingarten).

Der Blick musste dabei auch nach „innen“ fallen, d. h. in die Kirche selbst hinein. Denn seit der Reformarbeit am Kirchenrecht nach dem Zweiten Vatikanischen Konzil hat das Grundrechtsdenken Eingang auch in das positive Kirchenrecht gefunden. Nach mehreren Anläufen in Entwürfen eines Kirchlichen Grundgesetzes („Lex Ecclesiae Fundamentalis“) – der „großen“ Lösung, wenn man so will – hat das kirchliche Gesetzbuch von 1983 einen bündigen Katalog der Pflichten und Rechte aller Christgläubigen formuliert (cann. 208-223 CIC).

Nehmen damit die Menschen- und Grundrechte in der kirchlichen Rechtsordnung bereits den ihnen gebührenden Platz ein? Wo bestehen Defizite? Welche Ansätze werden heute in der Kanonistik diskutiert? Wie steht es um den Ämterzugang, auch für Frauen? Sind Schutz und Durchsetzbarkeit der Menschen- und Grundrechte ausreichend gewährleistet? Welche Konsequenzen ergeben sich aus einer stärker an den Menschen- und Grundrechten orientierten kirchlichen

---

19 S. auch PUZA, Richard, Verträge zwischen Kirche und Staat in den neuen Bundesländern. Evangelische Kirche – katholische Kirche – jüdische Gemeinschaften, in: ThQ 176 (1996) 177-191.

20 Enz. „Mirari vos“ v. 15.08.1832, in: DENZINGER / HÜNERMANN 2731.

21 Vgl. DERS., Der Rechtsschutz im Kirchenrecht zwischen Hierarchie und Grundrechten, in: ThQ 179 (1999) 179-194.

Rechtspraxis für die Rechtsanwendung, strukturell und im Hinblick auf das kirchliche Individuum?

Gleichzeitig war ein spezifischer Blick nach „außen“ angezeigt und auch einlösbar: Wie nehmen sich die gestellten Fragen in nicht-katholischer Sicht aus, prinzipiell und rechtlich-konkret; wie aus nicht-katholischer Sicht im Blick auf die Vorgänge in der Catholica; und wie erfährt – zum Beispiel – eine Minderheitskirche deren Gewicht als einer (fast) perfekt durchstrukturierten Weltkirche, wenn es um Fragen der konkreten Koexistenz, also der gegenseitigen Duldung (um nicht zu sagen des geschwisterlichen Miteinanders) geht?

2.10. Mit dieser Tagung war ein Diskussionsstand erreicht, der für einen nächsten Schritt weniger an bestimmte Einzelfragen denken ließ, als vielmehr an eine kritische „Zwischensumme“ in Absicht auf weitere Impulse im Grundsätzlichen: „Weiter denken im kirchlichen Recht! Reformbedürftiges am ‚Codex Iuris Canonici‘ von 1983“[22] (26.-28. November 1998 in Weingarten).

Der Veröffentlichung des Codex Iuris Canonici von 1983 steht der Satz voran:

> „Die Gesetze der kirchlichen Lebensordnung pflegt die Katholische Kirche im Lauf der Zeit abzuändern und zu erneuern, damit diese ... der ihr anvertrauten Heilssendung in geeigneter Weise entsprechen.“

Der „Lauf der Zeit“ bis dahin waren die 66 Jahre der Geltung des Codex Iuris Canonici von 1917 gewesen. Dessen Ablösung durch einen neuen Codex war unumgänglich geworden, zuletzt durch den vom II. Vaticanum ausgehenden Reformschub.

Die 15 Jahre seitdem sind bzw. waren Jahre vielfältiger und vielschichtiger Erfahrungen mit dem neuen Gesetzbuch der Lateinischen Kirche, Jahre ebenso der intensiven und differenzierten Diskussion darum im Detail wie im Grundsatz. Beides, die gemachten Erfahrungen wie die anhaltende Diskussion, stützen die Prognose, dass dem CIC von 1983 kein gleich langer Bestand beschieden sein wird wie seinem Vorgänger. Reformorientiertes Weiterdenken im kirchlichen Recht kann also nur heißen: Weiter denken im kirchlichen Recht! Weiter, das heißt durchaus „longior“, wie ein unverstellter Blick auf die kirchliche Rechtsgeschichte lehrt, und heißt durchaus „latior“, will man 1983 nicht als das Ende aller Wege nehmen; und die Anregung zum Denken will vor allem der Selbstreferenzialität eines Rechts-„Systems“ wehren: seinem intrinsischen Positivismus in Theorie und Praxis, seiner konfessionellen (bzw. teilkirchlichen) Selbstgenügsamkeit, seiner Versuchung zu routinierter Lethargie.

2.11. Der lange Zeit eher global und „exotisch“, zunehmend aber mitten im Alltag erfahrbare Pluralismus der Religionen brachte kurz vor Torschluss des zweiten Jahrtausends christlicher Zeitrechnung das Thema auf den Plan: „Die Religionen und das Recht. Grundlagen, Prinzipien und Strukturen des religiösen

---

22 S. DERS., Weiter denken im kirchlichen Recht. Reformbedürftiges am „Codex Juris Canonici“ von 1983, in: HK 53 (1999) 80-84; DERS., Siebzehn Jahre Codex Juris Canonici. Eine Bilanz – Wie geht es weiter?, in: ThQ 180 (2000) 161-174.

Rechts in Judentum, Christentum und Islam“[23] (30. November bis 2. Dezember 2000 in Weingarten).

Leben, Kultur und Wirklichkeit der Religionen und Konfessionen schließen die Sphäre des Rechts ein. Sie sind, unübersehbar, auch rechtlich strukturierte Gefüge. Die jeweiligen Strukturen folgen dabei je spezifischen Prinzipien. Das vergleichende interkonfessionelle, gar interreligiöse Gespräch darüber findet nur selten statt, etwa über Fragen

- der Rechtstheologie: Wie begründet sich das religiöse Recht theologisch, was ist seine Bestimmung und Funktion?;
- der Rechtsphilosophie: Wie wird die Einheit und / oder Differenz von religiösem Recht und Naturrecht gesehen, wie der Status der Menschenrechte, wie der Zusammenhang von „vernünftigem“ und „positivem“ Recht?;
- der Grundprinzipien des positiven Rechts, etwa des Vorgangs der Positivierung von religiös autorisiertem Recht im Wege von Rechtssetzung, Gewohnheitsrecht oder Interpretation;
- der verbindlichen Quellen des religiösen Rechts sowie dessen Geltungsgrund, Geltungsgrad und Geltungsbereich;
- der maßgeblichen Form als *code-law*, *case-law* oder Kasuistik; und nicht zuletzt
- nach dem Außenverhältnis des religiösen Rechts: dem Verhältnis von Religion und Gesellschaft, Kirche und Staat.

Nach all dem waren unsere Gesprächspartner aus dem Judentum, aus dem Christentum (Katholizismus, Orthodoxie, Protestantismus) und aus dem Islam gefragt, nebst dem, was die Eigenheit religiösen Rechts heute kennzeichnet – ein Beginnen (vor allem in interreligiöser Hinsicht), das dringend nach Fortsetzung auf möglichst vielen Ebenen verlangt.

2.12. Klagen über „Rom“ sind notorisch. Und es ist kaum zu leugnen, dass der offensiv kultivierte römische Zentralismus unter dem gegenwärtigen Pontifikat mindestens eben so viele Probleme aufwirft als er zu lösen prätendiert. Deshalb war der Beginn des dritten Jahrtausends im Rahmen der hier skizzierten Veranstaltungsreihe unter das Thema (bzw. unter die Hoffnung) gestellt: „Die Römische Kurie und die Ortskirchen. Vom Problemstau zu Lösungen?“ (22.-24. November 2001 in Stuttgart-Hohenheim).

Es ließ aufhorchen, als Papst JOHANNES PAUL II. in seinem Apostolischen Schreiben „Novo millennio ineunte“ vom 6. Januar 2001 formulierte:

---

23 S. auch DERS., Die Religionen und das Recht. Grundlagen, Prinzipien und Strukturen des religiösen Rechts im Judentum, Islam und Christentum, in: Informationes Theologiae Europae 9 (2000) 273-283; vgl. DERS., Fragen des staatlichen Religionsrechtes um den Islam in Deutschland. Mit einem Blick auf die Europäische Union und einem Anhang zur Frage der Ehrenpromotion eines Muslimen an der Katholisch-Theologischen Fakultät der Eberhard-Karls-Universität Tübingen, in: ThQ 181 (2001) 307-328.

> „Was die Reform der Römischen Kurie ... betrifft ..., bleibt sicherlich noch viel zu tun“ (Nr. 44).

Damit ist die Reform der Römischen Kurie an die Spitze der Agenda des neuen Jahrtausends gesetzt. Ein wahrhaft epochales Unterfangen, denkt man an die eindrucksvolle Geschichte dieser Institution, denkt man an die vielerlei Reformen und Reformversuche im Lauf der neueren Kirchengeschichte, denkt man an den empfindlichen Problemstau zwischen „Rom“ – der Römischen Kurie – und den vielen Ortskirchen auf der ganzen Welt.

Die Tagung versuchte auszuloten, was die in dem genannten päpstlichen Dokument ebenfalls angesprochene „Rechtsweisheit durch präzise Festlegung von Regeln“ zur Reform der Römischen Kurie beitragen und an „Versuchungen zu Willkür und ungerechtfertigten Ansprüchen“ (Nr. 45) abwehren kann. Darüber sollte mehr Gespräch sein, mehr Dialog! Denn der Wille zur Reform wird sich in erster Linie durch neue Spielregeln der Kommunikation ausweisen müssen. Sie sind unverzichtbares Moment jener Lösung, die im theologisch hoch befrachteten Begriff der Kirche als *communio* zwar impliziert, aber in Recht und Praxis der Kirche noch immer ungenügend expliziert ist.

2.13. Für die bislang letzte Tagung ist als Thema gewählt: „Zivilreligion in einer pluralistischen Welt? Politik und Religion in Staaten und im System der Europäischen Union“ (28.-30. November 2002 in Weingarten). In der Ausschreibung dazu heißt es:

> „Die USA vor allem, daneben auch Frankreich, gelten als klassische Länder mit Zivilreligion. Für Deutschland wurden Existenz und Wirksamkeit zivilreligiöser Phänomene lange eher verneint. Doch im Streit um das Kruzifix in den öffentlichen Schulen Bayerns zum Beispiel, um den LER-Unterricht in Brandenburg, um das Kopftuch einer muslimischen Lehrerin in Baden-Württemberg oder in der republikweiten Diskussion um islamischen Religionsunterricht verliert dieses Nein an Gewicht. Die Gerichte sind in zunehmendem Maße mit einschlägigen Problemen konfrontiert. Von ihnen ist neben juristischem Sachverstand zunehmend auch zivilreligiöse Kompetenz (Rudolf Schieder) gefordert.
> Auch von der europäischen Ebene her gewinnt die Frage an Gewicht, man nehme nur die Werte-Diskussion oder die Diskussion um den Platz der Kirchen, Religionen und Weltanschauungen in der EU heute und morgen. Die Tagung versucht systematisch-theologische, historische, juristische und rechtsvergleichende Zugänge dafür zu eröffnen. In und mit Europa hat Deutschland eine multireligiöse Zukunft vor sich. Deshalb ist auch die Frage zu stellen, was eine Analyse von Verfassung und Konkretionen von Zivilgesellschaft in den ‚staatskirchenrechtlichen‘ Fragenkreis einträgt.“

3. Weiteres am Wege

Ein Themen- oder Arbeits-Schwerpunkt an einer Akademie tendiert mehr als ihre vielen Einzelveranstaltungen oder die eines ihrer Fach-Referate zu Kohärenz, zu Kontinuität, zu Vertiefung und Verbreiterung, zu Darstellung, zum Festhalten der Ergebnisse, zu ihrem Publikwerden. Dass sich das im hier beschriebenen Zusammenhang alles in allem nicht ohne Erfolg bestätigt hat, darf ohne falsche Untertöne gesagt werden.

Ein zusätzlicher positiver Lackmus-Test liegt darin, dass sich auch außerhalb der gemeinsamen Vorhaben mit Richard PUZA Nachfrage dafür zeigte. Manches wäre zu nennen. Stellvertretend dafür und ohne auf Einzelheiten eingehen zu können, sei auf zwei einschlägige größere Veranstaltungen von öffentlicher Relevanz hingewiesen:

3.1. in Zusammenarbeit mit der Evangelischen Akademie Bad Boll die eine, im April 1999, zum Thema Rechtsschutz und Gewaltenteilung in den Kirchen[24];

3.2. in Zusammenarbeit mit der Landesarbeitsgemeinschaft aller vier kirchlichen Akademien die andere, im Februar 2002, zum Verhältnis von Staat und Kirche im gerade 50 Jahre alt gewordenen Bundesland Baden-Württemberg.[25]

Und schließlich winkt (auf den Kredit des Tagungsthemas von 2000 hin) dem Schreiber die Aufgabe, im Auftrag der Leiterkreise der Katholischen und der Evangelischen Akademien Deutschlands beim Ökumenischen Kirchentag in Berlin im Rahmen der von den kirchlichen Akademien insgesamt verantworteten „Werkstatt ‚Religion in der postsäkularen Gesellschaft'" (29.-31. Mai 2003) zum Tagesthema „Religion und Recht" (29. Mai) ein nachmittägliches interreligiöses und internationales Podium mit Publikumsbeteiligung zu moderieren.

4. Dank an den „cooperator"

Der CIC kennt die Rolle eines „cooperator" nurmehr in prekärer, um nicht zu sagen trivialisierter Form. Dem Kanonisten Richard PUZA unter diesem Titel zu danken, bedarf also unbedingt der Gänsefüßchen, um den wunderschönen lateinischen Terminus in der Überschrift zwar zu behalten, aber dennoch das Missverständnis nicht aufkommen zu lassen, als handle es sich um eine grobschlächtige Form jener Ironie, die er als feine, diskrete, aktiv beherrscht wie passiv wohl zu parieren wüsste. Denn das „con-" will und soll hier mitnichten ein „semi-" camouflieren, sondern gilt in jeder Weise ungeschmälert.

Seine Bereitschaft, sich einstens auf die Anfrage eines Fundamentaltheologen, lediglich „Dilettanten" des Kirchenrechts (zudem nicht sein eigener Hörer oder Schüler, sondern noch der seines Tübinger Lehrstuhlvorgängers), nach einer eventuell längerfristig angelegten Tagungsreihe einzulassen, zeugt von unwattierter Risikofreude, von Mut zu freiem Fall aus dem vielberufenen Elfenbeinturm womöglich, von feiner Witterung für die Chancen einer Einrichtung wie die einer Katholischen Akademie auf jeden Fall. Seine Zähigkeit und Beharr-

---

24 Rechtsschutz und Gewaltenteilung in den Kirchen. Neue Anforderungen an die kirchliche Gerichtsbarkeit, hg. v. der Evang. Akademie Bad Boll (Albrecht ESCHE) in Zusammenarbeit mit der Akademie der Diözese Rottenburg-Stuttgart (Abraham Peter KUSTERMANN), Bad Boll 1999 (Protokolldienst 17/99).

25 50 Jahre Baden-Württemberg. 50 Jahre Partnerschaft Staat und Kirche – Perspektiven für die Zukunft, epd-Dokumentation Nr. 36/37, 2002 (Redaktion Martin PFEIFER).

lichkeit, der Reihe einen guten Start zu verschaffen und sie auch unter mancherlei „Konjunkturschwankungen" unverdrossen mitzutragen, bestätigt seine Geduld wie seinen Realitätssinn.[26] Die Themenfindung von Jahr zu Jahr war immer begleitet von fachlich anregenden und anspruchsvollen Diskussionen, oft in mehreren Unterredungen, und nie war der Konsens darüber nach irgend einer Seite hin prekär. In der Einwerbung von Referentinnen und Referenten waren seine weitgespannten fachlichen Verbindungen, auch auf dem internationalen Parkett, ein durch nichts zu ersetzendes Pfund, mit dem letztlich gelassen zu wuchern war, auch wenn es einmal – aus welchen Gründen immer – eng wurde. Auch die Vermittlung unserer Tagungspublikationen an renommierte Verlage und Schriftenreihen gingen bzw. gehen wesentlich auf sein Konto.

Schon das ist wahrlich nicht wenig! Das i-Tüpfelchen lag jedoch nicht in dieser Art „geschäftsmäßiger" kollegialer Arbeitsteilung, sondern in der immer risikoreichen und im Voraus nie sicher kalkulierbaren Aufgabe – der sich Richard PUZA auf bestimmte Bitte hin so oder so herum trotz aller verständlichen Fluchttendenzen nie entzog –, ein Thema mit dem „Kopf-Vortrag" zu eröffnen (und so den ganzen Duktus einer Veranstaltung, gewollt oder ungewollt, zu beeinflussen) oder – ungleich schwieriger, und dies bei der Mehrzahl unserer Tagungen – die vorgetragenen Beiträge, Argumente, Thesen usw. in einer Schlussbilanz sozusagen *ex eventu* nochmals zu bündeln, nach Konvergenz und Divergenz miteinander zu vergleichen, Positionen untereinander ins Verhältnis zu setzen, um sie miteinander im Gespräch zu halten, Ergebnisse aufeinander zu beziehen, und zuletzt womöglich noch einen eigenen abschließenden Impuls einzutragen, ohne sich zum „praeceptor praelocutorum" aufzuwerfen. Viele durften sich „post labores actas" bereits ihr verdientes Glas Wein gönnen, während Richard PUZA bei nichts als Wasser noch über seinen „elucubrationes" brütete.

„Kirchenrecht gestern und heute"[27] – das die Leidenschaft, so das Lebens-Thema von Richard PUZA, in das sich die Akademie der Diözese Rottenburg-Stuttgart weiterhin gerne einklinkt: als gemeinsames Sujet, aus beiderseits geteiltem Interesse, in Form fruchtbarer Kooperation!

Dafür, für alles Unerwähnte und nicht am wenigsten für die freundschaftliche Verbundenheit, die diese Arbeit bis heute getragen hat und immer angenehm machte, sei Richard PUZA, dem Freund und Partner, herzlich gedankt!

---

26 Die Veranstaltungen sind regelmäßig auch angekündigt auf der Homepage des Lehrstuhls von Richard PUZA: http://www.uni-tuebingen.de/kirchenrecht/aktuell/tagung.htm.

27 PUZA, Richard, in: ThQ 182 (2002) 236-257.

Schriftenverzeichnis
Prof. Dr. Richard Puza
Stand: 15. März 2003

1. Monographien

1. Res iudicata. Rechtskraft und fehlerhaftes Urteil in den Decisionen der Römischen Rota, Graz 1973.

2a. Katholisches Kirchenrecht, Heidelberg [1]1986.

2b. Katholisches Kirchenrecht, Heidelberg [2]1993.

3. Franz Xaver Wernz – Lehrer, Kanonist und Jesuitengeneral aus Rottweil. Ein deutscher Kirchenrechtler in Rom, Rottweil 1994.

2. Herausgeberschaft und Mitherausgeberschaft

1. Programm ERASMUS Theologie Lyon (F) – Tübingen (D) – Fribourg (CH) – Madrid (E) – Maynooth (IRL), hg. v. PUZA, Richard, Tübingen u. a. o. J.

2a. Rechtswissenschaften, hg. v. PUZA, Richard / LUBE, Manfred, Graz [1]1974.

2b. Fachliche Benützungsanleitung für die Bibliotheken der Universität Graz. Band 7: Rechtswissenschaften. Mit Anleitung zum Studium, hg. v. PUZA, Richard / LUBE, Manfred, Graz [2]1977.

3. Die Lage der Dozenten an den Universitäten in Österreich, hg. v. KNEUCKER, Raoul F. / PUZA, Richard, Wien 1977.

4. Mit-Herausgeberschaft bei der ThQ seit 1980.

5. Der CIC 1983 (Sonderheft der ThQ), hg. v. PUZA, Richard, München 1983.

6. Beiträge zum Kirchenrecht, hg. v. GROTE, Heiner / KAISER, Matthäus / PUZA, Richard, Schwerte 1984.

7. Eine Kirche – ein Recht? Kirchenrechtliche Konflikte zwischen Rom und den deutschen Ortskirchen, hg. v. PUZA, Richard / KUSTERMANN, Abraham P., Stuttgart 1990.

8. Die Kirchen und die deutsche Einheit. Rechts- und Verfassungsfragen zwischen Kirche und Staat im geeinten Deutschland, hg. v. PUZA, Richard / KUSTERMANN, Abraham P., Stuttgart 1991.

9. Viri probati (Sonderheft der ThQ), hg. v. PUZA, Richard / MIETH, Dietmar, München 1991.

10. Staatliches Religionsrecht im europäischen Vergleich, hg. v. PUZA, Richard / KUSTERMANN, Abraham P., Fribourg 1993.

11. Beginn und Ende der Ehe. Aktuelle Tendenzen in Kirchen- und Zivilrecht, hg. v. PUZA, Richard / KUSTERMANN, Abraham P., Heidelberg 1994.

12. Wiederverheiratete Geschiedene (Sonderheft der ThQ), hg. v. PUZA, Richard / MIETH, Dietmar / HÜNERMANN, Peter, München 1995.
13. Neue Verträge zwischen Kirche und Staat. Die Entwicklung in Deutschland und Polen, hg. v. PUZA, Richard / KUSTERMANN, Abraham P., Fribourg 1996.
14. Synodalrecht und Synodalstrukturen. Konkretionen und Entwicklungen der „Synodalität" in der katholischen Kirche, hg. v. PUZA, Richard / KUSTERMANN, Abraham P., Fribourg 1996.
15. Bilderstreit um die Ehe. Theologische und kanonistische Erblasten eines aktuellen Konflikts, hg. v. PUZA, Richard / KUSTERMANN, Abraham P., Fribourg 1997.
16. Iustitia in caritate. Festgabe für Ernst Rößler zum 25jährigen Dienstjubiläum als Offizial der Diözese Rottenburg-Stuttgart, hg. v. PUZA, Richard / WEIß, Andreas, Frankfurt a. M. u. a. 1997.
17. NomoK@non. (Staats)Kirchenrecht im Web, Internetzeitschrift unter der Adresse http://www.nomokanon.de, hg. v. PUZA, Richard, Tübingen 1998 ff.
18. Nach Scheidung im Recht. Die Rechtsstellung wiederverheirateter Geschiedener in der katholischen Kirche, hg. v. PUZA, Richard / IHLI, Stefan / FRANK, Engelbert, Tübingen 2001.
19. Mitglied im Redaktionskomitee der RDC.

3. Aufsätze

1. Die finanzielle Leistungspflicht des Patrons nach dem österreichischen Baulastrecht, in: ÖAKR 19 (1968) 13-61.
2. Patronat und Inkorporation nach österreichischem Staatskirchenrecht unter besonderer Berücksichtigung der Baulast, in: ÖAKR 19 (1968) 308-336.
3. Die Prüfung fehlerhafter Gesetze im Kirchenrecht. Ein Beitrag zum Problem der Normenkontrolle, in: ÖAKR 26 (1975) 90-119.
4. Ordensstand und Treuhand, in: FS Plöchl (70), 423-438.
5. Signatura iustitiae und commissio. Ein Beitrag zum Prozeßgang an der römischen Kurie in der Neuzeit, in: ZRG KA 64 (1978) 95-115.
6. Die gesetzlich anerkannten Kirchen und Religionsgesellschaften als Tendenzbetriebe. Überlegungen zu § 132 Abs. 4 des österreichischen Arbeitsverfassungsgesetzes von 1973, in: Reformen des Rechts. FS zur 200-Jahr-Feier der Rechtswissenschaftlichen Fakultät der Universität Graz, hg. v. SUTTER, Berthold, Graz 1979, 377-385.
7. Kirchenrechtliche Probleme konkordatärer Vereinbarungen, in: ThQ 160 (1980) 122-137.
8. Rescriptum und Commissio. Die Entscheidung der Signatura iustitiae im 16. und 17. Jahrhundert, in: ZRG KA 66 (1980) 354-370.
9. Die diakonische Funktion des Kirchenrechts – gewandeltes Rechtsverständnis im neuen CIC?, in: AKathKR 151 (1982) 130-139.
10. Gründer einer Gemeinde und Stifter einer Kirche oder eines Klosters in der christlichen Antike. Kirchen- und rechtsgeschichtliche Überlegungen zu den Begriffen ktistes und fundator, in: AKathKR 151 (1982) 58-72.

11. Die Diözesansynode. Ihre rechtliche Gestalt im neuen CIC (cc. 460-468), in: ThQ 163 (1983) 223-226.
12. Die Dom- und Stiftskapitel, in: HdbKathKR[1], 376-380.
13. Der neue Codex Iuris Canonici und das Diözesanrecht, in: ThQ 163 (1983) 59-61.
14. Die Rechtsgeschäfte über das Kirchenvermögen, in: HdbKathKR[1], 910-915.
15. Strömungen und Tendenzen im neuen Kirchenrecht, in: ThQ 163 (1983) 163-178.
16. Die Verwaltung des Kirchenvermögens, in: HdbKathKR[1], 900-910.
17. Zur Stellung der Frau im alten und neuen Kirchenrecht, in: ThQ 163 (1983) 109-122.
18. Kirchenrechtslehrer an der Juridischen Fakultät der Universität Graz aus zwei Jahrhunderten, in: ZRG KA 70 (1984) 237-270.
19. Der Laie im neuen Codex Iuris Canonici, in: ThQ 164 (1984) 88-102.
20. Die Teilkirche und ihr Recht im neuen Codex, in: ThQ 164 (1984) 34-51.
21. Zur Rechtsstellung der Sekten in Österreich, in: Ökumenisches Forum 8 (1984) 23-38.
22. Kanonistische Ansätze zur Frage der Rechtsstellung wiederverheirateter Geschiedener. Aus Anlaß einer Neuerscheinung, in: ThQ 165 (1985) 308-317.
23. Diözesansynode und synodale Struktur. Ein Beitrag zur Ekklesiologie des neuen Codex Iuris Canonici, in: ThQ 166 (1986) 40-48.
24. Kirche und Gemeinde im neuen Codex Iuris Canonici, in: THÉRIAULT, Michel u. a. (Hg.), The New Code of Canon Law. 5th International Congress of Canon Law, Ottawa 1986, 671-679.
25. Die Weltkirche und die Staaten, in: FS Schwendenwein, 651-663.
26. Die Ehe als Sakrament und Vertrag. Zu Geschichte und Gegenwart eines kodifizierten Rechtssatzes, in: ThQ 167 (1987) 214-221.
27. Gemeinsame Verantwortung und Mitverantwortung, in: ThQ 167 (1987) 214 f.
28. Die Finanzierung der katholischen Kirche im historischen Rückblick, in: FS Carlen, 335-351.
29. Kanonistische Überlegungen zur Entstehung und Rezeption synodaler Beschlüsse, in: Kirche in der Zeit. Walter Kasper zur Bischofsweihe. Gabe der Katholisch-Theologischen Fakultät Tübingen, hg. v. VOGT, Hermann J., München 1989, 224-244.
30. Kirchenrecht als Zeitgeschichte. Das Gewohnheitsrecht in der Entstehungsphase des CIC 1917 (1904-1912), in: ThQ 169 (1989) 81-98.
31. Kirchenrecht – Theologie – Liturgie. Kanonistische Überlegungen zur Identität von Ehevertrag und Ehesakrament sowie zum „Spender" des Ehesakramentes, in: Eheschließung – mehr als ein rechtlich Ding?, hg. v. RICHTER, Klemens, Freiburg i. Br. 1989, 62-83.
32. Die Communio-Ekklesiologie und das Recht der Teilkirche. Terminologie – Entwicklung – Situation, in: Eine Kirche – ein Recht? (vgl. Nr. 2.7), 23-46.
33. Der Konflikt als Ernstfall des Kirchenrechts. Rechtliche Möglichkeiten und Verfahren zur Lösung von Verfassungs- und Sachkonflikten im Rahmen der communio, in: Eine Kirche – ein Recht? (vgl. Nr. 2.7), 187-209.

34. Verflechtung und Trennung von Kirche und Staat. Thesen zur Kirchenfinanzierung in der Bundesrepublik Deutschland, in: ThQ 170 (1990) 120-128.

35. Einheit Deutschlands – kirchliche Einheit?, in: ThQ 171 (1991) 64 f.

36. Geeintes Deutschland: Neue Rechtsfragen zwischen Kirche und Staat. Stand der Diskussion anhand der „Essener Gespräche“ 1991, in: Die Kirchen und die deutsche Einheit (vgl. Nr. 2.8), 83-98.

37. Die Kirchen und die deutsche Einheit. Kirchen- und staatskirchenrechtliche Probleme um das deutsch-deutsche Zusammenwachsen, in: ThQ 171 (1991) 188-203.

38. Konfliktlösung in der Ecclesia-Communio. Kanonistische Aspekte der Bewältigung heutiger Verfassungs- und Sachkonflikte in der Kirche, in: FS Pototschnig, 215-232.

39. Staatskirchenrechtliche und kirchenrechtliche Stellung und Aufgaben der Theologischen Fakultäten, in: ThQ 171 (1991) 108-114.

40. Le lien matrimonial dans sa formation et sa durée. Apports récents de la théologie et du droit canonique allemands, in: RDC 42 (1992) 309-329.

41. Menschenrechte ad extra und ad intra?, in: Christliche Sozialethik im Anspruch der Zukunft. Tübinger Beiträge zur Katholischen Soziallehre, hg. v. MIETH, Dietmar, Freiburg i. Br. 1992, 155-173.

42. Viri uxorati – viri probati. Kanonistisch-historische Überlegungen, in: ThQ 172 (1992) 16-23.

43. Der Abschluß des Ehebundes. „Spenden“ oder „Proklamieren“ des Ehesakramentes, in: ThQ 173 (1993) 81-98.

44. Europa ohne Grenzen – und die Kirche? Europäische Dimensionen des Verhältnisses von Kirche und Staat, in: ThQ 173 (1993) 9-18.

45. Modalitäten der Kirchenfinanzierung in der europäischen Union, in: ÖAKR 42 (1993) 178-195.

46. Das staatliche Religionsrecht in Italien, in: Staatliches Religionsrecht im europäischen Vergleich (vgl. Nr. 2.10), 59-78.

47. L'attuazione del nuovo codice di diritto canonico in Germania, in: QDPE 1 (1994) 159-178.

48a. Commemoratio. Franz Xaver Wernz. Kanonist und Jesuitengeneral, in: PerRCan 83 (1994) 351-373.

48b. Franz Xaver Wernz – Lehrer, Kanonist und Jesuitengeneral aus Rottweil. Ein deutscher Kirchenrechtler in Rom, in: ThQ 174 (1994) 22-33.

48c. Franz Xaver Wernz – Lehrer, Kanonist und Jesuitengeneral aus Rottweil. Ein deutscher Kirchenrechtler in Rom, in: FS Schmitz, 793-807.

49. Die Ehe als Gemeinschaft der Liebe und Treue, in: RDC 44 (1994) 109-124.

50. Die fakultative Zivilehe in den Konkordaten, in: 60 Jahre Österreichisches Konkordat, hg. v. PAARHAMMER, Hans / POTOTSCHNIG, Franz / RINNERTHALER, Alfred, München 1994, 421-435.

51. Neues zum Ehesakrament aus kirchenrechtlicher Sicht, in: StZ 212 (1994) 98-106.

52. Rechtsprobleme um die fakultative Zivilehe im religionsneutralen Staat. Die Entwicklung in Italien, in: Beginn und Ende der Ehe (vgl. Nr. 2.11), 41-51.

53. Resümee: Beginn und Ende der Ehe – alte und neue Gesichtspunkte, in: Beginn und Ende der Ehe (vgl. Nr. 2.11), 121-126.

54. L'actualité en Allemagne. La Cour constitutionnelle, la Bavière et le crucifix dans les écoles, in: RDC 45 (1995) 373-379.

55. 30 Jahre Bischofssynode. Erfahrungen und Perspektiven, in: FS Heinemann (70), 291-303.

56. Les échos de l'affaire Gaillot en Allemagne, in: RDC 45 (1995) 147-149.

57. Die gescheiterte Ehe. Eine Anfrage an die kanonistische Lehre und Praxis, in: ThQ 175 (1995) 97-108.

58. Kirche und Staat – vertragliche Partnerschaft mit Zukunft, in: NVwZ 14 (1995) 460-462.

59. Die Konzilskongregation. Ein Einblick in ihr Archiv, ihre Verfahrensweise und die Bedeutung ihrer Entscheidungen von ihrer Errichtung bis zur Kurienreform Pius' X, in: RQ 90 (1995) 23-42.

60. Laicité de l'État und vertragliche Partnerschaft zwischen Kirche und Staat, in: ThQ 175 (1995) 199-202.

61. Les nouvelles formes de procréation et leurs conséquences sur le droit de l'Église, in: RDC 45 (1995) 308-310.

62. The Position of Church and State in Austria, in: EJCSR 2 (1995) 91-93.

63. Die Bischofssynode und die Zusammenschlüsse der Bischofskonferenzen, in: Synodalrecht und Synodalstrukturen (vgl. Nr. 2.14), 31-66.

64. Chronique. La science canonique de langue allemande, in: RDC 46 (1996) 367-378.

65. Der Ehenichtigkeitsprozeß muß vereinfacht werden, in: ThQ 176 (1996) 153 f.

66. Fakultätenrecht im Wandel? Aktuelles über Katholisch-Theologische Fakultäten in Deutschland, in: ThQ 176 (1996) 138-152.

67. Konkordatäre Vereinbarungen und staatliches Religionsrecht. Grundsätzliche Fragen – Elemente einer Konkordatstheorie, in: Neue Verträge zwischen Kirche und Staat (vgl. Nr. 2.13), 13-29.

68. Stichworte zum Vertrag des Hl. Stuhles mit Polen, in: Neue Verträge zwischen Kirche und Staat (vgl. Nr. 2.13), 109-120.

69. Verträge zwischen Kirche und Staat in den neuen Bundesländern. Evangelische Kirche – katholische Kirche – jüdische Gemeinschaften, in: ThQ 176 (1996) 177-191.

70. Convenzioni concordatarie e diritto statale in materia religiosa. L'esperienza della Germania, in: QDPE 14 (1997) 313-330.

71. Das gewandelte Eheverständnis und die kanonistische Theorie und Praxis. Eine Anfrage an das Kirchenrecht, in: Bilderstreit um die Ehe (vgl. Nr. 2.15), 129-146.

72. La hiérarchie des normes en droit canonique, in: RDC 47 (1997) 127-142.

73. Das in Brandenburg eingeführte Unterrichtsfach Lebensgestaltung – Ethik – Religionskunde und der konfessionelle Religionsunterricht, in: Gott – mehr als Ethik? Der Streit um LER und Religionsunterricht, hg. v. BIESINGER, Albert, Freiburg i. Br. 1997, 147-163.

74. Le mariage et les relations Eglise-Etat en Allemagne, in: Recueil canonique d'Arras 10 (1997) 141-167.

75a. Regulation und Deregulation in neueren römischen Dokumenten, in: ThQ 177 (1997) 189-202.

75b. Regulation und Deregulation in neueren römischen Dokumenten, in: Regulering en deregulering in het kerkelijk recht, hg. v. MARTENS, Kurt / STIPHOUT, Maurice van, Leuven 1998, 28-44.

76. Das synodale Prinzip in historischer, rechtstheologischer und kanonistischer Bedeutung, in: Dialog als Selbstvollzug der Kirche?, hg. v. FÜRST, Gebhard, Freiburg i. Br. 1997, 242-269.

77. Was können wir aus den Voten eines Kollegialrichters lernen? Überlegungen zur Vereinfachung des Ehenichtigkeitsverfahrens aus der Sicht eines Richters, in: FG Rößler, 383-396.

78a. Die diakonische Funktion des Kirchenrechts in der Communio, in: FS Socha, 13-24.

78b. Kirchenrecht und Communio. Perspektiven auf dem Weg zu einem diakonischen Kirchenrecht in der Communio, in: ThQ 178 (1998) 194-208.

78c. Perspektiven auf dem Weg zu einem diakonischen Kirchenrecht in der Communio, in: Communio – Ideal oder Zerrbild von Kommunikation?, hg. v. HILBERATH, Bernd J., Freiburg i. Br. 1999, 123-135.

79. Le droit allemand des religions en 1997, in: EJCSR 5 (1998) 11-22.

80. Der liturgische Leitungsdienst aus kirchenrechtlicher Perspektive, in: Wie weit trägt das gemeinsame Priestertum? Liturgischer Leitungsdienst zwischen Ordination und Beauftragung, hg. v. KLÖCKENER, Martin / RICHTER, Klemens, Freiburg i. Br. 1998, 249-263.

81. Le nouveau règlement de l'élection pontificale, in: RDC 48 (1998) 163-174.

82. Ändert sich das Verhältnis von Kirche und Staat? Eine Analyse der aktuellen Situation in Deutschland mit einem Blick auf Frankreich, in: GS Schulz, 677-688.

83. Citoyens et fidèles dans les pays de l'Union Européenne. L'Allemagne. in: Cittadini e fedeli nei paesi dell'Unione Europea. Una doppia appartenenza alla prova della secolarizzazione e della mondializzazione. Atti del colloquio Università per Stranieri, Reggio Calabria, 12-15 Novembre, 1998, Milano 1999, 373-404.

84. Démocratie et synode. Le principe synodal dans une perspective historique, théologique et canonique, in: RDC 49 (1999) 125-139.

85. La diversité des religions et des phénoménes religieux, y compris l'indifférentisme engagé et les relations église-etat, in: THEOLOGISCHE FAKULTÄT LEUVEN (Hg.), Conference of Catholic Theological Institutes, Leuven 1999, 1-16.

86. Die Dom- und Stiftskapitel, in: HdbKathKR^2, 475-479.

87. Le droit allemand des religions en 1998, in: EJCSR 6 (1999) 47-58.

88. Giovanni Paolo II e i concordati. Il finanziamento della Chiesa, in: QDPE 16 (1999) 111-125.

89. Die „Handreichung für die kirchliche Mitwirkung bei der Berufung von Theologieprofessoren" der Zentralstelle Bildung der Deutschen Bischofskonferenz von 1997, in: Bin-

dung an die Kirche oder Autonomie? Theologie im gesellschaftlichen Diskurs, hg. v. FRANZ, Albert, Freiburg i. Br. 1999, 197-218.

90. Les pays germaniques combinant la tradition concordataire catholique et le système des églises établies protestantes. L'Autriche, in: Les origines historiques du statut des confessions religieuses dans les pays de l'Union Européenne, hg. v. BASDEVANT-GAUDEMET, Brigitte, Paris 1999, 137-144.

91. Les pays germaniques combinant la tradition concordataire catholique et le système des églises établies protestantes. Introduction, in: Les origines historiques du statut des confessions religieuses (vgl. Nr. 3.90), 119-124.

92. Rechtsfragen um den Religionsunterricht und das brandenburgische Unterrichtsfach LER, in: FS Listl, 407-427.

93. Die Rechtsgeschäfte über das Kirchenvermögen, in: HdbKathKR^2, 1103-1108.

94. Der Rechtsschutz im Kirchenrecht zwischen Hierarchie und Grundrechten, in: ThQ 179 (1999) 179-194.

95. Religion, Ethik und LER als Pflichtfächer?, in: Ethik und Sozialwissenschaften 10 (1999) 438 f.

96. Die Verwaltung des Kirchenvermögens, in: HdbKathKR^2, 1093-1102.

97. Weiterdenken im kirchlichen Recht. Reformbedürftiges am „Codex Iuris Canonici" von 1983, in: HK 53 (1999) 80-84.

98. Après la décision de la cour constitutionelle fédérale. La présence de crucifix dans le locaux scolaires, in: RDC 50 (2000) 25-28.

99. Belastung und behutsame Weiterentwicklung. Zwölf Thesen zum deutschen Religionsrecht, in: ThQ 180 (2000) 308-312.

100. Entwicklungen in Österreich. In: Geschichte des kirchlichen Lebens in den deutschsprachigen Ländern seit dem Ende des 18. Jahrhunderts. Die Katholische Kirche. Band 6: Die Kirchenfinanzen, hg. v. GATZ, Erwin, Freiburg i. Br. 2000, 200-212.

101. Les facultés de théologie en Europe, in: StCan 34 (2000) 75-89.

102. Die Kirchenfinanzierung in Österreich seit dem Zweiten Weltkrieg, in: Geschichte des kirchlichen Lebens (vgl. Nr. 3.100), 341-357.

103. Die Kirchenfinanzierung nach dem CIC/1983 und den neuen konkordatären Vereinbarungen, in: Geschichte des kirchlichen Lebens (vgl. Nr. 3.100), 443-454.

104. Die Neuordnung in den habsburgischen Ländern unter Joseph II, in: Geschichte des kirchlichen Lebens (vgl. Nr. 3.100), 31-48.

105. Relations between Church and State in the Federal Republic of Germany in 1999, in: EJCSR 7 (2000) 71-89.

106. Die Religionen und das Recht. Grundlagen, Prinzipien und Strukturen des religiösen Rechts im Judentum, Islam und Christentum, in: Informationes theologiae Europae 9 (2000) 273-283.

107. Siebzehn Jahre Codex Iuris Canonici. Eine Bilanz – wie geht es weiter?, in: ThQ 180 (2000) 161-174.

108. Die Zeit der nationalsozialistischen Herrschaft in Österreich, in: Geschichte des kirchlichen Lebens (vgl. Nr. 3.100), 281-290.

109. L'avenir de la codification. Application et interprétation de la loi selon la théorie de l'interprétation mobile, in: RDC 51 (2001) 335-346.

110. Christliches und jüdisches Eheverständnis und deren rechtliche Implikationen, in: Das Judentum – eine bleibende Herausforderung christlicher Identität, hg. v. GROß, Walter, Mainz 2001, 55-77.

111. Einführung, in: Nach Scheidung im Recht (vgl. Nr. 2.18), 9-42.

112. Fragen des staatlichen Religionsrechtes um den Islam in Deutschland. Mit einem Blick auf die Europäische Union und einem Anhang zur Frage der Ehrenpromotion eines Muslimen an der Katholisch-Theologischen Fakultät der Eberhard-Karls-Universität Tübingen, in: ThQ 181 (2001) 307-328.

113. L'insegnamento della teologia. Alcune esperienze europee, in: QDPE 9 (2001) 205-211.

114. Kanonistisches zur Streitkultur in der kirchlichen Communio, in: Was ist heute noch katholisch? Zum Streit um die innere Einheit und Vielfalt der Kirche, hg. v. FRANZ, Albert, Freiburg i. Br. 2001, 135-159.

115. Legal Position of Churches, Church Autonomy and Tendencies in Jurisprudence. Report of Austria, in: Legal Position of Churches and Church Autonomy, hg. v. WARNINK, Hildegard, Leuven 2001, 57-81.

116. Die Praxis der Diözesen im deutschen Sprachraum, in: Nach Scheidung im Recht (vgl. Nr. 2.18), 99-113.

117. Rechtsmeinung und Rechtsfortbildung. Die Entscheidungen der Konzilskongregation (1563-1908), in: FS Aymans, 463-479.

118. Relations Between Church and State in the Federal Republic of Germany in 2000, in: EJCSR 8 (2001) 71-89.

119. The Rights of Moslems and Islam in Germany, in: EJSCR 8 (2001) 61-91.

120. Statement zu den verfahrensrechtlichen Rahmenbedingungen, in: Bulletin ET. Zeitschrift für Theologie in Europa 12 (2001) 73-92.

121. Bestandsgarantie und Umbildung von Lehrstühlen und Professorenstellen an staatlichen Katholisch-Theologischen Fakultäten in Deutschland, in: ZRG KA 88 (2002) 391-410.

122. Kirchenrecht gestern und heute, in: ThQ 182 (2002) 236-257.

123. Die Unterschiedlichkeit der Religionen und der religiösen Phänomene sowie des engagierten Humanismus und das Verhältnis von Kirchen und Staat, in: ThQ 182 (2002) 1-13.

124. Das Verhältnis von Lehramt und Leitungsamt in kirchenrechtlicher Perspektive, in: Bulletin ET. Zeitschrift für Theologie in Europa 13 (2002) 182-195.

125. Die Amts- und Berufspflichten der kirchlich Bediensteten in Deutschland. Verfahrensweisen, die bei Verletzung dieser Pflichten durch die kirchlich Bediensteten, Kleriker und Laien, angewendet werden, in: ThQ 183 (2003), 39-70.

126. Salus animarum suprema lex. Gültiges und richtiges Urteil in der Rechtsprechung der alten Heiligen Römischen Rota, in: FS Fürst, 329-359.

4. Lexikonartikel

1. Administrator, in: RGG^4 I, 121.
2. Alter. IV. Kirchenrechtlich, in: LThK^3 I, 452.
3. Apostolischer Vikar, in: RGG^4 I, 653.
4. Authentik. I. Rechtsgeschichtlich, in: LThK^3 I, 1286.
5. Authentizität. II. Kirchenrechtlich, in: LThK^3 I, 1289.
6. Bigamie, in: LKStKR I, 256.
7. Bischofskollegium, in: RGG^4 I, 1624 f.
8. Bischofskonferenz, in: RGG^4 I, 1625.
9. Bischofskonvent, in: LThK^3 II, 499.
10. Bischofssynode, in: RGG^4 I, 1626.
11. Bischofsvikar, in: RGG^4 I, 1626 f.
12. Bistum. II. Kirchenrechtlich, in: RGG^4 I, 1632 f.
13. Bona fides. 2. Kanonisches Recht, in: LMA II, 399.
14. Breve, in: RGG^4 I, 1756.
15. Codex Iuris Canonici (1917), in: RGG^4 II, 409 f.
16. Codex Iuris Canonici (1983), in: RGG^4 II, 410.
17. Confirmo, in: LThK^3 II, 1294.
18. Corpus Iuris Canonici, in: LThK^3 II, 1321-1324.
19. Datarie, in: LThK^3 III, 32 f.
20. Datarie, in: LKStKR I, 372.
21. De legibus [Francisco SUÁREZ], in: LthW, im Druck.
22. Defectus, in: RGG^4 II, 611 f.
23. Degradation, in: RGG^4 II, 613.
24. Designation. II. Kirchenrecht, in: LMA III, 728.
25. Devolutionsrecht, in: LMA III, 926.
26. Die Eigenkirche [Ulrich STUTZ], in: LthW, im Druck.
27. Diebstahl. B. Kanonisches Recht, in: LMA III, 988.
28. Diözesansynode, in: RGG^4 II, 865 f.
29. Dominativgewalt, in: RGG^4 II, 930 f.
30. Dotation, in: LMA III, 1329.
31. Ehe. VII. Rechtlich. 2. Kirchliches Recht. a) Katholisch, in: RGG^4 II, 1083 f.
32. Eigentum. A. II. Kanonisches Recht, in: LMA III, 1716.
33. Exemtion, in: LMA IV, 165.
34. Frau. B. II. Kanonisches Recht, in: LMA IV, 855.

35. Frau. VII. Kirchenrechtlich, in: $LThK^3$ IV, 70 f.
36. Gerichtsbarkeit, kirchliche. I. Katholische Kirche, in: StL^7 II, 913-916.
37. Gesetzeszweck, in: LKStKR II, 116 f.
38. Gesetzgebungsverfahren, II. Kath., in: LKStKR II, 124 f.
39. Inkardination, in: LMA V, 424.
40. Inquisition, in: Ergänzbares Lexikon des Rechts, Neuwied 1986 ff., 1/680.
41. Institutionenmethode, in: LKStKR II, 304 f.
42. Institutionensystem, in: LKStKR II, 305-307.
43. Investitur. II. Kirchenrecht, in: LMA V, 478.
44. Inzest. II. Kirchenrechtlich, in: $LThK^3$ V, 577.
45. Irregularität, in: LMA V, 663.
46. Iuris Ecclesiastici Publici [Camillo TARQUINI], in: LthW, im Druck.
47. Kirchenamt. I. Im Verständnis der katholischen Kirche. 2. Kanonistisch, in: StL^7-III, 416-419.
48. Kirchenrecht. I. Geschichte. 3. Katholische Kirche, in: RGG^4 IV, 1271 f.
49. Kirchenrecht. II. Gegenwart. 1. Katholische Kirche, in: RGG^4 IV, 1273-1276.
50. Kirchenverfassung, II. Kath., in: LKStKR II, 532-537.
51. Kirchenvermögen, II. Kath., in: LKStKR II, 538-541.
52. Kollegiatkirche, Kollegiatstift, in: LMA V, 1253.
53. Kollekte, Kollektor, in: LMA V, 1254.
54. Konkordat, in: Katholisches Soziallexikon, hg. v. KLOSE, Alfred, Innsbruck ^{2}1980, 1477-1486.
55. Konzil. III. Kirchenrechtliche Stellung, in: StL^7 III, 671 f.
56. Laie, in: LMA V, 1616.
57. Lehrbuch des Kirchenrechts [Klaus MÖRSDORF], in: LthW, im Druck.
58. Lehrschreiben, kirchliche. III. Theologie, in: Historisches Wörterbuch der Rhetorik V, hg. v. UEDING, Gert, Tübingen 2001, 122-124.
59. Mala fides, in: LMA VI, 160.
60. Meßstipendium, in: LMA VI, 564.
61. Mitverantwortung in der Kirche, in: StL^7 III, 1188-1192.
62. Nomination, in: LMA VI, 1228.
63. Offizial, in: RGG^4 VI, im Druck.
64. Österreich, in: TRE XXV, 87-103.
65. Papst, in: Ergänzbares Lexikon des Rechts, Neuwied 1986 ff., 1/950.
66. Papst. 7. Papstwahl, in: StL^7 IV, 286 f.
67. Pastoralrat, in: RGG^4 VI, im Druck.

68. Patronat, -srecht. II. Westen, in: LMA VI, 1809.
69. Pfarrei, Pfarrorganisation, in: LMA VI, 2021.
70. Phillips, George, in: LThK[3] VIII, 242 f.
71. Pönitentiarie, in: RGG[4] VI, im Druck.
72. Potestas ecclesiastica, in: LMA VII, 133.
73. Primas, in: RGG[4] VI, im Druck.
74. Privilegium fori, in: LMA VII, 228.
75. Provision. I. P. (provisio canonica), in: LMA VII, 285.
76. Raub. C. Kanonisches Recht, in: LMA VII, 472.
77. Recht, kanonisches. I. Römisch-katholische Kirche, in: TRE XXVIII, 256-277.
78. Reservation, in: LMA VII, 754.
79. Resignatio. I. Kanonistik, in: LMA VII, 757.
80. Sägmüller, Johann Baptist, in: LThK[3] VIII, 1429.
81. Sakramentenrecht (altkanonisches), in: LMA VII, 1275.
82. Sandei, Felino Maria, in: LThK[3] IX, 5 f.
83. Sedisvakanz, in: LMA VII, 1666.
84. Selig- und Heiligsprechungsverfahren, in: LMA VII, 1735.
85. Spiritualia, in: LMA VII, 2123.
86. Spolienrecht, in: LMA VII, 2131.
87. Stolgebühren, in: LMA VIII, 190.
88. Suspension, in: LMA VIII, 332.
89. Synode. I. Begriff. II. Kirchengeschichtlich. III. Katholische Kirche, in: StL[7] V, 410-414.
90. Taufkirche, -nverfassung, in: LMA VIII, 504.
91. Temporalia, in: LMA VIII, 540.
92. Teologia del Diritto Canonico [Eugenio CORECCO], in: LthW, im Druck.
93. Theatrum veritatis et iustitiae [Giambattista DE LUCA], in: LthW, im Druck.
94. Titelkirchen, röm., in: LMA VIII, 814.
95. Titelkirchen, römische, in: LThK[3] X, 54-56.
96. Titularbischof, in: LMA VIII, 815.
97. Tote Hand, in: LMA VIII, 894.
98. Um eine neue Kirchenordnung [Piet HUIZING], in: LthW, im Druck.
99. Vermögen, kirchliches, in: LMA VIII, 1559.
100. Visitation, in: LMA VIII, 1748.
101. Vom Sinn und Zweck der Ehe [Herbert DOMS], in: LthW, im Druck.
102. Wahl, in: Ergänzbares Lexikon des Rechts, Neuwied 1986 ff., 1/1270.

103. Wahlen, kirchliche. I. Katholische Kirche, in: StL^7 V, 843-845.

104. Weihbischof, in: LMA VIII, 2104.

105. Weihe, -grade, -hindernisse. A. I. Kanonisches Recht [Westkirche], in: LMA VIII, 2104.

106. Weihetitel, in: LMA VIII, 2109.

107. Wernz, Franz Xaver, in: $LThK^3$ X, 1105.

108. Witwe. A. I. Kanonisches Recht, in: LMA IX, 276.

109. Zehnt. I. Allgemeine Darstellung des Kirchenzehnten, in: LMA IX, 499.

110. Zerrüttung, in: $LThK^3$ X, 1439.

111. Zeuge. B. Kanonisches Recht, in: LMA IX, 583.

112. Zivilehe, in: $LThK^3$ X, 1474 f.

5. Rezensionen

1. Buchbesprechung: LEISCHING, Peter, Kirche und Staat in den Rechtsordnungen Europas. Ein Überblick, Freiburg i. Br. 1973, in: AKathKR 144 (1975) 298 f.

2. Buchbesprechung: ERLER, Adalbert, Kirchenrecht. Ein Studienbuch, München ^{4}1975, in: AKathKR 145 (1976) 666 f.

3. Buchbesprechung: GORDON, Ignacio / GROCHOLEWSKI, Zenon, Documenta recentiora circa rem matrimonialem et processualem. 2 Bände, Roma 1977 und 1980, in: ThQ 161 (1981) 313.

4. Buchbesprechung: KREMSMAIR, Josef, Der Weg zum österreichischen Konkordat von 1933/34, Wien 1980, in: AKathKR 150 (1981) 318-321.

5. Buchbesprechung: MIKAT, Paul (Hg.), Kirche und Staat in der neueren Entwicklung, Darmstadt 1980, in: ThQ 161 (1981) 313 f.

6. Buchbesprechung: MÖCK, Charlotte, Staat und Kirchen. Bibliographie zu ihrem rechtlichen Verhältnis in der Bundesrepublik Deutschland. Berichtszeit 1968-1977. Mit einem Anhang über das Verhältnis von Staat und Kirchen in der Deutschen Demokratischen Republik, Hamburg 1979, in: ThQ 161 (1981) 315.

7. Buchbesprechung: PATZELT, Erna, Die fränkische Kultur und der Islam. Mit besonderer Berücksichtigung der nordischen Entwicklung. Eine universalhistorische Studie, Aalen ^{2}1978, in: ThQ 161 (1981) 235 f.

8. Buchbesprechung: RAMADAN, Said, Das islamische Recht. Theorie und Praxis, Wiesbaden 1980, in: ThQ 161 (1981) 236 f.

9. Buchbesprechung: SCHMITZ, Heribert, Auf der Suche nach einem neuen Kirchenrecht. Die Entwicklung von 1959 bis 1978, Freiburg i. Br. 1979, in: ThQ 161 (1981) 155 f.

10. Buchbesprechung: SCHWENDENWEIN, Hugo, Rechtsfragen in Kirche und Staat, Graz 1979, in: ThQ 161 (1981) 156 f.

11. Zeitschriftenbesprechung: Communicationes, Roma 1969 ff., in: ThQ 162 (1982) 267 f.

12. Buchbesprechung: ERLER, Adalbert, Kirchenrecht. Ein Studienbuch, München ^{5}1983, in: ThQ 163 (1983) 235.

13. Buchbesprechung: LÜDICKE, Klaus, Eherecht. Canones 1055-1165, Essen 1983, in: ThQ 163 (1983) 331 f.

14. Buchbesprechung: PRADER, Josef, Das kirchliche Eherecht in der seelsorglichen Praxis. Orientierungshilfe für die Ehevorbereitung und Beratung in Krisenfällen. Mit Hinweisen auf die Rechtsordnungen der Ostkirchen, Bozen 1983, in: ThQ 163 (1983) 331 f.

15. Buchbesprechung: RUF, Norbert, Das Recht der katholischen Kirche nach dem neuen Codex Iuris Canonici. Für die Praxis erläutert, Freiburg i. Br. u. a. 1983, in: ThQ 163 (1983) 331 f.

16. Buchbesprechung: SCHWENDENWEIN, Hugo, Das neue Kirchenrecht. Gesamtdarstellung, Graz 1983, in: ThQ 163 (1983) 235 f.

17. Buchbesprechung: SEBOTT, Reinhold, Das neue kirchliche Eherecht, Frankfurt a. M. 1983, in: ThQ 163 (1983) 331 f.

18. Buchbesprechung: WEGAN, Martha, Ehescheidung – Auswege mit der Kirche, Graz u. a. ^{2}1983, in: ThQ 163 (1983) 233-235.

19. Buchbesprechung: ZAPP, Hartmut / MOSIEK, Ulrich, Kanonisches Eherecht, Freiburg i. Br. ^{6}1983, in: ThQ 163 (1983) 233-235.

20. Buchbesprechung: BARRACLOUGH, Geoffrey, Die Welt des Christentums. Kirche und Gesellschaft in zwei Jahrtausenden, München 1982, in: ThQ 164 (1984) 235 f.

21. Buchbesprechung: HEHL, Ernst-Dieter, Kirche und Krieg im 12. Jahrhundert. Studien zu kanonischem Recht und politischer Wirklichkeit, Stuttgart 1980, in: ThQ 164 (1984) 155 f.

22. Buchbesprechung: ZWACK, Joseph P., Annullment. Your Chance to Remarry Within the Catholic Church. A Step-by-Step Guide Using the New Code of Canon Law, New York 1983, in: ThQ 165 (1985) 251 f.

23. Buchbesprechung: RITZER. Korbinian, Formen, Riten und religiöses Brauchtum der Eheschließung in den christlichen Kirchen des ersten Jahrtausends, Münster 1982, in: ThQ 166 (1986) 157.

24. Buchbesprechung: BENDER, Bernd / SPARWASSER, Reinhard, Umweltrecht. Eine Einführung in das öffentliche Recht des Umweltschutzes, Heidelberg 1988, in: ThQ 168 (1988) 253.

25. Buchbesprechung: CATTANEO, Arturo, Questioni fondamentali della canonistica nel pensiero di Klaus Mörsdorf, Pamplona 1986, in: ThQ 168 (1988) 343 f.

26. Buchbesprechung: GAUDEMET, Jean, Les sources du droit de l'église en occident du II. au VII. siècle, Paris 1985, in: ThQ 168 (1988) 252 f.

27. Buchbesprechung: LENZ, Gisela, Die Rechtsbeziehung zwischen dem Land Hessen und der katholischen Kirche unter besonderer Berücksichtigung der Bistumsverträge vom 9. März 1963 und 29. März 1974, Frankfurt a. M. 1987, in: ThQ 168 (1988) 344 f.

28. Buchbesprechung: MAY, Georg / EGLER, Anna, Einführung in die kirchenrechtliche Methode, Regensburg 1986, in: ThQ 168 (1988) 251 f.

29. Buchbesprechung: PREE, Helmuth, Österreichisches Staatskirchenrecht, Wien u. a. 1984, in: ThQ 168 (1988) 345.

30. Buchbesprechung: SOBAŃSKI, Remigiusz, Grundlagenproblematik des katholischen Kirchenrechts, Wien u. a. 1987, in: ThQ 168 (1988) 172 f.

31. Buchbesprechung: LE TOURNEAU, Dominique, Le droit canonique, Paris 1988, in: ThQ 169 (1989) 251.

32. Buchbesprechung: SCHNIZER, Helmut / WOISETSCHLÄGER, Kurt, Kirche und Staat – Symbol und Kunst, Würzburg 1987, in: ThQ 169 (1989) 153.

33. Buchbesprechung: DUQUOC, Christian, La femme, le clerc et le laïc. Oecuménisme et ministère, Genf 1989, in: ThQ 170 (1990) 223 f.

34. Buchbesprechung: ECHEVERRÍA, Lamberto de (Hg.), Code de droit canonique annoté. Traduction et adaptation françaises des commentaires de l'Université pontificale de Salamanque. Traduction par Alexandre Soria-Vasco, Paris 1989, in: ThQ 170 (1990) 144-146.

35. Buchbesprechung: GAUDEMET, Jean, Le droit canonique, Paris 1989, in: ThQ 170 (1990) 143 f.

36. Buchbesprechung: JEEGERS, Christine, L'engagement matrimonial des époux. Une nouvelle approche des causes de nullité de mariage communes en droit canon aux droits civils français et belge, Louvain-la-Neuve u. a. 1988, in: ThQ 170 (1990) 220 f.

37. Buchbesprechung: VALDRINI, Patrick, Droit canonique, Paris 1989, in: ThQ 170 (1990) 146 f.

38. Buchbesprechung: BAJADA, Joseph, Sexual Impotence. The Contribution of Paolo Zacchia (1584-1659), Roma 1988, in: ThQ 171 (1991) 149 f.

39. Buchbesprechung: HECKEL, Martin, Die Vereinigung der evangelischen Kirchen in Deutschland, Tübingen 1990, in: ThQ 171 (1991) 233-235.

40. Buchbesprechung: LE BOURGEOIS, Armand, Chrétiens divorcés remariés, Paris ^{2}1990, in: ThQ 171 (1991) 74 f.

41. Buchbesprechung: MAISONNEUVE, Henri, L'Inquisition, Paris 1989, in: ThQ 171 (1991) 150-152.

42. Zeitschriftenbesprechung: Praxis juridique et religion. Revue semestrielle ouverte aux interrogations actuelles du droit des religions, Strasbourg 1984 ff., in: ThQ 171 (1991) 154.

43. Buchbesprechung: REINHARDT. Heinrich J. F., Die kirchliche Trauung. Ehevorbereitung, Trauung und Registrierung der Eheschließung im Bereich der Deutschen Bischofskonferenz. Texte und Kommentar, Essen 1990, in: ThQ 171 (1991) 152 f.

44. Buchbesprechung: SCHMITT GLAESER, Walter, Die Stellung der Bundesländer bei einer Vereinigung Deutschlands, Berlin 1990, in: ThQ 171 (1991) 73 f.

45. Buchbesprechung: SCHMITZ Heribert / KALDE, Franz, Partikularnormen der deutschsprachigen Bischofskonferenzen, Metten 1990, in: ThQ 171 (1991) 152 f.

46. Buchbesprechung: GAMPL, Inge / POTZ, Richard / SCHINKELE, Brigitte, Österreichisches Staatskirchenrecht, 2 Bände, Wien 1990 und 1993, in: ThQ 172 (1992) 73 f.

47. Buchbesprechung: MARRÉ, Heiner, Die Kirchenfinanzierung in Kirche und Staat der Gegenwart. Die Kirchensteuer im internationalen Umfeld kirchlicher Abgabensysteme und im heutigen Sozial- und Kulturstaat Bundesrepublik Deutschland, Essen ^{3}1991, in: ThQ 172 (1992) 71-73.

48. Buchbesprechung: DEL GIUDICE, Federico, Il diritto ecclesiastico, Napoli 1993, in: ThQ 173 (1993) 53-56.

49. Buchbesprechung: FINOCCHIARO, Francesco, Diritto ecclesiastico, Bologna [2]1989, in: ThQ 173 (1993) 53-56.

50. Buchbesprechung: FÜRST, Carl G., Canones-Synopse zum Codex Iuris Canonici und Codex Canonum Ecclesiarum Orientalium, Freiburg i. Br. 1992, in: ThQ 173 (1993) 151-153.

51. Buchbesprechung: GARELLI, Franco, Religione e chiesa in Italia, Bologna 1991, in: ThQ 173 (1993) 53-56.

52. Buchbesprechung: HIRNSPERGER, Johann, Statuten der österreichischen Domkapitel, Metten 1992, in: ThQ 173 (1993) 327-329.

53. Buchbesprechung: KALDE, Franz, Authentische Interpretationen zum Codex Iuris Canonici. Responsiones authenticae PCI, i. e. Collectio responsionum a Pontificia Commissione Codici Iuris Canonici authentice interpretando annis 1984-1989 datarum, Metten 1990, in: ThQ 173 (1993) 327-329.

54. Buchbesprechung: KOTZUR, Hubert, Kollisionsrechtliche Probleme christlich-islamischer Ehen. Dargestellt am Beispiel deutsch-maghrebinischer Verbindungen, Tübingen 1988, in: ThQ 173 (1993) 153 f.

55. Buchbesprechung: LONG, Gianni, Le confessioni religiose „diverse dalla cattolica". Ordinamenti interni e rapporti con lo Stato, Bologna 1991, in: ThQ 173 (1993) 53-56.

56. Buchbesprechung: MORGANTE, Marcello, Il concordato tra la Santa Sede e la Repubblica Italiana. Nella revisione del 18. febbraio 1984, Torino 1988, in: ThQ 173 (1993) 53-56.

57. Buchbesprechung: PRADER, Joseph, Il matrimonio in Oriente e Occidente, Roma 1992, in: ThQ 173 (1993) 151-153.

58. Zeitschriftenbesprechung: Quaderni di diritto e politica ecclesiastica, Bologna 1984 ff., in: ThQ 173 (1993) 53-56.

59. Buchbesprechung: REUTER, Timothy / SILAGI, Gabriel, Wortkonkordanz zum Decretum Gratiani, 5 Bände, München 1990, in: ThQ 173 (1993) 252 f.

60. Buchbesprechung: WERCKMEISTER, Jean, Petit dictionnaire de droit canonique, Paris 1993, in: ThQ 173 (1993) 329 f.

61. Buchbesprechung: CARLEN, Louis, Neue Bistumsgrenzen – neue Bistümer, Fribourg 1992, in: AKathKR 163 (1994) 663-665.

62. Buchbesprechung: CHÉLINI Jean / CHELINI, Blandine, Histoire de l'église. Nos racines pour comprendre notre présent, Paris 1993, in: ThQ 174 (1994) 244 f.

63. Buchbesprechung: KREMSER, Holger, Der Rechtsstatus der evangelischen Kirchen in der DDR und die neue Einheit der EKD, Tübingen 1993, in: ThQ 174 (1994) 327 f.

64. Buchbesprechung: TOMKO, Jozef, Sinodo dei Vescovi. Natura, metodo, prospettive, Città del Vaticano 1985, in: ThQ 174 (1994) 250 f.

65. Buchbesprechung: LE BOURGEOIS, Armand, Questions des divorcés à l'Église, Paris 1994, in: ThQ 175 (1995) 142-146.

66. Buchbesprechung: CARLEN, Louis, Neue Bistumsgrenzen – neue Bistümer. Vorträge einer Tagung an der Universität Freiburg vom 21. Februar 1992, Fribourg 1992, in: ThQ 175 (1995) 374 f.

67. Buchbesprechung: DUBY, Georges, Ritter, Frau und Priester. Die Ehe im feudalen Frankreich, Frankfurt a. M. 1985, in: ThQ 175 (1995) 142-146.

68. Buchbesprechung: GAUDEMET, Jean, Église et cité. Histoire du droit canonique, Paris 1994, in: ThQ 175 (1995) 142-146.

69. Buchbesprechung: GÖBEL, Gerald, Das Verhältnis von Kirche und Staat nach dem Codex Iuris Canonici des Jahres 1983, Berlin 1993, in: ThQ 175 (1995) 73 f.

70. Buchbesprechung: HOHBERG, Hermann, Inventario dell'Archivio della Sacra Romana Rota, Città del Vaticano 1994, in: ThQ 175 (1995) 232 f.

71a. Buchbesprechung: MUSSELLI, Luciano, Manuale di diritto canonico e matrimoniale, Bologna 1995, in: RDC 45 (1995) 405-407.

71b. Buchbesprechung: MUSSELLI, Luciano, Manuale di diritto canonico e matrimoniale, Bologna 1995, in: ThQ 175 (1995) 233 f.

72. Buchbesprechung: RIEDEL-SPANGENBERGER, Ilona, Grundbegriffe des Kirchenrechts, Paderborn 1992, in: ThQ 175 (1995) 234.

73. Buchbesprechung: DELLA ROCCA, Fernando, Diritto matrimoniale canonico, 5 Bände, Padova 1963-1995, in: ThQ 175 (1995) 376.

74. Aufsatzbesprechung: WERCKMEISTER, Jean, La fidélité conjugale dans le droit canonique médiéval, Revue de droit canonique 44 (1994) 17-31, in: ThQ 175 (1995) 142-146.

75. Buchbesprechung: BERTOLINO, Rinaldo, Matrimonio canonico e bonum coniugum. Per una lettura personalistica del matrimonio cristiano, Torino 1995, in: ThQ 176 (1996) 247.

76. Buchbesprechung: CARLEN, Louis (Hg.), Trennung von Kirche und Staat. Vorträge an einer Tagung an der Universität Freiburg/Schweiz, Fribourg 1994, in: ThQ 176 (1996) 85 f.

77. Zeitschriftenbesprechung: Collana di studi di diritto canonico ed ecclesiastico, Torino 1989 ff., in: ThQ 176 (1996) 247 f.

78. Zeitschriftenbesprechung: European Journal for Church and State Research, Leuven 1994 ff., in: ThQ 176 (1996) 83 f.

79. Buchbesprechung: KOJA, Friedrich (Hg.), Hans Kelsen oder die Reinheit der Rechtslehre, Wien 1988, in: ThQ 176 (1996) 248-251.

80. Buchbesprechung: KHOURY, Adel Theodor, Christen unterm Halbmond. Religiöse Minderheiten unter der Herrschaft des Islam, Freiburg i. Br. u. a. 1994, in: ThQ 176 (1996) 166-168.

81. Zeitschriftenbesprechung: De processibus matrimonialibus. Fachzeitschrift zu Fragen des kanonischen Ehe- und Prozeßrechtes, Hildesheim 1994 ff., in: ThQ 177 (1997) 69 f.

82. Zeitschriftenbesprechung: Kirche & Recht. Zeitschrift für die kirchliche und staatliche Praxis, Neuwied 1995 ff., in: ThQ 177 (1997) 69 f.

83. Buchbesprechung: MENUZ, L., Divorcés remariés. De la communion ecclésiale à la communion eucharistique. Contribution à la recherche, Annecy 1996, in: ThQ 177 (1997) 154 f.

84. Buchbesprechung: MESSNER, Francis (Hg.), La culture religieuse à l'école. Enquête, prises de position, pratiques européennes, Paris 1995, in: ThQ 177 (1997) 154.

85. Buchbesprechung: NERSINGER, Ulrich, Selig- und Heiligsprechungen heute. Eine Information, Klosterneuburg ^{2}1996, in: ThQ 177 (1997) 150-152.

86. Zeitschriftenbesprechung: Revue de droit canonique, Strasbourg 1951 ff., in: ThQ 177 (1997) 70.

87. Buchbesprechung: SCHMUGGE, Ludwig, Kirche, Kinder, Karrieren. Päpstliche Dispense von der unehelichen Geburt im Spätmittelalter, Zürich 1995, in: ThQ 177 (1997) 70-72.

88. Buchbesprechung: Sekretariat der Deutschen Bischofskonferenz / Kirchenamt der Evangelischen Kirche in Deutschland (Hg.), Zum Verhältnis von Staat und Kirche im Blick auf die Europäische Union. Gemeinsame Stellungnahme zu Fragen des europäischen Einigungsprozesses, Bonn 1995, in: ThQ 177 (1997) 152-153.

89. Buchbesprechung: SIEGEL, Rainer, Die Finanzierung anerkannter Kirchen und Religionsgemeinschaften. Ein Vergleich zwischen Österreich und Frankreich, Linz 1994, in: ThQ 177 (1997) 72-74.

90. Buchbesprechung: GATZ, Erwin, Der Diözesanklerus, Freiburg i. Br. 1995, in: ThQ 178 (1998) 173.

91. Buchbesprechung: MESSNER, Francis (Hg.), Les statuts de l'enseignement religieux, Paris 1996, in: ThQ 178 (1998) 246 f.

92. Buchbesprechung: MINNERATH, Roland, Histoire des conciles, Paris 1996, in: ThQ 178 (1998) 74.

93. Buchbesprechung: SEBOTT, Reinhold, Fundamentalkanonistik. Grund und Grenzen des Kirchenrechts, Frankfurt a. M. 1993, in: ThQ 178 (1998) 72-74.

94. Buchbesprechung: TORFS, Rik, A Healthy Rivalry. Human Rights in the Church, Leuven 1995, in: ThQ 178 (1998) 172-173.

95. Buchbesprechung: WERCKMEISTER, Jean, Yves de Chartres, Le prologue, Paris 1997, in: ThQ 178 (1998) 170-172.

96. Buchbesprechung: DURAND, Jean-Paul, Les Institutions religieuses, Paris 1999, in: RDC 49 (1999) 416.

97. Buchbesprechung: ECARIUS, Herrmann, Auf der Suche nach dem einen Gott, Karlsruhe 1998, in: ThQ 179 (1999) 322.

98. Buchbesprechung: ERDÖ, Peter, Theologie des kanonischen Rechts. Ein systematisch-historischer Versuch, Münster 1999, in: ThQ 179 (1999) 321 f.

99. Buchbesprechung: FERRARI, Silvio / IBÁN, Iván C., Diritto e religione in Europa occidentale, Bologna 1997, in: ThQ 179 (1999) 320 f.

100. Buchbesprechung: GATZ, Erwin (Hg.), Kirche und Katholizismus seit 1945, 2 Bände, Paderborn u. a. 1998 und 1999, in: ThQ 179 (1999) 232 f.

101. Buchbesprechung: KRUMENACKER, Yves, Histoire de l'Eglise et théologie, Lyon 1996, in: ThQ 179 (1999) 143-145.

102. Buchbesprechung: LLOBELL, Joaquin / DE LEÓN, Enrique / NAVARRETE, Jesús, Il libro „De processibus" nella codificazione del 1917. Studi e documenti, Milano 1999, in: ThQ 179 (1999) 318 f.

103. Buchbesprechung: WERNER, Gitta, Verfassungsrechtliche Fragen des Ersatzunterrichts zum Religionsunterricht, Bonn 1998, in: ThQ 179 (1999) 235.

104. Buchbesprechung: BASDEVANT-GAUDEMET, Brigitte / MESSNER, Francis, Les origines historiques du statut des confessions religieuses dans les pays de l'union européenne, Paris 1999, in: ThQ 180 (2000) 229 f.

105. Zeitschriftenbesprechung: Il concordati di Papa Woytila = Quaderni di diritto e politica ecclesiastica 1999/1, in: ThQ 180 (2000) 158 f.

106. Buchbesprechung: Congrégation pour la doctrine de la foi (Hg.), La pastorale de divorcées remariés, Paris 1999, in: ThQ 180 (2000) 230 f.

107. Buchbesprechung: DURAND, Jean-Paul, Les institutions religieuses, Paris 1999, in: ThQ 180 (2000) 231.

108. Buchbesprechung: MARTÍN DE AGAR, José T., Raccolta di Concordati 1950-1999, Città del Vaticano 2000, in: ThQ 180 (2000) 232.

109. Buchbesprechung: METZ, René, Le nouveau droit des églises orientales catholiques, Paris 1997, in: ThQ 180 (2000) 156-158.

110. Buchbesprechung: BERLINGÒ, Salvatore (Hg.), Code Européen Droit et Religions, Band 1: U.E. – Les Pays de la Méditerranée, Milano 2001, in: ZRG KA 88 (2002) 520-523.

111. Urteilsanmerkung: Gibt es jetzt „ökumenische Kirchenverträge" mit Mitwirkung von Christgläubigen? Kommentar zu BVerfG v. 11.12.2001, 1 BvF 1/96, in: ThQ 182 (2002) 63-65.

112. Urteilsanmerkung: Kommentar zu BVerfG v. 19.12.2000, 2 BvR 1500/97, in: ThQ 182 (2002) 65-67.

113. Buchbesprechung: MUSCHELER, Karlheinz, Das Recht der eingetragenen Lebenspartnerschaft, Berlin 2001, in: ThQ 182 (2002) 60-63.

114. Buchbesprechung: SCHWAB, Dieter, Familienrecht, München [11]2001, in: ThQ 182 (2002) 60-63.

6. Übersetzungen

1. Konkordat zwischen dem Heiligen Stuhl und der Republik Polen v. 28. Juli 1993, übers. v. PUZA, Richard / PUZA, Karin, in: Neue Verträge zwischen Kirche und Staat (vgl. Nr. 2.13), 133-145.

2. Übersetzungen der französischen Zusammenfassungen ins Deutsche in der RDC.

Abkürzungsverzeichnis

a. A.	anderer Ansicht
AA. VV.	Autori vari
AA, VatII AA	Zweites Vatikanisches Konzil, Dekret über das Laienapostolat „Apostolicam actuositatem“ v. 18.11.1965, in: AAS 58 (1966) 837-864.
AAS	Acta Apostolicae Sedis, Roma 1909 ff.
A.B.	Augsburger Bekenntnis (Evangelisch-Lutherische Kirche)
Abb.	Abbildung
Abg.	Abgeordenete(r)
abgedr.	abgedruckt(e, -er, -es, -en)
Abh.	Abhandlung
ABl.	Amtsblatt
ABl. Augsburg	Amtsblatt für die Diözese Augsburg, Augsburg 1891 ff.
ABl. EKD	Amtsblatt der Evangelischen Kirche in Deutschland, Hannover 1973 ff.
ABl. Erfurt	Amtsblatt für das Bistum Erfurt, Erfurt 1994 ff.
ABl. Freiburg	Amtsblatt der Erzdiözese Freiburg, Freiburg i. Br. 1857 ff.
ABl. Köln	Amtsblatt des Erzbistums Köln, Köln 1852 ff.
ABl. Limburg	Amtsblatt des Bistums Limburg, Limburg 1853 ff.
ABl. ÖBK	Amtsblatt der Österreichischen Bischofskonferenz, St. Pölten 1984 ff.
Abs.	Absatz
Abschn.	Abschnitt
a. D.	anno Domini; außer Dienst
AEMR	Allgemeine Erklärung der Menschenrechte v. 10.12.1968
AeN	PontConsComm, Pastoralinstruktion „Aetatis novae“ v. 22.2.1992 zur sozialen Kommunikation zwanzig Jahre nach Communio et progressio, in: AAS 84 (1992) 447-468; dt. in: Arbeitshilfen 98 (1992).
a. F.	alte(r) Fassung
AHC	Annuarium historiae conciliorum, Paderborn u. a. 1969 ff.
AKathKR	Archiv für katholisches Kirchenrecht, Mainz 1857 ff.
al.	alinéa; ali(us, -a, -ud)
AllMBl.	Allgemeines Ministerialblatt der Bayerischen Staatsregierung, des Bayerischen Ministerpräsidenten, der Bayerischen Staatskanzlei, des Bayerischen Staatsministeriums des Innern, des Bayerischen Staatsministeriums für Wirtschaft, Verkehr und Technologie, des Bayerischen Staatsministeriums für Ernährung, Landwirtschaft und Forsten, des Bayerischen Staatsministeriums für Arbeit und Sozialordnung, Familie, Frauen und Gesundheit und des Bayerischen Staatsministeriums für Landesentwicklung und Umweltfragen, München 1990 ff.
ALW	Archiv für Liturgiewissenschaft, Regensburg 1950 ff.
AnCan	L'Année Canonique, Paris 1952 ff.
Anl.	Anlage(n)
Anm.	Anmerkung
AnPont	L'Annuario Pontificio, Città del Vaticano 1860-1871, 1912 ff.
AnzSS	Anzeiger für die Seelsorge, Freiburg i. Br. 1982 ff.
AO	Abgabenordnung v. 16.3.1976, in: BGBl. I 1976, 613.

AöR	Archiv des öffentlichen Rechts, Tübingen 1886 ff.
Ap.	Apostolisch(e, -er, -es, -en)
APN	American Procedural Norms v. 28.4.1970, in: GORDON, Ignacio / GROCHOLEWSKI, Zenon (Hg.), Documenta recentiora circa rem matrimonialem et processualem, Roma 1977, 243-252.
Apoll	Apollinaris. Commentarius iuris canonici, Roma 1928 ff.
App.	Appendix
Arbeitshilfen	Arbeitshilfen, hg. v. Sekr. der DBK, Bonn 1970 ff.
Art., art.	Artikel; articulus, articulo
ASS	Actae Sanctae Sedis, Roma 1870-1908.
ASVG	Allgemeines Sozialversicherungsgesetz (Österreich), in: BGBl.Ö 1955/189.
Ausg.	Ausgabe
AV	Amsterdamer Vertrag v. 2.10.1997
Aymans / Mörsdorf	Kanonisches Recht. Lehrbuch aufgrund des Codex Iuris Canonici, begr. v. Eduard EICHMANN, fortgef. v. Klaus MÖRSDORF, neu bearb. v. Winfried AYMANS, Paderborn u. a. [13]1991 ff.
BayEUG	Bayerisches Gesetz über das Erziehungs- und Unterrichtswesen
BayGO	Bayerische Gemeindeordnung i. d. F. v. 22.8.1998
BayHSchG	Bayerisches Hochschulgesetz v. 2.10.1998
BayK	Bayerisches Konkordat v. 29.3.1924
BayRS	Bayerische Rechtssammlung, 5 Bde., München 1985.
BaySchwBerG	Bayerisches Schwangerenberatungsgesetz v. 9.8.1996
BayStiftG	Bayerisches Stiftungsgesetz v. 7.3.1996, in: BayRS 282-1-1-K.
BBG	Bundesbeamtengesetz
Bd(e).	Band (Bände)
begr.	begründet
bes.	besonders
betr.	betreffs; betreffend
bez.	bezüglich
BGB	Bürgerliches Gesetzbuch v. 18.8.1896
BGBl.	Bundesgesetzblatt, Bonn u. a. 1949 ff.
BGBl.Ö	Bundesgesetzblatt für die Republik Österreich, Wien 1918 ff.
BGE	Entscheidungen des Schweizerischen Bundesgerichts, Lausanne 1875 ff.
BGH	Bundesgerichtshof
BGHZ	Entscheidungen des Bundesgerichtshofes in Zivilsachen, Köln 1951 ff.
BHTh	Beiträge zur historischen Theologie, Tübingen 1929 ff.
B-KUVG	Beamten-Kranken- und Unfallversicherungsgesetz (Österreich), in: BGBl.Ö 1967/200.
BLE	Bulletin de littérature ecclésiastique, Toulouse 1899 ff.
BPGG	Bundespflegegeldgesetz (Österreich), in: BGBl.Ö 1993/110.
BRD	Bundesrepublik Deutschland
BRRG	Beamtenrechtsrahmengesetz
BTDrs.	Bundestagsdrucksache
Bulletin ET	Bulletin der Europäischen Gesellschaft für katholische Theologie, Münster 1990 ff.
BV	Bundesverfassung (Schweiz)
BVerfG	Bundesverfassungsgericht

BVerfGE	Entscheidungen des Bundesverfassungsgerichts, Tübingen 1952 ff.
BVerwG	Bundesverwaltungsgericht
BVerwGE	Entscheidungen des Bundesverwaltungsgerichts, Berlin 1955 ff.
B-VG	Bundes-Verfassungsgesetz der Republik Österreich, in: BGBl.Ö 1930/1.
BWVPr.	Baden-Württembergische Verwaltungspraxis. Fachzeitschrift für die Ausbildung und Fortbildung in der öffentlichen Verwaltung, Stuttgart 1974-1996.
c.	Canon; causa; capitulum; coram
CA	MP „Crebrae allatae" v. 22.2.1949, in: AAS 41 (1949) 89-119.
Cahiers français	Cahiers français. Revue périodique de l'activité politique, économique, sociale et culturelle de la France, Paris 1956 ff.
can., cann.	Canon, Canones
cap.	capitulum
Cat. trad.	Ap. Schreiben „Catechesi tradendae" v. 16.10.1979, in: AAS 71 (1979) 1277-1340; dt. in: VApSt 12 (1979).
CCC	Constitutio Criminalis Carolina (Strafprozessrecht Kaiser Karls V.) v. 1532
CCEE	Consilium Conferentiarum Episopalium Europae
CCEO	Codex Canonum Ecclesiarum Orientalium v. 18.10.1990, in: AAS 82 (1990) pars II, 1034-1063; lat.-dt. Ausgabe, hg. v. GEROSA, Libero / KRÄMER, Peter, Paderborn 2000.
CCL	Corpus Christianorum seu nova Patrum collectio series Latina, Turnhout u. a. 1953 ff.
CD, VatII CD	Zweites Vatikanisches Konzil, Dekret über die Hirtenaufgabe der Bischöfe in der Kirche „Christus Dominus" v. 28.10.1965, in: AAS 58 (1966) 673-696.
CeP	Pastoralinstruktion „Communio et Progressio" v. 23.5.1971, in: AAS 63 (1971) 593-656; lat.-dt. in: NKD 11, Trier 1971, 150-291.
cf., cfr.	confer
Chr.	Christus
CIC, CIC/1983	Codex Iuris Canonici v. 25.1.1983, in: AAS 75 (1983) 1-317; lat.-dt. Ausgabe, Kevelaer [5]2001.
CIC/1917	Codex Iuris Canonici v. 27.5.1917, in: AAS 9 (1917) II, 11-521, 557, 589.
CIC/1917-Fontes	Codicis Iuris Canonici. Fontes, cura GASPARRI, Petri, 9 Bde., Roma 1926-1939.
CiG	Christ in der Gegenwart, Freiburg i. Br. 1949 ff.
CL	Nachsynodales Ap. Schreiben „Christifideles Laici" v. 30.12.1988, in: AAS 81 (1989) 393-521; dt. in: VApSt 87, Bonn 1989.
Clem	Clementis Papae V Constitutiones
CLSA	Canon Law Society of America
CLSN	Canon Law Society Newsletter
CLSt	Canon Law Studies, Washington, D. C. 1916 ff.
COD	Conciliorum oecumenicorum decreta, hg. v. ALBERIGO, Giuseppe u. a., Bologna [3]1973.
COD (dt.)	Dekrete der ökumenischen Konzilien, im Auftrag der Görres-Gesellschaft ins Deutsche übertragen und herausgegeben unter Mitarbeit von SUNNUS, Gabriel und UPHUS, Johannes von WOHLMUTH, Josef, Paderborn 2000.

col., coll.	collana, collanae
COMECE	Commission des Episcopats de la Communauté Européenne
Comm	Communicationes, Roma 1969 ff.
ComRelMiss	Commentarium pro religiosis et missionariis, Roma 1920 ff.
ComSoc	Communicatio socialis. Zeitschrift für Publizistik in Kirche und Welt, Paderborn 1968 ff.
Conc	Concilium. Internationale Zeitschrift für Theologie, Mainz 1965 ff.
Congr.	Congregatio
Congr. Cler	Congregatio pro Clericis
Congr. DocFid	Congregatio pro Doctrina Fidei
CS	MP „Cleri sanctitati" v. 2.6.1957, in: AAS 49 (1957) 433-600.
CSCO	Corpus scriptorum Christianorum orientalium, Paris 1903 ff.
CSEL	Corpus scriptorum ecclesiasticorum latinorum, Wien 1866 ff.
DAR	Diözesanarchiv Rottenburg
DAS	Deutsches Allgemeines Sonntagsblatt
DBK	Deutsche Bischofskonferenz
DC	Documentation catholique, Paris 1919 ff.
DDB	Die Deutschen Bischöfe, hg. v. Sekr. der DBK, Bonn 1967 ff.
DDC	Dictionnaire de Droit Canonique, hg. v. NAZ, Raoul, 7 Bde., Paris 1935-1965.
Dec	Tribunal Apostolicum Sacrae Romanae Rotae, Decisiones seu sententiae, Città del Vaticano 1909 ff.
Denzinger / Hünermann	Kompendium der Glaubensbekenntnisse und kirchlichen Lehrentscheidungen. Enchiridion symbolorum, definitionum et declarationum de rebus fidei et morum. Lat.-dt., übers. und hg. v. HÜNERMANN, Peter, Freiburg i. Br. [39]2001.
DerOp	Derecho y Opinión, Córdoba 1993 ff.
ders.	derselbe
d. h.	das heißt
DH, VatII DH	Zweites Vatikanisches Konzil, Erklärung über die Religionsfreiheit „Dignitatis humanae" v. 7.12.1965, in: AAS 58 (1966) 929-941.
Diak	Diakonia. Internationale Zeitschrift für die Praxis der Kirche, Mainz u. a. 1970 ff.
dict.	dictum
dies.	dieselbe(n)
Dig.	Digesten
DIP	Dizionario degli Istituti di Perfezione, hg. v. PELLICCIA, Guerrino / ROCCA, Giancarlo, Roma 1974 ff.
DirEccl	Il diritto ecclesiastico, Milano 1890 ff.
Diss.	Dissertation
dist.	distinctio
Documents Episcopat	Documents episcopat. Bulletin du Secrétariat de la Conférence Episcopale Française, Paris 1986 ff.
DÖV	Die öffentliche Verwaltung, Stuttgart 1948 ff.
DPM	De Processibus Matrimonialibus, Fankfurt a. M. u. a. 1994 ff.
Dr.	Doktor
DRdA	Das Recht der Arbeit, Wien 1951 ff.
Drs.	Drucksache
dt.	deutsch(e, -er, -es, -en)

DThC	Dictionnaire de théologie catholique, hg. v. VACANT, Alfred / MANGENOT, Eugene, fortgef. v. AMANN, Émile, 18 Bde., Paris 1903-1972.
DVBl.	Deutsches Verwaltungsblatt, Köln 1950 ff.
DVVR	Diözesanvermögensverwaltungsrat
EAGV	Vertrag über die Gründung der Europäischen Atomgemeinschaft v. 25.3.1957
ebd.	ebenda
ECHR	European Court of Human Rights Report
éd., ed.	édition, editio, edizione; edited by
EGKSV	Vertrag zur Gründung der Europäischen Gemeinschaft für Kohle und Stahl v. 25.3.1957
EGMR	Europäischer Gerichtshof für Menschenrechte
EGMR, Serie A	Publications de la Cour Européenne des Droits de l'Homme. Série A (Arréts et décisions), Strasbourg 1961 ff.
EGV	Vertrag zur Gründung der Europäischen Gemeinschaft
EHR	English Historical Review, London 1886 ff.
EHRLR	European Human Rights Law Review, Andover 1995 ff.
EIC	Ephemerides Iuris Canonici, Roma 1945 ff.
EILR	Emory International Law Review, Atlanta 1990 ff.
Einf.	Einführung
Einl.	Einleitung
EJCSR	European Journal for Church and State Research, Leuven 1994 ff.
EKD	Evangelische Kirche in Deutschland
EKHN	Evangelische Kirche in Hessen und Nassau
EKU	Evangelische Kirche der Union
EMRK	Konvention des Europarates zum Schutze der Menschenrechte und Grundfreiheiten v. 4.11.1950 („Europäische Menschenrechtskonvention“)
enc.	encyclica
EncDir	Enciclopedia del diritto, Milano 1958 ff.
EncGiur	Enciclopedia Giuridica, Roma 1988 ff.
EPO	Instr. „Provida Mater“ v. 15.8.1936, in: AAS 28 (1936) 313-361 („Eheprozessordnung“ für die Diözesangerichte).
EssG	Essener Gespräche zum Thema Staat und Kirche, begr. v. KRAUTSCHEIDT, Joseph / MARRÉ, Heiner, Münster 1969 ff.
etc.	et cetera
EU	Europäische Union
EuA	Erbe und Auftrag. Benediktinische Monatsschrift, Beuron 1959 ff.
EuGH	Europäischer Gerichtshof
EuGRZ	Europäische Grundrechte-Zeitschrift, Kehl 1974 ff.
e. V.	eingetragener Verein
EWGV	Vertrag zur Gründung der Europäischen Wirtschaftsgemeinschaft v. 25.3.1957
f.	folgende (Seite, Nummer ...)
Fasz.	Faszikel
FAZ	Frankfurter Allgemeine Zeitung
FC	Fontes Christiani. Zweisprachige Neuausgabe christlicher Quellentexte aus Altertum und Mittelalter, hg. v. BROX, Norbert u. a., Freiburg i. Br. 1990 ff.
ff.	folgende zwei (Seiten, Nummern ...)

FG	Festgabe
FG Heinemann (70)	Theologia et Ius Canonicum. FG für Heribert Heinemann zur Vollendung seines 70. Lebensjahres, hg. v. REINHARDT, Heinrich J.F., Essen 1995.
FG Peters	Wahrheit und Gerechtigkeit im Strafverfahren. FG für Karl Peters aus Anlaß seines 80. Geburtstages, hg. v. WASSERBURG, Klaus / HADDENHORST, Wilhelm, Heidelberg 1984.
FG Pototschnig	Scientia Canonum. FG für Franz Pototschnig zum 65. Geburtstag, hg. v. PAARHAMMER, Hans / RINNERTHALER, Alfred, München 1991.
FG Rößler	Iustitia in Caritate. FG für Ernst Rößler zum 25jährigen Dienstjubiläum als Offizial der Diözese Rottenburg-Stuttgart, hg. v. PUZA, Richard / WEIß, Andreas, Frankfurt a. M. u. a. 1997.
FG Scheuermann	Ecclesia et Ius. FG für Audomar Scheuermann zum 60. Geburtstag, hg. v. SIEPEN, Karl / WEITZEL, Joseph / WIRTH, Paul, München u. a. 1968.
FG Schwendenwein	Recht im Dienste des Menschen. Eine Festgabe. Hugo Schwendenwein zum 60. Geburtstag, hg. v. LÜDICKE, Klaus / PAARHAMMER, Hans / BINDER, Dieter A., Graz 1994.
FG Wesemann	Iustus Iudex. FG für Paul Wesemann zum 75. Geburtstag von seinen Freunden und Schülern, hg. v. LÜDICKE, Klaus / MUSSINGHOFF, Heinrich / SCHWENDENWEIN, Hugo, Essen 1990.
FKTh	Forum Katholische Theologie. Vierteljahresschrift für das Gesamtgebiet der Katholischen Theologie, Aschaffenburg 1985 ff.
Fn.	Fußnote(n)
Forts.	Fortsetzung
Frhr.	Freiherr
Friedberg	Corpus Iuris Canonici, hg. v. FRIEDBERG, Emil, Leipzig 1879 (Nachdruck Graz 1955).
FS	Festschrift
FS Aymans	Communio in Ecclesiae Mysterio. FS für Winfried Aymans zum 65. Geburtstag, hg. v. GERINGER, Karl-Theodor / SCHMITZ, Heribert, St. Ottilien 2001.
FS Carlen	FS für Louis Carlen zum 60. Geburtstag, hg. v. MORSAK, Louis C. / ESCHER, Markus, Zürich 1989.
FS Elm	Vita religiosa im Mittelalter. FS für Kaspar Elm zum 70. Geburtstag, hg. v. FELTEN, Franz J., Berlin 1999.
FS Faller	FS Hans-Joachim Faller, hg. v. ZEIDLER, Wolfgang, München 1984.
FS Fürst	Ius Canonicum in Oriente et Occidente. FS für Carl Gerold Fürst zum 70. Geburtstag, hg. v. ZAPP, Hartmut / WEIß, Andreas / KORTA, Stefan, Frankfurt a. M. u. a. 2003.
FS Geringer	Iudicare Inter Fideles. FS für Karl-Theodor Geringer zum 65. Geburtstag, hg. v. AYMANS, Winfried / HAERING, Stephan / SCHMITZ, Heribert, St. Ottilien 2002.
FS Glatzel	Die Zukunft der Familie und deren Gefährdungen. Norbert Glatzel zum 65. Geburtstag, hg. v. GOLDSCHMIDT, Nils / BEESTERMÖLLER, Gerhard / STEGER, Gerhard, Münster 2002.
FS Heckel	FS für Martin Heckel zum 70. Geburtstag, hg. v. KÄSTNER, Karl-Hermann / NÖRR, Knut W. / SCHLAICH, Klaus, Tübingen 1999.

FS Heinemann (60)	Ministerium Iustitiae. FS für Heribert Heinemann zur Vollendung des 60. Lebensjahres, hg. v. GABRIELS, André / REINHARDT, Heinrich J.F., Essen 1985.
FS Heinemann (70)	Theologia et Ius Canonicum. FG für Heribert Heinemann zur Vollendung seines 70. Lebensjahres, hg. v. REINHARDT, Heinrich J.F., Essen 1995.
FS Henrici	Kirche, Kultur, Kommunikation. Peter Henrici zum 70. Geburtstag, hg. v. FINK, Urban / ZIHLMANN, René, Zürich 1998.
FS Hollerbach	Verfassung – Philosophie – Kirche. FS für Alexander Hollerbach zum 70. Geburtstag, hg. v. BOHNERT, Joachim / GRAMM, Christof / KINDHÄUSER, Urs / LANGE, Joachim / RINKEN, Alfred / ROBBERS, Gerhard, Berlin 2001.
FS Holotik	Gnade und Recht. Beiträge aus Ethik, Moraltheologie und Kirchenrecht. FS für Gerhard Holotik zur Vollendung des 60. Lebensjahres, hg. v. HAERING, Stephan / KANDLER, Josef / SAGMEISTER, Raimund, Frankfurt a. M. u. a. 1999.
FS Ipsen	Brücken bauen und begehen. FS für Knut Ipsen zum 65. Geburtstag, hg. v. EPPING, Volker, München 2000.
FS Kaiser	Glauben, Wissen, Handeln. FS für Philipp Kaiser, Eichstätt zum 65. Geburtstag, hg. v. FRANZ, Albert, Würzburg 1994.
FS Kocher	FS für Gernot Kocher zum 60. Geburtstag, hg. v. VALENTINITSCH, Helfried / STEPPAN, Markus, Graz 2002.
FS Listl	Dem Staate, was des Staates, der Kirche, was der Kirche ist. FS für Joseph Listl zum 70. Geburtstag, hg. v. ISENSEE, Josef / REES, Wilhelm / RÜFNER, Wolfgang, Berlin 1999.
FS Maier	Politik – Bildung – Religion. Hans Maier zum 65. Geburtstag, hg. v. STAMMEN, Theo u. a., Paderborn 1996.
FS May	Fides et Ius. FS für Georg May zum 65. Geburtstag, hg. v. AYMANS, Winfried / EGLER, Anna / LISTL, Joseph, Regensburg 1991.
FS Menger	System des verwaltungsgerichtlichen Rechtsschutzes. FS für Christian-Friedrich Menger zum 70. Geburtstag, hg. v. ERICHSEN, Hans-Uwe, Köln u. a. 1985.
FS Mörsdorf	Ius sacrum. Klaus Mörsdorf zum 60. Geburtstag, hg. v. SCHEUERMANN, Audomar / MAY, Georg, München 1969.
FS Mühlsteiger	Tradition – Wegweisung in die Zukunft. FS für Johannes Mühlsteiger SJ zum 75. Geburtstag, hg. v. BREITSCHING, Konrad / REES, Wilhelm, Berlin 2001.
FS Plöchl (70)	Ex aequo et bono. Willibald M. Plöchl zum 70. Geburtstag, hg. v. LEISCHING, Peter / POTZ, Richard / POTOTSCHNIG, Franz, Innsbruck 1977.
FS Ruppel	FS für Erich Ruppel zum 65. Geburtstag am 25. Januar 1968, hg. v. BRUNOTTE, Heinz u. a., Hannover 1968.
FS Schmid	Das Denkmal und die Zeit. Alfred A. Schmid zum 70. Geburtstag, hg. v. ANDERES, Bernhard, Luzern 1990.
FS Schmitz	Iuri Canonico Promovendo. FS für Heribert Schmitz zum 65. Geburtstag, hg. v. AYMANS, Winfried / GERINGER, Karl-Theodor unter Mitwirkung v. KRÄMER, Peter / RIEDEL-SPANGENBERGER, Ilona, Regensburg 1994.
FS Schott	Rechtsgeschichte und Interdisziplinarität. FS für Clausdieter Schott, hg. v. SENN, Marcel / SOLIVA, Claudio, Bern 2001.

FS Socha	Iustitia et modestia. FS für Hubert Socha zur Vollendung seines 65. Lebensjahres, hg. v. BOEKHOLT, Peter / RIEDEL-SPANGENBERGER, Ilona, München 1998.
FS Weigand	De Iure Canonico Medii Aevi. FS für Rudolf Weigand, hg. v. LANDAU, Peter / PETZOLD, Martin, Roma 1996.
FS Wolgast	Zwischen Wissenschaft und Politik. Studien zur deutschen Universitätsgeschichte. FS für Eike Wolgast zum 65. Geburtstag, hg. v. KOHNLE, Armin / ENGEHAUSEN, Frank, Stuttgart 2001.
FZPhTh	Freiburger Zeitschrift für Philosophie und Theologie, Fribourg 1954 ff.
...G	...gesetz
GBl.	Gesetzblatt
GBl. BW	Gesetzblatt für Baden-Württemberg, Stuttgart 1952 ff.
GdK	Gottesdienst der Kirche. Handbuch der Liturgiewissenschaft, hg. v. MEYER, Hans B. / AUF DER MAUR, Hansjörg / KLEINHEYER, Bruno / MESSNER, Reinhard / BARTUNEK, Franz, Regensburg 1983 ff.
Gemeinsame Synode	Gemeinsame Synode der Bistümer in der Bundesrepublik Deutschland. Beschlüsse der Vollversammlung, hg. v. BERTSCH, Ludwig, 2 Bde., Freiburg i. Br. 1976-1977.
GE, VatII GE	Zweites Vatikanisches Konzil, Erklärung über die christliche Erziehung „Gravissimum educationis" v. 28.10.1965, in: AAS 58 (1966) 728-739.
gez.	gezeichnet
GG	Grundgesetz für die Bundesrepublik Deutschland v. 23.5.1949
ggf.	gegebenenfalls
GmbH	Gesellschaft mit beschränkter Haftung
Gr	Gregorianum, Roma 1920 ff.
GS	Gedenkschrift
GS Müller	Kirchliches Recht als Freiheitsordnung. GS für Hubert Müller, hg. v. WEIGAND, Rudolf, Würzburg 1997.
GS Schulz	Winfried Schulz in memoriam. Schriften aus Kanonistik und Staatskirchenrecht, hg. v. MIRABELLI, Cesare / FELICIANI, Giorgio / FÜRST, Carl G. / PREE, Helmuth, Frankfurt a. M. u. a. 1999.
GVBl.	Gesetz- und Verordnungsblatt
GVBl. Bayern	Bayerisches Gesetz- und Verordnungsblatt, München 1796 ff.
GVBl. NRW	Gesetz- und Verordnungsblatt für das Land Nordrhein-Westfalen, Düsseldorf 1947 ff.
GVG	Gerichtsverfassungsgesetz
GYIL	German Yearbook of International Law, Göttingen 1948 ff.
H.	Heft
H.B.	Helvetisches Bekenntnis (Evangelisch-Reformierte Kirche)
h. c.	honoris causa
$HdbKathKR^1$	Handbuch des katholischen Kirchenrechts, hg. v. LISTL, Joseph / MÜLLER, Hubert / SCHMITZ, Heribert, Regensburg 1983.
$HdbKathKR^2$	Handbuch des katholischen Kirchenrechts, hg. v. LISTL, Joseph / SCHMITZ, Heribert, Regensburg ^{2}1999.
$HdbStKR^2$	Handbuch des Staatskirchenrechts der Bundesrepublik Deutschland, hg. v. LISTL, Joseph / PIRSON, Dietrich, 2 Bde., Berlin ^{2}1994-1995.

Heimerl / Pree, VermR	Handbuch des Vermögensrechts der katholischen Kirche unter besonderer Berücksichtigung der Rechtsverhältnisse in Bayern und Österreich, hg. v. HEIMERL, Hans / PREE, Helmuth, Regensburg 1993.
HessVGH	Hessischer Verwaltungsgerichtshof
Hg., hg.	Herausgeber, herausgegeben
HJ	Historisches Jahrbuch der Görres-Gesellschaft, Köln 1880 ff.
HK	Herder-Korrespondenz. Monatshefte für Gesellschaft und Religion, Freiburg i. Br. 1946 ff.
Hl.	Heilig(e, -er, -es, -en)
HLR	Harvard Law Review, Harvard 1888 ff.
HS	Halbsatz
HStR	Handbuch des Staatsrechts der Bundesrepublik Deutschland, hg. v. ISENSEE, Josef / KIRCHHOFF, Paul, Heidelberg 1987 ff.
HThG	Handbuch theologischer Grundbegriffe, hg. v. FRIES, Heinrich, 2 Bde., München 1962-1963.
HThK NT	Herders theologischer Kommentar zum Neuen Testament, hg. v. WILKENHAUSER, Alfred, Freiburg i. Br. 1953 ff.
HThR	The Harvard Theological Review, Cambridge 1906 ff.
HUDOC	Human Rights Documentation, Internet-Datenbank unter http://hudoc.echr.coe.int/hudoc/
ibid.	ibidem
ID	Informationsdienst
i. d. F.	in der Fassung
i. d. R.	in der Regel
i. e. S.	im engeren Sinne
IkaZ	Internationale katholische Zeitschrift Communio, Frankfurt a. M. 1972 ff.
IM, VatII IM	Zweites Vatikanisches Konzil, Dekret über die sozialen Kommunikationsmittel „Inter mirifica" v. 4.11.1963, in: AAS 56 (1964) 145-153.
Instr.	Instructio, Instruktion
i. S.	im Sinne
Istina	Istina, Paris 1954 ff.
IusCan	Ius Canonicum, Pamplona 1961 ff.
IusEccl	Ius Ecclesiae, Roma 1989 ff.
i. V. m.	in Verbindung mit
i. w. S.	im weiteren Sinne
i. Z. m.	im Zusammenhang mit
Jaffé	JAFFÉ, Philippe, Regesta pontificum Romanorum ab condita ecclesia ad annum post Christum natum MCXCVIII, 2 Bde., Leipzig ^{2}1885-1888.
JBl.	Juristische Blätter, Wien 1872 ff.
JE	JAFFÉ, Philippe, Regesta pontificum Romanorum ab condita ecclesia ad annum post Christum natum MCXCVIII, 2 Bde., Leipzig ^{2}1885-1888 (Textstelle überarb. v. EWALD, Paul).
JEH	The Journal of Ecclesiastical History, London 1950 ff.
Jg.	Jahrgang
Jh.	Jahrhundert
JIA	Journal of International Affairs, New York 1947 ff.

JL	JAFFÉ, Philippe, Regesta pontificum Romanorum ab condita ecclesia ad annum post Christum natum MCXCVIII, 2 Bde., Leipzig ²1885-1888 (Textstelle überarb. v. LOEWENFELD, Samuel).
JöR	Jahrbuch des öffentlichen Rechts der Gegenwart, Tübingen 1907-1938, N. F. 1951 ff.
JR	Juristische Rundschau, Berlin 1947 ff.
JThS	Journal of Theological Studies, London 1899 ff., N.S. 1950 ff.
JuS	Juristische Schulung, München 1961 ff.
JusEccl	Jus Ecclesiasticum. Beiträge zum evangelischen Kirchenrecht und zum Staatskirchenrecht, Tübingen 1965 ff.
JZ	Juristenzeitung, Tübingen 1951 ff.
KABl.	Kirchliches Amtsblatt
KABl. Dresden	Kirchliches Amtsblatt für das Bistum Dresden-Meißen, Dresden 1991 ff.
KABl. Fulda	Kirchliches Amtsblatt für die Diözese Fulda, Fulda 1885 ff.
KABl. Hamburg	Kirchliches Amtsblatt für das Erzbistum Hamburg, Hamburg 1995 ff.
KABl. Mainz	Kirchliches Amtsblatt für die Diözese Mainz, Mainz 1858 ff.
KABl. Münster	Kirchliches Amtsblatt für die Diözese Münster, Münster 1857 ff.
KABl. Osnabrück	Kirchliches Amtsblatt für die Diözese Osnabrück, Osnabrück 1884 ff.
KABl. Paderborn	Kirchliches Amtsblatt für die Erzdiözese Paderborn, Paderborn 1852 ff.
KABl. Rottenburg-Stuttgart	Kirchliches Amtsblatt für die Diözese Rottenburg-Stuttgart, Rottenburg 1894 ff.
KABl. Trier	Kirchliches Amtsblatt für das Bistum Trier, Trier 1857 ff.
KA. Hildesheim	Kirchlicher Anzeiger für das Bistum Hildesheim, Hildesheim 1889 ff.
Kanon	Kanon. Jahrbuch der Gesellschaft für das Recht der Ostkirchen, Wien 1973 ff.
Kard.	Kardinal
KGO	Kirchengemeindeordnung der Diözese Rottenburg-Stuttgart v. 1.7. 2002, in: KABl. Rottenburg-Stuttgart 109 (2002), Nr. 10 v. 28.6. 2002, 113-136; Corrigenda ebd., Nr. 13 v. 4.9.2002, 175 f.
KiG	Kirchengesetz
KirchE	Entscheidungen in Kirchensachen seit 1946, Berlin 1963 ff.
KirchStG	Kirchensteuergesetz
KiStiftO (Bayern)	Ordnung für kirchliche Stiftungen in den bayerischen (Erz-)Diözesen, abgedr. z. B. in: ABl. Augsburg (1988) 307 ff.
KKD	Kleine katholische Dogmatik, hg. v. AUER, Johannes / RATZINGER, Joseph, 9 Bde., Regensburg 1970-1983.
KNA	Katholische Nachrichtenagentur
KOM	Kom, Luxemburg 1964 ff.
Konst.	Konstitution
KritV	Kritische Vierteljahresschrift für Gesetzgebung und Rechtswissenschaft, Baden-Baden 1859 ff.
KStuT	Kanonistische Studien und Texte, Bonn u. a. 1928 ff.
KuD	Kerygma und Dogma, Göttingen 1955 ff.
KuI	PontConsComm, Kirche und Internet v. 22.2.2002; dt. in: Arbeitshilfen 163 (2002).
KuR	Kirche & Recht. Zeitschrift für die kirchliche und staatliche Praxis, Neuwied 1995 ff.
KV	Kirchenvertrag

KVuVG	Kirchliches Verfassungs- und Verwaltungsgericht
KVwGG	Kirchliches Verwaltungsgerichtsgesetz
KWCO	Kleines Wörterbuch des christlichen Orients, hg. v. ASSFALG, J., Wiesbaden 1975.
KWMBl.	Amtsblatt des Bayerischen Staatsministeriums für Unterricht, Kultus, Wissenschaft und Kunst, München 1975 ff.
lat.	lateinisch(e, -er, -es, -en)
LACL³	Lexikon der antiken christlichen Literatur, hg. v. DÖPP, Siegmar / GEERLINGS, Wilhelm, Freiburg i. Br. u. a. ³2002.
Lb.	Lehrbuch
LCI	Lexikon der christlichen Ikonographie, hg. v. KIRSCHBAUM, Engelbert, Freiburg i. Br. 1968-1975, Nachdr. 1990.
LeSuppl	Le Supplément. Revue d'éthique et théologie morale. Revue trimestrielle, Paris 1970 ff.
LG	Landgericht, Landesgericht
LG, VatII LG	Zweites Vatikanisches Konzil, Dogmatische Konstitution über die Kirche „Lumen gentium" v. 21.11.1964, in: AAS 57 (1965) 5-67.
lit.	littera
Lit.	Literatur
LJ	Liturgisches Jahrbuch, Münster 1951 ff.
LKStKR	Lexikon für Kirchen- und Staatskirchenrecht, hg. v. CAMPENHAUSEN, Axel von / RIEDEL-SPANGENBERGER, Ilona / SEBOTT, Reinhold unter Mitarbeit v. HALLERMANN, Heribert, Paderborn u. a. 2000 ff.
LMA	Lexikon des Mittelalters, 10 Bde., hg. v. BAUTIER, Robert-Henri / AUTY, Robert / ANGERMANN, Norbert, München u. a. 1980-1998.
loc. cit.	loco citato
LThK¹	Lexikon für Theologie und Kirche, hg. v. BUCHBERGER, Michael, 10 Bde., Freiburg i. Br. ¹1930-1938.
LThK²	Lexikon für Theologie und Kirche, begr. v. BUCHBERGER, Michael, hg. v. HÖFER, Joseph / RAHNER, Karl, 11 Bde., Freiburg i. Br. ²1957-1967.
LThK³	Lexikon für Theologie und Kirche, begr. v. BUCHBERGER, Michael, hg. v. KASPER, Walter, 11 Bde., Freiburg i. Br. u. a. ³1993-2001.
LThK²-KonzilsK	LThK², Das Zweite Vatikanische Konzil – Dokumente und Kommentare, 3 Bde., Freiburg i. Br. u. a. 1967-1968.
LthW	Lexikon theologischer Werke, hg. v. ECKERT, Michael / HERMS, Eilert / HILBERATH, Bernd J. / JÜNGEL, Eberhard, Stuttgart 2003.
LU	Kanton Luzern (Schweiz)
LV-NW	Verfassung des Landes Nordrhein-Westfalen
Mansi	Sacrorum conciliorum nova et amplissima collectio, hg. v. MANSI, Giovanni D., Firenze u. a. 1759-1798 (Neudr. u. Forts. ed. PETIT, Louis / MARTIN, Johannes B., Paris 1901-1927).
Marmy	MARMY, Emil (Hg.), Mensch und Gemeinschaft in christlicher Schau. Dokumente, Fribourg 1945.
Mayer	MAYER, Suso, Neueste Kirchenrechts-Sammlung, 4 Bde., Freiburg i. Br. 1953-1962.
MD	La Maison-Dieu. Cahiers de pastorale liturgique, Paris 1945 ff.
m. E.	meines Erachtens
ME	Monitor Ecclesiasticus, Roma 1876 ff.
Mgr	Monseigneur

MK CIC	Münsterischer Kommentar zum Codex Iuris Canonici unter besonderer Berücksichtigung der Rechtslage in Deutschland, Österreich und der Schweiz, hg. v. LÜDICKE, Klaus, Loseblattwerk, Essen 1985 ff.
Mörsdorf, Lb.^{11}	Lehrbuch des Kirchenrechts auf Grund des Codex Iuris Canonici, begr. v. EICHMANN, Eduard, fortgef. v. MÖRSDORF, Klaus, 3 Bde., München u. a. ^{11}1964-1979.
Mons., Msgr.	Monsignore
MP	Motuproprio
MRVO	Verordnung der Militärregierung Deutschland – Britisches Kontrollgebiet
MThZ	Münchener theologische Zeitschrift, München 1950 ff.
m. w. N.	mit weiteren Nachweisen
n.	numera; number; nach
n°	numero
Neudr.	Neudruck
N. F.	Neue Folge; Neue Fassung
NHThG^{2}	Neues Handbuch theologischer Grundbegriffe, hg. v. EICHER, Peter, 5 Bde., München ^{2}1991.
NJW	Neue Juristische Wochenschrift, München u. a. 1947 ff.
NKD	Nachkonziliare Dokumentation, Trier 1967-1977.
Nr., Nrn.	Nummer, Nummern
NRT	Nouvelle revue théologique. Ou série d'articles et de consultations sur le droit canon, la liturgie, la théologie morale etc., Tournai 1869 ff.
N. S.	Neue Serie
Nuntia	Nuntia. Commentarium cura et studio Pontificiae Commissionis Codici Iuris Canonici Orientalis recognoscendo, Città del Vaticano 1975 -1990.
NVwZ	Neue Zeitschrift für Verwaltungsrecht, München 1982 ff.
o.	oben
ÖAKR	Österreichisches Archiv für Kirchenrecht, Wien 1950-1998 (danach öarr).
öarr	Österreichisches Archiv für Recht und Religion, Wien 1999 ff.
ÖBGBl.	Bundesgesetzblatt (Österreich)
ÖBK	Österreichische Bischofskonferenz
Ochoa Leges	OCHOA, Javier / GUTIÉREZ, Andrés, Leges Ecclesiae post Codicem Iuris Canonici editae, 7 Bde., Roma 1966-1994.
ÖD 1967	Directorium ad ea quae Concilio Vaticano II de re oecumenica promulgata sunt exsequenda. Pars prima „Ad totam Ecclesiam" (Nr. 1-63) v. 14.5.1967, in: AAS 59 (1967) 574-592; dt. in: NKD 7, Trier 1967.
ÖD 1993	Direktorium zur Ausführung der Prinzipien und Normen über den Ökumenismus v. 25.3.1993 (VApSt 110).
ÖJZ	Österreichische Juristen-Zeitung, Wien 1946 ff.
ÖK	Konkordat zwischen dem Hl. Stuhl und der Republik Österreich v. 5.6.1933 („Österreichisches Konkordat")
OGH	Oberster Gerichtshof (Österreich)
o. J.	ohne Erscheinungsjahr
OK	Ordenskorrespondenz, Köln 1960 ff.
OLG	Oberlandesgericht

op. cit.	opus citatum
OrChrP	Orientalia Christiana Periodica, Roma 1935 ff.
OssRom	L'Osservatore Romano. Giornale quotidiano politico religioso, Città del Vaticano 1861 ff.
OssRom(D)	L'Osservatore Romano. Wochenausgabe in deutscher Sprache, Città del Vaticano 1971 ff.
OVG	Oberverwaltungsgericht
p., pp.	pagina, paginae
PAL	MP „Postquam apostolicis litteris" v. 9.2.1952, in: AAS 44 (1952) 65-152.
PastBon	Ap. Konst. „Pastor Bonus" v. 28.6.1988, in: AAS 80 (1988) 841-934 und 87 (1995) 588; lat.-dt. in: CIC^{5}, 771-833.
PBl. Eichstätt	Pastoralblatt des Bistums Eichstätt, Eichstätt 1854 ff.
PCI	Pontificia Commissio ad Codicis Canones Authentice Interpretandis (früher) / Pontificium Consilium ad Legum Textibus Interpretandis (heute)
PerRCan	Periodica de re canonica, Roma 1991 ff.
PerRMCL	Periodica de re morali canonica liturgica, Roma 1927-1990 (danach PerRCan).
PfBl.	Pfarramtsblatt. Mitteilungen aus dem Amtsblatt für den katholischen Klerus Bayerns und des Bistums Speyer, München 1922 ff.
PflegeVG	Pflegeversicherungsgesetz v. 26.5.1994, in: BGBl. I, 1014.
PG	Patrologia Graeca, hg. v. MIGNE, Jacques P., 167 Bde., Paris 1857-1866.
PG	Pensionsgesetz (Österreich), in: BGBl.Ö 1965/340.
PGR	Pfarrgemeinderat
PJR	Praxis juridique et religion, Strasbourg 1984 ff.
PL	Patrologia Latina, hg. v. MIGNE, Jacques P., 221 Bde., Paris 1841-1864.
PO, VatII PO	Zweites Vatikanisches Konzil, Dekret über Dienst und Leben der Priester „Presbyterorum ordinis" v. 7.12.1965, in: AAS 58 (1966) 991-1024.
PolDir	Politica del diritto, Bologna 1970 ff.
PontConsComm	Pontificium Consilium de Communicationibus Socialibus
Preuß. GS	Gesetzsammlung für die Königlich Preußischen Staaten, Berlin 1810-1945.
PreußK	Preußisches Konkordat v. 14.6.1929
Prot.N.	Protokollnummer
q.	quaestio
QDPE	Quaderni di diritto e politica ecclesiastica, Bologna 1985 ff.
RAC	Reallexikon für Antike und Christentum. Sachwörterbuch zur Auseinandersetzung des Christentums mit der antiken Welt, hg. v. KLAUSER, Theodor, Stuttgart 1950 ff.
Rahner / Vorgrimler	RAHNER, Karl / VORGRIMLER, Herbert (Hg.), Kleines Konzilskompendium. Sämtliche Texte des Zweiten Vatikanums, Freiburg i. Br. ^{29}2002.
RDC	Revue de droit canonique, Strasbourg 1951 ff.
RDHS	Reichsdeputationshauptschluss
RdJB	Recht der Jugend und des Bildungswesens. Zeitschrift für Schule, Berufsbildung und Jugenderziehung, Berlin 1953 ff.

Rdschr.	Rundschreiben
REDC	Revista española de derecho canónico, Salamanca 1946 ff.
RegBl.	Regierungsblatt
Reg. Iur. in VI°	Regulae Iuris im Liber Sextus Bonifaz' VIII.
Religioni e Società	Religioni e Società. Rivista di scienze sociali della religione, Napoli 1986 ff.
RelUG	Religionsunterrichtsgesetz (Österreich)
REU	Ap. Konst. „Regimini Ecclesiae universae" v. 15.8.1967, in: AAS 59 (1967) 885-928; dt. in: NKD 10, Trier 1968, 62-151.
RFG	Rundfunkgesetz (Österreich)
RFIS	Relatio Fundamentalis Institutionis Sacerdotalis v. 6.1.1970, in: AAS 62 (1970) 321-384; dt. in: NKD 25, Trier 1974, 68-263.
RGBl.	Reichsgesetzblatt, Berlin 1871 ff.
RGBl.Ö	Reichsgesetzblatt für die im Reichsrathe vertretenen Königreiche und Länder, Wien 1853-1918.
RGG^4	Religion in Geschichte und Gegenwart. Handwörterbuch für Theologie und Religionswissenschaft, hg. v. BETZ, Hans D., Tübingen ^{4}1998 ff.
RHEF	Revue d'histoire de l'Église de France, Paris 1910 ff.
RhM	Rheinischer Merkur
RHPhR	Revue d'histoire et de philosophie religieuses, Strasbourg 1921 ff.
RiA	Das Recht im Amt, Neuwied u. a. 1954 ff.
RK	Konkordat zwischen dem Heiligen Stuhl und dem Deutschen Reich v. 20.7.1933 („Reichskonkordat")
Rn.	Randnummer(n)
RQ	Römische Quartalschrift für christliche Altertumskunde und Kirchengeschichte, Roma 1887 ff.
RQ Suppl.	Römische Quartalschrift für christliche Altertumskunde und Kirchengeschichte. Supplementhefte, Freiburg i. Br. 1893 ff.
RR	Rota Romana
RSPhTh	Revue des sciences philosophiques et théologiques, Paris 1907 ff.
RsprB.	Rechtsprechungsbeilage
RSR	Recherches de science religieuse, Paris 1910 ff.
S.	San; Seite
s.	siehe; sequens
SC	Sacra Congregatio (jetzt Congr.)
SC DocFid	Sacra Congregatio pro Doctrina Fidei
SC InstCath	Sacra Congregatio pro Institutione Catholica
SchKG	Schwangerschaftskonfliktgesetz
Schmitz / Kalde^1	SCHMITZ, Heribert / KALDE, Franz (Hg.), Partikularnormen der deutschsprachigen Bischofskonferenzen, Metten 1990.
Schmitz / Kalde^2	SCHMITZ, Heribert / KALDE, Franz (Hg.), Partikularnormen der Deutschen Bischofskonferenz. Text und Kommentar, Metten ^{2}1996.
SchOG-NW	Gesetz zur Ordnung des Schulwesens im Lande Nordrhein-Westfalen
SchPopDei	Schema canonum libri II de Populo Dei, Roma 1977.
SchulV	Schulvertrag (Österreich)
SecrStat	Secretaria status, Staatssekretariat
Sekr.	Sekretariat
SFHÄndG	Schwangeren- und Familienhilfeänderungsgesetz v. 21.8.1995
SFHG	Schwangeren- und Familienhilfegesetz

SGB	Sozialgesetzbuch, in: BGBl. I 1975, 3015.
SGF	Systematische Gesetzessammlung des Kantons Freiburg, Fribourg 1987 ff.
SGS	Systematische Gesetzessammlung des Kantons Basel-Landschaft, Liestal 1962 ff.
SHR	Schaffhauser Rechtsbuch. Amtliche, laufend ergänzte Sammlung der bestehenden Rechtserlasse für den Kanton Schaffhausen, Schaffhausen 1964 ff.
SKF	Schweizerischer Katholischer Frauenbund
SkF	Sozialdienst katholischer Frauen
SKZ	Schweizerische Kirchenzeitung, Luzern 1832 ff.
sog.	sogenannt(e, -er, -es, -en)
SouChr	Sources chrétiennes, hg. v. LUBAC, Henri de / DANIÉLOU, Jean, Paris 1941 ff.
SozSi	Soziale Sicherheit. Zeitschrift für Arbeit und Soziales, Köln 1952 ff.
Sp.	Spalte(n)
ss.	sequentes, sequenti
St., Sta.	Sankt, Sancta
StCan	Studia Canonica, Ottawa 1967 ff.
STE	Série des traités européens, Strasbourg 1949 ff.
StenBerBT	Stenographischer Bericht des Bundestages
StG	Studia Gratiana, Bologna 1953-1978.
StGB	Strafgesetzbuch
StGG	Staatsgrundgesetz der Republik Österreich, in: RGBl.Ö 1867/142.
StiftG BW	Stiftungsgesetz für Baden-Württemberg v. 4.10.1977 i. d. F. v. 23.7. 1993, in: GBl. BW 40 (1993) 533 ff.
StiftO	Ordnung für nach staatlichem Recht rechtsfähige kirchliche Stiftungen in der Diözese Rottenburg-Stuttgart – Stiftungsordnung (StiftO), in: KABl. Rottenburg-Stuttgart 103 (1996) 265-268.
StL^7	Staatslexikon der Görres-Gesellschaft, 7 Bde., Freiburg i. Br. ^{7}1985-1993.
StraßbKoll	Deutsch-Französische Kolloquien Kirche – Staat – Gesellschaft. Straßburger Kolloquien, hg. v. LISTL, Joseph / SCHLICK, Jean, 7 Bde., Kehl u. a. 1982-1987.
StZ	Stimmen der Zeit. Katholische Monatsschrift für das Geistesleben der Gegenwart, Freiburg i. Br. 1914 ff.
sum.	summarium
Suppl.	Supplement
SZ	Kanton Schwyz (Schweiz)
t.	tomus
theol.	theologisch(e, -er, -es, -en)
ThGl	Theologie und Glaube, Paderborn 1909 ff.
ThPQ	Theologisch-praktische Quartalschrift, Linz 1848 ff.
ThQ	Theologische Quartalschrift, Tübingen 1819 ff.
ThRv	Theologische Revue, Münster 1902 ff.
ThWNT	Theologisches Wörterbuch zum Neuen Testament, begr. v. KITTEL, Gerhard, hg. v. FRIEDRICH, Gerhard, 10 Bde., Stuttgart 1966-1978.
tit.	titulus
TRE	Theologische Realenzyklopädie, hg. v. KRAUSE, Gerhard / MÜLLER, Gerhard, Berlin u. a. 1977 ff.

TRG	Tijdschrift voor Rechtsgeschiedenis, Groningen u. a. 1918 ff.
TS	Theological Studies, Baltimore 1940 ff.
TTh	Tijdschrift voor Theologie, Nimwegen 1961 ff.
TThZ	Trierer Theologische Zeitschrift, Trier 1888 ff.
u.	und; unten
u. a.	und andere; unter anderem
un.	unico
unv.	unveröffentlicht(e, -er, -es, -en)
UR, VatII UR	Zweites Vatikanisches Konzil, Dekret über den Ökumenismus „Unitatis redintegratio" v. 21.11.1964, in: AAS 57 (1965) 90-107.
USCCB	United States Conference of Catholic Bishops
Utz / Groner	UTZ, Arthur-Fridolin / GRONER, Josef F. (Hg.), Aufbau und Entfaltung des gesellschaftlichen Lebens. Soziale Summe Pius XII., 3 Bde., Fribourg 1954-1961.
v.	von; vom; vor; volumen
VApSt	Verlautbarungen des Apostolischen Stuhls, hg. v. Sekr. der DBK, Bonn 1975 ff.
VatII AA	siehe AA
VatII CD	siehe CD
VatII DH	siehe DH
VatII GE	siehe GE
VatII IM	siehe IM
VatII LG	siehe LG
VatII PO	siehe PO
VatII UR	siehe UR
VBl. Militärbischof	Verordnungsblatt des Katholischen Militärbischofs für die Deutsche Bundeswehr, Bonn 1965 ff.
VELKD	Vereinigte Evangelisch-Lutherische Kirche Deutschlands
Verf.	Verfasser
VermR	siehe Heimerl / Pree
VfGH	Verfassungsgerichtshof (Österreich)
VG	Verwaltungsgericht
VGG	Verwaltungsgerichtsgesetz
VGH	Verwaltungsgerichtshof
vgl.	vergleiche
VO	Verordnung
VOBl.	Verordnungsblatt
vol.	volumen, volumina
VuVG	Verfassungs- und Verwaltungsgericht
VwGG	Verwaltungsgerichtsgesetz
VwGO	Verwaltungsgerichtsordnung
WA	Dr. Martin Luthers Werke. Kritische Gesamtausgabe („Weimarer Ausgabe"), Weimar 1883 ff.
WRV	Verfassung des Deutschen Reiches v. 11.8.1919 („Weimarer Reichsverfassung")
ZAR	Zeitschrift für Ausländerrecht und Ausländerpolitik, Baden-Baden 1981 ff.
ZAS	Zeitschrift für Arbeitsrecht und Sozialrecht, Wien 1966 ff.
z. B.	zum Beispiel
ZdK	Zentralkomitee der deutschen Katholiken

ZevKR	Zeitschrift für evangelisches Kirchenrecht, Tübingen 1951 ff.
Ziff.	Ziffer(n)
zit.	zitiert(e, -er, -es, -en)
ZKTh	Zeitschrift für Katholische Theologie, Wien 1876 ff.
ZMR	Zentrales Melderegister
ZRG GA	Zeitschrift der Savigny-Stiftung für Rechtsgeschichte. Germanistische Abteilung, Weimar 1863 ff.
ZRG KA	Zeitschrift der Savigny-Stiftung für Rechtsgeschichte. Kanonistische Abteilung, Weimar 1911 ff.
ZZP	Zeitschrift für Zivilprozeß, Köln u. a. 1943 ff.

Canonesregister CIC/1983

Canonesregister CCEO

Canonesregister MP „Crebrae Allatae“

Canonesregister MP „Postquam Apostolicis Litteris“

Canonesregister MP „Cleri Sanctitati“

Canonesregister CIC/1917

Personenregister

Verzeichnis der Mitwirkenden

AHLERS, REINHILD, Dr. theol., Lic. iur. can., Professorin für Kirchenrecht an der Philosophisch-Theologischen Hochschule der Kapuziner in Münster, Lehrbeauftragte am Institut für Kanonisches Recht der Katholisch-Theologischen Fakultät der Universität Münster, Leiterin der Fachstelle Kirchenrecht im Bischöflichen Generalvikariat Münster, Diözesanrichterin am Bischöflichen Offizialat Münster; Merschkamp 1a, 48155 Münster.

AIMONE, PIER VIRGINIO, Dr. theol., Professor für Kirchenrecht an der Theologischen Fakultät der Universität Fribourg; Université Miséricorde, CH-1700 Fribourg.

ALTHAUS, RÜDIGER, Dr. theol. habil., Lic. iur. can., Professor des Kirchenrechts an der Theologischen Fakultät Paderborn, Lehrbeauftragter für kirchliches Vermögensrecht an der Katholisch-Theologischen Fakultät der Universität Münster, Vizeoffizial am Erzbischöflichen Offizialat Paderborn; Kamp 6, 33098 Paderborn.

BASDEVANT-GAUDEMET, BRIGITTE, Dr. iur., Professorin für Rechtsgeschichte und Direktorin des Centre Droit et Sociétés Religieuses an der Faculté Jean Monnet, Université de Paris Sud (XI); 54 boulevard Desgranges, F-92331 Sceaux cedex.

BERLINGÒ, SALVATORE, Dr. iur., Professor für Kirchenrecht an der Universität Messina und Rektor der Università per Stranieri Dante Alighieri von Reggio Calabria; Via del Medico, 26, I-89018 Villa S. Giovanni.

BERTRAND, DOMINIQUE, SJ, Direktor des Institut des Sources Chrétiennes; 29, rue du Plat, F-69002 Lyon.

BORRAS, ALPHONSE, Dr. iur. can., Lic. theol., Professor für Kanonisches Recht an der Fakultät für Theologie und Kanonisches Recht der Université Catholique de Louvain-la-Neuve, Generalvikar des Bistums Lüttich; Grand Place, 45, B-1348 Louvain-la-Neuve.

CARLEN, LOUIS, Dr. iur. utr., em. Professor der Rechte an der Universität Fribourg; Sonnenstraße 4, CH-3900 Brig.

DE FLEURQUIN, LUC, Dr. iur. can., Dr. iur., Lic. theol., Lic. iur. not., Professor für Kirchenrecht an der Fakultät für Kirchenrecht der Katholischen Universität Leuven; Tiensestraat 41, B-3000 Leuven.

DE WALL, HEINRICH, Dr. iur., Professor für Kirchenrecht, Staats- und Verwaltungsrecht an der Juristischen Fakultät der Universität Erlangen und Direktor des dortigen Hans-Liermann-Instituts für Kirchenrecht; Hindenburgstraße 34, 91054 Erlangen.

DURAND, JEAN-PAUL, Professor für Kirchenrecht am Institut Catholique de Paris; 21, rue d'Assas, F-75270 Paris Cedex 06.

FERRARI, SILVIO, Dr. iur., Professor für Kirchenrecht an der Università degli Studi di Milano und an der Katholieke Universiteit Leuven; Via 1 maggio, 12, I-21052 Busto Arsizio.

FEULNER, HANS-JÜRGEN, Dr. theol., Professor für Liturgiewissenschaft und Sakramententheologie an der Katholisch-Theologischen Fakultät der Universität Wien; Schottenring 21, A-1010 Wien.

FRANK, ENGELBERT, Dr. iur. can., Dipl.-Theol., Diözesanrichter am Bischöflichen Offizialat Rottenburg; Postfach 9, 72101 Rottenburg a. N.

FÜRST, CARL GEROLD, Dr. iur., Phil. B., em. Professor für Kirchenrecht und Kirchliche Rechtsgeschichte an der Theologischen Fakultät der Universität Freiburg i. Br., Konsultor des Päpstlichen Rates für die Interpretation von Gesetzestexten, Ehrenpräsident der Gesellschaft für das Recht der Ostkirchen, Mitglied des Consiglio Direttivo und Delegat der Consociatio Internationalis Studio Iuris Canonici Promovendo für Deutschland, Österreich und die Tschechische Republik; Waginger Straße 34, 83395 Freilassing.

GAUDEMET, JEAN, bis 1978 Professor für Rechtsgeschichte an der Universität Paris II (Panthéon – Assas), gestorben 2001.

GUTH, HANS-JÜRGEN, Dr. theol. habil., Privatdozent für Kirchenrecht an der Katholisch-Theologischen Fakultät der Universität Tübingen; Ursrainer Ring 103, 72076 Tübingen.

HAERING, STEPHAN, OSB, Dr. theol., Dr. iur. can. habil., M.A., Professor für Kirchenrecht, insbesondere für Verwaltungsrecht sowie Kirchliche Rechtsgeschichte am Klaus-Mörsdorf-Studium für Kanonistik der Katholisch-Theologischen Fakultät der Ludwig-Maximilians-Universität München, Diözesanrichter; Geschwister-Scholl-Platz 1, 80539 München.

HERGHELEGIU, MONICA ELENA, Dr. theol., Wissenschaftliche Assistentin am Lehrstuhl für Kirchenrecht an der Katholisch-Theologischen Fakultät der Universität Tübingen; Liebermeisterstraße 12, 72076 Tübingen.

IBÁN, IVÁN C., Dr. iur., Professor für Kirchenrecht an der Juristischen Fakultät der Universidad Complutense in Madrid; Guadalquivir, 13, E-28002 Madrid.

IHLI, STEFAN, Juris Canonici Licentiatus, Dipl.-Theol., Ehebandverteidiger am Bischöflichen Offizialat Rottenburg, Leiter des Sachgebiets Rechtsdokumentation am Bischöflichen Ordinariat Rottenburg; Postfach 9, 72101 Rottenburg a. N.

KALB, HERBERT, Dr. phil., Dr. iur., Professor für Kirchenrecht unter besonderer Berücksichtigung der europäischen Rechtsgeschichte und Vorstand des Instituts für Kirchenrecht an der Rechtswissenschaftlichen Fakultät der Universität Linz; Altenberger Straße 69, A-4040 Linz.

KÄSTNER, KARL-HERMANN, Dr. iur., Professor für Öffentliches Recht und Kirchenrecht an der Juristischen Fakultät der Universität Tübingen; Wilhelmstraße 7, 72074 Tübingen.

KÖHLER, JOACHIM, Dr. theol., em. Professor für Kirchengeschichte des Mittelalters und der Neuzeit mit besonderer Berücksichtigung Südwestdeutschlands an der Katholisch-Theologischen Fakultät der Universität Tübingen; Käsenbachstraße 27, 72076 Tübingen.

KORTA, STEFAN, Dr. theol., Lic. iur. can., Wissenschaftlicher Referent im Erzbischöflichen Ordinariat München; Rochusstraße 5-7, 80333 München.

KUSTERMANN, ABRAHAM PETER, Dr. theol., Direktor der Akademie der Diözese Rottenburg-Stuttgart; Im Schellenkönig 61, 70184 Stuttgart.

LORETAN, ADRIAN, Dr. iur. can., Lic. theol., Professor für Kirchenrecht und Staatskirchenrecht an der Theologischen Fakultät der Universität Luzern; Gibraltarstraße 3, Postfach 7763, CH-6000 Luzern 7.

LÜDICKE, KLAUS, Dr. iur. can., Dipl.-Theol., Ass. iur., Professor für Kirchenrecht und Geschichte des Kirchenrechts an der Universität Münster, Geschäftsführender Direktor des Instituts für Kanonisches Recht der Katholisch-Theologischen Fakultät der Universität Münster, Universitätsdozent an der Universität Graz, Diözesanrichter am Bischöflichen Offizialat Münster; Johannisstraße 8-10, 48143 Münster.

MARGIOTTA BROGLIO, FRANCESCO, Dr. iur., Professor für die Geschichte der Beziehungen zwischen Staat und Religionsgemeinschaften an der Abteilung für Staatswissenschaften der Politologischen Fakultät „Cesare Alfieri" der Università degli Studi di Firenze; Borgo Pinti, 87, I-50121 Firenze.

MARRÉ, HEINER, Dr. iur., Honorarprofessor für Staatskirchenrecht an der Juristischen Fakultät der Ruhr-Universität Bochum, Ehrenmitglied der Gesellschaft für Kirchenrecht in Prag, Justitiar a. D. des Bistums Essen; Obere Schillerstraße 39, 45964 Gladbeck.

MESSNER, FRANCIS, Dr. iur. can., Dr. habil. „en droit de religion", Direktor des Instituts „Société, Droit et Religion en Europe" an der Université Strasbourg III Robert Schuman, „Directeur de recherche" an der Abteilung für Human- und Sozialwissenschaften des Centre National de la Recherche Scientifique Strasbourg (CNRS); 23, rue du Loess, F-67037 Strasbourg Cedex 02.

NÖRR, KNUT WOLFGANG, Dr. iur., Dres. h. c., Professor für Römisches Recht, Neuere Privatrechtsgeschichte, Kirchenrecht und Bürgerliches Recht an der Universität Tübingen; Wilhelmstraße 7, 72074 Tübingen.

PAHUD DE MORTANGES, RENÉ, Dr. iur., Professor für Rechtsgeschichte und Kirchenrecht an der Juristischen Fakultät der Universität Fribourg; Université, Av. de l'Europe 20, CH-1700 Fribourg.

PREE, HELMUTH, Dr. iur., Dr. iur. can., Mag. theol., Professor für Kirchenrecht an der Katholisch-Theologischen Fakultät der Universität Passau; Michaeligasse 13, 94032 Passau.

PRIMETSHOFER, BRUNO, CSSR, Dr. iur. can., em. Professor für Kirchenrecht an der Katholisch-Theologischen Fakultät der Universität Wien, Vizeoffizial des Erzbischöflichen Diözesan- und Metropolitangerichts Wien; Salvatorgasse 12, A-1010 Wien.

REES, WILHELM, Dr. theol. habil., Professor für Kirchenrecht an der Katholisch-Theologischen Fakultät der Universität Innsbruck; Karl-Rahner-Platz 1/II, A-6020 Innsbruck.

RIEDEL-SPANGENBERGER, ILONA, Dr. theol., Dr. iur. can., Professorin für Kirchenrecht, Kirchliche Rechtsgeschichte und Staatskirchenrecht am Fachbereich Katholische Theologie der Universität Mainz; Forum Universitatis 6, 55099 Mainz.

ROBBERS, GERHARD, Dr. iur., Professor für Öffentliches Recht, Kirchenrecht, Staatsphilosophie und Verfassungsgeschichte an der Universität Trier; Universitätsring 15, 54286 Trier.

RÜFNER, WOLFGANG, Dr. iur., Direktor des Instituts für Staatskirchenrecht der Diözesen Deutschlands, em. Professor für Öffentliches Recht und Kirchenrecht an der Juristischen Fakultät der Universität Köln; Lennéstraße 15, 53113 Bonn.

SCHÖCH, NIKOLAUS, OFM, Dr. theol. habil., Dr. iur. can., Professor an der Fakultät für Kanonisches Recht des Pontificium Athenaeum Antonianum in Rom und derzeit deren Dekan, Gastprofessor an der Pontificia Universitas Sanctae Crucis in Rom, Universitätsdozent an der Universität Salzburg, Anwalt bei der Römischen Rota, Referendar (Konsultor) an der Apostolischen Signatur, Kommissar für die Dispens vom priesterlichen Zölibat, Kommissar für die Auflösung der nicht vollzogenen Ehe; Via Merulana, 124, I-00185 Roma.

SCHWENDENWEIN, HUGO, Dr. iur. can., Dr. iur., em. Professor für Kirchenrecht an der Katholisch-Theologischen Fakultät der Universität Graz, Mitglied der Österreichischen Akademie der Wissenschaften; Attemsgasse 8, A-8010 Graz.

SOLTE, ERNST-LÜDER, Dr. iur., Honorarprofessor an der Juristischen Fakultät der Universität Tübingen; Wilhelmstraße 7, 72074 Tübingen.

TEUFEL, WALDEMAR, Dr. iur., Justitiar a. D. der Diözese Rottenburg-Stuttgart und Kanzler a. D. der Diözesankurie; Urbansbrüderstraße 3, 72108 Rottenburg a. N.

TORFS, RIK, Dr. iur. can., Lic. iur., Lic. not., Professor für Kirchenrecht an der Fakultät für Kirchenrecht der Katholischen Universität Leuven und Dekan derselben; Tiensestraat 41, B-3000 Leuven.

WALF, KNUT, Dr. iur. can., em. Professor für Kirchenrecht an der Theologischen Fakultät der Katholischen Universität Nijmegen; Bart Hendriksstraat 17, NL-6523 RE Nijmegen.

WEIß, ANDREAS, Dr. theol. habil., Dr. iur. can., Professor für Kirchenrecht und Kirchliche Rechtsgeschichte an der Theologischen Fakultät der Katholischen Universität Eichstätt-Ingolstadt, Ständiger Diakon, Diözesanrichter am Bischöflichen Offizialat Rottenburg, Mitglied des Disziplinargerichts der Diözese Rottenburg-Stuttgart; P.-Philipp-Jeningen-Platz 6, 85072 Eichstätt.

ZAPP, HARTMUT, Dr. theol., Professor für Kirchenrecht und Kirchliche Rechtsgeschichte an der Theologischen Fakultät der Universität Freiburg; Werthmannplatz 3, 79085 Freiburg i. Br.

Tabula gratulatoria

AHLERS, REINHILD, Dr. theol., Lic. iur. can., Professorin für Kirchenrecht an der Philosophisch-Theologischen Hochschule der Kapuziner in Münster, Lehrbeauftragte am Institut für Kanonisches Recht der Katholisch-Theologischen Fakultät der Universität Münster, Leiterin der Fachstelle Kirchenrecht im Bischöflichen Generalvikariat Münster, Diözesanrichterin am Bischöflichen Offizialat Münster.

AIMONE, PIER VIRGINIO, Dr. theol., Professor für Kirchenrecht an der Theologischen Fakultät der Universität Fribourg.

ALFS, RAINER, Dr. theol., Domkapitular und Offizial der Diözese Essen.

ALTHAUS, RÜDIGER, Dr. theol. habil., Lic. iur. can., Professor des Kirchenrechts an der Theologischen Fakultät Paderborn, Lehrbeauftragter für kirchliches Vermögensrecht an der Katholisch-Theologischen Fakultät der Universität Münster, Vizeoffizial am Erzbischöflichen Offizialat Paderborn.

AMANN, THOMAS, Dr. iur. can. habil., Dr. theol., Privatdozent für Kirchenrecht am Klaus-Mörsdorf-Studium für Kanonistik der Universität München, Diözesanrichter am Erzbischöflichen Konsistorium München.

BASDEVANT-GAUDEMET, BRIGITTE, Dr. iur., Professorin für Rechtsgeschichte und Direktorin des Centre Droit et Sociétés Religieuses an der Faculté Jean Monnet, Université de Paris Sud (XI).

BAUMANN, URS, Dr. theol. habil., Apl. Professor für Ökumenische Theologie an der Katholisch-Theologischen Fakultät der Universität Tübingen, Akademischer Rat am dortigen Institut für Ökumenische Forschung.

BERLINGÒ, SALVATORE, Dr. iur., Professor für Kirchenrecht an der Universität Messina und Rektor der Università per Stranieri Dante Alighieri von Reggio Calabria.

BERNARD, FELIX, Dr. theol., Professor für Kirchenrecht an der Universität Osnabrück und an der Hochschule Vechta, Leiter des Katholischen Büros Niedersachsen, Kommissariat der katholischen Bischöfe.

BERTRAND, DOMINIQUE, SJ, Direktor des Institut des Sources Chrétiennes in Lyon.

BIESINGER, ALBERT, Dr. theol., Ständiger Diakon, Professor für Religionspädagogik, Kerygmatik und kirchliche Erwachsenenbildung an der Katholisch-Theologischen Fakultät der Universität Tübingen.

BORRAS, ALPHONSE, Dr. iur. can., Lic. theol., Professor für Kanonisches Recht an der Fakultät für Theologie und Kanonisches Recht der Université Catholique de Louvain-la-Neuve, Generalvikar des Bistums Lüttich.

CARLEN, LOUIS, Dr. iur. utr., em. Professor der Rechte an der Universität Fribourg.

DE FLEURQUIN, LUC, Dr. iur. can., Dr. iur., Lic. theol., Lic. iur. not., Professor für Kirchenrecht an der Fakultät für Kirchenrecht der Katholischen Universität Leuven.

DENK, ELENA, Lic. iur. can., Dipl.-Theol., Ehebandverteidigerin am Interdiözesanen Offizialat Erfurt.

DE WALL, HEINRICH, Dr. iur., Professor für Kirchenrecht, Staats- und Verwaltungsrecht an der Juristischen Fakultät der Universität Erlangen und Direktor des dortigen Hans-Liermann-Instituts für Kirchenrecht.

DURAND, JEAN-PAUL, Professor für Kirchenrecht am Institut Catholique de Paris.

ECKERT, MICHAEL, Dr. theol. habil., Dr. phil., Professor für Fundamentaltheologie an der Katholisch-Theologischen Fakultät der Universität Tübingen.

EHRLER, MARTIN, Pfarrer, Diözesanrichter am Bischöflichen Offizialat Rottenburg.

FAHRNBERGER, GERHARD, Dr. iur. can., Mag. theol., Prälat, Professor für Kirchenrecht an der Philosophisch-Theologischen Hochschule St. Pölten, Offizial der Diözese St. Pölten.

BISCHÖFLICHES DIÖZESANGERICHT FELDKIRCH.

FERRARI, SILVIO, Dr. iur., Professor für Kirchenrecht an der Università degli Studi di Milano und an der Katholieke Universiteit Leuven.

FETZER, BERNHARD, Pfarrer, Diözesanrichter am Bischöflichen Offizialat Rottenburg.

FEULNER, HANS-JÜRGEN, Dr. theol., Professor für Liturgiewissenschaft und Sakramententheologie an der Katholisch-Theologischen Fakultät der Universität Wien.

FRANK, ENGELBERT, Dr. iur. can., Dipl.-Theol., Diözesanrichter am Bischöflichen Offizialat Rottenburg.

FÜRST, CARL GEROLD, Dr. iur., Phil. B., em. Professor für Kirchenrecht und Kirchliche Rechtsgeschichte an der Theologischen Fakultät der Universität Freiburg i. Br., Konsultor des Päpstlichen Rates für die Interpretation von Gesetzestexten, Ehrenpräsident der Gesellschaft für das Recht der Ostkirchen, Mitglied des Consiglio Direttivo und Delegat der Consociatio Internationalis Studio Iuris Canonici Promovendo für Deutschland, Österreich und die Tschechische Republik.

FÜRST, GEBHARD, Dr. theol., Bischof von Rottenburg-Stuttgart, Geistlicher Assistent des Zentralkomitees der deutschen Katholiken, Mitglied in der Europäischen Akademie der Wissenschaften und im Nationalen Ethikrat.

FUCHS, OTTMAR, Dr. theol., Professor für Praktische Theologie an der Katholisch-Theologischen Fakultät der Universität Tübingen und derzeit deren Dekan.

GAUDEMET, JEAN, bis 1978 Professor für Rechtsgeschichte an der Universität Paris II (Panthéon – Assas), gestorben 2001.

GROPPER, HERBERT, Monsignore, Pfarrer, Diözesanrichter am Bischöflichen Offizialat Rottenburg.

GROẞ, WALTER, Dr. theol., Lic. bibl., Professor für Altes Testament an der Katholisch-Theologischen Fakultät der Universität Tübingen.

GÜTHOFF, ELMAR, Dr. iur. can. habil., Dr. theol., Professor für Kirchenrecht, insbesondere für Eherecht, Prozess- und Strafrecht sowie Staatskirchenrecht am Klaus-Mörsdorf-Studium für Kanonistik der Katholisch-Theologischen Fakultät der Universität München, Privatdozent am Kanonistischen Institut ad instar facultatis der Katholischen Universität Péter Pázmány zu Budapest, Leiter des Instituts für Kirchenrecht an der Universität Potsdam, Lehrbeauftragter für Kirchenrecht an der Juristischen Fakultät der Universität Potsdam, Diözesanrichter und Konsistorialrat am Konsistorium des Erzbistums Berlin, Ehebandverteidiger am Offizialat des Erzbistums Vaduz / Liechtenstein.

GUTH, HANS-JÜRGEN, Dr. theol. habil., Privatdozent für Kirchenrecht an der Katholisch-Theologischen Fakultät der Universität Tübingen.

HAERING, STEPHAN, OSB, Dr. theol., Dr. iur. can. habil., M.A., Professor für Kirchenrecht, insbesondere für Verwaltungsrecht sowie Kirchliche Rechtsgeschichte am Klaus-Mörsdorf-Studium für Kanonistik der Katholisch-Theologischen Fakultät der Universität München, Diözesanrichter.

HAMMER, FELIX, Dr. iur. habil., Justitiar der Diözese Rottenburg-Stuttgart und Kanzler der Diözesankurie, Privatdozent an der Juristischen Fakultät der Universität Tübingen.

HECKEL, MARTIN, Dr. iur., Dr. theol. h. c., em. Professor für Öffentliches Recht und Kirchenrecht sowie Verfassungsgeschichte an der Juristischen Fakultät der Universität Tübingen.

HERGHELEGIU, MONICA ELENA, Dr. theol., Wissenschaftliche Assistentin am Lehrstuhl für Kirchenrecht an der Katholisch-Theologischen Fakultät der Universität Tübingen.

HILBERATH, BERND JOCHEN, Dr. theol., Professor für Dogmatische Theologie und Dogmengeschichte an der Katholisch-Theologischen Fakultät der Universität Tübingen, Direktor des dortigen Instituts für Ökumenische Forschung.

HILGER, PETER, Dr. iur. can., Prälat, Domkapitular und Offizial der Diözese Mainz.

HOLZEM, ANDREAS, Dr. theol., Professor für Mittlere und Neuere Kirchengeschichte an der Katholisch-Theologischen Fakultät der Universität Tübingen.

HOMMENS, MAXIMILIAN, Dr. iur., Lic. iur. can., Honorarprofessor für Kirchenrecht an der Abteilung Rechtswissenschaft der Rechts- und Wirtschaftswissenschaftlichen Fakultät der Universität des Saarlandes Saarbrücken, Leitender Ordinariatsrat, Leiter der Abteilung Kirchliches Recht am Bischöflichen Generalvikariat Trier, Pfarrer.

HUBER, JOSEF, Dr. iur. can., Prälat, Auditor an der Rota Romana, Rom.

HÜNERMANN, PETER, Dr. theol., Dr. phil. h. c., em. Professor für Dogmatische Theologie an der Katholisch-Theologischen Fakultät der Universität Tübingen.

HUNOLD, GERFRIED W., Dr. theol., em. Professor für Theologische Ethik an der Katholisch-Theologischen Fakultät der Universität Tübingen.

IBÁN, IVÁN C., Dr. iur., Professor für Kirchenrecht an der Juristischen Fakultät der Universidad Complutense in Madrid.

IHLI, STEFAN, Juris Canonici Licentiatus, Dipl.-Theol., Ehebandverteidiger am Bischöflichen Offizialat Rottenburg, Leiter des Sachgebiets Rechtsdokumentation am Bischöflichen Ordinariat Rottenburg.

KÄSTNER, KARL-HERMANN, Dr. iur., Professor für Öffentliches Recht und Kirchenrecht an der Juristischen Fakultät der Universität Tübingen.

KALB, HERBERT, Dr. phil., Dr. iur., Professor für Kirchenrecht unter besonderer Berücksichtigung der europäischen Rechtsgeschichte und Vorstand des Instituts für Kirchenrecht an der Rechtswissenschaftlichen Fakultät der Universität Linz.

KÖHLER, JOACHIM, Dr. theol., em. Professor für Kirchengeschichte des Mittelalters und der Neuzeit mit besonderer Berücksichtigung Südwestdeutschlands an der Katholisch-Theologischen Fakultät der Universität Tübingen.

KORTA, STEFAN, Dr. theol., Lic. iur. can., Wissenschaftlicher Referent im Erzbischöflichen Ordinariat München.

KREIDLER, JOHANNES, Dr. theol., Weihbischof von Rottenburg-Stuttgart, Bischofsvikar für die Priester- und Theologenausbildung, Domkapitular, Leiter der Hauptabteilung Ausbildung Pastorale Berufe im Bischöflichen Ordinariat Rottenburg.

KUSCHEL, KARL-JOSEF, Dr. theol. habil., Dr. theol. h. c., Apl. Professor für Theologie der Kultur und des interreligiösen Dialogs an der Katholisch-Theologischen Fakultät der Universität Tübingen und stellvertretender Direktor des dortigen Instituts für Ökumenische Forschung.

KUSTERMANN, ABRAHAM PETER, Dr. theol., Direktor der Akademie der Diözese Rottenburg-Stuttgart.

LEDERHILGER, SEVERIN J., OPraem, Dr. iur. can., Dr. iur., Mag. theol., Professor für Kirchenrecht an und Vizerektor der Katholisch-Theologischen Privatuniversität Linz, Offizial des Bistums Linz.

LINK, CHRISTOPH, Dr. iur., em. Professor für Kirchenrecht, Staats- und Verwaltungsrecht an der Juristischen Fakultät der Universität Erlangen, ehem. Direktor des dortigen Hans-Liermann-Instituts für Kirchenrecht, Mitglied der Akademie der Wissenschaften zu Göttingen, Honorarprofessor der Universität Salzburg.

LORETAN, ADRIAN, Dr. iur. can., Lic. theol., Professor für Kirchenrecht und Staatskirchenrecht an der Theologischen Fakultät der Universität Luzern.

LÜDICKE, KLAUS, Dr. iur. can., Dipl.-Theol., Ass. iur., Professor für Kirchenrecht und Geschichte des Kirchenrechts an der Universität Münster, Geschäftsführender Direktor des Instituts für Kanonisches Recht der Katholisch-Theologischen Fakultät der Universität Münster, Universitätsdozent an der Universität Graz, Diözesanrichter am Bischöflichen Offizialat Münster.

MAIER, EUGEN, Geistlicher Rat, Pfarrer i. R., Diözesanrichter am Bischöflichen Offizialat Rottenburg.

MARGIOTTA BROGLIO, FRANCESCO, Dr. iur., Professor für die Geschichte der Beziehungen zwischen Staat und Religionsgemeinschaften an der Abteilung für Staatswissenschaften der Politologischen Fakultät „Cesare Alfieri" der Università degli Studi di Firenze.

MARRÉ, HEINER, Dr. iur., Honorarprofessor für Staatskirchenrecht an der Juristischen Fakultät der Ruhr-Universität Bochum, Ehrenmitglied der Gesellschaft für Kirchenrecht in Prag, Justitiar a. D. des Bistums Essen.

MATHES, RICHARD, Dr. theol., Dr. phil., Prälat, Rektor des päpstlichen Institutes Santa Maria dell'Anima, Rom.

MELBER, REINHOLD, Monsignore, Offizial der Diözese Rottenburg-Stuttgart.

MESSNER, FRANCIS, Dr. iur. can., Dr. habil. „en droit de religion", Direktor des Instituts „Société, Droit et Religion en Europe" an der Université Strasbourg III Robert Schuman, „Directeur de recherche" an der Abteilung für Human- und Sozialwissenschaften des Centre National de la Recherche Scientifique Strasbourg (CNRS).

MIETH, DIETMAR, Dr. theol., Professor für Theologische Ethik unter besonderer Berücksichtigung der Gesellschaftswissenschaften an der Katholisch-Theologischen Fakultät der Universität Tübingen.

MOLSBERGER, GRETEL, M.A., Rottenburg.

MOLSBERGER, JOSEF, Dr. rer. pol., Dr. h. c., em. Professor für Volkswirtschaftslehre, insbesondere Wirtschaftspolitik an der Wirtschaftswissenschaftlichen Fakultät der Universität Tübingen.

MOREIN, ELMAR, Lic. iur. can., Diözesanrichter am Bischöflichen Offizialat Rottenburg.

MUSSINGHOFF, HEINRICH, Dr. theol., Bischof von Aachen, Stellvertretender Vorsitzender der Deutschen Bischofskonferenz und Vorsitzender deren Kommission für Fragen der Wissenschaft und Kultur, Richter an der Apostolischen Signatur, Mitglied der Kleruskongregation.

NEEF, HEINZ-DIETER, Dr. theol. habil., Apl. Professor für Altes Testament und Biblische Sprachen an der Evangelisch-Theologischen Fakultät der Universität Tübingen.

NIEHR, HERBERT, Dr. theol., Professor für Einleitung in das Alte und Neue Testament unter Einbeziehung der frühjüdischen Literatur an der Katholisch-Theologischen Fakultät der Universität Tübingen.

NOËL, PIERRE, Dr. theol., Professeur adjoint an der Faculté de théologie, d'éthique et de philosophie der Université Sherbrooke (Québec).

NÖRR, KNUT WOLFGANG, Dr. iur., Dres. h. c., em. Professor für Römisches Recht, Neuere Privatrechtsgeschichte, Kirchenrecht und Bürgerliches Recht an der Juristischen Fakultät der Universität Tübingen.

ERZBISCHÖFLICHES GENERALVIKARIAT PADERBORN.

PAHUD DE MORTANGES, RENÉ, Dr. iur., Professor für Rechtsgeschichte und Kirchenrecht an der Juristischen Fakultät der Universität Fribourg.

BISCHÖFLICHES DIÖZESANGERICHT ST. PÖLTEN.

PREE, HELMUTH, Dr. iur., Dr. iur. can., Mag. theol., Professor für Kirchenrecht an der Katholisch-Theologischen Fakultät der Universität Passau.

PRIMETSHOFER, BRUNO, CSSR, Dr. iur. can., em. Professor für Kirchenrecht an der Katholisch-Theologischen Fakultät der Universität Wien, Vizeoffizial des Erzbischöflichen Diözesan- und Metropolitangerichts Wien.

PUCHER, ERNST, Dr. iur., Lic. iur. can., Mag. theol., Monsignore, Domkapitular und Offizial der Erzdiözese Wien.

REES, WILHELM, Dr. theol. habil., Professor für Kirchenrecht an der Katholisch-Theologischen Fakultät der Universität Innsbruck.

REINHARDT, HEINRICH J.F., Dr. theol., Lic. iur. can., Professor für Kirchenrecht an der Katholisch-Theologischen Fakultät der Ruhr-Universität Bochum, Diözesanrichter am Bischöflichen Offizialat Münster.

RENZ, THOMAS MARIA, Lic. theol., Weihbischof von Rottenburg-Stuttgart, Bischofsvikar für die Orden und Geistlichen Gemeinschaften und für die Jugendseelsorge, Domkapitular, Leiter der Hauptabteilung Orden, Säkularinstitute und Geistliche Gemeinschaften und der Hauptabteilung Jugend im Bischöflichen Ordinariat Rottenburg.

REUHS, NORBERT, Dr. iur. can., Dipl.-Theol., Diözesanrichter am Bischöflichen Offizialat Rottenburg.

RIEDEL-SPANGENBERGER, ILONA, Dr. theol., Dr. iur. can., Professorin für Kirchenrecht, Kirchliche Rechtsgeschichte und Staatskirchenrecht am Fachbereich Katholische Theologie der Universität Mainz.

RINNERTHALER, ALFRED, Dr. iur., Ao. Professor am Institut für Rechtsgeschichte und Kirchenrecht der Rechtswissenschaftlichen Fakultät der Universität Salzburg, Vorstand des Instituts für Kirchliche Zeitgeschichte am Internationalen Forschungszentrum für Grundfragen der Wissenschaften Salzburg, Ehebandverteidiger am Erzbischöflichen Diözesan- und Metropolitangericht Salzburg.

ROBBERS, GERHARD, Dr. iur., Professor für Öffentliches Recht, Kirchenrecht, Staatsphilosophie und Verfassungsgeschichte an der Universität Trier.

RÖßLER, ERNST, Apostolischer Protonotar, em. Offizial der Diözese Rottenburg-Stuttgart.

BISCHÖFLICHES OFFIZIALAT ROTTENBURG.

RÜFNER, WOLFGANG, Dr. iur., Direktor des Instituts für Staatskirchenrecht der Diözesen Deutschlands, em. Professor für Öffentliches Recht und Kirchenrecht an der Juristischen Fakultät der Universität Köln.

ERZBISCHÖFLICHES DIÖZESAN- UND METROPOLITANGERICHT SALZBURG.

SCHICK, LUDWIG, Dr. iur. can., Erzbischof von Bamberg.

SCHMID, PETER, Dr. theol., Lic. iur. can., Offizial des Bistums Solothurn, Domdekan.

SCHÖCH, NIKOLAUS, OFM, Dr. theol. habil., Dr. iur. can., Professor an der Fakultät für Kanonisches Recht des Pontificium Athenaeum Antonianum in Rom und derzeit deren Dekan, Gastprofessor an der Pontificia Universitas Sanctae Crucis in Rom, Universitätsdozent an der Universität Salzburg, Anwalt bei der Römischen Rota, Referendar (Konsultor) an der Apostolischen Signatur, Kommissar für die Dispens vom priesterlichen Zölibat, Kommissar für die Auflösung der nicht vollzogenen Ehe.

SCHÜLLER, THOMAS, Dr. theol., Lic. iur. can., Rechtsdirektor i. K. am Bischöflichen Ordinariat Limburg.

SCHWENDENWEIN, HUGO, Dr. iur. can., Dr. iur., em. Professor für Kirchenrecht an der Katholisch-Theologischen Fakultät der Universität Graz, Mitglied der Österreichischen Akademie der Wissenschaften.

SEELIGER, HANS REINHARD, Dr. theol., Professor für Alte Kirchengeschichte, Patrologie und Christliche Archäologie an der Katholisch-Theologischen Fakultät der Universität Tübingen.

SEELIGER, MAGDALENA, Dr. theol., Ordinariatsrätin, Leiterin der Hauptabteilung Schulen im Bischöflichen Ordinariat Rottenburg.

SELGE, KARL-HEINZ, Dr. theol. habil., Lic. iur. can., Privatdozent, Stellvertretender Leiter des Instituts für Kirchenrecht an der Universität Potsdam, Lehrbeauftragter für Kirchenrecht an der Juristischen Fakultät der Universität Potsdam, Diözesanrichter und Konsistorialrat am Konsistorium des Erzbistums Berlin.

SOLTE, ERNST-LÜDER, Dr. iur., Honorarprofessor an der Juristischen Fakultät der Universität Tübingen.

TALGNER, HARALD, Dr. theol., Pfarrer, Diözesanrichter am Bischöflichen Offizialat Rottenburg.

TAPPESER, KLAUS, Oberbürgermeister der Stadt Rottenburg a. N.

TEUFEL, WALDEMAR, Dr. iur., Justitiar a. D. der Diözese Rottenburg-Stuttgart und Kanzler a. D. der Diözesankurie.

THAUER, UWE, Pfarrer, Diözesanrichter am Bischöflichen Offizialat Rottenburg.

THEOBALD, MICHAEL, Dr. theol., Professor für Neues Testament an der Katholisch-Theologischen Fakultät der Universität Tübingen.

TIEFENBACHER, HEINZ, Prälat, Pfarrer.

TORFS, RIK, Dr. iur. can., Lic. iur., Lic. not., Professor für Kirchenrecht an der Fakultät für Kirchenrecht der Katholischen Universität Leuven und Dekan derselben.

TRAUFFER, ROLAND-BERNHARD, OP, Dr. iur. can., Generalvikar der Diözese Solothurn.

URBAN, WOLFGANG, M.A., Ständiger Diakon, Diözesankonservator und Kustos des Diözesanmuseums, Rottenburg.

WALF, KNUT, Dr. iur. can., em. Professor für Kirchenrecht an der Theologischen Fakultät der Katholischen Universität Nijmegen.

WEIß, ANDREAS, Dr. theol. habil., Dr. iur. can., Professor für Kirchenrecht und Kirchliche Rechtsgeschichte an der Theologischen Fakultät der Katholischen Universität Eichstätt-Ingolstadt, Ständiger Diakon, Diözesanrichter am Bischöflichen Offizialat Rottenburg, Mitglied des Disziplinargerichts der Diözese Rottenburg-Stuttgart.

WENNER, REINHARD, Ass. iur., Dipl.-Theol., Leiter der Stabsstelle Kirchenrecht beim Sekretariat der Deutschen Bischofskonferenz, Bonn.

WERCKMEISTER, JEAN, Dr. iur. can., Maître de conférence am Institut de Droit Canonique an der Faculté de Théologie Catholique an der Université Strasbourg II Marc Bloch, Ehebandverteidiger und Promotor iustitiae am Erzbischöflichen Offizialat Strasbourg.

ERZBISCHÖFLICHES METROPOLITAN- UND DIÖZESANGERICHT WIEN.

WINKLER, GABRIELE, Dr. theol., Professorin für Liturgiewissenschaft an der Katholisch-Theologischen Fakultät der Universität Tübingen.

WOLF, LORENZ, Dr. iur. can., Monsignore, Domkapitular und Offizial des Erzbistums München und Freising, Leiter des Referats Kirchenrecht im Erzbischöflichen Ordinariat München.

ZAPP, HARTMUT, Dr. theol., Professor für Kirchenrecht und Kirchliche Rechtsgeschichte an der Theologischen Fakultät der Universität Freiburg i. Br.

Adnotationes in Ius Canonicum

Herausgegeben von Elmar Güthoff und Karl-Heinz Selge

Band 20 Bernd Matecki: Der Traktat *In primis hominibus*. Eine theologie- und kirchenrechtsgeschichtliche Untersuchung zu einem Ehetext der Schule von Laon aus dem 12. Jahrhundert. Anhang: Edition des Traktates *In primis hominibus*. 2001.

Band 21 Stefan Gatzhammer: Der Souveränitätsanspruch des Apostolischen Stuhles in päpstlichen Lehraussagen und in der Kanonistik von 1846 bis 1978. 2001.

Band 22 Andreas Franitza: Das Domkapitel zu Hildesheim in der Zeit zwischen Preußenkonkordat (1929) und Niedersachsenkonkordat (1965) und seine Statuten von 1984. 2001.

Band 23 Péter Erdö: Die Quellen des Kirchenrechts. Eine geschichtliche Einführung. 2002.

Band 24 Rüdiger Althaus / Rosel Oehmen-Vieregge / Jürgen Olschewski (Hrsg.): Aktuelle Beiträge zum Kirchenrecht. Festgabe für Heinrich J. F. Reinhardt zum 60. Geburtstag. 2002.

Band 25 Hartmut Zapp / Andreas Weiß / Stefan Korta (Hrsg.): Ius Canonicum in Oriente et Occidente. Festschrift für Carl Gerold Fürst zum 70. Geburtstag. 2003.

Band 26 Johnson Michael Kallidukil: The Canonical Significance of the Synod of Bishops of 1994 on Consecrated Life. From the *Lineamenta* to the *Vita consecrata*. 2003.

Band 27 Hubert Schiepek: Der Sonntag und kirchlich gebotene Feiertage nach kirchlichem und weltlichem Recht. Eine rechtshistorische Untersuchung. 2003.

Band 28 Andreas Weiß / Stefan Ihli (Hrsg.): Flexibilitas Iuris Canonici. Festschrift für Richard Puza zum 60. Geburtstag. 2003.

Band 29 Benita von Beyme: Die Baulast für das Freiburger Münster. 2003.

FSC
www.fsc.org
MIX
Papier | Fördert
gute Waldnutzung
FSC® C083411

Kolibri 360 GmbH
Ferdinand-Jühlke-Straße 7
99095 Erfurt, Deutschland
produktsicherheit@kolibri360.de

Druck:
CPI Druckdienstleistungen GmbH
im Auftrag der
Kolibri 360 GmbH
Ferdinand-Jühlke-Str. 7
99095 Erfurt